ग्रामीण समाजशास्त्र

ग्रामीण समाजशास्त्र
(Rural Sociology)

डॉ० संजीव महाजन

अर्जुन पब्लिशिंग हाउस

ग्रामीण समाजशास्त्र

प्रथम संस्करण, 2013

ISBN 81-88775-82-7

प्रकाशक :

अर्जुन पब्लिशिंग हाऊस

4831/24, प्रह्लाद गली,

अंसारी रोड, दरियागंज,

नई दिल्ली–110002

फोन : 23272541, 23257835

फैक्स: 91-011-23257835

e-mail : campusbooks@hotmail.com

टाइपसेटिंग :

अर्जुन कम्प्यूटर्स

दिल्ली–110051

प्रिन्टर्स :

रोशन ऑफसेट प्रिंटर्स

दिल्ली

प्रस्तावना

समाज विज्ञानों में समाजशास्त्र ने आज भारत तथा अन्य सभी देशों में महत्त्वपूर्ण स्थान बना लिया है। भारत में न केवल स्नातक एवं स्नातकोत्तर स्तरों पर यह विषय लगभग सभी विश्वविद्यालयों में प्रचलित है वरन् आई० ए० एस० एवं पी० सी० एस० की परीक्षाओं में भी परीक्षार्थियों के बीच समाजशास्त्र काफी लोकप्रिय हो गया है। ग्रामीण समाजशास्त्र सामान्य समाजशास्त्र की एक ऐसी शाखा है जो विभिन्न विश्वविद्यालयों में समाजशास्त्र के विद्यार्थियों के साथ-साथ कृषि विश्वविद्यालयों में भी विद्यार्थियों को अनिवार्य रूप से पढ़ाई जाती है। चूँकि भारत आज भी गाँवों में ही बसता है, इसीलिए यह समाजशास्त्र की सभी शाखाओं में एक प्रमुख पुस्तक मानी जाती है। प्रस्तुत पुस्तक ग्रामीण समाज के सभी पहलुओं को समझाने हेतु लिखी गई है। इस पुस्तक में ग्रामीण समाजशास्त्र का, उसमें प्रयोग होने वाली प्रमुख अवधारणाओं का तथा उसके केन्द्रीय विषय– गाँव के विभिन्न पक्षों– का प्रारम्भिक परिचय सरल व स्पष्ट भाषा में संजोया गया है।

समाजशास्त्र की किसी भी शाखा से सम्बन्धित पाठ्यपुस्तक पूर्णतः मौलिक नहीं हो सकती क्योंकि उसका उद्देश्य विद्यार्थियों को उस शाखा से सम्बन्धित मूल अवधारणाओं और इन अवधारणाओं के प्रणेता विद्वानों का परिचय देना होता है। अनेक विद्वानों एवं चिन्तकों के विचार उसमें स्वभावतः सम्मिलित होते हैं। प्रस्तुत पुस्तक भी इस सामान्य नियम का अपवाद नहीं है। मैं उन समस्त विद्वानों का ऋणी हूँ जिनके विचार, प्रत्यक्ष अथवा प्रच्छन्न रूप में, पुस्तक को सार्थक रूप देने में सहायक हुए हैं।

यह पुस्तक मुख्य रूप से ग्रामीण समाजशास्त्र के विद्यार्थियों को विषय का परिचय कराने हेतु लिखी गई है। मुझे विश्वास है वे इससे अवश्य लाभान्वित होंगे। विभिन्न विश्वविद्यालयों में ग्रामीण समाजशास्त्र के अध्यापन में लगे अपने विद्वान् सहयोगी साथियों से विनम्र निवेदन है कि वे मेरे इस प्रयास का निष्पक्ष मूल्यांकन करें और अपने सुझावों से मुझे अनुगृहीत करें। पाठ्यपुस्तकें तो विकासशील ज्ञान बिरवे हैं जो संरक्षण एवं प्रोत्साहन से ही पल्लवित होते हैं। विद्यार्थियों को मेरी यह कृति यदि समाजशास्त्र का प्रारम्भिक परिचय प्रदान करने में सहायक हुई तो मैं अपने श्रम को सार्थक समझूँगा।

डॉ० संजीव महाजन

विषय-सूची

1

ग्रामीण समाजशास्त्र का विषय-प्रवेश

ग्रामीण समाजशास्त्र सामान्य समाजशास्त्र की एक शाखा है। समाजशास्त्र समाज का विज्ञान है तथा समाज सामाजिक सम्बन्धों की व्यवस्था को कहते हैं। समाजशास्त्र एक आधुनिक सामाजिक विज्ञान है तथा ऑगस्त कॉम्ट (Auguste Comte) ने सर्वप्रथम इस शब्द का प्रयोग 1838 ई० में फ्रांस में किया था। इस विषय के विकास के साथ-साथ इसका विशेषीकरण भी हुआ जिसके परिणामस्वरूप अनेक विशिष्ट शाखाओं का विकास हुआ है जिनमें से ग्रामीण समाजशास्त्र एक है। ग्रामीण समाजशास्त्र के अर्थ को समझने के लिए पहले समाजशास्त्र का अर्थ समझ लेना उचित होगा।

समाजशास्त्र समाज का विज्ञान है। यह एक ऐसा विषय है जिसमें समाज एवं इसके विभिन्न पहलुओं का वस्तुनिष्ठ एवं क्रमबद्ध रूप से अध्ययन किया जाता है। यह राजनीतिशास्त्र, अर्थशास्त्र, मनोविज्ञान एवं मानवशास्त्र की तरह एक सामाजिक विज्ञान है। यह अन्य विषयों की तरह सैद्धान्तिक एवं व्यावहारिक रूप से परिपक्व व स्वतन्त्र विषय है। समाज का विज्ञान होने के नाते इस विषय की उत्पत्ति तभी से मानी जानी चाहिए जब से कि स्वयं समाज का निर्माण हुआ है और मनुष्य ने समाज के विभिन्न पहलुओं के बारे में चिन्तन प्रारम्भ किया है। परन्तु वास्तव में ऐसा नहीं है। यह एक नवीन विषय है तथा एक संस्थागत विषय के रूप में इसका इतिहास 166-167 वर्षों से कुछ ही ज्यादा है।

समाजशास्त्र आधुनिक विज्ञान की एक शाखा है। इसके अन्तर्गत मानव समाज के विभिन्न स्वरूपों, उसकी विविध संरचनाओं, प्रक्रियाओं इत्यादि का अध्ययन किया जाता है। टी० बी० बॉटोमोर ने अपनी पुस्तक **समाजशास्त्र** का प्रारम्भ इन पंक्तियों से किया है, "हजारों

वर्षों से लोगों ने उन समाजों एवं समूहों का अवलोकन एवं चिन्तन किया है जिसमें कि वे रहते हैं। फिर भी, समाजशास्त्र एक आधुनिक विज्ञान है तथा एक शताब्दी से अधिक पुराना नहीं है।"[1] इनके इस कथन से, इस तर्क की पुष्टि हो जाती है कि समाजशास्त्र एक नवीन विषय है। साथ ही, इससे यह भी पता चल जाता है कि समाज में रहना एवं इसके बारे में चिन्तन करना तथा समाज का अध्ययन करना दो भिन्न बातें हैं। समाज में रहना ही अगर समाज का अध्ययन करना होता, तो समाजशास्त्र विषय एक अति प्राचीन विषय होता जोकि वास्तव में नहीं है।

समाजशास्त्र का अर्थ एवं परिभाषाएँ

समाजशास्त्र समाज का क्रमबद्ध अध्ययन करने वाला विज्ञान है। ऑगस्त कॉम्ट इसके जन्मदाता माने जाते हैं। इन्होंने ही सर्वप्रथम इस शब्द का प्रयोग सन् 1838 में किया था। यद्यपि पहले इन्होंने इसे सोशल फिजिक्स (Social Physics) कहा परन्तु यह विषय समाजशास्त्र के नाम से ही स्वीकार किया गया है। समाजशास्त्र शब्द अंग्रेजी भाषा के 'सोशियोलोजी' (Sociology) शब्द का हिन्दी रूपान्तर है जिसे दो भागों 'सोशियो' (Socio) तथा 'लोजी' (Logy) में विभाजित किया जा सकता है। प्रथम शब्द अर्थात् Socio लैटिन भाषा के शब्द Socius तथा दूसरा शब्द अर्थात् Logy ग्रीक भाषा के Logos शब्द से बना है जिनका अर्थ क्रमशः समाज तथा विज्ञान या अध्ययन है। अतः समाजशास्त्र का शाब्दिक अर्थ समाज का विज्ञान या समाज का अध्ययन है।

समाजशास्त्र की कोई एक सर्वमान्य परिभाषा देना एक कठिन कार्य है। विभिन्न विद्वानों ने इसकी परिभाषा भिन्न-भिन्न दृष्टिकोणों द्वारा दी है। गिडिंग्स के अनुसार, "समाजशास्त्र समग्र रूप में समाज का क्रमबद्ध वर्णन तथा व्याख्या है।"[2] इस परिभाषा से यह स्पष्ट हो जाता है कि समाजशास्त्र एक विज्ञान है क्योंकि इसमें समाज एवं सामाजिक घटनाओं में कार्य-कारण सम्बन्धों का अध्ययन किया जाता है। मैकाइवर एवं पेज के अनुसार, "इतना कहना ही पर्याप्त होगा कि समाजशास्त्र सामाजिक सम्बन्धों के विषय में है। सम्बन्धों के इस जाल को हम समाज कहते हैं।"[3] इनका कहना है कि समाजशास्त्र का प्रमुख कार्य सामाजिक सम्बन्धों का अध्ययन करना तथा इनके विभिन्न स्वरूपों एवं प्रतिमानों का पता लगाना है। गिलिन एवं गिलिन के अनुसार, "समाजशास्त्र को विस्तृत अर्थ में जीवित प्राणियों के एक-दूसरे के सम्पर्क में आने के परिणामस्वरूप उत्पन्न होने वाली अन्तर्क्रियाओं का अध्ययन कहा जा सकता है।"[4] इस परिभाषा से यह स्पष्ट हो जाता है कि समाजशास्त्र केवल एक व्यक्ति का अध्ययन नहीं है अपितु व्यक्तियों के पारस्परिक सम्बन्धों एवं एक-दूसरे के सम्पर्क में आ जाने के कारण उत्पन्न सामाजिक अन्तर्क्रियाओं का अध्ययन है।

जॉनसन के अनुसार, "समाजशास्त्र सामाजिक समूहों, उनके आन्तरिक स्वरूपों या संगठन के स्वरूपों, उन प्रक्रियाओं जो इस संगठन को बनाए रखती हैं या परिवर्तित करती हैं और समूहों के बीच पाए जाने वाले सम्बन्धों का अध्ययन करने वाला विज्ञान है।"[5] इनका कहना है कि

समाजशास्त्र में हमारी रुचि व्यक्तियों में केवल वहीं तक सीमित है जहाँ तक कि वे सामाजिक अन्तर्क्रिया की प्रणालियों में भाग लेते हैं। वेबर के अनुसार, "समाजशास्त्र एक ऐसा विज्ञान है जो सामाजिक क्रिया का निर्वचनात्मक अर्थ व्यक्त करने का प्रयत्न करता है ताकि इसकी गतिविधि तथा परिणामों की कारण सहित विवेचना की जा सके।"[6]

उपर्युक्त परिभाषाओं के आधार पर कहा जा सकता है कि समाजशास्त्र समाज तथा किसी सामाजिक पहलू एवं घटना का क्रमबद्ध अध्ययन करने वाला विज्ञान है। समाज के समग्र रूप में अध्ययन के अतिरिक्त इसमें सामाजिक सम्बन्धों, सामाजिक अन्तर्क्रियाओं, सामाजिक समूहों, सामाजिक समूहों में पाए जाने वाले अन्तर्सम्बन्धों तथा सामाजिक संगठन एवं सामाजिक विघटन की प्रक्रियाओं का अध्ययन भी किया जाता है।

ग्रामीण समाजशास्त्र का अर्थ एवं परिभाषाएँ

ग्रामीण समाजशास्त्र समाजशास्त्र की एक शाखा है तथा जैसा कि इसके नाम से ही स्पष्ट है, यह ग्रामीण समाज का अध्ययन अथवा विज्ञान है। ग्रामीण समाजशास्त्र में गाँव, ग्रामीण संस्थाओं तथा सम्बन्धों का अध्ययन किया जाता है। ग्रामीण समाजशास्त्र समाजशास्त्र की सबसे महत्त्वपूर्ण शाखा है क्योंकि संसार की अधिकांश जनसंख्या गाँवों में रहती है। ग्रामीण व्यक्तियों का जीवन नगरीय व्यक्तियों से भिन्न है तथा इसे समझने और विश्लेषण करने में हमें ग्रामीण समाजशास्त्र सहायता करता है। प्रमुख विद्वानों ने इसे निम्न प्रकार से परिभाषित किया है—

चिताम्बर के अनुसार, "ग्रामीण समाजशास्त्र समाजशास्त्र की एक विशेषीकृत शाखा है। पृथ्वी पर रहने वाले अधिकांश व्यक्ति गाँव तथा ग्रामीण क्षेत्रों में रहते हैं तथा ऐसे व्यवसाय करते हैं जोकि नगरीय क्षेत्रों से भिन्न हैं। उनका व्यवहार, जीवन का प्रकार तथा विश्वास ग्रामीण पर्यावरण द्वारा प्रभावित होता है। इसीलिए समाजशास्त्र की इस विशेषीकृत शाखा का विकास हुआ है।"[7] बर्ट्रण्ड एवं सहयोगियों के अनुसार, "एक विस्तृत परिभाषा के रूप में ग्रामीण समाजशास्त्र ग्रामीण पर्यावरण में मानव सम्बन्धों का अध्ययन है।"[8] इसका अर्थ है कि ग्रामीण समाज का ही अध्ययन ग्रामीण समाजशास्त्र है।

स्मिथ के अनुसार, "ग्रामीण सामाजिक सम्बन्धों का क्रमबद्ध ज्ञान ही ग्रामीण समाजशास्त्र है।"[9] नेल्सन के अनुसार, "ग्रामीण समाजशास्त्र की विषय-वस्तु विभिन्न प्रकार के समूहों का वर्णन और विश्लेषण करना है जो ग्रामीण पर्यावरण में स्थित हैं।"[10] चैपिन के अनुसार, "ग्रामीण समाजशास्त्र ग्रामीण जनसंख्या, ग्रामीण सामाजिक संगठन और ग्रामीण समाज में हो रही सामाजिक प्रक्रियाओं का अध्ययन है।"[11]

सिम्स के अनुसार, "ग्रामीण समाजशास्त्र का क्षेत्र कृषि पर आश्रित अथवा इससे जीविका-निर्वाह करने वाले मनुष्यों के संगठन का अध्ययन है।"[12] सेण्डरसन के अनुसार, "ग्रामीण समाजशास्त्र ग्रामीण पर्यावरण में जीवन का समाजशास्त्र है।"[13] जिलेट के अनुसार, "हम ग्रामीण समाजशास्त्र का उस शाखा के रूप में विचार कर सकते हैं जिसमें ग्रामीण समुदायों

का व्यवस्थित अध्ययन किया जाता है जिससे उनकी दशाओं और प्रवृत्तियों का ज्ञान हो और उनकी प्रगति के सिद्धान्तों का निर्माण हो सके।"[14]

उपर्युक्त परिभाषाओं के आधार पर कहा जा सकता है कि ग्रामीण समाजशास्त्र समाजशास्त्र की वह शाखा है जिसमें ग्रामीण समाज का, सामाजिक सम्बन्धों का तथा सामाजिक संस्थाओं का अध्ययन किया जाता है। सामान्यतः गाँव का अर्थ कच्चे घरों के छोटे से संकलन से लिया जाता है जोकि खेतों से घिरा हुआ होता है, जहाँ सजातीयता पाई जाती है, अधिकतर व्यक्ति कृषि करते हैं, अपनी आवश्यकताएँ गाँव में ही पूरी कर लेते हैं तथा स्वच्छ एवं प्राकृतिक जीवन व्यतीत करते हैं। परन्तु यदि गाँव में जाकर देखा जाए तो जरूरी नहीं है कि सभी घर कच्चे ही मिलें। वास्तव में, आज गाँव में भी घर नगरों की तरह ही हैं। ग्रामीण जनसंख्या के यद्यपि अधिकांश व्यक्ति कृषि करते हैं, फिर भी कुछ लोग आस-पास के नगरों में नौकरी, शिक्षा तथा अन्य आवश्यकताओं की पूर्ति से सम्बन्धित वस्तुएँ प्राप्त करने के लिए आते-जाते रहते हैं। ए० आर० देसाई ने ग्रामीण समाजशास्त्र के अर्थ को स्पष्ट करते हुए लिखा है कि, "ग्रामीण समाजशास्त्र ग्रामीण समाज का विज्ञान है। सामान्य रूप से ग्रामीण समाज की संरचना तथा विकास के नियम किसी विशिष्ट ग्रामीण समाज का नियन्त्रण एवं संचालन करने वाले असाधारण नियमों का पता लगाने में सहायता प्रदान करते हैं। ग्रामीण समाजशास्त्र का मूलभूत कार्य ग्रामीण जीवन के विकास के नियमों की खोज करना है।"[15]

ग्रामीण समाजशास्त्र का उद्भव तथा विकास

ग्रामीण समाजशास्त्र समाजशास्त्र की ही एक विशिष्ट शाखा है। इसलिए इसकी उत्पत्ति तथा विकास का इतिहास अधिक प्राचीन नहीं है। यद्यपि इस विषय की ऐतिहासिक पृष्ठभूमि 19वीं शताब्दी में हुए कुछ ग्रामीण अध्ययनों से ही तैयार हो गई थी, तथापि इसका संस्थागत विषय के रूप में उद्भव एवं विकास 20वीं शताब्दी में ही अमेरिका तथा फ्रांस में हुआ। इन देशों से प्रभावित इंग्लैण्ड, भारत, चीन, होलैण्ड तथा पोलैण्ड इत्यादि में भी इस शाखा की ओर काफी ध्यान दिया गया तथा इसका विकास भी हुआ परन्तु सर्वप्रथम इसकी महत्ता अमेरिका तथा फ्रांस में ही समझी गई।

अमेरिका में ग्रामीण समाजशास्त्र की उत्पत्ति पिछली शताब्दी के शुरू में हुई जबकि 1908 ई० में राष्ट्रपति टी० रूजवेल्ट ने कन्ट्री-लाइफ कमीशन (Country-Life Commission) की नियुक्ति की। देसाई[16] का कहना है कि ग्रामीण समाजशास्त्र का एक संगठित विषय के रूप में विकास आधुनिक है। ऐतिहासिक कारणों से संयुक्त राज्य अमेरिका में इसकी उत्पत्ति हुई तथा जैसे-जैसे इसकी महत्ता को महसूस किया जाने लगा यह विषय अन्य देशों में भी विकसित होने लगा। अमेरिका के इतिहास में 1890 से 1920 ई० तक के युग को 'शोषित युग' (Exploiter Period) कहा जाता है क्योंकि इन वर्षों में अमेरिकी समाज को अनेक समस्याओं का सामना करना पड़ रहा था तथा ग्रामीण समाज का पतन हो रहा था। इन समस्याओं से सम्बन्धित साहित्य प्रकाशित होने लगा तथा इससे ग्रामीण समाजशास्त्र की उत्पत्ति की पूर्वदशाओं को प्रोत्साहन तो मिला परन्तु विधिवत् विकास नहीं हुआ।

इसकी स्थापना में मूल्यवान कार्य 'कन्ट्री-लाइफ कमीशन' की रिपोर्ट ने किया जिसकी स्थापना 1908 ई० में राष्ट्रपति टी० रूजवेल्ट ने की थी। रूजवेल्ट को कमीशन की स्थापना का प्रोत्साहन सर होरेस प्लँकट से मिला जिन्होंने उन्हें आयरलैण्ड की बिगड़ती ग्रामीण परिस्थितियों से अवगत कराया तथा कहा कि अगर अमेरिका में भी कुछ न किया गया तो परिस्थिति बदल सकती है। ग्रामीण अमेरिका में सामाजिक समस्याएँ काफी बढ़ गई थीं तथा 'कन्ट्री-लाइफ कमीशन' को इन समस्याओं का पता लगाने तथा समाधान के उपायों को बताने का उत्तरदायित्व सौंपा गया। कमीशन की इस रिपोर्ट ने अनेक समाजशास्त्रियों का ध्यान अपनी ओर आकर्षित किया तथा 1912 ई० में अमेरिकी समाजशास्त्रीय समिति की हुई बैठक में ग्रामीण जीवन को वाद-विवाद के विषय के रूप में रखा गया।

अमेरिका में 1937 ई० में 'ग्रामीण समाजशास्त्रीय समिति' (Rural Sociological Society) की स्थापना से इस विषय को और अधिक प्रोत्साहन मिला तथा इस समिति ने ग्रामीण समाजशास्त्र के नाम से एक शोध-पत्रिका भी प्रकाशित करनी शुरू कर दी। इस प्रकार, यह कहा जा सकता है कि ग्रामीण समाजशास्त्र की उत्पत्ति ग्रामीण समस्याओं तथा उनका हल ढूँढने के प्रयासों के फलस्वरूप हुई। इसका जन्म वस्तुतः क्षेत्र में हुआ शिक्षा संस्थाओं में नहीं।

इसके अतिरिक्त कुछ अन्य महत्त्वपूर्ण पुस्तकें 1906 से 1915 ई० के बीच प्रकाशित हुई जिनसे विषय के विकास में काफी सहायता मिली। यह पुस्तकें हैं—

1. James Michel Williams, *An American Town.*
2. Warren H. Wilson, *Quaker Hill.*
3. Newell L. Sims, *A Hoosier Village.*

इन्हें कोलम्बिया विश्वविद्यालय में प्रो० फ्रेंकलिन गिडिंग्स की देख-रेख के अन्तर्गत शोध कार्यों के रूप में प्रकाशित किया गया। चार्ल्स गाल्पिन एक अन्य विद्वान् थे जिन्होंने ग्रामीण समाजशास्त्र को प्रोत्साहन दिया। उन्होंने ग्रामीण समुदायों का क्षेत्र सीमित करने के लिए विभिन्न प्रविधियों का निर्माण किया तथा 1915 ई० में प्रकाशित अपनी पुस्तक *Social Anatomy of An Agricultural Community* में विस्तारपूर्वक वर्णन किया। इन्हीं प्रविधियों का प्रयोग कुछ संशोधनों के बाद आज ग्रामीण समाजशास्त्र के क्षेत्र में किया जाता है।

जॉन जिलेट ने 'ग्रामीण समाजशास्त्र' पर 1916 ई० में प्रथम पाठ्य पुस्तक प्रकाशित की। इसके बाद अनेक विद्वानों ने पुस्तकें लिखीं तथा ग्रामीण समाज के अध्ययन करने शुरू किए जिनमें सोरोकिन, जिमरमैन, गाल्पिन, टॉयलर, कोल्ब, रेडफील्ड तथा स्मिथ आदि प्रमुख हैं।

1919 ई० के बाद गाल्पिन के संयुक्त राज्य अमेरिका कृषि विभाग की फार्म जनसंख्या के अध्यक्ष की नियुक्ति के बाद ग्रामीण समाज के अध्ययनों में समाजशास्त्रियों की रुचि और अधिक हो गई क्योंकि काफी वित्तीय सहायता मिलनी शुरू हो गई। इसके अतिरिक्त U. S. Purnell Act of 1925 के अन्तर्गत भी ग्रामीण समाज के अध्ययनों के लिए वित्तीय सहायता देकर इन्हें प्रोत्साहित किया गया।

आज अमेरिका में ही नहीं, अपितु अन्य देशों में भी ग्रामीण समाज के अध्ययनों में विशेष रुचि ली जा रही है। League of Nations, UNO, UNESCO तथा FAO द्वारा किए गए ग्रामीण अध्ययनों के परिणामस्वरूप भी ग्रामीण समाजशास्त्र के विकास में तेजी आई है। ए० आर० देसाई ने ग्रामीण समाजशास्त्र को सभी विज्ञानों में किशोर विज्ञान मानते हुए इस सन्दर्भ में लिखा है कि, "अब ग्रामीण समाजशास्त्र ने जड़ें पकड़नी प्रारम्भ कर दी हैं जो धीमी किन्तु निश्चित गति से भारत सहित संसार के विभिन्न भागों, जिनमें अनगिनत जटिल समस्याओं से ग्रसित अत्यधिक ग्रामीण जनसंख्या के कारण इसकी (ग्रामीण समाजशास्त्र की) आवश्यकता भी है, में फैल रही हैं।"[17] प्रारम्भिक ग्रामीण अध्ययन केवल वर्णनात्मक थे, जबकि आज अन्वेषणात्मक अध्ययनों को प्राथमिकता दी जा रही है।

ग्रामीण समाजशास्त्र का विषय-क्षेत्र

ग्रामीण समाजशास्त्र ग्रामीण समाज में होने वाली घटनाओं का अध्ययन करता है। इसके विषय-क्षेत्र के बारे में विभिन्न विद्वानों के भिन्न-भिन्न विचार हैं। विभिन्न विद्वानों के विचारों में मतभेद के मुख्य बिन्दु निम्नलिखित हैं—

(1) क्या समाजशास्त्र के सामान्य सिद्धान्तों एवं नियमों को ग्रामीण समाजशास्त्र के अध्ययनों में लागू किया जाए अथवा ग्रामीण समाजशास्त्र का अध्ययन भिन्न सिद्धान्तों एवं नियमों द्वारा किया जाए?

(2) क्या ग्रामीण समाजशास्त्र अपने आपको केवल ग्रामीण समुदायों के अध्ययन तक ही सीमित रखे अथवा नगरीय समुदायों का भी अध्ययन करके एक समग्र तुलनात्मक शास्त्र प्रस्तुत करे?

(3) क्या ग्रामीण समाजशास्त्र केवल ग्रामीण समुदायों के विकास के नियमों की ही खोज करे अथवा उनमें परिवर्तन एवं सुधार हेतु व्यावहारिक अध्ययन भी करे?

ए० आर० देसाई जैसे कुछ विद्वानों ने ग्रामीण समाजशास्त्र को केवल विकास एवं पुनर्निर्माण सम्बन्धी अध्ययनों तक ही सीमित रखा है। इस सन्दर्भ में ए० आर० देसाई का कहना है कि, "ग्रामीण समाजशास्त्र को ग्रामीण समाज के विकास से सम्बन्धित नियमों का ही पता लगाना चाहिए या समाज के आर्थिक, सामाजिक अथवा सांस्कृतिक क्षेत्र में व्यावहारिक कार्यक्रमों, सुधार अथवा पुनर्निर्माण में भी सहायता करनी चाहिए।"[18]

उन उपर्युक्त मतभेदों एवं वाद-विवादों के बावजूद सभी विद्वान् ग्रामीण समाजशास्त्र के विषय-क्षेत्र से सम्बन्धित निम्नलिखित आधारभूत बातों के बारे में सहमत हैं—

(1) ग्रामीण तथा नगरीय पर्यावरण अनुपम तथा विशिष्ट विशेषताएँ रखते हैं। दोनों के सामाजिक, आर्थिक एवं सांस्कृतिक प्रतिमान अलग-अलग हैं। इनके आधार पर ग्रामीण एवं नगरीय क्षेत्रों को एक दूसरे से अलग किया जा सकता है। इसलिए ग्रामीण समाजशास्त्र का विषय-क्षेत्र नगरीय समाजशास्त्र के विषय-क्षेत्र से भिन्न है।

(2) यद्यपि ग्रामीण तथा नगरीय जीवन भिन्न हैं तथा इनमें अन्तर किया जा सकता है, तथापि दोनों में अनेक अन्तर्क्रियाएँ पाई जाती हैं। इन अन्तर्क्रियाओं के कारण ही ग्रामीण समाजशास्त्र में तुलनात्मक अध्ययनों की आवश्यकता है।

(3) ग्रामीण समाजशास्त्र का मूल उद्देश्य सामाजिक संगठन, संरचना, प्रकार्य, विकास के वस्तुनिष्ठ प्रतिमानों आदि के बारे में वैज्ञानिक, क्रमबद्ध तथा विस्तृत ज्ञान प्राप्त करना है ताकि इस ज्ञान के आधार पर विकास के नियमों का पता लगाया जा सके।

(4) ग्रामीण समाजशास्त्र का उद्देश्य यह पता लगाना भी है कि किस प्रकार ग्रामीण संरचना परिवर्तित होती है तथा इसे परिवर्तित करने में महत्त्वपूर्ण भूमिका किन कारणों की है।

सामान्यतः सभी समाजशास्त्री मानते हैं कि ग्रामीण समाजशास्त्र ग्रामीण जनता के जीवन का विश्लेषण है। ग्रामीण समाजशास्त्र में ग्रामीण समाज में रहने वालों के सम्बन्धों तथा अन्तर्क्रियाओं का अध्ययन किया जाता है। इस प्रकार, इसका अध्ययन-क्षेत्र काफी व्यापक है। इस बात की आशा की जाती है कि इसमें ग्रामीण व्यक्तियों की भौतिक संस्कृति तथा इस भौतिक संस्कृति का ग्रामीण जनता पर क्या प्रभाव पड़ता है, का भी अध्ययन किया जाएगा।

नेल्सन ने ग्रामीण समाजशास्त्र के विषय-क्षेत्र को इसके तीन पहलुओं तक ही सीमित किया है। इनका कहना है कि ग्रामीण समाजशास्त्र में केवल सामुदायिक जीवन के विभिन्न क्षेत्रों का ही अध्ययन नहीं किया जाता, अपितु यह ग्रामीण व्यक्ति के समिति सम्बन्धी जीवन (Associational life) के प्रकार्यों का भी अध्ययन करता है। इस प्रकार, **प्रथम**, इस विज्ञान का विषय-क्षेत्र विस्तृत (Great breadth) है, इतना विस्तृत जितना समिति सम्बन्धी जीवन परिवर्तनशील है; **दूसरे**, इसका विषय-क्षेत्र काफी लम्बा चौड़ा (Length) है क्योंकि यह केवल समुदाय के वर्णन तथा विश्लेषण तक ही सीमित नहीं है अपितु इस बात को भी मानता है कि वर्तमान समुदाय अनेक सांस्कृतिक परिवर्तनों का परिणाम है। कहने का अर्थ यह है कि समुदाय का अपना इतिहास होता है जिसमें समय तथा स्थान प्रमुख हो सकते हैं। विषय-क्षेत्र का **तीसरा** पहलू गहराई (Depth) है। ग्रामीण समाजशास्त्र में व्यक्तियों तथा समूहों के प्रतिक्रियाओं के स्वरूप कैसे हैं, प्रतिक्रियाएँ समय तथा स्थान के अनुसार कैसे बदलती हैं, जनरीतियाँ तथा ये प्रक्रियाएँ कैसे अन्तर्क्रियाएँ करती रहती हैं, इन सबका गहराई से अध्ययन किया जाता है।

स्टुअर्ट चैपिन ने भी नेल्सन के विचारों का समर्थन करते हुए ग्रामीण समाजशास्त्र के विषय-क्षेत्र में ग्रामीण जनसंख्या एवं उसके वितरण, ग्रामीण सामाजिक संगठन तथा ग्रामीण सामाजिक प्रक्रियाओं को सम्मिलित किया है। जे० बी० चिताम्बर ने भी समाजशास्त्र के विषय-क्षेत्र से सम्बन्धित इन्हीं पहलुओं को अपना समर्थन प्रदान किया है।

आज ग्रामीण समाजशास्त्र के अध्ययन-क्षेत्र में मुख्यतः निम्नलिखित बातें निहित हैं—

(1) ग्रामीण जीवन का सामाजिक मनोविज्ञान,

(2) ग्रामीण समाजिक संगठन,

(3) ग्रामीण सामाजिक मूल्य, जोकि समाज में किसी भी विकास कार्य के लिए लाभदायक सिद्ध हो सकते हैं।

ग्रामीण समाजशास्त्र आज समाजशास्त्र का एक महत्त्वपूर्ण पहलू बन चुका है जिसने स्वयं बहुत महत्त्वपूर्ण योगदान प्रदान किया है। संसार के अधिकांश व्यक्ति ग्रामीण हैं तथा अविकसित क्षेत्रों में रहते हैं, इनमें जन्म दर विकसित क्षेत्रों की अपेक्षा अधिक है। यही व्यक्ति हैं जोकि समाज में आने वाले समय में प्रभावशाली हो सकते हैं।

ग्रामीण समाजशास्त्र की विषय-वस्तु

प्रमुख रूप से जो ग्रामीण समाजशास्त्र में अध्ययन हुए हैं उनका विश्लेषण करने के पश्चात् पता चलता है कि ग्रामीण समाजशास्त्र में निम्नलिखित बातों का प्रमुख रूप से अध्ययन किया गया है अर्थात् ग्रामीण समाजशास्त्र की विषय-वस्तु निम्न प्रकार है—

(1) ग्रामीण सामाजिक संरचना—सामाजिक सम्बन्धों की क्रमबद्ध व्यवस्था को सामाजिक संरचना कहा जाता है। ग्रामीण समाजशास्त्र में अधिकतर अध्ययन ग्रामीण सामाजिक संरचना के बारे में हुए हैं। ग्रामीण जीवन का पूर्ण ज्ञान केवल सामाजिक संरचना के अध्ययन से ही हो सकता है। ग्रामीण जीवन अनेक तरह के स्थानापन्न प्रस्तुत करता है। इसलिए इन स्थानापन्नों के प्रतिमानों का संसार के विभिन्न क्षेत्रों में अध्ययन करना जरूरी है। ग्रामीण सामाजिक संरचना का विधिवत् ज्ञान केवल ग्रामीण जीवन को समझने में ही सहायक नहीं है, अपितु अनेक समस्याओं के समाधान में भी मार्गदर्शक का कार्य कर सकता है।

(2) ग्रामीण सामाजिक संगठन—ग्रामीण सामाजिक संगठन दूसरा महत्त्वपूर्ण तत्त्व है जिसका अध्ययन ग्रामीण समाजशास्त्र में किया जाता है। इस सामाजिक संगठन में परिवार तथा विवाह का अध्ययन महत्त्वपूर्ण है। आधुनिक युग में औद्योगीकरण, नगरीकरण, पश्चिमीकरण तथा शिक्षा इत्यादि से पारिवारिक संगठनों और वैवाहिक मान्यताओं का अध्ययन तथा इनमें होने वाले परिवर्तनों का अध्ययन ग्रामीण समाजशास्त्र में विशेष महत्त्व रखता है। ग्रामीण सामाजिक संगठन का ज्ञान प्राप्त करना इसलिए जरूरी है क्योंकि इससे ग्रामीण विघटन रोकने के लिए उठाए जाने वाले कदमों का ज्ञान प्राप्त हो सकता है।

(3) ग्रामीण जीवन की विशेषताएँ—ग्रामीण समाजशास्त्र की विषय-वस्तु में ग्रामीण जीवन का अध्ययन करना एक विशिष्ट स्थान रखता है। वास्तव में, यह इसकी मूल आवश्यकता है। ग्रामीण जीवन की विशेषताओं का अध्ययन करना तथा इन्हें नगरीय विशेषताओं की तुलना में समझना ग्रामीण समाजशास्त्र का ही क्षेत्र है। यद्यपि ग्रामीण तथा नगरीय विशेषताएँ आपस में इस तरह से जुड़ी हुई हैं कि इन्हें एक-दूसरे से अलग करना एक कठिन कार्य है, फिर भी अधिकतर समाजशास्त्री इस बात से सहमत हैं कि ग्रामीण जीवन नगरीय जीवन से बिलकुल पृथक् है। इन दोनों में अन्तर करना ग्रामीण समाजशास्त्र का सर्वप्रथम उद्देश्य है।

(4) ग्रामीण सामाजिक स्तरीकरण—ग्रामीण सामाजिक स्तरीकरण पर भारतीय समाज में सबसे अधिक अध्ययन हुए हैं अर्थात् ग्रामीण समुदायों के बारे में जितने अध्ययन हुए हैं

उनमें सामाजिक स्तरीकरण के अध्ययनों का प्रमुख स्थान रहा है। अन्तर्जातीय सम्बन्धों का अध्ययन अथवा जातियों के प्रकार्यात्मक सम्बन्धों की व्यवस्था (जजमानी व्यवस्था), वर्ग संरचना, जाति तथा वर्ग में सम्बन्ध, स्थानीय स्वतन्त्र सरकार में जाति-संरचना का प्रभाव, प्रभु जाति की भूमिका इत्यादि से सम्बन्धित कुछ ऐसे प्रमुख अध्ययन हैं जिन्हें हम इस श्रेणी में रख सकते हैं। सामाजिक स्तरीकरण का ग्रामीण समाजशास्त्र की विषय-वस्तु में विशेष महत्त्व है।

(5) ग्रामीण सामाजिक समस्याओं का अध्ययन—वास्तव में, ग्रामीण समाजशास्त्र का विकास ही समस्याओं के अध्ययन से हुआ है। गाँव को एक आर्थिक, सामाजिक तथा सांस्कृतिक इकाई मानकर इसमें पाई जाने वाली प्रमुख समस्याओं (जैसे कृषि समस्या, बेरोजगारी की समस्या, निर्धनता, ऋणग्रस्तता, अस्पृश्यता, जातिवाद तथा मद्यपान इत्यादि) के अध्ययन किए गए हैं। ग्रामीण सामाजिक समस्याओं के अध्ययन ग्रामीण समाजशास्त्र की विषय-वस्तु का ही एक अंग हैं।

(6) ग्रामीण सामाजिक संस्थाएँ—ग्रामीण सामाजिक संस्थाएँ भी ग्रामीण समाजशास्त्र की विषय-वस्तु हैं। अनेक तरह की सामाजिक, सांस्कृतिक, राजनीतिक तथा आर्थिक संस्थाओं, जोकि ग्रामीण समाज में पाई जाती है, का अध्ययन किया जाता है। सामाजिक संस्था नियमों की व्यवस्था तथा कार्यप्रणाली को कहा जाता है। इन संस्थाओं में ग्रामीण कार्य, त्योहार, शिक्षा, मनोरंजन इत्यादि का विशेष महत्त्व रहा है।

(7) ग्रामीण सामाजिक जीवन—ग्रामीण सामाजिक जीवन के अन्तर्गत सामाजिक, आर्थिक, शैक्षणिक, धार्मिक, सांस्कृतिक, दार्शनिक, भौतिक तथा अभौतिक पहलुओं का अध्ययन किया जाता है जिनका कि ग्रामवासियों से सम्बन्ध है।

(8) ग्रामीण पुनर्निर्माण—ग्रामीण समाजशास्त्रियों द्वारा अर्जित ज्ञान व्यावहारिक समस्याओं के समाधान तथा ग्रामीण पुनर्निर्माण में भी सहायक हो सकता है। ग्रामीण समाज के विभिन्न पहलुओं का अध्ययन, समस्याओं तथा उनके कारकों का अध्ययन ग्रामीण पुनर्निर्माण कार्यक्रमों में सहायता दे सकता है। उपयोगितावादी समाजशास्त्रियों के अनुसार तो ग्रामीण समाजशास्त्र एक ऐसा विज्ञान है जिसमें ग्रामीण पुनर्निर्माण का ही अध्ययन किया जाता है।

(9) ग्रामीण परिवर्तन—समय के साथ-साथ ग्रामीण समुदाय भी बड़ी तेजी से बदलते जा रहे हैं। औद्योगीकरण, नगरीकरण, पश्चिमीकरण, संस्कृतिकरण, आधुनिकीकरण तथा शिक्षा इत्यादि से गाँव के प्रमुख स्तम्भ—जाति एवं वर्ग, परिवार तथा विवाह इत्यादि—पूरी तरह से प्रभावित हुए हैं। इसलिए इन प्रक्रियाओं का ग्रामीण क्षेत्रों में अध्ययन करना तथा इनके ग्रामीण सामाजिक संरचना पर पड़ने वाले प्रभावों का अध्ययन करना समाजशास्त्र की ही विषय-वस्तु है।

(10) ग्रामीण सामाजिक नियोजन—आज के इस वैज्ञानिक युग में सामाजिक नियोजन अर्थात् नियोजित सामाजिक परिवर्तन में रुचि बढ़ती जा रही है। इसका अर्थ है प्रत्येक समाज के सामने जो लक्ष्य आज हैं, जिनकी ओर वह आगे बढ़ने का प्रयास कर रहा है, इन्हें अवांछनीय

परिवर्तनों पर रोक लगाकर तथा वांछनीय परिवर्तन लाकर ही प्राप्त किया जा सकता है। नियोजन के लिए सामाजिक संरचना का ज्ञान होना जरूरी है। ग्रामीण पुनर्निर्माण के लिए जो नियोजित प्रयास, जैसे पंचायती राज, सामुदायिक विकास कार्यक्रम, राष्ट्रीय प्रसार सेवा, एकीकृत ग्रामीण विकास कार्यक्रम इत्यादि हुए हैं, उनका मूल्यांकन करना, इन्हें प्रभावशाली बनाने के लिए सुझाव देना तथा इनकी कमियों को बताना ग्रामीण समाजशास्त्र की ही विषय-वस्तु है।

उपर्युक्त विवेचन से स्पष्ट हो जाता है कि ग्रामीण समाजशास्त्र की निश्चित विषय-क्षेत्र एवं विषय-वस्तु है जिसके अध्ययन द्वारा ग्रामीण समाजशास्त्री समाज के प्रति अपने उत्तरदायित्व को निभा रहे हैं।

विज्ञान का अर्थ एवं परिभाषाएँ

क्या हम ग्रामीण समाजशास्त्र को एक विज्ञान मान सकते हैं? इस प्रश्न का उत्तर देने के लिए हमें पहले विज्ञान का अर्थ एवं विशेषताएँ जान लेना अनिवार्य है। सामान्यतः विज्ञान किसी विषय के बारे में क्रमबद्ध ज्ञान को कहते हैं। विज्ञान सम्पूर्ण अनुभव किए जाने वाले जगत को समझने की एक पद्धति है। यह वह पद्धति है जिसका लक्ष्य अन्तिम सत्य की खोज करना है अर्थात् तथ्यों, प्रघटनाओं एवं वस्तुओं का विश्लेषण करना है ताकि इनके कार्य-कारण सम्बन्धों का पता लगाया जा सके। गुड एवं हैट ने विज्ञान को एक क्रमबद्ध या व्यवस्थित ज्ञान के संकलन के रूप में परिभाषित किया है। व्यवस्थित से अभिप्राय किसी वस्तु के बारे में अध्ययन के परिणामस्वरूप प्राप्त किया गया यथार्थ या वास्तविक ज्ञान है। अतः विज्ञान का अर्थ प्रकृति या मानव जीवन से सम्बन्धित घटनाओं व व्यवहार से सम्बन्धित ऐसा व्यवस्थित ज्ञान है जिसका सत्यापन किया जा सकता है और जिसकी सहायता से इन्हें नियमित किया जा सकता है।

कार्ल पियर्सन, गुड एवं हैट तथा स्टुअर्ट चेज ने विज्ञान की परिभाषा को वैज्ञानिक पद्धति के रूप में देने का प्रयास किया है। यह जाँच की एक ऐसी पद्धति है जिसमें किसी स्थिति, घटना, व्यवहार इत्यादि के बारे में समस्या का निर्माण किया जाता है, पहले समस्या से सम्बन्धित उपकल्पना बनाई जाती है तथा फिर तथ्यों का संकलन करके उपकल्पना का परीक्षण किया जाता है। जाँच का यह तरीका सभी विज्ञानों में एक जैसा है। कार्ल पियर्सन ने इसी सन्दर्भ में यह तर्क दिया है कि, "समस्त विज्ञान की एकता केवल उसकी पद्धति में है न कि उसकी विषय सामग्री में।"[19]

पियर्सन के अनुसार, "विज्ञान वह पद्धति है जिससे तथ्यों पर आधारित महत्त्वपूर्ण ज्ञान प्राप्त किया जा सकता है। विज्ञान की वस्तु सम्पूर्ण भौतिक समग्र है। जो व्यक्ति किसी भी प्रकार के तथ्यों का वर्गीकरण करता है, उनके पारस्परिक सम्बन्धों का पता लगाता है तथा उनमें पाए जाने वाले क्रमों का वर्णन करता है, वह वैज्ञानिक पद्धति का प्रयोग कर रहा है तथा वह एक वैज्ञानिक व्यक्ति है।"[20] गुड एवं हैट के अनुसार, "विज्ञान समस्त अनुभवसिद्ध संसार के प्रति दृष्टिकोण की एक पद्धति है।"[21] चेज के अनुसार, "विज्ञान पद्धति के साथ चलता है,

विषय-वस्तु के साथ नहीं।"[22] लुण्डबर्ग के अनुसार, "विस्तृत अर्थ में वैज्ञानिक पद्धति व्यवस्थित अवलोकन, वर्गीकरण एवं निर्वचन है।"[23]

कोहन एवं नागल के अनुसार, "जिसे वैज्ञानिक पद्धति कहा जाता है वह अन्य पद्धतियों से मूल रूप में इस बात में भिन्न है कि वह यथासम्भव सन्देह (शंका) को प्रोत्साहित एवं विकसित करती है, जिससे कि इस सन्देह से जो कुछ बच रहे वह सदैव सर्वोत्तम प्राप्त प्रमाण से परिपुष्ट हो सके।"[24] बर्नार्ड के अनुसार, "विज्ञान की परिभाषा इसमें पाई जाने वाली छह प्रमुख प्रक्रियाओं–परीक्षण, सत्यापन, परिभाषा, वर्गीकरण, संगठन तथा दृष्टिकोण, जिसमें पूर्वानुमान एवं प्रयोग भी सम्मिलित हैं–के रूप में दी जा सकती है।"[25]

उपर्युक्त परिभाषाओं से स्पष्ट हो जाता है कि विज्ञान क्रमबद्ध ज्ञान या किसी तथ्य अथवा प्रघटना से सम्बन्धित वस्तुनिष्ठ रूप से जानकारी प्राप्त करने का एक तरीका है। इसमें अवलोकन, परीक्षा, प्रयोग, वर्गीकरण एवं विश्लेषण द्वारा वास्तविकता को समझने का प्रयास किया जाता है। यह प्रघटना के पीछे छिपे तथ्य या वास्तविकता को प्राप्त करने का एक मार्ग है। परिभाषाओं से यह भी स्पष्ट होता है कि विज्ञान को क्रमबद्ध ज्ञान की शाखा के रूप में तथा एक पद्धति के रूप में परिभाषित किया गया है। ज्ञान की शाखा के रूप में इसमें निश्चितता, सामान्यता तथा कार्य-कारण सम्बन्धों पर बल दिया जाता है। पद्धति के रूप में इसमें वैज्ञानिक विधि के सभी चरणों पर बल दिया जाता है।

विज्ञान की प्रमुख विशेषताएँ

विज्ञान क्रमबद्ध ज्ञान तथा तथ्यों एवं प्रघटनाओं को समझने की एक निश्चित कार्यपद्धति है जिसमें निम्नलिखित प्रमुख विशेषताएँ पाई जाती हैं—

(1) प्रामाणिकता या सत्यापनशीलता—विज्ञान प्रामाणिकता पर बल देता है अर्थात् इसके द्वारा संकलित आँकड़ों की प्रामाणिकता की जाँच कोई भी व्यक्ति, जिसे उनके बारे में सन्देह हो, कर सकता है। दूसरे शब्दों में यह कहा जा सकता है कि विज्ञान या वैज्ञानिक विधि द्वारा एकत्रित आँकड़ों का परीक्षण एवं पुनर्परीक्षण किया जा सकता है। अतः विज्ञान दार्शनिक या काल्पनिक तथ्यों के संकलन पर बल न देकर उन तथ्यों के संकलन पर बल देता है जिनकी प्रामाणिकता की जाँच की जा सकती है।

(2) वस्तुनिष्ठता—विज्ञान की दूसरी विशेषता वस्तुनिष्ठता है अर्थात् इसमें व्यक्तिपरक (Subjective) रूप से पक्षपात एवं उद्वेगों के आधार पर तथ्यों की व्याख्या न करके, तटस्थ रूप में या ज्यों-के-त्यों रूप में तथ्यों को समझा जाता है। हमारे अपने विचारों, मनोवृत्तियों या उद्वेगों द्वारा अनुसन्धान अगर प्रभावित नहीं होता है तो उसे वस्तुनिष्ठ अध्ययन कहा जा सकता है। अगर अनुसन्धान वस्तुनिष्ठ है तो विभिन्न विश्लेषणकर्ता किसी सामान्य तथ्य का विश्लेषण करके एक समान निष्कर्ष ही निकालेंगे।

(3) निश्चयात्मकता—विज्ञान की तीसरी प्रमुख विशेषता इसका सुनिश्चित स्वरूप है। इसमें अनिश्चितता या सन्देह पैदा करने वाली बातों पर बल नहीं दिया जाता है अपितु स्पष्ट

रूप से तथ्यों के सत्यापन पर बल दिया जाता है। सम्पूर्ण वैज्ञानिक पद्धति एक निश्चित कार्यपद्धति है जिसको अपनाए जाने पर क्या किया जाना चाहिए इसके बारे में कोई सन्देह नहीं है क्योंकि इस पद्धति के निश्चित चरण होते हैं।

(4) सामान्यता—विज्ञान एक सामान्य पद्धति है क्योंकि सभी प्रकार के विज्ञानों में इसका एक ही निश्चित रूप या निश्चित चरण हैं। इसीलिए इसे सामान्य पद्धति कहा जाता है क्योंकि इसके द्वारा सामान्य नियमों या सिद्धान्तों का भी निर्माण किया जाता है।

(5) क्रमबद्धता—विज्ञान क्रमबद्ध अध्ययन पर बल देता है अर्थात् इसके द्वारा अनुसन्धान समस्या से सम्बन्धित तथ्य संकलन करने में सहायता मिलती है। यह सभी सम्बन्धित सामग्री, विश्लेषण की इकाइयों के अनुरूप एकत्रित करने में सहायता देती है। अतः इस पद्धति को अपनाने से व्यक्ति इधर-उधर भटकने से बच जाता है।

(6) कार्य-कारण सम्बन्ध—विज्ञान एवं वैज्ञानिक पद्धति की एक अन्य प्रमुख विशेषता इसका कार्य-कारण सम्बन्धों पर बल देना है अर्थात् यह पद्धति किसी प्रघटना के कारण व परिणाम दोनों का पता लगाने में सहायता देती है।

(7) पूर्वानुमान—क्योंकि विज्ञान क्रमबद्ध रूप से अध्ययन करने पर बल देता है तथा इसके द्वारा कार्य-कारण सम्बन्धों का भी पता चल जाता है इसलिए इसमें पूर्वानुमान लगाने की भी क्षमता पाई जाती है।

ग्रामीण समाजशास्त्र की प्रकृति

ग्रामीण समाजशास्त्र किस तरह का विज्ञान है इसे इसकी प्रकृति द्वारा समझा जा सकता है। ग्रामीण समाजशास्त्र की प्रकृति का अनुमान इसकी निम्नलिखित तार्किक विशेषताओं की दृष्टि से लगाया जा सकता है—

(1) ग्रामीण समाजशास्त्र एक सामाजिक विज्ञान है न कि प्राकृतिक विज्ञान—ग्रामीण समाजशास्त्र, समाजशास्त्र की एक विशिष्ट शाखा है जोकि एक सामाजिक विज्ञान है क्योंकि इसमें सामाजिक जगत का अध्ययन किया जाता है। यह एक प्राकृतिक विज्ञान जैसे भौतिकशास्त्र, रसायनशास्त्र इत्यादि की तरह नहीं है जिसमें भौतिक जगत का अध्ययन किया जाता है।

(2) ग्रामीण समाजशास्त्र एक निरपेक्ष विज्ञान है न कि आदर्शात्मक—ग्रामीण समाजशास्त्र एक निरपेक्ष विज्ञान है क्योंकि इसमें 'क्या है' का अध्ययन किया जाता है न कि 'क्या होना चाहिए' का। ग्रामीण समाजशास्त्र पुण्य और पाप, उचित और अनुचित, अच्छे या बुरे तथा अन्य इसी प्रकार के मानवीय मूल्य से सम्बन्धित समस्याओं पर विचार नहीं करता। इस प्रकार, ग्रामीण समाजशास्त्र एक वर्णनात्मक विज्ञान है न कि आदर्शात्मक।

(3) ग्रामीण समाजशास्त्र व्यावहारिक विज्ञान है—ग्रामीण समाजशास्त्र एक सैद्धान्तिक विज्ञान होने के साथ-साथ व्यावहारिक विज्ञान भी है क्योंकि इसका सबसे प्रमुख उद्देश्य ग्रामीण समाज के बारे में ज्ञान प्राप्त करना है तथा इस ज्ञान का प्रयोग ग्रामीण पुनर्निर्माण एवं सुधार के

लिए करना है। रोबर्ट बीरस्टीड जैसे विद्वान् इसे केवल सैद्धान्तिक विज्ञान मानते हैं "क्योंकि समाजशास्त्री सामाजिक नीति के प्रश्नों का निर्णय नहीं करते और न विधायकों को यह बताते हैं कि कौन-से कानून बनाए जाएँ तथा कौन-से रद्द किए जाएँ और न ही वे बीमारों, लंगड़ों, अन्धों एवं गरीबों हेतु सहायता कार्य करते हैं। समाजशास्त्र एक सैद्धान्तिक विज्ञान के रूप में ज्ञान प्राप्ति में लगा रहता है।" परन्तु इसकी उत्पत्ति ही व्यावहारिक समस्याओं के समाधान के तरीके ढूँढने के परिणामस्वरूप नहीं हुई है, अपितु आज भी इसके व्यावहारिक महत्त्व से इनकार नहीं किया जा सकता।

(4) ग्रामीण समाजशास्त्र सापेक्षिक रूप से एक अमूर्त विज्ञान है मूर्त नहीं—क्योंकि ग्रामीण समाजशास्त्र में ग्रामवासियों के सामाजिक सम्बन्धों का अध्ययन किया जाता है तथा विभिन्न सामाजिक घटनाओं का अध्ययन किया जाता है, इसलिए यह अमूर्त है। समाजशास्त्र की भाँति इसकी रुचि विशिष्ट युद्धों तथा क्रान्तियों में नहीं, अपितु इसमें युद्धों एवं क्रान्तियों को सामान्यतः सामाजिक घटनाओं के रूप में देखा जाता है।

(5) ग्रामीण समाजशास्त्र एक सामान्यीकरण विज्ञान है विशिष्टवादी अथवा व्यक्तिवादी नहीं—ग्रामीण समाजशास्त्र का उद्देश्य मानवीय अन्तर्क्रियाओं तथा समितियों, समूहों एवं समाजों की प्रकृति, स्वरूपों, विषय-वस्तु एवं संरचना के सामान्य विषयों एवं सिद्धान्तों की खोज करना है। इसमें केवल विशिष्ट घटनाओं का वर्णन ही नहीं किया जाता अपितु जहाँ तक सम्भव हो सके सामान्यीकरण करने का प्रयास किया जाता है चाहे यह सीमित सामान्यीकरण ही क्यों न हों।

(6) ग्रामीण समाजशास्त्र तार्किक तथा आनुभविक विज्ञान दोनों है—ग्रामीण समाजशास्त्र में जो अध्ययन किए जाते हैं वे केवल तर्क पर ही आधारित नहीं होते, अपितु आनुभविक भी होते हैं। इसमें ग्रामीण समुदायों में जाकर कार्यपद्धति सम्बन्धी (Methodological) नियमों द्वारा अध्ययन किए जाते हैं। ग्रामीण समाजशास्त्र में ऐतिहासिक, तुलनात्मक, संरचनात्मक-प्रकार्यात्मक, संघर्षात्मक अथवा व्यावहारिक विधियों में से ही किसी एक का प्रयोग किया जाता है। अनेक प्रविधियों जैसे अनुसूची, साक्षात्कार, वैयक्तिक अध्ययन, अवलोकन इत्यादि का प्रयोग भी किया जाता है। इसलिए समाजशास्त्र की तरह ग्रामीण समाजशास्त्र भी एक तार्किक तथा आनुभविक विज्ञान है।

(7) ग्रामीण समाजशास्त्र एक विज्ञान है सामाजिक दर्शन नहीं—सामाजिक दर्शनशास्त्र विचारों तथा मूल्यों की व्यवस्था है जिससे मनुष्यों को यह पता चलता है कि उनसे क्या आशा की जाती है तथा उन्हें किस तरह से व्यवहार करना चाहिए। ग्रामीण समाजशास्त्र केवल इस बात का अध्ययन करता है कि ग्रामवासी कैसे व्यवहार करते हैं, इस बात का नहीं कि उनसे किस बात की आशा की जाती है। इसलिए ग्रामीण समाजशास्त्र एक विज्ञान है न कि सामाजिक दर्शन।

(8) ग्रामीण समाजशास्त्र सम्पूर्ण सामाजिक विज्ञान नहीं है अपितु सामाजिक विज्ञानों में से एक है—ग्रामीण समाजशास्त्र एक पूर्ण सामाजिक विज्ञान नहीं है क्योंकि इसमें तो केवल एक पहलू का ही अध्ययन किया जाता है अर्थात् ग्रामीण सामाजिक जीवन का ही अध्ययन किया जाता है। इसलिए ग्रामीण समाजशास्त्र सामाजिक विज्ञानों में से एक है। अन्य सामाजिक विज्ञान हैं—अर्थशास्त्र, राजनीतिशास्त्र, मनोविज्ञान, मानवशास्त्र, इतिहास इत्यादि।

उपर्युक्त विशेषताओं से ग्रामीण समाजशास्त्र की प्रकृति स्पष्ट होती है। यह एक विज्ञान तो है ही, परन्तु किस तरह का विज्ञान है इसका पता भी हमें उपर्युक्त विवेचन से चलता है।

ग्रामीण समाजशास्त्र का महत्त्व

समाजशास्त्र का इतिहास केवल 165-66 वर्ष का है। पिछले लगभग 50 वर्षों में इसका विकास अनेक देशों में इतनी तीव्रता से हुआ है कि आज आधुनिक होते हुए भी यह किसी भी बात में समाजशास्त्र अन्य सामाजिक विज्ञानों से पीछे नहीं है। समाजशास्त्र की अनेक शाखाएँ हैं जिनमें से ग्रामीण समाजशास्त्र एक है तथा इसका समाजशास्त्र में अत्यन्त महत्त्वपूर्ण स्थान है। आज कुछ विद्वान तो ग्रामीण समाजशास्त्र को अपने में एक अलग एवं स्वतन्त्र विषय मानने लगे हैं। नेल्सन के अनुसार, "तुलनात्मक रूप से कुछ समय पूर्व तक मानव की कहानी मुख्य रूप से ग्रामीण मानव की ही कहानी रही है।"[26]

ग्रामीण समाजशास्त्र का विकास यद्यपि एक विषय के रूप में पिछली शताब्दी में हुआ है, फिर भी इसे समाजशास्त्र की अन्य शाखाओं से अधिक प्राथमिकता मिली है। ऐसा इसके महत्त्व के कारण हुआ है। इसके महत्त्व को निम्नलिखित शीर्षकों के अन्तर्गत स्पष्ट किया जा सकता है—

(1) संसार की अधिकांश जनसंख्या ग्रामीण है—ग्रामीण समाजशास्त्र इसलिए एक महत्त्वपूर्ण विषय है क्योंकि संसार की कुल जनसंख्या का अधिकांश भाग गाँवों में रहता है तथा ग्रामीण समाजशास्त्र इन ग्रामीण व्यक्तियों के व्यवहार एवं प्रकृति, सामाजिक अन्तर्क्रिया एवं संरचना को समझने में सहायता प्रदान करता है। प्राचीनकाल में भी सम्पूर्ण जीवन ग्रामीण था। यद्यपि आज औद्योगीकरण के कारण बड़े-बड़े नगरों की स्थापना तेजी से होती जा रही है, फिर भी अधिकांश जनसंख्या अब भी गाँवों में रहती है तथा कृषि पर निर्भर है।

(2) ग्राम संस्कृति के मूल स्रोत हैं—प्रत्येक देश में गाँवों की अपनी अलग संस्कृति होती है। वास्तव में, गाँव संस्कृति के मूल स्रोत हैं क्योंकि नगरों का विकास तो अपेक्षाकृत आधुनिक देन है। इसलिए अगर हमें किसी समाज एवं संस्कृति को समझना है तो गाँवों का अध्ययन करना जरूरी है तथा ग्रामीण समाजशास्त्री इसमें महत्त्वपूर्ण भूमिका निभा सकते हैं।

(3) ग्रामीण समस्याओं के समाधान में सहायक—प्रत्येक देश में गाँव नगरों की अपेक्षा पिछड़े हुए हैं तथा वहाँ गरीबी तथा अन्य सामाजिक समस्याओं का बोलबाला है। ग्रामीण समाजशास्त्र इन समस्याओं के विश्लेषण में सहायक है तथा विधिवत् एवं वैज्ञानिक ज्ञान प्राप्त करने के पश्चात् उनके समाधान में भी सहायक है।

(4) **ग्रामीण सामाजिक पुनर्निर्माण में सहायक**—ग्रामीण समाजशास्त्र केवल सामाजिक समस्याओं के समाधान में ही सहायक नहीं है अपितु सामाजिक पुनर्निर्माण में भी सहायक है। सामाजिक पुनर्निर्माण में विभिन्न सामाजिक वैज्ञानिक, विशेषकर ग्रामीण समाजशास्त्री, काफी सहायक सिद्ध हुए हैं।

(5) **सामुदायिक विकास कार्यक्रमों में सहायक**—ग्रामीण समाजशास्त्री सामुदायिक विकास योजना एवं कार्यक्रमों में भी महत्त्वपूर्ण भूमिका निभा रहे हैं। सरकार के इस प्रयास में, जिसका प्रमुख उद्देश्य नियोजित सामाजिक परिवर्तन लाना है, समाजशास्त्री एवं अन्य विशेषज्ञ काफी सहायता कर सकते हैं।

(6) **ग्रामीण एवं नगरीय जीवन को समझने में सहायक**—ग्रामीण समाजशास्त्री ग्रामीण जीवन के बारे में उपयोगी जानकारी तो प्राप्त करता ही है, साथ ही वह ग्रामीण एवं नगरीय जीवन के तुलनात्मक अध्ययनों द्वारा नगरीय जीवन को भी अधिक व्यवस्थित रूप से समझने में सहायता प्रदान करता है। ग्रामीण समाजशास्त्र ग्रामीण एवं नगरीय जीवन में पाई जाने वाली अन्तर्क्रियाओं का अध्ययन कर उन पहलुओं का पता लगाने में भी सहायक है जो इन्हें एक दूसरे से जोड़ते हैं।

(7) **कृषकों की समस्याओं को समझने में सहायक**—ग्रामीण समाजशास्त्र कृषकों एवं उनकी समस्याओं का विधिवत एवं व्यवस्थित अध्ययन कर उन्हें समझने में सहायता प्रदान करता है। अधिकांश विकासशील देशों में आज कृषक असन्तोष बढ़ता जा रहा है तथा कृषक आन्दोलन हो रहे हैं। ग्रामीण समाजशास्त्री कृषकों की आकांक्षाओं एवं समस्याओं को समझने में सहायता देकर व्यावहारिक नीतियाँ बनाने में नीति-निर्माणकर्ताओं को उपयोगी दिशा-निर्देश दे सकता है।

इस प्रकार, यह कहा जा सकता है कि ग्रामीण समाजशास्त्र एक महत्त्वपूर्ण विषय है। इसकी उत्पत्ति ही समस्याओं के समाधान के रूप में हुई तथा इसी दिशा में अधिक से अधिक देशों में विकसित होता जा रहा है।

ग्रामीण समाजशास्त्र में प्रयुक्त प्रमुख पद्धतियाँ

प्रत्येक विषय में अध्ययन एवं अनुसन्धान हेतु अनेक पद्धतियों (जिन्हें प्रविधियाँ, उपागम अथवा दृष्टिकोण भी कहा जाता है) का प्रयोग किया जाता है। यही पद्धतियाँ उस विषय में अध्ययन करने वाले विद्वान् को एक विशिष्ट प्रकार का नजरिया प्रदान करती हैं जिसका अनुकरण करते हुए वह अपने विषय से सम्बन्धित विषय-वस्तु की वास्तविकता को समझने का प्रयास करता है। ग्रामीण समाजशास्त्र में भी अनेक पद्धतियों का प्रयोग किया जाता है।

पद्धति एक विशिष्ट तरीका है, एक ऐसा उपकरण है जिसकी सहायता से अनुसन्धान या अध्ययन की समस्या के बारे में क्रमबद्ध ज्ञान प्राप्त किया जा सकता है। क्योंकि पद्धति का अभिप्राय वैज्ञानिक ढंग से अध्ययन करने में सहायता प्रदान करना है, अतः इसका प्रयोग

सामान्यतः वैज्ञानिक पद्धति के लिए ही किया जाता है जिसका उद्देश्य आनुभविक ढंग से यथार्थ तथ्यों के बारे में पक्षपातरहित तथा क्रमबद्ध ज्ञान प्राप्त करके कार्य-कारण सम्बन्धों का पता लगाना है। गुड एवं हैट के अनुसार, "जब विज्ञान की आधारभूत बातों को समाजशास्त्र के क्षेत्र में लागू किया जाता है तो उसे हम पद्धति कह सकते हैं।"

ग्रामीण समाजशास्त्र में होने वाले सामाजिक अनुसन्धान में प्रयोग की जाने वाली पद्धतियों को हम दो श्रेणियों में विभाजित कर सकते हैं—(i) सामान्य पद्धति, तथा (ii) विशिष्ट पद्धति। वैज्ञानिक पद्धति को हम एक सामान्य पद्धति (General method) कह सकते हैं क्योंकि यह सभी विषयों में एक समान है। स्टुअर्ट चेज ने इसी सन्दर्भ में कहा है कि, "विज्ञान पद्धति के साथ चलता है, विषय-वस्तु के साथ नहीं।" इसी सन्दर्भ में कार्ल पियर्सन ने यह तर्क दिया है कि, "समस्त विज्ञान की एकता उसकी पद्धति में है न कि उसकी विषय-वस्तु में।" वैज्ञानिक पद्धति के चरण स्पष्ट हैं तथा प्राकृतिक एवं सामाजिक विज्ञानों में इसका प्रयोग लगभग एक जैसा ही है। विशिष्ट पद्धति का सम्बन्ध विषय-विशेष में प्रयोग की जाने वाली उन पद्धतियों से है जो उस विषय की प्रकृति को सामने रखकर विकसित की जाती हैं। ग्रामीण समाजशास्त्र में प्रयोग की जाने वाली प्रमुख पद्धतियाँ निम्नलिखित हैं—

(1) ऐतिहासिक पद्धति

ऐतिहासिक पद्धति का समाजशास्त्रीय तथा मानवशास्त्रीय अध्ययनों में अनुपम घटनाओं एवं परिस्थितियों को समझने के लिए अनेक विद्वानों ने प्रयोग किया है। इसमें घटनाओं या परिस्थितियों का अध्ययन उनके विशेष प्रारम्भिक कारकों (Initial conditions) का पता लगाकर किया जाता है। बॉटोमोर के अनुसार ऐतिहासिक व्याख्या (जोकि ऐतिहासिक पद्धति का मुख्य उद्देश्य है) का अभिप्राय उन प्रारम्भिक परिस्थितियों का वर्णन करना है जोकि विशेष घटना को जन्म देती हैं। इनके अनुसार सामाजिक विज्ञानों में वैज्ञानिक व्याख्या ऐतिहासिक व्याख्या के बिना अधूरी है। ऐतिहासिक पद्धति में सामान्यतः ऐतिहासिक सामग्री या द्वितीय क्रम के प्रलेखों (Secondary documents) से संकलित आँकड़ों का ही प्रयोग किया जाता है, परन्तु अनुसन्धानकर्ता प्राथमिक आँकड़ों द्वारा इनकी प्रामाणिकता की जाँच कर सकता है।

ऐतिहासिक पद्धति द्वारा सामान्यतः उत्पत्ति एवं विकास सम्बन्धी अध्ययन ही किए जा सकते हैं तथा अनुपम घटनाओं के अध्ययन के कारण यह सामान्यीकरण में अधिक सहायक नहीं है। ग्रामीण समाजशास्त्र में ऐतिहासिक पद्धति के प्रयोग द्वारा ग्रामीण समुदायों एवं उनमें पाई जाने वाली सामाजिक संस्थाओं की उत्पत्ति का अध्ययन करने के सफल प्रयास किए गए हैं।

(2) तुलनात्मक पद्धति

तुलनात्मक पद्धति को काफी समय से ग्रामीण समाजशास्त्र एवं मानवशास्त्र की सर्वोत्तम पद्धति समझा जा रहा है। दुर्खीम पहले समाजशास्त्री थे जिन्होंने इस पद्धति का विधिवत् प्रयोग अपने आत्महत्या के अध्ययन में किया। तुलनात्मक पद्धति में दो घटनाओं, परिस्थितियों, संस्थाओं

अथवा समाजों इत्यादि की तुलना की जाती है। तुलना के पश्चात् जो अन्तर एवं समानताएँ दिखाई देती हैं उनके आधार पर घटनाओं एवं परिस्थितियों को समझने का प्रयास किया जाता है। डंकन मिशेल के अनुसार तुलनात्मक पद्धति उस पद्धति को कहते हैं जिसमें भिन्न-भिन्न समाजों अथवा एक ही समाज के भिन्न-भिन्न समूहों की तुलना करके यह बताया जा सके कि उनमें समानता है अथवा नहीं, और यदि है तो क्यों है? ग्रामीण समाजशास्त्र में ऑस्कर लेविस, एस० सी० दुबे, योगेश अटल आदि विद्वानों ने तुलनात्मक पद्धति का प्रयोग किया है।

(3) संरचनात्मक-प्रकार्यात्मक पद्धति

संरचनात्मक-प्रकार्यात्मक पद्धति आज मानवशास्त्रीय एवं समाजशास्त्रीय अध्ययनों एवं अनुसन्धानों में प्रयोग की जाने वाली एक प्रमुख पद्धति मानी जाती है। इस पद्धति का विकास मुख्य रूप से उद्विकासवादी, ऐतिहासिक एवं तुलनात्मक पद्धतियों की सीमाओं को दूर करने के लिए किया गया है तथा इसमें काफी सफलता भी मिली है। संरचनात्मक-प्रकार्यात्मक पद्धति इकाई का विश्लेषण करने की वह पद्धति है जिसमें यह देखने का प्रयास किया जाता है कि इस इकाई के विभिन्न अंग या भाग कौन से हैं, वे किस प्रकार से व्यवस्थित हैं तथा प्रत्येक अंग सम्पूर्ण इकाई की निरन्तरता एवं अस्तित्व बनाए रखने के लिए क्या भूमिका निभा रहा है। सरल शब्दों में, यह कहा जा सकता है कि यह पद्धति सम्पूर्ण इकाई का उसकी संरचना एवं प्रकार्य के आधार पर वैज्ञानिक ढंग से विश्लेषण करने की एक पद्धति है। इसका उद्देश्य इकाई का निर्माण करने वाले अंगों या भागों का पता लगाना तथा इन अंगों के स्थान, स्थिति एवं प्रकार्यात्मक सम्बन्धों का पता लगाना है। योगेन्द्र सिंह एवं एस० सी० दुबे जैसे ग्रामीण समुदायों का अध्ययन करने वाले अधिकांश विद्वानों ने इसी पद्धति को अपनाया है।

(4) संघर्षात्मक पद्धति

संघर्षात्मक पद्धति द्वारा समाज में पाए जाने वाले तनाव व संघर्ष का विश्लेषण किया जाता है। इसके समर्थक हमारा ध्यान इस बात की ओर आकर्षित करते हैं कि आधुनिक समाज तनाव व संघर्ष से आक्रांत है और सामाजिक जीवन में सामान्य सहमति न होकर असहमति, प्रतिस्पर्द्धा तथा स्वार्थों में संघर्ष की प्रधानता होती जा रही है। डेहरेन्डोर्फ के अनुसार संघर्ष पद्धति की यह विशेषता है कि इसके समर्थक यह स्वीकार करते हैं कि प्रत्येक समाज सदा परिवर्तन की प्रक्रियाओं के अधीन रहता है तथा समाजिक परिवर्तन सर्वव्यापी है। साथ ही, प्रत्येक समाज सदा मतभेद तथा संघर्ष प्रदर्शित करता है और समाज का प्रत्येक तत्त्व इसके विघटन एवं परिवर्तन के लिए योगदान देता है।

कार्ल मार्क्स को संघर्ष पद्धति के समर्थकों में सबसे प्रमुख स्थान दिया जाता है। इन्होंने संघर्ष का आधार उत्पादन के साधन बताया है तथा सभी समाजों को वर्ग संघर्ष का इतिहास बताया है। मार्क्स के लिए वर्ग के हित तथा शक्ति के लिए संघर्ष सामाजिक तथा ऐतिहासिक क्रियाओं के मूल निर्णायक हैं। इनका वर्ग संघर्ष का सिद्धान्त भौतिकवाद को महत्त्वपूर्ण स्थान

देता है। बेडन पोवल तथा अनेक मार्क्सवादी विद्वानों ने ग्रामीण समाज का अध्ययन इसी पद्धति द्वारा किया है।

(5) व्यवहारात्मक पद्धति

व्यवहारिक या व्यवहारात्मक पद्धति मानव व्यवहार की अवधारणा को प्रतिष्ठित करती है क्योंकि यह पद्धति व्यक्तियों के व्यवहार (राजनीतिक व्यवहार सहित) के अध्ययन पर बल देती है चाहे वे व्यक्ति शोषक वर्ग के हों या शोषित वर्ग के। इसमें व्यक्तियों के व्यवहार की तुलना भी की जाती है तथा यह पद्धति आनुभविक एवं वैज्ञानिक अध्ययनों पर बल देती है। आमण्ड, दहल, ईस्टन तथा लैसवैल जैसे विद्वानों के नाम इस दृष्टिकोण के साथ जुड़े हुए हैं। ग्रामीण समाज को समझने में यह पद्धति काफी सहायक है।

(6) व्यवस्थात्मक पद्धति

व्यवस्थात्मक पद्धति (जिसे व्यवस्थात्मक तुलना भी कहा जाता है) का विकास द्वितीय विश्वयुद्ध के पश्चात् विभिन्न सामाजिक विज्ञानों में बढ़ते हुए सहयोग का परिणाम है। 'व्यवस्था' शब्द से किसी वस्तु अथवा समग्र के विभिन्न अंगों का तथा इनमें पाए जाने वाले परस्पर सम्बन्धों का बोध होता है। व्यवस्था का अभिप्राय समाकलित सम्पूर्णता अथवा समग्रता है अर्थात् ऐसी समग्रता से है जिसके अंग परस्पर जुड़े हुए हैं तथा अपना-अपना काम ठीक प्रकार से करते हुए उस समग्रता में समन्वय बनाए रखते हैं। 'सामाजिक व्यवस्था' समाज के विभिन्न अंगों में पाए जाने वाले समन्वय, सन्तुलन अथवा सम्बद्धता से सम्बन्धित है जोकि किसी न किसी सीमा तक प्रत्येक समाज में पाई जाती है।

सर्वप्रथम इस पद्धति का प्रयोग मानवशास्त्र एवं ग्रामीण समाजशास्त्र में किया गया तथा तत्पश्चात् इसे मनोविज्ञान, राजनीतिशास्त्र एवं राजनीतिक समाजशास्त्र में अपनाया गया। मानवशास्त्र तथा समाजशास्त्र में इस पद्धति के साथ दुर्खीम, रैडक्लिफ-ब्राउन, मैलिनोव्स्की, मर्टन तथा पारसन्स के नाम जुड़े हुए हैं। ग्रामीण समाजशास्त्र में इस पद्धति का प्रयोग ग्रामीण समुदायों में पाए जाने वाले एकीकरण को समझने के लिए किया गया है। एम० एन० श्रीनिवास जैसे विद्वानों ने इस पद्धति को अपनाया है।

(7) क्षेत्र कार्य पद्धति

ग्रामीण समाजशास्त्र में प्रयोग की जाने वाली पद्धतियों के सन्दर्भ में यह तथ्य उल्लेखनीय है कि ये पद्धतियाँ लगभग वही हैं जिनका प्रयोग सामाजिक मानवशास्त्र में किया जाता है। सामाजिक मानवशास्त्र का सम्बन्ध भी जनजातीय समूहों एवं ग्रामों से है। इसलिए दोनों ही विषय क्षेत्र कार्य पर आधारित पद्धति का प्रयोग करते हैं। यह पद्धति अनुसन्धान क्षेत्र में जाकर अध्ययनरत व्यक्तियों या समूहों से प्राथमिक आँकड़ें संकलन करने पर बल देती है। अध्ययन किए जाने वाले व्यक्तियों से प्रत्यक्ष सम्बन्ध के कारण इस पद्धति द्वारा संकलित तथ्य अधिक प्रमाणित होते हैं।

(8) अन्तःशास्त्रीय पद्धति

आज सामाजिक विज्ञानों में सहयोग निरन्तर बढ़ता जा रहा है। अन्तःशास्त्रीय पद्धति का विकास इसी सहयोग का परिणाम है। अन्तःशास्त्रीय पद्धति के समर्थक इस बात पर बल देते हैं कि कोई भी पद्धति ग्रामीण समाज के सभी पक्षों का समग्र रूप में अध्ययन करने में सहायक नहीं हैं। इस पद्धति द्वारा किसी भी गाँव के अध्ययन हेतु विभिन्न विषयों में प्रशिक्षण प्राप्त अनुसन्धानकर्ता अपने-अपने दृष्टिकोण से सम्बन्धित पक्ष का अध्ययन करते हैं तथा तत्पश्चात् सम्पूर्ण ग्रामीण यथार्थता को समझने का प्रयास करते हैं। आज ग्रामीण समाजशास्त्र में होने वाले अध्ययनों एवं अनुसन्धानों में इस पद्धति का प्रयोग निरन्तर बढ़ता जा रहा है।

(9) मिश्रित सांस्कृतिक पद्धति

यद्यपि यह पद्धति एक प्रकार से तुलनात्मक पद्धति का ही परिवर्तित रूप है, तथापि इसे आज एक पृथक् पद्धति के रूप में भी स्वीकार किया गया है। इस पद्धति द्वारा विभिन्न संस्कृतियों वाले गाँवों की तुलना कर उनमें पाए जाने वाले सामान्य सांस्कृतिक तत्त्वों का पता लगाने का प्रयास किया जाता है। इस दृष्टि से ही यह तुलनात्मक पद्धति से भिन्न है। ऑस्कर लेविस ने मैक्सिको तथा भारत के गाँवों का अध्ययन इसी पद्धति द्वारा किया है।

उपर्युक्त विवेचन से स्पष्ट हो जाता है कि ग्रामीण समाजशास्त्र में अनेक पद्धतियों का प्रयोग किया जाता है। आज एक से अधिक पद्धतियों को एक-साथ अपनाकर अध्ययन करने की प्रवृत्ति बढ़ती जा रही है। इन पद्धतियों के अतिरिक्त ग्रामीण समाजशास्त्र में ग्रामीण समुदाय को एक इकाई मानकर वैयक्तिक अध्ययन पद्धति द्वारा सूक्ष्म एवं गहन अध्ययन करने के भी प्रयास किए गए हैं। यह पद्धति अधिकतर उन विद्वानों (जैसे डी० एन० मजूमदार) द्वारा अपनाई गई है जिन्होंने केवल एक गाँव का ही अध्ययन किया है।

भारत में ग्रामीण समाजशास्त्र

यद्यपि गाँव के बारे में अध्ययन अंग्रेजों के समय से ही शुरू हो गए थे, फिर भी इनकी महत्ता स्वतन्त्रता-प्राप्ति के पश्चात् ही अधिक हुई है। अंग्रेजों ने इस बात का अनुभव कर लिया था कि अगर इस देश में अपने पैर मजबूती से जमाने हैं तो यहाँ के ग्रामीण समाज का अध्ययन करना जरूरी है। वास्तव में, गाँव भारतीय समाज एवं संस्कृति के आधार स्तम्भ हैं। यही कारण था कि ईस्ट इण्डिया कम्पनी ने भी बहुत पहले ही भारतीय ग्रामों का अध्ययन आवश्यक माना था क्योंकि उनका उद्देश्य केवल व्यापार तक ही सीमित न रहकर यहाँ की भूमि तथा जनता पर भी नियन्त्रण प्राप्त करना था। तभी से गाँव के अध्ययन को इकाई के रूप में लिया गया है। बी० एच० बेडन पोवल का 1872 ई० में किया गया अध्ययन *The Indian Village Community* भारतीय समाज का सर्वप्रथम अध्ययन है। प्रथम विश्व युद्ध के पश्चात् भारतीय ग्रामों में निर्धनता तथा स्वतन्त्रता के लिए किए जा रहे भारतीय राष्ट्रीय आन्दोलन ने भी अनेक विदेशी विद्वानों का ध्यान गाँव के अध्ययन की तरफ आकर्षित किया। 1930 ई० के पश्चात् तो अनेक विद्वानों, प्रशासकों तथा राजनीति से प्रेरित सामाजिक कार्यकर्त्ताओं का ध्यान भी ग्रामीण

समाज के अध्ययन की तरफ गया तथा इस प्रकार भारत में ग्रामीण अध्ययनों की तरफ समाजशास्त्रियों ने अपना ध्यान केन्द्रित करना शुरू किया।

भारत में ग्रामीण समाजशास्त्र के उद्‌भव एवं विकास का विवेचन निम्नांकित शीर्षकों के अन्तर्गत किया जा सकता है—

(1) ग्रामीण समाजशास्त्र का प्रसव काल—इस काल में सर चार्ल्स मेटकॉफ की रिपोर्ट, सर जार्ज बर्डवुड तथा बेडन पोवल का योगदान एवं अन्य अंग्रेज प्रशासकों के प्रयास उल्लेखनीय हैं जिन्होंने भारत में ग्रामीण समाजशास्त्र की एक मजबूत नींव रखी। इनके अतिरिक्त, फ्रांसिस बुचानन ने 1800 में ईस्ट इण्डिया कम्पनी के तरफ से मद्रास, मैसूर, बिहार इत्यादि के अनेक ग्रामों एवं नगरों का सर्वेक्षण करके एक विस्तृत रिपोर्ट तैयार की।

ग्रामीण समाजशास्त्र के इस प्रसव काल में सरकारी प्रयास एवं प्रशासकों के निजी प्रयास ऐसे थे जिनमें भारत में ग्रामीण समाजशास्त्र की विषय-वस्तु एवं विषय-क्षेत्र के बारे में एक पृष्ठभूमि तैयार हुई। यद्यपि इन अध्ययनों में वैज्ञानिक पद्धति का प्रयोग नहीं किया गया, फिर भी इनसे जो आधारशिला विकसित हुई वह उल्लेखनीय कही जा सकती है। वास्तव में, इस काल में अधिकांश अध्ययन प्रशासकीय उद्देश्यों की प्राप्ति के लिए ही किए गए थे।

(2) ग्रामीण समाजशास्त्र का शैशव काल—भारत में ग्रामीण समाजशास्त्र के विकास के इस शैशव काल में प्रशासकों के अतिरिक्त वैज्ञानिकों, समाज-सुधारकों तथा सामाजिक कार्यकर्त्ताओं ने ग्रामीण समाज के बारे में अध्ययन करना प्रारम्भ किया। इन अध्ययनों का मुख्य उद्देश्य ग्रामीण समाज की समस्याओं को समझना था क्योंकि गाँवों की अर्थव्यवस्था दिन-प्रतिदिन बिगड़ती जा रही थी, राष्ट्रीय आन्दोलन उभर रहा था तथा बढ़ती हुई शिक्षा एवं बौद्धिक विकास के कारण अनेक विद्वान् ग्रामीण समाज को समझने में रुचि लेने लग गए थे। इस काल में हरबर्ट रिजले, डी० इबेट्सन, ई० बी० लूकस, डब्ल्यू० जार्ज ब्रिग्स तथा विलियम क्रुक इत्यादि विद्वानों ने गाँवों के बारे में महत्त्वपूर्ण अध्ययन किए। इन अध्ययनों ने प्रसव काल में जो ग्रामीण समाजशास्त्र की आधारशिला रखी गई थी उसे मजबूत करने का प्रयास किया तथा अपने किशोर काल में यह पूरी तरह से विकसित हो गया।

(3) ग्रामीण समाजशास्त्र का किशोर काल—प्रथम विश्व युद्ध ने विभिन्न समाजों में अनेक परिवर्तनों की शुरूआत की। भारतीय समाज इसका कोई अपवाद नहीं है। युद्ध के कारण भारत की अर्थव्यवस्था बिगड़ गई थी तथा ग्रामीण समाज पूरी तरह से अन्धविश्वास व समस्याओं से ग्रसित था। इस परिस्थिति में भारतीय ग्रामीण समाज को समझने के विधिवत् प्रयास प्रारम्भ हुए। आर्थिक जाँच बोर्डों ने इसके विकास में महत्त्वपूर्ण योगदान दिया है। कलकत्ता के 'भारतीय सांख्यिकी संस्थान' तथा शान्ति निकेतन के आस-पास के गाँवों का सर्वेक्षण 'विश्व भारती ग्रामीण पुनर्निर्माण मण्डल' ने किया था। इस काल में मैलकम डालिंग, जी० एस० घुरिये, वी० जी० रानाडे, जे० सी० कुमारप्पा, डी० आर० गाडगिल, जे० एच० हट्टन इत्यादि विद्वानों ने गाँवों के बारे में महत्त्वपूर्ण अध्ययन किए।

(4) ग्रामीण समाजशास्त्र का प्रौढ़ काल—1950 ई० के बाद भारतीय ग्रामीण समाजशास्त्र का प्रौढ़ काल प्रारम्भ होता है। स्वतन्त्रता प्राप्ति के पश्चात् भारतीय समाजशास्त्रियों एवं सामाजिक मानवशास्त्रियों ने सबसे अधिक रुचि गाँव के अध्ययन में ही ली है तथा सूक्ष्म एवं व्यापक दोनों प्रकार के अध्ययन किए हैं। इस काल में एस० सी० दुबे, एम० एन० श्रीनिवास, डी० एन० मजूमदार, राधाकमल मुकर्जी, मैकिम मेरियट, ए० आर० देसाई, ब्रजराज चौहान, डी० एन० दनागरे, योगेन्द्र सिंह, के० एल० शर्मा, योगेश अटल, एफ० जी० बेली, जी० एस० घुरिये, रामकृष्ण मुखर्जी इत्यादि विद्वानों ने ग्रामीण समुदायों के विभिन्न पक्षों का अध्ययन कर ग्रामीण समाजशास्त्र को एक सुदृढ़ आधार प्रदान किया है। भारतीय सरकार की ग्रामीण पुनर्निर्माण योजनाओं ने इन अध्ययनों को और अधिक प्रोत्साहित किया है।

भारत में आज ग्रामीण समाजशास्त्र स्नातक कक्षाओं के लिए B. Sc. (Agricultural Engineering), B. Sc. (Home Science), B. Sc. (Veterinary Science) B. Sc. (Agriculture) में अनिवार्य विषय है तथा इसे विशेषीकरण का प्रमुख विषय माना जाता है। भारत के अनेक विश्वविद्यालयों में स्नातक तथा स्नातकोत्तर कक्षाओं में 'ग्रामीण समाजशास्त्र' सामान्य समाजशास्त्र विषय में एक प्रश्न-पत्र के रूप में पढ़ाया जाता है। भारतीय समाजशास्त्रियों ने जितने अध्ययन किए हैं उनमें से सबसे अधिक गाँव के बारे में ही हैं।

आज भारत में ग्रामीण समाजशास्त्र के विकास के सन्दर्भ में निम्नांकित तथ्य अत्यन्त महत्त्वपूर्ण हैं—

(1) भारतीय ग्रामीण समाजशास्त्र आज एक अत्यन्त विकसित शाखा है जिसमें ग्रामीण समाज की विभिन्न संस्थाओं एवं समूहों का अध्ययन किया जाता है।

(2) भारतीय ग्रामीण समाजशास्त्र ग्रामीण वास्तविकताओं को तथा ग्रामीण समस्याओं को समझने एवं उनका समाधान करने में काफी सहायक रहा है।

(3) भारतीय ग्रामीण समाजशास्त्र अन्य शाखाओं की तुलना में अध्ययन की सबसे अधिक रुचि वाली शाखा है।

(4) भारतीय ग्रामीण समाजशास्त्र में वैज्ञानिक पद्धति द्वारा अध्ययन किए जा रहे हैं।

(5) भारतीय ग्रामीण समाजशास्त्र एक निरपेक्ष, सैद्धान्तिक एवं व्यावहारिक तथा आनुभविक विज्ञान के रूप में विकसित हो रहा है।

(6) भारतीय ग्रामीण समाजशास्त्र में सूक्ष्म एवं व्यापक दोनों प्रकार के अध्ययन हो रहे हैं।

ग्रामीण अध्ययन की इकाई

भारत में ग्रामीण समाजशास्त्र के जो अध्ययन हुए हैं, उनमें अध्ययन की विविध इकाइयों को अपनाया गया है। जिन इकाइयों का अध्ययन मुख्य रूप से किया गया है वे अग्रांकित हैं—

(1) एक गाँव के अध्ययन—एक गाँव के अध्ययन दो विभिन्न श्रेणियों के अन्तर्गत रखे जा सकते हैं। प्रथम समिष्टवादी (Holistic) तथा दूसरे गाँव के किसी विशेष पहलू से सम्बन्धित है। समिष्टवादी अध्ययन सम्पूर्ण गाँव के अध्ययन हैं। इसके उदाहरण निम्नलिखित हैं—

S. C. Dube, *Indian Village.*

D. N. Majumdar, *Caste and Communication in a Indian Village.*

B. R. Chauhan, *A Rajasthan Village.*

D. N. Majumdar, *Chhor Ka Ek Gaon.*

Chattopadhyay, *Ranjana : A Village in West Bengal.*

दूसरी श्रेणी अर्थात् जिसमें ग्रामीण जीवन के किसी एक पहलू को सामने रखकर अध्ययन किया जाता है, के उदाहरण इस प्रकार हैं—

W. H. Wiser, *The Hindu Jajmani System.*

F. G. Bailey, *Caste and Economic Frontier.*

M. S. A. Rao, *Urbanization and Social Change.*

(2) दो गाँवों के अध्ययन—अनेक समाजशास्त्रियों ने अपने अध्ययन में दो गाँवों को चुना है। इनमें सर्वप्रमुख हैं—

Yogesh Atal, *Changing Frontiers of Caste.*

S. C. Dube, *India's Changing Villages.*

(3) अनेक गाँवों के अध्ययन—कुछ विद्वानों ने अपने अध्ययन को एक अथवा दो गाँव तक ही सीमित न रखकर अनेक गाँवों को सामने रखा है। इस श्रेणी के प्रमुख उदाहरण निम्नलिखित हैं—

G. S. Ghurye, *Anatomy of a Rururban Community.*

T. R. Singh, *The Madiga*

Ramkrishna Mukherjee, *Six Villages of Bengal – A Sociological Economic Survey.*

भारत में ग्रामीण समाजशास्त्र का महत्त्व

ए० आर० देसाई का कहना है कि, "स्वतन्त्रता-प्राप्ति के पश्चात् ग्रामीण सामाजिक संगठन, संरचना, प्रकार्य तथा उद्‌विकास का क्रमबद्ध अध्ययन जरूरी ही नहीं अत्यन्त जरूरी हो गया है।"[27] ग्रामीण पुनर्निर्माण भारतीय सरकार का प्रमुख उद्देश्य रहा है ताकि ग्रामीण समाज से सम्बन्धित समस्याओं का समाधान करके एक शोषणरहित धर्मनिरपेक्ष समाजवादी राज्य बनाया

जाए। भारत में ग्रामीण समाजशास्त्र इसलिए आवश्यक तथा महत्त्वपूर्ण है क्योंकि भारत की दो-तिहाई से अधिक जनसंख्या गाँव में ही रहती है।

ए० आर० देसाई ने भारत में ग्रामीण समाज की आर्थिक, सामाजिक तथा सांस्कृतिक संरचना आदि के अध्ययन को अति आवश्यक बताते हुए इसके निम्नलिखित तीन कारणों का उल्लेख किया है—

(1) भारत एक कृषि प्रधान देश है। इसके लम्बे इतिहास, जटिल सामाजिक संगठन, धार्मिक जीवन, सांस्कृतिक प्रतिमान इत्यादि को अगर सही रूप में समझना है तो ग्रामीण भारत का अध्ययन करना जरूरी है।

(2) भारतीय ग्रामीण समाज भी आधुनिक युग के नवीन विचारों से पूरी तरह प्रभावित है इसलिए अगर विभिन्न सांस्कृतिक स्तरों, जादू-टोने से लेकर तार्किक दृष्टिकोण से अध्ययन करना है तो ग्रामीण समाज को समझना जरूरी है।

(3) अंग्रेजी राज में भारत की ग्रामीण सामाजिक-आर्थिक संरचना में महत्त्वपूर्ण परिवर्तन हुए जिनके परिणामस्वरूप गाँवों की आत्म-निर्भरता समाप्त हो गई। जजमानी व्यवस्था, संयुक्त परिवार, जाति व्यवस्था इत्यादि में परिवर्तन के कारण एक तरह से असन्तुलन सा पैदा हो गया है। ग्रामीण पुनर्निर्माण करने के लिए भारतीय गाँवों का पर्याप्त ज्ञान होना जरूरी है तथा ग्रामीण समाजशास्त्र इसमें सहायक हो सकता है।

भारतीय ग्रामीण समस्याओं के समाधान के लिए ग्रामीण समाजशास्त्र अत्यन्त महत्त्वपूर्ण विषय है क्योंकि ग्रामीण पुनर्निर्माण के लिए केवल आर्थिक शक्तियों का ही नहीं अपितु समाज में कार्यरत सामाजिक, विचारात्मक एवं अन्य शक्तियों का अध्ययन भी जरूरी है। ग्रामीण समाजशास्त्र में ग्रामीण समाज के क्रमबद्ध तथा वैज्ञानिक अध्ययनों से ग्रामीण पुनर्निर्माण में सहायता मिल सकती है।

ग्रामीण समाजशास्त्र के अध्ययन का उद्देश्य ग्रामीण व्यक्तियों के व्यवहार एवं ग्रामीण समाज को अधिकाधिक समझना है। अतः ग्रामीण समाजशास्त्र ग्रामीण व्यक्तियों के व्यवहार एवं अन्य अन्तर्क्रियाओं के अध्ययन में सहायक है। ग्रामीण समाजशास्त्र का अध्ययन व्यक्ति को स्वयं को, अपनी प्रकृति को एवं सामाजिक पर्यावरण को समझने में सहायता प्रदान करता है। इससे सामुदायिक विकास योजना के कार्यकर्ताओं को भी सहायता मिलती है। इसके अतिरिक्त, ग्रामीण समाजशास्त्र का अध्ययन निम्नलिखित कारणों से और भी अधिक महत्त्वपूर्ण हो जाता है—

(1) ग्रामीण समाजशास्त्र ग्रामीण पुनर्निर्माण में सहायक है। इससे ग्रामीण समस्याओं के बारे में विधिवत् ज्ञान प्राप्त किया जा सकता है तथा उनके समाधान के उपायों के बारे में सोचा जा सकता है।

(2) भारत गाँवों का देश है। भारत की कुल जनसंख्या का दो-तिहाई से अधिक भाग गाँवों में रहता है तथा ग्रामीण समाजशास्त्र ग्रामीण व्यक्तियों को समझने में सहायता प्रदान करता है।

(3) भारतीय गाँव संस्कृति के मूल स्रोत हैं। इसलिए अगर भारतीय संस्कृति को समझना है तो भी गाँव का अध्ययन करना जरूरी है।

(4) गाँव अध्ययन की मूल इकाई है। आज एक ओर नियोजित सामाजिक परिवर्तन की महत्ता बढ़ती जा रही है तो दूसरी ओर गाँव में रूढ़िवादिता तथा अन्धविश्वास के कारण कई सामुदायिक विकास कार्यक्रम असफल होते जा रहे हैं। ग्रामीण समाजशास्त्री ग्रामीण समाज में नियोजित परिवर्तन लाने में सहायता दे सकते हैं।

(5) भारत में ग्रामवासियों का प्रमुख व्यवसाय कृषि तथा इससे सम्बन्धित अन्य कार्य हैं। कृषकों की समस्याएँ कम होने की बजाय निरन्तर बढ़ती जा रही हैं। उनमें पाया जाने वाला असन्तोष उन्हें आन्दोलन करने पर विवश कर रहा है। वे कृषि द्वारा अपना जीवन-यापन करने में अनेक प्रकार की कठिनाइयों का सामना कर रहे हैं। ग्रामीण समाजशास्त्री कृषकों की समस्याओं को समझने में महत्त्वपूर्ण योगदान दे सकते हैं।

(6) भारतीय समाजशास्त्र वास्तव में ग्रामीण समाजशास्त्र ही है। अधिकांश जनसंख्या गाँवों में रहने के कारण अधिकांश अध्ययन भी गाँव के बारे में ही हुए हैं। स्वतन्त्रता-प्राप्ति के पश्चात् यद्यपि गाँवों के विकास में विशेष प्रगति हुई है, फिर भी पुनर्निर्माण का उद्देश्य पूर्ण रूप से सफल नहीं हो पाया है। ग्रामीण समाजशास्त्री सरकार को विभिन्न ग्रामीण कार्यक्रमों में विशेषज्ञ-सलाह दे सकते हैं।

(7) भारतीय ग्रामीण समाज में ग्राम पंचायतों द्वारा प्रजातान्त्रिक विकेन्द्रीकरण किया गया है। ग्राम पंचायतें अपने अधिकांश लक्ष्यों को पूरा करने में सफल नहीं हो पा रही हैं। ग्रामीण समाजशास्त्री पंचायतों की कार्य-प्रणाली की आलोचनात्मक समीक्षा कर इन्हें और अधिक उपयोगी एवं प्रभावशाली बनाने में सहायता प्रदान कर सकते हैं।

इस प्रकार, ग्रामीण तथा कृषि प्रधान देश होने के कारण भारत के लिए ग्रामीण समाज का अध्ययन अत्यन्त महत्त्वपूर्ण है। एम० एन० श्रीनिवास ने भारतीय समाज के सन्दर्भ में ग्रामीण समाजशास्त्र का महत्त्व इन शब्दों में व्यक्त किया है, "ऐसे अध्ययन हमारे देश में सामाजिक, राजनीतिक, आर्थिक एवं धार्मिक इतिहास के लिए बहुमूल्य योगदान दे सकते हैं।"[28]

सन्दर्भ-सूची

1. T. B. Bottomore, **Sociology : A Guide to Problems and Literature**, p. 13.
2. F. H. Giddings, **Inductive Sociology**, p. 9.
3. R. M. MacIver and C. H. Page, **Society : An Introductory Analysis**, p. v.
4. J. L. Gillin and J. P. Gillin, **Cultural Sociology**, p. 9.
5. Harry M. Johnson, **Sociology : A Systematic Introduction**, p. 2.

6. Max Weber, Quoted in Alex Inkeles, **What is Sociology ?**, pp. 6–7.
7. J. B. Chitambar, **Introductory Rural Sociology**, p. 12.
8. Bertrand and Associates, **Rural Sociology**, p. 8.
9. T. Lynn Smith, Quoted in Bertrand & Associates, Op. Cit., p. 8.
10. L. Nelson, **Rural Sociology**, p. 3.
11. Stuart Chapin, **Social Structure in Rural Society**, p. 7.
12. N. L. Sims, **Elements of Rural Sociology**, p. 13.
13. D. Sanderson, **Rural Sociology and Rural Social Organization**, p. 10.
14. John M. Gillettee, **Rural Sociology**, p. 6.
15. A. R. Desai, **Rural Sociology in India**, p. 5.
16. A. R. Desai, Op. Cit., p. 7.
17. A. R. Desai, Op. Cit., p. 8.
18. A. R. Desai, Op. Cit., p. 6.
19. Karl Pearson, **The Grammar of Science**, p. 10.
20. Karl Pearson, Op. Cit., pp. 12-13.
21. W. J. Goode and P. K. Hatt, **Methods in Social Research**, p. 7.
22. Stuart Chase, **The Proper Study of Mankind**, p. 6.
23. G. A. Lundberg, **Social Research**, p. 5.
24. M. R. Cohen and E. Nagel, **An Introduction to Logic and Scientific Method**, p. 195.
25. L. L. Bernard, **The Field and Method of Sociology**, p. 234.
26. L. Nelson, Op. Cit., p. 11.
27. A. R. Desai, Op. Cit., p. 1.
28. M. N. Srinivas, "Village Studies and their Significance" in D.N. Majumdar (ed.), **Rural Profiles**, p. 28.

2

ग्रामीण समाजशास्त्र की अवधारणाएँ

व्यक्ति समुदाय में रहकर ही अपना सामान्य जीवन व्यतीत करता है। उदाहरण के लिए, हम जिस गाँव या नगर में रहते हैं वह समुदाय ही है। सामान्य शब्दों में, व्यक्तियों के किसी भी संगठन को समुदाय कह दिया जाता है। परन्तु यह ठीक नहीं है। समाजशास्त्र में समुदाय शब्द का प्रयोग विशिष्ट अर्थ में किया जाता है। केवल व्यक्तियों का समूह ही समुदाय नहीं है। यह व्यक्तियों का एक ऐसा समूह है जोकि किसी निश्चित भू-भाग पर निवास करते हैं। समुदाय में ही सदस्यों का जन्म होता है, इसमें ही उनका सामान्य जीवन व्यतीत होता है तथा अन्ततः इसमें ही उनकी मृत्यु होती है।

समुदाय शब्द अंग्रेजी भाषा के 'कम्यूनिटी' शब्द का हिन्दी रूपान्तर है जोकि लैटिन भाषा के 'कॉम' तथा 'म्यूनिस' शब्दों से मिलकर बना है। लैटिन में कॉम शब्द का अर्थ एक साथ तथा म्यूनिस का सेवा करना है। अतः समुदाय का शाब्दिक अर्थ ही एक साथ सेवा करना है। समुदाय व्यक्तियों का वह समूह है जिसमें उनका सामान्य जीवन व्यतीत होता है। इसी आधार पर समुदाय समिति से भिन्न है। समुदाय के निर्माण के लिए व्यक्तियों के समूह में दो बातों का होना अनिवार्य है—

(1) निश्चित भू-भाग, तथा

(2) इसमें रहने वालों में सामुदायिक भावना का होना।

बोगार्डस के अनुसार, "समुदाय एक ऐसा सामाजिक समूह है जिसमें कुछ अंशों तक हम की भावना होती है तथा एक निश्चित क्षेत्र में निवास करता हैं।"[1] डेविस के अनुसार, "समुदाय सबसे छोटा वह क्षेत्रीय समूह है, जिसके अन्तर्गत सामाजिक जीवन के समस्त पहलू

आ सकते हैं।"[2] मैकाइवर तथा पेज के अनुसार, "जहाँ कहीं एक छोटे या बड़े समूह के सदस्य एक साथ रहते हुए उद्देश्य विशेष में भाग न लेकर सामान्य जीवन की मौलिक दशाओं में भाग लेते हैं, उस समूह को हम समुदाय कहते हैं।"[3] ऑगबर्न तथा निमकॉफ के अनुसार, "किसी सीमित क्षेत्र के अन्दर रहने वाले सामाजिक जीवन के सम्पूर्ण संगठन को समुदाय कहा जाता है।"[4] ग्रीन के अनुसार, "समुदाय संकीर्ण प्रादेशिक घेरे में रहने वाले उन व्यक्तियों का समूह है जो जीवन के सामान्य ढंग को अपनाते हैं। एक समुदाय एक स्थानीय क्षेत्रीय समूह है।"[5] मेन्जर के अनुसार, "वह समाज जो एक निश्चित भू-भाग में रहता है समुदाय कहलाता है।"[6]

अतः समुदाय की विभिन्न परिभाषाओं से यह स्पष्ट होता है कि समुदाय व्यक्तियों का एक विशिष्ट समूह है जोकि निश्चित भौगोलिक सीमाओं में निवास करता है। इसके सदस्य सामुदायिक भावना द्वारा परस्पर संगठित रहते हैं। समुदाय में व्यक्ति किसी विशिष्ट उद्देश्य की अपेक्षा अपनी सामान्य आवश्यकताओं की पूर्ति हेतु प्रयास करते रहते हैं।

समुदाय के आधार या तत्त्व

मैकाइवर तथा पेज ने समुदाय के निम्नलिखित दो आवश्यक तत्त्व बतलाये हैं—

(1) स्थानीय क्षेत्र—समुदाय के लिए एक अत्यन्त आवश्यक तत्त्व निवास स्थान या स्थानीय क्षेत्र का होना है। इसकी अनुपस्थिति में समुदाय जन्म नहीं ले सकता। क्षेत्र में निश्चितता होने के कारण ही वहाँ रहने वाले सदस्यों के मध्य घनिष्ठता, सहनशीलता तथा सामंजस्यता की भावना जाग्रत होती है।

(2) सामुदायिक भावना—सामुदायिक भावना की अनुपस्थिति में समुदाय की कल्पना ही नहीं की जा सकती। सामुदायिक भावना को 'हम की भावना' (We feeling) भी कहा जाता है। इस भावना का जन्म होने का कारण एक निश्चित क्षेत्र, सदस्यों के कार्य करने का सामान्य ढंग तथा प्रत्येक सदस्य का एक-दूसरे के दुःख व सुख से परिचित हो जाना है। दूसरे की खुशी उनकी खुशी व दूसरे का दुःख उनका स्वयं का दुःख होता है। वे अनुभव करते हैं कि 'हम एक हैं।' वस्तुतः यह एक ऐसी भावना है जो समुदाय से दूर चले जाने के बाद भी बनी रहती है।

किंग्स्ले डेविस ने भी समुदाय के दो आधारभूत तत्त्वों का विवेचन किया है—

(1) प्रादेशिक निकटता—सदैव ही कुछ स्थानों पर आवासों के गुच्छे पाए जाते हैं। किसी दूसरे समूह के व्यक्तियों की तुलना में व्यक्ति अपने समूह में ही अन्तर्क्रिया करना सरल समझते हैं। निकटता सम्पर्क को सुगम बनाती है। यह सुरक्षा की भावना भी प्रदान करती है तथा समूह के संगठन को सुविधाजनक बनाती है। बिना प्रादेशिक निकटता के किसी भी समुदाय की कल्पना तक नहीं की जा सकती है।

(2) सामाजिक पूर्णता—डेविस के अनुसार समुदाय सबसे छोटा प्रादेशिक समूह होता है। यह सामाजिक जीवन के समस्त पहलुओं का आलिंगन करता है। यह उन समस्त विस्तृत

संस्थाओं, समस्त दलों तथा रुचियों को सम्मिलित करता है जो समाज का निर्माण करती हैं। व्यक्ति अपना अधिकांश सामाजिक जीवन समुदाय में ही व्यतीत करता है।

सामुदायिक भावना के आवश्यक तत्त्व

सामुदायिक भावना के प्रमुख तत्त्व निम्नलिखित हैं—

(1) हम की भावना—यह सामुदायिक भावना का प्रमुख अंग है। इस भावना के अन्तर्गत सदस्यों में 'मैं' की भावना नहीं रहती है। लोग मानते हैं कि यह हमारा समुदाय है, हमारी भलाई इसी में है या यह हमारा दुःख है। सोचने तथा कार्य करने में भी हम की भावना साफ दिखाई देती है। इसके कारण सदस्य एक-दूसरे से अपने को बहुत समीप मानते हैं। इसी भावना के आधार पर कुछ वस्तुओं, स्थानों व व्यक्तियों को अपना माना जाता है व उनके साथ विशेष लगाव रहता है। यह भावना सामान्य भौगोलिक क्षेत्र में लम्बी अवधि तक निवास करने के कारण विकसित होती है।

(2) दायित्व की भावना—सदस्य समुदाय के कार्यों को करना अपना दायित्व समझते हैं। वे अनुभव करते हैं कि समुदाय के लिए कार्यों को करना, उसमें हिस्सा लेना, दूसरे सदस्यों की सहायता करना आदि उनका कर्तव्य एवं दायित्व है। इस प्रकार, सदस्य समुदाय के कार्यों में योगदान की भावना रखते हैं।

(3) निर्भरता की भावना—समुदाय का प्रत्येक सदस्य दूसरे सदस्य के अस्तित्व को स्वीकार करता है। वह स्वीकार करता है कि वह दूसरे सदस्यों पर निर्भर है। सदस्य का स्वयं का अस्तित्व समुदाय में पूर्णतः मिल जाता है। वह बिना समुदाय के अपना अस्तित्व नहीं समझता है। अन्य शब्दों में, सदस्य समुदाय पर ही निर्भर करता है।

समुदाय की प्रमुख विशेषताएँ

समुदाय की प्रमुख विशेषताएँ निम्नवर्णित हैं—

(1) व्यक्तियों का समूह—समुदाय निश्चित भौगोलिक क्षेत्र में निवास करने वाले व्यक्तियों का मूर्त समूह है। समुदाय का निर्माण एक व्यक्ति से नहीं हो सकता अपितु समुदाय के लिए व्यक्तियों का समूह होना आवश्यक है।

(2) सामान्य जीवन—प्रत्येक समुदाय में रहने वाले सदस्यों का रहन-सहन, भोजन का ढंग व धर्म सभी काफी सीमा तक सामान्य होते हैं। समुदाय का कोई विशिष्ट लक्ष्य नहीं होता है। समुदाय के सदस्य अपना सामान्य जीवन समुदाय में ही व्यतीत करते हैं।

(3) सामान्य नियम—जिन्सबर्ग ने इसे समुदाय की प्रमुख विशेषता माना है। समुदाय के समस्त सदस्यों के व्यवहार सामान्य नियमों द्वारा नियन्त्रित होते हैं। जब सभी व्यक्ति सामान्य नियमों के अन्तर्गत कार्य करते हैं तब उनमें समानता की भावना का विकास होता है। यह भावना समुदाय में पारस्परिक सहयोग की वृद्धि करती है।

(4) विशिष्ट नाम—प्रत्येक समुदाय का कोई न कोई नाम अवश्य होता है। इसी नाम के कारण ही सामुदायिक एकता का जन्म होता है। समुदाय का नाम ही व्यक्तियों में अपनेपन की भावना को प्रोत्साहित करता है।

(5) स्थायित्व—समुदाय चिरस्थाई होता है। इसकी अवधि व्यक्ति के जीवन से लम्बी होती है। व्यक्ति समुदाय में पैदा होते हैं, आते हैं तथा चले जाते हैं। परन्तु इसके बावजूद समुदाय का अस्तित्व बना रहता है। इसी कारण यह स्थायी संस्था है।

(6) स्वतः जन्म—समुदाय को विचारपूर्वक किसी विशिष्ट उद्देश्य की पूर्ति हेतु निर्मित नहीं किया जाता है। इसका स्वतः विकास होता है। जब कुछ लोग एक स्थान पर रहने लगते हैं तो अपनेपन की भावना का जन्म होता है। इससे समुदाय के विकास में सहायता मिलती है।

(7) निश्चित भौगोलिक क्षेत्र—समुदाय का एक निश्चित भौगोलिक क्षेत्र होता है। दूसरे शब्दों में यह कहा जा सकता है कि समुदाय के सभी सदस्य निश्चित भौगोलिक सीमाओं के अन्तर्गत ही निवास करते हैं।

(8) अनिवार्य सदस्यता—समुदाय की सदस्यता अनिवार्य होती है। यह व्यक्ति की इच्छा पर निर्भर नहीं करती। व्यक्ति जन्म से ही उस समुदाय का सदस्य बन जाता है जिसमें उसका जन्म हुआ है। सामान्य जीवन के कारण समुदाय से पृथक् रहकर व्यक्ति की आवश्यकताओं की पूर्ति नहीं हो सकती है।

(9) सामुदायिक भावना—सामुदायिक भावना ही समुदाय की नींव है। समुदाय के सदस्य अपने हितों की पूर्ति के लिए ही नहीं सोचते। वे सम्पूर्ण समुदाय का ध्यान रखते हैं। हम की भावना, दायित्व तथा निर्भरता की भावना (जोकि सामुदायिक भावना के तीन तत्त्व हैं) समुदाय के सभी सदस्यों को एक सूत्र में बाँधने में सहायता देती है।

(10) आत्म-निर्भरता—सामान्य जीवन एवं आवश्यकताओं की पूर्ति के कारण समुदाय में आत्म-निर्भरता पायी जाती है। प्राचीन समाजों में समुदाय काफी सीमा तक आत्म-निर्भर थे। परन्तु आज यह विशेषता प्रायः समाप्त हो गई है।

लघु समुदाय की अवधारणा

अनेक समाजशास्त्रियों ने ग्रामीण समुदायों का अध्ययन किया है। वास्तव में, भारत में अधिकतर समाजशास्त्रीय अध्ययन गाँवों में ही हुए हैं। अनेक समाजशास्त्रियों ने महत्त्वपूर्ण विचारों तथा अवधारणाओं को प्रस्तुत किया है जिनकी सहायता से ग्रामों का अध्ययन एवं विश्लेषण किया जा सकता है। गाँवों के अध्ययन में एक सबसे लोकप्रिय अवधारणा रोबर्ट रेडफील्ड की 'लघु समुदाय' की अवधारणा है। इनके अनुसार लघु समुदाय एक छोटा समुदाय है जिसमें समुदाय के सभी लक्षण स्पष्टतः देखे जा सकते हैं। यह एक बहु-चर्चित एवं अत्यधिक वाद-विवाद वाली अवधारणा रही है। इस अवधारणा का प्रतिपादन इन्होंने चानकोन नामक ग्राम के अपने अध्ययन के आधार पर किया है। इन्होंने लघु समुदाय को मानव जाति के निवास की

दृष्टि से अत्यन्त महत्त्वपूर्ण व्यवस्था माना है। यदि यह कहा जाए कि मानव जाति के सम्पूर्ण इतिहास में 'लघु समुदायों' का विशेष महत्त्व रहा है तो यह कोई अतिश्योक्ति नहीं होगी क्योंकि मानव प्रारम्भ से ही लघु समुदायों में निवास करता आया है। यही समुदाय मानव विकास के प्रमुख स्वरूप रहे हैं।

रेडफील्ड का कहना है कि लघु समुदाय का चयन इसलिए किया है क्योंकि यह मानव समग्र का एक प्रकार है जिसमें विचार शृंखला को विकसित करने तथा व्यक्तित्व, सभ्यता और साहित्य को समझने में सहायता मिलती है। इनके शब्दों में, "लघु समुदाय मानवता के समस्त इतिहास में मानव जीवन का सबसे प्रबल स्वरूप है।"[7]

रेडफील्ड के अनुसार, "व्यक्ति, जनता, राष्ट्र तथा सभ्यता मानवता के स्वरूप हैं जोकि अपने आप में पृथक् वर्ग हैं तथा प्रत्येक में समग्र की सभी विशेषताएँ पाई जाती हैं।"[8] लघु समुदाय भी इसी तरह अपने आप में सम्पूर्ण अथवा समग्र है। इनका कहना है कि, "लघु समुदाय उन प्रचलित एवं स्पष्ट स्वरूपों का दूसरा रूप है जिसमें मानवता सुगमता से हमारे सामने परिलक्षित होती है। विश्व के समस्त भागों और समस्त मानव इतिहास में लघु समुदाय हैं और रहे हैं।"[9]

रेडफील्ड ने लघु समुदाय की कोई औपचारिक परिभाषा नहीं दी है अपितु इसकी चार प्रमुख विशेषताओं का उल्लेख किया है जो न्यूनाधिक सभी लघु समुदायों में पाई जाती है।

लघु समुदाय की विशेषताएँ

रेडफील्ड ने लघु समुदाय की निम्नलिखित चार विशेषताएँ बताई हैं—

(1) विशिष्टता (Distinctiveness);

(2) लघुता (Smallness);

(3) सजातीयता (Homogeneity); तथा

(4) आत्म-निर्भरता (Self-sufficiency)।

(1) विशिष्टता—लघु समुदाय की प्रथम विशेषता विशिष्टता है। विशिष्टता निश्चित भू-भाग से सम्बन्धित है। रेडफील्ड का कहना है कि, "समुदाय कहाँ से प्रारम्भ होता है तथा कहाँ समाप्त होता है, यह स्पष्ट है। बाहरी अवलोकनकर्ता को समुदाय के व्यक्तियों की समूह के प्रति जागरूकता से विशिष्टता स्पष्ट दिखाई देती है।"[10]

लघु समुदायों के सदस्यों का रहन-सहन, खान-पान एवं जीवन-पद्धति विशिष्ट प्रकार की होती है। यह नगरीय समुदायों से पूर्णतः भिन्न होती है। इनके सदस्य इस विशिष्टता को बनाए रखना अपना गौरव मानते हैं।

(2) लघुता—लघु समुदाय की दूसरी विशेषता, जैसा कि नाम से स्पष्ट है, लघुता है। समुदाय इतना छोटा है कि या तो यह व्यक्ति अवलोकन की स्वयं एक इकाई है अथवा विस्तृतता

एवं सजातीयता के कारण समग्र का प्रतिनिधित्व करना है। 4,000 की आबादी का भारतीय लाटिन-अमेरिकी समुदाय का अध्ययन इसके एक हिस्से पर ही ध्यान केन्द्रित करके किया जा सकता है।

यद्यपि इन समुदायों की जनसंख्या निर्धारित नहीं की जा सकती है तथापि यह इतनी होती है कि सदस्यों के बीच प्राथमिक व प्रत्यक्ष वैयक्तिक सम्बन्धों की स्थापना सम्भव हो जाती है। अगर ऐसा नहीं है तो उन्हें लघु समुदाय नहीं कहा जा सकता।

(3) सजातीयता—लघु समुदाय की तीसरी विशेषता सजातीयता अथवा एकरूपता है। समान आयु, लिंग स्थितियों के अनुसार सदस्यों की क्रियाओं तथा मस्तिष्क की अवस्थाएँ पर्याप्त सीमा तक एक जैसी होती हैं तथा एक पीढ़ी अपने पूर्व रूप की बातें दोहराती हैं। इस प्रकार, लघु समुदाय के व्यक्तियों के सामाजिक व्यवहार में पूर्ण रूप से समानता पाई जाती है।

(4) आत्म-निर्भरता—लघु समुदाय की चौथी विशेषता यह है कि यह अपने लोगों की अधिकांश अथवा करीब-करीब सभी आवश्यकताओं की पूर्ति करता है। रेडफील्ड का कहना है कि, "लघु समुदाय में जन्म से मृत्यु तक की व्यवस्था निहित होती है।"[11]

लघु समुदाय की चार विशेषताएँ अर्थात् विशिष्टता, लघुता, सजातीयता और आत्म-निर्भरता आदिम गाँवों में देखी जा सकती हैं। रेडफील्ड ने 37 गाँवों का अध्ययन करके इस बात पर बल दिया कि ये चारों विशेषताएँ लघु समुदाय की अवधारणा को समझने के लिए अनिवार्य हैं, परन्तु ये सभी गाँवों में समान रूप से नहीं पाई जाती हैं। इनके प्रभाव की सीमा में थोड़ा-बहुत अन्तर हो सकता है। होल्मबर्ग द्वारा वर्णित बोलोवियन जंगलों में रहने वाले सीरोनो इन्डियन बैंड, कार्ल नीकुल द्वारा वर्णित स्कोल्ट लैप समुदाय, ईवांस प्रिचार्ड द्वारा वर्णित न्यूर जनजाति आत्म-निर्भर लघु समुदाय के ही कुछ उदाहरण हैं। यूकातान का माया इन्डियन गाँव भी लघु समुदाय का ही उदाहरण है।

एम॰ एन॰ श्रीनिवास के अनुसार आत्म-निर्भरता भारतीय गाँवों का भी एक प्रमुख लक्षण है। इनके शब्दों में, "आज भी गाँव काफी सीमा तक आत्म-निर्भर है।"[12] इसीलिए भारतीय गाँवों को लघु समुदाय के रूप में समझा जा सकता है।

रेडफील्ड का कहना है कि लघु समुदाय, समुदायों में ही एक समुदाय (Community within community) है। सीरीनो इन्डियन बैंड का उदाहरण देते हुए इसे अगले पृष्ठ पर निर्मित चित्रों द्वारा समझाया जा सकता है—

उपर्युक्त विवेचन से स्पष्ट हो जाता है कि लघु समुदाय गाँवों का विश्लेषण करने तथा उन्हें समझने के लिए प्रयोग की जाने वाली एक अवधारणा है। लघु समुदाय छोटे आकार के विशिष्ट भू-भाग वाले समुदाय होते हैं जिनकी सामाजिक संरचना एक विशेष प्रकार के व्यक्तित्व के विकास में तथा समान दृष्टिकोण विकसित करने में सहायक होती है।

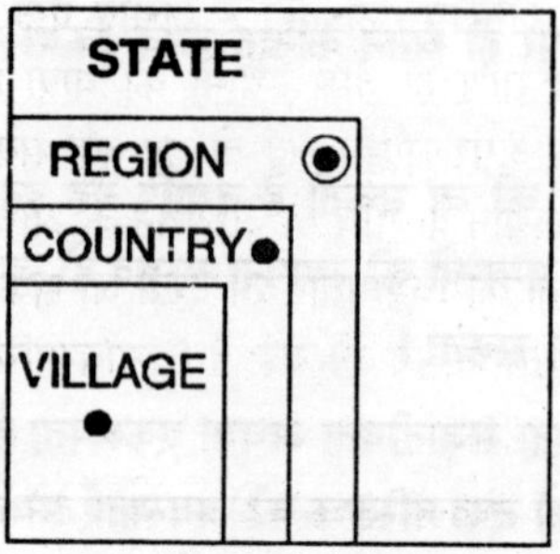

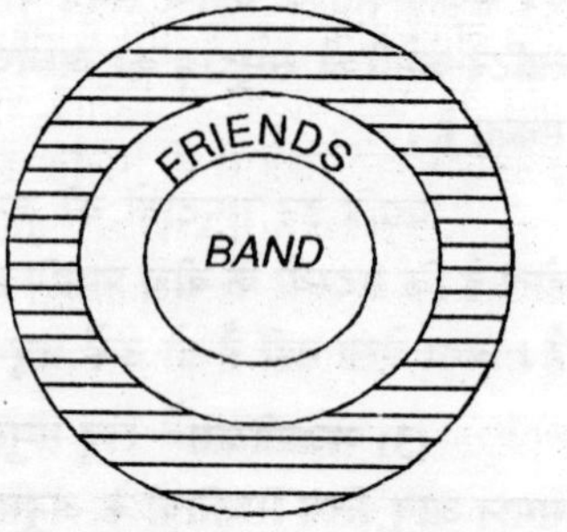

Sirino Band

भारतीय समाज के सन्दर्भ में लघु समुदाय की अवधारणा की समीक्षा

भारतीय गाँवों के प्रारम्भिक अध्ययनों में भी (जोकि अनेक विदेशी समाजशास्त्रियों तथा सामाजिक मानवशास्त्रियों द्वारा हुए हैं) लघु समुदाय की अवधारणा का प्रयोग किया गया है तथा यह जानने का प्रयास किया गया है कि यह अवधारणा इन गाँवों के अध्ययनों में कहाँ तक सहायक है? अधिकांश विदेशी विद्वानों ने भारतीय ग्रामीण समुदायों को लघु समुदाय ही कहा है क्योंकि इनमें लघु समुदाय की सभी विशेषताएँ स्पष्टतः देखी जा सकती हैं।

अगर भारतीय गाँव पर हुए अध्ययनों को देखें तो अनेक विद्वानों ने इन्हीं विशेषताओं पर बल दिया है। आत्म-निर्भरता एक ऐसी विशेषता रही है जिस पर काफी वाद-विवाद हुआ है। आत्म-निर्भरता का अर्थ है कि व्यक्तियों की अधिकांश आवश्यकताएँ लघु समुदाय में ही पूरी हो जाती हैं। सर चार्ल्स मेटकॉफ ने भारतीय गाँवों के बारे में तो यहाँ तक कहा है कि भारतीय ग्राम समुदाय एक प्रकार के छोटे-छोटे गणराज्य की तरह हैं जहाँ जरूरत की सभी चीजें उपलब्ध हैं। वे बाहरी सम्बन्धों से भी स्वतन्त्र हैं। सर हेनरी मेन ने गाँवों की अनाशवान प्रकृति की चर्चा की है कि चाहे कितनी ही क्रान्तियाँ अथवा विजय हों लेकिन गाँव के जीवन पर इसका कोई प्रभाव नहीं पड़ता है। कार्ल मार्क्स ने भी गाँव की आत्म-निर्भरता पर बल दिया है कि भारतीय एवं अन्य ऐशियाई समाजों के गाँवों की अपरिवर्तनीयता का मुख्य कारण आत्म-निर्भरता है।

एम० एन० श्रीनिवास, मैकिम मेरियट, डी० एन० मजूमदार, एस० सी० दुबे तथा बी० आर० चौहान इत्यादि विद्वानों ने लघु समुदाय की अवधारणा द्वारा भारतीय गाँवों को समझने का प्रयास किया है। भारतीय गाँव लघु आकार के हैं तथा इनमें रहने वालों में प्रत्यक्ष व प्राथमिक सम्बन्ध पाए जाते हैं। श्रीनिवास के शब्दों में, "भारत में प्रत्येक गाँव एक दृढ़ लघु समुदाय है जिसमें प्रत्येक व्यक्ति एक-दूसरे से परिचित होता है।"[13] इन्होंने भी गाँवों को काफी सीमा तक आत्म-निर्भर बताया है।

दूसरी तरफ, अनेक विद्वानों ने यह सन्देह प्रकट किया है कि कभी गाँव आत्म-निर्भर रहे हैं? कुछ ऐसी आवश्यकताएँ है जिन्हें गाँव में ही पूरा करना कठिन है। उदाहरणार्थ, नमक

तथा लोहा दोनों वस्तुएँ गाँव में नहीं पाई जाती हैं। गाँव अन्तःविवाही नहीं हैं अर्थात् एक ही गाँव के लड़के-लड़की में विवाह बहुत कम होता है तथा साथ ही तीर्थ स्थानों की यात्रा का उल्लेख काफी पहले से ही मिलता है। इन सब कारणों को अगर सामने रखें तो यह कह सकते हैं कि गाँव आत्म-निर्भर नहीं थे। ब्रज राज चौहान[14] ने राजस्थान के गाँव के अध्ययन के आधार पर यह तर्क दिया है कि, आज गाँव में विशिष्टता तथा लघुता की विशेषताएँ तो देखी जा सकती हैं परन्तु सजातीयता तथा आत्म-निर्भरता की विशेषताएँ समाप्त सी हो गई हैं। व्यावसायिक अनेकता के कारण विचारों में समानता नहीं रही है।

रेडफील्ड परामर्श देता है कि हमें ऐसे समुदायों को शृंखला के रूप में मान्यता देने की आवश्यकता है जोकि उसकी नगर, जागीर, राष्ट्रीय अवस्था अथवा जीवन के अन्य विकसित रूप अथवा केन्द्र से उनकी स्वतन्त्रता की मात्रा के अनुसार मान्यता प्रदान करे।

कृषक समाज की अवधारणा

ग्रामीण समुदायों के अध्ययनों में 'लघु समुदाय' की अवधारणा की तरह एक अन्य अवधारणा का भी प्रयोग किया गया है जिसे 'कृषक समाज' कहा जाता है। क्योंकि गाँवों में अधिकांशतः कृषक ही निवास करते हैं तथा कृषि उनकी प्रमुख जीवन-पद्धति होती है, इसीलिए गाँवों को कृषक समाज कहा गया है।

रोबर्ट रेडफील्ड ने ग्रामीण समुदाय के विश्लेषण के लिए अन्य अवधारणा को सामने रखा। यह अवधारणा 'कृषक समाज' की है। इस अवधारणा का सर्वप्रथम प्रयोग उन्होंने अपने 'टेपोजलान' (Tapoztlon) के अध्ययन में किया। आज अनेक अन्य समाजशास्त्रियों ने इस अवधारणा द्वारा अपने अध्ययन करके इसे और अधिक परिष्कृत करने में सहायता प्रदान की है। कृषक समाज की अवधारणा को समझने से पहले यह जान लेना जरूरी है कि कृषक किसे कहते हैं ? फिर्थ के अनुसार, "लघु उत्पादकों को यह समाज जोकि केवल अपने निर्वाह के लिए ही खेती करता है,"[15] कृषक कहा जा सकता है। रेडफील्ड के अनुसार, "कृषक उन्हें कहा जा सकता है जोकि खेती अपने निर्वाह के लिए करते हैं, कृषि ही उनके जीवन का आधार है तथा इसका उद्देश्य व्यापार अथवा मुनाफा नहीं है। हम ऐसा कह सकते हैं कि वह कृषि करने वाले जोकि कृषि पुनर्लागत के लिए तथा व्यापार के लिए करते हैं तथा जमीन को पूँजी समझते हैं वह कृषक नहीं अपितु फार्मर (Farmer) कहलाता है।"[16] यह शब्द वास्तव में इरिक वोल्फ ने कहे थे जिन्हें रेडफील्ड वैसे का वैसा ही स्वीकार कर लेते हैं।

इस प्रकार, हम यह कह सकते हैं कि कृषक वह है जोकि अपने उपभोग के लिए कृषि करता है न कि व्यापार के लिए या बेचने के लिए फसल उगाता है। जो व्यापार के लिए कृषि करता है उसे फार्मर (Farmer) कहा जा सकता है।

रेडफील्ड ऐसे कृषक की बात करते हैं जोकि भूमि के छोटे से टुकड़े का मालिक है तथा इससे परम्परा एवं भावनाओं द्वारा जुड़ा हुआ है। जमीन तथा वह एक ही वस्तु के दो हिस्से हैं, इन दोनों में प्रचलित सम्बन्धों की व्यवस्था पाई जाती है। वह कृषकों को पुरानी सभ्यताओं का

ग्रामीण पहलू के रूप में देखता है। रेडफील्ड के शब्दों में, "कृषक समाज का तात्पर्य उन ग्रामवासियों से है जो जीवन-निर्वाह के लिए भूमि पर नियन्त्रण बनाए रखते हैं तथा उसे जोतते हैं, कृषि जिनके जीवन का एक ढंग है, जो ग्रामीण उन नगरीय लोगों की ओर देखते हैं एवं उनसे प्रभावित होते हैं जिनके जीवन का ढंग उन्हीं के समान होते हुए भी उनसे कुछ अधिक सभ्य होता है।"[17]

रेडफील्ड की परिभाषा से निम्नांकित बातें स्पष्ट होती हैं—

(1) कृषक समाज में कृषकों द्वारा खेती करना उनका जीवन-निर्वाह का एक ढंग होता है।

(2) कृषक समाज में सदस्यों का जीवन-निर्वाह का ढंग सामान्य होता है।

(3) कृषक अन्य व्यवसायों व आर्थिक स्थिति वाले व्यक्तियों से भी सम्बन्ध रखते हैं।

(4) कृषकों की अर्थव्यवस्था का मौलिक स्रोत भूमि है।

क्रोबर का भी यही कहना है कि कृषक निश्चित रूप से ग्रामीण हैं यद्यपि वे व्यापारी कस्बों के नजदीक रहते हैं। वे संस्कृति तथा समाज का एक हिस्सा हैं। वे सामान्य सभ्य जीवन का ग्रामीण पहलू हैं। कृषक समाज का अर्थ कृषकों की प्रधानता वाले ग्रामीण समुदायों से है। इनके शब्दो में, "कृषक समाज मध्यवर्ती स्थिति में है; इसके एक ओर जनजातीय समाज है तो दूसरी ओर नगरीय समाज है।"[18]

कृषक समाज की प्रमुख विशेषताएँ

कृषक तथा कृषक समाज की अवधारणाओं के स्पष्टीकरण से कृषक समाज की अनेक प्रमुख विशेषताएँ भी स्पष्ट हो जाती हैं। किसी भी कृषक समाज में निम्नांकित प्रमुख विशेषताएँ पाई जाती हैं—

(1) कृषक समाज कृषकों की प्रधानता वाला समाज है।

(2) कृषक समाज अपेक्षाकृत सजातीय (Homogeneous) समाज है।

(3) कृषक समाज के सदस्यों की आजीविका का मुख्य स्रोत भूमि है। वे भूमि पर नियन्त्रण रखते हैं तथा इसे जोतते हैं।

(4) कृषक समाज में थोड़ी-बहुत आर्थिक असमानता हो सकती है परन्तु यह अपेक्षाकृत एक स्तरीकरणविहीन (अस्तरीकृत) एवं अविभेदीकृत समुदाय होता है।

(5) कृषक समाज नगरीय व जनजातीय समाजों से भिन्न है यद्यपि वह इनमें रहने वालों से अनेक क्षेत्रों में निरन्तर प्रभावित होता रहता है।

(6) आर्थिक दृष्टि से कृषक समाज अन्य समाजों से पूर्णतः भिन्न है।

(7) कृषक समाज की एक भिन्न अपितु विशिष्ट संस्कृति होती है। यह परम्परागत होती है तथा इसमें किसी भी प्रकार के परिवर्तन को प्रोत्साहन नहीं दिया जाता है।

(8) कृषक समाज में परिवार उत्पादन एवं उपभोग की एक महत्त्वपूर्ण इकाई होता है।

कृषक समाज समाजों के एक हिस्से के रूप में

कृषक समाज का बाह्य व्यक्तियों तथा संस्थाओं से सम्बन्ध इतना अधूरा है कि इस व्यवस्था को सामाजिक संरचना नहीं कहा जा सकता। भारतीय गाँव के बारे में भी मेरियट का यही कहना है कि एक गाँव के व्यक्ति का सम्बन्ध अपने गाँव की अपेक्षा अन्य गाँवों के व्यक्तियों के साथ काफी सुदृढ़ है। कृषक समुदाय, जोकि नगरों से अधिक दूरी पर स्थित है बिना अभिजात वर्ग (Elite class) के भी हो सकते हैं। परन्तु ऐसा बहुत कम होता है।

कृषक समाज के व्यक्तियों के पारस्परिक सम्बन्ध व्यक्तिगत तथा काफी सुदृढ़ हैं। परन्तु सभ्यता के विकास के साथ-साथ सम्बन्धों की महत्ता कम होती जा रही है। कृषक समाज एक तरह से स्थिर समाज है तथा व्यक्तियों का जीवन प्राकृतिक जीवन है क्योंकि प्रकृति से उनका प्रत्यक्ष सम्बन्ध है। कृषक बड़े परिश्रमी व्यक्ति हैं।

कृषक समाज की संस्कृति

कृषक समाजों की संस्कृति पूर्ण रूप से स्वतन्त्र (Autonomous) नहीं है अपितु उस सभ्यता की, जिसका यह हिस्सा है, की ही एक अवस्था है। क्योंकि कृषक समाज भी अधूरा समाज है इसलिए कृषक संस्कृति भी अधूरी संस्कृति है। कृषक समाज के व्यक्ति का आध्यात्मिक, धार्मिक तथा नैतिक जीवन अधूरा है। वृहत् परम्पराओं तथा लघु परम्पराओं में कृषक समाजों में अन्तर करना बड़ा कठिन है। कृषक समाजों का अध्ययन परम्परा के सामाजिक संगठन पर ध्यान केन्द्रित किए बिना नहीं किया जा सकता।

कृषकों में तीन प्रमुख मनोवृत्तियाँ पाई जाती हैं—

(1) जमीन से घनिष्ठ सम्बन्ध;

(2) यह विचार कि कृषि एक अच्छा कार्य है, जबकि व्यापार अच्छा नहीं है; तथा

(3) जीवन-निर्वाह के लिए ही उत्पादन पर महत्त्व।

कृषक समाज, समाज का एक हिस्सा है, दूसरा हिस्सा विशिष्टजन (Elites) हैं। विशिष्टजन उन्हें कहा जाता है जिनका आर्थिक, सामाजिक तथा राजनीतिक स्तर अन्य व्यक्तियों की अपेक्षा ऊँचा है, नगरों के साथ अधिक सम्पर्क है तथा अधिक जागरूक एवं संगठित हैं।

अनेक विद्वानों ने इस अवधारणा का आलोचनात्मक मूल्यांकन करते हुए कहा है कि रेडफील्ड के लिए फार्मर का कृषक समाजों में कोई अस्तित्व नहीं है, जबकि वास्तविकता बिलकुल इसके विपरीत है। इसके अतिरिक्त, कुछ गैर-कृषक (Non-peasant) व्यक्ति प्रत्येक समुदाय में पाए जाते हैं जिसके बारे में रेडफील्ड ने कुछ भी नहीं कहा है।

भारतीय सन्दर्भ में कृषक समाज की अवधारणा की उपयुक्तता

भारत एक कृषि-प्रधान देश है तथा इसकी तीन-चौथाई जनसंख्या गाँवों में निवास करती है। ग्रामवासी किसी न किसी रूप में कृषि से प्रत्यक्ष या अप्रत्यक्ष जुड़े हुए होते हैं। इसलिए

कुछ विद्वानों ने भारतीय समाज को भी एक कृषक समाज कहा है। परन्तु आन्द्रे बेतेई[19] ने इसे अस्वीकार करते हुए इस बात पर बल दिया है कि भारतीय ग्रामीण समुदायों को हम 'कृषक समुदाय' या 'कृषक समाज' नहीं कह सकते हैं। इनके अनुसार सम्पूर्ण भारतीय कृषि संरचना अनेक प्रकार के समूहों तथा उनमें पाए जाने वाले सम्बन्धों से निर्मित होती है। भारतीय गाँवों में एक ओर जातीय संस्तरण है तो दूसरी ओर कृषि सम्बन्धी संस्तरण पाया जाता है जोकि कृषक समाज में नहीं पाया जाता है। अतः सम्पूर्ण भारतीय ग्रामीण समाज को कृषक समाज कहना उचित नहीं है। केवल कुछ गिने-चुने गाँव 'कृषक समाज' के लक्षण परिलक्षित करने वाले हो सकते हैं।

कृषक समाज नगरीय व जनजातीय समाज के बीच की कड़ी है परन्तु यह कोई अवशिष्ट श्रेणी (Residual category) नहीं है। हमारे समाज में एक सुस्पष्ट कृषि संस्तरण पाया जाता है। अतः कृषक समाज की विवेचना में सामाजिक-सांस्कृतिक विशेषताओं की अनदेखी नहीं की जा सकती। बेतेई का कहना है कृषक केवल भू-पति ही नहीं है अपितु भारतीय सन्दर्भ में किराये पर भूमि को जोतने वाला अथवा एक श्रमिक के रूप में भूमि पर श्रम करने वाला भी कृषक हो सकता है। कृषकों की वास्तविक स्थिति अन्य समूहों (कुलीन वर्ग को छोड़ कर) से उच्च नहीं होती है। भारत में कृषक आर्थिक शोषण का शिकार रहे हैं। कृषक समाज की अवधारणा भारतीय गाँवों के विश्लेषण में निम्नांकित कारणों से अधिक उपयुक्त नहीं है—

(1) भारतीय गाँव कृषक समाज की तरह सजातीय नहीं हैं क्योंकि उनमें विभिन्न जातियों, धर्मों व सामाजिक-सांस्कृतिक मान्यताओं वाले व्यक्ति निवास करते हैं।

(2) कृषक समाज में अकृषकों (विशेषतः कुलीन वर्ग) का कोई स्थान नहीं होता क्योंकि वे नगरों में रहते हैं। परन्तु भारत में ऐसा नहीं है। भारतीय ग्रामीण समुदायों में अभिजात वर्ग विद्यमान रहे हैं, वे आज भी हैं तथा गाँवों में उनकी भूमिका को अनदेखा नहीं किया जा सकता है।

(3) भारतीय गाँव अविभेदीकृत तथा अस्तरीकृत नहीं हैं। इसलिए उन्हें कृषक समाज नहीं कहा जा सकता है।

(4) भारतीय गाँवों में जटिल जातीय संरचना पाई जाती है जो किसी प्रकार की कृषक संस्कृति को विकसित नहीं होने देती।

संस्कृति की अवधारणा

मनुष्य एक सामाजिक प्राणी है। मजूमदार ने तो संस्कृति को ही मनुष्य का जीवन माना है। मनुष्य अपनी आवश्यकताओं की पूर्ति संस्कृति के माध्यम से करते हैं। संस्कृति में धर्म, कला, विज्ञान, विश्वास, रीति-रिवाज, रहन-सहन तथा मानव द्वारा निर्मित सभी वस्तुएँ सम्मिलित की जाती हैं। ये वस्तुएँ सांस्कृतिक पर्यावरण कहलाती हैं। भौगोलिक पर्यावरण के विपरीत सांस्कृतिक पर्यावरण मानव निर्मित होता है। प्रत्येक समाज की अपनी सामूहिक जीवन प्रणाली होती है। उसकी कला, विश्वास, ज्ञान आदि विशेष ढंग के होते हैं जिसे हम सामान्य अर्थों में

संस्कृति के अन्तर्गत रख सकते हैं। मनुष्य ने अपनी आवश्यकताओं की पूर्ति के लिए अनेक साधनों का निर्माण किया है। इन साधनों को दो प्रमुख रूपों में बाँटा जा सकता है—भौतिक तथा अभौतिक। दोनों का सम्बन्ध संस्कृति से ही है।

संस्कृति का अर्थ एवं परिभाषाएँ

संस्कृति शब्द दो शब्दों से मिलकर बना है—'सम' तथा 'कृति'। 'सम' उपसर्ग का अर्थ है 'अच्छा' तथा 'कृति' शब्द का अर्थ है 'करना'। इस अर्थ में यह 'संस्कार' का समानार्थक है। हिन्दू जीवन में जन्म से मृत्यु तक अनेक संस्कार होते हैं जिससे जीवन परिशुद्ध होता है। व्यक्ति की आन्तरिक व बाह्य क्रियाएँ संस्कारों के अनुसार ही होती हैं। अंग्रेजी का 'कल्चर' (Culture) शब्द लैटिन भाषा के 'Colere' शब्द से बना है जिसका अर्थ जोतना अथवा भूमि पर हल चलाना (To cultivate, to till the soil) है। मध्यकाल में इस शब्द का प्रयोग फसलों के उत्तरोत्तर परिमार्जन (Progressive refinement) के लिए किया जाता था। इसी से खेती करने की कला के लिए कृषि (Agriculture) शब्द बना है। परन्तु अठारहवीं तथा उन्नीसवीं शताब्दियों में इस शब्द का प्रयोग व्यक्तियों के परिमार्जन के लिए भी किया जाने लगा। जो व्यक्ति परिष्कृत अथवा पढ़ा-लिखा था, उसे सुसंस्कृत कहा जाता था। इस युग में यह शब्द अभिजात वर्गों (Aristocratic classes) के लिए प्रयोग होता था जिन्हें असंस्कृत (Uncultured) जन साधारण से अलग किया जाता था। जर्मन के 'कल्चर' ('Kultur') शब्द का प्रयोग आज भी सभ्यता के उच्च शिखर पर पहुँचने के लिए किया जाता है। परन्तु सामाजिक विज्ञानों में यह शब्द इस अर्थ में प्रयोग नहीं किया जाता है।

वस्तुतः संस्कृति एक जटिल अवधारणा है। इसे एक ऐसी व्यवस्था माना जा सकता है जिसमें व्यवहार के ढंग, भौतिक तथा अभौतिक प्रतीक, परम्पराएँ, ज्ञान, विश्वास, अविश्वास आदि सन्निहित होते हैं। संस्कृति सदैव एक ऐसी वस्तु है जिसे अपनाया जा सके, जिसका उपयोग किया जा सके, जिस पर विश्वास हो, जिस पर अनेक व्यक्तियों का अधिकार हो तथा जो अपने अस्तित्व को बनाए रखने के लिए सम्पूर्ण समूह के जीवन पर निर्भर करती हो।

टॉयलर के अनुसार, "संस्कृति वह जटिल समग्रता है, जिसमें ज्ञान, विश्वास, कला, आचार, कानून, प्रथा और ऐसी ही दूसरी क्षमताओं और आदतों का समावेश रहता है, जिसे मानव समाज के सदस्य होने के रूप में प्राप्त करता है।"[20] बीरस्टीड के अनुसार, "संस्कृति एक जटिल सम्पूर्णता है जिसमें वे सभी ढंग सम्मिलित हैं जिन पर हम विचार करते हैं व कार्य करते हैं और वह सब कुछ जो समाज के सदस्य होने के नाते हम अपने पास रखते हैं।"[21] मैलिनोव्स्की के अनुसार, "संस्कृति प्राप्त आवश्यकताओं की एक व्यवस्था और उद्देश्यपूर्ण क्रियाओं की संगठित व्यवस्था है।"[22] मैकाइवर एवं पेज के अनुसार, "संस्कृति हमारे नित्य प्रतिदिन के रहन-सहन, साहित्य, धर्म, कला, मनोरंजन तथा आनन्द में पाए जाने वाले विचारों के ढंग में हमारी प्रकृति की अभिव्यक्ति है।"[23]

संस्कृति की विभिन्न परिभाषाओं से स्पष्ट हो जाता है कि इसमें दैनिक जीवन में पाई जाने वाली समस्त वस्तुएँ आ जाती हैं। यह अर्जित व्यवहारों की वह व्यवस्था है जिसका प्रयोग विशिष्ट समाज के द्वारा होता है। मनुष्य भौतिक, मानसिक तथा प्राणिशास्त्रीय रूप में जो कुछ पर्यावरण से सीखता है उसी को संस्कृति कहा जाता है। संस्कृति में समस्त रीति-रिवाज, प्रथाएँ, रूढ़ियाँ आदि आ जाती हैं चाहे वे कल्याणकारी हों अथवा न हों।

संस्कृति की प्रमुख विशेषताएँ

संस्कृति की विभिन्न परिभाषाओं से इसकी कुछ प्रमुख विशेषताओं का भी आभास होता है, जिनमें से प्रमुख निम्नलिखित हैं—

(1) हस्तान्तरणशील—संस्कृति की प्रकृति चाहे भौतिक हो या अभौतिक, दोनों ही प्रकार की संस्कृति एक पीढ़ी से दूसरी पीढ़ी को हस्तान्तरित होती रहती है।

(2) सीखा हुआ व्यवहार—संस्कृति की अवधारणा सामूहिक अवधारणा है। व्यक्ति जन्म से लेकर मृत्यु तक सीखता रहता है। इस समाजीकरण की प्रक्रिया के मध्य व्यक्ति समाज के धर्म, आचार, कला, परम्पराओं आदि को सीखता है। इसलिए समाजशास्त्रियों ने संस्कृति को सीखा हुआ गुण, व्यवहार या सामाजिक विरासत माना है।

(3) आदर्शात्मक—संस्कृति का निर्माण सामूहिक आदतों एवं व्यवहार करने के तरीकों से होता है। इसमें समूह के आदर्श-नियम मिश्रित रहते हैं। इसी कारण, संस्कृति की प्रकृति आदर्शात्मक हो जाती है। प्रत्येक व्यक्ति अपनी संस्कृति के अनुसार व्यवहार करता है।

(4) सामाजिक गुण—संस्कृति सामाजिक गुणों का ही नाम है। संस्कृति में धर्म, प्रथा, कला व साहित्य आदि सामाजिक गुणों का समावेश होता है। अतः संस्कृति को एक सामाजिक घटना कहा जा सकता है। संस्कृति अपने समाज के सदस्यों के व्यवहार को नियन्त्रित करती है तथा उसमें एकरूपता लाती है।

(5) आवश्यकताओं की पूर्ति—मानव की अनेक आवश्यकताएँ ऐसी होती हैं जिनकी पूर्ति संस्कृति के माध्यम से होती है। जब कोई संस्कृति आवश्यकता पूरी करने में असमर्थ हो जाती है तो वह नष्ट हो जाती है।

(6) अनुकूलन की क्षमता—प्रत्येक संस्कृति समय के साथ परिवर्तित होती रहती है। यह पर्यावरण के साथ अनुकूलन करती है, चाहे पर्यावरण भौगोलिक हो या सामाजिक-सांस्कृतिक। पहले लोग पैदल, फिर बैलगाड़ी पर यात्रा करते थे और उसके स्थान पर आज मोटरकार तथा वायुयान का उपयोग होता है। अन्य शब्दों में, समय के साथ-साथ भौतिक संस्कृति में परिवर्तन होता है और उसके साथ व्यक्ति अनुकूलन कर लेते हैं।

(7) संस्कृतियों में भिन्नता—प्रत्येक समाज की अपनी प्रथाएँ, परम्पराएँ, धर्म, विश्वास, कला व ज्ञान आदि होते हैं। चूँकि प्रत्येक समाज की आवश्यकताएँ अलग-अलग होती हैं, इन

आवश्यकताओं को पूरा करने के ढंग भी अलग-अलग होते हैं। अतः संस्कृतियों में भिन्नता पाई जाती है।

(8) प्रतीकात्मक मनोवैज्ञानिक वास्तविकता—संस्कृति एक मनोवैज्ञानिक तथा प्रतीकात्मक वास्तविकता है। यह केवल अवधारणा मात्र ही नहीं है। संस्कृति मानव समाज की उपज है और समाज एक मनोवैज्ञानिक यथार्थ है। इसके अतिरिक्त मनुष्य प्रतीकात्मक प्राणी है। उसने विचारों के आदान-प्रदान हेतु विभिन्न प्रतीकों को विकसित किया है।

(9) निरन्तरता एवं ऐतिहासिकता—संस्कृति एक निरन्तर चलने वाली प्रक्रिया है। संस्कृति का आधार आविष्कार एवं मानव-सीख हैं। मनुष्य मृत्यु तक कुछ न कुछ सीखता ही रहता है और कोई न कोई नया आविष्कार करता रहता है। अतः सांस्कृतिक वृद्धि निरन्तर होती रहती है। इस प्रकार संस्कृति इतिहास की एक वस्तु बन जाती है।

(10) समाजोपरि एवं अधिभौतिक—संस्कृति व्यक्ति से ऊपर है। संस्कृति व्यक्तिगत नहीं, सामाजिक है। यद्यपि स्वयं मानव संस्कृति का निर्माणकर्ता है तथापि निर्मित हो जाने के पश्चात् यह समाज एवं मानव से ऊपर एक अभौतिक रूप का विकास कर लेती है। यह कुछ ऐसी विशेषताएँ विकसित कर लेती है कि व्यक्ति मरते रहते हैं, किन्तु संस्कृति का नैरन्तर्य बना रहता है।

(11) सार्वभौमिकता एवं मूल्यविहीनता—संस्कृति सार्वभौमिक है। कोई भी मानव- समूह ऐसा नहीं है जिसके पास संस्कृति न हो। साथ ही, संस्कृति में ऊँच-नीच का भेदभाव नहीं किया जाता। जैसी भी किसी मानव समूह की संस्कृति है वह उस समूह की आवश्यकताओं की पूर्ति करती है। वहाँ रहने वाले व्यक्ति इसे उचित मानते हैं।

लोक संस्कृति की अवधारणा

ग्रामीण संस्कृति को लोक संस्कृति भी कहा जाता है तथा यह मानव संस्कृति का एक अभिन्न तथा महत्त्वपूर्ण अंग है। लोक संस्कृति ग्रामवासियों को विरासत के रूप में मिलती है। गीत, नृत्य, कथाएँ, कहावतें, रीति-रिवाज, ऋतु पर्व इत्यादि लोक संस्कृति के विभिन्न स्वरूप हैं।

लोक संस्कृति दो शब्दों से बनी है—'लोक' तथा 'संस्कृति'। लोक का अर्थ जनता से है, जबकि संस्कृति का अर्थ जनता के रहन-सहन, रीति-रिवाजों तथा जीवन-पद्धति से है। लोक संस्कृति का अर्थ जनता अर्थात् जनसाधारण की संस्कृति से है। लोक संस्कृति में सामुदायिकता पाई जाती है अर्थात् सभी ग्रामवासी इसमें हिस्सा लेते हैं। लोक संस्कृति ग्रामवासियों के जीवन का ही एक अंग है तथा उनकी विभिन्न क्रियाओं से जुड़ी हुई है। कृषि, बुआई, कटाई, रखवाली, कर्म, जादू, कला, साहित्य तथा संगीत इत्यादि से लोक संस्कृति का घनिष्ठ सम्बन्ध है। इसे व्यक्ति विरासत के रूप में प्राप्त करता है तथा पीढ़ी-दर-पीढ़ी लोक संस्कृति हस्तान्तरित होती रहती है।

लोक संस्कृति में लोकाचारों (Folkways) की प्रधानता होती है। रेडफील्ड ने नगरीय समाज से भिन्न विशेषताओं वाले समाज को लोक समाज कहा है। यह एक ऐसा समाज है जिसका आकार छोटा होता है, सदस्यों में सजातीयता पाई जाती है तथा उनमें प्रत्यक्ष प्राथमिक सम्बन्ध पाए जाते हैं। इनमें प्रथाएँ सामाजिक नियन्त्रण का प्रमुख साधन होती हैं। इन समाजों में धार्मिक विचारों की प्रधानता पाई जाती है तथा सामान्यतः औपचारिक शिक्षा का अभाव होता है। ऐसे समाजों की संस्कृति को ही लोक संस्कृति कहा जाता है।

लोक संस्कृति को ग्रामीण समाज की आत्मा की अभिव्यक्ति कहा गया है। लोक संस्कृति को परिभाषित करते हुए फॉस्टर ने लिखा है कि, "लोक संस्कृति को जीवन की एक ऐसी सामान्य पद्धति के रूप में सोचा जा सकता है जो किसी एक विशिष्ट क्षेत्र के बहुत से गाँवों, कस्बों तथा नगरों के कुछ या सभी व्यक्तियों की विशेषता के रूप में स्पष्ट होती है तथा लोक समाज उन व्यक्तियों का एक संगठित समूह है जिनकी विशेषता लोक संस्कृति है।"[24]

इस प्रकार, यह कहा जा सकता है कि लोक संस्कृति परम्पराओं पर आधारित जीवन की एक सामान्य पद्धति है। सामान्य संस्कृति की तरह लोक संस्कृति में भी सभी प्रकार के विश्वास, विचार, कर्मकाण्ड, परम्पराएँ, लोक-गाथाएँ, व्यवहार के तरीके इत्यादि सम्मिलित होते हैं। लोक संस्कृति मौलिक संस्कृति होती है जिस पर वैज्ञानिक चिन्तन तथा नवीन आविष्कारों एवं नवाचारों का कोई विशेष प्रभाव नहीं होता है।

लोक संस्कृति की प्रमुख विशेषताएँ

लोक संस्कृति की प्रमुख विशेषताएँ निम्नलिखित हैं—

(1) यह परिवार प्रधान संस्कृति होती है अर्थात् परिवारवाद इसका आधार होता है।

(2) लोक संस्कृति में मानव जीवन व संस्कृति को अभिन्न माना जाता है। ये दोनों गाड़ी के दो पहियों के समान होते हैं जो एक-दूसरे के बिना अधूरे हैं।

(3) लोक संस्कृति व्यक्तिवादी न होकर सामूहिक क्रियाओं को महत्त्व प्रदान करती है। यह व्यक्ति या वर्ग विशेष की संस्कृति न होकर जनसाधारण की संस्कृति होती है।

(4) लोक संस्कृति में कला का सामूहिक स्वरूप पाया जाता है। इसीलिए यह ग्रामवासियों के मनोरंजन में महत्त्वपूर्ण स्थान रखती है।

(5) लोक संस्कृति एक सरल संस्कृति है जिसमें प्रौद्योगिक विकास का अभाव होता है; यह परम्परागत संस्कृति होती है।

(6) क्योंकि लोक संस्कृति का विकास स्वाभाविक रूप में होता है, इसलिए यह अलिखित होती है अर्थात् यह औपचारिक नियमों पर आधारित नहीं होती है।

(7) लोक संस्कृति ग्रामीण जीवन एवं ग्रामीण परिस्थितियों से सम्बन्धित होती है।

(8) लोक संस्कृति अपनी मौलिक परम्पराओं को बनाए रखने में सक्षम होती है तथा इसीलिए इस पर बाहरी प्रभाव बहुत कम पड़ता है।

लोक संस्कृति के अंग

लोक संस्कृति के अन्तर्गत निम्नलिखित बातें सम्मिलित की जाती हैं—

(1) ड्राइंग, पेन्टिंग तथा खुदाई द्वारा अंकित चित्र।

(2) प्लास्टिक आर्ट।

(3) लोक कथाएँ, मुहावरे, पहेलियाँ, संगीत इत्यादि।

(4) नृत्य तथा नाटक इत्यादि।

(5) पूजा पाठ, धार्मिक विश्वास, धार्मिक आचरण, कर्मकाण्ड तथा भजन इत्यादि।

लोक संस्कृति मौलिक संस्कृति होती है। इसमें इतना अधिक स्थायित्व पाया जाता है कि इस के विभिन्न भागों या अंगों में किसी भी प्रकार का परिवर्तन सरलता से नहीं होता है। यद्यपि नगरीकरण, औद्योगीकरण, आधुनिकीकरण तथा अन्य कारणों से लोक संस्कृति में महत्त्वपूर्ण परिवर्तन हो रहे हैं, तो भी इसकी मौलिकता में कोई विशेष परिवर्तन नहीं हुआ है। परम्परागत समाजों में आज भी लोक संस्कृति व्यक्तियों की सामान्य संस्कृति के रूप में विद्यमान है।

लघु एवं वृहत् परम्पराओं की अवधारणाएँ

समकालीन समाजशास्त्रीय अवधारणाओं में 'परम्परा' तथा 'आधुनिकता' की दो अवधारणाएँ ऐसी हैं जिन्होंने अत्यधिक विद्वानों का ध्यान अपनी ओर केन्द्रित किया है। इन दोनों अवधारणाओं को अनेक अर्थों में परिभाषित करने का प्रयास किया गया है तथा दो प्रकार के दृष्टिकोण हमारे सामने आए हैं। **प्रथम** दृष्टिकोण यह है कि आधुनिकता और परम्परा दो विपरीत व्यवस्थाएँ हैं, जबकि **द्वितीय** दृष्टिकोण यह है कि आधुनिकता और परम्परा दो विपरीत व्यवस्थाएँ न होकर एक ही सामाजिक प्रक्रिया के दो पहलू हैं। आज द्वितीय दृष्टिकोण को अधिक मान्यता मिल चुकी है क्योंकि यह विश्वास किया जाने लगा है कि कोई भी समाज न ही तो पूर्ण रूप से परम्परावादी है और न ही पूर्ण रूप से आधुनिक। प्रत्येक समाज में इन दोनों का कुछ न कुछ अंश पाया जाता है।

सामान्य रूप से परम्परा शब्द का प्रयोग सामाजिक विरासत के रूप में किया जाता है। सामाजिक विरासत किसी समाज में चिन्तन करने, अनुभूति करने एवं व्यवहार करने के उन समस्त प्रतिमानों को कहते हैं जोकि उस समाज के सदस्यों को अपने पूर्वजों से प्राप्त होते हैं। ये जीवन-यापन के वे तरीके हैं जिनके साथ पूर्वजों का नाम, प्राचीनता एवं प्रतिष्ठा जुड़ी हुई होती है।

परम्परा का साहित्यिक अर्थ है एक से दूसरे को। इसके आधार पर इसका शास्त्रीय अर्थ वे मूल्य और आदर्श हैं जो एक पीढ़ी से दूसरी पीढ़ी को हस्तान्तरित होते चले आ रहे हैं। अंग्रेजी भाषा में इसे Tradition कहते हैं जोकि 'Tradere' शब्द से बना है तथा जिसका

अर्थ हस्तान्तरित करना (To transmit) है। इस प्रकार, परम्परा समुदाय के मूल्यों तथा व्यवहार को हस्तान्तरित करने की एक प्रक्रिया है। परम्पराएँ क्योंकि काफी समय से प्रचलित होती हैं तथा व्यक्तियों का व्यवहार परम्पराओं के अनुरूप होता है, इसलिए परम्पराओं का सामान्यतः उल्लेख किया जाता है और उन्हें सम्मान की दृष्टि से देखा जाता है। परम्पराएँ समाज में सामाजिक संश्लिष्टता अथवा एकता लाती हैं, फिर भी परम्पराएँ स्थायी (अटल) नहीं हैं क्योंकि प्राचीन परम्पराएँ समाप्त होती रहती हैं तथा उनका स्थान नवीन परम्पराएँ लेती रहती हैं। परम्पराओं में परिवर्तन केवल बाह्य कारणों के परिणामस्वरूप ही नहीं होता अपितु आन्तरिक कारणों से भी होता है।

परम्परा एक व्यापक (Inclusive) अवधारणा है क्योंकि यह जीवन के प्रत्येक क्षेत्र को प्रभावित करती है। इसके द्वारा कुछ प्रभावशाली धार्मिक (Theological), तात्त्विक (Metaphysical), आध्यात्मिक (Spiritual) तथा नैतिक (Moral) मूल्यों और विश्वासों की समष्टि प्रकृति का पता चलता है। परम्परा में जनरीतियाँ, लोकाचार तथा क्रिया के अर्द्ध-संस्थागत प्रतिमानों को भी सामान्यतः सम्मिलित किया गया है। व्यापक स्तर पर परम्परा को किसी राष्ट्र अथवा समुदाय की समग्रता के रूप में जाना जा सकता है। परम्परा को निम्नांकित प्रकार से परिभाषित करने का प्रयास किया गया है—

योगेन्द्र सिंह का कहना है कि परम्परा शब्द का प्रयोग तीन सैद्धान्तिक अर्थों में किया गया है—

(अ) अध्यात्मशास्त्रीय तथा चिन्तनावस्था (Metaphysical and contemplative);

(ब) ऐतिहासिक (Historical); तथा

(स) सामाजिक-सांस्कृतिक और प्रकार्यात्मक (Socio-cultural and functionl)।

परम्परा के इन तीनों सम्प्रदायों ने इसके दृष्टिकोण को संकुचित बना दिया है तथा केवल कुछ विशिष्ट मान्यताओं में ही अर्थपूर्ण है। इन तीनों का खण्डन करते हुए योगेन्द्र सिंह ने परम्परा की परिभाषा इन शब्दों में दी है—"परम्परा समाज की एक सामूहिक विरासत है जोकि सामाजिक संगठन के सभी स्तरों में व्याप्त होती है, उदाहरण के लिए, मूल्य-व्यवस्था, सामाजिक संरचना तथा व्यक्तित्व की संरचना।"[25]

वी० के० आर० वी० राव के अनुसार, "परम्परा का अर्थ उन आदतों, प्रथाओं, मनोवृत्तियों एवं जीवन के प्रकारों से है जो संस्थाओं में निहित हो जाते हैं तथा फिर इन संस्थाओं के स्थायित्व तथा स्वतन्त्र अस्तित्व के कारण इनमें ही व्याप्त हो जाते हैं।"[26] जेकब केटज के अनुसार, "परम्परा एक प्रतिमान, अवधारणाओं का संस्तरण, स्वीकृत मान्यताओं तथा गतिविधियों को निर्धारित करती है जोकि व्यक्ति को विचार तथा क्रिया के क्षेत्र में पथ-प्रदर्शन करती हैं।"[27] ई० ए० रॉस के अनुसार, "परम्परा का अर्थ चिन्तन और विश्वास करने की विधि का हस्तान्तरण होना है।"[28] मोरिस जिन्सबर्ग के अनुसार, "परम्परा का अर्थ उन सम्पूर्ण विचारों, आदतों और

प्रथाओं के योग से होता है जो एक समूह की विशेषताएँ हैं तथा जो एक पीढ़ी से दूसरी पीढ़ी तक हस्तान्तरित होती रहती हैं।"[29] जेम्स ड्रीवर के अनुसार, "परम्परा कानून, प्रथा, कहानी तथा किंवदन्ती का वह संग्रह है जो मौखिक शब्दों द्वारा एक पीढ़ी से दूसरी पीढ़ी को हस्तान्तरित किया जाता है।"[30]

उपर्युक्त परिभाषाओं से स्पष्ट रूप से निष्कर्ष निकाला जा सकता है कि परम्परा एक सामाजिक विरासत है जिसके भिन्न स्तर होते हैं जैसे सामाजिक, सांस्कृतिक तथा व्यक्तित्व। परम्पराओं में आदतें, प्रथाएँ, मनोवृत्तियाँ, जीवन के प्रकार इत्यादि अनेक ऐसी बातें आ जाती हैं जोकि स्थायी हो चुकी हैं तथा जीवन के विभिन्न क्षेत्रों में पथ-प्रदर्शक का कार्य करती हैं।

उपर्युक्त परिभाषाओं के आधार पर स्पष्ट होता है कि 'परम्परा' में निम्नांकित लक्षण होते हैं—

(1) परम्परा किसी समाज के जीवन-यापन के वे ढंग हैं जो पीढ़ियों से चले आए हैं। इसलिए उनमें अनुभववाद का गुण होता है अर्थात् इनकी उपयोगिता अनुभव द्वारा सिद्ध हो चुकी होती है।

(2) परम्परा में सन्निहित मूल्य और आदर्श महत्त्व की दृष्टि से सोपान-क्रम में होते हैं। सरलतम वर्गीकरण यह है कि कुछ मूल्य अन्तिम मूल्य कहलाते हैं तो कुछ तात्कालिक अथवा साधन सम्बन्धी जैसे धनोपार्जन करना जीवन के लिए आवश्यक है। परन्तु मनुष्य आखिर जीवित ही क्यों रहे, यह संस्कृति के अन्तिम मूल्यों से सम्बन्धित है।

(3) परम्पराएँ नियामक होती हैं और इस नाते समाज के सदस्यों को दिशा प्रदान करती हैं और उन पर नियन्त्रण रखती हैं।

(4) परम्पराएँ ही व्यक्तियों अथवा समूहों के विचारों, विश्वासों व व्यवहारों के मूल्यांकन की कसौटी हैं।

(5) परम्पराओं में पूर्वजों का नाम जुड़ा होता है इसलिए उनमें सामाजिक प्रतिष्ठा का गुण भी होता है। परम्पराएँ किसी समाज के लिए सम्मान का विषय बन जाती हैं।

(6) परम्पराओं में गत्यात्मकता भी होती है। प्रत्येक समाज की परम्पराएँ बदलते हुए समय की माँग को देखते हुए आवश्यक संशोधन एवं संवर्धन का मार्ग भी प्रशस्त करती रहती हैं। भारतीय समाज और संस्कृति की निरन्तरता और उनका स्थायित्व इस तर्क की पुष्टि करते हैं।

(7) इस भाँति, परम्परा किसी समाज का विशिष्ट विश्व-दृष्टिकोण भी है जो उस समाज की जीवन-शैली और संस्कृति के अनूठेपन और विशिष्टता को प्रकट करता है।

ग्रामीण समाजशास्त्र में लघु एवं वृहत् परम्परा दो प्रमुख अवधारणाएँ मानी जाती हैं। इन अवधारणाओं को उत्पादित करने का श्रेय मैकिम मेरियट को जाता है। क्षेत्रीय अथवा स्थानीय स्तर पर पाई जाने वाली परम्पराओं को लघु परम्पराएँ तथा राष्ट्रीय अथवा देशीय स्तर पर पाई जाने वाली परम्पराओं को वृहत् परम्पराएँ कहा जाता है। लघु परम्परा का स्थानीय क्षेत्र होता है

तथा ग्रामीण भारत में लघु परम्पराओं से सम्बन्धित क्षेत्रीय कर्मकाण्डों की संख्या अत्यधिक होती है। अण्डरहिल ने अपने अध्ययन में भारत में लघु परम्परा के कुल 270 कर्मकाण्डों का उल्लेख किया है जिनसे इनके महत्त्व का पता चलता है। वृहत् परम्पराएँ पवित्र ग्रन्थों से सम्बन्धित होती हैं। मेरियट के शब्दों में, "यदि कोई परम्परा प्राचीन धर्म-ग्रन्थों में बताए गए व्यवहारों के अनुरूप होती है तथा उसका प्रसार सम्पूर्ण समाज में होता है तो उसे हम वृहत् परम्परा कहते हैं।" रोबर्ट रेडफील्ड ने मैक्सिको के समुदायों के अध्ययन में लघु एवं वृहत् परम्परा की अवधारणाओं की सहायता से सामाजिक परिवर्तन के अध्ययन का प्रयास किया। मेरियट ने भारतीय संस्कृति की जटिलता तथा विविधता को लघु एवं वृहत् परम्पराओं के आधार पर स्पष्ट किया है तथा स्थानीयकरण व सार्वभौमिकरण की प्रक्रियाओं का विस्तार से उल्लेख किया है। मिल्टन सिंगर तथा मैकिम मेरियट ने भारतीय समाज में सामाजिक परिवर्तन के अध्ययन में इस अवधारणात्मक दृष्टिकोण को अपनाया है।

रेडफील्ड के अनुसार लघु परम्पराओं का धार्मिक ग्रन्थों से कोई सम्बन्ध नहीं होता है तथा इनका प्रभाव-क्षेत्र सीमित होता है। अन्य शब्दों में, लघु परम्परा स्थानीय क्षेत्र में पाई जाने वाली परम्परा होती है जिसका विकास धीरे-धीरे व्यक्तियों के विशेष प्रकार के विश्वासों के परिणामस्वरूप हो जाता है। इस प्रकार की परम्पराएँ सामान्यतः अशिक्षित कृषकों के समुदायों में ही विकसित होती हैं। ये परम्पराएँ इतनी अधिक स्थायी होती हैं कि वे मौलिक रूप में एक पीढ़ी से दूसरी पीढ़ी को हस्तान्तरित होती रहती हैं। भारतीय ग्रामीण समुदायों को लघु परम्पराओं वाले समुदाय कहा गया है। क्षेत्रीय आधार पर ग्रामीण संस्कृति में अन्तर इन्हीं परम्पराओं के अनुसार स्पष्टतः देखा जा सकता है। भारतीय गाँवों में वृहत् परम्पराओं की तुलना में लघु परम्पराओं की संख्या कहीं अधिक है।

वृहत् परम्पराएँ प्राचीन धार्मिक ग्रन्थों में बताए गए व्यवहार के अनुरूप होती हैं। मेरियट के अतिरिक्त, एस० सी० दुबे ने भी वृहत् परम्पराओं को उन विश्वासों, कर्मकाण्डों तथा सामाजिक प्रतिमानों की संयुक्तता के रूप में परिलक्षित किया है जो नियमबद्ध एवं पवित्र धार्मिक ग्रन्थों पर आधारित होती है। इस प्रकार की परम्पराओं का पोषण संभ्रांत वर्ग (अभिजात वर्ग) द्वारा किया जाता है। इसी वर्ग के प्रचार के कारण धीरे-धीरे वृहत् परम्पराएँ स्थानीय क्षेत्रों में भी प्रवेश करने में सफल हो जाती हैं। भारत में जिन देवी-देवताओं, धार्मिक अनुष्ठानों, त्योहारों, मेलों अथवा अन्य किसी प्रकार के सांस्कृतिक तत्त्वों का उल्लेख धार्मिक ग्रन्थों में मिलता है, वे ही वृहत् परम्पराएँ हैं। दशहरा, दीपावली, रामनवमी, शिवरात्रि, होली इत्यादि ऐसे त्योहार हैं जिनका उल्लेख प्राचीन हिन्दू धर्म-ग्रन्थों में मिलता है तथा यही वृहत् परम्पराओं के रूप में पूरे भारत में मनाए जाते हैं।

लघु एवं वृहत् परम्पराओं में अन्तर

लघु एवं वृहत् परम्पराओं की अवधारणाओं से यह स्पष्ट हो जाता है कि दोनों एक-दूसरे के विपरीत अवधारणाएँ हैं। ग्रुनवॉम[31] के अनुसार लघु परम्पराएँ लोक जीवन की प्रमुख विशेषता

मानी जाती हैं तथा इनका प्रसार एक सीमित क्षेत्र तक ही होता है। दूसरी ओर, वृहत् परम्पराएँ संभ्रांत वर्ग (अभिजात वर्ग) द्वारा निर्मित एवं पोषित होती हैं जिसके कारण इन्हें अधिक व्यापक मान्यता प्राप्त होती है। रेडफील्ड ने दोनों में अन्तर स्पष्ट करते हुए कहा है कि, "भारत में लघु परम्पराओं की प्रकृति बहुत देर बाद भी, आदर्शात्मक और जादूवादी है, जबकि वृहत् परम्पराओं के अन्तर्गत भौतिक एवं नैतिक दृष्टिकोण का ही समावेश होता है।"

लघु एवं वृहत् परम्पराओं में निम्नलिखित प्रमुख अन्तर पाए जाते हैं—

(1) लघु परम्पराएँ सामान्यतः अलिखित होती हैं तथा इनका प्रचलन विश्वासों के रूप में ही होता है, जबकि वृहत् परम्पराएँ प्राचीन धार्मिक ग्रन्थों में उल्लेखित होती हैं।

(2) लघु परम्पराओं का विस्तार एवं प्रभाव-क्षेत्र सीमित होता है, जबकि वृहत् परम्पराओं का स्वरूप राष्ट्रीय होता है अर्थात् वे सभी जातियों, वर्गों एवं सम्प्रदाओं के व्यक्तियों में किसी न किसी रूप में पाई जाती हैं।

(3) लघु परम्पराओं का विकास मुख्यतः ग्रामीण व्यक्तियों द्वारा होता है, जबकि वृहत् परम्पराओं का विकास मूलतः चिन्तनशील संभ्रांत वर्ग द्वारा होता है।

(4) लघु परम्पराएँ अव्यवस्थित होती हैं अर्थात् इनसे सम्बन्धित व्यवहार पूर्णतः सुनिश्चित एवं निर्धारित नहीं होता है, जबकि वृहत् परम्पराएँ अत्यधिक व्यवस्थित होती हैं तथा इनसे सम्बन्धित नियम, निषेध, कर्मकाण्ड आदि पूर्णतः स्पष्ट होते हैं।

(5) लघु परम्पराएँ अशास्त्रीय होती हैं अर्थात् इनका स्वरूप न तो पौराणिक होता है और न ही इनको मानने में किसी प्रकार की बाध्यता पाई जाती है, जबकि वृहत् परम्पराओं का स्वरूप शास्त्रीय होता है।

(6) लघु परम्पराएँ समाजीकरण के माध्यम से अनौपचारिक रूप में एक पीढ़ी से दूसरी पीढ़ी को हस्तान्तरित होती रहती हैं, जबकि वृहत् परम्पराएँ लिखित एवं औपचारिक रूप में एक पीढ़ी से दूसरी पीढ़ी को हस्तान्तरित होती हैं।

ब्रज राज चौहान[32] ने राजस्थान के अपने अध्ययन के आधार पर लघु एवं वृहत् परम्पराओं में अन्तर स्पष्ट करते हुए इस बात पर बल दिया है कि लघु परम्पराओं का क्षेत्र स्थानीय होता है, जबकि वृहत् परम्पराओं की प्रकृति राष्ट्रीय होती है। लघु परम्पराएँ अलिखित, अशास्त्रीय, कम व्यवस्थित तथा कम चिन्तनशील होती हैं, जबकि वृहत् परम्पराएँ लिखित, शास्त्रीय प्रकृति की, अधिक व्यवस्थित तथा अधिक चिन्तनशील होती हैं।

लघु एवं वृहत् परम्पराओं में अन्तर का यह तात्पर्य कदापि नहीं है कि दोनों में किसी प्रकार की अन्तर्क्रिया ही नहीं होती है। वास्तविकता तो यह है कि इन दोनों में निरन्तर अन्तर्क्रिया होती रहती है। योगेन्द्र सिंह[33] ने भारतीय समाज में लघु एवं वृहत् परम्पराओं को एक-दूसरे पर निर्भर बताया है तथा इस बात पर बल दिया है कि सभी परम्पराएँ अपने प्रारम्भिक स्तर पर स्थानीय विश्वासों से ही शुरू होती हैं। प्रारम्भ में इन विश्वासों का विकास लघु परम्पराओं के

रूप में होता है। परन्तु जब इनमें बाहरी सभ्यताओं के तत्त्वों का समावेश होने लगता है तो वे सर्वव्यापी प्रतिमानों वाली वृहत् परम्पराएँ बन जाती हैं। रेडफील्ड ने भी लघु एवं वृहत् परम्पराओं को एक-दूसरे का पूरक बताया है जिनमें स्पष्टतः पारस्परिक निर्भरता पाई जाती है। इन दोनों में निरन्तर अन्तर्क्रियाएँ होती रहती हैं तथा दोनों प्रकार की परम्पराएँ एक-दूसरे को प्रभावित करती रहती हैं। इसी अन्तर्क्रिया के परिणामस्वरूप लघु परम्परा के तत्त्व वृहत् परम्परा में तथा वृहत् परम्परा के तत्त्व लघु परम्परा में सम्मिलित होते रहते हैं। कुछ विद्वानों ने लघु एवं वृहत् परम्पराओं में परस्पर सम्बन्ध को चक्रीय क्रम के आधार पर समझाने का प्रयास किया है। इसका अर्थ यह है कि पहले वृहत् परम्पराएँ लघु परम्पराओं के रूप में परिवर्तित होती हैं, जबकि कुछ समय पश्चात् लघु परम्पराएँ वृहत् परम्पराओं के क्षेत्र में वृद्धि करना प्रारम्भ कर देती हैं। इन्हीं को मेरियट ने स्थानीयकरण एवं सार्वभौमिकरण की प्रक्रियाएँ कहा है।

सार्वभौमिकरण एवं स्थानीयकरण की अवधारणाएँ

सार्वभौमिकरण एवं स्थानीयकरण सांस्कृतिक परिवर्तन की दो परस्पर विपरीत प्रक्रियाएँ हैं जिन्हें अन्य दो अवधारणाओं के सन्दर्भ में समझा जा सकता है। वे अवधारणाएँ हैं—(अ) लघु परम्परा, एवं (ब) वृहत् परम्परा। क्षेत्रीय अथवा स्थानीय स्तर पर पाई जाने वाली परम्पराओं को लघु परम्पराएँ तथा राष्ट्रीय अथवा देशीय स्तर पर पाई जाने वाली परम्पराओं को वृहत् परम्पराएँ कहा जाता है। लघु परम्परा का स्थानीय क्षेत्र होता है तथा ग्रामीण भारत में लघु परम्पराओं से सम्बन्धित क्षेत्रीय कर्मकाण्डों की संख्या अत्यधिक होती है। अण्डरहिल ने अपने अध्ययन में भारत में लघु परम्परा के कुल 270 कर्मकाण्डों का उल्लेख किया है जिनसे इनके महत्त्व का पता चलता है। वृहत् परम्पराएँ पवित्र ग्रन्थों से सम्बन्धित होती हैं। मैकिम मेरियट के शब्दों में, "यदि कोई परम्परा प्राचीन धर्म-ग्रन्थों में बताए गए व्यवहारों के अनुरूप होती है तथा उसका प्रसार सम्पूर्ण समाज में होता है तो उसे हम वृहत् परम्परा कहते हैं।" रोबर्ट रेडफील्ड ने मैक्सिको के समुदायों के अध्ययन में लघु एवं वृहत् परम्परा की अवधारणा की सहायता से सामाजिक परिवर्तन के अध्ययन का प्रयास किया। मेरियट ने भारतीय संस्कृति की जटिलता तथा विविधता को लघु एवं वृहत् परम्पराओं के आधार पर स्पष्ट करने का प्रयास किया है तथा स्थानीयकरण व सार्वभौमिकरण की प्रक्रियाओं का विस्तार से उल्लेख किया है। मिल्टन सिंगर तथा मैकिम मेरियट ने भारतीय समाज में सामाजिक परिवर्तन के अध्ययन में इस अवधारणात्मक दृष्टिकोण को अपनाया है। इस दृष्टिकोण के मूल तत्त्व निम्न प्रकार हैं—

(1) यह विकासवादी विचारधारा पर निर्भर है क्योंकि इसमें यह माना जाता है कि संस्कृति अथवा परम्पराओं की संरचना का विकास दो अवस्थाओं में हुआ है—

(i) सरल विकास, तथा

(ii) विषम विकास।

(2) इन सभ्यताओं की सामाजिक संरचना दो स्तरों पर क्रियाशील होती है—

(i) जनसाधारण कृषक, तथा

(ii) संभ्रांतजनों का स्तर।

(3) प्रथम स्तर अर्थात् कृषकों की सांस्कृतिक प्रक्रियाएँ अधिकतर लघु परम्पराओं पर आधारित हैं, जबकि दूसरे स्तर अर्थात् संभ्रांतजनों (अभिजात वर्गों) की सांस्कृतिक प्रक्रियाएँ वृहत् परम्पराओं का निर्माण करती हैं।

(4) लघु परम्पराओं एवं वृहत् परम्पराओं में निरन्तर अन्तर्क्रिया होती रहती है।

(5) लघु परम्पराओं एवं वृहत् परम्पराओं की सामाजिक संरचना में अन्तर होता है।

(6) इन दोनों प्रकार की परम्पराओं में अन्तर्क्रिया के परिणामस्वरूप सांस्कृतिक व्यवस्था में परिवर्तन होता है। परिवर्तन की दिशा सजातीयता से विजातीयता व समानता में विभिन्नता की ओर होती है।

मिल्टन सिंगर के अनुसार लघु परम्पराओं एवं वृहत् परम्पराओं में अन्तर्क्रिया की प्रक्रियाएँ केवल एक-दूसरे पर आश्रित है। मैकिम मेरियट ने किशनगढ़ी के अपने अध्ययन में इसी अवधारणात्मक दृष्टिकोण को अपनाया है और उनके अनुसार ग्रामीण संरचना, संस्कृति तथा सामाजिक संगठन में लघु परम्पराओं व वृहत् परम्पराओं, दोनों के ही तत्त्व पाए जाते हैं तथा इन सांस्कृतिक परम्पराओं में निरन्तर अन्तर्क्रिया होती रहती है। इनकी अन्तर्क्रिया दो तरह से हो सकती है तथा इसी से सार्वभौमिकरण एवं स्थानीयकरण की अवधारणाओं का निर्माण हुआ है।

सार्वभौमिकरण का अर्थ एवं उदाहरण

सार्वभौमिकरण, सर्वव्यापीकरण अथवा सर्वदेशीकरण एक सांस्कृतिक प्रक्रिया है। जब लघु परम्पराओं के तत्त्व (जैसे रीति-रिवाज, त्योहार, संस्कार आदि) ऊपर की ओर परिभ्रमण कर वृहत् परम्पराओं के स्तर पर पहुँच जाते हैं तथा उनके वैधानिक रूपों में पहचाने जाने लगते हैं, तो इसे सार्वभौमिकरण कहा जाता है। सरल शब्दों में, लघु परम्पराओं के तत्त्वों का वृहत् परम्पराओं के स्तर पर पहुँच कर मान्यता प्राप्त कर लेना ही सार्वभौमिकरण है। मेरियट के शब्दों में, "सर्वव्यापीकरण की प्रक्रिया का तात्पर्य वृहत् परम्परा का उन तत्त्वों से निर्मित होना है जो लघु परम्पराओं में पहले से ही विद्यमान होते हैं तथा जिनमें वृहत् परम्पराएँ सदैव आच्छदित होती हैं।"

सार्वभौमिकरण की प्रक्रिया के सन्दर्भ में निम्नलिखित तीन बातें महत्त्वपूर्ण हैं—

(1) सार्वभौमिकरण की प्रक्रिया का विकास लघु एवं वृहत् परम्पराओं के पारस्परिक सम्बन्धों एवं आदान-प्रदान से होता है।

(2) सार्वभौमिकरण की प्रक्रिया लघु परम्पराओं के अस्तित्व को पूरी तरह से समाप्त नहीं कर देती, अपितु उनका अस्तित्व किसी न किसी रूप में बना रहता है।

(3) सार्वभौमिकरण की प्रक्रिया स्थानीय धार्मिक विश्वासों और कर्मकाण्डों का क्षेत्रीय एवं राष्ट्रीय स्तर पर विस्तार है।

मेरियट ने इसका उदाहरण देते हुए बताया है कि किस प्रकार एक राष्ट्रीय त्योहार 'रक्षा-बन्धन' एक स्थानीय त्योहार 'सलूनों' के साथ मनाया जाता है। यह त्योहार उस वार्षिक पक्ष की समाप्ति से सम्बन्धित है जिन दिनों अधिकांश युवा स्त्रियाँ अपने माता-पिता तथा भाई-बहनों से मिलने के लिए आती हैं। सलूनों के दिन अनेक पति अपनी स्त्रियों को वापस ले जाने के लिए पुनः ससुराल पहुँचते हैं लेकिन अपने पतियों के साथ वापस लौटने से पूर्व, वे तथा उनके गाँव की अन्य अविवाहित बहनें, जौ की बालें, जोकि स्थानीय रूप से पवित्र अनाज माना जाता है, अपने भाइयों के सिर तथा कान पर रखकर अपनी आस्था तथा सम्बन्ध व्यक्त करती हैं। चूँकि भाइयों को अपनी बहनों से उपहार के रूप में कोई चीज स्वीकार नहीं करनी चाहिए अतः जौ रखने के बदले वे अपनी बहनों को कुछ पैसे देते हैं। तब भाई तथा जीजा के बीच खेल होते हैं। उसी दिन रक्षा-बन्धन का उत्सव मनाया जाता है जिसमें घरेलू पुरोहित प्रत्येक जजमान के घर जाते हैं और उनके हाथ में सुन्दर अनेक रंग वाली राखी बाँधते हैं। प्रत्येक पुरोहित अपनी क्षेत्रीय भाषा में जजमानों को आर्शीवाद देता है तथा बदले में जजमान पुरोहित को कुछ नकद रुपये देता है। इस प्रकार, स्थानीय त्योहारों को राष्ट्रीय त्योहार के समानान्तर मनाया जाता है।

स्थानीयकरण का अर्थ एवं उदाहरण

स्थानीयकरण सार्वभौमिकरण के विपरीत प्रक्रिया है। वह प्रक्रिया जिसके द्वारा वृहत् परम्पराओं के कुछ तत्त्व पतन या अधोमुख (नीचे की ओर संचारित) के कारण लघु परम्पराओं के स्तर पर आ जाते हैं और इससे उनका रूप भी परिवर्तित हो जाता है, स्थानीयकरण कहलाती है। सरल शब्दों में, स्थानीयकरण वह प्रक्रिया है जिसमें वृहत् परम्परा के तत्त्व लघु परम्परा के स्तर पर आकर अपना रूप परिवर्तित कर लेते हैं।

मैकिम मेरियट ने सांस्कृतिक तत्त्वों के रूपान्तरण के उस प्रकार को, जिसके द्वारा महान् सांस्कृतिक तत्त्वों का पतन हो जाता है तथा वे लघु परम्परागत तत्त्वों से तादात्मय स्थापित कर लेते हैं, स्थानीयकरण कहा है। इनके शब्दों में, "वृहत् परम्परा के तत्त्वों का नीचे की ओर बढ़ना (अप-विकास होना) तथा उनका छोटी परम्परा के तत्त्वों से मिल जाना ही स्थानीयकरण की प्रक्रिया कहलाती है।" स्थानीयकरण महान् परम्पराओं के क्षेत्र को सीमित करने की, साहित्यिक स्वरूप को वंचित करने तथा कम व्यवस्थित एवं कम विचारपूर्ण आयामों में घटित होने की प्रक्रिया है। यह प्रक्रिया भारत की देशी सभ्यता के अन्तर्गत लघु समुदाय के रचनात्मक कार्य की विशेषता का निर्माण करती है।

मैकिम मेरियट ने किशनगढ़ी में स्थानीयकरण के उदाहरण देते हुए बताया है कि किस प्रकार एक राष्ट्रीय परम्परा गोवर्धन (गो+वर्धन) लघु स्थानीय परम्परा गोवरधन (गोबर+धन) में बदल जाती है। गोवर्धन पहाड़ी मथुरा के पास है जहाँ गाय के रखवाले कृष्ण भगवान की पूजा की जाती है। किशनगढ़ी में एक कहानी प्रचलित है कि कृष्ण बृज के ग्वालों से इन्द्र की पूजा करने की बजाए, जोकि बहुत दूरी पर है, नजदीक के गोवर्धन पर्वत की पूजा करने को कहते हैं।

ग्वाले कृष्ण के ही आदेशों का पालन करते हैं। अपनी पूजा न करने से क्रुद्ध होकर इन्द्र ग्वालों तथा उनकी गौशालाओं को समाप्त करने के लिए भयानक जल वृष्टि करता है। कृष्ण भगवान गोवर्धन पर्वत उठा लेते हैं तथा सभी लोग उस पर्वत के नीचे खड़े होकर वर्षा से अपनी रक्षा करते हैं तथा सभी बच जाते हैं। तभी से ग्रामवासियों ने गोवर्धन पहाड़ी की बजाए गोबर की पूजा करनी शुरू कर दी।

मेरियट के अनुसार किशनगढ़ी में नवदुर्गा का त्योहार स्थानीयकरण का एक अन्य उदाहरण है। वृहत् परम्परा के संस्कृत साहित्य में इस त्योहार के अनेक उदाहरण मिलते हैं तथा जिन नौ दिनों में यह उत्सव मनाया जाता है वे दुर्गा, काली, पार्वती, शक्ति तथा देवी के अन्य सभी नामों व स्वरूपों तथा शिव की अर्धांगिनियों की पूजा के लिए माने जाते हैं। परन्तु किशनगढ़ी में इस त्योहार का स्थानीय रूप देखने को मिलता है। इस त्योहार के दिन एक देवी जो 'नौरथा' के नाम से जानी जाती है, को प्रस्तुत करने वाली मिट्टी की प्रतिमाओं का निर्माण गाँव के प्रत्येक दसवें परिवार में किया जाता है। इन नौ दिनों में प्रत्येक प्रातः व सायं स्त्रियाँ व लड़कियाँ अपनी-अपनी मूर्तियों के सम्मुख छोटे-छोटे समूहों में स्नान करती हैं, गा-गाकर तथा मिट्टी के गोले बनाकर एक झोपड़ी में एकत्रित होकर नौरते की पूजा की जाती है। त्योहारों के नवें दिन प्रत्येक पूजा करने वाले समूह अपनी-अपनी मिट्टी की गेंद को ले जाते हैं तथा एक-दूसरी देवी के टीले (शिखर) पर, जोकि पथवाड़ी कहलाती है, इकट्ठा कर देते हैं।

मैकिम मेरियट के अनुसार सार्वभौमिकरण एवं स्थानीयकरण की अवधारणाएँ सांस्कृतिक परिवर्तन से सम्बन्धित हैं। सार्वभौमिकरण की तुलना संस्कृतिकरण तथा स्थानीयकरण की तुलना असंस्कृतिकरण से की जा सकती है। मेरियट के अनुसार यह दृष्टिकोण सांस्कृतिक परिवर्तनों के अध्ययनों की तुलना में सहायक है जोकि संस्कृतिकरण व पश्चिमीकरण की अवधारणाओं में सम्भव नहीं है।

सार्वभौमिकरण एवं स्थानीयकरण में अन्तर

सार्वभौमिकरण एवं स्थानीयकरण की प्रक्रियाओं के अर्थ एवं उदाहरणों से यह स्पष्ट हो जाता है कि यद्यपि दोनों प्रक्रियाएँ एक-दूसरे से जुड़ी हुई हैं, फिर भी दोनों एक-दूसरे से भिन्न विशेषताओं वाली प्रक्रियाएँ हैं। दोनों में पाए जाने वाले प्रमुख अन्तर निम्नलिखित हैं—

(1) सार्वभौमिकरण का अर्थ लघु या स्थानीय परम्पराओं का ऊपर की ओर रूपान्तरण या परिभ्रमण है अर्थात् इसमें कोई लघु परम्परा क्षेत्रीय अथवा राष्ट्रीय स्तर पर पहुँचने में सफल हो जाती है, जबकि स्थानीयकरण का अर्थ वृहत् परम्पराओं का नीचे की ओर रूपान्तरण है अर्थात् इसमें किसी वृहत् परम्परा में लघु परम्परा के तत्त्व इस प्रकार से समावेश कर जाते हैं कि उसकी राष्ट्रीय प्रकृति बदल जाती है।

(2) सार्वभौमिकरण की प्रक्रिया धार्मिक जीवन के उदारीकरण से सम्बन्धित है अर्थात् इसमें स्थानीय परम्पराओं के प्रभाव-क्षेत्र में विस्तार होता है, जबकि स्थानीयकरण की प्रक्रिया में धार्मिक संकीर्णता का भाव निहित है अर्थात् यह वृहत् परम्पराओं का क्षेत्र सीमित करती है।

(3) सार्वभौमिकरण की प्रक्रिया स्थानीय कर्मकाण्डों, त्योहारों आदि के प्रसार की विरोधी है, जबकि स्थानीयकरण की प्रक्रिया द्वारा क्षेत्रीय कर्मकाण्डों, त्योहारों, विश्वासों इत्यादि का प्रसार होता है तथा इनकी संख्या में वृद्धि होती है।

(4) सार्वभौमिकरण एक ऐसी प्रक्रिया है जिसमें लघु परम्पराएँ एक ऐसी वृहत् परम्परा का निर्माण करती हैं जिसकी प्रकृति मूल लघु परम्पराओं से भिन्न होती है, जबकि स्थानीयकरण एक ऐसी प्रक्रिया है जो किसी भी प्रकार के नए विश्वासों, कर्मकाण्डों या त्योहारों को जन्म नहीं देती अपितु पहले से ही प्रचलित वृहत् परम्पराओं के तत्त्वों का विकास करती है।

(5) सार्वभौमिकरण अधिक व्यवस्थित प्रक्रिया है क्योंकि इसमें विश्वासों एवं कर्मकाण्डों का एक सामान्य स्वरूप पाया जाता है, जबकि स्थानीयकरण एक अव्यवस्थित प्रक्रिया है क्योंकि इनका स्वरूप प्रत्येक क्षेत्र में भिन्न-भिन्न होता है।

उपर्युक्त विवेचन से यह स्पष्ट हो जाता है कि सार्वभौमिकरण एवं स्थानीयकरण एक-दूसरे से भिन्न प्रक्रियाएँ हैं। परन्तु इन दोनों में निरन्तर आदान-प्रदान होता रहता है तथा दोनों ही प्रक्रियाएँ एक-साथ चलती हैं।

प्रभु जाति की अवधारणा

एम० एन० श्रीनिवास ने मैसूर में रामपुर गाँव की सामाजिक व्यवस्था के विश्लेषण में एक नई अवधारणा प्रस्तुत की जिसे प्रभु जाति की अवधारणा कहा जाता है। श्रीनिवास के अनुसार प्रभु जाति भारतीय ग्रामीण समाज में सर्वव्यापी है अर्थात् भारत के विभिन्न भागों में देहाती जीवन की एक विशेषता है—प्रभुतासम्पन्न भू-स्वामी जातियों की उपस्थिति। आज यह अवधारणा भारतीय शक्ति संरचना को समझने के लिए वाद-विवाद का विषय बनी हुई है।

एम० एन० श्रीनिवास के अनुसार किसी भी जाति को प्रभु जाति तभी कहा जाता है जबकि इस जाति के सदस्यों की संख्या अन्य जातियों की अपेक्षा अधिक हो तथा इसके पास आर्थिक तथा राजनीतिक सत्ता हो। एक बड़ा तथा शक्तिशाली जाति समूह सरलता से प्रभुतासम्पन्न हो सकता है अगर इसका सामाजिक स्तर स्थानीय जातीय संस्तरण में अधिक निम्न नहीं है। श्रीनिवास के शब्दों में, "प्रभुतासम्पन्न जाति होने के लिए उसका उपलब्ध कृषि योग्य भूमि में से बड़े अंश पर स्वामित्व, उसकी सदस्य संख्या यथेष्ट और स्थानीय सोपान में उसे उच्च स्थान प्राप्त होना अनिवार्य है।"[34] इस प्रकार, यह कहा जा सकता है कि प्रभु जाति के लिए यथेष्ट संख्या, धार्मिक उच्च स्थिति, उच्च आर्थिक स्थिति तथा राजनीतिक सत्ता का होना अनिवार्य है।

जब किसी जाति के पास प्रभुता के सभी तत्त्व पाए जाते हों तो उसे निर्णायक या असंदिग्ध प्रभुता कहा जा सकता है। कभी-कभी किसी गाँव में एक से अधिक जातियों की प्रभुता होती है और कालान्तर में प्रभुता एक ही जाति से दूसरी के पास पहुँच सकती है। श्रीनिवास के अनुसार ऐसा अंग्रेजी शासनकाल से पहले भी होता था और अब बीसवीं शताब्दी

में तो देहाती सामाजिक परिवर्तन का यह महत्त्वपूर्ण पक्ष है। यथेष्ट तथा शक्तिशाली जातीय समूह सरलता से प्रभुतासम्पन्न हो सकता है अगर उसका संस्कारात्मक स्तर निम्न नहीं है।

श्रीनिवास के अनुसार प्रभुता स्थापित होने में भू-स्वामित्व बड़ा निर्णायक तत्त्व है। भू-स्वामित्व से न केवल शक्ति बल्कि प्रतिष्ठा भी बढ़ती है, यहाँ तक कि जीवन के किसी भी क्षेत्र में सफल होने वाले लोगों में रुपया लगाने की प्रवृत्ति पाई जाती है। गाँव में प्रभु जाति के बुजुर्ग ही बहुलवादी संस्कृति और मूल्य व्यवस्था के प्रहरी होते थे। उनका कार्य विभिन्न जातियों को अपने परम्परागत व्यवसाय बदलने से रोकना रहा है ताकि उनके अपने एकाधिकार को किसी प्रकार की चुनौती का सामना न करना पड़े।

ग्रामीण सामाजिक-राजनीतिक जीवन में प्रभु जाति की महत्ता

ग्रामीण भारत के अधिकांश भागों में भू-स्वामी किसान जातियाँ हैं, जिन्हें हम प्रभु जातियाँ कहते हैं। उत्तर भारत में गाँव के लोग प्रभु जातियों को 'अजगर' (अ—अहीर, ज—जाट, ग—गुज्जर, र—राजपूत) का नाम देते हैं जो दलित अल्पसंख्यक जातियों में प्रभु जातियों के आतंक का सूचक है।

अजगर चार प्रभु जातियों के प्रथम अक्षर को लेकर बना शब्द है। ये जातियाँ हैं—(1) अहीर, (2) जाट, (3) गुज्जर, तथा (4) राजपूत। पश्चिमी बंगाल के कुछ भागों में सद्‌गोप, गुजरात में पाटीदार और राजपूत, महाराष्ट्र में मराठा, आन्ध्र में कम्मा और रेड्डी, मैसूर में ओक्कलिग और लिंगायत, मद्रास में बेल्लास, गाँउडर, पंडेयाची और कल्लर तथा केरल में नायर, सिरियाई ईसाई और इजवन प्रभु जातियाँ हैं।

प्रभु जातियों का ग्रामीण समाज में विशेष महत्त्व है क्योंकि ग्रामवासियों का सामाजिक एवं राजनीतिक जीवन इनके द्वारा काफी सीमा तक प्रभावित होता है। ग्रामीण सामाजिक, राजनीतिक जीवन का विश्लेषण इस जाति की उपेक्षा करके नहीं किया जा सकता। प्रभु जाति का प्रभाव सामाजिक जीवन के सभी क्षेत्रों तक, वंशक्रम तथा दत्तक विधान के सिद्धान्तों जैसी मूलभूत बातों तक फैला हुआ जान पड़ता है। प्रभु जाति की सर्वोच्चता का प्रभाव अन्य जातियों के सम्बन्धों पर पड़ता है। श्रीनिवास का कहना है कि इसी कारण पंजाब के कुछ भागों में जाट भू-स्वामी ब्राह्मणों को अपना सेवक समझते हैं और पूर्वी उत्तर प्रदेश में माधोपुर के गाँव में किसी समय प्रभुतासम्पन्न ठाकुर अपने गुरुओं और पुरोहितों के अतिरिक्त अन्य किसी ब्राह्मण के हाथ का बना भोजन नहीं खाते थे। मैसूर राज्य के रामपुर गाँव में लोग राम मन्दिरों के ब्राह्मण पुजारी की हँसी उड़ाते थे।

प्रभु जातियाँ ग्रामीण सामाजिक संगठन को बनाए रखने में सहायता देती हैं तथा ग्रामीण समाज में नेतृत्व प्रदान करती हैं। समकालीन ग्रामीण समाज का अध्ययन इन जातियों की उपेक्षा किए बिना अधूरा है।

प्रभुता के आधार

प्रभुतासम्पन्न जाति के सदस्यों की उच्च आर्थिक एवं धार्मिक स्थिति तथा अधिक संख्या ही नहीं होती, अपितु इसमें अनेक अन्य विशेषताएँ भी पाई जाती हैं। इसके प्रमुख आधार इस प्रकार हैं—

(1) सदस्यों की अधिक संख्या (Numerical strength),

(2) उच्च आर्थिक स्थिति (High economic status),

(3) राजनीतिक शक्ति (Political power),

(4) उच्च धार्मिक स्थिति (High ritual status),

(5) पश्चिमी शिक्षा (Western education),

(6) आधुनिक व्यवसाय, (Modern occupation), तथा

(7) शारीरिक शक्ति (Physical force)।

श्रीनिवास यह मानते हैं कि हो सकता है ये विशेषताएँ गाँव में एक से अधिक जातियों में वितरित हों परन्तु कोई भी जाति जिसमें ये सब अथवा अधिकांश विशेषताएँ हैं उसे प्रभु जाति कहा जा सकता है।

प्रभु जाति की अवधारणा का आलोचनात्मक मूल्यांकन

यद्यपि एम० एन० श्रीनिवास द्वारा दी गई प्रभु जाति की अवधारणा का समाजशास्त्रीय अवधारणा में विशेष स्थान है फिर भी अनेक विद्वानों ने इसकी आलोचना की है। एस० सी० दुबे ने **कन्ट्रीब्यूशन टू इन्डियन सोशियोलोजी (न्यू सीरीज)** *(Contribution to Indian Sociology : New Series)* नामक पत्रिका के 1968 के अंक में "जाति प्रभुता तथा गुटबन्दी" ("Caste Dominance and Factionalism") पर अपने लेख में प्रभु जाति की अवधारणा का आलोचनात्मक मूल्यांकन किया है। इनकी आलोचना के प्रमुख बिन्दु इस प्रकार हैं—

(1) यद्यपि सदस्यों की अधिक संख्या प्रभुता का एक महत्त्वपूर्ण तत्त्व है, फिर भी यह किसी जाति को प्रभु जाति बनाने के लिए अनिवार्य नहीं है। ग्रामीण इस बात की ओर इंगित करते हैं कि संख्या की दृष्टि से कमजोर जातियाँ भी प्रभु जातियाँ हो सकती हैं तथा उनमें अधिक एकता एवं संश्लिष्टता पाई जाती है।

(2) आर्थिक सत्ता का प्रयोग राजनीतिक सत्ता अथवा आर्थिक सत्ता को बढ़ाने के लिए किया जा सकता है। इससे आधुनिक शिक्षा एवं व्यवसाय ग्रहण करने में भी सरलता मिलती है। परन्तु आर्थिक साधनों का एक ही जाति में केन्द्रीयकरण उस जाति के विभिन्न व्यक्तियों में परस्पर द्वेष पैदा कर सकता है। इससे जाति श्रेणियों में बँट सकती है तथा उसमें एकता कम हो सकती है।

(3) शिक्षा के साथ प्रतिष्ठा का कुछ अंश जुड़ा हुआ है। शिक्षा उच्च प्रतिष्ठा तथा जाति में स्वतन्त्र व्यवसायों को ग्रहण करने के लिए भी सहायक है। परन्तु पश्चिमी शिक्षा से व्यक्तियों को अपनी जाति के प्रति अलगाव उत्पन्न हो सकता है तथा उनके लिए जातीय हितों से अधिक कुछ व्यक्तियों के हित अधिक महत्त्वपूर्ण हो जाते हैं।

(4) जाति जिसके पास सभी अथवा अधिकांश प्रभुता के तत्त्व है ज़रूरी नहीं है कि गाँव में प्रभु जाति ही हो। जातीय एकता तथा शक्ति का समन्वय प्रभु जाति होने के लिए अनिवार्य हैं।

(5) ऐसा कहा गया है कि जाति स्थानीय, क्षेत्रीय, प्रादेशिक अथवा राष्ट्रीय स्तर की महत्त्वपूर्ण राजनीतिक शक्ति है। इस वास्तविकता से इनकार नहीं किया जा सकता परन्तु गुटबन्दियाँ भी वोट अथवा चुनाव के परिणाम को प्रभावित कर सकती हैं।

टी० के ओमन ने भी प्रभु जाति की अवधारणा का आलोचनात्मक मूल्यांकन 1960 में प्रकाशित अपने लेख "प्रभु जाति : कुछ प्रश्न" (Dominant Caste : Some Questions), जोकि **कन्ट्रीब्यूशन टू इन्डियन सोशियोलोजी (न्यू सीरीज)** में प्रकाशित हुआ, में किया है। इनका कहना है कि प्रभु जाति में कुछ तत्त्व प्रदत्त (Ascriptive) हैं जैसे आर्थिक तथा धार्मिक स्तर, जबकि कुछ अर्जित (Achieved) हैं जैसे आधुनिक शिक्षा तथा व्यवसाय। तीसरे प्रकार के तत्त्व जनसंख्यात्मक (जैसे यथेष्ट संख्या) तथा गुणात्मक (जैसे भौतिक शक्ति इत्यादि) हैं। प्रभु जाति की अवधारणा की सबसे बड़ी कमी यह है कि श्रीनिवास ने इनकी सापेक्षिक महत्ता तथा इनके परस्पर सम्बन्धों के बारे में कुछ भी नहीं कहा है।

जब तक किसी जाति में प्रभुता के सभी प्रकार के गुण पाए जाते हैं तब तक तो समस्या पैदा नहीं होती, परन्तु अनेक ऐसी विकल्प परिस्थितियाँ हैं जिनमें समस्याएँ पैदा हो सकती हैं। उदाहरणार्थ, संख्या की दृष्टि से कमजोर जाति के पास गाँव की अधिकांश भूगि तथा सम्पत्ति का स्वामित्व होना अथवा सरकार की दृष्टि से उच्च जाति का संख्या की दृष्टि से कमजोर होना इत्यादि ऐसी ही कुछ परिस्थितियाँ हैं। अगर इस प्रकार की परिस्थिति पैदा हो जाती है तो कौन-सी जाति प्रभु जाति कही जाएगी? अगर ऐसी परिस्थितियों में कुछ जातियाँ सामुदायिक सत्ता में साझेदारी रखती हैं तो यह प्रभु जाति की अवधारणा का ही निषेध है।

प्रभुता का प्रतीक जाति द्वारा निर्णय लेने की प्रक्रिया है परन्तु क्या प्रभु जाति द्वारा लिया गया निर्णय अन्य जातियाँ मानती हैं इसके बारे में भी श्रीनिवास द्वारा प्रतिपादित प्रभु जाति की अवधारणा से कुछ पता नहीं चलता है।

प्रभु जाति की अवधारणा में यह मान लिया गया है कि शक्ति के कुछ साधनों का पाया जाना इन साधनों के अनिवार्य प्रयोग के साथ जुड़ा हुआ है परन्तु सदैव ऐसा नहीं हो सकता। यह भी हो सकता है कि कुछ जातियाँ साधन होते हुए भी इनका अधिक प्रयोग न करें।

प्रभु जाति की अवधारणा बिना जातीय एकता के अधूरी है। यह सामान्य ज्ञान की बात है कि भारतीय गाँवों में गुटबन्दियाँ पाई जाती हैं। उपलब्ध प्रमाण इस बात की ओर हमारा ध्यान आकर्षित करते हैं कि ग्रामीण भारत में नेतृत्व के अनेक स्तर हैं तथा यह केवल प्रभु जाति तक ही सीमित नहीं है। इससे भी इस अवधारणा के प्रयोग में कठिनाई पैदा हो सकती है।

प्रभु जाति की प्रभावशील क्रियाशीलता तभी सम्भव है जबकि गाँव एक स्वतन्त्र राजनीतिक व्यवस्था हो। हमारे पास कोई ऐसा प्रमाण उपलब्ध नहीं है जिससे यह सिद्ध हो सके कि गाँव भूतकाल में एक स्वतन्त्र इकाई था तथा समकालीन भारतीय गाँव स्वतन्त्र इकाइयाँ नहीं हैं। अगर ग्रामीण भारत में हो रहे आर्थिक परिवर्तनों को सामने रखा जाए तो और भी समस्याएँ सामने आ सकती हैं।

इन सब आलोचनाओं से यह पता चलता है कि इस अवधारणा द्वारा ग्रामीण सामाजिक तथा राजनीतिक जीवन का विश्लेषण पूर्ण रूप से नहीं किया जा सकता है। इसमें अनेक कमियाँ होते हुए भी अनेक विद्वानों ने इस अवधारणा को अपनाया है तथा सामाजिक-राजनीतिक जीवन को समझने का प्रयास किया है।

पिछले कुछ दशकों में ऐसे नए तत्त्व विकसित हो गए हैं जिन्होंने प्रभु जातियों की प्रभुता पर काफी प्रभाव डाला है। यह तत्त्व हैं—

(1) पश्चिमी शिक्षा;

(2) प्रशासन में नौकरियाँ;

(3) आमदनी के शहरी साधन;

(4) बालिग मताधिकार और पंचायती राज; तथा

(5) अनुसूचित जातियों के लिए गाँव से लेकर संघीय संसद तथा सभी निर्वाचित संस्थाओं में सुरक्षित स्थान।

श्रीनिवास का कहना है कि इन कारणों से निम्न जातियों में आत्म-सम्मान तथा शक्ति की नई भावना विकसित हुई है। जिन गाँवों में अनुसूचित जातियों के लोगों की संख्या अधिक है तथा यह इतनी है कि वे स्थानीय शक्ति का पलड़ा किसी न किसी दिशा में झुका सकते हैं, तो इससे उच्च जातियों की प्रभुता पर काफी गहरा प्रभाव पड़ा है। स्थानीय गुटबन्दी ने भी प्रभु जाति की प्रभुता कम करने में सहायता दी है। संचार साधनों में सुधार के कारण भी सर्वथा स्थानीय जीवन-शैलियों की प्रतिष्ठा घटी है। प्रभु जाति आज भारतीय गाँवों में शक्ति संरचना को समझने में कहाँ तक सहायक है ? यद्यपि इस प्रश्न का उत्तर देना कठिन है फिर भी इसकी महत्ता को नजर अन्दाज नहीं किया जा सकता। आज भी इसके बिना ग्रामीण संरचना को समझना कठिन है।

सन्दर्भ-सूची

1. E. S. Bogardus, **Sociology**, p. 122.
2. Kingsley Davis, **Human Society**, p. 312.
3. R. M. MacIver and C. H. Page, **Society : An Introductory Analysis, pp. 8–9.**
4. W. F. Ogburn and M. F. Nimkoff, **A Handbook of Sociology**, p. 269.
5. Arnold W. Green, **Sociology : An Analysis of Life in Modern Society, p. 193.**
6. H. C. Manger, **Practical Sociology and Social Problems**, p. 122.
7. Robert Redfield, **The Little Community**, p. 4.
8. Robert Redfield, Op. Cit., p. 2.
9. Robert Redfield, Op. Cit., p. 1.
10. Robert Redfield, Op. Cit., p. 4.
11. Robert Redfield, Op. Cit., p. 4.
12. M. N. Srinivas, **India's Villages**, p. 26.
13. M. N. Srinivas, Quoted by Mckim Marriott, **Village India**, p. 42.
14. For details, See, Brij Raj Chauhan, **A Rajasthan Village**, p. 276.
15. Firth Quoted in Robert Redfield, Op. Cit., p. 18.
16. Robert Redfield, Op. Cit., pp. 18-19.
17. Robert Redfield, **Little Community, Peasant Society and Culture, p. 29.**
18. A. Kroeber, Quoted by Sachchidananda, "Social Organization of Peasant Society in India" in **The Eastern Anthropologist**, Vol. 31, No. 3, July-Sept. 1978, p. 229.
19. Andre Beteille, **Six Essays in Comparative Sociology**, pp. 41-44.
20. E. B. Tylor, **Primitive Culture**, p. 1.
21. Robert Bierstedt, **The Social Order**, p. 123.
22. B. Malinowski, **A Scientific Theory of Culture**, p. 97.
23. R. M. MacIver and C. H. Page, **Society : An Introductory Analysis**, p. 499.
24. George M. Foster, 'What is Folk Culture,' **Amercian Anthropologist**, Vol. 55, (1953), p. 139.
25. Yogendra Singh, "Traditional Culture Pattern of India and Industrial Change" in A. B. Shah and C. R. M. Rao (eds.), **Tradition and Modernity in India**, p. 45.
26. V. K. R. V. Rao, Quoted in S. K. Srivastava (ed.), **Tradition and Modernization**, p. 23.
27. Jacob Katz, Quoted in Op. Cit., p. 23.
28. E. A. Ross, **Social Psychology**, p. 168.
29. M. Ginsberg, **The Psychology of Society**, p. 104.
30. James Drever, **A Dictionary of Psychology**, p. 197.
31. For details, See, G. V. Grunebaum, **Unity and Variety in Muslim Civilization**, p. 28.
32. B. R. Chauhan, **A Rajasthan Village**, p. 311.
33. Yogendra Singh, **Modernization of Indian Tradition, p. 13.**
34. M. N. Srinivas, **Social Change in Modern India**, p. 10.

3

ग्रामीण एवं नगरीय समुदाय

हममें से प्रत्येक व्यक्ति किसी न किसी ग्राम अथवा नगर में निवास करता है। वास्तव में, सामाजिक जीवन के संगठन के रूप में ग्राम तथा नगर दोनों का अपना विशिष्ट एवं महत्त्वपूर्ण स्थान है। यद्यपि आज अधिकांश देशों में ग्रामीण एवं नगरीय समाज के बीच कोई स्पष्ट रेखा नहीं खींची जा सकती तथा अधिकतर विद्वान् ग्रामीण-नगरीय सांतत्यक (Rural-urban continuum) की बात करते हैं, फिर भी प्रत्येक समाज में ग्रामीण क्षेत्रों को नगरीय क्षेत्रों से पृथक् करने के लिए विभिन्न प्रकार के आधारों को अपनाया जाता है। भारत में भी यद्यपि आज तीव्र परिवर्तनों के फलस्वरूप ग्रामीण एवं नगरीय जीवन व समाज में दूरी कम होती जा रही है तथा बाहरी जगत से ग्रामीणवासियों के सम्पर्कों में निश्चित रूप से वृद्धि होती जा रही है, फिर भी दोनों में अन्तर पूरी तरह समाप्त नहीं हो पाया है और दोनों ही अपनी-अपनी कुछ विशिष्ट विशेषताओं को आज भी बनाए हुए हैं। इस अध्याय में ग्रामीण समाज की प्रकृति, ग्रामीण जीवन के आधारभूत लक्षणों तथा ग्रामीण समाज में हो रहे परिवर्तनों को समझाया गया है।

भारत में ग्रामीण समाज की प्रकृति

भारत गाँवों का देश कहा जाता है क्योंकि आज भी हमारे देश की कुल जनसंख्या का तीन-चौथाई से अधिक भाग ग्रामीण समाज में ही निवास करता है। अतः भारत में ग्रामीण जीवन का अत्यधिक महत्त्व है। गाँव कोई नवीन शब्द नहीं है क्योंकि आदिकाल से ही इसका प्रयोग सामाजिक सम्बन्धों को स्थायित्व प्रदान करने वाले संगठन के रूप में किया जाता रहा है। गाँव के लिए पहले 'ग्रिहा' अर्थात् 'गिरोह' अथवा 'झुण्ड' तथा 'याली' इत्यादि शब्दों का प्रयोग किया जाता था। यहाँ पर यह प्रश्न उठता है कि आखिर गाँव किसे कहते हैं तथा इसकी प्रकृति कैसी

है ? प्रमुख विद्वान् गाँवों में सामान्यतः मनुष्य एवं प्रकृति के मध्य निकट, प्रत्यक्ष व घनिष्ठ सम्बन्धों का पाया जाना अनिवार्य मानते हैं। सिम्स के अनुसार गाँव वह नाम है जो साधारणतया प्राचीन कृषकों की बस्ती (Settlement of ancient agriculturists) को दर्शाता है। चूँकि समाजशास्त्र में गाँव को एक समुदाय माना जाता है, इसलिए अधिकांश विद्वानों ने 'गाँव' की परिभाषा 'ग्रामीण समुदाय' के रूप में दी है।

पीके के अनुसार, "ग्रामीण समुदाय परस्पर सम्बन्धित तथा असम्बन्धित उन व्यक्तियों का समूह है जो अकेले परिवार से अधिक विस्तृत एक बहुत बड़े घर या परस्पर निकट स्थित घरों में कभी अनियमित रूप में तथा कभी एक गली में रहता है तथा मूलतः अनेक कृषि योग्य खेतों में सामान्य रूप से कृषि करता है, मैदानी भूमि को आपस में बाँट लेता है और आसपास की बेकार भूमि में पशु चराता है जिस पर निकटवर्ती समुदायों की सीमाओं तक वह समुदाय अपने अधिकार का दावा करता है।"[1] सेण्डरसन के अनुसार, "एक ग्रामीण समुदाय वह स्थानीय क्षेत्र है जिसमें वहाँ निवास करने वाले लोगों की सामाजिक अन्तर्क्रिया और उनकी संस्थाएँ सम्मिलित हैं जिनमें वह खेतों के चारों ओर बिखरी झोपड़ियों या ग्रामों में रहता है और जो उनकी सामान्य गतिविधियों का केन्द्र है।"[2]

उपर्युक्त परिभाषाओं से ग्रामीण समाज की झलक मिलती है। ग्रामीण समाज अनेक ग्रामीण समुदायों का योग है तथा इन समुदायों के सदस्यों में अनौपचारिक, प्राथमिक, सरल एवं परम्परागत सम्बन्ध पाए जाते हैं। अधिकांश लोग कृषि एवं इससे सम्बन्धित अन्य व्यवसाय करते हैं, समुदाय में उनका सामान्य जीवन व्यतीत होता है, सदस्यों में सामुदायिक भावना पाई जाती है तथा सदस्यों की अधिकांश आवश्यकताएँ अपने समुदायों में ही पूरी हो जाती हैं। ए० आर० देसाई[3] का कहना है कि गाँव, ग्रामीण समाज की इकाई है। यह एक रंगमंच है जहाँ ग्रामीण जीवन का प्रमुख भाग स्वयं प्रकट होता है और कार्य करता है। इनका कहना है कि ग्राम सामूहिक निवास स्थान की प्रथम स्थापना है और कृषि अर्थव्यवस्था की उत्पत्ति है।

गाँवों के प्रकार

ऐसा माना जाता है कि गाँव भी अपने आप में एक सजातीय इकाई नहीं है। गाँव कई प्रकार के होते हैं। जनसंख्या के आधार पर गाँवों को बड़े, मध्यम तथा छोटे गाँवों में विभाजित किया जा सकता है। क्षेत्रफल की दृष्टि से गाँव विस्तृत अथवा सीमित हो सकते हैं। नगरीय लक्षणों के आधार पर गाँवों को नगरीकृत गाँव, अर्द्ध-नगरीकृत गाँव तथा ग्रामीण गाँव में विभाजित किया जा सकता है। इसी प्रकार, अर्थव्यवस्था के आधार पर कृषि प्रधान गाँवों, उद्योग प्रधान गाँवों तथा मिश्रित अर्थव्यवस्था वाले गाँवों में भेद किया जा सकता है, जबकि सुविधाओं की दृष्टि से गाँवों को पूर्ण सुविधायुक्त गाँव, आंशिक सुविधायुक्त गाँव एवं असुविधायुक्त गाँव जैसी श्रेणियों में विभाजित किया जा सकता है। प्रो० एस० सी० दुबे ने भारतीय गाँवों का वर्गीकरण अग्रलिखित आधारों पर किया है—

(1) आकार, जनसंख्या तथा भूमि-क्षेत्र;

(2) नृजातीय रचना तथा जातीय संरचना;

(3) भू-स्वामित्व के प्रतिमान;

(4) सत्ता संरचना तथा शक्ति संस्तरण;

(5) पृथकता की मात्रा; तथा

(6) स्थानीय परम्पराएँ।

1991 ई० के अनुसार भारत में 5, 58,088 गाँव थे। इन गाँवों को जनसंख्या के आधार पर निम्नलिखित तीन श्रेणियों में विभाजित किया गया था—

गाँव का प्रकार	गाँव का आकार	कुल गाँवों में प्रतिशत
छोटे गाँव	500 से कम	26·5
मध्यम गाँव	500 से 2,000 के बीच	48·8
बड़े गाँव	2,000 से 5,000 के बीच	19·4

इस प्रकार भारत में अधिकांश गाँव मध्यम आकार के हैं। भारत के विभिन्न प्रदेशों में गाँव की संख्या में भी काफी अन्तर देखा गया। उदाहरणार्थ—उत्तर प्रदेश में सर्वाधिक (1,12,566) गाँव थे। इसके पश्चात् मध्य प्रदेश (71,352), बिहार (67,546), उड़ीसा (46,553) तथा महाराष्ट्र (39,354) का स्थान था। सबसे कम गाँव, जिनमें निवासियों की संख्या भी कम थी, सिक्किम तथा नागालैण्ड में पाए गए।

भारतीय ग्रामीण जीवन के आधारभूत लक्षण

भारतीय ग्रामीण जीवन की प्रकृति को इसके निम्नांकित आधारभूत लक्षणों द्वारा स्पष्ट किया जा सकता है—

(1) कृषि व्यवसाय—ग्रामीण जीवन की सर्वप्रमुख विशेषता इसके अधिकांश सदस्यों का कृषि व्यवसाय पर आधारित होना है। यद्यपि ग्रामीण समुदायों में अन्य व्यवसायों को करने वाले लोग भी रहते हैं परन्तु फिर भी अधिकतर लोगों में कृषि एवं इससे सम्बन्धित व्यवसायों की ही प्रधानता पाई जाती है। भारत में ग्रामीण जनसंख्या का लगभग 74·28% भाग कृषि एवं इससे सम्बन्धित व्यवसायों में लगा हुआ है।

(2) व्यवसाय में विशेषीकरण का अभाव—ग्रामीण जीवन में व्यवसायों में विशेषीकरण का अभाव पाया जाता है। भारतीय ग्रामीण समाज के अधिकांश सदस्य कृषि व्यवसाय पर आश्रित हैं तथा सभी व्यक्ति सभी प्रकार के कार्य कर सकते हैं अर्थात् कृषक अवसर पड़ने पर बढ़ई, लोहार, पशु चिकित्सक, मजदूर आदि सभी बन सकता है। यद्यपि वह विभिन्न क्षेत्रों के बारे में ज्ञान रखता है फिर भी विशेषीकरण का अभाव पाया जाता है।

(3) संयुक्त परिवार की प्रधानता—भारतीय ग्रामीण समाज में संयुक्त परिवारों की प्रधानता पाई जाती है तथा सामाजिक जीवन में इनका विशेष महत्त्व है। चूँकि आर्थिक उत्पादन की इकाई कृषि है तथा कृषि व्यवसाय के लिए अधिक से अधिक व्यक्तियों की आवश्यकता होती है, अतः सभी सदस्य, दूर या निकट के रक्त सम्बन्धी एक छत के नीचे रहते हुए सामान्य धर्म को मानते हुए, सामान्य सम्पत्ति का उपयोग करते हुए, एक ही रसोई का पका खाना खाते हैं तथा सभी मिलकर कृषि कार्यों में सहयोग प्रदान करते हैं।

(4) प्रकृति से प्रत्यक्ष सम्बन्ध—ग्रामीण समाज में सदस्यों का प्रकृति से सीधा सम्बन्ध पाया जाता है। अगर यह कहा जाए कि भारतीय ग्रामीण जीवन पूर्णतः प्रकृति पर आश्रित है तो यह कोई अतिशयोक्ति नहीं होगी। ग्रामवासी वर्षा के लिए बादलों, फसल पकने के लिए सूर्य, अधिक वर्षा से बचने के लिए इन्द्र की आराधना करते हैं। प्रकृति पर आश्रित रहते हुए, ग्रामीण समाज के सदस्य प्रकृति से संघर्ष करते हुए इससे सामंजस्य स्थापित करने का प्रयास करते हैं।

(5) जनसंख्या का कम घनत्व—ग्रामीण समाज का क्षेत्र तो खेतों के कारण अधिक विस्तृत होता है परन्तु जनसंख्या का घनत्व बहुत कम होता है। भारतीय ग्रामीण समाज के सदस्यों का जीवन जनसंख्या के कम घनत्व के कारण नगरों के भीड़-भाड़ वाले जीवन से पूर्णतः भिन्न है।

(6) सजातीयता—भारतीय ग्रामीण समाज के सदस्यों में सजातीयता पाई जाती है अर्थात् सदस्यों की जीवन-पद्धति, रहन-सहन, खान-पान, रीति-रिवाज, धार्मिक विश्वास, व्यवसाय तथा सामाजिक-सांस्कृतिक व्यवहार लगभग एक जैसा होता है। सरल शब्दों में यह कहा जा सकता है ग्रामीण समाज के सदस्यों में एकरूपता अधिक पाई जाती है।

(7) अधिक स्थायी जीवन—भारतीय ग्रामीण समाज में सदस्यों का जीवन अधिक स्थायी है। परम्परागत आदर्शों, अन्धविश्वासों व धर्म की प्रधानता के कारण सामाजिक परिवर्तन का प्रभाव न्यूनतम होता है। इसमें नवीनता का कोई स्थान नहीं होता है। इस प्रकार, जीवन का ढंग अनेक वर्षों एवं पीढ़ियों में एक समान ही रहता है।

(8) सामाजिक गतिशीलता का अभाव—भारतीय ग्रामीण समाज में सामाजिक गतिशीलता का अभाव पाया जाता है क्योंकि पीढ़ी-दर-पीढ़ी एक ही व्यवसाय होने के कारण सामाजिक गतिशीलता की सम्भावना कम होती है। शिक्षा की सुविधाओं के अभाव के कारण भी गतिशीलता नहीं पाई जाती है।

(9) जाति व्यवस्था का महत्त्व—भारतीय ग्रामीण जीवन में जाति व्यवस्था को अत्यधिक महत्त्व दिया जाता रहा है तथा आज भी इस व्यवस्था की प्रधानता स्पष्ट देखी जा सकती है। व्यावसायिक, सामाजिक, आर्थिक एवं धार्मिक क्षेत्रों एवं अन्य पहलुओं में जातिगत नियमों का पालन होता है। विभिन्न जातियों में दूरी खान-पान पर लगे प्रतिबन्धों से स्पष्टतः देखी जा सकती है।

(10) धार्मिक विचारों की प्रधानता—भारतीय ग्रामीण जीवन में धार्मिक रीति-रिवाजों की अधिक प्रधानता पाई जाती है तथा सदस्यों का अधिकांश व्यवहार एवं कार्य धार्मिक विश्वासों के अनुसार ही होता है। साथ ही, परम्पराओं एवं प्रथाओं की प्रधानता के कारण रूढ़िवादिता भी अधिक पाई जाती है। प्राकृतिक विपत्तियों जैसे बाढ़, अकाल आदि के कारण अलौकिक शक्तियों एवं धार्मिक विचारों का महत्त्व अधिक हो जाता है। सदस्य सोचते हैं कि इन आपत्तियों से छुटकारा केवल मात्र अलौकिक शक्तियाँ ही दिलवा सकती हैं। इसके परिणामस्वरूप ग्रामीण समाज के सदस्यों के जीवन के चारों ओर परम्पराओं, अन्धविश्वासों तथा रूढ़ियों का साम्राज्य हो जाता है।

(11) नारी की निम्न स्थिति—अशिक्षा, आर्थिक एवं सामाजिक स्वतन्त्रता के अभाव इत्यादि के कारण स्त्रियों की स्थिति भारतीय ग्रामीण समाज में सदैव निम्न रही है। इनका कार्य केवल घर की चाहरदीवारी में काम करना अथवा उत्पादन कार्यों में योगदान देना है जिसके कारण इनकी स्थिति 'दास' के समकक्ष ही मानी जाती है। बहुपत्नी विवाह प्रथा व बाल विवाह ने उनकी स्थिति को निम्न करने में प्रमुख योगदान दिया है।

(12) भाग्यवादिता एवं अशिक्षा—भारतीय ग्रामीण जीवन में भाग्यवादिता एवं अशिक्षा प्रचुर मात्रा में पाई जाती है। शारीरिक श्रम को अधिक महत्त्व देने के कारण शिक्षा को कोई विशेष महत्त्व नहीं दिया जाता है। शिक्षा की कमी के कारण भाग्यवादिता को महत्त्व मिलता है। धर्म, कर्म, भाग्य इत्यादि पर लोग अधिक विश्वास करने लगते हैं। प्रदत्त पद, उन्नति के सीमित अवसर, प्राकृतिक प्रकोपों के समकक्ष असहाय स्थिति आदि उन्हें भाग्य पर विश्वास करने के लिए मजबूर कर देती है। सदस्य अपने अच्छे व बुरे कार्यों को धर्म व पिछले जन्म के परिप्रेक्ष्य में ही देखता है परिणामस्वरूप प्रगति की इच्छा समाप्त हो जाती है।

समकालीन भारतीय समाज एवं संस्कृति में तीव्रता से परिवर्तन हो रहे हैं तथा भारतीय ग्रामीण समाज भी इन परिवर्तनों से अछूता नहीं है। नगरीय समाज से सम्पर्क बढ़ जाने के कारण, आवागमन एवं संचार साधनों में सुधार तथा शिक्षा की सुविधाओं में वृद्धि के कारण आज भारतीय ग्रामीण समाज का स्वरूप पूर्णतः परिवर्तित होता जा रहा है। परम्परागत रूप से भारत में गाँव आत्म-निर्भर रहे हैं परन्तु वे अपनी आवश्यकताओं की पूर्ति के लिए विस्तृत जगत पर अधिक से अधिक आश्रित होते जा रहे हैं।

ग्रामीण भारत की परम्परागत सामाजिक संरचना

परम्परागत दृष्टि से भारतीय ग्रामीण संरचना जाति व्यवस्था पर आधारित एक ऐसी सुदृढ़ व्यवस्था मानी जाती रही है जो विदेशी आक्रमणों और शासनों के झंझावातों का हजारों वर्षों तक सफलतापूर्वक सामना कर सकी और निज की विशिष्टता बनाए रख सकी। यही कारण है कि अनेक विदेशी विद्वान् एक भारतीय ग्राम को आत्म-निर्भर गणराज्य के रूप में देखते रहे। कार्ल मार्क्स ने तो इस विभिन्न जातियों के परस्पर प्रकार्यात्मक, स्पष्ट व सुदृढ़ सम्बन्धों पर आधारित संरचना को एक पहले से बना बनाया ऐसा सामाजिक ढाँचा कहा है जो कहीं भी आसानी से गाँव के रूप में कुछ परिवारों को बसाने में सहायक रहा है। प्राकृतिक प्रकोप हुआ

या विदेशी आक्रमण का तूफान आया तो गाँव उजड़ गए, और फिर जैसे ही तूफान समाप्त हुआ बचे परिवारों ने पुनः वही ग्राम अथवा अन्यत्र गाँव बसा दिया। वर्ण व्यवस्था के विस्तृत ढाँचे में नवीन जातियों व जनजातियों का समावेश करने की प्रणाली ने इस संरचना को लचीला और गत्यात्मक बनाए रखा।

भारत गाँवों का देश है। अतः गाँवों की संरचना एवं इसके बदलते हुए स्वरूप को समझे बिना भारतीय सामाजिक संरचना को नहीं समझा जा सकता है। वास्तव में, भारतीय समाज तीन स्तम्भों पर खड़ा है—गाँव, जाति व्यवस्था तथा संयुक्त परिवार। यहाँ संक्षेप में ग्रामीण भारत की परम्परागत सामाजिक संरचना और इसका परिवर्तनशील परिदृश्य प्रस्तुत किया जा रहा है।

अनेक भारतीय एवं विदेशी समाजशास्त्रियों ने ग्रामीण सामाजिक संरचना का अध्ययन किया और उसके परम्परागत तत्त्वों को ढूँढ निकाला है। इसमें एम० एन० श्रीनिवास द्वारा मैसूर राज्य के रामपुरा गाँव का अध्ययन, कैथलीन गफ द्वारा किया गया तमिलनाडु राज्य के तन्जोर जिले में कुम्बापटई गाँव का अध्ययन, एस० सी० दुबे द्वारा किया गया शामीरपेट गाँव का अध्ययन, ब्रज राज चौहान द्वारा राजस्थान के रानावती की सादुड़ी गाँव का अध्ययन, आन्द्रे बेतेई द्वारा तमिलनाडु के तन्जोर जिले के श्रीपुरम गाँव का अध्ययन तथा मैकिम मेरियट का उत्तर प्रदेश में अलीगढ़ जिले के किशनगढ़ी गाँव का अध्ययन अधिक प्रसिद्ध रहे हैं। इन अध्ययनों के आधार पर भारतीय ग्रामीण संरचना को दो दृष्टियों से देखा जा सकता है—प्रथम, यह कि इस संरचना को एक इकाई मानकर इसके आन्तरिक घटकों के पारस्परिक सम्बन्ध के रूप में और द्वितीय, एक गाँव की सामाजिक संरचना को बाह्य अन्य संरचनात्मक इकाइयों (यथा अन्य गाँवों, जिला, राज्य या राष्ट्र) के साथ सम्बन्ध के रूप में। यह दूसरी दृष्टि भी महत्त्वपूर्ण है क्योंकि उपर्युक्त अध्ययनों ने यह सिद्ध कर दिया है कि भारतीय गाँव कभी भी पृथक् या तटस्थ आत्म-निर्भर इकाई नहीं रहे हैं बल्कि बाह्य जगत से इनका सम्बन्ध रहा है। इन दोनों ही दृष्टियों से संरचना को निम्नांकित रूप में समझा जा सकता है—

ग्रामीण संरचना के आन्तरिक घटकों में परस्पर सम्बन्ध

1. व्यक्ति
2. परिवार
3. निकटतम बन्धुत्व समूह
4. वंश समूह
5. जातियाँ तथा उपजातियाँ
6. वर्ण श्रेणियाँ
7. ग्राम पंचायत
8. सांस्कृतिक परम्पराएँ

ग्रामीण सामाजिक संरचना का बाह्य इकाइयों से सम्बन्ध

1. गाँव
2. परिवारों के नातेदारी सम्बन्ध (रक्त एवं वैवाहिक)
3. क्षेत्र विशेष में अन्तर्ग्राम सम्बन्ध (मेले, हाट, विशेष त्योहार, विवाह, खेलकूद प्रतियोगिता आदि के माध्यम से)
4. जिला स्तर पर ग्राम सम्बन्ध
5. राज्य स्तर पर ग्राम सम्बन्ध
6. राष्ट्र स्तर पर ग्राम सम्बन्ध

पिछले कुछ वर्षों में सामाजिक नियोजन तथा परिवर्तन की प्रक्रियाओं के परिणामस्वरूप सामाजिक संरचना में महत्त्वपूर्ण परिवर्तन हुए हैं। एम० एस० ए० राव ने दिल्ली के समीप यादवपुर गाँव में होने वाले सामाजिक परिवर्तनों का अध्ययन किया और महत्त्वपूर्ण निष्कर्ष निकाले। एम० एस० गोरे ने परिवार सम्बन्धी परिवर्तनों पर अपना ध्यान केन्द्रित किया। के० एम० कपाडिया तथा पिल्लै ने उद्योग की स्थापना से आस-पास के गाँव में होने वाले परिवर्तनों का सारगर्भित अध्ययन किया है। आन्द्रे बेतेई ने श्रीपुरम् गाँव के अध्ययन के आधार पर शक्ति व सत्ता के प्रतिमानों में होने वाले परिवर्तनों को आँकने का प्रयास किया है। इन प्रमुख अध्ययनों के आधार पर नियोजित परिवर्तन के द्वारा ग्रामीण सामाजिक संरचना में उत्पन्न परिवर्तनों को तथ्यात्मक दृष्टि से समझा जा सकता है।

भारतीय ग्रामीण सामाजिक संरचना में परिवर्तनशील परिदृश्य

ग्रामीण भारत में सामाजिक परिवर्तन के प्रमुख क्षेत्र निम्नांकित हैं जिनसे हमें भारतीय गाँवों में परिवर्तनशील परिदृश्य का पता चलता है—

(1) परिवार एवं बन्धुत्व व्यवस्था—ग्रामीण रोजगार के नये अवसरों और ग्रामीण युवकों के नगरों की ओर प्रवास ने परिवारों की संरचना पर प्रभाव डाला है। संयुक्त परिवार का वह शास्त्रीय रूप यहाँ कई पीढ़ियाँ एक परिवार प्रमुख के शासन में, एक ही कोष, एक ही निवास स्थान और एक ही रसोई के आधार पर जीवन-यापन करते हैं, बदल रहा है। इसके स्थान पर सामान्य सम्पत्ति व पारस्परिक दायित्वों पर आधारित सम्बद्ध परिवारों का उदय हो रहा है। परिवार का प्रमुख स्थान प्रतिष्ठा की दृष्टि से बना हुआ है। परन्तु यथार्थ शक्ति के स्रोत विकेन्द्रित और बहुबिन्दु वाले हैं। परिवार सामूहिक उत्पादन के केन्द्र के रूप में कम पर उपभोग की इकाई के रूप में अधिक विकसित होता जा रहा है। परिवार में उन सदस्यों की संख्या भी अधिक बढ़ रही है जोकि द्वितीयक या तृतीयक व्यवसाय में लगे हैं; जैसे खांडसारी या बाहर नौकरी। स्पष्ट है कि ऐसे परिवर्तनों से परिवारात्मकता का ह्रास हुआ है और व्यक्तिवाद को प्रोत्साहन मिला है। परिवार के सामूहिक हित के साथ-साथ व्यक्ति के हित-पूर्ति पर भी ध्यान दिया जाता है और सामंजस्य का मार्ग अपनाने का प्रयास किया जाता है।

जहाँ तक बन्धुत्व सम्बन्धों का प्रश्न है इनका सांस्कारिक स्वरूप ढीला हुआ है। ये सम्बन्ध लचीले हुए हैं। लेन-देन की प्रथा में भी ढिलाई आई है परन्तु विभिन्न स्वार्थों की पूर्ति के लिए बन्धुत्व व्यवस्था भारतीय ग्रामों में एक सामाजिक ताने-बाने के रूप में अधिक क्रियाशील हो उठी है। उदाहरणार्थ, इन सम्बन्धों को नौकरी पाने, पदोन्नति या किसी सरकारी दफ्तर में कोई काम करवाने या चुनाव में जीतने के लिए प्रयोग किया जाने लगा है।

(2) जाति संरचना—नियोजित कार्यक्रमों के परिणामस्वरूप और विशेषतः अनुसूचित जातियों, अनुसूचित जनजातियों एवं कमजोर वर्गों के लिए किए गए कार्यक्रमों के परिणामस्वरूप जाति व्यवस्था में गहरे परिवर्तन हुए हैं। प्रथम, जातियों का सांस्कारिक शुद्धता के आधार पर सोपान-क्रम का ढाँचा बिखर रहा है। द्वितीय, निम्न जातियों में जाति चेतना का उदय हो रहा

है। वे संगठित होकर इस नव जाग्रत अहम् की रक्षा करना चाहती हैं। तृतीय, मध्य श्रेणी जातियाँ राजनीतिक दृष्टि से अधिक सक्रिय हो उठी हैं। चतुर्थ, उच्च जातियों का परम्परागत प्रभुत्व कम होने लगा है और उनकी प्रभुता को मध्य श्रेणी की जातियों से चुनौती मिल रही है। पंचम, क्षेत्रीय आधार पर प्रभु जाति की अवधारणा क्रियाशील होती दिखाई देती है अर्थात् वह जाति प्रभुता ग्रहण करने लगती है जो क्षेत्र विशेष में संख्या के आधार पर या आर्थिक व राजनीतिक सत्ता के आधार पर शक्तिशाली हो। यह आवश्यक नहीं कि ऐसी प्रभु जाति परम्परागत जाति पद क्रम सोपान में भी सर्वोच्च जाति रही हो। षष्ठ, जातियों के संघ विकसित हो रहे हैं जैसा कि एम० एस० ए० राव ने बताया है कि यादवपुर गाँव में यादव युवक सभा की स्थापना हुई और उसे अखिल भारतीय यादव सभा के साथ सम्बद्ध किया गया। यह विभिन्न जातियों के संघ राजनीतिक प्रक्रिया में भी सक्रिय हैं और राजनीतिक सौदेबाजी करते हैं। एम० एन० श्रीनिवास के अध्ययनों से पता चलता है कि चुनाव के समय यह जाति संगठन वोट बैंक के रूप में सक्रिय हो जाते हैं।

(3) नए वर्गों का उदय—परम्परागत दृष्टि से भारतीय गाँव में भूस्वामियों, व्यापारियों, कृषकों एवं भूमिविहीन कृषि मजदूरों के वर्ग थे। परन्तु इनके बीच सम्बन्ध, मालिक और आसामी सम्बन्ध प्रतिमान के आधार पर थे। भूमि सुधार कानूनों व विकास के अन्य कार्यक्रमों के परिणामस्वरूप कुछ नए हित समूहों का उदय हो रहा है जो वर्ग चेतना के आधार पर क्रियाशील हैं; जैसे गाँव में युवा सभाएँ, महिला सभाएँ, कृषक संघ, मजदूर संघ आदि। इस प्रकार रामकृष्ण मुखर्जी ने गाँव में तीन वर्गों की उपस्थिति बताई है—

(i) वे भूस्वामी, जो अपनी देख-रेख में खेती कराते हैं पर स्वयं खेती नहीं करते,

(ii) वे आत्म-निर्भर किसान, जो स्वयं खेती करते हैं, और

(iii) साझेदारी या वेतन के आधार पर खेती करने वाले कृषि मजदूर।

इसी श्रेणी में अन्य अकुशल सेवा प्रदान करने वालों को भी सम्मिलित किया जा सकता है। यह सभी वर्ग एक नव विकसित वर्ग चेतना के आधार पर आपस में बँधने लगे हैं और परम्परागत सामाजिक संरचना बदल रही है।

(4) शक्ति व सत्ता की संरचना—परम्परागत रूप से भारतीय ग्रामों में शक्ति संरचना के प्रमुख आधार निम्नलिखित थे—

(i) राजवंश पर आधारित या बाद में जमींदारी या तालुकेदारी पर आधारित शासक वर्ग,

(ii) जाति पद-क्रम सोपान में संस्कार के आधार पर उच्च जातियाँ जिसमें प्रस्थिति जन्म के आधार पर प्राप्त होती थी,

(iii) जाति पंचायत में चौधरी का पद भी वंशानुगत था, और

(iv) ग्राम पंचायत में भी प्रायः मुखिया वंशानुगत आधार पर ही होता था। इस भाँति, शक्ति और संरचना एक बन्द व्यवस्था का रूप प्रकट करती हैं जहाँ शक्ति पद-क्रम सोपान में एक क्रम से दूसरे क्रम में गतिशीलता करना प्रायः असम्भव ही है।

इसके अतिरिक्त, प्रस्थिति संयोजन की स्थिति भी दिखाई देती है अर्थात् उच्च जाति ही उच्च वर्ग है और वही शक्ति के सर्वोच्च पद भी ग्रहण किए हुए है। परन्तु पंचायती राज के लागू किए जाने से, सार्वभौमिक वयस्क मताधिकार मिलने से तथा विकास के अन्य कार्यक्रमों के परिणामस्वरूप यह परम्परागत शक्ति संरचना टूटने लगी है।

जन्म पर आधारित प्रदत्त पदों के स्थान पर अर्जित पदों का महत्त्व बढ़ रहा है। आन्द्रे बेतेई ने अपने अध्ययन में बताया है कि पंचायत में चुनाव अब वोट के आधार पर होता है। गाँव में उन लोगों का प्रभुत्व बढ़ रहा है जो सरकारी दफ्तरों या राजनेताओं से अच्छे सम्बन्ध रखते हैं और किसी का काम करा देने की स्थिति में हैं। जिस परिवार के सदस्य उच्च सरकारी पदों पर पहुँच जाते हैं उनका भी ग्रामीण समाज में महत्त्व बढ़ जाता है। जमींदारी प्रथा का उन्मूलन हो चुका है। द्रव्य पर आधारित अर्थव्यवस्था के लागू हो जाने से गाँव में उन परिवारों का महत्त्व भी बढ़ जाता है जो पैसे वाले हो गए हैं। निश्चित ही आश्रयदाता और सेवक का वह परम्परागत सम्बन्ध टूट रहा है।

(5) हरित क्रान्ति—ग्रामीण भारत का प्रमुख व्यवसाय कृषि रहा है। यह कृषि भी जीवन-यापन के रूप में की जाती रही है। परन्तु नवीन ज्ञान व तकनीकी के द्वारा खेती एक व्यवसाय के रूप में विकसित होने लगी है। उन्नत बीज, उन्नत खाद और सिंचाई के उपलब्ध नए साधनों ने भारतीय ग्रामों में हरित क्रान्ति का श्रीगणेश किया है। पंजाब, हरियाणा, पश्चिमी उत्तर प्रदेश, तमिलनाडु इस दिशा में अग्रणी हैं। वैज्ञानिक दृष्टि से आधुनिक कृषि यन्त्रों का प्रयोग किया जाने लगा है और ज्यादातर नकद फसल बोने का प्रयास किया जाता है। साल में फसलों की अदला-बदली से कई फसल प्राप्त कर ली जाती हैं। नए-नए किस्म के बीजों का निरन्तर आविष्कार किया जा रहा है। एम० एस० ए० राव ने बताया है कि यादवपुर गाँव में परम्परागत रूप से धान की खेती की जगह साग सब्जी की खेती की जाने लगी है क्योंकि उसमें शीघ्रतम कई फसलें ले ली जाती हैं और दिल्ली की बढ़ती हुई माँग वाले मार्किट में उसके ऊँचे दाम भी मिल जाते हैं। इसी भाँति, गाँव में दूध अब मट्ठे या घी के लिए नहीं बल्कि समीप के नगरों में सप्लाई के लिए प्रयोग किया जाता है। इस हरित क्रान्ति से किसानों की हालत में सुधार हुआ है। उनकी आकांक्षाएँ जागी हैं और वे समाज के प्रतिष्ठा, शक्ति व समृद्धि के पदों में अपना हिस्सा पाने के लिए आवाज उठाने लगे हैं। परिणामतः परम्परागत सामाजिक संरचना में तनाव, दरार और टूटन की स्थिति पैदा होने लगी है।

(6) आदर्श एवं मूल्य—ग्रामीण संस्कृति भी परिवर्तन के दौर से गुजर रही है। परम्परागत विश्व दृष्टि, जो धर्म पर आधारित थी, अब कुछ लौकिक तत्त्व ग्रहण करती जा रही है। भारतीय ग्रामों में जहाँ नियोजन के परिणामस्वरूप कुछ समृद्धि आई है, हरित क्रान्ति घटित हुई है वहाँ भौतिक सुख सुविधाओं का महत्त्व बढ़ गया है। पैसे की ताकत दिखावे के उपभोग की ओर ले जा रही है। मद्यपान समृद्ध घरों में शानशौकत का विषय बन रहा है। गाँव का आम आदमी

पहले जैसा भोला, गाँव का गँवार नहीं है। वह अपने हित साधन में चतुर और गुटबाजी में कुशल व्यक्ति बनता जा रहा है।

इस भाँति, हम देखते हैं कि परिवर्तन की विभिन्न योजनाओं ने ग्रामीण जीवन में परिवर्तन की शक्तियों को क्रियाशील कर दिया है और ग्रामीण भारत संक्रमण काल से गुजर रहा है।

ग्रामीण भारत में परिवर्तन के अभिकर्ता और प्रक्रियाएँ

उपर्युक्त विवरण इस बात को भी प्रकट करता है कि नियोजित परिवर्तन की आधारशिला गाँव में तीन संस्थाओं पर रखी गई है—प्रथम, स्कूल, द्वितीय, पंचायत, तथा तृतीय, सहकारी समितियाँ। समेकित ग्रामीण विकास कार्यक्रम विस्तृत कार्यक्रम प्रस्तुत करता है। इस प्रोग्राम को लागू करने और गाँव में परिवर्तन को लाने में इससे अलग भी कुछ व्यक्तियों और समूहों की महत्त्वपूर्ण भूमिका है। उन्हें हम परिवर्तन के अभिकर्ता कह सकते हैं। पाणिनि तथा सोमजी ने कम्यूटर (Commutors) की भूमिका को महत्त्व दिया है। ये वे लोग हैं जो किसी न किसी काम से दैनिक रूप से शहर आते हैं और फिर शाम को गाँव लौटते हैं। ये ग्रामीण जीवन और बाह्य जीवन के बीच सेतु का कार्य करते हैं। दूसरे, कुछ ऐसे नेता हैं जिनकी जड़ें तो ग्रामीण समाज में हैं परन्तु जो राजनीतिक दलों के माध्यम से, सरकारी पदों के माध्यम से या अन्य किसी व्यवसाय में प्रतिष्ठित पद रखते हैं। वे भी गाँव में प्रभावशाली स्थान रखते हैं और परिवर्तन के अभिकर्ता बन जाते हैं। तीसरे, गाँव में वापस आये सेवानिवृत्त सैनिक या अन्य पदाधिकारी भी अपने अनुभवों के द्वारा गाँव में यह भूमिका निभा रहे हैं। चौथे, गाँव के स्कूल का शिक्षक इसलिए परिवर्तन का अभिकर्ता है क्योंकि उसे नवीनतम ज्ञान का अधिकारी और चीजों को समझने वाला माना जाता है। पाँचवें, सरकारी कर्मचारी का भी ग्रामीण नियोजित परिवर्तन में महत्त्वपूर्ण योगदान है। पंचायत राज अधिकारी, खण्ड विकास अधिकारी, मुख्य विकास अधिकारी आदि ऐसे महत्त्वपूर्ण कर्मचारी हैं जिनकी यह जिम्मेदारी है कि नियोजन को सफलतापूर्ण लागू करें। अन्तिम रूप से, ऐच्छिक एजेन्सियों के कार्यकर्ताओं को हम सामाजिक परिवर्तन की दृष्टि से नहीं भुला सकते। उनकी निस्स्वार्थ सेवा ग्रामीणों में अधिक विश्वास उपजाती है और वे ग्रामीण शक्ति को गतिमान करने में अधिक सफल है।

नियोजन के अतिरिक्त कुछ ऐसी वृहत् प्रतिक्रियाएँ भी हैं जो देश में घटित हो रही हैं और जिनका प्रभाव ग्रामीण जगत पर पड़ रहा है। उनमें से प्रमुख प्रक्रियाएँ इस प्रकार हैं—पहली, जनतन्त्रीकरण—सार्वभौमिक वयस्क मताधिकार पर आधारित चुनाव के द्वारा प्रतिनिधित्व के सिद्धान्त, समानता, स्वतन्त्रता व भाईचारे के आदर्शों में निहित और एक जवाबदेह व उत्तरदायी सरकार वाली व्यवस्था गाँव को छू गई है जो परम्परागत सत्तात्मक ढाँचे के सर्वथा प्रतिकूल है। दूसरे, नगरीकरण—बढ़ती हुई नगरीकरण की प्रक्रिया, जोकि ग्रामीणों के शहर की ओर बढ़ती हुई दर और शहरी तौर- तरीकों के ग्रामीण क्षेत्रों में विस्तार की व्यापकता में प्रकट हो

रही है, भी ग्रामीण जीवन को परिवर्तित कर रही है। तीसरे, औद्योगीकरण—केवल उत्पादन की तकनीक और ढंग के बदलने का नाम ही नहीं है अपितु यह आदर्श और मूल्यों के बदलने की प्रक्रिया भी है जिसे उद्योगवाद कहते हैं। दस्तकारी और परिवार के आधार पर स्थापित ग्रामीण उत्पादन व्यवस्था के लोप होने पर उद्योगवाद के मूल्यों का ग्रामीण जीवन में समावेश स्वाभाविक ही है। चौथे, लौकिकीकरण—जो धीरे-धीरे धर्म को केवल धर्म के क्षेत्र तक ही सीमित करता जा रहा है। खान-पान, वेश-भूषा, व्यवसाय, राजनीति आदि उसके प्रभाव क्षेत्र से अलग हो रहे हैं। ये सांसारिक बातें हैं भगवान से इनका क्या लेना-देना, यह विचारधारा ग्रामीण समुदाय के अन्धविश्वास तोड़ रही है और सांस्कारिक शुद्धता के विचारों में परिवर्तन ला रही है। खाद्य-अखाद्य के प्राचीन मूल्य भी बदल रहे हैं। पाँचवें, संस्कृतिकरण— जिसके माध्यम से निम्न जातियाँ उच्च जातियों के शास्त्रीय संस्कार व कर्मकाण्ड अपनाकर सामाजिक संस्तरण में उच्च स्थान का दावा करती है। यह दावा तुरन्त स्वीकार हो या न हो, वह अलग बात है लेकिन ब्राह्मणवादी कर्मकाण्डीय शास्त्रीय संस्कृति का इस माध्यम से सर्वव्यापीकरण तो होता ही है जो पुरानी स्थिति में निश्चित बदलाव पैदा कर देता है। पहले ये कर्मकाण्ड केवल उच्च जातियों तक ही सीमित थे। छठे, पश्चिमीकरण—पिछले 200 वर्षों में विशेषतः अंग्रेजी सरकार के माध्यम से हम पश्चिम के ज्ञान, जीवन शैली, संस्कृति तथा यंत्र व तकनीक से प्रभावित हो रहे हैं। आजादी के बाद यह प्रभाव बढ़ा ही है। यह सच है कि पहले उच्च जातियों में पश्चिमीकरण हुआ लेकिन धीरे-धीरे व कभी सीधे ही, निम्न जातियाँ संस्कृतिकरण की असारता को समझकर पश्चिमीकरण को अंगीकृत कर लेती हैं। सातवें,राजनीतिकरण—जिसके माध्यम से ग्रामीण जनता में राजनीतिक घटनाओं और शक्तियों के प्रति जागरूकता बढ़ी है। चुनाव में उनको अपनी प्रभाविता का भी अहसास हुआ है। उनकी राजनीतिक सहभागिता बढ़ी है। वह ग्रामीण जनमानस, जो सदियों से राजनीतिक प्रक्रियाओं से दूर रखा गया था, राजनीतिकरण की प्रक्रिया द्वारा अपने राजनीतिक महत्त्व को समझ गया है और सचेत हो गया है। अन्तिम रूप से शिक्षा के प्रसार को लिया जा सकता है क्योंकि सरकार का प्रयास यह है कि प्रत्येक गाँव में एक जूनियर स्तर की पाठशाला अवश्य हो। यह जनशिक्षा का कार्यक्रम निश्चित ही परिवर्तन का माध्यम बन जाता है। प्रौढ़ शिक्षा, टेलीविज़न और रेडियो द्वारा अनौपचारिक शिक्षा ग्रामीण समाज को नए आदर्शों और सभ्यता से परिचित कराती है। शायद इसीलिए प्रो० योगेन्द्र सिंह का सुझाव है कि ग्रामीण समाज का अध्ययन अब संरचनात्मक इकाइयों के माध्यम से अर्थात् परिवार, जाति, वर्ग आदि के माध्यम से करना काफी नहीं है। अब तो इनके स्थान पर 'सभ्यता' और 'संस्कृति' जैसी अवधारणाओं को लाना होगा। गाँव को अगर हम एक सांस्कृतिक व्यवस्था के रूप में समझेंगे तो परिवर्तन को समझने में सरलता होगी।

एम० एन० श्रीनिवास का कहना है कि भारतीय समाज को एक लौकिक राज्य घोषित किया जाना इसमें पायी जाने वाली विविधता को स्वीकार व सहन करना है जो भारतीय समाज में भारतीय इतिहास के प्रारम्भ से ही रही है। पंचवर्षीय विकास योजनाओं तथा समतावादी

आदर्शों के विकास द्वारा भारतीय सामाजिक जीवन के प्रतिमानों में परिवर्तन आए हैं। एक सरकार तथा सामान्य सिविल एवं क्रीमिनल कानून, विकासशील अर्थव्यवस्था, सार्वजनिक जीवन एवं समस्याओं के प्रति लौकिक विचारधारा आज एक ऐसी वास्तविकता बन गई है कि कोई भी यह नहीं कह सकता कि भारत एक 'राष्ट्र' नहीं है।

उपर्युक्त विवेचन से यह स्पष्ट हो जाता है कि भारतीय सामाजिक संरचना विभिन्न प्रजातीय, धार्मिक, भाषाई, जातीय एवं क्षेत्रीय समूहों का सरल ढेर नहीं है। के० एल० शर्मा ने उचित ही कहा है कि, "यह इन समूहों (समिष्टियों) में प्रत्येक में विभेदीकरण तथा उनकी ऐतिहासिक व सामाजिक-सांस्कृतिक विशिष्टताओं की दृष्टि से एक जटिल संरचना है।........भारतीय समाज एक परिदृश्य है, काफी सीमा तक विशिष्ट है जिसमें विविध भाषाएँ, संस्कृतियाँ, धर्म तथा विभिन्न उद्‌भव के लोग भिन्न समयों में भूतकाल में समाहित हो रहे हैं। यह विविधताएँ जीवन के प्रतिमानों, जीवन शैली, भू-स्वामित्व के प्रतिमानों, व्यवसायों, उत्तराधिकार के नियमों तथा जीवन पथ के संस्कारों में दिखाई देती हैं। भारत में अंग्रेजी शासन ने इन सामाजिक-सांस्कृतिक तथा आर्थिक असमानताओं का स्वराघात किया है। एकता का विचार आज भारतीय संविधान में सन्निहित है जो लौकिकता, समाजवाद तथा स्वतन्त्रता को प्रमुख आदर्श मानता है।"[4]

भारत में गाँवों का समाजशास्त्रीय महत्त्व

गाँव के बारे में अध्ययन अंग्रेजों के समय से ही शुरू हो गए थे परन्तु इनकी महत्ता स्वतन्त्रता प्राप्ति के पश्चात् ही अधिक हुई है। अंग्रेजों ने इस बात को अनुभव कर लिया था कि अगर इस देश में अपने पैर मजबूती से जमाने हैं तो यहाँ के ग्रामीण समाज का अध्ययन करना जरूरी है। वास्तव में गाँव भारतीय समाज एवं संस्कृति के आधार स्तम्भ हैं। यही कारण था कि ईस्ट इण्डिया कम्पनी ने भी बहुत पहले ही भारतीय ग्रामों का अध्ययन आवश्यक माना था क्योंकि उसका उद्देश्य केवल व्यापार तक ही सीमित न रहकर यहाँ की भूमि तथा जनता पर भी नियन्त्रण प्राप्त करना था। तभी से गाँव को अध्ययन की इकाई के रूप में लिया गया है। बी० एच० बेडन पोवल का सन् 1872 में किया गया अध्ययन *The Indian Village Community* भारतीय समाज का सर्वप्रथम अध्ययन है। प्रथम विश्व युद्ध के पश्चात् भारतीय ग्रामों में निर्धनता तथा स्वतन्त्रता के लिए किए जा रहे भारतीय राष्ट्रीय आन्दोलन ने भी अनेक विदेशी विद्वानों का ध्यान गाँव के अध्ययन की तरफ आकर्षित किया। सन् 1930 के पश्चात् तो अनेक विद्वानों, प्रशासकों तथा राजनीति से प्रेरित सामाजिक कार्यकर्त्ताओं का ध्यान भी ग्रामीण समाज के अध्ययन की तरफ गया तथा इस प्रकार भारत में ग्रामीण अध्ययनों की तरफ समाजशास्त्रियों ने अपना ध्यान केन्द्रित करना शुरू किया।

भारतीय समाजशास्त्रियों तथा सामाजिक मानवशास्त्रियों ने सबसे अधिक रुचि गाँव के अध्ययनों में ही ली है तथा सूक्ष्म एवं व्यापक दोनों तरह के अध्ययन किए हैं। स्वतन्त्रता प्राप्ति

के पश्चात् तो भारतीय सरकार का प्रमुख उद्देश्य क्योंकि ग्रामीण पुनर्निर्माण था इसलिए गाँव के अध्ययनों को और अधिक प्रोत्साहन मिला।

भारतवर्ष के ग्रामीण क्षेत्रों में अनेक समस्याएँ पाई जाती हैं। भारतीय समाज का अगर अध्ययन करना है तो गाँव का अध्ययन करना जरूरी है। विभिन्न समस्याओं का समाधान भी तभी किया जा सकता है जबकि ग्रामीण सामाजिक संरचना का विश्लेषण करके सामाजिक मानवशास्त्री तथा समाजशास्त्री सरकार को गाँव के स्तर पर विभिन्न निर्णय लेने के लिए सहायता देते हैं। विभिन्न समाजशास्त्रियों ने गाँव के अपने अध्ययनों में उन पहलुओं को उद्धृत किया है जिनके परिणामस्वरूप गाँव वाले नवीन परिवर्तन अपनाने के लिए झिझकते हैं।

ग्रामीण तथा सामाजिक पुनर्निर्माण में ग्रामीण अध्ययन विशेष महत्त्व रखते हैं क्योंकि इन अध्ययनों से ग्रामीण समस्याओं का ज्ञान होता है तथा उनके समाधान के विभिन्न उपाय सोचे जा सकते हैं। भारतीय तथा विदेशी समाजशास्त्रियों एवं सामाजिक मानवशास्त्रियों द्वारा ग्रामीण क्षेत्रों में किये गए अध्ययनों से सामुदायिक विकास योजनाओं की कमियों तथा ग्रामीण पंचायतों के कार्यों में आने वाली प्रमुख रुकावटों का भी पता चला है तथा सरकार द्वारा इन्हें दूर करने का यथासम्भव प्रयास किया गया है। इस प्रकार, ग्रामीण अध्ययन अति महत्त्वपूर्ण है क्योंकि उनसे अनेक तथ्य सामने आते हैं तथा कई समस्याओं का समाधान सम्भव हो पाता है।

कस्बे की अवधारणा

'कस्बे' को गाँव और नगर के बीच की श्रेणी माना जाता है। कई बार कस्बे को 'उप-नगर' भी कहा जाता है। जनसंख्या के आकार की दृष्टि से जब बड़े गाँवों के लोगों की प्रवृत्तियाँ नगरीकृत हो जाती हैं तो उन्हें गाँव न कहकर 'कस्बा' कहा जाता है। इस प्रकार, कस्बा मानवीय स्थापना का वह स्वरूप है जो अपने जीवनक्रम एवं क्रियाओं में ग्रामीणता और नगरीयता दोनों प्रकार के तत्त्वों को अन्तर्निहित करता है। बर्गल के शब्दों में, "कस्बा एक ऐसी नगरीय बस्ती के रूप में परिभाषित किया जा सकता है जो पर्याप्त आयामों के ग्रामीण क्षेत्र पर आधिपत्य रखता है।"[5] किसी पिछड़े हुए अथवा ग्रामीण क्षेत्र में रहने वाले लोगों का जब किसी नगर के साथ सम्पर्क स्थापित होता है तो उनमें धीरे-धीरे नगरीय लक्षण आने प्रारम्भ हो जाते हैं। इसी से गाँव का रूप एक कस्बे के रूप में बदल जाता है। परन्तु यह बात ध्यान देने योग्य है कि कस्बे को केवल बड़े गाँव के रूप में ही परिभाषित नहीं किया जा सकता है क्योंकि गाँव और कस्बे में काफी अन्तर होता है। गाँव की तुलना में कस्बा बहुउद्देश्यीय होता है। कस्बों में बैंक, बीमा कम्पनियों के दफ्तर, आवागमन के साधन और स्वास्थ्य सुविधाएँ गाँव की तुलना में अधिक होती हैं। कस्बा प्रशासनिक और राजनीतिक कार्यों को भी सम्पादित करता है।

भारत में कस्बे की परिभाषा विभिन्न जनगणना वर्षों में बदलती रही है। उदाहरणार्थ—1901 ई० की जनगणना में कस्बा उस निवास क्षेत्र को कहा गया जिसमें अग्रलिखित चार विशेषताएँ थीं—

(1) किसी भी आकार की नगरपालिका;

(2) सिविल लाइन का क्षेत्र जो नगरपालिका के अन्तर्गत न हो;

(3) प्रत्येक प्रकार का छावनी क्षेत्र; तथा

(4) वह स्थायी निवास स्थान जहाँ कम-से-कम 5,000 की जनसंख्या हो।

1921 ई० की जनगणना में कस्बा उस नगरीय लक्षणों वाली बस्ती को कहा गया जहाँ 5,000 से अधिक लोग स्थायी रूप से निवास करते हों। तत्पश्चात् 1961 ई० एवं उसके पश्चात् होने वाली जनगणनाओं में कस्बे की अधिक विस्तृत परिभाषा दी गई। अब कस्बे के निर्धारण में निम्नलिखित कसौटियों को अपनाया जाता है—

(अ) वे सभी स्थान जहाँ नगर महापालिका, कैंट बोर्ड अथवा अधिसूचित नगर क्षेत्र समिति इत्यादि हैं ; तथा

(ब) वे सभी स्थान, जहाँ—

(1) कम से कम 5,000 की आबादी है;

(2) कार्यरत पुरुष जनसंख्या का तीन-चौथाई भाग गैर-कृषि व्यवसाय में लगा हुआ है; तथा

(3) प्रति वर्गमील 400 व्यक्तियों का घनत्व है।

नगर की अवधारणा

'नगरीय समुदाय', 'नगरीय क्षेत्र, तथा 'नगर' ('शहर') पर्यायवाची शब्द हैं जिनकी कोई सर्वमान्य परिभाषा देना कठिन है। विभिन्न देशों में नगरीय शब्द का अर्थ एक जैसा नहीं है। उदाहरण के लिए, ग्रीनलैण्ड में 300 निवासियों के क्षेत्र को; अर्जेण्टाइना में 1,000; इटली तथा स्पेन में 10,000; अमेरिका में 20,000 तथा कोरिया गणराज्य में 40,000 निवासियों के क्षेत्र को नगरीय क्षेत्र कहा जाता है। नगर के क्षेत्र के विषय में भी भिन्न-भिन्न धारणाएँ हैं जैसे हंगरी के नगरों में बहुत सा कृषि क्षेत्र सम्मिलित होता है तथा लैटिन अमेरिका में म्यूनिसिपैलिटी को बहुधा नगर मान लिया जाता है यद्यपि इसमें बहुत सा ग्रामीण क्षेत्र भी सम्मिलित होता है। भारत में 'नगरीय क्षेत्र' का सम्बन्ध कस्बों तथा नगरों दोनों से है। इसीलिए भारत में नगर को कस्बे से भिन्न बताने के लिए कोई सुनिश्चित परिभाषा नहीं है। नगरीय क्षेत्रों में मुख्य रूप से बस्तियों के उस समूह को सम्मिलित किया जाता है जिसके निवासी मुख्यतः गैर-कृषि व्यवसायों में संलग्न होते हैं। अतः 'नगरीय' शब्द का प्रयोग कस्बे, नगर, उप-नगर, महानगर, विश्व नगर इत्यादि शब्दों के स्थान पर किया जाता है। नगर से अभिप्राय एक ऐसी केन्द्रीयकृत बस्तियों के समूह से है जिसमें सुव्यवस्थित केन्द्रीय व्यापार क्षेत्र, प्रशासनिक इकाई, आवागमन के विकसित साधन तथा अन्य नगरीय सुविधाएँ उपलब्ध होती हैं। 1991 ई० की जनगणना के अनुसार भारत में कुल 4,689 नगर थे जिनमें महानगर एवं विराट नगर भी सम्मिलित थे।

सामाजिक जीवन के संगठन के रूप में ग्राम तथा नगर दोनों का ही महत्त्वपूर्ण स्थान है। जैसा कि पहले भी बताया गया है ग्राम तथा नगर के मध्य कोई स्पष्ट सीमा रेखा नहीं खींची जा सकती है। नगरीय समुदाय की परिभाषा नगर शब्द पर निर्भर है। नगर की परिभाषा देना भी एक कठिन कार्य है। नगर की परिभाषा विभिन्न देशों में भिन्न-भिन्न है तथा एक ही देश में भी विभिन्न जनगणना वर्षों में इसकी परिभाषा में अनेक परिवर्तन किए जाते हैं। अनेक विद्वानों ने नगर की परिभाषा जनसंख्या के आकार तथा घनत्व को सामने रखकर देने का प्रयास किया है। किंग्स्ले डेविस इससे बिलकुल सहमत नहीं हैं। उनका कहना है कि सामाजिक दृष्टि से नगर परिस्थितियों की उपज होती है। उनके अनुसार नगर ऐसा समुदाय है जिसमें सामाजिक, आर्थिक तथा राजनीतिक विषमता पाई जाती है। यह कृत्रिमता, व्यक्तिवादिता, प्रतियोगिता एवं घनी जनसंख्या के कारण नियन्त्रण के औपचारिक साधनों द्वारा संगठित होता है। सोमबर्ट ने घनी जनसंख्या पर बल देते हुए इस सन्दर्भ में कहा है कि, "नगर एक वह स्थान है जो इतना बड़ा है कि उसके निवासी परस्पर एक-दूसरे को नहीं पहचानते हैं।"

लुईस विर्थ ने द्वितीयक सम्बन्धों, भूमिकाओं के खण्डीकरण तथा लोगों में गतिशीलता की तेजी इत्यादि विशेषताओं के आधार पर नगर को परिभाषित करने पर बल दिया है। विर्थ के अनुसार नगर अपेक्षाकृत एक व्यापक, घना तथा सामाजिक दृष्टि से विजातीय व्यक्तियों का स्थायी निवास क्षेत्र है। इन्हीं के आधार पर नगरीय समुदाय के लक्षण निश्चित किए जाने चाहिए। 'नगर' के साथ-साथ 'महानगर' (Metropolis), 'विराट नगर' (Mega City or Megalopolis), 'विश्व नगर' (Cosmopolis or Cosmopolitan City or Ecumenopolis) तथा नगर-समूह (Conurbation) इत्यादि शब्दों का भी प्रयोग किया जाता है। इन सब शब्दों में जनसंख्या के आकार, जनसंख्या के घनत्व, आवागमन एवं संचार साधनों की सुविधाओं इत्यादि के आधार पर अन्तर किया जाता है।

भारत में 10 लाख से अधिक जनसंख्या वाले नगरों को महानगर कहा जाता है। 1991 ई० की जनगणना के अनुसार 10 लाख से अधिक जनसंख्या वाले नगरों की संख्या 23 थी, जबकि 1901 ई० में केवल कलकत्ता ही ऐसा नगर था जिसकी जनसंख्या 10 लाख से अधिक थी। जिस नगर की जनसंख्या 50 लाख से अधिक होती है उसे 'विराट नगर' कहा जाता है। 1991 ई० की जनगणना के अनुसार केवल 4 विराट नगर थे—मुम्बई, कोलकाता, दिल्ली और चेन्नई (मद्रास)। 'विश्व नगर' हेतु जनसंख्या के आकार को कोई विशेष महत्त्व नहीं दिया जाता है। विराट नगर उसे कहा जाता है जहाँ विश्व के अधिकांश भागों के लोग रहते हों। भारत में पाण्डिचेरी को विश्व नगर माना जाता है। वैसे चारों विराट नगर भी एक प्रकार से विश्व नगर ही हैं। 'नगर-समूह' अथवा 'कोनर्बेशन' शब्द से अभिप्राय निरन्तर विस्तारित होते हुए ऐसे नगरीय क्षेत्र से है जिसकी रचना कई पूर्व पृथक् नगरों द्वारा हुई होती है। दिल्ली कोनर्बेशन तथा कोलकाता कोनर्बेशन 'नगर-समूह' के उदाहरण हैं।

भारत में नगरीकरण

भारत गाँवों का देश है। प्रत्येक वर्ष गाँवों में रहने वाले कुछ व्यक्ति गाँव छोड़कर नगरों में आ बसते हैं क्योंकि नगरों में रोजगार के अवसर अपेक्षाकृत अधिक होते हैं। इसके परिणामस्वरूप नगरीय जनसंख्या में वृद्धि होती रहती है। नगरीकरण की प्रक्रिया इसी प्रकार के परिवर्तन से सम्बन्धित है। सरल शब्दों में यह नगरीय बनने की प्रक्रिया है। बोस के अनुसार, "जनांकिकीय (जनसंख्या की) दृष्टि से नगरीकरण समय के साथ-साथ कुल जनसंख्या में नगरीय जनसंख्या के भाग में वृद्धि है।"[6]

डेविस तथा गोल्डन के अनुसार, "नगरीकरण शब्द का प्रयोग किसी देश में नगरीय क्षेत्रों में रहने वाली जनसंख्या तथा गैर-नगरीय जनसंख्या के बढ़ते अनुपात के लिए किया जा सकता है।"[7] एम० एस० गोरे ने नगरीकरण की इसी परिभाषा को अपनाया है।

सोवानी के अनुसार, "नगरीय जनसंख्या का कुल जनसंख्या से अनुपात नगरीकरण का एक अपक्व (Crude) सूचक है क्योंकि इसमें देश की नगरीय जनसंख्या के वितरण की ओर कोई ध्यान नहीं दिया जाता।"[8] एण्डरसन एवं ईश्वरन के अनुसार, "नगरीकरण से प्रायः नगरीय विकास का अर्थ लगाया जाता है। इस रूप में नगरीकरण का अर्थ व्यक्तियों का ग्रामीण क्षेत्रों से औद्योगिक क्षेत्रों में, कृषि क्षेत्रों से गैर-कृषि क्षेत्रों में जाकर बस जाना है।"[9]

नगरीकरण की विभिन्न परिभाषाओं से यह स्पष्ट हो जाता है कि नगरीकरण नगरीय जनसंख्या में वृद्धि तथा नगरीय बनने की एक प्रक्रिया है। परिभाषाओं में नगरीकरण के दो प्रकार के सूचकों की सहायता ली गई है—(i) **स्थान सम्बन्धी** (Spatial) अर्थात् जनसंख्या का आकार तथा घनत्व, और (ii) **व्यावसायिक** (Occupational) अर्थात् जनसंख्या का कृषि तथा गैर-कृषि व्यवसायों में लगे होना।

भारत यद्यपि गाँवों का देश रहा है तथा आज भी मुख्यतः कृषि-प्रधान होने के नाते गाँवों का ही देश है, फिर भी पिछले कुछ दशकों में नगरीय जनसंख्या में निरन्तर वृद्धि होती जा रही है। भारत में नगरीकरण की गति अन्य दक्षिण-पूर्व के देशों की अपेक्षा तीव्र है। 1900 में भारत के अनेक भागों में पड़े अकाल के कारण अनेक ग्रामीण व्यक्ति नगरों की ओर चले गए, जबकि 1911 में हैजा फैल जाने के कारण बहुत-से नगरीय व्यक्ति गाँवों में चले गए। इस प्रकार, 1900 से 1911 तक भारत में नगरीय विकास बहुत धीमा रहा। परन्तु 1901 से 2001 के बीच भारत में नगरीय जनसंख्या का कुल जनसंख्या में प्रतिशत निरन्तर बढ़ा है। भारत में नगरीकरण को प्रोत्साहन देने वाले कुछ प्रमुख कारण निम्नलिखित हैं—

(1) अंग्रेजी शासनकाल में नवीन मार्गों की खोज, यातायात एवं सन्देशवाहन के साधनों के विकास से नगरीकरण को प्रोत्साहन मिला है।

(2) औद्योगीकरण ने भी भारत में नगरों के विकास में सहायता प्रदान की है।

(3) जनसंख्या की वृद्धि के कारण ग्रामीण जनसंख्या रोजगार की तलाश में नगरों की तरफ आने लगती है जिससे नगरीकरण की प्रक्रिया को प्रोत्साहन मिलता है।

(4) कृषि में नवीन उपकरणों के प्रयोग ने ग्रामवासियों को नगरों पर आश्रित बना दिया है।

(5) व्यापारिक एवं शैक्षिक क्षेत्र में उन्नति अधिकांशतया नगरों में ही हुई है। इससे ग्रामवासी नगरों की ओर आकर्षित हुए हैं।

(6) नगरों में व्यावसायिक मनोरंजन के साधनों में वृद्धि ने भी नगरों के विकास में सहायता प्रदान की है।

(7) राजनीतिक दलों के विकास एवं उनके संगठनों का नगरों में स्थित होना भी नगरीकरण में सहायक कारक रहा है। प्रजातान्त्रिक शासन प्रणाली भी नगरीकरण में सहायक है।

(8) नवीन आर्थिक संगठनों के उदय एवं अनुकूल भौगोलिक परिस्थितियों ने भी भारत में नगरीकरण को प्रोत्साहन दिया है।

जनसंख्या की दृष्टि से भारत का विश्व में दूसरा स्थान है। जनसंख्या की दृष्टि से 10 बड़े राष्ट्रों को निम्नलिखित तालिका–1 में दर्शाया गया है—

तालिका–1 :10 बड़े राष्ट्रों की जनसंख्या

क्र० सं०	देश	जनसंख्या (मिलियन)
1.	चीन	1,277·6
2.	भारत	1,027·0
3.	संयुक्त राज्य अमेरिका	281·4
4.	इण्डोनेशिया	212·1
5.	ब्राजील	170·1
6.	पाकिस्तान	156·5
7.	रूस	146·9
8.	बंगलादेश	129·2
9.	जापान	126·9
10.	नाइजीरया	111·5

स्रोत : Census of India-2001.

पिछले कुछ दशकों में भारत की जनसंख्या में तीव्रता से वृद्धि हुई है। 1901 ई० से 2001 ई० तक भारत की जनसंख्या तथा दशकीय वृद्धि को अग्रलिखित तालिका–2 में दर्शाया गया है—

तालिका–2 : 1901 ई० से 2001 ई० तक भारत की जनसंख्या तथा दशकीय वृद्धि

वर्ष	जनसंख्या (करोड़ में)	दशकीय वृद्धि (%)
1901	23·6	—
1911	24·9	5·7
1921	24·8	−0·3
1931	27·6	11·0
1941	31·5	14·2
1951	36·0	13·3
1961	43·9	21·5
1971	54·8	24·8
1981	68·5	24·66
1991	84·64	23·85
2001	102·70	21·34

स्रोत : Census of India-2001.

स्वतन्त्रता प्राप्ति के पश्चात् भारत में नगरों की संख्या तथा नगरीय जनसंख्या में निरन्तर वृद्धि हो रही है। इसे निम्नलिखित तालिका–3 में दर्शाया गया है—

तालिका–3 : 1951 ई० से 2001 ई० तक भारत में नगरों की कुल संख्या तथा नगरीय जनसंख्या

वर्ष	नगरों की कुल संख्या	नगरीय जनसंख्या
1951	2,795	61,629,646
1961	2,270	77,652,000
1971	2,476	106,966,534
1981	2,245	156,419,768
1991	3,609	212,867,337
2001	3,705	278,665,232

1901 ई० से 2001 ई० तक भारत में बढ़ती हुई ग्रामीण एवं शहरी जनसंख्या को अग्रलिखित तालिका–4 में दर्शाया गया है—

तालिका–4 : 1901 ई० से 2001 ई० तक भारत में बढ़ती हुई ग्रामीण एवं नगरीय जनसंख्या

जनगणना वर्ष	जनसंख्या (मिलियन में)		कुल जनसंख्या का प्रतिशत	
	ग्रामीण	नगरीय	ग्रामीण	नगरीय
1901	213	26	89·2	10·8
1911	226	26	89·7	10·3
1921	223	28	88·8	11·2
1931	246	33	88·0	12·0
1941	274	44	86·1	13·9
1951	299	62	82·7	17·3
1961	360	79	82·0	18·0
1971	439	109	80·1	19·9
1981	524	159	76·7	23·3
1991	629	218	74·3	25·7
2001	735	286	767	25·3

2001 ई० को भारत में दस लाख और इससे अधिक जनसंख्या वाले महानगरों को तालिका–5 में दर्शाया गया है—

तालिका–5 : 2001 ई० को भारत में दस लाख और इससे अधिक जनसंख्या वाले महानगर

2001 में क्रम	नगर-समूह/नगर	नगर का ढाँचा	जनसंख्या		
			व्यक्ति	पुरुष	महिला
1.	वृहत्त मुम्बई	UA	16,368,084	8,979,172	7,388,912
2.	कोलकाता	UA	13,216,546	7,072,114	6,144,432
3.	दिल्ली	UA	12,791,458	7,021,896	5,769,562
4.	चेन्नई	UA	6,424,624	3,294,328	3,130,296
5.	बंगलौर	UA	5,686,844	2,983,926	2,702,918
6.	हैदराबाद	UA	5,533,640	2,854,938	2,678,702
7.	अहमदाबाद	UA	4,519,278	2,397,728	2,121,550
8.	पुणे	UA	3,755,525	1,980,941	1,774,584
9.	सूरत	UA	2,811,466	1,597,093	1,214,373
10.	कानपुर	UA	2,690,486	1,440,140	1,250,346
11.	जयपुर	MC	2,324,319	1,239,711	1,084,608

12.	लखनऊ	UA	2,266,933	1,199,273	1,067,660
13.	नागपुर	UA	2,122,965	1,097,723	1,025,242
14.	पटना	UA	1,707,429	925,857	781,572
15.	इन्दौर	UA	1,639,044	861,758	777,286
16.	बड़ोदरा	UA	1,492,398	783,237	709,161
17.	भोपाल	UA	1,454,830	766,602	688,228
18.	कोयम्बटूर	UA	1,446,034	743,161	702,873
19.	लुधियाना	MC	1,395,053	789,868	605,185
20.	कोच्चि	UA	1,355,406	670,462	684,944
21.	विशाखापत्तनम	UA	1,329,472	674,080	655,392
22.	आगरा	UA	1,321,410	708,622	612,788
23.	वाराणसी	UA	1,211,749	644,922	566,827
24.	मदुरै	UA	1,194,665	604,728	589,937
25.	मेरठ	UA	1,167,399	624,904	542,495
26.	नासिक	UA	1,152,048	619,962	532,086
27.	जबलपुर	UA	1,117,200	588,556	528,644
28.	जमशेदपुर	UA	1,101,804	580,336	521,468
29.	आसनसोल	UA	1,090,171	576,813	513,358
30.	धनबाद	UA	1,064,357	578,602	485,755
31.	फरीदाबाद	MC	1,054,981	580,548	474,433
32.	इलाहाबाद	UA	1,049,579	581,876	467,703
33.	अमृतसर	UA	1,011,327	543,638	467,689
34.	विजयवाड़ा	UA	1,011,152	531,084	480,068
35.	राजकोट	UA	1,002,160	525,797	476,363
	कुल		**107,881,836**	**57,664,396**	**50,217,440**

UA = नगर-समूह, M. C. = नगर निगम

भारतीय नगरीय जीवन के आधारभूत लक्षण

भारतीय नगरीय जीवन के आधारभूत लक्षणों की विवेचना निम्न प्रकार से की जा सकती है—

(1) सामाजिक विजातीयता—नगरीय समुदायों की जनसंख्या विविध प्रकार के व्यवसायों में लगी होती है तथा उनके रहन-सहन एवं खान-पान, सांस्कृतिक मूल्यों तथा

रीति-रिवाजों में काफी भिन्नता पाई जाती है। व्यक्ति जितनी अधिक मात्रा में अन्तर्क्रियाओं में हिस्सा लेता है, उसमें भिन्नता की मात्रा उतनी अधिक होती जाती है।

(2) द्वितीयक समितियाँ—नगरीय जीवन में द्वितीयक समितियों या साहचर्य का प्रमुख स्थान होता है। द्वितीयक समितियों की प्रधानता के कारण नगरीय समुदाय के लोग परस्पर व्यक्तिगत रूप से परिचित नहीं होते। अप्रत्यक्ष व अवैयक्तिक सम्बन्धों के कारण नगरवासियों के जीवन में द्वितीयक सम्बन्धों की प्रधानता हो जाती है। मित्रों तथा परिचित व्यक्तियों से भी हमारे सम्बन्ध अपने में पूर्ण नहीं होते हैं।

(3) सामाजिक सहिष्णुता—सामाजिक विजातीयता के बावजूद व्यक्तियों को नगरीय समुदाय में एक साथ निवास करना पड़ता है जिससे उनमें एक दूसरे के प्रति सामाजिक सहिष्णुता में वृद्धि होती है। विभिन्न प्रकार की जनसंख्या तथा अवैयक्तिक सम्बन्धों के कारण सहनशीलता नगरीय समुदाय की प्रमुख विशेषता बन जाती है।

(4) द्वितीयक नियन्त्रण—नगरीय जीवन की चौथी प्रमुख विशेषता द्वितीयक नियन्त्रण के साधनों जैसे शिक्षा, पुलिस, कानून इत्यादि की प्रधानता है। अवैयक्तिक सम्बन्धों के कारण व्यक्ति पर परिवार, मित्र-मण्डली, प्रथाओं, धार्मिक विचारों आदि का इतना अधिक नियन्त्रण नहीं रह पाता। डेविस का कहना है कि नगर वह स्थान है जहाँ वैधानिक नियन्त्रण दिन प्रतिदिन प्रमुख होता जा रहा है और जहाँ लोकाचारों और जनरीतियों की व्यक्तियों के व्यवहार को नियमित करने की महत्ता कम होती जा रही है।

(5) सामाजिक गतिशीलता—नगरीय समुदायों में आवागमन, संचार, शिक्षा, नवीन व्यवसाय इत्यादि की अधिक सुविधाएँ होने के कारण सामाजिक गतिशीलता अधिक पाई जाती है। नगरों का विस्तृत श्रम-विभाजन, उसकी प्रतियोगी प्रकृति तथा अवैयक्तिकता के कारण व्यक्ति के अर्जित गुणों की महत्ता अधिक हो जाती है। अर्जित गुणों की महत्ता में वृद्धि तथा प्रदत्त गुणों की महत्ता में कमी के कारण नगरीय व्यक्ति अपने जीवन काल में ही पद को उच्च तथा निम्न कर सकता है। कार्यकुशलता में वृद्धि तथा नवीनता के आधार पर नगरीय व्यक्तियों में गतिशीलता अधिक पाई जाती है।

(6) ऐच्छिक साहचर्य—नगरीय जीवन की एक अन्य विशेषता ऐच्छिक साहचर्य है जिसे आज ग्रामीण समुदायों में भी देखा जा सकता है। नगरीय जनसंख्या का व्यापक आकार, इसमें घनिष्ठ निकटता, विभिन्नता तथा सरल सम्पर्क, नगर को ऐच्छिक साहचर्य के योग्य ओर पूर्ण स्थान बना देते हैं। विभिन्नता होने के बावजूद व्यक्ति को समान हितों वाले व्यक्ति सदैव मिल जाते हैं तथा इससे ऐच्छिक संगठनों का विकास होता है। डेविस के अनुसार नगरों में ऐच्छिक साहचर्य की इतनी अधिक महत्ता हो जाती है कि प्राथमिक समूह भी इस प्रवृत्ति के वशीभूत हो जाते हैं। यहाँ तक कि विवाह सम्बन्धों में भी ऐच्छिकता आ जाती है तथा प्रेम सम्बन्धों में प्रवेश करना तथा इनको छोड़ देना, दोनों ही अधिक सरल हो जाते हैं।

(7) व्यक्तिवादिता—साहचर्य की द्वितीयक एवं ऐच्छिक प्रकृति, अवसरों की बहुलता तथा सामाजिक गतिशीलता सभी निर्णय स्वयं लेने तथा अपने जीवन का स्वयं नियोजन करने के लिए बाध्य कर देते हैं अर्थात् नगरीय समुदायों की विभिन्न विशेषताएँ व्यक्ति को व्यक्तिवादिता की ओर ले जाती हैं।

(8) स्थानीय पृथक्करण—विजातीय प्रकृति, गतिशीलता एवं प्रतियोगिता के कारण नगरीय व्यक्तियों के कार्यों में स्पष्ट पृथक्करण उत्पन्न होता है। नगरीय क्षेत्रों में अधिकांश कार्यों पर कुछ लोगों का एकाधिकार होता है। लोग अपने उद्योगों जैसे होटल, दुकान, क्लब व अन्य प्रकार के कारोबार के लिए स्थान चाहते हैं परन्तु स्थान की कमी एवं महँगाई के कारण विभिन्न वर्गों में नगरों से दूर रहने की प्रवृत्ति बढ़ती है जिससे स्थानीय पृथक्करण को प्रोत्साहन मिलता है। प्रत्येक बड़े नगर में विभिन्न धर्मों, संस्कृतियों, व्यवसायों और आर्थिक हितों के लोगों में स्थानीय वियोजन होता है। प्रायः यह वियोजन या पृथक्करण व्यक्तियों के सामाजिक स्तर का प्रतिबिम्ब होता है।

ग्रामीण क्षेत्रों की जनांकिकीय विशेषताएँ

जनसंख्या और समाज का गहरा सम्बन्ध है। जनसंख्या ही समाज का आधार है क्योंकि व्यक्तियों के बीच सम्बन्धों की व्यवस्था ही समाज का निर्माण करती है। समाज की निरन्तरता भी जनसंख्या की निरन्तरता के द्वारा ही बनी रहती है। इसी भाँति, समाज के आदर्श और मूल्य जनसंख्या को प्रभावित करते हैं। विवाह के समय आयु, सन्तान के प्रति दृष्टिकोण, भोजन सम्बन्धी रीति-रिवाज, समाज का शान्तिप्रिय या युद्धप्रिय होना आदि जनसंख्या की मात्रा और रचना (Composition) को प्रभावित करते हैं। इसलिए किसी समाज की जनसंख्या में घटित होने वाला कोई भी परिवर्तन समाज को अवश्य प्रभावित करता है। यही कारण है कि आधुनिक समाजों में जनसंख्या का अध्ययन गम्भीरता से किया जाता है और जनांकिकी एक अलग विज्ञान के रूप में स्थापित है। हमारे देश में जनांकिकी सम्बन्धी गम्भीर और वैज्ञानिक अध्ययन किए जा रहे हैं जिनके आधार पर राष्ट्रीय जनसंख्या नीति का निर्धारण होता है और जनसंख्या नियन्त्रण के लिए योजनाबद्ध कार्यक्रम बनाया जाता है।

1798 में माल्थस ने जनसंख्या सम्बन्धी अपना प्रसिद्ध सिद्धान्त प्रतिपादित किया था। इस सिद्धान्त के अनुसार जनसंख्या ज्यामितीय ढंग से बढ़ती है अर्थात् 2, 4, 8, 16, 32, 64 आदि, जबकि खाद्य सामग्री अंकगणितीय ढंग से बढ़ती है जैसे 1, 2, 3, 4, 5 आदि। परिणामतः प्रत्येक पच्चीस वर्ष में जनसंख्या दुगुनी होने की प्रवृत्ति रखती है। खाद्यान्न तथा जनसंख्या में असन्तुलन पैदा हो जाता है जिससे बेकारी, गरीबी, अपराध, महामारी, कुपोषण पर आधारित अनेक रोग फैलते हैं। युद्ध की प्रेरणा मिलती है और यह प्राकृतिक अवरोध (Positive checks) अतिरिक्त जनसंख्या को नष्ट कर फिर पुनः खाद्यान्न और जनसंख्या का सन्तुलन पैदा कर देते हैं। इस तरह माल्थस के लिए जनसंख्या में प्रत्येक वृद्धि समाज के लिए खतरे की घण्टी थी। इसीलिए उन्होंने सिफारिश की कि समाज के सदस्यों को प्रतिबन्धक अवरोध (Preventive checks) अपनाने चाहिए ताकि अनावश्यक जनसंख्या वृद्धि को रोका जा सके। यह प्रतिबन्धात्मक अवरोध दो प्रकार के हैं—(i) नैतिक प्रतिबन्ध; जैसे—विवाह अधिक आयु में करना, ब्रह्मचारी रहना या एक दो सन्तान उत्पन्न होने के बाद संयम में रहना, तथा (ii) कृत्रिम गर्भनिरोध साधनों का प्रयोग; जैसे—आजकल निरोध, लूप या नसबन्दी आदि। माल्थस के बाद विद्वानों ने इस सिद्धान्त का आलोचनात्मक मूल्यांकन किया और इसमें कई कमियाँ पाईं; जैसे—माल्थस मानव समाज में बढ़ती हुई विज्ञान और तकनीकी की सम्भावनाओं की उपेक्षा कर बैठे। इसके अतिरिक्त, उन्होंने यह भी ध्यान नहीं रखा कि ऐसे समाज में, जिसके पास प्राकृतिक संसाधन तो बहुत हैं पर जनसंख्या कम है, जनसंख्या वृद्धि को आदर्श माना जाएगा। कुछ भी हो, यह मानना पड़ेगा कि माल्थस ने जनसंख्या में होने वाले परिवर्तनों के सामाजिक महत्त्व को प्रकट कर दिया। विकासोन्मुख समाजों जैसे भारत, चीन, नाइजीरिया, बर्मा आदि में आज भी माल्थस के विचार महत्त्व रखते हैं और बहुत सीमा तक लागू होते हैं। माल्थस के सिद्धान्त ने ही जनसंख्या के आधुनिक सिद्धान्त को प्रेरणा प्रदान की है जिसे अनुकूलतम, जनसंख्या सिद्धान्त (Theory of optimum population) कहते हैं। यह सिद्धान्त आशावादी दृष्टिकोण है और इस विचार पर आधारित है कि किसी समाज की जनसंख्या का वह आकार अनुकूलतम होगा जो वहाँ उत्पादन के साधनों का इस प्रकार प्रयोग सम्भव बनाए कि समाज के लिए प्रति व्यक्ति आय और कुल उत्पादन अधिकतम प्राप्त करने में सफलता मिल सके।

जनांकिकी मुख्य रूप से जनसंख्या का विज्ञान कहा जा सकता है तथा आज यह सामाजिक वैज्ञानिकों के अध्ययन का प्रमुख अंग बन गया है। यह अध्ययन मुख्य रूप से दो दृष्टिकोणों द्वारा किया जाता है—स्थैतिक (Static), तथा गत्यात्मक (Dynamic) दृष्टिकोण। प्रथम दृष्टिकोण जनसंख्या के प्रारूप एवं स्थिति (State) को वर्णित एवं निश्चित करने पर बल देता है, जबकि द्वितीय दृष्टिकोण जनसंख्या की गतिविधियों के अध्ययन को प्राथमिकता देता है।

ह्विपिल[10] ने जनांकिकी को संकुचित एवं व्यापक दोनों दृष्टिकोणों द्वारा परिभाषित किया है। संकुचित दृष्टिकोण से वह जनांकिकी को जीवन समंकों का पर्यायवाची समझते हैं, जबकि व्यापक दृष्टिकोण के अन्तर्गत वह इसे मानव जीवन का सांख्यिकीय अध्ययन मानते हैं। वे इसमें जनगणना एवं अन्य जनसंख्या समंकों, जो इसकी स्थिति से सम्बन्धित हैं या जनसंख्या की गतिविधियों से सम्बन्धित हैं, के अतिरिक्त वंशावली, मानवमिति, सुजनन (Eugenic), सांख्यिकीय रोग विज्ञान (Statistical pathology) को भी सम्मिलित करते हैं।

अतः जनांकिकी जनसंख्या के अध्ययन का विज्ञान है जो हमें मानव समाज को समझने में आधारभूत दृष्टिकोण प्रदान करता है।

भारतीय ग्रामीण समाज का जनांकिकीय पार्श्वचित्र

2001 ई० के आँकड़ों के आधार पर भारत के जनांकिकीय पार्श्वचित्र को अग्रवर्णित तालिका में दर्शाया गया है—

तालिका–6 : भारत एक दृष्टि में

क्षेत्रफल	:	32,87,263 वर्ग किमी	पूर्व से पश्चिम तक की लम्बाई	:	2,933 किमी
जनसंख्या	:	102·70 करोड़	साक्षरता दर	:	65·38%
पुरुष	:	53·12 करोड़	पुरुष	:	75·85%
महिलाएँ	:	49·57 करोड़	महिलाएँ	:	54·16%
भू-सीमा	:	15,200 किमी	जनसंख्या घनत्व (प्रति वर्ग किमी)	:	324
जल-सीमा	:	7516·6 किमी	सर्वाधिक जनसंख्या वाला राज्य	:	उत्तर प्रदेश
			न्यूनतम जनसंख्या वाला राज्य	:	सिक्किम
लिंग अनुपात (महिलाएँ प्रति 1000 पुरुष)	:	933 : 1000	सर्वाधिक साक्षर राज्य	:	केरल
			न्यूनतम साक्षर राज्य	:	बिहार
			अनुसूचित जातियाँ	:	16·33%
			अनुसूचित जनजातियाँ	:	8·01%
औसत जीवन काल (भारत)	:	60·8 वर्ष	सर्वाधिक लिंगानुपात वाला राज्य	:	केरल
पुरुष	:	60·4 वर्ष	न्यूनतम लिंगानुपात वाला राज्य	:	हरियाणा
महिलाएँ	:	61·2 वर्ष			

भारत में प्रथम जनगणना 1871 ई० में हुई थी तथा इससे पहले भारत की जनसंख्या के बारे में केवल अनुमान ही लगाए जाते थे। उदाहरणार्थ, मोरलैण्ड के अनुसार, 1605 में अकबर की मृत्यु के समय भारत की जनसंख्या लगभग 10 करोड़ थी; राधाकमल मुकर्जी के अनुसार उन्नीसवीं शताब्दी के मध्य भारत की जनसंख्या 10·5 करोड़ थी। किंग्स्ले डेविस[11] ने 300 ई० पू० से 1871 ई० के बीच जनसंख्या का अनुमान इस प्रकार लगाया है (ये अनुमान काफी अच्छे अनुमान माने जाते हैं)—

तालिका–7 : 300 ई० पू० से 1871 ई० तक भारत की जनसंख्या

वर्ष	300 ई० पू०	1600	1800	1834	1846	1855	1863	1871
जनसंख्या (करोड़ों में)	10–14	10	12	13	15	27·5	19·4	21·5

किंग्स्ले डेविस का अनुमान उस समय की सैनिक शक्ति तथा जोतयोग्य भूमि के क्षेत्रफल के आधार पर लगाया गया है। भारत की जनसंख्या सम्बन्धी विश्वसनीय आँकड़े पिछले 100 वर्षों से ही उपलब्ध हैं। 1901 ई० से लेकर 2001 ई० तक की भारत की जनसंख्या तथा दशकीय वृद्धि को अग्रवर्णित तालिका में दर्शाया गया है—

तालिका–8 : 1901 ई० से 2001 ई० तक भारत की जनसंख्या तथा दशकीय वृद्धि

वर्ष	जनसंख्या (करोड़ में)	दशकीय वृद्धि (%)
1901	23·6	—
1911	24·9	5·70
1921	24·8	−0·30
1931	27·6	11·00
1941	31·5	14·20
1951	36·0	13·30
1961	43·9	21·50
1971	54·8	24·80
1981	68·5	24·66
1991	84·64	23·85
2001	102·70	21·34

स्रोत : Census of India-2001.

उपर्युक्त तालिका से स्पष्ट हो जाता है कि 1921 ई० के बाद के दशकों में भारतीय जनसंख्या में वृद्धि की दर तीव्र हो गई और 50 वर्षों में 75 प्रतिशत से भी अधिक वृद्धि हुई है।

स्वतन्त्रता-प्राप्ति के पश्चात् भारत में नगरों की संख्या तथा नगरीय जनसंख्या में निरन्तर वृद्धि हो रही है। इसे निम्नवर्णित तालिका में दर्शाया गया है—

तालिका–9 : 1951 ई० से 2001 ई० तक भारत में नगरों की कुल संख्या तथा नगरीय जनसंख्या

वर्ष	नगरों की कुल संख्या	नगरीय जनसंख्या
1951	2,795	61,629,646
1961	2,270	77,652,000
1971	2,476	106,966,534
1981	2,245	156,419,768
1991	3,609	212,867,337
2001	3,705	278,665,232

1901 ई० से 2001 ई० तक भारत में बढ़ती हुई ग्रामीण एवं शहरी जनसंख्या को निम्नलिखित तालिका में दर्शाया गया है—

तालिका–10 : 1901 ई० से 2001 ई० तक भारत में बढ़ती हुई ग्रामीण एवं नगरीय जनसंख्या

जनगणना वर्ष	जनसंख्या (मिलियन में)		कुल जनसंख्या का प्रतिशत	
	ग्रामीण	नगरीय	ग्रामीण	नगरीय
1901	213	26	89·2	10·8
1911	226	26	89·7	10·3
1921	223	28	88·8	11·2
1931	246	33	88·0	12·0
1941	274	44	86·1	13·9
1951	299	62	82·7	17·3
1961	360	79	82·0	18·0
1971	439	109	80·1	19·9
1981	524	159	76·7	23·3
1991	629	218	74·3	25·7
2001	735	286	767	25·3

तालिकाओं में दर्शाए गए आँकड़ों के आधार पर यह कहा जा सकता है कि आज भी भारत में लगभग तीन-चौथाई जनसंख्या गाँवों में निवास करती है। इन लोगों का प्रमुख व्यवसाय कृषि या इससे सम्बन्धित कोई अन्य व्यवसाय है। नगरीय क्षेत्रों की निरन्तर बढ़ती हुई जनसंख्या इस तथ्य की ओर संकेत करती है कि ग्रामीण क्षेत्रों से नगरीय क्षेत्रों की ओर तेजी से प्रवर्जन हो रहा है। ग्रामीण भारत के जनांकिकीय पार्श्वचित्र के बारे में अन्य महत्त्वपूर्ण बातें निम्नलिखित हैं—

(1) भारत में अधिकांश गाँव मध्यम आकार (500 से 2000 के बीच जनसंख्या) के हैं।

(2) भारत के विभिन्न प्रदेशों में गाँव की संख्या में भी काफी अन्तर देखा गया। उदाहरणार्थ—उत्तर प्रदेश में सर्वाधिक (1,12,566) गाँव थे। इसके पश्चात् मध्य प्रदेश (71,352), बिहार (67,546), उड़ीसा (46,553) तथा महाराष्ट्र (39,354) का स्थान था। सबसे कम गाँव, जिनमें निवासियों की संख्या भी कम थी, सिक्किम तथा नागालैण्ड में पाए गए।

(3) ग्रामीण जनसंख्या में व्यावसायिक सजातीयता के स्थान पर विजातीयता बढ़ रही है।

(4) परिवार नियोजन के साधनों का अधिक प्रचलन न होने के कारण ग्रामीण जनसंख्या में निरन्तर वृद्धि हो रही है।

(5) ग्रामीण जनसंख्या में शिक्षा का स्तर बढ़ रहा है।

(6) ग्रामीण जनसंख्या में अभी भी जन्म-दर एवं मृत्यु-दर दोनों ही अधिक हैं।

(7) ग्रामीण क्षेत्रों का जन घनत्व नगरीय क्षेत्रों की तुलना में काफी कम है।

(8) ग्रामीण जनसंख्या का आस-पास के कस्बों एवं नगरों से सम्पर्क में निरन्तर वृद्धि हो रही है।

भारतीय समाज के बारे में यह कहा जाता रहा है कि यहाँ जनाधिक्य है। भारत माँ अपनी ही उर्वरा शक्ति की शिकार हो गई है। दूसरी ओर, कुछ ऐसे विचारक भी हैं जो कहते हैं कि स्थिति ऐसी भयावह नहीं है, समस्या हमारे पिछड़ेपन की है। यदि हम अपने साधनों का उचित प्रयोग कर सकें तो यह जनाधिक्य समस्यामूलक नहीं रहेगा। विवेकपूर्ण दृष्टिकोण यही हो सकता है कि विकास के लिए दो तरफा प्रयास किया जाए—एक ओर, तो जन्म-दर घटा कर जनसंख्या वृद्धि को रोका जाए तो दूसरी तरफ, विकास की गति को बढ़ाया जाए। वी० के० आर० वी० राव ने जनसंख्या वृद्धि के आर्थिक-सामाजिक विकास के प्रभाव की महत्ता पर जोर दिया और लिखा कि सामाजिक, आर्थिक और जनसंख्यात्मक दृष्टि से विकास समझने के लिए और उसमें परिवर्तन की दिशा का अनुमान लगाने के लिए जनसंख्यात्मक परिवर्तनों का अध्ययन किया जाना जरूरी है।

भारतीय ग्रामीण समाज के सन्दर्भ में जनांकिकीय पार्श्वचित्र का अध्ययन दो भागों में किया जा सकता है—(अ) जनसंख्या का परिमाण एवं रचना, (ब) प्रमुख जनसंख्यात्मक प्रक्रियाएँ। इसे निम्न प्रकार से समझा जा सकता है—

(अ) जनसंख्या का परिमाण एवं रचना

भारत में जनसंख्या के परिमाण एवं रचना में प्रमुख लक्षण निम्नलिखित हैं—

(1) **जनसंख्या**—भारतीय समाज में 1921 ई० के बाद निरन्तर जनसंख्या बढ़ती जा रही है। 1921 ई० से 1961 ई० तक के चार दशकों में जनसंख्या में 75 प्रतिशत वृद्धि हुई। 1921 में 25·1 करोड़ जनसंख्या थी, जबकि 1961 ई० में 43·9 करोड़ हो गई। 1961 ई० से 1971 ई० तक के दशक में जनसंख्या 43·9 करोड़ से 54·7 करोड़ हो गई जोकि अगले दशक अर्थात् 1981 ई० तक बढ़कर 68·38 करोड़ हो गई। अगले दशक अर्थात् 1981-91 में यह बढ़कर 84·39 करोड़ हो गई है। इस भाँति जनसंख्या वृद्धि तीनों ही दशकों में लगभग 25 प्रतिशत रही है। इसी गति से बढ़ते हुए 21वीं सदी की प्रथम जनगणना अर्थात् 2001 ई० की जनगणना में भारत की जनसंख्या 102·70 करोड़ हो गई है। यह जनसंख्या विस्फोट की स्थिति ही कही जा सकती है। इस जनसंख्या में 74·29 प्रतिशत जनसंख्या गाँव में निवास करने वाली है, जबकि शेष 25·71 प्रतिशत नगरों में निवास करने वाली है।

बढ़ती हुई जनसंख्या का प्रमुख कारण जन्म-दर का ऊँचा होना नहीं रहा है बल्कि मृत्यु-दर का घटना रहा है। 1901 ई० में जन्म-दर 48 तथा मृत्यु-दर भी 48 थी जोकि 1951 ई० में क्रमशः 43 तथा 31, 1981 ई० में 37 तथा 15 और 1989 ई० में क्रमशः 30·5 व 10·2 हो गई। आजादी के बाद नियोजन के द्वारा मलेरिया उन्मूलन, चेचक उन्मूलन, हैजे की रोकथाम और चिकित्सा और स्वास्थ्यवर्द्धक कार्यक्रमों को इतनी निष्ठा से लागू किया गया कि प्रतिवर्ष प्रति हजार व्यक्ति मृत्यु संख्या (मृत्यु-दर) को तो सराहनीय ढंग से कम किया जा सका, जबकि उसी अनुपात में जन्म-दर को नहीं घटाया जा सका।

इसी बढ़ती हुई जनसंख्या के सामाजिक प्रभाव भी स्पष्ट दिखाई दे रहे हैं। ग्रामीण क्षेत्रों में भी भूमि पर भार और घनत्व बढ़ गया है और जमीन के दाम आसमान छूने लगे हैं। पंचवर्षीय योजनाओं के बावजूद प्रति व्यक्ति आय सन्तोषजनक रूप में नहीं बढ़ पाती क्योंकि बढ़ती हुई जनसंख्या स्थिति को पूर्ववत् कर देती है। स्कूलों, अस्पतालों, रोजगार के दफ्तरों, बसों और रेलों में हर जगह भीड़ दिखाई देती है। युवाओं में शिक्षित व अशिक्षित बेरोजगारी खतरनाक स्तर पर पहुँच रही है। निराश युवकों में मादक पदार्थों की लत, बढ़ती हुई अपराधवृत्ति या आतंकवाद की ओर आकर्षण कहीं जनसंख्या वृद्धि के कारण तो नहीं है ?

(2) जन घनत्व—जन घनत्व का अनुमान प्रति वर्ग किलोमीटर में जनसंख्या के आधार पर लगाया जाता है। 1921 ई० में जन घनत्व प्रति वर्ग किलोमीटर 81 था, 1951 ई० में 117, 1971 में 178, 1991 में 267 और 2001 ई० में 324 था। इससे यह स्पष्ट होता है कि जन घनत्व निरन्तर वृद्धि की ओर है। यह बात ध्यान देने योग्य है कि अब भी ग्रामीण क्षेत्रों में जन घनत्व नगरीय क्षेत्रों की तुलना में कम है। इससे भी हमारे उपर्युक्त निष्कर्ष की पुष्टि होती है कि भूमि पर जनसंख्या का भार बढ़ रहा है जिससे भूमि की कीमत निरन्तर वृद्धि की ओर है और आवास की समस्या गम्भीर होती जा रही है।

(3) आयु संरचना—हमारे देश में 14 वर्ष तक की आयु के लोगों का प्रतिशत 41 है, 15 से 54 वर्ष तक की आयु के लोगों का प्रतिशत 19·17 है, जबकि 55 तथा ऊपर की आयु के लोगों का प्रतिशत 7·9 है। इन संख्याओं से स्पष्ट होता है कि हमारे देश में 15 वर्ष से 59 वर्ष तक की जनसंख्या, जिसे कार्यशील जनसंख्या कहा जा सकता है, का अनुपात बहुत कम है। यह अनुपात कुल जनसंख्या का एक-तिहाई है। इन तथ्यों से एक लक्षण यह स्पष्ट दिखाई देता है कि भारतीय जनसंख्या में बच्चों की जनसंख्या बहुत अधिक है।

इस आयु संरचना के कुछ स्पष्ट सामाजिक परिणाम हैं; जैसे—आर्थिक सुख के लिए जिस कार्यशील जनसंख्या की आवश्यकता है वह प्राप्त नहीं है। यदि इस कार्यशील जनसंख्या में से बहुत बड़ा भाग महिलाओं का निकाल दिया जाए, जो केवल गृह कार्य में लगी हैं, तो कार्यशील जनसंख्या का अनुपात और भी कम हो जाता है। स्वाभाविक ही हमारे समाज में निर्भरता का भार (Dependency load) अधिक है। भारत में अब भी संयुक्तता की स्थिति है इसीलिए परिवार में छोटे भाई-बहन और बच्चे मिलाकर और बूढ़े माता-पिता को सम्मिलित

करके एक कमाने वाले व्यक्ति पर शुरू में ही 6-7 व्यक्तियों का भार आ पड़ता है। सच तो यह है कि अधिकांश भारतीय युवकों को इतना निर्भरता भार वहन करना पड़ता है कि उन्हें महसूस ही नहीं होता कि कब जवानी उनके पास से गुजर गई। वे सीधे ही किशोर अवस्था से मानसिक दृष्टि से बुढ़ापे में पहुँच जाते हैं। दूसरी ओर, विकसित देशों में कार्यशील जनसंख्या लगभग 60 प्रतिशत होती है व वहाँ केन्द्रक परिवार वाली संस्कृति निर्भरता भार को कम से कम कर देती है। परन्तु इससे वहाँ बूढ़े लोगों में एकाकीपन और आर्थिक रूप से समाज-सेवी संस्थाओं या सरकारी अनुदान पर निर्भरता की समस्या बढ़ रही है।

(4) लिंग अनुपात—हमारे समाज में लैंगिक अर्थात् स्त्री-पुरुष जनसंख्या अनुपात स्त्रियों की जनसंख्या में निरन्तर ह्रास को प्रकट कर रहा है जो समाज वैज्ञानिकों में चिन्ता का विषय है। 1901 ई० में प्रति हजार पुरुषों पर 972 स्त्रियों की जनसंख्या थी, जबकि 1911 ई० में 964, 1921 ई० में 955, 1931 ई० में 950, 1941 ई० में 945, 1951 ई० में 946, 1961 ई० में 941, 1971 ई० में 930, 1981 ई० में 934, 1991 ई० 929 तथा 2001 ई० में 933 रह गई है। निश्चय ही इस अवधि के दौरान न तो स्त्री-बाल-हत्याओं की घटना बढ़ी है और न जनगणना में स्त्रियों की कम जनसंख्या लिखे जाने के प्रमाण मिले हैं। तो फिर ऐसा क्यों हो रहा है ? सरकार (Sarkar) ने इसे जैविक कारकों से स्पष्ट करने का प्रयास किया है तो पकरासी एवं हलदर ने इसे जन्म के समय लड़का-लड़की के क्रम के माध्यम से स्पष्ट किया है। अशोक मित्रा ने इसे भारतीय समाज में स्त्री की प्रस्थिति के साथ जोड़ा है और लिखा है कि स्त्री-शिशुओं व बूढ़ी स्त्रियों को भी लालन-पालन और रहन-सहन के तरीकों की दृष्टि से लापरवाही से जीवन-यापन करना होता है। ये कुपोषण की अधिक शिकार हैं। सम्भवतः यही कारण है कि लैंगिक अनुपात स्त्रियों के विपक्ष में होता जा रहा है। यह भी स्मरणीय बात है कि लैंगिक अनुपात भारत के विभिन्न राज्यों में अलग-अलग है। असम, जम्मू व कश्मीर, हरियाणा तथा पंजाब में यह अनुपात देश के औसत अनुपात से कम है, जबकि केरल, तमिलनाडु व उड़ीसा में यह अनुपात अधिक है। ग्रामीण एवं नगरीय क्षेत्रों में लिंग अनुपात के बारे में आँकड़े तो उपलब्ध नहीं हैं, फिर भी यह कहा जा सकता है कि अनेक राज्यों के ग्रामीण क्षेत्रों में भी लड़कों को प्राथमिकता दी जाती है तथा लड़कियों की उपेक्षा की जाती है। लिंग परीक्षण, जोकि भारत में गैर-कानूनी है, केवल नगरीय क्षेत्रों में रहने वाले परिवारों तक ही सीमित नहीं है। बहुत से ग्रामीण दम्पति भी शिशु का जन्म से पहले ही लिंग का पता लगा लेते हैं और पुत्रोत्पत्ति की लालसा में लड़की होने पर गर्भपात द्वारा भ्रूण हत्या कर देते हैं।

(5) साक्षरता दर—जनगणना की दृष्टि से उस व्यक्ति को शिक्षित समझा जाता है जो अपने विवेक से किसी भी भाषा में लिख और पढ़ सकता हो। जो व्यक्ति पढ़ तो सकता है पर लिख नहीं सकता हो, वह साक्षर नहीं कहा जा सकता। 1901 ई० में हमारे समाज में 5·35 प्रतिशत व्यक्ति ही साक्षर थे। 1951 ई० में यह प्रतिशत 16·67 था, 1981 ई० में यह बढ़कर 36·17 हो गया, जबकि 1991 ई० में यह बढ़कर 52·11 प्रतिशत तथा 2001 ई० में 65·38

प्रतिशत हो गया है। इससे यह प्रकट होता है कि साक्षरता स्वतन्त्रता प्राप्ति के पश्चात् तीव्र गति से बढ़ी है, परन्तु फिर भी देश में लगभग एक-तिहाई से अधिक लोग अभी भी अशिक्षित हैं। साक्षरता में प्रगति स्त्रियों में उल्लेखनीय हुई है। 1901 ई० में कुल 0·60 प्रतिशत स्त्रियाँ साक्षर थीं, 1951 ई० में 7·93, 1981 ई० में 24·88, 1991 ई० में 39·42, और अब 2001 ई० में 54·16 प्रतिशत स्त्रियाँ साक्षर थीं, परन्तु साथ ही यह भी उल्लेखनीय है कि स्त्रियों का आधे से थोड़ा कम भाग अब भी अशिक्षित है। स्त्रियों की तुलना में पुरुषों की साक्षरता दर 75·85 प्रतिशत है। ग्रामीण क्षेत्रों में भी साक्षरता दर नगरीय क्षेत्रों की तुलना में काफी कम है। देश के सामाजिक-आर्थिक विकास के लिए साक्षरता वृद्धि को जानना अत्यन्त आवश्यक है।

(6) विभिन्न धार्मिक सम्प्रदायों के बीच जनसंख्या अनुपात—भारतीय समाज में विभिन्न धार्मिक सम्प्रदायों की 1991 ई० में जनसंख्या का प्रतिशत इस प्रकार था—हिन्दू : 82·64, मुस्लिम : 11·35, ईसाई : 2·43, सिक्ख : 1·96, बौद्ध : 0·71, तथा जैन : 0·48 प्रतिशत। इनमें 1971-81 के दशक में प्रतिशत वृद्धि इस प्रकार रही—हिन्दू : 24·15, मुस्लिम : 30·59, ईसाई : 16·77, सिक्ख : 26·15, बौद्ध : 22·52, तथा जैन : 23·69 प्रतिशत। अतः भारत में हिन्दुओं की जनसंख्या सर्वाधिक है और जैन जनसंख्या सबसे कम है। वृद्धि की दृष्टि से देखें तो मुसलमानों में यह सबसे अधिक रही है।

(7) ग्रामीण-नगरीय अनुपात—ग्रामीण और नगरीय जनसंख्या का परिवर्तनशील अनुपात हमें यह बताता है कि भारत में 1921 ई० में नगरीय जनसंख्या 11·2 प्रतिशत थी, 1951 ई० में यह 17·3 प्रतिशत, 1971 ई० में 19·91 प्रतिशत, 1981 ई० में 23·34 प्रतिशत, 1991 ई० में 25·72 प्रतिशत तथा 2001 ई० में 25·71 प्रतिशत थी। इससे यह स्पष्ट होता है भारत में नगरीय जनसंख्या में निरन्तर वृद्धि हुई है। आज भी लगभग 75 प्रतिशत जनसंख्या गाँवों में रहती है, जबकि विकसित देशों में नगरीय जनसंख्या का अनुपात इस प्रकार है—अमेरिका में 69·86 प्रतिशत, जापान में 69·0 प्रतिशत तथा इंग्लैण्ड में 80·00 प्रतिशत। इससे यह स्पष्ट होता है कि भारत में अभी बड़े पैमाने पर नगरीकरण या औद्योगीकरण नहीं हुआ है। जहाँ आज भी तीन-चौथाई (75 प्रतिशत) लोग कृषि कार्यों में संलग्न हैं।

(ब) प्रमुख जनांकिकीय प्रक्रियाएँ

जनांकिकीय प्रक्रियाओं में प्रजननता, मर्त्यता, अस्वस्थता, जीवन की प्रत्याशित आयु एवं प्रवसन को सम्मिलित किया जाता है। अब हम क्रमशः इन जनांकिकीय प्रक्रियाओं का वर्णन करेंगे—

(1) प्रजननता—भारतीय समाज की दृष्टि से प्रजननता का अध्ययन किया जाना बहुत महत्त्वपूर्ण है क्योंकि हमारे समाज में जनाधिक्य की समस्या है और जन्म-दर को घटाने के योजनाबद्ध प्रयास किए जा रहे हैं। 1989 में भारत में जन्म-दर 30·5 प्रति हजार जनसंख्या थी। यह प्रजनन दर विभिन्न क्षेत्रों व सामाजिक समूहों में अलग-अलग है। एस० एन० अग्रवाल ने दिल्ली के आस-पास छह गाँवों में प्रजनन के प्रतिमानों के अध्ययन के आधार पर हमें यह

बताया है कि प्रजनन दर जाति, व्यवसाय, विवाह के समय आयु, वैधव्य (Widowhood), वैधव्य के समय आयु, शिशु तथा बाल-मर्त्यता एवं जन्म व मृत्यु के पंजीकरण से प्रभावित होती है। जन्म-दर सम्बन्धी तथ्यों से हमें यह भी पता चलता है कि 1931 में 49 जन्म-दर थी जोकि 1951 में 43 और 1981 में यह 33·9 थी। इससे यह प्रतीत होता है कि जन्म-दर में धीरे-धीरे ह्रास हुआ है जिसका कारण स्त्रियों की प्रजनन क्षमता में कमी हो जाना नहीं है बल्कि विवाह के समय आयु एवं स्त्रियों की अपनी बदलती हुई सामाजिक प्रस्थिति है। यही कारण है आज कल सरकार प्रतिदिन दूरदर्शन पर इस कानूनी स्थिति का प्रचार कर रही है कि 18 वर्ष से कम लड़की और 21 वर्ष से कम के लड़के का विवाह न किया जाए। यदि इसे और अधिक दृढ़ता से लागू किया जा सके तो निश्चित ही जन्म-दर नियन्त्रण करने में सहायता मिलेगी परन्तु इसके लिए कानून ही नहीं वरन् ऐच्छिक संस्थाओं का सहयोग भी लेना पड़ेगा, क्योंकि जन-जागरूकता के अभाव में तो राजस्थान में प्रचलित ऐसी प्रथाओं का उन्मूलन नहीं किया जा सकेगा जिनमें प्रति वर्ष सामूहिक तौर पर उत्सव के रूप में समुदाय विशेष में बाल विवाह सम्पन्न होते हैं। दुःख की बात यह है कि वहाँ न केवल सरकारी कर्मचारी अपितु कभी-कभी मन्त्री भी उपस्थित होते हैं।

इस भाँति, प्रजनन का सही अनुमान समाजशास्त्रीय दृष्टि से तभी हो सकता है जब विभिन्न वर्गों की स्त्रियों, विभिन्न धर्मों, खान-पान, जातियों के आधार पर जन्म-दर का अध्ययन किया जाए। इसी दृष्टि से परिवार नियोजन पर भी पुनः विचार की आवश्यकता है। 1965 ई० से सरकार बन्ध्यीकरण या अनुर्वरीकरण पर जोर दे रही थी। 1970 ई० में इस कार्य के लिए शिविर योजना तक अपनाई गई। 1976 ई० में लक्ष्य प्राप्त करो अभियान चलाया गया। अब इस कार्यक्रम से बाध्यता का तत्त्व निकाल दिया गया है और परिवार कल्याण के अन्तर्गत जनता को समझा-बुझा कर इस ओर प्रेरित करने का प्रयास किया जा रहा है। ऐसा अनुमान लगाया गया है कि परिवार नियोजन में सफलता के कारण मार्च 1981 ई० तक 4·4 करोड़ तथा मार्च 1991 ई० तक 13 करोड़ जन्म रोके जा सके हैं।

(2) मर्त्यता—भारत में पिछले लगभग चार दशकों में मर्त्यता अर्थात् मृत्यु-दर घटाने में आशातीत सफलता मिली है। 1921 ई० में मर्त्यता 49 (प्रति हजार व्यक्ति) थी, 1951 ई० में 31, 1981 ई० में 12·5 तथा 1989 ई० में 10·2 थी। इसका कारण हैजा, प्लेग, क्षय, चेचक, मलेरिया जैसे संक्रामक रोगों की रोकथाम है तथा साथ ही प्राकृतिक प्रकोपों; जैसे—अकाल, बाढ़, सूखा, भूकम्प आदि से होने वाली मृत्यु-दर भी रोकी जा सकी है। जनस्वास्थ्य एवं चिकित्सा सुविधाएँ बढ़ी हैं। इस भाँति, अधिक मातृत्व एवं शिशु कल्याण की सेवाओं के प्रसार के द्वारा शिशु-मृत्यु एवं प्रसव काल में स्त्रियों की मृत्यु को प्रभावशाली ढंग से घटाया जा सका है।

परिणामस्वरूप भारत में जीवन की प्रत्याशा बढ़ गई है। 1921 ई० में प्रत्याशित आयु 19·4 वर्ष थी, 1951 ई० में 42·1 वर्ष, 1981 ई० में 54 वर्ष और 2001 ई० में 60·8 वर्ष हो गई है। स्त्रियों में पुरुषों की तुलना में जीवन की प्रत्याशा थोड़ी अधिक है। उन्नत समाजों;

जैसे—अमेरिका, ऑस्ट्रेलिया, फ्रांस तथा जापान से हम अब भी बहुत पीछे हैं जहाँ यह क्रमशः 73, 73, 73 तथा 76 वर्ष है।

उपर्युक्त दोनों तथ्यों का परिणाम जनसंख्या में वास्तविक कुल वृद्धि है। स्वाभाविक ही जब जन्म-दर की अपेक्षा मृत्यु-दर तेजी से कम हो जाएगी और जीवन की औसत प्रत्याशा बढ़ जाएगी, तो जनसंख्या वृद्धि होगी ही। इसीलिए हमारे समाज में जनसंख्या की प्रमुख समस्या जन्म-दर को नियन्त्रित करना है जिसके लिए भारतीय जनसंख्या को शिक्षित करना एवं परिवार नियोजन को प्रोत्साहित करना अनिवार्य है।

(3) अस्वस्थता—भारत में जनसंख्याशास्त्रियों और समाज वैज्ञानिकों ने अस्वस्थता एवं मृत्यु के कारणों की जाँच में रुचि हाल में ही लेना प्रारम्भ किया है। अधिकतर अध्ययन सामाजिक-आर्थिक कारकों एवं अस्वस्थता के बीच सम्बन्ध को लेकर किए गए हैं परन्तु उनमें प्रमाणित संप्रत्ययों के प्रयोग का अभाव है। इस दिशा में वैज्ञानिक अध्ययनों की आवश्यकता है। बालकों के लालन-पालन के तरीके, खान-पान की आदतें, आवास के प्रतिमान, शैक्षिक श्रेणी, विभिन्न आयु समूह, विभिन्न व्यवसाय समूह, ग्राम व नगर जीवन आदि के आधार पर अस्वस्थता की विस्तृत जाँच की जानी चाहिए। जैसा की ऊपर कहा गया है निश्चित ही रोगों की रोकथाम हुई है और स्वास्थ्य सुविधाओं में वृद्धि हुई है।

(4) प्रवसन—प्रवसन का आशय उस प्रक्रिया से है जिसके द्वारा कोई व्यक्ति या समूह अपने मूल स्थान को छोड़कर दूसरे स्थान की ओर जाता है। इस प्रक्रिया का अध्ययन दो दृष्टियों से किया जा सकता है—**पहले,** आन्तरिक प्रवसन अर्थात् एक ही समाज के अन्तर्गत जनसंख्या का देशान्तरण और **दूसरे,** एक देश से दूसरे देश की ओर देशान्तरण। जहाँ तक पहले प्रकार के प्रवसन का प्रश्न है तो निःसन्देह कहा जा सकता है कि स्वतन्त्रता के बाद भारतीयों में प्रवसन की प्रवृत्ति में तीव्रता से वृद्धि हुई है। 1911 ई० से लेकर 1941 ई० तक भारत में प्रवसन-प्रवृत्ति में केवल 2·7 प्रतिशत की वृद्धि हुई थी, जबकि 1941 से लेकर 1991 ई० के बीच करीब 12 प्रतिशत जनसंख्या ने स्थानान्तरण किया है। स्पष्ट है कि देश में विकास के अनेक कार्यक्रमों ने देशान्तरण को सुविधाजनक बनाया है। ग्रीनवुड ने सुझाव दिया है कि भारत में शिक्षा-वृद्धि के साथ देशान्तरण भी बढ़ता है और यह भी प्रतिपादित किया है कि यह देशान्तरण उन नगरों की ओर ज्यादा होता है जहाँ पहले से ही शिक्षा का स्तर ऊँचा है। एम० एस० गोरे ने उन समस्याओं की ओर इशारा किया है जो प्रवासी जनसंख्या के सामने मूल निवासियों के साथ सामंजस्य को लेकर उठ खड़ी होती हैं। उन्होंने बम्बई महानगर में बाहर से आए प्रवासियों का समाजशास्त्रीय अध्ययन किया है।

भारतीयों का अन्य देशों की ओर प्रवसन बहुत पहले से होता रहा है। अंग्रेजी शासनकाल के प्रारम्भ में अफ्रीका और अनेक देशों को भारतीय श्रम निर्यात किया गया। ऐसे देशों में भारतीय प्रवासी आज भी बड़ी संख्या में मौजूद हैं। आजादी के बाद यह प्रवसन-प्रवृत्ति कम नहीं हुई है। आज अमेरिका, कनाडा और इंग्लैण्ड जैसे विकसित देशों में बड़ी संख्या में भारतीय

प्रवासी पहुँचे हैं और वहाँ बस गए हैं। इस तथ्य को लेकर एक विशिष्ट समस्या की भी चर्चा समय-समय पर होती रहती है और वह है भारत से बाहर की ओर 'बुद्धि का प्रवाह' (Brain drain)। अनेक भारतीय वैज्ञानिक व चिकित्सक, जो असाधारण प्रतिभा वाले हैं, विदेशों में कार्य करने के लिए प्रवास कर जाते हैं और भारतीय समाज उनकी प्रतिभा के फलों का प्रयोग करने से वंचित रह जाता है। यदि इसे रोकने का प्रयास करना है तो ऐसे प्रतिभासम्पन्न व्यक्तियों को कार्य करने के लिए उचित पर्यावरण व सुविधाएँ प्रदान करनी होंगी।

कुछ भी हो, भारत में प्रवसन इतना नहीं हुआ है कि भारतीय जनसंख्या पर प्रभावशाली असर पड़ सके। अब भी आन्तरिक व बाह्य दोनों दृष्टियों से ही प्रवसन समस्यामूलक नहीं है।

सारांश में, यह कहा जा सकता है कि जनसंख्या परिवर्तन किसी भी समाज में महत्त्वपूर्ण स्थान रखता है क्योंकि ऐसे परिवर्तन का सामाजिक जीवन के प्रत्येक पक्ष पर गहरा प्रभाव पड़ता है। इसलिए इन परिवर्तनों का निरन्तर अध्ययन किया जाना चाहिए। इन अध्ययनों से प्राप्त तथ्यों के प्रकाश में एक गत्यात्मक राष्ट्रीय जनसंख्या नीति का निर्धारण होना चाहिए और योजनाबद्ध ढंग से जनसंख्या की रचना और प्रक्रियाओं पर नियन्त्रण रखना चाहिए। सामाजिक-आर्थिक विकास का यही एक मुक्ति-मार्ग है।

उपर्युक्त विवेचन से यह कहा जा सकता है कि ग्रामीण क्षेत्रों की जो जनांकिकीय विशेषताएँ स्पष्ट होती हैं वे निम्नलिखित हैं—

(1) भारत में गाँव की जनसंख्या यद्यपि नगरों की जनसंख्या से निश्चित रूप से कम है, तथापि कुल जनसंख्या में ग्रामीण क्षेत्रों में रहने वालों का प्रतिशत आज भी 74·29 प्रतिशत है।

(2) ग्रामीण क्षेत्रों में जन घनत्व कम पाया जाता है क्योंकि यह सदैव भूमि पर निर्भर होता है।

(3) प्राकृतिक पर्यावरण के कारण ग्रामीण क्षेत्रों में रहने वाले लोगों का स्वास्थ्य चिकित्सा सुविधाएँ अधिक न होने के बावजूद अच्छा होता है।

(4) ग्रामीण क्षेत्रों में संयुक्त परिवार की प्रधानता के कारण प्रजनन दर अधिक पाया जाता है।

(5) ग्रामीण क्षेत्रों में उच्च प्रजननता के साथ-साथ शिशु मर्त्यता दर भी ऊँची होती है। इसका प्रमुख कारण भी चिकित्सा सुविधाओं का अभाव है।

(6) ग्रामीण क्षेत्रों में निवास करने वाली जनसंख्या में सजातीयता पाई जाती है। यह एक सापेक्ष विशेषता है क्योंकि नगरीय क्षेत्रों का प्रमुख लक्षण विजातीयता है।

(7) नगरीय क्षेत्रों में रहने वाली जनसंख्या में गतिशीलता का अभाव पाया जाता है।

(8) ग्रामीण क्षेत्रों में रहने वाले निर्धन लोगों में नगरों की ओर प्रवसन की प्रवृत्ति अधिक पाई जाती है।

ग्रामीण भारत में जनसंख्या से सम्बन्धित प्रमुख मुद्दे

आज संसार जनाधिक्य की समस्या से आक्रांत है। जनाधिक्य का अर्थ किसी देश में उपलब्ध खाद्य-पदार्थों की अपेक्षा जनसंख्या में अत्यधिक वृद्धि होना है। वास्तव में, वस्तुओं के उत्पादन और जनसंख्या के विकास में सन्तुलन होना अनिवार्य है। अतः जनाधिक्य किसी भी देश की जनसंख्या की उस अवस्था को कहते हैं जिसमें खाद्य-सामग्री और मनुष्यों की उपलब्धि में असन्तुलन पैदा हो जाता है। इसमें उपभोक्ताओं की तुलना में खाद्य-सामग्री की कमी हो जाती है। 1991 ई० में भारत की जनसंख्या 84·63 करोड़ थी, जबकि 2001 ई० में यह 102·70 करोड़ हो गई है अर्थात् अब संसार में प्रत्येक छठा व्यक्ति भारतीय है। अधिक जनसंख्या के कारण समाज में अनिवार्य आवश्यकताओं (भोजन, आवास, वस्त्र आदि) का अभाव हो जाता है। इससे जीवन-स्तर में भी परिवर्तन हो जाता है। शिक्षा की कमी, चोरी, लूट, अपराध, भ्रूणहत्या, विलम्ब विवाह, निम्न जन-स्वास्थ्य आदि दृष्टिगोचर होने लगते हैं। समाज में सामंजस्य बनाने में प्रकृति भी भाग लेती है। भयानक रोग, अतिवृष्टि, सूखा, इत्यादि के द्वारा प्रकृति जनसंख्या में कमी करती है। सामान्यतः कम जनसंख्या वाले समाजों एवं क्षेत्रों में व्यक्तियों का जीवन घनी जनसंख्या वाले क्षेत्रों की अपेक्षा ऊँचा तथा लोग अधिक धनी एवं शिक्षित होते हैं।

ग्रामीण भारत में जो जनांकिकीय मुद्दे चर्चा का विषय रहे हैं उनमें जनाधिक्य एवं परिवार नियोजन की समस्याएँ प्रमुख हैं। जिस देश में जनाधिक्य पाया जाता है उसमें रीति-रिवाज एवं संस्थाओं में ऐसे परिवर्तन होते हैं जिनसे जनसंख्या कम की जा सके। परिवार नियोजन (Family planning), विलम्ब-विवाह, गर्भपात एवं गर्भ-निरोध के साधनों को बढ़ावा दिया जाता है। भारतवर्ष इसका ज्वलन्त उदाहरण है। परिवार कल्याण सम्बन्धी अभियान से भारतीय समाज में अभूतपूर्व परिवर्तन हुए हैं। इससे परिवार के आकार एवं परिवार के प्रति दृष्टिकोण में परिवर्तन आया है। आज 'छोटा परिवार सुखी परिवार', 'बस दो या तीन बच्चे होते हैं घर में अच्छे', 'हम दो हमारे दो', 'अगला बच्चा अभी नहीं, दो के बाद कभी नहीं' आदि नारों से देश की जनता को परिवार कल्याण के लिए प्रोत्साहन दिया जा रहा है। देश को खाद्य-पदार्थों में आत्मनिर्भर बनाने के उद्देश्य से हमारी सरकार ने कृषकों को अनेक प्रोत्साहन दिए हैं।

(अ) ग्रामीण भारत में जनाधिक्य की समस्या

जनाधिक्य से अभिप्राय साधनों के अनुपात में जनसंख्या का अत्यधिक होना है। भारत में जनाधिक्य है या नहीं? इस प्रश्न को लेकर दो परस्पर विरोधी विचारधाराएँ हैं। पहली के अनुसार, भारत में जनाधिक्य नहीं है। असली समस्या हमारा अविकसित होना है न कि जनसंख्या अधिक होना। सैद्धान्तिक दृष्टि से भी ऐसे विचारक अपना पक्ष पोषण करते हैं। यदि हम सर्वोत्तम जनसंख्या के सिद्धान्त को भारत पर लागू करें तो पता चलेगा कि भारत के आँकड़े यह सिद्ध करते हैं कि अभी तक प्रतिवर्ष हमारी प्रति व्यक्ति आय बढ़ती जा रही है। इसका अर्थ यह हुआ कि अभी तो हम सर्वोत्तम जनसंख्या (Optimum population) के बिन्दु तक ही पहुँच

पाए हैं, अधिकतम जनसंख्या (Over population) के बिन्दु तक नहीं। इसलिए हम कह सकते हैं कि सैद्धान्तिक दृष्टि से भारत में जनाधिक्य की समस्या नहीं है।

दूसरी ओर वे विद्वान् हैं जो यह कहते हैं कि भारत में जनाधिक्य है। अपने पक्ष में वे **माल्थस** के विचारों का सहारा लेते हैं। यदि हम स्थिति को माल्थस के विचारों के अनुरूप देखें तो अब भारत में जनाधिक्य है, क्योंकि यहाँ की जनसंख्या खाद्य-पदार्थों से अधिक बढ़ चुकी है। इसलिए भारत में समय-समय पर प्राकृतिक अवरोध (Positive checks) जैसे अकाल, बाढ़, सूखा, महामारी तथा बीमारियों के रूप तथा निरोधात्मक अवरोध (Preventive checks) जैसे परिवार नियोजन एवं अन्य गर्भ-निरोधक साधनों के रूप में लागू होते रहते हैं।

उपर्युक्त दोनों ही पक्षों के तर्क का यदि तटस्थ मूल्यांकन करें तो हमें यह स्वीकार करना ही होगा कि भारत में जनाधिक्य की समस्या है। इसे हम निम्नांकित तथ्यों द्वारा प्रमाणित कर सकते हैं—

(1) निम्न जीवन स्तर—हमारे देश में अन्य देशों की तुलना में जीवन स्तर अत्यन्त निम्न है जो कि यह प्रमाणित करता है कि यहाँ जनाधिक्य है। स्वतन्त्रता के उपरान्त हमने औद्योगिक एवं कृषि के क्षेत्रों में उल्लेखनीय प्रगति की है और हमारा उत्पादन भी बढ़ा है। इसके उपरान्त भी, भारत में लगभग 40 प्रतिशत व्यक्ति पेट भी नहीं भर पाते हैं।

(2) बेरोजगारी—भारतवर्ष में दूसरी समस्या बेरोजगारी की है। व्यक्ति इच्छा और योग्यता रखते हुए और प्रयास के बावजूद भी कार्य प्राप्त नहीं कर पाता है। देश में अनेक योजनाओं तथा औद्योगीकरण के उपरान्त भी लाखों व्यक्ति रोजगार प्राप्त करने में असमर्थ हैं। बेरोजगारी की निरन्तर वृद्धि भी जनाधिक्य को प्रदर्शित करती है।

(3) प्राकृतिक साधनों एवं जनसंख्या में असन्तुलन—भारत में प्राकृतिक शक्ति और जनसंख्या में असन्तुलन भी जनाधिक्य का सूचक है। मुख्यतया कृषि प्रधान देश होने के नाते आज भी लगभग 75% मनुष्य प्रत्यक्ष या परोक्ष रूप से कृषि से सम्बन्धित हैं। कृषि के क्षेत्र में अधिक से अधिक उत्पादन के लिए भी हम निरन्तर प्रयलशील हैं। परन्तु फिर भी, हम उतना खाद्यान्न उत्पन्न नहीं कर पाते कि सबका भरण-पोषण सरलता से हो सके।

(4) जनसंख्या में असाधारण वृद्धि—जनसंख्या की असाधारण वृद्धि भी यह प्रमाणित करती है कि भारत में जनाधिक्य है। यहाँ बाल विवाह की प्रथा चल रही है। परिवार नियोजन के बारे में आज भी अनेक भ्रान्तियाँ प्रचलित हैं। इसलिए यह जनसंख्या नियन्त्रण में अधिक प्रभावकारी सिद्ध नहीं हो पाया है।

(5) प्राकृतिक प्रकोप—हमारे देश में अन्य देशों की तुलना में होने वाले अधिक प्राकृतिक प्रकोप भी यह प्रमाणित करते हैं कि देश में जनाधिक्य है। प्रतिवर्ष अकाल, बाढ़, महामारी और अन्य प्राकृतिक प्रकोपों के कारण हजारों की संख्या में मनुष्य मरते हैं।

(6) निम्न स्वास्थ्य स्तर—हमारे देश में मनुष्यों का स्वास्थ्य स्तर भी निम्न है। अधिकांश व्यक्तियों को पूर्ण पौष्टिक आहार नहीं मिल पाता है। स्वतन्त्रता के पश्चात् देश की औसत आय में काफी वृद्धि हुई है। स्वास्थ्य सेवाओं की ओर भी बहुत ध्यान दिया गया है। परन्तु आज भी अन्य देशों की तुलना में हमारे यहाँ औसत आयु कम है तथा साथ ही मृत्यु-दर भी ऊँची है।

भारतीय समाज में पाए जाने वाले उपर्युक्त तथ्यों का विश्लेषण इस यथार्थता को सिद्ध कर देता है कि ग्रामीण भारत में जनाधिक्य है।

(I) ग्रामीण भारत में अधिक जनसंख्या के कारण

भारत में जनाधिक्य अथवा जनसंख्या विस्फोट की स्थिति पाई जाती है। जनसंख्या को नियन्त्रित करने के प्रयासों के बावजूद जनसंख्या की समस्या एक गम्भीर समस्या बनी हुई है। ग्रामीण भारत में जनाधिक्य अथवा जनसंख्या विस्फोट के प्रमुख कारण निम्नलिखित हैं—

(1) जन्म-दर की अधिकता—भारत में जनसंख्या वृद्धि का प्रमुख कारण जन्म-दर की अधिकता तथा मृत्यु-दर की कमी है। अधिकांश लोग अभी भी परिवार नियोजन को नहीं अपनाते। अनेक अन्य कारक (जैसे अनिवार्य विवाह, रूढ़िवादिता, अशिक्षा, निर्धनता आदि) भी इसके लिए उत्तरदायी हैं। 1989-90 ई० में एक अनुमान के अनुसार प्रति हजार व्यक्ति जन्म-दर तो 29·1 है, जबकि मृत्यु-दर केवल 10·4 है। स्वास्थ्य सेवाओं में सुधार से मृत्यु दर कम हुई है।

(2) विवाह की अनिवार्यता—धर्म प्रधान देश होने के कारण भारत में, विशेषतया हिन्दुओं में विवाह एक धार्मिक संस्कार माना जाता है। मोक्ष की प्राप्ति गृहस्थ आश्रम के धर्म का पालन करके तथा वंश को आगे चलाकर ही हो सकती है। इससे जनसंख्या वृद्धि होना स्वाभाविक है।

(3) बाल विवाह जैसी कुरीतियाँ—बाल विवाह जैसी कुरीतियाँ भी जनसंख्या वृद्धि के लिए उत्तरदायी हैं। आज भी भारत के अनेक राज्यों (जैसे राजस्थान) में बाल विवाह का प्रचलन पाया जाता है। इससे स्त्रियों का प्रजनन काल लम्बा हो जाता है और जनसंख्या में वृद्धि होती है।

(4) गर्म जलवायु—कुछ लोगों ने गर्म जलवायु को भी जनसंख्या वृद्धि का कारण बताया है। गर्म जलवायु के कारण छोटी उम्र में ही परिपक्वता आ जाती है और प्रजनन अवधि लम्बी हो जाती है। इससे जनसंख्या वृद्धि में सहायता मिलती है।

(5) पुत्र प्राप्ति को महत्त्व—भारत में पुत्र प्राप्ति पितृ ऋण से उऋण होने के लिए अनिवार्य मानी जाती है। इसलिए अगर पहली सन्तानें लड़कियाँ होती हैं तो पुत्र प्राप्ति की इच्छा से जनसंख्या में निरन्तर वृद्धि होती रहती है।

(6) अशिक्षा—अशिक्षा भी जनसंख्या वृद्धि का कारण है क्योंकि इससे न तो लोग परिवार नियोजन के साधन अपनाते हैं और न ही अधिक जनसंख्या के परिणामों के बारे में ही

जानते हैं। अशिक्षित लोग अन्धविश्वासी भी अधिक होते हैं जिसके कारण जनसंख्या वृद्धि होती है।

(7) निर्धनता—कुछ लोग निर्धनता को भी जनसंख्या वृद्धि का कारण मानते हैं क्योंकि निर्धन लोग बच्चों को आर्थिक दृष्टि से उपयोगी मानते हैं। इनके पास मनोरंजन के साधनों का भी अभाव पाया जाता है तथा यौन-सुख ही एक मात्र साधन रह जाता है। निर्धन लोग परिवार नियोजन कार्यक्रम के प्रति भी उदासीन होते हैं।

(8) संयुक्त परिवार प्रणाली—संयुक्त परिवार प्रणाली को भी कुछ सीमा तक जनसंख्या वृद्धि का एक कारण माना जाता है। इसमें सामान्य सम्पत्ति होने के कारण माँ-बाप बच्चों को अपने ऊपर बोझ नहीं मानते हैं तथा इससे सन्तान वृद्धि होती रहती है।

उपर्युक्त कारणों के अतिरिक्त स्वस्थ मनोरंजन के साधनों का अभाव, परिवार नियाजन के प्रति जागरूकता का अभाव, अश्लील साहित्य व भाग्यवाद में विश्वास आदि भी जनसंख्या वृद्धि के ही कारण हैं।

(II) अधिक जनसंख्या के सामाजिक परिणाम

अधिक जनसंख्या के प्रमुख परिणाम निम्नांकित हैं—

(1) रहन-सहन का निम्न स्तर—अधिक जनसंख्या का प्रभाव रहन-सहन के स्तर तथा मानसिकता पर पड़ता है। अधिक जनसंख्या वाले देश व्यक्ति के अच्छे रहन-सहन के स्तर को नहीं बनाए रख सकते। उनकी मानसिक स्थिति पर भी इसका प्रभाव अवश्य दिखाई देता है। भारतीय समाज के सन्दर्भ में यह पूर्णतः सही है।

(2) रीति-रिवाजों पर प्रभाव—अधिक जनसंख्या देश के रीति-रिवाजों को भी प्रभावित करती है। जनसंख्या कम करने के प्रयास में गर्भपात को नैतिक एवं उचित मान लिया जाता है। परिवार नियोजन कार्यक्रम लागू किया जाता है।

(3) समस्याओं में वृद्धि—अधिक जनसंख्या का अर्थ है अधिक समस्याएँ। किसी भी देश में अधिक जनसंख्या के कारण वहाँ प्रत्येक क्षेत्र में समस्याएँ भी अधिक हो जाती हैं और देश सर्वतोन्मुखी उन्नति के स्थान पर आन्तरिक समस्याओं को सुलझाने में ही लग जाता है। आन्तरिक समस्याओं में विभिन्न सम्प्रदायों और राजनीतिक दलों तथा श्रमिक संघों आदि के आन्दोलन, बेकारी, निर्धनता, अल्पसंख्यकों की माँगें, अलग प्रदेशों एवं प्रान्तों की माँगें, भाषा-विवाद आदि ऐसी समस्याएँ हैं, जिनसे आज भारतवर्ष ग्रसित है। किसी देश में जनसंख्या का अधिक होना असामंजस्य (Maladjustment) तथा पोषणाल्पता (Malnutrition), रोग (Diseases), अकाल, महामारी (Epidemics) इत्यादि दुष्परिणामों का भी कारण है। जनसंख्या के सम्बन्ध में **माल्थस** के निराशावादी विचार इन्हीं परिस्थितियों की उपज हैं।

(ब) परिवार कल्याण अथवा परिवार नियोजन की समस्या

परिवार नियोजन जनसंख्या को नियन्त्रित एवं नियमित करने की एक प्रभावशाली विधि है। परिवार नियोजन का अर्थ बच्चों की उत्पत्ति पर रोक लगाना नहीं वरन् उनकी उत्पत्ति को व्यवस्थित करना है। इसलिए इसे आजकल परिवार कल्याण कहा जाता है। एच० एन० कौल के अनुसार, "परिवार नियोजन एक कल्याण योजना है जिसका उद्देश्य व्यक्ति की उन्नति, परिवार की भलाई, समाज का सुधार और देश की उन्नति करना है।"[12]

परिवार नियोजन का तात्पर्य केवल मात्र बच्चों की उत्पत्ति इस प्रकार से व्यवस्थित करना है जिसमें विभिन्न बच्चों की आयु में (एक परिवार) पर्याप्त अन्तर हो। इसी से प्रत्येक बच्चे की भली प्रकार से देख-रेख हो सकती है। इस प्रकार, परिवार नियोजन जनसंख्या के नियन्त्रण का एक महत्त्वपूर्ण साधन माना जा सकता है। भारतवर्ष की जनसंख्या वर्तमान में अर्थात् 2001 ई० की जनगणना के अनुसार 102·70 करोड़ है। अगर परिवार नियोजन द्वारा बढ़ती हुई जनसंख्या पर नियन्त्रण न रखा गया तो हमारे देश में अगले कुछ दशकों में एक विस्फोटक स्थिति पैदा हो सकती है।

कुछ भारतीय नेताओं ने समय-समय पर परिवार कल्याण व परिवार नियोजन के सम्बन्ध में अपने विचार प्रकट किए हैं जो महत्त्वपूर्ण हैं। महात्मा गांधी ने अपने विचारों में कहा था, "भारत के लिए परिवार नियोजन वांछनीय है तो उसके लिए ब्रह्मचर्य सर्वोत्तम है। मैं बन्धीकरण का कानून लोगों पर लादना अमानवीय समझता हूँ। स्थायी रूप से बीमार व्यक्तियों का बन्धीकरण, अगर वे स्वयं चाहते हों, वांछनीय माना जा सकता है। बन्धीकरण एक प्रकार से परिवार नियोजन की सामग्री है, पर मैं इसके स्त्रियों पर करने के विरोध में हूँ, परन्तु पुरुष पर करने के विरोध में नहीं हूँ, क्योंकि वही हमलावर होता है।"

रवीन्द्रनाथ टैगोर के शब्दों में, "परिवार नियोजन स्त्रियों को अनावश्यक मातृत्व से बचाता है। भारत जैसे भूखग्रस्त देश में बच्चे पैदा करना न केवल इन बेकसूर बच्चों की मौत बुलाना है, वरन् सम्पूर्ण देश व परिवार को निष्कृष्ट जीवन में डालना है। इस अन्याय को नहीं होने देना चाहिए।" डॉ० राजेन्द्र प्रसाद के शब्दों में, "भारत को जितना ध्यान खाद्यान्न के उत्पादन में देना है उतना ही जन्म-दर को कम करने में भी लगाना चाहिए।" डॉ० राधाकृष्णन के शब्दों में, "हमारी जनसंख्या 50 करोड़ के बिन्दु को पार कर चुकी है, यह एक महत्त्वपूर्ण खतरा है जिसे हम अपने को स्वयं खतरे में डालकर नजर अन्दाज नहीं कर सकते हैं।"

(I) ग्रामीण भारत में परिवार नियोजन की आवश्यकता और महत्त्व

ग्रामीण भारत में आज जनसंख्या की समस्या है और उसका नियन्त्रण एक प्रमुख आवश्यकता है। परिवार नियोजन के माध्यम से ही जनसंख्या में वृद्धि को रोका जा सकता है। ग्रामीण भारत में परिवार नियोजन की आवश्यकता अग्रलिखित बातों से स्पष्ट होती है—

(1) सामाजिक प्रगति के लिए अनिवार्य—किसी भी समाज और राष्ट्र की प्रगति जनता की खुशहाली और अधिकाधिक जीवन-यापन की सुविधाओं पर निर्भर करती है। हमारे देश में बहुत से व्यक्ति ऐसे हैं जो कि भर पेट भोजन भी प्राप्त नहीं कर पाते हैं। उद्योगों के क्षेत्रों में उल्लेखनीय प्रगति के कारण राष्ट्रीय आय भी बढ़ी है, परन्तु जनसंख्या की वृद्धि के कारण इसमें कोई विशेष उपलब्धि नहीं हुई है। अतः राष्ट्र की प्रगति के लिए परिवार नियोजन द्वारा जनसंख्या की वृद्धि पर रोक आवश्यक है।

(2) अन्य राष्ट्रों पर निर्भरता की समाप्ति के लिए अनिवार्य—पुराने समय में भारत सोने की चिड़िया माना जाता था। परन्तु आज भारत में व्यक्तियों की मौलिक आवश्यकताओं की पूर्ति आयात पर निर्भर है। यह स्थिति केवल जनसंख्या की वृद्धि के कारण है। उत्पादन में निरन्तर वृद्धि जनसंख्या में तीव्र वृद्धि के कारण अर्थहीन एवं अपर्याप्त हो जाती है। यह एक राष्ट्र के लिए शर्म की बात है कि हम अपनी मौलिक आवश्यकताओं की पूर्ति के लिए सदैव दूसरे देशों पर आश्रित रहें। इस दुःखद स्थिति से बचने का एकमात्र उपाय जनसंख्या नियन्त्रण और परिवार नियोजन है।

(3) आर्थिक समृद्धि के लिए अनिवार्य—आर्थिक समृद्धि के लिए भी परिवार नियोजन आवश्यक है। भूमि की कमी, बचत की कमी एवं प्रति व्यक्ति आय का निम्न स्तर प्रगति की दृष्टि से विकास के मार्ग में एक बाधा है। आज के युग में देश का विकास आर्थिक उपलब्धियों पर निर्भर करता है। कोई भी देश सम्मानपूर्ण जीवन तभी व्यतीत कर सकता है, जबकि मनुष्यों की आर्थिक आवश्यकताओं की पूर्ति भली प्रकार से होती रहे। अतः शीघ्र आर्थिक प्रगति के लिए परिवार नियोजन अति आवश्यक है।

(4) स्त्रियों की स्थिति में सुधार के लिए अनिवार्य—परिवार नियोजन सामाजिक आवश्यकता की दृष्टि से, विशेषकर स्त्रियों की स्थिति में सुधार के लिए, अनिवार्य है। हमारा देश धर्म प्रधान देश है परन्तु स्त्रियों का स्तर गुलामों की तरह रहा है जिसके कारण वे केवल "बच्चा पैदा करने की मशीन मात्र" बनकर रह गई हैं। इनमें शिक्षा का स्तर भी पुरुषों की अपेक्षा निम्न है। इन्हें आर्थिक दृष्टि से निर्भर बनाने के लिए तथा इनको पुरुषों के समान स्तर पर लाने के लिए यह आवश्यक है कि इन्हें "बच्चे पैदा करने की मशीन मात्र" ही न समझा जाए। परिवार कल्याण स्त्रियों की स्थिति में सुधार, पारिवारिक कलह, तनाव एवं चिन्ताओं से मुक्ति और सामाजिक प्रगति के लिए भी अनिवार्य है।

(5) बच्चों के उचित समाजीकरण के लिए अनिवार्य—परिवार समाजीकरण की महत्त्वपूर्ण इकाई है। व्यक्ति सुयोग्य नागरिक तभी बन सकता है जबकि उसका समाजीकरण भली प्रकार हो। परिवार नियोजन सन्तानोत्पत्ति में एक निश्चित अन्तर को प्रतिपादित करके हर बच्चे की भली प्रकार से देख-रेख में सहायक है ताकि उनका समुचित विकास हो सके। साथ ही, इनसे हमारे देश में अधिक गरीब परिवार अनावश्यक आर्थिक भार की चिन्ताओं से भी

मुक्त हो सकते हैं। अतः आर्थिक और पारिवारिक सुख में वृद्धि के लिए परिवार नियोजन आवश्यक है।

(6) राजनीतिक स्थिरता के लिए अनिवार्य—राजनीतिक दृष्टि से भी परिवार नियोजन आवश्यक है। पुराने समय में जनसंख्या का अधिक होना सामाजिक दृष्टि से अच्छा समझा जा सकता था। परन्तु आज की राजनीतिक व्यवस्था में अधिक जनसंख्या का होना अच्छा नहीं समझा जाता है। राजनीतिक असन्तोष को समाप्त करने व शासन को अधिक स्थिर बनाने के लिए आवश्यक है कि बेराजगारी एवं अन्य आर्थिक समस्याओं को समाप्त किया जाए तथा व्यक्ति की आय का स्तर बढ़ाया जाए। इसमें परिवार कल्याण व परिवार नियोजन एक उपयोगी साधन हो सकता है।

(7) शारीरिक स्वास्थ्य के लिए अनिवार्य—परिवार नियोजन को शारीरिक स्वास्थ्य की दृष्टि से भी आवश्यक समझा गया है। अधिक सन्तानोत्पत्ति के कारण माता और बच्चे, दोनों के स्वास्थ्य पर बुरा प्रभाव पड़ता है। साथ ही, जल्दी-जल्दी मातृत्व का भार ढोने के कारण न तो बच्चों का पालन-पोषण ही भली प्रकार हो सकता है और न ही माँ का शरीर स्वस्थ रह पाता है। अस्वस्थ बच्चे एक प्रकार से राष्ट्रीय क्षति हैं। अतः स्वास्थ्य की दृष्टि से भी परिवार नियोजन की आवश्यकता है।

(II) ग्रामीण भारत में परिवार नियोजन के मार्ग में बाधाएँ

हमारे समाज में प्रारम्भ से परिवार नियोजन को एक महत्त्वपूर्ण साधन माना जाता रहा है। आज भी हमारे समाज में शिक्षित वर्ग और शासन यह मानता है कि जनसंख्या की वृद्धि पर नियन्त्रण के लिए परिवार नियोजन को सफल बनाना है। परन्तु जब हम परिवार नियोजन की व्यावहारिकता को देखते हैं तो इसके मार्ग में हमें अनेक बाधाएँ दिखाई देती हैं। परिवार नियोजन के मार्ग में बाधाएँ अथवा जन्म वृद्धि को प्रोत्साहित करने वाले कारक निम्नलिखित हैं—

(1) अशिक्षा एवं अन्धविश्वास—अशिक्षा और अन्धविश्वास परिवार नियोजन में प्रमुख बाधाएँ हैं। हमारा समाज धर्म प्रधान समाज है तथा लोग सन्तान को ईश्वरीय देन मानते हैं। लोगों में ऐसी धारणा पाई जाती है कि प्रत्येक व्यक्ति दो हाथ, दो पैर लेकर आता है तो ईश्वर उसे जीने का अधिकार भी देता है। यह भाग्यवादिता परिवार नियोजन की सफलता के मार्ग में सबसे बड़ी बाधा है।

(2) धार्मिक दृष्टिकोण—विज्ञान इतना उन्नति नहीं कर पाया है कि व्यक्ति अपनी इच्छानुसार लड़का या लड़के की उत्पत्ति कर सके। हमारे देश में धार्मिक कर्त्तव्यों का पालन करने के लिए और परिवार की निरन्तरता बनाए रखने के लिए लड़के का उत्पन्न होना आवश्यक माना जाता है। इसलिए सामान्यतः जब तक लड़का उत्पन्न न हो, प्रजनन क्रम चलता रहता है। यह धार्मिक दृष्टिकोण भी हमारे परिवार नियोजन के मार्ग में बड़ी बाधा है। लड़के के लिए हम सदैव जुआरियों की तरह हर बार दाव लगाते हैं और परिवार में बच्चों की संख्या बढ़ती रहती है।

(3) बाल विवाह—बाल विवाह भी अप्रत्यक्ष रूप से परिवार नियोजन के मार्ग में एक बाधा है। यद्यपि आज बाल विवाह अवैध है, फिर भी वैवाहिक औसत आयु की दृष्टि से संसार में भारत एक ऐसा देश है जहाँ सबसे कम आयु में विवाह होता है। यह औसत आयु 15·5 वर्ष है, जबकि आयरलैण्ड में यह 26·8 वर्ष तथा जापान में 23·1 वर्ष है। बाल विवाह विवाहित जीवन की अवधि को बढ़ाकर जनसंख्या वृद्धि में सहायता देता है।

(4) गलत दृष्टिकोण—भारत में अनेक व्यक्ति सन्तानोत्पत्ति को पुरुषत्व की निशानी मानते हैं। परन्तु जैविक दृष्टि से पुरुषत्व और सन्तानोत्पत्ति दो अलग-अलग बातें हैं। साथ ही, स्त्रियाँ इस सेवा को अपना कर्त्तव्य समझती हैं, अतः सन्तति का उत्पन्न होना स्वाभाविक है। इस कर्त्तव्य की भावना और गलत दृष्टिकोण के कारण भी परिवार नियोजन की सफलता के मार्ग में बाधा उत्पन्न होती है।

उपर्युक्त बाधाओं में सबसे प्रमुख बाधा हमारी धार्मिक मान्यताएँ हैं। भारतवर्ष में धार्मिक व्यवस्थाएँ ऐसी हैं जो अधिक से अधिक सन्तति के उत्पन्न होने को स्वीकृति प्रदान करती हैं। उदाहरणार्थ, हिन्दू धर्म में बच्चे पैदा करना धार्मिक कार्य माना जाता है। कुछ लोगों की यह धारणा है कि हिन्दू धर्म परिवार नियोजन का विरोध करता है, परन्तु सत्यता यह है कि हिन्दू धर्म इसका बिलकुल विरोध नहीं करता है। यह एक अत्यन्त प्राचीन धर्म है, परन्तु परिवार नियोजन के प्रति यह कोई भी मत व्यक्त नहीं करता, वरन् इसमें ब्रह्मचर्य को बहुत महत्त्व दिया गया है।

भारत में बढ़ती जनसंख्या को रोकने के उपाय

अत्यधिक जनसंख्या किसी भी देश के लिए गम्भीर समस्या होती है। अतः इस पर नियन्त्रण रखा जाना अनिवार्य है। भारत में बढ़ती हुई जनसंख्या को रोकने के लिए प्रमुख उपाय निम्न प्रकार हैं—

(1) विवाह की आयु में वृद्धि—जनसंख्या वृद्धि का एक सरल उपाय विवाह की आयु में वृद्धि से प्रजनन अवधि कम करना है। अगर लड़के के लिए विवाह की आयु 25 वर्ष तथा लड़की के लिए 22 वर्ष कर दी जाए तो जनसंख्या वृद्धि को काफी सीमा तक रोका जा सकता है। आज के समय में यही वह आयु है जिसमें अधिकांश लड़के व लड़कियाँ आत्मनिर्भर होते हैं। इस दिशा में कानून बनाकर इसके पक्ष में जनमत तैयार किए जाने की आवश्यकता है।

(2) आत्म संयम—जनसंख्या की वृद्धि को केवल वैधानिक तरीकों से ही नहीं रोका जा सकता। इसमें आत्म संयम अधिक प्रभावकारी है। अगर जन साधारण स्वयं जनसंख्या वृद्धि के प्रति सचेत है तो वे परिवार नियोजन या आत्म संयम द्वारा इसे कम करने में अपना सहयोग दे सकते हैं।

(3) परिवार नियोजन—भारत के परिवार नियोजन (कल्याण) कार्यक्रम बहुत व्यापक स्तर पर चलाए जा रहे हैं। परन्तु अभी तक इनसे वांछित सफलता नहीं मिल पाई है। अतः इसके प्रति भी जनता में जागरूकता जनसंख्या वृद्धि को रोकने में सहायक हो सकती है।

(4) शिक्षा का प्रसार—परिवार नियोजन व परिवार कल्याण को शिक्षा के प्रसार द्वारा और अधिक सफल बनाया जा सकता है। शिक्षित व्यक्ति छोटे परिवारों के महत्त्व को सरलता से समझ जाते हैं तथा स्वयं परिवार नियोजन के लिए प्रेरित होते हैं।

(5) स्वस्थ मनोरंजन—भारत में स्वस्थ मनोरंजन के साधनों के अभाव में विवाहित युगलों के लिए यौन-सुख ही एक मात्र ऐसा साधन रह जाता है। अतः मनोरंजन के साधनों में वृद्धि करके इस दिशा में थोड़ी-बहुत सफलता मिल सकती है।

वास्तव में, जनसंख्या वृद्धि को रोकना इतना सरल नहीं है। अगर जनसाधारण ही छोटे परिवार के महत्त्व को नहीं समझेंगे तो कोई भी सरकारी प्रयास सफल नहीं हो सकता। अतः इसका एक मात्र उपाय जनता में छोटे परिवारों व ज़नसंख्या वृद्धि के दुष्परिणामों के बारे में जागरूकता पैदा करना है ताकि वे स्वयं आगे आकर इसमें अपना सहयोग दे सकें।

अन्त में रमाशंकर 'चंचल' की चेतावनी के साथ हम भारत की जनसंख्या समस्या तथा परिवार कल्याण पर विवेचन समाप्त कर सकते हैं। उन्होंने सही लिखा है कि, "यदि समय रहते जनसंख्या की वृद्धि दर पर नियन्त्रण न किया जा सका तो निश्चय ही भविष्य बड़ा ही अन्धकारमय हो जाएगा और इस समय जो लोग दोनों समय भोजन पा रहे हैं वे एक समय तथा एक समय पाने वाले, आधा पेट भोजन पा सकेंगे और चारों ओर कंगाली और भुखमरी के साथ-साथ तबाही ही नजर आएगी।"

ग्रामीण क्षेत्रों की पारिस्थितिकीय विशेषताएँ

पारिस्थितिकी (Ecology) वह विज्ञान है जो मानव एवं अन्य जीवधारियों की जैविक एवं भौतिक परिस्थितियों व वातावरण का अध्ययन करता है। 'पारिस्थितिकी' शब्द का प्रयोग जर्मन वैज्ञानिक हैकेल ने उस विज्ञान के लिए किया था जिसमें जीव पादप व प्राणी और उसके वातावरण के मध्य होने वाले सम्बन्धों का अध्ययन किया जाता है। ओडम के अनुसार पारिस्थितिकी विज्ञान के अन्तर्गत हम प्रकृति की संरचना और उसके कार्यों का भी अध्ययन करते हैं। जब हम ग्रामीण क्षेत्रों की पारिस्थितिकीय विशेषताओं का उल्लेख करते हैं तो हमारे सामने वे सम्पूर्ण परिस्थितियाँ आती हैं जिन पर ग्रामीण जीवन आधारित होता है। इनमें भूमि, कृषि, जंगल, जीव-जन्तु, मौसम इत्यादि प्रमुख हैं।

भारतीय ग्रामीण क्षेत्रों का पारिस्थितिकीय पार्श्वचित्र को निम्न प्रकार से स्पष्ट किया जा सकता है—

(अ) भारत का भौतिक स्वरूप—भौतिक स्वरूप की दृष्टि से भारत को निम्नलिखित भागों में विभाजित किया जा सकता है—

(1) उत्तर में विशाल पर्वतों की प्राचीर अथवा हिमालय पर्वतीय प्रदेश—भारत के उत्तर में लगभग 2,500 किमी की लम्बाई तथा 150 से 400 किमी की चौड़ाई में हिमालय पर्वतीय प्रदेश का विस्तार है। यह विशाल पर्वतों की प्राचीर पूर्व से पश्चिम दिशा में चाप के आकार में फैली हुई है। इस पर्वतीय प्रदेश का विस्तार लगभग 5 लाख वर्ग किमी क्षेत्रफल में है।

(2) उत्तरी मैदान अथवा उत्तर का विशाल मैदान—यह हिमालय पर्वत के दक्षिण तथा दक्कन पठार के उत्तर में गंगा, सतलज, ब्रह्मपुत्र और उनकी सहायक नदियों की काँप मिट्टी द्वारा निर्मित उपजाऊ एवं समतल मैदान है। इसका क्षेत्रफल लगभग 7 लाख वर्ग किमी है। इसे जलोढ़ मैदान के नाम से भी पुकारते हैं। यहाँ देश की 45% जनसंख्या निवास करती है। प्रति वर्ष नदियाँ इस मैदान में उपजाऊ काँप मिट्टी लाकर बिछाती रहती हैं।

(3) प्रायद्वीपीय भारत का विशाल पठार अथवा प्रायद्वीपीय पठार—भारत के दक्षिण में प्राचीन ग्रेनाइट तथा बेसाल्ट की कठोर शैलों से निर्मित दक्कन का पठार त्रिभुजाकार आकृति में विस्तृत है, जिसे प्रायद्वीपीय पठार कहते हैं। इसके पश्चिमी भाग में ज्वालामुखी द्वारा निर्मित लावा के निक्षेप हैं, जो काली मिट्टी के उपजाऊ क्षेत्र हैं। इस पठारी क्षेत्र पर अधिकांश नदियों ने गहरी घाटियाँ बना ली हैं तथा जल-विद्युत उत्पादन के लिए अनुकूल भौगोलिक परिस्थितियाँ रखती हैं। इस पठार की औसत ऊँचाई 600 मीटर है। इसका धरातल बड़ा-ही विषम है। इस पठारी भाग का क्षेत्रफल लगभग 16 लाख वर्ग किमी है।

(4) समुद्रतटीय मैदान और द्वीपसमूह—इनका वर्णन निम्नवत् है—

(i) समुद्रतटीय मैदान—प्रायद्वीपीय पठार के दोनों ओर पूर्वी तथा पश्चिमी तटीय क्षेत्रों पर पतली पट्टी के रूप में जो मैदान फैले हैं, उन्हें समुद्रतटीय मैदान कहते हैं।

(ii) द्वीपसमूह—भारत में कुल 247 द्वीप हैं, जिनमें से 204 द्वीप बंगाल की खाड़ी में तथा शेष अरब सागर में स्थित हैं। अरब सागरीय द्वीप प्राचीन भूखण्ड के अवशिष्ट भाग हैं तथा प्रवाल भित्तियों द्वारा निर्मित हैं।

(ब) हिमालय पर्वत की बनावट तथा भौगोलिक वर्णन—भारत के उत्तर में हिमालय पर्वत चाप के आकार में पश्चिम में सिन्धु नदी के मोड़ से पूर्व में ब्रह्मपुत्र नदी के मोड़ तक 2,400 किमी की लम्बाई में फैले हैं। इसकी औसत चौड़ाई 160 से 400 किमी के बीच है। हिमालय; भारत और तिब्बत (चीन) के मध्य एक अवरोध के रूप में स्थित है। मुख्य हिमालय में विश्व की सर्वोच्च पर्वत-चोटियाँ पाई जाती हैं, जिनकी औसत ऊँचाई 6,000 मीटर से भी अधिक है। एशिया महाद्वीप में 94 ऐसी ज्ञात चोटियाँ हैं, जिनकी ऊँचाई 6,500 मीटर से अधिक है। इनमें से 92 चोटियाँ भारत के इसी पर्वतीय प्रदेश में स्थित हैं। हिमालय की ये पर्वतश्रेणियाँ सदैव बर्फ से ढकी रहती हैं, इसलिए इस पर्वतमाला का नाम हिमालय रखा गया है। इसका क्षेत्रफल लगभग 5 लाख वर्ग किमी है। भौगोलिक दृष्टि से हिमालय पर्वतीय प्रदेश को निम्नलिखित उपविभागों में बाँटा जा सकता है—

(1) महान हिमालय—हिमालय की यह पर्वतश्रेणी सबसे ऊँची है, जिसे हिमाद्रि या वृहत्तर हिमालय भी कहा जाता है। इस पर्वतश्रेणी की औसत ऊँचाई 6,000 मीटर से अधिक होने के कारण यह वर्ष भर बर्फ से आच्छादित रहती है। इस पर्वतश्रेणी की लम्बाई सिन्धु नदी के मोड़ से ब्रह्मपुत्र नदी के मोड़ तक 2,400 किमी तथा औसत चौड़ाई 25 किमी है। इस क्षेत्र

में गंगोत्री, जेमू तथा हिमालय जैसे विशाल हिमनद (Glaciers) पाए जाते हैं, जिनकी लम्बाई 20 किमी से भी अधिक है। माउण्ट एवरेस्ट, कंचनजंघा, मकालू, धवलागिरि, नंगा पर्वत, गॉडविन-आस्टिन, त्रिशूल, बद्रीनाथ, नीलकण्ठ, केदारनाथ आदि इस क्षेत्र के प्रमुख पर्वत-शिखर हैं। ये सभी पर्वतश्रेणियाँ वर्ष के अधिकांश भाग में हिम से ढकी रहती हैं। माउण्ट एवरेस्ट विश्व का सर्वोच्च पर्वतश्रेणी है, जिसकी ऊँचाई 8,848 मीटर है (नेपाल देश में स्थित)। महान हिमालय में अनेक पर्वत-शिखर 7,500 मीटर से भी अधिक ऊँचे हैं।

(2) लघु या मध्य हिमालय—यह पर्वत-श्रेणी महान हिमालय के दक्षिण में उसके समानान्तर फैली हुई है, जो 60 से 80 किमी तक चौड़ी है। इस श्रेणी की औसत ऊँचाई 1,800 से 3,000 मीटर तक है तथा अधिकतम ऊँचाई 4,500 मीटर तक पाई जाती है। इस भाग में नदियाँ 'वी' (V) आकार की घाटियाँ तथा गहरी कन्दराएँ बनाकर बहती हैं, जिनकी गहराई 1,000 मीटर तक है। महान और लघु हिमालय के मध्य कश्मीर, काठमाण्डू, काँगड़ा एवं कुल्लू की घाटियाँ महत्त्वपूर्ण स्थान रखती हैं। शीत-ऋतु के तीन-चार माह यहाँ हिमपात होता है। ग्रीष्म-ऋतु में ये पर्वतीय क्षेत्र उत्तम एवं स्वास्थ्यवर्द्धक जलवायु तथा मनमोहक प्राकृतिक सुषमा के कारण पर्यटन के केन्द्र बन जाते हैं। पीर पंजाल इसकी महत्त्वपूर्ण श्रेणी है, जो अनेक भुजाओं वाली है। इस श्रेणी की ऊँचाई 4,000 मीटर है। चकरौता, शिमला, मसूरी, नैनीताल, रानीखेत, दार्जिलिंग आदि स्वास्थ्यवर्द्धक पर्वतीय नगर लघु हिमालय में ही स्थित हैं, जहाँ प्रति वर्ष लाखों पर्यटक सैर के लिए आते हैं। इस पर्वतीय क्षेत्र में उपयोगी कोणधारी वृक्ष तथा ढालों पर घास उगती है।

(3) उप-हिमालय या शिवालिक श्रेणियाँ अथवा बाह्य हिमालय—हिमालय की सबसे निचली तथा दक्षिणी पर्वतश्रेणियाँ इसके अन्तर्गत आती हैं, जिन्हें बाह्य हिमालय या शिवालिक श्रेणियों के नाम से भी पुकारते हैं। यह हिमालय का नवनिर्मित भाग है, जो पंजाब में पोटवार बेसिन से आरम्भ होकर पूर्व में कोसी नदी अर्थात 87° पूर्वी देशान्तर तक विस्तृत है। इन पर्वतश्रेणियों का निर्माण-काल बीस लाख वर्ष से 2 करोड़ वर्ष के मध्य माना जाता है। शिवालिक श्रेणियों का निर्माण नदियों द्वारा लाई गई अवसाद में मोड़ पड़ने से हुआ है, इसलिए इन पर अपरदन की क्रियाओं का विशेष प्रभाव पड़ा है। तिस्ता और रायडॉक के निकट 50 किमी की चौड़ाई में इन पहाड़ियों का लोप हो जाता है। इनकी औसत चौड़ाई पश्चिम में 50 किमी और पूरब में 15 किमी है। यह पर्वत औसत रूप से 600 से 1,500 मीटर तक ऊँचे हैं। इस क्षेत्र में अनेक उपजाऊ तथा समतल विस्तृत घाटियाँ हैं, जिन्हें दून कहते हैं; जैसे—देहरादून, पूर्वादून, कोठड़ीदून, पतली दून आदि।

हिमालय पर्वत ने हमारे देश के भौतिक, आर्थिक, सांस्कृतिक तथा राजनीतिक स्वरूप का निर्माण किया है। यह हमारे देश की सुरक्षा तथा जलवायु को भी प्रभावित करता है। इस प्रकार, भारत को हिमालय की देन कहा जा सकता है। भारत का कण-कण हिमालय पर्वत से प्रभावित है।

(स) भारत की जलवायु—भारत में विभिन्न प्रकार की जलवायु दशाएँ पाई जाती हैं। एक स्थान से दूसरे स्थान और एक ऋतु से दूसरी ऋतु में तापमान एवं वर्षण में पर्याप्त अन्तर पाया जाता है। भारतीय जलवायु में निम्नलिखित विषमताएँ पाई जाती हैं—

(1) वर्षा की निश्चित अवधि—सामान्यतया भारत में मानसूनी वर्षा की अवधि 15 जून से 15 सितम्बर तक होती है। इस समय देश में 75% से लेकर 90% तक वर्षा हो जाती है। इस अवधि को वर्षा ऋतु कहा जाता है। इस प्रकार वर्ष का अधिकांश भाग वर्षा रहित रहता है, केवल कुछ छिट-पुट क्षेत्रों में ही सामान्य वर्षा हो पाती है।

(2) मूसलाधार वर्षा—भारत में वर्षा बहुत ही तीव्र गति से (मूसलाधार) होती है। कभी-कभी एक ही दिन में 50 सेमी तक वर्षा हो जाना सामान्य-सी बात है। वर्षा की तीव्रता के कारण अधिकांश जल अनावश्यक ही बह जाता है। इस कारण मृदा का अपरदन होता है तथा वह अनुत्पादक हो जाती है।

(3) अनिश्चित वर्षा—भारत में दक्षिण-पश्चिमी मानसून की सबसे बड़ी विषमता उसकी अनिश्चितता है। कभी-कभी वर्षा अत्यधिक हो जाती है, जिससे बाढ़ें आ जाती हैं तथा कभी-कभी वर्षा बिल्कुल ही नहीं हो पाती है, जिससे सूखा पड़ जाता है। इसी कारण 'भारतीय कृषि मानसून का जुआ' कहलाती है।

(4) वर्षा की अनियमितता—भारत में वर्षा पूर्णतया मानसून पर निर्भर करती है। यदि मानसून शीघ्र आ जाते हैं तो वर्षा भी शीघ्र ही आरम्भ हो जाती है। इसके विपरीत मानसूनों के देर से आने पर वर्षा भी देर से ही आरम्भ होती है। कभी-कभी वर्षा पर्याप्त मात्रा में होती है तो कभी बहुत-ही कम। इसका प्रभाव देश के खाद्यान्न उत्पादन पर पड़ता है।

(5) वर्षा का असमान वितरण—देश में वर्षा का वितरण बड़ा-ही असमान है। एक ओर भसीनराम गाँव (चेरापूँजी के निकट) में वार्षिक वर्षा का औसत 1,354 सेमी रहता है तो दूसरी ओर राजस्थान में यह औसत केवल 5 सेमी से 10 सेमी के मध्य ही रहता है। वर्षा की मात्रा भी पूर्व से पश्चिम की ओर तथा उत्तर से दक्षिण की ओर कम होती जाती है। कुछ क्षेत्रों में अनावृष्टि तथा कुछ में अतिवृष्टि का प्रकोप रहता है।

(6) वर्ष भर वर्षा—यद्यपि देश में 75% से 90% वर्षा वर्षाकाल में होती है, परन्तु शेष समय में भी देश के किसी-न-किसी भाग में वर्षा होती रहती है। दिसम्बर से मार्च तक उत्तर-पश्चिमी भारत में, मार्च से मई तक मालाबार तट एवं सुदूर पूर्वी भारत में तथा अक्तूबर से दिसम्बर तक कारोमण्डल तट पर वर्षा होती है।

(7) पर्वतीय वर्षा—भारत में अधिकतम वर्षा पर्वतीय वर्षा होती है, क्योंकि हिमालय पर्वत मानसूनों के मार्ग में अवरोध बनकर वर्षा कराने में सहायक है। देश में होने वाली वर्षा का 90% भाग पर्वतीय वर्षा का ही होता है।

(8) भारत की मानूसनी जलवायु—भारत में मानसूनी पवनें बहुत प्राचीन काल से चल रही हैं। 20° उत्तरी अक्षांशों से 20° दक्षिणी अक्षांशों के बीच स्थित उष्ण कटिबन्धीय भू-भागों पर मानसून का प्रसार होता है, परन्तु भारतीय उपमहाद्वीप में इस पर हिमालय पर्वत श्रेणियों का विशेष प्रभाव पड़ता है। इनके प्रभाव से पूरा भारतीय उपमहाद्वीप विषुवतीय आर्द्र पवनों के प्रभाव में आ जाता है। यहाँ मानसून का यह प्रभाव 2 से 5 माह तक बना रहता है। केवल जून से सितम्बर तक ही 75% से लेकर 90% तक वर्षा हो जाती है।

(द) भारत की ऋतुएँ—भारत की चार ऋतुओं के नाम तथा उनके संक्षिप्त विवेचन निम्नवत् हैं—

(1) शीत ऋतु—लगभग सम्पूर्ण भारत में दिसम्बर, जनवरी तथा फरवरी के महीनों में शीत ऋतु होती है। इस ऋतु में उत्तर-पश्चिमी मैदानी भागों में उच्च वायुदाब रहता है। इस समय देश के ऊपरी भागों में उत्तर-पूर्वी व्यापारिक पवनें चलती हैं। देश के अधिकांश भागों में पवनें स्थल से सागरों की ओर चलती हैं। पवनों के स्थल भागों से चलने के कारण यह ऋतु शुष्क रह जाती है। इस ऋतु में दक्षिण से उत्तर की ओर जाने में तापमान घटता जाता है। यहाँ दिन सामान्यतः कोष्ण (अल्प उष्ण) एवं रातें ठण्डी होती हैं। ऊँचे स्थानों पर कहीं-कहीं पाला भी पड़ जाता है।

(2) ग्रीष्म ऋतु—21 मार्च के बाद सूर्य की स्थिति उत्तरायण हो जाती है। अतः मार्च, अप्रैल और मई के बीच अधिक तापमान की पेटी दक्षिण से उत्तर की ओर खिसक जाती है। इस समय देश के उत्तर-पश्चिमी भागों में तापमान 48° सेल्सियस तक पहुँच जाता है। फलस्वरूप अत्यधिक गर्मी पड़ने के कारण इस भाग में निम्न वायुदाब के क्षेत्र विकसित हो जाते हैं। इसे 'मानसून का निम्न वायुदाब गर्त' कहते हैं। इस ऋतु में पंजाब, हरियाणा, पूर्वी राजस्थान तथा उत्तर प्रदेश में धूल भरी आँधियाँ भी चलती हैं।

(3) आगे बढ़ते हुए मानसून की ऋतु—सम्पूर्ण देश में जून, जुलाई, अगस्त और सितम्बर के महीनों में ही अधिकांश वर्षा हो जाती है। वर्षा की अवधि एवं मात्रा दक्षिण से उत्तर तथा पूर्व से पश्चिम की ओर घटती जाती है। भारत के उत्तर-पश्चिमी भागों में यह अवधि केवल दो महीनों की होती है तथा वर्षा का 75 से 90% भाग इसी अवधि में प्राप्त होता है। देश में विकसित उत्तर-पश्चिम का निम्न वायुदाब क्षेत्र हिन्द महासागर के उच्च वायुदाब को अपनी ओर आकर्षित करने लगता है। फलस्वरूप पवनें समुद्र से स्थल की ओर चलने लगती हैं। हिन्द महासागर में विषुवत वृत्त को पार करते ही इनकी दिशा दक्षिण-पश्चिम हो जाती है। इसीलिए इन्हें 'दक्षिण-पश्चिमी मानसूनी पवनें' कहा जाता है।

(4) पीछे हटते हुए मानसून की ऋतु—अक्टूबर और नवम्बर के महीनों में मानसून पीछे हटने लगता है, क्योंकि इस ऋतु में निम्न वायुदाब का गर्त कमजोर पड़ने लगता है तथा उसका स्थान उच्च वायुदाब लेने लगता है। अक्टूबर माह के अन्त तक मानसून विशाल मैदान

से पूर्णतः पीछे हट जाता है। इस समय शुष्क ऋतु का आगमन हो जाता है तथा आकाश स्वच्छ हो जाता है। तापमान में कुछ वृद्धि होती है तथा भूमि आर्द्र बनी रहती है। उच्च तापमान और आर्द्रता के कारण मौसम कष्टदायी हो जाता है। 'क्वार की उमस' इसका लोक प्रचलित नाम है। निम्न वायुदाब के क्षेत्र बंगाल की खाड़ी में स्थानान्तरित हो जाते हैं। इस अवधि में अण्डमान सागर में पुनः चक्रवात बनने लगते हैं तथा पूर्वी तट पर व्यापक वर्षा होती है।

(य) भारत की जैव रचना—वनस्पति में विविधता की भाँति ही हमारे देश के जीव-जन्तुओं में भी उतनी ही विविधता पाई जाती है। देश में इनकी लगभग 75,000 प्रजातियाँ पाई जाती हैं। ताजे तथा खारे जल में 2,500 किस्म की मछलियाँ पाई जाती हैं। इसी प्रकार पक्षियों की भी 2,000 प्रजातियाँ देखी जा सकती हैं। इनके अतिरिक्त उभयचारी, सरीसृप, स्तनपायी तथा छोटे-छोटे कीट एवं कृमि भी पाए जाते हैं। कुल मिलाकर भारत में विश्व की 7% जैव विविधता पाई जाती है। इस जैव विविधता का अध्ययन निम्नलिखित प्रकार से किया जा सकता है—

(1) स्तनपायी पशु—भारत में पाए जाने वाले स्तनपायी पशुओं में राजसी ठाठ-बाट वाले पशु हाथी का स्थान सर्वोपरि है। यह विषुवतीय उष्णार्द्र वनों में पाया जाता है। देश में असम, केरल तथा कर्नाटक राज्यों के जंगलों में हाथियों को प्रमुखता से देखा जा सकता है। इन राज्यों में भारी वर्षा होने के कारण सघन वन उगते हैं। इसके विपरीत ऊँट और जंगली गधे बहुत-ही उष्ण तथा शुष्क मरुस्थलीय क्षेत्रों में पाए जाते हैं। ऊँट थार मरुस्थल का सामान्य पशु है, जो 'रेगिस्तान का जहाज' कहलाता है। जंगली गधे केवल गुजरात राज्य में कच्छ के रन में ही मिलते हैं। इनके विपरीत दिशा में असम और पश्चिम बंगाल राज्यों के उत्तरी दलदली क्षेत्रों में एक सींग वाला गेंडा मिलता है। भारतीय जन्तुओं में भारतीय गौर (बाइसन), भारतीय भैंसा तथा नील गाय भी विशेष रूप से उल्लेखनीय हैं। हिरण भारतीय जीव-जगत का एक अनुपम जीव है, जो बहुत-ही कोमल तथा सुन्दर होता है। देश में हिरणों की अनेक जातियाँ पाई जाती हैं, जिनमें चौसिंघा, काला हिरण, चिंकारा तथा सामान्य हिरण प्रमुख हैं।

(2) शिकारी जन्तु—शिकारी जन्तुओं में भारतीय सिंह का विशिष्ट स्थान है। यह भारत का राष्ट्रीय पशु है। विश्व में अफ्रीकी महाद्वीप को छोड़कर यह केवल भारत में ही पाया जाता है। इसका प्राकृतिक आवास गुजरात में सौराष्ट्र के गिर वन क्षेत्रों में है। इस प्रकार की जलवायु वाले वन क्षेत्रों में इनके संवर्धन के प्रयास किए जा रहे हैं। यदि सिंह, राजसी और तेजस्वी पशु है तो बाघ जंगली जीवों में सर्वाधिक शक्तिशाली पशु है। बाघों में बंगाल टाइगर का प्राकृतिक निवास गंगा के डेल्टा में पाए जाने वाले सुन्दरवन हैं। इनके अतिरिक्त बिल्ली प्रजाति के अन्य जन्तुओं में तेंदुआ, लमचित्ता (क्लाउडेड लियोपार्ड) तथा हिम तेंदुआ प्रमुख हैं। लमचित्ता तथा हिम तेंदुआ हिमालय पर्वत के उच्च क्षेत्रों में पाए जाते हैं।

(3) अन्य जीव-जन्तु—हिमालय की पर्वत शृंखलाओं में अनेक आकर्षक जीव-जन्तु निवास करते हैं। इनमें जंगली भेड़, पहाड़ी बकरियाँ, साकिन (लम्बे सींग वाली जंगली बकरी),

श्रू तथा टैपीर आदि उल्लेखनीय हैं। पाण्डा तथा हिम तेंदुआ उच्च पर्वतीय क्षेत्रों में निवास करते हैं। भारत में बन्दरों की भी अनेक जातियाँ पाई जाती हैं, जिनमें लंगूर (लम्बी पूँछ वाला बन्दर) भी एक है।

भारत में अनेक प्रकार के रंग-बिरंगे पक्षी भी पाए जाते हैं। मोर हमारा राष्ट्रीय पक्षी है। फीजेण्ट (पक्षी), हंस, बत्तख, मैना, टुइयाँ, तोते (पैराकीट), कबूतर, सारस, बगुले, धनेश (हार्नबिल) तथा शकरखोरा (सनबर्ड) भारत के जंगलों और झीलों में निवास करते हैं। झीलों, तालाबों तथा नदियों में अनेक प्रकार की मछलियाँ पाई जाती हैं। भारत सरकार द्वारा इन संकटापन्न वन्य जीवों को संरक्षण प्रदान करने के लिए अनेक जीव-अभयारण्यों की स्थापना की गई है।

(र) भारत की वनस्पति—भारत की वनस्पति के चार प्रदेशों के नाम निम्नलिखित हैं—

(1) उष्ण कटिबन्धीय वर्षा वाले वन—ये सदाबहार वनस्पति के वन होते हैं। इन वन प्रदेशों में वर्ष भर उष्ण और आर्द्र जलवायु की दशाएँ पाई जाती हैं। इस प्रकार के वन भारत के उन भागों में उगते हैं, जहाँ वर्षा का वार्षिक औसत 200 सेमी या उससे अधिक रहता है। यहाँ शुष्क ऋतु बहुत छोटी होती है। विषुवतरेखीय वनों की भाँति ये वन बहुत सघन होते हैं।

(2) उष्ण कटिबन्धीय पर्णपाती वन—ये मानसूनी प्रदेश के विशिष्ट वन हैं तथा भारत के उन भागों में उगते हैं जहाँ वर्षा का वार्षिक औसत 75 सेमी से 200 सेमी के मध्य रहता है। वर्षा की कमी के कारण इन वनों के वृक्ष ग्रीष्म ऋतु के आरम्भ में अपनी पत्तियाँ गिरा देते हैं। इसीलिए इन वनों को पतझड़ वाले वन कहते हैं। ये वन आर्थिक दृष्टि से बहुत-ही महत्त्वपूर्ण होते हैं, क्योंकि इनमें उपयोगी तथा कीमती लकड़ी के वृक्ष पाए जाते हैं। इन्हें मानसूनी वन भी कहा जाता है।

(3) कँटीले वन तथा झाड़ियाँ—इस प्रकार के वन भारत के उन भागों में उगते हैं, जहाँ वार्षिक वर्षा का औसत 75 सेमी से कम रहता है। इन वनों के वृक्ष छोटे-छोटे तथा छोटी पत्ती वाले होते हैं, जो छितरे हुए पाए जाते हैं तथा ग्रीष्म ऋतु आरम्भ होते ही अपनी पत्तियाँ गिरा देते हैं। ये वन धीरे-धीरे झाड़ियों वाले और कँटीली झाड़ियों वाले प्रदेशों में विलीन हो जाते हैं।

(4) ज्वारीय वन—नदियों के डेल्टाई भागों में सागर के खारे जल के प्रवेश कर जाने पर ज्वारीय वन उगते हैं। नदियों के ज्वारीय क्षेत्र में मैनग्रोव के वृक्ष अधिक उगते हैं। इन वृक्षों की छाल खारे जल के प्रभाव से नमकीन तथा लकड़ी कठोर हो जाती है। ये वृक्ष खारे तथा ताजे जल दोनों में ही पनप सकते हैं। 'सुन्दरी' नामक वृक्ष इन वनों का प्रमुख तथा प्रसिद्ध वृक्ष है। इसलिए इन वनों को 'सुन्दरवन' भी कहते हैं।

जनसंख्या के वितरण को प्रभावित करने वाले भौगोलिक कारक

किसी भी देश की जनसंख्या के वितरण को अनेक प्रकार के कारक प्रभावित करते हैं। इन कारकों में भौगोलिक, आर्थिक, सामाजिक-सांस्कृतिक एवं राजनीतिक कारक प्रमुख हैं। प्रत्येक कारक जनसंख्या के वितरण को प्रत्यक्ष या अप्रत्यक्ष रूप से प्रभावित करता है। किसी भी देश

की भौगोलिक स्थिति की उसकी जनसंख्या के वितरण को निर्धारित करने में निर्णायक भूमिका होती है।

जनसंख्या वितरण को प्रभावित करने वाले भौगोलिक कारकों का वर्णन निम्न शीर्षकों के अन्तर्गत किया जा सकता है—

(1) भौगोलिक स्थिति—किसी भी प्रदेश की भौगोलिक स्थिति जनसंख्या के वितरण को प्रभावित करती है। उत्तम तथा केन्द्रीय स्थिति में परिवहन तथा व्यापार की विशेष सुविधाएँ रहती हैं। यही कारण है कि संसार की 75% जनसंख्या समशीतोष्ण जलवायु के समुद्री तटों पर तथा समीपवर्ती मैदानी क्षेत्रों में निवास करती है।

(2) जलवायु—जलवायु जनसंख्या वितरण को प्रभावित करने वाला एक प्रमुख कारक है। समशीतोष्ण तथा मानसूनी जलवायु वाले प्रदेशों में जनसंख्या का घनत्व संसार में सर्वाधिक है। विषुवत् रेखीय, उष्ण मरुस्थलीय जैसे सहारा, कालाहारी एवं पश्चिमी ऑस्ट्रेलिया तथा टैगा व टुण्ड्रा तुल्य जलवायु प्रदेशों में विषम जलवायु परिस्थितियों के कारण कम जनसंख्या निवास करती है क्योंकि यहाँ मानव को जीवन-यापन के लिए कठोर संघर्ष करना पड़ता है।

(3) धरातलीय संरचना—पर्वतीय, पठारी तथा मैदानी धरातलीय संरचना भी जनसंख्या वितरण को अपनी जलवायु, उच्चावच एवं परिवहन आदि द्वारा प्रभावित करते हैं। मानव अपने आवास के लिए मैदानी क्षेत्रों का चुनाव सबसे पहले करता है। इसी कारण मानसूनी और शीतोष्ण जलवायु के समतल और उपजाऊ मैदान सघन बसे क्षेत्र हैं। पर्वतीय एवं पठारी प्रदेशों में समतल भूमि के अभाव, जलवायु की प्रतिकूलता तथा परिवहन की बाधाओं के कारण अति विरल जनसंख्या पाई जाती है।

(4) शुद्ध पेय एवं सिंचित जल की उपलब्धि—संसार की सभी प्राचीन सभ्यताएँ नदी-घाटियों में ही विकसित हुई हैं। इसका प्रमुख कारण शुद्ध पेय जल का प्राप्त होना ही है। अधिकांश क्षेत्रों में नदियाँ जल-परिवहन, सिंचाई एवं पेय जल की सुविधाएँ प्रदान करती हैं। शुद्ध पेय जल के कारण ही भारत के अधिकांश बड़े नगर नदी-तटों पर बसे हैं।

(5) उपजाऊ मृदा—मृदा की उर्वरता एवं मानव बसाव में मधुर सम्बन्ध हैं। जिन प्रदेशों में उपजाऊ मृदा पाई जाती है वहाँ पर्याप्त खाद्यान्न उत्पन्न होने के कारण सघन जनसंख्या निवास करती है।

(6) परिवहन के विकसित साधन—परिवहन के साधन जैसे रेलपथ, सड़कें, नहरें, समुद्री जलमार्ग आदि विभिन्न प्रकार से मानव को यातायात की सुविधा प्रदान करने के साथ-साथ उद्योग-धन्धों की स्थापना एवं आर्थिक विकास में सहायक होते हैं। औद्योगीकरण के साथ-साथ जनसंख्या में भी वृद्धि हो जाती है।

(7) खनिज पदार्थ—खनिज पदार्थ उद्योगों की आधारशिला तथा राष्ट्र की सम्पन्नता के मापदण्ड होते हैं। अतः खनिज बहुल क्षेत्रों में दूर से भी लोग आकर बसने लगते हैं। उदाहरण के लिए—ऑस्ट्रेलिया में अँग्रेज वहाँ पाई गई सोने की खानों से प्रभावित होकर ही पहुँचे थे।

(8) शक्ति के संसाधन—किसी भी राष्ट्र के आर्थिक विकास के लिए उद्योगों, मिलों, कारखानों तथा परिवहन उपकरणों आदि के लिए शक्ति संसाधन के रूप में कोयला, पेट्रोलियम, जल-विद्युत, प्राकृतिक गैस, अणु-शक्ति आदि की आवश्यकता पड़ती है। अतः इनकी प्राप्ति वाले क्षेत्रों में सघन जनसंख्या निवास करने लगती है।

(9) कृषि विकास—जिन क्षेत्रों में पर्याप्त खाद्यान्न उगाए जाते हैं वहाँ लोगों को जीवन-यापन की सामान्य सुविधाएँ उपलब्ध हो जाती हैं। यही कारण है कि चावल उत्पादक प्रदेशों में सघन जनसंख्या निवास करती है।

(10) उद्योग-धन्धे—जिन क्षेत्रों में उद्योगों का विकास हो जाता है, वहाँ जनघनत्व स्वतः ही बढ़ जाता है। औद्योगीकरण के कारण श्रमिकों द्वारा भी जनसंख्या सघन हो जाती है। ग्रेट ब्रिटेन, जापान, संयुक्त राज्य अमेरिका तथा पश्चिमो यूरोपीय देशों में सघन जनसंख्या का प्रमुख कारण यही है।

(11) सामाजिक कारक—धर्म, सामाजिक मूल्य, संस्कृति तथा सामाजिक व्यवस्था भी जन घनत्व को प्रभावित करते हैं। उदाहरण के लिए—हिटलर के अत्याचारों से घबराकर हजारों यहूदी जर्मनी छोड़कर ब्रिटेन तथा अमेरिका में जा बसे थे।

(12) सरकारी नीति—सरकार की राजनीतिक व्यवस्था, प्रबन्ध नीतियों एवं नियमों से भी जन घनत्व प्रभावित होता है। यदि किसी देश में शान्ति एवं सुरक्षा का समुचित प्रबन्ध है तथा अर्थव्यवस्था सुदृढ़ है, तो वहाँ सघन जनसंख्या निवास करती है। यदि सरकार की नीतियाँ अस्थिर हैं, देश में असुरक्षा एवं अस्थिरता है तो लोग वहाँ निवास करना पसन्द नहीं करते हैं।

गाँव तथा नगर में अन्तर

गाँव एवं नगर समुदायों के बीच अन्तर करना एक कठिन कार्य है, क्योंकि इन दोनों में कोई स्पष्ट विभाजन रेखा नहीं खींची जा सकती है। मैकाइवर एवं पेज के अनुसार गाँव तथा नगर समुदायों में तुलना करने में निम्नलिखित तीन प्रमुख कठिनाइयाँ हैं—

(1) तुलना करने में पहली कठिनाई यह है कि गाँव तथा नगर में अन्तर केवल मात्रा (Degree) का ही है तथा कोई भी व्यक्ति गाँव तथा नगर की सीमाओं में निश्चित भेद नहीं कर सकता है।

(2) तुलना की दूसरी कठिनाई स्वयं नगरों में विभिन्न प्रकार का पर्यावरण पाया जाना है। नगरों में इतनी अधिक विजातीयता पाई जाती है कि नगरों की विशेषताएँ निर्धारित करना ही कठिन है।

(3) तुलना की तीसरी कठिनाई नगर तथा गाँव का परिवर्तनशील स्वभाव है।

वास्तव में, गाँव तथा नगर समुदायों की विशेषताएँ आज इस प्रकार आपस में मिल गई हैं कि कुछ विद्वानों ने ग्राम-नगर सातत्य (Rural-urban continuum) की बात करनी शुरू कर दी है। दोनों में अन्तर करने की कठिनाइयों के बावजूद दोनों में कुछ बिन्दुओं के

आधार पर अन्तर किया जा सकता है। गाँव तथा नगर समुदाय में निम्नलिखित प्रमुख बिन्दुओं के आधार पर अन्तर पाए जाते हैं—

(1) व्यवसाय—गाँव में व्यक्ति अधिकतर कृषि व्यवसाय पर आश्रित हैं। नगरीय समुदाय में व्यवसायों में भिन्नता होती है। नगरों में एक ही परिवार के सदस्य भी भिन्न-भिन्न तरह के व्यवसाय करते हैं।

(2) प्रकृति के साथ सम्बन्ध—ग्रामवासियों का प्रकृति से प्रत्यक्ष सम्बन्ध होता है तथा वे अपने व्यवसाय के लिए भी प्राकृतिक साधनों पर आश्रित हैं। नगर में प्रकृति से पृथक्करण पाया जाता है एवं कृत्रिम वातावरण की प्रधानता पाई जाती है।

(3) समुदाय का आकार—गाँव में सदस्यों की संख्या सीमित होती है। लघुता के कारण सम्बन्ध प्रत्यक्ष तथा व्यक्तिगत होते हैं। नगर का आकार बड़ा होता है तथा सभी सदस्यों में प्रत्यक्ष सम्बन्ध सम्भव नहीं हैं।

(4) जनसंख्या का घनत्व—गाँव में जनसंख्या कम होती है। विस्तृत खेतों के कारण जनसंख्या का घनत्व भी बहुत कम पाया जाता है। इससे अनौपचारिक, प्रत्यक्ष एवं सहज सम्बन्ध स्थापित करने में सहायता मिलती है। नगर में जनसंख्या का घनत्व अधिक पाया जाता है। इसलिए बड़े नगरों में स्थान कम होने के कारण जनसंख्या के आवास की समस्या अधिक पाई जाती है।

(5) सजातीयता तथा विजातीयता—गाँव के सदस्यों का व्यवसाय एक-सा होता है। उनका रहन-सहन, खान-पान, रीति-रिवाज तथा जीवन-पद्धति भी एक जैसी होती है। अतः उनके विचारों में भी समानता पाई जाती है। नगर में रहन-सहन में काफी अन्तर होता है। इसमें विजातीयता अधिक पाई जाती है। सदस्यों की जीवन-पद्धति एक-जैसी नहीं होती है।

(6) सामाजिक स्तरीकरण तथा विभिन्नीकरण—गाँव में आयु तथा लिंग के आधार पर विभिन्नीकरण बहुत ही कम होता है। इसमें जातिगत सामाजिक स्तरीकरण की प्रधानता होती है। नगर में विभिन्नीकरण अधिक पाया जाता है। इसमें स्तरीकरण का आधार केवल जाति न होकर वर्ग भी होता है।

(7) सामाजिक गतिशीलता—गाँव के सदस्यों में सामाजिक गतिशीलता बहुत कम पाई जाती है। व्यवसाय तथा सामाजिक जीवन एक होने के कारण गतिशीलता की अधिक सम्भावना भी नहीं रहती। व्यक्ति की प्रस्थिति प्रदत्त आधार (जैसे जाति, परिवार इत्यादि) पर निर्धारित होती हैं। नगर में सामाजिक तथा व्यावसायिक गतिशीलता अधिक पाई जाती है। व्यक्ति अर्जित गुणों के आधार पर प्रस्थिति प्राप्त करता है।

(8) सामाजिक अन्तर्क्रियाओं की व्यवस्था—गाँव में अन्तर्क्रियाओं का क्षेत्र भी सीमित होता है। नगर में व्यक्तियों में सम्पर्क अधिक होते हैं तथा अन्तर्क्रियाओं का क्षेत्र अधिक विस्तृत होता है।

(9) प्राथमिक तथा द्वितीयक सम्बन्ध—सीमित आकार होने के कारण गाँव में प्राथमिक सम्बन्ध पाए जाते हैं। सम्बन्धों में अनौपचारिकता, सहजता तथा सहयोग पाया जाता है। सम्बन्ध स्वयं साध्य हैं। ये किसी विशेष उद्देश्य की पूर्ति के लिए स्थापित नहीं किए जाते हैं। अधिक विस्तृत क्षेत्र होने के कारण नगर में द्वितीयक सम्बन्ध पाए जाते हैं। सम्बन्धों में औपचारिकता अथवा कृत्रिमता पाई जाती है। सदस्यों में प्रतिस्पर्द्धा भी अधिक पाई जाती है।

(10) धर्म की महत्ता—गाँव में धर्म अधिक महत्त्वपूर्ण स्थान रखता है। जीवन के प्रत्येक पहलू में धार्मिक विचारों की प्रभुता स्पष्ट देखी जा सकती है। नगर में धर्म की महत्ता कम होती है। वहाँ धर्मनिरपेक्ष विचारधाराएँ अपेक्षाकृत अधिक महत्त्वपूर्ण होती हैं।

(11) सामाजिक नियन्त्रण—गाँव में परम्पराओं, प्रथाओं, जनरीतियों तथा लोकाचारों की प्रधानता पाई जाती है। सामाजिक नियन्त्रण भी इन्हीं अनौपचारिक साधनों द्वारा रखा जाता है। नगर में प्रथाओं, परम्पराओं व लोकाचारों से नियन्त्रण करना सम्भव नहीं है। नगरों में औपचारिक नियन्त्रण के साधन जैसे राज्य कानून, शिक्षा आदि अधिक महत्त्वपूर्ण हो जाते हैं।

ग्रामीण-नगरीय सातत्य की अवधारणा

ग्रामीण एवं नगरीय क्षेत्रों में बढ़ती हुई अन्तर्क्रियाओं तथा इनमें किए जाने वाले अन्तर की कठिनाइयों को देखते हुए आज ग्रामीण समाजशास्त्र में एक नवीन अवधारणा का विकास हुआ है, जिसे ग्रामीण-नगरीय सातत्य या निरन्तरता (Rural-urban continuum) कहा जाता है। जब बीसवीं शताब्दी में परिवर्तन की विभिन्न प्रक्रियाओं के परिणामस्वरूप ग्रामीण तथा नगरीय समुदायों में पाए जाने वाले अन्तर केवल सापेक्ष (Relative) हो गए (क्योंकि इनमें एक-दूसरे से पूर्णतः भिन्न लक्षण अब नहीं पाए जाते हैं) तो कुछ लोगों ने यह विचार प्रस्तुत किया कि दोनों ही प्रकार के समुदाय आज आपस में जुड़े हुए हैं तथा इनमें पृथकता के स्थान पर सातत्य या निरन्तरता पाई जाती है। यह अवधारणा इसी वास्तविकता को व्यक्त करने के प्रयासों का परिणाम है।

1960–70 ई० के दशक में तीन ऐसी पुस्तकें प्रकाशित हुईं जिन्होंने विभिन्न विद्वानों का ध्यान ग्रामीण एवं नगरीय समुदायों में पाए जाने वाले सम्बन्धों की ओर आकर्षित किया। ये पुस्तकें निम्नलिखित थीं—

1. Dewey—*The Rural-Urban Continuum : Real but Relatively Unimportant* (1960);
2. Benet—*The Ideology of the Rural-Urban Continuum* (1963); तथा
3. Hauser—*Urban Rural Dichotomies as Forms of Western Ethnocentrism* (1965)।

डिवे, बेनेट तथा हौजर ने उपर्युक्त पुस्तकों में यह विचारधारा प्रस्तुत की कि ग्रामीण-नगरीय सातत्य दोनों प्रकार के समुदायों को पृथक् करके अध्ययन पर बल देती है क्योंकि

दोनों की प्रकृति में काफी अन्तर पाया जाता है। अनेक अन्य विद्वानों (जैसे जिमरमैन व विर्थ आदि) ने भी इस विचारधारा को अपना समर्थन प्रदान किया। परन्तु आज ग्रामीण समुदायों में विविध प्रकार के विकास कार्यक्रमों, अनेक नवीन संस्थाओं एवं साधनों (जैसे प्राथमिक चिकित्सा केन्द्र, स्कूल, यातायात के साधन, बैंक इत्यादि) के प्रवेश, विभिन्न कल्याण सम्बन्धी गतिविधियों (जैसे अस्पृश्यता उन्मूलन, आरक्षण, भूमिहीन मजदूरों के लिए न्यूनतम मजदूरी आदि), नवीन राजनीतिक प्रक्रियाओं (जैस पंचायती राज, नियमित रूप से विधानसभा एवं लोकसभा हेतु चुनाव आदि) के परिणामस्वरूप ग्रामवासियों की जीवन-शैली पर अत्यधिक प्रभाव पड़ा है। इससे परम्परागत ग्रामीण सामाजिक संरचना (जोकि नगरीय संरचना से पूरी तरह से भिन्न थी) परिवर्तित हुई है। ग्रामवासियों के नगरीय समुदायों से निरन्तर सम्पर्क के कारण नगरीय विशेषताएँ ग्रामीण समाज में प्रवेश कर गई हैं। इन सबका परिणाम यह हुआ कि आज ग्रामवासियों की जीवन-पद्धति को नगरवासियों की जीवन-पद्धति से अलग करना कठिन हो गया है।

इसके अतिरिक्त, नगरों के निरन्तर विकास से सीमावर्ती ग्रामीण क्षेत्रों का तीव्रता से नगरीकरण हुआ है तथा सामाजिक जीवन में नैटवर्क्स (Net-works) की भूमिका बढ़ गई है। इनसे ग्रामीण एवं नगरीय समुदायों में पाए जाने वाले अन्तर सापेक्ष मात्र हो गए हैं। ग्रामीण तथा नगरीय समुदायों में आज वह निरन्तरता विकसित हुई है जोकि पहले कभी नहीं थी। ग्रामीण-नगरीय सातत्य की अवधारणा इसी परिवर्तित वास्तविकता को व्यक्त करती है। बर्ट्रण्ड एवं सहयोगियों के अनुसार, "सातत्य सिद्धान्त के समर्थक यह अहसास कराते हैं कि ग्रामीण एवं नगरीय अन्तर केवल तुलनात्मक अंशों में ही होता है तथा इन दोनों ध्रुवों के बीच एक ऐसी भी शृंखला स्पष्ट होती है जो इन्हें एक दूसरे से जोड़ती है।"[13]

रीजमैन ने भी उन विद्वानों की कटु आलोचना की है जो ग्रामीण एवं नगरीय समुदायों में पाए जाने वाले अन्तरो को बढ़ाचढ़ाकर प्रस्तुत करते हैं। इनके शब्दों में, "ग्रामीण नगरीय अन्तर से सम्बन्धित तथाकथित सिद्धान्त विद्यार्थियों की पाठ्यपुस्तकों में ही सुरक्षित हैं तथा उनका महत्त्व केवल परीक्षा के समय ही होता है; जबकि लेबिस के शब्दों में इनकी अनुसन्धान प्रविधियों के रूप में महत्ता कभी भी प्रमाणित नहीं हुई है।"[14]

उपर्युक्त विवेचन से यह स्पष्ट हो जाता है कि ग्रमीण-नगरीय सातत्य की अवधारणा ग्रामीण एवं नगरीय समुदायों में पाई जाने वाले निरन्तरता से सम्बन्धित है तथा इस बात पर बल देती है कि गाँवों एवं नगरों में पाए जाने वाले अन्तर निरपेक्ष न होकर सापेक्ष एवं केवल मात्रा के होते हैं। भारतीय समाज के सन्दर्भ में आज यह अवधारणा पूरी तरह से लागू होती है। अंग्रेजी शासनकाल में प्रारम्भ हुए परिवर्तनों के परिणामस्वरूप ग्रामीण समुदायों का नगरीय समुदायों से सम्पर्क निरन्तर बढ़ा है तथा आज ग्रामीण समुदायों की विशेषताएँ नगरीय समुदायों में तथा नगरीय समुदायों की विशेषताएँ ग्रामीण समुदायों में स्पष्टतः देखी जा सकती हैं। जो ग्रामवासी गाँव छोड़कर नगरों में आकर बस जाते हैं उनमें से कुछ अपनी ग्रामीण जीवन-शैली को नगरों में रहते हुए भी बनाए रखते हैं। इसी प्रकार, बहुत से ग्रामवासी नगरीय समुदायों से

इतना अधिक जुड़े हुए हैं कि वे गाँव में रहते हुए भी नगरवासियों से किसी भी दृष्टि से पीछे नहीं हैं। वास्तव में, परिवर्तन की प्रक्रियाओं ने दोनों समुदायों को परस्पर जोड़ने एवं इनमें निरन्तरता स्थापित करने में महत्त्वपूर्ण भूमिका निभाई है।

सन्दर्भ-सूची

1. H. J. Peake, "The Village Community" in **Encyclopaedia of Social Sciences**, p. 118.
2. D. Sanderson, **Rural Sociology and Rural Social Organization**, pp. 278–279.
3. A. R. Desai, **An Introduction to Rural Sociology in India**, pp. 14–15.
4. K. L. Sharma, **Indian Society : A Text book on Sociology**, NCERT, p. v.
5. E. E. Bergal, **Urban Sociology**, p. 122.
6. Ashish Bose, **Studies in India's Urbanization 1901–1971**, p. 3.
7. Kingsley Davis and Hilda Hertz Golden Quoted in M. S. Gore, **Urbanization and Family Change**, pp. 45–46.
8. N. V. Sovani, **Urbanization and Urban India**, p. 34.
9. Nels Anderson and K. Ishwaran, **Urban Sociology**, p. 18.
10. Whipple, **Encyclopaedia of Social Sciences**, p. 86.
11. Kingsley Davis, **Population of India and Pakistan.**
12. H. N. Kaul, **Population Control**, p. 25.
13. Bertrand and Others, **Rural Sociology**, p. 24.
14. Reisman, **The Urban Process**, p. 123.

4

कृषक वर्ग संरचना

भारत में जाति व्यवस्था की प्रारम्भ से ही प्रधानता रही है। अंग्रेजी शासनकाल में होने वाले परिवर्तनों के परिणामस्वरूप तथा स्वतन्त्रता प्राप्ति के पश्चात् उठाए गए अनेक कदमों से जाति व्यवस्था के स्वरूप में परिवर्तन हुआ है। समाज में भौतिक संस्कृति की वृद्धि तथा औद्योगीकरण के परिणामस्वरूप समाज का स्तरीकरण रक्त की शुद्धता एवं जन्म के आधार पर न होकर सामाजिक स्थिति, राजनीतिक स्थिति एवं आर्थिक स्थिति के आधार पर या तीनों के सम्मिलित रूप से होता है। वर्ग व्यवस्था भी सामाजिक स्तरीकरण का एक प्रकार है। चूँकि वर्ग अर्जित पदों को महत्त्व देता है तथा इसमें मनुष्य अपनी योग्यता के आधार पर उच्च पद को ग्रहण कर सकता है और उच्च वर्ग का सदस्य बन सकता है, अतः यह व्यवस्था जाति के विपरीत खुली एवं लोचपूर्ण व्यवस्था है तथा इसमें अधिक कठोरता नहीं पाई जाती है।

कार्ल मार्क्स, मैक्स वेबर आदि विचारकों का मत है कि वर्ग मुख्यतः आर्थिक असमानता पर आधारित हैं। कार्ल मार्क्स की मान्यता है कि प्राचीन युग से ही समाज आर्थिक आधार पर दो वर्गों में बँटा हुआ है। पहले जब कृषि युग था तब दो प्रमुख वर्ग थे—जमींदार तथा कृषक , सामन्त तथा दास, औद्योगीकरण के बाद पूँजीपति तथा श्रमिक। चाहे पूँजीपति वर्ग को लें अथवा जमींदार या सामन्त को, इनके पास भौतिक सम्पन्नताएँ अधिक थीं। वे मालिक रहे हैं और कृषक, दास एवं श्रमिक वर्ग के लोग प्राचीन युग से ही अच्छी प्रकार की सुविधाओं से वंचित रहे हैं। आखिर सामाजिक वर्ग क्या है ? इसे हम इसके अर्थ एवं प्रमुख समाजशास्त्रियों द्वारा की गई परिभाषाओं के आधार पर स्पष्ट कर सकते हैं।

सामाजिक वर्ग का अर्थ एवं परिभाषाएँ

सामाजिक वर्ग सामाजिक स्तरीकरण का ही एक स्वरूप है। यह मुख्यतः आर्थिक समानताओं एवं समान जीवन के अवसरों पर आधारित समूह है। अन्य शब्दों में, हम यह कह सकते है कि सामाजिक वर्ग व्यक्तियों का एक ऐसा समूह है जिसके सदस्यों की आर्थिक स्थिति एवं अन्य विशेषताएँ समान होती हैं तथा जिनके सदस्यों में अपने समूह के प्रति चेतना पाई जाती है। ऑगबर्न एवं निमकॉफ के अनुसार, "एक निश्चित समाज में मुख्य रूप से एक ही पद वाले व्यक्तियों के समूह को सामाजिक वर्ग कहा जाता है।"[1] जिसबर्ट के अनुसार, "एक सामाजिक वर्ग व्यक्तियों का समूह अथवा विशेष श्रेणी है, जिसका समाज में एक विशेष पद होता है। यह विशेष पद ही अन्य समूहों से उनके सम्बन्धों को स्थायी रूप से निर्धारित करता है।"[2] मैकाइवर एवं पेज के अनुसार, "सामाजिक वर्ग एक समुदाय का वह भाग है जो सामाजिक स्थिति के आधार पर शेष भाग से पृथक् दृष्टिगोचर होता है।"[3] लेपियर के अनुसार, "सामाजिक वर्ग एक सांस्कृतिक समूह है जिसे सम्पूर्ण जनसंख्या में एक विशिष्ट स्थिति या पद दिया जाता है।"[4] बॉटोमोर के अनुसार, "सामाजिक वर्ग तथ्यतः कानूनी एवं धार्मिक रूप से परिभाषित एवं मान्य समूह होते हैं जोकि बन्द नहीं हैं अपितु खुले हैं। उनका आधार निर्विवाद रूप से आर्थिक है लेकिन ये आर्थिक समूहों से अधिक होते हैं।"[5]

उपर्युक्त परिभाषाओं से स्पष्ट हो जाता है कि सामाजिक वर्ग एक समान स्थिति वाले व्यक्तियों का एक समूह है। इससे अभिप्राय सामाजिक संस्तरण की उस मुक्त व्यवस्था से है जो योग्यता, शिक्षा तथा आर्थिक स्थिति पर आधारित हो सकती है। वर्गों की संख्या के बारे में समाजशास्त्रियों में सहमति नहीं है। मैरिल एवं एल्ड्रिज ने छह प्रकार के वर्गों का उल्लेख किया है—(1) सांस्कृतिक वर्ग, (2) आर्थिक वर्ग, (3) परिभाषित वर्ग, (4) राजनीतिक वर्ग, (5) स्वयं तादात्म्य वर्ग, तथा (6) सम्मिलित वर्ग। कार्ल मार्क्स ने दो वर्गों का विवेचन किया है—(1) पूँजीपति वर्ग (बुर्जुआ वर्ग), तथा (2) मजदूर वर्ग (सर्वहारा वर्ग)।

सामाजिक वर्ग की प्रमुख विशेषताएँ

सामाजिक वर्ग की परिभाषाओं से इसकी अनेक प्रमुख विशेषताएँ स्पष्ट होती हैं जोकि निम्नलिखित हैं—

(1) निश्चित संस्तरण—वर्ग व्यवस्था में व्यक्ति कुछ श्रेणियों में विभाजित होते हैं। यद्यपि वर्गों की संख्या के बारे में विद्वानों में सहमति नहीं है फिर भी यह निश्चित है कि कुछ वर्गों का स्थान ऊँचा और कुछ का नीचा होता है।

(2) वर्ग की सर्वव्यापकता—वर्ग मानव समाज की एक सर्वव्यापी प्रघटना है। मार्क्स के अनुसार वर्ग व्यवस्था प्राचीन काल से लेकर आधुनिक काल में किसी न किसी रूप में सदैव विद्यमान रही है। यद्यपि इन्होंने वर्गविहीन समाज की कल्पना की थी, परन्तु अधिकांश विद्वान् वर्गविहीन समाज को केवल एक स्वप्न मानते हैं क्योंकि मानव जीवन के इतिहास में इसकी उपलब्धि सम्भव नहीं है।

(3) वर्ग चेतना—वर्ग चेतना के कारण वर्ग विशेष के सदस्यों में समानता की भावना प्रोत्साहित होती है व उस वर्ग को स्थायित्व प्राप्त होता है। कार्ल मार्क्स ने वर्ग चेतना को वर्ग के निर्माण की एक अनिवार्य विशेषता माना है क्योंकि केवल समान आर्थिक स्थिति ही वर्ग के निर्धारण में पर्याप्त नहीं है।

(4) अर्जित सदस्यता—वर्ग की सदस्यता जन्म द्वारा नहीं वरन् योग्यता और कुशलता द्वारा अर्जित होती है। व्यक्ति अपनी क्षमता एवं योग्यता से वर्ग की सदस्यता प्राप्त कर सकता है। एक व्यक्ति, जो निम्न वर्ग का सदस्य है, प्रयत्न करने से उच्च वर्ग का सदस्य बन सकता है। ठीक उसी प्रकार, एक उच्च वर्ग का सदस्य अपनी अयोग्यता के कारण निम्न वर्ग का सदस्य बन सकता है।

(5) मुक्त व्यवस्था—वर्ग, जाति के समान बन्द व्यवस्था न होकर मुक्त व्यवस्था है। किसी व्यक्ति का वर्ग उसकी परिस्थिति के अनुसार परिवर्तित भी हो सकता है। इसी गतिशीलता के कारण इसे मुक्त व्यवस्था कहा गया है। प्रत्येक व्यक्ति को समान अवसर हैं कि वह अपने गुणों, योग्यता तथा क्षमता के आधार पर उच्च वर्ग का सदस्य बन सके। उदाहरण के लिए, एक सामान्य श्रमिक अपनी मेहनत, लगन व योग्यता से उस फैक्टरी का निदेशक तक बन सकता है।

(6) सीमित सामाजिक सम्बन्ध—प्रत्येक वर्ग के सदस्य अपने ही वर्ग के सदस्यों से अधिक सम्बन्ध रखते हैं। सामान्यतः उच्च वर्ग के सदस्य निम्न वर्ग के सदस्यों से सम्बन्ध स्थापित करने में सम्मान की हानि समझते हैं अर्थात् उनमें उच्चता की भावना (Superiority complex) होती है। ठीक इसके विपरीत, निम्न वर्ग के लोगों में निम्नता की भावना (Inferiority complex) होने के कारण, वे उच्च वर्ग के लोगों से मिलने या सम्बन्ध बढ़ाने में झिझक महसूस करते हैं। इसका यह अभिप्राय नहीं है कि वर्ग व्यवस्था में भी जाति की तरह अन्य समूहों के साथ रहने एवं खाने-पीने पर प्रतिबन्ध पाए जाते हैं। इसमें केवल अपने वर्ग के सदस्यों के साथ सम्पर्कों को प्राथमिकता दी जाती है।

(7) आर्थिक आधार—वर्ग निर्माण में आर्थिक आधार को ही प्रधानता दी जाती है। विशेषकर मार्क्स ने वर्ग निर्माण में आर्थिक आधार को प्रधानता दी है। सामान्यतः समाज तीन प्रमुख वर्गों में विभक्त होता है—(1) उच्च वर्ग, (2) मध्यम वर्ग, तथा (3) निम्न वर्ग। इन वर्गों को पुनः तीन वर्गों में विभाजित किया जा सकता है जैसे—

उच्च वर्ग	**मध्यम वर्ग**	**निम्न वर्ग**
उच्च-उच्च वर्ग	उच्च-मध्यम वर्ग	उच्च-निम्न वर्ग
मध्यम-उच्च वर्ग	मध्यम-मध्यम वर्ग	मध्यम-निम्न वर्ग
निम्न-उच्च वर्ग	निम्न-मध्यम वर्ग	निम्न-निम्न वर्ग

(8) सामान्य जीवन—यद्यपि प्रत्येक वर्ग के सदस्य को किसी भी प्रकार के जीवन-यापन की स्वतन्त्रता होती है, फिर भी, वर्ग के सदस्यों से यह आशा की जाती है कि जिस प्रकार का

वर्ग हो उसी के अनुरूप सदस्य जीवन-यापन करें। उच्च, मध्यम एवं निम्न, तीनों वर्गों का एक विशिष्ट जीवन प्रतिमान होता है और उससे सम्बन्धित सदस्य उसे अपनाते है। इतना ही नहीं, एक वर्ग के सदस्यों के जीवन अवसरों में भी समानता पाई जाता है।

(9) सामाजिक प्रस्थिति का निर्धारण—वर्ग सामाजिक प्रस्थिति का निर्धारण करता है। व्यक्ति जिस वर्ग का सदस्य होता है उसी के अनुरूप समाज में उसकी प्रस्थिति निर्धारित हो जाती है। परन्तु यह प्रस्थिति स्थायी नहीं है, क्योंकि मुक्त व्यवस्था होने के कारण स्वयं वर्ग की सदस्यता व्यक्ति की योग्यता के आधार पर परिवर्तित हो सकती है।

भारत में जाति बनाम वर्ग सम्बन्धी विवाद

जिस प्रकार समाजशास्त्र में आनुवंशिकता बनाम पर्यावरण तथा गाँव बनाम नगर के बारे में विवाद काफी देर तक प्रचलित रहा है, उसी प्रकार भारत में जाति बनाम वर्ग सम्बन्धी विवाद ने भी सामाजिक स्तरीकरण का अध्ययन करने वाले विद्वानों का ध्यान अपनी तरफ आकर्षित किया है। पहले भारत में व्यक्ति की प्रस्थिति जन्म से ही उसकी जाति द्वारा निर्धारित हो जाती थी। आज व्यक्ति की प्रस्थिति को निर्धारित करने में शिक्षा, व्यवसाय व पद, आर्थिक स्थिति, शक्ति इत्यादि अनेक कारकों की भूमिका होती है। सामाजिक स्तरीकरण एवं गतिशीलता का अध्ययन करने वाले कुछ विद्वानों का कहना है कि आज भारत में जाति व्यवस्था वर्ग व्यवस्था में परिवर्तित हो रही है।

परन्तु, क्या वास्तव में भारत में हजारों वर्षों से चली आ रही जाति व्यवस्था पश्चिमी समाजों में पाई जाने वाली वर्ग व्यवस्था में परिवर्तित हो रही है? इस प्रश्न का सम्बन्ध जाति एवं वर्ग की सीमाओं से है। जाति व्यवस्था समाज की ऐसी खण्डात्मक व्यवस्था है जिसके विभिन्न स्तरों (जातियों) में प्रकार्यात्मक रूप से सहयोग पाया जाता है। वर्ग व्यवस्था भी एक खण्डात्मक व्यवस्था है जिसके विभिन्न स्तरों (वर्गों) में प्रतियोगिता पाई जाती है। इन दोनों की सीमाओं से सम्बन्धित एक अन्य अन्तर (जैसा कि एडमण्ड लीच ने बताया है) यह है कि वर्ग समाजों में विशिष्ट जनसमूह अल्पसंख्यक समूह हैं तथा बहुसंख्यक निम्न वर्गों के लोग विशिष्टजनों का समर्थन पाने के लिए आपस में प्रतियोगिता में लगे हुए हैं। जाति व्यवस्था में इनके विपरीत बात पाई जाती है, क्योंकि प्रभु जातियों में निम्न जातियों के व्यक्तियों का समर्थन प्राप्त करने के लिए होड़ पाई जाती है।

क्या यह स्तरीकरण की दो विभिन्न व्यवस्थाएँ हमारे समाज में एक साथ पाई जाती हैं अथवा केवल एक ही पाई जाती है? इसके बारे में भी विद्वानों में अधिक सहमति नहीं है। बहुत-से विद्वानों ने यह मत प्रकट किया है कि वर्ग व्यवस्था (मार्क्स के शब्दों में अगर वर्ग व्यवस्था को वर्ग चेतना की दृष्टि से देखा जाए) भारतीय समाज के सन्दर्भ में पायी ही नहीं जाती क्योंकि यहाँ प्रारम्भ से ही जाति व्यवस्था की प्रधानता रही है, जबकि आन्द्रे बेतेई जैसे विद्वानों ने यह विचार प्रकट किया है कि वर्ग व्यवस्था भारतीय समाज में पाई जाती है। वास्तव में, इनका विचार है कि समाजशास्त्री एवं सामाजिक मानवशास्त्री भारत में वर्ग व्यवस्था के अध्ययन में अधिक शर्मीले रहे हैं।

योगेन्द्र सिंह ने भारत में जाति एवं वर्ग के परस्पर सम्बन्धों की चर्चा करते हुए इस बात पर बल दिया है कि जाति तथा वर्ग एक ही बिन्दु पर मिलते (Coincide) हैं। इसका अर्थ यह है कि जाति और वर्ग आपस में पूर्ण रूप से जुड़े हुए हैं। अगर हम परम्परागत रूप से जाति व्यवस्था को देखें तो यह पाते हैं कि उच्च जाति के लोग सामान्यतः आर्थिक दृष्टि से भी उच्च थे (अर्थात् उच्च वर्ग के थे)। क्योंकि जाति व्यवस्था भारतीय समाज में एक सुदृढ़ व्यवस्था रही है, अतः इसने वर्ग व्यवस्था को अपने नीचे दबाये रखा है और उसे उभरने नहीं दिया है। लोगों की जागरूकता तथा वफादारी जाति के प्रति रही है न कि वर्ग के प्रति।

अगर हम योगेन्द्र सिंह के दृष्टिकोण को स्वीकार कर लें तो इस प्रश्न का उत्तर देना सरल हो जाता है कि क्या भारतीय समाज में जाति वर्ग में परिवर्तित हो रही है ? जाति व्यवस्था में आज नगरीकरण, औद्योगीकरण, पश्चिमीकरण, संस्कृतिकरण, आधुनिकीकरण तथा शिक्षा, आवागमन एवं संचार के साधनों में विकास के कारण महत्त्वपूर्ण परिवर्तन हो रहे हैं। इसकी कठोर निषेधात्मक प्रवृत्ति ढीली होती जा रही है। इसका परिणाम यह हुआ है कि वर्ग व्यवस्था, जिसे पहले जाति व्यवस्था अपने अन्दर समाये हुए थी, अब उससे पृथक् होने लगी है। साथ ही, आज जातियों में सहयोग (जोकि इस व्यवस्था की सबसे प्रमुख विशेषता रही है) समाप्त होता जा रहा है और इसका स्थान प्रतियोगिता (वर्ग व्यवस्था की विशेषता) लेती जा रही है। विभिन्न विद्वानों ने भारतीय समाज में पाए जाने वाल विभिन्न वर्गों (जैसे भू-स्वामी वर्ग, पूँजीपति वर्ग, श्रमिक वर्ग, काश्तकार वर्ग इत्यादि) का उल्लेख किया है।

दूसरी ओर, आज भी गाँव में जाति व्यवस्था द्वारा अनेक कार्यों का सम्पादन किया जाता है। गाँव में व्यक्ति के जीवन चक्र, बहिर्विवाह एवं अन्तर्विवाह के नियम, व्यावसायिक निर्भरता, जाति पर आधारित समितियों एवं सभाओं का संगठन, आर्थिक जीवन, संस्तरणात्मक सम्बन्धों इत्यादि में जाति की महत्त्वपूर्ण भूमिका होती है। साथ ही, समकालीन ग्रामीण भारत में प्रभु जाति की भूमिका से कोई भी इनकार नहीं कर सकता है। कई बार तो गाँव की पहचान ही जाति के आधार पर होती है। आज भी अनेक लोगों को यह कहते हुए सुना जा सकता है कि अमुक गाँव राजपूतों का है, जाटों का है, अहीरों का है, गूजरों का है अथवा ब्राह्मणों का है। ऐसा कहने का आधार किसी विशिष्ट गाँव में इन जातियों की यथेष्ट संख्या तथा ग्रामीण व्यवस्था (शक्ति संरचना सहित) को बनाए रखने में इनकी महत्त्वपूर्ण भूमिका है। इस दृष्टि से जाति गाँव का दर्पण है। इतना ही नहीं, ग्रामीण समाज में किसी व्यक्ति की आर्थिक गतिशीलता भी काफी सीमा तक उसकी जाति द्वारा ही निर्धारित होती है।

सामाजिक स्तरीकरण की दृष्टि से ग्रामीण भारत निश्चित रूप से परिवर्तन के दौर से गुजर रहा है। एस० एम० शाह[6] ने गुजरात के गाँवों के बारे में आनुभविक सामग्री के आधार पर यह निष्कर्ष निकाला है कि नवीन आर्थिक एवं राजनीतिक शक्तियाँ गाँव की सजातीय प्रकृति तथा विभिन्न जातियों में पाए जाने वाले प्रकार्यात्मक सहयोग को समाप्त कर रही हैं। के० एल० शर्मा[7] के अनुसार ग्रामीण भारत में जाति नई भूमिका ग्रहण करती जा रही है। यह जाति का

नया रूप है जिसे 'जाति का अवतार' भी कहा जा सकता है। जाति व्यवस्था में हो रहे इन परिवर्तनों को जजमानी व्यवस्था की समाप्ति तथा नवीन व्यवसायों के उदय, नए प्रभु समूहों एवं परिवारों के स्वरूपों, अस्पृश्यता एवं अपवित्रता-पवित्रता के नियमों में कमी इत्यादि में स्पष्टतः देखा जा सकता है।

वस्तुतः ग्रामीण भारत में संरचनात्मक एवं परिधीय दोनों प्रकार के परिवर्तन हुए हैं। संरचनात्मक परिवर्तनों में जाति व्यवस्था को काफी प्रभावित किया है। संरचनात्मक परिवर्तनों में जमींदारी एवं जागीरदारी व्यवस्थाओं की समाप्ति, पंचायती राज का प्रचलन, वयस्क मताधिकार, सहकारी समितियाँ इत्यादि प्रमुख हैं। साथ ही, इनसे ग्रामीण भारत में अनेक परिवर्तन भी हुए हैं। परिधीय परिवर्तनों में गाँव में आधुनिक स्कूलों की स्थापना, सड़कों का निर्माण, जन स्वास्थ्य केन्द्रों की स्थापना, संचार सम्बन्ध एवं प्रवसन प्रमुख हैं। ग्रामीण भारत में शक्ति के भी नए केन्द्र विकसित हो रहे हैं। इन परिवर्तनों को लाने में आधुनिकीकरण, संस्कृतिकरण, असंस्कृतिकरण, पश्चिमीकरण, आधुनिक शिक्षा इत्यादि की महत्त्वपूर्ण भूमिका रही है। जाति को वर्ग में परिवर्तित करने में सरकारी नीतियाँ, जाति एवं वर्ग में सहसम्बन्ध, प्रभु जातियों का घटता हुआ प्रभाव इत्यादि प्रमुख हैं। ऐसा लगता है कि जाति, भूमि एवं राजनीति तीनों वर्ग निर्माण में महत्त्वपूर्ण भूमिका रखते हैं।

परन्तु क्या इस परिवर्तन के आधार पर ही हम यह कह सकते हैं कि जाति व्यवस्था आज हमारे समाज में समाप्त होती जा रही है और उसका स्थान वर्ग व्यवस्था लेती जा रही है? शायद नहीं, क्योंकि वर्ग व्यवस्था हमारे समाज में उभर रही है, इसके बारे में कोई सन्देह नहीं है, परन्तु यह जाति व्यवस्था की समाप्ति का सूचक है, इसे स्वीकार करने में कठिनाइयाँ हैं। जाति व्यवस्था में यद्यपि अनेक संरचनात्मक, परिधीय एवं संस्थागत परिवर्तन हो रहे हैं, फिर भी यह नहीं कहा जा सकता कि यह व्यवस्था हमारे समाज में समाप्त होती जा रही है। अगर जाति व्यवस्था से सम्बन्धित सभी निषेध पूर्णतः समाप्त हो जाएँ और इसमें वर्ग व्यवस्था की तरह खुलापन आ जाए तो हमें इस तर्क को स्वीकार करने में कोई कठिनाई नहीं होगी, परन्तु अभी ऐसा नहीं है। अतः अभी यह स्वीकार नहीं किया जा सकता कि भारत में जाति वर्ग में परिवर्तित हो रही है। इतना जरूर है कि वर्ग संरचना धीरे-धीरे भारतीय समाज में स्पष्ट रूप से उभरती जा रही है।

स्वतन्त्रता-पूर्व भारत में कृषक संरचना

स्वतन्त्रता-पूर्व भारत में चार प्रमुख वर्ग थे जो परस्पर सम्बन्धों की स्थापना में अपने हितों को सर्वोपरि मानते थे—(1) अपनी भूमि तथा पट्टे की भूमि पर खेती करने वाले कृषक, (2) मध्यस्थ, (3) जब इच्छा हो तब खेती करने वाले कृषक तथा (4) खेतों पर कार्य करने वाले श्रमिक। स्वतन्त्रता पूर्व की कृषक संरचना को 'ह्रासोन्मुख अर्द्ध-सामन्तवादी व्यवस्था' कहा जाता है जिसमें अनेक असमानताएँ एवं कृषकों का बड़े पैमाने पर शोषण होता था। सबसे ऊपर

भू-स्वामित्व का केन्द्रीकरण था तथा उत्पादन का स्वरूप भूमि को पट्टे पर देना या लेना था। भू-स्वामी अधिकतर 'अनुपस्थित भू-स्वामी' प्रकृति के थे तथा पट्टेधारियों से समानता एवं न्याय का व्यवहार नहीं करते थे। यही स्थिति खेतों में काम करने वाले श्रमिकों की थी। कृषि उत्पादों की धीमी वृद्धि के कारण श्रमिकों के पास कोई स्थायी कार्य नहीं था, उन्हें फसल बोने तथा काटने के समय ही गाँव में काम मिल पाता था। यह कृषक संरचना एक प्रकार से मध्यकालीन कृषि व्यवस्था को ही बनाए रखने वाली थी।

स्वतन्त्रता-पूर्व की कृषक संरचना में छोटे उत्पादकों एवं कृषि श्रमिकों का बड़े पैमाने पर शोषण ही नहीं होता था अपितु उनमें भू-स्वामित्व के अधिकारों के अभाव एवं ऋणग्रस्तता के कारण असुरक्षा की भावना भी विद्यमान थी। एक तरफ अत्यधिक शोषण और दूसरी तरफ उत्पादन अधिक न होने के कारण कृषकों की सामाजिक-आर्थिक स्थिति बदतर थी। इस प्रकार की कृषक संरचना आर्थिक विकास में निम्नलिखित तीन कारणों से बाधक थी—

(1) पट्टे पर खेती करने वाले कृषकों को उत्पादन बढ़ाने हेतु कोई प्रेरणा स्रोत नहीं था क्योंकि फसल का अधिकतर भाग भू-स्वामी को, बिना किसी खर्चे के, चला जाता था।

(2) पट्टे पर खेती करने वाले कृषकों के पास उत्पादन का जो हिस्सा शेष बचता था वह भूमि पर मूलधन लगाने के लिए अपर्याप्त होता था।

(3) पट्टे पर खेती करने वाले कृषकों को अच्छे यन्त्रों अथवा अच्छे व उन्नत बीजों का प्रयोग करने का भी कोई लाभ नहीं दिखाई देता था।

स्वतन्त्रता-पूर्व की कृषक संरचना में पाए जाने वाले सामाजिक सम्बन्ध ही भू-स्वामित्व एवं इसके आकार द्वारा प्रभावित नहीं होते थे अपितु यह संरचना भू-स्वामियों एवं मध्यस्थों को और अधिक अमीर बनाने में सहायक थी। इसमें राज्य की तो हानि होती ही थी, पट्टे पर खेती करने वाले कृषकों एवं कृषि श्रमिकों की आर्थिक स्थिति निम्न होती जाती थी तथा वे सरलता से अपने परिवार का निर्वाह भी नहीं कर पाते थे। स्वतन्त्रता-प्राप्ति के पश्चात् भारत में भूमि सुधारों की प्रेरणा इसी संरचना से मिली है।

स्वतन्त्रता पश्चात् भारत में कृषक संरचना

स्वतन्त्रता पश्चात् भारत में सामन्तवादी कृषक संरचना को समाप्त करने हेतु प्रयास प्रारम्भ हुए। इस दिशा में सरकार द्वारा अनेक भूमि सुधार कार्यक्रम लागू किए गए। इन भूमि सुधार कार्यक्रमों का मुख्य उद्देश्य मध्यस्थों की समाप्ति, भू-स्वामी-काश्तकारों के सम्बन्धों को निश्चित किराये द्वारा सुरक्षा देना, उच्चतम सीमा निर्धारण द्वारा भूमि का पुनर्वितरण करना तथा सहकारी कृषि का विकास करना था। इस दिशा में जमींदारी उन्मूलन अधिनियम तथा भूमि सुधारों से सम्बन्धित अन्य अधिनियम सराहनीय प्रयास माने जाते हैं। इन प्रयासों का स्वतन्त्रता-पूर्व की कृषक संरचना पर दूरगामी प्रभाव हुआ।

भारत में स्वतन्त्रता पश्चात् उभरती हुई कृषक संरचना के अग्रलिखित प्रमुख लक्षण हैं—

(1) भारतीय कृषि रूपान्तरण की स्थिति में है जिसमें अर्द्ध-सामन्तवादी व्यवस्था काफी सीमा तक समाप्त हो गई है।

(2) जीवन निर्वाह पर आधारित कृषि व्यवस्था व्यापार एवं बाजार पर आधारित कृषि व्यवस्था में परिवर्तित हो गई है। यह उन क्षेत्रों में अधिक हुआ है जहाँ उत्पादन हेतु उन्नत तकनीकी का प्रयोग होता है।

(3) पिछले कुछ दशकों में आधुनिक उद्यमी कृषकों का एक ऐसा वर्ग विकसित होता जा रहा है जो अपनी भूमि पर कृषि किराये पर काम करने वाले श्रमिकों की सहायता से करता है तथा नवीन तकनीकी एवं उन्नत बीजों का भी प्रयोग करता है। इस वर्ग में अधिकतर वे परिवार सम्मिलित हैं जो भूतपूर्व अर्द्ध-सामन्तवादी भू-स्वामी, उधार देने वाले साहूकार एवं व्यापारी हैं। इनके द्वारा श्रमिकों के साथ व्यवहार आज भी जातिगत प्रतिमानों द्वारा प्रभावित है।

(4) यद्यपि आज भी भूमि का केन्द्रीकरण उच्च एवं प्रभु जातियों के परिवारों के आस-पास ही है, तथापि मध्यम एवं निम्न जातियों के छोटे भू-स्वामियों की संख्या बढ़ती जा रही है।

(5) कृषि श्रमिकों की संख्या निरन्तर बढ़ती जा रही है। कम मजदूरी एवं बेरोजगारी के कारण ऐसे अनेक श्रमिक एक गाँव से दूसरे गाँव की ओर तथा गाँव से नगर की ओर रोजगार की तलाश में प्रवसन करने लगे हैं। नए स्थानों पर इन श्रमिकों के सम्बन्ध जातीय आधार पर निर्धारित नहीं होते हैं।

उपर्युक्त विवेचन से स्पष्ट हो जाता है कि भारत में कृषक सम्बन्धों के निर्धारण में जाति, वर्ग तथा भू-स्वामित्व का प्रभाव स्पष्ट देखा जा सकता है। स्वतन्त्रता पश्चात् कृषि श्रमिकों की बढ़ती हुई संख्या एवं बिगड़ती हुई सामाजिक-आर्थिक स्थिति ने उन्हें अपने गाँव छोड़कर ऐसे क्षेत्रों की ओर जाने के लिए विवश कर दिया है जहाँ रोजगार के अवसर अपेक्षाकृत अधिक हैं।

ग्रामीण भारत में कृषक वर्ग संरचना

ग्रामीण भारत में भी वर्ग पर आधारित स्तरीकरण कोई नवीन बात नहीं है। इतना अवश्य है कि जाति की प्रधानता के कारण प्रारम्भ में ग्रामीण भारत में विद्यमान वर्गों का विधिवत् अध्ययन नहीं हुआ है। प्राचीनकाल से ही ग्रामीण भारत में अनेक वर्गों के अस्तित्व का उल्लेख मिलता है। इन वर्गों में शासक, शासित, जागीरदार, जमींदार, पुजारी, कृषक, श्रमिक आदि प्रमुख रहे हैं। अनेक विद्वानों ने अपने अध्ययनों में ग्रामीण भारत में पाए जाने वाले वर्गों का उल्लेख किया है।

डेनियल थार्नर[8] ने भारत में भूमि तथा श्रम सम्बन्धी अपने अध्ययन में गाँवों में पाए जाने वाले निम्नलिखित तीन वर्गों का उल्लेख किया है—

(1) मालिक,

(2) साहूकार, तथा

(3) कृषि मजदूर।

रामकृष्ण मुखर्जी[9] ने 'पश्चिम बंगाल में ग्रामीण वर्ग संरचना' पर लिखे अपने लेख में निम्नलिखित तीन वर्गों का उल्लेख किया है—

(1) भू-स्वामी तथा देख-रेख करने वाले कृषक,

(2) आत्मनिर्भर कृषक (जिनमें कृषि करने वाले दस्तकार भी सम्मिलित हैं), तथा

(3) साझेदारी में कृषि करने वाले (जिनमें कृषि मजदूर एवं सेवा करने वाले अन्य लोग भी सम्मिलित हैं)।

कोटोवस्की[10] ने भारत में भूमि सुधारों का विशद् अध्ययन किया है तथा ग्रामीण भारत में पाए जाने वाले निम्नलिखित पाँच वर्गों का उल्लेख किया है—

(1) बुर्जुआ पूँजीपति,

(2) भू-स्वामी,

(3) सम्पन्न कृषक,

(4) भूमिहीन कृषक, तथा

(5) कृषि मज़दूर।

गाडगिल[11] ने कृषक क्षेत्रों में पाए जाने वाले निम्नलिखित दो शक्तिशाली वर्गों का उल्लेख किया है—

(1) व्यापारी-साहूकार, तथा

(2) भू-स्वामी एवं कृषक।

के० एल० शर्मा[12] ने ग्रामीण समाज में जाति एवं वर्ग के सन्दर्भ में सामाजिक गतिशीलता का अध्ययन किया है। इनके अनुसार ग्रामीण भारत में पाँच प्रकार के कृषक समूह पाए जाते हैं—

(1) मालिक-काश्तकार,

(2) अधिकांशतः मालिक-काश्तकार,

(3) अधिकांशतः किराये की भूमि पर खेती करने वाले काश्तकार,

(4) किराये की भूमि पर खेती करने वाले काश्तकार, तथा

(5) निर्धन कृषक।

आन्द्रे बेतेई[13] ने कृषक सामाजिक संरचना, कृषक समाज में पाए जाने वाली वर्ग संरचना, कृषक सम्बन्धों, कृषक असन्तोष तथा कृषक आन्दोलनों का विस्तृत अध्ययन किया है। इनके अनुसार ग्रामीण कृषक संरचना में निम्नलिखित वर्ग पाए जाते हैं—

(1) भू-स्वामी कृषक,

(2) भू-स्वामी खेतिहर कृषक,

(3) काश्तकार अथवा बटाईदार कृषक, तथा

(4) कृषि श्रमिक।

उपर्युक्त विभिन्न श्रेणियों और इनके पारस्परिक सम्बन्धों से कृषक संस्तरण प्रणाली निर्मित होती है जो भारतीय ग्रामीण सामाजिक व्यवस्था की एक अत्यन्त महत्त्वपूर्ण विशेषता है। इस सामाजिक व्यवस्था में पाया जाने वाला सामंजस्य अथवा असन्तोष इन श्रेणियों के पारस्परिक सामाजिक सम्बन्धों पर निर्भर करता है।

दोशी एवं जैन[14] ने उन परिस्थितियों का विस्तृत उल्लेख किया है जिनके परिणामस्वरूप ग्रामीण भारत में जाति वर्ग में परिवर्तित हो रही है। इस सन्दर्भ में उन्होंने अनेक समाजशास्त्रियों एवं सामाजिक मानवशास्त्रियों द्वारा किए गए अध्ययनों का भी उल्लेख किया है। ग्रामीण भारत में कृषि उत्पादन के क्षेत्र में कुछ कृषक वर्ग स्पष्ट रूप से देखे जा सकते हैं। इन वर्गों के निर्माण में भूमि के आकार की महत्त्वपूर्ण भूमिका होती है। इन्होंने निम्नलिखित चार वर्गों का उल्लेख किया है—

(1) बड़े कृषक,
(2) छोटे कृषक,
(3) सीमावर्ती कृषक, तथा
(4) भूमिहीन मजदूर।

ग्रामीण भारत में पाए जाने वाले वर्गों के सन्दर्भ में इन्होंने हमें इस तथ्य के बारे में सचेत किया है कि वर्गों की विद्यमानता का तात्पर्य यह नहीं है कि जातियाँ ही वर्गों में परिवर्तित हो रही हैं।

भारतीय सन्दर्भ में कृषक सम्बन्धों के अध्ययन

भारत एक कृषि प्रधान देश है क्योंकि इसकी लगभग तीन-चौथाई जनसंख्या गाँवों में निवास करती है। अधिकांश ग्रामवासियों का मुख्य व्यवसाय कृषि है तथा इसी के माध्यम से वे अपनी आजीविका भी चलाते हैं। अन्य शब्दों में यह कहा जा सकता है कि ग्रामीण अर्थव्यवस्था का आधार कृषि है तथा कृषि और भूमि के प्रशासन की व्यवस्था ही ग्रामीण समाज के विभिन्न वर्गों एवं जाति समूहों में पारस्परिक सम्बन्धों का निर्धारण करती है। ग्रामीण सक्रिय श्रम-शक्ति द्वारा देश की राष्ट्रीय आय का लगभग आधा भाग उत्पन्न किया जाता है। इसीलिए सभी विद्वान् इस तथ्य को स्वीकार करते हैं कि जिस देश के अधिकांश लोग ग्रामीण क्षेत्रों में निवास करते हों और कृषि जिनकी आजीविका का मुख्य स्रोत हो, वह कृषि के समुचित विकास के बिना सामाजिक-आर्थिक क्षेत्र में प्रगति नहीं कर सकता। सामाजिक-आर्थिक विकास हेतु अर्थपूर्ण योजनाएँ बनाने के लिए कृषक सम्बन्धों का अध्ययन करना अनिवार्य हो जाता है।

भारत जैसे कृषि प्रधान, परम्परागत एवं विकासशील देशों के सामने तीन मुख्य समस्याएँ हैं—

(1) आर्थिक विकास की समस्या,
(2) सामाजिक समानता की समस्या, तथा
(3) सामाजिक न्याय की समस्या।

भारत में नियोजित सामाजिक परिवर्तन का मुख्य लक्ष्य ग्रामीण विकास कार्यक्रमों के माध्यम से चहुँमुखी प्रगति की ओर आगे बढ़ना तथा उपर्युक्त समस्याओं का समाधान करना है। इसीलिए यहाँ लगभग सभी पंचवर्षीय योजनाओं में ग्रामीण विकास एवं पुनर्निर्माण को प्रधानता दी गई है। भारत में कृषि के क्षेत्र में हुई हरित क्रान्ति इन्हीं योजनाओं का परिणाम है। साथ ही, स्वतन्त्रता प्राप्ति के पश्चात् सभी राज्यों में भूमि सुधारों की दिशा में उल्लेखनीय प्रयास किए गए हैं तथा ऐसे अधिनियम पारित किए गए हैं जिनके द्वारा किराये पर भूमि जोतने वालों, बटाईदारी में खेती करने वालों तथा भूमिहीन श्रमिकों की स्थिति सुधारने में सफलता मिले। कृषि के क्षेत्र में यन्त्रीकरण, नवीन व उन्नत किस्म के बीजों एवं रासायनिक खादों की उपलब्धता, नवीन कृषि प्रविधियों तथा सिंचाई की सुविधाओं आदि में निरन्तर वृद्धि हुई है। इन सबके परिणामस्वरूप कृषि उत्पादन में लक्ष्यानुसार वृद्धि हुई है तथा आज देश में पर्याप्त अनाज के भण्डार हैं। कृषि उत्पादन की दृष्टि से भारत आज किसी अन्य देश पर निर्भर नहीं है।

उपर्युक्त विवरण से स्पष्ट है कि नियोजित परिवर्तन के परिणामस्वरूप भारत में निःसन्देह कृषि के क्षेत्र में काफी प्रगति हुई है। परन्तु यह बात ध्यान देने योग्य है कि किसी भी देश का आर्थिक विकास तब तक अधूरा माना जाता है जब तक कि उत्पादित वस्तुओं का समाज के विभिन्न वर्गों में न्यायोचित तरीके से वितरण न हो। अगर विकास कार्यक्रमों का लाभ कुछ गिने-चुने शक्तिसम्पन्न लोगों को ही प्राप्त होता है तथा सामान्य जनता का रहन-सहन का स्तर ऊँचा नहीं उठता तो आर्थिक विकास के ये प्रयास निरर्थक हो जाते हैं। विकास नीतियों का वास्तविक उद्देश्य समाज के पिछड़े वर्गों का सामाजिक-आर्थिक स्तर ऊँचा करना तथा अमीर और गरीब में बढ़ती हुई खाई को कम करना है।

साथ ही, यह बात भी ध्यान रखने योग्य है कि आर्थिक विकास सामाजिक समानता एवं न्याय के बिना अर्थहीन हो जाता है। अतः आर्थिक विकास के साथ-साथ समाज के कमजोर वर्गों को अपना स्तर ऊँचा उठाने हेतु अवसर दिए जाना तथा सामाजिक न्याय मिलना भी अनिवार्य है।

कृषक सम्बन्धों एवं व्यवस्थाओं का अध्ययन

ग्रामीण कृषक संरचना को समझे बिना ग्रामीण विकास कार्यों का मूल्यांकन करना कठिन हो जाता है। इसीलिए समाजशास्त्रियों एवं सामाजिक मानवशास्त्रियों ने कृषक सम्बन्धों की प्रकृति तथा इसके विभिन्न रूपों को समझने की ओर विशेष ध्यान दिया है। अगर यह कहा जाए कि कृषक संरचना का अध्ययन ग्रामीण समाजशास्त्र का केन्द्र बिन्दु रहा है तो कोई अतिश्योक्ति नहीं होगी। शाब्दिक दृष्टि से 'कृषक संरचना' से अभिप्राय उस व्यवस्था से है जो भूमि, इसके प्रबन्धन अथवा वितरण से सम्बन्धित है। आन्द्रे बेतेई[15] के अनुसार कृषक संरचना से अभिप्राय कम या अधिक सजातीय एवं अविभेदीकृत परिवारों के ऐसे समुदाय के अध्ययन से है जिनका लक्षण मुख्य रूप से पारिवारिक श्रम द्वारा छोटी जोतों (Small holdings operated mainly by family labour) पर कृषि करना है। इन्होंने कृषक व्यवस्थाओं के अध्ययनों को कृषि तथा उत्पादन कार्यों हेतु इसके प्रयोग से सम्बन्धित माना है।

ए० आर० देसाई ने ग्रामीण कृषक संरचना का विस्तृत अध्ययन किया है। उल्लेखनीय बात यह है कि विभिन्न अध्ययनों में दोनों प्रकार्यवादी एवं मार्क्सवादी पद्धतिशास्त्र को अपनाया गया है। योगेन्द्र सिंह तथा के० एल० शर्मा ने परिवर्तनशील ग्रामीण स्तरीकरण के सन्दर्भ में कृषक संरचना को समझने का सफल प्रयास किया है। आन्द्रे बेतेई के अनुसार यद्यपि सामाजिक मानवशास्त्रियों ने इस ओर अधिक ध्यान दिया है, समाजशास्त्रियों ने कृषक संरचना का अधिक गहन अध्ययन नहीं किया है। जिन अर्थशास्त्रियों ने भूमि सुधारों का अध्ययन किया है (जैसे पी० सी० जोशी) उन्होंने भी कृषक सम्बन्धों पर इनके प्रभाव का आकलन करने का प्रयास किया है।

भारतीय ग्रामीण समुदाय के लिए 'कृषक वर्ग' अथवा 'कृषक समाज' शब्द का प्रयोग भ्रामक है क्योंकि भारतीय गाँव भूमि के स्वामित्व, नियन्त्रण तथा उसके प्रयोग की दृष्टि से काफी विभेदीकृत प्रकार के हैं। यहाँ कृषक भू-स्वामियों के अलावा अन्य सामाजिक वर्ग भी हैं। उदाहरण के रूप में, यहाँ एक ओर स्वयं खेती न करने वाले अनुपस्थित बड़े-बड़े भू-स्वामी हैं तो दूसरी ओर बटाईदारी में खेती करने वाले एवं भूमिहीन श्रमिक पाए जाते हैं।

आन्द्रे बेतेई के अनुसार भारत में भूमि सम्बन्धी समस्या तथा कृषक सामाजिक संरचना का अध्ययन दो प्रमुख मुद्दों के इर्द-गिर्द घूमता है। ये मुद्दे निम्नलिखित हैं—

(1) प्रौद्योगिक व्यवस्थाएँ—प्रौद्योगिक व्यवस्थाओं से अभिप्राय भूमि का प्रबन्धन है। इसमें भू-स्वामित्व, भूमि पर नियन्त्रण तथा भूमि का उपयोग सम्मिलित है। प्राप्त तथ्यों के आधार पर यह कहा जा सकता है कि भारत में भूमि के उपयोग से सम्बन्धित विभिन्न प्रौद्योगिक व्यवस्थाएँ पाई जाती हैं। यहाँ कृषि के क्षेत्र में अनेक पारिस्थितिक विभिन्नताएँ भी देखने को मिलती हैं। यहाँ कुछ क्षेत्रों में बहुत अधिक वर्षा होती है तो कुछ में अत्यधिक न्यून वर्षा होती है; कुछ क्षेत्रों में सिंचाई की पर्याप्त सुविधाएँ उपलब्ध हैं, तो कुछ में न के बराबर। विभिन्न क्षेत्रों में तापमान, नमी तथा धूप की दृष्टि से भी अन्तर पाए जाते हैं। इन सबका प्रभाव फसलों की विभिन्न किस्मों तथा उनके लिए काम में लाई जाने वाली प्रौद्योगिकी पर पड़ता है। इसीलिए कृषि व्यवस्थाओं के सम्बन्ध में समुचित जानकारी प्राप्त करने हेतु कृषि में प्रयुक्त प्रौद्योगिकी के महत्त्व को समझना आवश्यक है।

इस प्रकार, प्रौद्योगिक व्यवस्थाओं में पारिस्थितिक परिस्थितियाँ, नवीन कृषि तकनीकी जैसे पानी के पम्प, थ्रेशर, रासायनिक खादें, अच्छी व उन्नत नस्लों के बीज आदि सम्मिलित हैं। कृषि कार्यों की प्रकृति वास्तव में काफी जटिल है। कृषि कार्यों का संगठन इस बात पर निर्भर करता है कि किस समुदाय में कृषि हेतु कौन-सी प्रौद्योगिकी उपलब्ध है। लेकिन यहाँ हमें इस बात को भी नहीं भूलना है कि कृषि कार्य का विभाजन प्रौद्योगिकी पर आधारित न होकर सामाजिक संगठन पर भी आधारित होता है। समाज विशेष की संस्कृति यह निर्धारित करती है कि कृषि कार्यों में पुरुषों की भूमिका क्या होगी और स्त्रियों की क्या? जनगणना सम्बन्धी आँकड़ों से ज्ञात होता है कि पंजाब के बजाय पश्चिम बंगाल में कृषि मजदूरों में स्त्रियों की

सापेक्ष संख्या अधिक है। अध्ययनों से यह भी ज्ञात होता है कि तमिलनाडु और केरल के कुछ भागों में कृषि श्रमिकों में स्त्रियों की संख्या पुरुषों से अधिक है।

(2) सामाजिक व्यवस्थाएँ—आन्द्रे बेतेई के अनुसार कृषक व्यवस्था का दूसरा प्रमुख पहलू सामाजिक व्यवस्थाओं से सम्बन्धित है। इसमें भूमि का स्वामित्व एवं नियन्त्रण सन्निहित है। इन्होंने बताया है कि भारतीय कृषि के क्षेत्र में एक महत्त्वपूर्ण बात यह देखने को मिलेगी कि भारतीय कृषक समुदायों में उच्च स्तरीकरण (संस्तरण) पाया जाता है। स्तरीकरण की इस व्यवस्था का कार्य विभाजन के साथ सम्बन्ध पाया जाता है। गेहूँ की खेती और चावल की खेती वाले क्षेत्रों में भी कार्य के विभाजन की दृष्टि से काफी अन्तर देखने को मिलता है। जनगणना सम्बन्धी आँकड़ों से पता चलता है कि पंजाब और हरियाणा में जहाँ गेहूँ की खेती विशेषतः अधिक होती है, सम्पूर्ण जनसंख्या में कृषि श्रमिकों का अनुपात सापेक्ष दृष्टि से कम है, जबकि पश्चिम बंगाल, तमिलनाडु तथा केरल में जहाँ गीले धान की खेती होती है, यह अनुपात अधिक है। यहाँ बटाईदारी में खेती का प्रचलन भी ज्यादा है। के० एल० शर्मा[16] ने कृषक स्तरीकरण का अध्ययन किया है तथा इस बात पर बल दिया है कि भारत में कृषक संरचनाएँ सदैव विषम रही हैं। मध्यस्थों की समाप्ति के बावजूद कृषक सम्बन्धों में कोई विशेष परिवर्तन नहीं हुआ है।

आन्द्रे बेतेई के अनुसार नियोजकों और नीति निर्धारकों की मान्यता है कि स्वयं के पारिवारिक श्रम द्वारा की जाने वाली खेती अधिक उन्नत प्रकार की हो सकती है, बजाय उस खेती के जो किराये पर भूमि जोतने वाले काश्तकारों, बटाईदारों तथा भूमिहीन श्रमिकों के द्वारा की जाती है। उत्पादक संगठन के तरीकों में विद्यमान क्षेत्रीय अन्तरों की व्याख्या जाति संरचना द्वारा दी जा सकती है। स्वयं द्वारा खेती करना अधिकाशंतया उन क्षेत्रों में सामान्य है जहाँ कृषक जातियाँ प्रभावी हैं, जबकि बटाईदारों और वेतनभोगी श्रमिकों का प्रयोग उन क्षेत्रों में सामान्य है जहाँ अकृषक जातियों का भूमि पर स्वामित्व है। अर्थशास्त्रियों के अनुसार उपर्युक्त अन्तर का कारण भूमि पर जनसंख्या का दबाव, अतिरिक्त श्रम की उपलब्धता तथा वेतन संरचना सम्बन्धी भेद हैं। आन्द्रे बेतेई के अनुसार इसका एक अन्य कारण स्वयं कार्य की प्रकृति भी है। एक समुदाय का इस प्रकार विभाजन जहाँ कुछ लोग स्वयं काम करते हैं और कुछ के लिए दूसरे काम करते हैं, आंशिक रूप से कार्य की प्रकृति पर निर्भर करता है। यही कारण है कि पंजाब और हरियाणा में दस या पन्द्रह एकड़ के खेत पर स्वयं कृषक परिवार ही खेती नहीं करते अपितु वे दूसरों से खेती भी कराते हैं। इन राज्यों में गेहूँ की खेती पर भी लोग दूसरों से खेती कराते हैं, जबकि गेहूँ की खेती से सम्बन्धित कार्य इतने कठोर व थकाने वाले नहीं हैं जितने दक्षिण में गीले धान की खेती से सम्बन्धित कार्य।

ग्रामीण समुदाय को ऐसे दो विपरीत समूहों में विभक्त नहीं किया जा सकता जिसमें से एक में वे लोग आते हैं जो कृषि कार्य करते हैं और दूसरे में वे लोग जो कृषि कार्य नहीं करते हैं। ग्रामीण क्षेत्रों में निवास करने वाले लोगों में से अधिकांश किसी-न-किसी रूप में खेती

से सम्बन्धित कोई-न-कोई कार्य अवश्य करते हैं। यहाँ कुछ लोग किराये पर भूमि लेकर जोतते हैं, तो कुछ बटाईदारी के रूप में कृषि कार्य करते हैं। कुछ ऐसे भू-स्वामी भी पाए जाते हैं जो स्वयं खेत पर हाथ से तो काम नहीं करते, परन्तु अन्य लोगों द्वारा किए जाने वाले कृषि कार्यों की देख-रेख करते हैं। बड़े भू-स्वामी भूमिहीन श्रमिकों की सहायता से खेती का कार्य करते हैं। कृषि के क्षेत्र में हाथ से किए जाने वाले कार्यों में भी एक संस्तरण पाया जाता है। ऐसा देखा गया है कि सामान्यतः सबसे अधिक परिश्रम वाले कार्य निम्नतम जातियों अथवा स्तर के भूमिहीन लोगों एवं स्त्रियों को करने पड़ते हैं। कृषि क्षेत्र में किसे कौन-सा कार्य सौंपा जाएगा, यह इस बात पर निर्भर करता है कि समाज विशेष में विभिन्न कार्यों का मूल्यांकन किस प्रकार से किया जाता है। बड़े भू-स्वामी स्वयं किसी प्रकार का कृषि कार्य नहीं करते क्योंकि वे दूसरों से अपने लिए कार्य कराने में साधनों की सम्पन्नता के कारण समर्थ होते हैं।

जब हम उत्पादन के सामाजिक संगठन पर विचार करते हैं तो पाते हैं कि यह न केवल कार्य के बल्कि सम्पत्ति अधिकारों के भी एक विशिष्ट प्रतिमान को व्यक्त करता है। मोटे तौर पर उत्पादन संगठन के निम्नलिखित तीन प्रमुख प्रतिमान हैं—

(1) पारिवारिक श्रम पर आधारित प्रतिमान—इस प्रतिमान में परिवार के विभिन्न सदस्यों को लिंग-भेद एवं आयु के आधार पर अलग-अलग कार्य सौंपे जाते हैं। कई बार इस समय-समय पर आवश्यकतानुसार बाहरी लोगों का सहयोग लेना पड़ता है। यह सहयोग नकद भुगतान के रूप में हो सकता है अथवा विनिमय के रूप में।

(2) किराये के श्रम पर आधारित प्रतिमान—इस प्रतिमान में भू-स्वामी खेती हेतु वेतनभोगी श्रमिकों से श्रम प्राप्त करता है तथा उन्हें इसके लिए नकद भुगतान करता है। इसमें भू-स्वामी परिवार और वेतनभोगी श्रमिकों के बीच निश्चित प्रकार के सम्बन्ध पाए जाते हैं। अलग-अलग क्षेत्रों में इन सम्बन्धों में काफी भिन्नता देखने को मिलती है।

(3) काश्तकारी या किराये पर भूमि जोतने पर आधारित प्रतिमान—इस प्रतिमान में कृषि काश्तकारी या पट्टेदारी के रूप में होती है अर्थात् किराये पर एक निश्चित अवधि के लिए दूसरे की भूमि जोती जाती है। इसमें भी दो परिवारों के बीच सम्बन्ध पनपते हैं। इनमें एक परिवार भू-स्वामी तथा दूसरा काश्तकार या बटाईदार का होता है। इन दो श्रेणियों के अन्तर्गत आने वाले लोग विविध प्रकार के अधिकारों, कर्त्तव्यों तथा दायित्वों की दृष्टि से एक-दूसरे से बँधे रहते हैं।

इन तीनों प्रतिमानों में से प्रत्येक प्रतिमान के कई रूप-भेद देखने को मिलते हैं। कई स्थानों पर इन तीनों प्रतिमानों का मिश्रित रूप भी पाया जाता है। जब हम कृषि क्षेत्र में पारिवारिक श्रम, वेतनभोगी श्रम तथा काश्तकारी या बटाईदारी पर आधारित उत्पादन के उपर्युक्त प्रतिमानों पर ध्यान देते हैं, तो हमारी दृष्टि स्वतः ही भू-स्वामी, भू-स्वामी खेतिहर लोगों, काश्तकारों, बटाईदारों एवं कृषि श्रमिकों की ओर जाती है। इन्हीं विभिन्न श्रेणियों और इनके पारस्परिक सम्बन्धों से

कृषक संस्तरण प्रणाली निर्मित होती है जो भारतीय ग्रामीण सामाजिक व्यवस्था की एक अत्यन्त महत्त्वपूर्ण विशेषता है।

समाजशास्त्रियों एवं सामजिक मानवशास्त्रियों को ग्रामीण समाज की इन्हीं विभिन्न श्रेणियों में पाए जाने वाले सम्बन्धों पर अपना ध्यान केन्द्रित करना चाहिए। कुछ लोगों का यह भी कहना है कि जाति ग्रामीण समाज के वास्तविक विभाजन का प्रतिनिधित्व करती है, न कि कृषि व्यवस्था पर आधारित वर्ग। परन्तु इससे हमें यह नहीं समझ लेना चाहिए कि लोग स्वयं भूमि के स्वामित्व, नियन्त्रण तथा उपयोग पर आधारित विभाजन को महसूस नहीं करते हैं। आन्द्रे बेतेई के अनुसार यदि हम ग्रामीण पश्चिम बंगाल को लें तो पाएँगे कि वहाँ लोग अपने समुदाय को केवल जातीय आधार पर ही विभाजित नहीं मानते, बल्कि अपने को जमींदार, जोतदार आदि के रूप में भी विभाजित मानते हैं। वर्गीकरण का यह दूसरा क्रम वर्गों के काफी निकट है। स्पष्ट है कि भारतीय ग्रामों में सामाजिक स्तरीकरण के आधार के रूप में केवल जाति का महत्त्व नहीं पाया जाता, बल्कि वर्गों का भी समान महत्त्व है। ग्रामीण कृषि क्षेत्र में उत्पादन के संगठन के आधार पर भी लोग विभिन्न श्रेणियों में बँटे हुए हैं। इन विभिन्न श्रेणियों के व्यवस्थित अध्ययन के आधार पर ही कृषक सम्बन्धों को ठीक प्रकार से समझा जा सकता है।

कृषक व्यवस्था का अध्ययन करने वाले समाजशास्त्रियों एवं मानवशास्त्रियों ने अपने अध्ययनों के आधार पर यह निष्कर्ष निकाला है कि भूमि सम्बन्धों में परिवर्तन ने गाँव में पाई जाने वाली सामाजिक स्तरीकरण की व्यवस्था को भी प्रभावित किया है। पहले भू-स्वामी प्रभु जातियाँ, जिनका अधिकांश भूमि पर नियन्त्रण होता था, निम्न वर्गों का शोषण एवं दमन करती थीं। यद्यपि भूमि सुधारों का लाभ कुछ भूतपूर्व अस्पृश्य जातियों को नहीं मिल पाया है तथापि उनके शोषण एवं दमन में कमी हुई है। आज राज्य द्वारा अपनाई गई नीतियों के परिणामस्वरूप ग्रामीण कृषक स्तरीकरण अधिक जटिल होता जा रहा है।

कृषि का सामाजिक ढाँचा

आर्थिक क्रिया-कलापों की दृष्टि से कृषि के सामाजिक गठन का विशेष महत्त्व पाया जाता है। इन क्रिया-कलापों में विभिन्न व्यक्तियों के बीच होने वाली अन्तर्क्रियाएँ सम्मिलित होती हैं जिनमें विभिन्न व्यक्तियों के अधिकार और दायित्व सामाजिक रूप से परिभाषित होते हैं। उदाहरण के लिए, कृषि सम्बन्धी क्रियाओं को भिन्न-भिन्न तरीकों से संगठित किया जा सकता है। एक भू-स्वामी स्वयं अपनी भूमि को नहीं जोत कर व्यक्तिगत देख-रेख में वेतनभोगी मजदूरों से उसे जुतवा सकता है। इसके अतिरिक्त वह अपनी भूमि को दूसरों को निश्चित अवधि के लिए जोतने को दे सकता है अथवा बटाईदारी में खेती कराकर उपज का एक निश्चित भाग प्राप्त कर सकता है। साथ ही, कृषि का सामाजिक संगठन सामाजिक व्यवस्था के अन्य पक्षों; जैसे नातेदारी, जाति एवं स्थान विशेष से भी सम्बन्धित होता है। इसी कारण कृषि कार्यों में लगे विभिन्न समूह और श्रेणियाँ तथा उनके पारस्परिक सम्बन्ध अलग-अलग राज्यों में भिन्नता लिए होते हैं।

प्रत्येक समाज के मूल्यों के भी अपने विशिष्ट प्रतिमान होते हैं जोकि संगठनों से परस्पर सम्बन्धित होते हैं। किसी भी परिवर्तन में ये दोनों महत्त्वपूर्ण भूमिका निभाते हैं। परन्तु इस सम्बन्ध में हमें यह अवश्य ध्यान रखना चाहिए कि परिवर्तन में संगठन की तुलना में मूल्य अधिक बाधक होते हैं। वर्तमान में एशियाई देशों में सामाजिक समानता को एक अत्यन्त महत्त्वपूर्ण मूल्य के रूप में स्वीकार किया गया है। भारत ने संस्तरणात्मक मूल्यों को सामने रखते हुए अपने सम्मुख एक जातिविहीन और वर्गविहीन समाज की रचना का लक्ष्य रखा है।

कृषक सम्बन्धी अध्ययनों में अपनाए गए उपागम

कृषक सम्बन्धी अध्ययनों में समाजशास्त्रियों एवं सामाजिक मानवशास्त्रियों ने अनेक प्रकार के उपागमों का प्रयोग किया है। इन उपगमों में निम्नलिखित तीन प्रमुख हैं—

(1) उद्‌विकासवादी उपागम—अनेक विद्वानों ने कृषक सम्बन्धी अध्ययनों में उद्‌विकासवादी उपागम को अपनाया है। बेडन पोवल एवं समनर मेन ने इस उपागम द्वारा भारत में भूमि पर अधिकारों की मौलिक प्रकृति का पता लगाने का प्रयास किया है अर्थात् यह ज्ञात करने का प्रयास किया है कि भूमि पर नियन्त्रण किसका था, खेती कौन करता था, कृषि उत्पाद का वितरण किस प्रकार से होता था, भूमि का सामूहिक स्वामित्व व्यक्तिगत स्वामित्व में किस प्रकार से परिवर्तित हुआ तथा किस प्रकार से कृषक संरचना में भूमि का कुछ हाथों में अत्यधिक केन्द्रीकरण हुआ। इन विद्वानों ने कृषक संरचना में पाई जाने वाली वंचना तथा संघर्ष की ओर कोई ध्यान नहीं दिया है। इरफान हबीब ने भी कृषक संरचना के उद्‌विकास को स्वीकार किया है। इनके अनुसार कृषक संरचना में प्रारम्भ में शोषण का कोई स्थान नहीं था क्योंकि भूमि कृषक की थी तथा कृषक ही भूमि पर खेती करता था। धीरे-धीरे सामन्तवादी व्यवस्था के उदय के कारण जागीरदारी व्यवस्था का प्रचलन हुआ जिसमें कृषकों का शोषण प्रारम्भ हो गया। यह शोषण अंग्रेजों द्वारा लागू की गई जमींदारी व्यवस्था में चरमोत्कर्ष पर पहुँच गया।

(2) ऐतिहासिक-भौतिकवादी उपागम—इस उपागम का प्रयोग ए० आर० देसाई, पी० सी० जोशी तथा डेनियल थार्नर जैसे विद्वानों द्वारा अपनाया गया है। देसाई को ऐतिहासिक-भौतिकवादी उपागम द्वारा सामाजिक रूपान्तरण को समझने वाला प्रमुख विद्वान् माना जाता है। इन्होंने भारतीय कृषक संरचना को समझने के लिए भी इसी उपागम को अपनाया है तथा समकालीन कृषक समस्याओं को ऐतिहासिक परिप्रेक्ष्य में देखने का प्रयास किया है। इन्होंने ग्रामीण सामाजिक वंचना एवं वर्ग संघर्ष की समस्याओं को कृषक वर्ग संरचना के सन्दर्भ में देखा है तथा इनके लिए ग्रामीण सामाजिक संरचना की पक्षपाती प्रकृति को उत्तरदायी माना है। इनके अनुसार ग्रामीण संरचना में इस दृष्टि से अधिक परिवर्तन नहीं हुए हैं कि आर्थिक श्रेष्ठता सामन्तवादियों के स्थान पर पूँजीपतियों की हो गई है। इसलिए सामाजिक वंचना एवं वर्ग संघर्ष में कोई विशेष परिवर्तन नहीं हुआ है। पी० सी० जोशी ने स्वतन्त्रता पश्चात् कृषक विकास कार्यक्रमों के परिणामस्वरूप होने वाले सामाजिक-सांस्कृतिक परिवर्तनों का अध्ययन किया है। इनके अनुसार ये विकास कार्यक्रम भी कृषक व्यवस्था में वंचना के तत्त्वों को विकसित करते हैं

क्योंकि इनका लाभ समाज के पिछड़े वर्गों को नहीं मिल पाता है। इन्होंने विभिन्न वर्गों में बढ़ते हुए आर्थिक अन्तर, कृषि विकास एवं वितरण सम्बन्धी न्याय में अन्तर तथा कार्यक्रमों एवं इनके कार्यान्वयन में अन्तर को कृषक तनावों का प्रमुख कारण माना है। डेनियल थार्नर ने कृषक संरचना का अध्ययन भूमि के स्वामित्व, नियन्त्रण एवं वितरण की दृष्टि से किया है। इन्होंने मालिक, किसान तथा मजदूर जैसे कृषक वर्गों के सन्दर्भ में शोषण का उल्लेख किया है। इनका कहना है कि यद्यपि ग्रामीण भारत में काफी परिवर्तन हुए हैं, तथापि सामन्तवादी व्यवस्था के अवशेष अभी भी कृषक संरचना में देखे जा सकते हैं।

(3) संरचनात्मक-प्रकार्यात्मक उपागम—आन्द्रे बेतेई ने इस उपागम द्वारा समकालीन कृषक संरचना का अध्ययन किया है। इनका कहना है कि वंचना अथवा असमता अनिवार्य रूप से संघर्ष को विकसित नहीं करते हैं। इसके विपरीत, जाति व्यवस्था के साथ जुड़े हुए मूल्यों के संस्तरणात्मक ढाँचे द्वारा वंचना अथवा असमता को वैधता प्राप्त हो जाती है। ग्रामीण समाज के सामाजिक-सांस्कृतिक भागों में होने वाले संरचनात्मक परिवर्तनों के कारण किसी प्रकार की नवीन संस्तरणात्मक व्यवस्था का विकास नहीं हो रहा है अपितु अब कुछ वर्गों को वंचना अथवा असमता का अधिक अहसास हो रहा है।

ग्रामीण भारत में शक्ति संरचना

भारतवर्ष गाँवों का देश है क्योंकि इसकी तीन-चौथाई जनसंख्या गाँवों में निवास करती है। सभी अन्य प्रघटनाओं की तरह ग्रामीण समाज में भी परिवर्तन हो रहे हैं। ग्रामीण समाज की तकनीकी, अर्थव्यवस्था तथा सामाजिक संस्थाओं, विचारधारा, कला तथा धर्म इत्यादि सभी पहलुओं में अनेक परिवर्तन हुए हैं। कई बार यह परिवर्तन काफी धीमा रहा है, जबकि कई बार इसकी गति में काफी तीव्रता आती रही है तथा इससे ग्रामीण समाज का स्वरूप परिवर्तित होता रहा है।

भारत में समाजशास्त्र में जितने अध्ययन हुए हैं उनमें अधिकांश ग्रामों में ही हुए हैं तथा इनका उद्देश्य ग्रामीण भारत में परिवर्तनों की प्रकृति को समझना रहा है। ए० आर० देसाई, एस० सी० दुबे, कैथलीन गॅफ, एम० एन० श्रीनिवास, ब्रज राज चौहान, बर्नार्ड कोहन, सुरजीत सिन्हा, टी० के० ओमन, डी० एन० मजूमदार, एस० थीरूभलाई, डेविड मैण्डलबाम, योगेन्द्र सिंह, योगेश अटल, मयीरोन वॉनर, आन्द्रे बेतेई, टी० आर० सिंह, एम० एस० ए० राव, एम० एस० गोरे इत्यादि अनेक प्रमुख विद्वान् हैं जिन्होंने ग्रामीण भारत में परिवर्तनशील प्रतिमानों का अध्ययन किया है।

गाँवों में शक्ति एवं सत्ता के परिवर्तनशील प्रतिमानों को समझने के लिए पहले शक्ति तथा सत्ता का अर्थ समझ लेना अनिवार्य है। जब व्यक्ति परस्पर सम्पर्क में आते हैं तथा अन्तर्क्रियाओं में हिस्सा लेते हैं तो कुछ व्यक्ति अन्य व्यक्तियों को प्रभावित करने लगते हैं। हैरोल्ड लैसवैल के अनुसार प्रभाव से अभिप्राय दूसरे व्यक्तियों की नीतियों को प्रभावित करना है। प्रभाव किसी व्यक्ति की अपनी इच्छानुसार दूसरे व्यक्तियों को बदलने की क्षमता है। कुछ

परिस्थितियाँ ऐसी होती हैं जिनमें अनुपालन की सम्भावना बहुत कम होती है तथा ऐसी परिस्थिति में कर्ता को अन्य व्यक्तियों से अपनी बात मनवाने के लिए काफी प्रयास करना पड़ता है। अगर इस प्रयास में वह बल का प्रयोग करता है अथवा प्रयोग करने की धमकी देता है तो उसे शक्ति कहा जाता है। शक्ति किसी व्यक्ति की नकारात्मक अथवा सकारात्मक अनुमोदन (Sanction) द्वारा दूसरे व्यक्तियों के व्यवहार को प्रभावित करने की क्षमता है। सकारात्मक अनुमोदन पुरस्कार के रूप में हो सकता है, जबकि नकारात्मक अनुमोदन व्यक्ति को वस्तु से वंचित करने, किसी भी प्रकार का नुकसान पहुँचाने अथवा दण्ड देने की धमकी के रूप में हो सकता है। शक्ति एक सापेक्षिक विशेषता है क्योंकि कोई भी व्यक्ति अन्य व्यक्तियों की अपेक्षा अधिक अथवा कम शक्तिशाली हो सकता है। टालकट पारसंस ने शक्ति के तीन स्रोत बताए हैं—शारीरिक शक्ति, भौतिक शक्ति तथा प्रतीकात्मक शक्ति। इन्होंने शक्ति की तुलना मुद्रा से की है। जिस प्रकार मुद्रा परिभ्रमण करती रहती है उसी प्रकार शक्ति में भी परिभ्रमण होता रहा है। इनकी 'शक्ति की शून्य योग की अवधारणा' (Zero sum concept of power) शक्ति सम्बन्धों को समझने में सहायक है अर्थात् इनका कहना है कि अगर किसी के पास सकारात्मक शक्ति है तो दूसरे के पास नकारात्मक शक्ति होगी और इन दोनों का योग शून्य होगा।

राजनीतिक शक्ति समाज में स्थायित्व बनाए रखने, इसका संचार करने तथा समाज में निरन्तरता बनाए रखने में महत्त्वपूर्ण योगदान देती है क्योंकि शक्ति को वैधता मजबूत करती है। जब राजनीतिक शक्ति के साथ वैधता को जोड़ दिया जाता है तो उसे सत्ता कहते हैं। मैक्स वेबर के अनुसार सत्ता का सम्बन्ध शक्ति से है अर्थात् वैध शक्ति को ही सत्ता कहा जाता है। इस प्रकार, सत्ता शक्ति का एक विशेष प्रकार होता है। सत्ता को मानना अथवा इसका अनुपालन करना एक ऐच्छिक कार्य है। सत्ता ही समाज में स्थायित्व का वास्तविक आधार है। सत्ता केवल राजनीतिक क्रियाओं तक ही सीमित नहीं है, अपितु सामाजिक जीवन के प्रत्येक पहलू में सत्ता क्रियाशील है तथा देखी जा सकती है।

तन्जोर जिले के दो गाँवों का प्रमुख रूप से अध्ययन किया गया है। आन्द्रे बेतेई ने श्रीपुरम् गाँव तथा ई० कैथलीन गॅफ ने कुम्बापटई नामक गाँव का अध्ययन किया है। इन गाँवों में शक्ति एवं सत्ता के परिवर्तनशील प्रतिमानों का संक्षिप्त परिचय इस प्रकार है—

श्रीपुरम् गाँव में शक्ति एवं सत्ता के परिवर्तनशील प्रतिमान

आन्द्रे बेतेई ने दक्षिण के तन्जोर जिले में स्थित श्रीपुरम् नामक गाँव का विस्तृत अध्ययन किया है। अध्ययन का आधार वर्ष 1961-62 है। इस गाँव के अध्ययन में इन्होंने प्रमुख रूप से जाति, वर्ग एवं शक्ति (राजनीतिक पहलुओं के सन्दर्भ में) परिवर्तनशील सम्बन्धों पर अपना ध्यान केन्द्रित किया है। परम्परागत रूप से तन्जोर जिला जाति की जटिलता एवं कठोरता के कारण, जिसके परिणामस्वरूप जिले की जनसंख्या विभिन्न असमान सामाजिक समूहों में विभाजित रही है, जाना जाता रहा है। सामाजिक असमानता के साथ ही साथ आर्थिक एवं राजनीतिक असमानता भी जुड़ी रही है अर्थात् जो व्यक्ति सामाजिक-धार्मिक दृष्टि से उच्च स्थिति

रखते थे उनका आर्थिक एवं राजनीतिक स्तर भी उच्च रहा है। इसके विपरीत, निम्न सामाजिक स्तर के व्यक्तियों का आर्थिक एवं राजनीतिक स्तर भी निम्न रहा है।

श्रीपुरम् गाँव तन्जोर जिले के तन्जोर तालुक में कावेरी नदी के किनारे पर तन्जोर से केवल आठ मील दक्षिण पर स्थित है। श्रीपुरम् में पाई जाने वाली जातियों को निम्नलिखित तीन प्रमुख श्रेणियों में विभाजित किया जा सकता है—

(1) ब्राह्मण जातीय समूह,

(2) गैर-ब्राह्मण जातीय समूह, एवं

(3) आदि-द्रविड़ जातीय समूह।

तन्जोर गाँव की कुल जनसंख्या लगभग 1400 है जिसमें ब्राह्मणों के 92 परिवार, गैर ब्राह्मणों के 168 तथा आदि-द्रविड़ों के 89 परिवार सम्मिलित हैं। इनकी जनसंख्या क्रमशः 341, 688, तथा 371 है। तीनों ही जातीय समूहों में स्थानीय पृथक्कता पाई जाती है। इन तीनों का सामाजिक स्तर ही भिन्न नहीं रहा है, अपितु आर्थिक स्तर भी भिन्न रहा है। पिछली तीन पीढ़ियों में यह अन्तर कम हुआ है। सामाजिक-आर्थिक स्थिति में असमानता के साथ-साथ राजनीतिक दृष्टि से भी इन समूहों में असमानता पाई जाती है।

जाति, वर्ग एवं शक्ति शब्दों का प्रयोग सामाजिक, आर्थिक एवं राजनीतिक असमानताओं अर्थात् सामाजिक स्तरीकरण के पहलुओं के लिए किया जा सकता है। आन्द्रे बेतेई का कहना है कि जाति, वर्ग एवं शक्ति तीनों परस्पर सम्बन्धित हैं तथा इन्हें केवल सैद्धान्तिक दृष्टि से ही एक दूसरे से पृथक् किया जा सकता है। श्रीपुरम् गाँव में जातीय संस्तरण के साथ-साथ वर्ग पर आधारित संस्तरण भी स्पष्ट रूप से देखा जा सकता है। उत्पादन के साधनों के स्वामित्व के आधार पर श्रीपुरम् की कृषक सामाजिक संरचना को स्पष्ट सामाजिक श्रेणियों में विभाजित किया जा सकता है। विभिन्न कृषक वर्गों में यद्यपि सम्बन्ध इतने अधिक मधुर नहीं पाए जाते, फिर भी यह कहना अतिशयोक्ति होगा कि इनमें संघर्ष पाया जाता हैं। वास्तव में, वर्ग के आधार की अपेक्षा अन्य सम्बन्धों पर आधारित संघर्ष अधिक पाया जाता है।

परम्परागत भारतीय समाज में, यहाँ तक कि आज से पचास वर्ष पहले तक भी, वर्ग व्यवस्था तथा जातीय संस्तरण में काफी तालमेल पाया जाता रहा है। जाति एवं वर्ग आपस में जुड़े हुए थे अर्थात् उच्च जाति के लोग उच्च वर्ग के भी थे। परन्तु आज अनेक कारणों से जाति एवं वर्ग संस्तरण में परिवर्तन हो रहे हैं। जाति संस्तरण में परिवर्तन का स्रोत मुख्य रूप से पश्चिमीकरण तथा धर्मनिरपेक्षीकरण तथा वर्ग में परिवर्तन का स्रोत कैश अर्थव्यवस्था तथा भूमि का व्यापारीकरण प्रमुख हैं।

श्रीपुरम् गाँव में परम्परागत भारतीय समाज की तरह ब्राह्मण ही भू-स्वामी थे क्योंकि गैर- ब्राह्मणों के पास बहुत कम भूमि थी। यद्यपि ब्राह्मणों का भूमि पर आधिपत्य था फिर भी ब्राह्मण स्वयं कृषि नहीं करते थे, अपितु गैर-ब्राह्मणों को किराये पर दे देते थे तथा आदि-द्रविड़ कृषक मजदूरों के रूप में कार्य करते थे।

जाति एवं वर्ग संस्तरण में परिवर्तन के साथ ही साथ गाँव में शक्ति संरचना में भी परिवर्तन हुए हैं। यद्यपि वर्ग संरचना में परिवर्तन कम हुए हैं परन्तु शक्ति संरचना में परिवर्तन की गति अधिक व्यापक रही है। शक्ति जोकि पहले परम्परागत संभ्रांतजनों के हाथों में केन्द्रित थी आज नवीन प्रतिष्ठित नेताओं के हाथों में आती जा रही है। इस प्रकार, परम्परागत समाज में जाति, वर्ग एवं शक्ति सरंचनाएँ, जिन्हें एक-दूसरे से पृथक् नहीं किया जा सकता था आज पृथक् होती जा रही हैं। नवीन शक्ति के ऐसे स्रोत उभर आए हैं जिनका जाति एवं वर्ग से कोई सम्बन्ध नहीं है। ब्राह्मण भू-स्वामी आज स्वयं में एक विभाजित वर्ग है। वर्ग की अपेक्षा जातीय आधार पर राजनीतिक संघर्ष अधिक देखे जा सकते हैं। पिछले तीन दशकों में तमिलनाडु तथा श्रीपुरम् में शक्ति ब्राह्मणों से गैर-ब्राह्मणों के हाथों में आ गई है। पंचायत पर अधिकार गैर-ब्राह्मणों का हो गया है।

इस प्रकार, आन्द्रे बेतेई ने तमिलनाडु के तन्जोर जिले में स्थित श्रीपुरम् गाँव के अध्ययन के आधार पर यह निष्कर्ष निकाला है कि पिछले तीस वर्षों में ग्रामीण संस्तरण विशेष रूप से जातीय, वर्ग एवं शक्ति संरचना में काफी परिवर्तन हुए हैं तथा तीनों संरचनाएँ एक-दूसरे से पृथक् होती जा रही हैं।

तन्जोर के एक गाँव में सामाजिक ड्रामा

ग्रामीण भारत में अनेक प्रकार के परिवर्तन हो रहे हैं। ई० कैथलीन गॉफ ने भारत के दक्षिणी-पूर्वी भाग में तमिलनाडु के एक जिले तन्जोर के कुम्बापटई नामक गाँव में शक्ति तथा सत्ता के परिवर्तनशील प्रतिमानों का अध्ययन किया है। तन्जोर एक उपजाऊ जिला है जिसमें नहरों का जाल-सा बिछा हुआ है तथा अधिक उपजाऊ होने के कारण पड़ोसी रामनड् (Ramnad), त्रिचिनोपोली (Trichinopoly) तथा मदुरा (Madura) जिलों से अनेक लोग तन्जोर जिले में आ बसे हैं। यह आज भारत के अधिक घनत्व वाले क्षेत्रों में से एक हैं। यहाँ धान (पैड़ी) तथा नारियल (कोकोनट) अधिकतर उगाया गया है जिसका पड़ोसी क्षेत्रों में निर्यात किया जाता है।

तन्जोर जिले में दो प्रकार की ग्रामीण संरचनाएँ पाई जाती हैं—(1) मिरासी गाँव (Mirasi village), तथा (2) इनाम गाँव (Inam village)। मिरासी गाँव में थोड़ी-थोड़ी भूमि पर पितृवंशीय संयुक्त परिवारों का स्वामित्व है, जबकि इनाम गाँव में महाराजों द्वारा तमिल ब्राह्मणों, मराठों अथवा धार्मिक संस्थाओं को दिए गए गाँव हैं। तन्जोर की जनसंख्या को तीन श्रेणियों में बाँटा जा सकता है—

(1) ब्राह्मण जातियाँ,

(2) गैर-ब्राह्मण जातियाँ, तथा

(3) आदि-द्रविड़।

ब्राह्मणों की जिले में 20,00,000 की आबादी है तथा वे अधिकांशतः भू-स्वामी है। कुल 2,611 गाँवों में से लगभग 900 गाँवों के प्रशासनिक अधिकार ब्राह्मणों के पास ही है।

गैर-ब्राह्मण जातियों को उच्च तथा निम्न जातियों में बाँटा जा सकता है। उच्च गैर-ब्राह्मण जातियाँ ब्राह्मणों की तरह ही भू-स्वामी हैं, जबकि निम्न गैर-ब्राह्मण जातियाँ कास्तकारी, दस्तकारी अथवा मजदूरी का कार्य करती हैं। आदि-द्रविड़ सबसे निम्न श्रेणी है तथा इनमें पालन, परियान तथा चकिलियान प्रमुख हैं। जिले की अधिकांश जनसंख्या तमिल बोलती है, जबकि बाहर से आए हुए कुछ लोगों की भाषा तेलुगु तथा मराठी भी है।

कैथलीन गॅफ का कहना है कि तन्जोर का चयन उन्होंने इसलिए किया क्योंकि यह दक्षिण भारत में परम्परागत ब्राह्मण संस्कृति तथा सिवाइट (Saivite) धर्म के प्रमुख केन्दों में से एक है। इस जिले के मन्दिर, विशेषकर दसवीं तथा ग्यारहवीं शताब्दी में चोल राजाओं द्वारा बनाए गए, पूरे भारतवर्ष में मशहूर हैं। तन्जोर जिले में यद्यपि ब्राह्मणों की कुल जनसंख्या का केवल 15वाँ भाग ही है, फिर भी वे तमिल के अन्य क्षेत्रों की अपेक्षा अधिक धनी तथा प्रभावशाली हैं।

कुम्बापटई : तन्जोर का एक गाँव

कैथलीन गॅफ ने तन्जोर जिले के उत्तरी-पूर्वी भाग में स्थित कुम्बापटई नामक मिरासी गाँव के सामाजिक संगठन तथा परिवर्तन की दिशा, विशेषकर शक्ति तथा सत्ता के क्षेत्र में, का वर्णन किया है। मिरासी गाँव की संरचना ब्राह्मण अथवा गैर-ब्राह्मण होने के कारण भिन्न-भिन्न है। ब्राह्मण गाँवों में अधिकांश भूमि पर ब्राह्मणों का अधिकार है जोकि गैर-ब्राह्मणों को अपनी भूमि कास्तकारी के लिए देते हैं। यह गाँव मद्रास में 200 मील दक्षिण-पश्चिम तथा तन्जोर कस्बे से 8 मील दक्षिण में स्थित है। ब्राह्मण, गैर-ब्राह्मण तथा आदि-द्रविड़ तीनों प्रकार की जातियों के लोग गाँव में रहते हैं। ब्राह्मण लघु भू-स्वामी हैं तथा प्रत्येक परिवार तीन से बीस एकड़ तक भूमि का स्वामी है।

कुम्बापटई एक ब्राह्मण गाँव है जोकि डेढ़ मील के क्षेत्र में फैला हुआ है तथा जिसकी कुल जनसंख्या केवल 1,200 है। गलियों में घरों के पीछे कोकोनट तथा सब्जियों के छोटे-छोटे बगीचे हैं तथा पूरा गाँव कावेरी जल द्वारा सिंचित धान के खेतों द्वारा घिरा हुआ है।

कुम्बापटई गाँव की जातीय संरचना

कुम्बापटई बहु-जातीय गाँव है जिसमें ब्राह्मण, गैर-ब्राह्मण तथा आदि-द्रविड़ तीनों प्रकार की जातियाँ निवास करती हैं। गाँवों के मध्य में एक ही गली में ब्राह्मणों के अड़तालीस प्रतिशत मकान हैं (जिसमें 12 खाली भी सम्मिलित है)। बाह्मण गली के पास तीन गैर-ब्राह्मण काश्तकार तथा सेवक जातियों की गलियाँ हैं जिनमें कोनान काश्तकार तथा गवाले (20 गृह), छोटे कृषक तथा बान के व्यापारी-कलन (7), मराल, तोडी टेपरज (12), अहमबतियान तथा पटियाटची कास्तकार (6), मन्दिर- विरोधी पुजारी (4), मिट्टी के बर्तन बनाने वाले (3), तबतियन वेश्याएँ तथा निम्न जाति के मन्दिरों में नाचने वाले (1), मछली पकड़ने वाले (4), मराठा कूली (2), लोहार (1), बढ़ई (1), सुनार (1), नाई (2), धोबी (1), मुस्लिम चौकीदार (1) तथा सड़क साफ करने वाले जिप्सी (1) रहते हैं।

गाँव में से थोड़ा बाहर धान के खेतों के उस पार पालन (जोकि पहले अर्द्धदास थे) जाति के 49 गृह हैं जोकि पाँच गलियों में बँटे हुए हैं तथा गाँव में कृषि मजदूरी का कार्य इन्हीं लोगों द्वारा किया जाता है। कुम्बापटई में परियान का कोई कुटुम्ब नहीं है, परन्तु पास के गाँव के दो परियान परिवारों को मरे हुए पशुओं को हटाने तथा दाह संस्कार में ढोल बजाने का कार्य किया जाता है।

गाँव में व्यक्तिगत जातियों में एकता पाई जाती है। एक ही जाति के सदस्य एक समान व्यवसाय, भूमि अधिकार अथवा सामान्य धार्मिक विश्वास तथा क्रियाओं के कारण परस्पर सम्बन्धित हैं। पहले सभी ब्राह्मण मिरासदार थे, कोनान काश्तकार थे तथा आदि-द्रविड़ भूमिहीन मजदूर थे। ब्राह्मणों में एकता अन्य जातियों की अपेक्षा अधिक पाई जाती है तथा मकान सटे हुए हैं और उनमें एक दूसरे को सन्देश तक पहुँचाने के लिए सुराख तक हैं।

कुम्बापटई में परम्परागत सामाजिक सम्बन्ध

कैथलीन गॅफ के अनुसार चालीस-पचास वर्ष पहले कुम्बापटई गाँव एक आत्म-निर्भर गाँव था। बीस वर्ष पहले तक गाँव की पूरी भूमि पर ब्राह्मणों का स्वामित्व था तथा ब्राह्मणों का ही काश्तकारों तथा आदि-द्रविड़ लोगों पर पूर्णतः आर्थिक नियन्त्रण था। चालीस वर्ष पहले कुम्बापटई के सभी गैर-ब्राह्मण या तो ब्राह्मणों के काश्तकार थे या ब्राह्मण अथवा अन्यों के लिए विशेष कार्य करने वाले सेवक थे। गैर ब्राह्मण जाति के लोग—कोनान—ब्राह्मणों के खेतों में सालाना साझीदारों के रूप में कार्य करते थे तथा खेतों की देखभाल करने व खेती करने के बदले उन्हें कुल उपज का केवल पाँचवाँ हिस्सा ही मिलता था। कुछ ब्राह्मणों के पशुओं को चराने अथवा मालिकों का कार्य भी वे करते थे तथा उन्हें मासिक धान के रूप में वेतन दिया जाता था। गाँव की दो-तिहाई भूमि पर आदि-द्रविड़ खेती करते थे जोकि ब्राह्मण भू-स्वामियों के बँधुआ मजदूर थे, तथा जिन्हें रोजाना निश्चित धन तथा विवाह, जन्म और मृत्यु के समय अतिरिक्त कर्ज दिया जाता था। काश्तकारों तथा मजदूरों को साल बाद वस्त्र तथा भू-स्वामियों की जमीन पर बनाई गई अपनी झोपड़ियाँ ठीक करने के लिए वस्तुएँ तथा गर्मियों में अकाल इत्यादि के समय कुछ अतिरिक्त अनाज दिया जाता था। गाँव की सेवक जातियों—नाई, धोबी, सुनार, लोहार तथा मन्दिर के पुजारी—को साल में दो फसल काटने के बाद निश्चित अनाज दिया जाता था।

कुम्बापटई में परिवर्तन

कैथलीन गॅफ का कहना है कि तन्जोर गाँव की सामाजिक संरचना जोकि परम्परागत रूप से एक बन्द तथा स्थायी व्यवस्था थी, जिसमें सामन्तवादी जीवन-निर्वाह अर्थव्यवस्था तथा धार्मिक नियमों पर आधारित विभिन्न जातियों में सहयोग पाया जाता था आज अपेक्षाकृत खुली व्यवस्था बनती जा रही है जिसमें पूँजीवादी अर्थव्यवस्था विकसित हो रही है तथा आर्थिक वर्गों तथा विभिन्न जातियों में प्रतियोगिता बढ़ गई है।

पिछले बीस वर्षों में गरीब ब्राह्मणों द्वारा एक-तिहाई जमीन तन्जोर तथा आस-पास के कस्बों के सम्पन्न व्यापारियों तथा व्यावसायिक व्यक्तियों को बेच दी गई है। इसके साथ ही, बारह ब्राह्मण परिवार जिनके गाँव में अपने मकान तथा जमीन हैं, मद्रास तथा अन्य शहरों में चले गए हैं यहाँ पर वे सरकारी दफ्तरों में क्लर्कों का कार्य करते हैं एवं अध्यापक तथा शाकाहारी होटल स्वामी के व्यवसाय को अपना लिया है। अब अनुपस्थित भू-स्वामियों का आर्थिक नियन्त्रण समाप्त हो गया है तथा कोई भी उसकी जमीन पर काश्तकारी नहीं करना चाहता। अब केवल तिरसठ प्रतिशत गैर-ब्राह्मण व्यक्ति ही ब्राह्मण भू-स्वामियों के आर्थिक नियन्त्रण में हैं तथा सैंतीस प्रतिशत आत्म-निर्भर हो गए हैं।

आदि-द्रविड़ लोगों में भी क्रान्तिकारी परिवर्तन हुए हैं तथा अब केवल बाईस प्रतिशत ही बन्धित (बँधुआ) मजदूरों में रूप में कार्य करते हैं। एक परिवार के पास अब एक एकड़ जमीन है, अड़तीस प्रतिशत आदि-द्रविड़ गैर-ब्राह्मणों की तरह ही पिछले दस वर्षों में साझेदार बन चुके हैं, जबकि उनतालीस प्रतिशत रोजाना कुलियों का कार्य करते हैं जिसका पारिश्रमिक वे नगद रूप में प्राप्त करते हैं। मजदूरों को भी मजदूरी आंशिक रूप से नकद पैसों में दी जाने लगी है।

आर्थिक परिवर्तनों के परिणामस्वरूप ग्रामवासियों के बाहरी जगत से सम्बन्ध भी बढ़ गए हैं। सभी जातियों के सदस्य तन्जोर तथा अन्य कस्बों में इन्हें जब समय मिलता है सिनेमा देखते हैं तथा दैनिक उपयोग की वस्तुएँ भी नगरों से ही खरीदने लगे हैं। गाँव वालों ने नगरीय अर्थव्यवस्था में अधिक भाग लेना शुरू कर दिया है। इस बाहरी सम्पर्क से ग्रामीण संस्तरण में काफी परिवर्तन हुए हैं।

ब्राह्मणों के प्रशासनिक अधिकारों में भी परिवर्तन हुए है। पहले गैर-ब्राह्मण आदि-द्रविड़ लोगों में झगड़ों के निर्णय ब्राह्मणों द्वारा किए जाते थे तथा उनका निर्णय अन्तिम एवं बाध्य माना जाता था। ब्राह्मणों के पास गाँव में शान्ति भंग करने वाले झगड़ों को निपटाने की पूर्ण शक्ति थी तथा वे अपनी सत्ता के आधार पर संस्कृति को समग्र रूप से समझने के लिए तथा सामान्यीकरण के उचित आधार पर जुर्माना कर देते थे। जुर्माना आर्थिक जुर्माने अथवा पिटाई के रूप में हो सकता था अथवा किसी अन्य रूप में हो सकता था। गाँव में कल तक के मुकदमों को ब्राह्मणों के निर्णयों द्वारा निपटाया गया है।

कुम्बापटई में शक्ति तथा सत्ता संरचना

गाँव के प्रशासन में भू-स्वामी की निर्णायक भूमिका होती है। सरकार द्वारा नियुक्त मुखिया के अन्तर्गत गाँव एक स्थानीय लगान की इकाई है। मुखिया का कर्त्तव्य सभी मिरासदारों से लगान इकट्ठा करना तथा छोट-मोटे दीवानी मुकदमों की सुनवायी भी करना है। एक क्लर्क, दो लगान एकत्रित करने वाले व्यक्ति तथा एक चपरासी उस मुखिया के अन्तर्गत कार्य करते हैं। ये अधिकारी किसी भी जाति के हो सकते हैं।

गाँव में चुने हुए पंचायत बोर्ड के अधीन पंचायत भी पाई जाती है जिसके सात सदस्य तथा एक अध्यक्ष होता है। (सभी ब्राह्मण हैं क्योंकि वही भू-स्वामी हैं।) बोर्ड को लगान का एक निश्चित हिस्सा मिलता है तथा इसका कार्य सड़कों तथा कुओं को बनाए रखना है। ब्राह्मणों को छोड़कर प्रत्येक जाति अपनी गली में दो मुखियों को चुनती है जोकि उसी गली में शान्ति बनाए रखने के लिए उत्तरदायी होते हैं। मुखिया गाँव के सभी प्रकार के झगड़ों का निपटारा कर देता है परन्तु अधिक गम्भीर झगड़ों में अपराधी के भू-स्वामी ब्राह्मणों को बुलाया जाता है जोकि सजा की पुष्टि करते हैं तथा स्वयं सजा देते हैं। कोई भी झगड़ा, जिससे सामान्य शान्ति भंग होती है, ब्राह्मणों का ध्यान भी केन्द्रित करता है।

गाँव की एकता भू-स्वामियों, काश्तकारों, मजदूरों तथा सेवकों की आर्थिक निर्भरता के रूप में देखी जा सकती है। गाँव के देवता की पूजा तथा संस्कारों के समय भी गाँव की एकता स्पष्टतः देखी जा सकती है।

कुम्बापटई में शक्ति तथा सत्ता संरचना में परिवर्तन

अनेक ब्राह्मण परिवार नगरों में जा बसे हैं तथा उनके मकान अधिकांश बन्द रहते हैं। वे केवल फसल काटने के समय ही गाँव में आते हैं। कुछ भू-स्वामी तो अपनी जमीन का आकार तथा स्थान तक नहीं जानते हैं। आदि-द्रविड़ तथा गरीब कोनान लोगों में अब यह कहा जाने लगा है कि इन भू-स्वामियों का अब जमीन पर कोई अधिकार नहीं है। ब्राह्मणों का कहना है कि नगरीय कार्य के बिना वे अपना स्तर बनाए रखने में समर्थ नहीं हैं।

बाहर से आए हुए नडारों तथा कोनानों ने अब ब्राह्मणों की सत्ता को चुनौती देनी शुरू कर दी है तथा अपना प्रशासन शुरू कर दिया है। गाँव के मन्दिरों की अपेक्षा अब सभाएँ उनकी गलियों में ही होने लगी हैं तथा ब्राह्मणों को भी निर्णयों की पुष्टि के लिए नहीं बुलाया जाता है। एक कोनान परिवार ने एक शक्तिशाली गैर-ब्राह्मण का नेतृत्व प्राप्त कर लिया है।

यह बात ध्यान रखने योग्य है कि परम्परागत व्यवस्था का विरोध उन लोगों द्वारा नहीं किया जाता जो इससे सबसे अधिक प्रभावित हैं। उदाहरण के लिए, गरीब व कमजोर काश्तकारों से अधिक ब्राह्मण विरोधी द्रविड़ कजगम आन्दोलन का समर्थन धनी गैर-ब्राह्मणों ने किया है। वास्तव में, इन लोगों को इस परिवर्तन से कोई लाभ नहीं हुआ है।

शिक्षा के विस्तार के कारण ब्राह्मणों की निर्णायक शक्ति तथा सत्ता कमजोर होती जा रही है। मध्य वर्ग के व्यापारी परिवारों द्वारा जमीन खरीदने तथा नगरीय श्रम ने भी ब्राह्मणों की शक्ति तथा सत्ता को कमजोर बनाने में सहायता दी है। ब्राह्मणों की शक्ति तथा सत्ता के कम होने का एक कारण यह भी है कि ब्राह्मणों ने परम्परा से उनके लिए निर्धारित आदर्शों को छोड़ दिया है।

इस प्रकार, कैथलीन गॅफ ने अपने अध्ययन से यह निष्कर्ष निकला है कि भारतीय गाँवों में शक्ति तथा सत्ता के परम्परागत प्रतिमानों में परिवर्तन हो रहा है तथा शिक्षा, नवीन व्यवसायों,

नगरीय सम्पर्क तथा ब्राह्मणों द्वारा अपने आदर्शों का त्याग आदि ऐसे प्रमुख कारण हैं जिनसे यह परिवर्तन आया है।

सन्दर्भ-सूची

1. W. F. Ogburn and M. F. Nimkoff, **A Handbook of Sociology**, p. 210.
2. P. Gisbert, **Fundamentals of Sociology**, p. 308.
3. R. M. MacIver and C. H. Page, **Society : An Introductory Analysis**, p. 348.
4. R. T. LaPiere, **Sociology**, p. 452.
5. T. B. Bottomore, **Sociology : A Guide to Problems and Literature**, p. 188.
6. S. M. Shah, "Rural Class Structure in Gujarat" in A. R. Desai (edited), **Rural Sociology in India**, p. 287.
7. K. L. Sharma, **Social Stratification in India : Issues and Themes**, p. 160.
8. Daniel Thorner, "Land Reforms" in A. R. Desai, Op. Cit., pp. 476–480.
9. Ramkrishna Mukherjee, "Rural Class Structure in West Bengal" in A. R. Desai, Op. Cit., pp. 281–286.
10. G. Kotovsky, **Agrarian Reforms in India**, 1964.
11. D. R. Gadgil, "Two Powerful Classes in Agrarian Areas" in A. R. Desai, Op. Cit., pp. 333–335.
12. K. L. Sharma, **Caste, Class and Social Movements**, 1986.
13. Andre Beteille, **Studies in Agrarian Social Structure**, 1979.
14. S. L. Doshi and P. C. Jain, **Rural Sociology**, p. 175.
15. Andre Beteille, **Studies in Agrarian Social Structure**, pp. 142–170.
16. K. L. Sharma, **Caste, Class and Social Movements**, 1986.

5

भू-स्वामित्व एवं भूमि सुधार

प्रत्येक समाज में व्यक्तियों के व्यवहार को नियमित करने के लिए कुछ आदर्श नियम होते हैं जिन्हें हम अनेक श्रेणियों में विभाजित कर सकते हैं। उदाहरणार्थ, विविध प्रकार के कानून एक तरह से आदर्श नियम ही हैं। कुछ अधिनियम या कानून या आदर्श नियम समाज सुधार के लिए अथवा समाज में पाई जाने वाली विभिन्न कुरीतियों को समाप्त करने के लिए बनाए जाते हैं। इन्हीं अधिनियमों अथवा कानूनों को हम सामाजिक विधान कहते हैं। अतः सामाजिक विधानों का सीधा सम्बन्ध समाज सुधार से है।

सामाजिक विधान का अर्थ एवं परिभाषा

वस्तुतः समाज में निरन्तर परिवर्तन होते रहते हैं और इसी कारण कुछ प्रथाएँ एवं परम्पराएँ, जो पहले कभी उचित मानी जाती थीं, कुप्रथाएँ बन जाती हैं। समाज को सुचारु रूप से चलाने के लिए इन पर अंकुश लगाना अनिवार्य है। इसी उद्देश्य से बनाए गए अधिनियम सामाजिक विधान कहलाते हैं। अतः तात्कालिक सामाजिक समस्याओं को सुलझाने और सामाजिक विघटन को रोकने के उद्देश्य से राज्य द्वारा बनाए गए कानूनों को ही सामाजिक विधान कहा जाता है। मुख्यतः इन नियमों के निर्माण के पीछे दो उद्देश्य होते हैं—**प्रथम**, तात्कालिक उद्देश्य (सामाजिक बुराइयों पर प्रतिबन्ध तथा समाज का सुधार व कल्याण करना), तथा **द्वितीय**, भावी उद्देश्य (भविष्य में होने वाले समाज के विघटन को रोकना)। सामाजिक विधान व्यक्तिगत प्रयास या किसी समूह द्वारा उठाया गया सुधारात्मक कदम नहीं है, वरन् यह राजकीय शक्ति द्वारा उठाया गया, सुनिश्चित एवं सुव्यवस्थित कदम है जिसका पालन करना उस समाज के सदस्यों के लिए अनिवार्य है।

सरल शब्दों में, यह कहा जा सकता है कि सामाजिक विधान राज्य द्वारा बनाए गए वे नियम हैं जो सामाजिक कुरीतियों को दूर करने, सामाजिक विघटन को रोकने तथा समाज सुधार के अनुकूल परिस्थितियाँ उत्पन्न करने के उद्देश्य से बनाए जाते हैं। अन्य शब्दों में, यह कहा जा सकता है कि वह विधान जिसका उद्देश्य समाज को परिवर्तित अथवा पुनर्संगठित करना होता है सामाजिक विधान की श्रेणी में आ जाता है। भारत सरकार की दृष्टि में, "वर्तमान कानून एवं समाज की आवश्यकताओं के बीच जो खाई है उसको पाटने के लिए बनाए गए विधान सामाजिक विधान कहलाते हैं।"

आर० एन० सक्सेना ने सामाजिक विधान के बारे में लिखा है कि, "सामाजिक विधान और कानून का उद्देश्य समाज के उन समूहों को संरक्षण देना और उनकी सामाजिक व आर्थिक दशा सुधारना है जो लिंग तथा प्रजाति भेद, शारीरिक तथा मानसिक दोष और आर्थिक हीनता के कारण अपने लिए रहन-सहन एवं स्वास्थ्य का उत्तम स्तर प्राप्त नहीं कर सकते हैं।" इस प्रकार, सामाजिक विधानों में समाज सुधार, समाज परिवर्तन, सामाजिक समस्याओं का निराकरण आदि आते हैं। वस्तुतः सामाजिक विधान का सम्बन्ध सामाजिक बुराइयों को दूर करने, समाज सुधार द्वारा नियोजित परिवर्तन लाने, सामाजिक समस्याओं को दूर करने तथा समाज में उन समूहों को संरक्षण देने से है जो सामाजिक-आर्थिक कारणों से पिछड़े हुए हैं। सामाजिक न्याय स्थापित करने या सामाजिक संस्थाओं को अधिक तर्कसंगत आधार प्रदान करने के उद्देश्य से बनाए गए कानून ही सामाजिक विधान कहलाते हैं। सामाजिक विधान मुख्यतः चेतना और नए सामाजिक मानकों की प्रेरणा से बनाए जाते हैं। सामाजिक विधान मूलतः कानून को सामाजिक परिवर्तन का साधन मान कर चलते हैं।

भारत के प्रमुख भूमि-सम्बन्धी विधान

परम्परागत रूप से कृषित भूमि पूरे ग्रामीण समुदाय की नहीं होती थी। भूमि पर जो कृषि करता था, वह भूमि उसी की होती थी। भूमि पर सर्वनिष्ठ स्वामित्व के स्थान पर सम्पूर्ण परिवार का स्वामित्व होता था। खेतीहर भूमि की सबसे छोटी इकाई कुटुम्ब थी। गाँव का मुखिया शासन द्वारा निर्धारित मालगुजारी सम्बन्धित कुटुम्ब से प्राप्त करता था। मुस्लिम शासनकाल में भूमि व्यवस्था में कोई मौलिक परिवर्तन नहीं हुआ। ब्रिटिश शासनकाल में भूमि व्यवस्था में अनेक परिवर्तन करने के प्रयास किए गए। इस दिशा में अनेक विधान भी बनाए गए। आगरा एवं ब्रिटिश शासन के अधीन अन्य प्रान्तों में पहला विधान 'रेण्ट रिकवरी ऐक्ट, 1859 ई०' लागू किया गया जिसमें किसानों के लिए कुछ अधिकार सुरक्षित किए गए। इस विधान ने किसानों को लाभ पहुँचाने की अपेक्षा जमींदारों की स्थिति को अधिक मजबूत किया। तत्पश्चात् 'नार्थ-वेस्टर्न प्राविन्सेज रेण्ट ऐक्ट, 1873 ई०' बनाया गया जिसने पहले विधान को निरस्त कर दिया। 'रेण्ट ऐक्ट, 1888 ई०' एवं 'टेनेण्सी ऐक्ट, 1901 ई०' द्वारा काश्तकारों को दखीलकारी अधिकार प्रदान किए गए तथा जो 12 वर्ष तक जिस भूमि पर काबिज थे उन्हें दखीलकार काश्तकार बना दिया गया। 'आगरा टेनेण्सी ऐक्ट 1926 ई०' और 'अवध रेण्ट

(अमेण्डमेण्ट) ऐक्ट 1921 ई०' द्वारा भी भूमि सुधार करने का प्रयास किया गया जिनमें किसानों को सुरक्षा प्रदान करने का प्रयास किया गया।

'यू० पी० काश्तकारी अधिनियम, 1939 ई०' द्वारा काश्तकारों को स्वाभाविक परिस्थितियाँ सुलभ कराने का प्रयास किया गया। 8 अगस्त, 1946 ई० को उत्तर प्रदेश विधानसभा में जमींदारी प्रथा के उन्मूलन के सिद्धान्त को स्वीकार करते हुए तत्कालीन मुख्यमन्त्री पण्डित गोविन्द बल्लभ पन्त की अध्यक्षता में 'जमींदारी उन्मूलन समिति' का गठन किया गया। उत्तर प्रदेश जमींदारी उन्मूलन कानून 1950 ई० में पारित किया गया, 1951 ई० में यह कानून बना तथा 1953 ई० से इसे लागू किया गया। इस विधान द्वारा जमींदारी प्रथा की समाप्ति कर दी गई तथा सभी के खेती के अधिकार सुरक्षित बना दिए गए। इसमें भूमि को लगान पर उठाने हेतु प्रतिबन्ध भी लगा दिए गए तथा अधिक भूमि के जमाव पर रोक कर प्रयास किया गया। परन्तु इन सभी अधिनियमों से आशातीत सफलता नहीं मिल पाई।

भारत में सामाजिक विधानों का महत्त्व

भारत जैसे समाज में सामाजिक विधान अत्यन्त आवश्यक तथा महत्त्वपूर्ण हैं। इसकी महत्ता पर प्रकाश डालते हुए आर० एन० सक्सेना ने लिखा है कि, "वर्तमान समाज में शहरीकरण, औद्योगीकरण, धर्मनिरपेक्षता, जनकल्याण की भावना और समस्याओं के प्रति शास्त्रीय दृष्टिकोण के कारण रूढ़ि के स्थान पर कानून का प्रभाव और महत्ता बढ़ गई है।" भारत में इन सामाजिक विधानों की सहायता से ही समाज सुधार सम्भव हो सका है। सामान्य रूप से सामाजिक विधानों का महत्त्व निम्न प्रकार से समझा जा सकता है—

(1) सामाजिक विधान बड़े महत्त्वपूर्ण होते हैं। ये वे कानून हैं जो वर्तमान राष्ट्र की सामाजिक- आर्थिक समस्याओं को सही और उचित रूप से हल कर सकते हैं। सामाजिक विषमताओं व अनेक कुरीतियों के निराकरण का सर्वोत्तम आधार सामाजिक विधान ही हैं।

(2) तीव्र सामाजिक परिवर्तनों द्वारा विघटन की प्रक्रिया को प्रोत्साहन मिलता है। इससे समाज अव्यवस्थित हो जाता है। इस दृष्टि से भी सामाजिक विधान आवश्यक हैं, क्योंकि ऐसे समय औपचारिक नियन्त्रणों (कानूनों) की जरूरत पड़ती है।

(3) सामाजिक कल्याण और पुनर्निर्माण की दृष्टि से सामाजिक विधान महत्त्वपूर्ण हैं। जिन देशों में जनतन्त्र है वहाँ कल्याणकारी कार्यों को प्रमुखता दी जाती है। समाज को नए मूल्यों और प्रतिमानों के अनुकूल बनाने तथा उसके नवनिर्माण करने की दृष्टि से सामाजिक विधानों का महत्त्व बढ़ जाता है।

(4) अपराधों की रोकथाम की दृष्टि से भी सामाजिक विधान अनिवार्य हैं। आज के इस युग में ज्यों-ज्यों औद्योगीकरण और नगरीकरण की प्रक्रियाएँ तेजी से बढ़ती जा रही हैं त्यों-त्यों समाजों में अपराध की दर और विघटन बढ़ता जा रहा है। इन्हें दूर करने के लिए भी सामाजिक विधान बड़े महत्त्वपूर्ण हैं। आर्थिक असन्तुलन और असमानताओं, गन्दी बस्तियों व

श्रमिक समस्याओं के निराकरण की दृष्टि से भी सामाजिक विधानों के महत्त्व को नकारा नहीं जा सकता।

सामाजिक जीवन को स्वस्थ बनाने के लिए केवल विधान ही पर्याप्त नहीं

सामाजिक विधान सामाजिक कुरीतियों को दूर करने के लिए बनाए जाते हैं। यह आशा की जाती है कि इनसे समाज में व्याप्त कुरीतियाँ, कुप्रथाएँ व अन्धविश्वास समाप्त हो जाएँगे। स्त्रियों की स्थिति में सुधार, विवाह की समस्याओं को दूर करने, परिवार को स्थायित्व प्रदान करने तथा अस्पृश्यता जैसे कलंक को दूर करने के लिए जो अधिनियम बनाये गए हैं उनका निस्सन्देह इन पर काफी प्रभाव पड़ा है। परन्तु वांछित परिणाम अभी तक भी नहीं मिल पाए हैं। बाल विवाह का आज भी प्रचलन है। विधवा पुनर्विवाह का आज भी निषेध पाया जाता है। आज भी समाज पर जाति व्यवस्था की मजबूत पकड़ है। भूमि-सम्बन्धी विधान भूमि-तनाव एवं कृषकों की समस्याओं का समाधान करने में विफल रहे हैं। स्त्रियों की निम्न स्थिति इसका प्रमाण है कि केवल कानून सामाजिक जीवन को स्वस्थ बनाने के लिए पर्याप्त नहीं हैं। अगर ऐसा न होता तो प्रत्येक देश कुरीतियों को समाप्त करने के लिए रातों-रात कानून बनाता और कुरीतियाँ सुबह तक समाप्त हो जातीं।

वास्तव में, सामाजिक कुरीतियों की जड़ अत्यधिक गहरी होती है। अतः इन्हें केवल कानूनों द्वारा समाप्त नहीं किया जा सकता। कानूनों द्वारा आंशिक सफलता तो मिल जाती है पर पूर्ण सफलता नहीं। जब तक इन कुरीतियों के विरुद्ध जनमत तैयार न किया जाए, कानून वांछित प्रभाव पैदा नहीं कर सकते। इतना ही नहीं, कानूनों में भी अनेक कमियाँ रह जाती हैं जिनके कारण उनका प्रभाव सीमित हो जाता है। अतः भारत जैसे देश में सामाजिक जीवन को स्वस्थ बनाने के लिए कानूनों का निर्माण करने के साथ-साथ जनमत निर्माण करने एवं उचित शिक्षा देने की भी आवश्यकता है।

भारत में भू-स्वामित्व के प्रतिमान

संसार में यहाँ पर भूमि की कमी है, व्यक्तियों में इस साधन पर नियन्त्रण रखने में संघर्ष पाया जाता है। यह स्वाभाविक भी है क्योंकि भूमि से ही हमें भोजन, खनिज पदार्थ तथा लकड़ी इत्यादि मिलती है जोकि जीवित रहने के लिए जरूरी है। इस प्रकार, संसार के प्रत्येक देश में भूमि एक कीमती साधन है जोकि सुरक्षा तथा स्वतन्त्रता से दृढ़ता से जुड़ा हुआ है।

भूमि व्यवस्था (Land tenure) समूहों के भूमि सम्बन्धी अधिकारों तथा उन अधिकारों पर आधारित मानवीय सम्बन्धों की व्यवस्था है। भूमि सम्बन्धों को समझाने के लिए सामाजिक वैज्ञानिकों ने 'अधिकारों का गुच्छा' (Bundle of rights) नामक अवधारणा का प्रयोग किया है। इस अवधारणा के अनुसार पारस्परिक समझौते के अनुसार भूमि के अधिकारों को निश्चित समय के लिए बाँटा जा सकता है। उदाहरण के लिए—एक काश्तकार, किराया देने के बाद भूमि का प्रयोग मनचाहे ढंग से कर सकता है। भू-स्वामित्व से अभिप्राय भूमि पर अधिकारों की व्यवस्था से है। भारत में भू-स्वामित्व के प्रतिमानों को अग्र प्रकार से समझा जा सकता है—

(अ) स्वतन्त्रता-पूर्व भारत में भू-स्वामित्व के प्रतिमान

जैसे-जैसे व्यक्ति की कृषि पर निर्भरता बढ़ती गई, भूमि व्यवस्था की भी महत्ता बढ़ती गई। प्रारम्भिक काल में कोई भूमि व्यवस्था नहीं थी परन्तु समय के साथ-साथ जनसंख्या के बढ़ने से जैसे ही कृषि की महत्ता बढ़ी, भूमि व्यवस्था की समस्या भी सामने आई। पहले मुखियों के पास भूमि वितरण के अधिकार थे तथा राज्य की आय बढ़ाने के लिए लगान लगाए जाने की व्यवस्था भी शुरू की गई। राज्य ने कुछ कृषकों से तो सीधा सम्पर्क रखा परन्तु कुछ के साथ उनका सम्बन्ध मध्यस्थों के द्वारा था। भारत में मध्यकाल में मुसलमानों के आने से पहले कृषकों का राजा से सीधा सम्पर्क था। कृषक सीधा लगान सरकार को देते थे। परन्तु बाद में अधिक लगान प्राप्त करने के लिए जमींदारों को लगान एकत्रित करने के अधिकार सौंप दिए गए।

स्वतन्त्रता-पूर्व भारत में मुख्यतः निम्नलिखित तीन प्रकार की भू-स्वामित्व की व्यवस्थाएँ पाई जाती थीं—

(1) रैयतवाड़ी व्यवस्था—इस व्यवस्था में कृषक का राज्य से सीधा सम्बन्ध रहता था तथा जब तक वह निश्चित लगान सरकार को देता रहता था, भूमि पर उसका स्वामित्व बना रहता था। उसे भूमि को बेचने, हस्तान्तरण करने तथा गिरवी रखने के अधिकार मिले हुए थे। सरकारी लगान वसूलकर्ता कृषक से लगान इकट्ठा करते थे अथवा वह स्वयं सरकारी खजाने में इसे जमा करवा देता था। सबसे पहले यह व्यवस्था मद्रास में लागू की गई। रैयतवाड़ी प्रणाली, मद्रास रिपोर्ट के अनुसार, उसे कहते हैं जिसमें प्रत्येक जोतदार सरकार को मालगुजारी स्वयं देता है। उसका नाम रजिस्टर्ड है तथा उसे इस बात का अधिकार है कि यदि वह चाहे तो वह अपनी भूमि किसी दूसरे को लगान पर उठा सकता है, बेच सकता है या गिरवी रख सकता है। बाद में यह व्यवस्था बम्बई, मध्य प्रदेश तथा असम में भी काफी प्रचलित हुई। इसमें लगान उत्पादन को सामने रखकर लगाया जाता है। अगर कृषक लगान का भुगतान ठीक तरह से नहीं करता तो सरकार उसे बेदखल भी कर सकती है।

रैयतवाड़ी व्यवस्था के प्रमुख गुण इस प्रकार थे—

(i) रैयतवाड़ी व्यवस्था में क्योंकि कृषक का सीधा सम्पर्क सरकार से रहता था, इसलिए उसका शोषण नहीं होता था। किसी भी प्रकार के मध्यस्थों या बिचौलियों के न होने के कारण सरकार समय-समय पर कृषकों की समस्याएँ समझने का प्रयास करती थी तथा यथासम्भव उन्हें दूर करती थी।

(ii) इस व्यवस्था में लगान का निर्धारण निश्चित समय के अन्तराल के बाद किया जाता था। फसल अच्छी न होने पर सरकार कृषकों से लिया जाने वाला लगान माफ कर देती थी, जबकि फसल अच्छी होने पर इसका लाभ सरकार को मिल जाता था।

(iii) इस व्यवस्था के अन्तर्गत चकबन्दी, सहकारी खेती तथा कृषि सुधार कार्यक्रमों को सरलता से प्रोत्साहित एवं लागू किया जा सकता था।

रैयतवाड़ी व्यवस्था के उपर्युक्त गुणों के बावजूद इसमें अनेक दोष भी पाए जाते थे। इसके प्रमुख दोष निम्न प्रकार थे—

(i) इस प्रणाली में सरकारी अधिकारी, जो लगान तय करते थे तथा इसे इकट्ठा करते थे, कृषकों का थोड़ा बहुत शोषण करते थे।

(ii) सरकार का लगान इकट्ठा करने वाले कर्मचारियों को दिए जाने वाले वेतन के कारण काफी खर्चा बैठता था।

(iii) प्रत्येक कृषक का अलग-अलग लगान निर्धारित होने के कारण ग्रामीण जीवन का सामुदायिक स्वरूप समाप्त हो जाता था।

(iv) सैद्धान्तिक रूप में तो इस व्यवस्था में कोई मध्यस्थ नहीं था, परन्तु व्यावहारिक रूप में अनेक ऐसे मध्यस्थ पैदा हो गए थे जो कृषकों का शोषण करते थे।

(2) महालवाड़ी व्यवस्था—महाल का अर्थ 'लगान की इकाई' अथवा 'गाँव' से है। इस प्रणाली में पूरा गाँव भूमि का स्वामी होता है तथा मालगुजारी की इकाई अकेले एक कृषक न होकर पूरा गाँव होता है। सरकार को लगान देने का उत्तरदायित्व पूरे गाँव का होता है। इस प्रकार, इस प्रणाली में साझेदारी की व्यवस्था पाई जाती है। प्रत्येक साझेदार अपनी भूमि का मालिक होता है। सामान्यतया सरकार किसी विश्वसनीय साझेदार को मुखिया अथवा लम्बरदार बना देती थी जिसकी जिम्मेदारी सभी साझेदारों से लगान इकट्ठा करके सरकारी खजाने में जमा करने की रहती थी। यदि कृषक अपनी भूमि छोड़ देता था तो वह ग्राम की संयुक्त सम्पत्ति हो जाती थी।

महालवाड़ी व्यवस्था के प्रमुख गुण निम्नलिखित थे—

(i) महालवाड़ी व्यवस्था रैयतवाड़ी व्यवस्था से इसलिए अच्छी मानी गई है क्योंकि इसमें व्यक्तिगत स्वतन्त्रता के साथ-साथ सामूहिक साझेदारी भी होती थी।

(ii) इस व्यवस्था से कृषकों में सामूहिक चेतना आती थी तथा कृषक का शोषण भी नहीं होता था।

(iii) इस व्यवस्था में काश्तकारों के शोषण की न्यूनतम सम्भावना होती थी।

उपर्युक्त गुणों के बावजूद इस व्यवस्था में निम्नलिखित दोष पाए जाते थे—

(i) इस व्यवस्था में भी छोटे कृषकों के शोषण की पूरी सम्भावना रहती थी तथा साझेदारी केवल नाम की ही थी क्योंकि व्यक्तिगत स्वतन्त्रता इतनी थी कि कोई भी कृषक जैसा वह चाहे इसका प्रयोग कर सकता था।

(ii) सरकार द्वारा नियुक्त लम्बरदार कृषकों का शोषण करता था।

(3) जमींदारी व्यवस्था—इसमें भूमि का स्वामित्व बिचौलियों के हाथ में होता है जिन्हें जमींदार कहा जाता है। जमींदार कुछ गाँवों अथवा एक गाँव का मालिक होता था। वह भूमिहीन कृषकों को भूमि का बँटवारा करता था तथा लगान तय करता था। इसमें कृषक का सीधा सम्पर्क

सरकार से नहीं होता था तथा जमींदार अपनी मनमानी से लगान ही तय नहीं करता था अपितु अनेक दूसरी शर्तें भी लगा लेता था। जमींदार सरकार को निश्चित मालगुजारी देते थे परन्तु स्वयं कृषकों से मनमानी मालगुजारी प्राप्त करते थे। इसमें दोनों तरह की सुविधाएँ थीं—सरकार सदा के लिए जमींदार से कितना लगान लेना है, यह तय कर देती थी अथवा केवल कुछ समय के लिए यह तय कर दिया जाता था। पहली व्यवस्था को **स्थायी बन्दोबस्त** तथा दूसरी व्यवस्था को **अस्थायी बन्दोबस्त** कहा जाता था। बंगाल, बिहार तथा उड़ीसा में सबसे पहले यह व्यवस्था ईस्ट इण्डिया कम्पनी द्वारा लागू की गई। इस व्यवस्था को लागू करने के तीन प्रमुख कारण थे—

(i) ईस्ट इण्डिया कम्पनी भारत में भी ब्रिटेन जैसी भूमि बन्दोबस्त की व्यवस्था स्थापित करना चाहती थी।

(ii) प्रशासनिक दृष्टि से यह व्यवस्था ईस्ट इण्डिया कम्पनी के हित में थी क्योंकि किसानों एवं काश्तकारों से अलग-अलग लगान वसूल करने की अपेक्षा कुछ जमींदारों से निश्चित मालगुजारी वसूल करना सरल था।

(iii) ईस्ट इण्डिया कम्पनी राजनीतिक दृष्टि से भारत में एक ऐसा विशिष्टजन समूह विकसित करना चाहती थी जो किसी भी संकट में अंग्रेजों का साथ देने के लिए तत्पर रहे। यह व्यवस्था उनके इस उद्देश्य को पूरा करती थी।

जमींदारी व्यवस्था शोषण की दृष्टि से ही दूसरी दोनों व्यवस्थाओं से बुरी मानी जाती है क्योंकि इसमें जमींदार काश्तकारों का पूरा शोषण करते थे तथा उनके प्रति कोई हमदर्दी नहीं दिखाते थे। इस प्रणाली से एक विलासी वर्ग अथवा विशिष्टजनों का वर्ग भी विकसित हुआ जो स्वयं तो खेती नहीं करता था परन्तु दूसरों का शोषण करता था।

भारतीय सरकार द्वारा 1950 ई० में प्रकाशित पुस्तक **भारत में कृषि** *(Agriculture in India)* में इस तीनों व्यवस्थाओं द्वारा कुल भूमि का क्षेत्रफल (जो प्रत्येक व्यवस्था में आता था) निम्न प्रकार दिया गया है—

भू-स्वामित्व का प्रकार	क्षेत्रफल (10 एकड़ में)	कुल भूमि का प्रतिशत	प्रचलन वाले राज्यों के नाम
1. रैयतवाड़ी व्यवस्था	153	88	मद्रास, बम्बई तथा असम।
2. जमींदारी व्यवस्था (स्थायी बन्दोबस्त)	96	24	बंगाल, बिहार, मद्रास तथा उड़ीसा।
3. जमींदारी (अस्थायी बन्दोबस्त) तथा महालवाड़ी व्यवस्था	154	38	मध्य प्रदेश, उत्तर प्रदेश तथा पंजाब।

(ब) स्वतन्त्रता-पश्चात् भारत में भू-स्वामित्व के प्रतिमान

अंग्रेजी शासनकाल में भारत में प्रचलित भूमि व्यवस्थाओं के अवगुणों को सामने रख कर अंग्रेजों ने भी इनमें सुधार करने का प्रयास तो किया परन्तु अधिक सफलता नहीं मिली। 1938 ई० में फ्लाउड कमीशन (Floud Commission) की स्थापना इसी उद्देश्य से की गई थी। 1947 ई० में कांग्रेस कृषि सुधार कमेटी ने भी फ्लाउड कमीशन की तरह बिचौलियों अर्थात् जमींदारों को समाप्त करने की सिफारिश की। जमींदारों का उन्मूलन केवल आर्थिक शोषण एवं उनके द्वारा किए जाने वाले अत्याचारों के कारण ही जरूरी नहीं था, अपितु राजनीतिक दृष्टि से भी जरूरी था क्योंकि जमींदारों तथा कृषकों में भी प्रायः संघर्ष होते रहते थे।

स्वतन्त्रता-प्राप्ति के पश्चात् जमींदारी व्यवस्था को समाप्त कर दिया गया है। भूमि सुधारों का प्रमुख तथा आधारभूत उद्देश्य ही वास्तविक उत्पादक का राज्य से प्रत्यक्ष सम्बन्ध स्थापित करना था। 'जमीन जोतने वाले की ही' एक नवीन विचारधारा ने जमींदारी प्रथा को समाप्त करने की प्रेरणा दी। इसी उद्देश्य की पूर्ति के लिए बिचौलियों को समाप्त किया गया। स्वतन्त्रता-प्राप्ति के पश्चात् नवीन परिवर्तित परिस्थितियों में जमींदारी व्यवस्था को समानता, स्वतन्त्रता तथा भ्रातृत्व जैसे प्रजातान्त्रिक मूल्यों की दृष्टि से भी अच्छा नहीं माना जाता था। यद्यपि भारत में जमींदारी प्रथा का उन्मूलन भूमि सुधारों की दिशा में एक साहसिक कदम माना जाता है, तथापि बिचौलिये किसी न किसी रूप में आज भी पाए जाते हैं।

जमींदारी उन्मूलन के बाद भारत में निम्नलिखित तीन प्रकार के भू-स्वामी हैं—

(1) **भूमिधर**—भूमिधर वे किसान हैं जिन्होंने लगान का दस गुना रुपया जमा करके भूमिधरी का अधिकार प्राप्त कर लिया है। भूमिधर अपनी जमीन का उपयोग किसी भी तरह से कर सकता है, वह इसे बेच सकता है, हस्तान्तरित कर सकता है, दान में दे सकता है अथवा गिरवी रख सकता है। भूमिधरों को चालीस वर्ष के लिए लगान भी आधा कर दिया गया है।

(2) **सीरदार**—सीरदार वे किसान हैं जिन्हें अपनी जोत में स्थायी एवं विरासती अधिकार प्राप्त हैं। इन्हें बेदखल तो नहीं किया जा सकता परन्तु वे अपनी भूमि का प्रयोग केवल कृषि, बागवानी तथा पशुपालन इत्यादि के लिए ही कर सकते हैं इसे बेच नहीं सकते। सीरदार अगर मालगुजारी का दस गुना पैसा जमा कर दे तो उसे भूमिधर बना दिया जाता है।

(3) **आसामी**—आसामी उन काश्तकारों को कहते हैं जोकि किसी असमर्थ भूमिधर अथवा सेना इत्यादि में नौकर भूमिधर की जमीन पर खेती करते हैं। आसामी को भी कुछ सुविधाएँ अधिनियम में संशोधन करके दी गई हैं। वह पन्द्रह गुना लगान जमा करके भूस्वामित्व के अधिकार प्राप्त कर सकता है।

ग्रामीण समाज में भूमि सुधार

भारत ने स्वतन्त्रता-प्राप्ति के पश्चात् थोड़ी-सी अवधि में अनेक भूमि सुधारों के लिए अधिनियम पारित करके पहले ही संसार में विशिष्टता ग्रहण कर ली है। इन सब के बावजूद

भूमि सुधार के विद्यार्थी यह मानते हैं कि भूमि की समस्याएँ भारत में आज भी वैसी ही बनी हुई हैं। उत्तर प्रदेश एक ऐसा राज्य है जिसमें जमींदारी उन्मूलन कानून का प्रचार सबसे अधिक किया गया है। उत्तर प्रदेश जमींदारी उन्मूलन कानून 1950 ई० में पारित किया गया, 1951 ई० में यह कानून बना तथा 1953 ई० से इसे लागू किया गया। इस कानून के अन्तर्गत जमींदारों को केवल उस जमीन को छोड़कर जिसमें वह स्वयं खेती करते थे बाकी जमीन से बेदखल कर दिया गया। जमींदारों को इसका मुआवजा दिया गया जोकि विभिन्न राज्यों में भिन्न प्रकार से निर्धारित किया गया। इस अधिनियम के परिणामस्वरूप केवल घर, बाग, बगीचे तथा वह जमीन जिस पर जमींदार कृषि करता था उसके पास रही। इस अधिनियम के प्रमुख उद्देश्य निम्नलिखित थे—

(1) जमींदारी व्यवस्था का उन्मूलन करना।

(2) मुआवजा देकर जमींदारों के सभी प्रकार के भूमि सम्बन्धी अधिकारों और हितों को समाप्त कर इन्हें सरकार द्वारा स्वयं प्राप्त करना।

(3) एक सरल एवं सामरूप जोतदारी व्यवस्था की स्थापना करना।

(4) गाँव में स्वायित्व शासन का विकास करना।

(5) लगान पर भूमि उठाने पर रोक लगाना।

(6) अलाभकारी जोतों की उत्पत्ति को रोकना तथा भूमि के जमाव पर रोक लगाना।

(7) सहकारी कृषि को प्रोत्साहित करना।

(8) सामान्य उपयोगिता की समस्त भूमि को ग्राम सभा को देना तथा उसके प्रबन्ध हेतु उसे व्यापक शक्तियाँ प्रदान करना।

उत्तर प्रदेश में जमींदारी उन्मूलन अधिनियम कहाँ तक सफल रहा है? डेनियन थार्नर ने अपनी पुस्तक **भारत में भूमि तथा श्रम** *(Land and Labour in India)* में लिखा है कि इस अधिनियम के लागू किए जाने के पाँच वर्ष बाद एक व्यापक प्रतिचयन सर्वेक्षण किया गया जिसमें यह कहा गया कि इसके चाहे कुछ भी परिणाम क्यों न हुए हों, सच्चाई यह है कि गाँवों में दस प्रतिशत परिवार अभी भी गाँव की पचास प्रतिशत भूमि के स्वामी हैं। भूमि सुधार अपने घोषित उद्देश्य को प्राप्त करने में असफल रहे हैं, भारत में कृषि समस्याएँ आज भी मूलभूत, जटिल तथा मजबूत हैं। इसका कारण यह है कि उत्तर प्रदेश में जमींदारी उन्मूलन अधिनियम उत्पादक को कृषि करने पर कोई प्रतिबन्ध नहीं लगाता है। भू-स्वामी को अपने घर से बाहर जाने की, दीवानी छोड़ने की अथवा अपना गाँव छोड़ने की कोई आवश्यकता नहीं है। इस अधिनियम में अनुपस्थित भू-स्वामियों को समाप्त करने की व्यवस्था है परन्तु अनुपस्थित उत्पादक किसी न किसी रूप में आज भी पाए जाते हैं। उत्तर प्रदेश जमींदारी उन्मूलन कमेटी की रिपोर्ट (1947) में यह भी कहा गया है कि राज्य के कुछ हिस्सों में उच्च जातियों के व्यक्ति कृषि नहीं करते हैं। उन्हें ऐसा करने के लिए बाध्य करने का अर्थ होगा उनकी प्रथाओं तथा धार्मिक

मान्यताओं में दखल देना। इस तरह का तर्क आज ज्यादा विश्वसनीय नहीं लगता। प्रथम तो उत्तर प्रदेश में हजारों ऐसे ब्राह्मण हैं जो हल चलाते हैं। दूसरे, क्योंकि भारत एक धर्मनिरपेक्ष राज्य है इसलिए इस तरह का भेदभाव भी व्यर्थ सिद्ध होगा।

भूमि सुधारों तथा उनके प्रभाव का मूल्यांकन

भारत में यद्यपि भूमि सुधार स्वतन्त्रता प्राप्ति के पश्चात् सबसे अधिक किए गए हैं फिर भी भूमि की समस्याएँ आज भी उतनी ही चिन्ताजनक बनी हुई हैं जितनी कि पहले थीं। अनेक विद्वानों ने भूमि सुधारों का मूल्यांकन करने का प्रयास किया है जिनमें प्रमुख हैं—डेनियल थार्नर, ए० एम० खुसरो, एम० एल० दन्तवाला, सी० एम० शाह, वी० वी० कोलहात्कर, वी० एम० डांडेकर, एम० बी० देसाई तथा पी० सी० जोशी इत्यादि। यहाँ पर हम कुछ प्रमुख अध्ययनों को प्रस्तुत करेंगे।

(अ) एम० एल० दन्तवाला तथा सी० एम० शाह का अध्ययन

इन्होंने 1971 ई० में प्रकाशित अपनी पुस्तक **भूमि सुधारों का मूल्यांकन** *(Evaluation of Land Reforms)* में बम्बई भूमि सुधार तथा कृषि-भूमि अधिनियम, 1948 के गुजरात तथा महाराष्ट्र के चार जिलों में से छह तालुकों के छत्तीस गाँवों में प्रभाव का मूल्यांकन करने का प्रयास किया है। मूल्यांकन को अधिक प्रभावशाली तथा अर्थपूर्ण बनाने के लिए ये विद्वान् केवल निश्चित खुर्द काश्तकार उत्पादकों (Self-cultivator) तथा काश्तकारों (Tenants) तक ही अपना अध्ययन सीमित रखते हैं। इन विद्वानों को अनुपस्थित भू-स्वामियों के कारण, जोकि उनके निदर्शन में आ गए थे, अनेक कठिनाइयों का सामना करना पड़ा।

अध्ययन के प्रमुख निष्कर्ष इस प्रकार हैं—हर जगह काश्तकारों की कमी हुई है, क्षेत्रों की सामाजिक-आर्थिक तथा भूमि सुधारों की सुदृढ़ता में सह-सम्बन्ध है। भू-स्वामित्व का प्रतिमान छोटे जोत (खेत) हैं, भू-स्वामित्व का आधार—वर्ग संरचना—भूमि सुधारों को लागू करने से पहले समय के समान ही है। भूमिहीन काश्तकारों की संख्या भू-स्वामी काश्तकारों की अपेक्षा भूमि सुधारों से पहले की तुलना में कम हुई है न कि इन सुधारों को लागू करने के बाद में।

सबसे अधिक महत्त्वपूर्ण बात जिसकी तरफ ये दोनों विद्वान् हमारा ध्यान दिलाना चाहते हैं, वह यह है कि जटिल अनुभवाश्रित परिस्थिति से निपटने के लिए भूमि-व्यवस्था से सम्बन्धित अधिनियम अपर्याप्त रहे हैं। ये अधिनियम शुद्ध श्रेणियों को सामने रख कर बनाए गए हैं, जैसे—गैर-कृषक स्वामी (Owner non-cultivator), खुद काश्तकार स्वामी (Cultivating Owner), उत्पादक काश्तकार (Cultivating non-owner) इत्यादि, जबकि वास्तविकता में ये श्रेणियाँ पाई ही नहीं जातीं। इसलिए इन अधिनियमों ने गलत तरह के लोगों को संरक्षण दिया है। भू-स्वामित्व के प्रतिमानों में कोई महत्त्वपूर्ण परिवर्तन नहीं हुआ है तथा यह मानना गलत होगा कि इन अधिनियमों से भू-स्वामित्व प्रतिमानों में कोई आधारभूत अन्तर आया है।

(ब) टी० के० ओमन का अध्ययन

टी० के० ओमन ने 1971 ई० में प्रकाशित अपनी पुस्तक **केरल में भूमि सुधार तथा सामाजिक-आर्थिक परिवर्तन** *(Land Reforms and Socio-Economic Change in Kerela)* में इस बात का मूल्यांकन करने का प्रयास किया है कि स्वतन्त्रता-प्राप्ति के पश्चात् किए गए भूमि सुधारों का ग्रामीण केरल में कृषि सम्बन्धों पर क्या प्रभाव पड़ा है ? इस प्रकार, उन्होंने भूमि सुधारों के परिणामस्वरूप होने वाले सामाजिक-आर्थिक परिवर्तनों का मूल्यांकन करने का प्रयास किया है। सामान्य विश्वास के विपरीत, इस पुस्तक में यह बताया गया है कि पहले भू-स्वामी निम्न जातियाँ थीं परन्तु कई वर्षों में भूमि उच्च जातियों के लोगों के पास आ गई है जिन्होंने अपने स्वामित्व को, मान्यता बनाने वाले समूह के कारण, सामाजिक तथा आर्थिक संरक्षण दे दिया है। केरल के मालावार, कोचीन तथा ट्राबन्कोर जिलों में भूमि व्यवस्था पहले से ही भिन्न थी, इसलिए भूमि सुधारों द्वारा इन क्षेत्रों में प्रभाव भी एक जैसा नहीं हुआ है।

केरल में भूमि सुधारों को लागू करने का प्रथमतः प्रयास 1957 ई० में किया गया। यद्यपि 1957 का कृषि सम्बन्ध बिल (Agrarian Relations Bill of 1957) पारित नहीं हो सका परन्तु परिवर्तनों की शुरूआत जरूर हो गई। 1963 ई० का भूमि सुधार अधिनियम (The Land Reform Act of 1963) 1957 ई० के अधिनियम की अपेक्षा कम प्रभावशाली तथा प्रगतिवादी था। 1969 ई० के अधिनियम को लागू करने के बाद सामन्तवादी काश्तकार तथा भू-स्वामी तेजी से समाप्त होते जा रहे हैं। परम्परागत भू-स्वामी जैसे नम्बरदार तथा अन्य बड़े भू-स्वामी अपना सामाजिक प्रभाव तथा महत्त्व खो चुके हैं। वास्तव में, अब केरल की सत्ता संरचना भूमि तथा सम्पत्ति सम्बन्धों पर आधारित नहीं है। दूसरी तरफ, कृषि मजदूरों के वेतन में काफी वृद्धि हुई है तथा मजदूरों की शक्ति संगठित भी हो गई है।

भूमि सुधारों का सबसे महत्त्वपूर्ण आर्थिक प्रभाव यह रहा है कि जिस तरह के स्वामित्व के अधिकार दिए गए हैं, उनसे पूँजी बढ़ी है। परन्तु ओमन का कहना है कि अगर पुनर्वितरण की यह प्रक्रिया राज्य में चलती रही तो जोतों का आकार इतना छोटा हो सकता है जोकि आर्थिक दृष्टि से ठीक नहीं है। केरल में भूमि-आकारों के बारे में ओमन यह कहते हैं कि वहाँ 1 से 2·5 एकड़ आदर्श आकार है।

(स) डेनियल थार्नर का अध्ययन

डेनियल थार्नर ने सन् 1965 में प्रकाशित अपनी पुस्तक **भारत में भूमि तथा श्रम** *(Land and Labour in India)* में उत्तर प्रदेश के जमींदारी उन्मूलन अधिनियम का मूल्यांकन किया है। इनका कहना है कि अभी भी उत्तर प्रदेश में गाँव के लगभग पन्द्रह प्रतिशत परिवार आधी से अधिक भूमि के स्वामी हैं। अधिनियम के बावजूद भूमि तथा कृषि समस्या गम्भीर बनी हुई है। भारत में स्थानीय स्तर से लेकर राज्य तथा राष्ट्रीय स्तर पर बड़े भू-स्वामी इतने प्रभावशाली रहे हैं कि 1945-50 ई० में उनका प्रभाव उत्तर प्रदेश में स्पष्ट देखा जा सकता है। 'उत्तर प्रदेश

जमींदारी उन्मूलन अधिनियम' कृषक तथा भू-स्वामी के लिए स्वयं कृषि करने की व्यवस्था नहीं करता। वह अधिनियम जो कृषि स्वामी को खेती करने के लिए बाध्य नहीं करता, उसे लागू करना बड़ा कठिन है।

थार्नर के अनुसार उत्तर प्रदेश जमींदारी उन्मूलन अधिनियम के दो बड़े दोष हैं। **प्रथम,** यह अधिनियम भू-स्वामियों को स्वयं खेती करने अथवा अन्य काश्तकारों से खेती करवाने की सुविधा देता है। विधानसभा के सदस्यों (जोकि स्वयं भू-स्वामी अथवा उनके नातेदार थे) ने एक तीसरे वर्ग—साझेदार—का इसमें निर्माण करवा दिया। साझेदार तथा भूतपूर्व कृषि-साझेदारों (Cropsharers) में कोई अन्तर नहीं है। बट्टाईदारी तथा साझेदारी वास्तव में एक ही बात है तथा उत्तर प्रदेश के किसान इसे स्वीकार करते हैं। जहाँ तक भूमि सीमा निर्धारण का प्रश्न है भू-स्वामियों ने पहले ही अपने सम्बन्धियों तथा दोस्तों के नाम जमीन कर दी है ताकि सीमा निर्धारण अधिनियमों का उन पर कोई प्रभाव न पड़े। इनका कहना है कि बालिग मताधिकार से जातियों के सम्बन्धों में परिवर्तन आया है क्योंकि बड़े किसानों अथवा उच्च जाति के सदस्यों को भी वोट के लिए निम्न जाति के सदस्यों के पास जाना पड़ता है।

आधे दर्जन से एक दर्जन परिवार, जोकि प्रत्येक गाँव में प्रभुतासम्पन्न रहे हैं, अब तकनीकी विकास का लाभ उठाने लगे हैं। परन्तु आधुनिकीकरण न तो समान ही है तथा न ही तेजी से हो रहा है। यहाँ पर पिता, जो मेहनती है, अपनी भूमि का आधुनिकीकरण कर देता है तथा इससे यह सम्भावना बढ़ जाती है कि वह अपने परिवार के बच्चों को शिक्षा के लिए विश्वविद्यालयों में भेजेगा। सामुदायिक विकास कार्यक्रमों ने गाँव में पहले से सम्पन्न व्यक्तियों को भी और सुदृढ़ करने का प्रयास किया है तथा इस प्रकार, असमानताएँ और अधिक बढ़ने में सहायता दी है।

(द) एम० बी० देसाई का अध्ययन

एम० बी० देसाई ने गुजरात में भूमि सुधारों के प्रभाव का अध्ययन किया है। बम्बई कृषि व्यवस्था तथा कृषि भूमि अधिनियम, 1948 (Bombay Tenancy and Agricultural Land Act, 1948) के अन्तर्गत 1949-53 में काश्तकारों को भू-स्वामित्व के अधिकार दिए गए परन्तु भूमिहीन काश्तकारों की स्थिति में कोई सुधार नहीं हुआ है। यद्यपि भूमि के किरायों में कमी हुई है परन्तु यह प्रक्रिया बड़ी धीमी रही है। इनका कहना है कि काश्तकारों में उत्पादन को बढ़ाने के बारे में इतनी अधिक जागरूकता भी नहीं है। यह परम्परागत कृषि प्रक्रियाओं पर ही आश्रित है।

(य) ए० एम० खुसरो का अध्ययन

ए० एम० खुसरो ने हैदराबाद में जागीरदारी उन्मूलन तथा भूमि सुधारों के आर्थिक तथा सामाजिक प्रभाव का अध्ययन किया है। जमींदारी तथा जागीरदारी उन्मूलन से इस बात की आशा की जाती थी कि कृषि धन तथा इससे सम्बन्धित स्थिति, जोकि जमींदारों तथा जागीरदारों

की थी, वास्तविक उत्पादकों के पास आ जाएगी। हैदराबाद के कुछ क्षेत्रों में (जोकि आन्ध्र प्रदेश, बम्बई तथा मैसूर में आते हैं) जागीरों के उन्मूलन के साथ-साथ जागीरदारों की सत्ता कम हो गई है, राज्य द्वारा प्रशासनिक प्रबन्ध अपने हाथ में ले लिए गए हैं तथा मालगुजारी, जोकि काफी अधिक थी, कम कर दी गई है। वास्तव में, भूमि सुधारों को लागू करने की विधि काफी निराशाजनक रही है तथा गैर-सरकारी इन्क्वारी के अनुसार ऐसा लगता है कि बम्बई सुधार अधिनियम जैसे पारित ही न हुआ हो। इनका कहना है कि छोटे काश्तकारों को इतनी सुरक्षा नहीं मिल पाई है जितनी मिलनी चाहिए थी।

जी० पी० मिश्रा[1] ने कृषक संरचना में परिवर्तन सम्बन्धी अपने अध्ययन के आधार पर हमें यह बताया है कि कृषक श्रम-शक्ति की संख्या बढ़ती जा रही है क्योंकि अधिकाधिक सीमान्त और छोटे कृषक भूमिहीन श्रमिकों के रूप में परिवर्तित होते जा रहे हैं। साथ ही, नवीन प्रौद्योगिकी के प्रयोग से यद्यपि कृषि उत्पादन में काफी वृद्धि हुई है, परन्तु इसका लाभ प्रमुखतः बड़े कृषकों या भू-स्वामियों को ही हुआ है। अतः कृषक संरचना में होने वाले परिवर्तन की प्रक्रिया न तो कमजोर वर्गों के बढ़ने को रोक पाई है और न ही उनकी आर्थिक दशा को उन्नत कर सकी है। इसके विपरीत, नवीन कृषि प्रौद्योगिकी तथा भूमि सुधारों के लाभों को कुछ बड़े-बड़े जोतों या फार्मों के मालिकों या 'आर्थिक कृषकों' को ही पहुँचाया है। इसके फलस्वरूप असमानता और निर्धनता बड़ी है। बढ़े हुए मूल्यों का लाभ भी छोटे तथा सीमान्त कृषकों की तुलना में बड़े कृषकों एवं भू-स्वामियों को ही मिल पाया है।

संक्षेप में, यही कहा जा सकता है कि भूमि सुधारों में अधिक सफलता नहीं मिल पाई है। विभिन्न अधिनियमों में कमी ही नहीं रही है अपितु इन अधिनियमों को लागू करने की कार्यप्रणाली भी सन्तोषजनक नहीं रही है। आज आवश्यकता इस बात की है कि भूमि सुधार कार्यक्रम को सर्वाधिक महत्त्व दिया जाए। भूमि स्वामित्व एवं कृषि फार्म की उच्चतम सीमा निर्धारण से जो अतिरिक्त भूमि राज्य सरकारों को प्राप्त हो, उसका निम्नतम आर्थिक स्तर के लोगों में वितरण किया जाए। इस वितरण हेतु व्यक्तियों के चयन में सावधानी बरतने और यह ध्यान रखने की आवश्यकता है कि गरीब से गरीब व्यक्तियों का ही चयन किया जाए, चाहे उनकी जाति, धर्म और राजनीतिक सम्बन्ध कुछ भी क्यों न हों।

सन्दर्भ-सूची

1. G. P. Mishra, **Some Aspect of Change in Agrarian Structure**, p. 72.

6

कृषक असन्तोष एवं आन्दोलन

भारतीय कृषक संरचना में भूमि के स्वामित्व, नियन्त्रण, आय के वितरण और जीवन के तौर-तरीकों सम्बन्धी अनेक अन्तर पाए जाते हैं। कृषक असन्तोष का सम्बन्ध इन्हीं अन्तरों से है। यद्यपि भारत में कृषक असन्तोष कोई नवीन बात नहीं है, तथापि कृषक क्षेत्र में व्याप्त सामाजिक असमानताओं और इनके सम्बन्ध में जागरूकता बढ़ने के कारण वर्तमान समय में इसमें अधिक तीव्रता आई है। भारतीय कृषकों ने अपने लम्बे इतिहास में अनेक उतार-चढ़ाव देखे हैं। मध्यकाल में एक समय ऐसा भी था जब अनेक युद्ध और खून-खराबा हो रहा था। परन्तु इन परिस्थितियों ने भारतीय कृषकों को अधिक प्रभावित नहीं किया। सामान्तवादी शासन में कृषकों को भूमि से बेदखल करने के बहुत कम उदाहरण उपलब्ध हैं। ए० आर० देसाई के अनुसार आज शान्तिप्रिय एवं चुप रहने वाले भारतीय कृषक आन्दोलित कृषकों के रूप में उठ खड़े हुए हैं। इसका प्रमुख कारण यह है कि ग्रामीण क्षेत्रों में छोटे कृषकों, काश्तकारों, पट्टेदारी पर खेती करने वालों और भूमिहीन वेतनभोगी श्रमिकों के जीवन में अनेक वंचनाएँ पाई जाती हैं। उनके अस्तित्व की दशाएँ शोचनीय हैं और वे जीवन की साधारण सुख-सुविधाओं से अधिकांशतः वंचित हैं। ऐसी स्थिति में उनमें असन्तोष पाया जाना स्वाभाविक ही है। इन लोगों में अपने अस्तित्व की दशाओं के प्रति जागरूकता उत्पन्न करने में राजनीतिक आन्दोलनों की भी विशेष भूमिका रही है।

'असन्तोष' एवं 'कृषक असन्तोष' का अर्थ

'असन्तोष' शब्द सुनने, बोलने या लिखने में जितना सरल है इसका अर्थ बता पाना उतना ही कठिन है। असन्तोष का अर्थ 'व्याकुलता की दशा' (Disturbed condition) है।

यह एक ऐसी मानसिक दशा है जिसमें सम्बन्धित व्यक्ति अथवा समूह अपने आप में एक अनजानी घबराहट महसूस करने लगता है। इस दशा में वह मोह-भंग (Disillusionment) तथा असन्तुष्टता (Dis-satisfaction) महसूस करने लगता है। यदि 'असन्तोष' शब्द से पहले 'सामाजिक' शब्द जोड़ दिया जाता है तो इससे अभिप्राय 'सामूहिक रूप से मोह-भंग' होना हो जाता है। जब सम्पूर्ण समूह का किसी आकांक्षा या स्थिति से मोह-भंग हो जाता है, वह अतुष्टता (Discontentment) एवं निराशा (Frustration) महसूस करने लगता है, तो यह कहा जा सकता है कि उसमें असन्तोष पाया जाता है। यदि सम्पूर्ण देश में कृषक अपनी स्थिति से निराश हैं तो हम कह सकते हैं कि उनमें असन्तोष विद्यमान है।

भारत में 'कृषक असन्तोष' को अनेक नामों स पुकारा जाता है। ए० आर० देसाई ने इसे 'कृषक संघर्ष' (Peasant struggle), कैथलीन गॉफ ने 'कृषक विद्रोह' (Peasant uprising), एन० जी० रंगा ने 'कृषकों का संघर्ष' (Struggle of the peasantry) तथा हमजा अल्वी ने 'कृषक क्रान्ति' (Peasant revolution) कहा है। मार्क्सवाद के प्रति झुकाव रखने वाले समाजशास्त्रियों एवं सामाजिक मानवशास्त्रियों ने कृषक असन्तोष को वर्ग संघर्ष के प्रतिमान द्वारा समझने का प्रयास किया है। इसलिए इन विद्वानों का अध्ययन बिन्दु कृषक समाज की विभिन्न श्रेणियों में पाया जाने वाला 'वर्ग विरोध' रहा है। इसके विपरीत, कुछ विद्वानों ने कृषक असन्तोष को उदारवादी दृष्टिकोण से समझने का प्रयास किया है तथा इसे एक आन्दोलन मात्र माना है। डी० एन० दनागरे ने कृषक उत्तेजना को ही कृषक आन्दोलन के रूप में देखा है।

भारत में कृषक असन्तोष

आन्द्रे बेतेई के अनुसार एक सामान्य विश्वास यह पाया जाता है कि असन्तोष लोगों की भौतिक दशाओं से सम्बन्धित होता है। जैसे-जैसे समाज के कमजोर वर्गों की भौतिक दशाओं में ह्रास होता है, वैसे-वैसे उनमें सामाजिक असन्तोष भी बढ़ता है। भौतिक दशाओं में सुधार से कमजोर वर्गों में व्याप्त असन्तोष कम होता जाता है और पारस्परिक सहयोग पनपता है। कृषक असन्तोष के सन्दर्भ में भी इसी प्रकार का तर्क दिया गया है। इसमें कोई सन्देह नहीं कि वर्तमान में ग्रामीण क्षेत्रों में हरित क्रान्ति के परिणामस्वरूप कृषकों की स्थिति में कुछ सुधार हुआ है। खाद्यान्नों का उत्पादन बढ़ा है तथा कृषक नवीन कृषि उपकरणों, रासायनिक खादों, उन्नत बीजों और कृषि की नवीन प्रविधियों को अपनाने लगे हैं। साथ ही, कृषकों की आय व कृषि श्रमिकों के वेतन में वृद्धि तथा इन लोगों की सामाजिक-आर्थिक दशाओं में सुधार से इनमें पाया जाने वाला सामाजिक असन्तोष कम हुआ है।

ग्रामीण कृषक संरचना से सम्बन्धित अध्ययनों से जो तथ्य उभरकर सामने आए हैं वे उपर्युक्त सामान्य विश्वास के विपरीत हैं। कृषि सम्बन्धी पूँजीवाद के उदय, हरित क्रान्ति तथा शिक्षा के विकास व विस्तार के परिणामस्वरूप भारतीय कृषकों में पाए जाने वाले असन्तोष में वृद्धि हुई है। वैसे तो भारत में कृषकों में असन्तोष कोई नवीन घटना नहीं है। विपिन चन्द्र के अनुसार 1920 ई० से कृषक आन्दोलन राष्ट्रीय आन्दोलन का प्रमुख भाग रहे हैं। आज अनेक

आदिवासियों, जिन्होंने कृषि को अपनी आजीविका का साधन बना लिया है, ने भी अपनी माँगों को लेकर सरकार के विरुद्ध आवाज उठानी प्रारम्भ कर दी है। चूँकि भूमि एवं कृषि राज्य के विषय हैं इसलिए कृषक असन्तोष राज्यों के लिए चिन्ता का विषय बनता जा रहा है। यह असन्तोष अनेक रूपों में प्रस्फुटित होता है। कहीं कोई भूमिहीन जबरन भूमि पर कब्जा करने का प्रयत्न करता है, तो कहीं कोई भू-स्वामी अपने काश्तकार को भूमि पर से बेदखल करने में लगा हुआ है। कहीं भू-स्वामियों के विरुद्ध आवाज उठाई जाती है, तो कहीं भू-स्वामी काश्तकारों और भूमिहीन श्रमिकों का शोषण करते हुए नजर आते हैं। कहीं-कहीं तो भूमि को लेकर मारपीट, गोली मार देने और यहाँ तक कि जिन्दा जला देने की घटनाएँ भी सुनने में आती हैं।

ग्रामीण भारत में हुई हरित क्रान्ति का लाभ अधिकांशतः कुछ थोड़े-से धनी कृषकों को हुआ है। छोटे कृषकों, काश्तकारों तथा भूमिहीन श्रमिकों की स्थिति में कोई उल्लेखनीय सुधार नहीं हुआ है। मँहगाई में तीव्र वृद्धि से उनकी भौतिक दशाओं पर भी प्रतिकूल प्रभाव पड़ा है। इससे कृषकों में असन्तोष की भावना विकसित होना स्वाभाविक ही है। वस्तुतः हमें यह स्वीकार करना ही होगा कि कृषक असन्तोष वितरण सम्बन्धी न्याय एवं असमानता से जुड़ा हुआ है। साथ ही, असमानता और सामाजिक संघर्ष के बीच एक निश्चित सम्बन्ध पाया जाता है, चाहे इसकी प्रकृति कितनी ही जटिल क्यों न हो।

भारत के विभिन्न क्षेत्रों में कृषक असन्तोष का एक समान रूप नहीं है। कुछ क्षेत्र ऐसे हैं जहाँ कृषि असन्तोष विशेष रूप से पाया जाता है, जबकि अन्य क्षेत्र इससे मुक्त हैं। पूर्व और दक्षिण भारत के चावल उत्पादक क्षेत्रों में, विशेषतः आन्ध्र प्रदेश तथा तमिलनाडु में कावेरी के डेल्टा, पश्चिम बंगाल तथा केरल के काफी क्षेत्रों में, कृषक असन्तोष व्याप्त है। ये प्रमुखतः वे क्षेत्र हैं जहाँ भूमि पर जनसंख्या का काफी दबाव पाया जाता है तथा भूमिहीन और उन लोगों का अनुपात काफी ऊँचा है जिनके पास बहुत ही थोड़ी मात्रा में भूमि है।

साथ ही, भारत में कृषि श्रमिकों की संख्या में भी निरन्तर वृद्धि होती जा रही है। जहाँ 1921 ई० में कृषि श्रमिकों की संख्या 2·10 करोड़ थी वहीं 1981 ई० में यह संख्या बढ़कर 5·5 करोड़ हो गई। वर्तमान में यह संख्या 8 करोड़ से अधिक ही है। यदि बटाईदारी में खेती करने वालों और उन लोगों को इसमें सम्मिलित कर लिया जाए जिनके पास भूमि के अनार्थिक प्रकार के छोटे-छोटे टुकड़े हैं, तो कृषि श्रमिकों का प्रतिशत काफी बढ़ जाएगा। इन तथ्यों से कृषक असन्तोष की समस्या की गम्भीरता का पता चलता है। कृषि क्षेत्र में पाई जाने वाली समस्याएँ ही इस असन्तोष का प्रमुख कारण है।

भारत में कषक असन्तोष के प्रमुख कारण

भारत में कृषक असन्तोष के प्रमुख कारण निम्नलिखित हैं—

(1) ग्रामीण स्रोतों का असमान वितरण—प्रारम्भ से ही भारतीय ग्रामों में आय के स्रोतों का वितरण असमान रहा है। गाँवों में प्रमुखतः दो शक्तिशाली श्रेणियों के लोग होते हैं—साहूकार एवं व्यापारी, तथा बड़े भू-स्वामी एवं आर्थिक दृष्टि से सम्पन्न कृषक। यद्यपि ये लोग ग्रामीण

जनसंख्या का 10 से 15 प्रतिशत भाग निर्मित करते हैं, परन्तु ये आर्थिक, सामाजिक और राजनीतिक दृष्टि से काफी सबल हैं। स्रोतों के असमान वितरण का सीधा सम्बन्ध आय की असमानता और जीवन की भौतिक दशाओं से है। जिन लोगों के पास भूमि नहीं है और जो या तो दूसरों की भूमि जोतते हैं या जो भूमिहीन श्रमिकों के रूप में कार्य करते हैं, साधारणतः आर्थिक दृष्टि से अभावमय जीवन व्यतीत करते हैं। गाँव के शक्तिशाली वर्गों द्वारा इनका शोषण कम होने की बजाय बढ़ता जा रहा है। ग्रामीण स्रोतों के असमान वितरण सम्बन्धी जागरूकता भारत में उभरते हुए कृषक असन्तोष का प्रमुख कारण मानी जाती है।

(2) बेकारी तथा अर्द्ध-बेकारी—ग्रामीण क्षेत्रों में कृषक असन्तोष का दूसरा कारण बेकारी एवं अर्द्ध-बेकारी है अर्थात् काम करने के इच्छुक व्यक्तियों के लिए काम का नहीं पाया जाना है। एक ओर बेरोजगारी तथा दूसरी ओर जनसंख्या विस्फोट एवं बढ़ती हुई मँहगाई के कारण कृषि पर निर्भर लोगों की आर्थिक स्थिति में ह्रास हुआ है। उनके सामने रोजगार का कोई दूसरा विकल्प भी उपलब्ध नहीं है। इससे उनमें असन्तोष बढ़ता है।

(3) कृषकों में अपने हितों के प्रति जागरूक—आन्द्रे बेतेई के अनुसार कृषक क्षेत्र में व्याप्त असन्तोष का तीसरा प्रमुख कारण निम्न, दलित या शोषित वर्ग के लोगों में अपने जीवन की भौतिक दशाओं और सामजिक क्षेत्र में व्याप्त निर्योग्यताओं के प्रति अधिक जागरूकता है। अधिकांशतः भूमिहीन श्रमिक पिछड़ी या अनुसूचित जातियों या जनजातियों से सम्बन्धित होते हैं जिन पर अनेक प्रकार की निर्योग्यताएँ लगी हुई थीं। शिक्षा के प्रसार और राजनीतिक संगठनों के प्रयत्नों से इन लोगों में अपनी सामाजिक-आर्थिक स्थिति के प्रति जागरूकता बढ़ी है। इसके परिणामस्वरूप उनमें असन्तोष भी बढ़ा है। भूतकाल में भारतीय समाज में एक सुसंगत सामाजिक व्यवस्था पाई जाती थी परन्तु अब स्थिति बदल गई है। आज असमानता सार्वभौमिक रूप से स्वीकृत नहीं है। भारत का संविधान और प्रत्येक राजनीतिक दल अब एक ऐसी सामाजिक व्यवस्था के लिए प्रतिबद्ध हैं जिसमें सिद्धान्त रूप में सभी के लिए समान अधिकार और अवसर उपलब्ध होंगे। परन्तु व्यवहार में आज भी पिछड़ी या अनुसूचित जातियों के भूमिहीन श्रमिकों को कोई अधिकार नहीं है। इससे उनमें असन्तोष बढ़ता है।

(4) राजनीतिक कारक—आज ग्रामीण भारत में भाग्यवादिता का ह्रास हुआ है। बहुत से लोग यह मानने को तैयार नहीं है कि पूर्वजन्म में उनके कर्म ही कुछ ऐसे थे कि इस जन्म में उन्हें निम्न स्थिति प्राप्त हुई है। अब वे समझते हैं कि उनकी इस स्थिति के लिए स्वयं समाज व्यवस्था उत्तरदायी है जिसे बदला जा सकता है। लोगों के दृष्टिकोण को बदलने में शिक्षा के व्यापक प्रसार, विभिन्न चुनावों तथा आन्दोलनात्मक राजनीति ने विशेष योगदान दिया है। भारत में प्रत्येक राजनीतिक दल चुनावों के समय किसानों के वोट लेने के लिए उनको तरह-तरह के प्रलोभन देकर उनकी आकांक्षाएँ बढ़ा देते हैं। जब उनकी बढ़ी हुई आकांक्षाएँ पूरी नहीं हो पातीं तो उनमें सामाजिक व्यवस्था के प्रति आक्रोश पैदा हो जाता है। यह भी कृषक असन्तोष का एक प्रमुख कारण है।

(5) शोषणकारी कृषक समाज की संरचना—आन्द्रे बेतई ने समकालीन भारत में कृषक असन्तोष के लिए शोषणकारी कृषक संरचना को उत्तरदायी माना है। इस कृषक संरचना की प्रमुख विशेषताएँ निम्नलिखित हैं—

(i) इस संरचना में सामाजिक और आर्थिक असमानताओं के विपरीत छोर पाए जाते हैं।

(ii) स्वतन्त्रता पश्चात् इस विश्वास में वृद्धि हुई है कि इन असमानताओं को यदि समाप्त नहीं तो कम किया जा सकता है।

(iii) असमानता के इस प्रतिमान को, विशेषतः संस्तरण के निम्न स्तरों के उत्थान के प्रत्येक प्रशासकीय प्रयास असफल रहे हैं।

(6) हरित क्रान्ति—भारत में हुई हरित क्रान्ति के परिणामस्वरूप निश्चित रूप से उत्पादन में काफी वृद्धि हुई है परन्तु हरित क्रान्ति का लाभ गाँवों में बड़े भू-स्वामियों एवं कृषकों को ही हुआ है। छोटे कृषक एवं भूमिहीन मजदूरों को इससे कोई विशेष लाभ नहीं मिला है। हरित क्रान्ति ने गाँवों की आर्थिक विषमता को और भी अधिक गहरा कर दिया है। इससे भी कृषक असन्तोष में वृद्धि हुई है। इसलिए जिस प्रकार से विकासकारी योजनाओं का लाभ ग्रामीण समाज के निम्न वर्गों को नहीं मिल पाया है, ठीक इसी प्रकार हरित क्रान्ति भी इनकी सामाजिक-आर्थिक स्थिति को ऊँचा उठाने में असफल रही है।

कृषक असन्तोष को दूर करने हेतु किए गए प्रयत्न एवं सुझाव

कृषक असन्तोष के उपर्युक्त कारणों के विवेचन से स्पष्ट हो जाता है कि भारतीय कृषि के समुचित विकास और उत्पादित वस्तुओं के न्यायोचित वितरण से ही कृषक असन्तोष को कम अथवा दूर किया जा सकता है। कृषि विकास की दृष्टि से पिछले करीब पाँच दशकों में काफी कुछ किया भी गया है। इस दिशा में किए गए प्रमुख प्रयास निम्न प्रकार हैं—

(1) ग्रामीण भारत में कृषकों की स्थिति में सुधार हेतु अनेक कार्यक्रम लागू किए गए हैं। इन कार्यक्रमों में गहन कृषक जिला कार्यक्रम (IADP), गहन कृषक क्षेत्र कार्यक्रम (IAAP), उच्च उत्पादक किस्मों का बीज कार्यक्रम (HYVSP) तथा बहु-फसल प्राप्त करने हेतु कार्यक्रम (Multi-cropping programme) इत्यादि प्रमुख हैं। इन विभिन्न कार्यक्रमों का उद्देश्य भारत में गहन खेती को प्रोत्साहित करना और अधिक उत्पादन प्राप्त करना है।

(2) भारत में कृषि को आधुनिकीकृत करने, सिंचाई की सुविधाओं को बढ़ाने, सिंचित क्षेत्र का विस्तार करने, नवीन किस्म के बीजों, खादों तथा पौध-रक्षण हेतु विभिन्न प्रकार की सामग्री के प्रयोग और कृषक विस्तार सेवाओं का प्रसार करने आदि से सम्बन्धित अनेक सफल प्रयास किए गए हैं। इन प्रयासों ने भारतीय कृषि के विकास में महत्त्वपूर्ण भूमिका निभाई है।

(3) कृषि पर राष्ट्रीय आयोग की सिफारिशों को स्वीकार करते हुए अर्थव्यवस्था के विभिन्न खण्डों के समन्वित विकास द्वारा कृषि क्षेत्र को पहले से अधिक गति प्रदान की गई है। विभिन्न कृषक वस्तुओं की माँग और पूर्ति में सन्तुलन तथा एक निश्चित समयावधि में

वितरणात्मक न्याय प्राप्त करने हेतु भी अनेक कदम उठाए गए हैं। कृषि नीति में दो बातों पर मुख्यतः ध्यान दिया गया है—

(i) रहन-सहन के स्तर को ऊँचा उठाने के लिए वस्तुओं और सेवाओं की पर्याप्त पूर्ति हेतु अनिवार्य कदम उठाना, तथा

(ii) जनसाधारण के लिए पर्याप्त रोजगार तथा आय की सुविधाओं में वृद्धि करना।

(4) ग्रामीण समाज के कमजोर वर्गों के आय के स्तरों को ऊँचा उठाने हेतु अनेक कदम उठाए गए हैं। इनमें उत्पादक रोजगार की सुविधाएँ बढ़ाना, ग्रामीण उद्योग-धन्धों में वृद्धि करना, भूमि सुधारों को अधिक प्रभावशाली बनाना, जोत की अधिकतम सीमा निर्धारण करना इत्यादि प्रमुख हैं।

(5) सहकारिता आन्दोलन को सशक्त बनाकर छोटे एवं सीमान्त कृषकों को ऋणग्रस्तता जैसी समस्याओं से छुटकारा दिलाने की दिशा में भी प्रभावकारी कदम उठाए गए हैं।

(6) कृषि कार्यक्रमों में रोजगार प्राप्त करने की क्षमता को अधिकाधिक बढ़ाया गया है।

(7) भूमिहीन श्रमिकों को निर्धनता रेखा से ऊपर उठाने हेतु सरकारी अनुदान दिए जा रहे हैं तथा उनके लाभ हेतु अनेक योजनाएँ चलाई जा रही हैं।

(8) ग्रामीण समाज में भूमि सुधार कार्यक्रमों को गति प्रदान की जा रही है।

उपर्युक्त सभी प्रयास कृषि पर राष्ट्रीय आयोग द्वारा 1976 ई० में भारत सरकार को दी गई रिपोर्ट में निहित सुझावों को सामने रखकर किए गए हैं। परन्तु इन सब प्रयासों से आशातीत सफलता नहीं मिल पाई है। आज भी भारतीय कृषक अनेक प्रकार की समस्याओं का सामना कर रहे हैं। इनमें कुछ समस्याएँ (जैसे पानी और बिजली की समस्या) तो इतनी मूलभूत हैं कि उनका निवारण अगर तुरन्त नहीं किया गया तो कृषक असन्तोष निश्चित रूप से कृषक आन्दोलन में परिवर्तित हो सकता है। अतः आवश्यकता इस बात की है कि सरकार कृषकों की समस्याओं को समझे, उन पर सहानुभूतिपूर्ण विचार करे तथा अपने पूरे सामर्थ्य द्वारा शीघ्रतम इन समस्याओं का निराकरण करे। कृषकों को उनकी उपज का उचित मूल्य दिलवाने के लिए भी व्यावहारिक नीतियाँ बनाई जानी चाहिए। साथ ही, सरकारी नीतियों का कार्यान्वयन प्रभावशाली ढंग से किया जाना चाहिए ताकि सरकारी योजनाओं का लाभ छोटे व सीमान्त कृषकों तथा कृषि श्रमिकों को मिल सके। कार्यान्वयन में लगे अधिकारी ऐसे होने चाहिए जिन्हें ग्रामीण कृषक संरचना का ज्ञान हो। कृषक समस्याओं को समझने तथा उनको दूर करने हेतु सामाजिक वैज्ञानिकों से भी सुझाव लिए जाने चाहिए।

भारत में हुए कृषक आन्दोलन

सामाजिक आन्दोलनों के अध्ययनों में समाजशास्त्रियों द्वारा रुचि लेना एक आधुनिक प्रघटना है। यद्यपि समाजशास्त्र का विकास ही ऑगस्त कॉम्ट तथा सेण्ट साइमन के सामाजिक सिद्धान्त तथा आन्दोलनों के विचारों के परिणामस्वरूप हुआ, फिर भी समाजशास्त्रियों द्वारा सामाजिक परिवर्तन के इस पक्ष (सामाजिक आन्दोलन) पर कोई विशेष ध्यान नहीं दिया गया।

समाजशास्त्रियों द्वारा सामाजिक आन्दोलनों के अध्ययनों में रुचि न लेने के चार प्रमुख कारण बताए जाते हैं—

(1) सामाजिक आन्दोलनों का अध्ययन इतिहास का अधिकार-क्षेत्र माना जाता रहा है, अतः यह कार्य इतिहासकारों के लिए छोड़ दिया गया था।

(2) समाजशास्त्र में प्रकार्यात्मक (Functional) विचारधारा प्रारम्भ से ही काफी प्रचलित रही है तथा इसके प्रभाव के कारण समाजशास्त्रियों ने सामाजिक परिवर्तन एवं इसके विभिन्न स्वरूपों जैसे पहलुओं में रुचि ही नहीं ली। अतः प्रकार्यात्मक विचारधारा ने 'आन्दोलनों के समाजशास्त्र' (Sociology of Movements) नामक उप-शाखा के विकास में बाधा डाली है।

(3) समाजशास्त्रियों तथा सामाजिक मानवशास्त्रियों की रुचि सामाजिक संरचना की अवधारणा में अधिक रही है और उसे विभिन्न स्तरों पर अमूर्त रूप से समझने का प्रयास किया गया है। इससे भी परिवर्तन एवं आन्दोलनों के अध्ययनों को प्रोत्साहन नहीं मिल पाया है।

(4) स्मेलसर ने इसका कारण समाजशास्त्रियों द्वारा केवल सफल आन्दोलनों की ओर ही ध्यान देना (तथा असफल आन्दोलनों की उपेक्षा करना) बताया है। उनका कहना है कि समाजशास्त्रियों की सफल आन्दोलनों में ही रुचि ने भी 'आन्दोलनों के समाजशास्त्र' नामक शाखा को विकसित नहीं होने दिया है।

कुछ भी हो, पिछले दो-तीन दशकों में विकसित और विकासशील देशों में सामाजिक आन्दोलनों के अध्ययनों में रुचि निश्चित रूप से बढ़ी है तथा आज 'सामाजिक आन्दोलनों का समाजशास्त्र' समाजशास्त्र की एक प्रतिष्ठित शाखा मानी जाती है।

'आन्दोलन' तथा 'सामाजिक आन्दोलन' शब्दों का प्रयोग अत्यधिक विस्तृत रूप से किया गया है जिसके कारण कभी-कभी किसी भी प्रकार के सामूहिक व्यवहार को आन्दोलन की संज्ञा दे दी जाती है। उदाहरणार्थ, सामाजिक परिवर्तन लाने या इसको अवरुद्ध करने हेतु सामूहिक प्रयास को सामाजिक आन्दोलन कहा गया है। ऑक्सफोर्ड इंगलिश डिक्शनरी *(Oxford English Dictionary)* में सामाजिक आन्दोलन की परिभाषा इन शब्दों में दी गई है, "आन्दोलन किसी विशेष सामाजिक लक्ष्य की ओर बढ़ने या व्यक्तियों द्वारा की जाने वाली निरन्तर क्रियाओं अथवा प्रयासों का एक क्रम है।"[1] अगर हम इस परिभाषा को स्वीकार कर लें तो समाजशास्त्र में सामाजिक आन्दोलन को किसी भी प्रकार के अन्य सामूहिक व्यवहार से पृथक् करना एक कठिन समस्या हो जाएगी। अतः समाजशास्त्रियों ने सामाजिक आन्दोलन शब्द की परिभाषा विशिष्ट शब्दों में दी है।

ब्लमर के अनुसार, "सामाजिक आन्दोलनों को जीवन की एक नवीन व्यवस्था स्थापित करने का सामूहिक प्रयत्न कह सकते हैं।"[2] होर्टन एवं हण्ट के अनुसार, "सामाजिक आन्दोलन समाज अथवा उसके सदस्यों में परिवर्तन लाने अथवा उसका विरोध करने का सामूहिक

प्रयास है।"[3] मैरिल एवं एल्ड्रिज के अनुसार, "सामाजिक आन्दोलन रूढ़ियों में परिवर्तन के लिए अधिक या कम मात्रा में चेतन रूप से किए गए प्रयास हैं।"[4] रोज के अनुसार, "सामाजिक आन्दोलन सामाजिक लक्ष्य की प्राप्ति के लिए लोगों की एक बड़ी संख्या के एक अनौपचारिक संगठन को कहते हैं, जो अनेक व्यक्तियों के सामूहिक प्रयास से प्रभुतासम्पन्न संस्कृति-संकुलों, संस्थाओं अथवा एक समाज के विशिष्ट वर्गों को संशोधित अथवा स्थानान्तरित करता है।"[5] कैमरान के अनुसार, "सामाजिक आन्दोलन तब होते हैं जब एक बड़ी संख्या में लोग विद्यमान संस्कृति या सामाजिक व्यवस्था के किसी भाग को परिवर्तित करने अथवा उनके स्थान पर दूसरी को स्थापित करने के लिए एक साथ बँध जाते हैं।"[6]

सामाजिक आन्दोलन की विभिन्न परिभाषाओं के आधार पर कहा जा सकता है कि यह सामाजिक संरचना अथवा व्यवस्था में परिवर्तन लाने या इसका विरोध करने का एक संगठित प्रयास है जोकि किसी सामान्य विचारधारा पर आधारित है। ब्लमर के अनुसार, विचारधारा सामाजिक आन्दोलन के जीवन में अत्यन्त महत्त्वपूर्ण भूमिका निभाती है। यह उचित भी है क्योंकि समाजशास्त्रीय दृष्टिकोण से सामाजिक आन्दोलन में एक तरफ विचारधारा से सम्बन्धित घटनाएँ, क्रियाएँ एवं अन्तर्क्रियाएँ तथा दूसरी तरफ इसके लक्ष्य (सामाजिक-सांस्कृतिक परिवर्तन) की ओर ध्यान दिया जाता है।

भारत में अनेक ऐच्छिक संस्थाएँ ग्रामीण उत्थान के लिए कार्य कर रही हैं जिनके कार्य वास्तव में सराहनीय कहे जा सकते हैं क्योंकि उनमें कोई राजनीति नहीं है और इनके कार्यकर्ता मानव सेवा की भावना से प्रेरित होकर वहाँ काम करते हैं। वे जनता के साथ मिलकर उनके सुख-दुःख में सहभागी होकर बुराइयों को दूर करने और नई रोशनी लाने का प्रयास कर रही हैं। ऐसी ऐच्छिक संस्थाओं में रामकृष्ण मिशन का नाम उदाहरण के लिए लिया जा सकता है। इन ऐच्छिक संस्थाओं ने कृषकों की समस्याओं के समाधान की दिशा में भी अनेक प्रयास किए हैं।

भारत पर यद्यपि प्राचीन काल से ही विदेशियों के आक्रमण होते रहे तथा सम्पूर्ण मध्य काल में विदेशी शासन भी रहा, परन्तु कृषकों पर अत्याचार के बहुत ही कम उदाहरण मिलते हैं। भारत में अंग्रेजी नियन्त्रण के पश्चात् कृषि सम्बन्धों में मौलिक परिवर्तन हुए। अंग्रेजों ने यद्यपि समय-समय पर भू-राजस्व की विभिन्न प्रणालियाँ प्रारम्भ कीं, परन्तु प्रायः प्रत्येक भू-राजस्व प्रणाली का परिणाम सामान्य कृषकों की निर्धनता तथा उसका भूमिहीन मजदूर बन जाना ही हुआ। यह तथ्य उन आन्दोलनों और विद्रोहों से भली-भाँति स्पष्ट होता है जो 19वीं शताब्दी के मध्य से स्वतन्त्रता-पूर्व तक हुए। कृषकों की शिकायतें निरन्तर बढ़ते हुए लगान और जमीन से बेदखल करने के प्रश्नों से सम्बन्धित होती थीं। जमींदारी एवं रैयतवाड़ी क्षेत्रों में कुछ सम्पन्न कृषकों ने सामन्ती व्यवस्था तथा अंग्रेजी साम्राज्य के बढ़ते हुए शोषण के विरुद्ध आन्दोलन किए। 19वीं शताब्दी के मध्य में ये आन्दोलन आरम्भ हुए और बीसवीं शताब्दी में राष्ट्रीय आन्दोलन के प्रभाव में ये अधिक व्यापक हो गए। नील विद्रोह, कूकी विद्रोह, पटना का कृषक विद्रोह, मोपलाह विद्रोह आदि में किसानों की शोषण के विरुद्ध प्रतिध्वनि सुनाई पड़ती है।

के० सी० एलेक्जेण्डर[7] के अनुसार भारत में कृषक आन्दोलन इस मनोवैज्ञानिक भावना पर आधारित है कि असमता (संस्तरण) का परिणाम किसानों के लिए ही नुकसानदायक है तथा उन्हें हरित क्रान्ति का लाभ नहीं मिल पाया है। मूर एवं एलेक्जेण्डर के विचारों के विपरीत, कैथलीन गॅफ[8] का विचार है कि भारत में कृषक आन्दोलनों का एक लम्बा इतिहास रहा है। गॅफ के अनुसार अधिकांश कृषक आन्दोलन भूमिपतियों, नौकरशाहों, साहूकारों, पुलिस व सेना द्वारा कृषकों के शोषण के परिणामस्वरूप उभरते रहे हैं। गॅफ ने भारत में 1930 ई० तक हुए कृषक आन्दोलनों को पाँच श्रेणियों में विभाजित किया है—

(1) पुनर्स्थापनावादी (Restorative) आन्दोलन, पीछे देखने वाले राष्ट्रवादी आन्दोलन जो भविष्य में अच्छे सम्बन्धों के स्वप्न पर आधारित थे,

(2) धार्मिक (Religious) आन्दोलन, जो समाज को बड़े पैमाने पर बदलना चाहते थे तथा धार्मिक या नृजातीय समूहों को स्वायत्तता प्रदान करना चाहते थे,

(3) सामाजिक दस्युता (Social banditry) सम्बन्धी आन्दोलन,

(4) आतंकवादी प्रतिहिंसा (Terrorist vengeance) आन्दोलन, तथा

(5) जन विद्रोह (Mass insurrection) आन्दोलन।

अन्तिम तीनों आन्दोलनों का उद्देश्य सुधारवाद तथा समाज में परिवर्तन लाना रहा है। टी० के० ओमन[9] का कहना है कि इनमें से अधिकांश आन्दोलनों को आन्दोलन कहना ही उचित नहीं है। भारत में सर्वाधिक अध्ययन किए जाने वाले स्वतन्त्रता के समय होने वाले तेभागा (Tebhaga) तथा तेलंगाना (Telengana) आन्दोलन हैं जोकि क्रमशः बंगाल तथा आन्ध्र प्रदेश में हुए हैं। 1943 ई० में पड़ा अकाल तथा तत्पश्चात् उत्पन्न अनेक परिस्थितियों ने इन आन्दोलनों को विकसित करने में सहायता प्रदान की है।

भारत में ब्रिटिश सरकार, साहूकारों और जमींदारों के दमन एवं उत्पीड़न के विरुद्ध आवाज उठाने में भारतीय कृषकों का एक लम्बा इतिहास रहा है। राष्ट्रीय आन्दोलन ने कृषक आन्दोलनों को एक नवीन गतिविधि और स्वतन्त्रता संग्राम की मुख्य धारा से जोड़ दिया। डी० एन० दनागरे[10] ने इन आन्दोलनों का विस्तृत विश्लेषण प्रस्तुत किया है तथा हमें यह बताया है कि इन आन्दोलनों का कृषक संरचना पर कोई विशेष प्रभाव नहीं पड़ा है। कृषकों की स्थिति में कोई विशेष और उल्लेखनीय सुधार लाने में भी ये आन्दोलन अधिक सफल नहीं रहे हैं। कृषक आन्दोलन आन्तरिक राजनीतिक कारणों की भी देन रहे हैं।

पश्चिम बंगाल में 1967 ई० में प्रारम्भ हुआ नक्सलवादी आन्दोलन, जो बाद में देश के अनेक अन्य हिस्सों में भी फैल गया, भी एक कृषक विद्रोह आन्दोलन है। यह चीन द्वारा समर्पित आन्दोलन है तथा राज्य शक्ति पर अधिकार प्राप्त करना इसका लक्ष्य है। यह आन्दोलन गैर-कृषकों को अपना शत्रु मानते हुए उनके विरुद्ध संघर्ष करने पर बल देता रहा है। इस आन्दोलन को कृषक संघर्ष के लिए माओ की नीति के रूप में, साम्यवादी दलों की पारस्परिक फूट के परिणाम के रूप में तथा सामाजिक संरचना एवं सामाजिक परिवर्तन में सम्बन्ध के रूप में देखने का प्रयास किया गया है।

भारत में हुए प्रमुख कृषक आन्दोलनों का संक्षिप्त परिचय इस प्रकार है—

(1) बंगाल का कृषक आन्दोलन—सर्वप्रथम बंगाल में कृषकों द्वारा नील विद्रोह हुए। यूरोपीय भू-स्वामी कृषकों से जबरदस्ती नील की खेती कराते थे। कृषक अपने मालिकों की हर मनमानी सहन करते थे। नील की खेती दो प्रकार से होती थी—

(अ) निज आबाद कृषि—इसमें प्लांटरों की भूमि पर श्रमिकों की सहायता से खेती होती थी, तथा

(ब) रैयाती कृषि—जहाँ कृषक अपनी भूमि में नील की खेती करता था। वह अग्रिम रूप में कुछ धन ले लेता था और फिर समस्त फसल को पूर्व निर्धारित निश्चित भाव से बेच देता था।

19वीं शताब्दी के मध्य तक आते-आते कृषकों को नील की तुलना में पटसन या तम्बाकू की खेती अधिक लाभदायक लगने लगी। नील की खेती करवाने में अधिकांश यूरोपीय प्लांटर रुचि रखते थे तथा प्रजातीय विभेद की सहायता से बलपूर्वक नील की खेती करवाते थे। इस व्यवस्था में एक बार किसी कृषक ने यदि प्लांटर से कुछ धनराशि अग्रिम ले ली तो पीढ़ियों तक उसे वापस नहीं दे सकता था। उसे प्लांटर को कम मूल्य पर नील बेचना पड़ता था। इसके फलस्वरूप 1859 ई० में नील विद्रोह आरम्भ हो गया। 1860 ई० में इस विद्रोह ने अधिक व्यापक एवं उग्र रूप ग्रहण कर लिया क्योंकि 1859 ई० के रेंट अधिनियम के विरुद्ध असन्तोष भी इसमें सम्मिलित हो गया। कैनिंग ने प्लांटरों का पक्ष लेना चाहा, लेकिन भारत सचिव ने इसकी अनुमति नहीं दी। प्लांटरों ने परिस्थिति की विवशता को देखते हुए अपनी पूँजी बिहार और उत्तर प्रदेश की ओर हस्तान्तरित करनी आरम्भ कर दी।

(2) पटना का कृषक आन्दोलन—1859 ई० के रेंट अधिनियम के विरुद्ध कृषकों में असन्तोष में काफी वृद्धि हो रही थी। 1873 ई० में यह असन्तोष पटना में कृषक विद्रोह के रूप में प्रस्फुटित हो गया। कृषकों ने एक संघ बनाकर जमींदारों की लगान वृद्धि के विरुद्ध मुकदमे भी आरम्भ कर दिए और गाँवों में उन्होंने लगान देना बन्द कर दिया। सरकार को विवश होकर 1869 ई० में एक रेंट कमीशन नियुक्त करना पड़ा और उसकी अनुशंसा पर 1885 ई० में 'बंगाल टेनेन्सी एक्ट' पारित करना पड़ा।

(3) महाराष्ट्र और गुजरात में हुए कृषक आन्दोलन—महाराष्ट्र में भी साहूकारों के विरुद्ध अनेक कृषक विद्रोह हुए। यहाँ पर मारवाड़ी और गुजराती साहूकार अधिक ब्याज पर कृषकों को धन उधार देते थे और धन न चुकाने पर भूमि पर अपना आधिपत्य स्थापित कर लेते थे। मुकदमों की स्थिति में वे न्यायालयों से अपने पक्ष में निर्णय करवा लेते थे। 1875 ई० में कुनबी कृषकों का यह असन्तोष दक्षिण उपद्रव के नाम से विख्यात है, यद्यपि इसके कुछ लक्षण 1871 ई० से ही दिखाई देने लगे थे। ये उपद्रव विशेष रूप से मारवाड़ियों के विरुद्ध थे। इस विरोध का नेतृत्व गाँवों के पटेल कर रहे थे। सरकार को विवश होकर एक आयोग की नियुक्ति करनी पड़ी और 1879 ई० में 'दक्षिण कृषक अधिनियम' पारित करना पड़ा जिसके अन्तर्गत कृषकों

से भूमि हस्तान्तरण की प्रक्रिया को रोक दिया गया। न्यायालयों को ब्याज की दर कम करने के लिए अधिकार दे दिए गए। कालान्तर में 'कृषक साहूकारों' का विकास हुआ और सहकारी संस्थाओं की प्रगति हुई। कृषक आन्दोलन गुजरात की ओर बढ़ा इसीलिए राष्ट्रीय आन्दोलन में महाराष्ट्र के कृषक आन्दोलन का योगदान कम रहा और गुजराती कृषक अधिक सक्रिय रहे।

गुजरात में हुआ खेड़ा कृषक आन्दोलन भी भारत में हुए कृषक आन्दोलनों में महत्त्वपूर्ण स्थान रखता है। यह आन्दोलन 1919 ई० में गांधीजी, सरदार वल्लभभाई पटेल, इन्दू लाल यजनिक, एन० एम० जोशी, शंकरलाल पारिख तथा अनेक अन्य नेताओं के नेतृत्व में प्रारम्भ किया गया। इस आन्दोलन को कृषकों द्वारा कर न देने वाला आन्दोलन (No-tax peasant struggle) भी कहा जाता है। चम्पारन की तरह यह भी अहिंसक आन्दोलन था। इसने शिक्षित वर्ग को भी कृषकों के वास्तविक जीवन को समझने तथा उनसे सम्पर्क बढ़ाने में सहायता प्रदान की। खेड़ा के कृषक कृषि में अपनी कुशलता के लिए पूरे भारत में प्रसिद्ध रहे हैं तथा वे अपनी उपजाऊ भूमि पर तम्बाकू और कपास की कृषि करते थे। खेड़ा में सरकार द्वारा लगान में वृद्धि तथा अकाल के कारण बड़े पैमाने पर हुए फसलों को नुकसान के परिणामस्वरूप कृषकों द्वारा लगान देने में असमर्थता इस आन्दोलन के प्रमुख कारण रहे हैं। गुजरात सभा ने भी इस आन्दोलन में महत्त्वपूर्ण भूमिका निभाई। कृषकों की माँगें पूरी होने पर यह आन्दोलन सफलतापूर्वक समाप्त हो गया।

(4) पंजाब के कृषक आन्दोलन—पंजाब में कृषक आन्दोलन 19वीं शताब्दी के अन्त तक विकसित हुए। अंग्रेजी नियमों के परिणामस्वरूप साहूकारों के प्रभाव में काफी वृद्धि हुई और कृषकों ने अपनी भूमि को गिरवी रखना आरम्भ कर दिया। इससे कृषकों में पाए जाने वाले असन्तोष में वृद्धि हुई तथा यह असन्तोष नहरों के निर्माण से नई बस्तियों की ओर बढ़ने लगा। इन नई बस्तियों (जैसे चिनाब नहर बस्ती) में सरकार ने कृषकों को कुछ शर्तों पर जमीन दी थी। उन शर्तों के पालन न करने पर सामूहिक जुर्माना लगाया जाता था। इससे अधिकारियों ने व्यापक भ्रष्टाचार फैलाया। पंजाब में कृषक आन्दोलन मुख्य रूप से मध्य जिलों; जैसे जालन्धर, अमृतसर, होशियारपुर, लायलपुर तथा शेखपुरा में ही केन्द्रित थे। इन जिलों में अधिकांश कृषक स्वयं खेती करने वाले सिक्ख थे। इनमें भूमि पर लगान को लेकर तथा नहर के पानी के उपयोग के बदले में लगने वाले टैक्स को लेकर काफी विरोध था। पहले तो पंजाब के कृषक आन्दोलन में केवल सिक्ख ही सम्मिलित थे परन्तु धीरे-धीरे हिन्दू और मुसलमान काश्तकार भी इस आन्दोलन में कूद पड़े। 1909 ई० में पंजाब ने एक अधिनियम द्वारा भूमि हस्तान्तरण पर कुछ प्रतिबन्ध लगाने की सोची। कृषकों ने लाला लाजपतराय और अजीतसिंह के नेतृत्व में आन्दोलन किया और मिण्टो ने प्रान्तीय सरकार द्वारा पारित किए हुए अधिनियम को अस्वीकृत कर दिया। पंजाब में हुए कृषक आन्दोलन इस दृष्टि से सफल रहे हैं कि 1953 ई० में सरकार ने एक अधिनियम पारित किया जिसमें किराये पर खेती करने वाले कृषकों को उनकी भूमि पर मालिकाना अधिकार मिल गए।

(5) चम्पारन (बिहार) आन्दोलन—चम्पारन में हुआ कृषक आन्दोलन वृहत् स्वतन्त्रता संग्राम का ही एक भाग था। कृषकों में असन्तोष का प्रमुख कारण भूमि के किराये में अत्यधिक वृद्धि, जबरदस्ती नील की खेती करवा कर उनकी स्वतन्त्रता को कुचलना, भू-स्वामियों की इच्छानुसार फसल उगाना, कृषकों को बहुत कम वेतन मिलना तथा उनकी दयनीय सामाजिक-आर्थिक स्थिति थी। 1920 ई० के पश्चात् कृषकों के आन्दोलन अधिकांशतः जमींदारी शोषण के विरुद्ध हुए जिनका प्रमुख लक्ष्य कृषक व्यवस्था के विरुद्ध असन्तोष था। यह वह समय था जब गांधीजी दक्षिण अफ्रीका से वापस आए थे तथा उनके द्वारा चलाए जा रहे अहिंसात्मक सत्याग्रह से सत्ता को चुनौती दी जा रही थी। इससे असहाय कृषकों में अत्याचारी व्यवस्था के विरुद्ध आन्दोलन करने का साहस पैदा हुआ। 1917 ई० में गांधीजी ने चम्पारन के कृषकों को संगठित किया और अन्ततः तिनकथिया पद्धति, जिसके अधीन कृषकों की उत्तम भूमि उनसे छीन ली गई थी, समाप्त हो गई और कृषकों से लगान की वृद्धि को भी सीमित कर दिया गया। बारडोली में आन्दोलन 1922 ई० में ही आरम्भ किया गया था लेकिन चोरी-चौरा आन्दोलन के पश्चात् इसे स्थगित करना पड़ा। 1928 ई० में पुनः बारडोली सत्याग्रह आरम्भ किया गया। यद्यपि यह आन्दोलन बहुत सीमित क्षेत्र में था लेकिन इसकी सफलता महत्त्वपूर्ण थी। बम्बई सरकार ने लगान में 22% की वृद्धि कर दी। सरदार पटेल के नेतृत्व में बहुत संगठित आन्दोलन हुआ और अन्ततः सरकार को झुकना पड़ा। एक आयोग नियुक्त किया गया और 1929 ई० में वृद्धि की मात्रा 22% से घटाकार 6·25% रह गई।

(6) उत्तर प्रदेश का कृषक आन्दोलन—उत्तर प्रदेश में राष्ट्रीय आन्दोलन के नेता सदैव कृषकों को सक्रिय बनाने में लीन रहते थे। पूर्वी उत्तर प्रदेश के रायबरेली, फैजाबाद, सुल्तानपुर जिलों में बाबा रामचन्द्र के नेतृत्व में किसान सभा आन्दोलन सक्रिय रहा। हरदोई जिले में यह आन्दोलन प्रभावशाली रहा। 1930 ई० के सविनय अवज्ञा आन्दोलन के पश्चात् कृषक आन्दोलन और अधिक सक्रिय हो गए। उस समय विश्वव्यापी मन्दी के कारण कृषि उत्पादनों के मूल्यों में भारी गिरावट आ गई थी जिसके परिणाम कृषकों के लिए अत्यन्त हानिकारक सिद्ध हुए। तालुकेदारों ने लगान वृद्धि और कृषकों को बेदखल करने के कार्य को पूर्व की भाँति बनाए रखा। उस समय भी आन्दोलन का नेतृत्व जवाहरलाल नेहरू और बाबा रामचन्द्र ने किया। 1931 ई० के पश्चात् इस कृषक आन्दोलन को बलपूर्वक कुचल दिया गया। इतना अवश्य हुआ कि कृषक अधिक उग्र विचारों के हो गए और कांग्रेस ने जमींदारों के अत्याचारों से बचाने के लिए कृषकों के लिए सत्ता में आने के पश्चात् कुछ स्थान बनाए जिनसे कृषकों के हितों की रक्षा की जा सके। उत्तर प्रदेश की भाँति बिहार में भी किसान सभा आन्दोलन प्रभावशाली हुआ। इसमें राष्ट्रीय नेताओं ने सक्रिय भाग लिया और राष्ट्रीय आन्दोलन को प्रभावशाली बनाया।

(7) दक्षिण भारत के कृषक आन्दोलन—दक्षिण में सर्वप्रथम मालाबार में **मोपलाह विद्रोह** अगस्त 1921 ई० में हुआ। आरम्भ में यह अंग्रेजी सरकार के विरुद्ध था लेकिन बाद में मोपलाहों ने गुरिल्ला पद्धति पर संघर्ष प्रचलित रखा। मोपलाह मुस्लिम कृषक थे जोकि हिन्दू

भू-स्वामियों की भूमि पर कृषि करते थे। दोनों में आर्थिक एवं धार्मिक सम्बन्ध सदैव से ही तनावपूर्ण थे। जब हिन्दू भू-स्वामियों ने मोपलाहों का अत्यधिक दमन करना शुरू कर दिया तो यह विद्रोह प्रारम्भ हो गया। इस आन्दोलन का एक अन्य कारण मालाबार में लगान की व्यवस्था का मोपलाह काश्तकारों के पक्ष में न होना था। इस आन्दोलन के परिणामस्वरूप उस समय कुछ हिन्दुओं की भी हत्या हुई। 1930 ई० के पश्चात् मोपलाहों ने मुस्लिम लीग का समर्थन किया और उन्होंने कृषक आन्दोलन में कोई भाग नहीं लिया। 1929 ई० में 'मालाबार टेनेन्सी एक्ट' पारित किया गया जिसमें सम्पन्न कृषकों के हितों की रक्षा की गई और भूमिहीन कृषकों की ओर, जो निम्न जातियों के थे, कोई ध्यान नहीं दिया गया। मद्रास प्रान्त में अधिकांशतः रैयतवाड़ी प्रथा प्रचलित थी लेकिन 20वीं शताब्दी के आरम्भ तक एक सम्पन्न कृषक वर्ग विकसित हो चुका था जो साहूकारी का धन्धा भी करता था। कुछ क्षेत्रों में जमींदारी प्रथा भी प्रचलित थी। आरम्भ में कृषक आन्दोलन इन जमींदारी क्षेत्रों तक ही सीमित था। डी० एन० दनागरे ने मोपलाह आन्दोलन का विस्तृत अध्ययन किया है।

दक्षिण भारत में हुआ दूसरा प्रमुख आन्दोलन **तेलंगाना का कृषक संघर्ष** है। यह आन्दोलन आन्ध्र प्रदेश में हैदराबाद के भूतपूर्व निजाम के विरुद्ध किया गया जहाँ कृषक सामाजिक संरचना सामन्तवादी प्रणाली पर आधारित थी। इस क्षेत्र में भूमि पर लगान की दो प्रकार की व्यवस्थाओं का प्रचलन था—रैयतवाड़ी और जागीरदारी। रैयतवाड़ी व्यवस्था में कृषकों को पट्टे पर भूमि उपलब्ध कराई जाती थी तथा उनसे लगान भू-स्वामी (देशमुख) प्राप्त करता था, जबकि जागीरदारी व्यवस्था में लगान जागीरदार से प्राप्त किया जाता था। देशमुख तथा जागीरदार स्थानीय स्तर पर बहुत शक्तिशाली थे। तेलंगाना क्षेत्र में उस समय मुख्य रूप से मूँगफली, तम्बाकू तथा अण्डी के बीजों की खेती की जाती थी। सामन्तवादी व्यवस्था के विरुद्ध हुआ यह आन्दोलन सी० पी० आई० पार्टी द्वारा समर्थित था। यह आन्दोलन लगभग पाँच वर्ष तक चला तथा अन्य कृषक आन्दोलनों की भाँति अधिक सफल नहीं हुआ।

1920 ई० में गुन्तूर जिले में असहयोग आन्दोलन में कृषकों ने अधिक संख्या में भाग लिया। 1922 ई० में आन्ध्र में विजाग एजेन्सी के क्षेत्र में सी० रामराजू के नेतृत्व में कोया जनजाति आन्दोलन अपने परम्परागत अधिकारों के लिए हुआ। 1924 ई० में इस आन्दोलन को कुचल दिया गया। 1928 ई० में आन्ध्र प्रदेश रैयत संघ की एन० जी० रंगा के नेतृत्व में स्थापना हुई। इसने जमींदारी क्षेत्रों में व्याप्त अवगुणों को सरकार के समक्ष रखा। विश्वव्यापी मन्दी के फलस्वरूप धनी कृषक अधिक असन्तुष्ट हुआ क्योंकि वह व्यापारिक फसलों का उत्पादन करता था जिनके मूल्य में अत्यधिक कमी आ गई थी। इस धनी कृषक वर्ग ने जब अपनी संकटमय स्थिति से सामान्य कृषकों को ऋण देना बन्द कर दिया तब कृषकों ने साहूकारों के विरुद्ध आन्दोलन प्रारम्भ किया।

1933-35 ई० के मध्य विभिन्न प्रान्तों में किसान सभाएँ स्थापित हुईं। 1936 ई० में अखिल भारतीय किसान सभा की स्थापना हुई। वह संगठन आरम्भ से ही समाजवादियों,

साम्यवादियों तथा बुद्धिजीवियों के नियन्त्रण में रहा। इस संगठन की सदस्य संख्या में यद्यपि निरन्तर वृद्धि होती रही, परन्तु प्रगति के बावजूद भी कृषक भारतीय राष्ट्रीय आन्दोलन में महत्त्वपूर्ण शक्ति नहीं बन पाया। स्वतन्त्रता प्राप्ति के पश्चात् तथा जमींदारी उन्मूलन के साथ कृषक को एक पृथक् वर्ग के रूप में मान्यता भी मिली और कुछ राहत भी। परन्तु आज भी भारत के कृषक को उतना महत्त्व नहीं दिया जाता है जितना उसे अपने कार्य, श्रम एवं संख्या के आधार पर दिया जाना चाहिए।

उपर्युक्त विवेचन से स्पष्ट हो जाता है कि अंग्रेजी शासनकाल में तथा स्वतन्त्रता-पूर्व के वर्षों में भारत में अनेक कृषक आन्दोलन हुए हैं। इन आन्दोलनों को पूरी तरह से सफल तो नहीं कहा जा सकता परन्तु इन्होंने सामान्य जनता एवं नेताओं का ध्यान कृषकों की ओर आकर्षित करने में काफी सफलता प्राप्त की है। स्वतन्त्रता पश्चात् कृषक आन्दोलन समाप्त नहीं हुए हैं अपितु कृषकों की बढ़ती हुई समस्याओं ने स्वतन्त्रता पश्चात् भी कृषकों को आन्दोलन का रास्ता अपनाने के लिए विवश किया है।

पिछले कुछ वर्षों में शरद जोशाी के नेतृत्व में शेतकारी संगठन तथा चौधरी महेन्द्र सिंह टिकैत के नेतृत्व में भारतीय किसान यूनियन द्वारा चलाए जा रहे कृषक आन्दोलन अत्यधिक चर्चा का विषय बने हुए हैं। ये आन्दोलन मुख्यतः गन्ने तथा कपास की कीमतों, कृषकों को दिए गए कर्जे, बिजली की अनियमितताओं तथा किसानों की अन्य समस्याओं को लेकर विकसित हुए हैं तथा काफी प्रभावशाली भी रहे हैं। सभी प्रकार के कृषक संगठनों ने एक किसान समन्वय समिति (Kissan Coordination Committee) का भी निर्माण किया है ताकि कृषकों की शक्ति बँटी हुई न रहे तथा वे अपने हितों की रक्षा अधिक अच्छी तरह से कर सकें। इन आन्दोलनों में महिलाओं की भी सक्रिय भूमिका है। इन नेताओं तथा विकास संगठनों से कृषकों को काफी आशाएँ हैं तथा देखना यह है कि ऐसे आन्दोलन कहाँ तक वास्तव में कृषकों की समस्याओं का समाधान करने में सफल हो पाते हैं। क्या ये आन्दोलन गैर-राजनीतिक रह पाएँगे या नहीं, इसका उत्तर भी आने वाला समय ही दे पाएगा।

भारत में हुए कृषक आन्दोलनों के प्रमुख कारण

भारत में हुए अधिकांश कृषक आन्दोलनों के प्रमुख कारण इस प्रकार हैं—

(1) स्वतन्त्रता-पूर्व हुए अधिकांश आन्दोलनों का कारण काश्तकारों एवं भू-स्वामियों के सम्बन्धों में तनाव रहा है। इस तनाव का कारण भू-स्वामियों द्वारा अधिक भू-राजस्व (लगान) की माँग, अत्यधिक भाड़े तथा कृषि मजदूरी का कम होना था।

(2) स्वतन्त्रता-पूर्व अधिकांश कृषक आन्दोलन जमींदारों, जागीरदारों तथा भू-स्वामियों की गलत नीतियों एवं शोषण के विरुद्ध हुए हैं।

(3) कृषक आन्दोलनों का प्रमुख कारण कृषकों की निम्न सामाजिक-आर्थिक स्थिति भी रहा है। स्वतन्त्रता-पूर्व अकाल जैसी प्राकृतिक विपदाओं के समय वे भू-स्वामियों को लगान तथा फसल का निर्धारित हिस्सा देने में असमर्थ थे। ऐसे समय में भू-स्वामियों द्वारा उनसे

सहानुभूतिपूर्ण व्यवहार न करना उनमें पाए जाने वाले असन्तोष को बढ़ाने में महत्त्वपूर्ण भूमिका निभाता था।

(4) स्वतन्त्रता-पूर्व पश्चिमी देशों के प्लांटर छोटे कृषकों को अपनी पसन्द की फसल उगाने पर विवश करते थे तथा उनकी स्वतन्त्रता को सीमित करना चाहते थे। इसके परिणामस्वरूप कई स्थानों पर बँघुआ मजदूरी की प्रथा का भी प्रचलन हो गया था।

(5) स्वतन्त्रता-पूर्व कृषकों के हितों की रक्षा हेतु कोई विशेष अधिनियम सरकार द्वारा पारित नहीं किए जाते थे। भू-स्वामी अपनी भूमि पर खेती करने वाले कृषकों को जब चाहते थे बेदखल कर देते थे। पट्टा व्यवस्था भी अत्यधिक असुरक्षित थी।

(6) स्वतन्त्रता-पूर्व कृषक वेतनभोगी श्रमिकों को अत्यधिक कम वेतन दिया जाता था। यह इतना कम होता था कि वे इससे अपना गुजारा भी बड़ी मुश्किल से कर पाते थे।

(7) स्वतन्त्रता-पूर्व छोटे कृषकों का साहूकारों द्वारा शोषण किया जाता था। वे कृषकों को दिए गए कर्जे के बदले में उनकी भूमि गिरवी रख लेते थे तथा कर्जे का ब्याज मूल कर्जे से कई गुना अधिक हो जाता था जिसे देना उनके लिए सम्भव नहीं होता था। ऋण का अत्यधिक बोझ भी कृषक आन्दोलनों का एक प्रमुख कारण रहा है।

(8) स्वतन्त्रता-पूर्व कृषकों को सरकार से किसी प्रकार की सहायता नहीं मिल पाती थी। किसी भी मुकदमेबाजी में सरकारी अधिकारी साहूकारों एवं भू-स्वामियों का ही साथ देते थे।

(9) स्वतन्त्रता-पूर्व सरकार की कर नीति अत्यन्त दोषपूर्ण थी। सरकार भू-स्वामियों एवं साहूकारों के प्रभाव के कारण कृषकों के हित में न तो कोई प्रभावकारी कानून ही पारित कर पाती थी और न ही उनका शोषण रोकने हेतु कोई कारगर कदम उठा पाती थी।

(10) स्वतन्त्रता-पूर्व कर अथवा लगान न देने की स्थिति में सरकार द्वारा कृषकों की सम्पत्ति जब्त कर ली जाती थी तथा उनके पशुओं तक को बेचकर पैसे वसूल किए जाते थे। इस प्रकार की सरकारी नीतियाँ कृषकों में काफी रोष पैदा कर देती थी।

(11) स्वतन्त्रता-पश्चात् भी भूमि सुधार कृषकों की सामाजिक-आर्थिक स्थिति को ऊँचा करने में असफल रहे हैं।

(12) आज भी कृषकों को बिजली एवं पानी जैसी मूलभूत समस्याओं का सामना करना पड़ रहा है। जब बिजली और पानी नगरों में ही पर्याप्त मात्रा में उपलब्ध नहीं हो पाता तो इसका अनुमान सरलता से लगाया जा सकता है कि गाँवों की क्या स्थिति होगी।

(13) अभी भी सरकार द्वारा कृषि उत्पादों का मूल्य निर्धारित करने की नीति अधिक व्यावहारिक नहीं है।

(14) सरकार कृषकों को कृषि उत्पाद का उचित मूल्य समय पर नहीं दे पाती है। गन्ना उगाने वाले कृषकों की सदैव यह शिकायत रहती है कि व्यक्तिगत एवं सरकारी चीनी मिलें गन्ने का भुगतान समय पर नहीं करती हैं।

(15) सरकार नए कृषि औजारों, बीजों एवं खादों पर आर्थिक सहायता (Subsidy) निरन्तर कम करती जा रही है जिसके परिणामस्वरूप कृषकों को अधिक बोझ सहन करना पड़ रहा है। छोटे कृषक इससे अत्यधिक प्रभावित हो रहे हैं तथा इसके परिणामस्वरूप उनमें असन्तोष विकसित होता है।

भारत में हुए कृषक आन्दोलनों की भूमिका की आलोचनात्मक समीक्षा

भारतीय ग्रामीण समाज में ऐच्छिक और सरकारी योजनाबद्ध परिवर्तन के प्रयासों के अतिरिक्त भी एक अन्य श्रेणी उन कृषक आन्दोलनों की है जो कृषकों में स्वतः विकसित हुए हैं और परम्परागत सामाजिक संरचना पर स्थायी आघात करने में काफी सीमा तक सफल रहे हैं। आन्ध्र प्रदेश में तेलंगाना आन्दोलन इसका उदाहरण है। महाराष्ट्र में धूले (Dhule) जिले में जनजातियों का शहादा आन्दोलन इस दृष्टि से प्रसिद्ध है। डी० एन० दनागरे ने कृषक आन्दोलनों के अध्ययन के आधार पर यह तर्क दिए हैं कि ये आन्दोलन उत्पादन के ढंग और उससे उत्पन्न होने वाले अर्द्ध-सामन्तवादी सम्बन्धों में परिवर्तन लाने में असमर्थ रहे हैं। इन आन्दोलनों में साम्यवादी दल की सक्रियता इस बात का प्रमाण है कि ये आन्दोलन शोषण की अर्थव्यवस्था के परिणाम हैं। हमारे समाज में मालदार भूमिपति, साहूकार व अन्य समृद्ध वर्ग बटाई के कृषकों, भूमिहीन मजदूरों व कामगार जातियों के बीच सम्बन्ध मालिक-आसामी सम्बन्ध रहे हैं। यह सम्बन्ध शोषण के लिए आधार प्रदान कर देते हैं। वर्तमान सरकारीतन्त्र भी इसी सामन्तवादी सम्बन्ध को प्रकट करता है। सरकार के नौकरशाह और निर्बल कृषक व मजदूर मालिक तथा आसामी के रूप में दिखाई देते हैं। ये कृषक आन्दोलन इन सम्बन्धों के विरुद्ध हैं और इसीलिए फूट पड़ते हैं क्योंकि आर्थिक सामाजिक परिवर्तन की नई शक्तियाँ पुरानी मालिक-आसामी सम्बन्धों पर आधारित सामाजिक व्यवस्था पर घात-प्रतिघात कर रही हैं।

भारत में कृषक हमेशा भूमिपतियों, जमींदारों तथा सरकारी संस्थाओं द्वारा शोषित होते रहे हैं परन्तु कृषक आन्दोलनों का इतिहास अधिक पुराना नहीं है। बैरिंगटन मूर[11] के अनुसार भारत में कृषक आन्दोलन तीन कारणों से कमजोर रहे हैं—

(1) जाति व्यवस्था;

(2) भूमिपतियों तथा अंग्रेजों के विरुद्ध बुर्जुआ (Bourgeois) नेतृत्व की शक्ति; तथा

(3) कृषकों को शान्त करने सम्बन्धी गांधीजी का प्रभाव।

यद्यपि 1947 ई० से पहले कृषक आन्दोलनों का प्रारम्भ राज्य, जमींदारों, भू-स्वामियों तथा साहूकारों के शोषण व दमन को कम करने के लिए किया गया था, तथापि कृषि व्यवस्था, ऋण व्यवस्था तथा राज्य के साथ कृषकों के सम्बन्ध पर इन आन्दोलनों का दीर्घकालीन प्रभाव पड़ा।

कृषक आन्दोलनों के सन्दर्भ में यह तथ्य उल्लेखनीय है कि इन्हें न तो शोषित एवं वंचित भूमिहीन श्रमिकों का संघर्ष माना जाना चाहिए और न ही जाति पर आधारित ग्रामीण

विद्रोह। समकालीन भारतीय समाज में कृषक आन्दोलन की जड़ें आधुनिकीकरण की प्रक्रिया में हैं। आधुनिकीकरण का लाभ भी समाज के कमजोर वर्गों एवं भूमिहीन श्रमिकों को नहीं मिल पाया है। अधिकांश कृषक आन्दोलनों का नेतृत्व आर्थिक दृष्टि से सम्पन्न कृषकों एवं वामपंथी राजनीतिक नेताओं ने प्रदान किया है तथा इसलिए कृषक आन्दोलनों ने ग्रामीण समाज के पहले से ही उच्च व सम्पन्न वर्गों को अधिक लाभ पहुँचाया है।

भारत में हुए कृषक आन्दोलनों ने सामान्य जनता का ध्यान कृषकों की समस्याओं की ओर आकर्षित करने में काफी सफलता प्राप्त की है। आज सरकार कृषकों के हित में नीतियाँ बनाने, उनकी समस्याओं को समझने एवं समाधान करने तथा उनके शोषण को समाप्त करने अथवा कम-से-कम करने का भरसक प्रयास कर रही है। लेकिन लगता है कि सरकार के सभी प्रयास कृषकों को सन्तुष्ट करने में सफल नहीं हो पा रहे हैं। आवश्यकता इस बात की है कि सरकारी नीतियों में कृषकों के नेताओं की भागीदारी सुनिश्चित की जाए ताकि उनकी समस्याओं का समाधान हो सके और उनकी आकांक्षाएँ पूरी हो सकें।

सन्दर्भ-सूची

1. **Oxford English Dictionary**, p. 7.
2 Herbert Blumer, **Collective Behaviour**, p. 199.
3. Horton and Hunt, **Sociology**, p. 501.
4. Francis E. Merrill and H. W. Eldredge, **Culture and Society**, p. 352.
5. A. M. Rose, **Sociology : The Study of Human Relations**, p. 728.
6. W. B. Cameron, **Modern Social Movements**, p. 43.
7. K. C. Alexander, "Emerging Farmer Labour Relations in Kattaand" in **Economic and Political Weekly**, Vol. 8, (38), 1975.
8. Kathleen Gough, "Indian Peasant Uprising" in **Economic and Political Weekly**, Vol. 11, (32-34), 1974.
9. T. K. Oommen, "Social Movements" in **ICSSR Survey of Research in Sociology and Social Anthropology**, Vol. II, p. 143.
10. D. N. Dhanagare, **Peasant Movements in India 1920–1950**, 1991.
11. Barrington Moore, **Social Origins of Dictatorship and Democracy**, 1969.

7

जजमानी व्यवस्था

भारतीय समाज प्रारम्भ से ही जातिगत समाज रहा है। जाति एक सामाजिक समूह है जोकि अन्तर्विवाही एवं सजातीय है, मुख्य निर्देशक एवं विशेष संस्कारों को करने वाला है। परम्परागत रूप से प्रत्येक जाति का एक निश्चित व्यवसाय होता था तथा गाँव में रहने वाली विभिन्न जातियों में अन्तर्जातीय सम्बन्धों की एक व्यवस्था पाई जाती रही है। प्रत्येक जाति अपनी सेवाएँ अन्य जातियों को उपलब्ध कराती थी तथा उसके बदले उसे अन्य जातियों की सेवाएँ अथवा (अगर जाति सेवा प्रदान करने वाली नहीं है) फसल के अवसर पर अन्न के रूप में पारिश्रमिक मिलता था। अतः जजमानी सम्बन्धों की व्यवस्था एक प्रकार से विभिन्न जातियों में पाए जाने वाले प्रकार्यात्मक सम्बन्धों की एक व्यवस्था कही जा सकती है जोकि सुनियोजित रूप से कार्यों का विभाजन कर गाँव को संगठित बनाए रखने में सहायक रही है। सेवाओं के विनिमय की इस व्यवस्था को ही जजमानी व्यवस्था कहा जाता है। परम्परागत समाज में यह एक महत्त्वपूर्ण व्यवस्था रही है। इस अध्याय में इसी को समझाने का प्रयास किया गया है।

जजमानी व्यवस्था का अर्थ एवं परिभाषाएँ

ग्रामीण समुदाय में सभी जातियाँ धार्मिक, आर्थिक तथा अन्य अवसरों पर एक-दूसरे की सहायता करती हैं। इस सहायता के बदले कुछ जातियाँ तो काम करने वाली जातियों को फसल के समय निश्चित अनाज व समय-समय पर अन्य सहायता देती हैं तथा दूसरी कुछ जातियाँ सेवा के बदले सेवा प्रदान करती हैं।

जजमान शब्द संस्कृत के 'यज्ञमान' से लिया गया है जिसका अर्थ यज्ञ करने वाला है। परन्तु समाजशास्त्र में आज इस शब्द का प्रचलन इस अर्थ में न होकर मालिक के लिए किया

जाता है अर्थात् जिसके लिए कार्य किया जा रहा है वह जजमान है। वेब्स्टर शब्दकोश में जजमान शब्द का प्रयोग उस व्यक्ति के लिए किया गया है जिसके द्वारा एक ब्राह्मण धार्मिक सेवाओं को पूरा करने के लिए किराये पर लिया जाता है। अतः वह एक संरक्षक या कार्यार्थी है। प्रमुख विद्वानों ने इसकी परिभाषाएँ इस प्रकार से दी हैं—लेविस के अनुसार, "इस व्यवस्था के अन्तर्गत प्रत्येक जाति समूह से यह आशा की जाती है कि वह दूसरी जातियों के परिवारों को सर्वमान्य स्तर की सेवाएँ प्रदान करें।"[1] वाइजर के अनुसार, "जजमान शब्द का प्रयोग उन सभी व्यक्तियों के लिए किया जाता है जो नियुक्तिकर्ता का सम्बन्ध रखते हैं।"[2] इस प्रणाली के अन्तर्गत प्रत्येक जाति का कोई निश्चित कार्य पीढ़ी-दर-पीढ़ी चलता रहता है। इस कार्य पर उसका एकाधिकार होता है। इससे एक जाति दूसरी जाति की आवश्यकताओं की पूर्ति करती है। रेड्डी के अनुसार, "जजमानी व्यवस्था में परम्परागत रूप से एक जाति का सदस्य दूसरी जाति को अपनी सेवाएँ प्रदान करता है। ये सेवा सम्बन्ध, जो परम्परागत रूप से शासित होते हैं, जजमान-परजन (कमीन) सम्बन्ध कहलाते हैं।"[3]

अतः जजमानी व्यवस्था विभिन्न जातियों में पाई जाने वाली सेवाओं के विनिमय की व्यवस्था को कहते हैं। वाइजर ने इसकी तुलना प्राचीन सामन्तवादी प्रथा (Feudal system) से की है। दोनों में अन्तर केवल इतना है कि सामन्तवादी प्रथा में सहयोग नहीं पाया जाता, जबकि जजमानी व्यवस्था का सार ही सहयोग है। जातियों में सेवाओं के आधार पर ही अन्तर्जातीय सम्बन्ध पाए जाते हैं। हर जाति दूसरी जाति की सेवा करती है। उत्तर प्रदेश के मैनपुरी जिले के करीमपुर गाँव, जहाँ पर वाइजर ने अध्ययन किया है, के बारे में लिखते हैं कि, "सेवा के सम्बन्ध केवल बढ़ई तथा अन्य जातियों में ही नहीं पाए जाते अपितु सभी जातियों में पाए जाते हैं। प्रत्येक जाति से वर्ष में कुछ विशेष अवसरों पर अन्य जाति को अपनी सेवाएँ प्रदान करने की आशा की जाती है। क्योंकि पश्चिम में इस तरह की कोई व्यवस्था नहीं है इसलिए जजमानी व्यवस्था इसके लिए प्रचलित शब्द है जोकि उत्तर भारत में प्रयोग किया जाता है।" वाइजर केवल जजमान तथा परजन (कमीन या काम वाले) में सेवाओं के विनिमय की ही बात नहीं करते अपितु इस व्यवस्था के स्थायित्व तथा एकता लाने वाले पक्ष की बात भी करते हैं।

एम० एन० श्रीनिवास ने *Gazetteer of India* में जजमानी प्रथा पर प्रकाश डालते हुए लिखा है कि परम्परागत ग्रामीण भारत की अर्थव्यवस्था में द्रव्यीकरण के स्थान पर अन्तर्जातीय सम्बन्धों की विशेष प्रथा पाई जाती है। सेवा अथवा काम करने वाली जातियों को सालाना कुछ अनाज तथा भोजन, कपड़ा, चारा, आवास इत्यादि भी दिया जाता है। यह सेवक जातियाँ (भंगी, कुम्हार, धोबी, बढ़ई, कहार, ब्राह्मण) जन्म, विवाह, मृत्यु तथा अन्य संस्कारों के समय कुछ अतिरिक्त सेवाएँ प्रदान करती हैं जिनके बदले उन्हें अतिरिक्त वस्तुएँ अथवा सुविधाएँ जजमानों द्वारा प्रदान की जाती हैं।

विभिन्न विद्वानों के विचारों से यह पूर्णतः स्पष्ट हो जाता है कि जजमानी व्यवस्था में दो पक्ष होते हैं जिनमें सेवाओं का विनिमय किया जाता है। ये हैं—

(i) जिन सदस्यों के लिए कार्य किया जाता है उसे 'जजमान' अथवा 'विरत' कहते हैं, तथा

(ii) जो कार्य करता है उसे 'परजन', 'कमीन', 'काम वाला' अथवा 'काम करने वाला' कहते हैं।

कुछ लोग जजमान शब्द का प्रयोग केवल उच्च जाति के व्यक्ति के लिए करते हैं जोकि ठीक नहीं है क्योंकि प्रत्येक जाति, परिवार अथवा व्यक्ति एक परिस्थिति में (अगर उसके लिए कोई दूसरा कार्य कर रहा है) अगर जजमान है तो वही दूसरी परिस्थिति में (जब कि वह किसी अन्य की सेवा कर रहा है) परजन हो सकता है। दूसरे शब्दों में यह कहा जा सकता है कि एक जाति जजमान तथा परजन दोनों ही हो सकती है।

वाइजर ने करीमपुर में रहने वाली चौबीस जातियों में पाए जाने वाले प्रकार्यात्मक सम्बन्धों की व्यवस्था को ही जजमानी व्यवस्था कहा है। विभिन्न जातियाँ एवं उनके परम्परागत व्यवसायों को अगले पृष्ठ पर तालिका के रूप में दर्शाया गया है। वस्तुतः वाइजर ने इन जातियों में प्रकार्यात्मक सम्बन्धों तथा सेवाओं के विनिमय के लिए ही 'जजमानी व्यवस्था' शब्द का प्रयोग किया है। वह पहले व्यक्ति हैं जिन्होंने भारतीय समाज में पाई जाने वाली इस अनुपम व्यवस्था का क्रमबद्ध अध्ययन किया है।

जजमानी व्यवस्था की प्रमुख विशेषताएँ

जजमानी व्यवस्था हिन्दू धर्म एवं दर्शन द्वारा स्वीकृत प्रणाली है। किसी भी व्यक्ति का जन्म किसी परिवार तथा जाति में पिछले कर्मों के अनुसार होता है, इसलिए उसे अपना काम करना ही धर्म समझना चाहिए। परम्परागत भारतीय समाज में जब इस तरह के विचारों की महत्ता थी, इसी कारण तब जजमानी व्यवस्था ही गाँव में एक सुदृढ़ व्यवस्था थी। जजमानी व्यवस्था की निम्नलिखित प्रमुख विशेषताएँ हैं—

(1) **जातियों के उदग्र सम्बन्धों की व्यवस्था**—जजमानी व्यवस्था जाति के सम्बन्धों की लम्बवत् अथवा उदग्र व्यवस्था है जिसमें उच्च तथा निम्न जातियाँ प्रकार्यात्मक सम्बन्धों द्वारा एक-दूसरे से जुड़ी हुई हैं। प्रत्येक जाति का व्यवसाय निश्चित होने के कारण दूसरी जातियों के प्रति उसकी सेवाएँ तथा अधिकार भी निश्चित होते थे।

(2) **स्थायी प्रकार्यात्मक सम्बन्धों की व्यवस्था**—जजमानी व्यवस्था केवल सेवाओं के विनिमय की ही व्यवस्था नहीं है अपितु प्रकार्यात्मक सम्बन्धों की भी व्यवस्था है जो ग्रामीण समाज में स्थायित्व तथा एकता लाती है। वाइजर ने इसके इस पक्ष की महत्ता पर प्रकाश डाला है। जजमानी व्यवस्था स्थायी प्रकार्यात्मक सम्बन्ध प्रदान करती है।

(3) **वंशानुगत प्रथा**—जजमानी व्यवस्था वंशानुगत अथवा पैतृक व्यवस्था है क्योंकि जजमान तथा परजन के सम्बन्ध पीढ़ी-दर-पीढ़ी चलते रहते हैं। न ही परजन जजमानों को बदल सकते थे तथा न ही जजमान परजनों को। प्रत्येक परिवार को जजमान तथा परजन पैतृक सम्पत्ति के रूप में मिल जाते थे।

(4) आजीविका कमाने की परम्परागत विधि—जजमानी व्यवस्था विभिन्न जातियों के सदस्यों के लिए सामाजिक तथा आर्थिक सुरक्षा प्रदान करने वाली व्यवस्था है। वास्तव में, प्रत्येक जाति के सदस्यों की आजीविका कमाने की यह परम्परागत विधि है।

(5) श्रम-विभाजन की व्यवस्था—जजमानी व्यवस्था एक तरह से सुव्यवस्थित श्रम-विभाजन अथवा कार्यों के वितरण की व्यवस्था है। यह प्रत्येक जाति के एक ही व्यवसाय के विशेषीकरण पर बल देती है तथा आपस में सेवाओं के विनिमय से आवश्यकताएँ भी पूरी होती रहती हैं। जब मुद्रा की महत्ता नहीं थी तो जजमानी व्यवस्था ही एक ऐसी प्रणाली थी जिससे सभी सुविधाएँ एवं वस्तुएँ मिल पानी सम्भव थी।

करीमपुर में रहने वाली जातियाँ एवं उनके परम्परागत व्यवसाय

क्रम संख्या	जाति का नाम	परम्परागत व्यवसाय
1.	ब्राह्मण	पुरोहित अथवा अध्यापक
2.	भाट	वंश परम्परा का वर्णन करने वाला (पारिवारिक बन्दा)
3.	कायस्थ	खजांची
4.	सुनार	सोने का काम करने वाला
5.	माली	फूल-पत्ती का प्रबन्ध करने वाला
6.	काछी	सब्जियाँ उगाने वाला
7.	लोधा	चावल उगाने वाला
8.	बढ़ई	बढ़ईगीरी अथवा लकड़ी का काम करने वाला
9.	नाई	हजामत बनाने वाले
10.	कहार	पानी लाने वाले
11.	गड़रिया	भेड़-बकरियाँ पालने वाले
12.	भड़भूँजा	भाड़ में अनाज भूनने वाला
13.	दर्जी	कपड़े सिलने वाला
14.	कुम्हार	मिट्टी के बर्तन बनाने वाला
15.	महाजन	व्यापारी
16.	तेली	तेल निकालने वाला
17.	धोबी	कपड़े धोने वाला
18.	धानुक	मेट बनाने वाला

19.	चमार	चमड़े का काम करने वाला
20.	भंगी	मलमूत्र साफ करने वाला
21.	फकीर	पैतृक मुसलमान भिखारी
22.	मनीहार	मुसलमान शीशे की चूड़ियाँ बेचने वाला
23.	धुनक	मुसलमान कपास धुनाई करने वाला
24.	तवायफ	मुसलमान नाचने वाली लड़की

परिभाषाओं तथा विशेषताओं से स्पष्ट है कि जजमानी व्यवस्था विभिन्न जातियों के प्रकार्यात्मक सम्बन्धों की ही एक व्यवस्था है। प्रकार्यात्मक सम्बन्धों का अर्थ है किसी के लिए काम करने के फलस्वरूप पैदा होने वाले सम्बन्ध। कई विद्वान् (जैसे बैण्डलमेन) ने तो इसे सामाजिक विनिमय (Social exchange) प्रणाली के नाम से पुकारा है। इस प्रणाली द्वारा गाँव में रहने वाली जातियों में पाए जाने वाले प्रकार्यात्मक सम्बन्धों के अतिरिक्त सामाजिक स्तरीकरण की झलक भी मिलती है। लेविस तथा बार्नो ने इस व्यवस्था पर प्रकाश डालते हुए निम्नलिखित तालिका प्रस्तुत की है जिससे सामाजिक स्तरीकरण का भी बोध होता है—

क्रम संख्या	जाति का नाम	जातियों की संख्या जो इस जाति से सेवा प्राप्त करती हैं	उन जातियों की संख्या जो इस जाति को सेवा प्रदान करती हैं
1.	ब्राह्मण	9	8
2.	जाट	किसी को नहीं	9
3.	कुम्हार	सभी जातियों को	5
4.	धोबी	सभी जातियों को	6
5.	चमार	10 जातियों को	2
6.	भंगी	सभी जातियों को	2

विभिन्न जातियों के प्रकार्यात्मक सम्बन्ध इतने मजबूत थे कि इन्हें भंग नहीं किया जा सकता था। उदाहरण के लिए, ग्रामीण समुदाय में (कुछ सीमा तक आज नगरीय समुदाय में भी) यदि कृषक अपने भंगी को छोड़ना चाहता है तो यह असम्भव-सी बात है। इसी सम्बन्ध में लेविस का कहना है कि एक जजमान अपने सेवक से असन्तुष्ट होने पर भी उससे छुटकारा नहीं पा सकता था।

सेवाओं के बदले अनाज ही नहीं दिया जाता था अपितु अनेक सुविधाएँ एवं विशेष अवसरों, तीज-त्योहारों एवं उत्सवों तथा जजमान परिवार में होने वाले जीवन-पथ के संस्कारों के अवसरों पर मिलने वाले नेग, बख्शीश और रियायतें भी व्यावसायिक जातियों को दी जाती थीं। वाइजर ने अग्रलिखित सुविधाओं का उल्लेख किया है—

(1) मुफ्त रहने के लिए निवास स्थान,
(2) परिवार के लिए मुफ्त खाना,
(3) कपड़े,
(4) पशुओं के लिए मुफ्त चारा,
(5) मुफ्त लकड़ी,
(6) मुफ्त गोबर,
(7) बिना किराये के जमीन,
(8) पूरक रोजगार की सुविधाएँ,
(9) पशुओं तथा कृषि यन्त्रों को प्रयोग करने की सुविधा,
(10) बेकार हुई वस्तुओं का प्रयोग,
(11) आकस्मिक अवकाश,
(12) मुकदमेबाजी में सहायता,
(13) खाने की अनेक वस्तुएँ, तथा
(14) स्वास्थ्यवर्द्धक स्थान।

ऑस्कर लेविस ने विभिन्न जातियों द्वारा रामपुर जिले में दी जाने वाली सेवाओं तथा उसके बदले में मिलने वाले पारितोषिक का विस्तृत वर्णन किया है जोकि इस प्रकार हैं—

क्रम संख्या	परजन	सेवा	पारितोषिक
1.	बढ़ई	कृषि के औजारों की मरम्मत	साल में एक मन अनाज और हर बुआई के मौसम में ढाई सेर अनाज।
2.	लोहार	कृषि के औजारों की मरम्मत	साल में एक मन अनाज और हर बुआई के मौसम में ढाई सेर अनाज।
3.	कुम्हार	मिट्टी के बर्तन देना तथा विवाह इत्यादि पर अन्य कार्य करना	बर्तन के मूल्य के बराबर अनाज तथा विवाह के समय पर स्थिति के अनुसार अतिरिक्त अनाज एवं भोजन।
4.	नाई	बाल बनाना, दाढ़ी बनाना तथा विवाह इत्यादि पर परम्परागत सेवाएँ	हर कटाई पर जितना भी अनाज स्वयं उठा सकता है उतना अनाज। विवाह के समय अतिरिक्त अनाज तथा दिन में दो बार खाना।

5.	भंगी	उपले बनाना, सफाई करना, चारपाई बुनना	हर कटाई पर जितना उठा सके उतना अनाज तथा विवाह इत्यादि के समय अतिरिक्त अनाज।
6.	चमार	खेती के काम में सहायता करना, बेकार तथा मरे जानवरों को हटाना	फसल का कुछ भाग तथा मरे जानवरों की खालें।

जजमानी व्यवस्था परम्परागत ग्रामीण भारत में सभी स्थानों पर पाई जाती थी परन्तु इसे भिन्न स्थानों पर अलग-अलग नामों से पुकारा जाता है। इसे बारटर व्यवस्था (Barter system), महाराष्ट्र में बारह-बलूटे (Barha balute), मैसूर में अद-देई (Ad-dai), तथा मद्रास में मिरासी (Mirasi), इत्यादि कहा जाता है।

जजमानी व्यवस्था के प्रमुख लाभ

जजमानी व्यवस्था में विभिन्न जातियाँ एक-दूसरे को अपनी सेवाएँ प्रदान करती हैं, जिससे उनमें ऊँच-नीच होते हुए भी सहयोग पाया जाता है। जजमानी व्यवस्था के प्रमुख लाभ निम्नलिखित हैं—

(1) ग्रामीण समुदाय में एकता बनाए रखने में सहायक—जजमानी व्यवस्था ग्रामीण क्षेत्रों में एकता बनाए रखने में सहायक होती है। गाँव में जजमान तथा परजन के सम्बन्ध पीढ़ी-दर-पीढ़ी चलते रहते हैं। इससे दोनों में प्रकार्यात्मक सम्बन्ध, प्रेमभाव तथा सहयोग बढ़ता है जिसके कारण एकता बनी रहती है।

(2) सामाजिक तथा आर्थिक सुरक्षा प्रदान करना—जजमानी व्यवस्था विभिन्न जातियों के सदस्यों को सामाजिक तथा आर्थिक सुरक्षा भी प्रदान करती है। अगर परजन अथवा जजमान के साथ कोई अप्रिय घटना घटित हो जाए तो दूसरा पक्ष यथासम्भव सहायता का प्रयास करता है। इसके अतिरिक्त क्योंकि जजमानी व्यवस्था व्यावसायिक सुरक्षा प्रदान करती है इसलिए पुश्तैनी तौर पर आर्थिक सुरक्षा भी मिलती रहती है। कम से कम माता-पिता को इस बात की चिन्ता नहीं रहती कि उनके बाद उनकी सन्तान अपना जीवन-निर्वाह कैसे करेगी। साथ ही, इससे बेरोजगारी की समस्या से ग्रामवासी बचे रहते हैं। क्योंकि व्यवसाय में कोई प्रतियोगिता अथवा प्रतिस्पर्द्धा नहीं होती इसलिए व्यक्ति को पूर्ण सामाजिक तथा आर्थिक सुरक्षा मिल जाती है।

(3) ग्रामीण समुदाय को आत्म-निर्भर इकाई बनाने में सहायक—ग्रामवासियों की आवश्यकताएँ सीमित होती हैं तथा इनकी पूर्ति सेवाओं के परस्पर विनिमय से ही हो जाती है। इससे गाँव एक आत्म-निर्भर इकाई बना रहता है। हर व्यक्ति की आवश्यकताएँ गाँव में ही पूरी होने के कारण ग्रामवासी संतोषजनक जीवन व्यतीत कर सकते हैं।

(4) सामाजिक नियन्त्रण में सहायक—जजमानी व्यवस्था केवल विभिन्न जातियों को एक-दूसरे पर आश्रित ही नहीं बना देती अपितु यह सामाजिक नियन्त्रण में भी सहायता देती है। सभी जातियाँ प्रथाओं तथा मान्यताओं का पालन करती हैं। अगर विभिन्न जातियों की आवश्यकताएँ पूरी हो रही हैं तथा लोगों में असन्तोष नहीं है, तो इससे आर्थिक, सामाजिक तथा मनोवैज्ञानिक सुरक्षा भी मिलती है। इन सबके कारण कोई भी व्यक्ति अथवा जाति वंशानुगत रूप में चली आ रही प्रथाओं और मान्यताओं का उल्लंघन करने का प्रयास नहीं करते। अतः यह स्वतः एक नियन्त्रण के साधन का काम करती है।

(5) प्रकार्यात्मक सम्बन्धों को बनाए रखने में सहायक—जजमानी व्यवस्था विभिन्न जातियों के सदस्यों को परस्पर सहयोगी तथा प्रकार्यात्मक सम्बन्धों द्वारा जोड़कर एक सूत्र में बाँध देती है। सामान्यतः इन सम्बन्धों को तोड़ना बड़ा कठिन कार्य है। वाइजर का कहना है कि करीमपुर गाँव में एक धोबी गाँव छोड़कर जाना चाहता था। परन्तु जब लोगों ने उस पर ऐसा न करने के लिए दबाव डाला तो वह गाँव में ही कार्य करता रहा।

जजमानी व्यवस्था की प्रमुख हानियाँ

इन सब उपर्युक्त गुणों के होते हुए भी जजमानी व्यवस्था में निम्नलिखित अवगुण या हानियाँ भी हैं—

(1) शोषण को प्रोत्साहन—जजमानी व्यवस्था में शोषण की सम्भावना काफी रहती है। व्यक्ति को उनकी सेवाओं का उचित पारितोषिक नहीं मिल पाता। जजमान परजनों का शोषण करते हैं। जजमान को पता ही है कि परजन काम तो छोड़ेगा नहीं, इसलिए वे कई बार मनमानी करते हैं।

(2) व्यवसाय, कृषि उत्पादन तथा उद्योग की प्रगति में बाधक—जजमानी व्यवस्था में व्यवसाय, कृषि उत्पादन में वृद्धि तथा उद्योग में विकास की कोई सम्भावना नहीं रहती है क्योंकि काम करने वाला सोचता है कि पारितोषिक तो उतना ही मिलना है जितना मिलता रहा है, इसलिए ज्यादा प्रयत्न क्यों किया जाए। अतः परजन जी लगाकर काम नहीं करते।

(3) स्थिर व्यवस्था—जजमानी व्यवस्था में गतिशीलता की सम्भावना नहीं है इसलिए उसे स्थिर व्यवस्था कहा गया है। व्यक्ति को प्रगति करने अथवा ऊँचा उठने के अवसर इस प्रथा में नहीं मिल पाते और इसलिए वह अपनी सेवा प्रणाली को सुधारने का भी कोई प्रयास नहीं करता।

(4) दास प्रथा का प्रतीक—जजमानी व्यवस्था में व्यक्ति को कोई व्यक्तिगत स्वतन्त्रता नहीं है क्योंकि उसे पैतृक व्यवसाय करना पड़ता है तथा उन लोगों की सेवा करनी पड़ती है जिनकी उसके माता-पिता करते थे। क्योंकि जजमान अथवा परजन को बदलना आसान नहीं है इसलिए यह एक गुलामी का प्रतीक है। यह जानते हुए कि मेहनत के बदले उचित पारितोषिक नहीं मिल पा रहा है फिर भी कुछ नहीं किया जा सकता है।

(5) रूढ़िवादिता को प्रोत्साहन—जजमानी व्यवस्था रूढ़िवादिता को प्रोत्साहन देती है क्योंकि इसमें न ही तो प्रगति की कोई सम्भावना है और न ही नवीन परिवर्तनों को अपनाने में कोई प्रोत्साहन मिल पाता है। इससे व्यक्ति अपनी कार्यक्षमता का पूरा फायदा नहीं उठा पाता, इसलिए उसकी कार्यक्षमता धीरे-धीरे समाप्त होती जाती है।

(6) राष्ट्रवाद के विकास में बाधा—जजमानी व्यवस्था गाँव की स्वतन्त्रता, सत्ता के केन्द्रीयकरण तथा राष्ट्र के प्रति वफादारी में संघर्ष पैदा कर देती है। सेण्डरसन का कहना है कि, "ग्रामीण समुदाय के कृषकों में राष्ट्रीयता की भावना नहीं पाई जाती क्योंकि उनकी वफादारी अपने नातेदारों तथा समुदाय के प्रति होती है।"[4]

जजमानी व्यवस्था में परिवर्तन तथा विघटन

स्वतन्त्रता प्राप्ति के पश्चात् औद्योगीकरण, नगरीकरण, शिक्षा, सामाजिक व व्यावसायिक गतिशीलता और राजनीतिक जागरूकता के कारण जजमानी व्यवस्था में महत्त्वपूर्ण परिवर्तन हुए हैं। परिवर्तनों की गति इतनी तीव्र रही है कि आज प्रायः इस व्यवस्था का ग्रामीण समाज में विघटन ही हो गया है। इसके विघटन के बाद सेवाओं के विनिमय की अपेक्षा वस्तुओं का विनिमय शुरू हुआ तथा मुद्रा की बढ़ती महत्ता के कारण वह भी समाप्त हो गया है। समानता तथा स्वतन्त्रता के अधिकारों के कारण आज परम्परा तथा रूढ़िवादिता ग्रामीण क्षेत्रों में भी कम होती जा रही है तथा जाति के सदस्यों में व्यवसाय भी एक नहीं रहा। इसके कारण जजमानी व्यवस्था की महत्ता समाप्त-सी हो गई है। नगरों में तो यह व्यवस्था पहले ही नहीं थी, गाँव में भी यह अब लगभग समाप्त हो गई है।

जजमानी व्यवस्था में विघटन के प्रमुख कारण निम्नलिखित हैं—

(1) नगरीकरण तथा औद्योगीकरण—नगरीकरण तथा औद्योगीकरण के कारण गाँव आज एक आत्म-निर्भर इकाई नहीं रहा है क्योंकि अनेक व्यक्ति व्यवसाय की तलाश में नगरों तथा औद्योगिक केन्द्रों की तरफ आते जा रहे हैं। नवीन आर्थिक व्यवस्था के कारण ग्रामीणों को वस्तुओं को बेचने के लिए नगरों में आना पड़ता है। कृषक भी कृषि सम्बन्धी औजारों को नगरों से लाने लगे हैं और लोगों ने ग्रामीण नाई, धोबी, बढ़ई पर आश्रित रहना त्याग दिया है।

(2) बढ़ती हुई जनसंख्या—सीमित जनसंख्या के कारण यह व्यवस्था ठीक-ठाक चल रही थी परन्तु बढ़ती हुई जनसंख्या के कारण जजमानी व्यवस्था आर्थिक दृष्टि से लाभदायक नहीं है इसलिए यह समाप्त होती जा रही है। ग्रामीण परिवार पहले थोड़ी आय में ही अपना निर्वाह कर लेते थे, जबकि जनसंख्या की वृद्धि के कारण ग्रामों की अर्थव्यवस्था खराब होने लगी और अनेक जातियों के लोग नगरों में आने लगे।

(3) शिक्षा तथा नवीन आर्थिक संगठन—ब्रिटिश शासनकाल में पश्चिमी शिक्षा का प्रचलन हुआ जिसके परिणामस्वरूप अन्तर्जातीय सम्बन्धों तथा जातीय व्यवसाय में परिवर्तन होने लगे। सरकार ने निम्न जातियों के बच्चों को शिक्षा ग्रहण करने की विशेष सुविधाएँ प्रदान

की हैं और अब शिक्षित लोग परम्परागत व्यवसायों को घृणा की दृष्टि से देखने लगे हैं। नवीन आर्थिक संगठन के कारण, जिसमें मुद्रा तथा बाजारी व्यवस्था की महत्ता बढ़ गई है, भी जजमानी व्यवस्था का विघटन हुआ है।

(4) जमींदारी उन्मूलन—भारत में स्वतन्त्रता प्राप्ति के पश्चात् जमींदारी उन्मूलन से शोषण कम हुआ है। जजमान तथा परजन के सम्बन्धों, जोकि भूमि अर्थव्यवस्था पर आधारित थे, में परिवर्तन हो गया है। आज परिवार अपनी दृष्टि से व्यवसाय को करने के लिए पूर्ण स्वतन्त्र है तथा वह अपनी आवश्यकताएँ गाँव से बाहर भी पूरी करता है।

(5) प्रजातान्त्रिक राजनीतिक प्रणाली—स्वतन्त्रता प्राप्ति के पश्चात् सभी भारतवासियों को समान अधिकार प्राप्त हुए हैं। ग्रामीण पंचायतों, राज्यों की विधानसभाओं तथा लोकसभा में मताधिकार के कारण राजनीतिक जागरूकता में वृद्धि हुई है, जिससे जजमान तथा परजन के आपसी सम्बन्ध प्रभावित हुए हैं।

(6) आधुनिक राजनीतिक एवं धर्म सुधार आन्दोलन—सुधारवादी धार्मिक आन्दोलनों से प्रभावित होकर आज बहुत से निम्न जातियों के लोग आर्यसमाजी या ईसाई बनकर अपनी उच्च जातीय स्थिति का दावा करने लगे हैं। अतः ये लोग अपनी मौलिक जाति के पेशे के भगवान द्वारा तथाकथित निर्धारण में विश्वास ही नहीं करते हैं। आज वे अपनी योग्यता एवं इच्छा के अनुकूल स्वतन्त्र व्यवसाय चुनते हैं, जो जजमानी नियमों के विरुद्ध पड़ता है। इससे इसका विघटन होता जा रहा है।

(7) दैनिक मजदूरी व्यवस्था एवं बढ़ती हुई महँगाई—जजमानी व्यवस्था के अन्तर्गत कार्य करने वालों को कम पारिश्रमिक पर अधिक कार्य करना पड़ता था और पराश्रितता बनी रहती थी। आज दैनिक मजदूरी व्यवस्था के लागू होने से रोज के काम की मजदूरी प्रतिदिन प्राप्त हो जाती है। इस प्रकार लोग नकद भुगतान पर शहरों में काम करना अधिक पसन्द करते हैं जिससे जजमानी व्यवस्था को जबरदस्त धक्का लगा है। एन० एस० रेड्डी [5] ने जौनपुर जनपद के सेनापुर गाँव के दुखहरण नाम के लोहार का उदाहरण दिया है जोकि पैसा कमाने के लिए अपने जजमानों को छोड़कर साल के अधिकतर महीनों में बनारस जाकर रहता था। शहर में जाकर ग्रामीण कारीगर अपने को स्वतन्त्र अनुभव करता है जबकि, गाँव में यद्यपि सेवाओं की सुरक्षा है तथापि उसके बदले में बहुत-सी माँगें एवं जजमान के प्रति अनुल्लंघनीय कर्त्तव्यों का बोझा भी है।[6] ग्रामीण कारीगर दूसरे विकल्प को प्राथमिकता देता है। इससे भी जजमानी व्यवस्था को धक्का लगा है।

(8) कृषि का व्यापारीकरण एवं शहरी बाजार व्यवस्था—कृषि के व्यापारीकरण, पैसे पर आधारित अर्थव्यवस्था एवं शहरी बाजार व्यवस्था ने भी जजमानी व्यवस्था को विघटित किया है। आज किसान केवल कैश क्राप्स बोने में रुचि लेता है जिसमें लागत तो कम आती है परन्तु धन का लाभ अधिक होता है। उससे उसके अन्य परजनों के साथ स्थापित सम्बन्ध में भी व्यापारिक मनोवृत्ति पनपी है जो जजमानी व्यवस्था के विरुद्ध है।

(9) सेवाओं एवं अधिकारों की स्पष्ट परिभाषा का अभाव—जजमान परजन सम्बन्ध सामान्य एवं विशेष दोनों ही हैं किन्तु परम्परागत होने के कारण ये सम्बन्ध प्रमुखतः सामान्य प्रकार के थे। इनमें अधिकतर चीजों की कोई स्पष्ट परिभाषा नहीं थी। उदाहरण के लिए, घर की मामूली मरम्मत में जजमानी व्यवस्था के अन्तर्गत क्या-क्या जाना है, इसकी कोई परिभाषा नहीं थी। इसी प्रकार, बैलगाड़ी की मरम्मत, मामूली फर्नीचर और गन्ना पेलने के कोल्हू की मरम्मत की कोई स्पष्ट परिभाषा नहीं थी। इससे जजमानों की परजनों से आशाएँ तो अधिक रहीं परन्तु वे स्वयं परजनों द्वारा उनसे की गई आशाओं को पूर्ण करने में असमर्थ रहे। यह पारस्परिक गलतफहमी आगे चलकर जजमानी व्यवस्था के लिए अभिशाप बन गई।

आज रामपुर, सेनापुर, सोरत और सिसौली, गोहाना कलाँ एवं अन्य अध्ययन क्षेत्रों में किए गए अध्ययन समाजशास्त्रियों को यह मानने के लिए बाध्य करते हैं कि जजमानी व्यवस्था टूटी है और टूटती जा रही है। आज कई जातियाँ इस व्यवस्था से बाहर आ गई हैं। सेनापुर के लोहार नगद पैसे पर काम करना पसन्द करते हैं। डॉ० महेश चन्द प्रधान[7] के अनुसार बढ़ई अपनी जातीय स्थिति को ऊँचा करने के दृष्टिकोण से अपने को 'धीमान ब्राह्मण' कहकर पुकारने लगे हैं और जजमान जातियों के प्रति अर्पित की जाने वाली सेवाओं से हटते जा रहे हैं। कहार या धींवर (Water carriers) तो पूर्ण रूप से जजमानी व्यवस्था से बाहर आ गए हैं। वे अपने को कश्यप राजपूत कहते हैं और अपनी जातीय स्थिति उच्च करने के उद्देश्य से उन्होंने जाटों को परम्परागत जजमानी सेवाएँ अर्पित करनी बन्द कर दी हैं। इस प्रकार यह सिद्ध हो जाता है कि जजमानी व्यवस्था तेजी से बदली है।

सन्दर्भ-सूची

1. Oscar Lewis, **Village Life in Northern India**, p. 56.
2. William H. Wiser, **The Hindu Jajmani System**, p. ix.
3. N. S. Reddy, "Functional Relations of Lohars in a North Indian Village" in **Eastern Anthropologist**, Vol. 8, p. 130.
4. D. Sanderson, **The Rural Community**, p. 567.
5. N. S. Reddy, "Functional Relations of Lohars in a North Indian Village" in D. N. Majumdar (ed.), **Rural Profiles**, p. 8.
6. N. S. Reddy, Op. Cit., p. 11.
7. M. C. Pradhan, **The Political System of the Jats of Northern India**, p. 56.

8

ग्रामीण परिवार

परिवार मानव समाज की पूर्णतः मौलिक एवं सार्वभौमिक इकाई है। यह एक प्राथमिक समूह है। रॉल्फ लिण्टन ने कहा है कि माता-पिता और बच्चे का प्राचीन त्रित्व (Trinity) किसी अन्य मानव सम्बन्धों की अपेक्षा अधिकाधिक उतार-चढ़ावों के बावजूद विद्यमान रहा है। यह समस्त अन्य संरचनाओं का आधार स्तम्भ है। मनुष्य की आवश्यकताओं को दो प्रमुख भागों में बाँटा जा सकता है—(1) प्राथमिक आवश्यकताएँ, ऐसी आवश्यकताएँ जो उसके जीवन-यापन के लिए प्रमुख हैं; तथा (2) द्वितीयक आवश्यकताएँ, वे आवश्यकताएँ जो उसके जीवन के लिए प्रमुख तो नहीं, परन्तु वे भी अपना महत्त्व रखती हैं। परिवार इन दोनों प्रकार की आवश्यकताओं की पूर्ति करता है। समाज के अस्तित्व व निरन्तरता के लिए आवश्यक है कि नए सदस्य आयें तथा वे सामाजिक गुणों से पूर्ण हों। इस कार्य को परिवार प्रजनन तथा समाजीकरण के आधार पर करता है। मानव समाज में परिवार की स्थिति केन्द्रीय होती है। परिवार मनुष्य की जैविक, मनोवैज्ञानिक, सामाजिक तथा अन्य आवश्यकताओं की पूर्ति पूरे उत्तरदायित्व तथा कर्त्तव्यनिष्ठा से करता है।

समूहों या सदस्यों के सन्दर्भ में परिवार एक समिति है। परिवार को जब नियमों या कार्यपद्धतियों के सन्दर्भ में देखा जाता है तो यह एक संस्था है। परिवार को चाहे समिति के दृष्टिकोण से देखें या संस्था के, पर इस तथ्य पर दो मत नहीं हो सकते हैं कि परिवार समाज की महत्त्वपूर्ण मौलिक इकाई है। सामाजिक जीवन के बनाने में एवं समाजीकरण में परिवार की एक विशेष भूमिका है। इसी कारण चार्ल्स कूले ने परिवार को एक महत्त्वपूर्ण प्राथमिक समूह माना है।

विवाह एक सामाजिक तथा सांस्कृतिक संस्था है। यह वह आधार स्तम्भ है जिसके द्वारा मानव का अस्तित्व बना हुआ है। समाज की निरन्तरता का आधार सन्तान है। सन्तान की उत्पत्ति जन्म पर आधारित होती है। जन्म के लिए स्त्रियों व पुरुषों का लैंगिक (यौन) सम्बन्ध आवश्यक है। समाज द्वारा लैंगिक सम्बन्धों को कानून एवं प्रथाओं द्वारा नियमित करने के उद्देश्य से ही विवाह नामक संस्था का प्रादुर्भाव हुआ है। प्रत्येक समाज के सांस्कृतिक तथा सामाजिक नियमों का प्रभाव विवाह पर पड़ता है। इसी कारण इसके उद्देश्यों में भिन्नता होती है। उदाहरण के लिए, हिन्दू विवाह का प्रमुख उद्देश्य धर्म का पालन, सन्तानोत्पादन एवं यौन आकांक्षा की पूर्ति है। हिन्दू विवाह में धर्म को प्रधानता दी गई है, यौन तृप्ति को प्रधानता नहीं दी गई है। परन्तु मॉर्गन, मैलिनोव्स्की आदि विचारकों ने विवाह को प्रमुख रूप से यौन सन्तुष्टि का आधार माना है।

परिवार का अर्थ एवं परिभाषाएँ

व्युत्पत्ति की दृष्टि से हिन्दी शब्द 'परिवार', आंग्ल भाषा के 'फैमिली' (Family) शब्द का रूपान्तर है। यह लैटिन भाषा के 'फैमुलस' (Famulus) शब्द से बना है। 'फैमुलस' का लैटिन भाषा में अर्थ एक ऐसा समूह है जिसमें सभी सदस्य (अर्थात् माता-पिता, सन्तान, यहाँ तक की नौकर तथा गुलाम इत्यादि) आ जाते हैं।

परिवार की एक संक्षिप्त, स्पष्ट व समस्त विशेषताओं को सम्मिलित करने वाली परिभाषा देना अत्यन्त कठिन है। कुछ विद्वानों ने परिवार को एक समूह के रूप में, कुछ ने एक समिति के रूप में, कुछ ने एक संस्था के रूप में तथा कुछ अन्य विचारकों ने इसे सामाजिक इकाई के रूप में परिभाषित किया है। ऑगबर्न एवं निमकॉफ के अनुसार, "परिवार पति और पत्नी की सन्तान रहित या सन्तान सहित या केवल पुरुष या स्त्री की बच्चों सहित, कम या अधिक स्थायी, समिति है।"[1] मैकाइवर एवं पेज के अनुसार, "परिवार पर्याप्त निश्चित यौन सम्बन्ध द्वारा परिभाषित एक समूह है, जो पूर्ण तथा निश्चित रूप से सन्तान के जन्म तथा पालन-पोषण की व्यवस्था करने की क्षमता रखता है।"[2]

इलियट एवं मैरिल के अनुसार, "परिवार को पति-पत्नी तथा बच्चों की एक जैविक सामाजिक इकाई के रूप में परिभाषित किया जा सकता है। परिवार एक सामाजिक संस्था भी है और समाज द्वारा मान्य एक ऐसा संगठन भी है जिसके द्वारा कुछ मानवीय आवश्यकताओं की पूर्ति की जाती है।"[3] बर्गेस एवं लॉक के अनुसार, "परिवार व्यक्तियों का एक समूह है, जो विवाह, रक्त एवं गोद लेने वाले सम्बन्धों से जुड़े होते हैं, जो एक गृहस्थी का निर्माण करते हैं, जो पति-पत्नी, माता-पिता, पुत्र-पुत्री तथा भाई-बहन के रूप में अपनी-अपनी सामाजिक भूमिकाओं को निभाते हुए, एक-दूसरे से अन्तःसंचार तथा अन्तर्क्रिया करते रहते हैं तथा एक सामान्य संस्कृति का निर्माण करते हैं।"[4]

विभिन्न परिभाषाओं के आधार पर यह कहा जा सकता है कि परिवार को एक समूह, समिति, संस्था तथा एक सामाजिक इकाई के रूप में परिभाषित किया जा सकता है। इसके

सदस्य विवाह, रक्त सम्बन्धों या विधिवत् गोद लिए जाने के कारण परस्पर जुड़े होते हैं। उनमें परस्पर स्नेह, सहानुभूति, सेवा और त्याग की भावना पाई जाती है।

परिवार की प्रमुख विशेषताएँ

यद्यपि विभिन्न समाजों में परिवार की प्रकृति एवं स्वरूप में भिन्नता पाई जाती है, परन्तु निम्नलिखित कतिपय प्रमुख विशेषताएँ प्रत्येक प्रकार के परिवार में पाई जाती हैं—

(अ) सामान्य विशेषताएँ

परिवार की सामान्य विशेषताएँ निम्नांकित हैं—

(1) विवाह सम्बन्ध—परिवार का उद्भव स्त्री-पुरुष के वैवाहिक सम्बन्धों से होता है। अतः विवाह परिवार के निर्माण का प्रथम आधार है।

(2) विभिन्न स्वरूप—परिवार का स्वरूप एक विवाह, बहुपति विवाह, बहुपत्नी विवाह या समूह विवाह के रूप में सम्भव है। यह भिन्न समाजों में भिन्न-भिन्न होता है।

(3) वंश नाम या नामावली की व्यवस्था—प्रत्येक परिवार में वंश नाम की एक व्यवस्था पाई जाती है। वंश नाम मातृवंशीय अथवा पितृवंशीय हो सकता है।

(4) सामान्य निवास—सामान्यतः परिवार का एक निश्चित निवास अथवा घर होता है अर्थात् परिवार के सदस्य एक साथ निवास करते हैं।

(ब) विशिष्ट विशेषताएँ

परिवार की कतिपय विशिष्ट विशेषताएँ निम्नांकित हैं—

(1) सार्वभौमिकता—परिवार एक ऐसा संगठन है जो सर्वकाल में पाया गया है। आज भी समाज चाहे सभ्य हो, चाहे आदिम, परिवार किसी न किसी रूप में अवश्य ही पाया जाता है।

(2) सामाजिक संरचना में केन्द्रीय स्थिति—समाज की संरचना परिवार पर ही निर्भर है। इसका कारण यह है कि परिवार ही नए सदस्यों के जन्म तथा उन्हें समाज के अनुसार सामाजिक बनाने में महत्त्वपूर्ण भूमिका निभाता है। मानव किस सीमा तक समाज के ढंग, मान्यताओं या कार्यप्रणाली को अपनायेगा, यह सभी परिवार पर ही निर्भर करता है।

(3) भावात्मक आधार—परिवार के सभी सदस्य भावनाओं में बँधे हुए हैं। ये सम्बन्ध भाई-बहन, पति-पत्नी, पिता-पुत्र, माँ-पुत्री या किसी भी प्रकार के हो सकते हैं। इस कारण व्यक्तिगत स्वार्थ को प्रश्रय नहीं मिलता है। सभी सदस्यों के सामने पारिवारिक सुख, समृद्धि तथा शक्ति का लक्ष्य रहता है। निस्स्वार्थ स्नेह, प्रेम एवं वात्सल्य केवल परिवार में ही पाया जाता है।

(4) रचनात्मक प्रभाव—कूले ने परिवार को प्राथमिक समूह कहा है तथा मानव का जन्म तथा विकास परिवार में ही होता है। परिवार के द्वारा ही मानव के चरित्र, व्यक्तित्व, सामाजिक व्यवहार के ढंग आदि का निर्माण होता है। परिवार का लक्ष्य सभी सदस्यों को समान

लाभ पहुँचाना है। यह व्यक्तित्व के विकास में अपना निर्माणात्मक प्रभाव डालता है तथा समाज के विचारों, विश्वासों तथा मूल्यों का विकास बच्चों में करता है।

(5) सदस्यों का उत्तरदायित्व—परिवार में प्रत्येक व्यक्ति की प्रस्थिति तथा भूमिका निश्चित होती है। परिवार के सभी सदस्य अपनी जिम्मेदारी समझते हैं और आवश्यकता पड़ने पर बड़े से बड़ा त्याग करने से नहीं हिचकते हैं। परिवार एक ऐसा स्थान है जहाँ व्यक्ति निजी स्वार्थ को कोई महत्त्व नहीं देता।

(6) सीमित आकार—परिवार का आकार छोटा होता है। कोई भी व्यक्ति अपनी इच्छानुसार किसी भी परिवार का सदस्य नहीं बन सकता है। बर्गेस तथा लॉक के अनुसार परिवार की सदस्यता जन्म, विवाह तथा गोद लेने से ही मिलती है। इसी कारण, परिवार का आकार छोटा होता है।

(7) सामाजिक नियमन—व्यक्ति साधारणतः परिवार की प्रथाओं, रूढ़ियों, मूल्यों, संस्कारों आदि का उल्लंघन नहीं करता। परिवार अपने सदस्यों को समाज के अनुरूप बनाता है। परिवार सदस्यों को इस बात के लिए बाध्य करता है कि वे समाज के नियमों को मानें। मनुष्य को व्यवहार, शिक्षा, धर्म, कर्त्तव्य-बोध आदि अनेक सामाजिक तथ्यों का ज्ञान परिवार से ही होता है।

(8) स्थायी व अस्थायी प्रकृति—परिवार समिति भी है और संस्था भी। सदस्यों के आधार पर परिवार एक समिति है व अस्थायी है। नियमों तथा कार्यप्रणालियों के रूप में परिवार एक स्थायी संस्था है।

परिवार के प्रकार

परिवार को मुख्यतः पाँच आधारों पर वर्गीकृत किया जा सकता है। ये आधार निम्न प्रकार हैं—

(अ) अधिकार (सत्ता) के आधार पर परिवार के प्रकार

अधिकार के आधार पर परिवार निम्न दो प्रकार के होते हैं—

(1) मातृसत्तात्मक परिवार—जिस परिवार का नियन्त्रण माँ अथवा पत्नी में केन्द्रित होता है उस परिवार को मातृसत्तात्मक परिवार कहते हैं। ब्रिफॉल्ट ने माता के स्थान को अधिक महत्त्वपूर्ण बतलाया है। मैकाइवर एवं पेज ने मातृसत्तात्मक परिवार की चार विशेषताओं का उल्लेख किया है—(i) वंश का नाम माता से चलता है पिता से नहीं; (ii) सामान्यतः बच्चों का लालन-पालन माता के घर होता है। विवाह के बाद पति को पत्नी के निवास स्थान पर रहना पड़ता है तथा पति का स्थान द्वितीयक होता है; (iii) पारिवारिक सत्ता स्त्री या पत्नी-पक्ष के किसी पुरुष के हाथ में होती है; तथा (iv) सम्पत्ति का अधिकार माता द्वारा पुत्रियों को प्राप्त होता है। विशेष पद भी स्त्री की मृत्यु के बाद, स्त्री के भाई के पुत्र को ही मिलेगा, पुत्र को नहीं।

असम के खासी, मालावार के नायर आदि में इस प्रकार के मातृसत्तात्मक परिवार पाए जाते हैं।

(2) पितृसत्तात्मक परिवार—इसमें परिवार की सत्ता अथवा बागडोर पिता अथवा पुरुष के हाथ में होती है। पितृसत्तात्मक परिवारों में वंशनाम पिता से चलता है। सिन्धु घाटी की सभ्यता तथा दलजा फरात की सभ्यता में भी परिवार का पितृसत्तात्मक स्वरूप प्रचलित था। पितृसत्तात्मक परिवारों के प्रमुख लक्षण इस प्रकार हैं—(i) वंश का नाम पिता के नाम पर चलता है; (ii) विवाह के बाद स्त्री (पत्नी) पति के घर में आकर रहती है, बच्चों का पालन-पोषण भी पति के घर में ही होता है; (iii) पिता परिवार का सर्वोच्च कर्त्ता होता है; तथा (iv) सम्मान एवं सम्पत्ति का हस्तान्तरण पिता से उसके पुत्रों को होता है।

(ब) विवाह के आधार पर परिवार के प्रकार

विवाह के आधार पर परिवार के तीन प्रकार हो सकते हैं—

(1) एक विवाही परिवार—इस प्रकार के परिवार में एक पुरुष एक स्त्री से विवाह करता है। इसमें दोनों पक्ष बिना तलाक या किसी एक की मृत्यु तक दूसरा विवाह नहीं कर सकते हैं। परिवार का यह स्वरूप आज संसार में सर्वाधिक प्रचलित है।

(2) बहुपत्नी विवाही परिवार—ऐसे परिवार पितृसत्तात्मक एवं पितृवंशीय होते हैं। इनमें एक ही समय में एक पुरुष अनेक स्त्रियों से विवाह करता है। हमारे समाज में हिन्दुओं में वैधानिक रूप से ऐसे परिवारों का संगठन समाप्त किया जा चुका है। मुसलमानों में बहुपत्नी विवाही परिवारों का वैधानिक रूप से आज भी प्रचलन है।

(3) बहुपति विवाही परिवार—इस प्रकार के परिवार में स्त्री एक ही समय में अनेक पुरुषों से विवाह करती है। कभी-कभी ये पुरुष आपस में भाई भी होते हैं। अत्यन्त संघर्षपूर्ण तथा निर्धन जीवन के कारण बहुपति विवाही परिवार का जन्म होता है। इस प्रकार के परिवार अधिकतर मातृसत्तात्मक एवं मातृवंशीय होते हैं।

(स) निवास स्थान के आधार पर परिवार के प्रकार

निवास स्थान के आधार पर परिवार निम्नांकित तीन प्रकार के होते हैं—

(1) मातृस्थानीय परिवार—इस प्रकार के परिवार में विवाह के पश्चात् पति स्थायी रूप से या आवश्यकता पड़ने पर पत्नी के साथ या पत्नी के परिवार के साथ रहता है। ये परिवार खासी, गारो तथा मालाबार के नायरों में प्रायः पाए जाते हैं।

(2) पितृस्थानीय परिवार—सामान्यतः विवाह के पश्चात् पत्नी, पति के यहाँ या पति के परिवार में निवास करती है। हिन्दुओं में अधिकतर पितृस्थानीय परिवार ही पाए जाते हैं।

(3) नवस्थानीय परिवार—इस प्रकार के परिवार में विवाह के पश्चात् नव-दम्पति अपने-अपने परिवारों से पृथक् अपना एक नया परिवार बसा लेते हैं। पश्चिमी देशों में नवस्थानीय परिवारों का अधिक प्रचलन है।

(द) वंश या नामावली के आधार पर परिवार के प्रकार

वंश के आधार पर परिवार दो प्रकार के होते हैं—

(1) मातृवंशीय परिवार—इसके अन्तर्गत वंश का नाम माता के नाम से चलता है। इसमें वंश परम्पराएँ, उत्तराधिकार के नियम आदि भी माता के नाम से ही चलते हैं। सम्पत्ति पर अधिकार माता के पश्चात् पुत्री को प्राप्त होता है।

(2) पितृवंशीय परिवार—इस प्रकार के परिवार में पुरुषों की प्रधानता होती है। वंश का नाम पिता के नाम से चलता है। उत्तराधिकार के नियम एवं वंश परम्पराएँ भी पिता के नाम से चलती हैं। सम्पत्ति का हस्तान्तरण पिता से पुत्र को होता है।

(क) सदस्यों की संख्या और संरचना के आधार पर परिवार के प्रकार

सदस्यों की संख्या तथा परिवार की संरचना के आधार पर परिवार को निम्नलिखित दो श्रेणियों में विभाजित किया जा सकता है—

(1) केन्द्रीय (एकाकी) परिवार—इस प्रकार के परिवार में सदस्यों की संख्या कम होती है। परिवार के सदस्यों में पति-पत्नी तथा उनकी अविवाहित सन्तानें ही होती हैं। मरडॉक के अनुसार एकाकी परिवार विवाहित पुरुष तथा स्त्री व उनकी सन्तानों से बनता है, यद्यपि कुछ व्यक्तिगत स्वरूपों में इसमें एक या अधिक व्यक्ति रह सकते हैं। अमेरिका तथा यूरोप में इस प्रकार के परिवारों का बहुत अधिक प्रचलन है।

(2) संयुक्त परिवार—संयुक्त परिवार उन व्यक्तियों का समूह है जो एक ही छत के नीचे रहते हैं तथा एक ही रसोई में पका भोजन करते हैं। वे सामान्य सम्पत्ति के अधिकारी होते हैं, सामान्य पूजा में भाग लेते हैं तथा परस्पर एक-दूसरे से विशिष्ट नातेदारी से सम्बन्धित होते हैं। इस प्रकार के परिवार में अधिकतर सदस्य एक साथ रहते हैं। इस कारण परिवार का आकार बड़ा हो जाता है। संयुक्त परिवार को विस्तृत परिवार (Extended family) की संज्ञा भी दी जाती है।

परिवार के प्रमुख कार्य

परिवार का समाज में अत्यधिक महत्त्वपूर्ण स्थान है। इसका मुख्य कारण इसके द्वारा विविध प्रकार के कार्यों का निष्पादन है। ऑगबर्न एवं निमकॉफ ने कहा है कि किसी भी संस्कृति में परिवार के महत्त्व का मूल्यांकन करने के लिए यह ज्ञात करना आवश्यक है कि उसके क्या कार्य हैं तथा किस सीमा तक उन्हें पूर्ण किया जाता है। परिवार के कार्यों को निम्न दो श्रेणियों में विभाजित किया जा सकता है—

(अ) मौलिक एवं सार्वभौमिक कार्य

ये मौलिक कार्य संसार के समस्त देशों के परिवारों में पाए जाते हैं। इन्हें हर परिवार के प्राणिशास्त्रीय कार्य (Biological functions) भी कह सकते हैं। ये कार्य अग्रांकित हैं—

(1) यौन इच्छाओं की पूर्ति का कार्य—परिवार विवाह की संस्था के माध्यम से स्त्री व पुरुष को पत्नी व पति के रूप में यौन सम्बन्ध स्थापित करने का अवसर प्रदान करता है। इस प्रकार यह उनकी प्राणिशास्त्रीय आवश्यकता (यौन सन्तुष्टि) की पूर्ति करने में सहायता देता है। अगर कोई व्यक्ति विवाह न कर यौन सम्बन्ध स्थापित करता है तो उसे उचित नहीं समझा जाता है।

(2) सन्तानोत्पत्ति—समाज की निरन्तरता के लिए यह आवश्यक है कि समाज में नए सदस्यों का जन्म हो। इस महत्त्वपूर्ण कार्य को परिवार सन्तानोत्पत्ति द्वारा करता है।

(3) सुरक्षा—मनुष्य समस्त जीवधारियों में एक ऐसा प्राणी है जिसे जन्म से लेकर काफी वर्षों तक दूसरों की सहायता की आवश्यकता होती है। अगर उसे यह सहायता न मिले तो वह समाप्त हो जाएगा। यह सहायता, सुरक्षा के रूप में, परिवार अपने सदस्यों को देता है। परिवार निश्चित आयु तक उनका भरण-पोषण करके उन्हें इस योग्य बनाता है कि वे भौगोलिक तथा सामाजिक पर्यावरण में रह सके। सुरक्षा की प्रकृति सिर्फ प्राणिशास्त्रीय ही नहीं, अपितु मानसिक भी होती है।

(ब) परम्परागत कार्य

ये वे कार्य हैं जिनका निर्धारण समाज विशेष की प्रथाओं व मान्यताओं द्वारा होता है। परम्परागत कार्यों को हम निम्न श्रेणियों में विभाजित कर सकते हैं—

(1) सामाजिक कार्य—परिवार के प्रमुख सामाजिक कार्य निम्नांकित हैं—

(i) सामाजिक प्रस्थिति प्रदान करना—परिवार अपने सदस्यों की प्रस्थिति (स्थिति) तथा भूमिकाएँ (कार्य) स्पष्ट करता है। इस प्रकार परिवार सामाजिक संरचना में उनका पद स्पष्ट करने में सहायता प्रदान करता है।

(ii) समाजीकरण—समाजीकरण में परिवार का योगदान महत्त्वपूर्ण है। परिवार में मान्रव का जन्म होता है और पूरा जीवन इसी में व्यतीत होता है। इसे बच्चे की प्रथम पाठशाला कहा गया है। इसी के माध्यम से सामाजिक मूल्यों एवं सांस्कृतिक दुनिया से उसका परिचय कराया जाता है। परिवार मनुष्य की पाशविक प्रवृत्तियों (यथा लोभ, क्रोध व हिंसा आदि) को नियन्त्रित करने में भी महत्त्वपूर्ण भूमिका निभाता है।

(iii) सामाजिक नियन्त्रण—परिवार अपने सदस्यों को शिशुकाल से ही सामाजिक मान्यताओं के अनुकूल व्यवहार करने के लिए प्रेरित करता है। यह समाजीकरण द्वारा उनका व्यक्तित्व इस प्रकार ढालता है कि वे समाज विरोधी कार्यों से दूर रहें तथा समाज की प्रगति में योगदान दें।

(iv) मनोरंजन—परिवार अनौपचारिक एवं प्राकृतिक मनोरंजन का केन्द्र है। परिवार सदस्यों को विविध प्रकार से मनोरंजन के अवसर प्रदान करता है जैसे-आपस के वार्तालाप से या बच्चों की तोतली बोली से। त्योहार के समय सब इकट्ठे होकर भी मनोरंजन करते हैं। कई बार अकेले दादी के पास बैठे कहानी सुनकर भी बच्चों का मनोरंजन होता है।

(v) शैक्षणिक कार्य—प्लेटो ने परिवार को जीवन की प्रारम्भिक पाठशाला कहा है। यहाँ पर जो पाठ उसे पढ़ाया जाता है वह जीवन भर अमिट रहता है। यह औपचारिक शिक्षा का प्रमुख माध्यम है।

(2) आर्थिक कार्य—परिवार निम्नलिखित आर्थिक कार्यों को भी सम्पादित करता है—

(i) उत्पादक इकाई—आदिम तथा कृषि प्रधान समाजों में परिवार एक प्रमुख उत्पादक इकाई है। कुटीर उद्योगों में भी परिवार को एक महत्त्वपूर्ण इकाई माना जाता है।

(ii) श्रम-विभाजन—सभी परिवारों में श्रम-विभाजन पाया जाता है। श्रम-विभाजन के दो प्रमुख आधार हैं—(अ) आयु, तथा (ब) लिंग। जिस प्रकार प्रत्येक परिवार में बच्चे, युवक व वृद्ध के कार्यों में अन्तर मिलता है ठीक उसी प्रकार स्त्री और पुरुष के कार्यों में भिन्नता पाई जाती है।

(iii) उत्तराधिकार की व्यवस्था—परिवार उन नियमों को बनाता है जिससे प्रत्येक व्यक्ति को अपनी वंशानुगत सम्पत्ति प्राप्त हो सके। अगर ये उत्तराधिकार के नियमों की व्यवस्था न हो तो जिसके पास अधिक अधिकार तथा शक्ति होगी वही सारी सम्पत्ति को अपने अधिकार में ले लेगा।

(iv) सम्पत्ति—प्रत्येक परिवार का अपनी सम्पत्ति पर नियन्त्रण होता है। सम्पत्ति चाहे चल हो या अचल, उसका सही ढंग से बँटवारा परिवार ही करता है। परिवार ही यह निश्चित करता है कि कौन सम्पत्ति का स्वामी होगा।

(3) मनोवैज्ञानिक कार्य—परिवार सदस्यों को मनोवैज्ञानिक सुरक्षा प्रदान करने का भी प्रमुख माध्यम है। यह तीन प्रमुख मनोवैज्ञानिक कार्यों का सम्पादन करता है—

(i) व्यक्तित्व का विकास—परिवार बच्चों की ठीक प्रकार से देख-रेख करके उनमें अहम् का विकास करता है। अहम् उनके व्यक्तित्व के निर्माण में सहायता प्रदान करता है। बच्चों का व्यक्तित्व परिवार पर निर्भर करता है।

(ii) मनोवैज्ञानिक सुरक्षा प्रदान करना—परिवार सदस्यों में पारस्परिक प्रेम एवं सद्‌भावना का विकास करके उन्हें वात्सल्य प्रदान करता है। परिवार असहाय एवं अपंग बच्चों को भी पूर्ण मनोवैज्ञानिक सुरक्षा प्रदान करता है। यह उन्हें कोई कठिन कार्य नहीं सौंपता। हर प्रकार से भी उन्हें सुरक्षा प्रदान की जाती है।

(iii) मूलभूत मनोवैज्ञानिक आवश्यकताओं की पूर्ति—परिवार सदस्यों की मौलिक मनोवैज्ञानिक आवश्यकताएँ (जैसे स्नेह एवं प्रेम इत्यादि) भी पूरी करता है। वास्तव में, व्यक्ति की अधिकांश आवश्यकताएँ परिवार में ही पूरी होती हैं।

(4) धार्मिक कार्य—परिवार धार्मिक कार्यों के सम्पादन में विशेष स्थान रखता है। प्रत्येक परिवार में किसी न किसी धर्म को महत्त्व दिया जाता है। परिवार में ही मानव किसी न किसी धर्म को मानता है तथा उसका अनुयायी बनता है। परिवार अपने सदस्यों को धार्मिक

विश्वासों, मूल्यों व दृष्टिकोणों से परिचित कराता है। माता-पिता के धार्मिक विचारों एवं दृष्टिकोणों का भी बच्चों के जीवन पर काफी गहरा प्रभाव पड़ता है।

(5) सांस्कृतिक कार्य—प्रत्येक समाज की अपनी एक संस्कृति होती है। परिवार संस्कृति के हस्तान्तरण का भी प्रमुख माध्यम है। परिवार सांस्कृतिक कार्यों की शिक्षा अपने सदस्यों को देता है। परिवार समाज के रीति-रिवाजों, नियमों, परम्पराओं व जनरीतियों आदि को सुरक्षित रखता है। परिवार अपनी संस्कृति से सम्बन्धित आदर्शों, प्रथाओं व परम्पराओं को बच्चों को सिखाता है।

(6) राजनीतिक कार्य—परिवार का राजनीतिक कार्यों के सम्पादन में भी प्रमुख स्थान है। मजूमदार का कथन है कि कर्त्ता परिवार का वास्तविक शासक होता है। वही सदस्यों के व्यवहार को नियन्त्रित करता है। परिवार जिस प्रकार समाज की सबसे छोटी इकाई है, उसी प्रकार वह राज्य की भी सबसे छोटी इकाई है। इसीलिए परिवार को कभी-कभी लघु राज्य की संज्ञा दी जाती है। परिवार मनुष्यों में उन गुणों का विकास करता है, जिससे वह राजनीतिक जीवन में भी सफल हो सके। अच्छे नागरिक के लिए अनुशासन, समानता एवं मित्रता आदि के भावों को जानना अत्यन्त आवश्यक है। इन महत्त्वपूर्ण गुणों का विकास परिवार में ही होता है।

समाजीकरण के एक साधन के रूप में परिवार

परिवार एक महत्त्वपूर्ण प्राथमिक समूह है। बच्चे को सामाजिक गुण सिखाने में (अर्थात् उसका समाजीकरण करने में) परिवार की महत्त्वपूर्ण भूमिका होती है। चार्ल्स कूले के अनुसार आदर्शों तथा सामाजिक स्वभाव के निर्माण में परिवार प्राथमिक होते हैं! इसे प्राथमिक इसलिए कहा जाता है क्योंकि बच्चा सर्वप्रथम जिस समूह के सम्पर्क में आता है वह परिवार ही है। इसीलिए परिवार का प्रभाव बच्चे पर काफी स्थायी प्रकृति का होता है। माँ उसे दूध पिलाती है तथा उसकी रक्षा करती है। साथ-साथ पिता व परिवार के अन्य सदस्य शिशु के साथ स्नेहपूर्ण व्यवहार करते हुए उसकी आवश्यकताओं को पूर्ण करने का प्रयत्न करते हैं। इससे शिशु के मन में सुरक्षा की भावना पनपती है। वह जानने लगता है कि किस प्रकार के कार्य करने से उसे किस प्रकार का व्यवहार प्राप्त होगा। इसके साथ-साथ भाषा का ज्ञान परिवार से ही होता है। परिवार के प्रत्येक सदस्य के अपने विचार व व्यवहार के ढंग आदि होते हैं। लेकिन बच्चे के साथ घनिष्ठ सम्बन्ध होने के कारण सभी उसके साथ घनिष्ठता से रहते हैं। इस प्रकार बच्चा उनसे अनुकूलन करना सीखता है। कुछ बड़ा होने पर वह नियमों और परम्पराओं के अनुसार कार्य करना सीखता है। अगर परिवार में कोई कमी है या समाजीकरण त्रुटिपूर्ण रहा है, तो उस दशा में व्यक्तित्व विघटित हो जाता है। परिवार के माध्यम से व्यक्ति सामाजिक व्यवहार, भाषा, कपड़े पहनने का ढंग, भोजन का तरीका तथा अपनी संस्कृति के अनुरूप व्यवहार करना सीखता है।

अनेक विद्वानों ने परिवार की समाजीकरण में महत्त्वपूर्ण भूमिका को ध्यान में रखते हुए इसे संस्कृति और परम्पराओं का वाहक कहा है। काफी सीमा तक यह बात ठीक भी है। अपनी

संस्कृति के बारे में बच्चे का ज्ञान सर्वप्रथम परिवार में ही होता है। परिवार ही, वास्तव में, समाजीकरण की प्रक्रिया द्वारा संस्कृति को एक पीढ़ी से दूसरी पीढ़ी में हस्तान्तरित करने का एक प्रमुख माध्यम है।

सामाजिक नियन्त्रण में परिवार की भूमिका

सामाजिक नियन्त्रण में परिवार का महत्त्वपूर्ण स्थान है। बच्चे के सीखने से लेकर उसके समाजीकरण तथा अन्ततः उसके व्यवहार को नियन्त्रित करने में परिवार महत्त्वपूर्ण भूमिका निभाता है। वे कार्य जिनके द्वारा परिवार सदस्यों के व्यवहार को नियन्त्रित करता है, निम्न प्रकार हैं—

(1) प्रस्थिति एवं प्रकार्यों को परिभाषित करना—सामाजिक नियन्त्रण का अर्थ सामाजिक प्रस्थिति एवं कार्यों में सन्तुलन है। यदि इन दोनों में सन्तुलन न रहे तो सदस्य सामाजिक मतैक्य (एकमत) के अनुरूप नहीं बल्कि अपनी इच्छा के अनुरूप कार्य करने लगते हैं। मतैक्य इस बात पर निर्भर करता है कि सदस्य अपनी जिम्मेदारी कहाँ तक याद रखते हैं और अपना उत्तरदायित्व को किस सीमा तक निभाते हैं? परिवार में बच्चे को यह बताया जाता है कि उसकी परिवार की संरचना में क्या प्रस्थिति है? उससे समाज को क्या आशाएँ हैं? इस प्रकार परिवार व्यक्तियों के कर्त्तव्यों एवं अधिकारों की स्पष्ट परिभाषा करके सामाजिक नियन्त्रण में सहायता प्रदान करता है।

(2) जागरूकता एवं सामाजिक मानसिकता जाग्रत करना—परिवार वह संगठन है जो बच्चों को समाज के प्रति जागरूक बनाता है। आरम्भ में बच्चा माता-पिता तथा स्वयं को ही संसार मानता है। परिवार बच्चे का परिचय बाह्य संसार से कराता है। बाह्य जगत से परिचय के बाद ही बच्चा समाज की विद्यमानता को स्वीकार करता है। उसे यह ध्यान रखना पड़ता है कि वह दूसरों से क्या आशाएँ करता है और दूसरे उससे क्या आशाएँ रखते हैं। परिवार बच्चे में सामाजिकता का विकास करता है। सामाजिक मानसिकता समाज की ही देन है क्योंकि उसे हम समाज के बाहर कहीं नहीं सीख सकते। जब तक किसी व्यक्ति में सामाजिक मानसिकता का विकास नहीं होता तब तक उसका व्यवहार पशुवत् अधिक रहता है। वह अपने व्यवहार पर नियन्त्रण करना तभी सीख सकता है जबकि वह इस मानसिकता का विकास कर ले।

(3) समाजीकरण एवं 'स्व' को विकसित करना—परिवार बच्चों को सामाजिक बनाता है तथा उनके पशुवत् व्यवहार को नियन्त्रित करके सामाजिक व्यवहार के रूप में ढालता है। परिवार में समाजीकरण द्वारा बच्चा सामाजिक मूल्यों एवं आदर्शों को सीखता है। इनके ही अनुसार वह व्यवहार करने का प्रयत्न करता है। इससे सामाजिक नियन्त्रण में सहायता मिलती है। साथ ही, समाजीकरण की प्रक्रिया द्वारा परिवार बच्चों के 'स्व' को विकसित करने में सहायता देता है। यदि व्यक्ति का समाजीकरण ठीक हुआ है तो उसके पथभ्रष्ट व्यवहार को रास्ते पर लाने में कोई कठिनाई नहीं होती है।

(4) अनेक सामाजिक व मानसिक आवश्यकताओं की पूर्ति करना—मनुष्य की अनेक सामाजिक, आर्थिक, शारीरिक तथा मनोवैज्ञानिक आवश्यकताएँ होती हैं। इन आवश्यकताओं

की पूर्ति परिवार में ही हो सकती है। संसार की अन्य कोई संस्था या समिति ऐसा नहीं कर सकती। यौन सन्तुष्टि तो परिवार का आधार है। परिवार न केवल जैविक एवं शारीरिक सन्तुष्टि प्रदान करता है बल्कि यह हमारी सामाजिक आवश्यकताओं की भी पूर्ति करता है।

(5) सामाजिक सीख एवं अनुशासन के अनुकरण द्वारा—बच्चा सर्वप्रथम किसी परिवार का ही सदस्य बनता है। जीवन भर वह किसी न किसी परिवार का सदस्य बना रहता है। परिवार में बच्चा सब कुछ सीखता है। खाना, पहनना, उठना, बैठना, बातचीत करना, कायदे कानून आदि सभी चीजों को वह परिवार में सीखता रहता है। इसीलिए यह कहा जाता है कि परिवार नागरिकता की प्रथम पाठशाला है। बच्चों को कर्त्तव्य एवं अधिकारों का प्रथम पाठ परिवार में ही पढ़ाया जाता है। परिवार में बच्चे अनुकरण द्वारा अनुशासन सीख जाते हैं और बड़े भाई, पिता या परिवार के कर्त्ता की आज्ञा का सदैव पालन करते हैं। बहनें एवं माँ भी पिता या कर्त्ता की आज्ञाओं का पालन करती हैं। अतः नियन्त्रण को मानना बच्चा परिवार से ही सीखता है।

(6) व्यक्तिगत एवं प्रत्यक्ष प्राथमिक सम्बन्ध स्थापन द्वारा—परिवार एक प्राथमिक समूह है। प्राथमिक समूहों में व्यक्तिगत एवं आमने-सामने के सम्बन्ध पाए जाते हैं। इन सम्बन्धों की यह विशेषता होती है कि बच्चे अपने बड़ों में इतनी श्रद्धा विकसित कर लेते हैं कि उनका विरोध करने की उनकी कभी हिम्मत नहीं होती। व्यक्ति के जिस व्यवहार को राज्य के बड़े-बड़े कानून नियन्त्रित करने में असफल हो जाते हैं वह पत्नी के बोलना छोड़ने या परिवार के सब सदस्यों द्वारा सदस्य विशेष के साथ बैठकर भोजन न करने से नियन्त्रित किया जा सकता है।

(7) परम्पराओं एवं रूढ़ियों के अनुरूप व्यवहार द्वारा—परिवार बच्चे को परम्परागत रूप से चली आ रही प्रथाओं एवं रूढ़ियों का सम्मान करना सिखाता है। इसके कारण ही सदस्यों का व्यवहार इन रूढ़ियों एवं परम्पराओं के अनुरूप नियमित एवं चालित हो जाता है। परिवार इन्हें एक पीढ़ी से दूसरी पीढ़ी में हस्तान्तरित करता रहता है। इस प्रकार, परिवार के सभी सदस्य इन परम्पराओं एवं रूढ़ियों के अनुसार अपने व्यवहार को करते हैं तथा इससे वह स्वयं नियन्त्रित हो जाते हैं।

(8) पारिवारिक उत्सवों एवं त्योहारों के सम्पादन द्वारा—प्रत्येक परिवार के कुछ विशिष्ट उत्सव एवं पर्व होते हैं। इन्हें परिवार परम्परागत रूप से मनाता है। त्योहारों एवं उत्सवों के अवसर पर कार्य करने का एक विशेष तरीका होता है। अतः यह कहा जा सकता है कि इन त्योहारों एवं उत्सवों के अनुसार हमारे व्यवहार होने का तात्पर्य है हमारे एवं समूह के बीच में एकरूपता। इस प्रकार, उत्सवों एवं त्योहारों को मनाकर भी परिवार अपने सदस्यों के व्यवहार में एकरूपता लाकर उन्हें नियन्त्रित करता है।

(9) सामाजिक गुणों को विकसित करके—परिवार व्यक्ति के 'स्व' एवं व्यक्तित्व को विकसित करता है। इसके लिए सामाजिक मानसिकता, जागरूकता, प्रकृति एवं आदर्शों को ढालने के लिए परिवार ही आधारभूत भूमिका अदा करता है। हम सारे सामाजिक गुण परिवार

में ही सीखते हैं। सहयोग, समालोचना, सहानुभूति, प्रेम, आत्म-नियन्त्रण, त्याग, सहिष्णुता, अनुशासन, वफादारी, कर्त्तव्य-पालन, उत्तरदायित्व, आज्ञा पालन, बड़ों में निष्ठा, परोपकार, ईमानदारी, हर परिस्थिति में अनुकूलन, प्रभुत्व एवं अधीनता की शिक्षा आदि हम परिवार से ही लेते हैं। इस प्रकार, परिवार के सभी सदस्य अपने व्यवहार को स्वच्छन्द न छोड़कर पारिवारिक रीति-रिवाजों के अनुसार नियन्त्रित करते हैं।

ग्रामीण परिवार

भारत गाँवों का देश है क्योंकि इसकी कुल जनसंख्या का तीन-चौथाई भाग आज भी गाँवों में ही रहता है। वास्तव में, गाँव भारतीय साभाजिक संरचना के तीन स्तम्भों में से एक स्तम्भ है। अन्य दो स्तम्भ हैं—संयुक्त परिवार तथा जाति व्यवस्था। गाँवों में कृषि व्यवसाय की प्रधानता पाई जाती है तथा कृषि व्यवसाय एक ऐसा व्यवसाय है जिसमें अधिक से अधिक व्यक्तियों की आवश्यकता होती है। अतः प्रारम्भ से ही भारतीय गाँवों में संयुक्त परिवार प्रणाली का प्रचलन रहा है। ये संयुक्त परिवार अधिकतर पितृवंशीय, पितृसत्तात्मक तथा पितृस्थानीय रहे हैं। पितृवंशीय का अर्थ है कि वंश पिता के नाम से चलता है। पितृसत्तात्मक से अभिप्राय पिता की सत्ता से है अर्थात् ऐसे परिवारों में पिता का अधिकार होता है। पितृस्थानीय का अर्थ है कि पत्नी पति के निवास स्थान पर रहती है तथा सन्तान भी पिता के निवास स्थान पर ही रहती है।

भारतीय ग्रामीण परिवार की विशेषताएँ

भारतीय ग्रामीण परिवारों की प्रमुख विशेषताएँ निम्नलिखित हैं—

(1) संयुक्त परिवार प्रणाली—ग्रामीण परिवार मुख्य रूप से संयुक्त परिवार ही है। ग्रामवासियों का प्रमुख व्यवसाय कृषि है तथा यह एक ऐसा व्यवसाय है जिसमें अधिक से अधिक व्यक्ति होने अनिवार्य हैं। ग्रामीण लोग इसलिए भी संयुक्त परिवारों में रहते हैं क्योंकि संयुक्त परिवार ही उनके लिए आदर्श परिवार है।

(2) धार्मिक विचारों को प्रधानता—ग्रामीण परिवार में सदैव धर्म की प्रधानता रही है तथा आज भी धार्मिक विचार ग्रामवासियों के लिए महत्त्वपूर्ण पथ-प्रदर्शक हैं। भारतीय ग्रामीण समाज में कृषि व्यवस्था आज भी अधिकतर प्राकृतिक स्रोतों पर ही आश्रित है। इसलिए प्राकृतिक एवं अलौकिक शक्तियों में अधिक विश्वास पाया जाता है। साथ ही, अनेक पीढ़ियों के लोगों के एक-साथ निवास करने के कारण बड़े-बूढ़ों के धार्मिक विचार प्रत्येक पीढ़ी को निरन्तर प्रभावित करते रहते हैं।

(3) सजातीयता एवं एकरूपता—ग्रामीण परिवार में सजातीयता एवं एकरूपता अधिक पाई जाती है अर्थात् सदस्यों का जीवन स्तर ही लगभग एक जैसा नहीं होता अपितु उनके विचारों, मूल्यों और संसार के प्रति दृष्टिकोण में भी समानता पाई जाती है। सामान्य व्यवसाय एवं सामान्य निवास स्थान होने के कारण सभी व्यक्ति निरन्तर एक दूसरे को प्रभावित करते रहते हैं तथा इससे सजातीयता को बढ़ावा मिलता है।

(4) अतिथि सत्कार—अतिथि सत्कार आज के युग में भी ग्रामीण परिवार की एक प्रमुख विशेषता कही जा सकती है। मेहमानों को ग्रामीण परिवारों में विशेष स्थान दिया जाता है क्योंकि सामान्य सम्पत्ति, कोष एवं रसोई होने के कारण उन्हें किसी पर बोझ नहीं समझा जाता। साथ ही, कर्त्ता का निरंकुश शासन होने के कारण सभी मेहमानों को एक समान सम्मान दिया जाता है।

(5) अनुशासन—ग्रामीण परिवार में सदस्यों को मुखिया या कर्त्ता की आज्ञा का पालन करना पड़ता है तथा परिवार के सभी बड़े सदस्यों का यथायोग्य सम्मान करना पड़ता है, इसलिए ग्रामीण परिवारों में अनुशासन अधिक पाया जाता है। अनुशासन अधिक पाए जाने का एक अन्य कारण सदस्यों को परिवार के प्रति सामूहिक दायित्व एवं खानदान की इज्जत की भी भावना होती है। कोई भी सदस्य ऐसा कार्य नहीं करना चाहता जिससे कि उसके परिवार पर किसी प्रकार की आंच आए।

(6) स्त्रियों की निम्न दशा—ग्रामीण परिवारों में स्त्रियों की दशा निम्न होती है क्योंकि एक तो पर्दा प्रथा पाई जाती है और दूसरा अशिक्षित होने के कारण स्त्रियों को घर की चाहरदीवारी में ही बन्द होकर रह जाना पड़ता है। साथ ही, रसोई एवं अन्य घर के काम इतने अधिक होते हैं कि उन्हें इनसे समय ही नहीं मिलता। कार्य-क्षेत्र पारिवारिक सीमाएँ होने के कारण और पुरुषों की, विशेष रूप से कर्त्ता की, प्रमुखता होने के कारण ग्रामीण परिवारों में स्त्रियों की स्थिति निम्न रहती है।

(7) परस्पर सहयोग—ग्रामीण परिवार के सदस्यों में एक दूसरे के प्रति कर्त्तव्य एवं उत्तरदायित्व की भावना अधिक होती है जिसके कारण उनमें पारस्परिक सहयोग पाया जाता है। एक ही व्यवसाय होने के कारण तथा सामान्य सम्पत्ति एवं कोष होने के कारण सदस्यों में आर्थिक सहयोग भी अधिक पाया जाता है और इससे आर्थिक समृद्धि भी होती रहती है।

(8) कर्त्ता की विशेष स्थिति—ग्रामीण परिवारों में मुखिया या कर्त्ता की विशेष स्थिति होती है। कर्त्ता सामान्यतः परिवार का वयोवृद्ध व्यक्ति होता है तथा परिवार के सभी कार्यों के संचालन के लिए वही उत्तरदायी होता है। उसकी अनुमति के बिना परिवार में कोई कार्य नहीं हो सकता है और जीवन के हर क्षेत्र पर उसका पूर्ण नियन्त्रण होता है।

(9) रूढ़िवादिता—ग्रामीण परिवार की एक अन्य विशेषता इसकी परम्परावादी अथवा रूढ़िवादी प्रकृति है। संयुक्त परिवार प्रणाली के कारण पूर्वजों की बतायी हुई बातों का अनुकरण अधिक होता है। पीढ़ी-दर-पीढ़ी एक ही व्यवसाय होने के कारण तथा विचारों में समानता होने के कारण भी रूढ़िवादिता अधिक पाई जाती है।

(10) सामाजिक नियन्त्रण—ग्रामीण परिवार अपने सदस्यों पर सामाजिक नियन्त्रण रखने का एक प्रमुख अनौपचारिक साधन है। कर्त्ता का परिवार के सभी सदस्यों एवं कार्यों पर पूर्ण नियन्त्रण रहता है। यहाँ तक कि धार्मिक एवं राजनीतिक क्षेत्र में भी परिवार के कर्त्ता का सदस्यों पर पूर्ण नियन्त्रण रहता है और प्रत्येक सदस्य वही कार्य करता है जो परिवार उससे चाहता है।

आज ग्रामीण परिवार औद्योगीकरण, नगरीकरण, नवीन आर्थिक संगठन, आधुनिक शिक्षा, विधि में परिवर्तन, महिला शिक्षा एवं आन्दोलन इत्यादि अनेक कारणों से निरन्तर प्रभावित हो रहे हैं परन्तु इनमें परिवर्तन की गति इतनी तीव्र नहीं है जितनी कि नगरीय परिवारों में परिवर्तन की गति है। इसका प्रमुख कारण आज भी अधिकांश ग्रामीण परिवारों का कृषि व्यवसाय पर आश्रित होना तथा अपने पूर्वजों के आदेशों को अपनाना है। हाँ, हम इतना अवश्य कह सकते हैं कि आज ग्रामीण परिवार की कुछ विशेषताओं में परिवर्तन हो रहा है जैसे कि रूढ़िवादिता, धार्मिक विचारों की महत्ता और कर्त्ता की सत्ता आज पहले से निश्चित रूप से कम हो गई है।

नगरीय परिवार की प्रमुख विशेषताएँ

नगरीय परिवारों की प्रमुख विशेषताएँ निम्नलिखित हैं—

(1) एकाकी परिवार प्रणाली—नगरीय समाज में परिवार मुख्यतः एकाकी परिवार होते हैं। इसके अनेक कारण हैं। एक तो निवास स्थान की समस्या तथा दूसरे व्यावसायिक विजातीयता विभिन्न सदस्यों को एक दूसरे से अलग रहने के लिए विवश कर देते हैं। शिक्षा एवं व्यक्तिवादिता के कारण भी आज युवक एवं युवतियाँ एकाकी परिवारों में ही अधिकतर रहना चाहते हैं।

(2) सीमित आकार—एकाकी परिवार प्रणाली का अधिक प्रचलन होने के कारण नगरीय परिवारों का आकार भी सीमित होता है। ग्रामीण परिवार का प्रमुख व्यवसाय कृषि होने के कारण अधिक सदस्यों की आवश्यकता रहती है। इसके विपरीत नगरीय व्यवसायों (सामान्यतः अगर नौकरी है) की प्रकृति ही ऐसी है कि सभी का एक-साथ रहना सम्भव ही नहीं है। सामान्यतः सन्तान-निरोध एवं छोटे परिवारों के प्रति जागरूकता के कारण भी नगरीय परिवारों का आकार सीमित होता है।

(3) स्त्रियों की अपेक्षाकृत उच्च स्थिति—नगरीय परिवारों में स्त्रियों की स्थिति निश्चित रूप से ग्रामीण परिवारों की अपेक्षा उच्च होती है। स्त्रियों की स्थिति प्रायः पुरुषों के समान ही होती है और अगर वे भी नौकरी करती हैं अथवा आर्थिक कार्यों में सहयोग देती हैं तो इससे भी उनकी स्थिति पर अन्तर पड़ता है। स्त्रियों को अधिक स्वतन्त्रता एवं समान अधिकार उनकी स्थिति को उच्च करने में सहायक हैं।

(4) धार्मिक विचारों एवं आध्यात्मिकता की कमी—औद्योगीकरण, नगरीकरण एवं नवीन तथा विविध प्रकार के व्यवसायों में लगे होने के कारण नगरीय परिवार में धार्मिक विचारों का अपेक्षाकृत कम महत्त्व है। भौतिकवाद एवं औपचारिकता के कारण धार्मिकता में कमी होती है।

(5) विजातीयता—नगरीय परिवारों में विजातीयता अधिक पाई जाती है। विविध प्रकार के व्यवसायों में लगे होने के कारण तथा विभिन्न प्रकार के विचारों के कारण नगरीय परिवार के सदस्यों में विजातीयता बढ़ती है। नगरीय परिवारों में आज परम्परागत व्यवसायों के प्रति लगाव भी कम होता जा रहा है।

(6) व्यक्तिवादिता—नगरीय समाज में औपचारिकता के कारण परिवारवाद की वे भावनाएँ विकसित नहीं हो पाई हैं जोकि संयुक्तता के कारण ग्रामीण परिवारों में विकसित होती हैं। आज नगरीय परिवार सदस्यों के लिए इसी भावना के कारण अधिक महत्त्वपूर्ण नहीं रहा है।

(7) परिवार के महत्त्व में कमी—नगरीय समुदायों में परिवार के कार्य अन्य समितियाँ लेती जा रही हैं जोकि अपनी विशिष्ट एवं विशेषीकृत प्रकृति के कारण इन कार्यों को परिवार से भी अधिक अच्छी तरह से कर सकती हैं। उदाहरणार्थ, शिक्षा का कार्य शिक्षा संस्थाओं द्वारा, बीमारी के प्रति सुरक्षा का कार्य अस्पतालों द्वारा, भोजन का कार्य होटलों तथा मनोरंजन का कार्य सिनेमा घरों तथा क्लबों इत्यादि ने ले लिया है।

(8) पारिवारिक सत्ता एवं नियन्त्रण में कमी—नगरीय परिवार में पिता परिवार का निरंकुश शासक नहीं होता है। स्त्रियों की समानता एवं बच्चों के पढ़े लिखे होने के कारण पिता पारिवारिक निर्णय सर्वसम्मति से लेता है। अतः नगरीय परिवारों में पितृसत्तात्मक अधिकारों में कमी हुई है। इसका एक परिणाम यह भी हुआ है कि नगरीय परिवार का अपने सदस्यों पर नियन्त्रण शिथिल होता जा रहा है।

(9) नातेदारी के महत्त्व में कमी—नगरीय परिवारों में नातेदारी का महत्त्व भी निरन्तर कम होता जा रहा है। महानगरों में तो आवास की समस्या एवं जीवन ही इतना व्यस्त है कि नातेदारों को मिलने-जुलने का अधिक समय ही नहीं मिल पाता है। अगर कोई नातेदार आ भी जाता है तो उसकी ओर इतना ध्यान नहीं दिया जाता जितना कि दिया जाना चाहिए। वास्तव में, नगरीय परिवार नगरीय पर्यावरण के कारण इतने अधिक आत्म-केन्द्रित हो गए हैं कि नातेदारी एवं अतिथि सत्कार जैसी बातों का महत्त्व ही नहीं रह गया है।

(10) शिक्षा पर बल—नगरीय परिवारों की एक अन्य विशेषता यह है कि प्रगतिवादी प्रकृति के कारण इनमें बच्चों की शिक्षा का विशेष ध्यान रखा जाता है। प्रत्येक माता-पिता की यह इच्छा रहती है कि उनके बच्चे शिक्षा प्राप्त कर उच्च पदों पर आसीन होकर अपना तथा अपने परिवार का नाम ऊँचा करें।

(11) लिंग सम्बन्धों में परिवर्तन—स्त्री की समानता एवं पितृसत्तात्मक सत्ता में कमी के कारण पति-पत्नी के सम्बन्ध बराबर के माने जाते हैं। आज नगरीय परिवारों में पति-पत्नी एवं बच्चों के सम्बन्धों में भी औपचारिकता बढ़ती जा रही है। विवाह न करने की प्रवृत्ति तथा विवाह विच्छेद की बढ़ती दर इस बात की सूचक है कि आज परिवार के सदस्यों में पारस्परिक अधिकारों एवं कर्त्तव्यों की वे भावनाएँ नहीं रही हैं जोकि पहले कभी थीं अथवा आज भी कुछ सीमा तक ग्रामीण परिवारों में हैं।

ग्रामीण एवं नगरीय परिवारों में अन्तर

ग्रामीण तथा नगरीय समुदाय में इतना अधिक सम्पर्क हो गया है कि दोनों को किन्हीं विशेषताओं के आधार पर एक दूसरे से पृथक् करना कठिन है। ग्रामीण एवं नगरीय परिवार की विशेषताओं से इन दोनों में पाए जाने वाले अन्तर का पता चलता है। दोनों में प्रमुख अन्तर अग्रलिखित हैं—

अन्तर का बिन्दु	ग्रामीण परिवार	नगरीय परिवार
1. परिवार का प्रकार	ग्रामीण परिवार मुख्य रूप से संयुक्त परिवार होते हैं। गाँव में क्योंकि अधिकतर कृषि व्यवसाय की ही प्रधानता है जिसमें अधिक व्यक्तियों की आवश्यकता होती है, अतः कृषि व्यवसाय संयुक्त परिवार को प्रोत्साहन देता है।	नगरीय परिवार अधिकतर एकाकी परिवार होते हैं। व्यवसायों में बहुलता एवं विजातीयता के कारण सभी का एक-साथ रहना प्रायः सम्भव ही नहीं है।
2. आकार	ग्रामीण परिवार आकार में बड़े होते हैं।	नगरीय परिवार आकार में अपेक्षाकृत छोटे होते हैं।
3. धार्मिक विचारों का स्थान	ग्रामीण परिवार में सदैव धर्म की प्रधानता रही है तथा आज भी धार्मिक विचारों का उनके लिए विशेष महत्त्व है।	नगरीय परिवारों में धर्म का विशेष महत्त्व नहीं होता क्योंकि सामूहिक मूल्य जैसी विशेषताएँ आज प्रायः समाप्त सी होती जा रही हैं।
4. सजातीयता एवं विजातीयता	ग्रामीण परिवार के सदस्यों में सजातीयता अधिक पाई जाती है जिसका प्रमुख कारण सामान्य व्यवसाय एवं कर्त्ता का नियन्त्रण है।	नगरीय परिवारों में विजातीयता अधिक पाई जाती है जिसका कारण व्यावसायिक बहुलता तथा विचारों में भिन्नता है।
5. नातेदारी का महत्त्व	ग्रामीण परिवारों में नातेदारी का आज भी अत्यधिक महत्त्व है तथा अतिथियों को विशेष सम्मान दिया जाता है।	नगरीय परिवारों में नातेदारी एवं अतिथि सत्कार का महत्त्व कम होता जा रहा है।
6. अनुशासन	ग्रामीण परिवारों में कर्त्ता का नियन्त्रण होने के कारण सदस्यों में अनुशासन की भावना अधिक पाई जाती है। परिवार के प्रति सामूहिक दायित्व को अनुशासन प्रोत्साहन देता है।	नगरीय परिवार में सदस्यों पर किसी का कठोर नियन्त्रण नहीं रहता तथा सभी को अपेक्षाकृत अपना कार्य करने की अधिक स्वतन्त्रता रहती है।

7.	कर्त्ता की प्रस्थिति	ग्रामीण परिवारों में कर्त्ता की एक विशेष प्रस्थिति होती है तथा परिवार के कार्यों के संचालन में उसका विशेष महत्त्व रहता है।	नगरीय परिवारों में पति-पत्नी की प्रस्थिति में इतना अधिक अन्तर नहीं होता है। कर्त्ता की भूमिका भी अपेक्षाकृत अधिक महत्त्वपूर्ण नहीं होती है।
8.	स्त्रियों की प्रस्थिति	ग्रामीण परिवारों में स्त्रियों की प्रस्थिति अपेक्षाकृत निम्न होती है। पर्दा प्रथा, अशिक्षा तथा कर्त्ता का कठोर नियन्त्रण इसके प्रमुख कारण हैं।	नगरीय परिवारों में स्त्रियों की प्रस्थिति अपेक्षाकृत अच्छी होती है। उन्हें सामान्यतः पुरुषों के समान अधिकार प्राप्त होते हैं।
9.	समाज में परिवार का स्थान	ग्रामीण समाज में परिवार आज भी एक महत्त्वपूर्ण एवं केन्द्रीय इकाई है।	नगरीय समाज में परिवारों के कार्य अन्य समितियाँ लेती जा रही हैं जिससे इनका महत्त्व कम होता जा रहा है।
10.	रूढ़िवादिता एवं प्रगतिशीलता	ग्रामीण परिवार धर्म की प्रधानता एवं पैतृक व्यवसायों की महत्ता के कारण रूढ़िवादी होते हैं।	शिक्षा के महत्त्व के कारण नगरीय परिवार प्रगतिशील होते हैं।
11.	पारिवारिक नियन्त्रण	ग्रामीण परिवार आज भी अपने सदस्यों पर नियन्त्रण रखने का महत्त्वपूर्ण अनौपचारिक साधन हैं।	नगरीय समाज में परिवार का सदस्यों पर नियन्त्रण अपेक्षाकृत कम होता जा रहा है।
12.	सामाजिक जीवन	ग्रामीण परिवारों के सदस्यों का जीवन सादा होता है, सजातीयता के कारण हम की भावना एवं सहयोग अधिक पाया जाता है तथा एक-दूसरे के प्रति अधिकारों एवं कर्त्तव्यों की भावनाएँ भी अधिक पाई जाती हैं।	नगरीय परिवारों के सदस्यों के जीवन में औपचारिकता, व्यक्तिवादिता एवं आत्म-केन्द्रितता अधिक पाई जाती है।

ग्रामीण तथा नगरीय परिवार में अन्तर करने का अभिप्राय इन दोनों में किसी एक को श्रेष्ठ बताना नहीं है। वास्तव में, ग्रामीण तथा नगरीय समाज में आज इतना अधिक सम्पर्क होता

जा रहा है कि नगरीय परिवारों की विशेषताएँ ग्रामीण परिवारों में तथा ग्रामीण परिवारों की विशेषताएँ नगरीय परिवारों में भी देखी जा सकती हैं।

ग्रामीण संयुक्त परिवार की संरचना

परिवर्तन प्रकृति का नियम है तथा इसमें कोई भी अपवाद नहीं है। भारतीय समाज में लगभग सभी संस्थाओं में समय के साथ-साथ परिवर्तन आया है। परिवर्तन की गति नगरीय समाज में ग्रामीण समाज की तुलना में अधिक तीव्र रही है। जब हम परिवार में परिवर्तन की बात करते हैं, तो मुख्य रूप से हमारे सामने नगरीय परिवार ही आता है। परन्तु यह सत्य नहीं है क्योंकि ग्रामीण परिवार की परम्परागत विशेषताएँ भी परिवर्तित हो रही हैं। यह परिवर्तन ग्रामीण परिवार की संरचना तथा प्रकार्यों दोनों में देखा जा सकता है। इससे पहले कि हम ग्रामीण संयुक्त परिवार में हो रहे परिवर्तनों की विवेचना करें, ग्रामीण परिवार की परम्परागत संरचना को समझ लेना उचित होगा।

ग्रामीण संयुक्त परिवार की संरचना का अर्थ है कि इसके प्रत्येक सदस्य की एक निश्चित स्थिति होती है तथा इसी स्थिति के अनुसार अन्य सदस्यों के साथ सम्बन्ध पाए जाते हैं। पिता-माता, पति-पत्नी, पुत्र-पुत्री, भाई-बहन इत्यादि की निश्चित स्थिति होती है तथा सम्बन्ध भी निश्चित होते हैं। हिन्दू धार्मिक ग्रन्थों में हिन्दू परिवार के सबसे बड़े पुरुष (कर्त्ता) की स्थिति को सर्वोच्च माना गया है जिसके अधिकार सबसे अधिक होते हैं। ग्रामीण संयुक्त परिवार के प्रमुख सदस्यों की स्थिति निम्न प्रकार है—

(1) कर्त्ता की स्थिति—ग्रामीण संयुक्त परिवार का एक कर्त्ता होता है जोकि सामान्यतः पिता अथवा दादा होता है। संयुक्त परिवार में कर्त्ता ही परिवार का संचालनकर्त्ता है और वही सम्पत्ति का व्यवस्थापक माना गया है। इसलिए उसे काफी अधिकार प्राप्त रहे हैं। वैदिक आर्य परिवारों में पिता के अधिकार का कठोरतापूर्वक पालन होता था। उसे दण्ड देने, पुत्र को बेच देने या त्याग देने तक का अधिकार था। पिता की आज्ञा का पालन करना पुत्र का धर्म समझा जाता था तथा यह उसका कर्त्तव्य माना जाता था। कर्त्ता को सम्पत्ति का पूर्ण अधिकार प्राप्त था, क्योंकि वह इसे समाप्त कर सकता था, बेच सकता था, दान में दे सकता था अथवा किसी को हस्तान्तरित कर सकता था। कर्त्ता ही परिवार के बारे में हर प्रकार के निर्णय लिया करता था कि किस सदस्य को क्या करना है। कर्त्ता को परिवार सम्बन्धी बातों का निर्णय लेने का ही अधिकार नहीं है अपितु वह आय-व्यय का हिसाब-किताब भी रखता है। इस प्रकार, कर्त्ता को संयुक्त परिवार में विशेष स्थिति मिली हुई थी और अब भी यह कुछ सीमा तक है।

(2) कर्त्ता की पत्नी की स्थिति—ग्रामीण परिवार में कर्त्ता के पश्चात् उसकी पत्नी का स्थान आता है। महाभारत में कहा गया है कि माता के समान न तो छाया है, न गति है, न रक्षक है और न ही स्नेह देने वाला है। व्यावहारिक रूप में यद्यपि परिवार के कार्यों अथवा बातों के बारे में सभी निर्णय कर्त्ता ही लेता है, परन्तु इसमें उसकी पत्नी की भूमिका भी कम नहीं है। कर्त्ता की पत्नी को घर की गृहस्वामिनी माना जाता है तथा परिवार की अन्य स्त्रियाँ उसकी आज्ञा का पालन करती हैं। वशिष्ठ ऋषि के अनुसार माता का स्थान तो सहस्र पिता से भी श्रेष्ठ है।

पिता के पतित होने पर पुत्र उसे छोड़ सकता है परन्तु माता कभी पतित नहीं होती। वह तो पुत्र के लिए हमेशा पूजनीय रहती है।

(3) पति-पत्नी की स्थिति—भारत में हिन्दुओं में अधिकतर पितृवंशीय, पितृसत्तात्मक तथा पितृस्थानीय परिवार पाए जाते हैं जिनमें पति की स्थिति पत्नी से उच्च होती है। उसके विपरीत, मातृवंशीय, मातृसत्तात्मक तथा मातृस्थानीय परिवारों में क्योंकि पत्नी अपने माता-पिता के घर ही निवास करती है इसलिए उसकी स्थिति पति से ऊँची मानी जाती है। अधिकतर परिवारों में पति का पत्नी पर अधिकार रहता है। पति की ऊँची स्थिति तथा अधिकार के अनेक उदाहरण हमें प्राचीनकाल में भी मिलते हैं। महाभारत में युधिष्ठिर द्वारा जुए में द्रौपदी को दाव पर लगाना तथा हार जाना तथा दुश्चरिता पत्नी को त्यागने की अनुमति तथा लड़का न होने पर दूसरे विवाह की अनुमति इस बात के उदाहरण हैं। पति का कर्त्तव्य है कि वह पत्नी तथा बच्चों का भरण-पोषण करे तथा पत्नी का कर्त्तव्य है वह पति (जिसे हिन्दुओं में देवता माना गया है) की सेवा करे।

(4) पुत्र एवं बहू की स्थिति—ग्रामीण हिन्दू परिवार में पुत्र की स्थिति बहुत ही महत्त्वपूर्ण मानी गई है। बड़े पुत्र की स्थिति बाकी पुत्रों से ऊँची मानी गई है। हिन्दू धर्म के अनुसार मनुष्य का अन्तिम उद्देश्य मोक्ष की प्राप्ति है जिसके लिए पुत्र का होना अनिवार्य माना गया है। मृत व्यक्तियों के वार्षिक श्राद्ध तथा पिण्डदान भी पुत्र ही करते हैं। अगर हम ऋण व्यवस्था के अनुसार सोचें तो भी पुत्र का होना अनिवार्य है क्योंकि पिता का वंश आगे चलाकर ही हम पितृ ऋण चुका सकते है। पुत्र माता-पिता के बुढ़ापे का सहारा है तथा वृद्धावस्था में उनका भरण-पोषण करना भी उसी का कर्त्तव्य है। कर्त्ता की पत्नी के पश्चात् परिवार के बड़े पुत्र की बहू तथा फिर अन्य पुत्रों की बहुओं का स्थान होता है।

(5) पुत्रों एवं पुत्रियों की स्थिति—यद्यपि ग्रामीण हिन्दू परिवार में पुत्र की स्थिति पुत्री की स्थिति से कहीं ऊँची मानी गई है, फिर भी कन्याओं को लक्ष्मी का अवतार समझा जाता है। कन्याओं को विवाह के पश्चात् पति के घर चले जाना होता है इसलिए उन्हें पराया धन माना गया है। पुत्री के अधिकार भी संयुक्त परिवार में इतने अधिक नहीं जितने की पुत्र के रहे हैं।

(6) विधवा की स्थिति—ग्रामीण संयुक्त परिवार की संरचना में सबसे निम्न स्थिति विधवा की होती है। उसे अनेक सांसारिक, पारिवारिक, सामाजिक एवं आर्थिक निर्योग्यताओं का सामना करना पड़ता है। हिन्दू दर्शन में परम्परागत रूप में विधवा पुनर्विवाह का निषेध होने के कारण विधवाओं को परिवार में सबसे निम्न जीवन व्यतीत करना पड़ता था।

ग्रामीण परिवार में आधुनिक परिवर्तन

औद्योगीकरण, नगरीकरण, प्रजातन्त्रीकरण, शिक्षा, स्त्रियों की आर्थिक स्वतन्त्रता, व्यक्तिवादिता आदि अनेक कारकों के परिणामस्वरूप समाज में आज क्रान्तिकारी परिवर्तन हुए हैं। इसका प्रभाव ग्रामीण परिवार की संरचना एवं कार्यों पर भी पड़ा है। इसे हम अग्रवर्णित प्रकार से समझ सकते हैं—

(अ) परिवार की संरचना में परिवर्तन

ग्रामीण परिवार की संरचना में होने वाले कुछ प्रमुख परिवर्तन निम्नलिखित हैं—

(1) **परिवार के आकार में परिवर्तन**—पाश्चात्य सभ्यता, आवास की समस्या, जनसंख्या में वृद्धि, आत्मकेन्द्रित विचारधारा आदि कुछ ऐसे प्रमुख कारण हैं जिनसे ग्रामीण परिवार का आकार छोटा हो गया है। आकार छोटा होने का तात्पर्य है सदस्यों की संख्या में कमी। आज के आधुनिक परिवार में पति तथा पत्नी व उनके अविवाहित बच्चे ही रहते हैं।

(2) **पारिवारिक सत्ता में परिवर्तन**—आज का युग प्रजातन्त्र का युग है। इसका प्रभाव परिवार पर भी पड़ा है। पहले कर्त्ता के पास सर्वोच्च शक्ति थी। परिवार में वह जो भी कहता था उसका पालन होता था। परन्तु वर्तमान स्थिति में आयु का महत्त्व कम हो गया है। वैयक्तिक योग्यता को अधिक महत्त्व मिलने लगा है। इस स्थिति के कारण कर्त्ता या पिता की स्थिति एवं शक्ति में परिवर्तन हो गया है। आज परिवार के सभी सदस्यों के मतों को समान महत्त्व दिया जाता है।

(3) **सम्बन्धों में परिवर्तन**—परिवार के सदस्यों के मध्य जो अनौपचारिक सम्बन्ध थे वे अब क्रमशः औपचारिक सम्बन्धों में परिवर्तित होते जा रहे हैं। आज प्रत्येक सदस्य निजी स्वार्थों से ग्रसित है तथा व्यक्तिवादिता निरन्तर बढ़ती जा रही है। इसके कारण सदस्यों में कर्त्तव्य की भावना समाप्त होती जा रही है।

(4) **विवाह के रूप में परिवर्तन**—आज विवाह का धार्मिक आधार समाप्त होता जा रहा है। इसका धार्मिक पक्ष काफी कमजोर हो गया है। आज के युग में विलम्ब-विवाह, प्रेम-विवाह, अन्तर्जातीय विवाह अधिक हो रहे हैं। इनसे विवाह की प्रकृति ही बदलती जा रही है। अगर विवाह की प्रकृति में परिवर्तन होता है तो इससे परिवार की संरचना भी प्रभावित होती है।

(5) **नारी की प्रस्थिति में परिवर्तन**—पहले नारी का जीवन केवल परिवार की चाहरदीवारी तक ही आबद्ध था। शिक्षा की कमी के कारण तथा आर्थिक रूप से आत्म-निर्भर न होने के कारण उन्हें पुरुषों पर आश्रित रहना पड़ता था। पर आज उन्हें सभी क्षेत्रों में समान अधिकार प्राप्त हैं। आज पत्नी पति की दासी नहीं अपितु सहयोगी व मित्र है। आज उसमें इतनी क्षमता है कि वह पति के साथ हर क्षेत्र में उसका साथ दे सकती है और देती भी है। सिर्फ इतना ही नहीं, आर्थिक क्षेत्र, शैक्षणिक व राजनीतिक क्षेत्र में भी उसका अत्यधिक महत्त्व हो गया है।

(ब) परिवार के कार्यों में परिवर्तन

ग्रामीण परिवार के कार्यों में होने वाले प्रमुख परिवर्तन निम्नलिखित हैं—

(1) **सामाजिक तथा सांस्कृतिक कार्यों में परिवर्तन**—आज का युग परिवर्तन का युग है। समाज के हर पहलू में परिवर्तन हो रहे हैं। इन तीव्र परिवर्तनों, नवीन मूल्यों एवं आदर्शों

के कारण परिवार भी प्रभावित हुआ है। परिवार के सामाजिक तथा सांस्कृतिक कार्य आज दूसरी समितियों ने ले लिए हैं।

(2) आर्थिक कार्यों में परिवर्तन—पहले परिवार आर्थिक उत्पादन की एक इकाई था, पर अब नहीं है। पहले लोग परिवार के व्यवसाय (मुख्यतः कृषि) से अपना जीवन-यापन करते थे। वही व्यवसाय परम्परागत रूप में पीढ़ी-दर-पीढ़ी चलता रहता था। पर आज व्यक्तिवादिता तथा निजी स्वार्थ की भावना ने व्यक्ति को स्वतन्त्र रूप में आर्थिक क्षेत्र चुनने के लिए मजबूर किया है। ज्यादा आर्थिक लाभ उसका मुख्य उद्देश्य बन गया है। इस सन्दर्भ में सदरलैण्ड एवं वुडवर्ड का विचार है कि, "परिवार से आर्थिक उत्पादन का हस्तान्तरण हो चुका है परन्तु एक उपभोग की इकाई के रूप में अभी भी परिवार का महत्त्व बना हुआ है।"

(3) धार्मिक कार्यों में परिवर्तन—पहले परिवार में धर्म की शिक्षा दी जाती थी। सभी सदस्यों पर धर्म का बहुत अधिक प्रभाव था और इसी कारण धर्म के द्वारा सामाजिक नियन्त्रण रखा जाता था। परन्तु आज वैज्ञानिक प्रगति, औद्योगीकरण, धर्मनिरपेक्षता व भौतिकवाद के कारण धर्म का स्थान गौण हो गया है। आज परिवारों में सामूहिक पूजा जैसे कार्यों को अधिक महत्त्व नहीं दिया जाता है।

(4) मनोरंजनात्मक कार्यों में परिवर्तन—परिवार परम्परागत रूप से मनोरंजन का स्थल भी माना जाता रहा है। आज परिवार का यह कार्य भी परिवर्तित हो गया है। आज व्यावसायिक मनोरंजन का युग है। सिनेमा, रेडियो, टेलीविज़न, नाटक आदि अनेक प्रकार के साधनों के द्वारा मनुष्य मनोरंजन करना चाहता है। अवकाश के क्षणों में व्यक्ति परिवार के मध्य रहना नहीं चाहता। वास्तव में, व्यक्तिवादिता के कारण सामूहिक जीवन का महत्त्व भी समाप्त होता जा रहा है।

ग्रामीण संयुक्त परिवार में परिवर्तन के कारण

ग्रामीण संयुक्त परिवार में होने वाले परिवर्तनों को अधिकांश समाजशास्त्री विघटन की प्रकिया का प्रारम्भ मानते हैं। इसी कारण, परिवर्तन हेतु विघटन शब्द का भी प्रयोग किया जाता है। ग्रामीण परिवार में परिवर्तन अथवा विघटन के प्रमुख कारण निम्नलिखित हैं—

(1) औद्योगीकरण—औद्योगीकरण की प्रक्रिया ने ग्रामीण संयुक्त परिवार को सर्वाधिक प्रभावित किया है। इसके प्रभावों को निम्न प्रकार से समझा जा सकता है—

(अ) रोजगार के नए अवसर—औद्योगीकरण के कारण तीव्र गति से कारखानों का उदय हुआ है जिस कारण श्रमिकों की माँग में वृद्धि हुई है। संयुक्त परिवार के सदस्य तीन कारणों से नए रोजगार की तरफ आकृष्ट हुए हैं—(i) श्रम का महत्त्व, (ii) नकद मजदूरी, तथा (iii) आकर्षक सामाजिक पद तथा स्वतन्त्र जीवन। संयुक्त परिवार का सदस्य अब यह सोचता है कि वह जीवन भर कितना भी श्रम क्यों न करे, उसे व्यक्तिगत रूप से कुछ भी लाभ नहीं होगा इसके विपरीत, कारखाने में काम करने से उसके श्रम को सार्थकता मिलेगी तथा साथ ही धन भी प्राप्त होगा। उसे एक विशेष पद भी प्राप्त होगा और अपनी इच्छा के अनुसार वह

अपना जीवन व्यतीत कर सकता है। ये विचार उसे औद्योगिक केन्द्रों की ओर आकर्षित करते हैं तथा वह अपनी पत्नी और बच्चों सहित औद्योगिक क्षेत्र में बस जाता है तथा आवास की समस्या के कारण इच्छा रहने पर भी दूसरे सदस्यों को अपने साथ नहीं रख पाता है।

(ब) व्यक्तिवादी विचारों को प्रोत्साहन—औद्योगिक समाज में प्रतिष्ठा का प्रमुख आधार धन या सम्पदा होती है तथा भौतिक सुख को प्रधानता दी जाती है। व्यक्ति धन तभी कमा सकता है जब वह अपने परिवार के अन्य सदस्यों के प्रति उदारवृत्ति त्याग दे। इस प्रकार, वह अधिक भौतिक सुख के साधनों को एकत्र करने में तथा धन के संचय में व्यस्त रहता है और अपने संयुक्त परिवार के प्रति उदासीन होने लगता है।

(स) मकानों की समस्या—संयुक्त परिवार आकार में बड़ा होता है। कई पीढ़ी के सदस्य एक साथ रहते हैं इसलिए औद्योगिक क्षेत्रों में जहाँ अधिक किराया देने पर दो कमरे मुश्किल से मिलते हैं, वहाँ सभी सदस्यों का एक साथ रहना असम्भव भी लगता है। इस कारण, लोग अपने एकाकी परिवार को लेकर संयुक्त परिवार से अलग हो जाते हैं।

(द) कुटीर उद्योगों का ह्रास—औद्योगीकरण के कारण मशीनों के महत्त्व में वृद्धि हुई है जिसके परिणामस्वरूप कुटीर उद्योगों का ह्रास होने लगा है। इसका यह प्रभाव हुआ कि जब कुटीर उद्योग बन्द होने के कारण व्यक्ति की महत्ता न रही तो वह अपने परिवार या अपने पालन-पोषण के लिए औद्योगिक क्षेत्रों में जाने लगा है। इस प्रकार, व्यक्तियों का एक बहुत बड़ा भाग नगरों में जाकर रहने लगा है तथा इससे एकाकी परिवारों में वृद्धि हुई है।

इस प्रकार औद्योगीकरण ने नई मान्यताओं तथा द्वितीयक सम्बन्धों में वृद्धि करके संयुक्त परिवार को परिवर्तित करने में महत्त्वपूर्ण भूमिका अदा की है। इस सन्दर्भ में बॉटोमोर का विचार है कि औद्योगीकरण से सम्बन्धित विभिन्न दशाओं के कारण ही संयुक्त परिवार का विघटन नहीं हुआ है अपितु संयुक्त परिवार आर्थिक विकास की आवश्यकताओं को पूरा करने में असफल हो गए थे इसलिए उनका विघटन हुआ है।

(2) नगरीकरण—औद्योगीकरण ने नगरीकरण को बढ़ावा दिया है तथा नगरीकरण ने ग्रामीण संयुक्त परिवार प्रणाली को प्रभावित किया है। लोग नगरीकरण के परिणामस्वरूप नगरों की ओर आकर्षित होते हैं क्योंकि वहाँ नवीन व्यवसायों को अपनाये जाने की सम्भावना अधिक होती है। नगरों में निवास स्थान की समस्या के कारण बड़े परिवार में पाई जाने वाली आपसी मेल एवं सहयोग की भावना समाप्त हो जाती है और हर व्यक्ति अपना पृथक् एकाकी परिवार बनाकर रहना चाहता है।

(3) यातायात तथा संचार के साधनों का विकास—यातायात व संचार के साधनों में विकास के कारण गतिशीलता तथा बाहरी जगत के बारे में जागरूकता में वृद्धि हुई है जिसके परिणामस्वरूप ग्रामीण व्यक्ति संयुक्त परिवार छोड़कर दूसरी जगह जा सकता है। यातायात व संचार के साधनों का विकास होने के कारण व्यक्ति को अपने संयुक्त परिवारों से दूर रहने तथा दूर-दूर नौकरी करने का अवसर मिला है। ऐसी स्थिति में व्यक्ति अपना एकाकी परिवार बनाकर रहने लगे हैं।

(4) पाश्चात्य शिक्षा, संस्कृति तथा आदर्श—अंग्रेजों के एक लम्बी अवधि तक शासन करने के कारण उनके विचारों का प्रभाव भारतीय समाज एवं संस्कृति पर पड़ा है। पाश्चात्य शिक्षा व आदर्श में व्यक्तिगत सम्पत्ति, व्यक्तिगत अधिकार व व्यक्तिगत नेतृत्व को प्रधानता दी जाती है। ये आदर्श संयुक्त परिवार के संगठन के विरुद्ध हैं। संयुक्त परिवार के सदस्यों पर पाश्चात्य शिक्षा व आदर्शों का प्रभाव पड़ा है जिसके परिणामस्वरूप सदस्य वैयक्तिक हित को प्रधानता देने लगे हैं। इसके फलस्वरूप संयुक्त परिवार में विघटन दृष्टिगोचर होने लगा है। आज पढ़े-लिखे युवक तथा युवतियाँ संयुक्त परिवार के बन्धनों तथा कर्त्ता की निरंकुश सत्ता के अधीन नहीं रहना चाहते।

(5) महिला शिक्षा, आन्दोलन तथा जागरूकता—समय के साथ-साथ होने वाले आन्दोलनों तथा आर्थिक व शैक्षणिक निर्भरता ने महिलाओं में समानता की चेतना को जन्म दिया है। अब वे समान अधिकारों की माँग करने लगी हैं जिसे कानून ने भी प्रोत्साहित किया है तथा अनेक देशों में इसमें काफी सफलता मिली है। भारत में भी निश्चित रूप से महिला शिक्षा एवं आन्दोलनों के परिणामस्वरूप उनकी परम्परागत स्थिति में सुधार हुआ है। इसके परिणामस्वरूप उनमें स्वतन्त्र विचारों का जन्म हुआ है और वे संयुक्त परिवार में दासी के रूप में रहने का विरोध करने लगी है। स्त्रियों द्वारा राजनीतिक अधिकार, नौकरी करने के अधिकार की माँग तथा स्वीकृति से संयुक्त परिवार में विघटन हुआ है।

(6) नवीन आर्थिक संगठन—अंग्रेजों के आने से पूर्व भारतीय गाँव आत्म-निर्भर थे तथा कृषि व्यवसाय की प्रधानता के कारण संयुक्त परिवार प्रणाली का ही प्रचलन था। सामूहिक जीवन होने के कारण परिवार का महत्त्व अधिक था। अंग्रेजों ने भारतीय अर्थव्यवस्था में महत्त्वपूर्ण परिवर्तन किए। जमींदारी प्रथा, मुद्रा के महत्त्व, व्यापारिक फसलों तथा आवागमन के विकसित साधनों के कारण परिवार के लोग काम की तलाश में गाँव से बाहर जाने लगे। इससे ग्रामीण समुदायों की सामाजिक गतिशीलता में वृद्धि हुई और संयुक्त परिवारों में परिवर्तन होने लगे।

(7) व्यक्तिवाद की भावना—व्यक्तिवाद की भावना भी संयुक्त परिवार में परिवर्तन के लिए उत्तरदायी है। नगरीकरण, औद्योगीकरण, पश्चिमी शिक्षा एवं अन्य आधुनिक कारणों ने व्यक्तिवाद को जन्म दिया है जिसके परिणामस्वरूप व्यक्ति में स्वार्थ की भावना जाग्रत हुई है। इसके कारण, उसकी परिवार के अन्य सदस्यों के प्रति उत्तरदायित्व की भावना नहीं रही तथा साथ ही सामूहिक जीवन का महत्त्व कम हो जाने के कारण भी संयुक्त परिवार को धक्का पहुँचा है।

(8) परिवार के कार्यों में कमी—संयुक्त परिवार के विघटन का कारण इसके कार्यों में कमी भी है। पहले संयुक्त परिवार के सदस्यों के लिए पाठशाला, मनोरंजन, अस्पताल, बीमा इत्यादि का कार्य करता था परन्तु अनेक विशेषीकृत समितियों और संस्थाओं ने संयुक्त परिवार के इन कार्यों को करना शुरू कर दिया है। इससे संयुक्त परिवार की महत्ता का कम होना स्वाभाविक है।

(9) जनसंख्या में वृद्धि तथा बेरोजगारी—जनंसख्या में वृद्धि का प्रभाव दो प्रकार से पड़ा है–पहला यह कि संयुक्त परिवार के सदस्यों की संख्या में वृद्धि होती है तथा दूसरा यह कि खेती की भूमि में वृद्धि नहीं होती अपितु उस पर आश्रित रहने वाले सदस्यों की संख्या में वृद्धि होती है। इसका प्रभाव यह हुआ कि निर्धनता एवं बेरोजगारी को प्रोत्साहन मिला तथा इससे तंग आकर लोग बाहर नौकरी करने चले जाते हैं और उनका अपने संयुक्त परिवार के प्रति कोई मोह नहीं रह जाता है।

(10) पारिवारिक कलह—संयुक्त परिवार में सदस्यों की अधिक संख्या होने के कारण विचारों में संघर्ष होना स्वाभाविक बात है। वाद-विवाद भी कभी-कभी संघर्ष का रूप धारण कर लेता है। संयुक्त परिवार में स्त्रियों में कलह होना सामान्य बात होती है। यह कलह कभी-कभी बँटवारे का रूप धारण कर लेती है। सामान्यतः व्यक्ति इस प्रकार के कलहपूर्ण वातावरण से त्रस्त होकर अलग एकाकी परिवार बसा लेते हैं।

(11) कानूनों का प्रभाव—संयुक्त परिवार को विघटित करने में नए कानूनों ने महत्त्वपूर्ण सहयोग दिया है। प्रभावित करने वाले प्रमुख कानून हैं–हिन्दू विधवा पुनर्विवाह अधिनियम, 1856; हिन्दू स्त्रियों का सम्पत्ति पर अधिकार कानून, 1937; शारदा एक्ट, 1929; विशेष विवाह अधिनियम, 1954; हिन्दू विवाह और विवाह विच्छेद अधिनियम, 1955; हिन्दू उत्तराधिकार अधिनियम, 1956 (जिसने संयुक्त परिवार के मिताक्षरा व दायभाग में अन्तर को दूर किया); दहेज निरोधक अधिनियम, 1961 इत्यादि। इस प्रकार संयुक्त परिवार कानून एवं न्यायालयों द्वारा प्रोत्साहित वैयक्तिक विचारों का शिकार होता चला गया है।

परिवार का भविष्य : क्या परिवार टूट रहा है?

अगर परिवार में अनेक परिवर्तन हो रहे हैं तो इसका भविष्य क्या है? इस सम्बन्ध में दो प्रकार की विचारधाराएँ हैं—प्रथम विचारधारा के अनुसार परिवार के भविष्य के प्रति निराशाजनक दृष्टिकोण का जन्म होता है। परन्तु दूसरी विचारधारा के अनुसार परिवार के भविष्य के प्रति हम आशावान एवं आश्वस्त होते हैं।

कुछ समाजशास्त्रियों की मान्यता है कि आने वाले निकट भविष्य में परिवार नामक संस्था समाप्त हो जाएगी। जन्म नियन्त्रण के कारण सन्तानोत्पत्ति की सम्भावना कम होती जा रही है तथा राज्य परिवार के कार्यों को तीव्रता से लेता जा रहा है। सोरोकिन का मत है कि संविदायुक्त केन्द्रक परिवार अपने विकास की प्रक्रिया में उस बिन्दु पर पहुँच चुका है जहाँ उसके अधिकांश कार्य तथा विशेषाधिकार खो गए हैं। जो कार्य उसके पास हैं भी, वह उत्तरदायित्वपूर्ण ढंग से निभाए नहीं जाते हैं। जब कोई संस्था ऐसी अवस्था में पहुँच जाती है तो उसका ह्रास होना स्वाभाविक ही है। जिमरमैन ने भी शंका प्रकट की है कि नगरीकरण की ओर परिवार का जो झुकाव है उससे यह अनुमान लगाना कठिन है कि भविष्य में परिवार की प्रकृति तथा विशेषताएँ क्या होंगी? कुछ विद्वान् तो एक ऐसे समाज की पूर्वकल्पना करने लगे हैं जो परिवारविहीन होगा।

आशावादी विचारधारा के अनुसार परिवार कभी भी समाप्त नहीं होगा। उसके स्वरूप व कार्यों में थोड़ा बहुत परिवर्तन अवश्य हो रहा है तथा परिवर्तनशील युग में ऐसा होना स्वाभाविक ही है। प्रत्येक संस्था को जीवित रहने के लिए समय के साथ परिवर्तित होना पड़ता है। परिवार की संरचना, प्रकार्यों और मूल्यों आदि में होने वाले परिवर्तनों के कारण परिवार के विघटित अथवा समाप्त होने का कोई खतरा नहीं है। अनेक समाजशास्त्रियों का कहना है कि आजकल लोग प्रेम व स्नेह की पूर्ति कें लिए परिवार पर अधिक से अधिक निर्भर होते जा रहे हैं। उदाहरणार्थ, जी० पी० मरडॉक का विचार है कि, "जमाने की कितनी भी मार परिवार पर क्यों न पड़े, परन्तु परिवार के दो कार्य हमेशा बने रहेंगे, प्रथम यौन सन्तुष्टि और दूसरा प्रजनन।" रॉल्फ लिण्टन के अनुसार, "पिता, माता, सन्तान तीनों के प्राचीन समूह ने किसी भी अन्य मानव सम्बन्ध की अपेक्षा अधिक विप्लव झेलकर अपने अस्तित्व को बनाए रखा है।"

एण्डरसन के अनुसार यह सत्य है कि पिछले कुछ दशकों में परिवार में तीव्र परिवर्तन के कारण इसमें कुछ अस्थायित्व आ गया है। लेकिन यह स्थिति परिवार के विघटन से सम्बन्धित न होकर परिवार को ऐसा दृढ़ आधार प्रदान करती है जिससे सदस्यों में पूर्व की तुलना में सम्बन्ध अधिक मधुर व स्थायी हो सकेंगे। एण्डरसन का विचार है कि जब परिवार में परिवर्तन होता है तो परम्परागत कार्य प्रायः समाप्त हो जाते हैं। परन्तु एक लम्बे समय के पश्चात् पुनः परिवार का नूतन स्वरूप निरन्तर उठता है। बर्गेस एवं लॉक के अनुसार परिवार जीवित रहेगा तथा व्यक्तिगत सन्तोष और व्यक्तित्व के विकास में योग देता और लेता रहेगा। बीसेन्ज का कथन है कि परिवार मौलिक तथा सार्वभौमिक संस्था है तथा प्रत्येक समाज का जीवित रहना इसी पर आधारित है। ऑगबर्न एवं निमकॉफ के अनुसार, "स्नेह की इच्छा तथा बच्चों का पालन निस्सन्देह परिवार के निर्माण में मौलिक कारक रहे हैं जो आज भी सार्वभौमिक है।"

उपर्युक्त विवेचन से स्पष्ट हो जाता है कि समय के साथ-साथ परिवार में परिवर्तन हो रहा है। अतः यह आशंका व्यर्थ है कि इससे परिवार नष्ट हो रहा है या टूट रहा है। इस सन्दर्भ में रॉल्फ लिण्टन का मत है कि, "मनुष्य के किसी भी सम्बन्ध की तुलना में पिता, माता और बच्चे, तीनों के इस समूह ने कई परिवर्तनों के बाद भी अपने को जीवित रखा है। आज के बहुत बुद्धिमान समझे जाने वाले वैज्ञानिकों और राजनीतिज्ञों ने जिस व्यवस्था को जन्म दिया, इसमें भी मानव अपने अन्तिम क्षण को बिताने के लिए अपनी पत्नी और सन्तान की खोज करेगा।"

सन्दर्भ-सूची

1. W. F. Ogburn and M. F. Nimkoff, **A Handbook of Sociology**, p. 182.
2. R. M. MacIver and C. H. Page, **Society : An Introductory Analysis**, p. 238.
3. M. A. Elliott and F. E. Merrill, **Social Disorganization**, p. 329.
4. E. W. Burgess and H. J. Locke, **The Family**, p. 8.

9

ग्रामीण सामाजिक स्तरीकरण

सामाजिक स्तरीकरण वह व्यवस्था है जिसके द्वारा सम्पूर्ण सामाजिक व्यवस्था विभिन्न स्तरों में विभाजित हो जाती है। वैसे सैद्धान्तिक रूप से सदैव यह सोचा गया है कि समाज में समस्त व्यक्तियों की प्रस्थिति समान हो, परन्तु ऐसा होना सम्भव नहीं है। प्रत्येक मानव भिन्न बुद्धि, योगयता, लिंग तथा कुशलता का अधिकारी है। इस दशा में यदि सभी को एक स्तर पर रखा जाये तो समाज की प्रगति नहीं हो पायेगी। अतः स्तरीकरण सार्वभौमिक है यद्यपि इसका रूप प्रत्येक समाज में भिन्न हो सकता है। समाज चाहे सरल हो या जटिल, उसमें स्तरीकरण अवश्य ही पाया जाता है। कुछ पूर्व साम्यवादी देश यह दावा करते रहे हैं कि वहाँ पर सभी लोगों की प्रस्थिति समान थी, पर सत्य यह नहीं है। वहाँ अधिक योग्य व्यक्ति सामान्य व्यक्तियों से कुछ अधिक ही सुविधा पाते रहे हैं तथा चीन जैसे देश में राजनीतिक क्षेत्र में ऊँच-नीच आज भी स्पष्ट देखी जा सकती है। सोरोकिन ने स्तरविहीन समाज को मात्र कल्पना माना है। वास्तव में, सामाजिक स्तरीकरण समाज के लिए प्रकार्यात्मक है। इसीलिए इसे समाप्त करना कठिन है।

सामाजिक स्तरीकरण की उत्पत्ति के सम्बन्ध में विचारकों के भिन्न-भिन्न विचार हैं। गमप्लोविज व ओपन मेयर आदि विचारकों की यह धारणा है कि इसकी उत्पत्ति एक समूह द्वारा दूसरे समूह को जीतने की परम्परा से हुई। विजय के परिणामस्वरूप विजयी समूह को विजित समूह के ऊपर अधिकार प्राप्त हो जाता है तथा वह उच्च बन जाता है। इसके विपरीत, विजित समूह अधीन अथवा निम्न वर्ग हो जाता है। सिसिल नार्थ ने भी इस मत का समर्थन किया है तथा अपनी पुस्तक सोशल डिफरेंशियेशन *(Social Differentiation)* में कहा है कि जब तक मनुष्य शान्तिपूर्ण ढंग से रहते रहे, उस समय तक समाज में किसी भी प्रकार की स्थायी वर्ग

व्यवस्था की उत्पत्ति नहीं हुई। सोरोकिन ने भी इस मत का समर्थन किया है। उनका मत है कि विजय तथा संघर्ष को स्तरीकरण का कारण माना जा सकता है पर उन्होंने इसे स्तरीकरण का एकमात्र अथवा महत्त्वपूर्ण कारक न मानकर केवल एक सहायक कारक माना है। उसकी उत्पत्ति का कारण चाहे कुछ भी हो, यह एक शाश्वत तथ्य है कि प्रत्येक समाज अपने सदस्यों को उच्चता, निम्नता व समानता के आधार पर विभेदीकृत करता है। मरडॉक (Murdock) ने 250 समाजों में से 74 समाजों में आयु व लिंग के आधार पर स्तरीकरण पाया। जातीय आधार अथवा वर्ग के आधार पर श्रेणीबद्धता अथवा स्वतन्त्र व दासों में श्रेणीबद्धता सामाजिक स्तरीकरण ही है। प्रस्तुत अध्याय में स्तरीकरण के अर्थ, विशेषताओं, आवश्यकता, आधारों, स्वरूपों, इसके कार्यों, अकार्यों तथा प्रमुख सिद्धान्तों को समझाने का प्रयास किया गया है।

सामाजिक स्तरीकरण का अर्थ एवं परिभाषाएँ

सामाजिक स्तरीकरण समाज का विभिन्न स्तरों में विभाजन है। इन स्तरों में ऊँच-नीच या संस्तरण पाया जाता है। समाज के विभिन्न समूहों में पायी जाने वाली आर्थिक, राजनीतिक व सामाजिक असमानता को ही स्तरीकरण कहा जाता है। समाजशास्त्रियों द्वारा सामाजिक स्तरीकरण को विभिन्न प्रकार से परिभाषित किया गया है। जिसबर्ट के अनुसार, "सामाजिक स्तरीकरण का अर्थ समाज को कुछ ऐसी स्थाई श्रेणियों तथा समूहों में बाँटने की व्यवस्था से है जोकि उच्चता एवं अधीनता के सम्बन्धों से परस्पर सम्बद्ध होते हैं।"[1] इस परिभाषा में उच्चता एवं अधीनता के आधार पर समूह को विभाजित किया जाना ही स्तरीकरण माना गया है। इसमें दो बातें महत्त्वपूर्ण हैं—**प्रथम**, यह कि जिस आधार से समूह को स्तरीकृत किया जाता है वह स्थिर रहता है, तथा **द्वितीय**, उच्चता तथा निम्नता के आधार पर विभिन्न समूह प्रतिष्ठित होते हैं और वे परस्पर सम्बन्ध रखते हुए सामाजिक व्यवस्था को बनाये रखते हैं। सदरलैण्ड तथा वुडवर्ड के अनुसार, "साधारणतः स्तरीकरण अन्तर्क्रिया तथा विभेदीकरण की वह प्रक्रिया है जिसके द्वारा कुछ व्यक्तियों को दूसरों की तुलना में उच्च स्थिति प्राप्त हो जाती है।"[2] इस परिभाषा से यह बिलकुल स्पष्ट हो जाता है कि स्तरीकरण का आधार प्रस्थिति है। समाज को प्रस्थिति के आधार पर विभाजित किया जाता है।

ऑगबर्न तथा निमकॉफ के अनुसार, "वह प्रक्रिया, जिसके द्वारा व्यक्तियों एवं समूहों को थोड़े-बहुत स्थायी प्रस्थिति के उच्चता व निम्नता के क्रम मे श्रेणीबद्ध किया जाता है, स्तरीकरण कहलाती है।"[3] अतः इनके द्वारा प्रस्थितियों के संस्तरण की श्रेणीबद्ध व्यवस्था संस्तरण कही जा सकती है। पारसंस के अनुसार, "प्रतिष्ठा (सम्मान) के आधार पर श्रेणीबद्धता की व्यवस्था को हम समाज का स्तरीकरण कह सकते हैं।"[4] इनके अनुसार प्रतिष्ठा के आधार पर (अर्थात् कम या ज्यादा प्रतिष्ठा मिलने के आधार पर) लोगों को श्रेणीयों में बाँटने वाली व्यवस्था सामाजिक स्तरीकरण कहलाती है। इसी सन्दर्भ में हरालाम्बोस तथा हैल्ड ने कहा है कि, "सामान्य मूल्य व्यवस्था के आधार पर सामाजिक व्यवस्था की इकाइयों की श्रेणीबद्धता को, इसके मूल्यांकन पहलू में, स्तरीकरण कहा जाता है।"[5]

डेविस के अनुसार, "सामाजिक स्तरीकरण का अर्थ साधारणतः उन समूहों से लगाया जाता है जो सामाजिक व्यवस्था में विभिन्न स्थितियों को धारण किये हुए हैं तथा जिन्हें भिन्न-भिन्न मात्रा में प्रतिष्ठा प्राप्त होती है।"[6] फैडरिको के अनुसार, "सामाजिक स्तरीकरण व्यक्तियों और समूहों, जो धन-दौलत, प्रतिष्ठा एवं शक्ति के वितरण को असमान रूप से बाँटते हैं, को श्रेणीबद्ध करने की व्यवस्था है।"[7]

उपर्युक्त परिभाषाओं से यह स्पष्ट हो जाता है कि स्तरीकरण वह प्रक्रिया है जिसके द्वारा सम्पूर्ण सामाजिक व्यवस्था विभिन्न स्तरों में विभाजित होती है। इन स्तरों को उच्चता तथा निम्नता के आधार पर विभाजित किया जाता है। यह एक ऐसी व्यवस्था है जिसमें समाज के विभिन्न समूहों को ऊँचे-नीचे स्तरों में बाँट दिया जाता है और इनके आधार पर उनके अधिकारों और कर्त्तव्यों में अन्तर आ जाता है। संक्षेप में यह कहा जा सकता है कि सामाजिक स्तरीकरण की व्यवस्था समाज को धन-सम्पदा, पद-प्रतिष्ठा और शक्ति के आधार पर भिन्न-भिन्न स्तरों में विभक्त कर देती है।

सामाजिक स्तरीकरण की प्रमुख विशेषताएँ

सामाजिक स्तरीकरण की प्रमुख विशेषताएँ इस प्रकार हैं—

(1) **समाज का विभिन्न स्तरों में विभाजन**—इसके अन्तर्गत समाज विभिन्न स्तरों में विभक्त कर दिया जाता है। उदाहरणार्थ, हिन्दू समाज का चार वर्णों (ब्राह्मण, क्षत्रिय, वैश्य एवं शूद्र) अथवा विभिन्न जातियों में विभाजन अथवा पश्चिमी समाजों का पूँजीपति तथा सर्वहारा वर्ग में विभाजन।

(2) **उच्चता व निम्नता**—इसके अन्तर्गत, समाज क्रमशः उच्च व निम्न सामाजिक इकाइयों (खण्डों) में विभक्त कर दिया जाता है। यह उच्चता व निम्नता अधिकतर अत्यन्त सुस्पष्ट होती है परन्तु कई बार इसमें थोड़ी-बहुत अस्पष्टता भी हो सकती है। वास्तव में, समाज में पायी जाने वाली ऊँच-नीच की व्यवस्था का ही दूसरा नाम सामाजिक स्तरीकरण है।

(3) **स्थायित्व**—इसके अन्तर्गत किया गया स्तरीकरण स्थायी होता है। जब तक स्तरीकृत इकाइयों में स्थिरता न आ जाये तब तक उसे स्तरीकरण की संज्ञा नहीं दी जा सकती है। जिसबर्ट और ऑगबर्न तथा निमकॉफ की परिभाषाओं से यह पूर्णतः स्पष्ट हो जाता है कि यह समाज का किसी न किसी आधार पर स्थायी श्रेणियों में विभाजन है।

(4) **परस्पर सम्बद्धता**—समाज के विभिन्न स्थायी समूह व श्रेणियाँ उच्चता तथा अधीनता के सम्बन्धों द्वारा परस्पर जुड़ी रहती हैं। अन्य शब्दों में, विभिन्न स्तर एक-दूसरे से पृथक् न होकर परस्पर सम्बद्ध होते हैं।

(5) **सार्वभौमिकता**—सामाजिक स्तरीकरण किसी न किसी रूप में संसार के समस्त समाजों में पाया जाता है। वर्गविहीन समाज का दावा करने वाले साम्यवादी देशों में भी यह पाया जाता है। प्रतिष्ठा, धन-दौलत तथा सत्ता के आधार पर प्रत्येक समाज में व्यक्तियों की भिन्न-भिन्न प्रस्थितियाँ होती हैं और इन्हीं के आधार पर सामाजिक स्तरीकरण विकसित होता है।

(6) पुरातन व्यवस्था—सामाजिक स्तरीकरण नवीन व्यवस्था नहीं है अपितु यह प्रत्येक काल में किसी न किसी रूप में विद्यमान रही है। कार्ल मार्क्स का कहना है कि आज तक के समाजों का इतिहास वर्ग-संघर्ष का इतिहास है तथा प्रत्येक समाज में दो वर्ग अवश्य ही रहे हैं। प्राचीन समाजों में स्तरीकरण के प्रदत्त आधार अधिक महत्त्वपूर्ण थे जबकि आधुनिक समाजों में अर्जित आधार महत्त्वपूर्ण होते जा रहे हैं।

सामाजिक स्तरीकरण की आवश्यकता

सामाजिक स्तरीकरण की आवश्यकता के दो प्रमुख कारण हैं—

(1) प्रत्येक व्यक्ति की एक विशेष पद पाने की इच्छा, तथा

(2) अपने पद के अनुसार भूमिका निभाने की इच्छा।

समाज चाहता है कि उसका प्रत्येक कार्य सुचारु ढंग से चल सके एवं समाज में प्रगति हो। इसलिए समाज में कुछ पद उच्च होते हैं और कुछ निम्न। उच्च पदों पर रहने वालों को अधिक सुविधाएँ प्राप्त होती हैं। इस कारण निम्न पद वाले उच्च पद की आकांक्षा करते हैं और उसके अनुरूप अपने को बनाने की चेष्टा करते हैं, जिससे समाज में प्रगति होती है। डेविस तथा मूर का विचार है कि, "सामाजिक असमानता अचेतन रूप से विकसित एक ढंग है जिसके द्वारा समाज अपने सदस्यों को विश्वास दिलाता है कि अधिक महत्त्वपूर्ण पद पर अधिक योग्य व्यक्ति ही काम कर रहे हैं।"[8]

अगर समाज स्तरीकृत न हो तो आगे बढ़ने की इच्छा ही समाप्त हो जायेगी। कोई भी व्यक्ति विशेष योग्यता का अधिकारी नहीं बनना चाहेगा क्योंकि वह जानता है कि योग्य तथा अयोग्य व्यक्ति में कोई अन्तर नहीं है। इस परिस्थिति में समाज का विकास ही नहीं रुक जायेगा अपितु सामाजिक व्यवस्था को खतरा पहुँच सकता है। अतः सामाजिक व्यवस्था में निरन्तरता एवं स्थायित्व बनाये रखने के लिए सामाजिक स्तरीकरण अनिवार्य है।

सामाजिक स्तरीकरण के प्रकार अथवा स्वरूप

सामाजिक स्तरीकरण के प्रमुख रूप से चार स्वरूप हैं—

(अ) जाति व्यवस्था—जाति व्यवस्था सामाजिक स्तरीकरण का एक प्रमुख स्वरूप है। भारतीय समाज में जातिगत स्तरीकरण ही पाया जाता है। जाति एक अन्तर्विवाही समूह है जिसकी सदस्यता जन्म द्वारा निर्धारित होती है। विभिन्न जातियों की स्थिति एक समान नही होती अपितु उनमें ऊँच-नीच का एक स्वीकृत क्रम होता है। किंग्स्ले डेविस के अनुसार जाति व्यवस्था की प्रमुख विशेषताएँ निम्नलिखित हैं—

(1) जाति की सदस्यता आनुवंशिक होती है। जन्म के समय ही बच्चा अपने माता-पिता के पद को ग्रहण कर लेता है।

(2) आनुवंशिक सदस्यता सम्पूर्ण जीवन के लिए स्थायी होती है, यदि कोई व्यक्ति जाति से बहिष्कृत कर दिया जाये तो दूसरी बात है अन्यथा वह अपने किन्हीं भी प्रयत्नों से

अपनी जाति नहीं बदल सकता। वह अपने जातिगत पद को अच्छे कार्यों से, विवाह से, कपट-वेश धारण करके, अन्यथा किसी अन्य कौशल से नहीं बदल सकता।

(3) जीवन साथी का चुनाव पूर्णतः सजातीय-विवाही होता है, क्योंकि इसका उसी जातीय समूह में पूर्ण होना अनिवार्य है।

(4) इसमें दूसरी जातियों से सम्पर्क की स्थापना को स्पर्श, सहयोग, भोजन, निवास आदि के प्रतिबन्धों द्वारा बहुत सीमित कर दिया जाता है।

(5) जातिगत सदस्यता की चेतना को जातीय नामों के धारण करने से और भी अधिक बल मिलता है।

(6) जाति एक सामान्य परम्परागत व्यवसाय और अतीत में बँधी रहती है। यद्यपि यह इसके अतिरिक्त सामान्य जनजातीय अथवा प्रजातीय उत्पत्ति सम्बन्धी विश्वासों, सामान्य धार्मिक कृत्यों अथवा किन्हीं अन्य सामान्य विशेषताओं के द्वारा भी संगठित हो सकती है।

(7) किसी भी स्थान पर विभिन्न जातियों की सापेक्षिक प्रतिष्ठा पूर्ण रूप से स्थापित है तथा साथ ही ईर्ष्या से सम्पन्न है।

जाति व्यवस्था की प्रमुख विशेषताओं के आधार पर सामाजिक स्तरीकरण के एक स्वरूप के रूप में उसकी प्रकृति स्पष्ट होती है। जाति की सदस्यता व्यक्ति को जन्म से ही मिल जाती है तथा वह इसे किसी भी व्यक्तिगत योग्यता या अर्जित स्थिति के आधार पर परिवर्तित नहीं कर सकता है। इसीलिए इसे बन्द व्यवस्था भी कहा जाता है।

(ब) वर्ग व्यवस्था—सामाजिक स्तरीकरण का दूसरा प्रमुख स्वरूप वर्ग व्यवस्था है। पश्चिमी समाजों में वर्ग संस्तरण ही प्रमुख रूप में पाया जाता है। वर्ग व्यक्तियों का एक ऐसा समूह है जिनकी प्रस्थिति एक समान होती है। लेपियर के अनुसार सामाजिक वर्ग एक सांस्कृतिक समूह है जिसे सम्पूर्ण जनसंख्या में एक विशिष्ट स्थिति या पद प्राप्त होता है। वर्ग व्यवस्था में भी ऊँच-नीच का एक निश्चित क्रम पाया जाता है। इसकी सदस्यता अर्जित होने के कारण, व्यक्ति अपनी क्षमता, योग्यता एवं प्रयासों द्वारा इसे बदल सकता है। प्रत्येक वर्ग की अपनी विशिष्ट संस्कृति होती है, इसका प्रमुख आधार आर्थिक प्रस्थिति है तथा सदस्यों में अपने वर्ग के प्रति चेतना पायी जाती है। आर्थिक प्रस्थिति के आधार पर जनसंख्या को उच्च वर्ग, मध्यम वर्ग तथा निम्न वर्ग में विभाजित किया जा सकता है। यह आर्थिक संस्तरण पर आधारित स्तरीकरण का प्रमुख स्वरूप है।

पश्चिमी समाजों तथा अमेरिका आदि देशों में मुख्य रूप से वर्ग संरचना पायी जाती है जिसका आकार बहुत कुछ पिरामिड की भाँति होता है। सम्पूर्ण समाज को पाँच भागों में विभक्त किया जा सकता है—प्रथम वर्ग, उन लोगों का है जिसका सम्पूर्ण उत्पादन की इकाइयों पर एकाधिकार होता है जैसे पूँजीपति वर्ग, जिनका जीवन स्तर उच्च होता है तथा जिन्हें कुछ विशेष अधिकार भी प्राप्त होते हैं। दूसरा वर्ग, इनमें योग्यता और ज्ञान अधिक होता है। इनकी

सहायता से उत्पादन के साधनों का उचित प्रयोग किया जाता है, उन्हें उच्च वेतन और सुविधाएँ प्राप्त होती हैं और ऐसे लोग प्रबन्धक वर्ग के अन्तर्गत आते हैं। तीसरे वर्ग को व्यावसायिक वर्ग कहा जाता है जिसके सदस्यों की सेवाएँ समाज के लिए महत्त्वपूर्ण होती हैं। चौथा वर्ग, मध्यस्थ वर्ग है, जिसके अन्तर्गत मध्यम वर्ग के व्यापारी, कार्यालय के कर्मचारी आदि होते हैं। इनका कार्य उत्पादन तथा उपभोक्ताओं के मध्य मध्यस्थता का कार्य करना होता है। पाँचवाँ वर्ग उन लोगों का है जो अपना श्रम बेचकर दैनिक आवश्यकताओं की पूर्ति करने का प्रयत्न करते हैं परन्तु जितना श्रम वे बेचते हैं उसकी तुलना में पारिश्रमिक नहीं मिलता, जिसके कारण यह वर्ग निर्धनता का शिकार होता है।

(स) दास प्रथा—दास प्रथा भी सामाजिक स्तरीकरण का एक अनुपम स्वरूप है जिसमें ऊँच-नीच की सर्वाधिक असमानता पायी जाती है। हॉबहाउस (Hobhouse) के अनुसार "दास वह व्यक्ति है जिसे कानून और परम्परा दोनों दूसरे की सम्पत्ति मानते हैं। कुछ विशिष्ट स्थितियों में वह पूर्णतः अधिकारविहीन होता है तथा कुछ स्थितियों में उसकी रक्षा ठीक उसी प्रकार की जाती है जैसे एक बैल या गधे की।"[9] यूनान, मिस्र, चीन तथा रोम साम्राज्यों में दास प्रथा का अत्यधिक प्रचलन रहा है। दास एक प्रकार से व्यक्तिगत सम्पत्ति की तरह है जिसे खरीदा एवं बेचा जा सकता है। पूर्णतः अधिकारों से वंचित होने के कारण दास प्रथा असमानता की कल्पनातीत स्थिति है। प्रत्येक दास का एक स्वामी होता है जिसे उससे हर तरह का काम लेने का पूर्ण अधिकार होता है। एक दास पर मालिक का आधिपत्य होता है अथवा वह मालिक की सम्पत्ति माना जाता है। दास की स्थिति सभी व्यक्तियों में निम्नतर होती है तथा इसका प्रमुख आधार आर्थिक रहा है। अरस्तू के अनुसार दास जीते-जागते उपकरण हैं और उनकी भूमिका पशुओं के तुल्य मानी जाती है। अरस्तु ने दास प्रथा का औचित्य स्थापित करने के लिए यह तर्क दिया है कि कुछ मनुष्यों में नैतिक उत्कृष्टता की अधिक क्षमता पायी जाती है तथा कुछ में कम। इसी के आधार पर उन्हें स्वामी और दास की भूमिका सम्भाल लेनी चाहिए, जिसमें दोनों का कल्याण होता है। आधुनिक युग में प्रजातान्त्रिक एवं समानतावादी विचारधारा के परिणामस्वरूप दास प्रथा प्रायः समाप्त होती जा रही है। आधुनिक विचारधारा सभी मनुष्यों को नैतिक दृष्टि से समान क्षमता तथा विवेक से सम्पन्न मानती है और किसी भी मनुष्य को किसी भी आधार पर दूसरे की सम्पत्ति नहीं माना जाता।

(द) सम्पदाएँ—सम्पदाएं (जागीरें) भी सामाजिक स्तरीकरण का एक स्वरूप हैं। मध्य युग के यूरोप में यह प्रणाली प्रचलित रही है तथा यह प्रथा व कानून द्वारा मान्य थी। उन दिनों समाज तीन प्रमुख सत्ता-वर्गों में बँटा हुआ था—कुलीन वर्ग, पुरोहित वर्ग तथा कृषक वर्ग। थोड़ी बहुत गतिशीलता को छोडकर प्रस्थिति मुख्यतः प्रदत्त ही होती थी। अतः सम्पदाएँ सामाजिक स्तरीकरण का वह रूप है जिसमें विभिन्न वर्गों की सामाजिक प्रस्थिति एक जैसी नहीं होती और यह मुख्यतः भूमि, जन्म और सैन्य शक्ति के साथ जुड़ी रहती है। बॉटोमोर के अनुसार सम्पदाओं की तीन प्रमुख विशेषताएँ रही हैं—(1) सम्पदाओं में स्पष्ट श्रम-विभाजन

था, (2) प्रत्येक सम्पदा की एक स्पष्ट एवं परिभाषित प्रस्थिति थी, तथा (3) सम्पदाएँ राजनीतिक समूह थीं। इन विशेषताओं के आधार पर सम्पदाओं में विभिन्न स्तर या वर्ग पाये जाते हैं। प्रमुख रूप से तीन प्रकार के वर्गों का प्रचलन अधिक रहा है—(i) पादरी वर्ग, (ii) सरदार, तथा (iii) साधारण जनता। तीनों में ऊँच-नीच का एक निश्चित क्रम पाया जाता रहा है तथा तीनों की अपनी विशिष्ट जीवन शैली रही है। भारतवर्ष में यह प्रथा कभी प्रचलित रही है या नहीं यह एक वाद-विवाद का विषय है।

ग्रामीण भारत में सामाजिक स्तरीकरण

ग्रामीण भारत में सामाजिक स्तरीकरण का प्रमुख आधार जाति व्यवस्था एवं भू-स्वामित्व पर आधारित वर्ग व्यवस्था है। भू-स्वामित्व पर आधारित ग्रामीण वर्ग संरचना का विवेचन पहले ही अध्याय–4 में किया जा चुका है। अतः यहाँ पर केवल जाति व्यवस्था की विवेचना की जाएगी। जाति व्यवस्था भारतीय सामाजिक संरचना की एक अनुपम एवं बहुचर्चित विशेषता है जोकि हिन्दू धर्म द्वारा पूर्णतः अनुमोदित है। रोनाल्ड सीगल के अनुसार, "यह जाति का व्यापक महत्त्व है जो अन्य किसी भी चीज से कहीं अधिक भारत का चरित्र-चित्रण करता है---- और भारत में जाति सार्वभौम है। यह व्यवहार में अत्यधिक हिन्दू है परन्तु यह केवल मात्र ऐसी ही नहीं है।"[10] यह व्यवस्था मेगस्थनीज के समय से लेकर आज तक किसी भी विदेशी का ध्यान आकर्षित करने से नहीं चूक सकी है। आर्यों के पूर्व काल में भारतीय समाज में वर्ण व्यवस्था का प्रचलन था। ब्राह्मण, क्षत्रिय, वैश्य तथा शूद्र वर्ण ही आर्यों के आने के पश्चात् अनेक जातियों में परिवर्तित हो गए। आज भारतवर्ष में लगभग तीन हजार जातियाँ व उपजातियाँ हैं और समाजशास्त्रीय दृष्टि से इनका अध्ययन अत्यावश्यक है। जाति व्यवस्था यद्यपि भारतीय समाज की एक अनुपम विशेषता है, तथापि यह नेपाल तथा अन्य देशों, जहाँ पर हिन्दुओं की संख्या काफी है, में भी पाई जाती है। जाति व्यवस्था, एक ओर, हिन्दू सामाजिक संरचना के प्रकार को प्रकट करती है, तो दूसरी ओर, हिन्दुओं के आचरण को भी निश्चित करती है।

मुस्लिम, ईसाई, यहूदी सभी, विभिन्न मात्राओं में, इसके प्रभाव के आगे परास्त हो गए हैं। यह तो भारत में स्वयं जिन्दगी की मौलिक लय है। ऐसा कहा जाता है कि भारत की वायु में 'जाति' है। जो भी यहाँ साँस लेता है जाति के तत्त्व उसमें प्रवेश कर जाते हैं। इसीलिए कोनिग ने लिखा है कि, "जाति की प्रतिष्ठित भूमि भारत है।"[11] जाति व्यवस्था एक वह केन्द्रीय धुरी है जिसके चारों ओर सदियों से भारतीय समाज गतिमान रहा है। भारतीय सामाजिक संरचना के केन्द्र में भी यही विराजमान है। जाति और धर्म के संदर्भ बिना भारतीय समाज को समझा नहीं जा सकता। बॉटोमोर ने उचित ही लिखा है कि, "सामाजिक संस्तरण की प्रणालियों में भारतीय जाति व्यवस्था अप्रतिम है। ऐसा कहने का तात्पर्य न तो यह है कि संस्तरण के अन्य स्वरूपों से यह पूर्णतः अतुलनीय है और न यह कि जाति के तत्त्व अन्यत्र कहीं नहीं मिलते।"[12] सच तो यह है कि जहाँ कहीं भी सामाजिक प्रस्थिति पूर्णतः वंशानुगत या पैतृकता पर आधारित हो जाती है वहीं जाति सदृश संस्थाएँ विकसित हो जाती हैं। कूले के शब्दों में, "जब एक वर्ग

पक्के तौर पर पैतृक है, तब हम उसे जाति कह सकते हैं।"[13] मानव जाति का इतिहास पैतृकता पर आधारित संस्तरण के उदाहरणों से भरा पड़ा है। प्राचीन रोम में ऐसी ही व्यवस्था थी। मध्य युगीन यूरोप की सामन्ती सम्पदाएँ भी जाति जैसी संस्थाओं से ओत-प्रोत थीं। आधुनिक अमेरिका में रंग-भेद पर आधारित गोरे और नीग्रो लोगों में भेदभाव भी जाति जैसी व्यवस्था को प्रकट करता है। फिर भी, भारत में हिन्दुओं जैसी विस्तृत और जटिल जाति व्यवस्था कहीं और नहीं पाई जाती है। मैकाइवर तथा पेज के शब्दों में, "जाति व्यवस्था का सर्वाधिक महत्त्वपूर्ण उदाहरण हिन्दू समाज में देखा जा सकता है। प्रत्येक हिन्दू अपने पिता की जाति का सदस्य है जिसमें उसे अन्त तक रहना पड़ता है। सम्पत्ति की उपलब्धि अथवा प्रतिभा का प्रयोग उसकी स्थिति को बदल नहीं सकता। अपनी जाति के बाहर विवाह निषिद्ध है अथवा उसे निरुत्साहित किया जाता है।"[14] रोनाल्ड सीगल ने उचित ही लिखा है कि, "हिन्दू धर्म से पृथक् करके जाति को सही रूप में समझा नहीं जा सकता, क्योंकि यह हिन्दूवाद ही है जो जाति को इसकी अभिमतियाँ प्रदान करता है और पूरी व्यवस्था को उसका नैतिक अर्थ देता है।"[15]

मजूमदार तथा मदन ने भी लिखा है कि, "हिन्दू सामाजिक संरचना की सबसे अधिक चर्चित विशेषता जाति की संस्था है या, इसे अधिकतर जाति व्यवस्था कहा जाता है। विश्व के अन्य हिस्सों में भी जाति पाई जाती है लेकिन भारत में जिस प्रकार की व्यवस्था पाई जाती है वह अपनी कुछ अनूठी विशेषता द्वारा जानी जाती है न कि उन विशेषताओं द्वारा जोकि अन्यत्र जाति संरचनाओं में विद्यमान हैं।"[16] जाति को सामाजिक संस्तरण के दूसरे रूप, वर्ग से पृथक् करते हुए उन्होंने लिखा है कि, "जाति एक बन्द वर्ग है। सामान्यतः व्यक्ति इसमें पैदा होता है..... किसी जाति की सदस्यता अनिवार्य है न कि चयन का विषय जैसा कि वर्ग सदस्यता के साथ है।"[17]

जाति का अर्थ एवं परिभाषाएँ

जाति शब्द अंग्रेजी शब्द 'कास्ट' (Caste) का हिन्दी रूपान्तर है। इसका पहला उपयोग सन् 1563 में ग्रेसिया डी ओर्टा ने किया था। उनके शब्दों में, "लोग अपने पैतृक व्यवसाय को परिवर्तित नहीं करते हैं। इस प्रकार जूते बनाने वाले लोग एक ही प्रकार (जाति) के हैं।" इसी अर्थ में अब्बे डुबायस ने इसे प्रयुक्त किया है। उनका मत है कि 'कास्ट' शब्द यूरोप में किसी कबीले और वर्ग को व्यक्त करने के लिए उपयोग में लिया जाता रहा है। ए० आर० वाडिया का मत है कि 'कास्ट' शब्द लैटिन भाषा के 'कास्टस' (Castus) से मिलता-जुलता शब्द है जिसका अर्थ विशुद्ध प्रजाति या नस्ल होता है। कुछ लोग इस शब्द की उत्पत्ति लैटिन भाषा के शब्द 'कास्टा' (Casta) से मानते हैं जिसका अर्थ प्रजातीय तत्त्व, नस्ल, अथवा पैतृक गुणों से सम्पूर्ण है। हिन्दी का जाति शब्द संस्कृत भाषा के 'जन' धातु से बना है जिसका अर्थ उत्पन्न होना व उत्पन्न करना है। इस दृष्टिकोण से जाति का अभिप्राय जन्म से समान गुण वाली वस्तुओं से है। परन्तु समाजशास्त्र में जाति शब्द का प्रयोग विशिष्ट अर्थों में किया जाता है। इसकी कुछ प्रमुख परिभाषाएँ इस प्रकार हैं—रिजले के अनुसार, "यह परिवार या कई परिवारों का

संकलन है जिसको एक सामान्य नाम दिया गया है, जो किसी काल्पनिक पुरुष या देवता से अपनी उत्पत्ति मानता है तथा पैतृक व्यवसाय को स्वीकार करता है और जो लोग विचार कर सकते हैं उन लोगों के लिए एक सजातीय समूह के रूप में स्पष्ट होता है।"[18] मैकाइवर तथा पेज के अनुसार, "जब व्यक्ति की प्रस्थिति पूर्णतः पूर्वनिश्चित होती है अर्थात् जब व्यक्ति अपनी प्रस्थिति में किसी भी तरह के परिवर्तन की आशा लेकर नहीं उत्पन्न होता, तब वर्ग जाति के रूप में स्पष्ट होता है।"[19] मजूमदार तथा मदन के अनुसार, "जाति एक बन्द वर्ग है।"[20] दत्त के अनुसार, "एक जाति के सदस्य जाति के बाहर विवाह नहीं कर सकते हैं। अन्य जाति के लोगों के साथ भोजन करने और पानी पीने के सम्बन्ध में इसी प्रकार के परन्तु कुछ कम कठोर नियन्त्रण हैं। अनेक जातियों में कुछ निश्चित व्यवसाय हैं। जातियों में संस्तरणात्मक श्रेणियाँ हैं, जिनमें सर्वोपरि ब्राह्मणों की सर्वोच्च स्थिति है। मनुष्य की जाति का निर्णय जन्म से होता है। यदि व्यक्ति नियमों को भंग करने के कारण जाति से बाहर न निकाल दिया गया है तो एक जाति से दूसरी जाति में परिवर्तन होना सम्भव नहीं है।"[21] कूले के अनुसार, "जब कोई भी वर्ग पूर्णतः वंशानुक्रमण पर आधारित हो जाता है तो वह जाति कहलाता है।"[22] केतकर के अनुसार, "जाति जिस रूप में आज है उसे एक सामाजिक समूह के रूप में समझा जा सकता है जो मुख्यतः दो विशेषताओं से मिलकर बनता है–पहले यह कि इसके सदस्य जन्म से ही बन जाते हैं, दूसरे सभी सदस्य अत्यन्त कठोर सामाजिक नियम द्वारा समूह से बाहर विवाह करने से रोक दिए जाते हैं।"[23]

जाति की परिभाषाओं के आधार पर इस निष्कर्ष पर पहुँचा जा सकता है कि जाति का पद व्यक्ति को जन्म से प्राप्त होता है तथा जाति की सदस्यता केवल उसमें पैदा होने वाले व्यक्तियों तक ही सीमित होती है। एक बार जाति में जन्म लेने के बाद जाति में परिवर्तन नहीं किया जा सकता है। जाति अन्तर्विवाही होती है अर्थात् एक जाति के व्यक्ति को विवाह अपनी जाति में ही करना होता है। प्रत्येक जाति का व्यवसाय निश्चित रहता है तथा उसमें भोजन तथा सामाजिक सहवास से सम्बन्धित प्रतिबन्ध होते हैं। अगर इन परिभाषाओं का विश्लेषण समकालीन भारतीय समाज के सन्दर्भ में किया जाए तो हमें यह ज्ञात होता है कि ये समस्त परिभाषाएँ आधुनिक युग में जाति का यथार्थ चित्र अंकित नहीं कर पातीं। अभी तक किसी वास्तविक सामान्य परिभाषा की प्राप्ति नहीं की जा सकी है। वास्तव में, समाजशास्त्रियों ने तो जाति की परिभाषा देने की अपेक्षा उसकी विशेषताओं का ही विवरण प्रस्तुत किया है। इस सन्दर्भ में जी० एस० घुरिये का कहना है कि मुझे ऐसा प्रतीत होता है कि विषय की जटिलता के कारण परिभाषा देने के हर प्रयास का असफल होना निश्चित है। दूसरी ओर, इस विषय पर बहुत-सा साहित्य इस जाति शब्द की सुनिश्चितता के अभाव के कारण क्षत-विक्षत-सा पड़ा है।

जाति व्यवस्था के प्रमुख लक्षण

एन० के० दत्त[24] ने जाति व्यवस्था के निम्नलिखित छह लक्षणों का उल्लेख किया है—

(1) जाति का कोई भी सदस्य अपनी जाति से बाहर विवाह नहीं कर सकता है।

(2) प्रत्येक जाति में भोजन और खान-पान सम्बन्धी कुछ न कुछ प्रतिबन्ध होते हैं जो सदस्यों को अपनी जाति से बाहर भोजन करने पर रोक लगाते हैं। ये प्रतिबन्ध प्रत्येक जाति में लागू होते हैं।

(3) प्रायः जाति के पेशे निश्चित होते हैं।

(4) सभी जातियों और उप-जातियों में एक ऊँच-नीच या संस्तरण की व्यवस्था पाई जाती है जिसमें ब्राह्मण जाति का स्थान सर्वोपरि है और उसे सर्वोच्च मान्यता प्राप्त है।

(5) जन्म के साथ ही व्यक्ति की जाति का निश्चय जीवन भर के लिए हो जाता है। केवल जाति के नियमों के विपरीत कार्य करने पर ही उसे जाति से निकाला जाता है। इसके अतिरिक्त, एक जाति से दूसरी जाति में जाना सम्भव नहीं है।

(6) सम्पूर्ण जाति व्यवस्था ब्राह्मणों की प्रतिष्ठा पर निर्भर है।

किंग्स्ले डेविस[25] के अनुसार जाति व्यवस्था की निम्नलिखित सात प्रमुख विशेषताएँ हैं—

(1) जाति की सदस्यता वंशानुगत होती है। जन्म से ही बच्चा अपने माता-पिता की जाति को ग्रहण कर लेता है।

(2) जाति की सदस्यता जन्मजात रहती है अर्थात् कोई भी व्यक्ति किसी प्रयास द्वारा (जैसे अच्छे कार्यों से, विवाह से, कपट-वेश धारण करके अन्यथा किसी अन्य कौशल द्वारा) अपनी जाति बदल नहीं सकता है।

(3) जाति अन्तर्विवाही समूह है अर्थात् जीवन साथी का चुनाव सजातीय-विवाही होता है।

(4) जाति अपने सदस्यों पर एक-दूसरे के साथ खान-पान, सामाजिक सहवास, सहयोग, सम्पर्कों की स्थापना आदि पर प्रतिबन्ध लगाती है।

(5) प्रत्येक जाति का एक नाम होता है जोकि जातीय चेतना को बल देता है।

(6) प्रत्येक जाति का परम्परागत व्यवसाय होता है। व्यवसाय के अतिरिक्त, सामान्य जनजातीय अथवा प्रजातीय उत्पत्ति सम्बन्धी विश्वासों, सामान्य धार्मिक कृत्यों अथवा किन्हीं विशेषताओं द्वारा जाति संगठित होती है।

(7) प्रत्येक जाति के मध्य श्रेष्ठता तथा निम्नता की भावना पाई जाती है।

जी० एस० घुरिये[26] ने भी जाति व्यवस्था के छह लक्षणों का उल्लेख किया है। ये लक्षण इस प्रकार हैं—

(1) समाज का खण्डात्मक विभाजन,

(2) संस्तरण,

(3) भोजन व सामाजिक व्यवहार पर नियन्त्रण,

(4) विभिन्न उपविभागों की नागरिक तथा धार्मिक योग्यताएँ तथा विशेषाधिकार,

(5) निर्बाध व्यवसाय के चुनाव का अभाव, तथा

(6) विवाह पर नियन्त्रण।

एम० एन० श्रीनिवास [27] के अनुसार पिछली शताब्दियों के दौरान प्रचलित जाति के लक्षणों को निम्नलिखित नौ शीर्षकों के अन्तर्गत वर्णित किया जा सकता है—

(1) संस्तरण अथवा पदानुक्रम,

(2) अन्तःविवाह तथा अनुलोम विवाह,

(3) व्यावसायिक सम्बद्धता,

(4) भोजन, जलपान एवं धूम्रपान पर प्रतिबन्ध,

(5) प्रथा, भाषा एवं पहनावे का भेद,

(6) अपवित्रिकरण,

(7) संस्कार एवं अन्य विशेषाधिकार तथा नियोग्यताएँ,

(8) जाति संगठन, तथा

(9) जाति गतिशीलता।

जाति व्यवस्था के दो पक्ष होते हैं—संरचनात्मक व सांस्कृतिक। इन दोनों पक्षों के मिले-जुले लक्षणों का वर्णन निम्न प्रकार से किया जा सकता है—

(1) भारतीय समाज का खण्डात्मक विभाजन—जाति व्यवस्था से भारतीय समाज खण्डों में विभाजित हो गया है और यह विभाजन सूक्ष्म रूप में हुआ है। प्रत्येक खण्ड के सदस्यों की स्थिति तथा भूमिका सुस्पष्ट व सुनिश्चित रूप से परिभाषित हुई है। घुरिये ने इसे सबसे महत्त्वपूर्ण विशेषता माना है। उनके शब्दों में, "इसका तात्पर्य यह है कि जाति व्यवस्था द्वारा, बँधे समाज में हमारी भावना भी सीमित होती है, सामुदायिक भावना सम्पूर्ण मनुष्य समाज के प्रति न होकर केवल जाति के सदस्यों तक सीमित होती है तथा जातिगत आधार पर सदस्यों को प्राथमिकता दी जाती है।" इस प्रकार, यह विभाजन एक नैतिक नियम है और प्रत्येक सदस्य इसके प्रति सचेत होता है। यह उन्हें अपने कर्त्तव्यों का ज्ञान कराता है जिसके आधार पर वे अपने पद और कार्यों में दृढ़ होते हैं। साधारणतः कर्त्तव्य-पालन न करने पर जाति से निष्कासन की व्यवस्था होती है या आर्थिक दण्ड दिया जाता है।

(2) ऊँच-नीच की परम्परा अथवा संस्तरण—जाति व्यवस्था में ऊँच-नीच की परम्परा स्थापित होती है जिसमें ब्राह्मणों का स्थान सर्वोच्च होता है और निम्न स्तर शूद्र लोगों का होता है। क्षत्रिय व वैश्य लोगों की स्थिति क्रमशः इनके मध्य की होती है। पुनः ये चार वर्ण अनेक जातियों व उपजातियों में विभक्त हो गए हैं। हम की भावना सीमित होने से सदस्य केवल अपने खण्ड या जाति के लोगों को ही महत्त्व देते हैं और उनमें श्रेष्ठता की भावना भी जन्म लेती है। परन्तु कुछ ऐसी भी जातियाँ हैं जिनमें सामाजिक दूरी इतनी कम है कि उनमें ऊँच-नीच के आधार पर जो सामाजिक संरचना स्पष्ट हुई है वही संस्तरण परम्परा है। जातीय संस्तरण रक्त

की पवित्रता, पूर्वजों के व्यवसाय के प्रति आस्था व अन्यों के साथ भोजन व पानी के प्रतिबन्ध आदि विचारों पर आधारित होती है।

(3) जन्म से जाति का निर्धारण—जाति व्यवस्था का निश्चय जन्म के साथ ही हो जाता है। व्यक्ति जिस जाति में जन्म लेता है उसी जाति समूह में वह जीवनपर्यन्त रहता है। इस वातावरण को न तो धनाढ्यता अलग कर सकती है न निर्धनता, न सफलता और न असफलता ही। जाति के ही वंशधर उस जाति के सदस्य माने जाते हैं। जाति से बहिष्कार द्वारा ही व्यक्ति निम्न जाति में जाता है, अन्य किसी भी कारक द्वारा व्यक्ति अपनी जाति की सदस्यता परिवर्तित नहीं कर सकता है। इस सन्दर्भ में ए० आर० वाडिया ने कहा है कि, "हिन्दू जन्म से हिन्दू हो सकता है। रूढ़िवादी जाति व्यवस्था के अन्तर्गत कोई भी व्यक्ति परिवर्तन के द्वारा हिन्दू नहीं हो सकता है।"

(4) भोजन और सामाजिक सहवास सम्बन्धी निषेध—भारतीय जाति व्यवस्था प्रत्येक जाति के सदस्यों के लिए अपने समूह के बाहर भोजन और सामाजिक सहवास पर नियन्त्रण रखती है। इन नियमों का बड़ी कठोरता से पालन किया जाता है। नगरीकरण और आवागमन के साधनों के विकास के कारण अब यह नियन्त्रण नगरों एवं औद्योगिक क्षेत्रों में ढीला होता जा रहा है पर गाँवों में यह नियन्त्रण आज भी काफी मात्रा में देखा जा सकता है। प्रत्येक जाति में ऐसे नियम बड़े सूक्ष्म रूप से बनाए गए हैं जो यह निर्धारण करते हैं कि किसी जाति के सदस्य को (मुख्यतः जो ऊँची जातियों के हैं) कहाँ कच्चा भोजन करना है, कहाँ पक्का तथा कहाँ केवल जल ग्रहण करना है और कहाँ जल पीना भी निषेध है। आधुनिक युग में यातायात के साधनों व शिक्षा में विकास के कारण और शासकीय प्रयत्नों आदि के कारण ये निषेध कमजोर होते जा रहे हैं। फिर भी, ग्रामीण भारत में आज की परिस्थिति में काफी हद तक ये सीमाएँ या निषेध प्रचलित हैं।

(5) अन्तर्विवाह—सभी जातियाँ अन्तर्विवाही होती हैं अर्थात् जाति के सदस्यों को अपनी ही जाति में विवाह करना पड़ता है। यह निषेध आज बहुत जगहों में जाति तक नहीं वरन् उप-जाति तक सीमित हो गया है। जाति व्यवस्था के अनुसार अन्तर्जातीय विवाह अस्वीकृत हैं। वेस्टरमार्क ने जाति व्यवस्था की इस विशेषता को इसका सार-तत्त्व माना है। घुरिये का भी यही मत है कि जाति व्यवस्था का अन्तर्विवाही सिद्धान्त इतना कठोर है कि समाजशास्त्री इसे जाति व्यवस्था का प्रमुख तत्त्व मानते हैं। व्यावहारिक रूप में यह अन्तर्विवाह भी भौगोलिक सीमा के अन्तर्गत बँधा हुआ है। एक जाति की कई उप-जातियाँ होती हैं और प्रायः एक ही प्रान्त में रहने वाली उप-जातियों में विवाह होते हैं।

(6) परम्परागत पेशों का चुनाव—मुख्यतः सभी जातियों के कुछ निश्चित पेशे होते हैं और जाति के सदस्य अपने उन्हीं पैतृक पेशों को स्वीकार करते हैं। उन्हें छोड़ना उचित नहीं समझा जाता। कोई भी पेशा, चाहे वह व्यक्ति की आवश्यकता की पूर्ति करे या न करे, उसे मानसिक सन्तोष हो या न हो, व्यक्ति को परम्परागत पेशों को ही अपनाना पड़ता है। साधारणतः

लोग अपने पैतृक पेशे को ही अपनाना उचित समझते रहे हैं। पेशों का भी निर्धारण ऊँच-नीच के आधार पर होता रहा है। यदि उच्च जाति का कोई व्यक्ति निम्न जाति के पेशों को अपनाता है तो उनका जातीय विरोध होता रहा है। इसी प्रकार, निम्न जाति का सदस्य जब उच्च जाति के पेशों को अपनाता है तो उसका भी विरोध होता था। परन्तु आजकल इन नियमों में भी शिथिलता आ गई है।

(7) धार्मिक और सामाजिक निर्योग्यताएँ एवं विशेषाधिकार—जिस प्रकार जाति व्यवस्था में संस्तरण है ठीक उसी प्रकार इसमें धर्म और समाज सम्बन्धी निर्योग्यताएँ भी हैं। प्रत्येक मानव निवास की जगह में, मुख्यतः गाँवों में, यदि देखा जाए तो अछूतों और अन्य निम्न जातियों की निवास व्यवस्था गाँवों के छोर पर रहती थी। उनके धार्मिक और नागरिक अधिकार भी सीमित होते थे। इसके विपरीत, ऊँची जातियों को सभी अधिकार प्राप्त रहे हैं तथा धर्म की पूरी छूट थी। साधारणतः शारीरिक श्रम करने वाली जातियाँ निम्न समझी जाती रही हैं। त्रावनकोर के वैकम गाँव की विशिष्ट गलियों में अछूत जातियों ने प्रवेश करने की स्वतन्त्रता प्राप्त करने के लिए आन्दोलन किया था। परम्परागत रूप से दक्षिण भारत में तो ये निर्योग्यताएँ अपनी चरम सीमा पर रही हैं। वहाँ अछूतों को कुछ विशेष सड़कों पर चलने की मनाही थी। इतिहास इस बात का उदाहरण है कि पेशवाओं और मराठों ने पूना शहर के दरवाजों के भीतर मसार और मूंग जाति के लोगों का शाम तीन बजे से सुबह नौ बजे तक प्रवेश वर्जित कर दिया था। इसके अतिरिक्त, दक्षिण भारत में अछूत सवर्णों के ऊपर अपनी छाया नहीं डाल सकते थे तथा उनके सामने नहीं जा सकते थे। ब्लण्ट ने कहा है कि गुजरात में दलित जातियाँ अपने विशिष्ट चिह्न के रूप में सींग पहना करती थीं।

(8) आर्थिक असमानता—जाति व्यवस्था में आर्थिक असमानता का भी समावेश है। जाति व्यवस्था के निर्माण के साथ-साथ यह भावना भी चली कि जो निम्न है उसे कोई अधिकार नहीं होना चाहिए। निम्न जाति के कार्य, चाहे वह जीवन-यापन के लिए कितने ही उपयोगी क्यों न हों, मूल्यों की दृष्टि से हीन समझे जाते रहे हैं। इस प्रकार उनकी आय, सम्पत्ति और सांस्कृतिक उपलब्धियाँ भी बहुत कम रही हैं। उनकी शिक्षा-दीक्षा आदि का सदा से अभाव रहा है। परम्परागत रूप से भारतीय जाति व्यवस्था की यह विशेषता रही है कि सामान्यतः उच्च जातियों की आर्थिक स्थिति भी उच्च रही है और निम्न जातियों की आर्थिक स्थिति भी निम्न रही है।

क्या जाति एक बन्द वर्ग है?

जाति एवं वर्ग सामाजिक स्तरीकरण (संस्तरण) के दो प्रमुख रूप हैं। भारतीय समाज में जातिगत स्तरीकरण पाया जाता है, जबकि अमेरिका तथा पश्चिमी समाजों में वर्ग के आधार पर स्तरीकरण पाया जाता है। वर्ग व्यक्तियों का एक ऐसा समूह है जिसके सदस्यों की आर्थिक स्थिति तथा जीवन-यापन का ढंग एक जैसा है। यह स्तरीकरण की एक मुक्त व्यवस्था है जो योग्यता, शिक्षा तथा आर्थिक स्थिति पर आधारित होती है। वर्ग का आधार जन्म नहीं है वरन् व्यक्ति की सामाजिक, आर्थिक व राजनीतिक स्थिति एवं योग्यता है। एक वर्ग के व्यक्तियों का

जीवन-यापन का ढंग प्राय: एक-सा होता है और इसी आधार पर एक वर्ग को दूसरे वर्ग से अलग किया जाता है।

मजूमदार तथा मदन ने जाति को एक बन्द वर्ग कहा है। यह कथन पूर्णतः सही है क्योंकि वर्ग व्यवस्था में जो खुलापन व लचीलापन पाया जाता है अगर उसे समाप्त कर दिया जाए तो उसमें जाति की विशेषताएँ आ जाएँगी। खुलेपन के अभाव में वर्ग की सदस्यता योग्यता पर आधारित न रहकर जन्म पर आधारित हो जाएगी जोकि जाति व्यवस्था का एक प्रमुख लक्षण है। साथ ही, खुलापन बन्द हो जाने पर विभिन्न वर्गों में अनेक निषेध भी विकसित हो जाएँगे। कोई भी व्यक्ति न तो अपने वर्ग को बदल सकेगा और न ही विशेष गतिशीलता होगी जिससे वह अपनी स्थिति में परिवर्तन कर पाएगा। अन्य शब्दों में वर्ग को पूर्णतः बन्द कर देने से वह जाति बन जाएगा।

वास्तव में, मजूमदार तथा मदन का कथन जाति को वर्ग की दृष्टि से परिभाषित करने का प्रयास है। क्योंकि वर्ग को स्तरीकरण के खुले रूप में देखा जाता है और जाति को बन्द रूप में इसलिए उन्हें एक-दूसरे के विपरीत परिभाषित करने के लिए दोनों का अर्थ व प्रकृति का पता होना चाहिए। सी० एच० कूले की परिभाषा भी लगभग इसी तरह की है। उनका कहना है कि, "जब कोई भी वर्ग पूर्णतः वंशानुक्रमण पर आधारित हो जाता है तो वह जाति कहलाता है।" यह सही है क्योंकि वंशानुगत स्थिति केवल जाति के आधार पर ही सम्भव है।

जाति व्यवस्था के परिवर्तनशील प्रतिमान

भारत में अंग्रेजी साम्राज्य की स्थापना के बाद नई सामाजिक, आर्थिक और राजनीतिक परिस्थितियों ने जन्म लिया। अंग्रेजी शासनकाल में उद्योगों का विकास हुआ और सामान्तशाही व्यवस्था खत्म हो गई। औद्योगिक और मौद्रिक अर्थव्यवस्था का उत्तरोत्तर विकास होता गया। यातायात और संचार के साधनों के विकास के कारण जहाँ आन्तरिक तथा सांस्कृतिक एकीकरण की प्रकिया शुरू हुई वहीं पर जाति व्यवस्था का भी राजनीतिक एकीकरण में समायोजन हो गया। ईसाई मत के समतावादी विचारों के प्रभाव के कारण उच्च व निम्न जाति का अन्तर केवल कोरा और बेकार का आदर्श बन गया। ईसाई समाज के सम्पर्क और बहुमुखी विकास का एक परिणाम यह हुआ कि जाति व्यवस्था को आधार प्रदान करने वाले आर्थिक, सामाजिक और आदर्शात्मक विचार भी बदलने लगे, जिसके फलस्वरूप जाति के बहुमुखी आधार भी धीरे-धीरे परिवर्तित होने लगे।

भारत में स्वतन्त्रता प्राप्ति के बाद जाति व्यवस्था के निषेधों, आदर्शों और मूलभूत आधारों में क्रान्तिकारी परिवर्तन हुए हैं। भारतीय संविधान में जाति व्यवस्था के उन्मूलन का विशेष ध्यान रखा गया है तथा हर दृष्टि से जातिगत भेदों को दूर करने का प्रयास किया गया है। संविधान के अनुच्छेद 18 में उल्लेख किया गया है कि, "राज्य प्रभावशाली तरीके से एक ऐसी समाज व्यवस्था की स्थापना और संरक्षण द्वारा लोक कल्याण में वृद्धि करेगा जिसमें राष्ट्रीय जीवन की सभी संस्थाओं द्वारा व्यक्तियों को सामाजिक, आर्थिक और राजनीतिक न्याय मिल

सके।" जाति व्यवस्था पर सबसे बड़ा कुठाराघात 1955 में 'अस्पृश्यता निवारण अधिनियम' द्वारा हुआ है। इस प्रकार, जाति व्यवस्था में महत्त्वपूर्ण परिवर्तन हुए हैं और होते जा रहे हैं। उसका परम्परागत रूप पूरी तरह बदल रहा है। वैसे तो जाति व्यवस्था हर समय और युग में कुछ न कुछ मात्रा में परिवर्तित होती रही है पर वर्तमान का यह परिवर्तन उसकी संरचना, निषेधों और मनोवृत्तियों को पूर्णरूपेण बदल रहा है। इन परिवर्तनों को हम निम्न आधारों पर समझ सकते हैं—

(अ) जातीय संरचना में परिवर्तन

आधुनिक युग में जाति व्यवस्था का स्वरूप और मौलिक आधार बदल रहा है। जाति व्यवस्था के संरचनात्मक परिवर्तनों को निम्न आधारों पर समझा जा सकता है—

(1) समाज के खण्डात्मक विभाजन में परिवर्तन—भारतीय जाति व्यवस्था समाज का खण्डात्मक विभाजन प्रस्तुत करती रही है। इसी के आधार पर यह देश अनेक समूहों और उपसमूहों में ऊँच-नीच के आधार पर बँटा रहा है। परन्तु आज जाति व्यवस्था की यह विशेषता पूर्णतः परिवर्तित हो गई है। आज व्यक्ति की भावनाएँ केवल जाति तक सीमित नहीं रह गई हैं। उसका पद, व्यवसाय और कर्त्तव्य का निर्धारण अब जाति पर नहीं व्यक्तिगत योग्यता पर आधारित हो गया है।

(2) ब्राह्मणों की सर्वोच्च स्थिति में परिवर्तन—सम्पूर्ण जाति व्यवस्था का ऐतिहासिक अध्ययन यह बतलाता है कि जातीय संरचना में ब्राह्मणों का प्रभुत्व रहा है। इनकी शक्ति सर्वोपरि रही है जिसके फलस्वरूप इनका समाज के राजनीतिक, आर्थिक, धार्मिक और सामाजिक क्षेत्रों में सदा ही एकाधिकार रहा है। परन्तु आज हम देखते हैं कि यह रूप परिवर्तित होता जा रहा है क्योंकि जीवन की उच्चता और निम्नता अब जाति पर आधारित नहीं रह गई है।

(3) जातीय संस्तरण में परिवर्तन—जाति व्यवस्था समाज को असमान खण्डों में बाँटती है। परन्तु हम आज पाते हैं कि स्तरीकरण की धारणा में भी परिवर्तन हुआ है। आज अनेक जातियाँ और उपजातियाँ अपने-अपने समूहों को ऊँचा बताने और उठाने के लिए प्रयत्नशील हैं। हिन्दू समाज में जातीय उत्थान की इस प्रक्रिया को एम० एन० श्रीनिवास ने संस्कृतिकरण की प्रक्रिया माना है।

(4) अस्पृश्य जातियों की स्थिति में परिवर्तन—जातीय संरचना में सबसे निम्न स्थिति अछूत जातियों को दी गई थी। इन्हें अन्त्यज समझा जाता था तथा उन पर अनेक प्रकार की निर्योग्यताएँ लगा दी गई थीं। परन्तु अब उनकी सामाजिक स्थिति में भी परिवर्तन हुआ है। अब वे समान अधिकार प्राप्त समूह हैं तथा सामाजिक, आर्थिक और धार्मिक क्षेत्र में उनके अधिकार सवर्णों के अनुसार ही हैं। यह आधुनिक विचार भी जातीय संरचना के विपरीत हैं। इस दृष्टि से भी जातीय संरचना में परिवर्तन हुआ है।

आज सभी जातियाँ हर दृष्टि से समान अधिकारों की माँग करने लगी हैं। इस प्रकार, आज जातीय संस्तरण की जो व्यवस्था पहले थी उसमें आमूल परिवर्तन हो गया है। इसमें

सर्वाधिक महत्त्वपूर्ण परिवर्तन अछूतों की स्थिति में हुआ है तथा इसका प्रभाव सभी जातियों और उपजातियों पर पड़ा है।

(ब) जातीय निषेधों में परिवर्तन

आधुनिक युग में जातीय संरचना के अतिरिक्त जातीय निषेधों (जो जाति व्यवस्था की उपज हैं) के क्षेत्र में भी अत्यधिक परिवर्तन देखने को मिलते हैं। प्रमुख निषेधात्मक परिवर्तनों को निम्नवर्णित प्रकार से समझा जा सकता है—

(1) वैवाहिक प्रतिबन्धों में परिवर्तन—अन्तर्विवाही व्यवस्था होने के कारण जाति अपने सदस्यों पर विवाह के सम्बन्ध में भी अनेक प्रकार के प्रतिबन्ध लगाती है। प्रमुख रूप से, प्रत्येक जाति अपने सदस्यों को अपनी जाति एवं उपजाति में ही विवाह करने का निर्देश देती है। इसके अतिरिक्त, इसमें कुलीन विवाह, विधवा विवाह, सप्रवर, सगोत्र और सपिण्ड विवाह के भी निषेध रहे हैं। पर आज के युग में वैवाहिक मान्यताएँ पूरी तरह से बदल गई हैं और जाति के उपर्युक्त निषेध अधिक प्रभावशाली नहीं रहे हैं।

(2) सामाजिक सहवास के प्रतिबन्धों में परिवर्तन—परम्परागत जाति व्यवस्था अपने जातीय समूह के सदस्यों पर भोजन एवं सामाजिक सहवास पर भी निषेध लगाती है। परन्तु आज के युग में यह निषेध पूर्णतः समाप्त हो गए हैं। विशाल नगरों में व्यक्ति रहता है और उसके सामाजिक सम्बन्ध आज जाति की अपेक्षा उसके कार्यों द्वारा अधिक निर्देशित होते हैं।

(3) व्यवसाय सम्बन्धी निषेधों में परिवर्तन—जातिगत निषेधों में एक निषेध व्यवसाय के चुनाव के सम्बन्ध में भी रहा है। परम्परागत रूप से व्यक्ति को अपने जातीय व्यवसाय से बाहर व्यवसाय के चुनाव की स्वतन्त्रता नहीं थी। आज के युग में जातीय निषेध का यह आधार भी पूर्णतः समाप्त होता जा रहा है। नगरीय समाज में सभी लोग जाति का ख्याल न करते हुए अपनी व्यक्तिगत योग्यता के आधार पर व्यवसाय का चुनाव करने लगे हैं।

(4) सामाजिक और धार्मिक निर्योग्यता सम्बन्धी निषेधों में परिवर्तन—जाति व्यवस्था के निषेधों में सर्वाधिक महत्त्वपूर्ण निषेध निम्न जातियों से सम्बन्धित धार्मिक और सामाजिक निर्योग्यताएँ रही हैं। आज के युग में जो निषेधात्मक परिवर्तन हुए हैं, उनमें इनकी समाप्ति उल्लेखनीय है। भारतीय स्वतन्त्रता संग्राम में महात्मा गांधी के प्रयासों से यह निर्योग्यताएँ करीब-करीब समाप्त हो गई थीं और आज निम्न वर्गों को भी सामाजिक उत्थान का समान अवसर मिला है। अब सभी जातियों के लोगों को धार्मिक, आर्थिक, सामाजिक क्षेत्रों में समान रूप से प्रवेश और उपयोग का अधिकार मिल गया है। नगरीय समाजों में निरन्तर ऐसी शक्तियाँ क्रियाशील हैं जो इन निषेधों को कमजोर बना रही हैं।

(स) जातिगत मनोवृत्तियों में परिवर्तन

संरचना और निषेधों में परिवर्तन के साथ-साथ जाति व्यवस्था की जो मनोवृत्ति इस समाज में बन गई थी अब वह भी धीरे-धीरे बदलती जा रही है। इस परिवर्तन को हम अग्रवर्णित आधारों पर देख सकते हैं—

(1) पेशे की ऊँच-नीच सम्बन्धी मनोवृत्ति में परिवर्तन—जाति की परम्पराओं में कुछ पेशे ऊँचे निर्धारित हैं और कुछ निम्न स्तर के हैं तथा जातीय दृष्टिकोण से ही पेशों का चयन भी व्यक्ति करता रहा है। पेशों का यह वर्गीकरण धर्म की पवित्रता और अपवित्रता की धारणा से सम्बन्धित रहा है। निम्न जातियाँ निम्न पेशों का तथा उच्च जातियों के लोग ऊँचे पेशों का चयन करते रहे हैं। परन्तु आज के युग में व्यवसाय के सम्बन्ध में पवित्रता और अपवित्रता की धारणा पूरी तरह से समाप्त हो गई है और पेशे से सम्बन्धित व्यक्ति की मनोवृत्तियाँ भी बदल गई हैं।

(2) जन्म की धारणा सम्बन्धी मनोवृत्ति में परिवर्तन—जाति व्यवस्था में जन्म का महत्त्व है। आज के समय में जन्म की यह धारणा बदल गई है। आज का जागरूक, विवेकशील और स्वतन्त्र व्यक्ति जन्म के आधार पर प्रतिष्ठा के निर्धारण को अन्धविश्वास और रूढ़िवादी विचार मानता है। आज के युग में कार्य और कुशलता का ज्यादा महत्त्व है न कि जन्म का। इस प्रकार, जाति का मौलिक आधार जन्म और उससे सम्बन्धित मनोवृत्ति पूरी तरह से समाप्त हो गई है।

(3) जाति के अस्तित्व की मनोवृत्ति में परिवर्तन—जाति व्यवस्था भारतीय समाज को सदियों तक प्रभावित एवं नियमित करती रही है तथा व्यक्ति स्वाभाविक रूप से इसे स्वीकार करता रहा है। यद्यपि आज भी समाज व्यवस्था कुछ सीमा तक इससे प्रभावित है पर आज के युग में जातीय अस्तित्व को व्यक्ति केवल अपने राजनीतिक और आर्थिक हितों की पूर्ति के लिए ही स्वीकार करता है और अपनी आत्मा से वह उसे स्वीकार नहीं कर पाता, अर्थात् जाति के अस्तित्व की स्वीकृति अब साधन या माध्यम मात्र रह गई है। नगरों में शिक्षित और प्रगतिशील वर्ग इस बात को स्वीकार नहीं करता है कि जाति ईश्वरीय देन है और उसी के अनुसार व्यक्ति को चलना चाहिए।

(द) जाति व्यवस्था के सांस्कृतिक पक्ष में परिवर्तन

भारतीय जाति व्यवस्था के सांस्कृतिक पक्ष की ओर यदि हम देखें तो हम पाते हैं कि इसका आधार धार्मिक है। जाति के भीतर जो व्यवसाय की ऊँच-नीच, खान-पान का प्रतिबन्ध, वैवाहिक प्रतिबन्ध या निम्न जातियों की जो निर्योग्यताएँ हैं उन सभी का आधार पवित्रता का विचार है और इस धारणा के आधार पर जाति की बहुत कुछ व्याख्या सम्भव है। पर आज के युग में हम देखते हैं कि अब यह पवित्रता की धारणा बदलती जा रही है। उसका आधार अब धर्म नहीं रह गया है, अपितु व्यक्तिगत कोशिश, धन, सत्ता आदि पर उसकी महत्ता निर्धारित हो गई है। कहने का तात्पर्य यह है कि आज के युग में जाति व्यवस्था का सांस्कृतिक पक्ष भी पूर्णतः बदलता जा रहा है।

जाति व्यवस्था के विभिन्न पक्षों में हो रहे परिवर्तनों से यह स्पष्ट पता चलता है कि आज जाति व्यवस्था अपना परम्परागत रूप खो बैठी है और धीरे-धीरे इसका संरचनात्मक एवं संस्थागत रूप परिवर्तित होता जा रहा है। साथ ही, जाति व्यवस्था की आर्थिक महत्ता भी समाप्त

होती जा रही है और कुछ विद्वानों का कहना है कि जाति का स्थान वर्ग व्यवस्था लेती जा रही है।

जाति व्यवस्था में आधुनिक परिवर्तनों के कारक

अगर हम जाति व्यवस्था का आधुनिक रूप देखें तो यह निष्कर्ष सरलता से निकाला जा सकता है कि जाति व्यवस्था बदल रही है। सामान्य रूप से आज के युग में जाति में होने वाले परिवर्तनों के लिए निम्नवर्णित कारक उत्तरदायी हैं—

(1) औद्योगीकरण—भारतीय समाज में औद्योगीकरण का प्रारम्भ 19वीं सदी के अन्त से प्रारम्भ हुआ है और स्वतन्त्रता के बाद उसकी गति बड़ी तीव्र हुई है। पूँजीवादी और औद्योगिक आर्थिक व्यवस्था का परिवर्तनकारी प्रभाव जाति व्यवस्था पर भी पड़ा है। बड़े-बड़े उद्योगों की स्थापना के कारण श्रमिकों की महत्ता में वृद्धि हुई और सभी जाति के सदस्यों को साथ रहकर कार्य करना आवश्यक हो गया। ये कार्य जाति पर आधारित न रहकर व्यक्तिगत योग्यता पर निर्धारित होने लगे हैं। इसके साथ ही व्यवसायों की आनुवंशिकता भी पूरी तरह से खत्म हो गई है।

(2) नगरीकरण—भारत में उद्योगों का ज्यों-ज्यों विकास होता गया परिणामस्वरूप नगरीकरण की प्रक्रिया में भी तेजी आती गई है। तेजी से उद्योगों के लिए जनसंख्या का एकत्रीकरण और केन्द्रीकरण हुआ तथा विशाल नगर अस्तित्व में आए। नगरों की ओर ग्रामीणजन आकर्षित होते हैं। इस तरह, नगरों में विभिन्न धर्मों, जातियों, सम्प्रदायों, वर्गों, प्रान्तों आदि के लोग आकर निवास करते हैं। विभिन्न व्यवसायों, नौकरियों, शिक्षा की सुविधाओं के कारण सभी लोग यहाँ आते हैं और बिना जातीय विचार के उनमें कार्यात्मक सहयोग का विकास हो जाता है। साथ ही, नगरों की अत्यधिक जनसंख्या व्यक्तिगत परिचय की सीमाओं को भी खत्म कर देती है। इस तरह नगरीकरण की प्रक्रिया जाति को दो आधारों पर प्रभावित करती है। एक, जातीय सदस्यों से अपरिचित होने के कारण लोग जातीय प्रतिबन्धों की चिन्ता नहीं करते, और दूसरे, लोगों को विशाल जन-समुदाय में अपनी जाति छिपाने का अवसर मिल जाता है। साथ ही पंचायत, पड़ोस और संयुक्त परिवार का डर न होने के कारण व्यक्ति जातीय नियमों की उपेक्षा कर देता है।

(3) शिक्षा, वैज्ञानिक और औद्योगिक उन्नति—शिक्षा में वृद्धि से भी जाति व्यवस्था में परिवर्तन हुए हैं। आधुनिक शिक्षा ने विभिन्न जातियों के छात्र-छात्राओं को एक साथ शिक्षा ग्रहण करने तथा इससे सम्बन्धित मनोवृत्तियों को परिवर्तित करने में विशेष सहायता प्रदान की है। जाति व्यवस्था पर अप्रत्यक्ष रूप से वैज्ञानिक अन्वेषणों का भी प्रभाव पड़ा है। यह युग विज्ञान का युग है। वैज्ञानिक विकास ने लोगों की मनोवृत्तियों और दृष्टिकोण को पूर्णतः बदल दिया है। यह बदला हुआ रूप भी लोगों को इस बात के लिए (जोकि वैज्ञानिक उन्नति के साथ जुड़ी हुई है) प्रेरित करता है कि जाति व्यवस्था जैसी अवैज्ञानिक और अन्धविश्वास से परिपूर्ण

व्यवस्था को स्वीकार न करें। लोगों में सम्पर्क बढ़ जाने और वैचारिक आदान-प्रदान के कारण जातीय भेदभाव कम हो गए हैं।

(4) व्यवसायों की बहुलता एवं विजातीयता—औद्योगिक अर्थव्यवस्था में पेशों की अधिकता एवं विजातीयता होती है। भारत में ज्यों-ज्यों औद्योगीकरण हुआ उससे नए-नए पेशों का जन्म हुआ। ये पेशे व्यापार एवं वाणिज्य के साथ-साथ प्रशासन, सुधारात्मक तथा अनेक अन्य क्षेत्रों से सम्बन्धित हैं। इनकी अधिकता के कारण इनके चुनाव के तरीके भी बदले हैं और इससे व्यक्तिगत योग्यता को ज्यादा महत्त्व मिला है। कोई भी व्यक्ति आज बिना किसी भेदभाव के योग्यता प्राप्त कर किसी पेशे को चुन सकता है। साथ ही, सामाजिक जीवन में पैसे का महत्त्व बढ़ जाने के कारण पेशों के सम्बन्ध में ऊँच-नीच की धारणा भी खत्म हो गई है। जैसे-जैसे विशेषीकरण की प्रक्रिया बढ़ती जाती है, जातीय योग्यता के स्थान पर व्यक्तिगत योग्यता और कार्यकुशलता अधिक आवश्यक हो जाती है।

(5) धन का महत्त्व—आधुनिक पूँजीवादी अर्थव्यवस्था में धन का महत्त्व अन्य वस्तुओं से ज्यादा हो गया है। कृषि युग की अर्थव्यवस्था में जाति व्यक्ति की प्रतिष्ठा का आधार थी, परन्तु आज प्रतिष्ठा के निर्धारण में उसका कोई महत्त्व नहीं रह गया है। पूँजीपति शूद्र आज गरीब ब्राह्मण से ज्यादा प्रतिष्ठित है। कहने का तात्पर्य यह है कि आज सामाजिक प्रतिष्ठा का मूल्यांकन धन के माध्यम से होने लगा है तथा आज की अर्थव्यवस्था में धन कमाने के अवसर सभी लोगों के लिए समान हैं। प्रत्येक जाति का सदस्य आज योग्यता, शिक्षा और प्रयास के बल पर ज्यादा सम्पत्ति एकत्र कर सकता है और प्रतिष्ठित हो सकता है।

(6) आवागमन और संचार साधनों में वृद्धि—हमारे देश में आवागमन व संचार साधनों के विकास से देश में सामाजिक गतिशीलता बढ़ी है तथा लोग उद्योग के क्षेत्रों की ओर आकृष्ट होते गये हैं। इस प्रकार, सभी धर्मों, जातियों और वर्गों में यह गतिशीलता बढ़ी है। लोगों का पारस्परिक सम्पर्क अनिवार्य होने लगा है, उनमें समानताएँ और वैचारिक एकता बढ़ी है, संकुचित विचारधाराएँ हटीं हैं और जातिगत कठोरताएँ भी समाप्त होने लगीं हैं। ग्रामीण श्रमिक जब शहर में औद्योगिक आवश्यकताओं की पूर्ति के लिए आता है तो शहरी वातावरण में उसके लिए जातीय नियमों का पालन करना सम्भव नहीं है। साथ ही, यही लोग जब गाँव जाते हैं तो नई विचारधाराएँ साथ ले जाते हैं और ग्रामीण लोग भी इनसे प्रभावित होते हैं। इस कारण से भी जाति व्यवस्था में परिवर्तन हो रहा है। संचार के अन्य साधन; जैसे रेडियो, समाचारपत्र, पत्रिकाएँ आदि; भी जाति के रूप को परिवर्तित करने में सहयोग दे रहे हैं।

(7) महिला आन्दोलन—जाति व्यवस्था को परिवर्तित करने में महिला आन्दोलन की भी महत्त्वपूर्ण भूमिका रही है। भारत में परम्परागत दृष्टि से महिलाओं की दशा हीन और शोचनीय रही है। सभी प्रकार की स्वतन्त्रताओं से उन्हें प्रायः मध्ययुग से वंचित रखा जाता रहा है। उनके ऊपर लगाई गई निर्योग्यताएँ मुख्यतः जाति व्यवस्था के ही कारण थीं। जब भारत में स्वतन्त्रता आन्दोलन प्रारम्भ हुआ तो उसमें स्त्रियों ने भी भाग लेना शुरू किया। धीरे-धीरे वे

पाश्चात्य विचारधारा और दृष्टिकोण के सम्पर्क में आईं और स्वतः उन्होंने अपने ऊपर लगे अनेक बन्धनों को तोड़ डाला। ज्यों-ज्यों उनमें शिक्षा का प्रसार होता गया, उनकी सामाजिक प्रगतिशीलता बढ़ती गई। राष्ट्रीय संग्राम में सक्रिय सहयोग देने के साथ-साथ प्रत्यक्ष या परोक्ष रूप से परम्परागत जातीय निषेधों को तोड़ कर विभिन्न जातियों की महिलाओं ने परस्पर मिल-जुलकर कार्य किया। इस प्रकार, जाति के आधुनिक रूप को लाने में महिला आन्दोलन का महत्त्वपूर्ण योगदान रहा है।

(8) राष्ट्रीय आन्दोलन—जाति व्यवस्था को परिवर्तित करने में देश के राजनीतिक आन्दोलन का भी महत्त्वपूर्ण योगदान रहा है। इस आन्दोलन में महात्मा गांधी का प्रवेश ऐतिहासिक घटना रही है। इसी आन्दोलन में समाज सुधार के भी अनेक प्रयास होते रहे हैं जिनमें जाति के विभिन्न निषेधों को दूर करने का सक्रिय प्रयास प्रमुख है। राजनीतिक आन्दोलन चूँकि जन-आन्दोलन था, इस कारण भी यह विभिन्न जातियों में दूरियों को मिटाने में सहायक रहा है। राजनीतिक समानता ने अनिवार्य रूप से इस देश के विभिन्न लोगों में अन्य देशों की तरह समानताओं को उत्पन्न किया है। उन्हें परस्पर एक-दूसरे के निकट आने का अवसर मिला है। हजारों लोग जब जेल जाते थे, तब वैसे भी भोजन सम्बन्धी निषेधों का पालन उनके लिए सम्भव न था। साथ ही, सन् 1931 का गांधी जी द्वारा चलाया गया हरिजन आन्दोलन महत्त्वपूर्ण रहा है, क्योंकि इसके माध्यम से गांधी जी ने दलितों की सामाजिक दशा सुधारने का प्रयास किया तथा उन्हें हिन्दू सामाजिक ढाँचे का एक अंग माना। अतः राजनीतिक आन्दोलन के कारण भी जाति व्यवस्था में परिवर्तन हुआ है।

(9) धार्मिक आन्दोलन—भारतीय समाज में हुए धार्मिक सुधार आन्दोलनों ने भी जाति व्यवस्था के स्वरूप को परिवर्तित किया है। जातीय निषेध मुख्यतः धर्म का ही आधार लेकर चलते रहे हैं। परन्तु जब भारत में सुधार की प्रक्रिया चली तो जातीय निषेध भी ढीले पड़ने लगे। ब्रह्म समाज, प्रार्थना समाज, आर्य समाज आदि ने भारतीय धर्म की असमान व्यवस्थाओं का विरोध किया तथा हिन्दू समाज की कुप्रथाओं को समाप्त करने का प्रयास किया। जाति व्यवस्था का सर्वाधिक विरोध ब्रह्म समाज द्वारा हुआ है।

(10) शासन के प्रयास—जाति व्यवस्था को समाप्त करने का सर्वश्रेष्ठ प्रयास शासन द्वारा किया गया है। इस सन्दर्भ में अनेक कानून बनाए गए हैं। वैसे तो अंग्रेजी शासनकाल में ही जब कानून के सामने समानता का सिद्धान्त लागू कर दिया गया था तभी जाति प्रभावित हो गई थी। कानूनी तौर पर जातीय विशेषाधिकार पूर्णतः समाप्त कर दिए गए हैं। यह धारणा जाति व्यवस्था के अनुकूल नहीं है। अप्रत्यक्ष रूप से सन् 1850 में जाति निर्योग्यता उन्मूलन अधिनियम, सन् 1872 के विशेष विवाह अधिनियम ने जाति व्यवस्था पर रोक लगाई है। स्वतन्त्रता के बाद सन् 1949 में हिन्दू विवाह वैधकरण अधिनियम, सन् 1954 में विशेष विवाह अधिनियम ने भी जाति व्यवस्था को प्रभावित कर उसके रूप को बदला है। भारतीय संविधान के द्वारा भी जातीय भेदभाव और छुआछूत को पूर्णतः समाप्त कर दिया गया है। अनुच्छेद 15, 16 व 17

में इनकी व्यवस्था की गई है। सन् 1955 का अस्पृश्यता (अपराध) अधिनियम इस सन्दर्भ की एक महत्त्वपूर्ण कड़ी है। कहने का तात्पर्य यह है कि शासकीय प्रयासों से भी जाति दुर्बल हुई है तथा उसके स्वरूप में परिवर्तन आया है।

संक्षेप में, यह कहा जा सकता है कि उपर्युक्त कारणों के फलस्वरूप तथा अन्य अनेक अप्रत्यक्ष कारणों के परिणामस्वरूप जाति व्यवस्था आज के युग में निरन्तर बदलती जा रही है। आज इसका वह रूप नहीं रह गया है जोकि अंग्रेजों के आने से पूर्व हमारे समाज में प्रचलित था।

जाति व्यवस्था के प्रकार्य

किसी भी संस्था या समाज की इकाई का अस्तित्व तब तक बना रहता है जब तक कि वह समाज की किसी न किसी आवश्यकता की पूर्ति में सहायक हो। जब यही संस्था या इकाई समाज के लिए अकार्यात्मक (Dysfunctional) हो जाती है तो उसे या तो नवीन परिस्थितियों से अनुकूलन करना पड़ता है अथवा ऐसा न करने पर उसके विघटन की प्रक्रिया प्रारम्भ हो जाती है। कई बार परिवर्तन की नवीन शक्तियाँ उपयोगी संस्थाओं व इकाइयों में भी ऐसे अवगुण भर देती हैं कि उनका अस्तित्व खतरे में पड़ जाता है। क्या जाति व्यवस्था में हो रहे परिवर्तनों के परिणामस्वरूप जाति व्यवस्था समाप्त हो रही है? जाति व्यवस्था की समाप्ति या इसका भविष्य इसके द्वारा किए जाने वाले प्रकार्यों तथा अकार्यों पर निर्भर करता है।

जाति व्यवस्था का आदिकाल से लेकर आधुनिक युग तक पाए जाने का कारण इसके द्वारा निष्पादित कुछ प्रकार्य हैं। जाति व्यवस्था के प्रकार्यों का वर्णन अग्र प्रकार से किया जा सकता है—

(अ) वैयक्तिक दृष्टिकोण से जाति के प्रकार्य

जाति व्यवस्था का मनुष्य के जीवन में महत्त्व इसी बात से स्पष्ट है कि वह व्यक्तियों के जन्म से लेकर वृद्धावस्था, यहाँ तक कि मृत्युपर्यन्त, के विभिन्न व्यवहारों के लिए निश्चित नियमों का प्रावधान करती है। जाति व्यवस्था के वैयक्तिक दृष्टिकोण से निम्न प्रकार्य या लाभ हैं—

(1) मानसिक सुरक्षा—जाति व्यवस्था व्यक्ति को एक स्थिर मानसिक पर्यावरण प्रदान करती है। निश्चित व पूर्व नियोजित नियमों के अनुसार व्यवहार करने की बाध्यता उसे व्यर्थ की परेशानियों (उदाहरणार्थ, जीवन साथी के चयन का क्षेत्र, पूर्व निश्चित व्यवसाय आदि) से बचा लेती है। भारतीय हिन्दू दर्शन में निम्न जाति के सदस्य यह सोचकर अपनी मानसिक सन्तुष्टि करते रहे हैं कि निम्न जाति की सदस्यता उनके पिछले कर्मों का फल है।

(2) सामाजिक सुरक्षा—विपत्ति के समय जाति अपने सदस्यों को सामाजिक सुरक्षा की गारन्टी देती है। प्रत्येक जाति अपने असहाय एवं गरीब सदस्यों को समय-समय पर आर्थिक सहायता प्रदान करके सामाजिक सुरक्षा प्रदान करती है। जाति व्यवस्था द्वारा सामाजिक सुरक्षा इस कारण से भी मिलती है कि निम्न जाति के लोग अपने आप को अकेला महसूस नहीं करते।

(3) निःशुल्क औद्योगिक प्रशिक्षण—जाति व्यवस्था परम्परागत व्यवसाय का व्यावहारिक ज्ञान प्रदान करने की व्यवस्था करती है। जाति जन्म से ही यह निर्धारण करके कि व्यक्ति को क्या व्यवसाय अपनाना है, उसे प्रारम्भ से ही अपने माता-पिता (पैतृक) के व्यवसाय को सीखने एवं ग्रहण करने के लिए प्रेरणा देती है।

(4) सामाजिक नियन्त्रण—जाति अपने सदस्यों के व्यवसायों पर नियन्त्रण रखती है। विभिन्न नियमों के प्रावधान से यह अपने सदस्यों को अनैतिक व बुरे कार्यों से बचाए रखती है। जाति के नियमों का उल्लंघन करने वाले व्यक्ति जाति द्वारा दण्डित किए जाते हैं।

(5) सहयोग तथा भ्रातृत्व—जाति के सदस्यों में परस्पर सहयोग व भ्रातृत्व की भावना पनपती है और यही भावना अन्त में अपनी जाति के प्रति अन्धविश्वास में परिवर्तित होकर जातिवाद का रूप ग्रहण कर लेती है।

(6) सामाजिक समानता—जाति के सदस्यों में परस्पर समान व्यवहार पाया जाता है। धन अथवा अन्य कारणों से सामाजिक व्यवहार में किसी सदस्य के साथ असमानता का व्यवहार नहीं किया जाता। इससे समानता एवं सहयोग की भावनाओं को प्रोत्साहन मिलता है।

(ब) समुदाय से सम्बन्धित जाति के प्रकार्य

जाति व्यवस्था वैयक्तिक दृष्टिकोण से ही लाभकारी न होकर समुदाय एवं समाज के दृष्टिकोण से भी लाभकारी रही है। जाति व्यवस्था के समुदाय से सम्बन्धित प्रकार्य या लाभ निम्नलिखित हैं—

(1) व्यापारी संघ के कार्य—जाति अपने सदस्यों के लिए व्यापारिक संघ का कार्य करती है। जातिगत व्यवसाय को केवल जाति के सदस्य ही अपनाएँ, इस बात का विशेष ध्यान रखा जाता है।

(2) सुप्रजनन की शुद्ध रेखा बनाए रखना—जाति व्यवस्था बर्हिगोत्र विवाह तथा अन्तर्विवाह की प्रथा द्वारा प्रजनन शुद्ध रेखा बनाए रखती है। अन्तर्विवाह के नियम व बर्हिगोत्र विवाह के परिणामस्वरूप जाति के सदस्यों में क्रमशः बाहरी वंशानुक्रमण से लक्षण नहीं आ सकते और न ही रक्त की निकटता सम्बन्धी दोष ही आ सकते हैं।

(3) आध्यात्मिक सुरक्षा—जाति का यह प्रयास रहता है कि उसके सदस्य आध्यात्मिक मूल्यों का पालन करें। सामूहिक पूजा (जाति देवता की पूजा) इसका उदाहरण है।

(4) अतिथि सत्कार—जाति में सम्मान प्राप्त करने की इच्छा से प्रत्येक व्यक्ति अतिथियों का सत्कार करता है। अतः यह अतिथि सत्कार को प्रोत्साहन देती है।

(5) सामाजिक प्रस्थिति प्रदान करना—प्रत्येक जाति अपने सदस्यों को एक निश्चित सामाजिक प्रस्थिति प्रदान करती है। इसके अनुसार जातीय संस्तरण में प्रत्येक जाति की प्रस्थिति ही निश्चित नहीं होती है अपितु उसके अन्य जातियों के साथ सम्बन्ध भी निश्चित होते हैं।

(6) जातिगत एकता को बनाए रखना—जाति-बन्धनों ने एक जाति-विशेष को एकता के सूत्र में बाँध रखा है। इस विशेष जाति समूह में व्यक्ति अपने आपको सुरक्षित समझता है और परस्पर सहायक होना अपना कर्त्तव्य मानता है। प्रत्येक जाति के अन्य जातियों के लोगों से निश्चित जजमान-परजन सम्बन्ध भी होते हैं। अतः यह सामुदायिक एकता बनाए रखने में भी सहायक है।

(स) सामाजिक तथा राजनीतिक प्रकार्य

जाति व्यवस्था के प्रमुख सामाजिक एवं राजनीतिक प्रकार्य अथवा लाभ निम्नलिखित हैं—

(1) भारतीय समाज को संगठित रखना—व्यवस्थित कार्यप्रणाली से जाति व्यवस्था ने भारतीय समाज को संगठित बनाए रखा है क्योंकि विभिन्न जातियों में प्रतियोगिता का अभाव पाया जाता रहा है। यह श्रम-विभाजन एवं सहयोग की एक अनुपम व्यवस्था है जोकि समाज में एकता बनाए रखने में सहायक रही है।

(2) राजनीतिक स्थिरता—जिसबर्ट का कथन है कि भारतवर्ष में जातियों की एक ऐसी व्यवस्था विकसित हुई है जोकि सामाजिक समन्वय की एक योजना के रूप में संघर्षरत प्रादेशिक राज्यों की यूरोपियन व्यवस्था की तुलना में खरी उतरी है। विभिन्न राजनीतिक दलों ने अपने आपको सुदृढ़ बनाने के लिए जाति को ही आधार बनाया है।

(3) अधिकारों एवं कर्त्तव्यों का ज्ञान—जाति न केवल अपने सदस्यों को अपने अधिकारों के प्रति सजग रखती है, वरन् उनसे उनके कर्त्तव्यों को पूरा करने की माँग भी रखती है।

(4) संस्कृति की रक्षा—यह देन जाति व्यवस्था की ही है कि इतनी प्रतिकूल परिस्थितियों में भी भारतीय संस्कृति आज जीवित है। जाति पीढ़ी-दर-पीढ़ी अपने रीति-रिवाजों, रहन-सहन एवं जीवन-पद्धति को परम्परागत रूप से नवीन सदस्यों को हस्तांतरित करने का एक प्रमुख अभिकरण रही है।

(5) असन्तोष को दूर करना—जाति व्यवस्था सामाजिक विषमता को धार्मिक आधार देकर समाज के सदस्यों में व्याप्त असन्तोष को दूर करती है। प्रत्येक व्यक्ति यह सोचकर सन्तोष कर लेता है कि उसकी स्थिति का कारण उसके पूर्व कर्मों के फल हैं।

(6) समाजवादी संरचना का आधार—जाति व्यवस्था एक तरह से समाजवादी संरचना पर आधारित है। सिडनी ली ने अपनी पुस्तक विजन ऑफ इण्डिया *(Vision of India)* में स्पष्ट रूप से इस बात का उल्लेख किया है कि जाति व्यवस्था प्रत्येक व्यक्ति को समाज में उसका स्थान, कार्य, व्यवसाय, पेशा या मित्र मण्डली प्रदान करती है।

(7) समाज में सरल श्रम-विभाजन की व्यवस्था करना—जाति व्यवस्था के श्रम-विभाजन पर आधारित होने के कारण ही भारतीय समाज में प्रत्येक व्यक्ति और समूह अपने कार्यों को करने में अपने कर्त्तव्य का अनुभव करता रहा है। हट्टन के अनुसार जाति व्यवस्था के आधार

पर ही समाज के समस्त कार्य, शिक्षा से लेकर सफाई तक, गृहस्थी के कार्यों से लेकर सरकारी कार्य तक, सुचारु रूप से चलते रहे हैं और ये समस्त कार्य धार्मिक विश्वास अथवा कर्म के सिद्धान्त के आधार पर किए जाते रहे हैं।

जाति व्यवस्था के अकार्य अथवा दोष

जाति व्यवस्था पूर्णतः असमानता के आधार पर अवलम्बित है। हिन्दू जाति व्यवस्था ने विभिन्न समूहों को एकता के सूत्र में संगठित करने की अपेक्षा समाज के विघटन का अवांछनीय कार्य अधिक किया है तथा जातिवाद जैसी गम्भीर समस्या पैदा कर दी है। इसके प्रमुख अकार्यों को निम्नलिखित रूप में समझा जा सकता है—

(1) व्यक्तित्व के विकास में बाधक—जाति व्यवस्था में निषेधात्मक नियमों की बहुलता के कारण व्यक्ति का व्यवहार पूर्णरूपेण प्रतिबन्धित रहता है। इससे व्यक्ति अपनी योग्यता के अनुकूल ऊपर नहीं उठ सकता। व्यक्ति यह जानता है कि चाहे वह कितना ही परिश्रम क्यों न कर ले अथवा कितना ही अच्छा कार्य क्यों न कर ले, वह अपनी जाति की सदस्यता को बदल नहीं सकता है। अतः यह व्यवस्था व्यक्तित्व के विकास में एक बाधा है।

(2) योग्य व्यवसाय के चुनाव में बाधक—जाति व्यवस्था में व्यक्ति अपनी रुचि व योग्यतानुसार व्यवसाय का चुनाव नहीं कर सकता है, क्योंकि परम्परागत व्यवसाय के कारण वह दूसरे व्यवसाय का चयन नहीं कर सकता। अतः कई बार योग्य से योग्य व्यक्तियों को भी अपने परम्परागत व्यवसाय तक सीमित रहना पड़ता है।

(3) आर्थिक विकास में बाधक—इस व्यवस्था के बन्धनों के कारण अनेक व्यक्ति आर्थिक क्षेत्र में अपनी योग्यता व दक्षता प्रदर्शित करने से वंचित रह जाते हैं। व्यवसायों के चुनाव पर लगे प्रतिबन्धों के आधार पर जाति व्यवस्था अनेक व्यक्तियों के आर्थिक विकास में भी बाधक रही है।

(4) धन व श्रम का असमान वितरण—जाति व्यवस्था ऊँच-नीच को प्रोत्साहन देने के साथ-साथ सभी जातियों के लिए समान रूप से लाभकारी भी नहीं है। ब्राह्मणों को बहुत कम परिश्रम करने पर भी अधिक लाभ प्राप्त होता है, जबकि इसके विपरीत शूद्रों एवं निम्न जातियों को अधिक परिश्रम करने पर भी अत्यन्त कम लाभ प्राप्त होता है।

(5) भाग्यवादिता—जाति व्यवस्था से सदस्यों में भाग्यवादिता का फैलाव हुआ है। इस व्यवस्था में सामाजिक विषमता को भाग्यवादिता के आधार पर उचित ठहराया गया है। व्यक्ति यह सोचकर ही सन्तोष कर लेता है कि निम्न जाति में उसका जन्म पिछले कर्मों का फल है। अतः उसके लिए किसी प्रकार का कठिन परिश्रम करना बेकार है।

(6) सामाजिक न्याय में व्यवधान—जाति व्यवस्था के कारण उच्च जाति के लोगों को विभिन्न सामाजिक अधिकार प्राप्त हो जाते हैं। दूसरी ओर निम्न जाति के लोगों को समस्त सामाजिक निर्योग्यताओं (जैसे सार्वजनिक स्थानों के प्रयोग में छूट न होना) का शिकार होना पड़ता है। यह समान सामाजिक न्याय की दृष्टि से उचित नहीं है।

(7) सामाजिक सुधार में बाधक—जाति व्यवस्था के कारण ही अनेक सामाजिक सुधारों की गति अत्यन्त धीमी रही है, क्योंकि इससे व्यक्ति का दृष्टिकोण संकुचित ही रहता है। एस० सी० दुबे ने सामुदायिक विकास कार्यों की असफलता का कारण उच्च जातियों का असहयोग बताया है।

(8) अस्पृश्यता का विकास—अस्पृश्यता की भावना के पीछे जाति व्यवस्था ही है। अछूत लोगों के साथ सवर्ण जाति के लोगों के अमानवीय व्यवहार के अनेक उदाहरण मिलते हैं तथा उन पर अनेक प्रकार के प्रतिबन्ध लगा दिए जाते हैं। आज भी अस्पृश्यता कानूनी रूप से समाप्त होने के बावजूद कहीं-कहीं व्यवहार में देखी जाती है।

(9) विभिन्न सामाजिक बुराइयाँ—हिन्दू समाज में प्रचलित विभिन्न कुप्रथाओं व बुराइयों के लिए जाति व्यवस्था ही उत्तरदायी है। जाति व्यवस्था की कुछ प्रमुख बुराइयाँ इस प्रकार हैं—बाल विवाह, विधवा विवाह निषेध, पर्दा तथा सती प्रथा आदि।

(10) सामाजिक विघटन—जाति व्यवस्था के कारण आज सम्पूर्ण हिन्दू समाज लगभग 3,000 से अधिक जातियों व उपजातियों में विभक्त हो गया है। इससे सामाजिक असहिष्णुता का विस्तार हुआ है और लोगों में राष्ट्रीयता की भावना विकसित नहीं हो पाई है।

(11) अप्रजातान्त्रिक—प्रजातन्त्र के तीन मुख्य आदर्श हैं–सामाजिक समानता, सामजिक न्याय व स्वतन्त्रता। जाति व्यवस्था इन तीनों आदर्शों का विरोध करती है। अतः यह व्यवस्था अप्रजातान्त्रिक है।

वर्तमान समय में जाति व्यवस्था का महत्त्व कम होता जा रहा है। आज सभी क्षेत्रों में इसके विरुद्ध भावनाएँ प्रबल होती जा रही हैं। परन्तु इससे यह निष्कर्ष नहीं निकाला जा सकता कि जाति व्यवस्था हमारे समाज से समाप्त होती जा रही है।

भारत में जाति व्यवस्था का भविष्य

जाति का भविष्य क्या है ? अथवा क्या भारत में जातिविहीन समाज की कोई सम्भावना है ? यह एक ऐसा प्रश्न है जिसका उत्तर देना सरल नहीं है। जाति व्यवस्था में जो परिवर्तन हो रहे हैं उनके आधार पर कुछ विद्वानों ने यह मत प्रकट किया है कि जाति व्यवस्था अपना वास्तविक रूप खो बैठी है और धीरे-धीरे इसका संरचनात्मक एवं सांस्कृतिक पक्ष शिथिल होता जा रहा है जिसके परिणामस्वरूप जाति व्यवस्था अपनी सभी मौलिक विशेषताएँ खोती जा रही है। आज आर्थिक व राजनीतिक आधार जाति से कहीं अधिक संस्तरण के सशक्त आधार बनते जा रहे हैं तथा कुछ विद्वान् जाति के स्थान पर भारत में वर्ग व्यवस्था के आ जाने की बात भी करने लगे हैं।

परन्तु यह तर्क सरलता से स्वीकार नहीं किया जा सकता क्योंकि इतनी पुरानी संस्था इतनी सरलता से परिवर्तित हो जायेगी, यह सोचना भी एक भ्रम है। इतना ही नहीं, अनेक विद्वान् तो जाति को प्रजातन्त्र, राष्ट्रीय विकास व आधुनिकीकरण में सहायक मानते हैं तथा इस बात पर

बल देते हैं कि जाति पहले की अपेक्षा भारतीय समाज में अधिक सुदृढ़ हो रही है। एम० एन० श्रीनिवास ने लिखा है कि, "यह तर्क का अच्छा विषय है कि आधुनिक भारत में जातीय चेतना व संगठन में वृद्धि हुई है। उदाहरण के लिए, भारतीय नगरों में जातीय बैंकों, छात्रावासों, सहकारी समितियों, धर्मशालाओं, विवाह-भवनों, सम्मेलनों व पत्रिकाओं को देखिए।" इन सब में वृद्धि इस बात का प्रतीक है कि जाति समाप्त होने के बजाय अधिक मजबूत होती जा रही है। के० एम० कपाडिया ने भी इस बात पर बल दिया है कि भारत में बावन प्रतिशत अध्यापकों (शिक्षित वर्ग) में पर्याप्त व गहन जाति भावना पाई जाती है। औद्योगीकरण ने निश्चित ही इसका रूप बदलने में सहायता दी है परन्तु यह समाप्त नहीं हो रही है। टी० बी० बॉटोमोर के अनुसार, "......... औद्योगीकरण के प्रभावों के बारे में भविष्यवाणी नहीं की जा सकती है और पश्चिमी देशों के साथ तुलना भ्रामक हो सकती है ....क्योंकि वहाँ संयुक्त परिवार और जाति प्रणाली नहीं है।"

वास्तव में, भारतीय समाज में जाति एक अत्यन्त प्राचीन संस्था है जिसकी जड़ें बहुत ही गहरी हैं। इसका प्रमाण जाति का हजारों वर्षों तक अस्तित्व में बने रहना है। धर्म द्वारा इसकी पुष्टि, अशिक्षा तथा कर्म व पुनर्जन्म के विचार इसे आज भी एक मजबूत संस्था बनाए हुए हैं। अतः इतनी प्राचीन व गहरी जड़ों वाली संस्था को पूर्णतः समाप्त कर जातिविहीन समाज का निर्माण अभी सम्भव नहीं लगता है। वास्तव में, जाति व्यवस्था में होने वाले परिवर्तन समयानुकूल किसी भी संस्था में होने वाले परिवर्तनों जैसे हैं तथा इनके आधार पर हम यह नहीं कह सकते कि जाति व्यवस्था समाप्त हो जाएगी। इस सन्दर्भ में एम० एन० श्रीनिवास ने ठीक ही लिखा है कि, "मैं आपको स्पष्ट शब्दों में कह देना चाहता हूँ, कि यदि आप यह सोच रहे हैं कि हम जाति से सरलता से मुक्ति पा सकते हैं तो आप गम्भीर त्रुटि कर रहे हैं। जाति एक बहुत ही शक्तिशाली संस्था है और यह समाप्त होने से पूर्व बहुत ही खूनखराबा करेगी।"

वास्तव में, आज की परिस्थितियों में जाति की समाप्ति तथा जातिविहीन समाज की स्थापना की कल्पना करना उचित नहीं है क्योंकि कम से कम अगले पचास-सौ वर्षों में ऐसा होना सम्भव नहीं है। इसमें हो रहे परिवर्तनों को इसकी समाप्ति का सूचक मानना उचित नहीं है, अपितु यह एक गत्यात्मक संस्था बन गई है जो आधुनिकतम संस्थाओं से भी सरलता से अनुकूलन कर लेती है।

सन्दर्भ-सूची

1. P. Gisbert, **Fundamentals of Sociology**, p. 306.
2. R. L. Sutherland and J. L. Woodward, **Introductory Sociology**, p. 156.
3. W.F. Ogburn and M.F. Nimkoff, **A Handbook of Sociology**, p.157.
4. Talcott Parsons, **The Social System**, p. 132.
5. M. Haralambos and R.M.Heald, **Sociology : Themes and Perspectives**, p. 30.
6. Kingsley Davis, **Human Society**, p. 364.
7. Ronald C. Federico, **Sociology**, p. 438.

8. Kingsley Davis and Wilbert E. Moore, "Some Principles of Stratification" in **American Sociological Review**, Vol.X, April 1945, p. 38.
9. For details, see L. T. Hobhouse, **Morals in Evolution**, Ch, vii.
10. Ronald Segal, **The Crisis of India**, p. 35.
11. S. Koenig, **Sociology**, p. 216.
12. T. B. Bottomore, **Sociology** : A Guide to Problems and Literature, p. 189.
13. C. H. Cooley, **Social Organization**, p.11.
14. आर० एम० मैकाइवर तथा चार्ल्स एच० पेज, **समाज : एक परिचयात्मक विश्लेषण**, (अनु० जी० विश्वेश्वरय्या), पृष्ठ 324.
15. Ronald Segal, Op. Cit., p. 35.
16. D. N. Majumdar and T. N. Madan, **An Introduction to Social Anthropology**, p. 222.
17. D. N. Majumdar and T. N. Madan, Op.Cit., p. 221.
18. Herbert H. Risley, **The People of India**, p. 5.
19. R. M. MacIver and C. H. Page, **Society : An Introductory Analysis**, p. 356.
20. D. N. Majumdar and T. N. Madan, Op. Cit., p. 12.
21. N. K. Dutta, **Origin and Growth of Caste in India**, p. 4.
22. C. H. Cooley, **Social Organization**, p. 11.
23. S. V. Ketkar, **History of Caste in India**, p. 15.
24. N. K. Dutta, Op. Cit., p. 85.
25. किंग्स्ले डेविस, **मानव समाज**, पृष्ठ 328–29.
26. G. S. Ghurye, **Caste, Class and Occupation**, pp. 26–27.
27. M. N. Srinivas, "Social Structure", **The Gazetteer of India** (Indian Union), Vol. I, p. 504.

10

ग्रामीण धर्म

ग्रामीण भारत में धर्म एक ऐसा सर्वव्यापक, स्थाई एवं शाश्वत तत्त्व है जिसको समझे बिना ग्रामीण समाज को समझना कठिन है। ए० आर० देसाई के अनुसार, "सामज के अध्ययन में ग्रामीण धर्म की महत्ता तथा जीवन प्रक्रियाओं को निर्धारण करने में इसकी भूमिका का अध्ययन करना एक आवश्यक अंग है।"[1] इसके चार कारण हैं—

(1) समाजशास्त्रियों का सम्पूर्ण संसार के बारे में यह अनुभव है कि ग्रामीण व्यक्ति नगरीय व्यक्तियों की अपेक्षा धर्म से अधिक प्रभावित हैं। कृषि व्यवसाय तथा वर्षा जैसी प्राकृतिक शक्तियाँ एवं वैज्ञानिक दृष्टिकोण की कमी के कारण ग्रामवासी धर्म पर ज्यादा आश्रित हैं।

(2) ग्रामवासियों का बौद्धिक, भावात्मक तथा व्यावहारिक जीवन पूर्णतया धार्मिक दृष्टिकोण से प्रभावित है। कोई भी ऐसा पहलू दिखाई नहीं देता जिसमें धर्म की महत्ता को न जोड़ा गया हो। धार्मिक दृष्टिकोण तथा धार्मिक मान्यताएँ ही ग्रामवासियों के पारिवारिक जीवन, जातीय जीवन तथा सामान्य जीवन, आर्थिक तथा मनोरंजनात्मक जीवन को शामिल करती है।

(3) उन समाजों में जिनमें केवल जीवन-निर्वाह स्तर की अर्थव्यवस्था पाई जाती है, ग्रामीण नेतृत्व पुजारी वर्ग के व्यक्तियों के हाथ में रहा है जैसे भारत में ब्राह्मण। यही नेता तथा धार्मिक आदर्श एवं निषेध तथा धार्मिक संस्थाएँ ग्रामीण जीवन में नियन्त्रण रखते हैं तथा उसे निर्धारित करते थे।

(4) अंग्रेजी शासनकाल में सामाजिक, आर्थिक तथा राजनीतिक परिवर्तनों के कारण ग्रामीण धार्मिक जीवन भी प्रभावित हुआ तथा स्वतन्त्रता-प्राप्ति के पश्चात् भारत में एक

धर्मनिरपेक्ष राज्य की स्थापना की गई। इन धर्मनिरपेक्ष विचारधाराओं की दृष्टि से भी ग्रामीण धर्म का अध्ययन करना जरूरी है।

ग्रामीण भारत में धर्म की भूमिका

यद्यपि आज धर्मनिरपेक्ष विचारधाराएँ भारत में बढ़ती जा रही हैं फिर भी ग्रामीण भारत में रूढ़िवादिता तथा धार्मिक मान्यताओं का बोलबाला है। ग्रामीण भारत में धर्म की भूमिका को निम्नांकित पहलुओं से देखा जा सकता है—

(1) ग्रामीण धर्म संसार के बारे में एक विशिष्ट दृष्टिकोण प्रस्तुत करता है—ग्रामवासियों की संचार के बारे में एक विशिष्ट विचारधारा है जोकि धर्म द्वारा प्रभावित है। इसमें निम्नलिखित पाँच बातें सम्मिलित की जा सकती हैं—

(i) जादू से सम्बन्धित विचार,

(ii) जीववाद,

(iii) आत्माओं की दुनिया के बारे में विचार,

(iv) मृत व्यक्तियों के संसार के बारे में यथा उनकी पूजा के बारे में विचार, तथा

(v) पौराणिक।

ग्रामवासियों में संसार का अनेक तरह का चित्र पाया जाता है जैसे पितृलोक, परलोक, देवलोक तथा बैकुण्ठ धाम इत्यादि। इनमें विश्वास का प्रमुख कारण प्राकृतिक शक्तियों के प्रति अज्ञानता है। इन्हीं विचारों से उनका सामाजिक तथा नैतिक जीवन प्रभावित होता है।

(2) ग्रामीण धर्म ग्रामवासियों में धार्मिक क्रियाएँ निर्धारित करता है—ग्रामीण धर्म की महत्ता ग्रामीण धार्मिक प्रक्रियाओं के रूप में देखी जा सकती है। ए० आर० देसाई ने इसे तीन श्रेणियों में बाँटा है—

(i) प्रार्थनाएँ—ग्रामवासियों में प्रार्थना सामान्य बात है। परिवार में तथा परिवार से बाहर अनेक देवी देवताओं को पूजा जाता है। कुल देवता, जातीय देवता, मोहल्ला माता, नदी पूजा तथा मन्दिरों में पूजा की जाती है। इस प्रकार प्रार्थना तथा पूजा का ग्रामीण धर्म में विशेष महत्त्व है।

(ii) बलिदान—ग्रामीण धर्म में अनेक बलिदानात्मक कार्य भी देखे जा सकते हैं जैसे पानी, फूल अथवा पशु बलि देवी देवताओं को अर्पित करना। बलिदान अनेक देवताओं के सम्मुख किया जाता है जैसे अन्न देवता, नदी अथवा अनेक अन्य।

(iii) संस्कार—ग्रामीण जीवन में संस्कारों का भी विशेष महत्त्व है। पवित्रता के विस्तार आदिकाल से ही भारतीय समाज में पाए जाते हैं तथा संस्कार व्यक्ति तथा सामाजिक जीवन को पवित्र बनाते हैं। विभिन्न जातियों के संस्कार अलग हो सकते हैं। ग्रामीण जीवन के प्रत्येक अंग से सम्बन्धित संस्कार पाए जाते हैं। खाना खाने से लेकर, फसल बोने तथा काटने, त्योहारों, पाठशाला में जाने सभी पहलुओं में संस्कार देखे जा सकते हैं।

(3) ग्रामीण धर्म संस्थात्मक जटिलता के रूप में—धर्म से सम्बन्धित अनेक संगठन पाए जाते हैं। इन संगठनों की सम्पत्ति होती है तथा प्रचारकों एवं पुरोहितों द्वारा संचालित होते हैं। भारत में शंकराचार्य, रामानुज, बल्लभ तथा सहजानन्द इत्यादि अनेक संगठन पाए जाते हैं जिनमें अनेक संस्थागत हो चुके हैं। ग्रामीण समाज में इन संगठनों की ग्रामवासियों में धार्मिक मनोवृत्तियाँ जाग्रत करने में विशेष भूमिका है। ग्रामीण भारत में धर्म तथा प्रथाएँ विशेष महत्त्व रखती हैं क्योंकि इनका प्रभाव जीवन के प्रत्येक क्षेत्र में पाया जाता है। ग्रामीण धर्म को दो दृष्टिकोणों से देखा जा सकता है—

(i) संस्कार की दृष्टि से—संस्कार धर्म का एक महत्त्वपूर्ण अंग है। संस्कार विशेष प्रकार से की जाने वाली धार्मिक क्रिया है। किंग्स्ले डेविस[2] का कहना है कि धार्मिक संस्कार में धर्म का कार्यात्मक पक्ष है। पारलौकिक तत्त्वों तथा पवित्र वस्तुओं के सन्दर्भ में यह हमारा व्यवहार है।

(ii) विश्वास—डेविस का कहना है कि धार्मिक विश्वास धर्म का संज्ञात्मक पहलू है। यह पवित्र वस्तुओं की प्रकृति एवं उनकी व्याख्या करने का प्रयत्न करता है और प्रकारान्तर से यह मानकर चलता है कि पवित्र वस्तुओं का एक अस्तित्व होता है। इसमें हमें यहाँ एक तरफ यह पता चलता है कि विश्व किस प्रकार का है वहीं दूसरी तरफ इस बात का भी पता चलता है कि पवित्र वस्तुओं की प्रकृति कैसी होती है तथा पवित्र वस्तुओं का अनुभवातीत संसार से क्या सम्बन्ध होता है। धार्मिक विश्वास का आधार निष्ठा है, कोई लौकिक साक्ष्य नहीं। यदि हम धर्म को सम्यक् रूप से समझना चाहते हैं तो विश्वास और कर्मकाण्ड को समझना आवश्यक है।

(4) इस संसार में धर्म दुःखों को सहन करने की शक्ति देता है—सामान्यतया ऐसे देखने में आया है कि दुःखों तथा मुसीबतों के समय अधिकांश व्यक्ति भगवान को याद करते हैं। इसका एक ही कारण है कि धर्म हमें दुःखों तथा मुसीबतों को सहन करने की शक्ति प्रदान करता है। व्यक्ति अनेक वस्तुएँ चाहता है तथा कई कार्य करना चाहता है। परन्तु उसकी मर्जी के अनुसार सब कुछ उसे नहीं मिल पाता जिसके कारण वह निराश हो जाता है। ऐसी अवस्थाओं में धार्मिक विचार एवं देवी देवताओं पर उसकी निष्ठा व्यक्ति को सन्तोष तथा शान्ति प्रदान करते हैं।

(5) धर्म आत्म-महत्त्व को बढ़ावा देता है—धर्म से व्यक्ति के अहं का विकास होता है तथा उसके दृष्टिकोण को विस्तृत बनाकर आत्म-महत्त्व को बढ़ावा देता है। व्यक्ति अपने आपको भगवान का सबसे सहनशील कार्य मानता है।

(6) धर्म समाज में सामाजिक मूल्यों की सहायता से एकता बनाए रखने में योगदान देता है—प्रत्येक समाज की कुछ मान्यताएँ होती हैं। कुछ सामाजिक मूल्य पाए जाते हैं जोकि व्यक्तियों के व्यवहार पर नियन्त्रण रखते हैं। इन सामाजिक मूल्यों का स्रोत धर्म है। धर्म एक

ऐसा स्तम्भ है जिस पर सामाजिक मूल्य आधारित हैं। धर्म ही मनुष्य को असामाजिक प्रवृत्तियों को छोड़ने तथा अपनी इच्छाओं को सीमित करने की प्रेरणा देता है। इस प्रकार धर्म का सबसे बड़ा तथा महत्त्वपूर्ण कार्य अनुशासन तथा समाज में एकता बनाए रखना है।

इसके अतिरिक्त धर्म पारिवारिक, आर्थिक तथा राजनीतिक संस्थाओं के स्वरूप को भी निर्धारित करने में सहायता देता है, सभ्यताओं के जीवन में धर्म केन्द्रीय तत्त्व है।

धर्म ने काम करने की प्रेरणा, शिक्षा के प्रसार, पूँजी के संकलन तथा आराम वर्ग को विकसित करने में भी विशेष भूमिका निभाई है। इससे धर्मार्थ संस्थाओं को भी प्रेरणा मिली है जोकि आज महत्त्वपूर्ण योगदान प्रदान कर रही हैं। इस प्रकार धर्म का प्रभाव ग्रामीण जीवन के प्रत्येक पक्ष पर देखा जा सकता है।

सन्दर्भ-सूची

1. A. R. Desai, **Rural Sociology in India**, p. 54.
2. किंग्स्ले डेविस, **मानव समाज**, पृष्ठ 464.

11

ग्रामीण शिक्षा

शिक्षा विकसित तथा विकासशील दोनों प्रकार के देशों में एक महत्त्वपूर्ण सामाजिक प्रक्रिया है जोकि समाजों को बनाए रखने तथा इनके आगे विकास के लिए अति जरूरी है। शिक्षा द्वारा नई पीढ़ी का समाजीकरण होता है तथा संस्कृति एक पीढ़ी से दूसरी पीढ़ी को हस्तान्तरित होती है। दुर्खीम के अनुसार, "शिक्षा अधिक आयु के लोगों के द्वारा उन लोगों के लिए कार्यान्वित वह प्रक्रिया है जोकि अभी सामाजिक जीवन में प्रवेश योग्य नहीं है। इसका उद्देश्य शिशु में उन भौतिक, बौद्धिक और नैतिक दशाओं की जागृति एवं विकास करना है, जो उसके सम्पूर्ण समाज और पर्यावरण के लिए आवश्यक हैं, जिसके लिए वह विशेष रूप से पूर्व निर्दिष्ट है।"

आज शिक्षा एक विशेषीकृत सामाजिक प्रक्रिया अथवा अभिकरण है जिससे आय, प्रतिष्ठा, सत्ता तथा सामाजिक गतिशीलता की सम्भावनाएँ बढ़ जाती हैं। प्राचीन समाजों में शिक्षा एक पृथक् प्रक्रिया के रूप में नहीं थी क्योंकि परिवार, नातेदारी व्यवस्था एवं समाज द्वारा जीवन के दैनिक कार्यों में भाग लेने से ही दी जाती थी। इन समाजों में शिक्षा एक अनौपचारिक प्रक्रिया थी परन्तु आधुनिक समाजों में शिक्षा एक पृथक् तथा विशेषीकृत सामाजिक एवं औपचारिक प्रक्रिया है जोकि शिक्षा संस्थाओं द्वारा दी जाती है। शिक्षा केवल समाजीकरण करने का कार्य ही नहीं करती अपितु सामाजिक नियन्त्रण का भी एक महत्त्वपूर्ण साधन है, इसीलिए इसकी महत्ता निरन्तर बढ़ती जा रही है।

गाँव में अशिक्षा एक प्रमुख समस्या रही है। गाँव शिक्षा सुविधाओं की दृष्टि से सदैव पिछड़े रहे हैं। गाँव में न केवल शिक्षा संस्थाओं का अभाव है बल्कि निर्धनता के परिणामस्वरूप

माता-पिता बच्चों को नजदीकी कस्बों या नगरों में शिक्षा के लिए नहीं भेज पाते। वे निर्धनता के परिणामस्वरूप शिक्षा को विशेष महत्त्व भी नहीं देते हैं। यदि बच्चे स्कूल पढ़ने जाते भी हैं तो निर्धनता के कारण वे शिक्षा बीच में ही छोड़कर माता-पिता का हाथ बँटाना शुरू कर देते हैं। वास्तव में, ग्रामवासी पहले शिक्षा को कृषि व्यवसाय के लिए उपयोगी नहीं मानते थे तथा इसीलिए बच्चों की शिक्षा की ओर विशेष ध्यान नहीं देते थे। महात्मा गांधी जी ने कहा था कि सभी ग्रामीण समस्याओं की जड़ अशिक्षा ही है। यदि ग्रामीण जनता को अशिक्षा की बेड़ियों से मुक्त कर दिया जाए, तो भारत में स्वतः प्रगति होने लगेगी। अशिक्षा को सामाजिक कोढ़ तथा एक प्रकार का राष्ट्रीय कलंक माना जाता है। इसके परिणामस्वरूप ग्रामवासी न तो ठीक प्रकार से आर्थिक विकास कर पाते हैं और न ही उनके व्यक्तित्व का विकास ठीक से हो पाता है। यह एक प्रकार से राष्ट्रीय प्रगति में बाधा बन जाती है। अशिक्षा के परिणामस्वरूप ही ग्रामवासियों में अन्धविश्वास, अज्ञानता, भाग्यवादिता आदि अन्य समस्याएँ जन्म लेती हैं।

ग्रामीण अशिक्षा के लिए निम्नलिखित कारण उत्तरदायी माने जाते हैं—

(1) ग्रामीण क्षेत्रों में शिक्षा सुविधाओं का अभाव,
(2) अस्पृश्यता एवं जातीय निषेध,
(3) निम्न आर्थिक स्थिति या आर्थिक पिछड़ापन,
(4) अन्धविश्वास एवं भाग्यवादी दृष्टिकोण,
(5) वैज्ञानिक दृष्टिकोण का अभाव,
(6) शिक्षा का ग्रामीण व्यवसायों हेतु अनुपयोगी होना,
(7) शिक्षा के प्रति अज्ञानता तथा
(8) लड़कियों को पराया धन मानकर उनके लिए शिक्षा को अनुपयोगी मानना।

ग्रामीण भारत में शिक्षा का महत्त्व

भारत गाँवों का देश है तथा प्रारम्भिक अवस्थाओं में शिक्षा केवल नगरीय क्षेत्रों तक सीमित थी अर्थात् शिक्षा संस्थाओं की सुविधाएँ अधिकतर नगरों में ही थी इसलिए अधिकांश ग्रामीण जनता इनसे वंचित रही तथा वही ग्रामीण व्यक्ति शिक्षा ग्रहण कर सके जिनके पास साधन थे। दूसरे शब्दों में यह कहा जा सकता है कि शिक्षा सुविधाओं का लाभ केवल आर्थिक दृष्टि से सम्पन्न व्यक्ति ही उठा रहे थे। ग्रामों में प्रथाओं तथा रूढ़ियों की प्रधानता के कारण तथा अधिकतर जनसंख्या का कृषि व्यवसाय पर निर्भर होने के कारण शिक्षा का विकास नहीं हो सका। ग्रामवासियों के शिक्षा के लाभों के प्रति न ही तो जागरूकता थी न ही साधन थे। इतना ही नहीं, वे शिक्षा को कृषि व्यवसाय में किसी तरह से सहायक नहीं मानते थे। इसी कारण शिक्षा का प्रचलन ग्रामीण क्षेत्रों में अधिक न हो सका तथा ग्रामीण क्षेत्र नगरों की अपेक्षा पिछड़े हुए बने रहे। अंग्रेजों ने भारत में शिक्षा का पश्चिमी प्रणाली के अनुसार विकास करने का प्रयास किया। ग्रामीण जनता द्वारा भी इसकी महत्ता समझी गई तथा प्रारम्भिक स्तर की शिक्षा सुविधाएँ केवल नगरों तक ही सीमित न रह कर गाँव में भी उपलब्ध कराई जाने लगीं।

आज शिक्षा ग्रामीण विकास के लिए अति महत्त्वपूर्ण है तथा प्रत्येक समाज में इसके महत्त्व को समझा जा रहा है। ग्रामीण शिक्षा भारत में निम्नलिखित कारणों से महत्त्वपूर्ण है—

(1) आर्थिक कारण—आधुनिकीकरण से पूर्व के समाजों में, जबकि गाँव आत्मनिर्भर थे, आर्थिक जीवन केवल ग्रामीण अर्थव्यवस्था तक ही सीमित था क्योंकि कोई राष्ट्रीय अर्थव्यवस्था नहीं थी। परन्तु आज राष्ट्रीय अर्थव्यवस्था एक आवश्यक अभिन्न अंग बन गई है। राष्ट्रीय अर्थव्यवस्था में विभिन्न वस्तुओं का उत्पादन केवल राष्ट्रीय आवश्यकताओं के लिए ही नहीं किया जाता अपितु अन्तर्राष्ट्रीय स्तर की आवश्यकताओं को सामने रखकर भी किया जाता है। अंग्रेजों के आने से पहले गाँवों में केवल अपने उपभोग के लिए उत्पादन किया जाता था तथा पूरा गाँव सामूहिक रूप से लगान देता था। परन्तु अंग्रेजों के आने के पश्चात् केवल गाँवों के लिए ही नहीं अपितु राष्ट्रीय तथा अन्तर्राष्ट्रीय मण्डियों के लिए उत्पादन किया जाने लगा तथा शिक्षा द्वारा राष्ट्रीय एवं अन्तर्राष्ट्रीय स्तर में प्रतियोगिता के लिए ग्रामीण कृषकों का शिक्षित होना अत्यन्त जरूरी माना जाने लगा है। इसीलिए ग्रामीण शिक्षा आधुनिक भारत में एक महत्त्वपूर्ण आवश्यकता बन गई है।

(2) राजनीतिक कारण—आधुनिक ग्रामवासियों के लिए शिक्षा राजनीतिक तथा प्रशासन की दृष्टि से महत्त्वपूर्ण है। पहले क्योंकि गाँव केवल जाति एवं गाँव पंचायतों द्वारा शासित थे तथा राज्य की प्रभुता बहुत कम थी, परन्तु गाँव के राजनीतिक तथा प्रशासन की इकाई बन जाने के पश्चात् शिक्षा का महत्त्व काफी अधिक हो गया है। आधुनिक राज्य जनता के आर्थिक, सामाजिक तथा सांस्कृतिक जीवन को दिशा प्रदान करता है इसलिए ग्रामीण जनता का अब पढ़ा-लिखा होना जरूरी है ताकि ग्रामवासियों को कानून तथा प्रशासन का ज्ञान हो सके। गाँव में राजनीतिक दलों के उभरने से गाँव राष्ट्रीय राजनीति की प्रमुख धारा में आ गए हैं इसलिए ग्रामवासियों के लिए विभिन्न राजनीतिक दलों की नीतियों को समझना जरूरी है। शिक्षा इन दलों तथा नीतियों को समझने में सहायक है इसलिए आधुनिक युग में ग्रामीण शिक्षा अधिक महत्त्वपूर्ण हो गई है।

(3) सामाजिक कारण—सामाजिक दृष्टि से भी ग्रामीण शिक्षा का महत्त्वपूर्ण स्थान है क्योंकि आज सामाजिक सम्बन्ध प्रस्थिति द्वारा नहीं अपितु अनुबन्ध द्वारा निर्धारित होते हैं। सम्बन्ध काफी जटिल हैं तथा सामाजिक संरचना को समझना आज के युग में जरूरी हो गया है। शिक्षा सामाजिक संरचना तथा अनुबन्धात्मक सामाजिक सम्बन्धों को समझने में सहायता देती है तथा केवल शिक्षित व्यक्ति ही इन जटिल एवं विविध सम्बन्धों को समझ सकता है।

(4) आचार सम्बन्धी कारण—आचार सम्बन्धी दृष्टिकोण से भी आज ग्रामीण व्यक्तियों का पढ़ा-लिखा होना जरूरी है। आज के युग में आचार सम्बन्धी जीवन धार्मिक सिद्धान्तों की अपेक्षा धर्मनिरपेक्ष तथा सामन्तवादी सिद्धान्तों पर आधारित है। ग्रामीण जनता तथा समूहों का व्यवहार आज व्यक्तियों की समानता, व्यक्तिगत स्वतन्त्रता, मानव व्यक्तित्व का विकास तथा इनके अनुसार व्यवहार करने के लिए ग्रामीण जनता का पढ़ा-लिखा होना जरूरी है।

(5) सांस्कृतिक कारण—शिक्षा आधुनिक विकसित संस्कृति के अध्ययन के लिए भी जरूरी है। आज अन्तर्राष्ट्रीयता की महत्ता अधिक होती जा रही है। विभिन्न संस्कृतियों के अध्ययन तथा ज्ञान के लिए ग्रामीण शिक्षा का होना जरूरी है ताकि विकास हो सके। एक सामानय संस्कृति का निर्माण करने के लिए भी ग्रामीण शिक्षा का विकास होना जरूरी है।

(6) अन्य कारण—विकसित तथा आधुनिक तकनीकी के लिए कृषकों का भी पढ़ा-लिखा होना जरूरी है ताकि वे ट्रेक्टरों, खादों तथा अन्य बातों के बारे में जान सकें। ग्रामीण समस्याओं के समाधान के लिए भी ग्रामीण शिक्षा अति महत्त्वपूर्ण है। ग्रामीण शिक्षा ग्रामीण जनता को रूढ़िवादिता से बाहर आने में सहायक हो सकती है। संसार को वैज्ञानिक दृष्टिकोण से देखने तथा समझने के लिए ग्रामीण शिक्षा का विकास करना जरूरी है।

इस प्रकार, ग्रामीण शिक्षा उपर्युक्त कारणों से आज के युग में एक आवश्यकता ही नहीं, अपितु विकास हेतु एक अति महत्त्वपूर्ण पूर्व-दशा बन गई है।

स्वतन्त्र भारत में शिक्षा का विकास

ग्रामीण शिक्षा की महत्ता को स्वतन्त्रता-प्राप्ति के पश्चात् ही समझा गया तथा इसकी ओर काफी ध्यान भी दिया गया। एक प्रजातान्त्रिक, प्रगतिवादी तथा राष्ट्रीय जीवन के विकास के लिए यह महसूस किया गया कि ग्रामीण जनता में साक्षरता का विकास करना जरूरी है। स्वतन्त्रता-प्राप्ति से आज तक ग्रामीण जनता में शिक्षा के विकास के लिए प्रयत्न किए जा रहे हैं तथा इसमें कुछ कठिनाइयों के बावजूद सफलता भी मिली है। सभी पंचवर्षीय योजनाओं में ग्रामीण क्षेत्रों तथा अनुसूचित जातियों और जनजातियों में शिक्षा के प्रचार एवं प्रसार की ओर काफी ध्यान दिया गया है।

1948 ई० में डॉ० राधाकृष्णन की अध्यक्षता में एक आयोग का गठन किया गया जिसे ग्रामीण क्षेत्रों में शिक्षा के विकास के लिए सुझाव देने की जिम्मेदारी सौंपी गई। 1956 ई० में ग्रामीण उच्च शिक्षा के विकास के लिए एक नया कार्यक्रम लागू किया गया जिसका उद्देश्य कैरियर बनाने के अतिरिक्त समुदाय के प्रति सेवा तथा ग्रामीण जीवन के प्रति हमदर्दी की भावनाएँ जाग्रत करना था। राष्ट्रीय ग्रामीण उच्चतर शिक्षा परिषद् केन्द्रीय सरकार को ग्रामीण क्षेत्रों में उच्च शिक्षा के विकास के लिए सलाह देती है।

स्वतन्त्रता-प्राप्ति के पश्चात् परम्परागत शिक्षा प्रणाली के अनेक दोषों; जैसे—व्यावहारिकता की कमी, नैतिकता की कमी, अधिक खर्चीली तथा मुख्य रूप से धार्मिक तथा राष्ट्रीय भावनाओं से दूर इत्यादि को समाप्त करने का प्रयास किया गया है तथा निम्नलिखित बातों पर बल दिया गया है—

(1) बुनियादी शिक्षा पर अधिक बल दिया गया है।

(2) मातृ भाषा के माध्यम द्वारा शिक्षा देने की महत्ता समझी गई है।

(3) शिक्षा को यथासम्भव दस्तकारी से सम्बन्धित बनाने अर्थात् व्यावहारिक बनाने का प्रयास किया गया है।

(4) निःशुल्क शिक्षा को प्राथमिकता दी गई है।

(5) पिछड़े वर्गों, विशेषकर अनुसूचित जातियों तथा जनजातियों में शिक्षा को प्रोत्साहन देने के लिए विशेष प्रयास किए गए हैं ताकि उच्च जातियों तथा आर्थिक दृष्टि से सम्पन्न व्यक्तियों के एकाधिकार को समाप्त किया जा सके।

शिक्षा के उद्देश्य

आज शिक्षाशास्त्रियों द्वारा अनुभव किया जा रहा है कि वर्तमान नगरीय शिक्षा प्रणाली विद्यार्थियों के भौतिक, भावात्मक तथा नैतिक पहलुओं का विकास नहीं कर पा रही है। इसमें केवल सामान्य ज्ञान की महत्ता को अधिक प्रभुत्व दिया गया है। शिक्षा ऐसी है कि व्यक्ति इसे ग्रहण करने के पश्चात् जब अपना व्यावसायिक जीवन शुरू करता है तो यह शिक्षा वास्तविक जीवन की किसी समस्या के समाधान में सहायता नहीं देती। इस प्रकार, शिक्षा से व्यक्तित्व का निर्माण जैसा होना चाहिए नहीं हो पाता।

डॉ० राधाकृष्णन की रिपोर्ट के बाद इस बात पर बल दिया गया है कि भारत में विकास के लिए ग्रामीण समाज का पुनर्निर्माण करना जरूरी है। ग्रामीण शिक्षा इस प्रकार की होनी चाहिए कि इससे ग्रामीण विकास में सहायता मिले। भारत में अभी भी वही शिक्षा प्रणाली चली आ रही है जोकि अंग्रेजी राज्य में शुरू की गई थी। यही प्रणाली दोषपूर्ण है तथा इसे सभी शिक्षाशास्त्री तथा नेता मानते भी हैं परन्तु अभी तक इसे परिवर्तित करने के लिए कोई क्रान्तिकारी कदम नहीं उठाया गया है।

शिक्षा के विकास के लिए शिक्षा की मशीनरी की संरचना को मजबूत बनाया गया है। राज्य तथा केन्द्रीय सरकार ग्रामीण शिक्षा के विकास में विशेष रुचि ले रही है। इस समय देश में निम्नलिखित 12 ग्रामीण संस्थाएँ कार्य कर रही हैं—

(1) कोयंबतूर (Coimbatore)
(2) गांधीग्राम (Gandhigram) } दोनों तमिलनाडु में
(3) उदयपुर (Udaipur), राजस्थान में
(4) बिरौली (Birouli), बिहार में
(5) बिचपुरी (Bichpuri), उत्तर प्रदेश में
(6) अमरावती (Amravati)
(7) गारगौटी (Gargoti) } तीनों महाराष्ट्र में
(8) वर्धा (Wardha)
(9) राजपुरा (Rajpura), पंजाब में
(10) हनुमानमट्टी (Hanumanmatti), कर्नाटक में
(11) तवानुर (Tavanur), केरल में तथा
(12) इन्दौर (Indore), मध्य प्रदेश में।

इसके अतिरिक्त महिलाओं में शिक्षा को प्रोत्साहन देने के लिए राष्ट्रीय महिला शिक्षा कौन्सिल की स्थापना भी की गई है जोकि महिलाओं में शिक्षा को बढ़ावा देने के लिए सरकार को सलाह देती है।

शिक्षा के प्रसार के यान्त्रिक तथा अन्य साधन

पिछले अनेक वर्षों में संसार ने विज्ञान तथा तकनीकी में काफी प्रगति की है। आवागमन तथा संचार के साधनों में बड़ी तीव्र गति से प्रगति हुई है। रेलगाड़ी, समुद्री जहाज, हवाई जहाज, टेलीफोन तथा तार, रेडियो, सिनेमा, टेलीविजन इत्यादि तकनीकी यन्त्रों द्वारा मानवता के विकास करने में सहायता तो मिली ही है, इनसे राष्ट्रीय तथा अन्तर्राष्ट्रीय स्तर पर आर्थिक एवं सांस्कृतिक जीवन को एक सूत्र में बाँधने में भी सहायता मिली है।

अब केवल स्कूल ही शिक्षा के प्रभावशाली माध्यम नहीं रहे अपितु रेडियो, टेलीविज़न, टेलीफोन इत्यादि का प्रयोग भी शिक्षा को और मजबूत बनाने के लिए किया जा सकता है। शिक्षा के प्रसार में इन साधनों का विशेष महत्त्व है।

आधुनिक युग में शिक्षा के प्रसार के लिए निम्नलिखित यान्त्रिक तथा अन्य साधनों ने महत्त्वपूर्ण भूमिका निभाई है—

(1) स्कूल—स्कूल तो शिक्षा का प्रमुख औपचारिक साधन है जिसमें योजनाबद्ध शिक्षा दी जाती है।

(2) पुस्तकालय—सामाजिक, आर्थिक, राजनीतिक, तकनीकी तथा सांस्कृतिक पहलुओं के बारे में ज्ञान प्राप्त कराने में पुस्तकालयों का विशेष महत्त्व है क्योंकि इनमें उपलब्ध वैज्ञानिक पुस्तकें, पत्र-पत्रिकाएँ, समाचार-पत्र तथा अन्य साधन इन विभिन्नताओं का ज्ञान प्राप्त कराने में सहायक हो सकते हैं। अगर पुस्तकालयों का प्रयोग सही ढंग से किया जाए तो व्यक्ति के दृष्टिकोण को व्यापक बनाने में इनका विशेष योगदान रहता है। गाँवों में तो पुस्तकालय आज एक आवश्यक साधन हैं क्योंकि जो थोड़े बहुत व्यक्ति पढ़-लिख गए हैं वह इनका फायदा उठा सकते हैं। इसलिए गाँव को पुस्तकालय की सुविधाएँ प्रदान की जानी चाहिए ताकि ग्रामीण जीवन से सम्बन्धित समस्याओं के बारे में साहित्य उन्हें उपलब्ध हो सके तथा वह इनका लाभ उठा सकें।

(3) संग्रहालय—संग्रहालय भी ज्ञान प्राप्त करने का ही एक साधन है। ग्रामीण व्यक्तियों में शिक्षा के प्रसार में संग्रहालय विशेष भूमिका निभा सकते हैं। इनसे भौगोलिक, वनस्पति तथा अन्य बातों के बारे में ग्रामीण जनता के बारे में जागरूकता बढ़ाई जा सकती है। इनसे स्थानीय संस्कृति के विकास में भी सहायता मिलती है। इनसे सामाजिक तथा प्राकृतिक संसार के प्रति ग्रामवासियों की चेतना बढ़ती है।

(4) चलचित्र—चलचित्र शिक्षा प्रदान करने का एक अति नवीन तथा प्रभावशाली साधन है जिसका प्रयोग सामाजिक, आर्थिक, राजनीतिक तथा सांस्कृतिक विकास के लिए किया जा

सकता है। यह सबसे प्रभावशाली इसलिए है क्योंकि इसमें व्यक्ति सुनते ही नहीं, घटनाओं को होते हुए देखते भी हैं। यह कम खर्चीला परन्तु सबसे अधिक प्रभावशाली साधन है।

(5) **रेडियो**—रेडियो भी शिक्षा के प्रसार का एक महत्त्वपूर्ण साधन है। ग्रामवासियों के लिए रेडियो का स्कूल के प्रभावों को ओर स्थाई बनाने के लिए प्रयोग किया जा सकता है। रेडियो से केवल ग्रामवासियों का केवल मनोरंजन ही नहीं होता अपितु दैनिक प्रगति के समाचार भी मिलते हैं। राष्ट्रीय तथा अन्तर्राष्ट्रीय स्तर पर क्या हो रहा है इसका ज्ञान रेडियो द्वारा सम्भव हो पाता है।

(6) **टेलीविजन**—दूरदर्शन भी रेडियो तथा चलचित्रों की तरह सामाजिक शिक्षा का एक प्रमुख साधन है। इसमें केवल स्वास्थ्य मनोरंजन ही नहीं होता अनेक ज्ञानवर्द्धक कार्यक्रमों द्वारा ज्ञान में भी वृद्धि होती है। स्कूल के बच्चों तथा कृषकों के लिए प्रसारित किए जाने वाले कार्यक्रम विशेष रूप में सफल रहे हैं। शिक्षा के प्रभावों को रेडियो, चलचित्रों तथा दूरदर्शन से स्थाई बनाया जा सकता है।

(7) **चलती फिरती गाड़ी**—चलती फिरती मनोरंजन की गाड़ी जिस पर लाउडस्पीकर, रेडियो, फिल्म, पुस्तकालय अथवा अन्य कोई सांस्कृतिक वस्तु होती है, भी ज्ञान बढ़ाने में एक साधन के रूप में कार्य करती है। ये गाड़ियाँ एक ग्राम से दूसरे में जा सकती हैं तथा ग्रामवासियों के ज्ञान में वृद्धि कर सकती हैं। इनका प्रयोग ग्रामवासी अपने दृष्टिकोण को और अधिक व्यापक बनाने के लिए कर सकते हैं।

(8) **व्यायामशाला तथा खेलों के केन्द्र**—व्यायामशालाओं तथा खेलों के केन्द्रों का भी भौतिक, सांस्कृतिक तथा मनोरंजन में विशेष महत्त्व है। ये ग्रामवासियों को सामूहिक क्रिया का अवसर प्रदान करते हैं, उनमें अनुशासन एवं सहयोग की भावना लाने में सहायता देते हैं तथा इसके साथ ही शारीरिक विकास में भी सहायक होते हैं। इनका शिक्षा के प्रसार में भी विशेष महत्त्व है।

ग्रामीण शिक्षा के कार्यक्रमों की पूर्ण सफलता वित्तीय सहायता तथा प्रसार में लगे हुए कर्मचारियों पर आश्रित है। इसके लिए विस्तृत वैज्ञानिक तथा सांस्कृतिक योजनाएँ बनाने तथा उन्हें लागू करने की आवश्यकता है। कार्यकर्ताओं का पूरी तरह से प्रशिक्षित होना तथा पर्याप्त साधनों का होना ग्रामीण शिक्षा की समस्याओं के समाधान में सहायक सिद्ध हो सकता है।

ग्रामीण शिक्षा के प्रसार को अधिक लाभकारी बनाने के लिए यह जरूरी है कि इसे ग्रामीण समस्याओं से सम्बन्धित किया जाए। विद्यार्थियों को छुट्टियों में ग्रामीण क्षेत्रों में जाकर श्रमदान करना चाहिए। परन्तु वर्तमान शिक्षा का ही प्रसार गाँवों में नहीं है। इसलिए बेसिक शिक्षा तथा सामाजिक शिक्षा को अधिक महत्त्व दिया जाना चाहिए तथा इसे अधिक व्यावहारिक बनाया जाना चाहिए।

12

ग्रामीण मनोरंजन

मानव का जीवन बड़ा व्यस्त जीवन है। ग्रामवासियों तथा नगरों में रहने वाले व्यक्तियों को कृषि, उद्योग, मजदूरी तथा अन्य कार्य व्यस्त रखते हैं तथा उन्हें मनोरंजन की आवश्यकता अनुभव होती है। मनोरंजन की आवश्यकता कोई आधुनिक नहीं है अपितु आदिकाल से चली आ रही है। पहले व्यक्ति का जीवन इतना व्यस्त नहीं था। सामूहिक जीवन होने के कारण मनोरंजन की कोई समस्या नहीं थी। शिकार केवल भोजन एकत्रित करने का ही साधन नहीं था अपितु मनोरंजन का भी एक साधन रहा है। मनोरंजन जीवन में इसलिए महत्त्वपूर्ण है क्योंकि इससे मानसिक शान्ति तथा आराम मिलता है। व्यक्तियों को अपने दुःख दर्द भुलाने का अवसर मिलता है तथा इससे अनेक प्रकार की बुराइयों से छुटकारा मिल सकता है। मनोरंजन से पारिवारिक कलह भी कम होती है तथा इससे सामुदायिक एवं सामूहिक जीवन को बल मिलता है।

मनुष्य एक सामाजिक प्राणी है। वह अपनी आवश्यकताएँ ही दूसरे व्यक्तियों से पूरा नहीं करता अपितु उनमें बैठ कर अपनी आधारभूत इच्छाओं को भी पूरा करता है तथा मनोरंजन करता है। ग्रामीण जीवन में मनोरंजन इसलिए अधिक महत्त्वपूर्ण है क्योंकि ग्रामवासियों का जीवन कठिन कृषि कार्यों के कारण बड़ा नीरस सा होता है। गन्दगी, दरिद्रता तथा कठिन कार्य व्यक्ति को एकान्त प्रिय तथा नीरस बना देते हैं। इस अवस्था में उसे किसी न किसी तरह का मनोरंजन मिलना जरूरी है ताकि उसे सामाजिक तथा मानसिक सन्तोष मिल सके। मनोरंजन व्यक्ति के जीवन को सामाजिक बनाता है तथा मानसिक दबाव अथवा तनाव को कम करता है।

अनेक विद्वानों, विचारकों तथा समाज सुधारकों ने कठिन ग्रामीण जीवन होने के कारण ग्रामवासियों के लिए एक स्वास्थ्यवर्द्धक मनोरंजन की आवश्यकता पर बल दिया है। नगरों में

तो मनोरंजन के अनेक साधन हैं जैसे सिनेमा, क्लब, पार्क इत्यादि जबकि ग्रामों में मनोरंजन के साधनों के विकास पर इतना ध्यान नहीं दिया गया है। खेल-कूद को ही ग्रामीण मनोरंजन का प्रमुख आधार माना जा सकता है क्योंकि खेल-कूद ग्रामीण जीवन का ही एक अंग है। खेल-कूद तथा अन्य मनोरंजन की क्रियाएँ व्यक्ति के जीवन को रसमय बनाती है तथा व्यक्ति आनन्द की अनुभूति करता है। वास्तव में मनोरंजन व्यक्ति के शारीरिक तथा मानसिक विकास के लिए अत्यन्त जरूरी है।

ग्रामीण मनोरंजन के प्रकार

प्राचीन भारत में ग्रामवासियों में व्यापारिक मनोरंजन जैसा कि नगरों में पाया जाता है वैसा प्रचलित नहीं था। परन्तु समय के साथ जैसे-जैसे ग्रामवासियों का नगरीय व्यक्तियों से सम्पर्क बढ़ता जा रहा है, व्यापारिक मनोरंजन भी गाँवों में पहुँच गया है। ग्रामीण मनोरंजन को निम्न श्रेणियों में बाँटा जा सकता है—

(1) **खेल-कूद**—खेल-कूद ग्रामीण जीवन का ही एक अंग है तथा इनका ग्रामीण क्षेत्रों में विशेष महत्त्व है। आयु, लिंग के अनुसार अनेक तरह के खेल ग्रामवासी खेलते हैं। कबड्डी, हाकी, गुल्ली-डण्डा, खो-खो, आँख-मिचौली तथा ताश एवं बाहर लकीर इत्यादि प्रमुख खेल खेले जाते हैं। इन खेलों से मनोरंजन ही नहीं होता अपितु समाजीकरण भी होता है तथा नेतृत्व का प्रशिक्षण भी मिलता है। जीवन में नियमितता भी खेल-कूद से ही आती है तथा शारीरिक एवं मानसिक विकास भी होता है। अनेक रोगों से छुटकारा मिल जाता है।

(2) **लोक नृत्य**—ग्रामीण मनोरंजन में लोक-नृत्यों का विशेष महत्त्व है। फसल की बुआई तथा कटाई के समय लोक-नृत्यों का एक तांता सा लग जाता है। लोक-नृत्य विभिन्न प्रदेशों में भिन्न-भिन्न होते हैं जैसे पंजाब में पुरुषों का भांगड़ा नाच तथा स्त्रियों में गिद्दा तथा राजस्थान में राजस्थानी लोक-नृत्य प्रमुख हैं। लोक-नृत्य मनोरंजन तो करते ही हैं अपितु सामूहिकता की भावनाओं को भी विकसित करते रहते हैं।

(3) **संगीत**—संगीत के बिना तो आज जीवन सूना सा लगता है। गाँव में तो संगीत ग्रामीण संस्कृति का ही एक प्रमुख अंग है। खेतों में काम करते, पानी लाते, बीज बोते, त्योहारों, उत्सवों एवं संस्कारों के समय संगीत का महत्त्व देखा जा सकता है। आज रेडियो ग्रामवासियों के लिए संगीत का प्रमुख साधन है।

(4) **कथा और कहानियाँ**—ग्रामीण क्षेत्रों में कथाओं तथा कहानियों का भी विशेष महत्त्व है। शुरू से ही व्यक्ति कहानियों द्वारा दूसरों का दिल बहलाने का प्रयास करते रहे हैं। कथाओं तथा कहानियों का जीवन में इसलिए महत्त्वपूर्ण स्थान है क्योंकि इससे समाजीकरण होता है तथा व्यक्ति के व्यक्तित्व के निर्माण में भी सहायता मिलती है। बूढ़े व्यक्ति अपने पोतों को कहानियाँ सुनाकर उनका मनोरंजन करते हैं तथा सुलाते हैं। उन्हें इन कहानियों का महत्त्व पता नहीं क्योंकि जिस तरह की कहानियाँ बच्चों को बचपन में सुनाई जाएँगी इनका काफी प्रभाव इनके भावी जीवन पर पड़ता है। बच्चों में पाया जाने वाला डर भी कई बार इन डरा देने वाली कहानियों के कारण ही हो सकता है।

(5) नाटक—नगरों में व्यापारीकृत मनोरंजन के कारण नाटकों तथा नोटंकी की इतनी अधिक महत्ता नहीं जितनी कि गाँवों में ग्रामवासियों के लिए है। नाटकों का ग्रामीण जीवन में काफी प्रभाव पड़ता है तथा जब कभी ड्रामा मण्डली तथा नोटंकी वाले किसी गाँव में पहुँच जाते हैं तो अनेक नर नारी एवं बच्चे इन्हें देखकर अपना मनोरंजन करते हैं।

यह सब मनोरंजन के साधन भारतीय ग्रामों में सर्वाधिक प्रचलित हैं। जनसाधारण तो इन्हीं साधनों द्वारा अपना मनोरंजन करते हैं परन्तु विशिष्टजन हो सकता है अन्य मनोरंजन के साधनों का भी सहारा लें जैसे घुड़सवारी करना, टिकटें इकट्ठी करना, पोलो तथा अन्य खेल खेलना। मनोरंजन के साधन भौतिक पर्यावरण पर भी आधारित रहते हैं। बर्फीले प्रदेशों में बर्फ पर फिसलना तथा अन्य खेल खेलना मनोरंजन हो सकता है।

आज ग्रामवासी भी जहाँ तक आधुनिक मनोरंजन के साधनों का प्रश्न है पीछे नहीं रहे हैं। जैसे-जैसे वैज्ञानिक आविष्कार होते जा रहे हैं, आधुनिक मनोरंजन के साधन हमारे सामने आते चले जा रहे हैं। बिजली की सुविधा हो जाने के कारण बड़े गाँवों में तो सिनेमाघर भी बन गए हैं तथा सरकार की तरफ से भी मुफ्त प्रचार की अनेक फिल्में ग्रामवासियों को दिखाई जाती हैं। जैसे-जैसे गाँव, जाति तथा परिवार एवं अन्य अनौपचारिक साधनों के नियन्त्रण में कमी होती जा रही है व्यक्तिवादिता बढ़ती जा रही है, सामुदायिक भावनाएँ नष्ट होती जा रही हैं तथा अलगाव एवं व्याधिकी इत्यादि अनेक समस्याएँ सामने आती जा रही हैं। इन सबको सामने रखकर आज मनोरंजन की महत्ता पहले से भी कहीं अधिक हो गई है। पारस्परिक लड़ाई झगड़े होने के कारण तथा कृषि के यन्त्रीकरण के कारण भी मनोरंजन की महत्ता आधुनिक युग में अधिक हो गई है।

आज अनेक आधुनिक मनोरंजन के साधनों जैसे रेडियो, टेलीविजन, सितार, हारमोनियम, चलचित्र तथा अनेक नए खेल जैसे बैडमिण्टन, बॉस्कटबाल, टेनिस, बॉलीबाल इत्यादि का प्रचलन बढ़ता जा रहा है। ग्रामवासी अब इन खेलों में अधिक रुचि लेते हैं तथा कथाओं, कहानियों, नाटकों, लोक-नृत्य का स्थान आज आधुनिक साधन तीव्रता से लेते जा रहे हैं। इन साधनों को ग्रामवासियों ने कहाँ तक अपनाया है यह बाहरी सम्पर्क, शिक्षा तथा आधुनिक विचारों पर आधारित है।

ग्रामीण मनोरंजन की प्रमुख विशेषताएँ

ग्रामीण मनोरंजन में प्रमुख रूप से निम्नलिखित विशेषताएँ पाई जाती हैं—

(1) ग्रामीण मनोरंजन सामूहिक मनोरंजन है—ग्रामवासियों में सामूहिक मनोरंजन देखा जा सकता है। स्त्रियाँ एवं पुरुष अलग-अलग अथवा एक साथ सामूहिक रूप से मनोरंजन में हिस्सा लेते हैं। लोक-नृत्यों, खेल-कूदों, कथाओं, नाटकों तथा नोटंकी इत्यादि में सामूहिक मनोरंजन होता है।

(2) ग्रामीण मनोरंजन धार्मिक विश्वासों पर आधारित है—क्योंकि धर्म का ग्रामीण जीवन के प्रत्येक क्षेत्र पर प्रभाव देखा जा सकता है, इसलिए मनोरंजन भी इससे अछूता नहीं

रहा है। कथा, कीर्तन तथा ड्रामों में धार्मिक विचारों की झलक स्पष्ट रूप से देखी जा सकती है। होली, दीवाली, दशहरा तथा अन्य त्योहारों के समय जोकि धार्मिक विश्वासों पर आधारित है, मनोरंजन को प्राथमिकता दी जाती है। देवी-देवताओं की झलकियों द्वारा भी मनोरंजन किया जाता है।

(3) ग्रामीण मनोरंजन नगरों की तरह व्यापारिक नहीं होता—ग्रामीण मनोरंजन की सबसे बड़ी विशेषता यह है कि इसमें व्यापारिकता नहीं पाई जाती अर्थात् ऐसा नहीं है कि मनोरंजन केवल धनी व्यक्तियों का ही एकाधिकार हो अपितु जनसाधारण भी इन मनोरंजनों में भाग लेते हैं।

(4) ग्रामीण मनोरंजन में कृत्रिमता नहीं होती—ग्रामीण मनोरंजन शुद्ध मनोरंजन होता है। इसमें किसी भी प्रकार की योग्यता आवश्यक नहीं है तथा इसमें किसी तरह की कृत्रिमता भी पाई नहीं जाती क्योंकि ग्रामीण मनोरंजन व्यापारिक नहीं है इसलिए ऐसा होना स्वाभाविक है।

(5) ग्रामीण मनोरंजन सार्वभौमिक तथा आडम्बरहीन है—ग्रामीण मनोरंजन सार्वभौमिक है अर्थात् प्रत्येक गाँव में किसी न किसी तरह का मनोरंजन पाया जाता है। मनोरंजन ग्रामवासियों का ही एक अभिन्न अंग है। यह आडम्बरहीन भी है क्योंकि आधुनिक मनोरंजन की तरह ग्रामीण मनोरंजन में आडम्बर नहीं करना पड़ता।

इससे यह स्पष्ट होता है कि ग्रामीण व्यक्तियों में मनोरंजन जीवन का ही एक अंग है तथा अनेक अवसरों पर भिन्न प्रकार से मनोरंजन किया जाता है। आधुनिक युग में जबकि जीवन में निराशाएँ तथा चिन्ताएँ बढ़ रही हैं, मनोरंजन और भी अधिक महत्त्वपूर्ण होता जा रहा है तथा सरकार भी ग्रामीण क्षेत्रों में ग्रामवासियों को मनोरंजन की सुविधाएँ प्रदान करने में प्राथमिकता दे रही है।

ग्रामीण जीवन में मनोरंजन का महत्त्व

ग्रामीण जीवन शुद्ध तथा व्यस्त जीवन है जिसमें मनोरंजन का विशेष महत्त्व है। मनोरंजन ग्रामवासियों में सामुदायिक तथा सामूहिक भावनाओं को विकसित करने में सहायता देता है तथा इस प्रकार एकता लाने में अपनी भूमिका निभाता है। मनोरंजन समाजीकरण का भी साधन है तथा व्यक्तित्व के विकास को प्रभावित करता है। इसके अतिरिक्त ग्रामीण मनोरंजन सामाजिक तथा मानसिक विकास के लिए आवश्यक है।

कठिन परिश्रम के पश्चात् अगर व्यक्ति को आराम न मिले, कोई मनोरंजन साधन न हो तो उसका जीवन काफी नीरस हो जाता है। खाली समय निकालना कठिन हो जाता है तथा मनोरंजन के साधन न होने पर कई बुरी बातें व्यक्ति सीख जाता है तथा करने लगता है। मनोरंजन उसके नीरस जीवन को रसमय बनाता है तथा मानसिक दबाव से राहत प्रदान करता है।

13

ग्रामीण संस्कार एवं त्योहार

ग्रामीण जीवन में संस्कारों एवं त्योहारों का विशेष महत्त्व रहा है तथा काफी सीमा तक आज भी है। संस्कारों से अभिप्राय शुद्धि की धार्मिक क्रियाओं तथा व्यक्ति के शारीरिक, मानसिक एवं बौद्धिक परिष्कार हेतु किए जाने वाले अनुष्ठानों से है जिनसे वह समाज का पूर्ण विकसित सदस्य बनता है। इन्हें ऐसे धार्मिक कृत्य कहा गया है जो गर्भाधान से लेकर मृत्यु पश्चात् तक चलते हैं। संस्कारों से आत्मा का अन्तःकरण शुद्ध होता है। ग्रामीण त्योहार ग्रामीण समाज के सदस्यों को सामाजिक एकीकरण का अहसास कराते हैं तथा उन्हें एक-दूसरे को समझने तथा नजदीक आने का अवसर प्रदान करते हैं। प्रस्तुत अध्याय में ग्रामीण संस्कारों एवं त्योहारों को संक्षेप में समझाने का प्रयास किया गया है।

संस्कार का अर्थ एवं परिभाषाएँ

संस्कार किसी भी समाज एवं संस्कृति के प्राण होते हैं। डी० एस० शर्मा ने संस्कारों की बहुमुखी महत्ता का वर्णन बहुत ही उपयुक्त और सुन्दर शब्दों में किया है, "यदि धर्म की तुलना मानव शरीर से की जाए तो इसके संस्कारवाद पैर होंगे, इसकी नैतिकता हाथ, इसकी पूजा हृदय और इसका दर्शन मस्तिष्क होगा। पैर यद्यपि शरीर के सबसे निचले अंग हैं परन्तु इनके बिना कोई शरीर खड़ा नहीं हो सकता। इसी प्रकार, संस्कारवाद के बिना कोई धर्म खड़ा नहीं हो सकता।"[1] अतः नैतिकता, पूजा और दर्शन किसी भी धर्म के संस्कार में आवश्यक अंग होते हैं। हिन्दू धर्म और जीवन-पद्धति भी कुछ निश्चित संस्कारों पर आधारित है। ये संस्कार वैचारिक दृष्टि से पूर्ण वैज्ञानिक हैं। इनके पीछे ऋषि-मुनियों की अन्तर्दृष्टि, बौद्धिकता तथा अनुभव निहित है। यद्यपि संस्कारों का केन्द्र बिन्दु व्यक्ति होता है, फिर भी भारतीय संस्कारों में व्यक्ति को समाज

व परमब्रह्म से जोड़ा गया है। व्यक्ति जन्म के समय बीजरूप कुछ गुण, क्षमताएँ और सम्भावनाएँ लेकर पैदा होता है। उसी 'बीजरूप' को परिशुद्ध कर 'आदर्श-चरित्र' का निर्माण करने वाली विधियाँ ही संस्कार कहलाती हैं।

जो चीज प्रकृति से जैसी मिलती है उस अवस्था में उसे 'प्राकृत' कहते हैं। अधिकांश वस्तुएँ 'प्राकृत' अवस्था में उपयोग के योग्य नहीं होती, कुछ का तो ऐसी अवस्था में उपयोग हानिकारक भी हो सकता है। अतः 'प्राकृत' अवस्था से उसे शुद्ध किया जाता है, रूपान्तरित किया जाता है, उसमें कभी-कभी अन्य तत्त्वों का मिश्रण किया जाता है और तब वह उपयोग के योग्य बनती है। इस प्रकार 'परिमार्जित' वस्तु को 'संस्कृत' कहा जाता है। इस भाँति, 'प्राकृत' स्वरूप से 'संस्कृत' स्वरूप में ढालने की सम्पूर्ण प्रक्रिया को संस्कार कहा जाता है। उदाहरणार्थ, अन्न को लीजिए, वह जिस अवस्था में हमें मिलता है उस अवस्था में उसका उपयोग नहीं हो सकता बल्कि यदि उपयोग किया जाए तो वह हमारे द्वारा पचाया नहीं जा सकता, उलटे हमें हानि तक पहुँचा सकता है। उसे कूट-काट कर उसकी भूसी आदि अलग कर उसे शुद्ध करना पड़ता है। फिर उसका रूपान्तरण करना पड़ता है ताकि वह भोजन योग्य बन सके। उसे पीसकर आटा बनाना पड़ता है फिर उसमें नमक, घी आदि मिलाकर स्वादिष्ट बनाते हैं तभी वह सुपाच्य और खाने योग्य बनता है। यही बात अन्य वस्तुओं, जैसे कपास और लोहे पर भी लागू होती है। वास्तविकता यह है कि स्वयं मानव भी इसका अपवाद नहीं है। जन्म के समय उसे बीजरूप में कुछ क्षमताएँ एवं कुछ संवेदनाएँ प्राप्त होती हैं। समाज संस्कारों के द्वारा उसमें बीजरूप से प्राप्त दोषों को दूर करता है, विशेष योग्यता का निर्माण करता है और अनेक नए गुणों का उसमें समावेश कर उसे श्रेष्ठ बनाने का प्रयास करता है। सम्भवतः इसीलिए याज्ञवल्क्य ने कहा है कि, "संस्कार करने से बीज-गर्भ से उत्पन्न दोष मिट जाते हैं।" तन्त्रावार्तिक के अनुसार संस्कार वे क्रियाएँ हैं जो योग्यता प्रदान करती हैं। जैमिनी के भाष्यकार शबर के अनुसार, संस्कार वे हैं जिसके होने पर पदार्थ (या व्यक्ति) किसी कार्य के योग्य बनता है। लक्ष्मीदत्त ठाकुर[2] ने उचित ही लिखा है कि ये संस्कार बालक के उत्पन्न होने के पूर्व से प्रारम्भ होते हैं और मृत्युपर्यन्त किसी न किसी रूप में विद्यमान रहते हैं। कुछ संस्कार मरने के उपरान्त भी होते हैं।

उपर्युक्त विचारों की पृष्ठभूमि में हम संस्कार शब्द को सरलता से परिभाषित कर सकते हैं। संस्कार शब्द व्युत्पत्ति की दृष्टि के संस्कृत भाषा के सम उपसर्ग पूर्वक 'कृञ्' धातु में 'घञ्' प्रत्यय जुड़ने से बना है जिसका शब्दार्थ है शुद्धि, सुधार अथवा सफाई। इसका प्रयोग अनेक अर्थों में होता है क्योंकि 'संस्कार' शब्द के साथ इसके दीर्घ इतिहास क्रम में अनेक विलक्षण अर्थों का समावेश हो गया है। संस्कार से तात्पर्य शुद्धि के लिए की जाने वाली धार्मिक क्रियाओं तथा व्यक्ति के बौद्धिक, मानसिक व आत्मिक परिष्कार एवं विकास के लिए किए जाने वाले अनुष्ठानों से है। परिष्कृत होकर ही वह प्राकृत से संस्कृत बनेगा, समाज का एक जिम्मेदार व विकसित सदस्य बन सकेगा। अतः संस्कार व्यक्ति को सुसंस्कृत (भली-भाँति) करने वाली प्रक्रिया का एक साधन है। ऐसी मान्यता है कि संस्कारों से आत्मा का अन्तःकरण शुद्ध होता है। इस विषय के विख्यात विद्वानों ने संस्कार को निम्नवर्णित रूप में परिभाषित किया है—आद्यादत्त

ठाकुर के अनुसार, "संस्कार का अर्थ है सम्यक् करना, ठीक करना, उपयुक्त बनाना।"[3] गिरिधर शर्मा चतुर्वेदी के अनुसार, "प्रकृति के द्वारा पैदा की हुई वस्तु का अपने उपयोग में लाने के लिए जब हम सुधार कर लेते हैं, तब उस सुधरी हुई वस्तु को संस्कृत कहा जाता है। वह सुधार ही संस्कार है, जोकि तीन बातों से होता है—1. दोष मार्जन, 2. अतिशयाधान, और 3. हीनांगपूर्ति।"[4] वी० ए० के० अय्यर के अनुसार, "संस्कारों के लिए निकटतम अंग्रेजी शब्द 'Sacraments' है। ये वे संस्कार और बलियाँ हैं जिनको पूरा करने से हिन्दू का जीवन उच्चतर पवित्रता प्राप्त करता है। ये उसके समस्त जीवन पर छाये हैं, जिस क्षण से वह माँ के गर्भ में आता है, तब से मृत्यु तक– उसके अन्तिम संस्कार (दाह-कर्म) को शामिल करते हुए– और आगे भी उसकी आत्मा के अन्य विश्व में प्रवेश को सुगम करने के लिए।"[5] राजबली पाण्डेय के अनुसार, "संस्कार का अभिप्राय शुद्धि की धार्मिक क्रियाओं तथा व्यक्ति के शारीरिक, मानसिक तथा बौद्धिक परिष्कार के लिए किए जाने वाले अनुष्ठानों से है जिससे व्यक्ति, समाज का पूर्ण विकसित सदस्य हो सके। इसमें बहुत से अभिनयात्मक उद्‌गार व धर्म, वैज्ञानिक मुद्राएँ पाई जाती हैं।"[6]

उपर्युक्त परिभाषाओं से स्पष्ट है कि संस्कार शब्द का तात्पर्य ऐसे अनुष्ठान से है जिसके द्वारा मानव जीवन की क्षमताओं का उद्‌घाटन होता है, जो मानव को सामाजिक जीवन के योग्य बनाने वाले गुण प्रदान करता है तथा जिसके द्वारा व्यक्ति को एक विशेष स्तर प्रदान किया जाता है।

संस्कारों की विशेषताएँ

संस्कारों के उपर्युक्त विवेचन से इनकी कुछ प्रमुख विशेषताएँ स्पष्ट होती हैं जोकि इस प्रकार हैं—

(1) धर्मशास्त्रों के अनुसार संस्कार आडम्बरशून्य वैज्ञानिक विधियाँ हैं जिनसे व्यक्ति के श्रेष्ठतम रूप को उजागर किया जाता है।

(2) संस्कार वे धार्मिक विधि विधान अथवा कृत्य हैं जो व्यक्ति की आन्तरिक तथा आत्मिक सौन्दर्य के बाह्य तथा दृश्य प्रतीक माने जाते हैं।

(3) संस्कारों का आधार अधिकांशतः मनोवैज्ञानिक है। सामाजिक-मनोवैज्ञानिक दृष्टि से ये योजनाबद्ध प्रयास हैं।

(4) धर्मशास्त्रों की मान्यता है कि प्रत्येक मनुष्य को संस्कारों की आवश्यकता है परन्तु हर एक को इनकी विभिन्न मात्रा में तथा अलग स्वरूप में आवश्यकता होती है।

(5) जीवन के प्रत्येक चरण पर उस व्यक्ति की आयु, क्षमता व स्थिति, जिसका कि संस्कार किया जाना है, संस्कारों का स्वरूप निर्धारण करती हैं।

(6) संस्कार कभी साध्य नहीं होते, वे तो विशेष लक्ष्यों की प्राप्ति के लिए साधन रूप हैं। लक्ष्य कोई भी हो सकता है—भौतिक लाभ, देवता की कृपा, स्वास्थ्य-रक्षण आदि।

(7) संस्कार-विधियों में लौकिक और धार्मिक दोनों ही पक्ष पाए जाते हैं।

(8) संस्कारों की प्रकृति रूढ़िवादी होती है। इसीलिए उनमें कालक्रम में कम ही परिवर्तन होते हैं। परन्तु इनका गत्यात्मक पक्ष भी है। समय के दौरान इनका संक्षिप्तीकरण, पुनर्निर्वचन आदि होता रहता है।

(9) संस्कार सम्पूर्ण सामाजिक संरचना के एक महत्त्वपूर्ण अंग होते हैं और उन्हें उसी के सन्दर्भ में समझना भी चाहिए। भारतीय संस्कारों की चतुर्वर्ण व्यवस्था की अभिन्नता पर लक्ष्मीदत्त ठाकुर के ये विचार ध्यान देने योग्य हैं, "संस्कार के उपरान्त ही, जन्मसिद्ध और संस्कार से संस्कृत होने पर, पूर्ण चातुर्वर्ण्य होता है। चातुर्वर्ण्य के साथ संस्कार का अटूट सम्बन्ध है।"[7] पुरुषार्थ की दृष्टि से देखने पर प्रतीत होता है कि संस्कार ऐसे व्यक्तित्व के निर्माण पर जोर देते हैं जो सुगमता से धर्म, अर्थ, काम, मोक्ष की प्राप्ति कर सके। संस्कार इस प्रकार भारतीय समाज की सम्पूर्ण व्यवस्था का एक अंश है।

संस्कारों के सामान्य तत्त्व

वी० ए० के० अय्यर[8] ने उन पाँच सामान्य तत्त्वों का भी उल्लेख किया है जोकि अधिकांश संस्कारों में पाए जाते हैं। वे तत्त्व निम्नलिखित हैं—

(1) **अग्नि**—संस्कार के सम्बन्ध में अग्नि एक आवश्यक देवता है। वह गृह का स्वामी और रक्षक माना जाता है। वह प्रत्येक संकल्प व कर्म का साक्षी भी है। यज्ञ की पवित्र अग्नि के रूप में वह कर्म को पवित्रता प्रदान करता है और 'आहुति' के रूप में बलि ग्रहण करता है।

(2) **वरुण**—जल का देवता वरुण भी संस्कारों में अनिवार्य रूप से विद्यमान होता है। मन्त्रों से पूजित जल चारों ओर छिड़का भी जाता है और उसका आचमन भी किया जाता है। इसके पीछे यह मान्यता है कि इससे सभी अशुद्धियाँ अथवा बुरी आत्माएँ भाग जाती हैं। इससे स्थान व उपस्थित व्यक्ति निर्मल और पवित्र हो जाते हैं।

(3) **मन्त्र**—मन्त्रों के द्वारा विशेष देवता या शक्ति को जाग्रत किया जाता है व उससे प्रार्थना की जाती है ताकि कष्टों से मुक्ति मिले अथवा अभीष्ट फल की प्राप्ति हो सके। गायत्री मन्त्र सबसे अधिक शक्तिशाली माना जाता है। वह एक महामन्त्र है, वेदों का सार है।

(4) **प्रतीकवाद**—प्रत्येक संस्कार में प्रतीकों का प्रयोग होता है जैसे विवाह के समय 'पत्थर' पूजन का अर्थ है कि नव-दम्पति दीर्घायु हो, चावल अथवा जौ के दाने प्रजनन शक्ति के प्रतीक हैं। सूर्य की ओर देखने का आशय है कि सूर्य का तेज साधक की चेतना में मिल जाए।

(5) **चेतन प्रयास**—प्रत्येक संस्कार किसी अवसर या उद्देश्य से सम्बन्धित है। इसलिए यह एक जागरूक प्रयास है ताकि संस्कारकर्ता और उपस्थित जनों को सुझाव रूपी सूचना मिल सके। सभी एक-दूसरे के साक्षी होकर संस्कार में निहित सन्देश को सुन सकें, समझ सकें एवं दुहरा सकें। स्वास्थ्य, रोग-निवारण, भोजन, प्रजनन आदि के सम्बन्ध में सारगर्भित संदेश संस्कारों में भरे पड़े हैं।

इस प्रकार, संस्कार विभिन्न अवसरों पर आध्यात्मिकता से परिपूर्ण एक पवित्र वातावरण निर्मित कर देते हैं जिनसे कि उनके महत्त्व के प्रति सभी उपस्थित व सहभागी व्यक्तियों में जागरूकता और आस्था बढ़ जाती है।

संस्कारों के प्रमुख उद्देश्य

यद्यपि संस्कारों का अर्थ, विशेषताएँ (प्रकृति) और तत्त्व इनके उद्देश्यों की ओर इशारा कर देते हैं तथापि स्पष्टता के लिए यहाँ यह बताना आवश्यक है कि संस्कारों के प्रमुख उद्देश्य तीन होते हैं—

(1) **दोष मार्जन**—संस्कारों का पहला उद्देश्य मानव में गर्भ के दौरान उत्पन्न दोषों को दूर कर उसे परिशुद्ध करना है। इस प्रकार से उसके व्यक्तित्व को विकसित करने में सहायता मिलती है। यही कारण है कि मनुष्य के गर्भ में आते ही संस्कारों का क्रम शुरू हो जाता है।

(2) **अतिशयाधान**—संस्कारों का उद्देश्य मनुष्य में अन्तर्निहित विशेष गुणों को प्रस्फुटित करना भी है जैसा कि इस उद्देश्य के लिए प्रयुक्त शब्द से ही पता चलता है। संस्कार का दूसरा उद्देश्य व्यक्ति को 'अतिशय' बनाना है। इसीलिए इसे अतिशयाधान भी कहते हैं, जैसे यदि कोई व्यक्ति अपने पुत्र को मेधावी पण्डित बनाना चाहता है तो उसे अपने पुत्र के लिए विशेष संस्कार करने होंगे।

(3) **हीनांगपूर्ति**—मनुष्य के व्यक्तित्व में यदि कोई कमी है तो उसमें विशेष नये गुणों का समावेश करके उसके व्यक्तित्व को पूर्ण बनाने का कार्य भी संस्कारों का है जैसे नारी बिना पुरुष का व्यक्तित्व साधारण तथा अधूरा है। इसलिए विवाह संस्कार के द्वारा पुरुष और स्त्री दोनों के अधूरेपन को दूर करके उन्हें पूर्ण बना दिया जाता है।

इस भाँति, शास्त्रों में संस्कारों के उपर्युक्त तीन उद्देश्य बताए गए हैं। इन्हीं उद्देश्यों के आधार पर संस्कारों का वर्गीकरण भी किया गया है। अब हम हिन्दू समाज के प्रमुख संस्कारों का वर्गीकरण प्रस्तुत करेंगे।

संस्कारों का वर्गीकरण

धर्मशास्त्रों में संस्कारों की बहुत बड़ी संख्या मिलती है। गौतम सूत्र में प्रमुख संस्कार अड़तालीस बताए गए हैं और अंगिरा ने पच्चीस संस्कारों के नाम गिनाये हैं। परन्तु संस्कारों की बहुमान्य संख्या सोलह है। यद्यपि सब संस्कारों का मूल स्रोत श्रुतियाँ ही हैं तथापि इनके कर्मकाण्ड की विधियों का अधिक वर्णन स्मृति ग्रन्थों में मिलता है। इन स्मृति ग्रन्थों के आधार पर संस्कारों के तीन प्रमुख भेद किए गए हैं। फिर, इन प्रमुख भेदों के अनेक उपभेद हैं। अगले पृष्ठ पर बनाए गए चित्र द्वारा इस वर्गीकरण को प्रस्तुत किया जा सकता है।

वर्गीकरण में दिखाए गए संस्कार ही हिन्दुओं के प्रमुख संस्कार माने गए हैं। गौतम सूत्र में अड़तालीस संस्कारों के लिए यह लिखा गया है कि इन्हीं के द्वारा मनुष्य संस्कृत होता है। उनकी सूची इस प्रकार है—(1) गर्भाधान, (2) पुंसवन, (3) सीमन्तोन्नयन, (4) जातकर्म, (5) नामकरण, (6) अन्नप्राशन, (7) चौल, (8) उपनयन, (9-12) चार वेद व्रत [(i) महानाम्नोव्रत,

(ii) उपनिषद् व्रत, (iii) महाव्रत, और (iv) गोदान], (13) स्नान, (14) विवाह, (15-19) पंच महायज्ञ [(i) ब्रह्मयज्ञ, (ii) देवयज्ञ, (iii) पितृयज्ञ, (iv) भूतयज्ञ, (v) मनुष्य यज्ञ], (20-26) सप्तपाकक्ष [(i) अष्टका, (ii) पार्वणश्राद्ध, (iii) श्रावणी, (iv) आग्रहायणी, (v) चैत्री, (vi) आश्वयुजी, और (vii) सौत्रामणि], (27-33) सप्त हविर्यज्ञ [(i) अग्न्याधान, (ii) अग्निहोत्र, (iii) दर्श, (iv) पौर्णमास, (v) चातुर्मास्य, (vi) आग्रग्यण, और (vii) निरुढ़ पशुबन्ध], (34-40) सप्त सोमयज्ञ [(i) अग्निष्टोम, (ii) अत्यग्निष्टोम, (iii) उक्थ्य, (iv) षोडशी, (v) वाजपेय, (vi) अतिरात्र, तथा (vii) आप्तोर्याम], (41) दया, (42) क्षमा, (43) अनसूया, (44) शौच, (45) अनायास, (46) मंगल, (47) अकार्पव्य, और (48) अस्पृहा।

इस प्रकार, संस्कारों के सम्बन्ध में विभिन्न ग्रन्थों में विभिन्न संख्या मिलती है। ऐसा विश्वास किया जाता है कि इन संस्कारों के करने से मनुष्य में देवत्व को अवतरित किया जा सकता है, परन्तु व्यास स्मृति में आज के युग के लिए सोलह संस्कारों की चर्चा की गई है और उन्हें ही पर्याप्त माना गया है। हिन्दू समाज में उन सोलह संस्कारों का संक्षिप्त परिचय प्राप्त कर लेना भारतीय समाज व्यवस्था को समझने में सहायक हो सकता है क्योंकि आजकल, कम या अधिक, इन्हीं संस्कारों का प्रचलन है।

संस्कारों का वर्गीकरण

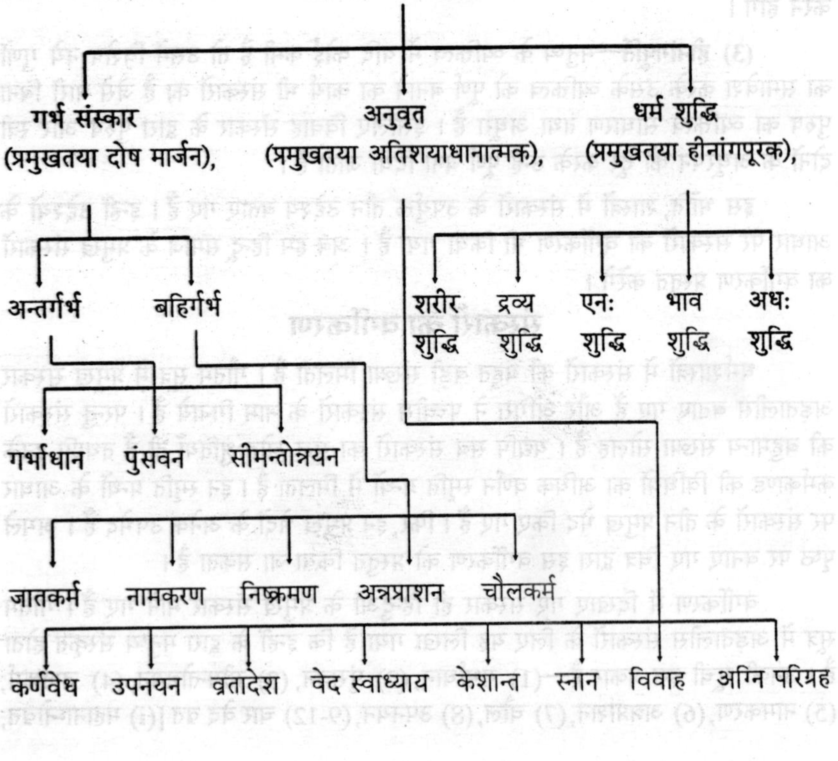

ग्रामीण भारत के प्रमुख संस्कार

संस्कारों की दृष्टि से ग्रामीण एवं नगरीय समाज में कोई विशेष अन्तर नहीं रहा है। गृह्यसूत्र के अनुसार हिन्दुओं में सोलह प्रमुख संस्कार हैं—गर्भाधान, पुंसवन, सीमन्तोन्नयन, जातकर्म, नामकरण, निष्क्रमण, अन्नप्राशन, चूड़ाकर्म, कर्णवेध, उपनयन, वेदारम्भ, समावर्त्तन, विवाह, वानप्रस्थ, संन्यास व अन्त्येष्टि। अधिकांश विद्वान् इन्हीं सोलह संस्कारों के अस्तित्व को स्वीकार करते हैं। गर्भाधान, पुंसवन, जातकर्म, नामकरण, निष्क्रमण, कर्णवेध, अन्नप्राशन तथा चौल (चूड़ाकर्म) अर्थात् प्रथम आठ संस्कार अपरार्क के अनुसार सभी वर्गों के लिए आवश्यक हैं। ये आठों संस्कार पवित्रीकरण से सम्बन्धित हैं जबकि बाद के आठ संस्कार विशेष उद्देश्यों की पूर्ति के लिए हैं। ग्रामीण समाज में, विशेष रूप से, हिन्दुओं में पाए जाने वाले सोलह संस्कार प्रमुख रहे हैं। इनको दो श्रेणियों में विभाजित किया जा सकता है—

(अ) जन्म-पूर्व या प्राग्जन्म संस्कार

हिन्दुओं में जन्म से पूर्व तीन संस्कारों का मुख्यतः उल्लेख मिलता है। इन्हें सम्पन्न करने का दायित्व केवल माता-पिता पर है। ये हैं—

(1) गर्भाधान—यह संस्कार गर्भ स्थापित करने से सम्बन्धित है। पूर्व मीमांसा में इस बात का उल्लेख है कि जिस कर्म के द्वारा पुरुष स्त्री के गर्भाशय में अपना वीर्य स्थापित करता है उसे गर्भाधान कहते हैं। यह संस्कार सन्तान प्राप्ति हेतु, विशेष रूप से पुत्र प्राप्ति हेतु, सम्पन्न किया जाता है। इसके अनुसार ऋतुस्नान से शुद्ध पत्नी के पास पति को प्रतिमास (मनु व याज्ञवल्क्य के अनुसार ऋतुस्नान की चौथी रात्रि से लेकर सोलहवीं रात्रि तक) जाना चाहिए और पुत्र प्राप्ति हेतु गर्भाधान संस्कार सम्पन्न करना चाहिए। मनुस्मृति के अनुसार 8वीं, 14वीं, तथा 30वीं रात्रि इस संस्कार के लिए उपयुक्त नहीं है जबकि पराशर ने इस संस्कार को प्रत्येक व्यक्ति के लिए अनिवार्य माना है। बौधायन ने सहवास के लिए अर्द्ध-रात्रि के बाद के समय को अधिक उपयुक्त बताया है। प्रायः सभी धर्मशास्त्रों का मत है कि मासिक धर्म के चौथे दिन के उपरान्त सम दिनों में सम्भोग करने से पुत्र और विषम दिनों में सम्भोग करने से पुत्री का जन्म होता है। चौथे दिन सम्पादित किए जाने के कारण इसे चतुर्थीकर्म भी कहा जाता है। यह संस्कार प्रत्यक्षतः तो माता-पिता की शुद्धि से सम्बन्धित है परन्तु इससे गर्भ में आने वाले शिशु का भी संस्कार हो जाता है और गौण रूप से इसका प्रभाव शिशु के मानसिक व शारीरिक विकास पर भी पड़ता है। आज यह संस्कार काफी सीमा तक महत्त्वहीन होता जा रहा है।

(2) पुंसवन—यह संस्कार गर्भ धारण की पुष्टि के लिए गर्भाधान के तीसरे माह पुरुषधारी नक्षत्रों में पुत्र प्राप्ति हेतु सम्पन्न किया जाता है क्योंकि हिन्दुओं में पुत्र प्राप्ति को श्रेष्ठ एवं पितृ ऋण से उऋण होने के लिए अनिवार्य माना गया है। अन्य शब्दों में, गर्भस्थ शिशु को 'पुत्र रूप' देने के उद्देश्य से यह संस्कार किया जाता है। पुंसवन का शाब्दिक अर्थ लड़के को जन्म देना है। ऐसा माना जाता है कि इस माह गर्भस्थ शिशु में जीवन आता है। याज्ञवल्क्य के

अनुसार केवल प्रथम गर्भाधान के पश्चात् ही एक बार यह संस्कार किया जाना चाहिए, जबकि विज्ञानेश्वर के अनुसार पुंसवन संस्कार स्त्री के प्रत्येक गर्भ धारण के समय करना चाहिए। काणे के अनुसार यह संस्कार धार्मिक होने के साथ-साथ प्रतीकात्मक तथा औषधि सम्बन्धी तत्त्वों से जुड़ा हुआ है।

(3) सीमन्तोन्नयन—यह संस्कार गर्भ धारण के चौथे, छठे अथवा आठवें मास (सामान्यतः आठवें) में सम्पन्न किया जाता है और उसमें विशेष पदार्थों के साथ पति अपनी पत्नी के केशों को सँवारता है। इसका शाब्दिक अर्थ ही केशों को ऊपर उठाना (सीमान्त + उन्नयन अर्थात् केशों को ऊपर उठाना) है। यह संस्कार गर्भिणी स्त्री को प्रसन्न रखने के उद्देश्य से किया जाता है क्योंकि उसके प्रसन्न रहने पर गर्भस्थ शिशु निश्चित रूप में प्रसन्न रहता है। इस संस्कार में गर्भिणी का उचित शृंगार कर सम्बन्धित उत्सव मनाया जाता है। यह संस्कार होने वाली सन्तान को दुष्ट आत्माओं एवं शक्तियों से बचाने के लिए सम्पन्न किया जाता है।

(ब) बाल्यावस्था के संस्कार

ये संस्कार बच्चे के जन्म के पश्चात् उसकी बाल्यावस्था तक सम्पन्न किए जाते हैं। इन्हें सम्पन्न करने का दायित्व भी माता-पिता पर ही है। इस अवस्था में निम्नलिखित छह प्रमुख संस्कार सम्पन्न किये जाते हैं—

(4) जातकर्म—यह संस्कार बच्चे के जन्म के तुरन्त बाद, विशेष रूप से नाभि छेदन (नालच्छेद) के पूर्व, किया जाता है तथा इसका उद्देश्य बालक को अनिष्टकारी प्रभावों से बचाना और उसके दीर्घजीवी और स्वस्थ होने की कामना करना है। इसमें पिता बच्चे को शहद चटाता है, जिह्वा पर ओम् लिखता है और उसके लम्बे जीवन की कामना करता है। पिता बच्चे के बौद्धिक विकास, दृढ़ व शुद्ध जीवन की भी कामना करता है। इसके पश्चात् नाभि छेदन करके उसे स्नान कराया जाता है और तत्पश्चात् स्तनपान कराया जाता है। वृहदारण्यक उपनिषद् के अनुसार इस संस्कार के छह भाग हैं—

(i) दही एवं घृत का होम,
(ii) शिशु के दक्षिण कर्ण में 'वाक्' शब्द का तीन बार उच्चारण,
(iii) सोने की चम्मच से शिशु को दही, दूध (शहद) एवं घृत चटाना,
(iv) शिशु का गुप्त नामकरण,
(v) शिशु को माँ का स्तन प्रदान, और
(vi) माता को मन्त्रों द्वारा सम्बोधित करना।

आपस्तम्ब ने भूत-प्रेतों को भगाने के लिए चावल की भूसी एवं सरसों को मन्त्रोच्चारणपूर्वक अग्नि में डालने की भी व्यवस्था की है। हिरण्यकेशी गृह्यसूत्र और वैखानस ने शिशु के समीप फरसा, पत्थर, सोना और जलपूर्ण पात्र रखने का निर्देश दिया है।

(5) नामकरण—यह संस्कार बच्चे को नाम देने से सम्बन्धित है। प्रसव के छह दिन बाद छठी की जाती है और दसवें दिन, वेद रीति के अनुसार बच्चे का नाम रखा जाता है। आपस्तम्ब, बौधायन और पराशर के अनुसार दसवें दिन, याज्ञवल्क्य के अनुसार ग्यारहवें दिन, हिरण्यकेशी गृह्यसूत्र के अनुसार बारहवें दिन और गोभिल एवं खादिर गृह्यसूत्रों के अनुसार दस रातों, सौ रातों या एक वर्ष के उपरान्त किसी भी दिन यह संस्कार किया जा सकता है। नाम जन्म के समय, गोत्र व जन्म स्थान के आधार पर रखा जाता है। ऐसा विश्वास किया जाता है कि नाम बच्चे के व्यवहार, कर्मों एवं भाग्य का आधार होता है। अतः यह ध्यान रखा जाना अनिवार्य है कि नाम सुन्दर हो, उसकी अभिव्यक्ति मनोरम हो और उसका उच्चारण सरलता से हो सके। नामकरण के समय गृहाग्नि में हवन किया जाता है, सूतकाग्नि हटा दी जाती है तथा ब्राह्मणों व अतिथियों को भोजन कराया जाता है। पण्डित बच्चे की जन्मपत्री बनाकर भी देता है। इस संस्कार के बाद प्रसूता पवित्र समझी जाती है और वह धार्मिक कृत्यों में सम्मिलित हो सकती है।

(6) निष्क्रमण—यह संस्कार बच्चे को सर्वप्रथम सूर्य के दर्शन कराने तथा घर से बाहर निकालने से सम्बन्धित है और चतुर्थ मास में सम्पन्न किया जाता है। मनुस्मृति में इसके लिये बारहवें दिन से चौथे मास तक का समय उपयुक्त बताया गया है। इसमें शुभ मुहूर्त में पिता सूर्य की पूजा कर शिशु को सूर्य के दर्शन कराता है। बच्चे द्वारा सूर्य दर्शन के समय वैदिक मन्त्रों का उच्चारण भी किया जाता है। सूर्य दर्शन के पश्चात् बच्चे को यज्ञशाला में लाया जाता है। वहाँ उपस्थित सभी लोग उसे शतायु होने का आशीर्वाद देते हैं। इस संस्कार का उद्देश्य एक निश्चित अवधि के पश्चात् बच्चे को बाहर लाना और प्रकृति की सुषमा का ज्ञान कराना था।

(7) अन्नप्राशन—यह संस्कार छठे मास सम्पन्न किया जाता है तथा बच्चे को प्रथम बार भोजन कराने से सम्बन्धित है। सामान्यतः चाँदी के चम्मच से बच्चे को ठोस भोजन दिया जाता है। सामान्य रूप से बच्चे को दही, घी एवं शहद के साथ अन्न दिया जाता है। इस संस्कार से पूर्व तक शिशु माँ के दूध और गाय के दूध पर पलता है। अन्नप्राशन के अवसर पर देवताओं की पूजा और बच्चे की सभी इन्द्रियों की सन्तुष्टि की कामना की जाती है। ब्राह्मणों को भोजन भी कराया जाता है।

(8) चूड़ाकर्म, चौलकर्म या मुण्डन—इसमें बच्चे के बाल प्रथम बार मूँडे जाते हैं। यह संस्कार सामान्यतः जन्म के प्रथम या तीसरे वर्ष में किया जाता है तथा बच्चे की दीर्घायु के लिए अनिवार्य माना जाता है। मनुस्मृति में कहा गया है कि वेदों के नियमों के अनुसार सभी द्विज जातियों में धर्मपूर्वक बच्चे के जन्म के प्रथम या तृतीय वर्ष में यह संस्कार किया जाना चाहिए। इस अवसर पर भोज इत्यादि का भी आयोजन किया जाता है और कुछ लोग इसे गंगा जी या अन्य पवित्र स्थान पर जाकर सम्पन्न करते हैं। केशों को सामान्यतः गोबर या आटे की लोई में लपेटकर किसी गुप्त स्थान पर गाड़ दिया जाता है या बहती नदी में फेंक दिया जाता है।

(9) कर्णवेध या कर्णछेदन—इस संस्कार में बच्चे के तीसरे या पाँचवें वर्ष में प्रथम बार कान छेदे जाते हैं और कानों में सोने या चाँदी की बाली पहना दी जाती है। बौधायन के अनुसार यह संस्कार जन्म के सातवें या आठवें महीने में किया जाना चाहिए। यह संस्कार सामान्यतः शुभ मुहूर्त वाले दिन में मध्याह्न के पूर्व विभिन्न धार्मिक क्रियाओं के साथ किया जाता है। क्षत्रिय बालक का कान स्वर्ण की सूई से, ब्राह्मण और वैश्य बालक का कान चाँदी की सूई से तथा शूद्र बालक का कान लौह सूई से छेदा जाता रहा है। सबसे पहले दायाँ कान छेदा जाता था और फिर बायाँ। ब्राह्मणों को इस अवसर पर भोजन भी करवाया जाता है।

(स) विद्या-अर्जन सम्बन्धी या शैक्षणिक संस्कार

इन संस्कारों का सम्बन्ध विद्या-अर्जन से है तथा इन्हें सम्पन्न कराने का दायित्व आचार्य अथवा गुरु पर है। इसमें निम्नलिखित संस्कारों को सम्मिलित किया जाता है—

(10) उपनयन—यह संस्कार द्विज वर्णों में यज्ञोपवीत धारण करने से सम्बन्धित है और ब्रह्मचर्य जीवन के प्रारम्भ से पूर्व किया जाता है। उपनयन का शाब्दिक अर्थ है 'समीप ले जाना।' इसमें बच्चे को शिक्षा प्राप्ति के लिए गुरु के पास लाया जाता है। गुरु (आचार्य) समीप में आए हुए विद्यार्थी का संस्कार कर उसे 'उपनीत' बना देता है। मनु ने इस संस्कार हेतु ब्राह्मण के लिए पाँचवाँ, क्षत्रिय के लिए छठा और वैश्य के लिए आठवाँ वर्ष निश्चित किया है। आश्वलायन गृह्यसूत्र के अनुसार यह वर्ष क्रमशः आठ, ग्यारह तथा बारह उचित हैं।

(11) वेदारम्भ—इसे पट्टी पूजन संस्कार भी कहते हैं क्योंकि इसमें बच्चे का हाथ पकड़कर पट्टी पर गुरु या पुरोहित 'ओम्' लिखवाता है और तत्पश्चात् गायत्री मन्त्र एवं वेदों का अध्ययन प्रारम्भ किया जाता है। यह उपनयन संस्कार के बाद उसी दिन या अगले दिन किया जाता है। मनु के अनुसार गुरु उपनयन करने के पश्चात् शिष्य को शौच, आचार, अग्निहोत्र और संध्यापूजा के नियमों की शिक्षा देता है।

(12) समावर्त्तन—यह वैदिक शिक्षा को पूर्ण करने से सम्बन्धित संस्कार है तथा इसका अधिकार उन्हीं बालकों को प्राप्त होता है जो अपने गुरु को अपनी विद्या पारंगति से प्रसन्न करने में समर्थ होते हैं। यह एक प्रकार का दीक्षांत संस्कार है। यह संस्कार सामान्यतः चौबीसवें वर्ष में किया जाता था। मनु के अनुसार गुरु की अनुमति से इस संस्कार को करने के बाद ही गुणवती कन्या से विवाह करना चाहिए।

(द) आश्रमों में प्रवेश करने सम्बन्धी संस्कार

इस श्रेणी के संस्कारों में आश्रमों में प्रवेश करने सम्बन्धी तीन संस्कारों (विवाह, वानप्रस्थ तथा संन्यास) को सम्मिलित किया जाता है। विवाह को सम्पन्न कराने का दायित्व माता-पिता एवं स्नातक का है। वानप्रस्थ व संन्यास को सम्पन्न कराने का दायित्व स्वयं आश्रमों में प्रवेश चाहने वालों पर है। ये तीन संस्कार अग्र प्रकार हैं—

(13) विवाह—यह गृहस्थ आश्रम में प्रवेश करने से सम्बन्धित महत्त्वपूर्ण संस्कार है। इस संस्कार की आयु के बारे में मतभेद रहा है तथा अधिकांश शास्त्रकारों ने इसकी आयु पन्द्रह-बीस वर्ष के बीच अथवा इससे भी कम बताई है। यह एक अनिवार्य संस्कार माना जाता है। शतपथ ब्राह्मण के अनुसार जब तक व्यक्ति विवाह कर सन्तानोत्पत्ति नहीं करता, वह पूर्ण नहीं है, पत्नी पति का आधा हिस्सा है। विवाह के योग्य वर और कन्या के विशेष गुणों की कई तालिकाएँ गृह्यसूत्रों में दी गई हैं। धन, सौन्दर्य, बुद्धि और कुल सामान्य रूप से वर और कन्या के गुण सभी में मान्य हैं। एक ही गोत्र में विवाह करना वर्जित है।

(14) वानप्रस्थ—यह व्यक्ति के वनों में जाकर ईश्वर की उपासना करने से सम्बन्धित संस्कार है जो व्यक्ति को वानप्रस्थ आश्रम के योग्य बनाता है। मनु के अनुसार बाल सफेद हो जाने पर तथा पुत्र के भी पुत्र हो जाने पर घर के सभी उत्तरदायित्वों से मुक्त होकर मोक्षमार्ग की ओर अग्रसर होने की भूमिका तैयार करने हेतु यह संस्कार किया जाता है। वानप्रस्थी विधिवत् अग्निहोत्र कर अपने सम्बन्धियों और इष्ट मित्रों से विदा लेकर तपोवन चला जाता है। वानप्रस्थ आश्रम में व्यक्ति अपनी पत्नी को भी साथ रख सकता है परन्तु इसमें ब्रह्मचर्य का पालन करना अनिवार्य माना जाता है।

(15) संन्यास—यह संन्यास आश्रम में प्रवेश से पूर्व किया जाता है तथा पारिवारिक जीवन व सभी काम्य कार्यों का परित्याग करना ही संन्यास है। इस संस्कार के अवसर पर व्यक्ति द्वारा केश और दाढ़ी-मूँछे कटवाकर विशेष मन्त्रों के साथ स्नान किया जाता है। संन्यासी से यह आशा की जाती थी कि वह लोकहित की कामना से 'परिव्राजक' बनकर सारे भूमण्डल पर विचरण करे तथा लोगों को उपदेश दे।

(य) मृत्यु-पश्चात् या अवसान संस्कार

इसमें निम्नलिखित एक ही संस्कार सम्मिलित है जिसे सम्पन्न कराने का दायित्व देहावसान के बाद रहने वाले इष्ट मित्रों और सम्बन्धियों पर है—

(16) अन्त्येष्टि—यह हिन्दुओं का अन्तिम संस्कार माना जाता है जिसमें व्यक्ति को स्नान कराया जाता है व नवीन वस्त्र पहना कर उसे अर्थी पर लिटा कर शव यात्रा के रूप में अन्त्येष्टि स्थल पर ले जाया जाता है। वहाँ शव को विधि-विधान के साथ अग्नि में दाह कर दिया जाता है और अस्थियाँ जल में विसर्जित कर दी जाती हैं। इस भाँति, इस संस्कार के साथ ही व्यक्ति की ऐहिक लीला समाप्त हो जाती है। तेरह दिन तक शोक मनाया जाता है और फिर श्राद्ध-हवन आदि किया जाता है और परलोक में मृतक की आत्मा की शान्ति के लिए अनेक अनुष्ठान किये जाते हैं।

संस्कारों का महत्त्व

हिन्दुओं के जीवन में संस्कारों का विशेष महत्त्व है। वस्तुतः हिन्दू सामाजिक संगठन में मानव जीवन का कोई भी काल संस्कारों से पृथक् नहीं किया जा सकता है। जन्म से भी पूर्व

गर्भ में ही शिशु संस्कारों में पलता है, शैशव से यौवन तक संस्कारों में पनपता है और प्रौढ़ावस्था से अन्तिमावस्था तक संस्कारों में ही विलीन अथवा अन्तर्हित होता है। संस्कारों के महत्त्व को निम्न प्रकार से स्पष्ट किया जा सकता है—

(1) व्यक्ति का पूर्ण विकास—हिन्दू संस्कारों का प्रमुख उद्देश्य मानव के व्यक्तित्व का बहुमुखी और पूर्ण विकास करना है। हिन्दुओं के सोलह संस्कारों में प्रत्येक संस्कार मानव के किसी न किसी पक्ष के विकास के लिए होता है।

(2) भौतिक समृद्धता—संस्कार देवताओं को प्रसन्न कर मन की इच्छा पूर्ण करने के साधन माने गए हैं। सुख और साधनों को प्राप्त करने के लिए बड़े-बड़े संस्कार किए जाते हैं।

(3) अशुभ प्रभावों से रक्षा—संस्कार व्यक्ति की अशुभ घटनाओं तथा आने वाली विपत्तियों से रक्षा करने में सहायक होते हैं।

(4) समाजीकरण—संस्कारों का उद्देश्य व्यक्ति का समाजीकरण करना भी होता है क्योंकि संस्कार द्वारा व्यक्ति को धर्म, मूल्यों, प्रतिमानों तथा आदर्शों का ज्ञान प्राप्त होता है।

(5) आध्यात्मिक उन्नति—आत्मा का उत्थान अच्छे कर्मों द्वारा ही सम्भव है। संस्कारों द्वारा व्यक्ति शुभ कर्म करके अपने को ऊँचा उठाने का प्रयत्न करता है, अतः ये आध्यात्मिक उन्नति में सहायक होते हैं। इनसे जीवन में आध्यात्मिकता का संचार, जीवन के प्रति प्रोत्साहन और धर्म के लिए नई प्रेरणा मिलती है।

मनु तथा अन्य विद्वानों ने संस्कारों को जन्म से लेकर मृत्यु तक शरीर को पवित्र करने का साधन बताया है और इसलिए संस्कार आहुति द्वारा सम्पन्न किए जाते हैं।

कई बार विभिन्न संस्कारों के सापेक्षिक महत्त्व के बारे में भी प्रश्न उठाया जाता है अर्थात् यह पूछा जाता है कि कौन-से हिन्दू संस्कार अधिक महत्त्वपूर्ण हैं और क्यों? इस प्रश्न का उत्तर देना इतना सरल नहीं है क्योंकि सभी संस्कारों का जीवन में कुछ न कुछ महत्त्व अवश्य ही है। फिर भी, अगर आधुनिक युग के सन्दर्भ में देखा जाए तो यह कहा जा सकता है कि जन्म-पूर्व संस्कार महत्त्व खोते जा रहे हैं। बाल्यावस्था के संस्कारों में नामकरण तथा मुण्डन अपना महत्त्व बनाए हुए हैं। आश्रमों में प्रवेश करने सम्बन्धी संस्कारों में केवल विवाह का ही प्रचलन आज रह गया है। मृत्यु पश्चात् संस्कारों में अन्त्येष्टि का महत्त्व आज भी है। इनके सापेक्षिक महत्त्व के कारण ही इनका प्रचलन आज भी हिन्दुओं में है।

ग्रामीण भारत के प्रमुख त्योहार

ग्रामीण तथा नगरीय त्योहारों में कोई विशेष अन्तर नहीं है। धर्म का अधिक प्रभाव होने के कारण ग्रामवासी त्योहारों को विशेष महत्त्व देते हैं। विभिन्न धर्मों के विभिन्न त्योहार होते हैं तथा कुछ त्योहार ऐसे भी हैं जिन्हें सभी धर्मों के लोग मिलकर मनाते हैं।

हिन्दुओं में पाए जाने वाले प्रमुख त्योहार निम्नलिखित हैं—

(1) दशहरा—दशहरा उत्तरी भारत का प्रमुख त्योहार है जोकि रावण की हार ('दश' का अर्थ है, दशमुख वाला तथा 'हरा' का अर्थ है हारा) तथा राम की जीत के उपलक्ष्य में मनाया जाता है। क्वार महीने के 11वें दिन यह मनाया जाता है। दशहरा में काफी पहले रामलीला होती है तथा दशहरे वाले दिन रावण का बुत जलाया जाता है। लड़कियाँ दीवारों पर गोबर से देवियों की मूर्तियाँ बनाती हैं, प्रमुख रूप में सन्जीमाई की पूजा की जाती है। इस दशहरे के अतिरिक्त जेठ का दशहरा भी मनाया जाता है जिस दिन महादेव के मन्दिर में पूजा की जाती है तथा कुछ लोग उपवास भी रखते हैं।

(2) दीपावली अथवा दीवाली—दीवाली का त्योहार कार्तिक महीने के 15वें दिन (अमावस्या वाले दिन) में मनाया जाता है। इस त्योहार में रात को दीपक जलाए जाते हैं तथा आतिशबाजी जलाई जाती है। दीवाली का त्योहार पूरे देश में बड़ी धूमधाम से मनाया जाता है। दिवाली वाले दिन घरों, दुकानों तथा बाजारों को काफी सजाया जाता है। लक्ष्मी की सांयकाल पूजा भी की जाती है तथा अधिकांश लोग काफी रात तक जागते रहते हैं क्योंकि उनका विचार है कि इस रात लक्ष्मी घर में प्रवेश करती है। हलवाई इस दिन तरह-तरह की मिठाई बनाते हैं तथा लगभग सभी ग्रामों में मेले लगते हैं।

(3) नाग पंचमी—सावन महीने के पाँचवें दिन कोबरा सांप की पूजा की जाती है तथा देश के कुछ हिस्सों में उसे दूध भी पिलाया जाता है तथा दूध का छिड़काव भी किया जाता है ताकि कोबारा आकर उसे पी ले। इस दिन लोग नहा धोकर चावल-खीर, फूल आदि लेकर ऐसी जगह चढ़ाते हैं जहाँ पर सांप के होने की सम्भावना पाई जाती है। गाँव में इस दिन जंगलों का नियोजन किया जाता है। कई गाँवों में गुड़िया पीटने का उत्सव भी संध्या के समय मनाया जाता है।

(4) गणेश चर्तुदशी—भादों महीने के चौथे दिन उत्तरी भारत में इसे 'टीचर डे' के रूप में मनाया जाता है। यह शिवाजी तथा पार्वती के लड़के गणेश जी के सम्मान में मनाया जाता है। गणेश की मूर्तियाँ इन दिनों लोग खरीदते हैं तथा इनकी आरती गाकर (जय गणेश, जय गणेश, जय गणेश देवा) पूजा की जाती है। उत्तर प्रदेश में प्राथमिक विद्यालयों के अध्यापक छात्रों के घरों में जाकर चौपाई गाते हैं। चर्तुदशी वाले दिन गणेश की मूर्ति को जुलूस के रूप में ले जाते हैं तथा नदियों अथवा तालाबों में इन्हें बहा दिया जाता है।

(5) काली पूजा अथवा दुर्गा पूजा—यह त्योहार दुर्गा देवी से सम्बन्धित है। सामान्य स्थानों पर दुर्गा माता की मूर्तियाँ रखी जाती हैं तथा दशहरा के दिन इन्हें जुलूस के रूप में जल प्रवाह के लिए ले जाया जाता है।

(6) होली—फागुन महीने में रवि फसल के पहले इस त्योहार को मनाया जाता है तथा इस त्योहार को रंगों का त्योहार कहा जाता है। होली वाले दिन एक दूसरे पर रंग फेंके जाते हैं

तथा गुलाल लगाया जाता है और गले मिला जाता है। शाम के समय होली जलाई जाती है जिसका महूरत गाँव का पण्डित निकालता है। जलती होली के सात फेरे लिए जाते हैं तथा जौ की बाली इसमें डाली जाती है। होली वाले दिन जुलूस भी निकाला जाता है। सामान्यतया दोपहर तक होली खेली जाती है तथा उसके बाद नए वस्त्र धारण किए जाते हैं तथा अपने जान पहचान वालों के जाते हैं।

(7) कृष्ण जन्माष्टमी—भादों महीने के आठवें दिन यह त्योहार मनाया जाता है जबकि कृष्ण भगवान का जन्म हुआ था। लोग इस दिन व्रत रखते हैं तथा रात के बारह बजे तक कृष्ण जी की पूजा की जाती है तथा उसके बाद उपवास तोड़ा जाता है। इस दिन मन्दिरों को काफी सजाया जाता है तथा कुछ लोग अपने घरों में भी कृष्ण जी के जीवन से सम्बन्धित तरह-तरह की झाकियाँ बनाते हैं। पूजा की जाती है तथा इसके बाद प्रसाद बाँटा जाता है।

इसके अतिरिक्त अनेक त्योहार भी मनाए जाते हैं। सकट का त्योहार पुत्रों की रक्षा के लिए संकट से बचने के लिए सकट के दिन मनाया जाता है जोकि माघ महीने में पड़ता है। मकर सक्रान्ति का त्योहार भी माघ महीने ही मनाया जाता है। इस दिन सुबह उठकर नहाया जाता है। कुछ लोग गंगा स्नान भी करते हैं तथा ब्राह्मणों को कच्ची खिचड़ी का सामान भी दिया जाता है। बसन्त पंचमी का त्योहार भी माघ महीने ही में मनाया जाता है। इस दिन लोग पीले वस्त्र धारण करते हैं तथा पतंगें आदि उड़ाई जाती हैं। परिवार के देवी देवताओं तथा शिवाजी की पूजा की जाती है। फागुन महीने में शिवरात्रि का त्योहार मनाया जाता है जिसमें शिवजी की पूजा की जाती है। सावन महीने में रक्षा बन्धन का त्योहार मनाया जाता है जिसमें बहनें भाइयों की कलाई पर राखी बाँधती हैं तथा भाई बदले में कुछ रुपये देता है। भाई दूर होने पर डाक से राखी भिजवा दी जाती है। भादों में तीज का त्योहार मनाया जाता है जिस दिन विवाहित तथा अविवाहित लड़कियाँ रंग-बिरंगे कपड़े पहनती हैं, पक्का खाना बनता है, महादेवा की पूजा होती है तथा झूला झूला जाता है। इसके अतिरिक्त कार्तिक महीने में करवा चौथ का त्योहार पत्नियों द्वारा पतियों की दीर्घ आयु के लिए मनाया जाता है। इस दिन स्त्रियाँ उपवास रखती हैं तथा चन्द्रमा चढ़ने के बाद ही उपवास तोड़ा जाता है। दिवाली के अगले दिन भईया-दूज का त्योहार बहनों द्वारा भाइयों के कल्याण के लिए मनाया जाता है। इस प्रकार प्रत्येक महीने कोई न कोई त्योहार मनाया जाता है तथा ग्रामवासी अभी भी इन त्योहारों को धूमधाम से मनाते हैं।

अन्य धर्मों के त्योहार—अन्य धर्मों के लोग भी गाँव में अपने त्योहार मनाते हैं। जैन लोगों में महावीर स्वामी के जन्मदिन, रथयात्रा तथा ऋषि पंचमीं के समय त्योहार देखे जा सकते हैं। सिक्ख हिन्दू त्योहारों के अतिरिक्त गुरु नानक जी का जन्मदिन मनाते हैं। मुसलमान ईद, मुहर्रम तथा ईसाई लोग क्रिसमिस का त्योहार प्रमुख रूप से मनाते हैं।

त्योहारों का समाजशास्त्रीय महत्त्व

प्रत्येक समाज में त्योहार मनाए जाते हैं तथा इनका अपना समाजशास्त्रीय महत्त्व है। इन त्योहारों के महत्त्व को निम्नलिखित श्रेणियों में बाँटा जा सकता है—

(1) **सामाजिक महत्त्व**—त्योहार विचित्र धर्मों तथा जातियों के लोगों को परस्पर नजदीक लाकर उनमें भ्रातृत्व के विचारों को प्रोत्साहन देते हैं तथा एकता लाने में सहायता देते हैं। इन त्योहारों में विभिन्न लोगों में सहयोग बढ़ता है, सामूहिक चेतना आती है तथा मनमुटाव एवं तनाव इत्यादि कम होता है। इनका सबसे बड़ा सामाजिक लाभ ग्रामीण एकता बनाए रखने में सहायता देना है।

(2) **सांस्कृतिक महत्त्व**—सांस्कृतिक दृष्टि से अगर त्योहारों को देखा जाए तो त्योहार नई पीढ़ी को अपनी प्राचीन संस्कृति का ज्ञान कराते हैं तथा एक ऐसा सांस्कृतिक वातावरण बना देते हैं जिससे कि सामूहिक चेतना तथा सहयोग बढ़ता है।

(3) **धार्मिक महत्त्व**—अधिकांश त्योहार व्यक्ति को महत्त्वपूर्ण कार्य करने की प्रेरणा देते हैं। सुख-दुःख को सहन करने की शक्ति तथा प्रेरणा भी पूजा पाठ से मिलती है जोकि त्योहारों के समय विशेष रूप से की जाती है।

(4) **मनोरंजनात्मक महत्त्व**—त्योहार ग्रामीण समाज में मनोरंजन का भी प्रमुख साधन हैं। अनेक त्योहार जैसे होली, दिवाली तथा दशहरा में लोग मिलकर खुशी मनाते हैं। मेले तथा प्रदर्शनियाँ इत्यादि लगती हैं तथा इन सबसे काफी मनोरंजन ग्रामवासियों का हो जाता है।

वास्तव में त्योहार ग्रामवासियों के जीवन के ही अंग हैं क्योंकि सभी महीनों में कोई न कोई त्योहार मनाया जाता है। त्योहार निश्चित रूप से ग्रामीण समाज में विशेष स्थान रखते हैं।

सन्दर्भ-सूची

1. D. S. Sharma, **Essence of Hinduism**, p. 20.
2. लक्ष्मीदत्त ठाकुर, **प्रमुख स्मृतियों का अध्ययन**, पृष्ठ 75.
3. आद्यादत्त ठाकुर, **वेदों में भारतीय संस्कृति**, पृष्ठ 246.
4. गिरिधर शर्मा चतुर्वेदी, **वैदिक विधान और भारतीय संस्कृति**, पृष्ठ 207.
5. V. A. K. Ayer, **Hindu Shastras and Sanskaras**, p. 27.
6. राजबली पाण्डेय, **हिन्दू संस्कार**, पृष्ठ 18.
7. लक्ष्मीदत्त ठाकुर, पूर्व उद्धृत, पृष्ठ 74.
8. V. A. K. Ayer, Op. Cit., pp. 34–35.

14

पंचायती राज

भारत में प्रारम्भिक काल से ही गाँव पंचायत अथवा इसी प्रकार की अन्य नाम से सम्बोधित संस्थाओं का उल्लेख मिलता है। आदिकाल में ऋग्वैदिक साहित्य से लेकर अंग्रेजों के आने के समय तक पंचायतों का उल्लेख रहा है। पंचायती राज की प्रेरणा परम्परागत 'पंच परमेश्वर' (Panch parmeshwar) से मिली है अर्थात् परमात्मा पाँच पंचों में बोलता है। इसका अर्थ यह है कि पाँच पंचों का फैसला भगवान का फैसला होता है। स्वतन्त्रता प्राप्ति के पश्चात् तो पंचायतों के पुनर्गठन में विशेष रुचि ली गई है। गाँव की कल्पना सदा एक आत्म-निर्भर स्वायत्त शासनतन्त्र के रूप में की गई है। सदा यह प्रयास रहा है कि गाँव वाले अपने सभी निर्णय स्वयं ले सकें।

पंचायतें ग्रामीण राजनीतिक संस्थाएँ हैं क्योंकि ये ग्राम स्तर पर शक्ति संरचना से सम्बन्धित हैं। यद्यपि भारतीय संविधान में पंचायती राज के राजनीतिक संगठन की अलग व्यवस्था नहीं है फिर भी राज्य सरकारों के निर्देशक अधिकारों में पंचायतों के पुनर्गठन की बात कही गई है ताकि गाँव एक स्वशासित इकाई के रूप में कार्य कर सके। ग्राम पंचायतों को भूमिकर वसूल करने, सुरक्षा प्रदान करने, लड़ाई-झगड़ों का निपटारा करने एवं सार्वजनिक कल्याण के अधिकार प्राप्त हैं।

पंचायती राज का अर्थ पंचायतों द्वारा गाँवों का शासन करना है ताकि ग्रामीण पुनर्निर्माण हो सके। राधाकुमुद मुकर्जी ने ग्राम पंचायतों को प्रजातन्त्र के देवता की की संज्ञा दी है। वास्तव में, पंचायती राज का सम्बन्ध सत्ता के प्रजातान्त्रिक विकेन्द्रीकरण से है। अतः पंचायती राज को प्रजातन्त्रीय राज्य में जनता को उसके कल्याण कार्य में सहभागी बनाने की एक पद्धति कहा जा

सकता है। यह स्थानीय स्तर पर प्रशासनिक स्वायत्त शासन के विकास की व्यवस्था है। स्वतन्त्रता प्राप्ति के बाद जनता को अधिक से अधिक शासन में सहभागी बनाने के लिए पंचायतों की भूमिका को स्वीकारा गया। ऐसी आशा की गई कि उनसे ग्रामीण समाज को स्वशासन का अवसर होगा। अतः ग्रामीण समाज के विकास के लिए तथा आर्थिक व अन्य गतिविधियों को प्रजातान्त्रिक स्वरूप प्रदान करने कि लिए जो व्यवस्था स्थापित की गई, उसी को पंचायती राज कहा जाता है। कुछ लोग इसे प्रशासन की एक एजेन्सी, नीचे के स्तर पर प्रजातन्त्र का विस्तार तथा स्थानीय ग्रामीण शासन का घोषणा-पत्र भी मानते हैं।

अंग्रेजी शासनकाल में पंचायतें

यद्यपि भारत में पंचायतों का उल्लेख ऋग्वेद, बौद्धकाल, मौर्यकाल, गुप्तकाल तथा मुगलकाल में निरन्तर मिलता है, फिर भी इन्हें औपचारिक रूप से संगठित करने का सबसे पहला प्रयास अंग्रेजों ने किया था। सन् 1882 में लार्ड रिपन ने 'स्थानीय स्वायत्त सरकार' (Local self government) का विचार प्रस्तुत करके नगरों के लिए नगरपालिका समितियों तथा ग्रामीण क्षेत्रों के लिए जिला बोर्डों की स्थापना की। धीरे-धीरे कांग्रेस आन्दोलन में ग्राम पंचायत का प्रोग्राम बनाया गया तथा सन् 1909 में लाहौर में हुए 24वें राष्ट्रीय कांग्रेस पार्टी के अधिवेशन में पंचायतों की महत्ता को अनुभव किया गया तथा इनके पुनर्गठन की आवश्यकता पर बल देने की बात कही गई। 25वें अधिवेशन में भी पंचायतों की महत्ता पर प्रकाश डाला गया तथा इसके पश्चात् तो महात्मा गांधी जी ने पंचायती राज की स्थापना के लिए अपने विचारों से भारतीयों में केवल एक नई जागरूकता ही पैदा नहीं की अपितु राजनीतिक क्षेत्र में भी तहलका मचा दिया। इसमें प्रारम्भिक सफलता भी मिली। मद्रास (1920), बम्बई (1920), बिहार (1920), पंजाब (1920) आदि प्रान्तों में स्थानीय स्वायत्त शासन सम्बन्धी विभिन्न अधिनियम पारित किए गए परन्तु ये केवल कागजों पर ही रह गए क्योंकि इन्हें व्यावहारिक रूप न मिल सका।

पंचायतों का पुनर्गठन प्रभावशाली ढंग से स्वतन्त्रता प्राप्ति के पश्चात् ही किया गया है। हुग ग्रे के अनुसार, "जनवरी 1957 तक भारत के प्रत्येक राज्य में पंचायती राज अधिनियम पारित हो गए और सितम्बर 1957 तक भारत के 73% गाँवों में पंचायतों की स्थापना हो चुकी थी जिन्हें सफाई सम्बन्धी कानून बनाने, सड़कों तथा पीने के पानी की व्यवस्था करने के अधिकार प्राप्त थे।"[1]

केन्द्र सरकार ने सन् 1992 में किए गए 73वें संविधान संशोधन (जोकि 24 अप्रैल, 1993 से प्रभावी माना जाता है) द्वारा राज्यों को पंचायती राज अधिनियमों को अधिक प्रभावशाली बनाने के निर्देश दिए गए हैं। साथ ही, पंचायतों के चुनाव समय पर कराने; अनुसूचित जातियों एवं जनजातियों तथा महिलाओं के लिए पंचायतों में स्थान सुरक्षित करने; गाँव के स्तर पर ग्राम पंचायत, ब्लाक (या तालुक) स्तर पर पंचायत समिति तथा जिला स्तर पर जिला पंचायत का निर्माण करने तथा इनके अधिकारों और कर्त्तव्यों की स्पष्ट व्याख्या करने को भी कहा गया है। यह संविधान संशोधन पंचायत अधिनियम, 1993 (Panchayat Act, 1993) के नाम से जाना

जाता है। केन्द्र द्वारा राज्य सरकारों को दिए जाने वाले अनुदान को इस अधिनियम के अनुरूप राज्य अधिनियम बनाने तथा चुनाव कराने के साथ भी जोड़ दिया गया है ताकि कोई भी राज्य इसकी अवहेलना न कर सके।

भारत में पंचायतों का पुनर्गठन

स्वतन्त्रता प्राप्ति के पश्चात् उत्तर प्रदेश सरकार ने देश में सर्वप्रथम 'उत्तर प्रदेश पंचायती राज अधिनियम, 1947' पारित किया। इस अधिनियम को उत्तर प्रदेश विधान सभा ने 5 जून, सन् 1947 को तथा उत्तर प्रदेश विधान परिषद् ने 16 सितम्बर, सन् 1947 को पारित किया। भारत के गवर्नर जनरल ने 7 दिसम्बर, सन् 1947 को इस अधिनियम को स्वीकृति प्रदान की तथा तब से ही यह उत्तर प्रदेश में लागू है। अब इस अधिनियम में उत्तर प्रदेश अधिनियम संख्या 9 सन् 1994 द्वारा संशोधित किया गया है। इस संशोधन द्वारा महिलाओं, अनुसूचित जातियों, अनुसूचित जनजातियों तथा अन्य पिछड़े वर्गों के लिए पंचायतों में आरक्षण की सुविधा दी गई है। अन्य राज्यों में बाद में ऐसे अधिनियम पारित किए गए। वर्तमान में भारत में पंचायती राज का स्वरूप संविधान के 73वें संशोधन, 1993 ई० पर आधारित है। ऐसा अनुमान लगाया जाता है कि भारत में इस समय 2,26,108 ग्राम पंचायतें, 5,736 पंचायत समितियाँ तथा 457 जिला परिषदें कार्य कर रही हैं जिनमें लगभग 34 लाख जनप्रतिनिधि कार्यरत हैं। विभिन्न राज्यों में पंचायती राज का पुनर्गठन निम्नलिखित तालिका अनुसार विभिन्न स्तरों में किया गया है—

तालिका–1 : भारत के विभिन्न राज्यों में पंचायती राज के स्तर एवं सम्बन्धित संस्थाएँ

क्र० सं०	राज्य	स्तर	संस्थाएँ
1.	जम्मू व कश्मीर	एकस्तरीय	ग्राम पंचायत
2.	केरल	एकस्तरीय	ग्राम पंचायत
3.	मणिपुर	एकस्तरीय	ग्राम पंचायत
4.	त्रिपुरा	एकस्तरीय	ग्राम पंचायत
5.	सिक्किम	एकस्तरीय	ग्राम पंचायत
6.	उड़ीसा	द्वि-स्तरीय	1. ग्राम पंचायत, 2. पंचायत समिति
7.	दादरा व नगर हवेली	द्वि-स्तरीय	1. ग्राम पंचायत, 2. पंचायत समिति
8.	दिल्ली	द्वि-स्तरीय	1. ग्राम पंचायत, 2. पंचायत समिति
9.	पाण्डिचेरी	द्वि-स्तरीय	1. ग्राम पंचायत, 2. पंचायत समिति
10.	असम	द्वि-स्तरीय	1. ग्राम पंचायत, 2. पंचायत समिति
11.	कर्नाटक	द्वि-स्तरीय	1. ग्राम पंचायत, 2. पंचायत समिति

12.	हरियाणा	द्वि-स्तरीय	1. ग्राम पंचायत, 2. पंचायत समिति
13.	मध्य प्रदेश	द्वि-स्तरीय	1. ग्राम पंचायत, 2. पंचायत समिति
14.	छत्तीसगढ़	द्वि-स्तरीय	1. ग्राम पंचायत, 2. पंचायत समिति
15.	बिहार	त्रि-स्तरीय	1. ग्राम पंचायत, 2. पंचायत समिति, 3. जिला परिषद्
16.	राजस्थान	त्रि-स्तरीय	1. ग्राम पंचायत, 2. पंचायत समिति, 3. जिला परिषद्
17.	उत्तर प्रदेश	त्रि-स्तरीय	1. ग्राम पंचायत, 2. पंचायत समिति, 3. जिला परिषद्
18.	हिमाचल प्रदेश	त्रि-स्तरीय	1. ग्राम पंचायत, 2. पंचायत समिति, 3. जिला परिषद्
19.	पंजाब	त्रि-स्तरीय	1. ग्राम पंचायत, 2. पंचायत समिति, 3. जिला परिषद्
20.	उत्तराखण्ड	त्रि-स्तरीय	1. ग्राम पंचायत, 2. पंचायत समिति, 3. जिला परिषद्
21.	झारखण्ड	त्रि-स्तरीय	1. ग्राम पंचायत, 2. पंचायत समिति, 3. जिला परिषद्
22.	महाराष्ट्र	त्रि-स्तरीय	1. ग्राम पंचायत, 2. पंचायत समिति, 3. जिला परिषद्
23.	आन्ध्र प्रदेश	त्रि-स्तरीय	1. ग्राम पंचायत, 2. पंचायत समिति, 3. जिला परिषद्
24.	तमिलनाडु	त्रि-स्तरीय	1. ग्राम पंचायत, 2. पंचायत समिति, 3. जिला परिषद्
25.	गुजरात	त्रि-स्तरीय	1. ग्राम पंचायत, 2. पंचायत समिति, 3. जिला परिषद्
26.	पश्चिम बंगाल	चार-स्तरीय	1. ग्राम पंचायत, 2. अंचल पंचायत, 3. आंचलिक परिषद्, 4. जिला परिषद्
27.	मेघालय	जनजातीय परिषद्	जनजातीय परिषद्
28.	नागालैण्ड	जनजातीय परिषद्	जनजातीय परिषद्
29.	मिजोरम	जनजातीय परिषद्	जनजातीय परिषद्

ग्राम स्तरीय संस्थाओं को सभी राज्यों में ग्राम पंचायत के नाम से सम्बोधित किया जाता है। अधिकांश राज्यों में स्थानीय स्तर पर पंचायतों का पुनर्गठन तीन स्तरों पर किया गया है—

(अ) ग्राम सभा

ग्राम सभा की स्थापना विभिन्न राज्यों में भिन्न आबादी वाले गाँव में होती है। पंजाब में 500 अथवा इससे अधिक जनसंख्या वाले गाँव में ग्राम सभा की स्थापना की जाती है, जबकि उत्तर प्रदेश में यह संख्या 250 निश्चित की गई है। उत्तर प्रदेश में जिस गाँव की आबादी 250 है वहाँ ग्राम सभा बनाई गई है। अगर आबादी कम है तो आस-पास के दो अथवा तीन गाँवों को मिला लिया जाता है। इनके बीच किसी प्रकार की कोई प्राकृतिक बाधा नहीं होनी चाहिए। उत्तर प्रदेश में सन् 1996 में ग्राम सभाओं की संख्या 73,917 थी। ग्राम सभा की सदस्यता ऐच्छिक है। ग्राम सभा के सदस्य के लिए यह जरूरी है कि वह 21 वर्ष (अब 18 वर्ष) या अधिक आयु का हो तथा कोढ़ी, पागल, दिवालिया, दण्ड प्राप्त एवं राज्य सरकार का कर्मचारी न हो। ग्राम सभा की वर्ष में दो बार मीटिंग होती है–पहली खरीफ की फसल कटने के तुरन्त बाद तथा दूसरी रबी की फसल कटने के बाद। पहली मीटिंग में बजट पेश किया जाता है तथा दूसरी मीटिंग में गतवर्ष की आमदनी और खर्च का हिसाब-किताब किया जाता है और विभिन्न विकास योजनाओं पर विचार-विमर्श किया जाता है।

ग्राम सभा एक प्रधान (अध्यक्ष) एवं एक उप-प्रधान (उपाध्यक्ष) चुनती है जिनका कार्यकाल अब पाँच वर्ष या चुनी गई ग्राम सभा की अवधि तक होता है। अगर ग्राम सभा के सदस्य दो बैठकों के अतिरिक्त किसी समय बैठक बुलाना चाहे तो ग्राम सभा के 1/5 सदस्य प्रधान को इसके लिए प्रार्थना कर सकते हैं और प्रधान को एक महीने के अन्दर ग्राम सभा की असाधारण बैठक बुलानी पड़ेगी। सभी कार्यों एवं योजनाओं के लिए ग्राम सभा की स्वीकृति लेना जरूरी है। ग्राम सभा निम्नलिखित मामलों पर विचार करेगी और ग्राम पंचायत को सिफारिश व सुझाव दे सकती है—

(1) ग्राम पंचायत के खातों का वार्षिक विवरण, पूर्ववर्ती वित्तीय वर्ष की प्रशासन की रिपोर्ट और अन्तिम लेखा परीक्षा टिप्पणी और उस पर दिए गए उत्तर, यदि कोई हों,

(2) पूर्ववर्ती वर्ष से सम्बन्धित ग्राम पंचायत के विकास कार्यक्रमों और चालू वित्तीय वर्ष के दौरान लिए जाने के लिए प्रस्तावित विकास कार्यक्रमों की रिपोर्ट,

(3) ग्राम में समाज के सभी वर्गों के बीच एकता और समन्वय की अभिवृद्धि,

(4) ग्राम के भीतर प्रौढ़ शिक्षा के कार्यक्रम, तथा

(5) ऐसे अन्य मामले जैसे नियत किए जाएँ।

ग्राम सभा निम्नलिखित कार्यों का भी सम्पादन करेगी—

(1) सामुदायिक कल्याण कार्यक्रमों के लिए स्वैच्छिक श्रम और अंशदान जुटाना,

(2) ग्राम से सम्बन्धित विकास योजनाओं के कार्यान्वयन के लिए हिताधिकारी की पहचान, तथा

(3) ग्राम से सम्बन्धित विकास योजनाओं के क्रियान्वयन में सहायता पहुँचाना।

(ब) ग्राम पंचायत

ग्राम सभा की कार्यकारिणी (Executive body) को ग्राम पंचायत कहा जाता है। इसके सदस्य ग्राम सभा के सदस्यों में से चुने जाते हैं तथा इनकी संख्या गाँव की जनसंख्या पर निर्भर करती है। पहले तीस से इक्यावन सदस्य चुने जाते थे परन्तु अब यह संख्या नौ से पन्द्रह तक है। सभी सदस्य पाँच वर्षों के लिए चुने जाते हैं। ग्राम सभा का प्रधान इसका भी प्रधान होता है। ग्राम पंचायत के सदस्य किसी एक सदस्य को उप-प्रधान चुनते हैं जिसका कार्यकाल एक वर्ष का होता है। ग्राम पंचायत की बैठक महीने में एक बार होती है तथा अगर एक-तिहाई सदस्य चाहें तो प्रधान से कभी भी बैठक के लिए प्रार्थना कर सकते हैं और तत्पश्चात् प्रधान को पन्द्रह दिन के अन्दर बैठक बुलाना जरूरी है। प्रधान को अविश्वास प्रस्ताव द्वारा दो-तिहाई बहुमत से उसके पद से हटाया जा सकता है।

प्रधान पंचायत की बैठक की अध्यक्षता करता है तथा अगर प्रधान किसी बैठक में अनुपस्थित है तो उप प्रधान उसके उत्तरदायित्वों को निभाता है।

ग्राम पंचायत के कार्य

ग्राम पंचायतों से निम्नलिखित कार्यों के सम्पादन की अपेक्षा की गई है—

(1) कृषि, जिसके अन्तर्गत कृषि का विस्तार भी सम्मिलित है:

(i) कृषि और बागवानी का विकास और प्रोन्नति।

(ii) बंजर भूमि और चरागाह भूमि का विकास और उनके अनधिकृत संक्रमण और प्रयोग की रोकथाम करना।

(2) भूमि विकास, भूमि सुधार का कार्यान्वयन, चकबन्दी और भूमि संरक्षण:

(i) भूमि विकास, भूमि सुधार और भूमि संरक्षण में सरकार और अन्य एजेन्सियों की सहायता करना।

(ii) भूमि चकबन्दी में सहायता करना।

(3) लघु सिंचाई, जल व्यवस्था और जल आच्छादन विकास:

(i) लघु सिंचाई परियोजनाओं से जल वितरण में प्रबन्ध और सहायता करना।

(ii) लघु सिंचाई परियोजनाओं का निर्माण, मरम्मत और अनुरक्षण, सिंचाई के उद्देश्य से जलापूर्ति का विनियमन।

(4) पशुपालन, दुग्ध उद्योग और कुक्कुट पालन:

(i) पालतू जानवरों, कुक्कुटों और अन्य पशुधनों की नस्लों का सुधार करना।

(ii) दुग्ध उद्योग, कुक्कुट पालन, सूअर पालन इत्यादि की प्रोन्नति।

(5) मत्स्य पालन :

गाँवों में मत्स्य पालन का विकास।

(6) सामाजिक और कृषि वानिकी:

(i) सड़कों और सार्वजनिक भूमि के किनारों पर वृक्षारोपण और परिरक्षण।
(ii) सामाजिक व कृषि वानिकी और रेशम उत्पादन का विकास और प्रोन्नति।

(7) लघु वन उत्पाद:

लघु वन उत्पादों की प्रोन्नति और विकास।

(8) लघु उद्योग:
(i) लघु उद्योगों के विकास में सहायता करना।
(ii) स्थानीय व्यापारों की प्रोन्नति।

(9) कुटीर और ग्राम उद्योग:
(i) कृषि और वाणिज्यिक उद्योगों के विकास में सहायता करना।
(ii) कुटीर उद्योगों की प्रोन्नति।

(10) ग्रामीण आवास:
(i) ग्रामीण आवास कार्यक्रमों का कार्यान्वयन।
(ii) आवास स्थलों का वितरण और उनसे सम्बन्धित अभिलेखों का अनुरक्षण।

(11) पेय जल:

पीने, कपड़ा धोने, स्नान करने के प्रयोजनों के लिए जल संभरण के लिए सार्वजनिक कुओं, तालाबों और पोखरों का निर्माण, मरम्मत और अनुरक्षण और पीने के प्रयोजन के लिए जल संभरण के स्रोतों का विनियमन।

(12) ईंधन और चारा भूमि:
(i) ईंधन और चारा भूमि से सम्बन्धित घास और पौधों का विकास।
(ii) चारा भूमि के अनियमित अंतरण पर नियन्त्रण।

(13) सड़कें, पुलिया, पुलों, नौकाघाट, जलमार्ग और संचार के अन्य साधन:
(i) ग्राम की सड़कों, पुलियों, पुलों और नौकाघाटों का निर्माण और अनुरक्षण।
(ii) जलमार्गों का अनुरक्षण।
(iii) सार्वजनिक स्थानों पर से अतिक्रमण को हटाना।

(14) ग्रामीण विद्युतीकरण:

सार्वजनिक मार्गों और अन्य स्थानों पर प्रकाश उपलब्ध कराना और अनुरक्षण करना।

(15) गैर-पारम्परिक ऊर्जा स्रोत:

ग्राम में गैर-पारम्परिक ऊर्जा स्रोतों के कार्यक्रमों का विकास, प्रोन्नति और उनका अनुरक्षण।

(16) गरीबी उपशमन (Poverty alleviation) कार्यक्रम:

गरीबी उपशमन कार्यक्रमों की प्रोन्नति और कार्यान्वयन।

(17) शिक्षा, जिसके अन्तर्गत प्रारम्भिक और माध्यमिक विद्यालय भी सम्मिलित हैं:
शिक्षा के बारे में सार्वजनिक चेतना।

(18) तकनीकी प्रशिक्षण और व्यावसायिक शिक्षा:
ग्रामीण कला और शिल्पकारी की प्रोन्नति।

(19) प्रौढ़ और अनौपचारिक शिक्षा:
प्रौढ़ साक्षरता की प्रोन्नति।

(20) पुस्तकालय:
पुस्तकालयों और वाचनालयों की स्थापना और अनुरक्षण।

(21) खेलकूद और सांस्कृतिक कार्य:
(i) सामाजिक और सांस्कृतिक क्रियाकलापों की प्रोन्नति।
(ii) विभिन्न त्योहारों पर सांस्कृतिक संगोष्ठियों का आयोजन।
(iii) खेलकूद के लिए ग्रामीण क्लबों की स्थापना और अनुरक्षण।

(22) बाजार और मेले:
पंचायत क्षेत्रों में मेलों, बाजारों और हाटों का विनियमन।

(23) चिकित्सा और स्वच्छता:
(i) ग्रामीण स्वच्छता की प्रोन्नति।
(ii) महामारियों के विरुद्ध रोकथाम।
(iii) मनुष्य और पशु टीकाकरण के कार्यक्रम।
(iv) छुट्टा पशु और पशुधन के विरुद्ध निवारक कार्यवाही।
(v) जन्म, मृत्यु और विवाह का रजिस्ट्रीकरण।

(24) परिवार कल्याण:
परिवार कल्याण कार्यक्रमों की प्रोन्नति और क्रियान्वयन।

(25) आर्थिक विकास के लिए योजना:
ग्राम पंचायत के क्षेत्र के आर्थिक विकास के लिए योजना तैयार करना।

(26) प्रसूति और बाल विकास:
(i) ग्राम पंचायत स्तर पर महिला एवं बाल विकास कार्यक्रमों के क्रियान्वयन में भाग लेना।
(ii) बाल स्वास्थ्य और पोषण कार्यक्रमों की प्रोन्नति।

(27) समाज कल्याण जिसके अन्तर्गत विकलांगों और मानसिक रूप से मन्द व्यक्तियों का कल्याण भी सम्मिलित है:

(i) वृद्धावस्था और विधवा पेंशन योजनाओं में सहायता करना।

(ii) विकलांगों और मानसिक रूप से मन्द व्यक्तियों के कल्याण को सम्मिलित करते हुए समाज कल्याण कार्यक्रमों में भाग लेना।

(28) कमजोर वर्गों और विशिष्टतया अनुसूचित जातियों और अनुसूचित जनजातियों का कल्याण:

(i) अनुसूचित जातियों, अनुसूचित जनजातियों और समाज के अन्य कमजोर वर्गों के लिए विशिष्ट कार्यक्रमों के कार्यान्वयन में भाग लेना।

(ii) सामाजिक न्याय के लिए योजनाओं की तैयारी और कार्यान्वयन।

(29) सार्वजनिक वितरण प्रणाली:

(i) अत्यावश्यक वस्तुओं के वितरण के सम्बन्ध में सार्वजनिक चेतना की प्रोन्नति।

(ii) सार्वजनिक वितरण प्रणाली का अनुश्रवण।

(30) सामुदायिक आस्तियों का अनुरक्षण:

सामुदायिक आस्तियों का परिरक्षण और अनुरक्षण।

उपर्युक्त कार्यों के अतिरिक्त, राज्य सरकार अधिसूचना द्वारा ग्राम पंचायत को निम्नलिखित कार्य भी सौंप सकती है—

(1) पंचायत क्षेत्र में स्थित किसी वन की व्यवस्था और अनुरक्षण,

(2) पंचायत क्षेत्र के भीतर स्थित सरकार की बंजर भूमि, चरागाह भूमि या खाली पड़ी भूमि की व्यवस्था, तथा

(3) किसी कर या भू-राजस्व का संग्रह और सम्बन्धित अभिलेखों का अनुरक्षण।

ग्राम पंचायत के आमदनी के साधन कर हैं। पंचायत द्वारा जमीन का लगान, सीरदार एवं खुदकाश्त भूमि पर कर एवं व्यापारियों पर कर लगाया जाता है। इसके अतिरिक्त, विभिन्न विकास कार्यों के लिए सरकारी अनुदान भी मिलता रहता है।

(स) न्याय पंचायत अथवा पंचायती अदालत

ग्रामवासियों के लिए सस्ती न्याय व्यवस्था उपलब्ध करने के लिए तीसरे स्तर पर न्याय पंचायतों की स्थापना की गई है। चार अथवा पाँच ग्राम पंचायतों पर एक न्याय पंचायत की स्थापना की जाती है जिसके सदस्यों की संख्या बीस से पच्चीस के बीच होती है अर्थात् ग्राम पंचायत चार अथवा पाँच सदस्यों का चुनाव करके न्याय पंचायत के लिए भेजती है। पंचायती अदालत का एक चुना हुआ सरपंच होता है जिसे कई बार जिलाधीश मनोनीत करते हैं। सरपंच के अतिरिक्त एक सहायक सरपंच भी चुना जाता है तथा इन दोनों पदाधिकारियों का पढ़ा-लिखा होना जरूरी है। न्याय पंचायत के प्रत्येक पंच का कार्यकाल उसके पंच होने के दिनांक से प्रारम्भ होकर तब तक रहता है जब तक कि न्याय पंचायत का कार्यकाल समाप्त नहीं हो जाता।

सम्बन्धित गाँव में दीवानी तथा फौजदारी मुकदमों की सुनवाई इन्हीं न्याय पंचायतों द्वारा की जाती है। सामान्यतः न्याय पंचायत को चार अथवा पाँच बैंचों में बाँट दिया जाता है जोकि अपने गाँव से सम्बन्धित लड़ाई-झगड़े का निपटारा करते हैं। उत्तर प्रदेश में सन् 1996 में न्याय पंचायतों की कुल संख्या 8,814 थी।

न्याय पंचायतें पाँच सौ रुपये की मिल्कियत तक के दीवानी मुकदमों की सुनवाई कर सकती है। सम्पत्ति से सम्बन्धित मुकदमे जैसे आग लगने, जमीन इत्यादि के झगड़े, मार-पीट, घर में घुसने, तालाब, कुएँ एवं अन्य सार्वजनिक स्थानों को क्षति पहुँचाने इत्यादि से सम्बन्धित मुकदमे सुनने का पूर्ण अधिकार न्याय पंचायत को होता है। न्याय पंचायत को सौ रुपये तक का जुर्माना करने का तो अधिकार है परन्तु यह कारावास का दण्ड नहीं दे सकती। अब जुर्माने की राशि बढ़ाकर दो सौ पचास रुपये कर दी गई है। पंचों में निर्णय के बारे में मतभेद होने की दशा में बहुमत की राय ही मान्य होती है। इस अदालत के निर्णय के खिलाफ कानून की अदालत में अपील की जा सकती है। कानून की अदालतें भी, यह पता चलने पर कि किसी मुकदमे का न्याय पंचायत द्वारा परीक्षण किया जा सकता है, धारा 55 की उपधारा (4) में दी गई व्यवस्था को छोड़कर, किसी मुकदमे को सक्षम अधिकार क्षेत्र वाली न्याय पंचायत को स्थानान्तरित कर सकती है।

उत्तर प्रदेश पंचायती राज अधिनियम, 1947 के अनुसार पंचायतों पर राज्य का पूर्ण नियन्त्रण होता है। राज्य की ओर से इनकी देख-रेख के लिए स्थानीय स्तर पर पंचायत निरीक्षक, जिला स्तर पर जिला पंचायत अधिकारी तथा प्रान्त के स्तर पर पंचायत निर्देशक नियुक्त किए जाते हैं। पंचायतों के बजट पर निरीक्षक की स्वीकृति आवश्यक है तथा नियमानुसार कार्य न करने पर पंचायतों को भंग भी किया जा सकता है। उत्तर प्रदेश में सन् 1950, 1952, 1954 तथा 1994 में पंचायती राज अधिनियम में संशोधन करके इसे अधिक प्रभावशाली बनाने का प्रयास किया गया है।

इस प्रकार, पंचायती राज ने एक नई राजनीतिक जागरूकता लाने में काफी सहायता दी है। केरल, महाराष्ट्र, पंजाब, मध्य प्रदेश तथा आन्ध्र प्रदेश में पंचायतों का चुनाव गुप्त मतदान द्वारा होता है, जबकि मैसूर में इस विधि को तब अपनाया जाता है जबकि दस से अधिक सदस्यों को चुनना होता है। दूसरे राज्यों में खुले चुनाव होते हैं।

भारत में पंचायती राज का मूल्यांकन

यद्यपि शुरू-शुरू में जनता को अपने अधिकारों एवं कर्त्तव्यों का पूर्ण ज्ञान नहीं था और न ही वे पंचायतों का अर्थ समझते थे, परन्तु आज जागरूकता बढ़ गई है जिसके फलस्वरूप अब पंचायतों को केवल प्रशासन की एक शाखा के रूप में ही नहीं देखा जाता अपितु एक जन संगठन के रूप में भी देखा जाता है। अगर पंचायतों के अनिवार्य कार्यों को देखा जाए तो ऐसा लगता है कि पंचायतें अपने उद्देश्यों में अधिकतर सफल नहीं रही हैं, क्योंकि इतने अधिकार

होने के बावजूद आज गाँव की स्थिति में कोई अधिक महत्त्वपूर्ण परिवर्तन नहीं आए हैं। गाँव का आर्थिक, सामाजिक, राजनीतिक तथा सांस्कृतिक स्तर कुछ ऊँचा तो हुआ है परन्तु अधिकांश लक्ष्यों को प्राप्त करने में पंचायतें पूर्ण रूप से सफल नहीं रही हैं। इसके अनेक कारण हैं। सबसे प्रमुख कारण आर्थिक सहायता का अधिक न होना है। कोई भी कार्य, विशेषकर विकास सम्बन्धी कार्य, बिना वित्तीय सहायता के नहीं हो सकता।

इसके अतिरिक्त प्रो० योगेन्द्र सिंह[2] ने इसके चार प्रमुख कारण बताए हैं—

(i) प्रभावशाली नेताओं का अभाव,
(ii) निर्णय लेने की प्रजातान्त्रिक विधि का न होना,
(iii) जातिवाद तथा गुटबन्दी का पाया जाना, तथा
(iv) प्रभावशाली प्रशासनिक सह-सम्पर्क का न होना।

अधिकतर राज्य सरकारों द्वारा पंचायती चुनाव में निर्विरोध निर्वाचन को प्राथमिकता दी गई है तथा इसे प्रोत्साहित करने के लिए अधिक आर्थिक सहायता का प्रलोभन भी दिया गया है, परन्तु ऐसी स्थिति अभी नहीं आई है। अधिकांश प्रतियोगी चुनाव के पक्ष में दिखाई देते हैं। सेन तथा रे ने सन् 1967 में अपने अध्ययन में इस बात पर बल दिया है कि पंचायतों के चुनाव में 70 से 90% व्यक्ति हिस्सा लेते हैं तथा 21% प्रतियोगी चुनाव के पक्ष में थे। यद्यपि राजनीतिक दलों का पंचायतों के चुनाव में भाग लेना अवांछनीय समझा गया है फिर भी प्रत्यक्ष व अप्रत्यक्ष रूप से राजनीतिक दल पंचायतों के चुनाव में भाग लेते हैं। वीनर इसे आवश्यक मानते हुए कहते हैं कि भविष्य में यह लाभकारी सिद्ध होगा। प्रो० योगेन्द्र सिंह ने पूर्वी उत्तर प्रदेश के छह गाँवों के अध्ययन में यह पाया कि 99% वोट जाति तथा दल के आधार पर डाले जाते हैं।

ग्राम पंचायतों के अपने उद्देश्य में पूर्ण रूप से सफल न होने का एक अन्य कारण चुने हुए नेता भी हैं। अभी तक ग्राम पंचायतों में अधिक प्रभावशाली तथा प्रगतिवादी नेता आगे नहीं आ पाए हैं। गाँव में अनेक जातियों के व्यक्ति रहते हैं जिनकी आर्थिक स्थिति में काफी असमानता पाई जाती है। सामान्यतः इस बात की आशा की जाती है कि पंचायतों में सभी जातियों एवं वर्गों के प्रतिनिधि चुने जाएँगे परन्तु वास्तविकता में ऐसा नहीं हुआ है। प्रो० योगेन्द्र सिंह का कहना है कि अधिकांशतः पंचायतों पर प्रभु जातियों तथा आर्थिक दृष्टि से सम्पन्न व्यक्तियों का ही अधिकार रहा है। सेन तथा रे का कहना है कि गाँव में परम्परागत नेताओं की अपेक्षा ग्राम पंचायतों के प्रति संवेदनशील तथा आधुनिक दृष्टिकोण के नेताओं को प्राथमिकता दी जाती है।

1964 में भारतीय जनमत संस्थान (Indian Institute of Public Opinion) ने राष्ट्रीय स्तर पर चुने गए नेताओं के मत सर्वेक्षण के बाद यह निष्कर्ष निकाला है कि ग्रामीण नेतृत्व अपेक्षाकृत सम्पन्न वर्ग तक ही केन्द्रित है तथा उनका शिक्षा का स्तर भी निराशाजनक

ही है। अधिकांश सदस्य अपने कार्यों में प्रशिक्षित ही नहीं हैं तथा पंचायती राज के उद्देश्य के प्रति अपने उत्तरदायित्व को अच्छी तरह से समझते भी नहीं हैं।

पंचायतों को प्रभावशाली बनाने के लिए सुझाव

पंचायती राज सर्वथा असफल नहीं रहा है। इसकी अनेक उपलब्धियाँ[3] भी हैं। राजनीतिक दृष्टि से इसने भारतवर्ष में प्रजातन्त्र के बीजारोपण का काम किया है। इसने एक औसत नागरिक को पहले से अधिक अपने अधिकारों के प्रति जागरूक बनाया है। प्रशासनिक दृष्टि से इसने कुलीन नौकरशाही वर्ग और जनता के बीच खाई को पाटा है। सामाजिक और सांस्कृतिक दृष्टि से इसने नया नेतृत्व पैदा किया है। यह नेतृत्व सामाजिक दृष्टिकोण से अधिक आधुनिक और सामाजिक परिवर्तनों का पक्षधर भी है। पंचायती राज ने ग्रामीण जनता के मन में विकास की भावना जाग्रत करने में मदद दी है।

बलवन्त राय मेहता अध्ययन समिति (1957) ने पंचायत को अधिक प्रभावशाली बनाने के लिए जिला स्तर पर का स्थानीय सरकार को तीन स्तरों पर संगठित करने, अप्रत्यक्ष चुनाव तथा इन स्तरों के वास्तविक सम्पर्क के लिए प्रमुख रूप से सुझाव दिए। कांग्रेस सरकार ने इस रिपोर्ट के सुझावों को मानते हुए सभी राज्यों को इन्हें लागू करने के निर्देश दिए। सन् 1959 तक 'प्रजातान्त्रिक विकेन्द्रीकरण' (Democratic decentralization) पर आधारित इस व्यवस्था को सम्पूर्ण भारत में तीन स्तरों पर लागू किया गया। ये तीन स्तर हैं—

(1) ग्राम स्तर पर ग्राम पंचायत,

(2) मध्य स्तर पर (सामान्यतः ब्लाक, मैसूर में तालुक) पर पंचायत समिति, तथा

(3) जिला स्तर पर (असम में तहसील पर) जिला पंचायत।

ग्राम स्तर पर ग्राम पंचायतों के प्रत्यक्ष चुनाव का निर्णय राज्यों द्वारा लिया गया, मध्य स्तर पर अधिकतर राज्यों ने अप्रत्यक्ष परन्तु कुछ राज्यों ने प्रत्यक्ष तथा जिला स्तर पर अप्रत्यक्ष चुनाव का निर्णय लिया गया। इस प्रकार थोड़े-बहुत अन्तर करते हुए बारह राज्यों ने 1969 तक इस रिपोर्ट को लागू किया। मध्य स्तर तथा जिला स्तर के संगठनों को विभिन्न राज्यों में भिन्न नाम से जाना जाता है। मध्य स्तर को असम में आंचलिक पंचायत, मध्य प्रदेश में जनपद पंचायत, तमिलनाडु में पंचायत यूनियन कोन्सिल, उत्तर प्रदेश में क्षेत्र समिति, गुजरात तथा मैसूर में तालुक पंचायत तथा शेष राज्यों में पंचायत समिति के नाम से पुकारा जाता है। जिला स्तर पर संगठन को आन्ध्र प्रदेश, बिहार, महाराष्ट्र पंजाब, राजस्थान, उत्तर प्रदेश तथा पश्चिमी बंगाल में जिला परिषद्, मद्रास तथा मैसूर में जिला विकास कोन्सिल, उड़ीसा में जिला सलाहकार कोन्सिल, गुजरात तथा मध्य प्रदेश में जिला पंचायत कहा जाता है।

इस रिपोर्ट में इन तीनों स्तरों द्वारा सुचारु रूप से कार्य करने पर बल दिया गया है ताकि ग्रामीण पुनर्निर्माण अधिक प्रभावशाली ढंग से किया जा सके।

बलवन्त राय मेहता ने प्रजातान्त्रिक विकेन्द्रीकरण के लिए अग्रलिखित आधारभूत सिद्धान्तों पर भी बल दिया है—

(1) ग्राम से लेकर जिले तक स्थानीय स्वायत्त सरकार तीन स्तरों (अर्थात् ग्राम पंचायत, पंचायत समिति तथा जिला पंचायत) पर होगी जो आपस में एक-दूसरे से जुड़े होंगे।

(2) इन स्तरों पर शक्ति एवं उत्तरदायित्व का उचित हस्तान्तरण किया जाएगा।

(3) इन तीनों संस्थाओं को उत्तरदायित्व निभाने हेतु पर्याप्त साधन दिए जाने चाहिए।

(4) इन स्तरों पर सभी विकास सम्बन्धी योजनाएँ तथा कार्यक्रम इन्हीं संस्थाओं द्वारा किए जाने चाहिए।

(5) सम्पूर्ण व्यवस्था इस प्रकार बनाई जाए जिससे कि भविष्य में शक्ति तथा उत्तरदायित्व के वितरण का कार्य सरल हो सके।

अखिल भारतीय कांग्रेस कमेटी द्वारा सन् 1954 में नियुक्त कमेटी ने पंचायतों को अधिक प्रभावशाली एवं सुचारु रूप से चलाने के लिए निम्नलिखित प्रमुख सुझाव दिए हैं—

(1) जनता में पंचायती राज के प्रति जागरूकता को बढ़ावा दिया जाए ताकि अधिक से अधिक व्यक्ति इनके कार्यों में सहयोग कर सकें।

(2) सर्वमान्य ग्रामीण नेतृत्व का विकास किया जाना चाहिए।

(3) पंचायत के चुनावों में सर्वसम्मति की महत्ता पर बल दिया जाना चाहिए तथा निर्विरोध प्रतिनिधियों के चुने जाने के लिए प्रोत्साहन दिया जाना चाहिए।

(4) चुनाव पद्धति गुप्त बनाई जानी चाहिए।

(5) पंचायत के कार्यों की देख-रेख के लिए निरीक्षक नियुक्त किए जाने चाहिए।

(6) ग्राम स्तर पर सभी कार्यों का उत्तरदायित्व ग्राम पंचायतों का होना चाहिए।

(7) राज्य सरकार द्वारा पर्याप्त वित्तीय सहायता दी जानी चाहिए ताकि ग्रामीण उद्योग तथा अन्य विकास कार्यों को सफल बनाया जा सके।

(8) ग्रामवासियों का आर्थिक स्तर ऊँचा किया जाना चाहिए तथा आर्थिक असमानताएँ कम की जानी चाहिए।

(9) पंचायतों के कार्यों को राजनीतिक दलों से अलग रखा जाना चाहिए।

(10) पंचायती अदालत के कार्य ग्राम पंचायत से अलग नहीं होने चाहिए।

प्रो० योगेन्द्र सिंह[4] ने निम्नलिखित संरचनात्मक-प्रकार्यात्मक पूर्व दशाओं को ग्राम पंचायत की सफलता के लिए अनिवार्य बताया है—

(1) भू-स्वामित्व तथा वास्तविक आय में असमानता की प्रकृति में कमी करना।

(2) गाँवों में अधिक व्यावसायिक गतिशीलता।

(3) सामाजिक गत्यात्मकता तथा ग्रामीण अर्थव्यवस्था को सुदृढ़ करने के लिए नवीन गतिविधियों (संरचनात्मक) में तीव्रता से वृद्धि।

(4) ग्रामीण एवं नगरीय समुदायों में तार्किक मूल्य नीति द्वारा सन्तुलन का होना।

(5) विशिष्ट तथा रचनात्मक कार्यों को संरचनात्मक सहायता प्रदान करना।

(6) संचार व्यवस्था में मूल परिवर्तनों को लाना।

(7) सांस्कृतिक, आर्थिक तथा राजनीतिक एवं अन्य धर्मनिरपेक्ष गतिविधियों में ग्रामीण समाज की विभिन्न उप-संरचनाओं (जाति, नातेदारी समूह एवं वंश इत्यादि) द्वारा अधिकाधिक भाग लेना।

(8) समतावादी एवं धर्मनिरपेक्ष प्रतीकों (संस्थाओं, संस्कारों, त्योहारों तथा सभाओं इत्यादि) का विकास ताकि ग्रामीण संस्कृति का भारतीय राष्ट्रीयता से प्रभावशाली सम्पर्क बना रहे।

इसके अतिरिक्त, अनेक अन्य सामाजिक वैज्ञानिकों द्वारा जो सुझाव दिए गए हैं वे निम्नलिखित हैं—

(1) विभिन्न सामाजिक-आर्थिक स्थिति वाले वर्गों के लिए एकरूपीय योजना न होकर पृथक्-पृथक् आवश्यकतानुसार योजनाएँ बनाई जानी चाहिए।

(2) कमजोर वर्गों के लिए पृथक् से वित्तीय सुविधाएँ दी जानी चाहिए तथा हस्तकला उद्योग, नौकरी एवं व्यावहारिक शिक्षा की व्यवस्था की जानी चाहिए।

(3) पिछड़े वर्गों को लोकसभा तथा विधानसभा की भाँति ग्राम पंचायत में भी जनसंख्या के अनुपात के अनुसार स्थान सुरक्षित किए जाने चाहिए।

(4) अधिक दूरदर्शी, साम्प्रदायिक हितों से परे, विभिन्न जातियों व वर्गों में अधिक सामंजस्य उत्पन्न करने के सामर्थ्य वाले नेताओं का आगे आने का समय दिया जाना चाहिए तथा पेशेवर नेताओं का विरोध किया जाना चाहिए।

(5) निर्विरोध चुनाव के स्थान पर प्रतिस्पर्द्धी चुनाव होने चाहिए ताकि राजनीतिक जागरूकता तथा राजनीतिकरण को बढ़ावा मिल सके।

(6) अप्रत्यक्ष चुनाव के स्थान पर प्रत्यक्ष चुनाव कराए जाने चाहिए।

ग्रामीण भारत में पंचायती राज का प्रभाव

ग्रामीण भारत में पंचायतों का प्रभाव दोनों ही प्रकार का रहा है। एक तरफ, ग्राम पंचायतों ने ग्रामवासियों में राजनीतिक चेतना लाने में सहायता दी है, स्थानीय नेताओं को उभरने का समय दिया है तथा ग्रामीण पुनर्निर्माण का संगठित रूप से प्रयास किया गया है। परन्तु दूसरी तरफ, पंचायती राज से राजनीतिक तनाव तथा संघर्ष को बढ़ावा मिला है। राजस्थान विश्वविद्यालय के आर्थिक तथा जन प्रशासन विभाग द्वारा इस तथ्य की पुष्टि की गई है। प्रो० एम० एन० श्रीनिवास का कहना है कि पंचायती राज ने जाति व्यवस्था को मजबूत करने में सहायता दी है क्योंकि गाँव में जाति पंचायत की सत्ता तथा गतिविधियाँ अधिक हो गई हैं।

उदय मेहता[5] ने सरकारी मूल्यांकन समितियों तथा अन्य विद्वानों के निष्कर्षों के आधार पर ग्रामीण भारत में पंचायती राज के निम्नलिखित प्रभावों का उल्लेख किया है—

(1) पंचायती राज ने आन्ध्र प्रदेश तथा राजस्थान में जाति व्यवस्था को एक नई चेतना प्रदान की है।

(2) सत्ता के लिए संघर्ष करने वाले समूहों में पंचायती राज के परिणामस्वरूप गुटबन्दी तथा संघर्ष अधिक हो गया है।

(3) इसने ग्रामीण क्षेत्रों में नवीन गैर-सरकारी नौकरशाही को जन्म दिया है।

(4) प्रशसन से सम्बन्धित तथा तालुक नेताओं में पहले से आ रहे तनाव तथा संघर्ष को बढ़ावा दिया है।

(5) इससे ग्रामीण स्तर पर भी शोषण की राजनीति शुरू हो गई है।

(6) इससे ग्रामवासियों का ध्यान अपनी आर्थिक तथा सामाजिक समस्याओं के समाधान से हटकर गाँव तथा उच्च स्तरों पर सत्ता प्राप्त करने की तरफ केन्द्रित हुआ है।

(7) कुछ चुने हुए व्यक्तियों द्वारा ग्रामीण स्तर पर भी भ्रष्टाचार शुरू कर दिया गया है।

(8) ग्रामीण क्षेत्र से सत्ताधारी पार्टी ने अपने समर्थक तथा उनके सफल संगटन बनाने के लिए पंचायतों का प्रयोग किया है।

(9) इससे सत्ता की भूख तथा इस प्रकार सत्ता-तनाव गाँव में अधिक हो गया है।

(10) उत्पादन सम्बन्धी योजनाएँ, जिन्हें पंचायतों द्वारा लागू किया जाना चाहिए, केवल कागजों तक ही सीमित रहती है। इस प्रकार, पंचायती राज भी सामुदायिक विकास कार्यक्रमों की तरह पूर्ण रूप से असफल रहा है।

(11) पंचायती राज कमजोर वर्गों को लाभ पहुँचाने में असफल रहा है।

(12) आर्थिक दृष्टि से सम्पन्न तथा शिक्षित व्यक्ति ही ग्राम पंचायतों पर विशिष्टजनों की तरह छाये हुए हैं।

(13) अनुसूचित जातियों तथा जनजातियों के सदस्यों की पंचायत समिति (जोकि वास्तव में प्रभावशाली संस्था है) में कोई सुनवाई नहीं है। किसी राज्य में कोई भी अनुसूचित जाति का सदस्य पंचायत समिति का प्रमुख नहीं चुना गया है। इस प्रकार, पंचायती राज संस्थाओं में पिछड़े वर्गों को प्रतिनिधित्व ठीक तरह से नहीं मिल पाया है।

(14) पंचायती राज सरकारी योजनाओं के लिए ग्रामवासियों में उत्साह पैदा करने में भी असफल रहा है। ऐच्छिक योजनाओं में ग्रामवासियों ने अधिक सहयोग नहीं दिया है।

उदय मेहता इस निष्कर्ष पर पहुँचते हैं कि वर्तमान सामाजिक संरचना में पंचायती राज समस्याओं के समाधान तथा ग्रामीण पुनर्निर्माण करने की अपेक्षा केवल सत्ताधारी पार्टी का ग्रामीण क्षेत्रों में आधार बनाने में सहायता दे रहा है।

भारतीय ग्रामीण जीवन के पुनर्निर्माण में पंचायतों का योगदान

पुनर्निर्माण से अभिप्राय समाज को इस प्रकार से संगठित करना है कि इसमें पाई जाने वाली समस्याएँ, मानसिक तनाव, पारिवारिक तथा व्यक्तिगत विघटन इत्यादि की समाप्ति हो जाए और समाज व्यवस्थित एवं सुचारु रूप से कार्य कर सके। ग्रामीण जीवन के सन्दर्भ में पुनर्निर्माण से अभिप्राय दो बातों से है—

(1) सामुदायिक भावना का निर्माण करना, तथा

(2) ग्रामीण समुदाय को एक गतिशील शक्ति बनाना, ताकि इसकी सभी समस्याओं का समाधान स्वयं ग्रामवासी कर सकें।

स्वतन्त्रता प्राप्ति के पश्चात् ग्रामीण पुनर्निर्माण के लक्ष्य हेतु ही पंचायती राज को संगठित किया गया। गांधी जी के विचार इस दिशा में मार्गदर्शन करने में काफी सहायक रहे। गांधी जी सत्ता के विकेन्द्रीकरण द्वारा प्रजातान्त्रिक समाजवाद की स्थापना करना चाहते थे। उनका यह विचार था कि ग्राम पंचायतें पुनर्निर्माण के इस उद्देश्य को सफल बनाने में सहायक हो सकती हैं क्योंकि इससे ग्रामवासी अपनी समस्याओं के समाधान तथा अपने समुदाय के विकास के लिए स्वयं प्रेरित होकर कार्य करेंगे। वास्तव में, गांधी जी के प्रजातान्त्रिक समाजवाद (जिसे राम राज्य अथवा ग्राम राज्य भी कहा जाता है) के विचार ग्रामीण पुनर्निर्माण की दिशा में व्यावहारिक तो लगते थे, परन्तु पंचायतें इसे प्राप्त करने में कहाँ तक सफल रही हैं, उसका उत्तर देना अधिक कठिन नहीं है।

ग्राम पंचायतों का ग्रामीण जीवन अथवा समुदाय के पुनर्निर्माण में योगदान न के बराबर ही रहा है क्योंकि न ही तो इनसे सामुदायिक भावना का विकास हो पाया है और न ही ग्रामीण समुदाय एक शक्तिशाली इकाई ही बन पाया है। इससे ग्रामवासियों में गुटबन्दी को बढ़ावा मिला है तथा इसके कारण कोई विकास कार्य भी नहीं हो पाया है। इतना जरूर है कि पंचायतों से ग्रामीण जनता में राजनीतिक जागरूकता बढ़ी है तथा प्रजातान्त्रिक व्यवस्था में दृढ़ता आई है। परन्तु ग्रामीण जीवन के पुनर्निर्माण में जितनी महत्त्वपूर्ण भूमिका ग्राम पंचायतों की हो सकती है उतनी नहीं रही है। बहुत-से राज्यों में तो पंचायतों के चुनाव ही समय पर नहीं करवाए जाते और न ही अधिक वित्तीय सहायता दी जाती है। अतः साधनों के अभाव तथा ग्रामवासियों में ग्रामीण विकास की प्रेरणा पैदा करने में असफलता से पंचायतों की पुनर्निर्माण में भूमिका निराशाजनक ही कही जाएगी। कुछ लोगों ने तो यह विचार व्यक्त किए हैं कि पंचायतें तो केवल शासकीय दल की ग्रामीण समाज में जड़ें मजबूत करने में सहायता देती हैं तथा विकास कार्यों को पूरी तरह से करने में असफल रही हैं।

ग्राम पंचायत एवं जाति पंचायत में अन्तर

ग्राम पंचायत तथा जाति पंचायत एक ही नहीं हैं। ग्राम पंचायतें वैधानिक रूप से सभी राज्यों में गठित की गई हैं, जबकि जाति पंचायतें अनौपचारिक पंचायतें हैं जो केवल कुछ जातियों में ही पाई जाती हैं। इन दोनों में पाए जाने वाले प्रमुख अन्तर निम्नांकित हैं—

(1) ग्राम पंचायतों का इतिहास जाति पंचायतों से अपेक्षाकृत कम अवधि का है अर्थात् जाति पंचायतें तो काफी पहले से ही हमारे समाज में विद्यमान रहीं हैं, जबकि ग्राम पंचायतें अंग्रेजी शासनकाल तथा स्वतन्त्रता प्राप्ति के पश्चात् ही अस्तित्व में आई हैं।

(2) ग्राम पंचायतें वैधानिक होती हैं अर्थात् इनका पुनर्गठन राज्य सरकार द्वारा पारित अधिनियमों द्वारा होता है, जबकि जाति पंचायतों के पीछे कोई वैधानिक स्वीकृति नहीं होती।

(3) ग्राम पंचायतें आधुनिक व औपचारिक पंचायतें हैं, जबकि जाति पंचायतें परम्परागत तथा अनौपचारिक पंचायतें हैं।

(4) ग्राम पंचायतें अधिक/विस्तृत हैं क्योंकि इनका कार्य-क्षेत्र पूरा गाँव होता है तथा वहाँ की सभी जातियाँ ग्राम पंचायत के पदाधिकारी चुनती हैं। जाति पंचायतों का कार्य-क्षेत्र अपेक्षाकृत कम विस्तृत होता है क्योंकि यह अपनी जाति तक ही सीमित है।

(5) ग्राम पंचायतों का कार्य ग्रामीण विकास एवं ग्रामीण पुनर्निर्माण करना है, जबकि जाति पंचायतों का कार्य अपनी जाति के सदस्यों के हितों की रक्षा करना मात्र है।

(6) ग्राम पंचायतों की कार्यकारिणी के सदस्यों का चयन चुनाव द्वारा होता है, जबकि जाति पंचायत का संचालन उस जाति के वयोवृद्ध व्यक्ति ही करते हैं जिन्हें प्रमुखतः मनोनीत किया जाता है।

(7) ग्राम पंचायतों पर सरकार का नियन्त्रण रहता है, जबकि जाति पंचायतें इस प्रकार के किसी भी नियन्त्रण से स्वतन्त्र होती है।

(8) ग्राम पंचायत कर लगा सकती है तथा सरकारी अनुदान द्वारा विकास कार्यों का संचालन करती है, जबकि जाति पंचायतों की आय का स्रोत केवल मात्र जाति के सदस्यों द्वारा दिया गया धन या चन्दे की राशि होती है।

(9) जाति पंचायतें प्रमुखतः निम्न व मध्यम स्तर की जातियों में ही पाई जाती हैं, जबकि ग्राम पंचायतों के निर्माण की निर्धारित औपचारिक शर्तें हैं।

(10) जाति पंचायतें आज प्रायः समाप्त होती जा रही हैं, जबकि ग्राम पंचायतों को और अधिक सुदृढ़ संगठन बनाने के प्रयास किए जा रहे हैं।

पंचायती राज से सम्बन्धित 73वाँ संविधान संशोधन

केन्द्र सरकार द्वारा 'बलवन्त राय मेहता कमेटी' की सिफारिशों में संशोधन हेतु प्रसिद्ध अर्थशास्त्री अशोक मेहता की अध्यक्षता में एक कमेटी गठित की गई थी। 1977 ई० में 'अशोक मेहता कमेटी' ने पंचायती राज व्यवस्था में मूलभूत परिवर्तन हेतु अनेक सुझाव दिए। इसने पंचायतों को कार्यान्वित करने वाले अभिकरण से एक राजनीतिक संस्था के रूप में रूपान्तरण करने का सबसे महत्त्वपूर्ण सुझाव दिया। इस सुझाव को कार्यान्वित करने हेतु संविधान संशोधन की आवश्यकता महसूस की गई। इस दिशा में किए जाने वाले प्रयासों को एक दशक का समय लगा तथा फिर भी इससे सम्बन्धित 64वाँ संविधान संशोधन अधिनियम राज्यसभा में पारित नहीं हो पाया। इसी वर्ष (1992 ई०) में 73वाँ संविधान संशोधन अधिनियम पार्लियामेण्ट द्वारा पारित कर दिया गया।

केन्द्र सरकार ने 1992 ई० में किए गए 73वें संविधान संशोधन (जोकि 24 अप्रैल, 1993 से प्रभावी माना जाता है) द्वारा राज्यों को पंचायती राज अधिनियमों को अधिक प्रभावशाली बनाने के निर्देश दिए हैं। साथ ही, पंचायतों के चुनाव समय पर कराने; अनुसूचित जातियों एवं

जनजातियों तथा महिलाओं के लिए पंचायतों में स्थान सुरक्षित करने; गाँव के स्तर पर ग्राम पंचायत, ब्लाक (या तालुक) स्तर पर पंचायत समिति तथा जिला स्तर पर जिला पंचायत का निर्माण करने तथा इनके अधिकारों और कर्त्तव्यों की स्पष्ट व्याख्या करने को भी कहा गया है। यह संविधान संशोधन 'पंचायत अधिनियम, 1993' (Panchayat Act, 1993) के नाम से जाना जाता है। केन्द्र द्वारा राज्य सरकारों को दिए जाने वाले अनुदान को इस अधिनियम के अनुरूप राज्य अधिनियम बनाने तथा चुनाव कराने के साथ भी जोड़ दिया गया है ताकि कोई भी राज्य इसकी अवहेलना न कर सके।

यह संशोधन सभी राज्यों और केन्द्रशासित क्षेत्रों में पंचायती राज की त्रि-स्तरीय प्रणाली (ग्राम सभा, पंचायत समिति तथा जिला परिषद्) लागू करने का निर्देश देता है। यह प्रणाली उन क्षेत्रों में लागू नहीं की गई है जहाँ जनसंख्या 20 लाख से कम है। इस संशोधन के अन्तर्गत अनुच्छेद 243 में पंचायती राज से सम्बन्धित व्याख्याएँ दी गई हैं। अनुच्छेद के प्रमुख भाग निम्नलिखित हैं—

अनुच्छेद 243 ए	:	ग्राम सभा
अनुच्छेद 243 बी	:	पंचायत का संविधान
अनुच्छेद 243 सी	:	पंचायत की संरचना
अनुच्छेद 243 डी	:	सदस्यता का आरक्षण
अनुच्छेद 243 ई	:	पंचायत आदि की अवधि
अनुच्छेद 243 एफ	:	सदस्यों की अयोग्यता
अनुच्छेद 243 जी	:	शक्ति, अधिकार और पंचायतों की जिम्मेदारियाँ
अनुच्छेद 243 एच	:	पंचायत द्वारा कर लगाने की शक्ति और कोष
अनुच्छेद 243 आई	:	वित्तीय स्थिति की समीक्षा करने के लिए वित्त आयोग का संविधान
अनुच्छेद 243 जे	:	पंचायत खातों का आडिट
अनुच्छेद 243 के	:	पंचायतों का निर्वाचन
अनुच्छेद 243 एल	:	केन्द्रशासित क्षेत्रों की स्थिति
अनुच्छेद 243 एम	:	भाग जो विशेष क्षेत्रों में लागू नहीं होगा।

पंचायती राज : 73वें संविधान संशोधन से पूर्व एवं पश्चात्

73वें संविधान संशोधन ने पंचायती राज के स्वरूप में महत्त्वपूर्ण परिवर्तन कर दिया है। अगर हम इस संशोधन से पूर्व एवं इस संशोधन के पश्चात् भारत में पंचायती राज की तुलना करें तो इसमें अग्रलिखित अन्तर स्पष्ट होते हैं—

(1) संशोधन से पूर्व पंचायती राज एक राजनीतिक संस्था न होकर विकास कार्यों को कार्यान्वित करने वाला संगठन मात्र था। इसमें राजनीतिक दलों की कोई भूमिका नहीं थी तथा पंचायती चुनाव व्यक्तिगत आधार पर होते थे। चुनाव लड़ने वाले उम्मीदवारों का चयन राजनीतिक दलों द्वारा नहीं किया जाता था। इसके विपरीत, संशोधन के पश्चात् अब राजनीतिक दलों को पंचायतों के चुनावों में भाग लेने की अनुमति मिल गई है। इसलिए आज पंचायती राज हेतु चुनाव दलीय आधार पर होते हैं।

(2) संशोधन से पूर्व पंचायतें विकास कार्यक्रमों को कार्यान्वित करने का ही कार्य करती थीं, जबकि संशोधन के पश्चात् पंचायतें निर्णय लेने वाले संगठन बन गई हैं जो गाँव पर शासन करती हैं।

(3) संशोधन से पूर्व पंचायतों में गाँव की स्त्रियों एवं कमजोर वर्गों को सशक्तिकरण का कोई अवसर प्रदान नहीं किया जाता था, जबकि संशोधन के पश्चात् स्त्रियों एवं कमजोर वर्गों को आरक्षण की सुविधाएँ प्रदान कर उनकी पंचायती राज व्यवस्था में भागीदारी सुनिश्चित हो गई है।

(4) संशोधन से पूर्व पंचायती राज का स्वरूप भारत के विभिन्न राज्यों एवं केन्द्रशासित प्रदेशों में भिन्न-भिन्न प्रकार का था, जबकि संशोधन के पश्चात् सम्पूर्ण भारत में पंचायती राज का स्वरूप एक-समान (त्रि-स्तरीय) हो गया है।

(5) संशोधन से पूर्व प्रत्येक राज्य एवं केन्द्रशासित प्रदेश पंचायतों से सम्बन्धित अपने अधिनियम पारित करता था, जबकि संविधान संशोधन के कारण केन्द्रीय अधिनियम पारित होने के पश्चात् अब प्रत्येक राज्य एवं केन्द्रशासित प्रदेश को इस 'केन्द्रीय अधिनियम' को अपनाना अनिवार्य है।

(6) संशोधन से पूर्व पंचायतों के चुनाव नियमित समय अवधि पर नहीं होते थे। अनेक राज्यों में तो 10–15 वर्ष तक पंचायतों के लिए चुनाव नहीं होते थे। इसके विपरीत, संशोधन के पश्चात् अब प्रत्येक पाँच वर्ष बाद पंचायतों के चुनाव करवाना सुनिश्चित किया गया है। अगर किन्हीं कारणों से राज्य सरकार किसी पंचायत को भंग कर देती है तो ऐसी स्थिति में छह महीनों के अन्दर चुनाव करवाना अनिवार्य बना दिया गया है।

(7) संशोधन से पूर्व पंचायतों के चुनाव हेतु राज्यों में अलग से न तो किसी चुनाव कमीशन की ही व्यवस्था थी और न ही वित्त कमीशन की, जबकि संशोधन के पश्चात् पंचायतों के चुनाव हेतु अलग से एक चुनाव कमीशन एवं वित्त कमीशन की व्यवस्था की गई है।

(8) संशोधन से पूर्व पंचायती राज संस्थाओं को पर्याप्त वित्तीय सहायता नहीं मिल पाती थी, जबकि संशोधन के पश्चात् पंचायतों को केन्द्र एवं सम्बन्धित सरकार से पर्याप्त राशि दिया जाना सुनिश्चित किया गया है। साथ ही, अब पंचायती राज संस्थाओं को स्थानीय साधनों द्वारा धन एकत्रित करने के अधिकार प्रदान किए गए हैं।

(9) संशोधन से पूर्व न्याय पंचायतें भी पंचायती राज व्यवस्था का ही एक अंग थी, जबकि संशोधन में राज्यों द्वारा न्याय पंचायतों की स्थापना को अनिवार्य नहीं बनाया गया है।

(10) संशोधन से पूर्व पंचायतों को किसी प्रकार के विशिष्ट प्रावधान प्राप्त नहीं थे, जबकि संशोधन द्वारा पंचायतों को मद्यनिषेध, भूमि के संरक्षण, जल संसाधनों, गाँव के बाजारों एवं विकास के बारे में अनेक विशिष्ट अधिकार प्रदान किए गए हैं।

उपर्युक्त विवेचन से स्पष्ट हो जाता है कि 73वें संविधान संशोधन ने पंचायती राज व्यवस्था का स्वरूप परिवर्तित कर दिया है तथा इसे एक महत्त्वपूर्ण राजनीतिक संस्था बना दिया है। कमजोर वर्गों की भागीदारी सुनिश्चित कर यह अधिनियम ग्रामीण शक्ति संरचना में भी मूलभूत परिवर्तनों को प्रोत्साहन दे रहा है।

सन्दर्भ-सूची

1. Hugh Gray, "The Problem" in A. R. Desai (ed.), **Rural Sociology in India**, p. 535.
2. Yogendra Singh "Social Structure and Village Panchayats" in A. R. Desai (ed.), **Rural Sociology in India**, p. 575.
3. देवेन्द्र मिश्र, **पंचायती राज का संगठन एवं कार्यप्रणाली**, पृष्ठ 28.
4. Yogendra Singh, Op. Cit., p. 575.
5. Uday Mehta, "The Impact of the Panchayati Raj on Rural India" in A. R. Desai, (ed.), **Rural Sociology in India**, pp. 596-98.

15

ग्रामीण नेतृत्व एवं गुटबन्दी

मानव समाज में सदा से ही कुछ व्यक्ति प्रतिभासम्पन्न, अपने क्षेत्र में प्रतिष्ठित एवं निर्माण की क्षमता वाले होते हैं। जनसाधारण प्रायः उनका अनुगमन करता है। संस्कृत भाषा में उक्ति है कि, "यथा महाजनः गतः सहपन्थ" अर्थात् जहाँ विशिष्ट पुरुष गमन करते हैं वही पथ होता है। निर्णय के साथ-साथ उसके परिणामों का उत्तरदायित्व भी आता है। इसलिए साधारण आदमी में निर्णय लेने की क्षमता कम विकसित होती है क्योंकि वह उत्तरदायित्व वहन करने से घबराता है। अतः ऐसे व्यक्ति, जिनके निर्णयों का उनके कार्य-क्षेत्र में प्रभाव होता है, उस समाज के नेता, अभिजात वर्ग, अभिजन, विशिष्टजन, संभ्रांतजन अथवा श्रेष्ठजन कहलाते हैं। समाजशास्त्रीय दृष्टि से समाज में उनकी भूमिका बहुत महत्त्वपूर्ण है। किसी भी समाज का अध्ययन नेतृत्व के अध्ययन के बिना अधूरा होगा। इसलिए ग्रामीण भारतीय समाज का अध्ययन भी ग्रामीण नेतृत्व के अध्ययन के बिना पूरा नहीं हो सकता क्योंकि वस्तुतः भारतीय समाज आज भी ग्रामीण समाज है। पहले हम नेतृत्व के अर्थ को स्पष्ट करेंगे तथा तत्पश्चात् भारतीय ग्रामीण नेतृत्व के विभिन्न पहलुओं का विवेचन करेंगे।

नेतृत्व की अवधारणा

नेतृत्व किसी अभीष्ट लक्ष्य के प्रति लोगों को प्रभावित करने की क्रिया है। यह लक्ष्य सभी के लिए शुभ माना जाता है। सामान्य रूप में जिसे नेतृत्व कहा जाता है उसका सूक्ष्म विश्लेषण प्रभुता के सन्दर्भ में ही किया जाता है। प्रभुता एक कार्य या प्रतिक्रिया है जो दूसरे की मनोधारणाओं एवं कार्यों को प्रभावित करती है। यद्यपि प्रभाव डालने के ढंग चापलूसी, सुझाव, अनुनय-विनय, तर्क तथा अनेक प्रकार का एवं तीव्रता वाला शारीरिक दण्ड हो सकता

है। इस प्रकार, नेतृत्व को अन्य व्यक्तियों के व्यवहार एवं विचारों को प्रभावित, परिवर्तित एवं नियन्त्रित करने की शक्ति-योजना के रूप में देखा जा सकता है। नेतृत्व सामाजिक नियन्त्रण का एक अनौपचारिक परन्तु महत्त्वपूर्ण साधन है।

नेतृत्व किसी छोटे या बड़े समूह के व्यक्तियों के बीच स्थापित अन्तर्क्रिया की एक प्रक्रिया है जोकि इसे चार बातों को स्वीकार करने की उच्च दर की दिशा में ले जाती है। जे० एस० रौसेक के अनुसार ये चार बाते हैं—(i) सामान्य मूल्य एवं लक्ष्य; (ii) वे 'परिस्थितियाँ' जिनमें सदस्य अन्तर्क्रिया करते हैं; (iii) नेता, एवं (iv) अन्य लोग (अर्थात् उसका अनुसरण करने वाले)। इसी रूप में नेतृत्व की प्रक्रिया को सामाजिक नियन्त्रण की एक प्रक्रिया कहा जाता है।

अतः नेतृत्व एक समूह के प्रति विशेष प्रकार का व्यवहार है जो नेता के उसके अनुयायियों पर प्रभुत्व का बोध कराता है। अतः इसका विकास सामूहिक परिस्थिति में होता है तथा यह नेता और अनुयायियों के बीच पारस्परिक सम्बन्धों के प्रतिमानों के कारण विकसित प्रभुत्व है जिसके आधार पर नेता अनुयायियों के व्यवहार को निर्देशित एवं नियन्त्रित करता है। लेपियर एवं फ्रैन्सवर्थ के अनुसार, "नेतृत्व वह व्यवहार है जो दूसरे व्यक्तियों के व्यवहारों को उससे कहीं अधिक प्रभावित करता है, जितना कि उनका व्यवहार नेता को प्रभावित करता है।"[1]

मैकाइवर एवं पेज के अनुसार, "नेतृत्व से हमारा अभिप्राय व्यक्तियों को प्रोत्साहित या निर्देशित करने वाली योग्यता से है जो व्यक्तिगत गुणों पर आधारित होती है न कि पद पर।"[2] लेपियर के अनुसार, "प्रत्येक सामाजिक अन्तर्क्रिया में कुछ मात्रा में ध्यान का केन्द्रीकरण किसी व्यक्ति पर सन्निहित होता है, चाहे वह एक समय पर कितना ही क्षणिक क्यों न हो। वह व्यक्ति उस परिस्थिति में नेता होता है। गणनात्मक एवं गुणात्मक रूप में अन्य सदस्य उसके प्रति अधिक प्रतिक्रिया करते हैं, जितनी की वह उनमें से किसी एक के प्रति करता है।"[3]

उपर्युक्त परिभाषाओं से यह स्पष्ट हो जाता है कि नेतृत्व से नेता के अनुयायियों पर प्रभाव तथा उसकी (नेता की) उन्हें निर्देशित एवं नियन्त्रण करने की क्षमता का बोध होता है। नेतृत्व को पारस्परिक उत्तेजना की एक प्रक्रिया माना गया है।

भारत में ग्रामीण नेतृत्व

ग्रामीण समाज अति प्राचीन काल से अपनी कुछ विशिष्टताएँ बनाए हुए है। अनेक पश्चिमी विद्वानों ने भारतीय गाँवों को एक आत्म-निर्भर लघु गणतन्त्र की संज्ञा दी है। इसका यह आशय नहीं है कि भारतीय ग्राम का बाह्य जगत से कभी कोई सम्बन्ध था ही नहीं। सांस्कृतिक तीज-त्योहारों, विवाह सम्बन्धों एवं राजतन्त्र के कर्मचारियों के साथ अन्तर्क्रिया द्वारा सदैव ही गाँव बाह्य जगत से जुड़े रहे हैं। उन्हें आत्म-निर्भर गणतन्त्र कहने से आशय यह है कि वे अपनी आन्तरिक शासन प्रणाली में अधिकतर स्वतन्त्र रहे हैं। इसलिए ग्रामीण नेतृत्व के विवेचन के सम्बन्ध में स्वभावतः यह प्रश्न उठते हैं—भारत में परम्परागत ग्रामीण नेता कौन थे? समकालीन भारत में ग्रामीण नेता कौन हैं? यदि इन दोनों परिस्थितियों में कुछ भिन्नता आई

है तो उसके लिए कौन-से कारक उत्तरदायी हैं? आज ग्रामीण नेतृत्व की सामाजिक भूमिका क्या है, विशेषतः पंचायती राज की दृष्टि से उनकी भूमिका क्या है? अब हम इन्हीं प्रश्नों के उत्तर खोजने का प्रयास करेंगे।

(अ) परम्परागत ग्रामीण नेतृत्व

गाँवों का देश होने के नाते भारत में ग्रामीण नेतृत्व का महत्त्वपूर्ण स्थान रहा है। यही कारण है कि अनेक विद्वानों ने ग्रामीण नेतृत्व को समझने का प्रयास किया है। इस दिशा में श्यामाचरण दुबे[4] का प्रयास उल्लेखनीय है जिन्होंने परम्परागत एवं समकालीन ग्रामीण नेतृत्व का गहराई से अध्ययन किया है। उन्हीं का अनुकरण करते हुए परम्परागत ग्रामीण नेतृत्व का वर्णन किया जा सकता है। दुबे के अनुसार भारतीय गाँव में परम्परागत नेताओं की तीन श्रेणियाँ थीं—(i) सांस्कारिक नेता (जैसे पण्डित, पुरोहित आदि), (ii) भू-स्वामी सामंतवर्ग (जैसे पुराने जागीरदार अथवा राजवंश से सम्बन्धित व्यक्ति जो गाँव विशेष या क्षेत्र विशेष के भू-स्वामी थे), और (iii) व्यापारी एवं साहूकार। इस प्रकार, परम्परागत दृष्टि से नेतृत्व की शक्ति के तीन स्रोत थे—**एक**, सांस्कारिक पवित्रता के आधार पर जाति व्यवस्था, **दूसरा**, सामंतशाही राजवंश से सम्बन्ध, तथा **तीसरा**, आर्थिक वैभव।

योगेन्द्र सिंह[5] के अनुसार भारतीय गाँव में जमींदारी प्रथा, गाँव पंचायत और जाति पंचायत के आधार पर तीन श्रेणियों के परम्परागत नेता दिखाई देते हैं—**प्रथम**, गाँव का मुखिया जो वंश परम्परा के आधार पर प्रायः सामंतवर्ग से सम्बन्धित होता था और भू-स्वामित्व की दृष्टि से भी शक्तिशाली होता था। वह गाँव में व्यवस्था बनाए रखने, न्याय करने और बाह्य आक्रमण के समय गाँव की रक्षा करने का उत्तरदायित्व वहन करता था। प्राकृतिक आपदा या आकस्मिक विपत्ति के समय भी वही उचित दिशा निर्देश देता था। इस प्रकार, वह गाँव में पुलिस, न्यायाधीश व सेनानी तीनों ही प्रकार की भूमिकाओं का समन्वित रूप था। अपने कार्यों के सम्पादन में वह गाँव के परिवार प्रमुखों की सलाह लेता था। इस प्रकार, एक गाँव पंचायत का रूप भी क्रियाशील रहता था। **द्वितीय**, जाति व्यवस्था के आधार पर सांस्कारिक कार्यों के लिए ब्राह्मण, पुजारी अथवा पुरोहित ग्रामीण शक्ति संरचना के प्रमुख स्रोत थे। इसके अतिरिक्त, प्रत्येक जाति की अपनी जाति पंचायत भी थी जिसका चौधरी भी वंश परम्परा के आधार पर कार्य करता था। विशिष्ट जाति के आपसी मामले या सांस्कृतिक उत्सव इस जाति पंचायत के कार्य में आते थे। **तृतीय**, उस साहूकार वर्ग को लिया जा सकता है जो व्यापार के साथ-साथ गाँव में ऋण के लेन-देन का कार्य भी करते थे। यद्यपि राजकीय शक्ति की दृष्टि से उनकी स्थिति प्रभावशाली नहीं थी, फिर भी अपनी आर्थिक शक्ति के आधार पर वे गाँव में प्रभुता बनाए हुए थे।

(ब) समकालीन ग्रामीण नेतृत्व

अनेक प्रसिद्ध समाजशास्त्रियों, मानवशास्त्रियों और राजनीति वैज्ञानिकों ने अपनी-अपनी दृष्टि से विभिन्न गाँवों के क्षेत्रीय अध्ययनों के आधार पर वर्तमान ग्रामीण शक्ति संरचना एवं

नेतृत्व का अध्ययन किया है। इन विद्वानों में देशी और विदेशी दोनों ही सम्मिलित हैं। प्रमुखतः आन्द्रे बेतेई, योगेन्द्र सिंह, एस० सी० दुबे, एम० एन० श्रीनिवास, एल० पी० विद्यार्थी, बी० आर० चौहान, टी० के० ओमन, ऑस्कर लेविस, एड्रियन मेयर, कैथलीन गॅफ के अध्ययन इस दृष्टि से महत्त्वपूर्ण हैं। इन विद्वानों के अनुसार भारतीय ग्राम नेतृत्व संरचना की दृष्टि से महत्त्वपूर्ण परिवर्तनों के दौर से गुजर रहे हैं। प्रमुख परिवर्तन निम्नलिखित प्रतीत होते हैं—

(1) वंशानुगत नेतृत्व या अभिजात वर्ग का ह्रास हो रहा है—राजतन्त्रों के भारत में विलय हो जाने और जमींदारी प्रथा के उन्मूलन से गाँव में वंश परम्परा के आधार पर मिलने वाला परम्परागत मुखिया, लम्बरदार अथवा पटेल पद अब नहीं रहे हैं। इनका स्थान ग्राम पंचायत या न्याय पंचायत के चुने जाने वाले ग्राम प्रधान, पंचों एवं सरपंचों ने ले लिया है। स्पष्ट है कि वयस्क मताधिकार के आधार पर चुनाव होने के कारण केवल वंश परम्परा ही इसमें सहायक नहीं हो सकती।

(2) जातीय उच्चता का महत्त्व घट रहा है—प्रजातान्त्रिक प्रक्रिया गाँव में नए राजनीतिक गठबन्धनों को प्रभावित कर रही है और निम्न जातियों के साधनसम्पन्न व्यक्ति भी गाँव के नेतृत्व वर्ग में सम्मिलित होने का प्रयास कर रहे हैं। धार्मिक अनुष्ठानों पर आधारित सांस्कारिक पवित्रता का सिद्धान्त क्षीण हो रहा है तथा उसका स्थान शिक्षा, आर्थिक सम्पन्नता एवं राजनीतिक सम्पर्क जैसे धर्मनिरपेक्ष तत्त्व लेते जा रहे हैं।

(3) नेताओं के लिए सामाजिक गतिशीलता के अवसर बढ़ रहे हैं—एक ग्राम का प्रधान विकास खण्ड स्तर पर क्षेत्र विकास समिति का सदस्य हो सकता है। चुनाव के आधार पर वह इस समिति का प्रमुख भी बन सकता है। इससे आगे वह जिला परिषद् का अध्यक्ष या एम० एल० ए० अथवा एम० पी० भी हो सकता है। इस प्रकार, नेतृत्व एक बन्द व्यवस्था नहीं रही, उसका स्थान मुक्त व्यवस्था ने ले लिया है।

(4) लिंग और आयु का प्रभाव नेतृत्व के निर्धारण में महत्त्वहीन हुआ है—परम्परा की दृष्टि से गाँव में बड़ी आयु एवं पुरुषों को प्रधानता प्राप्त थी परन्तु अब अभिजात वर्ग में प्रायः युवा व्यक्ति हैं और अधिकांश राज्यों में पंचायतों में स्त्रियों के अनिवार्य प्रतिनिधित्व के नियम ने ग्रामीण शक्ति संरचना में स्त्रियों के प्रवेश के लिए भी द्वार खोल दिए हैं।

(5) ग्रामीण नेतृत्व में विशेषीकरण की प्रक्रिया घटित हो रही है—ग्रामीण नेतृत्व पर भी विशेषीकरण का प्रभाव स्पष्टतः देखा जा सकता है। वहाँ भी हमें राजनीति, शिक्षा, आर्थिक व्यवस्था के क्षेत्रों में अलग-अलग नेता दिखाई देता है।

(6) ग्रामीण नेतृत्व में व्यक्ति के चमत्कारी गुणों के स्थान पर सामूहिक शक्ति को प्राथमिकता मिलने लगी है—प्रजातान्त्रिक व्यवस्था में वही लोग नेता के रूप में हो सकते हैं जिनके पीछे अनुयायियों की प्रबल शक्ति हो। अतः समकालीन ग्रामीण समाज में चमत्कारी गुणों का महत्त्व कम हुआ है।

(7) नेतृत्व में प्रजातांत्रिक स्वरूप का विकास—नेतृत्व, चूँकि जाति, परिवार, लिंग अथवा आयु के आधार पर नहीं है इसलिए उसका सत्तात्मक स्वरूप भी समाप्त प्रायः है। इसके स्थान पर प्रजातान्त्रिक स्वरूप विकसित हो रहा है।

(8) ग्रामीण नव विकसित नेतृत्व का तीव्र राजनीतिकरण हुआ है—ग्रामीण नेता अब राजनीतिक सम्पर्कों एवं प्रशासनिक सम्पर्कों के महत्त्व को समझने लगे हैं। इसलिए वे ऐसे सम्पर्क रखने का प्रयास करते हैं।

उपर्युक्त सभी तथ्य परम्परागत ग्रामीण नेतृत्व की बदलती हुई दशाओं को प्रकट करते हैं। साथ ही, ये तथ्य इस बात को भी प्रदर्शित करते हैं कि उभरते हुए नेतृत्व के प्रभुत्व के प्रतिमान और स्रोत कौन-से हैं। परन्तु इस सम्बन्ध में यह बात ध्यान रखने योग्य है कि परम्परागत नेतृत्व का प्रभाव पूर्णतः क्षीण नहीं हो गया है। समकालीन ग्रामीण सामाजिक स्थिति में दोनों ही प्रकार के नेताओं की क्रियाएँ-प्रतिक्रियाएँ घटित होती हुई प्रतीत होती हैं। यही कारण है कि ग्रामीण राजनीति में गुटबन्दियाँ दिखाई देती हैं जिससे समुदाय का जीवन तनावपूर्ण और असुरक्षित-सा दिखाई पड़ता है। ग्रामीण स्तर की राजनीति जाति समूहों के टकराव की राजनीति बन गई है। इस सन्दर्भ में, विशेषतः उत्तर प्रदेश के प्रसंग में, योगेन्द्र सिंह के छह गाँवों के अध्ययनों पर आधारित निष्कर्ष अधिक सार्थक दिखाई पड़ते हैं। उनके अध्ययन के कुछ निष्कर्ष इस प्रकार हैं—

(1) गाँव में उच्च जातियों (उदाहरणार्थ ब्राह्मण, क्षत्रिय) एवं वर्गों (जैसे भू-स्वामी, भूतपूर्व सामंत वर्ग और साहूकार) का प्रभुत्व आज भी बना हुआ है;

(2) निम्न जातियों एवं वर्गों में सामूहिक चेतना की वृद्धि हुई है और वे संगठित होकर शक्ति प्राप्त करने के लिए उच्च जातियों और वर्गों से प्रतिस्पर्द्धा करने लगे हैं;

(3) प्रजातान्त्रिक मूल्य अभी भी ग्रामीण समाज में पूरी तरह से प्रवेश नहीं कर पाए हैं, वहाँ आज भी पारस्परिक प्रतिस्पर्द्धा की इकाई व्यक्ति नहीं वरन् परिवार हैं; और

(4) गाँव की राजनीति में सरकारी पदों पर काम करने वाले, सरकारी सेवा से रिटायर्ड ऑफीसर, राजनीतिक दलों, विशेषतः सत्तारूढ़ दल में प्रभावशाली व्यक्तियों तथा आर्थिक रूप से सम्पन्न परिवारों को प्रभावक स्थिति प्राप्त है। ये ग्रामीण स्तर पर नेतृत्व का निर्माण करते हैं।

यहाँ यह बताना भी आवश्यक होगा कि ग्रामीण नेतृत्व के बदलते हुए स्वरूपों के लिए स्वतन्त्र भारत में उत्पन्न हुई अनेक प्रक्रियाएँ एवं कारक उत्तरदायी हैं। उनमें से प्रमुख इस प्रकार हैं— सार्वभौमिक वयस्क मताधिकार पर आधारित प्रजातन्त्रीकरण, सत्ता के विकेन्द्रीकरण पर आधारित पंचायती राज की नवीन संस्थाएँ, राजनीतिकरण, औद्योगीकरण, धर्मनिरपेक्षीकरण, शिक्षा का प्रसार, अनुसूचित जातियों एवं महिलाओं के उत्थान के लिए चलाए गए कार्यक्रम, सामुदायिक विकास योजनाएँ, यातायात व संचार के प्रसार से बढ़ती हुई सामाजिक गतिशीलता, राजनीतिक दलों की भूमिका, निम्न जातियों और जनजातियों में संस्कृतिकरण, सहकारी समितियों का गठन, भूमि सुधार के वैधानिक कदम एवं राजवंशों व जमींदार वर्ग का उन्मूलन तथा सर्वोदय आन्दोलन

(ग्रामदान, भूदान, सम्पत्तिदान आदि)। इन सभी कारकों के सम्मिलित परिणामस्वरूप ग्रामीण भारत का परम्परागत सामाजिक संस्तरण बदल रहा है और नवीन नेतृत्व का अविर्भाव हुआ है।

(स) ग्रामीण समुदाय में नेतृत्व की भूमिका

आजादी के बाद भारतीय समाज में परिवर्तन की गति अत्यधिक तीव्र रही है जिसमें गाँव के अपेक्षाकृत स्थिर जीवन में हलचल पैदा हो गई है। संक्रमणकाल के दौरान नेतृत्व की भूमिका बहुत महत्त्वपूर्ण होती है। गाँव का जनसाधारण न तो अभी इतना पढ़ा लिखा है कि वह अखबार व रेडियो आदि से प्राप्त सूचनाओं का लाभ उठा सके या गहराई से उनके तात्पर्य को समझ सके। इसलिए आज भी ग्रामवासी आमने-सामने की स्थिति में चारों ओर घटित होने वाली गतिविधियों को उन व्यक्तियों से समझना चाहता है जिन्हें वह इन मामलों का जानकार मानता है। राजनीतिक एवं आर्थिक प्रक्रियाओं की जटिलताओं के सम्बन्ध में भी वह इन नेताओं से ही दिशा-निर्देश लेना चाहता है। व्यक्तिगत या सामुदायिक जीवन के संकटों में भी मार्गदर्शन एवं सहायता के लिए वह नेतृत्व का ही सहारा लेता है। समुदाय के ऐसे व्यक्तियों को लेजरफैल्ड[1] ने 'जनमत नेता' (Opinion leaders) कहा है और रोबर्ट मर्टन[2] ने ऐसे व्यक्तियों को 'प्रभावशाली' (Influentials) कहकर पुकारा है। भारतीय पृष्ठभूमि में तो इनकी भूमिका और भी अधिक महत्त्वपूर्ण दिखाई देती है। वे ग्रामीण समुदाय के लिए निम्नांकित कार्य कर रहे हैं—

(1) जन संचार के लिए आवश्यक माध्यम की भूमिका—ग्रामीण समुदाय का जनसाधारण जन संचार के माध्यमों जैसे अखबार, रेडियो, टेलीविजन, चलचित्र एवं अन्य प्रकाशित सामग्री का प्रयोग नही करता और यदि कोई करता भी है तो भी वह उनसे प्राप्त सूचनाओं का निर्वचन करने में अपने में सामर्थ्य नहीं पाता। अतः यह नेता वर्ग जन संचार एवं जनसाधारण के बीच एक अनिवार्य माध्यम बन गया है। राष्ट्रीय एवं प्रदेशीय घटनाएँ तथा सरकारी नीतियों एवं प्रोग्रामों सम्बन्धी सूचनाएँ प्रथम चरण में उनके पास आती हैं और उनसे जनसाधारण इन विषयों में जानकारी प्राप्त करता है। नेता समुदाय की दृष्टि से उन सूचनाओं का निर्वचन करके जनसाधारण को पहुँचाता है। इसीलिए यह कहा गया है कि भारतीय ग्रामीण पृष्ठभूमि में जन संचार का प्रवाह दो चरणों (Two step flow) में होता है। इसी प्रकार, जनसाधारण की प्रतिक्रियाओं को नेता पुनः सम्बन्धित संचारकर्ताओं तक पहुँचाता है।

(2) जनमत का निर्माण करना—जनमत से आशय उस जनसमूह से होता है जो किसी घटना या समस्या विशेष में रुचि लेते हैं और उस पर विचार-विमर्श एवं तर्क में भाग लेते हैं। नेतृत्व स्थानीय, क्षेत्रीय एवं राष्ट्रीय मामलों में जनसाधारण से अपने सम्पर्कों द्वारा जनमत का निर्माण करने में बहुत बड़ी भूमिका अदा करता है।

(3) कठिनाई के समय सलाहकार की भूमिका—प्रायः ग्रामीण अपने किसी संकट के समय अथवा सामुदायिक संकट के समय नेताओं से ही सलाह लेता है। इस प्रकार, नेता ग्रामीण समुदाय के लिए मार्गदर्शन का कार्य भी करते हैं।

(4) विकास कार्यों में अभिकर्ता की भूमिका निभाना—नेतृत्व ग्रामीण समुदाय के विकास में एक अभिकर्ता के रूप में कई तरह से योगदान प्रदान करता है। वह अपने समुदाय में अपनी अभिजातीय प्रतिष्ठा बनाए रखना चाहता है, इसलिए उसकी समुदाय की समस्याओं व उनके सफल हल में रुचि होना स्वाभाविक है। इस उद्देश्य की पूर्ति हेतु वह नवीन विकास कार्यक्रमों के बारे में जनता को सुझाव देता है और नए तरीकों व यन्त्रों को अपनाने के लिए प्रोत्साहित करता है। यही नहीं, वह सम्बन्धित अधिकारियों को जन आकांक्षाओं से परिचित कराता है और विकास कार्यक्रमों में जन सहभागिता को बढ़ाने में सहायता देता है। इस प्रकार, नेतृत्व विकास कार्यक्रमों के निर्माण एवं क्रियान्वयन, दोनों में ही महत्त्वपूर्ण भूमिका निभाता है।

(5) पंचायती राज संस्थाओं को नेतृत्व प्रदान करना—ग्रामीण नेता ग्राम पंचायत, क्षेत्र विकास समिति एवं जिला परिषद् के लिए वांछित नेतृत्व की पूर्ति करते हैं। इतना ही नहीं, वरन् वे सहकारी समितियों एवं राजनीतिक दलों के लिए भी स्थानीय नेतृत्व की व्यवस्था करते हैं। इस प्रकार, हम कह सकते हैं कि ग्रामीण नेता पहले की अपेक्षा अधिक व्यापक भूमिका निभा रहा है।

(6) राजनीतिक परियोजन की भूमिका—ग्रामीण नेता वे अनिवार्य माध्यम हैं जिनके द्वारा चुनाव के दौरान अथवा महत्त्वपूर्ण राष्ट्रीय मामलों के लिए जन परियोजन होता है। इसलिए इन्हें कई विद्वानों ने 'Key Personnel' की संज्ञा दी है। केन्द्र अथवा राज्य स्तर के नेता इन्हीं के माध्यम से जन अभियान का संचालन करते हैं।

अन्त में, हम यह कह सकते हैं कि ग्रामीण नेतृत्व भारत में प्रजातन्त्र के सफल क्रियान्वयन की महत्त्वपूर्ण कड़ी है। वे उच्च स्तर के राजनीतिक सम्पर्कों से अपने अस्तित्व के लिए मजबूत आधार प्राप्त करते हैं। इसलिए सामुदायिक दृष्टि से उनकी भूमिका दुधारी तलवार की तरह है। यदि नेतृत्व व्यापक दृष्टिकोण वाला, समुदाय-हित को समर्पित तथा जाति, धर्म, भाषा के भेदभावों से ऊपर है तो वह समुदाय के विकास के लिए चमत्कारी भूमिका अदा कर सकता है। परन्तु दूसरी ओर, यदि वह स्वार्थी, गुटग्रस्त अथवा संकीर्ण विचार वाला है तो वह समुदाय में विघटनकारी शक्तियों का जन्मदाता बन जाता है जो समुदाय को विकास के मार्ग पर मीलों पीछे धकेल सकता है। संक्रमणकाल की अस्पष्टता और कई जगह असफल भूमिकाओं के बावजूद उभरते हुए ग्रामीण नेतृत्व ने अधिकांशतः सकारात्मक योगदान का ही आदर्श प्रस्तुत किया है।

गुट या गुटबन्दी का अर्थ एवं परिभाषाएँ

गुट, दलबन्दी या गुटबन्दी भारतीय राजनीतिक जीवन की एक सर्वव्यापी विशेषता है। गुट पुराने परम्परागत समाज में भी पाए जाते रहे हैं परन्तु यह बताना कठिन है कि इन गुटों का प्रारम्भ किस युग में हुआ। गुटबन्दी केवल भारतीय समाज तक ही सीमित नहीं है, अपितु गुट विकसित समाजों में भी पाए जाते हैं। वास्तव में, कुछ समाजशास्त्रियों एवं राजनीतिशास्त्रियों

का कहना है कि 'पार्टी' शब्द का निर्माण ही 'गुट' शब्द से हुआ है। पाल ब्रास[1] जैसे राजनीतिशास्त्रियों का विचार है कि गुटबन्दी परम्परागत भारतीय समाज की विशेषता रही है, इसलिए समकालीन राजनीतिक जीवन में इससे तालमेल रखना कठिन है। दूसरी ओर, कुछ वैज्ञानिकों का विचार है कि ग्रामीण समाज में तीव्र परिवर्तनों के परिणामस्वरूप ही गुटबन्दी विकसित हुई है। प्रजातान्त्रिक विकेन्द्रीकरण ने भी ग्रामीण समाज में गुटबन्दी को प्रोत्साहन दिया है। ये दोनों दृष्टिकोण एकपक्षीय हैं तथा आनुभविक अध्ययनों पर आधारित नहीं हैं।

समूह निर्माण के अनेक आधार हैं जिनमें से एक गुट भी है। गुट प्रत्येक समाज में, चाहे वे सरल हों या जटिल, किसी न किसी रूप में पाए जाते हैं। गुट एक ऐसा समूह है जो अपने उद्देश्यों की प्राप्ति हेतु संगठित है तथा अन्य समूहों से इन उद्देश्यों की पूर्ति हेतु संघर्षरत भी हो सकता है। ऐसे गुट का नेतृत्व सदैव यह प्रयास करता है कि गुट के सदस्य गुट के प्रति सामुदायिक व निष्टा की भावना से बँधे रहें ताकि वह सत्ता में भागीदारी से या सत्ता से बाहर रह कर अपने लक्ष्यों को प्रभावशाली ढंग से प्राप्त कर सके। ऐसा माना जाता है कि गुट शब्द का ग्रामीण सन्दर्भ में सर्वप्रथम प्रयोग रेमण्ड फिर्थ[6] ने सन् 1957 में किया था। उनके अनुसार ग्रामीण गुट वे समूह हैं जिनका उद्देश्य राजनीतिक समूहों के रूप में कार्य करते हुए अपने राजनीतिक लक्ष्यों को प्राप्त करना है।

ऑस्कर लेविस[7] ने अपने अध्ययन में ऐसे छोटे-छोटे समूहों का उल्लेख किया है जिन्हें स्थानीय भाषा में 'धड़' कहा जाता है। इन्हीं धड़ों को अंग्रेजी में 'फैक्शन' कहा जाता है। सरल शब्दों में, यह कहा जा सकता है कि गुट का अर्थ अपने उद्देश्यों की प्राप्ति हेतु परस्पर संघर्षरत समूह से है। कुछ लोग ग्रामीण समुदायों में पाए जाने वाले 'हुक्का समूहों' को भी गुट कहते हैं। पोकॉक के अनुसार, "गुट से अभिप्राय सम्पूर्ण समुदाय के अन्तर्गत विद्यमान संघर्षरत समूह से है, यद्यपि संघर्ष इस गुट की आन्तरिक आवश्यकता नहीं है लेकिन इसमें अक्सर समुदायों को विभक्त करने की प्रवृत्ति होती है। गुट स्थायी समूह नहीं होता तथा इसकी सदस्यता विभिन्न परिस्थितियों पर निर्भर करती है। गुट एक संघटक इकाई है।"[8] वेंकटरयप्पा के अनुसार, "गुट उन व्यक्तियों का एक छोटा-सा समूह है जो किसी राजनीतिक अथवा सामाजिक कारण से अपने को एकता के सूत्र में बाँधता है। प्रत्येक गुट का एक नेता होता है जो अपने अनुयायियों से गुट के प्रति निष्ठा की अपेक्षा रखता है।"[9]

उपर्युक्त परिभाषाओं से यह पूर्णतः स्पष्ट हो जाता है कि गुट का अर्थ एक ऐसा समूह है जो अपने राजनीतिक या किन्हीं अन्य उद्देश्यों (मुख्यतः राजनीतिक) की प्राप्ति हेतु संगठित है तथा इसके लिए अन्य समूहों से भी संघर्षरत है। गुट भारतीय ग्रामीण शक्ति संरचना की एक महत्त्वपूर्ण इकाई है।

गुट या गुटबन्दी की प्रमुख विशेषताएँ

गुट या गुटबन्दी की प्रमुख विशेषताएँ अग्रलिखित हैं—

(1) राजनीतिक दल, प्रभावक समूह (Pressure group) तथा अन्य ऐसे समूहों की तरह गुट भी एक सामाजिक समूह है।

(2) गुट का आकार छोटा या बड़ा दोनों प्रकार का हो सकता है परन्तु अधिकांशतः गुट छोटे आकार के होते हैं।

(3) गुट का निर्माण किसी उद्देश्य (सामान्यतः राजनीतिक उद्देश्य) प्राप्ति के लिए किया जाता है।

(4) प्रत्येक गुट को एक या कुछ व्यक्ति नेतृत्व प्रदान करते हैं तथा यह नेतृत्व गुट के सदस्यों से गुट के प्रति निष्ठा की अपेक्षा करता है।

(5) गुट सकारात्मक व नकारात्मक दोनों प्रकार की प्रकृति वाला अथवा केवल सकारात्मक या नकारात्मक प्रकृति वाला होता है।

(6) गुट सार्वभौमिक हैं क्योंकि ये सभी प्रकार के समाजों में पाए जाते हैं। ग्रामीण सामाजिक संरचना में तो इनका मुख्य स्थान होता है।

भारत में राजनीतिक दलों में गुटबन्दी पर हुए अध्ययनों में पाल ब्रास का अध्ययन एक प्रमुख अध्ययन माना जाता है। अतः यहाँ इसके विचारों की संक्षेप में समीक्षा करना समुचित होगा। ब्रास ने उत्तर प्रदेश में कांग्रेस दल के भीतर गुटबन्दी का आनुभविक अध्ययन किया है। उन्होंने सितम्बर, 1961 से लेकर जनवरी, 1963 के बीच उत्तर प्रदेश के पाँच जिलों (गोण्डा, अलीगढ़, देवरिया, मेरठ तथा कानपुर) में कांग्रेस दल का अध्ययन किया तथा 250 व्यक्तियों (जिनमें स्थानीय नेताओं से लेकर लोक सभा के सदस्य सम्मिलित हैं) से साक्षात्कार द्वारा सूचना एकत्रित की। सन् 1962 में हुए तीसरे आम चुनाव का भी ब्रास ने उत्तर प्रदेश में अवलोकन किया। इस प्रकार, इनका अध्ययन प्राथमिक तथा द्वितीयक, दोनों प्रकार की सूचनाओं पर आधारित है।

ब्रास का अध्ययन परम्परागत समाज में क्रियाशील आधुनिक राजनीतिक संगठन में एकीकरण एवं विघटन की प्रक्रिया से सम्बन्धित है अर्थात् परम्परागत व्यवस्था एवं आधुनिक राजनीतिक संगठन में अनुकूलन की समस्या से सम्बन्धित है। आधुनिकता-प्रवृत्त समाजों में राजनीतिक दलों को दो प्रमुख भूमिकाएँ निभानी पड़ती हैं—**प्रथम**, एक स्थायी सरकार प्रदान करना तथा **द्वितीय**, राजनीतिक क्रिया में नवीन व्यक्तियों एवं समूहों की भर्ती करना। ब्रास के अनुसार गुटबन्दी परम्परागत भारतीय समाज का लक्षण होने के कारण आधुनिक राज्य में दलीय राजनीति में एक बाधा है। साथ ही, गुटबन्दी का कार्य सदैव विध्वंसक नहीं होता, अपितु यह एकीकरण एवं विघटन, दोनों भूमिकाओं के निष्पादन की क्षमता रखती है। गुटबन्दी जितनी गहरी होती है, उतनी ही कांग्रेस की सदस्य संख्या बढ़ती है क्योंकि परस्पर विरोधी गुट नए-नए लोगों को सदस्य बनाकर अपने-अपने गुट की स्थिति को मजबूत करना चाहते हैं। इस भाँति, गुटबन्दी राजनीति की एक प्रक्रिया भी है। यह राजनीतिक सहभागिता के अवसर प्राप्त करके नवीन समूहों को बिरादरी व राजनीति में भाग लेने को प्रेरित होती है। गुटबन्दी के माध्यम से

संघर्ष की शक्तियाँ भी दल की सीमा के भीतर ही सक्रिय होती हैं और समाज उनके दूरगामी प्रभावों से बच जाता है। एक प्रभावशाली राजनीतिक दल के रूप में कांग्रेस का जन्म राष्ट्रीयवादी आन्दोलन से हुआ। इस प्रक्रिया में थोड़ा बहुत विघटन होना स्वाभाविक ही था क्योंकि स्वतन्त्रता के पश्चात् यह संघर्ष के रूप में उभरने लगा। इससे दल-बदल एवं विभाजन को भी प्रोत्साहन मिला। सरकार में सत्ता तथा पदों के वितरण को लेकर एक नवीन संघर्ष प्रारम्भ हुआ। इससे शासक दल को विरोध एवं आन्तरिक संघर्ष, दोनों का एक साथ सामना करना पड़ा। कांग्रेस में गुटबन्दी इसके नेताओं के व्यक्तिगत द्वेष के कारण रही है।

उत्तर प्रदेश में कांग्रेस पार्टी के लिए एकीकरण बनाए रखना, जन-समर्थन प्राप्त करने की अपेक्षा कहीं अधिक गम्भीर समस्या रही है। वास्तव में, कांग्रेस पार्टी की मूल इकाई ही गुटबन्दी है। इतना होने के बावजूद भी न तो कांग्रेस का विभाजन हुआ और न ही इस सीमा तक विघटन हुआ कि इसे स्थायी सरकार बनाने में कोई कठिनाई हो। चारों ग्रामीण जिलों में कांग्रेस मे स्थानीय संगठनों का नेतृत्व उच्च जातियों के हाथों में रहा है। उदाहरणार्थ, देवरिया में ब्राह्मण, गोण्डा एवं अलीगढ़ में राजपूत एवं ब्राह्मण तथा मेरठ में जाट एवं त्यागी जातियों का कांग्रेस संगठन पर प्रभुत्व रहा है। उत्तर प्रदेश मे कांग्रेस पार्टी में गुटबन्दी के तीन प्रमुख कारण रहे हैं—

(1) बाहरी धमकी का अभाव;

(2) वैचारिक मुद्दों पर आन्तरिक असहमति; तथा

(3) प्रभावशाली सत्ता का अभाव।

ब्रास के विचारानुसार गुट केवल राजनीतिक कार्यों से ही प्रभावित नहीं होते, अपितु उन्हें एक सामाजिक-आर्थिक परिस्थिति भी जन्म देती है। बाहरी प्रतिद्वन्द्वता बढ़ने से गुटों में आन्तरिक संघर्ष कम होते हैं। गुट शक्ति की संरचना होती है जिसके कारण गुट विभिन्न जातियों व वर्गों के विभाजन को ऊपर से नीचे तक काटते दिखाई देते हैं। गुटों के नेताओं का कोई आदर्श प्ररूप नहीं बनाया जा सकता क्योंकि कहीं वे सहमति की राजनीति को मानने वाले होते हैं तो कही-कहीं वे तानाशाही प्रकृति के भी होते हैं।

ब्रास के अनुसार कांग्रेस पार्टी, जोकि उत्तर प्रदेश के लिए आधुनिकता की वाहक समझी जाती है, दोनों प्रकार की महत्त्वपूर्ण भूमिकाएँ—परम्परागत सामाजिक संगठन में आधुनिकता की भूमिका तथा गुटों द्वारा आधुनिक संगठन से अनुकूलन करने की भूमिका—निभाने में सफल रही है।

बी० एस० बविस्कर[10] के अनुसार, ब्रास के निष्कर्षों की आनुभविक अध्ययनों द्वारा पुष्टि की जानी चाहिए। उनके अनुसार कांग्रेस पार्टी में गुटबन्दी का कारण नेताओं में व्यक्तिगत द्वेष नहीं रहा है तथा आधुनिक दलीय संगठनों में पाई जाने वाली गुटबन्दी का परम्परा से कोई सम्बन्ध नहीं है। नेताओं में व्यक्तिगत द्वेष एवं मतभेद का कारण सत्ता के लिए संघर्ष है न कि गुटबन्दी का परिणाम। फिर भी, बविस्कर एवं अन्य विद्वान् इस बात को स्वीकार करते हैं कि ब्रास उत्तर प्रदेश में कांग्रेस पार्टी में गुटबन्दी का अध्ययन करने में पूरी तरह सफल रहे हैं।

आज भारत के सभी प्रमुख राजनीतिक दलों में गुटबन्दी स्पष्टतः देखी जा सकती है। कांग्रेस, जनता दल, भारतीय जनता पार्टी तथा दोनों साम्यवादी दल इसके शिकार हैं। कुछ क्षेत्रीय दलों जैसे तेलुगु देशम तथा अन्ना द्रविड़ मुनेतर कजगम आदि मे भी गुटबन्दी सत्ता के लिए संघर्ष के रूप में पाई जाती है। यह गुटबन्दी राष्ट्रीय स्तर से लेकर स्थानीय स्तर तक देखी जा सकती है।

क्या भारतीय ग्रामीण समाज गुटबन्दी पर आधारित समाज है ?

कुछ विद्वानों का कहना है कि गुट परम्परागत ग्रामीण समुदायों में नहीं पाए जाते थे। परन्तु वस्तुस्थिति ऐसी नहीं है। क्योंकि आज गुट को अधिकांशतः नकारात्मक दृष्टिकोण से परिभाषित किया गया है, इसलिए यह तर्क दिया जाता है। ग्रामीण समाज में 'हुक्का समूहों' का उल्लेख प्राचीन काल से ही मिलता है। गुट भारतीय ग्रामीण समाज की एक प्रमुख विशेषता रहे हैं। पहले ये गुट जातीय आधार पर संगठित होते थे। कई बार ऐसे गुट भी गाँवों में विद्यमान रहे हैं जो एक-समान स्तर की जातियों की सदस्यता वाले अर्थात् अन्तर्जातीय प्रकृति के थे।

ग्रामीण समाज में संभ्रांतजनों के भी अपने-अपने अलग गुट होते थे तथा आज भी हैं। ये गुट भी अन्तर्जातीय प्रकृति के होते हैं। आधुनिक ग्रामीण भारत में पंचायती राज तथा नवीन परिवर्तनों ने गुटबन्दी को और अधिक तीव्र बना दिया है। जिन प्रमुख विद्वानों ने ग्रामीण समुदायों के अध्ययन किए हैं, उनके अनुसार भारतीय ग्रामीण समुदायों में गुट सदैव जातीय, अन्तर्जातीय, आर्थिक या राजनीतिक आधार पर गठित रहे हैं। ऑस्कर लेविस के अनुसार वर्तमान भारतीय ग्रामीण समाज में विभिन्न जातियों के अन्तर्गत एक से अधिक गुट देखे जा सकते हैं। उदाहरणार्थ, रामपुर गाँव में अठहत्तर परिवारों वाले जाटों में छह गुट तथा इकतीस हरिजन परिवारों में चार गुट विद्यमान हैं। श्रीनिवास के अनुसार भारतीय गाँवों में गुटों का निर्माण जाति के अतिरिक्त आर्थिक एवं राजनीतिक कारणों से भी होता है। मताधिकार पर आधारित राजनीति ने गुटबन्दी को अत्यधिक प्रोत्साहन दिया है। इन गुटों के कारण ग्रामीण समाज में तनाव, संघर्ष तथा हिंसा की घटनाओं में वृद्धि हुई है। कई बार गुट सकारात्मक भूमिका भी निभाते हैं तथा ग्रामीण विकास में महत्त्वपूर्ण योगदान देते हैं।

उपर्युक्त विवेचन के आधार पर भारतीय ग्रामीण समाज को गुट समाज कहना कोई अतिशयोक्ति नहीं है। समकालीन भारतीय समाज में तो इस तथ्य से कोई भी इनकार नहीं कर सकता है।

ग्रामीण भारत में गुटों या गुटबन्दी की भूमिका

भारतीय ग्रामीण समुदायों में गुटों की सकारात्मक तथा नकारात्मक दोनों प्रकार की भूमिका रही है। गाँवों में नियोजित परिवर्तन लाने में स्थानीय गुटों की महत्त्वपूर्ण भूमिका रही है। वास्तव में, विभिन्न विकास योजनाओं ने भी स्थानीय गुटबन्दी को प्रोत्साहन दिया है क्योंकि प्रत्येक गुट इन योजनाओं का लाभ उठाना चाहता है। इसलिए वह इन योजनाओं को सफल बनाने में सहयोग भी देता है।

दूसरी ओर, कुछ विद्वानों का यह कहना है कि गुटबन्दी ने परम्परागत ग्रामीण समुदायों का स्वरूप ही बदल दिया है। परम्परागत रूप से गाँवों में विभिन्न जातियों में सेवाओं के विनिमय की व्यवस्था (जजमानी व्यवस्था) पाई जाती थी जो गुटों के निर्माण में सहायक नहीं थी। परन्तु प्रतिस्पर्द्धात्मक राजनीति ने ग्रामीण समुदायों को गुटबन्दी के अखाड़े बना दिया है। आज गाँवों में गुटबन्दी इतनी अधिक हो गई है कि इससे सारी विकास योजनाएँ अवरुद्ध होने लगी हैं। एक तरफ, सत्ताधारी गुट इन योजनाओं का लाभ अपने सदस्यों को देना चाहता है तो दूसरी ओर पराजित गुट सामूहिक रूप से इन योजनाओं का विरोध करना शुरू कर देते हैं। इससे ग्रामीण भारत का विकास उतना नहीं हो पाया है जितना कि हो सकता था।

गुटबन्दी के कारण ग्रामीण समुदायों में पाई जाने वाली सामुदायिक भावना पूरी तरह से समाप्त होती जा रही है। आज आवश्यकता इस बात की है कि जनसाधारण को यह समझना होगा कि विभिन्न सरकारी योजनाओं, जो ग्रामीण विकास से सम्बन्धित हैं, की सफलता उनके अपने विकास के रास्ते खोलने में सहायक है। अतः विभिन्न गुटों को नकारात्मक दृष्टिकोण छोड़ कर ग्रामीण विकास हेतु सकारात्मक दृष्टिकोण अपनाना होगा ताकि ग्रामीण विकास का लाभ सभी ग्रामवासियों को मिल सके।

सन्दर्भ-सूची

1. R. T. LaPiere and Fransworth, **Social Psychology**, p. 257.
2. R. M. MacIver and C. H. Page, **Society : An Introductory Analysis**, p. 146.
3. R. T. LaPiere, **Collective Behaviour**, p. 51.
4. S. C. Dube, "Dominant Caste and Village Leadership" a paper read at Mussoorie Seminar (1961); See also his book, **Contemporary India and its Modernization**.
5. Yogendra Singh, "The Changing Power Structure of Village Community : A Case Study of Six Villages in Eastern U. P." in A. R. Desai (ed.), **Rural Sociology in India**, pp. 709-722.
6. R. Firth, "Introduction to Faction in Indian and Overseas Indian Societies," **British Journal of Sociology**, 1957.
7. Oscar Lewis, **Village Life in Northern India**, pp. 113-114.
8. D. F. Pocock, "The Bases of Factions in Bufarat" in **British Journal of Sociology**, p. 296.
9. K. N. Venkatarayappa, **Rural Society and Social Change**, p. 40.
10. B. S. Baviskar, "Sociology of Politics" in **A Survey of Research in Sociology and Social Anthropology**, Vol. 2, p. 432.

16

ग्रामीण भारत में सशक्तिकरण

भारतीय समाज में अनुसूचित जातियों, अनुसूचित जनजातियों तथा अन्य पिछड़े वर्गों को कमजोर वर्ग (Weaker sections) माना जाता है। कई बार महिलाओं को भी इसी वर्ग में सम्मिलित किया जाता है। अनुसूचित जातियाँ, जनजातियाँ, पिछडे वर्ग एवं महिलाएँ सामाजिक-आर्थिक दृष्टि से पिछड़ी हुई हैं तथा इनके सम्मुख अनेक समस्याएँ हैं। सरकार अनुसूचित जातियों, जनजातियों, पिछड़े वर्गों व महिलाओं की समस्याओं के समाधान के लिए स्वतन्त्रता प्राप्ति के पश्चात् निरन्तर प्रयत्नशील रही है। इनके उत्थान के लिए अनेक संवैधानिक व्यवस्थाएँ रखी गई हैं तथा अनेक प्रकार की समाज कल्याण योजनाएँ चलाई जा रही हैं। साथ ही, इन कमजोर वर्गों की राजनीतिक सत्ता में भागीदारी सुनिश्चित करने की दिशा में भी अनेक प्रयास किए गए हैं। यद्यपि इन सभी प्रयासों से अभी केवल आंशिक सफलता ही मिल पाई है, तथापि सरकार कमजोर वर्गों हेतु शिक्षा की सुविधाओं में वृद्धि तथा रोजगार के अधिक अवसर प्रदान कर सभी स्तरों पर उनके सशक्तिकरण के प्रयास जारी हैं। संविधान में इस हेतु किए गए प्रावधान एवं 73वाँ संविधान संशोधन इस दृष्टि से अत्यन्त महत्त्वपूर्ण माना जाता है। सशक्तिकरण का सम्बन्ध इन वर्गों के राजनीतिक विकास से है।

अनुसूचित जातियों एवं जनजातियों का सशक्तिकरण

राजनीतिक सत्ता में भागीदारी किसी भी वर्ग के सशक्तिकरण की एक अनिवार्य दशा मानी जाती है। सशक्तिकरण की प्रक्रिया में शिक्षा एवं रोजगार की महत्त्वपूर्ण भूमिका होती है। भारतीय समाज में अनेक जातियाँ, जनजातियाँ एवं वर्ग शिक्षा एवं रोजगार की दृष्टि से अत्यन्त पिछड़े हुए रहे हैं। इसीलिए उनमें राजनीतिक स्तर पर भी सत्ता में भागीदारी न के बराबर ही

रही है। अनुसूचित जातियाँ एवं जनजातियाँ ऐसे ही कमजोर वर्ग हैं जो शिक्षा एवं रोजगार की दृष्टि से पिछड़े होने के कारण राजनीतिक सत्ता से भी दूर रहे हैं। स्वतन्त्रता-प्राप्ति के पश्चात् इन कमज़ोर वर्गों के सामाजिक-आर्थिक उत्थान एवं राजनीतिक सत्ता में भागीदारी हेतु अनेक कदम उठाए गए हैं।

अनुसूचित जातियों एवं जनजातियों के विकास एवं सशक्तिकरण के लिए हमारे देश में अनेक कार्यक्रम चलाए जा रहे हैं। इस क्षेत्र में सरकारी एवं ऐच्छिक संस्थाएँ दोनों ही क्रियाशील हैं। कुछ विशिष्ट कार्यक्रमों का परिचय निम्न प्रकार से दिया जा सकता है—

(1) संविधान द्वारा—संविधान में अस्पृश्यता-निवारण के लिए अनेक प्रावधान रखे गए हैं। **अनुच्छेद 15 (1)** में यह प्रावधान है कि राज्य किसी भी नागरिक के प्रति धर्म, मूलवंश, जाति, लिंग, जन्मस्थान अथवा इनमें से किसी के आधार पर किसी प्रकार का भेदभाव नहीं करेगा तथा इनमें से किसी के आधार पर कोई नागरिक दुकानों, सार्वजनिक भोजनालयों, होटलों तथा सार्वजनिक मनोरंजन के स्थानों में प्रवेश के अथवा पूर्ण या अधिकांश रूप में राज्य से सहायता प्राप्त कुओं, तालाबों, घाटों, सड़कों और सार्वजनिक समागम के स्थानों के उपभोग के बारे में किसी भी निर्योग्यता के अधीन न होगा। **अनुच्छेद 17** के अनुसार अस्पृश्यता का अन्त कर उससे सम्बन्धित सभी प्रकार की निर्योग्यताओं को लागू करना कानून के अनुसार दण्डनीय अपराध घोषित किया गया है। **अनुच्छेद 25** के अनुसार राज्य द्वारा हिन्दुओं की सार्वजनिक संस्थाओं को सब वर्गों के लिए खोलने का अधिकार दिया गया है। **अनुच्छेद 29** के अनुसार राज्यनिधि द्वारा घोषित अथवा राज्यनिधि से सहायता प्राप्त करने वाली किसी शिक्षा संस्था में किसी भी नागरिक को केवल वंश, धर्म, जाति, भाषा अथवा इनमें से किसी के आधार पर रोका नहीं जा सकता। **अनुच्छेद 46** के अनुसार राज्य को ऐसी सामाजिक व्यवस्था की पूर्ण स्थापना और संरक्षण करने का प्रावधान है जो लोक कल्याण के लिए प्रयत्नशील है और जिससे सामाजिक-आर्थिक और राजनीतिक न्याय, राष्ट्रीय जीवन की सभी संस्थाओं को अनुप्रमाणित करने में सहायता मिले। **अनुच्छेद 49** के अनुसार राज्य भी दुर्बलतर वर्गों को खासकर अनुसूचित जातियों तथा अनुसूचित जनजातियों के आर्थिक तथा शिक्षा सम्बन्धी हितों की रक्षा करेगा और सामाजिक अन्याय तथा सभी प्रकार के शोषण से रक्षा करेगा। **अनुच्छेद 146** के अनुसार उड़ीसा, बिहार तथा मध्य प्रदेश के राज्यों में अनुसूचित जातियों तथा अस्पृश्यों के लिए एक मंत्री होगा जो इनके कल्याण की देख-रेख करेगा। **अनुच्छेद 330** के अनुसार लोक सभा में अनुसूचित जातियों एवं जनजातियों के लिए सुरक्षित स्थान तथा **अनुच्छेद 335** के अनुसार सरकारी नौकरियों में इनके आरक्षण का प्रावधान है। **अनुच्छेद 338** में यह प्रावधान है कि राष्ट्रपति अनुसूचित जातियों तथा अनुसूचित जनजातियों के लिए एक अधिकारी की नियुक्ति करेगा जोकि राष्ट्रपति को इनकी दशा के बारे में समय-समय पर अवगत कराता रहेगा।

(2) अस्पृश्यता (अपराध) अधिनियम, 1955 द्वारा—भारतीय सरकार ने अस्पृश्यता-निवारण के लिए संवैधानिक अनुच्छेदों में विविध प्रावधानों के साथ-साथ सन् 1955 को एक

अधिनियम पास किया जोकि 1 जून 1955 को सारे देश में लागू किया गया। इस कानून की 17 धाराओं द्वारा अस्पृश्यों की सभी निर्योग्यताएँ समाप्त कर दी गई हैं। इसकी कुछ प्रमुख धाराएँ इस प्रकार हैं—**धारा 3** के अनुसार (अ) हर प्राणी को किसी सार्वजनिक धर्म स्थान पर प्रवेश की स्वतन्त्रता होगी, (ब) हर एक व्यक्ति को किसी तरह से पूजा-प्रार्थना तथा दूसरे प्रकार के धार्मिक संस्कार करने की स्वतन्त्रता होगी, (स) हर व्यक्ति को धर्म सम्बन्धी पवित्र नदी, तालाब में स्नान की या पानी लेने की पूर्ण स्वतन्त्रता होगी, तथा (द) उपर्युक्त नियमों को भंग करने पर राज्य द्वारा सहायता छीनी जा सकती है या जमीन छीनी जा सकती है। **धारा 4** के अनुसार (क) हर व्यक्ति को किसी की दुकान, जलपान-गृह या होटल या सार्वजनिक मनोरंजन के स्थान में प्रवेश करने की पूर्ण स्वतन्त्रता होगी; (ख) हर व्यक्ति को हर व्यवसाय चुनने की स्वतन्त्रता होगी, (ग) हर सार्वजनिक स्थान को हर व्यक्ति प्रयोग में ला सकेगा, (घ) सार्वजनिक जनता के लिए बनाए गए धर्मार्थ संस्थानों के लाभ और सेवाओं के उपभोग का सबको पूर्ण अधिकार होगा, (च) किसी भी धर्मशाला, मुसाफिरखाने से लाभ उठाने का सबको पूर्ण अधिकार होगा, (छ) किसी भी धार्मिक संस्कार को अपनाने की पूर्ण स्वतन्त्रता होगी, तथा (ज) सबको किसी भी प्रकार के जेवर को पहनने की स्वतन्त्रता होगी। **धारा 5** के अनुसार (अ) प्रत्येक व्यक्ति को चिकित्सालय, औषधालय, शैक्षिक संस्था या उससे सम्बन्धित किसी छात्रावास में प्रवेश का अधिकार होगा, (ब) अस्पृश्यता के आधार पर कोई दुकानदार किसी चीज को बेचने से या सेवा करने से इनकार नहीं कर सकता। **धारा 7** के अनुसार (अ) यदि कोई इन नियमों का विरोध करता है या अस्पृश्यता को बढ़ावा देता है तो उसको छह मास की सजा तथा 500 रुपया जुर्माना या दोनों दण्ड एक-साथ दिए जा सकते हैं, तथा (ब) हर प्रान्त ने इस सम्बन्ध में अपने राज्य में अस्पृश्यता-निवारण कानून बनाए हैं। इसके प्रावधानों एवं दण्ड व्यवस्था को और अधिक कठोर बनाने की दृष्टि से 'नागरिक अधिकार संरक्षण कानून' (Civil Right Protection Act 1976) पारित किया गया है।

(3) अन्य कल्याण कार्य—संविधान के विभिन्न अनुच्छेदों के प्रावधानों एवं अस्पृश्यता (अपराध) अधिनियम, 1955 के अतिरिक्त राष्ट्रपति ने अनुसूचित जातियों एवं जनजातियों के कल्याण कार्यों की देख-रेख के लिए एक आयुक्त की नियुक्ति की है। इस आयुक्त की सहायता के लिए अनेक सहायक आयुक्त भी नियुक्त किए गए हैं। इस सम्बन्ध में केन्द्रीय सरकार ने एक सलाहकार बोर्ड भी स्थापित किया है जो सरकार को इनके कल्याण के बारे में सलाह देता है तथा इनके कल्याण की योजनाएँ बनाता है। सरकार द्वारा इनके कल्याण के लिए किए गए कुछ कार्य इस प्रकार हैं—

(i) विधानमण्डलों में प्रतिनिधित्व—संविधान के अनुसार इन लोगों की जनसंख्या के अनुपात के आधार पर लोक सभा तथा राज्य सभा एवं राज्य विधान सभाओं में इनके लिए स्थान सुरक्षित कर दिए गए हैं। पंचायती राज संस्थाओं में भी यह प्रावधान लागू किया गया है।

(ii) स्थानीय निकायों में प्रतिनिधित्व—पंचायती राज लागू होने पर अनुसूचित जातियों एवं जनजातियों के लिए ग्राम पंचायतों तथा अन्य स्थानीय निकायों में स्थान आरक्षित करने की व्यवस्था संविधान में रखी गई है ताकि इनमें उनको समुचित प्रतिनिधित्व मिल सके।

(iii) सरकारी नौकरियों में आरक्षण—भारत सरकार ने 26 जनवरी, 1950 को यह निर्णय लिया कि जिन पदों का निर्वाचन खुली प्रतियोगिता द्वारा होता है उनमें तथा अन्य प्रकार की नियुक्तियों में अनुसूचित जातियों व जनजातियों के लिए सुरक्षित स्थान रखे जाएँ तथा आयु सीमा व शैक्षिक सीमा आदि में छूट दी जाए। इन जातियों के लिए स्थान सुरक्षित रखने से सम्बन्धित नियम कुछ राज्यों ने भी बनाए हैं।

नौकरी में आरक्षण की दृष्टि से इन्हें निम्नांकित रियायतें दी जाती हैं—

(अ) आयु सीमा में छूट;

(ब) उपयुक्तता के मानदण्डों में छूट;

(स) पदों के लिए चयन, बशर्ते कि वे अनुपयुक्त न पाए जाएँ;

(द) जहाँ कहीं आवश्यक हो, अनुसूचित जातियों और जनजातियों के उम्मीदवारों के लिए अनुभव सम्बन्धी योग्यताओं में छूट; तथा

(य) अनुसन्धान के लिए अपेक्षित समूह 'क' की सबसे निचली श्रेणी के वैज्ञानिक तथा तकनीकी पदों का भी आरक्षण योजना में सम्मिलित किया जाना।

सरकारी नौकरियों में आरक्षण की सुविधाओं से इन लोगों के सामाजिक-आर्थिक स्तर में निश्चित रूप से सुधार हुआ है।

(iv) शिक्षा सम्बन्धी सुविधाएँ—अस्पृश्यों को शिक्षा की विशेष सुविधाएँ प्रदान की गई हैं क्योंकि ऐसा अनुमान है कि शिक्षा व उससे होने वाली आर्थिक स्थिति में उन्नति से ही अस्पृश्यता की समस्या हल करने में सहायता मिल सकती है। इन जातियों के विद्यार्थियों को निःशुल्क पढ़ाई, छात्रवृत्तियाँ, पुस्तकें तथा लेखन सामग्री आदि को खरीदने के लिए आर्थिक सहायता दी जाती है। सरकार ने दिल्ली, जबलपुर, कानुपर तथा मद्रास में चार ऐसे केन्द्र खोले हैं जो अनुसूचित जातियों के लोगों को सरकारी नौकरी प्राप्त करने में सहायता करते हैं।

(v) तकनीकी एवं व्यावसायिक प्रशिक्षण—इन लोगों के लिए मेडिकल, इन्जीनियरिंग तथा अन्य औद्योगिक एवं व्यावसायिक प्रशिक्षण केन्द्रों में कुछ स्थान सुरक्षित रखे गए हैं। भारत सरकार ने नेशनल डेयरी रिसर्च इन्स्टीट्यूट करनाल में 20 प्रतिशत तथा दक्षिणी रीजनल स्टेशन बंगलौर में भारतीय डेयरी डिप्लोमा के लिए 8 स्थान अनुसूचित जातियों, जनजातियों तथा पिछड़े वर्गों के लिए सुरक्षित रखे हैं। अन्य सरकारी संस्थाओं में 17.5 प्रतिशत स्थान इन वर्गों के लिए सुरक्षित रखे गए हैं। स्वास्थ्य मंत्रालय ने अपने अधीन सभी मेडिकल कॉलेजों तथा संस्थाओं में 20 प्रतिशत स्थान, नई दिल्ली के स्वास्थ्य संस्थाओं में 10 प्रतिशत, लेडी हार्डिंग कॉलेज में 2 स्थान इन जातियों के लिए सुरक्षित रखे हैं।

(vi) कुटीर उद्योग—इनकी आर्थिक दशा सुधारने के लिए इन्हें कुटीर उद्योग खोलने के लिए भी सरकार ने प्रोत्साहन दिया है। उत्तर प्रदेश एवं अनेक अन्य राज्य सरकारों ने इनको घरेलू व्यवसाय चलाने और विकसित करने के लिए अनुदान प्रदान करने के लिए अनेक योजनाएँ चलाई हैं।

(vii) गृह निर्माण योजनाएँ—सरकार ने अनुसूचित जातियों, जनजा- तियों एवं अन्य पिछड़े वर्गों को आसान किस्तों पर मकान दिलवाने तथा इनके निर्माण के लिए सहायता प्रदान की है। स्वतन्त्रता रजत जयन्ती के अवसर पर इनको ग्रामों में मकान बनाने के लिए मुफ्त जमीन तथा धनराशि भी दी गई है।

(viii) पंचवर्षीय योजनाएँ तथा अनुसूचित जातियों का कल्याण—पंचवर्षीय योजनाओं में इनके कल्याण के लिए काफी प्रयास किए गए हैं। प्रथम योजना-काल में इनके उत्थान के लिए 7.08 करोड़ रुपये इनकी शिक्षा, स्वास्थ्य तथा आवास सम्बन्धी सुधारों के लिए व्यय किया गया था। दूसरी योजना-काल में इन पर 10.08 करोड़ रुपये की धनराशि तथा तीसरी योजना में 40.40 करोड़ रुपये व्यय किया गया। राज्यों की योजनाओं में 30 करोड़ की व्यवस्था की गई। चौथी योजना में अनुसूचित जातियों पर 142.39 करोड़ रुपये व्यय किए गए। पाँचवीं से नवीं योजनाओं में इस धनराशि में काफी वृद्धि की गई। इससे इनके सामाजिक-आर्थिक स्तर को ऊँचा उठाने में सहायता मिली है।

उपर्युक्त संवैधानिक प्रावधानों एवं आरक्षण सुविधाओं के परिणामस्वरूप न केवल अनुसूचित जातियों एवं जनजातियों के हितों की रक्षा ही हुई है अपितु इन्हें अपना सामाजिक-आर्थिक स्तर ऊँचा उठाने तथा राजनीतिक क्षेत्र में सत्ता के पदों तक पहुँचने में भी काफी सफलता मिली है। इनके विरुद्ध होने वाले अत्याचारों को रोकने हेतु भी प्रभावशाली अधिनियम बनाए गए हैं। जनजातीय बाहुल्य क्षेत्रों में अनेक प्रकार की विकास योजनाएँ चलाई जा रही हैं जिनका उद्देश्य जनजातीय लोगों की जीवन पद्धति में सुधार करना है। इन सभी प्रावधानों एवं सुविधाओं का अन्तिम उद्देश्य समाज के इन कमजोर वर्गों को सशक्त बनाना है। हमें यह तथ्य भी ध्यान में रखना होगा कि कमजोर वर्गों के अधिकांश लोग गाँवों में ही निवास करते हैं। 73वें संविधान संशोधन द्वारा स्थानीय स्वशासन में इनकी भागीदारी को सुनिश्चित कर इनके सशक्तिकरण की दिशा में एक कारगर कदम उठाया गया है।

अन्य पिछड़े वर्गों का सशक्तिकरण

इन वर्गों को भी शिक्षा व रोजगार में कुछ विशेषाधिकार प्राप्त हैं, परन्तु इन्हें अनुसूचित जातियों व जनजातियों की तरह सुरक्षित निर्वाचन क्षेत्रों से चुनाव द्वारा राजनीतिक प्रतिनिधित्व का अधिकार प्राप्त नहीं है। अन्य पिछड़े वर्गों का निर्धारण दो प्रमुख आधारों पर किया गया है—**प्रथम,** जाति और **द्वितीय,** व्यवसाय। जाति की दृष्टि से ये वर्ग अनुसूचित जातियों से उच्च स्थान रखते हैं तथा व्यवसाय की दृष्टि से भी इनका व्यवसाय अस्पृश्यों जैसा नहीं रहा है। इन वर्गों में अधिकांशतः मध्य स्तर की कृषक जातियों को सम्मिलित किया गया है।

आन्द्रे बेतेई[1] ने कृषक जातियों को अन्य पिछड़े वर्गों का सारभाग (Core) बताया है। ये वर्ग निश्चित रूप से उच्च जातियों से शिक्षा, व्यवसाय व सरकारी नौकरियों में पिछड़े हुए हैं। वे जातीय संस्तरण में भी निम्न स्थान रखते हैं। वस्तुतः 'पिछड़े वर्ग' नाम की अवधारणा में यह तथ्य निहित है कि कुछ 'अग्रवर्ती वर्ग' (Forward classes) भी हैं। बिहार में इस प्रकार का स्पष्ट विभाजन देखा जा सकता है और के० एल० शर्मा[2] के अनुसार अग्रवर्ती वर्ग पिछड़े वर्गों को तुच्छ समझते हैं।

पहले अस्पृश्यों व अन्य पिछड़े वर्गों के लिए संयुक्त रूप से 'दलित वर्ग' (Depressed classes) शब्द का प्रयोग किया जाता था तथा इन्हें परिभाषित करने का कोई स्पष्ट आधार नहीं था। सन् 1948 में यह महसूस किया गया कि एक 'पिछड़ा वर्ग कमीशन' बनाया जाए जो पूरे देश में उन हिन्दू व मुस्लिम जातियों का पता लगाए जो शिक्षा, सामाजिक व आर्थिक दृष्टि से पिछड़ी हुई हैं। यह कमीशन वस्तुतः सन् 1953 में बनाया गया। विश्वविद्यालय शिक्षा आयोग (1948-49) ने भी पिछड़े वर्गों हेतु सुरक्षित स्थान रखने पर बल दिया। सन् 1947 में बिहार सरकार ने पिछड़े वर्गों हेतु हाई स्कूल के पश्चात् शिक्षा सुविधाओं की घोषणा की तथा 1955 में इन वर्गों की सूची भी घोषित की। इस सूची में प्रदेश की 60 प्रतिशत उपजातियों को स्थान दिया गया। सन् 1948 में उत्तर प्रदेश सरकार ने 56 जातियों की सूची घोषित की जो अन्य पिछड़े वर्गों के अन्तर्गत आती थीं तथा उन्हें शिक्षा में कुछ सुविधाएँ प्रदान की गईं। इस प्रकार, संविधान निर्माण से पहले भी 'अन्य पिछड़े वर्गों' की धारणा भारतीय समाज में विद्यमान रही है।

अन्य पिछड़े वर्गों में पिछड़ापन समूह या जाति का लक्षण माना जाता है न कि व्यक्ति विशेष का। आज आर्थिक तथा राजनीतिक क्षेत्रों में इन वर्गों ने महत्त्वपूर्ण सफलता प्राप्त कर ली है। संविधान की धारा 340 राष्ट्रपति को तथा धाराएँ 15 (4) व (6) ने राज्य सरकारों को इन वर्गों की समस्याओं का पता लगाने हेतु कमीशन की नियुक्ति करने व विशेष सुविधाएँ प्रदान करने का प्रावधान करती हैं। भारत के राष्ट्रपति द्वारा 1953 में काका कलेलकर की अध्यक्षता में नियुक्त कमीशन ने पिछड़ेपन के निर्धारण हेतु चार आधार रखे—

(1) जातीय संस्तरण में निम्न स्थिति;

(2) शिक्षा के क्षेत्र में पिछड़ापन;

(3) सरकारी नौकरियों में अपर्याप्त प्रतिनिधित्व; तथा

(4) व्यापार, वाणिज्य व उद्योग के क्षेत्रों में अपर्याप्त प्रतिनिधित्व।

सन् 1977 में जनता पार्टी ने अपने घोषणा-पत्र में जातीय असमानताएँ समाप्त करने तथा अन्य पिछड़े वर्गों हेतु सरकारी नौकरियों व शिक्षा-संस्थाओं में 25 और 33 प्रतिशत के बीच स्थान सुरक्षित रखने का वायदा किया। सत्ता में आने के पश्चात् जनता पार्टी द्वारा मण्डल कमीशन नियुक्त किया गया। इस बहुचर्चित कमीशन ने देश की 52 प्रतिशत जनसंख्या का प्रतिनिधित्व करने वाले अन्य पिछड़े वर्गों हेतु सरकारी सेवाओं व शिक्षा संस्थाओं में 27 प्रतिशत आरक्षण का सुझाव दिया जिसे अन्ततः विश्वनाथ प्रताप सिंह के प्रधानमंत्री काल में काफी विरोध के बावजूद स्वीकार कर लिया गया।

संविधान के अनुच्छेद 15 (4) के अन्तर्गत सरकार को सामाजिक और शैक्षिक दृष्टि से पिछड़े वर्गों की उन्नति के लिए विशेष प्रावधान करने का अधिकार है। अनुच्छेद 16 (4) में सरकार को उन पिछड़े वर्गों के लिए सेवाओं और पदों में आरक्षण की व्यवस्था का अधिकार दिया गया है, जिन्हें उसकी राय में सेवाओं में पर्याप्त प्रतिनिधित्व नहीं मिला है। संविधान के अनुच्छेद 340 में व्यवस्था है कि राष्ट्रपति सामाजिक और शिक्षा की दृष्टि से पिछड़े वर्गों की परिस्थितियों और काम के मामले में उनकी कठिनाइयों का पता लगाने के लिए आयोग नियुक्त कर सकते हैं। इस आयोग से ये कठिनाइयाँ दूर करने के बारे में केन्द्र या अन्य सरकारों से उपाय करने को कहा जा सकता है।

इन सुविधाओं के कारण अन्य पिछड़े वर्गों ने अपनी आर्थिक व राजनीतिक स्थिति काफी ऊँची कर ली है तथा अनेक प्रदेशों में इनका राजनीतिक क्षेत्र में सर्वोच्च पदों पर प्रतिनिधित्व है। यह इन वर्गों के सशक्तिकरण की दिशा में एक महत्त्वपूर्ण सूचक है। इनकी प्रमुख समस्याएँ शिक्षा व सरकारी नौकरियों में स्थान प्राप्त करने की है जो इनकी प्रगति के कारण काफी सीमा तक कम होती जा रही है।

महिलाओं का सशक्तिकरण

भारत में महिलाओं को भी कमज़ोर वर्गों में ही सम्मिलित किया जाता है क्योंकि शिक्षा, रोजगार एवं सत्ता की दृष्टि से इनका स्थान पुरुषों की तुलना में काफी निम्न रहा है। इसलिए स्वतन्त्रता पश्चात् सरकार ने महिलाओं के सशक्तिकरण की ओर भी विशेष ध्यान दिया है। महिला को पुरुष के समान सभी अवसर उपलब्ध कराने के लिए तथा महिला-पुरुष समता पर बल देने के लिए भारतीय सरकार ने स्पष्ट नीति अपनाई है जिसके अन्तर्गत महिला कल्याण को स्पष्टतः प्राथमिकता दी गई है। 1976 ई० से पूरे देश में महिलाओं के लिए एक राष्ट्रीय योजना प्रारम्भ की गई है। यह योजना महिला कल्याण तथा विकास की नीतियों व कार्यक्रमों को बनाने के लिए निर्देश देती है। महिला एवं बाल विकास विभाग में महिला ब्यूरो, नीतियों एवं कार्यक्रमों के क्रियान्वयन तथा समन्वय के लिए राष्ट्रीय संस्था है। इस बात को ध्यान में रखते हुए कि महिलाओं के आर्थिक स्तर में सुधार से उनके सामान्य स्तर को बढ़ाने में सहायता मिलती है, महिलाओं की आय में वृद्धि करने के कार्यक्रमों पर जोर दिया गया है। महिलाओं और बच्चों के लिए चल रहे विकास कार्यक्रमों को पुनर्जीवित रखने के लिए सितम्बर 1985 ई० में बने **मानव संसाधन विकास मंत्रालय** (Ministry of Human Resource Development) में महिला और बाल विकास के लिए अलग-अलग विभाग बनाया गया है। सरकारी नीति के अन्तर्गत उठाए गए कुछ महत्त्वपूर्ण कदम इस प्रकार हैं—

(1) महिला कर्मचारियों के लिए हॉस्टल—निम्न आय वाली कार्यरत महिलाओं के लिए सस्ते एवं सुरक्षित आवास उपलब्ध कराने के लिए 1972 ई० में एक योजना प्रारम्भ की गई थी जिसमें 1982–83 ई० में संशोधन किया गया तथा इसमें आठ वर्ष तक की उम्र के बच्चों वाली नौकरीपेशा महिलाओं के हॉस्टलों के लिए अलग से दी जाने वाली सहायता भी

सम्मिलित कर दी गई। 2000 रुपये में मासिक वेतन पाने वाली महिलाएँ सरकार द्वारा सहायता प्राप्त हॉस्टलों में आवास पाने की हकदार हैं। उन्हें आवास खरीदने के लिए वित्तीय सहायता दी जाती है। अब तक इस योजना के अन्तर्गत अनेक हॉस्टलों का निर्माण किया जा चुका है।

(2) पीड़ित महिलाओं के पुनर्वास के लिए प्रशिक्षण केन्द्र—यह योजना 1977 ई० में 18 से 20 वर्ष की अत्यन्त गरीब महिलाओं को बिक्री योग्य वस्तुएँ बनाने का प्रशिक्षण देने के उद्देश्य से प्रारम्भ की गई। प्रशिक्षण के दौरान उन्हें आवश्यकतानुसार आवास तथा देखभाल की सुविधाएँ दी जाती हैं। यह योजना ऐच्छिक संगठनों द्वारा क्रियान्वित की जाती है।

(3) रोजगार तथा आय उत्पन्न करने वाली उत्पादन इकाइयाँ—यह योजना 1982–83 ई० में नार्वे की अन्तर्राष्ट्रीय विकास संस्था के सहयोग से प्रारम्भ की गई। इस कार्यक्रम से गरीब ग्रामीण महिलाओं, अनुसूचित जाति व जनजाति जैसे कमजोर वर्गों की महिलाओं, युद्ध में मारे गए सैनिकों तथा कार्यक्रम क्रियान्वयन में लगे संगठनों के मृत कर्मचारियों की विधवाओं को लाभ मिल रहा है।

(4) महिला प्रशिक्षण तथा रोजगार कार्यक्रमों में सहायता—यह योजना 1986–87 ई० में महिलाओं के काम करने वाले क्षेत्रों; जैसे कृषि, दुग्ध उत्पादन, पशुपालन, मछली पालन, खादी व ग्रामोद्योग, हथकरघा, हस्तशिल्प और रेशम विकास आदि; में महिला को रोजगार देने के लिए लागू की गई।

(5) महिलाओं के लिए विकास निगम—वर्ष 1986–87 ई० के दौरान सभी राज्यों में महिलाओं के लिए विकास निगम के गठन के बारे में एक नई योजना बनाई गई। इस योजना का उद्देश्य महिलाओं को बेहतर रोजगार के अवसर उपलब्ध कराना है जिससे वे आर्थिक रूप से स्वतन्त्र और आत्म-निर्भर हो सकें। ये निगम महिला उद्यमियों का पता लगाकर उन्हें तकनीकी तथा वित्तीय सहायता भी उपलब्ध कराते हैं।

(6) महिलाओं के लिए सामाजिक-आर्थिक कार्यक्रम—केन्द्रीय समाज कल्याण बोर्ड द्वारा 1958 ई० से प्रारम्भ इस कार्यक्रम के अन्तर्गत जरूरतमंद व शारीरिक रूप से अक्षम महिलाओं को 'काम और मजदूरी' के अवसर उपलब्ध कराने के लिए वित्तीय सहायता दी जाती है। बोर्ड ने 1987 ई० तक 7,620 इकाइयाँ संचालित करने के लिए अनुदान दिए थे जिनसे लगभग 96,482 लोगों को लाभ प्राप्त हुआ।

(7) महिला शिक्षा—सामाजिक-आर्थिक गति को तेज करने में लड़कियों और महिलाओं की शिक्षा के महत्त्व को स्वीकार करते हुए सरकार ने समय-समय पर इस दिशा में अनेक कदम उठाए हैं। राष्ट्रीय शिक्षा नीति में व्यवस्था है कि शिक्षा को महिलाओं के स्तर में बुनियादी परिवर्तन लाने के साधन के रूप में प्रयोग में लाया जाएगा। राष्ट्रीय शिक्षा प्रणाली (i) महिलाओं को समर्थ बनाने के लिए सकारात्मक हस्तक्षेप भूमिका अदा करेगी, (ii) नए सिरे से तैयार किए गए पाठ्यक्रम और पाठ्य-पुस्तकों के माध्यम से नए मूल्यों के विकास में योगदान देगी, और

(iii) विभिन्न पाठ्यक्रमों के अन्तर्गत महिला सम्बन्धी अध्ययन को प्रोत्साहित करेगी। महिला शिक्षा को बढ़ावा देने के लिए सरकार ने एक कार्यक्रम लागू किया है जिसके अन्तर्गत सरकारी/सरकारी सहायता प्राप्त राज्यों और केन्द्र शासित प्रदेशों के स्थानीय निकाय/स्कूलों में 9वीं से 12वीं कक्षाओं की छात्राओं के शिक्षा शुल्क की पूर्ति की व्यवस्था है। यह कार्यक्रम 1985–86 से प्रभावी है।

(8) प्रौढ़-महिलाओं के लिए शिक्षा के सघन पाठ्यक्रम—केन्द्रीय समाज कल्याण बोर्ड द्वारा 1958 में शिक्षा के सघन पाठ्यक्रम प्रारम्भ किए गए जिनका उद्देश्य जरूरतमंद महिलाओं को रोजगार के नए अवसर उपलब्ध कराना तथा प्राथमिक पाठशाला के शिक्षकों, बाल सेविकाओं, नर्सों, स्वास्थ्य परिचारिकाओं, दाइयों और विशेषतः ग्रामीण इलाकों में परिवार नियोजन कार्यकर्त्ताओं का एक सक्षम और प्रशिक्षित वर्ग तैयार करना था। 1975 में व्यावसायिक प्रशिक्षण को भी इस योजना में शामिल किया गया ताकि 18–30 वर्ष तक की उम्र की महिलाओं को विभिन्न व्यवसायों में प्रशिक्षण देकर अपनी आय बढ़ाने का अवसर दिया जा सके।

(9) स्वैच्छिक कार्यवाही ब्यूरो—ये ब्यूरो भी केन्द्रीय समाज कल्याण बोर्ड द्वारा केन्द्र स्तर पर तथा 28 राज्यों केन्द्रशासित प्रदेशों में स्थापित किए गए हैं। इनका कार्य महिलाओं तथा बच्चों पर होने वाले अत्याचारों का प्रतिरोध करना तथा अत्याचार एवं शोषण का शिकार हुए लोगों को निवारक तथा पुनर्वास सेवाएँ उपलब्ध कराना है। बोर्ड जरूरतमंद महिलाओं के परामर्श तथा मार्गदर्शन के लिए 'परिवार परामर्श केन्द्र' स्थापना के लिए वित्तीय सहायता भी देता है तथा 1986 तक 38 परिवार परामर्श केन्द्रों की स्थापना की गई है।

(10) महिलाओं पर होने वाले अत्याचार को रोकने के लिए शैक्षिक कार्य—महिलाओं पर होने वाले अत्याचारों को रोकने के लिए शैक्षिक कार्य की एक योजना शत-प्रतिशत आर्थिक सहायता देकर स्वैच्छिक संगठनों के माध्यम से क्रियान्वित की जा रही है। इस योजना के अन्तर्गत सामाजिक कार्यकर्ताओं और सरकारी अधिकारियों सहित दूसरे लोगों के लिए प्रशिक्षण शिविरों का आयोजन, कानूनी शिक्षा प्रशिक्षण शिविर, महिलाओं के लिए परा-कानूनी प्रशिक्षण/लोक अदालतें/कानूनी शिक्षा की पुस्तिकाएँ, मार्गदर्शिकाएँ, आरम्भिक किताबें आदि बनाना तथा परम्परागत माध्यमों द्वारा महिलाओं पर हो रहे अत्याचारों के बारे में लोगों को जानकारी आदि कार्यक्रम चलाए जाते हैं।

(11) महिलाओं और लड़कियों के रहने के लिए अल्पकालिक आवास—इस योजना के अन्तर्गत सरकार स्वैच्छिक संगठनों को अनुदान दे रही है ताकि वे ऐसे आवासों को चला सकें। पारिवारिक समस्याओं के कारण जो लड़कियाँ सामाजिक व नैतिक खतरे में हैं, उन्हें सुरक्षा व पुनर्वास प्रदान किया जाता है। इसके अतिरिक्त, इस योजना के अन्तर्गत चिकित्सा सुविधा, मनोविकार उपचार, रोजगार देकर उपचार करना, सांमजस्य के लिए सामाजिक सुविधाएँ उपलब्ध कराना आदि सुविधाएँ दी जाती हैं।

(12) अन्य कार्यक्रम—उपर्युक्त कार्यक्रमों के अतिरिक्त केन्द्रीय कल्याण बोर्ड, राज्य सरकारों तथा स्वैच्छिक संगठनों द्वारा भी महिलाओं के लिए अनेक कार्यक्रम चलाए जा रहे हैं। इन कार्यक्रमों में निम्नांकित उल्लेखनीय हैं--

(i) स्थानीय ग्रामीण स्तर पर महिला संगठन (महिला मंडल),
(ii) व्यावसायिक प्रशिक्षण केन्द्र,
(iii) पुनर्वास केन्द्र,
(iv) निराश्रित महिला सदन,
(v) कॉलेजों में महिला विकास केन्द्र,
(vi) जनसहयोग से ग्रामीण महिलाओं का प्रशिक्षण, तथा
(vii) नौकरीपेशा महिलाओं के लिए हॉस्टल।

कई स्वैच्छिक संगठन बाल विवाह, दहेज प्रथा और लड़कियों की पढ़ाई छुड़ाने जैसी कुरीतियों के उन्मूलन के लिए जनमत तैयार करने तथा जन सहयोग प्राप्त करने के कार्य में सक्रिय रूप से जुड़े हुए हैं।

(13) विधायी उपाय—सरकार ने उपर्युक्त उपायों के अतिरिक्त, अनेक विधायी उपायों (Legislative measures) द्वारा भी महिलाओं की प्रस्थिति में सुधार करने तथा उन्हें पुरुषों के समान अधिकार दिलवाने का प्रयास किया है। महिलाओं की प्रस्थिति में सुधार से सम्बन्धित कुछ विधायी उपाय इस प्रकार हैं—

(i) हिन्दू विवाह अधिनियम, 1955
(ii) समान पारिश्रमिक अधिनियम, 1976
(iii) कारखाना (संशोधन) अधिनियम, 1976
(iv) बाल-विवाह अवरोधक (संशोधन) अधिनियम, 1978
(v) अनैतिक व्यापार (निवारण) कानून, 1986
(vi) दहेज निषेध (संशोधन) कानून, 1986
(vii) महिला का अभद्र चित्रण (निषेध) अधिनियम, 1986

महिला और बाल विकास विभाग में सूचना और जनशिक्षा कोष्ठ बनाया गया है। यह महिलाओं की समस्याओं; जैसे शोषण, दहेज आदि पर विषय-वस्तु और प्रचार सामग्री तैयार करता है जिसे संचार के माध्यमों द्वारा लोगों तक पहुँचाया जाता है। महिलाओं के प्रति सरकारी नीतियाँ व्यावहारिक दृष्टि से उनके उत्थान में काफी सीमा तक सहायक रही है। इन्हीं नीतियों के परिणामस्वरूप स्वतन्त्रता-प्राप्ति के पश्चात् महिलाओं की प्रस्थिति में और भी अधिक सुधार हुआ है। सरकार, गैर-सरकारी संगठनों (महिला संगठनों सहित) तथा समाज सुधारकों के प्रयासों के परिणामस्वरूप आज भारतीय महिला की प्रस्थिति मध्यकाल की महिला से कहीं ऊँची है। आज भारतीय महिला को अपना जीवन-साथी चुनने का पूरा अधिकार प्राप्त है। आर्थिक क्षेत्र में वे पुरुषों के साथ कंधे से कंधा मिलाकर कार्य कर रहीं हैं। उन्हें तलाक का अधिकार प्राप्त

है। पारिवारिक सम्पत्ति में उन्हें उत्तराधिकार प्राप्त है। राजनीतिक क्षेत्र में भी महिलाएँ पुरुषों से पीछे नहीं हैं।

73वें संविधान संशोधन से स्थानीय स्तर पर (पंचायतों में) उन्हें आरक्षण की सुविधाएँ भी प्राप्त हो गई हैं। इनके परिणामस्वरूप गाँव में महिलाएँ, जो पहले कृषि मजदूरी करती थीं, बर्तन साफ करती थी तथा पानी लाने का कार्य करती थीं, वे आज वैधानिक दृष्टि से अपने पुरुष जजमान के साथ बैठकर गाँव के मामलों में निर्णय लेने की स्थिति में आ गई हैं। राज्य विधानसभाओं एवं लोकसभा में भी इनके आरक्षण हेतु सभी राजनीतिक दल प्रयासरत हैं। आज भारतीय महिला पूर्णतः पुरुष पर ही आश्रित नहीं है। वह पुरुष की जीवन-साथी बनती जा रही है। स्वतन्त्रता प्राप्ति के पश्चात् शिक्षा के प्रसार, औद्योगीकरण व नगरीकरण, एकाकी परिवारों की संख्या में वृद्धि, महिलाओं में सामाजिक चेतना, अन्तर्जातीय व प्रेम विवाहों के प्रचलन, राजनीतिक चेतना तथा वैधानिक सुविधाओं जैसे कारकों ने महिलाओं की प्रस्थिति को पुरुषों के बराबर लाने में सहायता दी है। राजनीति में प्रवेश के कारण महिलाएँ शक्ति सम्पन्न पदों पर भी पहुँचने में सफल रही हैं। उनका राजनीति में प्रवेश पूरी तरह से वांछनीय है तथा सशक्तिकरण की दिशा में सराहनीय प्रयास है।

वास्तव में, आधुनिक काल में प्रजातन्त्र के कारण भारतीय महिलाओं की शिक्षा की ओर, रोजगार की ओर तथा उनकी समस्याओं के समाधान की ओर विशेष ध्यान दिया गया है। शिक्षा के प्रसार से उनके व्यक्तित्व के सम्पूर्ण विकास में सहायता मिली है। बाल विवाह की समाप्ति, आर्थिक स्वतन्त्रता तथा अन्तर्जातीय एवं प्रेम विवाहों को प्रोत्साहन देने में भी महिलाओं की शिक्षा ने उल्लेखनीय योगदान किया है। प्रजातन्त्र ने, वास्तव में, महिलाओं और पुरुषों में समानता लाने का प्रयास किया है तथा सभी महिलाओं को पुरुषों के समान मतदान अधिकार प्राप्त हैं। अतः यह कहा जा सकता है कि स्वतन्त्र भारत में महिलाओं की प्रस्थिति पुरुषों के लगभग समान ही है। परन्तु कुछ विद्वान् इसे स्वीकार नहीं करते हैं। उनका कहना है कि आज भी महिलाओं के प्रति हिंसा बढ़ती जा रही है। उन्हें गैर-परम्परागत क्षेत्रों में आगे आने में अनेक कठिनाइयों का सामना करना पड़ रहा है। कुछ भी हो, यह सत्य है कि आधुनिक युग में महिलाएँ समानता व स्वतन्त्रता की दृष्टि से निरन्तर आगे बढ़ रही हैं। सशक्तिकरण की दृष्टि से भी वे पुरुषों के बराबर आने हेतु प्रयासरत हैं।

सन्दर्भ-सूची

1. Andre Beteille, "The Future of Backward Classes : The Competing Demands of Status and Power" in **Perspectives—Supplement to the Indian Journal of Public Administration**, Vol. XI, No. 11, 1965.
2. K. L. Sharma, **Indian Society**, p. 96.

17

ग्रामीण अर्थव्यवस्था

प्राचीन भारत में ग्रामीण समुदाय आत्मनिर्भर थे। व्यक्तियों की सीमित आवश्यकताएँ थीं जिनकी पूर्ति समुदाय में ही हो जाती थी। परन्तु अंग्रेजी शासनकाल में भारतीय ग्रामीण समुदायों का सम्पर्क आवागमन के विकसित साधनों के कारण बाहरी जगत से हुआ तथा ग्रामवासी नगरों में रहने वालों के सम्पर्क में आए। प्राचीनकाल में भी भारत की अर्थव्यवस्था कृषि अर्थव्यवस्था ही थी क्योंकि अधिकांश व्यक्ति गाँवों में रहते थे तथा प्रमुख रूप से खेती ही करते थे। आज भी भारतीय अर्थव्यवस्था प्रमुख रूप से ग्रामीण कृषि व्यवस्था ही है क्योंकि कुल जनसंख्या का तीन-चौथाई भाग गाँवों में रहता है तथा अधिकांश ग्रामीण जनता आज भी कृषि पर ही निर्भर है।

परम्परागत भारत में एक सुदृढ़ अर्थव्यवस्था पाई जाती रही है। गाँवों में रहने वाली विभिन्न जातियाँ परस्पर सेवाओं का विनिमय करके आपस में आवश्यकताएँ पूरी कर लेते थे। प्रत्येक जाति का एक परम्परागत व्यवसाय था जिसे जाति के सभी सदस्य करते थे। सेवाओं के विनिमय से एक तो आवश्यकताएँ पूरी हो जाती थीं तथा दूसरे निर्भरता के कारण एकता भी बनी रहती थी।

ग्रामीण अर्थव्यवस्था की प्रमुख विशेषताएँ

भारत मिश्रित अर्थव्यवस्था वाला एक विकासशील देश है। मिश्रित अर्थव्यवस्था की व्यावहारिक समस्याओं ने स्वतन्त्रता-प्राप्ति के पश्चात् से ही सार्वजनिक क्षेत्र और निजी क्षेत्र में पाए जाने वाले अन्तर्विरोधों को उजागर कर दिया तथा नेहरू के आर्थिक मॉडल के आधार पर आशातीत आर्थिक विकास नहीं हो पाया। परन्तु यह बात ध्यान देने योग्य है कि नेहरू युग में

ही विकास हेतु आर्थिक ढाँचे का विकास किया गया। उद्योगों के विकास और ऊर्जा, सिंचाई एवं परिवहन के विकास पर बल देकर नेहरू युग में भारतीय अर्थव्यवस्था की सुदृढ़ नींव डाली गई। इसी युग में देश में विभिन्न संस्थान खोले गए, सामुदायिक विकास योजनाएँ प्रारम्भ की गईं, परिवहन एवं संचार साधनों का विकास किया गया तथा भारी एवं बुनियादी उद्योगों की स्थापना पर बल दिया गया। इन्दिरा गांधी सरकार द्वारा गत शताब्दी के सातवें दशक में बैंकों का राष्ट्रीयकरण किया गया तथा 'फ़ेरा' जैसे अधिनियम पारित किए गए; परन्तु इन कदमों से भी भारतीय अर्थव्यवस्था में विशेष सुधार नहीं हो पाया। श्री राजीव गांधी ने जब प्रधानमन्त्री पद सँभाला तो उन्होंने देश को 21वीं शताब्दी में ले जाने हेतु अर्थव्यवस्था को बाजार-आधारित बनाने का प्रयास किया। बहुराष्ट्रीय कम्पनियों हेतु बाजारों के द्वार खोलने से छोटे उद्योग-धन्धे बन्द होने लगे। बाजार की स्थिति ऐसी हो गई कि सामानों का उत्पादन माँग से अधिक होने लगा। लोगों की क्रय क्षमता बढ़ाने हेतु कोई कदम नहीं उठाए गए तथा रुपये की कीमत को बनाए रखने हेतु भी प्रभावकारी कदम नहीं उठाए गए। कुल मिलाकर यह कहा जा सकता है कि भारतीय अर्थव्यवस्था में आशातीत संरचनात्मक सुधार नहीं हुए हैं। इसीलिए हमारी ग्रामीण अर्थव्यवस्था अधिकांश जनता की आवश्यकताओं को पूरा करने में असफल रही है।

ग्रामीण अर्थव्यवस्था की प्रमुख विशेषताएँ निम्नलिखित हैं—

(1) कृषि की प्रधानता—ग्रामीण अर्थव्यवस्था कृषि प्रधान अर्थव्यवस्था है। भारत की कुल श्रम शक्ति का लगभग 64% भाग कृषि में लगा हुआ है। आज भी भारत में लगभग दो-तिहाई व्यक्ति कृषि तथा इससे सम्बन्धित व्यवसायों पर आश्रित हैं। भारत तथा अन्य कृषि-प्रधान देशों में राष्ट्रीय आय कृषि पर निर्भर करती है तथा अधिकांश व्यक्तियों का आजीविका का साधन भी कृषि ही है।

(2) कृषि उत्पादन का निम्न स्तर—कृषि-प्रधान अर्थव्यवस्था होते हुए भी हमारे देश में उत्पादन अपेक्षाकृत कम है। इसका प्रमुख कारण केवल प्राकृतिक साधनों पर निर्भरता तथा ग्रामवासियों में पाए जाने वाले अन्धविश्वास तथा रूढ़िवादी प्रकृति है। छोटे-छोटे खेतों का होना, खेतों का बिखरा हुआ होना, अविकसित तकनीकी, उत्तम बीजों तथा खादों की कमी, कीटाणु नाशक दवाइयाँ पर्याप्त मात्रा में उपलब्ध न होना, सिंचाई के अपर्याप्त साधन आदि अनेक अन्य कारण भी कृषि उत्पादन के निम्न स्तर के लिए उत्तरदायी माने जाते हैं। पिछली शताब्दी में हुई हरित क्रान्ति से केवल कुछ प्रदेश ही प्रभावित हुए हैं। अन्य प्रदेशों में आज भी कृषि उत्पादन के स्तर में आशातीत वृद्धि नहीं हुई है।

(3) निर्धनता एवं दरिद्रता—ग्रामीण अर्थव्यवस्था अत्यधिक निर्धनता (Poverty) एवं दरिद्रता (Pauperization) वाली अर्थव्यवस्था है। भारत की लगभग तीन-चौथाई (74·3%) जनसंख्या गाँवों में रहती है तथा कुल जनसंख्या का 35·8% भाग अभी भी निर्धनता रेखा के नीचे है। ऐसे लोग अपनी न्यूनतम आवश्यकताओं की पूर्ति भी नहीं कर पाते हैं। बाकी ग्रामीण जनता भी साधनों की अपर्याप्तता के परिणामस्वरूप प्राकृतिक साधनों का उचित ढंग से प्रयोग

नहीं कर पा रही है। रूढ़िवादिता तथा अन्धविश्वासों के कारण अनेक ग्रामवासी निर्धनता को भगवान का दिया हुआ अभिशाप मानते हैं तथा इसे अटल एवं परिवर्तनीय मानते हुए कठिन कार्य ही नहीं करते और न ही कोई साहसिक कदम ही उठाते हैं। दरिद्रता के कारण ग्रामवासियों का रहन-सहन का स्तर भी काफी निम्न है।

(4) जनाधिक्य—भारत में जनाधिक्य की समस्या आर्थिक विकास में एक बहुत बड़ी बाधा है। 1991–2001 के दशक में, जनसंख्या में 21·34% की वृद्धि हुई। जनसंख्या में तो निरन्तर वृद्धि होती जा रही है, जबकि साधन उस अनुपात में नहीं बढ़ पा रहे हैं। इससे जनसंख्या में निर्धनता तथा बेरोजगारी कम होने के बजाए निरन्तर बढ़ती जा रही है। कृषि बेरोजगारों की संख्या में भी वृद्धि होती जा रही है।

(5) बेरोजगारी—जितनी तीव्र गति से ग्रामीण भारत में जनसंख्या वृद्धि होती जा रही है, उसी अनुपात में उत्पादन तथा ग्रामीण उद्योगों का विकास नहीं हो पा रहा है। आज भी भारत में अधिकांश लोगों की कृषि पर निर्भरता वैसे ही बनी हुई है। भारत में प्रकट एवं प्रछन्न बेरोजगारी जनसंख्या वृद्धि के साथ ही बढ़ती जा रही है।

(6) एक अर्द्धविकसित अर्थव्यवस्था—ग्रामीण अर्थव्यवस्था एक अर्द्धविकसित अर्थव्यवस्था है क्योंकि कृषि व्यवसाय की प्रधानता, अर्द्ध बेरोजगारी, जनसंख्या की समस्या, विकास की धीमी गति तथा औद्योगिक पिछड़ापन, ज्ञान का अभाव, अविकसित आर्थिक संस्थाएँ, अशिक्षा व शिक्षा का निम्न स्तर, अन्धविश्वास तथा रूढ़िवादिता इत्यादि अर्द्धविकसित अर्थव्यवस्था के ही लक्षण माने जाते हैं। भारतीय अर्थव्यवस्था में पूँजी का अभाव पाया जाता है। राष्ट्रीय आय कम होने के कारण वास्तविक आय कम हो पाती है।

(7) मिश्रित प्रकृति वाली अर्थव्यवस्था—ग्रामीण अर्थव्यवस्था मिश्रित प्रकृति वाली अर्थव्यवस्था है। इसमें सार्वजनिक तथा निजी क्षेत्र को एक-दूसरे से अलग रखा गया है। दोनों क्षेत्रों के लिए अलग-अलग प्राथमिकताएँ निर्धारित की गईं। पंचवर्षीय योजनाओं द्वारा मिश्रित अर्थव्यवस्था के विकास का ही प्रयास किया जा रहा है।

(8) असन्तुलित अर्थव्यवस्था—ग्रामीण अर्थव्यवस्था असन्तुलित अर्थव्यवस्था है। वर्ष 1998–99 की 'विश्व विकास रिपोर्ट' में कहा गया है कि भारतीय अर्थव्यवस्था का सन्तुलित विकास नहीं हुआ है। 64% कृषि पर आधारित लोगों की तुलना में केवल 16% लोग ही उद्योग-धन्धों में कार्यरत हैं तथा शेष 20% व्यक्ति व्यापार, यातायात एवं अन्य कार्यों में लगे हुए हैं। भारतीय अर्थव्यवस्था में बड़े पैमाने पर उद्योगों का विकास नहीं हो पाया है। औद्योगीकरण का अभाव अर्थव्यवस्था के तीव्र विकास में एक बाधा है।

(9) आर्थिक असमानताएँ—भारत में प्रति व्यक्ति आय अति निम्न है। यह अमेरिका में पाई जाने वाली प्रति व्यक्ति आय का $\frac{1}{75}$वाँ भाग है। भारत में धन एवं आय के वितरण में उल्लेखनीय असमानता पाई जाती है। अमीरों और गरीबों में अन्तराल निरन्तर बढ़ता जा रहा

है। गरीब तथा अमीर में अन्तर कम होने की बजाए निरन्तर बढ़ता जा रहा है। परम्परागत समाज होने के नाते बहुत-से ग्रामवासी अपनी आय को सामाजिक कुरीतियों पर ही व्यय कर देते हैं। इससे अर्थव्यवस्था पर बुरा प्रभाव पड़ता है। भारत में आवागमन तथा संचार साधनों का यथोचित विकास तीव्र गति से नहीं हो पाया है। आवागमन एवं संचार के साधनों के अभाव के कारण आर्थिक असन्तुलन यथावत् बना हुआ है।

कुटीर तथा लघु उद्योग

भारत के प्रमुख कुटीर तथा लघु स्तरीय उद्योगों का वर्णन करने से पहले यह जानना जरूरी है कि दोनों किस तरह के उद्योग हैं तथा इनमें क्या अन्तर है। देश की औद्योगिक संरचना को तीन भागों में बाँटा जा सकता है—

(1) वृहत् स्तरीय उद्योग,

(2) मध्यम स्तरीय उद्योग, तथा

(3) लघु स्तरीय उद्योग।

लघु स्तरीय उद्योग दो प्रकार के हैं—

(अ) कुटीर उद्योग, तथा

(ब) लघु उद्योग।

राजकोषीय आयोग के अनुसार कुटीर उद्योग वह उद्योग है जो पूर्णतया अथवा मुख्यतः परिवार के सदस्यों की सहायता से पूर्णकाल या अंशकाल व्यवसाय के रूप में चलाए जाते हैं, जबकि लघु उद्योग वे उद्योग हैं जो मुख्यता दस से पचास तक मजदूरी पर रखे गए श्रमिकों द्वारा चलाए जाते हैं और जो श्रमिक की कुटिया में नहीं चलाया जाता। इनमें वे सब इकाइयाँ व संस्थान सम्मिलित किए जाते हैं जिनमें केवल लाखों रुपयों की ही पूँजी लगी हुई होती है।

भारत के प्रमुख कुटीर एवं लघु उद्योग

यद्यपि प्रमुख रूप से भारत एक कृषि प्रधान देश है क्योंकि इसकी दो-तिहाई जनसंख्या कृषि पर आश्रित है फिर भी भारत में अनेक लघुस्तरीय तथा कुटीर उद्योग पाए जाते हैं जिनका सामान केवल अपने देश में ही नहीं अपितु विदेशों में भी बिकता है। लगभग 2 करोड़ से भी अधिक व्यक्ति कुटीर उद्योगों में लगे हैं जिनमें से 10 लाख हथकरघा उद्योग में काम करते हैं जो संगठित उद्योगों और खनन उद्योगों में काम करने वालों से अधिक है। भारत के प्रमुख कुटीर एवं लघु उद्योग निम्नलिखित हैं—

(1) हथकरघा उद्योग—हथकरघा उद्योग हाथ के बने कपड़े के लिए मशहूर हैं तथा प्राचीन भारत से लेकर आज तक सबसे अधिक महत्त्वपूर्ण कुटीर उद्योग रहा है। इस उद्योग की उन्नति के लिए एक अखिल भारतीय हथकरघा मण्डल की स्थापना की गई है तथा देश में कुल कपड़े का 40% उत्पादन इन्हीं उद्योगों द्वारा होता है जिनमें लगभग 30 लाख व्यक्तियों से अधिक काम कर रहे हैं।

(2) ऊन उद्योग—भारत का ऊन उद्योग भी काफी प्राचीन है तथा पहाड़ी क्षेत्रों में हजारों लोगों को इस उद्योग के कारण रोजगार मिला हुआ है। जम्मू व कश्मीर तथा हिमाचल प्रदेश इन उद्योगों के प्रमुख केन्द्र हैं तथा ऊन की बनी कम्बल, शाल इत्यादि पूरे देश में ही नहीं विदेश में भी बेची जाती है।

(3) रेशम उद्योग—यह भी एक प्रमुख लघु उद्योग है जोकि असम, जम्मू व कश्मीर तमिलनाडु तथा बंगाल में प्रमुख रूप से विकसित है। इस उद्योग के विकास के लिए 1949 ई० में केन्द्रीय रेशम बोर्ड स्थापित किया गया था जोकि अनुसन्धान सम्बन्धी कार्यों को भी देखता है। इस उद्योग के अन्तर्गत शहतूत के पेड़ लगाना, रेशम के कीड़े पालना, रेशम को साफ करना तथा कपड़ा बुनना शामिल हैं। अनेक राज्यों में रेशम उत्पादन प्रशिक्षण संस्थाओं की भी स्थापना की गई है।

(4) शहद उद्योग—इस उद्योग के विकास हेतु सरकार ने अनेक प्रकार की सुविधाएँ प्रदान की हैं। पहाड़ी क्षेत्रों में अधिक विकसित हैं तथा इसमें कम पूँजी लगती है। शहद क्योंकि अत्यन्त उपयोगी वस्तु है इसलिए सरकार ने इसके अनुसन्धान तथा प्रशिक्षण के लिए अनेक केन्द्रों की स्थापना की है। कश्मीर, उत्तर प्रदेश, तमिलनाडु, पंजाब तथा मैसूर और महाराष्ट्र जैसे राज्यों में इन उद्योगों ने विशेष प्रगति की है।

(5) गुड़ तथा खाण्ड उद्योग—यह भी ग्रामीण उद्योग है जिसमें किसान गन्ने से गुड़ और खाण्ड बनाते हैं। विभिन्न पंचवर्षीय योजनाओं में इस उद्योग की प्रगति के लिए विशेष ध्यान दिया गया है।

(6) चमड़ा उद्योग—यह एक प्राचीन उद्योग है जिसमें आज भी लाखों लोगों को रोजगार मिला हुआ है। अकेले उत्तर प्रदेश में इस उद्योग में 1·5 लाख व्यक्ति काम कर रहे हैं। आगरा तथा कानपुर इसके सबसे प्रमुख केन्द्र हैं तथा चमड़े का सामान विदेशों में भी बेचा जाता है।

(7) दियासलाई उद्योग—1956 ई० के बाद इस उद्योग का तीव्र विकास हुआ है। अखिल भारतीय खादी एवं ग्रामोद्योग बोर्ड इस उद्योग की देखभाल करता है। दियासलाई का उद्योग कुटीर उद्योग के रूप में भारत के लिए अपेक्षाकृत नवीन है।

(8) खेल का सामान बनाने का उद्योग—विभाजन से पहले स्यालकोट खेल का सामान बनाने का प्रमुख केन्द्र था परन्तु विभाजन के बाद यह उद्योग पंजाब तथा उत्तर प्रदेश में विकसित हुआ। खेल का सामान विदेशों को बड़ी मात्रा में निर्यात होता है। पंजाब में जालन्धर तथा उत्तर प्रदेश में मेरठ इसके प्रमुख केन्द्र हैं। सरकारी सहायता तथा सहयोग से अब यह उद्योग काफी प्रगति कर रहा है।

(9) बाँस का सामान बनाने का उद्योग—बाँस एक उपयोगी वस्तु है तथा भारत में अनेक स्थानों पर बाँसों के जंगल पाए जाते हैं। कुर्सियाँ, मेज, हाथ के पंखे इत्यादि बनाने के लिए बाँस का प्रयोग किया जाता है। यद्यपि भारत में यह उद्योग कोई विशेष प्रगति नहीं कर पाया है फिर भी इस दिशा में अनुसन्धान तेजी से चल रहा है।

(10) मिट्टी के बर्तन बनाने का उद्योग—यह लघु उद्योग भारत का प्राचीनतम उद्योग है जिसमें लाखों लोग प्राचीनकाल से ही रोजगार पाते रहे हैं। सुराही, घड़े, गमले तथा अन्य मिट्टी के बर्तनों का प्रयोग काफी मात्रा में भारत में किया जाता है। आजकल चीनी मिट्टी के बर्तन भी बनने लगे हैं।

ग्रामीण अर्थव्यवस्था में लघु और कुटीर उद्योगों का महत्त्व

भारतीय अर्थव्यवस्था प्रमुख रूप से ग्रामीण अर्थव्यवस्था है तथा लघु उद्योग एवं कुटीर उद्योगों का इसमें विशेष महत्त्व है। लघु एवं कुटीर उद्योग केवल भारत में ही महत्त्वपूर्ण नहीं अपितु विकसित देशों में भी इनकी तरफ विशेष ध्यान दिया जाता है। भारत में कुटीर उद्योग में लगभग 2 करोड़ व्यक्तियों को काम मिला हुआ है। महात्मा गांधी जी भी लघु तथा कुटीर उद्योगों के विकास में इसीलिए बल देते थे क्योंकि इनसे ही भारत का उद्धार हो सकता है। भारतीय कृषकों को खाली समय में कुटीर एवं लघु उद्योग पूरक रोजगार प्रदान करते हैं। इन उद्योगों से ग्रामवासियों को रोजगार मिलता है तथा आर्थिक विषमताएँ समाप्त होती हैं।

भारत जैसे विकासशील देश में लघु तथा कुटीर उद्योग इसलिए अधिक महत्त्वपूर्ण हैं क्योंकि इनके लिए न ही तो अधिक पूँजी की आवश्यकता होती है और न ही विकसित तकनीकी की। भारतीय परिस्थितियों को देखते हुए यह कहा जा सकता है कि इस तरह के उद्योग पूरी तरह से अनुकूल हैं। इससे केवल पूरक रोजगार ही नहीं मिलता अपितु कृषि पर निर्भरता में कमी आती है।

भारतीय सरकार का लक्ष्य एक समाजवादी तथा कल्याणकारी राज्य की स्थापना करना है तथा इस उद्देश्य की पूर्ति लघु एवं कुटीर उद्योगों के विकास में ही सम्भव है क्योंकि इससे अर्थव्यवस्था का समाज पर नियन्त्रण हो जाएगा। औद्योगिक जनसंख्या का लगभग 90 प्रतिशत भाग इन्हीं उद्योगों में लगा हुआ है। राष्ट्रीय आय में भी इन उद्योगों का भाग संगठित उद्योगों के भाग से लगभग दो गुणा है। लघु तथा कुटीर उद्योगों का महत्त्व भारत में निम्नलिखित पहलुओं से देखा जा सकता है—

(1) बेरोजगारी की समस्या—आज बेरोजगारी की समस्या केवल भारत में ही नहीं अपितु अन्य अनेक विकसित एवं विकासशील देशों में एक विकट समस्या बन गई है। भारत में कुटीर एवं लघु उद्योग इसलिए महत्त्वपूर्ण हैं क्योंकि इनसे कृषकों को पूरक रोजगार तथा ग्रामवासियों को रोजगार मिलता है। ग्राम उद्योगों का विकास ग्रामवासियों को बेरोजगारी की समस्या से बचाता है। इस दृष्टि से लघु उद्योग तथा कुटीर उद्योग महत्त्वपूर्ण हैं क्योंकि बड़े पैमाने के उद्योग इस बेरोजगारी की समस्या का पूर्ण हल नहीं है। गाँव में ही कुटीर उद्योग खोलकर ग्रामवासियों को रोजगार उपलब्ध करवाया जा सकता है।

(2) उपभोग की वस्तुओं की सुविधा—ग्रामीण भारत की अधिकांश जनता निर्धन है तथा उन्हें दैनिक उपभोग की वस्तुएँ सरलता से उपलब्ध नहीं हो पाती। लघु तथा कुटीर उद्योग

बेरोजगारी को दूर करने के साथ-साथ गाँवों में अनेक आवश्यक वस्तुओं जैसे कपड़ा इत्यादि की कमी भी दूर करते हैं। ग्रामीण उद्योग ही ग्रामवासियों की मूल आवश्यकताओं को पूर्ति में महत्त्वपूर्ण भूमिका निभा पाते हैं।

(3) **सम्पत्ति का वितरण**—अगर बड़े उद्योग ही खोले जाएँ तो आर्थिक असमानता बढ़ती जाएगी क्योंकि पैसा पूँजीपतियों के पास अधिक होता जाएगा तथा मजदूरों का शोषण होगा। कुटीर तथा लघु उद्योग आर्थिक असमानताओं को कम करते हैं तथा इनमें मजदूरों का शोषण भी नहीं होता तथा उन्हें लाभ का उचित भाग भी मिल जाता है। इस प्रकार धन तथा सम्पत्ति के न्यायपूर्ण वितरण के लिए ग्रामीण उद्योगों का विकास अति महत्त्वपूर्ण है। केवल ऐसा करने से ही समाजवादी समाज की स्थापना की जा सकती है।

(4) **उद्योगो का विकेन्द्रीकरण**—लघु तथा कुटीर उद्योग केवल धन एवं सम्पत्ति का न्यायपूर्ण वितरण ही नहीं करते अपितु उद्योगों का विकेन्द्रीकरण करने में भी सहायता देते हैं। देश का विकास तभी हो सकता है जबकि उद्योग केवल कुछ सीमित केन्द्रों में ही नहीं हों अपितु सम्पूर्ण देश में फैले हुए हों। लघु तथा कुटीर उद्योग उद्योगों का विकेन्द्रीकरण करके अर्थव्यवस्था में सन्तुलन लाने का प्रयास करते हैं।

(5) **भारतीय परिस्थितियों के अनुकूल**—भारत में लघु तथा कुटीर उद्योग इसलिए भी महत्त्वपूर्ण हैं क्योंकि यह भारतीय परिस्थितियों के अनुकूल हैं क्योंकि कुटीर उद्योगों में स्वेच्छापूर्वक तथा स्वतन्त्रता से काम करने के अवसर मिलते हैं। इन उद्योगों में अनेक कलात्मक वस्तुओं का निर्माण किया जाता है जोकि विदेशों तक में बेची जाती हैं। इनका लाभ इन उद्योगों में काम करने वाले मजदूरों को ही मिलता है।

लघु तथा कुटीर उद्योग भारतीय परिस्थतियों के अनुकूल होते हुए भी इतनी अधिक प्रगति नहीं कर पाए। स्वतन्त्रता-प्राप्ति से पहले तो इनकी स्थिति काफी खराब थी। अंग्रेजी शासनकाल में इन ग्रामीण उद्योगों को सबसे बड़ा धक्का मिला है क्योंकि अंग्रेजों की नीति तो कारखानों में बनी हुई वस्तुओं को भारत में बेचना था अर्थात् अपनी वस्तुओं को बेचने के लिए भारत को एक बाजार बनाना था। ऐसा तभी सम्भव हो सकता था जबकि ग्रामीण उद्योगों का विनाश हो। इसलिए अंग्रेजी सरकार ने इन उद्योगों को कोई प्रोत्साहन नहीं दिया। अंग्रेजी शासनकाल में ग्रामीण उद्योग इसलिए भी विकसित नहीं हो सके क्योंकि इन उद्योगों द्वारा निर्मित वस्तुएँ बाजारी प्रतियोगिता में सफल नहीं हो सकती थीं। क्योंकि इन उद्योगों में लगे हुए व्यक्ति अशिक्षित, अज्ञानी तथा रूढ़िवादी थे इसलिए बदलती परिस्थितियों में वे काफी पीछे रह गए थे।

कुटीर उद्योगों के विकास के लिए किए गए प्रयास

यद्यपि स्वतन्त्रता-प्राप्ति के पश्चात् ग्रामीण उद्योगों के विकास को ग्रामीण पुनर्निर्माण तथा सामुदायिक विकास योजनाओं का ही अंग बनाया गया है, फिर भी इनके विकास में अनेक कठिनाइयाँ आई हैं। इन उद्योगों में अधिकतर पुराने यन्त्र प्रयोग किए जाते हैं जोकि समय तथा

धन की दृष्टि से काफी पिछड़े हुए हैं। इन उद्योगों द्वारा बनाई गई वस्तुएँ बेचने में कठिनाई होती है तथा बाजारी प्रतियोगिता में ऐसी वस्तुएँ पिछड़ जाती हैं। इनके अतिरिक्त कच्चे माल के मिलने में कठिनाई तथा तकनीकी जानकारी का अभाव भी इनके विकास में रुकावट बना हुआ है।

स्वतन्त्रता-प्राप्ति के पश्चात् से ही भारतीय सरकार ने इन अनेक कठिनाइयों को दूर करने तथा लघु एवं कुटीर उद्योगों का विकास करने के लिए अनेक कदम उठाए हैं। 1948 ई० की औद्योगिक नीति के अनुसार कुटीर उद्योगों को भारतीय अर्थव्यवस्था का एक महत्त्वपूर्ण अंग माना गया है। सरकार ने निम्नलिखित उल्लेखनीय कदम इन उद्योगों के विकास के लिए उठाए हैं—

(1) वित्तीय सहायता—स्वतन्त्रता-प्राप्ति से पहले लघु एवं कुटीर उद्योग साहूकारों से ऋण लेकर चलाए जाते थे तथा इसके लिए काफी ब्याज देना पड़ता था। स्वतन्त्रता-प्राप्ति के पश्चात् भारत सरकार ने लघु उद्योगों के विकास के लिए राज्य सरकारों को ऋण एवं अनुदान स्वीकृत किए हैं जिससे शोषण में कमी हुई है। राष्ट्रीयकृत बैंकों ने इन उद्योगों को सहायता देने की विशेष योजनाएँ चलाई हैं। औद्योगिक सहकारी समितियों ने भी ऋण देकर इन उद्योगों को प्रोत्साहन दिया है।

(2) कुटीर उद्योग मण्डलों की स्थापना—यद्यपि कुटीर उद्योगों तथा लघु उद्योगों का विकास करना राज्य सरकारों की जिम्मेदारी है फिर भी केन्द्रीय सरकार ने अखिल भारतीय बोर्डस एवं आयोगों की नियुक्ति करके इन्हें प्रोत्साहन दिया है। ये बोर्ड उद्योगों के विकास का सर्वेक्षण करते हैं तथा उत्पादन की देश विदेश में बिक्री बढ़ाने का प्रयास करते हैं। जिन अखिल भारतीय संस्थाओं का विकास किया गया है, उनमें प्रमुख निम्नलिखित हैं—

(i) केन्द्रीय लघु उद्योग संगठन,
(ii) अखिल भारतीय खादी एवं ग्रामोद्योग आयोग,
(iii) अखिल भारतीय हथकरघा मण्डल,
(iv) अखिल भारतीय दस्तकारी मण्डल,
(v) लघु उद्योग मण्डल,
(vi) नारियल जटा मण्डल,
(vii) केन्द्रीय रेशम मण्डल,
(viii) आविष्कार प्रोत्साहन मण्डल,
(ix) राष्ट्रीय लघु उद्योग निगम, तथा
(x) दस्तकारी और हथकरघा निर्यात निगम।

(3) विपणन सुविधाएँ—केन्द्रीय तथा राज्य सरकारों ने इन उद्योगों के उत्पादनों का विक्रय बढ़ाने के लिए प्रदर्शनियाँ आयोजित करने के लिए एम्पोरियम खोले हैं। केन्द्रीय सरकार ने एक केन्द्रीय कुटीर उद्योग एम्पोरियम की स्थापना की है जिसका उद्देश्य विपणन कार्य में

सहायता देना है। इसके अतिरिक्त सहकारी विपणन समितियों तथा औद्योगिक सहकारियों के एक संघ का भी निर्माण किया गया है।

(4) औद्योगिक बस्तियाँ—इन उद्योगों के विकास के लिए देश में कई औद्योगिक बस्तियाँ खोली गई हैं जिनका उद्देश्य उद्योगों के लिए शक्ति, जल, भवन इत्यादि की उत्तम सुविधाएँ दिलवाना तथा कच्चा माल उपलब्ध करना है। इनका उद्देश्य उद्योगों का विकेन्द्रीकरण तथा उद्योगों के उत्पादन में विशिष्टीकरण को प्रोत्साहन देना है। 1971 ई० में 572 औद्योगिक बस्तियों की योजना स्वीकृत की गई।

(5) प्राविधिक सहायता—प्राविधिक सहायता के लिए औद्योगिक विस्तार सेवा संगठन बनाया है जिसका उद्देश्य लघु उद्योगों को यान्त्रिक सहायता तथा प्रबन्धकीय सलाह उपलब्ध करना है। प्रत्येक राज्य में लघु उद्योग सेवा शाखा स्थापित की गई है। भारतीय लोग प्रशिक्षण के लिए विदेशों में भेजे जाते हैं तथा विदेशी विशेषज्ञ भारत में बुलाए जाते हैं। एक आविष्कार प्रोत्साहन मण्डल की भी स्थापना की गई है।

(6) अनुसन्धान केन्द्र—पूना, बेलगाँव, बंगलौर, मद्रास, खड़गपुर, मैसूर, बर्धा, नागपुर, कटक, बड़ौदा, गुडूंर इत्यादि अनेक स्थानों पर अनुसन्धान केन्द्रों की स्थापना की गई है। सभी राज्यों में ट्रेनिंग इन्स्टीट्यूट खोले गए हैं।

(7) सम्मिलित उत्पादन कार्यक्रम—प्रथम योजना में लघु एवं वृहत् उद्योगों के लिए सम्मिलित कार्यक्रम के सिद्धान्त को स्वीकार किया गया जिसके अन्तर्गत लघु एवं कुटीर उद्योग धन्धों का उत्पादन क्षेत्र सीमित रखा गया तथा विशाल उद्योगों की क्षमता पर रोक लगाई गई। कुटीर उद्योगों के लिए कच्चे माल की व्यवस्था की जाती है और अनुसन्धान एवं प्रशिक्षण में समन्वय किया जाता है।

(8) छूट एवं रियायतें—सरकार ने लघु तथा कुटीर उद्योगों को प्रोत्साहन देने के लिए करों में भी छूट दी है। जहाज भाड़ा भी रियायती दर पर लिया जाता है।

कुटीर एवं लघु उद्योगों को प्रोत्साहन देने हेतु सभी सरकारी कार्यक्रम अधिक कारगर साबित नहीं हो पाए हैं। इसीलिए इन उद्योगों का निरन्तर ह्रास होता जा रहा है तथा ग्रामवासी अब इन्हें अधिक लाभकारी नहीं मानते हैं।

18

ग्रामदान एवं भूदान आन्दोलन

ग्रामीण समाज में निर्धनता के उन्मूलन हेतु अनेक कार्यक्रम बनाए गए हैं। इनमें से अधिकांश कार्यक्रमों का लक्ष्य ग्रामीण जनता को स्वयं निर्णय लेने एवं ग्रामीण विकास में सहभागी बनाना रहा है। यद्यपि ये कार्यक्रम भी ग्रामीण विकास हेतु अधिक सफल नहीं हो पाए हैं, तथापि इनके योगदान को अनदेखा नहीं किया जा सकता। ऐसे ही कार्यक्रमों में ग्रामदान एवं भूदान आन्दोलन का महत्त्वपूर्ण स्थान रहा है। प्रस्तुत अध्याय में इन दोनों का परिचय देने का प्रयास किया गया है।

(अ) भारत में ग्रामदान आन्दोलन

ग्रामदान आन्दोलन की प्रेरणा बापू गांधी, आचार्य विनोबा भावे तथा जयप्रकाश नारायण द्वारा मिली है। ग्रामदान आन्दोलन का प्रमुख उद्देश्य भूमि—जोकि उत्पादन की आधारभूत इकाई है—का भूमिहीन व्यक्तियों में बँटवारा है तथा एक ऐसे समाज की स्थापना करना है जिसमें शोषण न हो, व्यक्ति स्वयं अपने बारे में विभिन्न निर्णय ले सके तथा सत्ता अधिक से अधिक व्यक्तियों के हाथों में हो।

ग्रामदान आन्दोलन भू-दान की ही एक अवस्था है जिसमें बड़े पैमाने पर भूमि दान में दी जाती है। भूमि का दान करना आदिकाल से ही बड़ा पवित्र माना गया है। उत्तर प्रदेश के मगरोथ जिले के ग्रामवासियों की इस आकस्मिक क्रिया के परिणामस्वरूप 1952 ई० में ग्रामदान आन्दोलन शुरू हुआ परन्तु इसे अधिक जन समर्थन केवल विनोबा भावे की पद यात्रा के बाद ही मिला।

ग्रामदान आन्दोलन के प्रमुख उद्देश्य

स्वतन्त्रता-प्राप्ति के पश्चात् प्रजातान्त्रिक विकेन्द्रीकरण के लिए जहाँ एक ओर पंचायती राज का पुनर्गठन किया गया वहीं दूसरी ओर संगठनों विशेषकर सर्वोदय द्वारा प्रजातान्त्रिक विकेन्द्रीकरण का प्रयोग ग्रामदान गाँवों में किया गया। इन दोनों का उद्देश्य सत्ता का विकेन्द्रीकरण करना था ताकि निर्णय लेने की प्रक्रिया में अधिक से अधिक व्यक्ति हिस्सा ले सकें।

ग्रामदान आन्दोलन के प्रमुख उद्देश्य निम्नलिखित हैं—

(1) ग्रामदान द्वारा मिली जमीन भूमिहीन व्यक्तियों में बाँटना।

(2) प्रजातान्त्रिक विकेन्द्रीकरण अर्थात् निर्णय लेने की प्रक्रिया में अधिक से अधिक व्यक्तियों का सहयोग प्राप्त करना।

(3) छुआछूत तथा जातिवाद को समाप्त करना,

(4) खादी तथा ग्रामीण उद्योगों को विकसित करना,

(5) गाँव में प्रारम्भिक शिक्षा का प्रबन्ध करना,

(6) ग्रामीण व्यक्तियों में स्व-सहायता की भावना का विकास करना, तथा

(7) गाँव को एक आत्म-निर्भर इकाई बनाना।

ग्रामदान आन्दोलन की राजनीतिक विचारधारा

गांधी जी के विचार थे कि व्यक्तिगत स्वतन्त्रता के बिना किसी भी समाज की स्थापना नहीं की जा सकती। सर्वोदय आन्दोलन का सार बिना अपने हित की पूर्ति से समूह की सेवा करना तथा व्यक्ति एवं समूह के सम्बन्धों में सहयोग का होना है। व्यक्तियों तथा समूहों में संघर्ष का इसमें कोई स्थान नहीं है। हाँ, व्यक्तियों में कुछ बातों के बारे में मतभेद हो सकते हैं परन्तु वे ऐसे नहीं होते कि जिनका समाधान न किया जा सके।

वास्तव में जयप्रकाश नारायण ने इस 'सामुदायिक समाज' की संज्ञा दी है जिसमें समुदाय को व्यक्ति से अधिक प्राथमिकता दी गई है। कोई भी व्यक्ति समुदाय के प्रति अपने अधिकार एवं उत्तरदायित्वों का पालन तभी कर सकता है, जबकि वह इनके बारे में जागरूक हो तथा इसके लिए उत्सुक हो। गांधी जी राज्य को अधिक अधिकार दिए जाने के विरोध में थे।

ग्रामदान आन्दोलन में जनशक्ति को महत्त्वपूर्ण मानते हुए इसकी सहायता से लोकनीति बनाए जाने की बात कही जाती है। विनोबा जी का कहना है कि इसके लिए सरकार की सत्ता का विकेन्द्रीकरण किया जाएगा तथा इसका बँटवारा गाँवों में किया जाएगा। प्रत्येक गाँव अपने आप में एक राज्य होगा। ग्रामदान में अल्पसंख्यक तथा बहुसंख्यकों का सामाजिक सन्दर्भ में कोई महत्त्व नहीं होगा क्योंकि इन गाँवों में प्रत्येक व्यक्ति अपने लिए नहीं अपितु समुदाय के बारे में सोचेगा। प्रत्येक व्यक्ति समुदाय का सेवक है तथा समुदाय की सेवा करना सबका कर्त्तव्य है।

इस प्रकार इसमें तीन अन्तर्सम्बन्धी बातों पर बल दिया जाता है।

(1) व्यक्ति तथा समूह के उद्देश्य सहयोगात्मक होते हैं,

(2) सत्ता के केन्द्रीकरण के बिना राजनीति का निर्माण किया जा सकता है, तथा

(3) लघुता के कारण समुदाय के सभी व्यक्ति निर्णय लेने की प्रक्रिया में हैं।

वास्तव में ग्रामदान द्वारा गाँवों के सामाजिक व राजनीतिक प्रक्रियाओं को एक दूसरे से पृथक् नहीं किया गया। जब उद्देश्यों में समानता हो जाए तो उन माध्यमों को ढूँढा जा सकता है जिनसे वांछित उद्देश्यों को प्राप्त करना है। सर्वोदय के नेता विधायक नहीं हैं तथा न ही इस बात की आशा की जानी चाहिए कि कानून बनाने वाले सर्वोदय विचारधारा द्वारा प्रभावित हैं। ग्रामदान अधिनियमों का बनाया जाना गांधी आदर्शों को मान्यता प्रदान करना है।

मनमोहन चौधरी[1] के अनुसार उड़ीसा में पहला ग्रामदान कटक जिले के मानपुर गाँव में 30 जनवरी, 1953 ई० में हुआ तथा विनोबा भावे जी के उड़ीसा आने पर 26 जनवरी, 1955 ई० तक इसमें काफी वृद्धि हो गई। केवल कोरापुर जिले में ही 26 ग्रामदान प्राप्त किए गए। 1956 ई० तक उड़ीसा में 1,575 ग्रामदान हो चुके थे। इस प्रकार, उड़ीसा में ग्रामदान ने समानता तथा सहयोग पर आधारित सामाजिक पुनर्निर्माण की सम्भावनाएँ बढ़ा दीं। भूमि का बँटवारा किया गया। सामूहिक कृषि की गई। इस पुनर्निर्माण में निम्नलिखित बातों पर अधिक बल दिया गया—

(1) भूमिहीनों को जिन्हें भूमि दी गई है, बैल तथा अन्य यन्त्र भी उपलब्ध करना,

(2) सहकारी समितियों का संगठन करना,

(3) सिंचाई,

(4) खादी,

(5) शिक्षा,

(6) ग्रामीण उद्योग, तथा

(7) स्वच्छता एवं स्वास्थ्य सुविधाएँ।

टी० के० ओमन ने राजस्थान के तीन ग्रामदान गाँवों का अध्ययन किया है। यह गाँव हैं—

(1) इदनपुरा जोकि जयपुर जिले में स्थित है, बहुजातीय है तथा कुल जनसंख्या 336 है।

(2) सुकपुरा जोकि नागौर जिले में है, बहुजातीय तथा कुल जनसंख्या 335 है, तथा

(3) बासवारा जिले में स्थित भूदानपुरा, जोकि एक जनजातीय गाँव है तथा जिसकी कुल जनसंख्या केवल 172 है।

इदनपुरा में 1959 ई० में ग्रामदान गाँव बना तथा 1960 ई० में 'राजस्थान ग्रामदान अधिनियम' बन जाने के पश्चात् 5 जुलाई, 1961 ई० में 35 गाँवों में ग्राम सभा की स्थापना की गई। सुकपुरा 1958 ई० में ग्रामदान गाँव बना तथा 1960 ई० में ग्राम सभा की स्थापना

की गई, जबकि भूदानपुरा गाँव की स्थापना भूमिहीन भीलों को 1955 ई० में यह स्थान दिए जाने के बाद हुई तथा इसमें ग्राम सभा की स्थापना 1958 ई० में हुई।

टी० के० ओमन[2] इस बात को स्वीकार करते हैं कि ग्रामदान आन्दोलन के प्रभाव का अध्ययन अच्छी तरह से तभी हो सकता है जबकि ग्रामदान गाँवों की तुलना उन गाँवों से की जाए जिनकी सामाजिक संरचना तो समान है परन्तु ग्रामदान अधिनियम के अन्तर्गत नहीं आते। परन्तु वह इस विधि को नहीं अपनाते क्योंकि दोनों तरह के गाँवों में सत्ता संरचना में कोई समानता नहीं है।

पंचायती राज तथा ग्रामदान व्यवस्था में अन्तर

राजस्थान में पंचायती राज के अन्तर्गत अनेक गाँवों को मिलाकर एक विकास पंचायत का निर्माण किया जाता है जिसका प्रमुख उद्देश्य विकास की समस्याओं की तरफ ध्यान देना है। प्रत्येक गाँव से प्रतिनिधि (पंच) चुने जाते हैं तथा सरपंच का चुनाव सभी गाँवों में प्रत्यक्ष होता है। पंचों तथा सरपंचों को मिलाकर पंचायत कार्यकारिणी बनाई जाती है। कुछ विकास पंचायतों को मिलाकर एक न्याय पंचायत बनाई जाती है। प्रत्येक विकास पंचायत न्याय पंचायत के लिए प्रतिनिधि मनोनीत करती है। इस प्रकार पंचायती राज के अन्तर्गत चुने हुए प्रतिनिधि निर्णय लेने वाले हैं तथा विकास पंचायत और न्याय पंचायत की सत्ता में अन्तर है।

ग्रामदान व्यवस्था के अन्तर्गत केवल ग्राम सभा का निर्माण किया जाता है जिसके सदस्य गाँव में रहने वाले सभी वयस्क व्यक्ति होते हैं अथवा वे व्यक्ति होते हैं जिनकी उस गाँव में जमीन है। ग्राम सभा ही निर्णय लेने वाली संस्था है। प्रत्येक ग्रामदान गाँव एक पृथक् राजनीतिक इकाई के रूप में कार्य करता है जिसके पास विकास एवं न्याय सम्बन्धी सत्ता होती है।

राजस्थान ग्रामदान अधिनियम, 1960 ई० के अन्तर्गत ग्राम सभाओं को निम्नलिखित अतिरिक्त अधिकार प्रदान किए गए—

(1) जैसे ही दान दी हुई भूमि कानून द्वारा ग्रहण कर ली जाती है, इसके अधिकार सभी सामान्य भूमि की तरह ग्राम सभा को दे दिए जाते हैं।

(2) ग्राम सभा सभी प्रकार के भूमि कर एवं अन्य करों के भुगतान की जिम्मेदार है। वह व्यक्ति जिन्होंने जमीन दान में नहीं दी है वे भी कर ग्राम सभा को ही देते हैं।

(3) ग्राम सभा को चल तथा अचल सम्पत्ति के बारे में अनुबन्ध करने, ग्रहण करने अथवा बेच देने के पूर्ण अधिकार होते हैं।

(4) ग्राम सभा ग्रामनिधि अथवा अन्य सम्पत्ति के परिफल के रूप में केन्द्रीय तथा राज्य सरकार से वित्तीय सहायता ऋणों के रूप में ले सकती है।

(5) ग्राम सभा कार्यकारिणी के अध्यक्ष को उसके पद से हटा सकती है।

(6) ग्राम सभा को फौजदारी तथा दीवानी लड़ाई-झगड़ों का निपटारा करने का अधिकार है तथा किसी भी व्यक्ति से जिसे जमीन दी गई है वापस ले सकती है।

इस प्रकार, ग्राम सभा एक शक्तिशाली संस्था है। ग्राम सभा की कार्यकारिणी ग्राम सभा की नीतियों को लागू करने का कार्य करती है।

ओमन ग्राम सभा तथा कार्यकारिणी की निर्णय लेने की प्रक्रिया में भूमिका देखने के पश्चात् इस निष्कर्ष पर पहुँचते हैं कि 'सत्ता समूह' में कुछ व्यक्ति चुने हुए होते हैं तथा कुछ परम्परागत स्थिति रखने वाले। दूसरे, वह व्यक्ति जिनके पास वास्तविक सत्ता है यह जरूरी नहीं है कि चुने हुए प्रतिनिधि ही हों। वंश तथा जातीय नेताओं की परम्परागत स्थितियाँ भी महत्त्व रखती हैं।

ग्रामीण भारत में पंचायती राज, सहकारी आन्दोलन तथा सामुदायिक विकास कार्यक्रमों के कारण नवीन सत्ता के पदों का उदय हुआ है। ग्रामदान गाँवों में भी औपचारिक राजनीतिक संगठनों जैसे ग्राम सभा कार्यकारिणी, सहकारी समितियाँ, ग्रामोद्योग बिक्री भण्डार, समाज-सेवा तथा प्रचार अभिकरण जैसे ग्राम सेवा मण्डल अथवा सर्वोदय मण्डल तथा शान्ति सैनिकों इत्यादि से नवीन सत्ता के पदों का उदय हुआ है। ओमन ने तीनों गाँवों की परम्परागत तथा नवीन सत्ता पदों का विश्लेषण करके इन गाँवों की सत्ता संरचना के बारे में निम्नलिखित निष्कर्ष निकाले हैं—

(1) सत्ता के पद केवल कुछ व्यक्तियों तक ही सीमित हैं अर्थात् सत्ता समूह अल्पसंख्यक व्यक्तियों का है।

(2) वह जातियाँ जिनकी संख्या अधिक है (जैसे अहीर तथा जाट) एवं जिनकी आर्थिक स्थिति ऊँची है। (जैसे राजपूत) 'सत्ता समूह' में विशेष स्थान रखते हैं।

(3) जिन व्यक्तियों के पास सत्ता है तथा जो इसका प्रयोग कर रहे हैं एक ही नहीं हैं तो राजनीतिक अस्थिरता हो सकती है।

(4) गुटबन्दी द्वारा पहचाने जाने वाले नेता सम्पूर्ण ग्राम में अपना महत्त्व खो देते हैं।

(5) जहाँ पर पैतृक सत्ता पद, अधिक असमानताएँ, किसी एक समूह की अधिक संख्या इत्यादि नहीं है वहाँ विभिन्न समूहों के सम्बन्ध काफी अच्छे होते हैं।

ओमन इन गाँवों की सत्ता संरचना का विश्लेषण करके इस निष्कर्ष पर पहुँचते हैं कि ग्रामदान गाँवों में भी 'सहभागी प्रजातन्त्र' अभी दूर की सम्भावना है क्योंकि इन गाँवों में भी निर्णय लेने वाले केवल कुछ ही व्यक्ति होते हैं। अधिकांश व्यक्ति जो सहयोग नहीं देते तथा विभिन्न कार्यक्रमों में हिस्सा नहीं लेते वे अपने अधिकारों के प्रति जागरूक ही नहीं हैं। इसलिए सजातीयता तथा लघुता इस बात की कोई गारण्टी नहीं है कि समुदाय में निर्णय सभी व्यक्ति लेंगे तथा प्रत्येक कार्यक्रम में सहयोग देंगे। इस प्रकार ग्रामदान आन्दोलन भी अपने उद्देश्यों में सफल नहीं रहा है। असफलता का प्रमुख कारण अच्छे कार्यकर्ताओं की कमी तथा साधनों का अभाव है।

(ब) भारत में भूदान आन्दोलन

भूदान यज्ञ एक व्यापक आन्दोलन है जिसका उद्देश्य जीवन के सभी पहलुओं में सुधार करना है। आज के युग में प्रत्येक व्यक्ति केवल अपने बारे में ही सोचता है। परन्तु भूदान

व्यक्तियों को इसके विपरीत सोचने के लिए प्रोत्साहित करता है। इससे व्यक्तियों को अपने आस-पास देखने के लिए प्रोत्साहन मिलता है तथा व्यक्ति सोचता है कि क्या मेरे पड़ोसी के पास भूमि है ? अगर नहीं है तो उसे जमीन उपलब्ध कराना मेरा कर्त्तव्य है।

भूदान का उद्देश्य सम्पूर्ण राष्ट्र का नैतिक विकास करना है। इसकी सहायता से समाज की आर्थिक कठिनाइयों को दूर करने का प्रयास किया जाता है। जयप्रकाश नारायण के अनुसार भूदान आन्दोलन केवल भूमि संग्रह और भूमि वितरण मात्र नहीं है। यह तो विशाल, सामाजिक, राजनीतिक तथा आर्थिक क्रान्ति की दिशा में प्रथम पग है।

भूदान आन्दोलन के उद्देश्य

भूदान आन्दोलन जैसा कि जयप्रकाश नारायण के विचारों से ही स्पष्ट है कि एक व्यापक सामाजिक, राजनीतिक तथा आर्थिक विकास की तरफ आगे बढ़ने का प्रयास है। इसका उद्देश्य जीवन के सभी पहलुओं में सुधार करना है। भूदान आन्दोलन के निम्नलिखित प्रमुख उद्देश्य हैं—

(1) भूदान यज्ञ एक व्यापक आन्दोलन है जिसका उद्देश्य जीवन के सभी पहलुओं में सुधार करना है।

(2) भूदान का उद्देश्य भूमिहीन व्यक्तियों में भूमि का वितरण करना है।

(3) भूदान का उद्देश्य ग्रामीण जनता में नैतिक विकास करना है।

(4) भूदान ग्रामीण समाज की आर्थिक कठिनाइयों को दूर करने का प्रयास है।

(5) भूदान का उद्देश्य पढ़े-लिखे तथा अनपढ़ दोनों तरह के व्यक्तियों में शारीरिक श्रम की आदतें विकसित करना है।

(6) भूदान यज्ञ का उद्देश्य ग्रामीण पुनर्निर्माण करना है।

(7) भूदान का उद्देश्य ग्रामीण जनता में स्व-सहायता की भावना का विकास करना है।

(8) भूदान आन्दोलन का सबसे बड़ा उद्देश्य समाजवादी समाज की स्थापना करना है।

(9) भूदान आन्दोलन का उद्देश्य ग्रामीण समस्याएँ जैसे गरीबी तथा बेरोजगारी को दूर करना है।

(10) भूदान यज्ञ का उद्देश्य एक ऐसे समाज का निर्माण करना है जहाँ पर हिंसा का कोई स्थान न हो तथा न कोई किसी का शोषण करे।

आचार्य विनोबा भावे ने भूदान यज्ञ के तीन प्रमुख उद्देश्य बताए हैं। ये हैं—

(1) सत्ता का अधिक से अधिक विकेन्द्रीकरण,

(2) भूमि तथा सम्पत्ति का सबको समान अधिकार, तथा

(3) वेतन के सम्बन्ध में किसी भी तरह की असमानता नहीं होनी चाहिए।

डेनियल थार्नर के अनुसार, "इस आन्दोलन का केन्द्र ग्रामीण क्षेत्रों में सबसे पिछड़े वर्ग-भूमिहीन लोगों—की स्थिति में सुधार करना है। इस बात को मानते हुए कि इस देश में 50 मिलियन अर्थात् पाँच करोड़ कृषक भूमिहीन हैं, विनोबा जी ने अपने सामने 50 मिलियन

एकड़ भूमि भूदान के रूप में प्राप्त करने का लक्ष्य रखा ताकि प्रत्येक कृषक को एक एकड़ भूमि दी जा सके। परिवार का औसत आकार पाँच सदस्य है इसलिए प्रत्येक परिवार को पाँच एकड़ भूमि मिल जाएगी।"

विनोबी जी ने गांधी के आदर्शों के अनुसार भूमि के स्वामियों को भूमिहीनों के बारे में सोचने के लिए कहा तथा उन्हें अपनी भूमि का 1/6 भाग भूदान यज्ञ में देने की प्रार्थना की क्योंकि लगभग 300 मिलियन एकड़ भूमि भारत में कृषि-योग्य है इसलिए यह उम्मीद की गई कि 50 मिलियन एकड़ इस यज्ञ में मिल जाएगी जिसे भूदान कार्यकर्ताओं द्वारा भूमिहीनों में बाँट दिया जाएगा।

विनोबा जी को भूदान की प्रेरणा 1951 ई० में मिली जबकि वह हैदराबाद के तेलगांना जिले का दौरा कर रहे थे। भूदान आन्दोलन की शुरूआत अच्छी हुई तथा केवल दो वर्ष के समय में (1952-54) तीन मिलियन एकड़ भूमि भूदान के रूप में मिल गई। सबसे अधिक भूमि 1953 ई० में बिहार में मिली।

भूदान यज्ञ को प्रारम्भिक सफलताओं के बाद पहला धक्का तब लगा जब यह महसूस किया गया कि बिहार में जो भूमि भूदान के रूप में दी गई वह अधिकतर चट्टानी, बंजर तथा कृषि की दृष्टि से काफी कमजोर तथा किसी प्रकार के झगड़े वाली थी। दूसरे राज्यों में जो जमीन भूदान में दी गई वह वैसे भी भूमि सुधार तथा भूमि सीमा कानून के अन्तर्गत उन्हें छोड़नी थी। इस प्रकार की भूमि वितरण में भी अनेक प्रकार की समस्याएँ सामने आईं। 3·75 मिलियन एकड़ जमीन जो प्राप्त की गई उसका केवल 5 प्रतिशत हिस्सा वास्तव में 1955 ई० तक भूमिहीन व्यक्तियों में बाँटा जा सका। भूदान यज्ञ को यद्यपि उच्च स्तर पर कांग्रेस पार्टी का समर्थन मिला परन्तु स्थानीय तथा जिला स्तर के नेताओं ने इसका कोई विशेष समर्थन नहीं किया।

भूदान यज्ञ का कार्य तीन प्रकार से सम्पन्न किया जाता है। प्रथम, धार्मिक विचार एवं दया की भावना है जिसमें दुःखी व्यक्ति की सहायता करना व्यक्तियों का परम धर्म है। भूमिहीन को भूमि देकर अर्थात् भूमि का दान सबसे बड़ा दान है। द्वितीय, समानता की भावना उत्पन्न करना है ताकि एक शोषण रहित समाज की स्थापना की जा सके। तीसरे, नैतिकता का विकास करना अहिंसा द्वारा अपने लक्ष्यों की प्राप्ति का प्रयास करना है।

भूदान यज्ञ की सफलता

भूदान यज्ञ भी अन्य विकास एवं पुनर्निर्माण सम्बन्धी कार्यों की तरह अपने उद्देश्य में सफल नहीं हुआ है। यद्यपि भूदान का लक्ष्य 5 करोड़ एकड़ भूमि प्राप्त करना तथा 1955 ई० तक ही पौने चार करोड़ एकड़ भूमि प्राप्त हो चुकी थी परन्तु फिर भी इसमें सफलता इसलिए नहीं मिली क्योंकि अधिकांश भूमि चट्टानी, बंजर तथा कम उपजाऊ थी तथा बहुत कम का वास्तव में बँटवारा किया जा सका।

भूदान यज्ञ अग्रलिखित कारणों से अपने उद्देश्यों को प्राप्त करने में सफल नहीं रहा—

(1) अधिकतर भूमि जोकि भूदान यज्ञ द्वारा प्राप्त हुई वह चट्टानी (पहाड़ी), बंजर, दलदली अथवा किसी न किसी लड़ाई-झगड़े वाली तथा कम उपजाऊ थी। ऐसी भूमि से भूमिहीन कृषक कोई अधिक लाभ प्राप्त नहीं कर सकते थे।

(2) इस यज्ञ में अधिक कुशल कर्मचारी न होने के कारण प्राप्त भूमि का वितरण पूरी तरह से नहीं हो पाया तथा अधिकतर भूमि बेकार पड़ी रही।

(3) भूदान यज्ञ में भूमिहीन कृषकों को भूमि तो मिल गई परन्तु उनके पास अन्य साधन जैसे कृषि यन्त्र, बैल या अच्छे बीज इत्यादि की कोई सुविधा अथवा साधन नहीं था इसलिए वे लोग इसका अधिक लाभ न उठा सके।

(4) भूदान की सबसे बड़ी कमजोरी यह थी कि इसकी अपील अमीर तथा भू-स्वामियों को की गई, गरीब तथा भूमिहीनों को नहीं। यही अमीर तथा भू-स्वामी वे व्यक्ति हैं जिन्होंने भूनि सुधारों का विरोध किया तथा इन्हें असफल बनाया।

(5) भूदान द्वारा प्राप्त की गई भूमि को भूमिहीनों को बाँटना तथा उनको स्वामी बनाने में अनेक कठिनाइयाँ सामने आईं।

(6) भूमि का छोटे-छोटे खण्डों में बँटवारा हो गया जिसके परिणामस्वरूप सम्पूर्ण राष्ट्र की दृष्टि से उत्पादन काफी कम हो गया।

(7) भूदान को आर्थिक सफलता उन क्षेत्रों में मिली है जहाँ साम्यवादियों का अधिक बल था तथा कई एक भू-स्वामियों को कत्ल भी कर दिया गया था! अन्य क्षेत्रों में इस यज्ञ को इतनी अधिक सफलता नहीं मिली।

इन कारणों से भूदान यज्ञ कोई विशेष प्रगति नहीं कर सका परन्तु फिर भी कुछ भूमिहीन कृषकों को भूमि देकर ग्रामीण क्षेत्रों की अर्थव्यवस्था के स्वरूप को बदलने में थोड़ी बहुत सहायता मिली है।

सन्दर्भ-सूची

1. Manmohan Chaudhari, "The Gramdan Movement" in A. R. Desai, **Rural Sociology in India**, p. 642.
2. T. K. Oommen, "Myth and Reality in Communitarian Villages" in A. R. Desai, Op. Cit., p. 657.

19

सम्पत्तिदान एवं श्रमदान आन्दोलन

जयप्रकाश नारायण के अनुसार समाज में निर्णायक समानतावाद लाने के लिए भूदान तथा सम्पत्तिदान आन्दोलन इस सिद्धान्त पर आधारित है कि अमीर व्यक्ति अपनी भूमि अथवा सम्पत्ति का कुछ हिस्सा अपनी इच्छा से उन लोगों को दें जिनके पास ये वस्तुएँ नहीं हैं। नैतिकता की दृष्टि से ये दोनों प्रमुख साधन हैं जिनसे समाज में बढ़ती हुई असमानता को दूर किया जा सकता है।

आन्दोलनों को प्रेरणा देने वाली विचारधारा कोई नवीन विचारधारा नहीं है क्योंकि वर्ग समाज की स्थापना के साथ ही इस विचारधारा का भी जन्म हुआ। वर्ग समाजों में निजी सम्पत्ति, उत्पादन के साधनों, शोषण तथा आर्थिक असमानताएँ प्रमुख बातें पाई जाती हैं। इन समाजों के उदय होने के साथ ही कुछ मानवतावादी विद्वानों ने इस निजी सम्पत्ति की संस्था को समाप्त करने के अपने विचार रखे हैं तथा हमेशा इस बात का समर्थन किया है कि उच्च वर्ग (उत्पादन के साधनों के मालिक) अपनी सम्पत्ति का कुछ हिस्सा उनको दें जोकि वास्तव में उत्पादन करने वाले हैं तथा जिनका शोषण हो रहा है। ईसामसीह, महात्मा बुद्ध तथा महात्मा गांधी इत्यादि प्रमुख विचारकों ने शोषण के विरुद्ध अपनी आवाज उठाई थी परन्तु अगर संसार के विभिन्न समाजों को देखें तो परिस्थिति वैसी ही मिलती है।

भारत में सम्पत्तिदान आन्दोलन

भूदान तथा सम्पत्तिदान दो अलग आन्दोलन हैं। भूदान का प्रमुख उद्देश्य भूमि को भूमिहीनों में वितरण करना है, जबकि सम्पत्तिदान का उद्देश्य उत्पादन के साधनों द्वारा प्राप्त किए गए लाभ का बँटवारा उन लोगों में करना है जोकि वास्तव में उत्पादन करने वाले हैं। सम्पत्तिदान

में पूँजीपतियों को उत्पादन के साधनों के बँटवारे के लिए नहीं कहा जाता अपितु इन साधनों द्वारा हुए लाभ के बँटवारे के लिए कहा जाता है।

दूसरी प्रमुख विशेषता जोकि इन आन्दोलनों में स्पष्ट देखी जा सकती है वह अमीर वर्गों में नैतिक पुनर्निर्माण के प्रति जागरूकता लाना है। विनोबा भावे तथा जयप्रकाश नारायण ने इन कार्यक्रमों को एक राष्ट्रीय सामाजिक-आर्थिक कार्यक्रम बनाने में सहायता दी है। महात्मा गांधी जी ने भी इन आदर्शों का समर्थन किया था तथा पूँजीपतियों एवं भू-स्वामियों का ध्यान इस नैतिक एवं आचार संहिताओं की तरफ केन्द्रित करने का प्रयास किया।

जयप्रकाश नारायण का कहना है कि वर्ग चेतना की बजाय समानता की भावना होना जरूरी है तभी भूदान तथा सम्पत्तिदान आन्दोलन सफल हो सकते हैं। अगर ये आन्दोलन सफल हो जाते हैं तो पूँजीपतियों में अधिक लाभ कमाने की मनोवृत्तियों को समाप्त कर देंगे।

भूदान तथा सम्पत्तिदान आन्दोलन समाज में समानतावाद लाने में पूरी तरह से सफल नहीं हुए हैं, इसके अनेक कारण हैं—

(1) इस प्रतियोगिता के युग में पूँजीपतियों को लाभ का अधिकांश भाग अपने उत्पादन के साधनों को बढ़ाने के लिए ही खर्च करना पड़ता है ताकि प्रतियोगिता के संघर्ष में अपना अस्तित्व बनाए रखें। इसलिए लाभ को श्रमिकों में बाँटने की कोई रुचि इनमें नहीं दिखाई देती है।

(2) भूदान तथा सम्पत्तिदान इसलिए भी असफल रहे क्योंकि ये आर्थिक तथा मनोवैज्ञानिक नियमों के विपरीत हैं। भूदान आन्दोलन तो पहले से ही धीमा पड़ गया क्योंकि भूदान के रूप में दी गई भूमि दिलों में उभरने वाली श्रद्धा के कारण नहीं मिली अपितु उन्होंने अपनी जमीन बेचने के लिए कुछ हिस्सा जोकि वास्तव में उनके लिए अधिक लाभकारी नहीं था, देना ही ठीक समझा।

(3) भूदान द्वारा प्राप्त की गई भूमि के वितरण से भूमिहीन व्यक्तियों की शोचनीय एवं दयनीय दशा में कोई विशेष परिवर्तन नहीं आया।

(4) आन्दोलन भू-स्वामियों तथा पूँजीपतियों के दिलों में नैतिकता तथा श्रद्धा के भाव लाने में असफल रहे तथा इसलिए अधिक सफलता नहीं मिली।

इन वर्तमान परिस्थितियों में इन आन्दोलनों का सफल होना कोई बड़ी बात नहीं है। इनके उद्देश्यों में असफलता मिलना स्वाभाविक ही है क्योंकि पिछड़े वर्गों का उत्थान केवल कुछ भूमि देकर ही नहीं किया जा सकता अपितु उनमें वर्ग चेतना के विकास से ही किया जा सकता है। इन आन्दोलनों ने वास्तव में वर्ग चेतना तथा एकता को नुकसान पहुँचाया है। केवल वर्ग चेतना तथा एकता ही पिछड़े वर्गों को शोषण से छुटकारा दिलवा सकती है। ये आन्दोलन नहीं। आन्दोलन यद्यपि जनकार्यों, हड़ताल तथा सत्याग्रह जैसे अहिंसक साधनों को मान्यता देते

हैं फिर भी इस दिशा में कानून बनाने पर कोई बल नहीं देते। इसलिए ये आन्दोलन आर्थिक समानता लाने के पर्याप्त साधन नहीं हैं। जी० सी० शाह का कहना है कि वर्ग संघर्ष ही एकमात्र विधि है जोकि इस उद्देश्य को पूरा कर सकती है।

भारत में श्रमदान आन्दोलन

श्रमदान का अर्थ है ऐच्छिक श्रमदान करना अर्थात् बिना वेतन अथवा पैसे के अपनी मर्जी से श्रम देना। श्रमदान आन्दोलन अन्य आन्दोलनों जैसे भूदान, सम्पत्तिदान तथा ग्रामदान की तरह यद्यपि अपने उद्देश्य में पूर्णरूप से सफल नहीं रहा है फिर भी इस आन्दोलन ने ग्रामीण पुनर्निर्माण में विशेष भूमिका निभाई है।

सामुदायिक विकास कार्यक्रमों को तथा पंचायती राज को सफल बनाने के लिए इस बात की आशा की जाती थी कि ग्रामवासी भी आर्थिक तथा श्रमदान में सहायता देंगे। विभिन्न कार्यक्रमों में विशेष रूप से सड़कों के निर्माण इत्यादि में श्रमदान की महत्ता समझी गई तथा कार्यक्रम को पूर्णरूप से सफल बनाने के लिए ग्रामीण जनता का सहयोग आवश्यक समझा गया।

प्रो० एस० सी० दुबे ने सामुदायिक विकास कार्यक्रमों का मूल्यांकन करते हुए श्रमदान की भूमिका देखने का प्रयास किया है। प्रोजेक्ट के निर्देशन के अन्तर्गत जैसा कि अन्य विकास ब्लाकों में होता है, राजपूत तथा त्यागी गाँव में भी गणतन्त्र दिवस के उपलक्ष्य में एक सप्ताह श्रमदान के रूप में मनाया जाता है। व्यक्तिगत प्रोजेक्टों में भी इसी तरह का जनसमर्थन प्राप्त करने का प्रयास किया गया है। प्रोजेक्ट के निर्देशन में राजपूत गाँव में 1·5 मील लम्बी पक्की सड़क तथा 2 मील लम्बी कच्ची सड़क के निर्माण के लिए श्रमदान दिया। एक अन्य सड़क की मरम्मत की गई जोकि 3 मील लम्बी थी। त्यागी गाँव में श्रमदान नालियों के निर्माण, जमीन खोदने, मिट्टी तथा ईंटें उठाने इत्यादि के रूप में दिया गया तथा 2·5 मील लम्बी सड़क की मरम्मत भी की गई।

उत्तर प्रदेश सरकार ने विकास कार्यों के लिए जन-सहयोग एवं श्रम पर विशेष महत्त्व दिया है। ग्राम सभा को वर्ष में पाँच दिन के लिए प्रत्येक ग्रामवासी से श्रमदान लेने के अधिकार दिए गए हैं तथा जो ऐसा करने से इनकार करते हैं उन्हें जुर्माना तक किया जा सकता है। परन्तु अधिकतर ग्रामसभाओं ने इस दिशा में कोई विशेष प्रगति नहीं की है।

प्रो० एस० सी० दुबे का कहना है कि ग्रामवासियों के लिए श्रमदान कोई नया नहीं है पहले भी राजपूत गाँव के वासियों ने संस्कृत स्कूल तथा इण्टर कॉलेज के गबन के निर्माण तथा त्यागी गाँव के मुसलमानों ने मस्जिद बनाने के लिए श्रमदान दिया था। प्रो० दुबे का कहना है कि ग्रामीण जनता में अधिक उत्साह नहीं है तथा अधिकतर ग्रामवासी केवल इसीलिए श्रमदान करते हैं क्योंकि स्थानीय नेता ऐसा करने को कहते हैं।

श्रमदान को विशिष्टजनों तथा आर्थिक दृष्टि से सम्पन्न व्यक्तियों ने अधिक समर्थन दिया है विशेषकर जहाँ तक सड़कों के निर्माण का प्रश्न है। एस० सी० दुबे इसके अग्रलिखित दो कारण बताते हैं—

(1) सड़कें उनके अनाज तथा गन्ने को गाँव से बाहर बेचने की सुविधाएँ प्रदान करती हैं, तथा

(2) इन समर्थनों द्वारा गाँव से उनका नेतृत्व तथा प्रतिष्ठा अधिक मजबूत होती है।

निम्न वर्गों को इन प्रोजेक्टों तथा कार्यक्रमों से कोई विशेष लाभ नहीं हुआ है क्योंकि न ही तो उनके पास अनाज बाहर बेचने के लिए था तथा न ही वह अधिकारियों की दृष्टि से सम्मान प्राप्त कर सकते थे। कुछ गाँव के नेता भी इन प्रोजेक्टों के बारे में सन्देहप्रद थे क्योंकि इन्हें शुरू करने में उनकी कोई राय नहीं ली गई थी। प्रोजेक्टों के उद्देश्य उन लोगों को भी नहीं बताए गए जोकि इन पर कार्य कर रहे थे।

अधिकतर ग्रामवासी ऐसे कार्यक्रमों तथा आन्दोलनों को केवल दिखावा ही मानते हैं। इस प्रकार केवल उन्हीं कार्यक्रमों को समर्थन मिला जोकि ग्रामवासियों की औंवश्यकताओं को ध्यान में रखते हुए शुरू किए गए थे। श्रमदान को सफल बनाने के लिए पूर्ण योजना ही नहीं बनाई गई थी इसलिए पूर्ण सफलता नहीं मिली।

20

ग्रामीण समस्याएँ

ग्रामीण भारत में अनेक प्रकार की समस्याएँ पाई जाती हैं। इन समस्याओं के परिणामस्वरूप ही ग्रामीण विकास के कार्यक्रमों में अधिक सफलता नहीं मिल पाई है। ग्रामवासियों के निम्न जीवन-स्तर का कारण भी ग्रामीण समाज में पाई जाने वाली समस्याएँ ही माना जाता है। बँधुआ एवं प्रवासी मजदूरों की समस्या, ग्रामीण प्रवर्जन, भूमिहीन श्रमिकों की समस्याएँ, ग्रामीण आवास, ग्रामीण स्वास्थ्य, ग्रामीण अज्ञानता, दरिद्रीकरण एवं गैर-कृषकीकरण, जातिवाद, भाषावाद, क्षेत्रवाद एवं बेकारी इत्यादि कुछ ऐसी समस्याएँ हैं जिनसे आज भी ग्रामवासी जूझ रहे हैं। प्रस्तुत अध्याय में इन्हीं समस्याओं को समझाने का प्रयास किया गया है। इससे पूर्व कि ग्रामीण सामाजिक समस्याओं को समझा जाए, सामाजिक समस्या के बारे में संक्षेप में जान लेना समुचित होगा।

सामाजिक समस्या का अर्थ एवं परिभाषा

'सामाजिक समस्या' का अर्थ समझने के लिए हमें 'सामाजिक' तथा 'समस्या' शब्द का अर्थ समझ लेना उचित होगा। जब भी हम 'सामाजिक' शब्द का प्रयोग करते हैं तो इससे हमारा अभिप्राय मानवीय सम्बन्धों, सामाजिक संरचना (ढाँचे), संगठन आदि से होता है। समस्या का अभिप्राय ऐसे अवांछनीय एवं अनुचित व्यवहारों अथवा प्रचलनों से है, जो सामाजिक व्यवस्था में किसी प्रकार की बाधा उत्पन्न कर देते हैं। अतः सामाजिक संगठन, सामाजिक संरचना या मानवीय सम्बन्धों में जो समस्याएँ उत्पन्न होती हैं उन्हें हम सामाजिक समस्याएँ कहते हैं। सामाजिक समस्या सदैव विघटनमूलक होती है। इससे सामाजिक संगठन में उथल-पुथल हो सकती है तथा नियमित एवं सामान्य जीवन बुरी तरह से प्रभावित हो सकता है। सामाजिक

समस्या केवल किसी विशेष स्थिति की ही सूचक नहीं होती अपितु उस स्थिति की गम्भीरता के बारे में सामाजिक चेतना या सामाजिक चिन्ता की अभिवृत्ति को भी व्यक्त करती है। प्रमुख विद्वानों ने सामाजिक समस्या को निम्नलिखित शब्दों द्वारा परिभाषित करने का प्रयास किया है—राब तथा सेल्जनिक के अनुसार, "यह मानवीय सम्बन्धों की वह समस्या है जो स्वयं समाज को गम्भीर चुनौती देती है अथवा अनेक लोगों की महत्त्वपूर्ण आकांक्षाओं में बाधा पैदा करती है।"[1] ग्रीन के अनुसार, "सामाजिक समस्या ऐसी परिस्थितियों का पुंज है जिसे समाज में बहुसंख्यक अथवा पर्याप्त अल्पसंख्यक द्वारा नैतिकतया गलत समझा जा सकता है।"[2]

होर्टन तथा लेस्ले के अनुसार, "सामाजिक समस्या एक ऐसी स्थिति है जो बहुत से लोगों को प्रतिकूल रूप से प्रभावित करती है तथा जिसका हल सामूहिक सामाजिक क्रिया द्वारा ही हो सकता है।"[3] फुल्लर तथा मेयर्स के अनुसार, "जब समाज के अधिकांश सदस्य किसी विशिष्ट दशा एवं व्यवहार प्रतिमानों को अवांछित और आपत्तिजनक मान लेते हैं तब उसे सामाजिक समस्या कहा जाता है।"[4] मर्टन तथा निस्बेत के अनुसार, "(सामाजिक समस्या) व्यवहार का वह ढंग है जोकि सामाजिक व्यवस्था के अधिकांश भाग द्वारा सामान्य रूप से स्वीकृत या अनुमोदित आदर्शों के उल्लंघन के रूप में माना जाता है।"[5] इनके अनुसार सामाजिक समस्या का सीधा सम्बन्ध मानवीय सम्बन्धों और समाज की स्वीकृत व्यवस्था से होता है। ऐसे व्यवहार को हम समस्या इसलिए कहते हैं क्योंकि यह अपेक्षित योजनाओं में बाधा उत्पन्न करता है तथा समाज के नियमित जीवन में उथल-पुथल की ओर संकेत करता है।

उपर्युक्त परिभाषाओं से यह स्पष्ट हो जाता है कि सामाजिक समस्या सामान्य स्थापित एवं प्रचलित मूल्यों के अस्तित्व में संकट एवं उथल-पुथल उत्पन्न करने वाली दशा है। अतः सामाजिक समस्याएँ सामाजिक जीवन में पैदा होने वाली अवांछनीय स्थितियाँ हैं जो सार्वजनिक चिन्ता का विषय होती हैं। इसकी परिभाषाओं के आधार पर यह कहा जा सकता है कि सामाजिक समस्या में तीन प्रमुख तत्त्व पाए जाते हैं—

(1) समाज के अधिकांश सदस्यों से इसका सम्बन्ध होना;

(2) दबावकारी या तनावपूर्ण सामाजिक स्थिति—बर्नार्ड के अनुसार स्थिति को तीन हिस्सों में बाँटा जा सकता है—(i) तनाव कारक, जो समाज के किसी मूल्य के लिए चुनौती का कारण होते हैं, (ii) सामाजिक मूल्य, जिसको चुनौती दी जा रही है, तथा (iii) चुनौती के प्रति व्यक्तियों या समूहों की तीव्र प्रतिक्रियाएँ अर्थात् समाज के संगठन एवं कल्याण के लिए भय, आशंका की स्थिति; तथा

(3) समुचित सामूहिक क्रियाएँ जो समस्या को हल कर सकती हैं अर्थात् सामूहिक प्रयत्न द्वारा इसके समाधान की आशा।

अतः सामाजिक समस्या वास्तव में वे दशाएँ हैं जो सामाजिक मूल्यों को चुनौती देती हैं, समाज का महत्त्वपूर्ण भाग उनसे दबाव या तनाव महसूस करता है, वे उस दबाव के कारक को जानते हैं और यह विश्वास करते हैं कि सामूहिक प्रयासों से इस दबाव को दूर किया जा

सकता है। सामाजिक समस्या सामाजिक आदर्श और यथार्थ में भारी अन्तर की सूचक है जिसे मिटाने के लिए सामाजिक कार्यवाही जरूरी हो जाती है। अपराध, बाल अपराध, मद्यपान, मादक द्रव्य व्यसन, वेश्यावृत्ति, टूटते परिवार, बेरोजगारी, गरीबी, मानसिक रोग इत्यादि सामाजिक समस्याओं के ही उदाहरण हैं।

सामाजिक समस्या की प्रकृति

सामाजिक समस्या सामाजिक संगठन एवं मानवीय सम्बन्धों से आबद्ध होती है, अतः इसकी प्रकृति का जटिल होना स्वाभाविक ही है। सामाजिक संगठन एवं मानवीय सम्बन्धों में परिवर्तन के साथ-साथ सामाजिक समस्याओं में वृद्धि होती जाती है तथा अगर इनका समाधान शीघ्रता से नहीं किया जाता तो सामाजिक व्यवस्था में उथल-पुथल की स्थिति पैदा हो जाती है और सामाजिक कल्याण में बाधाएँ उत्पन्न हो जाती हैं। सामाजिक समस्या की प्रकृति को निम्न प्रकार से स्पष्ट किया जा सकता है—

(1) सामाजिक समस्या विघटनमूलक होती है अर्थात् यह सामाजिक व्यवस्था के लिए प्रत्यक्ष या अप्रत्यक्ष रूप से खतरे की स्थिति उत्पन्न कर देती है। वास्तव में इसका प्रभाव समाज के कुछ मूल्यों पर अधिक पड़ता है जिसके कारण इसकी व्यवस्था केवल मूल्यों एवं आदर्शों के सन्दर्भ में ही की जा सकती है। मूल्यों एवं आदर्शों से सम्बन्धित होने के कारण यह सम्भव है कि एक समाज में जिसे हम समस्या कहते हैं वह दूसरे समाज में समस्या न हो क्योंकि प्रत्येक समाज के अपने पृथक् मूल्य एवं आदर्श होते हैं।

(2) सामाजिक समस्या की उत्पत्ति अनेक कारणों से होती है तथा जब सामाजिक संगठन के सामंजस्य में अवरोध आने लगता है और समाज के मूल्य, आदर्श व नियम अवरुद्ध होने लगते हैं तो सामाजिक समस्या का जन्म होता है।

(3) विविध कारणों से इसकी उत्पत्ति होने के कारण, सामाजिक समस्या का समाधान इतना सरल नहीं होता। वास्तव में, इसे बहुपक्षीय एवं विविध उपायों द्वारा ही हल किया जा सकता है।

(4) सामाजिक समस्याओं के महत्त्व में असमानता होती है क्योंकि इससे प्रभावित होने वाले लोगों की संख्या कम या अधिक हो सकती है। परन्तु संख्या इसका महत्त्व स्पष्ट नहीं करती क्योंकि हो सकता है कि थोड़े से व्यक्तियों से सम्बद्ध होने के बावजूद भी सामाजिक समस्या अधिक महत्त्वपूर्ण हो अथवा अधिक व्यक्तियों के सम्बद्ध होने के कारण भी समस्या कम महत्त्वपूर्ण हो सकती है। अतः सामाजिक समस्या का मूल्यांकन सामाजिक संगठन के अस्तित्व के लिए खतरे की सीमा से आँका जा सकता है न कि प्रभावित व्यक्तियों की संख्या से।

(5) विघटनमूलक होने के बावजूद सामाजिक समस्या का प्रकार्यात्मक महत्त्व भी होता है, क्योंकि इसके समाधान के प्रयत्नों से समाज की प्रगति की क्षमता और कार्यशीलता में वृद्धि होती है।

(6) अनेक सामाजिक समस्याएँ परस्पर सम्बन्धित होती हैं जिसके कारण ये और अधिक गम्भीर रूप धारण कर लेती हैं। उदाहरणार्थ बेरोजगारी, निर्धनता तथा अपराध सामान्य रूप से परस्पर सम्बन्धित समस्याएँ हैं।

(7) सामाजिक समस्या की व्याख्या दो विभिन्न दृष्टिकोणों द्वारा की जा सकती है—(i) व्यक्तिगत दृष्टिकोण (जिसमें व्यक्ति का अपनी परिस्थिति के साथ सामंजस्य अपर्याप्त मात्रा में होता है), तथा (ii) सामुदायिक दृष्टिकोण (जिसमें सामाजिक समस्या का कारण सामाजिक व्यवस्था का किसी चीज से त्रुटिपूर्ण अनुकूलन होता है)। अतः सामाजिक समस्या का समाधान व्यक्तिगत एवं सामुदायिक दोनों स्तरों पर एक साथ प्रयास करने पर ही सम्भव है।

सामाजिक समस्या की उत्पत्ति

सामाजिक समस्या की उत्पत्ति अनेक कारणों से होती है। जब सामाजिक संगठन में सामंजस्य समाप्त हो जाता है और समाज द्वारा प्रचलित मूल्यों, आदर्शों व नियमों में अव्यवस्था की स्थिति उत्पन्न हो जाती है तो सामाजिक समस्या जन्म लेती है। जॉन केन के अनुसार जब कभी समाज द्वारा प्रचलित मूल्यों एवं आदर्शों के प्रतिकूल परिस्थितियाँ विकसित हो जाती हैं तो अनेक प्रकार की समस्याएँ जन्म लेने लगती हैं।

सामाजिक समस्याओं की उत्पत्ति यद्यपि अनेक कारणों एवं परिस्थितियों के कारण होती है फिर भी प्रत्येक सामाजिक समस्या कुछ निश्चित चरणों में से गुजर कर ही विकसित होती है। फुल्लर तथा मेयर्स[6] ने सामाजिक समस्या के स्वाभाविक एवं प्राकृतिक विकास के चरणों की विस्तृत विवेचना की है। प्रमुख चरण निम्नलिखित हैं—

(1) **चेतना की स्थिति**—सामाजिक समस्या के विकास का प्रथम चरण समाज के व्यक्तियों में सामाजिक व्यवस्था एवं सामान्य जीवन को अवरुद्ध करने वाली कठिनाइयों के बारे में चेतना है। समाज के अधिकांश सदस्य इन्हें महसूस करने लगते हैं और उनके बारे में सोच विचार शुरू कर देते हैं।

(2) **कठिनाइयों का स्पष्टीकरण**—द्वितीय चरण में कठिनाइयाँ अधिक स्पष्ट हो जाती हैं और सामान्य जनता इनसे असुविधा महसूस करने लगती है और इनकी ओर स्पष्ट इशारा किया जाने लगता है।

(3) **सुधार कार्यक्रमों या लक्ष्यों का निर्धारण**—समस्या स्पष्ट हो जाने के पश्चात् इसके समाधान के लिए कार्यक्रमों एवं लक्ष्यों के निर्धारण का कार्य तृतीय चरण में होता है।

(4) **संगठन का विकास**—लक्ष्य निर्धारित करने के पश्चात् इन्हें पूरा करने के लिए आवश्यक संगठन का विकास किया जाता है तथा आवश्यक साधनों को एकत्र किया जाता है ताकि सुधार कार्यक्रमों को लागू किया जा सके।

(5) **सुधार का प्रबन्ध**—सामाजिक समस्याओं के स्वाभाविक विकास का अन्तिम चरण इसके समाधान के लिए सुधार कार्यक्रमों को लागू करना है तथा अगर आवश्यक हो तो इसके लिए अनिवार्य संस्था का विकास करना है।

रोबर्ट ए० निस्बेत ने सामाजिक समस्या की उत्पत्ति में चार सहायक कारक बताए हैं—

(1) संस्थाओं में संघर्ष—कई बार अनेक संस्थाओं के उद्देश्यों, लक्ष्यों व साधनों में संघर्ष की स्थिति उत्पन्न हो जाती है। प्राचीन एवं नवीन संस्थाओं में यह संघर्ष अधिक पाया जाता है क्योंकि प्राचीन संस्थाएँ व्यवस्था को यथारूप बनाए रखने पर बल देती हैं जबकि नवीन संस्थाएँ सामाजिक गतिशीलता पर अधिक बल देती हैं।

(2) सामाजिक गतिशीलता—यह प्रथम कारक से जुड़ा हुआ कारक है। गतिशीलता की सामाजिक समस्याओं को उत्पन्न करने में महत्त्वपूर्ण भूमिका है क्योंकि गतिशीलता के कारण व्यक्ति को नवीन प्रस्थितियों, मूल्यों आदि से काफी संघर्ष करना पड़ता है और कई बार लोग तंग आकर अवैधानिक, अनैतिक व अस्वीकृत तरीकों द्वारा अपनी प्रस्थिति ऊँचा करने का प्रयास करते हैं।

(3) व्यक्तिवाद—आज के युग में निरन्तर बढ़ता हुआ व्यक्तिवाद भी सामाजिक समस्याओं का कारण है। परम्परागत समाजों में जीवन सामूहिक होता था परन्तु आज व्यक्ति अपने में ही खोता जा रहा है और सामूहिकता समाप्त होती जा रही है। इससे प्राथमिक नियन्त्रण शिथिल हो जाता है और व्यक्ति के पथभ्रष्ट होने की सम्भावना बढ़ जाती है।

(4) व्याधिकीय स्थिति—व्याधिकीय स्थिति भी सामाजिक समस्याओं को विकसित करने में महत्त्वपूर्ण भूमिका निभाती है। इस स्थिति में व्यक्ति समाज के मूल्यों की चिन्ता किए बिना, जो उन्हें अच्छा लगता है वह करने लगते हैं और इससे समाज में अव्यवस्था और सामाजिक समस्याएँ बढ़ जाती हैं। व्याधिकीय स्थिति एक प्रकार से अप्रतिमानता (आदर्शविहीनता) की स्थिति है जिसमें समाज में पाए जाने वाले आदर्श नियम व्यवहार को नियमित करने में असफल रहते हैं। लोग मनमाना व्यवहार करने लगते हैं तथा इससे अनेक नवीन सामाजिक समस्याएँ विकसित हो जाती हैं।

I. ग्रामीण भारत में बँधुआ मजदूरी की समस्या

भारत गाँवों का देश है। यद्यपि ग्रामीण जनसंख्या के आकार में काफी वृद्धि हुई है, तथापि भारत की कुल जनसंख्या में नगरीय जनसंख्या का प्रतिशत निरन्तर बढ़ता जा रहा है। भारत में ग्रामीण जनसंख्या के आकार में वृद्धि के लिए अत्यधिक जन्म-दर, परिवार नियोजन के साधनों को न अपनाना, अशिक्षा, संयुक्त परिवार व्यवस्था इत्यादि अनेक कारण उत्तरदायी रहे हैं। जनसंख्या के आकार में वृद्धि की तुलना में कृषि उत्पादन में वृद्धि काफी कम गति से हुई है। इसका परिणाम यह है कि ग्रामीण भारत में अधिकांश लोग निर्धनता की स्थिति में जीवन व्यतीत करने के लिए विवश हो रहे हैं। ऐसा अनुमान लगाया जाता है कि भारत की ग्रामीण अर्थव्यवस्था का 40 प्रतिशत भाग अत्यन्त निर्धन है तथा वस्तुतः निर्धनता रेखा के नीचे रह रहा है। कई बार व्यक्ति की अत्यधिक निर्धनता उसे साहूकारों एवं गाँव के अन्य धनी कृषकों से

ऊँची ब्याज दर पर ऋण लेने के लिए विवश कर देती है। वह ऋण के ऐसे जाल में फँस जाता है कि इसे चुकाना उसके वश के बाहर की बात हो जाती है। कई बार तो यह ऋण आने वाली पीढ़ियाँ भी चुकाती रहती हैं परन्तु फिर भी गरीब ऋणमुक्त नहीं हो पाता। ऐसी स्थिति में व्यक्ति अपने आपको ऋण देने वाले के पास गिरवी रख देता है तथा उसके लिए बिना किसी मानदेय मजदूरी का काम करता है। बंधुआ मजदूरी का सम्बन्ध इसी प्रकार की मजदूरी से है।

बँधुआ मजदूर कौन है ?

भारत में बँधुआ मजदूरी कृषि मजदूरी का ही एक विशिष्ट प्रकार है। देश में बँधुआ श्रम को कृषि रूपी सीढ़ी में सबसे निम्न स्थान प्राप्त है। बँधुआ मजदूर उस व्यक्ति को कहा जाता है जो ऋण के बदले में अपने आपको अथवा अपने परिवार के किसी अन्य सदस्य को ऋण देने वाले के पास गिरवी रख देता है। ऋण को चुकाने तक यह व्यवस्था बनी रहती है। ऋण चुकाने की इस प्रथा को 'बँधुआ मजदूरी प्रथा' कहा जाता है। गिरवी की अवधि में बँधुआ मजदूर ऋण देने वाले के साथ एक प्रकार से दास की तरह रहता है तथा उसे किसी प्रकार की स्वतन्त्रता नहीं होती। अनेक विद्वानों ने तो भारत में बँधुआ श्रम को दास प्रथा का ही एक भाग माना है।

बँधुआ मजदूरी की प्रथा भी ग्रामीण भारत में विद्यमान सामाजिक स्तरीकरण का एक अनुपम स्वरूप है जिसमें ऊँच-नीच की सर्वाधिक असमानता पायी जाती है। यूनान, मिस्र, चीन तथा रोम साम्राज्यों में भी इस प्रकार की प्रथा का अत्यधिक प्रचलन रहा है। बँधुआ मजदूर एक प्रकार से व्यक्तिगत सम्पत्ति की तरह है जिसे खरीदा एवं बेचा जा सकता है। पूर्णतः अधिकारों से वंचित होने के कारण यह प्रथा असमानता की कल्पनातीत स्थिति है। प्रत्येक बँधुआ मजदूर का एक स्वामी होता है जिसे उससे हर तरह का काम लेने का पूर्ण अधिकार होता है। स्वामी वही व्यक्ति होता है जिसने बँधुआ मजदूर को अथवा उसके परिवार के किसी अन्य सदस्य को ऋण दिया था जिसे वह चुकाने में असमर्थ रहा है। एक बँधुआ मजदूर पर उसके मालिक का आधिपत्य होता है अथवा उसे अपने आपको गिरवी रखने की अवधि तक मालिक की सम्पत्ति माना जाता है। बँधुआ मजदूर की स्थिति सभी व्यक्तियों में निम्नतर होती है तथा इसका प्रमुख आधार आर्थिक रहा है।

भारत में भी स्वतन्त्रता-पूर्व इस प्रथा का काफी प्रचलन रहा है। स्वतन्त्रता पश्चात् भी बँधुआ मजदूरी की समस्या पूर्णतया समाप्त नहीं हुई है। यद्यपि यह प्रथा भारत के सभी भागों में प्रचलित रही है, तथापि इसका प्रचलन उन राज्यों में अधिक रहा है जिनमें नगरीकरण एवं औद्योगीकरण बहुत कम हुआ है। उदाहरणार्थ, बिहार, पूर्वी उत्तर प्रदेश, आन्ध्र प्रदेश तथा मध्य प्रदेश जैसे राज्यों में यह समस्या अधिक गम्भीर रही है। इस प्रथा का प्रचलन उन क्षेत्रों में भी अधिक देखा गया है जहाँ जनजातियों एवं अनुसूचित जातियों के लोगों का बाहुल्य रहा है।

भारत में बँधुआ मजदूरी का विस्तार

भारत में बँधुआ मजदूरी प्रथा का काफी प्रचलन रहा है। इस प्रथा का प्रचलन उन क्षेत्रों में अधिक रहा है जहाँ जनजातीय लोगों की संख्या अधिक है। इसका प्रमुख कारण इन लोगों में पाई जाने वाली अशिक्षा, अज्ञानता एवं पिछड़ापन है। राष्ट्रीय निदर्शन सर्वेक्षण संगठन (National Sampie Survey Organization) ने 1977–78 ई० में राष्ट्रीय स्तर पर रोजगारी एवं बेरोजगारी पर किए गए एक महत्त्वपूर्ण अन्वेषण में बँधुआ मजदूरी प्रथा के विस्तार को भी जानने का प्रयास किया। इस सर्वेक्षण के आँकड़ें अप्रैल, 1979 ई० को प्रकाशित किए गए जिनके अनुसार राष्ट्रीय स्तर पर 3·4 लाख बँधुआ मजदूरों की पहचान की गई। गांधी शान्ति संस्थान (Gandhi Peace Foundation) तथा राष्ट्रीय श्रम संस्थान (National Labour Institute) द्वारा भारत में 1987 ई० में बँधुआ मजदूरों की संख्या 26 लाख बताई गई। इन आँकड़ों से भारत में इस प्रथा की गम्भीरता का पता चलता है।

भारत में बँधुआ मजदूरी के कारण

भारत में बँधुआ मजदूरी की समस्या की समाजशास्त्रीय, सांस्कृतिक एवं संस्थागत जड़ें काफी दृढ़ रही हैं। साहूकार एवं उधार देने वाले सम्पन्न कृषक जनजातीय एवं ग्रामीण समुदायों में रहने वाले निर्धन लोगों को उनकी अशिक्षा, अज्ञानता एवं पिछड़ेपन का लाभ उठाते हुए अपनी शर्तों पर ऋण उपलब्ध कराते हैं। वे इन शर्तों को धोखेबाजी से इस प्रकार तोड़-मरोड़ देते हैं कि ऋण लेने वाले को अनेक वर्षों तक उनके यहाँ बँधुआ मजदूरी करनी पड़ती है। सामान्यतः ऋण ऐसे लिखित अथवा मौखिक समझौतों के अन्तर्गत लिए जाते हैं जिनमें ऋण लेने वाला तब तक अपने आपको ऋण देने वाले (मालिक) के पास गिरवी रख देता है जब तक कि ऋण एवं इसके ब्याज की अदायगी नहीं की जाती। इस अवधि में बँधुआ मजदूर द्वारा किए जाने वाले श्रम से मुश्किल से ब्याज की धनराशि ही वापस हो पाती है तथा मूल ऋण वैसे का वैसा ही बना रहता है। बँधुआ मजदूरी की अवधि में मालिक उसे केवल खाने के लिए थोड़ा भोजन और कुछ कपड़े मात्र देता है। बँधुआ मजदूर की सन्तानें भी जन्म से ही ऋणग्रस्त हो जाती हैं तथा उन्हें भी अपने पूर्वजों के ऋण को चुकाने के लिए बँधुआ मजदूरी करने पर विवश होना पड़ता है। इस प्रकार, बँधुआ मजदूरी का कारण निर्धनता, ऋण एवं इस पर अत्यधिक ब्याज, ऋण एवं ब्याज को न चुका पाने के बीच होने वाले कुचक्र माना जा सकता है।

बँधुआ मजदूरी प्रथा (उन्मूलन) अधिनियम, 1976 ई०

बँधुआ मजदूरी प्रथा की समस्या की गम्भीरता को समझते हुए भारत सरकार ने 1976 ई० में 'बँधुआ मजदूरी प्रथा (उन्मूलन) अधिनियम' पारित किया। इस अधिनियम के पारित होते ही प्रत्येक बँधुआ मजदूर को बँधुआ मजदूरी प्रदान करने तथा इससे जुड़े सभी दायित्वों से मुक्त कर दिया गया है। अग्रांकित तालिका में पहचाने गए तथा मुक्त किए गए बँधुआ मज़दूरों की संख्या को दर्शाया गया है—

समयावधि	पहचाने गए बँधुआ मजदूरों की संचयी संख्या	मुक्त किए गए बँधुआ मजदूरों की संचयी संख्या
जून, 1976	75,337	49,437
मार्च, 1977	92,871	91,446
मई, 1978	1,05,180	1,04,479
दिसम्बर, 1979	1,18,697	1,18,697
दिसम्बर, 1980	1,20,946	1,20,946
1 अप्रैल, 1987	2,19,285	2,19,285

स्रोत : कुरुक्षेत्र (16 अगस्त, 1980) में असंगठित श्रम पर केन्द्रीय स्थायी समिति की रिपोर्ट (1979) तथा **दि इकोनोमिक टाइम्स**, 25 अगस्त, 1987।

इस अधिनियम को व्यावहारिक रूप से कार्यान्वित करने में निम्नलिखित दो प्रकार की समस्याएँ सामने आई हैं—

(1) पहचान की समस्या—बँधुआ मजदूरी की पहचान करना एक कठिन कार्य है। इसमें आने वाली प्रमुख बाधाएँ निम्नलिखित हैं—

(i) लिए गए ऋण से सम्बन्धित लिखित समझौते का प्रपत्र ऋण देने वाले के पास होता है जिसके कारण बँधुआ मजदूर इसे किसी भी अधिकारी के समक्ष प्रस्तुत नहीं कर सकता है।

(ii) अनेक बार समझौता मौखिक रूप में ही होता है।

(iii) बँधुआ मजदूर सामान्यतः उन दशाओं अथवा मजबूरियों को बताने से डरता है जिनके कारण उसने इस प्रथा को अपनाया था।

(iv) कई बँधुआ मजदूर इसे अपनी किस्मत समझकर ही स्वीकार कर इससे समझौता कर लेते हैं।

(v) इस प्रथा से लाभान्वित निहित स्वार्थ वाले लोग बँधुआ मजदूरों की पहचान में अनेक प्रकार की अड़चनें पैदा कर देते हैं।

(vi) सरकार के पास बँधुआ मजदूरों को पहचानने हेतु कोई विशिष्ट सेवा दल भी नहीं है।

(2) पुनर्वास की समस्या—मुक्त कराए गए बँधुआ मजदूरों के पुनर्वास की प्रक्रिया अत्यन्त धीमी रही है। सभी मुक्त कराए गए बँधुआ मजदूरों का पुनर्वास नहीं हो पाया है। एक सर्वेक्षण द्वारा यह पता चलता है कि 1977–79 ई० की अवधि में मुक्त कराए गए 52·6 प्रतिशत मजदूर पुनः अपने मालिकों के पास वापस चले गए। इससे बँधुआ मजदूरों को मुक्त करने की प्रक्रिया को काफी धक्का पहुँचा है तथा अनेक बँधुआ मजदूर अब इस प्रथा से मुक्त ही नहीं होना चाहते। इसलिए आवश्यकता इस बात की है कि बँधुआ मजदूरों की पहचान की

जाए, उनको मुक्त कराया जाए तथा उनके पुनर्वास हेतु ठोस कदम उठाए जाएँ। बँधुआ मजदूरों के पुनर्वास से सम्बन्धित कुछ प्रमुख सुझाव निम्नलिखित हैं—

(i) सभी मुक्त कराए गए बँधुआ मजदूरों के पुनर्वास हेतु समयबद्ध योजनाएँ बनाई जाएँ तथा इन योजनाओं को लागू करने हेतु पर्याप्त मात्रा में धनराशि उपलब्ध कराई जाए।

(ii) मुक्त कारए गए बँधुआ मजदूरों को सबसे पहले आवास सुविधाएँ उपलब्ध कराने में प्राथमिकता दी जाए।

(iii) मुक्त कराए गए बँधुआ मजदूरों को खेती करने हेतु पर्याप्त भूमि दी जाए तथा पशु-पालन हेतु पर्याप्त आर्थिक सहायता प्रदान की जाए।

(iv) मुक्त कराए गए बँधुआ मजदूरों को अपनी आजीविका हेतु रोजगार उपलब्ध कराए जाएँ ताकि उन्हें पर्याप्त बचत हो सके और वे इस प्रथा को पुनः अपनाने के लिए विवश न हो पाएँ।

(v) मुक्त कराए गए बँधुआ मजदूरों के पुनर्वास में ऐच्छिक संगठनों की सहायता ली जाए।

(vi) बँधुआ मजदूरी प्रथा को समाप्त करने हेतु निरोधात्मक उपाय भी अपनाए जाएँ। इन उपायों में उनकी आर्थिक स्थिति को ऊँचा करने के प्रयासों को प्राथमिकता दी जाए ताकि वे ऋण के चंगुल न फसें।

II. ग्रामीण भारत में प्रवासी मजदूरों की समस्या

अंग्रेजी शासनकाल ने भारतीय ग्रामीण सामाजिक संरचना में अनेक प्रकार के परिवर्तनों की शृंखला प्रारम्भ कर दी। इन परिवर्तनों को लाने में नगरीकरण, औद्योगीकरण, आवागमन व संचार के साधन, शिक्षा आदि की महत्त्वपूर्ण भूमिका रही है। ग्रामीण एवं नगरीय समाज में परिवर्तन की गति एक समान नहीं रही है। चूँकि अंग्रेजों द्वारा अधिकांश उद्योग नगरों में ही स्थापित किए गए इसलिए नगरों का तीव्रता से विकास हुआ। प्रशासन हेतु दफ्तरों की स्थापना भी नगरों में ही की गई। स्कूलों और कॉलेजों की स्थापना भी अधिकांशतया नगरों में ही हुई। इन सबके परिणामस्वरूप नगरों की जनसंख्या में निरन्तर वृद्धि होने लगी। नगरों में शिक्षा एवं रोजगार के बढ़ते हुए अवसरों ने ग्रामवासियों को अपनी ओर आकर्षित करना प्रारम्भ कर दिया।

गाँवों की जनसंख्या में निरन्तर वृद्धि तो हो रही थी परन्तु उत्पादन उस अनुपात में नहीं बढ़ पा रहा था। गाँव में रहने वाले अनेक परिवार प्रतिकूल प्राकृतिक परिस्थितियों एवं प्राकृतिक विपदाओं के कारण फसलों के नष्ट होने से अपनी आजीविका कमाने में असमर्थ होते जा रहे थे। उनके सामने एक ही रास्ता बचता है जो उन्हें थोड़ा बहुत आशान्वित किए रहता है। यह रास्ता प्रवसन का रास्ता है जिसको अपनाकर वे या तो उन गाँव की ओर अग्रसर हो जाते हैं जो ज्यादा खुशहाल हैं अथवा उन नगरों में आ जाते हैं जहाँ मजदूरी एवं रोजगार मिलने के अवसर एवं सम्भावनाएँ अधिक होती हैं। यही एक कारण है कि भारत में हजारों-लाखों लोग अपना गाँव छोड़कर दूर-दराज के नगरों (कई बार तो राज्यों) में चले जाते हैं। जब उन्हें नगरों

में कोई रोजगार नहीं मिल पाता है तो वे दैनिक मजदूरी द्वारा अपना तथा अपने परिवार का निर्वाह करने लगते हैं। ऐसे लोगों को, जो दूर-दराज के क्षेत्रों से श्रम करने हेतु आए हुए होते हैं, प्रवासी मजदूर कहा जाता है।

मजदूरों द्वारा प्रवसन के कारण

प्रवासी मजदूरों के प्रवसन के लिए अनेक कारण उत्तरदायी हैं। इनमें से प्रमुख निम्नलिखित हैं—

(1) जनसंख्या में वृद्धि—भारत में ग्रामीण जनसंख्या में तीव्रता से वृद्धि हुई है। जनसंख्या में वृद्धि के अनुपात में कृषि उत्पादन में वृद्धि नहीं हुई है। इसके परिणामसवरूप गाँव में रहने वाले अनेक लोगों को गाँव में किसी भी प्रकार का ऐसा कार्य नहीं मिल पाता है जिससे वे अपने परिवार का जीवन निर्वाह कर सकें। ऐसी परिस्थिति से विवश होकर वे उन क्षेत्रों की ओर प्रवसन कर जाते हैं जहाँ पर आजीविका कमाने के अधिक साधन उपलब्ध होते हैं।

(2) प्राकृतिक विपदाएँ—भारत में कृषि सदैव प्रकृति पर निर्भर रही है। समय पर वर्षा होने पर फसल अच्छी हो जाती है, जबकि ऐसा न होने पर फसल ठीक नहीं होती। समय-समय पर होने वाली प्राकृतिक विपदाएँ (जैसे महामारी, अकाल आदि) भी ग्रामीण रोजगार के अवसरों पर कुप्रभाव डालती हैं। परिणामस्वरूप संख्या में लोग कृषि कार्यों से वंचित हो जाते हैं। रोजी-रोटी की समस्या उन्हें आर्थिक दृष्टि से सम्पन्न क्षेत्रों, नगरों एवं राज्यों की ओर प्रवसन के लिए विवश कर देती है।

(3) निर्धनता एवं बेरोजगारी—बढ़ती हुई जनसंख्या एवं समय-समय पर होने वाली प्राकृतिक विपदाओं के परिणामस्वरूप ग्रामीण भारत में निर्धनता एवं बेरोजगारी में निरन्तर वृद्धि हो रही है। इसलिए ऐसे व्यक्ति रोजगार एवं जीविकोपार्जन की तलाश में स्वयं अकेले अथवा अपने परिवार के साथ नगरों तथा औद्योगिक केन्द्रों की ओर प्रवसन कर जाते हैं। कई बार तो अनेक गाँवों के लोग सामूहिक रूप से किसी अन्य नगर या औद्योगिक केन्द्र की ओर चले जाते हैं।

(4) शोषणकारी ग्रामीण सामाजिक संरचना—ग्रामीण कृषक संरचना का अध्ययन करने वाले अधिकांश विद्वानों का कहना है कि इसकी प्रकृति ही शोषणकारी रही है। भू-स्वामी एवं उच्च जातियों के लोग निम्न जातियों के लोगों का सदैव शोषण करते रहे हैं। ऐसे लोगों को गाँव में आर्थिक सुरक्षा भी अधिक नहीं होती। समय मिलते ही अनेक ऐसे लोग शोषण के कुचक्र से बचने के लिए भी अन्य स्थानों की ओर प्रवसन करते हैं।

(5) औद्योगिक केन्द्रों का विकास—भारत में औद्योगिक केन्द्रों का विकास तेजी से हुआ है। अधिकांश उद्योग उन क्षेत्रों में ही खोले गए हैं जहाँ आवागमन एवं संचार के साधन तो उपलब्ध हैं हीं, साथ ही कच्चा माल, बिजली एवं पानी भी सरलता से उपलब्ध होता है। ऐसे उद्योग भी आस-पास तथा दूर-दराज के लोगों को अपनी ओर आकर्षित करते हैं तथा वे इन कारखानों में काम करने हेतु अपने पैतृक गाँव से प्रवसन कर जाते हैं।

(6) नगरों में रोजगार के अधिक अवसर—प्रशासनिक एवं बाजारों के विकास की दृष्टि से नगरों में रोजगार के अधिक अवसर उपलब्ध होते हैं। साथ ही, नगरों में औद्योगिक विकास भी तीव्रता से होता है। ये सब अवसर अनेक ग्रामीण लोगों को नगरों की ओर प्रवसन के लिए विवश कर देते हैं। पंजाब एवं पश्चिमी उत्तर प्रदेश में अनेक नगरों एवं औद्योगिक केन्द्रों में अधिकांश प्रवासी मजदूर बिहार के रहने वाले हैं।

(7) असमान एवं अनियोजित विकास—भारत में नगरों, उद्योगों एवं कृषि का विकास योजनाबद्ध रूप में नहीं हुआ है। भारत के कुछ राज्य ऐसे हैं जहाँ पर अन्य राज्यों की तुलना में औद्योगिक एवं कृषि विकास अधिक हुआ है। औद्योगिक एवं कृषि की दृष्टि से पिछड़े राज्यों के अनेक लोग ऐसे राज्यों की ओर प्रवसन कर जाते हैं जिनमें विकास अधिक हुआ है तथा इस नाते वहाँ रोजगार के अवसर भी अधिक होते हैं।

उद्योग एवं कृषि की दृष्टि से विकसित क्षेत्रों एवं राज्यों (जैसे पंजाब, हरियाणा, पश्चिमी उत्तर प्रदेश, पश्चिम बंगाल आदि) में उद्योगों एवं खेतों में काम करने वाले अधिकांश प्रवासी मजदूर बिहार एवं पूर्वी उत्तर प्रदेश के हैं। इन प्रवासी मजदूरों को इन क्षेत्रों एवं राज्यों में रोजगार तो मिला ही हुआ है, वे वहाँ रहते हुए आर्थिक दृष्टि से भी अधिक सुरक्षित महसूस करते हैं।

भारत में प्रवासी मजदूरों के प्रमुख लक्षण

भारत में प्रवासी मजदूरों के प्रमुख लक्षण निम्नलिखित हैं—

(1) भारत में अधिकांश प्रवासी मजदूर पिछड़े हुए क्षेत्रों एवं राज्यों के हैं।

(2) भारत में अधिकांश प्रवासी मजदूर असंगठित क्षेत्र में पाए जाते हैं।

(3) भारत में अधिकांश प्रवासी मजदूर अशिक्षित एवं अप्रशिक्षित होते हैं।

(4) भारत में अधिकांश प्रवासी मजदूरों की सामाजिक-आर्थिक स्थिति अच्छी नहीं है। वे अधिकतर निम्न जातियों एवं पिछड़े वर्गों के हैं।

(5) भारत में अधिकांश प्रवासी मजदूर अपने पैतृक गाँवों से तथा अपने नातेदारों से निरन्तर सम्पर्क बनाए रखते हैं।

(6) भारत में कृषि क्षेत्र में कार्य करने वाले अधिकांश प्रवासी मजदूरों के असंगठित होने के कारण उन्हें दैनिक वेतन अपेक्षाकृत कम मिलता है।

(7) भारत में अधिकांश प्रवासी मजदूरों की कार्य की दशाएँ अधिक अच्छी नहीं हैं। उन पर कार्य से सम्बन्धित किसी भी प्रकार के नियम एवं अधिनियम लागू नहीं होते हैं।

(8) भारत में प्रवासी मजदूर विविध प्रकार के कार्यों में लगे होते हैं। अधिकांशतया वे कारखानों या खेतों में काम करते हैं। अनेक प्रवासी मजदूर रिक्शा चलाकर, निर्माणाधीन मकानों एवं ईंट के भट्टों में मजदूरी का काम कर अपनी आजीविका चलाते हैं। कुछ घरेलू नौकरों तथा अन्य छोटे-मोटे सहायकों के कार्य करके भी अपना पेट पालते हैं।

भारत में प्रवासी मजदूरों की प्रमुख समस्याएँ एवं उनका समाधान

भारत में प्रवासी मजदूर अनेक प्रकार की समस्याओं का सामना करते हैं। कुछ प्रमुख समस्याएँ एवं उनके समाधान हेतु सुझाव निम्नलिखित हैं—

(1) अशिक्षा की समस्या—अधिकांश प्रवासी मजदूर स्वयं तो अशिक्षित होते ही हैं, वे अपने बच्चों की शिक्षा की ओर भी कोई विशेष ध्यान नहीं देते हैं। कम उम्र में ही वे उन्हें बाल श्रमिकों के रूप में छोटे-मोटे रोजगारों में लगा देते हैं ताकि वे परिवार को चलाने में अपना अशंदान प्रदान कर सकें। इस प्रकार, प्रवासी मजदूरों में अशिक्षा की समस्या पीढ़ी-दर-पीढ़ी बनी रहती है। इस समस्या के समाधान हेतु प्रवासी मजदूरों को बच्चों की शिक्षा की उपयोगिता के बारे में जागरूक बनाया जाना चाहिए। सरकारी स्कूलों में उन्हें निःशुल्क शिक्षा सुविधाएँ उपलब्ध कराई जानी चाहिए।

(2) आवास की समस्या—प्रवासी श्रमिकों को छोटा-मोटा रोजगार तो मिल जाता है, परन्तु वे अपने सीमित साधनों के कारण आवास की उचित व्यवस्था नहीं कर पाते हैं। जो प्रवासी मजदूर बड़े नगरों एवं औद्योगिक केन्द्रों की ओर प्रवसन करते हैं वे आसमान को छूने वाले मकानों के किराये देने में पूरी तरह से असमर्थ होते हैं। ऐसी स्थिति में उनके सामने झुग्गी-झौंपड़ी में रहने के अलावा कोई अन्य रास्ता नहीं होता। इस समस्या के समाधान हेतु प्रत्येक नगर एवं औद्योगिक केन्द्र में कम कीमत के मकानों का निर्माण किया जाना चाहिए। इन मकानों को आसान किश्तों पर प्रवासी मजदूरों को आवंटित करने में प्राथमिकता दी जानी चाहिए।

(3) कुपोषण की समस्या—आर्थिक स्थिति अच्छी न होने के कारण उनका आहार भी पोष्टिक नहीं होता। कई बार तो अल्पाहार द्वारा ही उन्हें अपना गुजारा करना पड़ता है। कुपोषण की समस्या के कारण प्रवासी मजदूरों में बच्चे के जन्म के समय जच्चा-बच्चा या दोनों की मृत्यु की दर अधिक होती है। प्रवासी मजदूरों को कुपोषण के खतरों के प्रति सचेत किया जाना चाहिए। उन्हें सरकारी गल्ले की दुकानों पर न्यूनतम मूल्य पर अनिवार्य वस्तुएँ उपलब्ध कराए जाने की व्यवस्था की जानी चाहिए।

(4) शोषण की समस्या—अशिक्षित, अज्ञानी एवं पिछड़े होने के कारण नगरों के चतुर उद्योगपति एवं गाँव के धनी कृषक प्रवासी मजदूरों का हर तरह से शोषण करते हैं। उन्हें अधिक घण्टों के लिए काम करना पड़ता है तथा बदले में उन्हें सरकार द्वारा निर्धारित न्यूनतम वेतन भी प्राप्त नहीं हो पाता है। कई बार तो वे पूरी तरह अपने मालिकों के रहमों-कर्म पर निर्भर होते हैं। इस समस्या के समाधान हेतु सरकार को न्यूनतम मजदूरी अधिनियम के प्रावधान सख्ती से लागू करने चाहिए ताकि मालिक प्रवासी मजदूरों का शोषण न कर सकें।

(5) यौन शोषण की समस्या—महिला प्रवासी मजदूरों का यौन शोषण भी एक सामान्य बात है। प्रवासी मजदूरों का अध्ययन करने वाले अनेक विद्वानों ने ईंट भट्टों एवं घरेलू नौकरी

करने वाली महिलाओं के साथ होने वाले यौन शोषण की ओर हमारा ध्यान आकर्षित किया है। कई बार तो यह यौन शोषण आर्थिक प्रलोभन के कारण होता है तो अनेक बार वे अपने मालिकों की जबरदस्ती का शिकार बन जाती हैं। यह एक बहु-आयामी समस्या है। इसका समाधान महिलाओं की सामाजिक-आर्थिक स्थिति में सुधार द्वारा ही किया जा सकता है।

(6) **नशावृत्ति की समस्या**—ऐसा देखा गया है कि अधिकांश प्रवासी मजदूर लम्बी अवधि तक कठिन परिश्रम करते हैं। उन्हें बीड़ी पीने, तम्बाकू खाने, चरस एवं गांजे का प्रयोग करने तथा देशी शराब पीने की लत पड़ जाती है। अशिक्षित एवं अज्ञान होने के नाते वे सोचते हैं कि इनका प्रयोग उनकी थकावट को कम करता है, जबकि वास्तविकता यह है कि इनके सेवन का उनके स्वास्थ्य पर बुरा प्रभाव पड़ता है और वे कम आयु में ही अनेक प्रकार की बीमारियों का शिकार हो जाते हैं। इस समस्या के समाधान हेतु प्रवासी मजदूरों को नशे से होने वाले नुकसान के बारे में शिक्षित किए जाने की आवश्यकता है। उन्हें यह समझाया जाना चाहिए कि नशावृत्ति पर पैसे खर्च करने की बजाय उन्हें अपने बच्चों की शिक्षा की ओर अधिक ध्यान देना चाहिए।

(7) **गन्दी बस्तियों का विकास**—नगरों एवं औद्योगिक केन्द्रों में विकसित होने वाली अधिकांश गन्दी (मलिन) बस्तियों का विकास प्रवासी मजदूरों ने ही किया है। वे कामकाज करने वाले स्थल के आस-पास खाली पड़ी सरकारी जमीन पर झुग्गी-झोपड़ियाँ बनाकर रहने लगते हैं। इन गन्दी बस्तियों का वातावरण भी दूषित होता है। इनमें रहने के कारण प्रवासी मजदूर, उनकी पत्नियाँ एवं बच्चे अनेक गलत कार्य करना सीख जाते हैं। सरकारी आवास एवं विकास परिषदों को चाहिए कि वे सस्ते आवास की समुचित व्यवस्था करें ताकि इनका लाभ प्रवासी मजदूरों को भी मिल सके। अगर सम्भव हो तो मकानों के आवंटन के समय प्रवासी मजदूरों का कोटा तय कर दिया जाना चाहिए।

उपर्युक्त विवेचन से स्पष्ट है कि भारत में प्रवासी मजदूरों को अनेक प्रकार की समस्याओं का सामना करना पड़ता है। घर से सैंकड़ों मील दूर रहने के बावजूद भी वे अपना गुजारा मुश्किल से कर पाते हैं। ऐसी सामाजिक-आर्थिक स्थिति में वे अपने बच्चों के भविष्य के बारे में भी कुछ सोच नहीं पाते हैं तथा उन्हें भी मजदूरी के कामों में लगा देते हैं। यही कारण है कि आज भारत में प्रवासी मजदूरों की संख्या निरन्तर बढ़ती जा रही है। सरकार को चाहिए कि वह इनकी समस्याओं को समझे तथा उन्हे दूर करने हेतु उचित उपाय करे। कम से कम उन्हें न्यूनतम मजदूरी दिया जाना तो सुनिश्चित किया ही जाना चाहिए।

III. ग्रामीण भारत में दरिद्रीकरण की समस्या

भारत में अनेक विद्वानों ने परम्परागत कृषक संरचना तथा इसमें होने वाले परिवर्तनों का अध्ययन किया है। इन अध्ययनों के निष्कर्षों के आधार पर यह कहा जा सकता है कि ग्रामीण भारत में निर्धनता में वृद्धि के साथ-साथ कृषक श्रम-शक्ति की संख्या भी बढ़ रही है।

ग्रामीण विकास की विभिन्न योजनाओं, हरित क्रान्ति, भूमि सुधारों आदि का लाभ पहले से सम्पन्न ग्रामवासियों को ही मिल पा रहा है। समाज के निम्नतम वर्ग, जिन्हें सामाजिक-आर्थिक सहायता की सबसे अधिक आवश्यकता है, वे ग्रामीण समाज के विकास की इन सभी योजनाओं के लाभों से पूरी तरह से वंचित ही हैं। इसका एक अन्य परिणाम यह हो रहा है कि ग्रामीण समाज में अधिकाधिक सीमान्त और छोटे कृषक भूमिहीन श्रमिकों के रूप में परिवर्तित होते जा रहे हैं, जबकि भूमिहीन कृषक दरिद्र बनते जा रहे हैं।

इसमें कोई सन्देह नहीं है कि नवीन प्रौद्योगिकी एवं उन्नत किस्म के बीजों के प्रयोग से कृषि उत्पादन में काफी वृद्धि हुई है, परन्तु इसका लाभ प्रमुखतः बड़े कृषकों या भू-स्वामियों को ही हुआ है। अतः कृषक संरचना में होने वाले परिवर्तन की प्रक्रिया न तो कमजोर वर्गों को ऊपर उठाने में सहायक रही है और न ही उनकी आर्थिक दशा को उन्नत करने में। इसके विपरीत, नवीन कृषि प्रौद्योगिकी तथा भूमि सुधारों के लाभ कुछ बड़े-बड़े जोतों या फार्मों के मालिकों या 'आर्थिक दृष्टि से सम्पन्न कृषकों' को ही अधिक हुए हैं। बढ़े हुए मूल्यों का लाभ भी छोटे तथा सीमान्त कृषकों की तुलना में बड़े कृषकों एवं भू-स्वामियों को ही मिल पा रहा है। इसके फलस्वरूप ग्रामीण भारत में असमानता और निर्धनता बड़ी है। दरिद्रीकरण का सम्बन्ध बढ़ती हुई निरपेक्ष निर्धनता से ही है।

दरिद्रीकरण का अर्थ

दरिद्रीकरण शब्द का प्रयोग उस प्रक्रिया के लिए किया जाता है जिससे निर्धन व्यक्ति की आर्थिक स्थिति अत्यन्त दयनीय हो जाती है तथा वह अपने तथा अपने परिवार के सदस्यों को समाज के निम्नतम स्तर के अनुकूल भी नहीं रख पाता। इस दृष्टि से दरिद्रीकरण निर्धनता का ही एक विशिष्ट रूप है। इस शब्द का प्रयोग मार्क्सवादी विद्वानों ने पूँजीवादी व्यवस्था में अन्तर्निहित उन लक्षणों के लिए किया है जिनके परिणामस्वरूप श्रमिक निरपेक्ष रूप से अत्यधिक शोषण के कारण पूरी तरह से निर्धन हो जाता है।

वास्तव में, धन के अभाव को हम मोटे शब्दों में निर्धनता या गरीबी कह सकते हैं। यह एक सापेक्ष अवधारणा है क्योंकि इसका प्रयोग सदैव तुलनात्मक दृष्टि से किया जाता है। यह देश, काल एवं समाज की दृष्टि पर निर्भर करती है। जो व्यक्ति अपनी और अपने आश्रितों की न्यनूतम आवश्यकताएँ (भोजन, वस्त्र एवं आवास) पूरी करने तथा उनका भली-भाँति पालन-पोषण करने में असमर्थ है, उसे हम निर्धन कह सकते हैं। गिलिन एवं गिलिन के शब्दों में, "निर्धनता वह दशा है जिसमें कोई व्यक्ति कम आय अथवा बुद्धिहीन खर्चे के कारण अपने जीवन-स्तर को अपनी शारीरिक तथा मानसिक कुशलता के योग्य रखने में असमर्थ रहता है तथा वह अपने स्वाभाविक आश्रितों को अपने समाज के स्तर के अनुकूल, जिसका कि वह सदस्य है, रखने में असमर्थ होता है।"[6] इसी प्रकार, गोडार्ड के अनुसार, "निर्धनता उन वस्तुओं का अभाव या अपर्याप्त पूर्ति है जोकि एक व्यक्ति तथा उसके आश्रितों को स्वस्थ एवं बलवान बनाए रखने के लिए आवश्यक हैं।"[7]

उपर्युक्त विद्वानों की परिभाषाओं से स्पष्ट हो जाता है कि निर्धनता व्यक्ति की वह स्थिति है जिसमें वह अपनी और अपने स्वाभाविक आश्रितों की जीवन की अनिवार्य आवश्यकताओं को भली-भाँति पूरा करने में असमर्थ होता है। इसका कारण धन का अभाव अथवा विवेकशून्य (बुद्धिमत्तारहित) व्यय हो सकता है। इसमें व्यक्तियों या समूहों के रहन-सहन का स्तर इतना नीचा हो सकता है कि उसके स्वास्थ्य, मनोबल और आत्मसम्मान को क्षति पहुँचने की नौबत आ जाती है।

निर्धनता की तुलना में दरिद्रता एक निरपेक्ष अवधारणा है क्योंकि यह वह स्थिति है जिसमें किसी व्यक्ति से उसकी आय का स्रोत छिन जाता है तथा वह अपने एवं अपने आश्रितों के जीवन स्तर को बनाए रखने हेतु पूर्णतया समाज पर निर्भर हो जाता है। 'दरिद्रता' एक पुराने फैशन का शब्द माना गया है जिसका अर्थ अत्यन्त निर्धन व्यक्ति है, जबकि दरिद्रीकरण वह प्रक्रिया है जिसके द्वारा लोगों का एक समूह निर्धनता के निम्नतम स्तर पर पहुँच जाता है। अन्य शब्दों में यह भी कहा जा सकता है कि दरिद्रीकरण से अभिप्राय किसी निर्धन व्यक्ति को उसके आय के स्रोत से विमुख कर देना है। मार्क्सवादी विद्वानों (जैसे कार्ल मार्क्स, टॉम बाटोमोर, जे० ई० इलियट, रोनाल्ड एल० मीक, ए० शेख, टी० सोवल इत्यादि) ने इस शब्द का प्रयोग छोटे तथा सीमान्त कृषकों के भूमिहीन श्रमिकों में बदल जाने तथा अत्यन्त निर्धन हो जाने की स्थिति के लिए किया है। इन विद्वानों के अनुसार पूँजीवादी अर्थव्यवस्था में बाजारी शक्तियाँ श्रमिकों को शोषण के परिणामस्वरूप अन्ततः दरिद्रीकरण की ओर ले जाने में सहायक होती हैं। दरिद्रता की स्थिति में व्यक्ति अपने आपको असुरक्षित मानता है।

भारत में दरिद्रीकरण

भारत में दरिद्रीकरण की प्रक्रिया को सरकार द्वारा कमजोर वर्गों के सामाजिक-आर्थिक उत्थान हेतु चलाए जाने वाली योजनाओं एवं कार्यक्रमों के नकारात्मक परिणाम के रूप में देखा जाता है। इन योजनाओं एवं कार्यक्रमों का लाभ इन कमजोर वर्गों को न मिल कर पहले से ही सम्पन्न लोगों को प्राप्त हो जाता है। ग्रामीण समाज में भी छोटे कृषकों एवं भूमिहीन श्रमिकों को भूमि सुधार कार्यक्रमों का कोई लाभ प्राप्त नहीं हो पाया है। छोटे कृषक निर्धनता से विवश होकर पहले तो अपनी भूमि बेचकर भूमिहीन श्रमिक बन जाते हैं तथा जब श्रमिक के रूप में भी उन्हें अपने जीवन-यापन हेतु किसी प्रकार की आजीविका का साधन प्राप्त नहीं हो पाता तो वे दरिद्रता की स्थिति में पहुँच जाते हैं।

बढ़ती हुई महँगाई का सबसे बुरा प्रभाव भूमिहीन श्रमिकों पर ही पड़ता है जिसके परिणामस्वरूप उनकी आर्थिक स्थिति में अत्यधिक गिरावट आ जाती है। उनकी मजदूरी में तो कुछ बढ़ोत्तरी अवश्य होती है, परन्तु सापेक्ष रूप से वस्तुओं के मूल्य अधिक तेजी से बढ़ते हैं। परम्परागत भारतीय ग्रामीण संरचना में भूमिहीनों को भी भू-स्वामी के साथ एक ओर व्यक्तिगत एवं निर्भरता के सम्बन्ध और दूसरी ओर पारस्परिक प्रथागत दायित्वों के कारण कुछ सुरक्षा प्राप्त थीं परन्तु अब इन दायित्वों की कोई परवाह नहीं करता है। परिणामस्वरूप अब भूमिहीनों को

वह सुरक्षा प्राप्त नहीं है जो उन्हें भूतकाल में प्राप्त थी। ग्रामीण जनसंख्या के निम्नतम स्तर पर असुरक्षा काफी बढ़ी है। भूमिहीन श्रमिकों को वह सुरक्षा प्राप्त नहीं है जो कुछ संगठित औद्योगिक श्रमिकों को है। यही स्थिति भारत में दरिद्रीकरण का एक प्रमुख कारण है। भारत में दरिद्रीकरण में वृद्धि निम्नलिखित तथ्यों द्वारा स्पष्ट की जा सकती है—

(1) भारत में उपलब्ध सम्पूर्ण सम्पदा एवं स्रोतों का पर्याप्त विकास एवं विदोहन न हो पाने के कारण भारतीयों को अत्यधिक निर्धनता का जीवन व्यतीत करना पड़ता है। इसीलिए यह कहा जाता है कि भारत में निर्धन एवं दरिद्र लोग निवास करते हैं।

(2) भारत में प्रति व्यक्ति आय अन्य देशों की तुलना में कहीं कम है। यह लोगों को दरिद्रता का जीवन व्यतीत करने के लिए बाध्य करती है।

(3) प्रति व्यक्ति आय कम होने के कारण भारतीयों का जीवन अत्यन्त निम्न स्तर का है। भारत में लगभग 35-40 प्रतिशत व्यक्ति निर्धनता रेखा से नीचे हैं। समाज का यही वह वर्ग है जिसे दरिद्र कहा जा सकता है।

(4) भारत में उच्च जन्म दर पाई जाती है जोकि इसकी दरिद्रता की द्योतक है।

(5) भारत में प्रति व्यक्ति औसत आयु अत्यन्त कम है। अमेरिका व अन्य विकसित देशों की तुलना में भारतीय कम अवधि (लगभग 60 वर्ष औसतन) के लिए ही जीवित रहते हैं।

(6) दरिद्रता के कारण भारत में बेरोजगारी भी काफी मात्रा में पाई जाती है। बेरोजगारी संसाधनों का पूर्ण विदोहन न हो पाने की प्रतीक है।

(7) भारत में बचत व पूँजी निर्माण का अभाव पाया जाता है। यह लक्षण एक निर्धन एवं दरिद्र देश का द्योतक है।

(8) भारत में स्वास्थ्य सुविधाओं का अभाव है। लाखों करोड़ों व्यक्ति गन्दी बस्तियों में रहते हैं तथा चिकित्सा सुविधाओं से वंचित हैं। वे दो समय के भोजन हेतु ही इतना संघर्ष करते हैं कि बीमारी की स्थिति में डॉक्टर की फीस देने तथा दवाइयाँ खरीदने हेतु उनके पास पैसे ही नहीं होते।

(9) भारत में विदेशी ऋण का भार बढ़ता जा रहा है। इस दृष्टि से प्रत्येक भारतीय कर्जदार है। यह भी निर्धनता एवं दरिद्रता की ही निशानी है।

भारत में दरिद्रीकरण के कारण

आज दरिद्रता भारत की एक प्रमुख सामाजिक समस्या है। यह दोनों विकसित एवं विकासशील देशों में अत्यधिक चिन्ता का विषय बनी हुई है। भारत की समस्याओं में दरिद्रता सबसे गम्भीर समस्या इसलिए है क्योंकि इससे दरिद्रों में सामाजिक निराशा जन्म लेती है, उनमें अलगाव की प्रवृत्तियाँ विकसित होने लगती हैं तथा अन्ततः इससे समाज में प्रायः उथल-पुथल का खतरा पैदा होने की सम्भावना बढ़ जाती है। इसलिए 'गरीबी हटाओ' आज सरकार का प्रमुख उद्देश्य बन गया है। भारत के करोड़ों लोगों के पास खाने के लिए रोटी, पहनने के लिए

वस्त्र तथा रहने के लिए मकान नहीं हैं। दरिद्र लोगों का जीवन स्तर अति निम्न है तथा वे न्यनूतम जीवन-निर्वाह स्तर से भी नीचे रह रहे हैं। दरिद्रता किसी एक विशेष कारण का परिणाम नहीं है अपितु इसके अनेक कारण हैं। भारत में दरिद्रता के निम्नलिखित प्रमुख कारण हैं—

(अ) वैयक्तिक कारण

कई बार मानसिक, शारीरिक व चारित्रिक दोष व्यक्तिगत दरिद्रता का कारण बन जाते हैं। दरिद्रता के प्रमुख वैयक्तिक कारण निम्न प्रकार हैं—

(1) मानसिक दोष—यदि व्यक्ति का मस्तिष्क रोगग्रस्त है अर्थात् व्यक्ति पागल या बुद्धिहीन है, तो वह किसी कार्य को करने में असमर्थ रहेगा। अतः उसके पास जीविकोपार्जन का कोई साधन नहीं होगा। मानसिक रूप से दोषी व्यक्ति साधनों का सदुपयोग भी नहीं कर सकते हैं। अतः इससे दरिद्रता बढ़ती है।

(2) शारीरिक दोष और बीमारियाँ—शारीरिक दोष व बीमारी दोनों दशाएँ भी व्यक्ति को दरिद्र बनाने में सहायक सिद्ध होती हैं। यदि कोई व्यक्ति जन्म से अन्धा, लंगड़ा या अन्य किसी शारीरिक दोष से पूर्ण है या किसी दुर्घटनावश उसका शरीर दोषी हो जाता है, तो ऐसी अवस्था में उसे जीविकोपार्जन करने में बड़ी परेशानियों का सामना करना पड़ता है।

(3) आलस्य—जो व्यक्ति आलस्यपूर्ण जीवन बिताते हैं, वे प्रायः दरिद्र होते हैं। वे कार्य करना ही नहीं चाहते। भारतीय समाज में इसे भी दरिद्रता का एक वैयक्तिक कारण बताया गया है।

(ब) भौगोलिक कारण

कुछ भौगोलिक कारण भी व्यक्तियों को दरिद्र बना देते हैं। ऐसे कुछ प्रमुख भौगोलिक कारण निम्न प्रकार हैं—

(1) प्राकृतिक साधनों में कमी—कुछ स्थानों पर भूमि ऊपजाऊ न होकर ऊसर होती है। वहाँ खनिज पदार्थ भी उपलब्ध नहीं होते। कुछ स्थानों पर कोयले व लोहे के उत्पादन के साधनों की कमी होती है। ऐसे स्थानों पर रहने वाले व्यक्ति प्रायः दरिद्र होते हैं। उदाहरणार्थ, पहाड़ी प्रदेशों की भूमि कंकरीली व पथरीली होती है, वहाँ की जमीन इस योग्य नहीं होती कि वहाँ पर खेती की जा सके। बड़ी कठिनाई से थोड़ी सी भूमि को समतल बनाकर वहाँ अनाज की पैदावार की जाती है। अतः अन्न की पैदावार बहुत कम होती है। इसलिए वहाँ व्यक्ति काफी दरिद्र होते हैं।

(2) प्रतिकूल जलवायु और मौसम—जलवायु व मौसम की प्रतिकूलता भी दरिद्रता पर गहरा प्रभाव डालती है। उत्तरी व दक्षिणी ध्रुवों पर जलवायु सदैव ठण्डी रहती है। इसी प्रकर से एस्कीमों प्रदेश व हिमालय पर्वत के शिखरों पर सदैव बर्फ पड़ती है। सम्पूर्ण प्रदेश व पर्वत मालाएँ सफेद रुई के सदृश बर्फ से आच्छादित रहते हैं। राजस्थान भी इसी श्रेणी में आता है जहाँ रेगिस्तान होने के कारण खेती नहीं हो पाती और इससे लोगों में दरिद्रता बढ़ती है।

(3) हानिकारक कीड़े—गेहूँ, गन्ना, धान इत्यादि फसलों को नष्ट करने वाले बहुत से कीड़े होते हैं। ये सम्पूर्ण फसल में लग कर फसल ख़राब कर देते हैं। व्यापारियों द्वारा एकत्रित अनाज को भी यह कीड़े नष्ट कर देते हैं। इस प्रकार, सम्पूर्ण जनता निर्धन एवं दरिद्र बनी रहती है। ऐसा अनुमान लगाया जाता है कि हमारे देश की फसलों का 20 प्रतिशत से अधिक कीड़े खा जाते हैं या उसे आंशिक रूप में नष्ट कर देते हैं।

(4) प्राकृतिक विपत्तियाँ—कभी-कभी प्रकृति सम्पूर्ण पैदावार को अपने प्रकोप का भोजन बना लेती है। अचानक ही भूचाल, तूफान, ज्वालामुखी का विस्फोट, सूखा पड़ना या वर्षा का अधिक होना सारे क्षेत्र में खलबली मचा देता है। ये सभी प्राकृतिक विपत्तियाँ पल भर में खेतों, फसलों तथा अन्य एकत्रित पदार्थों का विनाश कर देती हैं। इस प्रकार, प्राकृतिक विपत्तियाँ भी दरिद्रता को स्थापित करने में सहायता देती हैं।

(स) आर्थिक कारण

वर्तमान समय में दरिद्रता को आर्थिक नीतियों के नकारात्मक परिणाम के रूप में देखा जाता है। इसलिए इसे प्रमुख आर्थिक समस्याओं की देन माना जाता है। निम्न आर्थिक कारणों के फलस्वरूप दरिद्रता बढ़ती है—

(1) अपर्याप्त उत्पादन—यदि देश में अपर्याप्त उत्पादन है, तो वहाँ के श्रमिकों को नौकरियों के भी अवसर प्राप्त नहीं होते। राष्ट्रीय आय भी कम रहेगी और प्रति व्यक्ति राष्ट्रीय आय भी कम होगी। हमारे देश की बिगड़ती आर्थिक दशा एवं महँगाई अपर्याप्त उत्पादन का अभिशाप है। जब समाज में उत्पादन कम होता है तो चीजों की कमी हो जाती है। इसके फलस्वरूप महँगाई बढ़ने लगती है और धीरे-धीरे अनेक समस्याएँ पैदा हो जाती हैं जो दरिद्रता को बढ़ावा देती हैं।

(2) कृषि का पिछड़ापन—हमारा देश निर्धन देशों की श्रेणी में आता है। यहाँ पर पुराने ढंग से कृषि की जाती है। व्यक्तियों के अशिक्षित होने के कारणवश उन्हें नवीन वैज्ञानिक साधनों का प्रयोग करना नहीं आता। हमारे देश की तीन-चौथाई जनसंख्या कृषि में लगी हुई है। फिर भी कई बार विदेशों से अन्न मँगाना पड़ता है। अमेरिका में केवल सात प्रतिशत जनसख्या कृषि में लगी हुई है और वे लोग अन्य देशों को अन्न भेजते हैं।

(3) कृषि पर अत्यधिक निर्भरता—हमारे देश में दो-तिहाई जनसंख्या ग्रामों में निवास करती है। ग्रामवासी जीविकोपार्जन के लिए कृषि पर निर्भर हैं। एक परिवार के पास थोड़ी जमीन होती है। ग्रामों में संयुक्त परिवार प्रणाली का प्रचलन होता है। सभी व्यक्ति मिलकर रहते हैं। इस थोड़ी सी जमीन में सभी का पालन-पोषण कठिनता से हो पाता है और कृषि पर निर्भरता के कारण व्यक्ति गरीब रहते हैं। गरीबी के कारण वे जमीन भी बेच देते हैं तथा उनके पास गुजारा करने हेतु कोई आय का स्रोत शेष नहीं बचता है। ऐसी स्थिति में उनमें दरिद्रता की वृद्धि होती है। हमारे देश की कृषि पर आधारित जनता में अर्द्ध-बेरोजगारी अधिक पायी जाती है, जोकि दरिद्रता को बढ़ावा दे रही है।

(4) उद्योग-धन्धों का अभाव—हमारे देश में उद्योग-धन्धों का समुचित एवं सन्तुलित विकास नहीं हो सका है। अब भी लगभग 15-20 प्रतिशल जनता ही उद्योग-धन्धों के ऊपर अवलम्बित है। उद्योग-धन्धों के अभाव के कारण भी चारों ओर गरीबी का साम्राज्य दृष्टिगत होता है। जो श्रमिक उद्योगों में काम करते हैं उनका भी इतना अधिक शोषण किया जाता है कि वे उत्पादन की प्रक्रिया के प्रति उदासीन हो जाते हैं। उनकी दैनिक आवश्यकताएँ पूरी नहीं हो पातीं। मार्क्सवादी विद्वानों के अनुसार पूँजीवादी अर्थव्यवस्था पूँजीपतियों को अधिक अमीर तथा श्रमिकों को अन्ततः दरिद्र ही बनाती है।.

(5) धन का असमान वितरण—भारतवर्ष में दरिद्रता का एक प्रमुख कारण देश में धन का असमान वितरण भी कहा जा सकता है। देश की अधिकतर सम्पत्ति कुछ हाथों में ही निहित है। इस कारण हमारे देश में पूँजीपति श्रमिक वर्ग का अधिक शोषण करते हैं। इससे राष्ट्र का सम्पूर्ण धन सभी व्यक्तियों में समान वितरित न होकर असमान रूप से वितरित होता है।

(6) आर्थिक मन्दी—आर्थिक मन्दी के फलस्वरूप भी समाज में दरिद्रता व्याप्त हो जाती है। पूँजीपति कारखानों में खूब धन लगाकर उत्पादन में वृद्धि कर लेते हैं। ग्राहकों की माँग न होने के कारण माल बहुत कम बिकता है। इस प्रकार से माँग व पूर्ति में असामंजस्य की स्थिति उत्पन्न हो जाती है। उत्पादन बढ़ता जाता है, माँग कम होती जाती है। माल की बिक्री के लिए मिल-मालिकों को सस्ते दामों पर विक्रय करना पड़ता है। इससे बाजार में वस्तुओं के दाम गिर जाते हैं। इसलिए मिल-मालिकों को मिल व कारखाने बन्द कर देने पड़ते हैं। इससे कारखानों में काम करने वाले हजारों श्रमिक बेकार हो जाते हैं। इस बेकारी की अवस्था में उनका निर्धन एवं दरिद्र होना स्वाभाविक है।

(द) सामाजिक कारण

भारत में दरिद्रता के लिए सामाजिक कारण अधिक उत्तरदायी क़हे जा सकते हैं। इसीलिए कुछ लोगों का कहना है कि दरिद्रता का मूल कारण समाज में ही विद्यमान है। इसके प्रमुख सामाजिक कारण निम्नांकित हैं—

(1) दोषपूर्ण शिक्षा प्रणाली—हमारे देश में शिक्षा प्रणाली भी बड़ी दूषित है। एक इंजीनियर अपने हाथ से काम करना पसन्द नहीं करता। हमारे देश की व्यावसायिक शिक्षा प्रणाली दोषपूर्ण है। हमारे देश में लगभग 500 इन्डस्ट्रियल ट्रेनिंग इन्स्ट्यूट (आई० टी० आई०) हैं जिनसे प्रशिक्षण प्राप्त लगभग पचास लाख नवयुवक इस समय बेकार हैं। एक हाई स्कूल व्यक्ति भी अपना कार्य न करने के बजाय नौकरी की सोचता है। इन सभी कारणों ने भी दरिद्रता को बढ़ावा दिया है।

(2) सामाजिक कुप्रथाएँ—सामाजिक कुप्रथाएँ भी समाज में दरिद्रता उत्पन्न करती हैं। भारतवर्ष में अनेक ऐसी कुप्रथाएँ है; जैसे—दहेज, बाल विवाह, पर्दा, जाति व्यवस्था आदि। इन्होंने भारतीय समुदाय को अनेक प्रकार से हानि पहुँचाई है और दरिद्रता बनाए रखने में महत्त्वपूर्ण योगदान दिया है।

(3) धर्म—धर्म भी कभी-कभी समाज पर बुरे प्रभाव डालता है। भारतवासी धर्म के आधार पर ही अन्धविश्वासी बने हुए हैं। कुछ लोग हर बात का सम्बन्ध भाग्य से जोड़ते हैं। अशिक्षित लोग धार्मिक संस्कारों पर कर्ज लेकर हजारों रुपये व्यय करते हैं। दरिद्र व्यक्ति अपनी दरिद्रता को भगवान का दिया हुआ अभिशाप मानता है जिसे दूर करना कठिन है। इसलिए वह ज्यादा कठिन प्रयास भी नहीं करता है।

(4) सुंयक्त परिवार प्रणाली—ग्रामीण भारत में दरिद्रता बढ़ाने के लिए संयुक्त परिवार प्रणाली भी उत्तरदायी कही जा सकती है। संयुक्त परिवार प्रणाली व्यक्ति में आलस्य उत्पन्न कर देती है। यह व्यक्ति को घर से बाहर जाने का अवसर प्रदान नहीं करती। इससे बाल विवाहों को भी बढ़ावा मिलता है। इन सब कारणों से दरिद्रता बढ़ती चली जाती है।

(5) जाति व्यवस्था—जाति व्यवस्था के देश पर अनेक दूषित परिणाम पड़े हैं। दरिद्रता इसका प्रमुख परिणाम है। इस व्यवस्था ने सदियों तक व्यक्ति को ऊँचा उठने का अवसर नहीं दिया है। निम्न जातियों में सदस्यों को ऊँचे व्यवसाय चुनने का अवसर परम्परागत रूप से नहीं था। यह प्रणाली सदैव ही व्यक्ति के मार्ग में रोड़ा बनी रही है। आज भी निम्न जातियों के उत्थान हेतु जो विकास कार्यक्रम चलाए जा रहे हैं उनका लाभ इन्हें नहीं मिल पा रहा है। कुछ निहित स्वार्थों वाले सम्पन्न लोग ही इन कार्यक्रमों का लाभ उठाकर अधिक अमीर बनते जा रहे हैं। जाति के आधार पर शोषण आज भी ग्रामीण समाज में विद्यमान है।

(य) जनसंख्यात्मक कारण

किसी देश की दरिद्रता के जनसंख्यात्मक कारण भी बड़े महत्त्वपूर्ण कहे जा सकते हैं। वास्तव में, आधुनिक युग में बेकारी व दरिद्रता के लिए जनसंख्या को एक मूल कारण कहा जा सकता है। देश एवं समाज का उत्थान इस बात पर अधिक निर्भर करता है कि वहाँ की जन्म दर और मृत्यु दर की क्या मात्रा है। हमारे देश में पिछले वर्षों में जनसंख्या में काफी वृद्धि हुई है। ऐसा कहा जाता है कि भारत में जनसंख्या विस्फोट की स्थिति है। इसका मूल कारण अधिक जन्म दर है। किसी देश की बढ़ती जनसंख्या के बड़े दूषित परिणाम निकलते हैं। अति जनसंख्या की स्थिति में बेरोजगारी, खाद्य सामग्री की कमी, श्रमिकों की अधिक संख्या आदि हो जाती है। इससे दरिद्रता बढ़ने लगती है। हमारे देश की जनंसख्या में जिस तीव्र गति से वृद्धि हो रही है उसी मात्रा में देश का आर्थिक विकास नहीं हो पा रहा है। देश में जितने अधिक रोजगार की व्यवस्था की जाती है उससे अधिक मात्रा में व्यक्ति श्रमिक क्षेत्र में प्रवेश कर जाते हैं, फलस्वरूप देश में बेरोजगारी की समस्या निरन्तर बढ़ती जा रही है जोकि दरिद्रता को बढ़ावा दे रही है।

भारत में दरिद्रता का उन्मूलन : कार्यक्रम एवं सुझाव

1960-61 ई० से देश के नेताओं और नियोजकों को इस बात का एहसास हो गया था कि दरिद्रता के उन्मूलन के लिए विशिष्ट प्रयास करने होंगे। इसलिए द्वितीय पंचवर्षीय योजना से इस दिशा में कुछ विशिष्ट कार्यक्रमों को रखा जाता रहा है। प्रसिद्ध विद्वान् आदिसेशिया[8]

के अनुसार इस समय दरिद्रता से मुक्ति के लिए कई विशिष्ट प्रोग्राम चल रहें हैं; जैसे—राष्ट्रीय ग्रामीण रोजगार कार्यक्रम, ग्रामीण भूमिहीन रोजगार गारन्टी कार्यक्रम, ग्रामीण क्षेत्रों में स्त्री और बच्चों के उत्थान के कार्यक्रम, सूखा पीड़ित क्षेत्र कार्यक्रम, मरुभूमि विकास कार्यक्रम, समेकित ग्रामीण विकास कार्यक्रम, ग्रामीण युवाओं के स्वरोजगार के लिए प्रशिक्षण की योजना, अशिक्षित बेकारों के लिए स्वरोजगार की योजना एवं भूमि सुधार के कार्यक्रम आदि। इनके अतिरिक्त, बीस सूत्री कार्यक्रम, अन्त्योदय योजना, काम के बदले अनाज आदि कार्यक्रम भी चल रहे हैं।

सातवीं पंचवर्षीय योजना (1985-90) में निर्धनता-उन्मूलन सम्बन्धी नई नीति घोषित की गई है। **प्रथम,** गरीबी रेखा की वार्षिक आय पुनः परिभाषित की गई है। किसी परिवार की वार्षिक आय 6.400 रुपये से कम होने पर उसे गरीबी रेखा से नीचे माना गया है, परन्तु सहायता के लिए योग्य परिवारों के चयन में उन परिवारों को वरीयता मिली जिनकी वार्षिक आय 4,800 रुपये से कम है। **द्वितीय,** लाभार्थियों के चयन में ग्राम सभा और जन प्रतिनिधियों को सम्मिलित कर कार्यपालिका को जन आकांक्षाओं की पूर्ति के लिए अधिक उत्तरदायी बनाया गया है। **तृतीय,** कार्यक्रम के कार्यान्वयन में सहायता देने के लिए गाँव और ब्लाक स्तर पर परामर्शदात्री समितियाँ गठित की गई हैं। **चौथे,** स्वैच्छिक संस्थाओं की भूमिका की सराहना की गई है और कार्यान्वयन स्तर पर उनकी अधिकाधिक सहायता एवं सहयोग प्राप्त करने का प्रयास किया गया है। **पाँचवें,** उन महिलाओं को भी वरीयता दी गई जो केवल गृहस्थी के काम में लगी हैं ताकि वे घरेलू रोजगार द्वारा परिवार की आय वृद्धि में सहायता दे सकें। **अन्तिम,** इस सम्पूर्ण कार्यक्रम का दूसरे क्षेत्रीय कार्यक्रमों से इस प्रकार तालमेल बैठाया गया है कि हथकरघा, रेशम उद्योग, सामाजिक वानिकी, पशुधन विकास तथा अन्य कृषि पर आधारित कार्यक्रमों से भी इन लोगों को अधिकाधिक लाभ मिल सके। राष्ट्रीय विकास परिषद् द्वारा आठवीं पंचवर्षीय योजना में 7,98,000 करोड़ रुपये के परिव्यय से दरिद्रता उन्मूलन व बेकारी दूर करने के लक्ष्यों के साथ 5·6 प्रतिशत की वार्षिक विकास दर का लक्ष्य निर्धारित किया गया था जिसे प्राप्त करने में आंशिक सफलता ही मिल पाई। नवीं योजना में भी दरिद्रता उन्मूलन हेतु प्रयास जारी हैं।

उपर्युक्त कार्यक्रमों के द्वारा निर्धन जनसंख्या की उन्नति में कुछ प्रगति तो हुई है, परन्तु वह सन्तोषजनक कदापि नहीं कही जा सकती। दरिद्रों की संख्या बढ़ रही है। अनेक विद्वानों का आरोप है कि इन कार्यक्रमों का लाभ भी अन्ततः समृद्ध वर्गों तक ही पहुँचा है। इसके लिए विकासतन्त्र में व्याप्त भ्रष्टाचार उत्तरदायी है। माइकल कालेस्की ने भारत की दशा पर टिप्पणी करते हुए सही कहा है, "भारत के साथ कठिनाई यह है कि यहाँ शोषक बहुत कम हैं और शोषित बहुत ज्यादा हैं।" इन कार्यक्रमों में विशेषतः निम्नांकित दोष हैं—

(1) ये कार्यक्रम पूँजीवादी सिद्धान्तों पर आधारित हैं। ये उत्पादकता बढ़ाने के सिद्धान्त पर आधारित हैं। परन्तु उत्पादकता सही अर्थों में तब तक नहीं बढ़ सकती जब तक कि उत्पादक परिसम्पत्तियों, जैसे—भूमि या पूँजी, का पुनर्वितरण न हो।

(2) ये कार्यक्रम आज भी इस प्रकार से बनाए गए हैं मानो कि गरीबों को दान दिया जा रहा है। यह ख्याल नहीं रखा जाता कि जिनके लिए ये कार्यक्रम बने हैं वे इतने गरीब हैं कि उन्हें दिये जाने वाला धन गैर-उत्पादक कामों पर भी खर्च हो सकता है। यह धन इतना पर्याप्त नहीं है कि एक बार गरीबी रेखा से निकलने के बाद परिवार स्वयं को उस रेखा से ऊपर बनाए रख सके।

(3) दरिद्रता एक बहु-आयामी विषय है। उसे आवास, सफाई, स्वास्थ्य, पोषण आदि से अलग नहीं किया जा सकता। परन्तु इन कार्यक्रमों में इस प्रकार के समन्वय का ध्यान नहीं रखा गया है। दरिद्रता के कुचक्र को तोड़ने के लिए यह आवश्यक है।

(4) इन कार्यक्रमों में रोजगार के लिए प्रशिक्षण इस प्रकार का हो कि बनी हुई वस्तुओं का अधिकांश भाग ग्रामीण क्षेत्रों में बेचा जा सके। अब तक प्रशिक्षण शहरी पक्षपात से भरा है जो बिक्री की समस्या पैदा करता है।

(5) ये कार्यक्रम दरिद्रों में मनोवृत्तियों के बदलाव पर जोर नहीं देते। जब तक लोगों में स्वयं को ऊँचा उठाने की चाह नहीं आएगी, तब तक वे राज्य की बैसाखियों के सहारे कब तक खड़े किये जा सकेंगे।

विभिन्न विद्वानों, जैसे वकील, लोकनाथन इत्यादि ने भारत में दरिद्रता को दूर करने के कई उपाय बताए हैं। इनमें से प्रमुख निम्न प्रकार हैं—

(1) सबसे सरल उपाय व्यक्तियों में वैज्ञानिक भावना एवं जागरूकता लाना है ताकि वे यह एहसास कर सकें कि गरीबी भगवान का दिया हुआ अभिशाप नहीं है। इसे पारिवारिक बजट बनाकर तथा अन्य कारणों से दूर किया जा सकता है।

(2) शिक्षा प्रणाली को अधिक उपयुक्त बनाकर इसे रोजगार की सुविधाओं से जोड़ा जाना चाहिए।

(3) सम्पत्ति के उचित विभाजन, धन के विकेन्द्रीकरण, सुअवसरों में समानता लाकर दरिद्रता काफी सीमा तक दूर हो सकती है।

(4) उत्पादन में वृद्धि से भी दरिद्रता पर नियन्त्रण रखा जा सकता है। उत्पादन में वृद्धि से अधिकाधिक व्यक्तियों को रोजगार मिल सकता है।

(5) लघु उद्योग तथा कुटीर उद्योग को प्रोत्साहन देकर ग्रामीण बेरोजगारों को इसमें लगाया जा सकता है और दरिद्रता को कम किया जा सकता है।

(6) वर्तमान पिछड़े हुए अल्पविकसित क्षेत्रों में आर्थिक तथा सामाजिक विकास द्वारा उनका उचित विकास किया जा सकता है। वहाँ के लोगों को रोजगार की सुविधाएँ उपलब्ध करायी जा सकती हैं।

(7) औद्योगीकरण तथा कृषि का विकास योजनाबद्ध रूप से किया जाना चाहिए ताकि आर्थिक समानताएँ असीम मात्रा तक न बढ़ती जाएँ।

(8) विभिन्न स्तरों पर निर्णय लेने का कार्य तथा इन्हें कार्यान्वित करने का कार्य तेज किया जाना चाहिए ताकि विकास के लाभ लोगों को पहुँच सकें।

(9) सामाजिक कुरीतियों (जैसे दहेज प्रथा इत्यादि) पर रोक लगाकर भी दरिद्रता को रोका जा सकता है।

(10) सिंचाई के अधिक से अधिक साधन उपलब्ध करके गाँवों में कृषि उत्पादन को बढ़ाया जा सकता है। इससे कृषकों की वर्षा पर निर्भरता कम होगी और उत्पादन में वृद्धि से दरिद्रता दूर हो सकती है।

(11) बेरोजगारी बीमा योजना शुरू की जानी चाहिए ताकि बेरोजगारों को बेरोजगारी भत्ता दिया जा सके।

(12) परिवार नियोजन को प्रोत्साहित करना चाहिए ताकि जनसंख्या को नियन्त्रित किया जा सके।

अन्त में, हमारा सुझाव है कि दरिद्रता की समस्या के समाधान हेतु इस पर चार रूपों में आक्रमण करना होगा—

(1) देश में उत्पादक परिसम्पत्तियों के पुनर्वितरण की योजना बनाई जाए, ताकि दरिद्र व्यक्ति आर्थिक दृष्टि से उत्पादक क्षेत्रों में आ जाएँ।

(2) दरिद्र व्यक्तियों द्वारा प्रदान की जाने वाली सेवाओं एवं वस्तुओं की माँग के लिए उचित बाजार का निर्माण किया जाए।

(3) विकास योजनाओं के क्रियान्वयन के लिए उत्तरदायी तन्त्र के उन छिद्रों को बन्द किया जाए जिनसे दरिद्रता उन्मूलन पर खर्च किया जाने वाला धन अनुचित रूप से छन कर अन्य लोगों की जेबों में चला जाता है।

(4) दरिद्रों को एक शक्तिशाली दबाव समूह के रूप में विकसित और संगठित किया जाए ताकि वे अपने अधिकार न केवल समझ सकें बल्कि मनवा भी सकें। इस कार्य में राजनीतिक दल और ऐच्छिक संस्थाएँ सहयोग दे सकती हैं।

IV. ग्रामीण भारत में गैर-कृषकीकरण की समस्या

भारतीय कृषकों ने अपने लम्बे इतिहास में अनेक उतार-चढ़ाव देखे हैं। मध्यकाल में एक समय ऐसा भी था जब अनेक युद्ध और खून-खराबा हो रहा था। परन्तु इन परिस्थितियों ने भारतीय कृषकों को अधिक प्रभावित नहीं किया। सामान्तवादी शासन में कृषकों को भूमि से बेदखल करने के बहुत कम उदाहरण उपलब्ध हैं। ए० आर० देसाई के अनुसार आज शान्तिप्रिय एवं चुप रहने वाले भारतीय कृषक आन्दोलित कृषकों के रूप में उठ खड़े हुए हैं। इसका प्रमुख कारण यह है कि ग्रामीण क्षेत्रों में छोटे कृषकों, काश्तकारों, पट्टेदारी पर खेती करने वालों और भूमिहीन वेतनभोगी श्रमिकों के जीवन में अनेक वंचनाएँ पाई जाती हैं। उनके अस्तित्व की दशाएँ शोचनीय हैं और वे जीवन की साधारण सुख-सुविधाओं से अधिकांशतः वंचित हैं।

ऐसी स्थिति में उनमें असन्तोष पाया जाना स्वाभाविक ही है। बहुत से छोटे कृषक अपनी निम्न आर्थिक स्थिति के कारण अपनी भूमि बेच देते हैं तथा कृषि कार्य करना बन्द कर देते हैं। उन्हें लगता है कि कृषि कार्य उनकी आजीविका चलाने में अधिक उपयोगी नहीं रहा है। सरकार की नीतियाँ ऐसे छोटे किसानों को सहायता देने के बजाय पहले से सम्पन्न भू-स्वामियों को ही लाभ पहुँचाती हैं। किसानों द्वारा कृषि व्यवसाय को छोड़कर किसी गैर-कृषि व्यवसाय को अपनाने की प्रक्रिया को ही गैर-कृषकीकरण कहा जाता है। यह शब्द भी मार्क्सवादी विद्वानों द्वारा प्रयोग किया गया है।

गैर-कृषकीकरण का अर्थ

दरिद्रीकरण की तरह गैर-कृषकीकरण भी ग्रामीण विकास की विभिन्न योजनाओं, हरित क्रान्ति, भूमि सुधारों आदि का नकारात्मक परिणाम माना जाता है। ग्रामीण विकास हेतु चलाए गए इन कार्यक्रमों का लाभ पहले से सम्पन्न भू-स्वामियों एवं कृषकों को ही मिल पा रहा है। ग्रामीण समाज के निम्नतम वर्ग, छोटे किसान एवं वेतनभोगी कृषि श्रमिक, जिन्हें आर्थिक सहायता की सबसे अधिक आवश्यकता है, वे ग्रामीण समाज के विकास के इन सभी कार्यक्रमों के लाभों से पूरी तरह से वंचित ही हैं। नवीन प्रौद्योगिकी एवं उन्नत किस्म के बीजों के प्रयोग से कृषि उत्पादन में जो वृद्धि हुई है उसका लाभ भी प्रमुखतः बड़े कृषकों या भू-स्वामियों को ही हुआ है। इसका एक अन्य परिणाम यह हो रहा है कि ग्रामीण समाज में अधिकाधिक सीमान्त और छोटे कृषक भूमिहीन श्रमिकों के रूप में परिवर्तित होते जा रहे हैं, जबकि भूमिहीन कृषक दरिद्र बनते जा रहे हैं। कृषकों का कृषि व्यवसाय को छोड़कर किसी गैर-कृषि व्यवसाय को अपना लेने की प्रक्रिया को ही गैर-कृषकीकरण कहा जाता है। एक प्रकार से यह व्यवसाय को बदलने की एक प्रक्रिया है जिसमें कृषक कृषि व्यवसाय को छोड़कर कोई गैर-कृषि व्यवसाय; जैसे वेतनभोगी श्रमिक, किसी निजी फर्म या सरकारी दफ्तर में नौकर अथवा दुकानदार बन जाते हैं। व्यवसाय परिवर्तन की यह स्थिति तभी विकसित होती है जब कृषक को इस बात का अहसास हो जाता है कि कृषि व्यवसाय उसकी आजीविका हेतु पर्याप्त नहीं है तथा सरकारी नीतियों का लाभ भी उसे नहीं मिल पा रहा है। गैर-कृषकीकरण के परिणामस्वरूप भारत में कृषि श्रमिकों की संख्या में भी निरन्तर वृद्धि होती जा रही है परन्तु उनकी आर्थिक स्थिति में किसी प्रकार का सुधार नहीं हो पा रहा है। जहाँ 1921 ई० में कृषि श्रमिकों की संख्या 2·10 करोड़ थी वहीं 1981 ई० में यह संख्या बढ़कर 5·5 करोड़ हो गई। वर्तमान में यह संख्या 8 करोड़ से अधिक ही है। यदि बटाईदारी में खेती करने वालों और उन लोगों को इसमें सम्मिलित कर लिया जाए जिनके पास भूमि के अनार्थिक प्रकार के छोटे-छोटे टुकड़े हैं, तो कृषि श्रमिकों का प्रतिशत काफी बढ़ जाएगा।

ग्रामीण भारत में गैर-कृषकीकरण

भारत में गैर-कृषकीकरण की प्रक्रिया का इतिहास अधिक पुराना नहीं है। इसे अधिकांश विद्वान् भूमि सुधारों एवं ग्रामीण विकास हेतु चलाए गए विभिन्न कार्यक्रमों का नकारात्मक

परिणाम मानते हैं। बाजारी अर्थव्यवस्था में छोटे कृषकों के लिए कृषि व्यवसाय आजीविका की दृष्टि से उपयोगी नहीं रह पाता। वे भू-स्वामी एवं सम्पन्न कृषकों से न तो प्रतियोगिता ही कर पाते हैं और न ही उन्हें सरकारी नीतियों का लाभ ही मिल पाता है। सरकार द्वारा कृषि उपकरणों एवं खादों पर दी जाने वाली आर्थिक सहायता कम करने का सबसे अधिक प्रभाव भी इन छोटे कृषकों पर ही पड़ता है। इसका परिणाम यह होता है कि वे अपनी जमीन बेचकर जो भी पूँजी उनके पास होती है वह किसी अन्य गैर-कृषि कार्य में लगाने लगते हैं। गाँव के पहले से ही सम्पन्न कृषक छोटे कृषकों की भूमि को खरीद कर और अधिक सम्पन्न हो जाते हैं। इस प्रकार से गैर-कृषकीकरण की प्रक्रिया भी सम्पन्न कृषकों को ही लाभ पहुँचाने वाली है।

वैश्वीकरण (Globalization) तथा उदारीकरण (Liberalization) की प्रक्रियाओं ने भी भारत में गैर-कृषकीकरण को प्रोत्साहन दिया है। इन प्रक्रियाओं के परिणामस्वरूप छोटे कृषक बड़े कृषकों से पिछड़ जाते हैं और कृषि उनके लिए अनार्थिक सिद्ध होने लगती है। भारत में कृषि सम्बन्धी पूँजीवाद के उदय, हरित क्रान्ति तथा शिक्षा के विकास व विस्तार के परिणामस्वरूप भारतीय कृषकों में गैर-कृषकीकरण की वृद्धि हुई है। आज अनेक आदिवासियों, जिन्होंने कृषि को अपनी आजीविका का साधन बना लिया है, ने भी अपनी माँगों को लेकर सरकार के विरुद्ध आवाज उठानी प्रारम्भ कर दी है। जब उनकी माँगे पूरी नहीं हो पाती तो ऐसे आदिवासी भी गैर-कृषि कार्यों को अपनाने लगते हैं।

भारत में गैर-कृषकीकरण की प्रक्रिया को प्रोत्साहन देने प्रमुख कारण निम्नलिखित हैं—

(1) हरित क्रान्ति—भारत में हुई हरित क्रान्ति के परिणामस्वरूप निश्चित रूप से उत्पादन में काफी वृद्धि हुई है परन्तु हरित क्रान्ति का लाभ गाँवों में बड़े भू-स्वामियों एवं कृषकों को ही हुआ है। छोटे कृषक एवं भूमिहीन मजदूरों को इससे कोई विशेष लाभ नहीं मिला है। हरित क्रान्ति ने गाँवों की आर्थिक विषमता को और भी अधिक गहरा कर दिया है। इससे भी कृषक असन्तोष में वृद्धि हुई है। इसलिए जिस प्रकार से विकासकारी योजनाओं का लाभ ग्रामीण समाज के निम्न वर्गों को नहीं मिल पाया है, ठीक इसी प्रकार हरित क्रान्ति भी इनकी सामाजिक-आर्थिक स्थिति को ऊँचा उठाने में असफल रही है। मँहगाई में तीव्र वृद्धि से उनकी भौतिक दशाओं पर भी प्रतिकूल प्रभाव पड़ा है। इससे कृषकों में असन्तोष की भावना विकसित होना स्वाभाविक ही है। यह असन्तोष उन्हें कृषि कार्य को छोड़कर किसी गैर-कृषि कार्य को अपनाने के लिए विवश कर देता है।

(2) शोषणकारी कृषक समाज की संरचना—समकालीन भारत में गैर-कृषकीकरण के लिए शोषणकारी कृषक संरचना को भी उत्तरदायी माना जाता है। इस संरचना में सामाजिक और आर्थिक असमानताओं के दो विपरीत छोर पाए जाते हैं। इसके एक छोर पर तो भू-स्वामी एवं सम्पन्न कृषक हैं तो दूसरे छोर पर छोटे व सीमान्त कृषक एवं वेतनभोगी मजदूर। भू-स्वामी एवं सम्पन्न कृषक सभी प्रकार की सुविधाओं का लाभ उठाकर अधिक अमीर होते जा रहे हैं, जबकि छोटे व सीमान्त कृषक एवं वेतनभोगी पहले से अधिक निर्धन होते जा रहे हैं। स्वतन्त्रता

पश्चात् इस विश्वास में वृद्धि हुई है कि इन असमानताओं को यदि समाप्त नहीं तो कम किया जा सकता है, परन्तु संस्तरण के निम्न स्तरों के उत्थान के प्रत्येक प्रशासकीय प्रयास असफल रहे हैं। इसके परिणामस्वरूप अनेक छोटे व सीमान्त कृषक कृषि कार्य को छोड़कर गैर-कृषि व्यवसाय में लग जाते हैं।

(3) बेकारी तथा अर्द्ध-बेकारी—ग्रामीण क्षेत्रों में गैर-कृषकीकरण का एक अन्य कारण बेकारी एवं अर्द्ध-बेकारी है अर्थात् काम करने के इच्छुक व्यक्तियों के लिए काम का नहीं पाया जाना है। एक ओर बेरोजगारी तथा दूसरी ओर जनसंख्या विस्फोट एवं बढ़ती हुई मँहगाई के कारण कृषि पर निर्भर लोगों की आर्थिक स्थिति में ह्रास हुआ है। छोटे व सीमान्त कृषकों के लिए कृषि अनार्थिक हो जाती है। उनके सामने रोजगार का अन्य जो कोई विकल्प उपलब्ध होता है वे उसे अपना लेते हैं।

(4) वैश्वीकरण—एक प्रक्रिया के रूप में वैश्वीकरण को राष्ट्रीय अर्थव्यवस्था के विश्व अर्थव्यवस्था से अन्तर्ग्रन्थन के रूप में परिभाषित किया जा सकता है। वैश्वीकरण एक व्यापक अवधारणा है जिसका मौलिक मन्तव्य यह है कि प्रत्येक राष्ट्र को विश्व स्तर पर उपलब्ध अवसर, संसाधन, ज्ञान और तकनीकी सुगम रूप से उपलब्ध होने चाहिए। इसमें एक अन्य आधारभूत मान्यता यह भी है कि विश्व स्तर पर उपलब्ध सुविधाओं तक प्रत्येक राष्ट्र की पहुँच तभी सम्भव है जबकि विभिन्न राष्ट्रों के मध्य पूँजी, तकनीकी, मानव संसाधनों, कच्चे माल तथा निर्मित वस्तुओं का आवागमन निर्बाध रूप से हो। विकसित राष्ट्रों में श्रमिकों की ऊँची पारितोषिक दरों को देखते हुए इन राष्ट्रों के उद्यमी अपनी पूँजी को विकासशील राष्ट्र में लगाना चाहते हैं ताकि उन्हें अधिक लाभ हो सके। अगर विदेशी उद्यमी पूँजी लगाते हैं तो अनेक छोटे एवं सीमान्त कृषक कृषि व्यवसाय को छोड़कर इन उद्यमों में काम करना शुरू कर देते हैं।

(5) उदारीकरण—उदारीकरण का अभिप्राय अर्थव्यवस्था पर शासन के नियन्त्रण में शनैः शनैः शिथिलीकरण और अन्ततः समाप्ति से है। उदारीकरण के समर्थक उत्पादन और वितरण पर भौतिक प्रतिबन्धों (Physical controls); जैसे—उत्पादन की सीमा बाँधना (Cuting on production), लाइसेंस, कोटा और परमिट की समाप्ति पर बल देते हैं। यह बात ध्यान देने योग्य है कि उदारीकरण, वैश्वीकरण का सहगामी है। जहाँ वैश्वीकरण का मुख्य क्षेत्र राष्ट्रीय अर्थव्यवस्था और शेष विश्व के मध्य प्रतिबन्धरहित सम्बन्धों का विकास है, वहीं उदारीकरण का मुख्य कार्य-क्षेत्र बाजार शक्तियों (माँग और पूर्ति) की अबाध क्रियाशीलता को राष्ट्रीय अर्थव्यवस्था की प्रमुख संचालक शक्ति बनाना है। उदारीकरण का लाभ भी पहले से ही सम्पन्न कृषकों को मिलता है। छोटे एवं सीमान्त कृषकों के पास न तो उत्पादन बढ़ाने हेतु पूँजी ही होती है और न ही वे बड़े एवं सम्पन्न कृषकों से बाजारी परिस्थितियों में प्रतियोगिता ही कर पाते हैं। ऐसे में वे किसी गैर-कृषि कार्य को करना ही हितकर मानते हैं। ऐसी परिस्थिति गैर-कृषकीकरण को प्रोत्साहन देती है।

V. ग्रामीण भारत में प्रवर्जन की समस्या

अंग्रेजी शासनकाल ने भारतीय ग्रामीण सामाजिक संरचना में अनेक प्रकार के परिवर्तनों की शृंखला प्रारम्भ कर दी। इन परिवर्तनों को लाने में नगरीकरण, औद्योगीकरण, आवागमन व संचार के साधन, शिक्षा आदि की महत्त्वपूर्ण भूमिका रही है। ग्रामीण एवं नगरीय समाज में परिवर्तन की गति एक समान नहीं रही है। चूँकि अंग्रेजों द्वारा अधिकांश उद्योग नगरों में ही स्थापित किए गए इसलिए नगरों का तीव्रता से विकास हुआ। प्रशासन हेतु दफ्तरों की स्थापना भी नगरों में ही की गई। स्कूलों और कॉलेजों की स्थापना भी अधिकांशतया नगरों में ही हुई। इन सबके परिणामस्वरूप नगरों की जनसंख्या में निरन्तर वृद्धि होने लगी। नगरों में शिक्षा एवं रोजगार के बढ़ते हुए अवसरों ने ग्रामवासियों को अपनी ओर आकर्षित करना प्रारम्भ कर दिया।

गाँवों की जनसंख्या में निरन्तर वृद्धि तो हो रही थी परन्तु उत्पादन उस अनुपात में नहीं बढ़ पा रहा था। गाँव में रहने वाले अनेक परिवार प्रतिकूल प्राकृतिक परिस्थितियों एवं प्राकृतिक विपदाओं के कारण फसलों के नष्ट होने से अपनी आजीविका कमाने में असमर्थ होते जा रहे थे। उनके सामने एक ही रास्ता बचता है जो उन्हें थोड़ा बहुत आशान्वित किए रहता है। यह रास्ता प्रवर्जन का रास्ता है जिसको अपनाकर वे या तो उन गाँव की ओर अग्रसर हो जाते हैं जो ज्यादा खुशहाल हैं अथवा उन नगरों में आ जाते हैं जहाँ मजदूरी एवं रोजगार मिलने के अवसर एवं सम्भावनाएँ अधिक होती हैं। यही एक कारण है कि भारत में हजारों-लाखों लोग अपना गाँव छोड़कर दूर-दराज के नगरों (कई बार तो राज्यों) में चले जाते हैं। जब उन्हें नगरों में कोई रोजगार नहीं मिल पाता है तो वे दैनिक मजदूरी द्वारा अपना तथा अपने परिवार का निर्वाह करने लगते हैं।

प्रवर्जन का आशय

प्रवर्जन का आशय उस प्रक्रिया से है जिसके द्वारा कोई व्यक्ति या समूह अपने मूल स्थान को छोड़कर दूसरे स्थान की ओर जाता है। इस प्रक्रिया का अध्ययन दो दृष्टियों से किया जा सकता है—**पहले**, आन्तरिक प्रवर्जन अर्थात् एक ही समाज के अन्तर्गत जनसंख्या का देशान्तरण और **दूसरे**, एक देश से दूसरे देश की ओर प्रवर्जन या देशान्तरण। जहाँ तक पहले प्रकार के प्रवर्जन का प्रश्न है तो निःसन्देह कहा जा सकता है कि स्वतन्त्रता के बाद भारतीयों में प्रवर्जन की प्रवृत्ति में तीव्रता से वृद्धि हुई है। 1911 ई० से लेकर 1941 ई० तक भारत में प्रवर्जन-प्रवृत्ति में केवल 2·7 प्रतिशत की वृद्धि हुई थी, जबकि 1941 से लेकर 1991 ई० के बीच करीब 12 प्रतिशत जनसंख्या ने प्रवर्जन किया है। स्पष्ट है कि देश में विकास के अनेक कार्यक्रमों ने प्रवर्जन को सुविधाजनक बनाया है। ग्रीनवुड ने सुझाव दिया है कि भारत में शिक्षा-वृद्धि के साथ प्रवर्जन भी बढ़ता है और यह भी प्रतिपादित किया है कि यह प्रवर्जन उन नगरों की ओर ज्यादा होता है जहाँ पहले से ही शिक्षा का स्तर ऊँचा है। एम० एस० गोरे ने उन समस्याओं की ओर इशारा किया है जो प्रवासी जनसंख्या के सामने मूल निवासियों के साथ सामंजस्य को लेकर उठ खड़ी होती हैं। उन्होंने बम्बई (मुम्बई) महानगर में बाहर से आए प्रवासियों का समाजशास्त्रीय अध्ययन किया है।

अंग्रेजी शासनकाल से पहले भारतीयों का आन्तरिक प्रवर्जन काफी कम था परन्तु उनका अन्य देशों की ओर प्रवर्जन बहुत पहले से होता रहा है। वस्तुतः अंग्रेजी शासनकाल के प्रारम्भ में अफ्रीका और अनेक देशों को भारतीय श्रम निर्यात किया गया। ऐसे देशों में भारतीय प्रवासी आज भी बड़ी संख्या में मौजूद हैं। आजादी के बाद यह प्रवर्जन-प्रवृत्ति कम नहीं हुई है। कुछ भी हो, भारत में प्रवर्जन इतना नहीं हुआ है कि भारतीय जनसंख्या पर प्रभावशाली असर पड़ सके। अब भी आन्तरिक व बाह्य दोनों दृष्टियों से ही प्रवर्जन समस्यामूलक नहीं है। केवल कुछ नगरों में प्रवासी मजदूर ऐसे हैं जिनकी स्थिति प्रवर्जन से पहले की स्थिति से तो थोड़ी-बहुत अच्छी है परन्तु उनके सामने आज भी अनेक आर्थिक कठिनाइयाँ हैं जो उनके जीवन-यापन को दूभर बना रही हैं।

प्रवर्जन के प्रमुख स्वरूप

प्रवर्जन के अनेक स्वरूप अथवा प्रकार हैं। इसके स्वरूपों का अध्ययन अनेक आधारों पर किया गया है। मुख्य रूप से प्रवर्जन के स्थान के आधार पर इसे निम्नलिखित दो भागों में विभाजित किया गया है—

(1) आन्तरिक प्रवर्जन—यह वह प्रवर्जन है जिसमें एक ही समाज के अन्तर्गत जनसंख्या का देशान्तरण होता है। निःसन्देह कहा जा सकता है कि स्वतन्त्रता के बाद भारतीयों में प्रवर्जन की प्रवृत्ति में तीव्रता से वृद्धि हुई है। 1911 ई० से लेकर 1941 ई० तक भारत में प्रवर्जन-प्रवृत्ति में केवल 2·7 प्रतिशत की वृद्धि हुई थी, जबकि 1941 से लेकर 1991 ई० के बीच करीब 12 प्रतिशत जनसंख्या ने प्रवर्जन किया है। स्पष्ट है कि देश में विकास के अनेक कार्यक्रमों ने प्रवर्जन को सुविधाजनक बनाया है। ग्रीनवुड ने सुझाव दिया है कि भारत में शिक्षा-वृद्धि के साथ प्रवर्जन भी बढ़ता है और यह भी प्रतिपादित किया है कि यह प्रवर्जन उन नगरों की ओर ज्यादा होता है जहाँ पहले से ही शिक्षा का स्तर ऊँचा है। एम० एस० गोरे ने उन समस्याओं की ओर इशारा किया है जो प्रवासी जनसंख्या के सामने मूल निवासियों के साथ सामंजस्य को लेकर उठ खड़ी होती हैं। उन्होंने बम्बई (मुम्बई) महानगर में बाहर से आए प्रवासियों का समाजशास्त्रीय अध्ययन किया है।

(2) बाह्य प्रवर्जन—यह प्रवर्जन का वह रूप है जिसमें एक देश से दूसरे देश की ओर प्रवर्जन या देशान्तरण होता है। अंग्रेजी शासनकाल से पहले भारतीयों का आन्तरिक प्रवर्जन काफी कम था परन्तु उनका अन्य देशों की ओर प्रवर्जन बहुत पहले से होता रहा है। वस्तुतः अंग्रेजी शासनकाल के प्रारम्भ में अफ्रीका और अनेक देशों को भारतीय श्रम निर्यात किया गया। ऐसे देशों में भारतीय प्रवासी आज भी बड़ी संख्या में मौजूद हैं। आजादी के बाद यह प्रवर्जन-प्रवृत्ति कम नहीं हुई है। आज अमेरिका, कनाडा और इंग्लैण्ड जैसे विकसित देशों में बड़ी संख्या में भारतीय प्रवासी पहुँचे हैं और वहाँ बस गए हैं। इस तथ्य को लेकर एक विशिष्ट समस्या की भी चर्चा समय-समय पर होती रहती है और वह है भारत से बाहर की ओर 'बुद्धि का प्रवाह' (Brain drain)। अनेक भारतीय वैज्ञानिक व चिकित्सक, जो असाधारण प्रतिभा

वाले हैं, विदेशों में कार्य करने के लिए प्रवास कर जाते हैं और भारतीय समाज उनकी प्रतिभा के फलों का प्रयोग करने से वंचित रह जाता है। यदि इसे रोकने का प्रयास करना है तो ऐसे प्रतिभासम्पन्न व्यक्तियों को कार्य करने के लिए उचित पर्यावरण व सुविधाएँ प्रदान करनी होंगी।

समयावधि के आधार पर प्रवर्जन के निम्नलिखित स्वरूपों में भेद किया जा सकता है—

(1) दैनिक प्रवर्जन—अनेक औद्योगिक क्षेत्रों में कुछ लोगों के लिए रोजगार के स्थान से बाहर रहना एक सामान्य परम्परा है। नागपुर, कोलकाता, मुम्बई तथा अनेक नगरों में इस प्रकार के प्रवर्जन को देखा जा सकता है। ऐसा अनुमान लगाया जाता है कि कोलकाता शहर में रेलगाड़ियों से रोजाना आने वाले श्रमिकों एवं वेतनभोगियों की संख्या 30,000 से भी अधिक है। बसों, ट्रामों तथा निजी वाहनों में आने वालों की संख्या भी लगभग इतनी ही है। नागपुर तथा अजमेर में दफ्तरों में काम करने वाले क्लर्क तथा रेलवे कर्मचारी 25 से 30 किलोमीटर दूर रहते हैं तथा रोजाना नौकरी हेतु सुबह आते हैं और रात को वापस चले जाते हैं। औद्योगिक केन्द्रों के समीप स्थित गाँव एवं नगरों के बाहरी हिस्से लाखों श्रमिकों एवं वेतनभोगियों के रहने के सामान्य स्थान हैं। अनेक अमीर लोगों ने भी नगर की सीमाओं के बाहर मुख्य सड़कों के दोनों ओर रिहायशी मकान बनवाकर रहना शुरू कर दिया है तथा वे रोज अपने काम पर आते-जाते हैं। शहरों की सीमाओं के बाहर विकसित हजारों कॉलोनियाँ इसी प्रकार के प्रवर्जन की द्योतक हैं।

(2) आकस्मिक प्रवर्जन—औद्योगिक केन्द्रों में काम करने वाले श्रमिकों में, विशेष रूप से स्त्री श्रमिकों में इस प्रकार के प्रवर्जन को देखा जा सकता है। इस प्रकार के प्रवर्जन का मुख्य कारण वह परम्परा है जिसके अनुसार लड़के के माता-पिता अपने लड़के हेतु जीवनसाथी का चयन किसी अन्य गाँव से करते हैं तथा गर्भवती हो जाने पर युवा प्रसूता स्त्री अस्थायी रूप से अपने माँ-बाप के पास चली जाती हैं। बच्चे के जन्म के पश्चात् वह पुनः अपने पति के गाँव में आ जाती है तथा श्रमिक के रूप में कार्य करने लगती है।

(3) अस्थायी प्रवर्जन—जब कभी कोई बड़ा डैम, नहर या रेलवे पटरी बननी शुरू होती है तो हजारों आस-पास के गाँवों के लोग अस्थायी रूप से इन स्थानों पर जाकर काम करने लगते हैं। तीर्थयात्राओं के मौसम में तथा विवाह उत्सवों में भी अनेक लोग अस्थायी रूप से तीर्थस्थलों एवं आस-पास के नगरों में अस्थायी रूप से प्रवर्जन कर थोड़ा-बहुत काम प्राप्त कर लेते हैं। तीर्थयात्रा के समय कुली का काम या घोड़ों पर सवारी तीर्थस्थल तक लाने ले जाने का काम सरलता से मिल जाता है।

(4) नियतकालिक प्रवर्जन—इसे हम मौसमी प्रवर्जन भी कह सकते हैं। फसल बोने तथा काटने के समय काफी मजदूरों की आवश्यकता होती है। ऐसे मौसम में दूर-दराज के गाँवों से बहुत से लोग उन स्थानों की ओर प्रवर्जन कर जाते हैं जहाँ पर उन्हें इस प्रकार का काम सरलता से उपलब्ध हो पाता है। मौसम समाप्त होते ही वे अपने घरों की ओर वापस लौट जाते हैं। भारत में गेहूँ उत्पादन वाले राज्यों तथा आलू निकाले जाने के मौसम में इस प्रकार का प्रवर्जन देखा जा सकता है।

(5) अर्द्ध-स्थायी प्रवर्जन—भारत में इस प्रकार का प्रवर्जन भी स्पष्टतया देखा जा सकता है। इसमें एक स्थान पर रहने वाले लोग दूसरे स्थान पर जीविकोपार्जन हेतु जाते हैं परन्तु अपने मूल स्थान के साथ, जहाँ पर उनके परिवार रहते हैं, निरन्तर सम्पर्क रखते हैं। जब कभी भी काम थोड़ा कम होता है या उन्हें सुविधा मिलती है तो वे अपने मूल स्थान को वापस लौट आते हैं।

(6) स्थायी प्रवर्जन—इस प्रकार के प्रवर्जन का अर्थ, जैसा कि इसके नाम से ही स्पष्ट है, वह प्रवर्जन है जिसमें व्यक्ति स्थायी रूप से अपना मूल निवास स्थान छोड़कर किसी अन्य स्थान पर रोजगार की तलाश में चला जाता है तथा वहाँ पर ही रहने लगता है। बड़े-बड़े बाँधों के निर्माण से भी हजारों लोग विस्थापित होकर अन्य स्थानों की ओर प्रवर्जन कर जाते हैं। स्वतन्त्रता-प्राप्ति से पहले इस प्रकार का प्रवर्जन उन स्थानों की ओर अधिक होता था जहाँ पर जमीन अधिक उपजाऊ थी तथा नहरों एवं पानी की अच्छी व्यवस्था थी।

भारत में ग्रामीण प्रवर्जन की प्रकृति

भारत में ग्रामीण प्रवर्जन की प्रकृति सामान्य रूप से अस्थायी होती है। गाँव से नगरों की ओर काम की तलाश करने वाले ग्रामवासी उद्योगों में श्रमिकों के रूप में काम करने लगते हैं। प्रवर्जन करने वाले ग्रामीणों में खेतीहर और गैर-खेतीहर दोनों प्रकार की जनसंख्या होती है। इनमें से अधिकांश श्रमिक अपने परिवार पैतृक गाँव में ही छोड़ आते हैं और उन्हें जब भी मौका मिलता है वे घर वापस जाने के लिए तत्पर रहते हैं। बहुत-से ग्रामवासी गाँव के सामुदायिक जीवन के कारण नगरों में रहने में असुविधा महसूस करते हैं। उनके लिए परिवार को गाँव में छोड़ना इसलिए भी लाभदायक होता है क्योंकि गाँव में जीवन-यापन करना अधिक सुविधाजनक एवं कम खर्चीला होता है। स्त्रियों और बच्चों को खेतों में काम भी मिल जाता है। यदि प्रवासी मजदूर अपने परिवार के अन्य सदस्यों को नगर में अपने साथ ले आएँ तो उन्हें एक तो नौकरी नहीं मिलेगी और दूसरे आवास की समस्या एवं महँगाई के कारण उनका नगर में रहना मुश्किल हो जाता है।

प्रवर्जन कर नगर में आने वाले ग्रामवासी या तो औद्योगिक श्रमिकों के रूप में काम करते हैं या किसी अन्य प्रकार की मजदूरी का कार्य करने लगते हैं। उद्योगों में काम मिल जाने के बाद भी उनकी अधिक-से-अधिक बार गाँव लौटने की इच्छा बनी रहती है। कई बार तो पैसे की कमी के कारण वे कई महीनों तक अपने गाँव नहीं जा पाते हैं। उन्हें अपने परिवार के लिए गाँव में नियमित रूप से पैसे भी भिजवाने पड़ते हैं जिससे गाँव के साथ उनका सम्बन्ध बना रहता है। गाँव से विस्थापन की समस्या का विश्लेषण करते हुए भारत में श्रम के रॉयल कमीशन ने कहा है कि, "कुछ के लिए यह सम्बन्ध बहुत निकट का है और कुछ के लिए दूर का या कभी-कभार का, कुछ के लिए तो यह एक वास्तविकता से अधिक मात्र एक प्रेरणा का ही है।" प्रायः औद्योगिक श्रमिक उक्त दिन की प्रतीक्षा करते रहते हैं कि जब कारखाने में उनका काम खत्म हो जाएगा तो सदा के लिए अपने गाँव लौट सकेंगे।

भारत में ग्रामीण प्रवर्जन के कारण

भारत में ग्रामीण प्रवर्जन के लिए अनेक कारण उत्तरदायी हैं। इनमें से प्रमुख निम्नलिखित हैं—

(1) जनसंख्या में वृद्धि—भारत में ग्रामीण जनसंख्या में तीव्रता से वृद्धि हुई है। जनसंख्या में वृद्धि के अनुपात में कृषि उत्पादन में वृद्धि नहीं हुई है। इसके परिणामस्वरूप गाँव में रहने वाले अनेक लोगों को गाँव में किसी भी प्रकार का ऐसा कार्य नहीं मिल पाता है जिससे वे अपने परिवार का जीवन निर्वाह कर सकें। ऐसी परिस्थिति से विवश होकर वे उन क्षेत्रों की ओर प्रवर्जन कर जाते हैं जहाँ पर आजीविका कमाने के अधिक साधन उपलब्ध होते हैं।

(2) प्राकृतिक विपदाएँ—भारत में कृषि सदैव प्रकृति पर निर्भर रही है। समय पर वर्षा होने पर फसल अच्छी हो जाती है, जबकि ऐसा न होने पर फसल ठीक नहीं होती। समय-समय पर होने वाली प्राकृतिक विपदाएँ (जैसे महामारी, अकाल आदि) भी ग्रामीण रोजगार के अवसरों पर कुप्रभाव डालती हैं। परिणामस्वरूप काफी संख्या में लोग कृषि कार्यों से वंचित हो जाते हैं। रोजी-रोटी की समस्या उन्हें आर्थिक दृष्टि से सम्पन्न क्षेत्रों, नगरों एवं राज्यों की ओर प्रवर्जन के लिए विवश कर देती है।

(3) निर्धनता एवं बेरोजगारी—बढ़ती हुई जनसंख्या एवं समय-समय पर होने वाली प्राकृतिक विपदाओं के परिणामस्वरूप ग्रामीण भारत में निर्धनता एवं बेरोजगारी में निरन्तर वृद्धि हो रही है। इसलिए ऐसे व्यक्ति रोजगार एवं जीविकोपार्जन की तलाश में स्वयं अकेले अथवा अपने परिवार के साथ नगरों तथा औद्योगिक केन्द्रों की ओर प्रवर्जन कर जाते हैं। कई बार तो अनेक गाँवों के लोग सामूहिक रूप से किसी अन्य नगर या औद्योगिक केन्द्र की ओर चले जाते हैं।

(4) शोषणकारी ग्रामीण सामाजिक संरचना—ग्रामीण कृषक संरचना का अध्ययन करने वाले अधिकांश विद्वानों का कहना है कि इसकी प्रकृति ही शोषणकारी रही है। भू-स्वामी एवं उच्च जातियों के लोग निम्न जातियों के लोगों का सदैव शोषण करते रहे हैं। ऐसे लोगों को गाँव में आर्थिक सुरक्षा भी अधिक प्राप्त नहीं होती। समय मिलते ही अनेक ऐसे लोग शोषण के कुचक्र से बचने के लिए भी अन्य स्थानों की ओर प्रवर्जन करते हैं।

(5) औद्योगिक केन्द्रों का विकास—भारत में औद्योगिक केन्द्रों का विकास तेजी से हुआ है। अधिकांश उद्योग उन क्षेत्रों में ही खोले गए हैं जहाँ आवागमन एवं संचार के साधन तो उपलब्ध हैं हीं, साथ ही कच्चा माल, बिजली एवं पानी भी सरलता से उपलब्ध होता है। ऐसे उद्योग भी आस-पास तथा दूर-दराज के लोगों को अपनी ओर आकर्षित करते हैं तथा वे इन कारखानों में काम करने हेतु अपने पैतृक गाँव से प्रवर्जन कर जाते हैं।

(6) नगरों में रोजगार के अधिक अवसर—प्रशासनिक एवं बाजारों के विकास की दृष्टि से नगरों में रोजगार के अधिक अवसर उपलब्ध होते हैं। साथ ही, नगरों में औद्योगिक विकास

भी तीव्रता से होता है। ये सब अवसर अनेक ग्रामीण लोगों को नगरों की ओर प्रवर्जन के लिए विवश कर देते हैं। पंजाब एवं पश्चिमी उत्तर प्रदेश में अनेक नगरों एवं औद्योगिक केन्द्रों में अधिकांश प्रवासी मजदूर बिहार के रहने वाले हैं।

(7) असमान एवं अनियोजित विकास—भारत में नगरों, उद्योगों एवं कृषि का विकास योजनाबद्ध रूप में नहीं हुआ है। भारत के अनेक राज्य ऐसे हैं जहाँ पर अन्य राज्यों की तुलना में औद्योगिक एवं कृषि विकास अधिक हुआ है। औद्योगिक एवं कृषि की दृष्टि से पिछड़े राज्यों के अनेक लोग ऐसे राज्यों की ओर प्रवर्जन कर जाते हैं जिनमें विकास अधिक हुआ है तथा इस नाते वहाँ रोजगार के अवसर भी अधिक होते हैं।

उद्योग एवं कृषि की दृष्टि से विकसित क्षेत्रों एवं राज्यों (जैसे पंजाब, हरियाणा, पश्चिमी उत्तर प्रदेश, पश्चिम बंगाल आदि) में उद्योगों एवं खेतों में काम करने वाले अधिकांश प्रवासी मजदूर बिहार एवं पूर्वी उत्तर प्रदेश से प्रवर्जन कर आए हैं। इन प्रवासी मजदूरों को इन क्षेत्रों एवं राज्यों में रोजगार तो मिला ही हुआ है, वे वहाँ रहते हुए आर्थिक दृष्टि से भी अधिक सुरक्षित महसूस करते हैं।

भारत में प्रवासी मजदूरों के लक्षण

भारत में प्रवासी मजदूरों के प्रमुख लक्षण निम्नलिखित हैं—

(1) भारत में अधिकांश प्रवासी मजदूर पिछड़े हुए क्षेत्रों एवं राज्यों के हैं।

(2) भारत में अधिकांश प्रवासी मजदूर असंगठित क्षेत्र में पाए जाते हैं।

(3) भारत में अधिकांश प्रवासी मजदूर अशिक्षित एवं अप्रशिक्षित होते हैं।

(4) भारत में अधिकांश प्रवासी मजदूरों की सामाजिक-आर्थिक स्थिति अच्छी नहीं है। वे अधिकतर निम्न जातियों एवं पिछड़े वर्गों के हैं।

(5) भारत में अधिकांश प्रवासी मजदूर अपने पैतृक गाँवों से तथा अपने नातेदारों से निरन्तर सम्पर्क बनाए रखते हैं।

(6) भारत में कृषि क्षेत्र में कार्य करने वाले अधिकांश प्रवासी मजदूरों के असंगठित होने के कारण उन्हें दैनिक वेतन अपेक्षाकृत कम मिलता है।

(7) भारत में अधिकांश प्रवासी मजदूरों की कार्य की दशाएँ अधिक अच्छी नहीं हैं। उन पर कार्य से सम्बन्धित किसी भी प्रकार के नियम एवं अधिनियम लागू नहीं होते हैं।

(8) भारत में प्रवासी मजदूर विविध प्रकार के कार्यों में लगे होते हैं। अधिकांशतया वे कारखानों या खेतों में काम करते हैं। अनेक प्रवासी मजदूर रिक्शा चलाकर, निर्माणाधीन मकानों एवं ईंट के भट्टों में मजदूरी का काम कर अपनी आजीविका चलाते हैं। कुछ घरेलू नौकरों तथा अन्य छोटे-मोटे सहायकों के कार्य करके भी अपना पेट पालते हैं।

गाँव से गाँव की ओर प्रवर्जन

गाँव से गाँव की ओर प्रवर्जन गतिशीलता से घनिष्ठ रूप से जुड़ा हुआ है क्योंकि प्रवासियों की गतिशीलता उदग्र एवं क्षैतिज दोनों रूपों में हो सकती है। भारत, दक्षिण एशिया तथा अफ्रीका के देशों में इस प्रकार का प्रवर्जन अधिक पाया जाता है। ऐसे प्रवर्जन को प्रोत्साहन देने वाले प्रमुख कारण निम्नलिखित हैं—

(1) गाँव से गाँव की ओर प्रवर्जन करने वाले अधिकांश व्यक्ति ऐसे होते हैं जिनके पास आजीविका के पर्याप्त साधन नहीं होते हैं।

(2) सूखा, अकाल, फसल का न होना इत्यादि अनेक प्रतिकूल परिस्थितियाँ भी ग्रामवासियों को इस प्रकार के प्रवर्जन के लिए विवश कर देती हैं।

(3) काम के बदले में मिलने वाली मजदूरी इस प्रवर्जन का प्रमुख कारण मानी जाती है। असंख्य बिहारी श्रमिक पंजाब, पश्चिमी उत्तर प्रदेश एवं अनेक अन्य राज्यों में इसलिए प्रवर्जन करते हैं क्योंकि वहाँ श्रम के बदले में उन्हें अधिक पैसे मिलते हैं।

(4) आस-पास के अन्य किसी गाँव में रोजगार के अधिक एवं अच्छे अवसर भी इस प्रकार की प्रवर्जन के लिए उत्तरदायी हैं।

(5) इस प्रकार के प्रवर्जन में कृषि तकनीकी की उपलब्धता भी महत्त्वपूर्ण होती है क्योंकि जिन गाँवों में उन्नत तकनीकी उपलब्ध होती है वहाँ रहने वाले लोग अधिक खुशहाल होते हैं। उनकी यह खुशहाली दूर-दराज के निर्धन ग्रामवासियों को इन गाँवों की ओर आकर्षित करती है।

(6) गाँव से गाँव की ओर प्रवर्जन पर हुए अध्ययनों से एक अन्य तथ्य यह सामने आया है कि प्रवर्जन के परिणामस्वरूप होने वाली गतिशीलता केवल वैयक्तिक स्तर पर ही नहीं होती। अधिकांशतः सम्पूर्ण परिवार ही इससे प्रभावित होता है।

गाँव से नगर की ओर प्रवर्जन

गाँव से नगर की ओर प्रवर्जन की मात्रा (विस्तार) गाँव से गाँव की ओर प्रवर्जन से कहीं अधिक है। इस प्रकार के प्रवर्जन में गाँव में रहने वाले व्यक्ति नगरों की ओर प्रवर्जन करते हैं। इस प्रकार के प्रवर्जन के प्रमुख कारण निम्नलिखित हैं—

(1) औद्योगिक विकास के कारण नगरों में श्रमिकों की अधिक आवश्यकता होती है। इसलिए औद्योगिक केन्द्रों में काम करने वाले अधिकांश श्रमिक आस-पास के गाँवों से ही आते हैं।

(2) नगरों में सरकारी एवं गैर-सरकारी दफ्तर भी अधिक होते हैं। बहुत से ग्रामवासी नौकरी की तलाश में नगरों की ओर प्रवसन करते हैं।

(3) नगरों में शिक्षा के अवसर अधिक होते हैं। अनेक ग्रामवासी अपने बच्चों की शिक्षा हेतु पूरे परिवार सहित नगरों की ओर प्रवर्जन करते हैं।

(4) विस्तृत बाजार होने के कारण भी नगरों में रोजगार के अधिक अवसर उपलब्ध होते हैं।

(5) व्यवसायों की बहुलता भी इस प्रकार के प्रवर्जन एवं गतिशीलता को प्रोत्साहन देती है।

(6) नगरों में अधिक मजदूरी मिलती है। नगरों में अधिकांश रिक्शा चालक अधिक मजदूरी के कारण ही काफी दूर के गाँवों एवं राज्यों से प्रवर्जन करते हैं।

(7) गाँव में होने वाले आर्थिक संकट, प्राकृतिक विपदाएँ, बढ़ती हुई बेरोजगारी एवं निर्धनता जैसे कारण भी इस प्रकार के प्रवर्जन को प्रोत्साहन देते हैं।

(8) नगरों में अप्रशिक्षित श्रमिकों की अत्यधिक कमी होती है। यह कमी गाँव से नगर की ओर प्रवर्जन करने वाले लोगों द्वारा ही पूरी की जाती है। अगर किसी गाँव के एक श्रमिक को कार्य मिल जाता है, तो वह अपने अनेक अन्य परिचितों को भी नगर में आने के लिए प्रेरित करता है।

भारत में प्रवर्जन पर हुए समाजशास्त्रीय अध्ययन

भारत में अनेक विद्वानों ने अपने ग्रामीण अध्ययनों में प्रवर्जन एवं गतिशीलता के पक्ष पर अपना ध्यान केन्द्रित किया है। उदाहरणार्थ, सतीश सबरवाल ने पंजाबी औद्योगिक नगर (मॉडलपुर) में प्रस्थिति (Status), गतिशीलता (Mobility) एवं तन्त्र (Network) का अध्ययन किया है। इनका अध्ययन तीन जातियों—वाल्मीकि (सफाई करने वाले), अर्द्धधर्मी (जूते बनाने वाले) तथा रामगढ़िया (बढ़ईगिरी करने वाले) —में प्रवर्जन एवं गतिशीलता से सम्बन्धित है तथा इन्होंने इस बात का पता लगाने का प्रयास किया कि इन तीनों में असमान गतिशीलता के क्या कारण हैं। इस अध्ययन के लिए इन्होंने राजनीतिक सम्बन्ध, शिक्षा, तकनीकी क्षमता और औद्योगिक क्रिया को मुख्य चर माना है। 20 वाल्मीकि, 19 अर्द्धधर्मी तथा 19 रामगढ़ियों के साथ गहन अनौपचारिक साक्षात्कार द्वारा सामग्री संकलित करके सबरवाल ने यह निष्कर्ष निकाला कि रामगढ़ियों में सबसे अधिक गतिशीलता की संप्रेरणा, जातीय एकता तथा परिवर्तनशील परिस्थिति में व्यावसायिक निपुणता से होती है। यही ऐसे कारक हैं जिनसे प्रवर्जन को प्रोत्साहन मिलता है।

के० एल० शर्मा[9] ने श्रीनिवास, स्टेन, मेरियट, लिंच तथा दामले द्वारा सामाजिक गतिशीलता के अध्ययन हेतु अपनाए गए उपागमों को इस प्रक्रिया को भारतीय सन्दर्भ में समझने के लिए अपर्याप्त बताया है। इनके अनुसार जाति व्यवस्था में गतिशीलता के अध्ययन हेतु गतिशीलता की विभिन्न इकाइयों को सामने रखा जाना चाहिए। ये इकाइयाँ परिवार, समूह व व्यक्ति हो सकती हैं। पारिवारिक स्तर पर गतिशीलता को संरचनात्मक सुधारों की प्रतिक्रिया के रूप में, समूह स्तर पर गतिशीलता को संस्कृतिकरण व अन्य सम्बन्धित प्रक्रियाओं द्वारा तथा वैयक्तिक स्तर पर गतिशीलता को सन्दर्भ समूह के सिद्धान्त द्वारा और अधिक अच्छी तरह से समझा जा सकता है। इन्होंने गतिशीलता के तीन स्तरों का उल्लेख किया है—(1) जाति के

किसी एक परिवार या कुछ परिवारों की उच्च या निम्न स्तर की ओर गतिशीलता, (2) एक समूह या जाति के अधिकांश परिवारों की उच्च या निम्न स्तर की ओर गतिशीलता, तथा (3) कुछ विशिष्ट जातियों के परिवारों में किसी एक सदस्य की गतिशीलता। इन तीनों प्रकार की गतिशीलता प्रवर्जन को प्रोत्साहन देती है।

के० एल० शर्मा ने जाति संरचना में गतिशीलता के तीन प्रतिमानों का भी उल्लेख किया है। ये प्रतिमान हैं—(1) न्यूनतम ऊपर की ओर (Marginally going up), जिसे हम कुछ परिवारों व समूहों के रीति-रिवाजों, प्रथाओं, पेशों, शिक्षा व आय में हुए परिवर्तनों द्वारा देख सकते हैं; (2) न्यूनतम नीचे की ओर (Marginally going down), जिसे हम उन परिवारों व निम्न या उच्च जातियों में देख सकते हैं जो आज भी निम्न समझे जाने वाले व्यवसायों में लगे हुए हैं तथा समय के अनुसार अभी भी इन्हें बदलने को तैयार नहीं हैं; तथा (3) वस्तु स्थिति बनाए रखना (Maintaining status quo), जिसे हम उन जातियों में देख सकते हैं जिनके जातीय संस्तरण में क्रम पर अनेक आक्रमण हुए हैं (जैसे राजपूत, ब्राह्मण व जाट जातियाँ) परन्तु उन्होंने जातीय संस्तरण में ह्रास को उच्च शिक्षा, अधिक वेतन वाली नौकरियों, नकद आय व राजनीतिक शक्ति के द्वारा बराबर कर लिया है। इनके अनुसार सन्दर्भ समूह का सिद्धान्त संस्कृतिकरण व पश्चिमीकरण की अवधारणाओं से ज्यादा अच्छा अवधारणात्मक ढाँचा है।

अन्त में कहा जा सकता है कि भारतीय समाज में प्रवर्जन एवं इससे जुड़ी हुई गतिशीलता जटिल रूप में घटित हो रही है और परिवर्तन की दृष्टि से कोई स्पष्ट प्रतिमान प्रस्तुत नहीं कर रही है। ऐसा प्रतीत होता है कि वर्तमान भारतीय समाज में द्वन्द्वात्मक प्रक्रिया घटित हो रही है और हितों के टकराव अभी मूर्त प्रतिमानों में नहीं उभरे हैं।

भारत में ग्रामीण प्रवर्जन की समस्याएँ एवं उनका समाधान

भारत में ग्रामीण प्रवर्जन अनेक प्रकार की समस्याओं को जन्म देता है। इससे प्रवर्जन करने वालों को काफी परेशानियों का सामना करना पड़ता है। प्रवर्जन करने वाले प्रवासियों की प्रमुख समस्याएँ एवं उनके समाधान हेतु सुझाव निम्नलिखित हैं—

(1) अशिक्षा की समस्या—अधिकांश प्रवासी स्वयं तो अशिक्षित होते ही हैं, वे अपने बच्चों की शिक्षा की ओर भी कोई विशेष ध्यान नहीं देते हैं। कम उम्र में ही वे उन्हें बाल श्रमिकों के रूप में छोटे-मोटे रोजगारों में लगा देते हैं ताकि वे परिवार को चलाने में अपना अशंदान प्रदान कर सकें। इस प्रकार, प्रवासी मजदूरों में अशिक्षा की समस्या पीढ़ी-दर-पीढ़ी बनी रहती है। इस समस्या के समाधान हेतु प्रवासियों को बच्चों की शिक्षा की उपयोगिता के बारे में जागरूक बनाया जाना चाहिए। सरकारी स्कूलों में उन्हें निःशुल्क शिक्षा सुविधाएँ उपलब्ध कराई जानी चाहिए।

(2) आवास की समस्या—प्रवासियों को छोटा-मोटा रोजगार तो मिल जाता है, परन्तु वे अपने सीमित साधनों के कारण आवास की उचित व्यवस्था नहीं कर पाते हैं। जो प्रवासी

बड़े नगरों एवं औद्योगिक केन्द्रों की ओर प्रवर्जन करते हैं वे आसमान को छूने वाले मकानों के किराये देने में पूरी तरह से असमर्थ होते हैं। ऐसी स्थिति में उनके सामने झुग्गी-झोपड़ी में रहने के अलावा कोई अन्य रास्ता नहीं होता। इस समस्या के समाधान हेतु प्रत्येक नगर एवं औद्योगिक केन्द्र में कम कीमत के मकानों का निर्माण किया जाना चाहिए। इन मकानों को आसान किश्तों पर प्रवासियों, विशेष रूप से प्रवासी मजदूरों, को आवंटित करने में प्राथमिकता दी जानी चाहिए।

(3) कुपोषण की समस्या—आर्थिक स्थिति अच्छी न होने के कारण अधिकतर प्रवासियों का आहार भी पौष्टिक नहीं होता। अनेक बार तो अल्पाहार द्वारा ही उन्हें अपना गुजारा करना पड़ता है। कुपोषण की समस्या के कारण प्रवासी मजदूरों में बच्चे के जन्म के समय जच्चा-बच्चा या दोनों की मृत्यु की दर अधिक होती है। इस समस्या के समाधान हेतु प्रवासी मजदूरों को कुपोषण के खतरों के प्रति सचेत किया जाना आवश्यक है। उन्हें सरकारी गल्ले की दुकानों पर न्यूनतम मूल्य पर अनिवार्य वस्तुएँ उपलब्ध कराए जाने की व्यवस्था की जानी चाहिए।

(4) शोषण की समस्या—अशिक्षित, अज्ञानी एवं पिछड़े होने के कारण नगरों के चतुर उद्योगपति एवं गाँव के धनी कृषक प्रवासियों का हर तरह से शोषण करते हैं। उन्हें अधिक घण्टों के लिए काम करना पड़ता है तथा बदले में उन्हें सरकार द्वारा निर्धारित न्यूनतम वेतन भी प्राप्त नहीं हो पाता है। अनेक बार तो वे पूरी तरह अपने मालिकों के रहमों-कर्म पर निर्भर होते हैं। इस समस्या के समाधान हेतु सरकार को न्यूनतम मजदूरी अधिनियम के प्रावधान सख्ती से लागू करने चाहिए ताकि मालिक प्रवासी मजदूरों का शोषण न कर सकें।

(5) यौन शोषण की समस्या—स्त्री प्रवासियों का यौन शोषण भी एक सामान्य बात है। प्रवर्जन का अध्ययन करने वाले अनेक विद्वानों ने ईंट भट्टों एवं घरेलू नौकरी करने वाली स्त्रियों के साथ होने वाले यौन शोषण की ओर हमारा ध्यान आकर्षित किया है। कई बार तो यह यौन शोषण आर्थिक प्रलोभन के कारण होता है तो अनेक बार वे अपने मालिकों की जबरदस्ती का शिकार बन जाती हैं। यह एक बहु-आयामी समस्या है। इसका समाधान स्त्रियों की सामाजिक-आर्थिक स्थिति में सुधार द्वारा ही किया जा सकता है।

(6) नशावृत्ति की समस्या—ऐसा देखा गया है कि अधिकांश प्रवासी लम्बी अवधि तक कठिन परिश्रम करते हैं। उन्हें बीड़ी पीने, तम्बाकू खाने, चरस एवं गांजे का प्रयोग करने तथा देशी शराब पीने की लत पड़ जाती है। अशिक्षित एवं अज्ञानी होने के नाते वे सोचते हैं कि इनका प्रयोग उनकी थकावट को कम करता है, जबकि वास्तविकता यह है कि इनके सेवन का उनके स्वास्थ्य पर बुरा प्रभाव पड़ता है और वे कम आयु में ही अनेक प्रकार की बीमारियों का शिकार हो जाते हैं। इस समस्या के समाधान हेतु प्रवासी मजदूरों को नशे से होने वाले नुकसान के बारे में शिक्षित किए जाने की आवश्यकता है। उन्हें यह समझाया जाना चाहिए कि नशावृत्ति पर पैसे खर्च करने की बजाय उन्हें अपने बच्चों की शिक्षा की ओर अधिक ध्यान देना चाहिए।

(7) गन्दी बस्तियों का विकास—नगरों एवं औद्योगिक केन्द्रों में दिकसित होने वाली अधिकांश गन्दी (मलिन) बस्तियों का विकास प्रवासियों ने ही किया है। प्रवासी मजदूर कामकाज करने वाले स्थल के आस-पास खाली पड़ी सरकारी जमीन पर झुग्गी-झोपड़ियाँ बनाकर रहने लगते हैं। इन गन्दी बस्तियों का वातावरण भी दूषित होता है। इनमें रहने के कारण प्रवासी मजदूर, उनकी पत्नियाँ एवं बच्चे अनेक गलत कार्य करना सीख जाते हैं। सरकारी आवास एवं विकास परिषदों को चाहिए कि वे सस्ते आवास की समुचित व्यवस्था करें ताकि इनका लाभ प्रवासी मजदूरों को भी मिल सके। अगर सम्भव हो तो मकानों के आवंटन के समय प्रवासी मजदूरों का कोटा तय कर दिया जाना चाहिए।

(8) स्वास्थ्य पर बुरा प्रभाव—गाँव से नगर की ओर प्रवर्जन करने वाले ग्रामवासी नगरीय एवं औद्योगिक पर्यावरण के साथ सरलता से सामंजस्य स्थापित नहीं कर पाते हैं। उनके गाँव एवं नगर या औद्योगिक केन्द्र के वातावरण में जमीन-आसमान का अन्तर होता है। नए वातावरण का उनकी सेहत पर बहुत दबाव पड़ता है। वे ऐसी जलवायु में रहने के लिए विवश हो जाते हैं जिनकी उन्हें आदत नहीं होती। शहरों में उन्हें खुली हवा भी नहीं मिल पाती और उनके खाने-पीने में भी काफी अन्तर हो जाता है। उन्हें नगरों की गन्दी और दुर्गन्धित गलियों या मलिन बस्तियों में रहना पड़ता है। इसके अतिरिक्त विवाहित होने पर वे अनेक कुरीतियों का भी शिकार हो जाते हैं। श्रम के रॉयल कमीशन के अनुसार, "नगरीय जीवन अपने साथ अनेक आकर्षण देकर आता है। थके हुए शरीरों को अल्कोहल खतरनाक आराम देता है और जुआ उन लोगों को आकर्षित कर लेता है, जो इससे पहले अपने गाँव में केवल स्वास्थ्यवर्द्धक कामों में ही लगे रहते थे। इससे श्रमिकों का स्वास्थ्य ही खराब नहीं होता उनकी कार्यक्षमता भी कम होने लगती है।

उपर्युक्त विवेचन से स्पष्ट है कि भारत में प्रवर्जन के परिणामस्वरूप अपना मूल स्थान छोड़ने वालों को अनेक प्रकार की समस्याओं का सामना करना पड़ता है। घर से सैकड़ों मील दूर रहने के बावजूद भी वे अपना गुजारा मुश्किल से कर पाते हैं। ऐसी सामाजिक-आर्थिक स्थिति में वे अपने बच्चों के भविष्य के बारे में भी कुछ सोच नहीं पाते हैं तथा उन्हें भी मजदूरी के कामों में लगा देते हैं। यही कारण है कि आज भारत में प्रवासी मजदूरों की संख्या निरन्तर बढ़ती जा रही है। सरकार को चाहिए कि वह इनकी समस्याओं को समझे तथा उन्हें दूर करने हेतु उचित उपाय करे। कम से कम उन्हें न्यूनतम मजदूरी दिया जाना तो सुनिश्चित किया ही जाना चाहिए।

VI. ग्रामीण भारत में भूमिहीन श्रमिकों की समस्या

ग्रामीण भारत में कृषि एक प्रमुख व्यवसाय है। भारत की कार्यशील जनसंख्या में सर्वाधिक जनसंख्या इसी व्यवसाय में लगी हुई है। कार्यशील जनसंख्या से आशय उन लोगों से है जो घरेलू उत्पादन को उत्पन्न करने वाली आर्थिक गतिविधियों में लगे होते हैं। इसमें यदि बेरोजगार श्रमिकों की संख्या को जोड़ दिया जाए तो कुल श्रमशक्ति का पता चल जाता है।

भारत की कार्यशील जनसंख्या के अन्तर्गत निम्नलिखित को सम्मिलित किया जाता है—

(1) क़िसान।

(2) कृषि श्रमिक।

(3) पशुपालन, वनोद्योग, मत्स्य पालन, आखेट एवं बागान, फल वाटिकाएँ एवं सम्बन्धित क्रियाएँ।

(4) खनन एवं उत्खनन में लगे श्रमिक।

(5) (अ) परिवार उद्योगों एवं (ब) कारखानों और अन्य गैर-परिवार उद्योगों में विनिर्माण संश्लेषण, सर्विसिंग एवं मरम्मत के कार्यों में लगे श्रमिक।

(6) निर्माण कार्यों में लगे श्रमिक।

(7) परिवहन, भण्डारण एवं संचार में लगे श्रमिक।

(8) अन्य सेवाओं में लगे श्रमिक।

भारत में कुल जनसंख्या एवं श्रमिक संख्या को निम्नवर्णित तालिका में दिखाया गया है—

तालिका–1 : भारत में शहरी और ग्रामीण श्रमिक (करोड़ में)

श्रमिक एवं जनसंख्या	1981 की जनसंख्या			1991 की जनसंख्या		
	कुल	शहरी	ग्रामीण	कुल	शहरी	ग्रामीण
कुल श्रमिक	28·9	5·5	23·4	31·4	6·5	24·9
कुल जनसंख्या	68·5	16·0	52·5	83·6	21·5	62·1

स्पष्ट है कि 1991 की जनगणना के अनुसार भारत की कार्यशक्ति में लगभग 31·4 करोड़ श्रमिक थे। इसमें से लगभग 6·5 करोड़ श्रमिक शहरी क्षेत्र में तथा 24·9 करोड़ ग्रामीण क्षेत्र में थे।

तालिका 1 से स्पष्ट है कि ग्रामीण क्षेत्र की तुलना में शहरी क्षेत्रों में श्रमिकों की संख्या में तेजी से वृद्धि हुई है। यह ग्रामीण क्षेत्र से शहरी क्षेत्र की ओर श्रमिकों एवं उनके परिवारों के लगातार तेजी से पलायन करने की ओर संकेत करती है।

भारत की कार्यशील जनसंख्या को अग्रवर्णित तालिका में क्षेत्रवार प्रदर्शित किया गया है—

तालिका–2 : कार्यशील जनसंख्या का क्षेत्रवार प्रदर्शन

क्रम सं०	क्षेत्र	कार्यशील जनसंख्या (प्रतिशत में)
1.	कृषि	41·1
2.	कृषि श्रमिक	24·9
3.	वन एवं पशुपालन	2·2
4.	घरेलू एवं कुटीर उद्योग	3·7
5.	खनन एवं उत्खनन	6·0
6.	उद्योग एवं निर्माण कार्य	9·2
7.	वाणिज्य एवं व्यापार	6·3
8.	परिवहन एवं संचार	2·7
9.	अन्य	8·8

उपर्युक्त विवेचन से यह स्पष्ट हो जाता है कि ग्रामीण भारत में काफी संख्या भूमिहीन श्रमिकों (कृषि श्रमिकों) की है। भूमिहीन श्रमिक ग्रामीण समाज का वह वर्ग है जो अनेक प्रकार की समस्याओं का सामना कर रहा है। इनकी प्रमुख समस्याएँ निम्न प्रकार हैं—

(1) अशिक्षा की समस्या—भूमिहीन श्रमिक स्वयं तो अशिक्षित होते ही हैं, वे अपने बच्चों की शिक्षा की ओर भी कोई विशेष ध्यान नहीं देते हैं। कम उम्र में ही वे उन्हें बाल श्रमिकों के रूप में छोटे-मोटे रोजगारों में लगा देते हैं ताकि वे परिवार को चलाने में अपना अशंदान प्रदान कर सकें। निर्धनता के कारण वे अपने बच्चों को शिक्षा देने में असमर्थ होते हैं तथा वे शिक्षा को बच्चों के भविष्य के लिए उपयोगी भी नहीं मानते हैं।

(2) निर्धनता की समस्या—भूमिहीन श्रमिक अपने सीमित साधनों के कारण निर्धनता की स्थिति में अपना जीवन-यापन करते हैं। उनको पूरा वर्ष रोजगार नहीं मिलता है। कई महीनों की बेरोजगारी एवं रोजगार की स्थिति में न्यूनतम मजदूरी उनके आर्थिक जीवन को अत्यन्त दयनीय बना देती है। इसी समस्या के कारण वे अपने बच्चों की शिक्षा की ओर भी ध्यान नहीं देते हैं।

(3) ऋणग्रस्तता की समस्या—भूमिहीन श्रमिक निर्धनता के कारण गाँव के साहूकार से ऋण ले लेते हैं जिसे अत्यधिक ब्याज के कारण वापस कर पाना उनके सामर्थ्य से बाहर होता है। इससे वे ऋणग्रस्तता की समस्या का शिकार हो जाते हैं। भूमिहीन श्रमिकों में बँधुआ मजदूरी का प्रचलन इसी समस्या का परिणाम है।

(4) कुपोषण की समस्या—आर्थिक स्थिति अच्छी न होने के कारण भूमिहीन श्रमिकों का आहार भी पौष्टिक नहीं होता। अनेक बार तो अल्पाहार द्वारा ही उन्हें अपना गुजारा करना

पड़ता है। प्याज एवं नमक के साथ रोटी खाकर गुजारा करने वाले कृषि श्रमिक कुपोषण का तो शिकार हो ही जाते हैं साथ ही इनके परिवारों में बच्चे के जन्म के समय जच्चा-बच्चा या दोनों की मृत्यु की दर अधिक होती है। वे स्वास्थ्य सुविधाओं पर पैसा खर्च करने में असमर्थ होते हैं।

(5) **शोषण की समस्या**—अशिक्षित, अज्ञानी एवं पिछड़े होने के कारण नगरों के चतुर उद्योगपति एवं गाँव के धनी कृषक प्रवासियों का हर तरह से शोषण करते हैं। उन्हें अधिक घण्टों के लिए काम करना पड़ता है तथा बदले में उन्हें सरकार द्वारा निर्धारित न्यूनतम वेतन भी प्राप्त नहीं हो पाता है। अनेक बार तो वे पूरी तरह अपने मालिकों के रहमों-कर्म पर निर्भर होते हैं। इस समस्या के समाधान हेतु सरकार को न्यूनतम मजदूरी अधिनियम के प्रावधान सख्ती से लागू करने चाहिए ताकि मालिक प्रवासी मजदूरों का शोषण न कर सकें।

(6) **यौन शोषण की समस्या**—कृषि श्रमिकों के रूप में कार्य करने वाली स्त्रियों का यौन शोषण भी एक सामान्य बात है। चाय बागानों में इनकी संख्या अधिक है तथा इसीलिए इस क्षेत्र में उनका यौन शोषण भी अधिक है। निर्धनता एवं अशिक्षा के कारण वे सरलता से थोड़े से लालच में यौन शोषण का शिकार बन जाती हैं।

(7) **नशावृत्ति की समस्या**—ऐसा देखा गया है कि अधिकांश भूमिहीन श्रमिक लम्बी अवधि तक कठिन परिश्रम करते हैं। उन्हें बीड़ी पीने, तम्बाकू खाने, चरस एवं गांजे का प्रयोग करने तथा देशी शराब पीने की लत पड़ जाती है। अशिक्षित एवं अज्ञानी होने के नाते वे सोचते हैं कि इनका प्रयोग उनकी थकावट को कम करता है, जबकि वास्तविकता यह है कि इनके सेवन का उनके स्वास्थ्य पर बुरा प्रभाव पड़ता है और वे कम आयु में ही अनेक प्रकार की बीमारियों का शिकार हो जाते हैं।

उपर्युक्त विवेचन से यह स्पष्ट हो जाता है कि भूमिहीन श्रमिकों की सामाजिक-आर्थिक स्थिति काफी निम्न है तथा उन्हें अनेक प्रकार की समस्याओं का सामना करना पड़ता है। चूँकि अधिकांश भूमिहीन श्रमिक प्रवासी होते हैं, इसलिए उन्हें प्रवासी श्रमिकों की अन्य समस्याओं का भी सामना करना पड़ता है। सरकार को उनकी समस्याओं के समाधान हेतु प्रभावशाली कदम उठाने चाहिए।

VII. ग्रामीण भारत में आवास की समस्या

बसाहट उस स्थान को कहा जाता है जहाँ लोग रहने के लिए आते हैं तथा मकानों का निर्माण करते हैं। इसे आवास भी कहा जा सकता है। मानव की आधारभूत आवश्यकताओं में रोटी, कपड़ा और आवास बहुत प्रमुख हैं। मानव की सभ्यता का विकास उनके द्वारा अपने लिए कृत्रिम आवास के निर्माण से प्रारम्भ होता है। आवास मनुष्य को प्राकृतिक प्रभावों के विरुद्ध केवल सुरक्षा ही प्रदान नहीं करता, बल्कि उससे मानव का भावनात्मक लगाव हो जाता है। वह मानव के विश्राम की अनुभूति का एक केन्द्र बन जाता है। इसी आवश्यकता की

अनुभूति करते हुए संयुक्त राष्ट्र संघ ने 1987 ई० को 'बेघर लोगों के लिए आश्रय का अन्तर्राष्ट्रीय वर्ष' घोषित किया है। भारत में आवास समस्या अति गम्भीर है। गाँव और शहरों में बड़ी संख्या में ऐसे लोग हैं जिनके पास घर नाम की कोई चीज या तो है ही नहीं और यदि कुछ है भी तो उसे निश्चित रूप से आवास नहीं कहा जा सकता। 'आवास', वास्तव में, एक समाजशास्त्रीय तथ्य भी है। यह तथ्य तीन बातों से सिद्ध होता है—**प्रथम**, आवास सामाजिक जीवन की एक अनिवार्यता है क्योंकि वैवाहिक जीवन भी प्रजनन प्रक्रिया के लिए एक सुरक्षित आश्रय की माँग करता है और बालकों का लालन-पालन आवास के प्रकार से प्रभावित होता है, **द्वितीय**, हमारे समाज में घर एक प्रतिष्ठा का विषय भी है। यहाँ तक कि लड़के अथवा लड़की की शादी, विवाह के लिए वधू अथवा वर की तलाश करते हुए इस बात को भी देखा जा सकता है कि सम्बन्धित पक्ष वालों के पास घर है या नहीं, **अन्तिम रूप से**, व्यक्ति का आवास किस जगह स्थित है, यह उस व्यक्ति के सामाजिक स्तर का भी परिचायक है। गाँव में आवास प्रायः जाति के आधार पर बँटे क्षेत्रों के अनुसार होते हैं। निम्न जातियों के मकान प्रायः गाँव की बाहरी सीमा पर होते हैं। इसी भाँति शहर में भी धनी लोगों के आवास 'सिविल लाइन', 'माल रोड', अथवा ऐसी ही विकसित कॉलोनियों में होते हैं, जबकि गरीबों के आवास घनी आबादी वाले गली-मोहल्लों में या मलिन बस्तियों में होते हैं।

हमारे समाज में आवास की समस्या दोनों ही दृष्टियों से गहन है—गणनात्मक दृष्टि से भी और गुणात्मक दृष्टि से भी। भारत की बहुत बड़ी जनसंख्या बिना घरों के हैं। गॉंद में ऐसे अनेक परिवार हैं जो आश्रय के नाम पर मिट्टी की कमजोर दीवारों पर घास-फूस का छप्पर डालकर गुजारा करते हैं जो हर वर्ष ढह जाता है और पुनः बनाया जाता है। शहरों में बड़ी तादाद में ऐसे लोग मिल जाते हैं जो फुटपाथ पर सोते हैं या छोटी-छोटी झोपड़ियों में रहते हैं, यहाँ सफाई की कोई व्यवस्था नहीं है। इन झुग्गी-झोपड़ियों में मनुष्य आवारा कुत्तों के साथ एक नारकीय जीवन जीता है। यह समस्या दिन-प्रतिदिन गम्भीर होती जा रही है। इसके लिए निम्न कारक उत्तरदायी कहे जा सकते हैं—

(1) जनसंख्या में तीव्र गति से वृद्धि,

(2) बढ़ती हुई बेरोजगारी एवं निर्धनता,

(3) नगरीकरण की बढ़ती हुई दर एवं नगरों की ओर प्रस्थान का बढ़ता हुआ दबाव,

(4) भूमि की कीमतों में अत्यधिक वृद्धि एवं भवन-निर्माण की सामग्री को प्राप्त करने की कठिनाई एवं उनकी कमरतोड़ कीमतें, तथा

(5) जनसंख्या के अनुपात में मकानों की अपर्याप्त वृद्धि।

यहाँ यह बात भी ध्यान देने योग्य है कि ग्रागीण एवं नगरीय आवास में गुणात्मक अन्तर है। ग्रामीण क्षेत्रों में आवास की समस्या अधिकांशतः अनिवार्य सेवाओं; (जैसे—सफाई, विकास की व्यवस्था, पीने योग्य पानी की व्यवस्था) तथा दोषपूर्ण पर्यावरण सम्बन्धी दशाओं से

तात्पर्य रखती है। नगरों में इस समस्या से तात्पर्य मलिन बस्तियों, झुग्गी-झोपड़ियों और भीड़-भाड़ की समस्या से है। अनिवार्य दशाओं की स्थिति शहरों में भी गम्भीर है। प्रायः सभी शहरों में अनधिकृत कॉलोनियाँ बस गई हैं जिनमें नाली आदि सुविधाओं के अभाव में गलियों में पानी भरा रहता है और उसमें रोगों के कीटाणु पलते हैं, मानो साक्षात् नर्क में ही मनुष्य जीवन बिता रहे हैं। झुग्गी-झोपड़ियों की हालत तो और भी खराब है। प्रवासी मजदूरों ने नगरों में जहाँ-तहाँ अपनी झुग्गियाँ अनधिकृत रूप से डाल दी हैं। इसी भाँति, औद्योगिक नगरों में मलिन बस्तियों की समस्या विस्फोटक रूप धारण कर चुकी है।

ग्रामीण आवास के प्रकार

आवास केवल नगरों की ही समस्या नहीं है अपितु यह एक ग्रामीण समस्या भी है। गाँव में अधिकांश आवास गन्दे तथा अस्वास्थ्यकर होते हैं। ये मकान, कच्ची मिट्टी और घास-फूस के बने हुए होते हैं। ग्रामीण आवास को प्रमुख रूप से निम्नलिखित तीन श्रेणियों में विभाजित किया जाता है—

(1) पक्के मकान—इस प्रकार के मकान मुख्यतया ईंटों के बने होते हैं तथा इनमें पशुओं के रहने की व्यवस्था अलग से होती है। यद्यपि इन मकानों में प्रकाश एवं रोशनी की समुचित व्यवस्था नहीं होती, तथापि 2 से 4 कमरे एवं एक खुला बरामदा होने के कारण ये मकान हवादार होते हैं। ग्रामीण क्षेत्रों में ऐसे मकानों का प्रतिशत कम ही होता है।

(2) कच्चे मकान—इस प्रकार के मकान कच्ची मिट्टी के बने हुए होते हैं तथा इनकी छतें घास- फूस की खपरैल की होती हैं। रोशनदानों और खिड़कियों के अभाव में इन मकानों में रोशनी की कोई व्यवस्था नहीं होती है। इन मकानों में रसोई से धुआँ निकलने की भी कोई विशेष व्यवस्था नहीं होती है। पूरे मकान में इधर-उधर गन्दा पानी भरा रहता है और गन्दगी पर मक्खियाँ भिनभिनाती रहती हैं। अधिकांश ग्रामवासी इसी प्रकार के मकानों में निवास करते हैं।

(3) अत्यन्त निम्न कोटि के मकान—इस प्रकार के मकान इतने निम्न कोटि के होते हैं कि इन्हें 'आवास' कहना ही इस शब्द का मजाक उड़ाना है। अधिकांशतया ये मकान एक कमरे के होते हैं जिनकी दीवारें कच्ची मिट्टी, लकड़ी या बाँस की होती हैं तथा छत घास की होती है। बरसात में पूरा कमरा टपटपाता रहता है।

भारत की आवास नीति

भारत सरकार जनता की आवास समस्याओं के प्रति शुरू से ही जागरूक रही है। वह जानती है कि व्यक्ति, परिवार और समाज तीनों के कल्याण के लिए इस समस्या को निपटाया जाना जरूरी है। इसीलिए प्रत्येक पंचवर्षीय योजना में इस समस्या से जूझने के लिए विशेष प्रावधान रखा जाता रहा है। भारतीय आवास नीति अग्रलिखित विशेषताएँ रखती है—

(1) निर्मित घरों की संख्या में वृद्धि की जाए,

(2) कमजोर वर्ग के लोगों के लिए सस्ते मकान उपलब्ध कराए जाएँ,

(3) लोगों को प्रोत्साहित किया जाए कि वे अपने घरों के मालिक बनें,

(4) शहरों में भूमि के अतिक्रमण को रोका जाए और अनधिकृत कॉलोनियों व झुग्गी-झोपड़ियों के विस्तार को रोका जाए,

(5) गन्दी बस्तियों का उन्मूलन कर विस्थापितों के लिए वैकल्पिक आवास व्यवस्था तैयार की जाए, तथा

(6) सस्ते मकान निर्माण पर निरन्तर अनुसन्धान कार्य चलता रहे।

संयुक्त राष्ट्र संघ के प्रस्ताव के अनुसार 1987 ई० के वर्ष को 'बेघरों के लिए आश्रम का अन्तर्राष्ट्रीय वर्ष' (IYSH) घोषित किया गया था जिसके दो लक्ष्य थे—**प्रथम**, 1987 तक गरीब और कमजोर वर्ग के आस-पड़ोस की दशाओं को उन्नत किया जाए, **द्वितीय**, 2000 तक गरीब और कमजोर वर्ग के पड़ोस एवं आश्रय को उन्नत करने के तरीकों और साधनों का प्रदर्शन भी किया जाए ताकि इस दिशा में सम्बन्धित जनता का ज्ञान बढ़े और वह जागरूक हो। भारत सरकार ने इन दोनों लक्ष्यों के प्रति अपनी प्रतिबद्धता घोषित की है।

नीति की दृष्टि से केन्द्रीय सरकार और राज्य सरकार दोनों ही इस दिशा में प्रयत्नशील हैं और अनेक योजनाएँ इस दिशा में बनी हैं। योजनाओं में विशिष्ट श्रम समूहों व आर्थिक दृष्टि से निम्न एवं मध्यम वर्ग के लिए विशेष प्रावधान रखे गए हैं। इसी भाँति, मलिन बस्तियों के पर्यावरण को सुधारने के लिए भी विशेष योजनाएँ बनी हैं।

आवास समस्या से सम्बन्धित विभिन्न पक्षों को ध्यान में रखते हुए भवन-निर्माण के अनुसन्धान, आवास वित्त, भूमि सीमा निर्धारण आदि की ओर विशेष ध्यान दिया है और विशेष संस्थाओं की स्थापना की गई है।

आवास सम्बन्धी विभिन्न कार्यक्रम एवं योजनाएँ

आवास समस्या से निपटने के लिए जो विभिन्न योजनाएँ व कार्यक्रम अपनाए गए हैं, उनमें प्रमुख निम्नलिखित हैं—

(1) पंचवर्षीय योजनाओं में आवास कार्यक्रम—1980 ई० तक पंचवर्षीय योजनाओं के माध्यम से आवास कार्यक्रमों में 1,253 करोड़ रुपये सार्वजनिक क्षेत्र में व्यय किए गए। इसके अतिरिक्त, सार्वजनिक क्षेत्रों के प्रतिष्ठानों, विभागीय-उपक्रमों और सरकारी अनुदान तथा सहायता पाने वाली संस्थाओं ने इन कार्यक्रमों में 1,800 करोड़ रुपये लगाए हैं। ऐसा अनुमान है कि इसी अवधि में निजी क्षेत्र में 12,740 करोड़ की पूँजी इस कार्य पर लगाई गई है।

छठी योजना 1980–85 के दौरान सार्वजनिक एवं निजी क्षेत्र में कुल मिलाकर 12,900 करोड़ रुपये का प्रावधान किया गया था, जिसमें से 3,500 करोड़ रुपये ग्रामीण आवास के लिए

और 9,400 करोड़ रुपये शहरी आवास के लिए निर्धारित किए गए थे। गाँव में भूमिहीन श्रमिकों के आवास के लिए भूमि तथा गृह निर्माण सहायता योजना के अन्तर्गत, जोकि 18 राज्यों और 6 केन्द्रशासित क्षेत्रों में क्रियाशील हैं, 334 करोड़ रुपये का प्रावधान था। यह अनुमान था कि मार्च 1984 तक ऐसे परिवारों की संख्या जो गृह निर्माण सहायता पाने के अधिकारी हैं, 145 लाख होगी। मार्च 1985 तक 139·72 लाख परिवारों को आवास भूमि प्रदान की गई है।

(2) **आवास वित्त**—आवास निर्माण के लिए सबसे कठिन समस्या धनराशि की होती है। विभिन्न योजनाओं में अधिकतर धनराशि केन्द्र और राज्य सरकारों ने प्रदान की है। सार्वजनिक क्षेत्र की भूमिका प्रोत्साहन की रही है और यह आशा की जाती रही है कि निजी क्षेत्र इस दिशा में अपने उत्तरदायित्व को निभाएगा। आजकल इस दिशा में अनेक संस्थाएँ भी क्रियाशील हैं, जैसे जीवन बीमा निगम व सामान्य बीमा निगम भी गृह निर्माण के लिए ऋण देते हैं। राज्यों के आवास विकास बोर्ड तथा नगर विकास प्राधिकरण भी इस दिशा में क्रियाशील हैं। इस उद्देश्य के लिए कर्मचारी अपने प्राविडेण्ट फण्ड से भी धन ले सकता है। रिजर्व बैंक ने व्यावसायिक बैंकों को यह आदेश भी दिया है कि वे प्रतिवर्ष आवासों के लिए 75 करोड़ रुपये निर्धारित करें। इस क्षेत्र में चोटी की संस्थाओं के रूप में आवास तथा नगर विकास निगम (HUDCO) व आवास विकास वित्त निगम (HDFC) कार्यरत हैं।

(3) **नगर विकास**—नीति की दृष्टि से नगर विकास को ग्रामीण विकास की पूरक प्रक्रिया के रूप में देखा गया है और यह आशा की गई है कि छोटे और मध्यम श्रेणी के नगरों का विकास किया जाएगा। इस विकास कार्य में आवास के साथ-साथ जलापूर्ति, संचार, शिक्षा, चिकित्सा, मनोरंजन, बिजली, यातायात व निकासी का पूरी तरह ध्यान रखा जाएगा। इन नगरों में नए उद्योगों की स्थापना को प्रोत्साहन दिया जाएगा।

नगर विकास की दृष्टि से 1976 में शहरी भूमि (सीमा तथा नियमन) अधिनियम लागू किया गया था जिसके अन्तर्गत खाली पड़ी शहरी भूमि की मिलकियत निर्धारित कर दी गई है और इससे अधिक खाली भूमि राज्य सरकार उचित मुआवजा देकर अपने कब्जे में ले सकती है। यह योजना जम्मू व कश्मीर, बिहार, गुजरात, कर्नाटक, मध्य प्रदेश, महाराष्ट्र, राजस्थान, उत्तर प्रदेश व पश्चिमी बंगाल में 2000 हेक्टेयर भूमि सरकार के अधीन हो गई है। इस योजना को शहरी भूमि समाजीकरण (Socialization of urban land) कहा गया है।

मलिन बस्तियों के पर्यावरण को सुधारने के लिए मलिन बस्ती पर्यावरण सुधार केन्द्रीय योजना कार्यक्रम 1972 ई० में लागू किया गया था। 1974 ई० में यह योजना राज्य सरकारों को सौंप दी गई। सभी शहरी क्षेत्र इस योजना के अन्तर्गत आ गए हैं।

(4) **जलापूर्ति तथा सफाई**—यह विषय राज्य सरकारों के अन्तर्गत आते हैं और उन्होंने ही इस सम्बन्ध में विशेष योजनाएँ बनाई हैं। केन्द्रीय सरकार ने भी इस दृष्टि से समस्याग्रस्त गाँव के लिए विशेष सहायता का प्रावधान किया है। बीस सूत्री कार्यक्रम में गाँव के लिए पीने

के पानी को उच्चतम प्राथमिकता प्रदान की गई है। छठी योजना के प्रारम्भ में पीने के पानी की कमी से पीड़ित 2·31 लाख गाँव थे जिनमें से 1·92 लाख गाँवों में जलापूर्ति का प्रबन्ध किया गया है।

(5) निर्माण सामग्री का उत्पादन—भवन-निर्माण की सामग्री के उत्पादन को प्रोत्साहन देने की दिशा में हिन्दुस्तान प्री-फैब लिमिटेड उल्लेखनीय है जो पूर्व संरचित गृहों के निर्माण के अतिरिक्त पूर्व-संरचित प्रबलित सीमेण्ट कंक्रीट के हिस्से, पूर्व-प्रबलित सीमेण्ट कंक्रीट के बिजली के खम्भे, झागदार कंक्रीट के पैनल, विभाजन और विसंवाहन खण्ड आदि विभिन्न प्रकार के निर्माण कार्य में काम आने वाली वस्तुएँ बनाती हैं। इससे न केवल आवासीय योजनाओं व उद्योगों के लिए कारखानों के निर्माण की लागत में कमी आई है बल्कि तीव्र गति से निर्माण भी सम्भव हुआ है।

(6) अनुसन्धान—सतत अनुसन्धान की दृष्टि से तीन संस्थाएँ प्रमुख रूप से कार्य कर रही हैं—

(i) राष्ट्रीय भवन संगठन—1954 ई० में स्थापित यह संस्था आवास एवं गृह निर्माण सम्बन्धी सभी तकनीकी मामलों पर सलाह देती है और समन्वय का कार्य भी करती है। इस संगठन ने अपने अनुसन्धानों के आधार पर अनेक प्रयोगात्मक आवास योजनाएँ बनाई हैं जो भवनों को उन्नत बनाने और निर्माण-लागत कम करने की दिशा में बहुत ही महत्त्वपूर्ण सिद्ध हुई हैं। इसने आवास एवं भवन-निर्माण के लिए न्यूनतम विशिष्टताएँ और सामान की खपत के मानक भी निर्धारित किए हैं। ऐसी विधि का निर्माण भी किया है जिससे फूस वाले छप्पर में आग न लग सके। भूमिहीन श्रमिकों के लिए विशेष डिजाइन का मकान तैयार किया है जिसमें वाटरप्रुफ और पलस्तर का अच्छा प्रयोग है। यह संगठन आवास के समाजशास्त्रीय एवं आर्थिक पक्षों का भी अध्ययन करता है।

(ii) केन्द्रीय भवन-निर्माण अनुसन्धान संस्थान—यह संगठन एक पंजीकृत संस्था के रूप में कार्य कर रहा है। संस्थान के अनुसन्धान कार्यक्रम का उद्देश्य इन्जीनियरों, वास्तुकारों, भवन-निर्माण का सामान बनाने वाले निर्माताओं, भवन-निर्माणकर्ताओं और इस उद्योग में लगे हुए अन्य व्यक्तियों की सहायता करना है ताकि वे अपने कार्यों में मितव्ययिता व कुशलता प्राप्त कर सकें।

(iii) नगर एवं गाँव आयोजन संगठन—यह एक ऐसा तकनीकी सलाहकार संगठन है, जो शहरी और क्षेत्रीय विकास सम्बन्धी विषयों पर राज्य सरकारों तथा संघीय क्षेत्रों को निर्देशन व सहायता प्रदान करता है। इसी भाँति, स्थानीय संस्थाओं को भी परियोजनाओं के सम्बन्ध में सलाह-मशविरा प्रदान करता है।

इस प्रकार, देश में आवास समस्या से निपटने के लिए अनेक योजनाएँ क्रियाशील हैं। नए मकानों के निर्माण और पुराने मकानों को सन्तोषजनक स्थिति में बनाए रखने के लिए आवश्यक कदम उठाए जा रहे हैं।

वस्तुस्थिति का मूल्यांकन

यद्यपि यह सच है कि आवास की दिशा में प्रगति हुई है और नगरों के विकास का भी योजनाबद्ध तरीके से प्रयास किया गया है, तो भी क्या वर्तमान स्थिति को सन्तोषजनक कहा जा सकता है ? उत्तर प्रदेश की आवास विकास योजना पर गहन दृष्टि डालने से पता चलता है कि इससे उच्च आय वर्ग और मध्यम आय वर्ग के लोग अधिक लाभान्वित हुए हैं। अल्प आय वर्ग और कमजोर वर्ग इससे लाभ न उठा सके। भूमि और मकानों की कीमत प्रतिवर्ष इतनी बढ़ाई जा रही है कि सरकार निर्मम मुनाफाखोर के रूप में जनता को दिखाई देती है। भवनों के निर्माण में जो सामग्री लगी है उसकी भी शिकायतें सुनने को मिलती हैं; जिस हालत में मकान आवंटी को दिया जाता है वह तुरन्त रहने योग्य नहीं होता और बिना आवश्यक खर्चा किए उनमें रहना सम्भव नहीं। आज भी, किसी भी महानगर में जाड़ों की रात को यदि सर्वेक्षण किया जाए तो हजारों लोग सड़कों पर सोते हुए मिल जाएँगे। मध्यम, निर्धन और कमजोर वर्ग के लिए 'अपना घर' अभी एक सपना है। यह सपना कब साकार होगा, कुछ नहीं कहा जा सकता। स्वयं सरकार भी स्वीकार करती है—"यद्यपि उपलब्ध साधनों से आवास समस्या को शीघ्र हल करने के लिए सरकार प्रयत्नशील है किन्तु देश की अधिक आवश्यक समस्याओं को देखते हुए प्रत्येक परिवार को मकान देना अभी सम्भव नहीं है क्योंकि इस पर कई सौ करोड़ रुपये खर्च करने पड़ेंगे।"

VIII. ग्रामीण भारत में स्वास्थ्य की समस्या

ग्रामीण भारत में जो प्रमुख समस्याएँ पाई जाती हैं उनमें स्वास्थ्य एवं कुपोषण, अशिक्षा तथा अज्ञानता का भी प्रमुख स्थान है। ये तीनों प्रकार की समस्याएँ परस्पर जुड़ी हुई हैं। अशिक्षा से अज्ञानता में वृद्धि होती है और इन दोनों से स्वास्थ्य एवं कुपोषण की समस्याएँ उत्पन्न होती हैं। अशिक्षा एवं अज्ञानता के कारण ग्रामवासी बीमारियों का इलाज ठीक प्रकार से नहीं करवाते हैं और इसलिए वे अनेक जानलेवा बीमारियों के सहज शिकार हो जाते हैं।

परम्परागत रूप से भारत गाँव का देश रहा है और आज भी लगभग तीन-चौथाई जनसंख्या गाँवों में ही निवास करती है। गाँव में वातावरण तो प्राकृतिक होता है तथा इसीलिए यह कहा भी जाता है कि ग्रामवासी बिना प्रदूषण के खुली वायु में सांस लेते हैं व धूप का आनन्द लेते हैं और इसके परिणामस्वरूप उनका स्वास्थ्य अच्छा होना चाहिए। परन्तु वास्तविकता इसके विपरीत है। ग्रामवासी खून पसीने से कमाया हुआ पैसा नगरों के नर्सिंग होमों में बीमारियों के इलाज में लगा देते हैं क्योंकि उनके अपने गाँव में स्वास्थ्य सुविधाएँ उपलब्ध नहीं होती हैं।

अधिकांशतया ग्रामीण आवास स्वास्थ्यवर्द्धक नहीं होते हैं। पानी की निकासी की उचित व्यवस्था न होने तथा गन्दगी के वातावरण के परिणामस्वरूप ग्रामवासी अनेक बीमारियों के शिकार हो जाते हैं। जिन दिनों पहले भारत में महामारियाँ फैलती थीं, उन दिनों में इनका शिकार ग्रामवासी ही होते थे। कई बार तो महामारी के परिणामस्वरूप पूरे-के-पूरे गाँव खाली हो जाते

थे। अधिकांश गाँव मलेरिया, फाइलेरिया, क्षयरोग, कुष्ठरोग इत्यादि बीमारियों के शिकार रहे हैं। गाँव में चिकित्सा सुविधाओं का अभाव पाया जाता है तथा प्रशिक्षित डॉक्टर एवं नर्सें गाँव में जाकर अपना कामकाज नहीं करना चाहती हैं। इससे ग्रामवासियों को स्वास्थ्य सुविधाओं से वंचित रहना पड़ता है। अज्ञानता के कारण अनेक ग्रामवासी बीमारी एवं असाध्य रोग को भगवान की देन अथवा अपनी किस्मत मान लेते हैं तथा उसके इलाज की ओर कोई विशेष ध्यान नहीं देते हैं। ग्रामीण आहार भी अपौष्टिक होता है। प्रत्येक व्यक्ति को प्रतिदिन भोजन की मात्रा में जितने पौष्टिक आहार की आवश्यकता होती है, उतना अधिकांश ग्रामवासियों को नहीं मिल पाता है। अशिक्षा एवं अज्ञानता के कारण अनेक ग्रामीण महिलाएँ गर्भावस्था में मिट्टी एवं चाक तक खा जाती हैं। इससे होने वाले शिशु के स्वास्थ्य पर भी बुरा प्रभाव पड़ता है।

ग्रामीण आवास इस प्रकार से होते हैं कि उनमें स्वच्छता का पूर्णतया अभाव पाया जाता है। मकानों में न तो हवादार खिड़कियों की ही कोई व्यवस्था होती है और न ही रोशनी की। जिन कुओं से ग्रामवासी पानी पीते हैं उनकी भी नियमित रूप से सफाई नहीं होती है। अनेक कुएँ गन्दगी से भरे रहते हैं और ग्रामवासी उन्हीं के गन्दे पानी को पीने के लिए विवश होते हैं। जल प्रदूषण उनके स्वास्थ्य पर बुरा प्रभाव डालता है। ग्रामीण स्वास्थ्य समस्या का सबसे प्रमुख कारण ग्रामवासियों की निर्धनता है। धीरे-धीरे ग्रामवासी आधुनिक चिकित्सा पद्धति के प्रति सचेत हो रहे हैं तथा किसी गम्भीर बीमारी के समय पड़ोसी कस्बे या नगर में डॉक्टर से परामर्श लेने लगे हैं। शिक्षा के विस्तार के परिणामस्वरूप आहार से जुड़े हुए अन्धविश्वास भी कम होने लगे हैं।

केन्द्र एवं राज्य सरकारें भी ग्रामवासियों के स्वास्थ्य की ओर विशेष ध्यान देने लगी हैं। अब गाँव-गाँव में प्राथमिक स्वास्थ्य केन्द्र खोले जा रहे हैं ताकि ग्रामवासियों को स्थानीय स्तर पर सभी प्रकार की चिकित्सा सुविधाएँ उपलब्ध हो सकें। फिर भी जनसंख्या के अनुपात में चिकित्सा सुविधाओं में वृद्धि नहीं हो पा रही है। प्रौढ़ शिक्षा द्वारा भी ग्रामवासियों को स्वास्थ्य के प्रति जागरूक बनाया जा रहा है तथा गाँव-गाँव में पेयजल की उचित व्यवस्था का प्रबन्ध किया जा रहा है। फिर भी, इस दिशा में अभी काफी कुछ होना शेष है।

भारत सरकार ने ग्रामीण स्वास्थ्य समस्या को सामने रखकर 2002 ई० में एक राष्ट्रीय स्वास्थ्य नीति तैयार की है जिसे मन्त्रिमण्डल द्वारा अनुमोदित कर दिया गया है। इस नीति का उद्देश्य देश की आम जनता के अच्छे स्वास्थ्य का एक एकीकृत स्तर हासिल करना है और इसमें अगले दो दशकों के लिए जो लक्ष्य निर्धारित किए गए हैं उन्हें अगले पृष्ठ पर निर्मित तालिका–3 में दर्शाया गया है—

दसवीं योजना में सामाजिक महत्त्व के क्षेत्रों में प्राथमिक, द्वितीयक और उच्च स्तरों पर स्वास्थ्य देख-रेख के मौजूदा आधारभूत ढाँचे का पुनर्गठन और पुनर्संरचना किया जाना शामिल है ताकि उनके पास एक स्पष्ट भौगोलिक क्षेत्र में बसी जनसंख्या को स्वास्थ्य देख-रेख सम्बन्धी

सेवाएँ मुहैया कराने की क्षमता हो और एक-दूसरे के साथ उपयुक्त परामर्शी सम्पर्क हों। जनस्वास्थ्य देख-रेख सुविधाएँ मुहैया कराने वालों की स्थानीय जवाबदेही सुनिश्चित करने के लिए पंचायती राज संस्थाओं को शक्तियों का उपयुक्त प्रत्यायोजन, के मौजूदा ऊर्ध्व रोग नियन्त्रण कार्यक्रमों के सभी पहलुओं का अनुप्रस्थ एकीकरण, जिसमें आपूर्ति की मानीटरिंग, आईईसी, प्रशिक्षण और प्रशासनिक व्यवस्थाएँ, सूचना प्रौद्योगिकी का उपयोग करने वाले उचित दो-तरफा परामर्शीतन्त्र का विकास, स्वास्थ्य देख-रेख के वित्तपोषण की वैकल्पिक प्रणालियों की खोज और विभिन्न हिस्साधारकों—सरकार, निजी और स्वैच्छिक क्षेत्र की भूमिका को परिभाषित करना अन्य महत्त्वपूर्ण क्षेत्र हैं।

वर्ष 2002-03 के दौरान केन्द्रीय स्वास्थ्य क्षेत्र की योजनाओं के लिए उपयोजना परिव्यय 1550 करोड़ रुपये है जो वर्ष 2001-02 में उपलब्ध कराए गए 1450 करोड़ रुपये के परिव्यय की तुलना में 6·9 प्रतिशत अधिक है। केन्द्रीय आयोजना परिव्यय का लगभग 55 प्रतिशत हिस्सा मलेरिया, क्षयरोग, कुष्ठ रोग, एड्स, अन्धता इत्यादि के नियन्त्रण के लिए केन्द्रीय प्रायोजित रोग नियन्त्रण कार्यक्रमों पर खर्च किया जाता है।

तालिका–3 : राष्ट्रीय स्वास्थ्य नीति 2002–हासिल किए जाने वाले लक्ष्य

	निर्धारित लक्ष्य	वर्ष
1.	पोलियो और विचलन (या) का उन्मूलन	2005
2.	कुष्ठ रोग का उन्मूलन	2005
3.	काला ज़ार का उन्मूलन	2010
4.	लसीका फाइलेरिया का उन्मूलन	2015
5.	एचआईवी/एड्स की वृद्धि को शून्य स्तर पर लाना	2007
6.	क्षय रोग, मलेरिया और अन्य रोग वाहकों एवं जलवाहित रोगों के कारण होने वाली मृत्यु-दर में 50 प्रतिशत तक कमी लाना	2010
7.	अन्धता को कम करके 0·5 प्रतिशत के स्तर तक लाना	2010
8.	शिशु मृत्यु-दर को कम करके 30/1000 और मातृ मृत्यु-दर को 100/100,000 जीवित जन्मों के स्तर तक लाना	2010
9.	जनस्वास्थ्य सुविधाओं के उपयोग के 20 प्रतिशत के मौजूदा स्तर को बढ़ाकर 75 प्रतिशत तक लाना	2010
10.	निगरानी, राष्ट्रीय स्वास्थ्य विवरणों और स्वास्थ्य सांख्यिकी की एक एकीकृत प्रणाली स्थापित करना	2005

स्रोत : राष्ट्रीय स्वास्थ्य नीति 2002.

इस प्रकार सरकार द्वारा ग्रामीण समाज में मलेरिया, काला-ज़ार, क्षय रोग, कुष्ठ रोग, अन्धता तथा एचआईवी/एड्स को समाप्त करने हेतु प्राथमिकता प्रदान की जा रही है।

ग्रामीण समाज में स्वास्थ्य से जुड़ी हुई एक अन्य समस्या कुपोषण की है। इसे समाप्त करने हेतु भी प्रधानमन्त्री ने 15 अगस्त, 2001 ई० को राष्ट्रीय पोषाहार मिशन स्थापित करने की घोषणा की है। इस मिशन के अन्तर्गत निर्धनता रेखा के नीचे के परिवारों की किशोरियों एवं गर्भवती महिलाओं तथा दुग्धपान कराने वाली माताओं को आर्थिक सहायता प्राप्त खाद्यान्न उपलब्ध कराया जाएगा। इस मिशन की अध्यक्षता प्रधानमन्त्री स्वयं करेंगे तथा इसकी कार्यकारी समिति की अध्यक्षता मानव संसाधन मन्त्री द्वारा की जाएगी।

भारत में पाँच वर्ष से कम आयु के बच्चों में से आधे बच्चे साधारण तथा गम्भीर रूप से कुपोषण का शिकार हैं, 30 प्रतिशत नवजात शिशु सामान्य से कम वजन के तथा 60 प्रतिशत महिलाएँ अनीमिया की शिकार हैं। एकीकृत बाल विकास योजना के अन्तर्गत महिला एवं बाल विकास विभाग महिलाओं और बच्चों की पोषण की स्थिति में सुधार लाने के लिए खाद्य अनुपर्ति कार्यक्रम कार्यान्वित कर रहा है। स्वास्थ्य एवं परिवार कल्याण मन्त्रालय विटामिन ए एवं आयोडिन की कमी इत्यादि प्रमुख लघु पोषण सम्बन्धी कमियों का सामना करने के लिए कार्यक्रम कार्यान्वित कर रहा है। प्रधानमन्त्री ग्रामोदय योजना में कम पोषाहार प्राप्त शिशुओं और तीन वर्ष से कम आयु के शिशुओं को पोषाहार उपलब्ध कराने हेतु विशेष प्रयास किए जा रहे हैं। राष्ट्रीय पोषाहार नीति के लक्ष्यों को और आगे बढ़ाने के लिए देश के पोषाहार में पिछड़े चुनींदा जिलों में एक राष्ट्रीय पोषाहार मिशन प्रारम्भ किया जा रहा है। वर्ष 2002-03 के लिए निधियाँ पता लगाए गए 51 जिलों में अल्पपोषित किशोरियों, गर्भवती महिलाओं और दूध पिलाने वाली माताओं को खाद्यान्न उपलब्ध कराने के लिए योजना आयोग ने राज्यों को विशेष अतिरिक्त केन्द्रीय सहायता प्रदान की है।

IX. ग्रामीण भारत में अज्ञानता की समस्या

अज्ञानता भारतीय गाँवों का एक लक्षण माना जाता है। **महात्मा गांधी जी** ने कहा था कि सभी ग्रामीण समस्याओं की जड़ अशिक्षा ही है। अज्ञानता की समस्या भी अशिक्षा का ही परिणाम मानी जाती है। परम्परागत रूप से तो गाँव का बाहरी जगत से सम्बन्ध न के बराबर था तथा ग्रामवासियों में पाई जाने वाली अज्ञानता भी पीढ़ी-दर-पीढ़ी यथावत् बनी रहती थी। बाहरी सम्पर्क में अत्यधिक वृद्धि के परिणामस्वरूप भी ग्रामवासियों में अज्ञानता थोड़ी कम तो हुई है परन्तु यह नहीं कहा जा सकता कि भारतीय गाँवों ने इस समस्या से मुक्ति प्राप्त कर ली है।

ग्रामवासियों में पाया जाने वाला रूढ़िवादी दृष्टिकोण भी अज्ञानता का प्रमुख कारण माना जाता है। ग्रामवासी इतने अधिक रूढ़िवादी होते हैं कि वे अपनी पुरानी परम्पराओं एवं

रूढ़ियों को किसी भी कीमत पर छोड़ने के लिए तैयार नहीं होते हैं। यदि कोई ऐसा प्रयास किया जाता है तो वे इसका विरोध करते हैं। वे मानते हैं कि इन परम्पराओं एवं रूढ़ियों का आधार धार्मिक मान्यताएँ हैं। इनके पीछे साधू सन्तों का अनुभव है और इसलिए इनको बदलने का कोई औचित्य नहीं है। यदि वे इन्हें गलत भी पाते हैं तो इनका विरोध करने का साहस नहीं जुटा पाते हैं।

अज्ञानता के कारण ग्रामवासियों का जीवन रूढ़िवादी होने के साथ-साथ अन्धविश्वासों से भी भरा हुआ होता है। इसका परिणाभ यह होता है कि वे 21वीं शताब्दी के युग में भी काफी पिछड़े हुए बने रहते हैं। अज्ञानता अपने आप में तो एक समस्या है ही, यह अनेक अन्य सभस्याओं को भी जन्म देती हैं। गाँव में आज भी बाल-विवाह प्रथा का प्रचलन तथा विधवा-पुनर्विवाह निषेध का पालन इसी का परिणाम है। ग्रामवासी आज भी अन्तर्जातीय विवाह को अनुचित मानते हैं तथा दुःखी जीवन होने पर भी तलाक की बात सोचना अनुचित मानते हैं। गाँव में अस्पृश्यता की थोड़ी बहुत भावना जो पाई जाती है, वह भी इसी अज्ञानता का परिणाम कही जा सकती है। यदि यह कहा जाए कि ग्रामवासियों का सामाजिक-आर्थिक जीवन अज्ञानता, अशिक्षा एवं रूढ़िवादिता के कारण ही पिछड़ा हुआ है, तो इसमें कोई अतिशयोक्ति नहीं होगी। इसका ग्रामवासियों पर कोई सकारात्मक प्रभाव नहीं पड़ रहा है अपितु इसके नकारात्मक परिणाम ही सामने आ रहे हैं। वास्तव में, अज्ञानता की समस्या गाँव के लिए एक बोझ बनती जा रही है।

यदि भारत को नियोजित परिवर्तन के परिणामस्वरूप अपने लक्ष्यों की ओर आगे बढ़ना है तो ग्रामवासियों में अज्ञानता व अशिक्षा को दूर करना अनिवार्य है। इन्हें दूर करते ही उनका रूढ़िवादी दृष्टिकोण स्वतः परिवर्तित होने लगेगा। इसके लिए सरकार को ऐसे गहन कार्यक्रम बनाने होंगे जिनसे ग्रामवासी इन समस्याओं के कारणों को समझ सकें तथा उन्हें आधुनिक वैज्ञानिक दृष्टिकोण अपनाने के लिए प्रेरित किया जा सके। शिक्षा एवं प्रचार इस दिशा में महत्त्वपूर्ण भूमिका निभा सकते हैं। जैसे ही ग्रामवासियों में यह नवचेतना विकसित होगी कि बुराइयों से चिपके रहना उनके हित में नहीं है और उनके पिछड़ेपन का भी यही प्रमुख कारण है, तो वे अपने दृष्टिकोण को परिवर्तित करने के लिए स्वतः प्रेरित होंगे।

X. ग्रामीण भारत में जातिवाद की समस्या

साधारण शब्दों में जाति के प्रति निष्ठा का भाव ही जातिवाद है। जातिवाद जाति के प्रति बढ़ती हुई जागरूकता की देन है। यह अपनी जाति के प्रति अन्ध-आस्था अथवा भावना है जो अपनी जाति के उद्देश्य के सम्मुख अन्य जातियों के हितों की अवहेलना करने को प्रेरित करती है। भारतीय समाज में शुरू से ही अपने समूह के प्रति वफादारी तथा भक्ति की भावना प्रमुख रही है। जाति पर आधारित धर्मशालाएँ, धर्मार्थ मन्दिर, अस्पताल, शिक्षा संस्थाएँ इत्यादि का जन्म इसी भावना के अन्तर्गत हुआ है। अतः अपनी ही जाति को श्रेष्ठ मानना,

अपनी ही जाति के व्यक्ति का पक्षपात करना और उसे आगे बढ़ाना तथा अपनी जाति के उद्देश्यों के लिए अन्य जातियों के हितों की अवहेलना करना ही जातिवाद कहलाता है। कालेलकर के अनुसार समाज के इस मजबूत खण्डीकरण से तथा अपनी जाति के प्रति भक्ति अथवा वफादारी से प्रत्येक व्यक्ति में अपनी जाति के उद्देश्यों तथा मान्यताओं को मानने के विचार प्रबल होते हैं।

कालेलकर के अनुसार, "जातिवाद अत्यधिक अन्ध और सर्वोच्च समूह भक्ति (समूह के प्रति वफादारी) है जिसमें सामान्य सामाजिक मान्यताएँ जैसे न्याय, उचितता, समानता तथा सार्वभौमिकता व भ्रातृत्व की उपेक्षा की जाती है।" पाणिक्क के अनुसार, ''राजनीति की भाषा में जाति के प्रति निष्ठाभाव ही जातिवाद है।" इसी प्रकार, नर्मदेश्वर प्रसाद के शब्दों में, "जातिवाद राजनीति में रूपान्तरित जाति के प्रति निष्ठा है।" अतः जातिवाद अपनी जाति के प्रति निष्ठा या बचनबद्धता है जिसके कारण व्यक्ति मनोवैज्ञानिक रूप से अपने आप को जाति के अन्य सदस्यों से सम्बन्धित मानता है और उनका पक्षपात करने और उन्हें आगे बढ़ाने का प्रयास करता है।

जातिवाद के विकास के कारण

जातिवाद के विकास के प्रमुख कारण जिनसे जातीय संगठनों को मजबूत बनाने में सहायता मिली है, निम्नलिखित हैं—

(1) विवाह सम्बन्धी निषेध—अन्तर्विवाही समूह होने के कारण प्रत्येक जाति अपने सदस्यों पर अपनी ही जाति में विवाह करने के लिए प्रतिबन्ध लगाती है। जाति-बिरादरी में हुक्का-पानी बन्द होने के डर से प्रत्येक व्यक्ति अपनी ही जाति में विवाह करता है। इस प्रकार जीवन-साथी चुनने का क्षेत्र सीमित हो जाता है। इसलिए कई जातियों (जिनके सदस्यों की संख्या सीमित है) के सभी सदस्य आपस में सम्बन्धित होते हैं। इन सब कारणों से व्यक्ति अगर परिवार से बाहर किसी के हितों का ख्याल रखता है तो वह है जाति के हित। अतः विवाह सम्बन्धी निषेध से जातिवाद को प्रोत्साहन मिलता है।

(2) खान-पान एवं सहवास आदि पर प्रतिबन्ध—प्रत्येक जाति अपने सदस्यों पर दूसरी जाति के सदस्यों के साथ रहने तथा खाने-पीने पर कुछ न कुछ प्रतिबन्ध लगाती है। दुःख-सुख के समय अधिकतर अपनी ही जाति के व्यक्ति हाथ बँटाते हैं। इसलिए व्यक्ति में अपनी जाति के प्रति अन्धविश्वास सा पैदा होने लगता है जो बाद में जातिवाद का रूप ले लेता है।

(3) सामान्य रीति-रिवाज, पूर्वज एवं व्यवसाय—जाति का प्रत्येक सदस्य अपनी जाति के दूसरे सदस्यों से इसलिए जुड़ा हुआ है कि उनके रीति-रिवाज एवं धार्मिक विचार एक जैसे हैं। कई बार वे अपने आप को एक ही पूर्वज की सन्तान भी मानते हैं। जाति के सदस्य सामान्यतया एक समान व्यवसाय करते हैं। इन सबसे भी व्यक्ति में अपनी जाति के प्रति वचनबद्धता उत्पन्न होती है।

(4) नगरीकरण एवं आवागमन के विकसित साधन—आवागमन के साधनों में विकास से अलग-अलग क्षेत्रों में रहने वाले एक ही जाति के लोगों में ज्यादा मेल-जोल के अधिक

अवसर मिलते हैं। नगरों में एक ही जाति के लोगों में ज्यादा मेल-मिलाप होता है और जाति के सभी सदस्यों को एकत्रित करने के लिए सहभोज एवं सम्मेलन किए जाते हैं। इससे भी जातिवाद के प्रति निष्ठा व वचनबद्धता की भावना बढ़ी है।

(5) संचार साधनों का विकास तथा प्रचार—अधिकांश जातियाँ अपनी जाति की प्रतिष्ठा बढ़ाने, जीवन-साथी के चुनाव में सहायता करने तथा अपने आदर्शों का निरन्तर प्रचार करने के लिए सम्मेलन आयोजित करती है। इसके साथ-साथ अनेक जातियाँ दैनिक अखबार, साप्ताहिक तथा मासिक पत्रिकाएँ भी निकालने लगी हैं। जाति के सदस्य इसके लिए चन्दा देते हैं। इस तरह जाति के पास एक और प्रचार का साधन आ गया है जिससे जाति के प्रति वफादारी एवं भक्ति को बढ़ावा दिया जा सके।

जातिवाद के परिणाम

जातिवाद ने भारतीय समाज को बुरी तरह से प्रभावित किया है। यह गैर-प्रजातान्त्रिक है। भारत जैसे प्रजातान्त्रिक देश में इसका कोई स्थान नहीं है। इससे व्यक्तियों में देश-भक्ति की भावना विकसित नहीं होती और इससे अस्पृश्यता को बढ़ावा मिलता है। जातिवाद राष्ट्रीय विकास में भी एक बाधा है। प्रत्येक व्यक्ति अपने पूर्वजों का व्यवसाय अपना लेता है जिससे व्यावसायिक गतिशीलता नहीं हो पाती। संकीर्णता के विचारों को प्राथमिकता देने के कारण राष्ट्रीय निर्माण एवं राष्ट्रीय चरित्र का विकास ठीक तरह से नहीं हो पाता है। संक्षेप में, जातिवाद के प्रमुख परिणाम इस प्रकार हैं—

(1) राष्ट्रीय एकीकरण में बाधक—जाति के प्रति निष्ठा एवं वचनबद्धता राष्ट्रीय एकता में प्रमुख बाधा है। व्यक्ति राष्ट्रीय हितों की अपेक्षा अपनी जाति के हितों को सर्वोपरि मानते हैं। जातिवाद के कारण आर्थिक, राजनीतिक एवं शैक्षणिक क्षेत्रों में अयोग्य व्यक्ति भी नियुक्ति पाने में सफल हो जाते हैं। इससे राष्ट्रीय विकास भी रुक जाता है।

(2) प्रजातन्त्र के लिए घातक—जातिवाद तथा प्रजातन्त्र दोनों एक-दूसरे के विपरीत हैं। जातिवाद ऊँच-नीच पर बल देता है, जबकि प्रजातन्त्र समानता पर बल देता है। आम चुनावों में चुनाव क्षेत्र की जातीय संरचना के आधार पर उम्मीदवारों का चयन किया जाता है ताकि जाति के आधार पर वोट प्राप्त किए जा सकें। अतः राजनीतिक क्षेत्र में जातिवाद प्रजातन्त्र के लिए गम्भीर खतरा है।

(3) नैतिक पतन एवं भ्रष्टाचार—जातिवाद के कारण व्यक्ति अपनी जाति के सदस्यों की सहायता करने तथा उन्हें आगे बढ़ाने के लिए हर प्रकार के उचित-अनुचित साधनों का प्रयोग करते हैं। इसके कारण उनका नैतिक पतन होता है। सामाजिक मूल्यों की महत्ता भी कम होने लगती है। इससे भ्रष्टाचार को भी प्रोत्साहन मिलता है।

(4) औद्योगिक कुशलता में बाधक—जातिवाद के कारण औद्योगिक कुशलता भी प्रभावित होती है। इसके कारण अयोग्य एवं कम प्रशिक्षित व्यक्ति सरकारी एवं निजी नौकरियों

को प्राप्त करने एवं महत्त्वपूर्ण पदों पर पहुँचने में सफल हो जाते हैं। ऐसे व्यक्ति अपना कार्य ठीक प्रकार से नहीं कर सकते तथा इससे औद्योगिक कुशलता में बाधा पड़ती है।

जातिवाद को समाप्त करने हेतु सुझाव

जातिवाद क्योंकि प्रजातन्त्र के सिद्धान्तों के विरुद्ध है, इसलिए यह काफी समय तक वाद-विवाद एवं मार्मिक चर्चा का विषय बना रहा है। इसे निम्न सुझावों द्वारा समाप्त किया जा सकता है—

(1) अन्तर्जातीय विवाहों को प्रोत्साहन—अन्तर्जातीय विवाहों को प्रोत्साहन देकर जातिवाद को समाप्त किया जा सकता है। भारत में इसके लिए कई राज्य सरकारों द्वारा प्रयास किए गए हैं। अनुसूचित जातियों से विवाह करने के लिए प्रलोभन भी दिए गए हैं। परन्तु अभी भी अन्तर्जातीय विवाह केवल नगरों में ही और वह भी अधिकतर शिक्षित लोगों तक ही सीमित हैं।

(2) विभिन्न संस्थाओं से जाति के नामों को हटाना—जाति के नाम का कम से कम प्रयोग किया जाना चाहिए। किसी भी संस्था का नाम जाति के नाम पर नहीं होना चाहिए। सरकार ने इस दिशा में कई कदम उठाए हैं। उन शिक्षा संस्थाओं को अनुदान व अनुमोदन बन्द कर दिया गया है जो जाति पर आधारित हैं अथवा जातिवाद को बढ़ावा देती हैं। अन्य संस्थाओं पर भी इस प्रकार का अंकुश लगाया जाना चाहिए।

(3) निम्न जातियों की आर्थिक स्थिति में सुधार—आर्थिक समानता, जो कि निम्न एवं उच्च जातियों में पाई जाती है, द्वेषात्मक विचारों को जन्म देती है! यह काफी सीमा तक जातिवाद को प्रोत्साहन देती है। एक-समान स्तर वाले परिवारों एवं जातियों में ज्यादा अन्तर्क्रिया देखी गई है। इसलिए निम्न जातियों के आर्थिक स्तर को ऊँचा करके इस असमानता को दूर करने का प्रयास किया जाना चाहिए।

(4) उचित शिक्षा प्रणाली—बच्चों को शुरू से ही इस प्रकार की शिक्षा दी जानी चाहिए कि उनमें राष्ट्रीय जागरूकता विकसित हो सके तथा उनके दृष्टिकोण अधिक विस्तृत बन सकें। शिक्षा संस्थाओं को जाति पर आधारित ऊँच-नीच से दूर रखा जाना चाहिए। शिक्षा की अन्तर्वस्तु में उचित सुधार लाया जाना चाहिए। साथ ही, पाठ्य-पुस्तकें भी ऐसी होनी चाहिए कि जात-पात का भेदभाव उत्पन्न ही न हो।

(5) जातिवाद के विरुद्ध सामाजिक विधान—सामाजिक विधान बनाकर जातिवाद को दूर कर देना चाहिए। जातिवाद फैलाने वालों के लिए दण्ड की व्यवस्था होनी चाहिए। लेकिन कोई भी विधान तब ही सफल होगा जबकि इसके लिए पर्याप्त जनमत हो। अतः इसके विरुद्ध जनमत तैयार करना भी अनिवार्य है।

(6) औद्योगिक विकास—औद्योगीकरण से जातिवाद समाप्त होता है। उद्योगों में व्यक्ति केवल अपनी जाति के व्यक्तियों में ही नहीं अपितु अन्य जातियों के व्यक्तियों में रहकर

कार्य करता है। इस प्रकार जाति-बन्धनों का अधिक महत्त्व नहीं रहता। अन्य जातियों के लोगों के साथ रहकर वह अधिक विस्तृत दृष्टिकोण बना लेता है। इसमें जातिवाद का कोई स्थान नहीं होता। अतः औद्योगिक विकास विभिन्न जातियों में दूरी कम करने में सहायक हो सकता है।

XI. ग्रामीण भारत में भाषावाद की समस्या

धर्म का अन्तर जीवन की विधियों में भी अन्तर पैदा करता है जिसके फलस्वरूप उनकी अभिव्यक्तियाँ भी अलग-अलग होती हैं। भाषा मनुष्य की अभिव्यक्ति का शायद सबसे शक्तिशाली माध्यम है। प्राकृतिक अलगाव के कारण इस देश में प्रायः प्रत्येक दस मील पर भाषा और बोली में अन्तर पाया जाता है। 1991 ई० की जनगणना के अनुसार देश में 1,652 भाषाएँ बोली जाती हैं। वैसे भारतीय संविधान में अब केवल 18 भाषाओं का ही उल्लेख किया गया है, परन्तु इनके अतिरिक्त भी ऊपर दर्शाई गई संख्या के अनुसार भारत में भाषाएँ और बोलियाँ हैं जिनका कुछ-न-कुछ साहित्य है। वैसे तो अधिकांश भाषाएँ लिपि-रहित हैं, परन्तु कुछ की लिपियाँ भी हैं और समृद्ध साहित्य भी। कहने का तात्पर्य यह है कि हमारे देश और समाज में भाषागत विविधता भी बहुत है। इरावती कर्वे के अनुसार भारतीय समाज में तीन भाषाई परिवारों की भाषाएँ बोली जाती हैं—

(अ) इण्डो-यूरोपीय भाषायी परिवार—इसमें पंजाबी, सिन्धी, हिन्दी, बिहारी, बँगला, असमिया राजस्थानी, गुजराती, मराठी, उड़िया, कश्मीरी इत्यादि भाषाएँ सम्मिलित हैं।

(ब) द्रविड़ भाषायी परिवार—इसमें तेलुगु, कन्नड़, तमिल, मलयालम, कोडगू, गोंड़ी इत्यादि भाषाएँ आती हैं।

(स) आस्ट्रो-एशियाई भाषायी परिवार—इसमें मुण्डारी, वौन्दो, जुआंग, भूमिया, सन्थाली, खासी इत्यादि भाषाएँ आती हैं।

भाषायी विविधता बड़ी गहरी विविधता होती है क्योंकि भाषा के माध्यम से ही व्यक्ति संसार की धारणाओं का प्रत्यक्षीकरण करता है। 1971 ई० में पाकिस्तान के पूर्वी हिस्से का उससे पृथक् हो जाना और नए राष्ट्र का बंगलादेश के नाम से उदित होना, भाषा के आधार पर उपराष्ट्रवाद की भावना का परिणाम था। हमारे देश में भाषा और क्षेत्रवाद ने मिलकर कुछ ऐसी ही सामाजिक दरारें पैदा कर दी हैं। हम आजादी के 55 वर्षों में भी राष्ट्रभाषा के प्रश्न पर एकमत नहीं हैं। भाषाओं के आधार पर राज्यों का पुनर्गठन किया गया, परन्तु अब भी भाषावाद राजनीति एवं आर्थिक क्षेत्र में बहुत सक्रिय है। भाषा के आधार पर बनी 'तेलुगुदेशम' पार्टी पहली ही बार में आन्ध्र प्रदेश में चुनाव में सर्वोच्च स्थान प्राप्त कर गई। 1995 ई० के विधानसभायी चुनावों में तेलुगुदेशम पार्टी पुनः भारी बहुमत से जीती है। विविधता की दृष्टि से भाषायी भिन्नता एक वह महत्त्वपूर्ण घटक है जिसके सन्दर्भ के बिना समकालीन भारतीय समाज की वास्तविकता को स्पष्ट नहीं किया जा सकता।

यद्यपि भारतीय संविधान में हिन्दी को राजभाषा घोषित किया गया था और कहा गया था कि 15 वर्षों में यह अंग्रेजी का स्थान ग्रहण कर लेगी, परन्तु भारत सरकार द्वारा इस दिशा में ठोस प्रयास नहीं किए गए और केन्द्र में अंग्रेजी राज्यभाषा के रूप में जारी रही। इतना ही नहीं तमिलनाडु में द्रमुक ने हिन्दी विरोधी अभियान जारी रखा। परिणामस्वरूप भारत के प्रत्येक प्रधानमन्त्री को आश्वासन देना पड़ा कि दक्षिण के लोग, जितने समय तक चाहें, अंग्रेजी को जारी रख सकते हैं। यह दु:ख का विषय है कि जहाँ दक्षिण के लोग विदेशी भाषा के साथ सम्बद्ध हैं, वहाँ वे अपनी प्रादेशिक भाषा को भी नहीं अपना पा रहे हैं।

प्रधानमन्त्री पं० नेहरू ने 7 अगस्त तथा 4 सितम्बर 1959 ई० को संसद में घोषणा की कि अंग्रेजी वैकल्पित भाषा के रूप में तब तक प्रयोग में रहेगी जब तक लोग चाहेंगे। हिन्दी को गैर-हिन्दी राज्यों पर थोपा नहीं जाएगा।

राष्ट्रीय एकता सम्मेलन तथा तीन भाषायी सूत्र—1961 ई० में सितम्बर तथा अक्तूबर में दिल्ली में राष्ट्रीय एकता सम्मेलन हुआ जिसमें भाषा की समस्या पर विचार किया गया। इस सम्मेलन में माध्यमिक शिक्षा के लिए तीन भाषायी फार्मूलों का सुझाव दिया गया। सम्मेलन में यह भी सुझाव दिया गया कि धीरे-धीरे हिन्दी अंग्रेजी का स्थान ले लेगी।

हिन्दी का राष्ट्र भाषा बनना तथा भाषा विवाद—26 जनवरी, 1965 ई० को हिन्दी राष्ट्रीय भ्‍ााषा बन गई। परन्तु इसमें एक नए विवाद को जन्म दिया। दक्षिण भारत में हिन्दी के विरोध में प्रदर्शन होने गले। मद्रास, बंगाल तथा केरल में विशेषकर दंगे-फसाद हुए। उत्तरी भारत में विशेषकर उत्तर प्रदेश, मध्य प्रदेश, राजस्थान आदि में हिन्दी के समर्थन में प्रदर्शन हुए। प्रधानमन्त्री लालबहादुर शास्त्री ने अहिन्दी भाषायी राज्यों के विरोध को शान्त करने के लिए यह आश्वासन दिया कि हिन्दी को सरकारी स्तर पर लाने का यह अर्थ नहीं है कि अंग्रेजी को भारत से बाहर निकाला जा रहा है। अहिन्दी भाषी राज्य तब तक अंग्रेजी का प्रयोग करते रहेंगे, जब तक वे हिन्दी के प्रयोग को तैयार नहीं हो जाते हैं। 23-24 फरवरी, 1965 ई० को मुख्यमन्त्रियों ने सम्मेलन में तथा कांग्रेस कार्यकारिणी में भाषा की समस्या पर विचार-विमर्श किया गया। मुख्यमन्त्रियों ने कांग्रेस सरकार को परामर्श दिया कि भाषा की समस्या का समाधान करते समय विभिन्न राज्यों के हितों का ध्यान रखा जाना चाहिए। 1967 ई० में संसद में राजभाषा संशोधन बिल प्रस्तुत किया गया जिसमें यह स्पष्ट रूप से कहा गया कि राज्यों में हिन्दी के साथ अंग्रेजी का भी प्रयोग होता रहेगा तथा केन्द्रीय सरकार भी दोनों भाषाओं का प्रयोग करती रहेगी। राजभाषा संशोधन बिल भी हिन्दी भाषी राज्यों तथा अहिन्दी भाषी राज्यों में से किसी को भी सन्तुष्ट न कर सका। जगह-जगह पर हिन्दी के समर्थन तथा विरोध में प्रदर्शन हुए। उत्तर प्रदेश तथा दिल्ली में 'हिन्दी सेना' का गठन हुआ जिसने हिन्दी के समर्थन में एक व्यापक आन्दोलन चलाया। मद्रास के मुख्यमन्त्री अन्नादुराई ने हिन्दी विरोधी आन्दोलन का खुले आम समर्थन

किया। केन्द्र में अभी तक जिस भी राजनीतिक दल की सरकार बनी है, उसी ने यह आश्वासन दिया है कि हिन्दी किसी भी राज्य पर थोपी नहीं जाएगी।

भाषा के आधार पर राज्यों के पुनर्गठन की माँग

स्वतन्त्रता के पश्चात् भारत में भाषायी आधार पर राज्यों के पुनर्गठन की माँग तीव्र हुई। इससे पूर्व 1905 ई० में पश्चिम बंगाल का विभाजन भाषायी आधार पर ही किया गया था। 1918 ई० में सर मॉण्टफोर्ड की रिपोर्ट में भाषायी आधार पर प्रान्तों के पुनर्गठन की आवश्यकता को स्वीकार किया गया, परन्तु रिपोर्ट में यह भी कहा गया कि अभी इसके लिए उपयुक्त समय नहीं आया है। 1931 ई० में इण्डियन स्टैच्यूटरी आयोग (Indian Statutory Commission) ने भी अपनी रिपोर्ट में भाषायी आधार पर प्रान्तों के पुनर्गठन का समर्थन किया था। 1938 ई० में नेहरू समिति की रिपोर्ट में यह कहा गया कि, "प्रान्तों का भाषायी आधार पर पुनः वर्गीकरण करना अब पूर्ण रूप से वांछनीय हो गया है।............भाषा सामान्यतः संस्कृति, परम्पराओं तथा साहित्य की विशेष किस्मों से मेल खाती है।"

भाषावार प्रान्त की माँग, सर्वप्रथम मद्रास से उठी, जहाँ तेलुगू भाषी जिलों के निवासियों ने, अलग प्रान्त (आन्ध्र) की माँग उठाई। आन्ध्र प्रदेश की स्थापना को लेकर भी एक उग्र आन्दोलन उठ खड़ा हुआ और राज्य की माँग के समर्थक पोहाटी श्री रामुल ने आमरण अनशन करके प्राण त्याग दिए। इस स्थिति में 1953 ई० अक्तूबर में तेलुगू भाषी आन्ध्र प्रदेश राज्य का निर्माण हुआ। इससे अन्य राज्यों में भाषा के आधार पर राज्य की माँग जोर पकड़ने लगी और अन्त में केन्द्रीय सरकार द्वारा दिसम्बर 1953 ई० को 'राज्य पुनर्गठन आयोग' की नियुक्ति हुई। उसने 1955 ई० में अपनी रिपोर्ट प्रस्तुत की और यह सुझाव दिया कि भाषा के आधार पर राज्यों के पुनर्गठन का सिद्धान्त लागू किया जाए। इसकी सिफारिश के अनुसार 1956 ई० में प्रान्तों का पुनर्गठन किया गया। 1960 ई० में बम्बई राज्य को तोड़कर, महाराष्ट्र और गुजरात बनाया गया। 1966 ई० में पंजाब राज्य का विभाजन करके, पंजाब और हरियाणा दो पृथक्-पृथक् राज्य निर्मित किए गए। इसी आधार को लेकर तेलंगाना आन्दोलन चला और आन्ध्र प्रदेश में पृथक् राज्य की माँग प्रबल हुई। इस प्रकार भाषावार राज्यों के गठन के पीछे जातिवाद व क्षेत्रीयतावाद की शक्तियाँ प्रबल रहीं।

भारतीय राजनीति पर भाषा का प्रभाव

भाषा ने भारतीय राजनीति को निम्नलिखित रूप से प्रभावित किया है—

(1) राष्ट्रीय एकता को खतरा—भाषावाद ने राष्ट्रीय एकता व अखण्डता को करारी चोट पहुँचाई हैं। दक्षिण और उत्तर के राज्यों में मुख्य विवाद का कारण भाषा ही रही है। हिन्दी भाषी राज्य हिन्दी के पक्ष में हैं जब कि दक्षिण के गैर-हिन्दी भाषी हिन्दी विरोधी हैं।

(2) भाषा के आधार पर राज्यों का पुनर्गठन—राज्य पुनर्गठन कानून 1956 ई० के आधार पर भारत को 14 राज्यों तथा 6 संघीय क्षेत्रों में विभाजित किया गया था। राज्यों के

पुनर्गठन से यह समस्या समाप्त नहीं हुई वरन् उसके बाद भी अनेक राज्यों का गठन हुआ और आज भारत में 28 राज्य तथा 7 संघ शासित प्रदेश है। आज भी अनेक क्षेत्रों में भाषा के आधार पर पृथक् राज्य बनाने की माँग उठाई जाती रही है; उदाहरण के लिए--आन्ध्र प्रदेश में तेलंगाना, महाराष्ट्र में विदर्भ, गुजरात में सौराष्ट्र, बिहार में झारखण्ड, उत्तर प्रदेश में बुन्देलखण्ड, जम्मू-कश्मीर में लद्दाख और जम्मू अलग राज्य की माँग कर रहे हैं। इससे भारत की एकता कमजोर पड़ती है।

(3) सीमा विवाद—भाषा के कारण अनेक राज्यों में सीमा विवाद उत्पन्न हुआ है और आज भी अनेक राज्यों के बीच यह विवाद चल रहे हैं। उदाहरण के लिए—पंजाब तथा हरियाणा, महाराष्ट्र तथा कर्नाटक तथा केरल आदि में सीमा विवाद विद्यमान है। पंजाब तथा हरियाणा के भाषायी क्षेत्रों के विवाद को हल करने के लिए अनेक आयोग स्थापित किए जा चुके हैं परन्तु अभी तक समस्या का समाधान नहीं हुआ है। 21 जून, 1986 को केन्द्र ने सर्वोच्च न्यायालय के पूर्व न्यायाधीश डी० ए० देसाई की अध्यक्षता में न्यायिक समिति की नियुक्ति की जिससे यह पता लगाया जा सके कि पंजाब के कौन-से हिन्दी भाषी क्षेत्र हरियणा को चण्डीगढ़ के बदले दिए जाने चाहिए।

(4) क्षेत्रीयवाद की भावना का विकास—भाषा के आधार पर ही लोगों में क्षेत्रीयतावाद की भावना का विकास हुआ है और पृथक् भाषा बोलने वाले पृथक् राज्य की माँग करते हैं। यदि सभी पृथक् भाषा बोलने वालों की माँग को स्वीकार कर लिया जाए तो भारत अनेक छोटे-छोटे राज्यों में विभक्त हो जाएगा और इससे भारत की एकता और अखण्डता भी खतरे में पड़ सकती है।

(5) संकीर्ण देशभक्ति की भावना—व्यक्ति में भाषा ही संकीर्ण देशभक्ति को विकसित करती है। लोग राष्ट्र-हित को भूलकर अपने निजी स्वार्थों में फँस जाते हैं। भारत में रहने वाले भिन्न-भिन्न लोग अपनी प्रान्तीय भाषाओं के प्रति अत्यधिक उत्सुक हैं और हिन्दी को राष्ट्रीय भाषा के रूप में स्वीकार करने के लिए तैयार नहीं हैं।

(6) भाषायी अल्पसंख्यकों की समस्या—यद्यपि राज्यों का पुनर्गठन भाषा के आधार पर किया गया है, फिर भी प्रत्येक राज्य में अन्य भाषाओं के लोग भी रहते हैं। अल्पसंख्यकों को बहुमत भाषी लोग बाहर का समझते हैं और उनके साथ भेदभाव किया जाता है। उदाहरण के लिए, 1966 ई० में महाराष्ट्र में शिव सेना की स्थापना की गई जिसने नारा दिया, 'महाराष्ट्र मराठियों के लिए'।

(7) आन्दोलन, हिंसा, व्रत इत्यादि का प्रयोग—भाषायी समूह के लोगों ने केन्द्र से अपनी माँगें मनवाने के लिए आन्दोलनों का सहारा लिया और आमरण व्रत भी रखे। इन हिंसक आन्दोलनों से हजारों लोगों की मृत्यु हुई और करोड़ों की सम्पत्ति बर्बाद हुई। तमिलनाडु में अनेक बार हिन्दी विरोधी आन्दोलन हुए हैं। दिसम्बर 1986 ई० में गोवा में कोंकणी को राज्य

की सरकारी भाषा घोषित करने के लिए आन्दोलन हुए। 71वें संशोधन द्वारा कोंकणी को आठवीं अनुसूची में सम्मिलित कर लिया गया।

(8) सामाजिक तनाव—भाषायी आन्दोलनों से सामाजिक तनाव की वृद्धि हुई है। गोवा में कोंकणी और मराठी भाषा को लेकर दिसम्बर 1986 ई० में सामाजिक तनाव उत्पन्न हो गया। उत्तर भारत और दक्षिण भारत में भाषा के विवाद को लेकर अनेक बार सामाजिक तनाव उत्पन्न हो जाता है।

(9) भाषा के आधार पर सता प्राप्त करने का प्रयास—दक्षिण के राज्यों में भाषा सत्ता प्राप्ति का साधन बन गई है। निर्वाचनों के समय राजनीतिक दलों के द्वारा यह भ्रामक प्रचार किया जाता है कि हमारी इच्छाओं तथा भावनाओं के विरुद्ध हिन्दी हमारे ऊपर थौपी जा रही है। द्रमुक नेता एन० करुणानिधि प्रमुख रूप से भाषा की राजनीति करते हैं और उसी आधार पर उन्होंने सत्ता प्राप्त करने में भी सफलता प्राप्त की है। द्रमुक ने 17 नवम्बर से 9 दिसम्बर, 1986 ई० तक हिन्दी विरोधी आन्दोलन चलाया तथा संविधान के 17वें अनुच्छेद की प्रतियाँ जलाई।

आज भी भाषा के आधार पर भारत उत्तर एवं दक्षिण भारत में विभाजित हैं क्योंकि दक्षिणी राज्यों में हिन्दी साम्राज्यवाद के विरुद्ध आज भी लोगों में तीव्र भावनाएँ पाई जाती हैं। उत्तर प्रदेश में उर्दू को राज्य की दूसरी भाषा बनाए जाने के विरोध में अनेक जनसभाओं का आयोजन किया गया। भाषायी संकीर्णता के कारण ही 'धरती के पुत्र' की अवधारणा का जन्म हुआ है। इससे यह तात्पर्य है कि सरकारी एवं गैर-सरकारी पदों पर नियुक्ति प्रादेशिक भाषा जानने वाले व्यक्तियों की होना चाहिए। इसी कारण आज तक भी दक्षिणी राज्यों को लोकसभायी चुनावों में हिन्दी न थोपने का आश्वासन दिया जाता है। भाषा को दलीय राजनीतिक से पृथक् रखने का कोई भी सुझाव अभी तक प्रभावकारी सिद्ध नहीं हो पाया है।

भारत में भाषा की समस्या इतनी व्यापक और उलझी हुई है कि इसका कोई तत्कालीन समाधान नहीं खोजा जा सकता है। इसके लिए हमें बहुत धैर्य रखने एवं रचनात्मक कार्य करने की आवश्यकता है। भाषा ने भारतीय राजनीति को बहुत ही प्रभावित किया है और यह भारतीय एकता के मार्ग में एक बड़ी बाधा बनी हुई है। भाषा की समस्या आम चुनावों के समय और भी उग्र रूप धारण कर लेती है क्योंकि राजनीतिक दल विभिन्न भाषायी लोगों की भावनाओं को उत्तेजित करके अथवा स्वार्थ पूरा करने का प्रयास करते हैं। भाषा की समस्या के समाधान की दिशा में हमें निम्नलिखित बातों की ओर विशेष ध्यान देना चाहिए—

(1) ऐतिहासिक तथ्यों और आँकड़ों से यह स्पष्ट हो चुका है कि इस देश की राजभाषा और सम्पर्क भाषा हिन्दी ही हो सकती है। अहिन्दी भाषी प्रदेशों को इस तथ्य को स्वीकार करने के लिए प्रेरित करना चाहिए।

(2) हिन्दी भाषा को सरल और लोकप्रिय बनाने के लिए ठोस रचनात्मक कार्य करने चाहिए। इस हेतु सरल हिन्दी में मूल पुस्तकें लिखी जाएँ और इनकी उपयोगी पुस्तकों का अन्य भाषाओं में अनुवाद किया जाए और कम से कम मूल्य में उन्हें अहिन्दी भाषियों में वितरित किया जाए।

(3) शैक्षणिक भ्रमण, व्याख्यान, सांस्कृतिक कार्यक्रमों के माध्यम से भारतीय भाषाओं से निकट सम्पर्क स्थापित किया जाए।

(4) हिन्दी भाषी लोगों को अहिन्दी भाषी लोगों की कठिनाइयों की ओर पर्याप्त ध्यान देना चाहिए। दोनों ही पक्षों को भाषायी उग्रता से बचना चाहिए।

(5) अन्त में, भाषा को राजनीतिक स्वार्थों की पूर्ति का माध्यम बनाने से रोका जाना चाहिए।

XII. ग्रामीण भारत में क्षेत्रवाद की समस्या

क्षेत्रवाद अथवा प्रादेशिकता की समस्या भारत के राष्ट्र-निर्माण में एक अवरोधक तत्त्व है। प्रदेशों को विभिन्न आधारों जैसे भूगोल, आर्थिक विकास, भाषायी एकीकरण, जाति या जनजाति इत्यादि द्वारा परिभाषित किया जा सकता है। भारत में 1956 ई० में राज्यों का पुनर्गठन मुख्य रूप से भाषाई आधार पर किया गया है। कई बार अनेक आधार परस्पर जुड़े होते हैं। क्षेत्रवाद अपने क्षेत्र अथवा राज्य के प्रति निष्ठा की संकीर्ण भावना है। कई बार ऐसा होता है कि किसी विशेष क्षेत्र या प्रदेश के लोग यह सोचते हैं कि उनके सामाजिक, सांस्कृतिक, आर्थिक या सांविधानिक अधिकारों की उपेक्षा की जा रही है। इससे लोग अपने क्षेत्र या प्रदेश के विकास के लिए उन विशेषाधिकारों एवं अवसरों की माँग करने लगते हैं जोकि उन्हें सम्पूर्ण समाज के सन्दर्भ में करने चाहिए। क्षेत्रीय हितों द्वारा प्रभावित व्यक्ति अन्य प्रदेशों व सम्पूर्ण राष्ट्र के हितों की ओर कोई ध्यान नहीं देते हैं। इससे भी राष्ट्र-निर्माण की प्रक्रिया को नुकसान पहुँचता है। कुछ विद्वान् इसे राष्ट्रीयता में ही अन्तर्भूत प्रक्रिया बताते हैं।

क्षेत्रवाद का अर्थ

क्षेत्रवाद की परिभाषा देना इतना सरल नहीं है क्योंकि प्रदेश को निर्धारित करने का कोई एक सामान्य आधार नहीं है। साथ ही, कई आधार आपस में जुड़े हुए होते हैं जिससे समस्या और भी जटिल हो जाती है। उदाहरणार्थ, केवल भाषाएँ प्रदेशों को परिभाषित करने के लिए पर्याप्त नहीं है। कई बार ऐसा होता है कि किसी विशेष क्षेत्र में रहने वाले व्यक्ति अनुभव करते हैं कि उनके संवैधानिक उद्देश्यों (जैसे आर्थिक तथा सांस्कृतिक इत्यादि) की ओर कोई विशेष ध्यान नहीं दिया जा रहा है अथवा पूरे नहीं हो रहे हैं। क्षेत्रवाद के बारे में दो दृष्टिकोण हमारे सम्मुख रखे गए हैं—प्रथम, अपने प्रदेश के प्रति भक्ति देश में बढ़ती हुई राष्ट्रीयता का ही परिणाम है। विभिन्न क्षेत्रों में रहने वाले लोग आर्थिक तथा सांस्कृतिक विकास के लिए वही

विशेषाधिकारों एवं अवसरों की माँग करते हैं जिनकी पहले पूरे देश में माँग की जाती थी। द्वितीय, इसके बारे में एक अन्य दृष्टिकोण यह है कि क्षेत्रीय भावनाएँ राष्ट्रीय एकता में रुकावट है क्योंकि क्षेत्रीय उद्देश्यों की सर्वोच्चता के कारण राष्ट्रीय उद्देश्य पिछड़ जाते हैं। क्षेत्रीय भावना से ग्रसित व्यक्ति केवल अपने प्रदेश के उद्देश्यों की पूर्ति चाहता है तथा पड़ोसी प्रदेशों अथवा पूरे देश के उद्देश्यों को सामने नहीं रखता।

भारतीय सरकार का प्रमुख उद्देश्य सांस्कृतिक, धार्मिक तथा प्रजातीय अनेकताएँ एवं संघर्ष होते हुए भी एकता की भावना का विकास करना है। आर्थिक असमानताओं को जब राजनीतिक उद्देश्य के लिए शोषित किया जाता है तो क्षेत्रवाद की समस्या उत्पन्न हो जाती है तथा क्षेत्रीय संगठन जन्म लेने लगते हैं। आर० सी० पाण्डे के अनुसार, हिन्दी बोलने वाले तथा न बोलने वाले क्षेत्रों में संघर्ष के अतिरिक्त अन्य घटनाएँ; जैसे—असम में असमियों तथा बंगालियों में संघर्ष, महाराष्ट्र में शिव सेना द्वारा दक्षिण भारतीयों का विरोध तथा तेलंगाना में आंध्रन (Andhrans) का विरोध क्षेत्रवाद की ओर इंगित करती है। अप्रभावित क्षेत्रों में भी स्थानीय माँगों को उठाया जा रहा है। पाण्डे के अनुसार, "क्षेत्रवाद संघीय संरचना की एक समस्या है। एकता का शाब्दिक अर्थ है अंगों से समग्र का निर्माण करना। इसमें हम अनेकता को मानकर चलते हैं तथा अंगों को एक साथ मिलाना इसका उद्देश्य है। अंगों में अनेकता होते हुए भी पारस्परिक सहायता की भावना होनी चाहिए।"

अरुण चटर्जी के अनुसार, क्षेत्रवाद को बहु-परिणाम सम्बन्धी पृथक् विभागों से निर्मित प्रघटना (Multi-dimensional composite phenomena) तथा राष्ट्रीयता में ही निहित प्रक्रिया (Built-in process within nationalism) के रूप में देखा जा सकता है। क्षेत्रवाद तथा प्रान्तीयवाद (Provincialism) में अन्तर है क्योंकि प्रान्तीयवाद में स्थानीयता, अलगाव तथा पृथकता के विचार निहित हैं। क्षेत्रवाद सामाजिक-सांस्कृतिक, आर्थिक तथा राजनीतिक जीवन में अन्तर से शुरू होता है।

उपर्युक्त विवेचन से स्पष्ट होता है कि किसी क्षेत्र की भाषा अथवा बोली को लेकर या उसकी आर्थिक स्थिति को लेकर वहीं के हित को सर्वोपरि रखकर राष्ट्रीय हितों की उपेक्षा करना ही क्षेत्रवाद या क्षेत्रीयता है।

क्षेत्रवाद के उद्देश्य

सैद्धान्तिक रूप से क्षेत्रवाद के निम्नलिखित पहलू तथा उद्देश्य हैं—

(1) यहाँ पर प्रशासन तथा सत्ता का अधिक केन्द्रीकरण है वहाँ प्रदेशों के आधार पर प्रशासन का विकेन्द्रीकरण करना;

(2) एक विशेष राजनीतिक विचारधारा तथा राष्ट्रीय एकता के विरुद्ध सामाजिक-सांस्कृतिक प्रति-आन्दोलन;

(3) राष्ट्र के संघीय संरचना के अन्तर्गत उप-सांस्कृतिक क्षेत्रों के लिए अधिक स्वायतता की माँग को लेकर राजनीतिक प्रति-आन्दोलन; तथा

(4) पृथकतावाद की नीति ताकि क्षेत्रीय समूह, जोकि किसी विशेष उप-सांस्कृतिक क्षेत्र में रहता है, के राजनीतिक उद्देश्यों की पूर्ति की जा सके।

इन्हीं से सम्बन्धित क्षेत्रवाद के चार उद्देश्य हैं—

(1) क्षेत्रीय संस्कृतियों का पुनर्गठन;

(2) प्रशासनीय तथा राजनीतिक निक्षेपण या अवनति;

(3) केन्द्र तथा राज्यों के संघर्षों को सुलझाने के लिए नियम बनाना ताकि दो अथवा अधिक उप-सांस्कृतिक क्षेत्रों में संघर्ष टाला जा सके; तथा

(4) केन्द्र तथा राज्यों में राष्ट्र तथा उप-सांस्कृतिक क्षेत्रों में आर्थिक एवं राजनीतिक सन्तुलन बनाए रखना।

भारत में क्षेत्रवाद के विकास के कारण

क्षेत्रवाद जैसी समस्या का जन्म एवं विकास किसी एक कारण से नहीं होता है। इसके लिए अनेक कारण उत्तरदायी हैं जिनमें से प्रमुख निम्नलिखित हैं—

(1) क्षेत्रीय विभिन्नता—क्षेत्रवाद विभिन्न क्षेत्रों में पाई जाने वाली विभिन्नता का उत्पाद है। राज्य पुनर्गठन आयोग द्वारा भाषायी आधार पर राज्यों के पुनर्गठन के बाद भी अनेक क्षेत्रों में अलगाव का मनोभाव बना हुआ है; उदाहरणार्थ—महाराष्ट्र में विदर्भ या मराठवाड़ा, गुजरात में सौराष्ट्र, बिहार में झारखण्ड, मध्य प्रदेश में छत्तीसगढ़ या विन्ध्य प्रदेश, उत्तर प्रदेश में बुन्देलखण्ड या उत्तराखण्ड या हरित प्रदेश, पश्चिमी बंगाल में गोरखालैण्ड तथा जम्मू-कश्मीर में लद्दाख की माँग इसी मनोवृत्ति का परिणाम है। इनमें से कुछ-एक राज्यों में पृथक् राज्यों के निर्माण हो भी चुके हैं।

(2) भाषा के प्रति लगाव—भाषायी लगाव क्षेत्रवाद की उत्पत्ति का मुख्य कारक है। 1948 ई० में राज्य पुनर्गठन पर विचार करने हेतु नियुक्त दर आयोग ने भाषायी आधार पर राज्यों का पुनर्गठन न करने का विचार व्यक्त किया था; परन्तु राजनीतिज्ञों ने अपने निहित स्वार्थ के लिए भाषायी हितों को आगे बढ़ाना जारी रखा। 1953 ई० में तेलुगू भाषी लोगों के लिए तत्कालीन मद्रास राज्य का भाग लेकर आन्ध्र प्रदेश नामक नए राज्य की स्थापना की गई।

(3) विभिन्न क्षेत्रों का असन्तुलित आर्थिक विकास—राज्य के अलग-अलग भागों में आर्थिक विकास की असन्तुलित स्थिति भी क्षेत्रवाद के उदय का एक मुख्य कारक रही है। उदाहरणार्थ—आन्ध्र प्रदेश में तेलंगाना आन्दोलन, महाराष्ट्र में शिवसेना द्वारा चलाया गया आन्दोलन, असम में ऑल असम स्टूडेण्ट्स यूनियन (AASU) तथा ऑल असम गण-संग्राम परिषद् (AAGSP) द्वारा चलाए गए आन्दोलनों के पीछे यही मुख्य कारक हैं।

(4) सामाजिक अन्याय एवं पिछड़ापन—सामाजिक अन्याय एवं पिछड़ापन क्षेत्रवाद के उदय का एक और मुख्य कारण है। मुख्यतः जब इस पिछड़ेपन में आर्थिक पिछड़ापन भी मिल जाता है तो स्थिति और भी विषम हो जाती है।

(5) धार्मिक संकीर्णता की भावनाएँ—धर्म भी कई बार क्षेत्रीयवाद की भावनाओं को बढ़ाने में सहायता करता है। पंजाब में अकालियों की पंजाबी सूबे की माँग कुछ हद तक धर्म के प्रभाव का परिणाम ही थी।

(6) राजनीतिक स्वार्थ—क्षेत्रवाद की भावनाओं को विकसित करने में राजनीतिज्ञों का भी हाथ रहता है। कई राजनीतिज्ञ यह सोचते हैं कि यदि उनके क्षेत्र का अलग राज्य बना दिया जाएगा तो इससे उनकी राजनीतिक महत्त्वाकांक्षाओं की पूर्ति हो जाएगी; अर्थात् उनके हाथ भी सत्ता लग जाएगी।

भारतीय राजनीति में क्षेत्रवाद के विभिन्न रूप

भारतीय राजनीति में क्षेत्रीयता अथवा क्षेत्रवाद की माँग निम्नलिखित रूपों में पाई जाती है—

(1) भाषायी क्षेत्रवाद—स्वतन्त्रता-प्राप्ति के बाद से यह स्पष्ट होने लगा था कि शीघ्र ही क्षेत्रीय महत्वाकांक्षाएँ राजनीतिक व्यवस्था को चुनौती देने वाली हैं। फिर भी राष्ट्रीय नेताओं का यह मत था कि क्षेत्रवाद की लपटों को शान्त करना कठिन न होगा। 1950 के दशक के प्रारम्भ में रामललू की दुःखद मृत्यु और 1953 में आन्ध्र प्रदेश की स्थापना के साथ ही भारत में भाषायी क्षेत्रवाद की शुरुआत हुई। भाषायी क्षेत्रवाद का यह रूप उस समय अपनी चरम सीमा पर पहुँच गया, जब महाराष्ट्र राज्य की स्थापना के लिए 500 से अधिक लोगों ने अपने प्राणों की आहुति दे दी।

यद्यपि जस्टिस फजल अली की अध्यक्षता में गठित राज्य पुनर्गठन आयोग पर विचार हुआ और 1956 ई० में भाषायी आधार पर राज्यों को पुनर्गठित किया गया। आयोग की स्थापना के बाद भी सभी वर्ग असन्तुष्ट ही रहे। आयोग ने पृथक् राज्य की समस्त माँगों को अस्वीकार कर दिया, क्योंकि ये आकार में अति लघु थे। असन्तुष्ट तत्त्वों ने पुनः आन्दोलन का सहारा लिया। परिणामतः 1960 ई० में बम्बई को विभाजित करके महाराष्ट्र और गुजरात राज्यों की स्थापना की गई। 1962 ई० में असम को विभाजित करके पृथक् राज्य नागालैण्ड की स्थापना की गई। इसी प्रकार 1966 ई० में हरियाणा और पंजाब पृथक् हुए। 1972 ई० में असम को पुनः विभाजित करके मेघालय की सृष्टि हुई। 1972 ई० में ही अरुणाचल प्रदेश और मिजोरम को केन्द्रशासित प्रदेश बनाया गया। 1987 ई० में दोनों ही राज्य बन गए। 2000 ई० में बिहार में झारखण्ड, मध्य प्रदेश में छत्तीसगढ़ और उत्तर प्रदेश में उत्तरांचल राज्यों की स्थापना हुई।

(2) संरक्षणात्मक या सामाजिक-आर्थिक क्षेत्रवाद--भारत के विभिन्न भागों में क्षेत्रीय असन्तुलन ने विशेष रूप से आर्थिक क्षेत्र में, भारत में संरक्षणात्मक या सामाजिक-आर्थिक क्षेत्रवाद को जन्म दिया। 1960 के दशक में इसी के चलते भारत के विभिन्न भागों में 'भूमि-पुत्र के सिद्धान्त' (Son of the soil theory) के आधार पर अनेक आन्दोलन चलाए गए। इन आन्दोलनों द्वारा क्षेत्र के मूल निवासियों के साथ विशिष्ट व्यवहार; अर्थात् शिक्षा, नौकरी, व्यवसाय आदि क्षेत्रों में प्राथमिकता देने की माँग की गई।

1966 ई० में बाल ठाकरे द्वारा स्थापित शिवसेना द्वारा महाराष्ट्रियों के हितों के संरक्षण का मुद्दा उठाया गया और इस सम्बन्ध में तीन सूत्री कार्यक्रम रखा गया—(i) महाराष्ट्रियों को केवल महाराष्ट्रियों द्वारा स्थापित होटलों में ही जाना चाहिए। (ii) उन्हें मकान की खरीद-बिक्री या किराये पर देना आपस में ही तय करना चाहिए तथा (iii) उन्हें केवल महाराष्ट्रियों को ही अपने प्रतिष्ठानों में रोजगार देना चाहिए। शिवसेना का यह आन्दोलन मुख्य रूप से आर्थिक क्षेत्र में दक्षिण भारतीयों के बढ़ते हुए प्रभुत्व के विरुद्ध केन्द्रित था।

1960 के दशक के अन्तिम वर्षों में; आन्ध्र प्रदेश, जिसका निर्माण 1953 में मद्रास राज्य को विभाजित करके किया गया था; के तेलुगू जनमानस द्वारा इस आधार पर आन्दोलन शुरू किया गया कि आन्ध्र प्रदेश की अपेक्षाकृत समुन्नत जनसंख्या द्वारा उनका शोषण किया जा रहा है। उल्लेखनीय है कि पूर्वकाल में तेलंगाना क्षेत्र के निवासियों को सन्तुष्ट करने के लिए मुल्की नियम का निर्माण किया गया था। 1968 ई० में उच्चतम न्यायालय ने इन नियमों को भेदभावपूर्ण मानते हुए स्वीकार नहीं किया। इसके विरोध में के० रंगा रेड्डी के नेतृत्व में तेलंगाना क्षेत्र के सभी मन्त्रियों ने त्यागपत्र दे दिए। अन्ततः 1973 ई० में आन्ध्र प्रदेश उच्च न्यायालय ने इन नियमों को पुनर्भाषित किया। इसके अन्तर्गत उसी व्यक्ति को 'मुल्की' (स्थानीय निवासी) माना जाता था, जिसका जन्म या तो हैदराबाद राज्य में हुआ हो और यदि वह बाहर से आया हो तो उसे हैदराबाद राज्य में रहते हुए न्यूनतम 15 वर्ष हो गए हों और वह स्थायी रूप से वहीं बसने का निर्णय ले चुका हो। परिणामस्वरूप अधिकांश व्यक्ति इन नियमों से मिलने वाले लाभों से वंचित रह गए। अन्ततः श्रीमती गाँधी के इस आश्वासन पर कि "मुल्की नियमों को धीरे-धीरे समाप्त किया जाएगा, तेलंगाना आन्दोलन समाप्त हुआ।"

1979 ई० के प्रारम्भ में असम आन्दोलन भी संरक्षणवादी क्षेत्रवाद (Protective regionalism) का एक नमूना है। इसके मूल में ऑल असम स्टूडेण्ट्स यूनियन (AASU) और ऑल असम गण-संग्राम परिषद् (AAGSP) की यह माँग थी कि असम से विदेशियों को बाहर निकाला जाए। विदेशियों के प्रश्न पर सरकार और उपर्युक्त दो संगठनों में मत वैभिन्न्य था। सरकार 1971 ई० को Cut-off year बनाना चाहती थी, जब कि आन्दोलनकारी 1951 ई० को। बाद में सरकार 1967 ई० को भी Cut-off year मानने को तैयार हो गई, परन्तु आन्दोलन जारी रहा। हिंसात्मक घटनाओं के बीच 1983 ई० में असम विधानसभा के चुनाव हुए। 15 अगस्त 1985 को केन्द्र सरकार, राज्य सरकार और आन्दोलनकारियों के मध्य

त्रि-पक्षीय, असम समझौते पर हस्ताक्षर हुए, जिसके अन्तर्गत 1-1-1966 को Cut-off year तारीख मानी गई। यह भी प्रस्ताव रखा गया कि 1-1-1966 से 24-3-1971 के मध्य जो विदेशी असम में आए हैं, उनके नाम मतदाता सूची से आगामी 10 वर्षों के लिए निकाल दिए जाएँगे। इसके अतिरिक्त जो विदेशी असम में 25-3-1971 को या इसके बाद आए हैं, उन्हें राज्य से बाहर कर दिया जाएगा। पूरे आन्दोलन की पृष्ठभूमि में मुख्य कारण यह था कि आन्दोलनकारियों की दृष्टि में बड़ी संख्या में नेपाली, सन्थाली, बंगाली, बिहारी, पंजाबी तथा बांग्लादेशी मुस्लिमों के आ जाने के कारण असम के मूल निवासियों की स्वतन्त्रता खतरे में पड़ गई थी।

व्यक्तिगत स्वतन्त्रता और पहचान को बनाए रखने और क्षेत्र के आर्थिक विकास को बढ़ाने की दृष्टि से गोरखालैण्ड आन्दोलन चलाया गया, जिसका संचालन सुभाष घीसिंग के नेतृत्व वाले गोरखालैण्ड नेशनल लिबरेशन फ्रण्ट (GNLF) द्वारा किया गया। घीसिंग की मुख्य माँग थी; 1950 ई० की भारत-नेपाल सन्धि के अनुच्छेद 7 को निरस्त किया जाए, क्योंकि यह नेपाली मूल के नेपालियों और भारतीय मूल के नेपालियों में कोई विभेद नहीं करता था। ऐसी स्थिति में नेपाली मूल के नेपालियों को भी भारत में वही सुविधाएँ प्राप्त थीं, जो भारतीय मूल के नेपालियों को हैं। घीसिंग की दूसरी मुख्य माँग थी कि नेपाली भाषा को संविधान की आठवीं अनुसूची में सम्मिलित किया जाए। वार्ता के अनेक दौरों के उपरान्त अन्ततः 1988 ई० में 'दार्जिलिंग हिल काउंसिल' की स्थापना के निर्णय पर इसे स्थानीय, सामाजिक और आर्थिक प्रशासन में व्यापक स्वायत्तता प्रदान की गई। इसके 2/3 सदस्य निर्वाचित होंगे और 1/3 नामांकित, ऐसी व्यवस्था की गई है।

ऑल बोडो स्टूडेण्ट्स यूनियन (ABSU) द्वारा बोडोलैण्ड नाम से एक पृथक् राज्य की माँग की गई। 2 मार्च, 1987 से औपचारिक रूप से प्रारम्भ बोडो आन्दोलन के मूल में यह विचार रहा है कि पहाड़ी जनजातियों में संख्यात्मक दृष्टि से सबसे बड़ी होने के बावजूद यह गरीबी और उपेक्षा की शिकार रही है। बोडो लोगों में यह विचार तब और भी गहरा हो जाता है जब वे देखते हैं कि मेघालय, मिजोरम और नागालैण्ड की पर्वतीय जनजातियों ने अत्यधिक उन्नति की है। उल्लेखनीय है कि बोडो एक जाति न होकर एक जातीय परिवार (Ethnic family) है, जिसके अन्तर्गत कच, कछारी, मेच, लांल्लुंग, दिमासा, गारों आदि जनजातियाँ हैं। ऑल बोडो स्टूडेण्ट्स यूनियन के अनुमान के अनुसार असम में कुल मिलाकर 65 लाख जनजातीय (Tribal) आबादी है, जिसमें से लगभग 40 लाख बोडो हैं। इस प्रकार संख्यात्मक दृष्टि से बोडो असम का सबसे बड़ा आदिवासी समूह है। यह मैदानी जनजातियों में भी सबसे बड़ा समूह है।

आर्थिक दृष्टि से अखिल भारतीय स्तर पर लगभग 40% जनसंख्या गरीबी की रेखा के नीचे जीवनयापन कर रही है, जब कि बोड़ो समुदाय की लगभग 90% जनसंख्या गरीबी की रेखा के नीचे जीवनयापन करती है। इस समुदाय का तीन-चौथाई से भी अधिक ऐसे भागों में रहता है जहाँ प्रकाश, सिंचाई, संचार, रेल आदि की व्यवस्था नहीं है। स्वतन्त्रता के बाद

आदिवासियों के हित संवर्धन के लिए जो भी प्रयत्न किए गए वे सभी पर्वतीय आदिवासियों के लिए थे। मैदानी जनजातियों के विषय में मात्र यह निर्णय लिया गया कि ब्रह्मपुत्र घाटी में 'जनजातीय बेल्ट' (Tribal Belt) की स्थापना की जाए जिससे इन क्षेत्रों में गैर-आदिवासियों के अतिक्रमण को रोका जा सके।

यद्यपि आन्दोलन का प्रारम्भ एक पृथक् राज्य की माँग के साथ हुआ था, परन्तु आन्दोलन तीन भागों पर संकेन्द्रित हो गया—

(1) ब्रह्मपुत्र के उत्तरी तट पर बोडो समुदाय के लिए एक पृथक् 'होमलैण्ड' की स्थापना।

(2) ब्रह्मपुत्र के दक्षिणी तट पर मैदानी जनजातियों के लिए जिला परिषद की स्थापना तथा

(3) कर्बी-एलांग की बोड़ो कछारी जनजाति को संविधान की 6ठीं अनुसूची में सम्मिलित किया जाए।

अन्ततः 20 फरवरी, 1993 को केन्द्र, असम सरकार और ऑल बोडो स्टूडेण्ट्स यूनियन के मध्य हुए त्रिपक्षीय समझौते द्वारा यह निर्णय लिया गया कि बोडो बाहुल्य क्षेत्रों के प्रशासन के लिए 'बोडो स्वायत्त परिषद्' (Bodo Autonomous Council) का गठन किया जाएगा। इस परिषद् के 35 सदस्य निर्वाचित होंगे तथा 5 सदस्यों को राज्यपाल मनोनीत करेगा। 19 मई 1993 को बोडोलैण्ड अन्तरिम परिषद् का गठन बोड़ो समझौते के पालन की दिशा में एक महत्त्वपूर्ण कदम है।

झारखण्ड की माँग संरक्षणवादी क्षेत्रवाद का एक विशेष रूप रही, जहाँ आदिवासी अपनी सांस्कृतिक स्वतन्त्रता तथा आर्थिक हितों पर गैर आदिवासियों के आक्रमण से चिन्तित थे। वर्ष 2000 में झारखण्ड राज्य निर्माण के साथ ही यह माँग समाप्त हो गई है।

पिछले कुछ वर्षों से उत्तर प्रदेश में उत्तरांचल राज्य की माँग चल रही थी। वर्ष 2000 में उत्तरांचल राज्य का निर्माण भी हो चुका है। उत्तरांचल सरकार ने अपने राज्य के निर्वाचनों के हितों के संरक्षण के लिए यह कानून पारित किया है कि ऐसा कोई भी व्यक्ति जो उत्तरांचल राज्य का स्थायी निवासी नहीं है, राज्य के किसी भी भाग में भूमि अथवा अचल सम्पत्ति का क्रय नहीं कर सकता है।

(3) **साम्प्रदायिक क्षेत्रवाद**—यह क्षेत्रवाद का वह रूप है, जिसमें क्षेत्रवादी आन्दोलन एक विशेष सम्प्रदाय के लोगों के द्वारा चलाया जाता है। इस श्रेणी के क्षेत्रवाद में भाषा का तत्त्व भी सहायक हो सकता है, परन्तु इसके बावजूद इस श्रेणी के क्षेत्रवाद में सम्प्रदाय का तत्त्व भाषा के तत्त्व पर हावी रहता है। अकाली दल द्वारा पंजाब में चलाया गया उग्रवादी आन्दोलन इसका एकमात्र उदाहरण रहा है। जम्मू-कश्मीर में विभिन्न आतंकवादी संगठनों के द्वारा चलाए जा रहे आन्दोलन भी साम्प्रदायिक क्षेत्रवाद की भावना से प्रेरित है।

क्षेत्रवाद एवं भारतीय राजनीति

यह एक विवादास्पद प्रश्न है कि क्षेत्रवाद का भारतीय राजनीति पर धनात्मक प्रभाव पड़ा है अथवा ऋणात्मक ? रशीउद्दीन खाँ का मानना है कि क्षेत्रीय आन्दोलनों के कारण भारतीय संघ छिन्न-भिन्न हो जाएगा। यह धारणा मिथ्या सिद्ध हुई है। लगभग इसी प्रकार का दृष्टिकोण मॉरिस जोन्स का भी है। जोन्स का मानना है कि "क्षेत्रीय आन्दोलन उप-राष्ट्रवाद के विकास में सहायक होते हैं, जो कालान्तर से राष्ट्रवाद के विकास में सहायता करते हैं।" इस दृष्टिकोण के समर्थकों का यह मानना है कि भारत में क्षेत्रीय आन्दोलन न्यूनाधिक रूप से पृथकतावादी नहीं रहे हैं। क्षेत्रवाद का लक्ष्य अपने क्षेत्र या समुदाय के लिए अधिक सुविधाएँ प्राप्त करना अथवा विकास की गति को तीव्र करना होता है।

दूसरे दृष्टिकोण के अनुसार क्षेत्रवाद का भारतीय राजनीति पर ऋणात्मक प्रभाव पड़ा है और इनमें आन्दोलनात्मक राजनीति को बढ़ावा मिला है। इस दृष्टिकोण के समर्थक विद्वानों के अनुसार क्षेत्रवाद ने अपने निहित स्वार्थों की पूर्ति के लिए धर्म, भाषा, जाति जैसे विघटनकारी तत्त्वों का सहारा लिया है, जिससे भारत में राष्ट्रीय एकीकरण के मार्ग में नवीन बाधाएँ पैदा हो रही हैं।

वास्तविक स्थिति इन दोनों दृष्टिकोणों के मध्य की है। भारत में विकास की गति असमान रही है, अतएव क्षेत्रीय धरातल पर विरोध स्वाभाविक है। यदि विकास के अवसरों और उससे प्राप्त लाभों का बँटवारा न्यायसंगत तरीके से हो सके तो क्षेत्रीय आन्दोलनों से भारत के संघीय ढाँचे पर कोई विपरीत प्रभाव नहीं पड़ेगा।

भारत में क्षेत्रवाद के निराकरण हेतु सुझाव

किसी भी लोकतान्त्रिक राष्ट्र के लिए, विशेष रूप से ऐसे राष्ट्र के लिए, जो अभी भी राष्ट्र निर्माण और राष्ट्रीय एकीकरण की समस्याओं से जूझ रहा हो, क्षेत्रवाद की प्रवृत्ति का विकास एक चिन्ताजनक विषय है। इस समस्या का समाधान एक सोची-समझी, सुविचारित रणनीति द्वारा ही हो सकता है। क्षेत्रवाद की समस्या के समाधान के कुछ प्रभावशाली उपाय निम्नलिखित हैं—

(1) सरकार को विकास कार्यक्रमों का निर्माण और उनका क्रियान्वयन कुछ इस प्रकार करना चाहिए कि सन्तुलित क्षेत्रीय विकास को बढ़ावा मिल सके।

(2) विशिष्ट जातीय समुदाय की अपनी विशिष्ट संस्कृति और पहचान (Identity) को सुरक्षित रखने के लिए सरकार द्वारा विशेष प्रयास किए जाने चाहिए। इस आशय के प्रावधान मौलिक अधिकारों के अनु० 29-30 में भी किए गए हैं। इन्हें पूर्ण ईमानदारी के साथ लागू किया जाना चाहिए।

(3) जहाँ तक सम्भव हो पिछड़े हुए क्षेत्रों के आर्थिक विकास पर विशेष ध्यान दिया जाना चाहिए जिससे उन्हें राष्ट्र की मुख्य विकास-धारा से जोड़ा जा सके। संघ सरकार को पिछड़े हुए क्षेत्रों के विकास पर विशेष ध्यान देने के लिए राज्य सरकारों को विशेष निर्देश देना चाहिए।

(4) क्षेत्रवादी आन्दोलनों की हिंसात्मक प्रवृत्ति पर कठोरता से अंकुश लगाया जाना चाहिए।

उपर्युक्त उपायों को अपनाने से क्षेत्रवाद की प्रवृत्ति का समाधान सम्भव है। यदि समय रहते इन उपायों पर ध्यान नहीं दिया गया तो सम्भव है कि एक बार फिर राज्यों का पुनर्गठन करना पड़े। क्षेत्रीयता की समस्या का समाधान करने के लिए राष्ट्रीयता की भावनाओं एवं राष्ट्र निर्माण की प्रक्रिया को प्रोत्साहन देना अनिवार्य है। राष्ट्रीय एकता की भावना, विभिन्न प्रदेशों का सन्तुलित आर्थिक विकास एवं विकास की उपयुक्त योजनाओं द्वारा इसका समाधान किया जा सकता है।

XIII. ग्रामीण भारत में बेकारी की समस्या

बेकारी आज विकासशील भारत में ही नहीं अपितु अमेरिका तथा इंग्लैंड जैसे विकसित देशों में भी चिन्ता का एक गम्भीर विषय बनी हुई है। बेकारी अशिक्षित तथा शिक्षित दोनों वर्गों में पाई जाती है। शिक्षित युवकों में यह समस्या अधिक विचार-विमर्श का विषय बनी हुई है। बेकारी की समस्या वैयक्तिक जीवन के साथ-साथ पारिवारिक व सामाजिक जीवन को भी प्रभावित करती है। यह अनेक अन्य समस्याओं (यथा आत्महत्या, अपराध, वेश्यावृत्ति आदि) को प्रोत्साहन देती है। इससे समाज की प्रगति में गतिरोध पैदा होते हैं। अनेक प्रकार के आन्दोलन भी इसी के परिणामस्वरूप होते हैं। इस अध्याय में भारत में बेकारी की समस्या को समझाने का प्रयास किया गया है।

बेकारी का अर्थ एवं परिभाषाएँ

बेरोजगारी शब्द रोजगार का विपरीत शब्द है। वे सभी व्यक्ति जो किन्हीं कार्यों अथवा व्यवसाय में लगे होते हैं और जिससे उन्हें अर्थ सम्बन्धी सुविधाएँ उपलब्ध होती हैं उन्हें रोजगार में लगे हुए व्यक्ति कहते हैं। परन्तु बहुत से व्यक्ति ऐसे होते हैं जो स्वस्थ होते हैं कार्य करने की इच्छा भी रखते हैं, परन्तु उन्हें काम नहीं मिलता। ऐसे सभी व्यक्ति बेरोजगार या बेकार कहलाते हैं। बहुत से ऐसे व्यक्ति होते हैं जो स्वस्थ होते हैं, परन्तु कार्य करने की इच्छा नहीं रखते। वे आलस्य में ही पड़े रहना चाहते हैं। ऐसे व्यक्तियों को बेकार नहीं कहा जाता है। अतः साधारण अर्थों में रोजगार का अभाव ही बेकारी है। फेयरचाइल्ड के अनुसार, बेकारी मजदूरी करने वाले सामान्य वर्ग के एक सदस्य का सामान्य समय में सामान्य वेतन पर और सामान्य काम करने वाली दशाओं में, वेतन मिलने वाले काम से अनिच्छापूर्वक या जबरदस्ती अलग कर देना है। इसे निम्नलिखित प्रकार से परिभाषित किया गया है—कार्ल प्रिब्राम के

अनुसार, "बेकारी श्रम बाजार की वह दशा है जिसमें श्रम-शक्ति की पूर्ति उपलब्ध माँगों से अधिक है।"[10] डी० मैलो के अनुसार बेकार व्यक्ति उसे कहा जाता है, "जो अपनी इच्छा होते हुए भी पारिश्रमिक कार्य करने की स्थिति में नहीं है।"[11]

बेकारी की विभिन्न परिभाषाओं से यह स्पष्ट हो जाता है कि यदि एक व्यक्ति काम चाहता है, परन्तु उसे काम करने का अवसर नहीं मिलता है, तो वह व्यक्ति बेकार कहलाएगा। बेकार केवल उन्हीं व्यक्तियों को कहा जा सकता है जो इच्छा होते हुए भी कार्य से वंचित रहते हैं।

बेकारी के प्रमुख प्रकार

हमारे देश में बेकारी एक अत्यधिक जटिल समस्या है। इसके अनेक स्वरूप या प्रकार हैं। बेकरी को निम्नलिखित प्रकारों में बाँटा जा सकता है—

(अ) कृषि बेकारी

भारत एक कृषि प्रधान देश है तथा इसकी कुल जनसंख्या की लगभग दो-तिहाई जनसंख्या कृषि पर निर्भर है। कृषि पूरे साल रोजगार नहीं देती। साथ ही, तकनीकी में विकास के कारण मजदूरों का स्थान मशीनें लेती जा रही हैं। इसलिए भारत में कृषि बेकारों की संख्या में भी निरन्तर वृद्धि होती जा रही है। इसके प्रमुख प्रकार निम्नलिखित हैं—

(1) **प्रच्छन्न बेकारी**—ग्रामीण जनसंख्या का एक-चौथाई अनुपात इस समस्या से पीड़ित है। प्रच्छन्न रूप से बेकार वह व्यक्ति है जो ऊपर से काम पर लगा हुआ दिखाई देता है, परन्तु अगर वह काम न भी करे तो कुल उत्पादन में कोई अन्तर नहीं होता। इसका कारण यह है कि उसका उत्पादन में अपना योगदान शून्य के बराबर है। उदाहरणार्थ, एक परिवार के सभी सदस्य एक खेत पर निर्भर रहते हैं। सभी थोड़ा बहुत काम करते हैं। परन्तु अगर सदस्यों के व्यक्तिगत योग को देखा जाए तो हो सकता है कि कुछ लोगों का योगदान शून्य के बराबर ही हो। अगर एक-दो व्यक्ति कोई दूसरा व्यवसाय अपना लें तो भी कुल उत्पादन में कोई अन्तर नहीं पड़ेगा।

(2) **मौसमी बेकारी**—कृषि एक ऐसा व्यवसाय है जिसमें श्रमिकों की आवश्यकता पूरे साल एक जैसी नहीं रहती। फसल के बुआई तथा कटाई के समय अधिक व्यक्तियों की आवश्यकता होती है। अन्य महीनों में कोई विशेष आवश्यकता नहीं होती। इससे मौसमी बेकारी बढ़ती है क्योंकि बुआई-कटाई का मौसम न होने के कारण अधिकतर कृषि-मजदूर बेकार हो जाते हैं।

(3) **सामान्य बेकारी**—कृषि के यन्त्रीकरण से कृषि श्रमिकों की संख्या में कमी होती जा रही है। इसलिए भूमिहीन व्यक्तियों की संख्या बेकारों में बढ़ती जा रही है। जनसंख्या में वृद्धि तथा कृषि के यन्त्रीकरण से सामान्य बेकारी अधिक हो गई है।

(ब) गैर-कृषि बेकारी

गैर-कृषि बेकारी अधिकतर औद्योगिक केन्द्रों तथा नगरों में पाई जाती है। यह निम्नलिखित प्रकार की है—

(1) **चक्रीय बेकारी**—उद्योगों के असफल होने पर अथवा किसी उद्योग के ह्रास से उत्पन्न बेकारी चक्रीय बेकारी कहलाती है। उद्योगों में उतार-चढ़ाव के फलस्वरूप यह बेकारी अधिकतर विकसित देशों में पाई जाती है। उद्योगों या व्यापार में असफलता के कारण बन्द हो जाने, मशीनीकरण के कारण, उद्योगों के ह्रास होने से तथा उद्योगों की अवनति के कारण इस प्रकार की बेकारी बढ़ती है। भारत में इस तरह की बेकारी अधिक गम्भीर नहीं है।

(2) **स्थायी बेकारी**—हमारे देश में औद्योगीकरण तो हो रहा है पर बढ़ती हुई जनसंख्या को सामने रखते हुए औद्योगिक विकास की गति काफी धीमी है। इसके अतिरिक्त, बेकार ग्रामीण जनता भी नौकरी की तलाश में नगरों की तरफ आती जा रही है। औद्योगिक संस्थानों में कम स्थान होने के कारण बहुत से लोग नौकरी से वंचित रहते हैं। इससे स्थायी बेकारी अधिक होती जा रही है।

(3) **मौसमी बेकारी**—कई उद्योग मौसमी होते हैं जैसे बर्फ के कारखाने। सर्दियों में बर्फ के कारखाने बन्द हो जाते हैं। वर्षा के समय कोयले की खानें प्रायः बन्द हो जाती हैं। इससे जो बेकारी उत्पन्न हो जाती है इसे ही मौसमी बेकारी की संज्ञा दी गई है।

(4) **शिक्षित तथा यांत्रिक बेकारी**—उच्च शिक्षा के विकास से शिक्षित व्यक्तियों की संख्या में निरन्तर वृद्धि होती जा रही है। तकनीकी शिक्षा प्राप्त किए व्यक्तियों (जैसे इंजीनियर) की संख्या भी बढ़ती जा रही है। एक ऐसा शिक्षित वर्ग बनता जा रहा है जो कार्यक्षमता रखता है परन्तु कोई उपयुक्त कार्य नहीं मिल पाता। शिक्षित वर्ग में बेकारी आज भारत में ही नहीं अपितु अन्य सभी देशों में चिन्ता का प्रमुख विषय बनी हुई है।

(5) **संरचनात्मक बेकारी**—कई उद्योग जो पहले अधिक महत्त्वपूर्ण होते हैं कुछ समय के बाद उनकी महत्ता कम हो जाती है तथा दूसरे उद्योगों की महत्ता अधिक हो जाती है। उदाहरण के लिए, सूती कपड़े के उद्योगों में मन्दी आई है तथा कृत्रिम रेशा उद्योगों का विकास हुआ है। सूती कपड़ा मिल में लगे हुए व्यक्ति जरूरी नहीं हैं कि कृत्रिम रेशा उद्योगों में ले लिए जाएँ क्योंकि इसमें कोई समरूपता नहीं है। इस तरह की बेकारी को संरचनात्मक बेकारी कहते हैं। यह भी भारत में अधिक नहीं है।

भारत में बेकारी के कारण

योजना आयोग ने प्रथम पंचवर्षीय योजना के समय भारत की बेकारी के लिए इन कारणों का अनुमान किया था—

(1) जनसंख्या में तीव्रता से वृद्धि,

(2) ग्रामीण उद्योगों का नष्ट होना,

(3) रोजगार का कृषि क्षेत्र के अलावा अन्य क्षेत्र में अनुपयुक्त विकास,

(4) बँटवारे के कारण शरणार्थियों की समस्या, तथा

(5) कृषि में पुरानी विधियों का प्रयोग।

भारत में बेकारी के प्रमुख कारण निम्नांकित हैं—

(1) जनसंख्या में तीव्रता से वृद्धि—भारतवर्ष में जन्म दर बहुत अधिक है। यदि उत्पादन के साधनों, उद्योग-धन्धों में जनसंख्या में वृद्धि समान गति से हो, तब ऐसी दशा में बेकारी नहीं फैलती, परन्तु ऐसा नहीं होता। भारत में जनसंख्या की वृद्धि ही बेकारी का प्रमुख कारण है। हमारे देश की जनसंख्या 1921 में 25 करोड़ थी, 1931 में 28 करोड़, 1941 में 32 करोड़, 1951 में 36 करोड़, 1961 में 44 करोड़, 1971 में 55 करोड़, 1981 में 68 करोड़, तथा 1991 में 84.4 करोड़ थी। पिछले 10 वर्षों में 1981-91 में जनसंख्या में 23.50 प्रतिशत की वृद्धि हुई है। यदि देश की जनसंख्या इसी गति से बढ़ती रही, तो ऐसा अनुमान है कि 20वीं शताब्दी के अन्त तक देश की जनसंख्या 1 अरब से ऊपर हो जाएँगी। तब इससे बेकारी ही नहीं वरन् इससे अन्न, आवास तथा अनेक समस्याएँ भी उत्पन्न हो जाएंगी।

(2) कुटीर उद्योगों का विनाश—वैज्ञानिक प्रगति के साथ-साथ देश में गरीबी और बेकारी बढ़ी है। इसका प्रमुख कारण यह है कि सभी वस्तुएँ मशीनों द्वारा अच्छी व सस्ती (कम दामों पर) तैयार की जाने लगीं हैं। लोग भी मशीनीकृत वस्तुओं को अधिक पसन्द करने लगे हैं। अतः कुटीर उद्योगों का विनाश हो गया है। पहले जो काम दस व्यक्ति करते थे, मशीनों के आविष्कार से एक व्यक्ति उस कार्य को करने के लिए पर्याप्त होने लगा है। भारत में घरेलू उद्योग-धन्धों से ग्रामीण लोगों को बहुत आर्थिक सहायता मिलती थी परन्तु इनके ह्रास के कारण बेकारी बढ़ी है। यह समस्या आज मुँह फाड़कर हमारे समक्ष उपस्थित है।

(3) उद्योगों की सन्तोषजनक उन्नति न होना—भारत में उद्योग-धन्धों में काफी तीव्र गति से उन्नति हो रही है। परन्तु, फिर भी, जनसंख्या की अपेक्षा उद्योग-धन्धों की उन्नति लगभग आधी ही है। इस प्रकार से हम यह कह सकते हैं कि उद्योग-धन्धों की उन्नति सन्तुष्टि प्रदान करने वाली नहीं है। इसके असमान विकास के कारण आधी जनसंख्या बेकार हो जाती है।

(4) पुरातन कृषि व्यवस्था—भारत की अधिकतर जनसंख्या ग्रामों में निवास करती है। ग्रामवासी जीविकोपार्जन के लिए कृषि पर आश्रित होते हैं। यद्यपि भारतवर्ष की जनसंख्या 1901 में 24 करोड़ से बढ़कर सन् 1991 में 84 करोड़ से अधिक हो गई, किन्तु उसी अनुपात में कृषि सम्बन्धी भूमि में वृद्धि नहीं हुई है। अतः हम देखते हैं कि भूमि आकार में तो सीमित है, लेकिन व्यक्तियों की संख्या असीमित होती जा रही है। इस प्रकार से ग्रामों में बेकारी बढ़ रही है।

हमारे देश की कृषि भी मौसमी है। कृषक साल में तीन या चार माह तक बेकार रहते हैं। देश की अधिकतर कृषि वर्षा पर आधारित है, यदि वर्षा कम या अधिक हो जाती है, तो कृषक बेकार हो जाते हैं। ग्रामीण क्षेत्रों में लघु उद्योग-धन्धे, पशु-पालन आदि का भी अभाव है और कृषक लोग अपने अतिरिक्त समय का ठीक उपयोग नहीं कर पाते हैं। इस प्रकार, कृषि से सम्बन्धित व्यक्ति बेकार रहते हैं।

(5) दोषपूर्ण शिक्षा प्रणाली—शिक्षा की दोषपूर्ण प्रणाली के कारण हमारे देश में बहुत से शिक्षित व्यक्ति बेकार हैं। आजकल केवल साहित्य से सम्बन्धित व किताबी शिक्षा ही जाती है। इसके परिणामस्वरूप शिक्षा पूरी करने के बाद व्यक्ति को विषय के सम्बन्ध में केवल सैद्धान्तिक ज्ञान मात्र होता है। उन्हें किसी प्रकार के उद्योगों से सम्बन्धित शिक्षा नहीं दी जाती। यही कारण है कि वे उच्च शिक्षा प्राप्त करने के पश्चात् भी बहुत ही साधारण उद्योगों व व्यवसायों से सम्बन्धित बातों से अनभिज्ञ रहते हैं। इसी कारणवश उन्हें किसी भी प्रकार का कार्य नहीं मिल पाता और यदि मिल भी जाता है, तो वह उस कार्य को सुचारु रूप से सम्भालने व कार्यान्वित करने में असमर्थ होते हैं। साथ ही, शिक्षित व्यक्ति शारीरिक श्रम करने में भी लज्जा महसूस करते हैं। यही कारण है कि बहुत से व्यक्ति शिक्षित होकर भी बेकारी में जीवन-यापन करते हैं। सरकारी नीति एवं त्रुटिपूर्ण अनुमानों के फलस्वरूप आज इंजीनियरों में भी बेकारी बढ़ती जा रही है। भारत में शिक्षित बेकारी केवल दोषपूर्ण शिक्षा प्रणाली के कारण ही नहीं है। यह अनेक अन्य कारणों से भी है। इनमें से कुछ प्रमुख इस प्रकार हैं—

(i) तकनीकी शिक्षा का अभाव—आज अधिकतर शिक्षा ऐसी दी जाती है जो केवल सैद्धान्तिक ज्ञान तक ही सीमित है। इसका जीवन में अधिक लाभ नहीं है। बी० ए०, एम० ए०, करने के बाद लड़के को यह भी पता नहीं होता कि उसे अब क्या करना है। तकनीकी शिक्षा के पूर्ण अभाव के कारण वह अपना कोई छोटा-मोटा काम भी नहीं कर सकता।

(ii) स्नातकों की भरमार—भारतीय विश्वविद्यालयों में स्नातकों की संख्या प्रतिवर्ष बढ़ती जा रही है। नौकरी में इन सभी व्यक्तियों को नहीं लगाया जा सकता है। इसका कारण यह है कि नौकरी की सम्भावनाएँ इतनी तेजी से नहीं बढ़ रही हैं। इसलिए शिक्षित बेकारी प्रतिवर्ष बढ़ती जा रही है।

(iii) शारीरिक श्रम के प्रति उदासीनता—शिक्षा के समय शारीरिक विकास तथा श्रम की ओर कोई ध्यान नहीं दिया जाता है। इसके कारण शिक्षा के बाद भी लड़के शारीरिक श्रम के प्रति उदासीन रहते हैं। पढ़े-लिखे व्यक्ति न ही खेती करना चाहते हैं और न ही कोई अन्य कठिन परिश्रम। इससे भी बेकारी बढ़ती है।

(6) श्रम शक्ति में धीमी गति से वृद्धि—बेरोजगारी का एक कारण श्रम शक्ति का धीमी गति से विकास है। हमारे देश में जनसंख्या 2.43 प्रतिशत की दर से बढ़ती जा रही है, जबकि श्रम शक्ति में वृद्धि की दर 1.9 प्रतिशत है। इस धीमी गति के कारण भारतवर्ष में स्थिति

प्रति वर्ष बिगड़ रही है। भारतीय अर्थव्यवस्था में श्रम शक्ति की वार्षिक वृद्धि का करीब 11 प्रतिशत संगठित क्षेत्र खपा लेता है। बाकी 89 प्रतिशत श्रम शक्ति असंगठित क्षेत्र में लग जाती है।

भारत में ग्रामीण क्षेत्रों में बेकारी की समस्या गम्भीर रूप धारण करती जा रही है। वास्तव में, शहरी क्षेत्रों की अपेक्षा ग्रामीण क्षेत्रों में बेकारी की समस्या अधिक उग्र एवं भयावह है। ग्रामीण बेकारी के प्रमुख कारण इस प्रकार हैं—

(1) देश में कृषि का वर्षा पर आधारित रहना,

(2) देश में संयुक्त परिवार प्रणाली का प्रचलन, बाल विवाह एवं अधिक सन्तान के कारण जनसंख्या में तीव्र वृद्धि,

(3) कृषि के लिए धन के अपर्याप्त साधन,

(4) निम्न जातियों का शोषण,

(5) ग्रामों में शिक्षा का अभाव,

(6) कुटीर उद्योग-धन्धों का अभाव,

(7) कृषि में आधुनिकतम यन्त्रों का प्रयोग,

(8) यातायात के साधनों का अभाव,

(9) अज्ञानता, अनभिज्ञता एवं अन्धविश्वासों का प्रचलन, तथा

(10) व्यावसायिक प्रशिक्षण का अभाव।

बेकारी को दूर करने के उपाय

बेकारी भारत में आज एक अत्यधिक गम्भीर समस्या मानी जाती है। इसीलिए सरकार इसके निराकरण के लिए अनेक कदम उठा रही है। आज भारत में यदि सामाजिक विघटन के कारणों का विश्लेषण किया जाए, तो पता चलता है कि बढ़ती हुई बेकारी भी विघटन का एक प्रमुख कारण है। आये दिन बेकार व्यक्ति आत्महत्या करते हैं। व्यक्तिगत विघटन ही नहीं वरन् विद्यार्थियों में अनुशासनहीनता, समाज में बढ़ते हुए अपराध भी बेकारी के परिणाम कहे जा सकते हैं। यदि समाज को इन दुष्परिणामों से बचाना है तो समाज से बेकारी दूर करना अनिवार्य है। इस बढ़ती हुई समस्या ने विकट रूप धारण कर लिया है। यदि पिछले छह आम चुनावों (1977, 1980, 1984, 1989, 1991, तथा 1996) के सभी पार्टियों के घोषणा-पत्रों पर दृष्टि डाली जाए तो सभी दल इस समस्या के समाधान पर जोर देते रहे हैं। परन्तु अभी इस दिशा में आशातीत सफलता नहीं मिल पाई है। बेकारी को दूर करने के कुछ प्रमुख उपाय निम्नांकित हैं—

(1) जनसंख्या पर नियन्त्रण—जनसंख्या पर नियन्त्रण द्वारा बेकारी को कम किया जा सकता है। भारत में जनसंख्या की वृद्धि दर बहुत अधिक है। इसी कारण यहाँ बेकारी और

निर्धनता जैसी समस्याएँ पाई जाती हैं। अतः लोगों को जनसंख्या को सीमित करने की शिक्षा दी जानी चाहिए।

(2) कृषि क्षेत्र में सुधार—कृषि क्षेत्र में सुधार करके भी बेकारी को कम किया जा सकता है। सिंचाई साधनों में सुधार, कृषि के यन्त्रीकरण, बंजर भूमि को उपजाऊ बनाकर, कृषकों को पर्याप्त सहायता व प्रशिक्षण देकर तथा कृषकों को सहायक उद्योग-धन्धों (जैसे मछली पालन, पशुपालन, मुर्गी पालन आदि) में प्रोत्साहन देकर कृषि के क्षेत्र में बेकारी को कम किया जा सकता है।

(3) नियोजित औद्योगीकरण—औद्योगिक विकास को नियोजित कर तथा पिछड़े क्षेत्रों में कारखाने खोलकर बेकारी दूर की जा सकती है। ग्रामीण उद्योगों को भी प्रोत्साहन देने की आवश्यकता है। इससे ग्रामीणों को गाँवों में ही रोजगार प्राप्त हो सकेंगे। बेकार लोगों को बैंकों द्वारा रोजगार के लिए अधिक सुविधाएँ दी जानी चाहिए।

(4) शिक्षा व्यवस्था में सुधार—शिक्षा को व्यावसायिक बनाकर शिक्षित बेकारी को कम किया जा सकता है। शिक्षा पद्धति व्यावहारिक होनी चाहिए ताकि शिक्षा प्राप्ति के पश्चात् विद्यार्थी अपना स्वतन्त्र व्यवसाय करने योग्य बन सकें। बेकार शिक्षितों को लघु उद्योगों की स्थापना के लिए पर्याप्त सुविधाएँ दी जानी चाहिए।

(5) रोजगार कार्यालयों को प्रभावकारी बनाकर—नए रोजगार खोलकर तथा रोजगार कार्यालयों को अधिक प्रभावशाली बनाया जाए। छात्रों को इन्हीं कार्यालयों द्वारा रोजगार का ज्ञान दिया जाना चाहिए।

(6) सामाजिक बुराइयों की समाप्ति—रूढ़िवादी एवं दहेज प्रथा जैसी बुराइयों को दूर करके भी बेकारी को थोड़ा बहुत कम किया जा सकता है। वास्तव में, भारतीय सामाजिक संरचना को उन सब दोषों से मुक्त किया जाना चाहिए जो निर्धनता व बेकारी को प्रोत्साहन देते हैं।

(7) सरकारी योजनाओं को प्रभावकारी बनाकर—सरकार ने बेकारी व निर्धनता की रोकथाम के लिए जो योजनाएँ बनाई हैं उन्हें अधिक प्रभावकारी बनाए जाने की आवश्यकता है। यह सुनिश्चित किया जाना चाहिए कि उनका लाभ उन्हीं लोगों को पहुँच सके जिनके लिए ये योजनाएँ बनाई जाती हैं।

(8) रोजगार अवसरों में वृद्धि—रोजगार अवसरों में वृद्धि की जानी चाहिए। कुटीर उद्योगों का विकास करके तथा पिछड़े क्षेत्रों में नवीन उद्योगों की स्थापना द्वारा ऐसा किया जा सकता है।

उपर्युक्त उपायों के अतिरिक्त श्रमिकों को पर्याप्त वेतन का प्रबन्ध करके, विकलांगों के पुनर्वास की योजनाएँ बनाकर, सामाजिक सुरक्षा के कार्यक्रमों को प्रभावकारी बनाकर, उत्पादन

में वृद्धि करके, तकनीकी शिक्षा को बढ़ावा देकर, सामाजिक सेवाओं का विस्तार करके आदि विविध उपायों द्वारा भी बेकारी को कम किया जा सकता है।

सरकार द्वारा बेकारी दूर करने के प्रयास

भारत में केन्द्र सरकार तथा राज्य सरकारों ने बेकारी दूर करने के लिए अनेक प्रयास किए हैं। पंचवर्षीय योजनाओं के अन्तर्गत इस समस्या की ओर काफी ध्यान दिया गया है। सरकार द्वारा किए गए कुछ प्रमुख प्रयास इस प्रकार हैं—

(1) प्रथम पंचवर्षीय योजना में बेकारी के प्रश्न पर गम्भीरता से ध्यान नहीं दिया गया। वस्तुतः उस समय देश के सामने और बहुत सी समस्याएँ थीं। किन्तु सन् 1953 के प्रारम्भ से ही यह समस्या अधिक स्पष्ट एवं गम्भीर रूप से उभरने लगी। अतः योजना आयोग ने देश में रोजगार के साधन बढ़ाने के लिए प्रथम योजना के आधार में वृद्धि की। इस हेतु 309 करोड़ रुपया अतिरिक्त व्यय करने की व्यवस्था की गई। सन् 1956 के अन्त में रोजगार के अवसर बढ़ाने के लिए एक 11 सूत्री कार्यक्रम घोषित किया गया। प्रथम योजना काल में लगभग 54 लाख व्यक्तियों को रोजगार प्राप्त हुआ, फिर भी इस योजना के अन्त में, भारत में बेकारों की संख्या का अनुमान 53 लाख लगाया गया, जिसमें ये 25 लाख नगरों में तथा 28 लाख ग्रामों में थे।

(2) दूसरी योजना के अन्तर्गत 80 लाख व्यक्तियों को गैर-सरकारी क्षेत्र में तथा 16 लाख को कृषि क्षेत्र में अतिरिक्त रोजगार दिलाने का लक्ष्य निर्धारित किया गया था। किन्तु इस योजना काल में केवल 80 लाख व्यक्तियों को ही रोजगार दिलाया जा सका। 65 लाख व्यक्तियों को गैर-कृषि क्षेत्र में अतिरिक्त रोजगार मिला। इस योजना के अन्त तक 53 लाख व्यक्तियों के बेरोजगार रहने का अनुमान था। पूर्ण बेकारों के अतिरिक्त अर्द्ध बेकारों की संख्या का अनुमान 1960-61 में 180 लाख था।

(3) तीसरी योजना के अन्तर्गत सन् 1961 की जनगणना के आधार पर यह अनुमान लगाया गया था कि तीसरी योजना की अवधि में श्रमिक वर्ग में लगभग 170 लाख व्यक्तियों की वृद्धि होगी जिसमें एक-तिहाई वृद्धि शहरी क्षेत्रों में होगी। इसके विपरीत यह अनुमान था कि इस योजना अवधि में 140 लाख व्यक्तियों को रोजगार दिलाया जाएगा। 35 लाख व्यक्तियों को कृषि क्षेत्र में तथा 105 लाख व्यक्तियों को गैर-कृषि क्षेत्र में रोजगार दिलाने की व्यवस्था की गई थी।

(4) चौथी योजना मे ऐसा अनुमान लगाया गया था कि 230 लाख श्रमिक और बढ़ जाएँगे। केन्द्रीय सरकार ने 50 करोड़ रुपये की एक योजना प्रारम्भ की थी। यह योजना 337 जिलों में लागू की गई और प्रत्येक जिले में 1000 व्यक्तियों को रोजगार मिला।

(5) पाँचवीं पंचवर्षीय योजना में ग्रामीण उद्योगों को प्रोत्साहन देकर तथा ग्रामीण क्षेत्रों में नए लघु एवं कुटीर उद्योग खोलकर बेकारी दूर करने का प्रयास किया गया। शिक्षित बेकारों को भी अपना व्यवसाय शुरू करने के लिए सरकारी कर्जे देकर प्रोत्साहन दिया गया।

(6) 'राष्ट्रीय ग्रामीण रोजगार कार्यक्रम' को छटी योजना का समन्वित भाग बनाया गया। इस योजना के अन्त तक प्रत्येक विकास खण्ड में अनेक परिवारों को गरीबी की रेखा से ऊपर उठाया गया। इसके साथ ही 'केश प्रोग्राम', अन्य व्यक्तियों को रोजगार दिलवाने तथा अनुसूचित जातियों व जनजातियों के उत्थान के लिए भी अनेक कदम उठाए गए।

(7) सातवीं योजना में राष्ट्रीय ग्रामीण रोजगार कार्यक्रम पर विशेष महत्त्व दिया गया तथा 2,487.47 करोड़ रुपये इस पर खर्च किए गए। इस योजना में विकास, आधुनिकीकरण, आत्मनिर्भरता और सामाजिक न्याय के साथ-साथ खाद्यान्न उत्पादन में वृद्धि, रोजगार के अवसरों को बढ़ाने तथा निर्धनता रेखा से लोगों को ऊपर उठाने पर विशेष जोर दिया गया है।

(8) आठवीं योजना में पर्याप्त रोजगार के अवसर बढ़ाने को प्राथमिकता दी गई। इसके साथ ही जनसंख्या वृद्धि को रोकने हेतु किए जाने वाले कार्यक्रमों को भी प्रभावशाली बनाया गया।

इसके अतिरिक्त सरकार ने बेकारी को दूर करने के लिए निम्नलिखित कदम भी उठाए हैं—

(1) सन् 1975 से लागू 20 सूत्री कार्यक्रम में 1980, 1982 तथा 1984 में संशोधन करके इसे निर्धनता उन्मूलन तथा बेकारी-उन्मूलन के लिए अधिक प्रभावशाली बनाया है।

(2) सन् 1980 में राष्ट्रीय ग्रामीण रोजगार कार्यक्रम प्रारम्भ किए गए।

(3) सन् 1983-84 में ग्रामीण भूमिहीन रोजगार गारन्टी कार्यक्रम प्रारम्भ किया गया। विकलांगों तथा शिक्षित बेकारों के लिए अनेक योजनाएँ बनाई गईं।

(4) अनुसूचित जातियों व जनजातियों के लोगों को आरक्षण सुविधाएँ देकर रोजगार के अवसर प्रदान किए गए।

(5) सन् 1983 में स्वरोजगार योजना प्रारम्भ की गई। काम के बदले अनाज देने की योजना भी बनाई गई।

(6) सातवीं तथा आठवीं योजनाओं में रोजगार के अवसरों में वृद्धि की ओर विशेष ध्यान दिया गया। नवीं योजना में भी निर्धनता रेखा से नीचे रहने वालों के उत्थान हेतु अनेक उपाय किये जा रहे हैं।

इस प्रकार, सरकार ने अनेक प्रयास किए हैं परन्तु सफलता अधिक नहीं मिली है। इस समस्या का हल केवल संगठित क्षेत्र की ओर ध्यान देने से नहीं हो सकता। अतः असंगठित क्षेत्र का विकास किया जाना चाहिए और कुछ ठोस उपाय (जैसे छोटे-छोटे फार्मों की संख्या में वृद्धि, छोटी जोतों को लाभकारी बनाने और ग्रामीण समाज में रोजगार के अवसर बढ़ाने) करने की आवश्यकता है।

बेकारी के परिणाम

निर्धनता तथा बेकारी दोनों सापेक्षिक शब्द हैं। जहाँ निर्धनता होगी वहाँ बेकारी अवश्य ही पाई जाएगी। यदि देश में बेकारी अधिक है, तो निश्चित ही वह देश निर्धन भी होगा। इनके परिणामों का अनुमान लगाना एक कठिन कार्य है। मुख्य रूप से निर्धनता तथा बेकारी के निम्नलिखित सामाजिक परिणाम कहे जा सकते हैं—

(1) सामाजिक विघटन—सामाजिक विघटन के अनेक कारण हैं। सामाजिक समस्याओं को सामाजिक विघटन का मुख्य कारण बताया गया है। बेकारी समाज के अन्दर अनेक प्रकार की समस्याएँ उत्पन्न कर देती है जो समाज की प्रगति में बाधक बन जाती हैं। निर्धनता के कारण समाज में बेकारी फैल जाती है। अतः बेकारी सामाजिक विघटन का एक बड़ा कारण है। इस सम्बन्ध में ऑगबर्न तथा निमकॉफ ने लिखा है कि बेकारी आधुनिक युग की अत्यधिक सामाजिक गम्भीर दशा है, यह सामाजिक विघटन की साथी है।

(2) पारिवारिक विघटन—बेकारी पारिवारिक विघटन का आर्थिक कारण कही जाती है। बेकारी निर्धनता से जुड़ी हुई है। इनके कारण पारिवारिक विघटन को प्रोत्साहन मिलता है। इनसे पति-पत्नी व माता-पिता और बच्चों के सम्बन्ध प्रभावित होते हैं। अन्ततः व्यक्ति अपने को हर प्रकार से सामान्य रखने में विफल हो जाता है। सारा पारिवारिक वातावरण कलह एवं क्रोधपूर्ण बन जाता है। बच्चों की उचित देख-रेख एवं पत्नी की इच्छाओं की पूर्ति ठीक प्रकार से नहीं हो पाती। बच्चों को उचित शिक्षा भी नहीं मिल पाती। व्यक्तिवाद की धारणा जाग्रत हो जाती है और इससे पारिवारिक विघटन की प्रक्रिया प्रारम्भ हो जाती है।

(3) व्यक्तिगत विघटन—बेकारी के कारण व्यक्ति में हीनता की भावना आ जाती है। धन के अभाव के कारण उसका सामाजिक स्तर नीचा हो जाता है। व्यक्ति का दृष्टिकोण निराशावादी हो जाता है। वह अपने को समाज से अलग समझ बैठता है। वह समाज की मान्यताओं एवं रीति-रिवाजों की परवाह नहीं करता। वह अकेला एवं असहाय सा महसूस करने लगता है। इस प्रकार, उसमें व्यक्तिवाद एवं अलगाव (Alienation) की धारणा जाग्रत हो जाती है। सामाजिक, पारिवारिक तथा व्यक्तिगत विघटन के परिणाम इस प्रकार हैं—

(i) आत्महत्या—सामाजिक, पारिवारिक तथा व्यक्तिगत विघटन के कारण व्यक्ति जीवन से निराश हो जाता है। वह कई बार तो आत्महत्या तक कर लेता है;

(ii) मद्यपान को बढ़ावा—व्यक्तिगत विघटन का दूसरा रूप मद्यपान है। जब समाज में बेकारी तथा निर्धनता अधिक बढ़ती है तो इसके फलस्वरूप सामाजिक, पारिवारिक एवं व्यक्तिगत विघटन उत्पन्न हो जाता है। विघटित व्यक्ति निराशा को दूर करने के लिए शराब पीने लगता है; तथा

(iii) वेश्यावृत्ति—जैनगरा तथा गनेकर ने आर्थिक (क्योंकि बेकारी तथा निर्धनता आर्थिक दशा के पहलू हैं) दशा को वेश्यावृत्ति का कारण बताते हुए लिखा है कि वेश्याओं की

कुछ संख्या इस दूषित व्यवहार को इस कारण अपनाती हैं कि वह निर्धन एवं बेकार होती हैं। मद्रास विजिलेन्स ऐसोसियेशन के अनुसार, "वेश्यावृत्ति का व्यवसाय अधिकांश रूप से जीविकोपार्जन के लिए किया जाता है।" लोंडरस ने भूख को वेश्यावृत्ति का आधार माना है।

(4) अपराध—बेकारी अपराध को भी बढ़ावा देती है। बेकारी के कारण व्यक्ति अपनी तथा अपने परिवार की इच्छाओं को वैज्ञानिक रूप से पूरा करने में विफल हो जाता है। वह अवैधानिक ढंगों से अपनी इच्छाओं की पूर्ति करने का प्रयास करता है। वह अपने बच्चों की भी उचित प्रकार से देखरेख नहीं कर पाता। व्यक्ति का व्यक्तिगत विघटन होने लगता है। इस कारण भी उसको वैधानिकता तथा अवैधानिकता का ज्ञान नहीं रह पाता और वह अपराधी बन बैठता है।

(5) बाल अपराध—बेकारी बाल अपराध को भी बढ़ाती है। बेकारी के कारण बच्चों को उचित शिक्षा नहीं मिल पाती। पारिवारिक आवश्यकताओं की पूर्ति के लिए थोड़ी आयु में ही उन्हें छोटी-छोटी नौकरियों पर भेज दिया जाता है। बच्चे गन्दी आदतों के शिकार बन बैठते हैं। आर्थिक हीनता के कारण माता-पिता बच्चों की उचित ढंग से देख-रेख नहीं कर पाते। बच्चा जब अपनी आवश्यकताओं की पूर्ति घर में नहीं कर पाता तो अवैधानिक रूप से उनकी पूर्ति करना चाहता है और बाल अपराधी बन बैठता है। निर्धनता तथा बेकारी के कारण लोगों को गन्दी बस्तियों में रहना पड़ता है। वहां के बुरे वातावरण के कारण बच्चा बाल अपराधी बन बैठता है।

(6) आर्थिक दुष्परिणाम—बेकारी व्यक्ति को ही प्रभावित नहीं करती वरन् सम्पूर्ण राष्ट्र को प्रभावित करती है। इसे राष्ट्रीय बरबादी की सूचक माना गया है। बेकारी के फलस्वरूप राष्ट्रीय आय गिर जाती है। इससे औद्योगिक अशान्ति, शोषण, अपराध, चोरी, डकैती तथा गरीबी भी बढ़ जाती है।

(7) राजनीतिक दुष्परिणाम—बेकारी का राजनीतिक परिणाम भी बड़ा भयंकर होता है। अधिक बेकारी बढ़ने पर समाज में अशान्ति मच जाती है। सरकार के स्थायित्व को खतरा बना रहता है। बेकारी राज्य के राजनीतिक ताने बाने को तोड़ देती है। आज जो विद्यार्थियों में अनुशासनहीनता दिखाई देती है, वह भी बेकारी की ही देन है। अधिकांश छात्र यह सोचते हैं कि पढ़ने के बाद उन्हें कौन-सी नौकरी मिलनी है।

उपर्युक्त विवेचन से बेकारी की समस्या की गम्भीरता का पता चलता है। इस दिशा में किए जाने वाले प्रयासों में तीव्रता लाने की आवश्यकता है तथा विभिन्न उपायों को क्रियान्वित करने की आवश्यकता है। इस सन्दर्भ में रमेश लक्ष्मण का कथन उचित ही है कि, "सब कहने और करने के उपरान्त भी बेकारी की समस्या को हल करने की सरकार की नैतिक व राजनीतिक जिम्मेदारी है। इस मोर्चे पर सरकार की असफलता देश को लम्बाई व चौड़ाई से चीरती हुई व्यापक अशांति की ओर ले जा सकती है।"[12]

भारत में शिक्षित बेकारी की समस्या

भारत में पिछले कुछ दशकों में शिक्षित बेकारों की संख्या में अत्यन्त वृद्धि हुई है। यह सरकार के लिए एक चिन्ता का विषय बनी हुई है। इसका प्रमुख कारण दोषपूर्ण शिक्षा प्रणाली तथा देश का तीव्रता से आर्थिक विकास न होना बताया जाता है। तकनीकी शिक्षा का अभाव, स्नातकों एवं परास्नातकों की भरमार तथा शारीरिक श्रम के प्रति उदासीनता भी शिक्षित बेरोजगारी के प्रमुख कारण हैं। वास्तव में, किताबी शिक्षा व्यक्ति को किसी प्रकार का अपना उद्योग स्थापित करने अथवा कोई व्यवसाय खोलने में सहायता नहीं देती।

शिक्षितों की बेरोजगारी को दूर करने का एकमात्र उपाय शिक्षा की दोषपूर्ण प्रणाली को समाप्त करना है। नवयुवकों व युवतियों को किताबी व साहित्यिक शिक्षा के अतिरिक्त उद्योग-धन्धों से सम्बन्धित शिक्षा प्रदान की जानी चाहिए। इससे वे दूसरों पर अवलम्बित न रहकर अपने पैरों पर खड़े होंगे। उनके मस्तिष्क में इस प्रकार की अवधारणाएँ विकसित करनी चाहिए ताकि शिक्षा प्राप्ति के पश्चात् व्यक्ति अपने स्वतन्त्र व्यवसाय को करने के योग्य बन सकें। हर कार्य को करने के लिए अन्य की आवश्यकता अनुभव न करके व्यक्ति को स्वतन्त्र रूप से कार्य करने योग्य बनाना शिक्षा का उद्देश्य होना चाहिए। व्यावसायिक शिक्षा पर अधिक जोर दिया जाना चाहिए । ग्रामीण नवयुवकों को ऐसी शिक्षा दी जानी चाहिए जो ग्राम उत्थान के लिए लाभदायक सिद्ध हो सके। उच्च शिक्षा प्राप्त नवयुवकों व युवतियों को स्वयं अपने उद्योग स्थापित करने के लिए प्रोत्साहित किया जाना चाहिए। आज हमारे देश में एक बड़ी विचित्र बात यह है कि ग्रामों में रिक्त स्थान पड़े रहते हैं क्योंकि नगरों से बेकार व्यक्ति इन स्थानों पर जाना पसन्द नहीं करते। ग्रामीण शिक्षितों को ऐसी शिक्षा दी जानी चाहिए कि वे अपने ग्रामों में खेती में सहायता कर सकें।

शिक्षितों की बेकारी को दूर करने के कुछ प्रमुख उपाय निम्नलिखित हैं—

(1) बेकार शिक्षितों को उद्योग-धन्धे स्थापित करने के लिए ऋण दिए जाने चाहिए।

(2) बुनियादी शिक्षा का विस्तार किया जाना चाहिए।

(3) स्नातकों में श्रम की भावना बढ़ाई जानी चाहिए।

(4) देश का तीव्रता से आर्थिक विकास किया जाना चाहिए ताकि रोजगार के अवसरों में वृद्धि हो सके।

(5) उच्च शिक्षा को सीमित किया जाना चाहिए।

सन्दर्भ-सूची

1. E. Raab and G. J. Selznick, **Major Social Problems**, p. 3.
2. Arnold W. Green, **Sociology : An Analysis of Life in Modern Society**, p. 246.
3. Paul B. Horton and Gerald R. Leslie, **The Sociology and Social Problems**, p. 4.

4. Richard C. Fuller and Richard R. Myers, "Some Aspects of a Theory of Social Problems" in **American Sociological Review**, Feb. 1941, pp. 24–32.
5. Robert K. Merton and Robert A. Nisbet (ed.), **Contemporary Social Problems**, p. 4.
6. Gillin and Gillin, **Cultural Sociology**, p. 578.
7. J. G. Goddard, **Poverty : Its Genesis and Exodus**, p. 5.
8. Malcolm S. Adiseshiah, "The Unfinished Task" in **Seminar**, No. 316, December 1985, p. 38.
9. K. L. Sharma, **Social Stratification and Mobility**, pp. 196-209.
10. Karl Pribram, **Encyclopaedia of Social Sciences**, Vol. XV, p.147.
11. D. Mello, **Seminar**, No. 120, p. 24.
12. Ramesh Lakshman "Joblessness : Its Many Faces" in **Indian Express**, 22–8–1978.

21

ग्रामीण विकास एवं नियोजन

समकालीन भारत में ग्रामीण विकास हेतु अनेक सरकारी कार्यक्रम चलाए जा रहे हैं। सामुदायिक विकास कार्यक्रम के स्थान पर एकीकृत ग्रामीण विकास कार्यक्रम लागू किए गए हैं। इन कार्यक्रमों के अन्तर्गत अनेक अन्य विकास योजनाएँ भी लागू की गई हैं। वर्तमान समय में भारत में ग्रामीण विकास हेतु केन्द्र एवं राज्य सरकारों द्वारा इस ओर विशेष ध्यान दिया जा रहा है। प्रस्तुत अध्याय में ग्रामीण विकास एवं नियोजन को समझाने का प्रयास किया गया है।

(अ) भारत में ग्रामीण विकास

भारत में ग्रामीण विकास हेतु अनेक कार्यक्रम चलाए जा रहे हैं जिनमें से प्रमुख निम्न प्रकार हैं—

(1) प्रधानमन्त्री ग्राम सड़क योजना—सौ प्रतिशत केन्द्र द्वारा प्रायोजित प्रधानमन्त्री ग्राम सड़क योजना दिसम्बर 2000 को शुरू की गई। इस योजना का उद्देश्य 1,000 से अधिक जनसंख्या वाले प्रत्येक गाँव को 2003 ई० तक तथा 500 से अधिक जनसंख्या वाले गाँवों को दसवीं योजना के अन्त तक, यानी 2007 तक अच्छी बारहमासी सड़कों से जोड़ना है।

(2) ग्रामीण जलापूर्ति कार्यक्रम—ग्रामीण निवास-स्थानों में पेयजल सुविधाएँ राज्य स्कन्ध न्यूनतम आवश्यकता कार्यक्रम के तहत प्रदान की जाती हैं। केन्द्र द्वारा प्रायोजित त्वरित ग्रामीण जलापूर्ति कार्यक्रम के तहत सहायता प्रदान कर केन्द्र सरकार राज्य सरकारों के प्रयासों में बल प्रदान करती है, साथ ही, राज्यों को जलापूर्ति योजनाओं के नियोजन तथा क्रियान्वयन के लिए अधिकार दिए गए हैं। जलापूर्ति स्कन्ध में अभी तक 39,000 करोड़ रुपये का निवेश किया जा चुका है। एक अगस्त 2002 तक राज्यों से ग्रामीण विकास स्थानों को शामिल करने

की स्थिति इस प्रकार है—(i) पूरी तरह पेयजल सुविधा-सम्पन्न आबादी 12,77,334, (ii) पेयजल सुविधा में अंशतः 1,29,482 और (iii) पेयजल सुविधा से वंचित आबादी 15,848 है। निन्यानबे प्रतिशत ग्रामीण निवास स्थानों में पेयजल सुविधाएँ उपलब्ध हैं। हैण्डपम्प तथा पाइप द्वारा जलापूर्ति योजनाओं की संख्या क्रमशः 38 लाख तथा 11 लाख हैं।

(3) **केन्द्र द्वारा प्रायोजित ग्रामीण स्वच्छता कार्यक्रम**—ग्रामीण स्वच्छता राज्य का विषय होने के कारण ग्रामीण स्वच्छता कार्यक्रम राज्य-क्षेत्र के न्यूनतम आवश्यक कार्यक्रम के तहत राज्य सरकारों द्वारा क्रियान्वित किया जाता है। केन्द्र द्वारा प्रायोजित ग्रामीण स्वच्छता कार्यक्रम के जरिये वित्तीय तथा तकनीकी सहायता प्रदान करके केन्द्र सरकार, राज्य सरकारों के प्रयासों को मजबूत करती है। इस कार्यक्रम के अन्तर्गत सम्पूर्ण स्वच्छता अभियान में अग्रणी जिलों की पहचान कर 27 राज्यों, केन्द्रशासित प्रदेशों में 179 परियोजना प्रस्तावों को स्वीकृति दी गई, जिसकी लागत 1,952 करोड़ रुपये है। इस परियोजना की लागत में केन्द्र का हिस्सा 1,180 करोड़ रुपये, राज्यों का हिस्सा 408 करोड़ रुपये, और पंचायत लाभार्थियों का हिस्सा 364 करोड़ रुपये है।

(4) **इन्दिरा आवास योजना**—गाँव में रहने वालों की आवास सम्बन्धी आवश्यकताओं की पूर्ति के लिए मई 1985 में जवाहर योजना की उप-योजना के रूप में इन्दिरा आवास योजना शुरू की गई। पहली जनवरी 1996 से यह एक स्वतन्त्र योजना के रूप में लागू है। इस योजना का लक्ष्य गरीबी रेखा से नीचे रहने वाले अनुसूचित जाति/ अनुसूचित जनजातियों, मुक्त बँधुआ मजदूर और गैर-अनुसूचित जाति/ अनुसूचित जनजातियों की श्रेणियों में आने वाले ग्रामीण गरीबों को आवासीय इकाइयों के निर्माण और मौजूदा अनुपयोगी कच्चे मकानों को सुधारने में मदद करना है, जिसके लिए उन्हें सहायता अनुदान दिया जाता है। 1995–96 ई० में इन्दिरा आवास योजना के लाभ युद्ध में शहीद हुए सैनिकों की विधवाओं या निकटतम सम्बन्धी को भी दिए जाने लगे हैं। इस योजना के तहत 1985–86 ई० से जून 2002 तक 84 लाख मकान 14,327·38 करोड़ रुपये की लागत से बनाए गए हैं।

(5) **प्रधानमन्त्री ग्रामोदय योजना (ग्रामीण विकास)**—ग्रामीण आवास, 4 अप्रैल 2000 को शुरू की गई। इस योजना के तहत इन्दिरा आवास योजना समूचे देश में लागू की गई। इस योजना के तहत वित्त मन्त्रालय ने सीधे राज्य सरकारों को धनराशि जारी की। 2001–02 ई० के दौरान ग्रामोदय योजना के लिए 406·85 करोड़ रुपये का प्रावधान किया गया, जिसमें से 291·51 करोड़ रुपये वित्त मन्त्रालय द्वारा जारी किए गए।

(6) **समग्र आवास योजना**—पहली अप्रैल 1999 से समग्र आवास योजना की शुरूआत की गई है। यह एक व्यापक आवास योजना है, जिसका उद्देश्य आवास, स्वच्छता और पेयजल की समग्र व्यवस्था करना है। समग्र आवास योजना का मुख्य उद्देश्य ग्रामीण क्षेत्रों के सम्पूर्ण पर्यावरण के साथ-साथ, लोगों के जीवन की गुणवत्ता में सुधार लाना है।

(7) ग्रामीण विकास और पर्यावरण का अभिनव कार्यक्रम—किफायती, पर्यावरण-अनुकूल, वैज्ञानिक रूप से परीक्षित और प्रभावी स्वदेशी व आधुनिक डिजाइनों में प्रौद्योगिकियों और सामग्रियों के उपयोग को बढ़ावा देने के उद्देश्य से एक अप्रैल 1999 में ग्रामीण आवास और पर्यावरण विकास का अभिनव कार्यक्रम शुरू किया गया है। इस योजना का उद्देश्य ग्रामीण इलाकों में नवीन व प्रमाणित आवास प्रौद्योगिकियों, डिजाइनों और सामग्रियों को बढ़ावा देना प्रचारित करना है।

(8) ग्रामीण निर्माण केन्द्र—ग्रामीण निर्माण केन्द्र आन्दोलन, जो निर्मित आन्दोलन के नाम से जाना जाता है, की शुरूआत केरल में 1998 ई० में हुई थी। इसका उद्देश्य प्रशिक्षण तथा किफायती व पर्यावरण-अनुकूल निर्माण सामग्री के उत्पादन के जरिये प्रौद्योगिकी हस्तान्तरण को बढ़ावा देना, सूचना प्रसार तथा कुशलता बढ़ाना है।

(9) आवास और शहरी विकास कार्पोरेशन लिमिटेड को न्यायसंगत सहायता—ग्रामीण विकास मन्त्रालय, ग्रामीण क्षेत्रों में आर्थिक रूप से पिछड़े और कम आय वाले समूहों के लिए तथा ग्रामीण क्षेत्रों में आवास वित्त पहुँचाने में सुधार के लिए हुडको को न्यायसंगत सहायता भी प्रदान करता है। नौवीं योजना में हुडको की पूँजीगत सहायता पाँच करोड़ रुपये से बढ़कर 355 करोड़ रुपये करने का फैसला किया गया था और हुडको को समूची राशि जारी कर दी गई। 2002–03 ई० के दौरान हुडको को न्यायसंगत सहायता के लिए 50 करोड़ रुपये का प्रावधान किया गया है।

(10) राष्ट्रीय आवास और पर्यावरण के लिए राष्ट्रीय मिशन—राष्ट्रीय आवास और पर्यावरण के लिए राष्ट्रीय मिशन की स्थापना 4 अप्रैल 1999 को ग्रामीण आवास के क्षेत्र में विज्ञान और प्रौद्योगिकी के इस्तेमाल को बढ़ावा देने के लिए की गई थी। ग्रामीण विकास मन्त्री की अध्यक्षता में एक कार्यकारिणी परिषद् और ग्रामीण विकास मन्त्रालय में सचिव की अध्यक्षता में एक अधिकार-सम्पन्न समिति गठित की गई है। 2002–03 ई० में सभी मौजूदा आवास योजनाओं को ग्रामीण विकास मन्त्रालय द्वारा समग्र रूप से लागू करने का फैसला किया गया है। समग्र ग्रामीण आवास योजना के लिए 2002–03 ई० में 1,725 करोड़ रुपये का प्रावधान किया है।

(11) पंचायती राज—भारत में पंचायती राज के इतिहास में 24 अप्रैल 1993 एक स्वर्णिम दिन कहा जा सकता है। इस दिन संविधान (73वाँ संशोधन) अधिनियम, 1992 लागू हुआ, जिससे पंचायती राज संस्थानों को संवैधानिक दर्जा मिला। इस अधिनियम की प्रमुख विशेषताएँ इस प्रकार हैं—(i) 20 लाख से अधिक की जनसंख्या वाले राज्यों में त्रिस्तरीय पंचायती राज प्रणाली की व्यवस्था करना, (ii) हर पाँच वर्षों में नियमित रूप से पंचायत चुनाव कराना, (iii) अनुसूचित जातियों, अनुसूचित जनजातियों और स्त्रियों के लिए कम-से-कम 33 प्रतिशत सीटों का आरक्षण, (iv) पंचायतों के वित्तीय अधिकारों के बारे में सिफारिश करने के लिए राज्य

वित्त आयोग नियुक्त करना तथा (v) सम्पूर्ण जिले की विकास योजना का मसौदा तैयार करने के लिए जिला नियोजन समिति का गठन।

(12) स्वर्ण जयन्ती ग्राम स्वरोजगार योजना—एक समग्र स्वरोजगार योजना, स्वर्ण जयन्ती के नाम से पहली अप्रैल 1999 को शुरू हुई। योजना का उद्देश्य गरीबों की पारिवारिक आय को बढ़ाना तथा आधारभूत स्तर पर लोगों की स्थानीय जरूरतों व संसाधनों को सुगमता प्रदान करना है। योजना का बुनियादी मकसद गरीबी रेखा से नीचे के हर स्वरोजगारी को आय पैदा करने के लिए सहायता देना है। यह सहायता बैंक कर्ज और सरकारी सब्सिडी के जरिये हो सकती है।

(13) राष्ट्रीय सामाजिक सहायता कार्यक्रम व अन्नपूर्णा—राष्ट्रीय सामाजिक सहायता कार्यक्रम 15 अगस्त, 1995 को अस्तित्व में आया था। यह केन्द्र द्वारा प्रायोजित कार्यक्रम राष्ट्रीय वृद्धावस्था पेंशन योजना और राष्ट्रीय पारिवारिक लाभ योजना से मिलकर बनाया गया, जिसका मकसद वृद्धों को सामाजिक सुरक्षा देना और घर के मुखिया की मौत के मामले में सहायता करना था। राष्ट्रीय वृद्धावस्था पेंशन योजना में 65 वर्षीय उपेक्षित वृद्ध को प्रति माह 75 रुपये की सहायता देने का प्रावधान किया गया था और राष्ट्रीय पारिवारिक लाभ योजना घर के पालनकर्त्ता की मौत पर घर वालों को कुल 10 हजार रुपये लाभ पहुँचाने का लक्ष्य रखा गया।

(14) एकीकृत बंजर भूमि विकास कार्यक्रम—एकीकृत बंजर भूमि विकास कार्यक्रम 1989–90 ई० में चलाया जा रहा है। पहली अप्रैल 1995 से यह कार्यक्रम जलसंभर आधार पर जलसंभर विकास के सामान्य दिशा-निर्देशों के तहत चलाया जा रहा है। एक अप्रैल 2002 से यह पूर्णतया केन्द्र द्वारा प्रायोजित कार्यक्रम है। योजना में संसाधनों का बँटवारा केन्द्र और राज्य में 92 : 8 के अनुपात में हैं। इस कार्यक्रम में बंजर भूमि विकास कार्यक्रमों में लोगों की भागीदारी बढ़ाने के साथ-साथ, ग्रामीण क्षेत्रों में रोजगार उत्पन्न करने में भी मदद मिलती है।

(15) सूखा सम्भावित क्षेत्र कार्यक्रम—सूखा सम्भावित क्षेत्र कार्यक्रम 1977–78 ई० में रेगिस्तानी व ठण्डे, दोनों क्षेत्रों में, गर्म रेगिस्तान क्षेत्रों के राजस्थान, गुजरात और हरियाणा तथा ठण्डे रेगिस्तानों के ग्रामीण क्षेत्र जम्मू-कश्मीर और हिमाचल प्रदेश में शुरू हुआ था। 1995–96 ई० से इस योजना का विस्तार आन्ध्र प्रदेश और कर्नाटक के कुछ और जिलों में हुआ। वर्तमान में इस कार्यक्रम में सात राज्यों के 40 जिलों के 234 खण्ड शामिल हैं। 1995–96 ई० तक विभिन्न कार्यक्रमों के अन्तर्गत राज्यों में 6,712 जलसंभर परियोजनाओं को स्वीकृत किया गया है।

(16) भूमि सुधार कार्यक्रम—स्वतन्त्रता के बाद से अपनाई गई भूमि सुधार नीति का लक्ष्य समाजवादी सामाजिक ढाँचे की व्यवस्था के लिए कृषि सम्बन्धों का पुनर्गठन, भूमि सम्बन्धों में शोषण समाप्त करना, किसान को जमीन प्रदान करने का सदियों पुराना लक्ष्य प्राप्त करना, ग्रामीण गरीबों के भूमि धारण आधार को बढ़ाना, कृषि उत्पादन को बढ़ाना तथा कृषि अर्थव्यवस्था

का विविधिकरण करना है। प्रारम्भ से सितम्बर 2001 तक देश में 73·66 लाख एकड़ भूमि घोषित की गई, जिसमें से लगभग 64·95 एकड़ भूमि को अधिगृहीत किया गया और 53·79 एकड़ भूमि 55·84 लाख लाभार्थियों में वितरित की गई, जिनमें से 36 प्रतिशत लोग अनुसूचित जातियों से सम्बन्धित थे व 15 प्रतिशत अनुसूचित जनजाति से थे।

ग्रामीण विकास हेतु जितने भी कार्यक्रम बनाए गए हैं उनमें सामुदायिक विकास कार्यक्रम, सहकारिता एवं एकीकृत ग्रामीण विकास कार्यक्रम प्रमुख हैं। इन कार्यक्रमों के परिणामस्वरूप ग्रामीण भारत में काफी विकास एवं परिवर्तन हुआ है। अतः ग्रामीण विकास में इन तीनों कार्यक्रमों के योगदान को समझना समुचित होगा।

(ब) सामुदायिक विकास कार्यक्रम

जब से व्यक्तियों ने समूहों अथवा समुदायों में रहना शुरू किया है तभी से सामुदायिक विकास भी किसी-न-किसी रूप में पाया जाता रहा है। आदिकाल से लेकर आज तक सामुदायिक विकास की महत्ता निरन्तर बनी चली आ रही है। सी० बी० ममोरिया का कहना है कि सामान्यता सामुदायिक विकास को 'नई बोतल में पुरानी शराब' (An old wine in a new bottle) अथवा 'नए ड्रेस में प्राचीन विचार' (Old idea in a new dress) कहा गया है। वास्तविकता यह है कि सामुदायिक विकास की परिभाषा देना कठिन है। सामुदायिक विकास में सरकार द्वारा किए जाने वाले सभी प्रयत्न आ जाते हैं चाहे वे कृषि से सम्बन्धित हों या सिंचाई से, सहयोग को प्रोत्साहन देने अथवा अच्छी बाजारी व्यवस्था से, वनों के विकास, शिक्षा, स्वास्थ्य तथा अन्य सामुदायिक क्रियाओं से।

सामुदायिक विकास का अर्थ एवं परिभाषा

यदि हम शाब्दिक दृष्टि से देखें तो 'सामुदायिक विकास' दो शब्दों को मिलाकर बना हुआ है—'समुदाय' जिसका अर्थ है किसी निश्चित भू-भाग पर रहने वाला क्षेत्रीय समूह जिसके अन्तर्गत सामाजिक जीवन के सभी पहलू आते हैं तथा जिसके सदस्यों में 'हम' की भावना पाई जाती है तथा 'विकास' जिसका अर्थ बृद्धि, एक क्रमिक उन्मूलन अथवा किसी वस्तु की अधिकतम जानकारी है। समुदाय में किसी बात की वृद्धि होना; जैसे—आर्थिक कार्यक्षमता अथवा पर्यावरण पर मानवीय नियन्त्रण—विकास कहलाता है। सामुदायिक विकास क्योंकि ग्रामीण पुनर्निर्माण तथा विकास के लिए एक प्रभावशाली विधि है (विशेषकर विकासशील देशों के लिए), इसलिए इसकी परिभाषा देने के अनेक प्रयास किए गए हैं। इसकी प्रमुख परिभाषाएँ निम्नलिखित हैं—

(1) **1948 में हुई कैम्ब्रिज कान्फ्रैंस** में सामुदायिक विकास की परिभाषा इस प्रकार दी गई है— "सम्पूर्ण समुदाय में श्रेष्ठतर रहने के लिए, सक्रिय सहयोग तथा अगर सम्भव हो सके समुदाय की तरफ से शुरू किया गया एक आन्दोलन है। यदि यह शुरूआत आकस्मिक रूप से नहीं की जा रही तो उसकी सक्रिय एवं भावनात्मक प्रतिक्रिया की उन्नति के लिए विधियों के प्रयोग द्वारा उसे उठाने एवं प्रोत्साहित करने का आन्दोलन है।"[1]

(2) संयुक्त राष्ट्र संघ ने अपने कार्यों के लिए सामुदायिक विकास की परिभाषा इस प्रकार दी है—"वह प्रक्रिया जिसमें जनता के प्रयास आर्थिक विकास के लिए, समुदायों की सामाजिक तथा सांस्कृतिक दशाओं के लिए, समुदायों को राष्ट्रीय जीवन से जोड़ने के लिए तथा राष्ट्रीय विकास के लिए राजकीय अधिकारियों के साथ जुड़ जाते हैं।"[2]

(3) प्रथम पंचवर्षीय योजना में योजना आयोग द्वारा सामुदायिक विकास कार्यक्रमों का वर्णन इन शब्दों द्वारा किया गया है—"वह विधि जिसके द्वारा पंचवर्षीय योजना का उद्देश्य गाँव की सामाजिक तथा आर्थिक जीवन में परिवर्तनों की शुरूआत करना है।"[3]

(4) बलवन्त राय मेहता कमेटी की रिपोर्ट के अनुसार—"हमने ग्रामीण विकास, रचनात्मक कार्य, प्रौढ़ शिक्षा तथा ग्रामीण स्तर को ऊँचा करना इत्यादि विभिन्न पहलुओं से सम्बन्धित शब्दों का प्रयोग किया है। कई दशकों से समुदाय शब्द का प्रयोग एक धार्मिक अथवा जातीय समूह के लिए तथा कुछ सीमा तक आर्थिक समूह के लिए किया जाता रहा है जोकि एक ही क्षेत्र में नहीं रहते, परन्तु सामुदायिक विकास कार्यक्रमों के उद्घाटन के साथ ही इस शब्द का प्रयोग सम्पूर्ण समुदाय के लिए किया जाना है जोकि धर्म, जाति तथा आर्थिक असमानताओं से ऊपर है। यह एक ऐसा प्रोग्राम है जिसमें इस बात पर बल दिया जाता है कि किसी स्थान का विकास वहाँ के रहने वाले व्यक्तियों के लिए आवश्यक है।"[4]

उपर्युक्त विचारों को सामने रख कर यह कहा जा सकता है कि सामुदायिक विकास समुदाय में रहने वाले व्यक्तियों के आर्थिक, सामाजिक तथा सांस्कृतिक विकास को कहते हैं जिसमें समुदाय के व्यक्ति सरकारी प्रयासों के साथ-साथ स्वयं भी प्रयास करते हैं।

सामुदायिक विकास के निम्नलिखित दो प्रमुख तत्त्व हैं—

(1) समुदाय के व्यक्तियों द्वारा अपना जीवन स्तर ऊँचा करने के लिए स्वयं प्रयास करना तथा

(2) तकनीकी एवं अन्य सुविधाओं द्वारा स्वयं के प्रयासों को, स्वयं सहायता तथा पारस्परिक सहयोग को प्रोत्साहन देना।

सामुदायिक विकास कार्यक्रमों के उद्देश्य अथवा कार्य-क्षेत्र

सामुदायिक विकास कार्यक्रमों का उद्देश्य प्रमुख रूप से ग्रामीण क्षेत्र में निम्नलिखित आठ सुविधाएँ देने के लिए विभिन्न कार्यक्रमों को शुरू करना है—

(1) कृषि तथा सम्बन्धित बातें (Agriculture and related matters),

(2) संचार (Communication),

(3) स्वास्थ्य (Health),

(4) प्रशिक्षण (Training),

(5) सामाजिक कल्याण (Social welfare),

(6) शिक्षा (Education),

(7) न्यूनतापूरक रोजगार (Supplementary employment) तथा

(8) आवास (Housing) ।

चतुर्थ मूल्यांकन रिपोर्ट में विभिन्न कार्यक्रमों के—जिससे कि सामुदायिक विकास योजनाएँ सम्बन्धित हैं—वर्गीकरण के लिए अलग आधार लिया गया है। इनमें विभिन्न कार्यक्रमों को चार प्रमुख श्रेणियों में रखा गया है—

(1) निर्माण सम्बन्धी कार्यक्रम—इसमें कच्ची तथा पक्की सड़कों, नालियों, गलियों, शिक्षा भवनों, सामुदायिक केन्द्रों, अस्पतालों, अनुसूचित जातियों के लिए मकानों तथा पानी के साधनों से सम्बन्धित निर्माण के कार्य सम्मिलित किए गए हैं।

(2) सिंचाई कार्यक्रम—इसमें कुओं, पम्पों, ट्यूबवैलों तथा तालाबों के निर्माण से सम्बन्धित कार्यक्रम सम्मिलित हैं।

(3) कृषि कार्यक्रम—इसमें कृषि के विकास से सम्बन्धित विभिन्न कार्यक्रम; जैसे—अच्छे बीज, खादें कीटाणु नाशक दवाइयाँ तथा अच्छे एवं नवीन कृषि यन्त्रों का प्रयोग इत्यादि सम्मिलित किए गए हैं।

(4) संस्थात्मक तथा अन्य कार्यक्रम—इसमें युवा क्लब, महिला संगठन, सामुदायिक केन्द्र, विकास मण्डल, सहकारी समितियाँ, बिक्री भण्डार, प्रसूति-गृह, पंचायतें, प्रौढ़ शिक्षा, प्राथमिक पाठशालाएँ, रंगाई केन्द्र, घरेलू उद्योग इत्यादि से सम्बन्धित विभिन्न कार्यक्रम सम्मिलित किए गए हैं।

इन उद्देश्यों को पूर्ण करने के लिए तथा कार्यक्रमों को सफल बनाने के लिए एक संगठन का निर्माण किया गया है। इस विभाग को सामुदायिक विकास प्रशासन कहा जाता है जोकि पहले योजना आयोग के अन्तर्गत काम करता था परन्तु अब सामुदायिक विकास मन्त्रालय के अन्तर्गत कार्य करता है।

सामुदायिक विकास कार्यक्रमों का उद्देश्य प्रमुख रूप से सम्पूर्ण ग्रामीण समाज का पुनर्निर्माण तथा विकास करना है। सामुदायिक विकास कार्यक्रम ग्रामीण क्षेत्रों के विकास एवं सामाजिक पुनर्निर्माण से सम्बन्धित हैं तथा इन कार्यक्रमों में समुदाय के प्रत्येक पहलू को सामने रखा जाता है। प्रमुख रूप से सामुदायिक विकास कार्यक्रमों का उद्देश्य निम्नलिखित पहलुओं में विकास करके विभिन्न सामाजिक वर्गों में असमानता दूर करना है—

(1) ग्रामीण क्षेत्र में सड़कों का निर्माण करना,

(2) प्रारम्भिक पाठशालाओं एवं अस्पतालों का निर्माण करना,

(3) सामुदायिक केन्द्रों का निर्माण करना,

(4) अनुसूचित जातियों तथा अन्य पिछड़े वर्गों के लिए आवास का प्रबन्ध करना,

(5) कुओं, पम्पों, ट्यूबवैलों तथा तालाबों का प्रबन्ध करना,

(6) कृषि का विकास करना,

(7) अच्छे बीजों, खादों, कीटाणुनाशक दवाइयों तथा नवीन यन्त्रों की सुविधाओं का प्रबन्ध करना,

(8) सहकारी समितियों द्वारा विकास करना,

(9) बिक्री केन्द्रों, प्रसूति-गृहों, पशु-चिकित्सालयों का निर्माण करना,

(10) ग्रामीण क्षेत्रों में लघु उद्योगों को खोलना,

(11) पंचायतों एवं अन्य विकास सम्बन्धी संस्थाओं की सहायता से प्रौढ़ शिक्षा एवं अन्य ऐसे कार्यों को बढ़ावा देना,

(12) प्रशिक्षण केन्द्रों की स्थापना करना,

(13) संचार सुविधाएँ प्रदान करना,

(14) ग्रामीण रोजगार का प्रबन्ध करना तथा

(15) विभिन्न समाज कल्याण कार्यक्रमों को लागू करना।

सामुदायिक विकास कार्यक्रमों तथा राष्ट्रीय प्रसार सेवा ने भारतीय ग्रामीण क्षेत्रों का पुनर्निर्माण करने में काफी सहायता दी है। यद्यपि सामुदायिक विकास कार्यक्रम अपने सभी उद्देश्यों को पूरा करने में सफल नहीं रहे परन्तु फिर भी इन्होंने ग्रामीण भारत को पुनर्गठित तथा विकसित करने में काफी सहायता दी है।

सामुदायिक विकास कार्यक्रमों का मूल्यांकन

सामुदायिक विकास कार्यक्रमों का मूल्यांकन करना इतना सरल नहीं है क्योंकि पहले तो सामुदायिक विकास इतने बड़े पैमाने पर शुरू किया गया है कि सम्पूर्ण कार्यक्रम के बारे में आँकड़े एकत्रित करना कठिन है, इसलिए मूल्यांकन अधिकतर विभिन्न विद्वानों द्वारा मूल्यांकन रिपोर्टों के ज्ञान तक ही सीमित है। दूसरी कठिनाई यह है कि सामुदायिक विकास कार्यक्रमों की सफलता को अन्य अभिकरणों की सफलता से अलग करना कठिन है।

सामुदायिक विकास योजनाओं का विश्लेषण तथा मूल्यांकन अनेक विद्वानों तथा संगठनों ने किया है। विल्सन, कार्ल टॉयलर, ऑस्कर लेविस, ओपलर तथा उसका दल, एस० सी० दुबे तथा मेण्डलबॉम तथा अनेक विद्वानों ने ग्रामीण क्षेत्रों में सामुदायिक विकास कार्यक्रमों के प्रभावों का मूल्यांकन करने का प्रयास किया है। प्रोग्राम मूल्यांकन संगठनों ने भी समय-समय पर इन कार्यक्रमों का मूल्यांकन किया है तथा इनकी रिपोर्टें भी महत्त्वपूर्ण प्रलेख हैं। बैंच मार्क सर्वे द्वारा भी मूल्यांकन करके इन कार्यक्रमों पर प्रकाश डाला गया है।

सामुदायिक विकास कार्यक्रमों के मूल्यांकन करने वाले विद्वानों तथा संगठनों ने सरकार की आर्थिक नीतियों तथा पंचवर्षीय योजनाओं में विश्वास प्रकट किया है तथा सामुदायिक विकास कार्यक्रमों को भारतीय ग्रामीण समाज के पुनर्निर्माण एवं विकास के लिए महत्त्वपूर्ण माना है।

भारतीय सरकार द्वारा भी सामुदायिक विकास कार्यों तथा राष्ट्रीय प्रसार सेवा के ब्लाकों के कार्यों का मूल्यांकन समय-समय पर करवाया गया है। अप्रैल 1957 में प्रकाशित मूल्यांकन रिपोर्ट में इसके कार्यों के बारे में निम्नलिखित प्रमुख निष्कर्ष निकाले हैं—

(1) इन कार्यक्रमों को प्रत्येक गाँव तक पहुँचाने में सफलता मिली है।

(2) विभिन्न ब्लाकों में भौतिक परिवर्तन, विशेषकर निर्माण तथा सिंचाई की सुविधाएँ बढ़ जाने से उत्पादन क्षमता अधिक हुई है।

(3) कृषि तथा पशु चिकित्सा से सम्बन्धित कार्यों में तो सफलता मिली है परन्तु ग्रामीण उद्योगों से सम्बन्धित कार्यक्रम अधिक सफल नहीं रहे हैं।

(4) जीवन की मान्यताओं में परिवर्तन हुआ है विशेषकर प्राथमिक शिक्षा तथा पीने के पानी के बारे में। प्रौढ़ शिक्षा में इतनी सफलता नहीं मिल पाई है

(5) सामुदायिक केन्द्रों, युवा क्लबों तथा महिला संगठनों में जाने तथा इन्हें बनाए रखने के प्रति विचारों में सफलता नहीं मिल पाई है।

(6) सहयोग तथा सरकारी समितियों (ऋण को छोड़कर) से सम्बन्धित तथा अन्य आर्थिक संगठनात्मक मनोवृत्तियों में परिवर्तन कम हुआ है।

(7) पंचायतों के द्वारा योजनाएँ बनाकर तथा उन्हें कार्यान्वित करके विकास कार्यक्रमों में सफलता नहीं मिली है तथा इस प्रकार पंचायत के सदस्यों को पंचायती राज के उद्देश्यों में सफलता नहीं मिली है।

(8) जन सहयोग तथा सहायता लेने के उद्देश्य में सफलता मिली है विशेषकर यहाँ तक निर्माण कार्यों का सम्बन्ध है। परन्तु अन्य संस्थात्मक कार्यक्रमों में सहयोग तथा सहायता नहीं मिल पाई है।

(9) स्वयं सहायता के बारे में ग्रामीण क्षेत्रों में जागरूकता तो आई है, परन्तु इसके द्वारा सामाजिक अथवा आर्थिक विकास में सफलता नहीं मिल पाई है। अभी भी अधिकतर ग्रामवासी सरकारी प्रयास तथा शुरूआत पर ही आश्रित हैं।

(10) ग्रामीण जनता प्रोजैक्ट क्षेत्रों में अब यह सोचने लगी है कि सरकार केवल राज करने के लिए ही नहीं है अपितु सहायता करने के लिए भी है।

(11) विभिन्न गाँवों में सफलता एक जैसी नहीं हुई है। मुख्यालय जिसमें ग्राम सेवक रहता है अथवा जिन गाँवों में वह आसानी से आ जा सकता है उसमें सफलता अधिक मिली है। गाँव में भी केवल धनी कृषक वर्ग तथा आर्थिक दृष्टि से सम्पन्न लोगों को इन कार्यक्रमों से अधिक लाभ पहुँचा है।

(12) सामुदायिक विकास कार्यकर्त्ताओं की सामुदायिक विकास कार्यक्रमों तथा पंचवर्षीय योजना के उद्देश्यों के प्रति जागरूकता तथा प्रशिक्षण एक जैसा नहीं रहा है।

(13) ब्लाक तथा जिला स्तर पर सलाह समितियों को विकास सम्बन्धी कार्यक्रमों में अपनी भूमिका अभी तक निभाना है।

(14) आर्थिक तथा सामाजिक विकास के लिए प्रोजैक्ट स्टाफ के सदस्यों को और प्रोत्साहित करने की आवश्यकता है।

इस प्रकार, यद्यपि सामुदायिक विकास कार्यक्रम अपने उद्देश्यों को प्राप्त करने में पूर्ण रूप से सफल नहीं रहे हैं, फिर भी इन्होंने आंशिक रूप से ग्रामीण पुनर्निर्माण में विशेष सहायता दी है।

सामुदायिक विकास कार्यक्रमों के प्रेरणा के स्रोत

सामुदायिक विकास कार्यक्रमों को भारत में लागू करने की प्रेरणा इससे पहले किए गए निम्नलिखित प्रयोगों से मिली है—

(1) बम्बई राज्य में सेवाग्राम तथा सर्वोदय केन्द्रों द्वारा ग्रामीण विकास के लिए किए गए कार्यक्रम,

(2) मद्रास की फिरका विकास योजना,

(3) नीलोखेड़ी तथा अन्य स्थानों पर शरणार्थियों के लिए सामुदायिक केन्द्रों के निर्माण का प्रयोग,

(4) इटावा तथा गोरखपुर में किए गए प्रयोग तथा

(5) सहकारिता।

सामुदायिक विकास कार्यक्रमों को लागू करने का उद्देश्य ग्रामीण क्षेत्रों का विकास तथा इसमें लगे हुए विभिन्न सरकारी विभागों; जैसे—कृषि विभाग, पशु पालन विभाग, सहकारिता विभाग, स्वास्थ्य विभाग, शिक्षा तथा अन्य विभागों के परस्पर सहयोग द्वारा इसे और प्रभावशाली बनाना था।

(1) सेवाग्राम तथा सर्वोदय—सेवाग्राम तथा सर्वोदय आन्दोलन महात्मा गांधी तथा जयप्रकाश की प्रेरणाओं के परिणाम थे। सेवाग्राम आन्दोलन गांधी जी द्वारा अफ्रीका से लौटने के बाद शुरू किया गया तथा इसमें अनेक बातों को सम्मिलित किया गया है। अनेक बातें जिन पर गांधी जी ने बल दिया है, उनमें स्वदेशी वस्तुओं का प्रयोग, छुआछूत की समस्या का समाधान, नसबन्दी, शिक्षा, महिला कल्याण तथा अहिंसा प्रमुख हैं। सेवाग्राम कार्यक्रमों की शुरुआत चम्पारन में की गई।

सेवाग्राम के साथ-साथ सर्वोदय ने भी ग्रामोत्थान की जिम्मेदारी ली। 1948-49 ई० में सर्वोदय केन्द्रों ने बम्बई में प्रशिक्षित संचालकों द्वारा अपना प्रयोग शुरू किया। इसमें शिक्षा, कृषि, गाय रक्षा, ग्रामीण उद्योग, जन स्वास्थ्य, सफाई तथा समाज कल्याण से सम्बन्धित विभिन्न कार्यक्रम रखे गए। सेवाग्राम तथा सर्वोदय आन्दोलनों ने ग्रामीण पुनर्निर्माण में काफी सहायता दी है। इन सफलताओं में सामुदायिक विकास कार्यक्रम बनाने के लिए प्रेरणा मिली है।

(2) फिरका योजना—सामुदायिक विकास कार्यक्रमों का दूसरा प्रेरणा का स्रोत मद्रास में लागू की गई फिरका विकास योजना है जोकि 1947 ई० में शुरू की गई। इसकी प्रेरणा भी महात्मा गांधी जी से ही मिली है तथा इस योजना में दो प्रमुख बातें हैं—**प्रथम**, कार्यक्रमों को समुदाय की दृष्टि से देखना तथा **द्वितीय**, ग्रामवासियों को अपना स्तर ऊँचा करने तथा विभिन्न कल्याण कार्यक्रमों को सफल बनाने के लिए स्वयं प्रयास करना। इस योजना में भी कृषि, उद्योग, सिंचाई तथा पशुपालन विभाग की संयुक्त सहायता ली गई तथा इस सामूहिक प्रयास द्वारा ग्रामीण पुनर्निर्माण में काफी सहायता मिली।

(3) नीलोखेड़ी का प्रयोग—नीलोखेड़ी का प्रयोग शरणार्थियों के पुनर्वास से सम्बन्धित है जिसमें 1947 ई० में शरणार्थियों को नीलोखेड़ी (पंजाब) में कुछ जमीन तथा लघु उद्योगों की सुविधाएँ देकर बसाया गया। इससे भी काफी अधिक सफलता मिली तथा सरकार को सामुदायिक विकास कार्यक्रम बनाने की प्रेरणा मिली।

(4) इटावा तथा गोरखपुर जिले में किए गए प्रयोग—उत्तर प्रदेश में किए गए इन प्रयोगों ने भी सरकार को सामुदायिक विकास योजनाएँ बनाने के लिए प्रेरणा दी क्योंकि इन प्रयोगों से भी ग्रामीण विकास में काफी सहायता मिली। ग्राम सेवकों की सहायता से अनेक गाँवों में कृषि, शिक्षा, स्वास्थ्य आदि का प्रचार किया गया तथा इसमें काफी सफलता मिली। इटावा में उपज 50 प्रतिशत तक बढ़ गई।

(5) सहकारिता—सरकारी तथा गैर-सरकारी संस्थाओं द्वारा सहकारिता की सहायता से भी पुनर्निर्माण के प्रयास किए गए हैं। सामाजिक कल्याण के लिए विभिन्न सहकारी समितियों का निर्माण करके ग्रामीण विकास के क्षेत्र में काफी सहायता मिली है। पंजाब तथा उत्तर प्रदेश में सहकारी समितियों ने यद्यपि सीमित अपितु महत्त्वपूर्ण भूमिका निभाई है। सहकारिता की इन सफलताओं से भी सामुदायिक विकास कार्यक्रमों को संगठित करने की प्रेरणा मिली है।

कार्ल टॉयलर का कहना है कि सामुदायिक विकास कार्यक्रमों एवं प्रसार कार्यक्रमों का मुख्य उद्देश्य ग्रामवासियों में स्वयं सहायता की भावना विकसित करना है ताकि वे स्थानीय विकास के लिए साधनों का प्रयोग सरकारी संस्थाओं की सहायता से कर सकें। इसमें निम्नलिखित पाँच बातें प्रमुख हैं—

(1) कार्यक्रमों का निर्माण तथा कार्यान्वित करने की शुरूआत व्यक्तियों द्वारा की जानी चाहिए।

(2) प्राथमिक समूहों की प्रकृति वाली ऐच्छिक समितियों का संगठन करना।

(3) सामूहिक कार्यविधियों पर निर्भरता।

(4) सभी स्तरों पर जनता द्वारा इन कार्यक्रमों में हिस्सा लेने तथा सहयोग प्रदान करना।

(5) सरकारी प्रशासन समिति द्वारा केवल सहायक संस्था के रूप में कार्य करना।

इससे समाजशास्त्रीय दृष्टि से पाँच महत्त्वपूर्ण आधारभूत मान्यताएँ स्पष्ट होती हैं। ये हैं—

(1) ग्रामीण समुदाय में रहने वाले विभिन्न व्यक्तियों, समूहों तथा स्तरों में अनेक सामान्य उद्देश्य हैं, जोकि उनको परस्पर नजदीक लाने में सहायक हैं।

(2) सामान्य उद्देश्य के कारण (जोकि गाँव के विभिन्न स्तरों एवं वर्गों में पाया जाता है) विकास की योजनाओं को प्रोत्साहित करना सरल है।

(3) समुदाय के विभिन्न वर्गों के उद्देश्य संघर्षात्मक नहीं हैं।

(4) सरकार की नीतियाँ इस प्रकार की हैं कि इनसे विभिन्न सामाजिक समूहों में असमानता अधिक नहीं होती है।

(5) सामान्य उद्देश्यों के कारण व्यक्तियों में उत्साह एवं सहयोग की भावना पाई जाती है।

कार्ल टॉयलर तथा अन्य विद्वानों का कहना है कि सरकारीतन्त्र सम्पूर्ण कार्यक्रमों से सम्बन्धित सच्ची भावना को विकसित करने में असफल रहा है यद्यपि इसमें बुद्धिमान एवं कठिन परिश्रम करने वाले व्यक्ति कार्यकर्ता रहे हैं। सामुदायिक विकास प्रशासन अधिकतर अभी भी सरकारी सहायता पर ही निर्भर है तथा ग्रामीण जनता में इतनी रुचि नहीं दिखाई देती। टॉयलर इस बात को तो स्वीकार करते हैं कि इन कार्यक्रमों के प्रारम्भिक स्तर पर सरकारी सहयोग की ही अधिक आवश्यकता थी परन्तु बाद में जनता को जितना सहयोग इन कार्यक्रमों में देना था उतना मिला नहीं है।

एस० सी० दुबे ने भी ऐसा ही निष्कर्ष निकाला है। योजनाएँ उच्च स्तर पर बनाई जाती हैं तथा निम्न स्तरों पर लागू की जाती हैं क्योंकि प्रोजैक्ट अधिकारियों को इतनी स्वतन्त्रता नहीं है इसलिए उन्होंने अपनी तरफ से शुरूआत में कोई रुचि नहीं ली है। इसलिए अधिकारी ग्रामीण व्यक्तियों के लिए कुछ करने की बजाय अपने से उच्च अधिकारियों को खुश करने में ही लगे रहे। इन कार्यक्रमों में सरकारी अधिकारियों ने नौकरशाहों की तरह कार्य किया है, सामाजिक सेवा की भावना से अथवा परिवर्तन के एक अभिकरण के रूप में नहीं।

बलवन्त राय मेहता अध्ययन दल की रिपोर्ट में भी इसी तरह का निष्कर्ष निकाला गया है। सामुदायिक विकास एवं राष्ट्रीय प्रसार सेवाओं के कार्यक्रम गाँवों में अधिक समर्थन प्राप्त करने में पूर्ण सफल नहीं रहे हैं। पंचायतों ने थोड़ा-बहुत सहयोग तो दिया है परन्तु इतना नहीं जितना कि वे दे सकती थीं। सलाह समितियों तथा अन्य मनोनीत सदस्यों ने ग्रामीण समर्थन प्राप्त करने में कठिनाई पैदा कर दी है। इस समिति में इस बात की सिफारिश की गई है कि गाँव स्तर पर ग्राम पंचायत, ब्लाक स्तर पर पंचायत समिति तथा जिला स्तर पर जिला परिषद् को इन कार्यक्रमों को लागू करने का उत्तरदायित्व दिया जाना चाहिए तथा गाँव एवं ब्लाक स्तर पर संगठित नौकरशाहीतन्त्र स्थापित कर दिया जाना चाहिए।

ए० आर० देसाई का कहना है कि विभिन्न मूल्यांकन समितियों तथा विद्वानों ने अपने मूल्यांकन में अग्रलिखित बातों की आलोचना की है—

(1) इन कार्यक्रमों की नौकरशाही प्रकृति।

(2) सरकारी मशीनरी में किसी भी स्तर पर चुने हुए प्रतिनिधियों का न होना।

(3) उच्च स्तर पर निर्णय लिए जाना तथा निम्न स्तरों द्वारा उन्हें लागू किया जाना।

(4) प्रोजैक्ट प्रशासन से सम्बन्धित विभिन्न विभागों में अधिकारों तथा कर्त्तव्यों की अस्पष्टता तथा इस प्रकार किसी का भी पूर्ण उत्तरदायित्व का न होना।

(5) कार्यों के प्रति विभाजित वफादारी तथा केवल प्रशासकों के लिए ही कार्य करना।

(6) समाज-सेवा की भावना तथा मनोवृत्ति का न होना।

(7) स्टाफ के सदस्यों में समाज-सेवा की योग्यता का न होना।

इड़ो गाँव तथा उन गाँवों को जोकि ग्राम सेवकों के मुख्यालय थे अधिक लाभ हुआ है। केवल बड़े उत्पादकों को ही इन कार्यक्रमों का अधिक लाभ हुआ है। दुबे का कहना है कि यद्यपि इन कार्यक्रमों का उद्देश्य सम्पूर्ण समुदाय का विकास करना है परन्तु सबसे अधिक संगठित कार्यक्रम कृषि प्रसार के बारे में थे तथा इससे कुछ किसानों को लाभ भी हुआ है। अधिकतर लाभ विशिष्टजनों के समूहों (Elite groups) तथा अधिक प्रभावशाली कृषकों को ही हुआ है। गरीब किसानों को इसका अधिक लाभ नहीं हुआ है। इसके साथ ही दस्तकारों एवं कृषि मजदूरों के लिए इन योजनाओं में कोई कार्यक्रम शुरू नहीं किया गया।

मेण्डलबॉम तथा अन्य प्रोजैक्ट मूल्यांकन रिर्पोटों में भी इसी तरह के निष्कर्ष निकाले हैं कि सामुदायिक विकास कार्यक्रमों द्वारा अमीर तथा गरीब किसानों में अन्तर अधिक हो गया है। इसका अधिक लाभ कृषक पूँजीपति वर्ग को ही हुआ है, जबकि गरीब किसान, दस्तकार तथा अनेक कृषि मजदूर इन कार्यक्रमों के लाभ से वंचित रहे हैं। प्रतियोगिता अधिक हो जाने के कारण भी गरीब किसान अधिक कमजोर हो गए हैं।

कार्यक्रम से सम्बन्धित विभिन्न संगठनों में भी उच्च वर्गों का प्रभाव अधिक रहा है। यदि विकसित मण्डल, ग्राम पंचायत तथा न्याय पंचायत के अधिकारियों को देखा जाए तो स्पष्ट पता चलता है कि अधिकांश उच्च जातियों एवं वर्गों के कृषक ही हैं। सरकारी कर्मचारी भी अपने कार्यक्रमों की सफलता के लिए ग्रामीण क्षेत्रों के स्थानीय उच्च वर्ग के नेताओं पर अधिक आश्रित रहे हैं। अधिकतर मूल्यांकन समितियों की रिर्पोटों तथा एस० सी० दुबे ने इसी तरह के निष्कर्ष निकाले हैं।

निम्न वर्ग की जनता ने अधिक सहयोग इसलिए नहीं दिया है क्योंकि इन कार्यक्रमों का उन्हें कोई लाभ नहीं हुआ है। श्रमदान के बारे में दुबे का कहना है कि इनका लाभ भी उच्च वर्ग के व्यक्तियों को अधिक हुआ है क्योंकि श्रमदान के परिणामस्वरूप सड़कों का निर्माण हुआ जिसके परिणामस्वरूप समूह के उच्च वर्ग के व्यक्तियों को गन्ना गाँव से बाहर बेचने की सुविधाएँ मिल गईं। निम्न वर्ग के व्यक्तियों को इसका कोई लाभ नहीं हुआ।

नवीन संगठनों; जैसे—युवा क्लबों, महिला संगठनों, सामुदायिक केन्द्रों, स्कूलों, पुस्तकालयों, प्रौढ़ शिक्षा तथा सामाजिक शिक्षा केन्द्रों का विकास बहुत कम क्षेत्रों में हुआ है। भजन मण्डलियों तथा अखाड़ों को छोड़कर नवीन संस्थाओं की जड़ें गाँव में मजबूत नहीं हो पाई हैं। अधिकतर ऐसी संस्थाएँ केवल कागजों पर ही कार्य कर रही हैं। इस पहलू में सामुदायिक विकास कार्यक्रम पूर्ण असफल रहे हैं।

इस प्रकार, सामुदायिक विकास कार्यक्रम तथा राष्ट्रीय प्रसार योजना का गठन जिन उद्देश्यों के लिए किया गया था उसमें अधिक सफलता नहीं मिल पाई है। विभिन्न मूल्यांकन रिपोर्टें तथा विद्वानों के अध्ययन इस तथ्य की पुष्टि करते हैं।

सामुदायिक विकास कार्यक्रमों को अधिक प्रभावशाली बनाने के लिए सुझाव

सामुदायिक विकास कार्यक्रम जिन्हें 1952 ई० में देश के विभिन्न हिस्सों में लागू किया गया था, अपने उद्देश्यों को प्राप्त करने में पूर्ण रूप से सफल नहीं रहा है। इसका यह अर्थ नहीं है कि कार्यक्रम पूर्णतः असफल रहे हैं अपितु यह है कि इन कार्यक्रमों में केवल आंशिक सफलता ही मिली है। जहाँ तक निर्माण एवं सिंचाई, पशुपालन एवं चिकित्सा तथा कुछ अन्य सुविधाओं का प्रश्न है इनमें तो कुछ सीमा तक सफतला मिली है परन्तु अन्य कार्यक्रमों के बारे में सहयोग नहीं मिला है। इन कार्यक्रमों में नवीन संस्थाओं; जैसे—युवा क्लबों, महिला संगठनों, स्कूलों, पुस्तकालयों, प्रौढ़ शिक्षा तथा सामाजिक शिक्षा केन्द्रों को खोलने के प्रयास का प्रश्न है इनमें सफलता नहीं मिली है। जन सहयोग तथा समर्थन भी इतना नहीं मिल पाया है जितने की आशा की जा रही थी।

क्या इन कार्यक्रमों को, जिन पर इतना पैसा खर्च किया जाता है परन्तु सफलता नहीं मिलती, लागू रखा जाना चाहिए अथवा बन्द किया जाना चाहिए। ए० आर० देसाई का कहना है कि समाजशास्त्रीय दृष्टि से सामुदायिक विकास कार्यक्रम अपने लक्ष्यों को प्राप्त करने में असफल ही नहीं रहे हैं परन्तु हानिकारक भी बन रहे हैं।

एस० सी० दुबे ने उत्तर प्रदेश में सामुदायिक विकास कार्यक्रमों का मूल्यांकन करके इनकी सफलता के रास्ते में आने वाली चार बाधाओं का वर्णन किया है। ये बाधाएँ निम्नलिखित हैं—

(1) अधिकांश गाँव की जनता का इनके प्रति सामान्यतया उदासीन होना,

(2) अफसरों तथा बाहरी व्यक्तियों के प्रति असन्तोष तथा सन्देह,

(3) प्रोजैक्ट तथा प्रभावशाली एवं पर्याप्त संचार साधनों का प्रयोग न करना तथा

(4) प्रथा एवं सांस्कृतिक कारक।

इन कारणों ने सामुदायिक विकास कार्यक्रमों में बाधा डाली है। इन कार्यक्रमों को सफल बनाने के लिए बलवन्त राय मेहता अध्ययन दल (1957) की सिफारिशों तथा अन्य विद्वानों के

द्वारा किए गए मूल्यांकन एवं सुझाव विशेष महत्त्वपूर्ण हैं जिनमें से कुछ लागू किए जा चुके थे तथा कुछ को अभी तक लागू करना शेष है। ये सुझाव निम्नलिखित हैं—

(1) सामुदायिक विकास कार्यक्रमों का उत्तरदायित्व ग्राम स्तर पर ग्राम पंचायतों, ब्लाक स्तर पर ब्लाक समितियों तथा जिला स्तर पर जिला परिषदों को सौंपा जाना चाहिए तथा इनसे सम्बद्ध सभी सरकारी नौकरशाहीतन्त्र को समाप्त कर दिया जाना चाहिए।

(2) प्रोजैक्ट को बीच में ही रोका नहीं जाना चाहिए क्योंकि इससे ग्रामवासियों में इन कार्यक्रमों के प्रति विश्वास कम होता है तथा वह सहयोग एवं समर्थन देना समाप्त कर देते हैं।

(3) कार्यक्रम इस तरह से बनाए जाने चाहिए जिससे कि इनका लाभ केवल पहले से उच्च वर्ग तथा आर्थिक दृष्टि से सम्पन्न व्यक्तियों को ही न मिले अपितु अन्य पिछड़े हुए वर्गों को भी समान रूप से मिले। समुदाय में रहने वाले सभी वर्ग इन कार्यक्रमों में सहयोग तभी करेंगे जबकि उन्हें इस बात की आशा हो कि इनसे उन्हें कुछ फायदा होने वाला है।

(4) जनता का समर्थन तथा सहयोग प्राप्त करने के लिए कार्यक्रम का स्रोत जनता ही बनाई जानी चाहिए अर्थात् स्थानीय स्तर पर चुने हुए नेताओं द्वारा ही विकास सम्बन्धी कार्यों के बारे में निर्णय लिया जाना चाहिए। कार्यक्रमों को जनता पर थोपा नहीं जाना चाहिए।

(5) कार्यक्रमों का उद्देश्य तथा प्राथमिकता पहले से निश्चित की जानी चाहिए ताकि उस क्षेत्र के लोग जिस तरह के विकास कार्यक्रम चाहते हैं वैसे ही लागू हों।

(6) सामुदायिक विकास कार्यक्रम में प्रशिक्षित तथा ऐसे कार्यकर्ता ही सम्मिलित किए जाने चाहिए जिन्हें इन कार्यक्रमों में निष्ठा हो तथा जन सम्पर्क एवं सहयोग प्राप्त करने में समर्थ हों।

(7) सामुदायिक विकास तथा अन्य संस्थाओं में जोकि ग्रामीण पुनर्निर्माण से सम्बन्धित हैं अधिक समन्वय स्थापित किया जाना चाहिए तथा एक दूसरे के पूरक के रूप में वे सहयोग करते हुए अपने कार्यों को सफल बनाने का प्रयास करें।

(8) विकास खण्डों का क्षेत्र सीमित रखा जाना चाहिए ताकि स्टाफ द्वारा कार्यक्रमों की देख-रेख ठीक तरह से की जा सके।

(9) पिछड़े वर्गों तथा निम्न जातियों के उत्थान के लिए विशेष व्यवस्था की जानी चाहिए।

(10) समाज शिक्षा के कार्यक्रमों पर अधिक बल दिया जाना चाहिए।

सामुदायिक विकास कार्यक्रमों की प्रमुख सफलताएँ

सामुदायिक विकास कार्यक्रमों का प्रारम्भ 2 अक्तूबर, 1952 को किया गया जबकि 55 सामुदायिक योजनाएँ लागू की गईं। प्रत्येक योजना का क्षेत्र 300 गाँव था जोकि 450-500 वर्गमील में फैले हुए थे तथा लगभग 1,50,000 की आबादी इस क्षेत्र के अन्तर्गत आती थी।

प्रत्येक योजना क्षेत्र को तीन विकास खण्डों में बाँटा गया तथा प्रत्येक खण्ड में 100 गाँव रखे गए जिनकी कुल आबादी लगभग 65,000 व्यक्ति थी। प्रत्येक खण्ड को 20 समूहों में बाँटा गया तथा एक समूह में पाँच गाँव रखे गए। प्रत्येक समूह के लिए एक ग्राम सेवक रखा गया तथा इन पाँचों गाँवों में से एक गाँव को इस समूह का मुख्यालय बनाया गया।

प्रथम पंचवर्षीय योजना के अन्त तक कार्यक्रमों का क्षेत्र और अधिक विस्तृत बनाया गया जबकि 603 राष्ट्रीय प्रसार सेवा ब्लाक तथा 533 सामुदायिक विकास ब्लाकों का संगठन किया गया जिसके अन्तर्गत 1,57,000 गाँव सम्मिलित किए गए जिनकी कुल जनसंख्या लगभग 8·88 करोड़ थी।

1969 तक सामुदायिक विकास खण्डों की कुल संख्या 5,365 हो गई जिसके अन्तर्गत 5,67,000 गाँव सम्मिलित थे जिनकी कुल संख्या लगभग 4,046 लाख थी।

2 अप्रैल, 1973 को 4,589 विकास खण्डों के बारे में उपलब्ध सूचनाओं के अनुसार 75 विकास खण्ड प्रथम चरण में, 1,122 दूसरे चरण में तथा 3,312 दूसरे चरण के बाद की स्थिति में थे। पहले के लिए 12 लाख तथा दूसरे के लिए 5 लाख रुपये योजनावार बजट का प्रावधान था। इन खण्डों के लिए पैसा जुटाने की जिम्मेदारी तीसरी योजना के अन्त तक (1960) केन्द्रीय सरकार की रही परन्तु चौथी योजना के शुरू में अर्थात् अप्रैल 1969 से विकास खण्डों के लिए वित्तीय सहायता की जिम्मेदारी राज्य सरकारों को सौंप दी गई। चौथी योजना के शुरू में 5,265 सामुदायिक विकास खण्ड थे। इस संख्या में 504 आदिवासी विकास खण्ड भी शामिल हैं।

पहली तीन पंचवर्षीय योजनाओं में 501 करोड़ रुपये इन कार्यक्रमों पर व्यय किए गए। 1966-68 से 1972-73 में 137·55 करोड़ रुपये तथा 1973-74 में 19·54 करोड़ रुपये इन कार्यक्रमों पर खर्च किए गए हैं।

सामुदायिक विकास कार्यक्रमों का उद्देश्य भारत का समन्वित विकास करना है जिससे कि उनका सामाजिक, सांस्कृतिक तथा आर्थिक उत्थान हो। उपलब्ध साधनों तथा मानवीय साधनों का क्षेत्रीय आधार पर पूर्ण विकास केवल जनता के सक्रिय सहयोग द्वारा ही हो सकता है तथा इसे अब समझा भी जा रहा है। इन कार्यक्रमों में कृषि को प्राथमिकता दी गई है। अन्य कार्यक्रम; जैसे—संचार, स्वास्थ्य, सफाई, शिक्षा, रोजगार की व्यवस्था, स्त्रियों तथा बच्चों का कल्याण, कुटीर तथा छोटे पैमाने के उद्योगों से सम्बन्धित हैं।

कृषि मन्त्रालय के अधीन सामुदायिक विकास विभाग सामुदायिक विकास कार्यक्रमों में सम्बन्धित प्रमुख नीतियाँ तय करता है और विकास खण्डों के व्यय की रूपरेखा बनाता है। इन कार्यक्रमों को लागू करने की जिम्मेदारी राज्य सरकारों की है।

सामुदायिक विकास तथा पंचायती राज के कार्यक्रमों के बारे में परामर्श देने के लिए 1971 ई० में संयुक्त परामर्शदायी परिषद् गठित की गई ताकि विभिन्न विकास कार्यक्रमों में समन्वय रखा जा सके।

सामुदायिक विकास कार्यक्रमों की प्रगति

सामुदायिक विकास कार्यक्रमों का उद्देश्य ग्रामीण विकास करना है। ग्रामीण क्षेत्रों में विभिन्न कार्यक्रमों द्वारा मूल सुविधाएँ प्रदान करके पुनर्निर्माण करना है। प्रथम पंचवर्षीय योजना में ग्रामीण जनसंख्या का 25 प्रतिशत हिस्सा इन कार्यक्रमों के अन्तर्गत लाया जा सका।

दूसरी पंचवर्षीय योजना में 65 प्रतिशत ग्रामीण जनता तक इन कार्यक्रमों को पहुँचाने में सफलता मिली। तीसरी तथा चौथी पंचवर्षीय योजना में प्रत्येक गाँव को इन कार्यक्रमों के अन्तर्गत लाने का प्रयास किया गया है। 1973-74 ई० में 19·58 करोड़ रुपये इन कार्यक्रमों पर खर्च किए गए। पाँचवीं पंचवर्षीय योजना में 121·8 करोड़ खर्च करने का लक्ष्य रखा गया तथा प्रथम वर्ष अर्थात् 1974-75 ई० में 16·08 करोड़ रुपये खर्च किए गए।

इस प्रकार, सामुदायिक विकास कार्यक्रमों को प्रत्येक गाँव तक पहुँचाने में सफलता तो मिल गई है परन्तु इसके उद्देश्यों प्राप्त करने में पूर्ण सफलता नहीं मिली है। सबसे अधिक सफलता कृषि व्यवस्था में मिली है जिसे कि सबसे अधिक प्राथमिकता भी दी गई है। निर्माण तथा पशुपालन कार्यक्रमों में भी सफलता मिली है। अधिक-से-अधिक भूमि को सिंचाई के योग्य बनाया गया है तथा नहरें, कुएँ, तालाबों एवं अन्य सुविधाओं में निरन्तर वृद्धि की गई है।

सामुदायिक विकास कार्यक्रमों के परिणामस्वरूप सिंचाई में विकास निम्न तालिका से स्पष्ट हो जाता है—

तालिका–1
सिंचाई वाली भूमि

सिंचाई के साधन	1950-51	1970-71	करोड़ हेक्टेयर में (+) वृद्धि (−) कमी
नहरें	0·83	1·25	+ 0·42
तालाब	0·36	0·45	+ 0·09
कुएँ	0·60	1·18	+ 0·58
अन्य स्थान	0·30	0·24	−0·06
कुल	2·09	3·12	+ 1·03

सूखे के समय तथा सूखे की सम्भावना वाले क्षेत्रों से सम्बन्धित निम्नलिखित विभिन्न कार्यक्रम भी चलाए गए हैं—

1972-73 ई० के दौरान प्रति खण्ड औसतन 1398 क्विंटल बीज, 13,652 क्विंटल उर्वरक, 217 क्विंटल कीटनाशक तथा 103 औजारों का वितरण किया गया। 1383 लाख हेक्टेयर कृषि क्षेत्र को बड़े और सीढ़ीदार खेत बनाकर कृषि योग्य बनाया गया है।

1972-73 ई० में इस प्रकार कृषि की सफलता के लिए सबसे अधिक प्रयास किया गया तथा इसमें सफलता भी मिली है। इसके अतिरिक्त गैर-कृषि व्यवसायों में लगे हुए व्यक्तियों की तरफ भी ध्यान दिया गया है। 1972-73 ई० में ग्रामीण कारीगरों को 88 लाख रुपये का ऋण दिया गया ताकि वे अपने कार्यों को अच्छी तरह कर सकें।

1972-73 ई० में प्राथमिक स्वास्थ्य केन्द्रों की संख्या 5,197 थी और 5201 परिवार नियोजन केन्द्र प्रमुख ग्रामीण केन्द्रों के काम कर रहे थे। स्वास्थ्य एवं परिवार नियोजन के अन्तर्गत 32·423 ग्रामीण उपकेन्द्र भी कार्य कर रहे थे।

इस प्रकार, कृषि विकास, निर्माण, स्वास्थ्य तथा पशु चिकित्सा से सम्बन्धित कार्यों में सफलता मिली है परन्तु ग्रामीण उद्योगों सम्बन्धी कार्यक्रमों में सफलता नहीं मिल पाई है, इसके अतिरिक्त कुछ आर्थिक तथा संस्थागत कार्यक्रमों तथा संगठनों में कोई विशेष सफलता नहीं मिल पाई। जनसहयोग तथा सहायता लेने के उद्देश्यों में सफलता मिली है विशेषकर यहाँ तक निर्माण कार्यों का सम्बन्ध है परन्तु अन्य संस्थात्मक कार्यक्रमों में सहयोग तथा सहायता नहीं मिल पाई है।

विभिन्न गाँवों में सफलता एक जैसी नहीं हुई है, जिन गाँवों में सफलता मिली भी है, उन कार्यक्रमों का लाभ सभी वर्गों को एक जैसा नहीं हुआ है। विशिष्टजन वर्ग को इनसे ज्यादा लाभ हुआ है।

जनसहयोग तथा सामुदायिक विकास कार्यक्रम

सामुदायिक विकास कार्यक्रमों का उद्देश्य ग्रामीण विकास एवं पुनर्निर्माण करना है। इन कार्यक्रमों को शुरू करने का उद्देश्य जनता के सहयोग तथा सहभागिता से क्षेत्रीय विकास करना था तथा इस बात की आशा हो गई थी कि जनता इसमें यथासम्भव सहयोग तथा समर्थन देगी क्योंकि कोई भी योजना स्थानीय साधनों का प्रयोग किए बिना सफल नहीं हो सकती।

वैसे तो ग्रामीण समुदायों में सामुदायिक भावना तो पाई ही जाती है तथा व्यक्ति केवल अपने उद्देश्यों पर ही ध्यान नहीं देते अपितु समुदाय के हितों को भी सामने रखते हैं, फिर भी विभिन्न विकास कार्यक्रमों में जन-सहभागिता तथा सहयोग इतना नहीं मिल पाया है जितनी आशा की जाती थी।

विभिन्न मूल्यांकन समितियों की रिपोर्ट तथा विद्वानों द्वारा किए गए मूल्यांकन से यह स्पष्ट हो जाता है कि जनसहयोग तथा समर्थन एवं सहायता लेने के उद्देश्य में सफलता मिली है विशेषकर यहाँ तक निर्माण का सम्बन्ध है। परन्तु अन्य संस्थात्मक कार्यक्रमों में सहयोग तथा सहायता नहीं मिल पाई है। स्वयं सहायता की भावनाएँ जागृत करने में ग्रामीण क्षेत्रों में सफलता तो मिली है परन्तु इसके द्वारा सामाजिक तथा आर्थिक विकास में सफलता नहीं मिली है। अभी भी अधिकतर ग्रामवासी सरकारी प्रयास तथा शुरूआत पर ही आश्रित हैं।

जनसहयोग पूरी तरह से न मिलने के कारण योजनाओं के अधिकारी तथा कार्यकर्ताओं के प्रति सन्देह की भावना है। ग्रामीण जनता जितना अपने नेतृत्व द्वारा प्रभावित होती है उतना बाहरी व्यक्तियों द्वारा नहीं। इसलिए इस बात की आवश्यकता है कि इन विकास कार्यक्रमों के लिए उस जनता का विश्वास प्राप्त करना जरूरी है जिनके लिए कार्यक्रम लागू किए जा रहे हैं तथा स्थानीय नेताओं के समर्थन से जनसहयोग एवं सहभागिता प्राप्त की जा सकती है। दूसरे, कार्यक्रमों की योजना ऐसी होनी चाहिए कि इनका लाभ केवल कुछ व्यक्तियों को ही न हो बल्कि समुदाय के सभी वर्गों को हो, तभी जनसहयोग तथा समर्थन पूर्ण रूप से मिल सकता है।

सामुदायिक विकास कार्यक्रमों की वर्तमान स्थिति

वर्तमान समय में सामुदायिक विकास कार्यक्रमों के स्थान पर एकीकृत ग्रामीण विकास कार्यक्रम (जिसे समेकित या समन्वित ग्रामीण विकास कार्यक्रम भी कहा जाता है) लागू किया गया है। 1976-77 ई० के दौरान लागू यह कार्यक्रम सामुदायिक विकास कार्यक्रमों का ही विकसित रूप है। यह कार्यक्रम ग्रामीण क्षेत्रों में बेकारी कम करने पर बल देता है। यह ग्रामीण गरीबों को उत्पादन के ऐसे साधन उपलब्ध कराने पर ज़ोर देता है जिससे वे सदा के लिए निर्धनता-रेखा से ऊपर उठ जाएँ। वास्तव में, मूल्यांकन कार्यक्रमों से यह बात स्पष्ट रूप से उभरी है कि ग्रामीणों की गरीबी बहुपक्षीय है। इसके अधिक विकृत रूपों को समाप्त करने के लिए कहीं अधिक बड़े कार्यक्रम का बनाया जाना जरूरी है। एकीकृत ग्रामीण विकास कार्यक्रम इसी दिशा में उठाया गया एक नवीन व महत्त्वपूर्ण कदम है। आज ग्रामीण विकास हेतु अनेक कार्यक्रम चलाए जा रहे हैं।

(स) ग्रामीण सहकारिता

सहकारिता सामूहिक रूप से कार्य करने अथवा साथ-साथ कार्य करने को कहते हैं। भारतीय सरकार का उद्देश्य भारत में समानता लाना तथा समाजवादी समाज का निर्माण करना है। औद्योगिक तथा कृषि उत्पादन में निश्चित रूप से वृद्धि हुई है। राष्ट्रीय आय तथा अन्य सामाजिक सेवाओं जैसे शिक्षा तथा स्वास्थ्य इत्यादि में विशेष वृद्धि हुई है। कृषि क्षेत्र के विकास में सहकारी क्षेत्र की महत्त्वपूर्ण भूमिका रही है। इसकी ऋण सुविधाओं में निरन्तर विस्तार हो रहा है। परन्तु क्या इससे हम अपने उद्देश्य को सम्पूर्ण रूप से प्राप्त कर सके हैं ? इसका उत्तर है, नहीं। आज भारत में यही प्रश्न सबसे प्रमुख बना हुआ है।

सहकारिता का अर्थ एवं परिभाषा

सहकारिता का अर्थ सामाजिक तथा आर्थिक विकास करना है। सहकारी योजना समिति (Co-operative Planning Committee) के शब्दों में, "सहकारिता आर्थिक संगठन का एक रूप है जिसमें लोग अपने आर्थिक हितों की वृद्धि के लिए समानता के आधार पर स्वेच्छापूर्वक सहयोग करते हैं। जो लोग इस प्रकार संगठन बनाते हैं उनके कुछ ऐसे सामान्य आर्थिक उद्देश्य होते हैं जिन्हें वे एकाकी या व्यक्तिगत कार्यकलाप द्वारा प्राप्त नहीं कर सकते,

क्योंकि उनमें से अधिकांश लोगों की आर्थिक स्थिति कमजोर होती है, किन्तु वे अपने संसाधनों को एकत्रित करके, पारस्परिक सहायता द्वारा आत्म-सहायता को प्रभावशाली बनाकर तथा आपस में नैतिक एकता के बन्धन को सुदृढ़ बनाते हुए इस व्यक्तिगत दुर्बलता पर विजय प्राप्त कर लेते हैं और इस तरह आर्थिक हितों को बढ़ाने में समर्थ होते हैं।"

इस परिभाषा से सहकारिता के निम्नलिखित तत्त्व स्पष्ट होते हैं—

(1) ऐच्छिक संगठन—सहकारिता में कोई भी व्यक्ति अपनी इच्छा के अनुसार इसका सदस्य बन सकता है, कोई भी इसे छोड़ सकता है, केवल सामान्य आर्थिक आवश्यकता के कारण विभिन्न व्यक्ति अपनी इच्छानुसार इसके सदस्य बन सकते हैं।

(2) समानता—सहकारी संगठनों में सभी व्यक्तियों को समान अधिकार प्राप्त होते हैं तथा इनका प्रबन्ध प्रजातान्त्रिक ढंग से होता है। इस प्रकार, इसमें शोषण की कोई सम्भावना नहीं रहती है।

(3) निस्स्वार्थता—सहकारिता का उद्देश्य सामाजिक व कोई अन्य लाभ प्राप्त करना नहीं है अपितु समाज में शोषण समाप्त करना तथा सबका आर्थिक विकास करना है। इससे किसी एक व्यक्ति का स्वार्थ पूरा नहीं होता है।

(4) पारस्परिक सहयोग—सहकारिता में पारस्परिक सहयोग पाया जाता है तथा सामूहिक रूप से सामान्य कल्याण के लिए कार्य किया जाता है। सहकारी संगठनों में प्रतिस्पर्धा की भावना नहीं पाई जाती है।

(5) सेवा की भावना—सहकारिता केवल सेवा की भावना को ही प्रोत्साहन नहीं देती अपितु स्वयं सहायता की भावना को भी प्रेरणा देती है तथा इसे मजबूत बनाती है।

(6) सीमित क्षेत्र—सहकारी संगठनों तथा संस्थाओं में सीमित व्यक्ति ही होते हैं इसलिए इनका क्षेत्र भी सीमित होता है।

सहकारिता के प्रमुख सिद्धान्त

जे० जे० वरली ने अपनी पुस्तक 'सहकारिता का सामाजिक दर्शन' में सहकारिता के निम्नलिखित आठ सिद्धान्त बताए हैं—

(1) समिति—सहकारिता एक विशिष्ट प्रकार की समिति है जिसका उद्देश्य किसी का शोषण करना नहीं अपितु समस्त सदस्यों को लाभ पहुँचाना है। इसमें सामूहिक जीवन होता है न कि व्यक्तिगत।

(2) सार्वभौमिकता—इसका अर्थ है कि समिति की सदस्यता सबके लिए खुली है और कोई भी इसका सदस्य बन सकता है। इसके लिए धर्म, जाति, वंश तथा परिवार इत्यादि के अनुसार कोई भी भेदभाव नहीं किया जाता।

(3) प्रजातन्त्र—सहकारिता प्रजातान्त्रिक विधि पर आधारित है जिसमें भाषण की स्वतन्त्रता, संगठन बनाने की स्वतन्त्रता, विभिन्न ढंगों से अपने व्यक्तित्व के विकास की स्वतन्त्रता होती है। व्यक्ति कुछ बन्धनों के बावजूद अपने आपको स्वतन्त्र समझता है तथा स्वतन्त्रता से कार्य कर सकता है।

(4) समता—इसमें समता पाई जाती है अर्थात् सभी सदस्यों को उसके हिस्से के अनुसार लाभ प्राप्त होता है। किसी को कोई व्यक्तिगत लाभ नहीं होता है, बल्कि जो लाभ होता है वह सबका होता है।

(5) स्वतन्त्रता—इसमें प्रत्येक व्यक्ति इसकी सदस्यता स्वीकार करने तथा छोड़ने के लिए स्वतन्त्र होता है अर्थात् सदस्यता ऐच्छिक होती है।

(6) मितव्ययिता—सहकारी संस्थाएँ अपने सदस्यों को कम खर्चे का पाठ सिखाती हैं। वे उनमें बचत को प्रोत्साहित करती हैं तथा केवल उत्पादन कार्यों के लिए ही ऋण देती हैं। इससे एक तो आर्थिक शोषण नहीं होता और दूसरे कम खर्च के कारण आर्थिक समृद्धि भी होती है। अतः मितव्ययिता सहकारिता का ही एक सिद्धान्त है।

(7) उत्तरदायित्व—सहकारिता में क्योंकि प्रत्येक सदस्य कार्य व्यापार में हाथ बढ़ाता है, इसलिए सदस्यों में उत्तरदायित्व की भावना विकसित होती है। व्यापार में लाभ या हानि के लिए कोई एक सदस्य उत्तरदायी नहीं होता, अपितु सारे सदस्य उत्तरदायी होते हैं।

(8) प्रचार—प्रचार द्वारा प्रत्येक बात स्पष्ट होती है। इसमें वास्तविक तथ्यों को छिपाने का प्रयत्न नहीं किया जाता है।

भारत में सहकारिता आन्दोलन का प्रारम्भ तथा विकास

जर्मनी की तरह भारत में भी सहकारी आन्दोलन का जन्म तथा विकास किसानों तथा श्रमिकों को ऋण से मुक्त कराने के लिए ही हुआ। अंग्रेजी शासनकाल में ही किसानों को ऋणग्रस्तता से मुक्त कराने के लिए अनेक प्रयास किए परन्तु इनसे अधिक सफलता नहीं मिली। 1879 ई० में दक्षिण कृषक रिलीफ अधिनियम, 1883 ई० में भूमि सुधार ऋण अधिनियम, 1884 ई० में कृषक ऋण अधिनियम पारित किए गए। 1892 ई० में मद्रास सरकार ने कृषि तथा भूमि-बन्धन बैंक खोलने के सम्बन्ध में छानबीन करने के लिए सर फ्रेडरिक निकलसन को नियुक्त किया जिन्होंने अपनी रिपोर्ट में भारत में सहकारी साख समितियों की स्थापना के लिए सिफारिश की। इसी समय मद्रास, पंजाब तथा उत्तर प्रदेश में सरकारी आन्दोलन का मन्द गति से श्रीगणेश हुआ। इन्हीं दिनों अकाल पड़ने के कारण अकाल आयोग ने गाँवों में साख समितियों की स्थापना पर बल दिया। सन् 1903 में केन्द्रीय विधान सभा में एक विधेयक पेश किया गया जिसके आधार पर सन् 1904 का सहकारी साख समिति अधिनियम पारित किया गया। इस आन्दोलन के विकास के अग्रांकित प्रमुख चरण रहे हैं—

(1) आन्दोलन का प्रथम चरण (1904-11)—1904 ई० में सहकारी साख समिति अधिनियम पारित होने से भारत में सहकारी आन्दोलन नियमित रूप से प्रारम्भ हो गया। इसमें इस बात की सुविधा दी गई कि किसी भी गाँव, कस्बे अथवा ग्राम समूह में कोई भी दस व्यक्ति मिलकर सहकारी समिति बना सकते हैं। इसका उद्देश्य आत्म सहायता और मितव्ययिता की भावना उत्पन्न करना है। समितियों का प्रमुख कार्य पैसा जमा करना और ऋण प्राप्त करके ग्रामवासियों को ऋण प्रदान करना है। सरकार द्वारा नियुक्त अधिकारी सहकारी समितियों का निरीक्षण एवं अंकलन का कार्य करते हैं। इसका एक रजिस्ट्रार होता है तथा ऋण केवल समिति के सदस्यों को ही दिया जाता है। 1911-12 ई० में समितियों की संख्या 8,177, सदस्य संख्या 4,03,318 एवं कार्यशील पूँजी लगभग 3035 करोड़ हो गई।

(2) आन्दोलन का द्वितीय चरण (1912-14)—इस चरण में सहकारी साख अधिनियम की कमियों को दूर करने के लिए सहकारी समिति अधिनियम, 1912 पारित किया गया। इस अधिनियम में ग्रामीण तथा नगरीय समितियों में अन्तर समाप्त कर दिया गया, समितियों का पंजीकरण केवल सीमित नहीं रहा, केन्द्रीय समितियों का दायित्व सीमित कर दिया गया, शुद्ध लाभ का चौथाई भाग शिक्षा यथा धर्मार्थ कार्यों के लिए सुरक्षित रखने की व्यवस्था की गई, सहकारी शब्द के प्रयोग पर व्यापारिक संस्थाओं में प्रतिबन्ध लग गया तथा ऋण वसूली में प्राथमिकता के अधिकार दिए गए। इस अधिनियम के परिणामस्वरूप गैर-सरकारी साख सहकारी समितियों को प्रोत्साहन मिला।

(3) आन्दोलन का तृतीय चरण (1915-18)—इस चरण में सर **एडवर्ड मैकलेगन समिति** सहकारी आन्दोलन का मूल्यांकन करने एवं आर्थिक उन्नति के लिए सुझाव देने के लिए नियुक्त की गई। इस समिति ने सदस्यों की अशिक्षा, स्वार्थ भावना, पक्षपात, ऋण वसूली में दोष, इत्यादि अनेक अवगुणों की तरफ सरकार का ध्यान आकर्षित किया तथा इन्हें बाहरी प्रभाव से मुक्त करने, स्वाभाविक प्रेरणा देने, अव्यवस्था को दूर करने से सम्बन्धित सुझाव दिए गए। इनमें साख समितियों को प्राथमिक समितियों, सहकारी संघों, प्रान्तीय सहकारी बैंक और केन्द्रीय सहकारी बैंक नामक चार श्रेणियों में विभाजन करने की भी सिफारिश की गई है। एक सदस्य को एक मत का नियम होना चाहिए तथा समिति के अन्दर अधिकतम प्रचार आवश्यक है। इसमें इस बात पर भी बल दिया है कि ईमानदारी को साख का मूल आधार बनाया जाना चाहिए।

(4) आन्दोलन का चतुर्थ चरण (1919-29)—इस चरण में सहकारिता को प्रान्तीय विषय बना दिया गया तथा प्रान्तीय सरकारों को यह विकल्प दिया गया कि वे चाहें तो केन्द्रीय अधिनियम का ही अनुसरण करें अथवा नया अधिनियम बना लें। बम्बई, मद्रास, बिहार, उड़ीसा, बंगाल इत्यादि प्रान्तों ने अपने अधिनियम बनाए जबकि अन्य प्रान्तों ने केन्द्रीय अधिनियम का अनुसरण किया। 1923 ई० में कृषकों को दीर्घकालीन आर्थिक आवश्यकता की पूर्ति के लिए पंजाब में सबसे पहला भूमि-बन्धक बैंक स्थापित किया गया। इसके बाद मद्रास तथा बम्बई में भी बैंक खोले गए।

(5) आन्दोलन का पाँचवाँ चरण (1930-39)—1935 ई० में रिजर्व बैंक की स्थापना से सहकारी आन्दोलन को जो धक्का पहुँचा था उसे सुधारने तथा कृषि वित्त से सम्बन्धित व्यवस्था में सुधार करने का प्रयास किया गया। रिजर्व बैंक ने सहकारी आन्दोलन को सुदृढ़ बनाने के लिए कृषि-साख से सम्बन्धित विभिन्न प्रश्नों के अध्ययन करने के लिए विशेष विभाग खोलने की सिफारिश की। 1939-40 ई० में समितियों की संख्या 117 हजार, सदस्य संख्या लगभग 51 लाख तथा कार्यशील पूँजी 104 करोड़ थी।

(6) आन्दोलन का छठा चरण (1940-46)—इस चरण में द्वितीय महायुद्ध के कारण कृषि वस्तुओं के मूल्यों में वृद्धि होने के कारण कृषकों की आर्थिक स्थिति में सुधार हुआ। सहकारी समितियों की संख्या में तथा पूँजी में भी वृद्धि हो गई। युद्ध के लिए एवं नागरिक उपभोग के लिए भी कुछ आवश्यक वस्तुओं का उत्पादन करने हेतु सहकारी समितियों का गठन हुआ। 1945 ई० में सहकारिता आन्दोलन के विकास के लिए योजना बनाने के लिए सहकारी योजना समिति (Co-operative Planning Committee) नियुक्त हो गई तथा इनकी कार्यप्रणाली को प्रजातान्त्रिक बनाया गया।

(7) स्वतन्त्रता प्राप्ति के पश्चात् सहकारी आन्दोलन (1947 से अब तक)—स्वतन्त्रता प्राप्ति के पश्चात् सहकारी समितियों ने विशेष प्रगति की है। प्रथम पंचवर्षीय योजना के अन्त में सहकारी समितियों की संख्या 1,80,000 से 2,40,000 हो गई, सदस्यों की संख्या 137.2 लाख से 176.2 लाख तथा कार्यशील पूँजी 276 करोड़ से बढ़कर 469 करोड़ रुपये हो गई। द्वितीय पंचवर्षीय योजना में सहकारी आन्दोलन के बहुमुखी विकास का प्रयास किया गया तथा इस योजना काल में सहकारी समितियों ने काफी प्रगति की। योजना के अन्त में समितियों तथा सदस्यों की संख्या क्रमशः 2,12,000 तथा 170 लाख तथा कार्यशील पूँजी 203.0 करोड़ रुपये की तृतीय पंचवर्षीय योजना में 45% ग्रामीण जनसंख्या में सहकारी समितियों की स्थापना हो चुकी थी। चतुर्थ पंचवर्षीय योजना में भी सहकारी समितियों के विकास तथा सहकारी कारखाने खोलने की विशेष व्यवस्था की गई है। 1971-72 ई० के आँकड़ों के अनुसार देश में सहकारी समितियों की संख्या 24 हजार, इनकी सदस्य संख्या 614.13 लाख तथा उनकी हिस्सा पूँजी 944.08 करोड़ व कार्यशील पूँजी 7,695.52 करोड़ थी।

1977-78 ई० में सहकारी समितियों की संख्या 3 लाख, प्राथमिक समितियों की सदस्य संख्या 193 लाख, हिस्सा पूँजी 1,812 करोड़ रुपये तथा कार्यपूँजी 16,691 करोड़ रुपये थी। 1982-83 ई० में यह संख्या क्रमशः 2·91 लाख, 1,208 लाख, 2,305 करोड़ रुपये तथा 21,857 करोड़ रुपये थी। जून 1983 के अन्त तक 94,089 प्राथमिक कृषि साख समितियाँ कार्य कर रही थीं तथा 96% व्यक्ति इनके अन्तर्गत थे। 1989 ई० में ये समितियाँ ग्रामीण क्षेत्र के 98% भाग में फैली हुई थीं। आज भारत में अनेक प्रकार की सहकारी समितियाँ कार्य कर रहीं हैं। इनमें साख सहकारी समितियाँ (प्राथमिक कृषि ऋण समितियाँ तथा सहकारी भूमि विकास बैंक), सहकारी उत्पादन समितियाँ (सहकारी कृषि समितियाँ, सहकारी औद्योगिक समितियाँ व सहकारी

दुग्धपूर्ति समितियाँ), सहकारी विपणन समितियाँ, बहुउद्देश्यीय जनजातीय सहकारी समितियाँ, सहकारी उपभोक्ता समितियाँ तथा सहकारी आवास समितियाँ प्रमुख हैं।

सहकारिता के प्रमुख उद्देश्य

सहकारिता का प्रमुख उद्देश्य सहयोग के आधार पर ग्रामीण समाज का विकास करना है। 'प्रत्येक सबके लिए तथा सब प्रत्येक के लिए' इसका मूल मन्त्र है। इसके अन्य प्रमुख उद्देश्य निम्नांकित हैं—

(1) सदस्यों में उत्तरदायित्व की भावना का विकास करना;

(2) आत्मविश्वास, आत्म-सहायता, ईमानदारी व मितव्ययिता जैसे गुणों का विकास करके नैतिक गुणों में वृद्धि करना;

(3) ऋण, क्रय-विक्रय की सुविधाएँ उपलब्ध कराकर सदस्यों के जीवन को श्रेष्ठ बनाने में सहायता देना;

(4) ग्रामीण क्षेत्रों में सामाजिक व राजनीतिक चेतना लाना;

(5) कृषकों में बचत व विनियोग में वृद्धि करना;

(6) कृषि उत्पादन में वृद्धि कर एवं कुटीर तथा लघु उद्योगों को प्रोत्साहन देकर ग्रामीण विकास में तीव्रता लाना;

(7) कृषकों को साहूकारों व बिचौलियों के शोषण से मुक्ति दिलवाना; तथा

(8) आवास व्यवस्था में सुधार तथा पशुओं की दशा में सुधार करना।

ग्रामीण भारत में सहकारी समितियाँ

भारत में सहकारी समितियों को मुख्य रूप से दो श्रेणियों में बाँटा जा सकता है—**प्राथमिक समितियाँ** तथा **द्वितीयक समितियाँ**। इनके संगठन का विकास मुख्यतः तीन स्तरों पर हुआ है—ग्राम स्तर, जिला स्तर एवं राज्य स्तर। ग्राम स्तर पर प्राथमिक समितियों की प्रधानता है। इनका कार्य-क्षेत्र एक गाँव अथवा दो-तीन गाँवों का एक समूह होता है। प्राथमिक समितियाँ प्रत्यक्ष रूप से अपने सदस्यों से व्यवहार करती हैं तथा इन्हें दो भागों में बाँटा जा सकता है—साख समितियाँ तथा गैर-साख समितियाँ। साख समितियाँ भी दो प्रकार की होती हैं—कृषि साख समितियाँ तथा गैर-कृषि साख समितियाँ। गैर-साख समितियाँ भी इसी तरह कृषि और गैर-कृषि समितियों में बँटी हुई होती हैं। साख समितियों का मुख्य कार्य सदस्यों को ऋण देना है। गैर-साख समितियों का कार्य क्रय-विक्रय तथा वितरण इत्यादि में सहयोग प्रदान करना है। कृषि समितियाँ मुख्य रूप से गाँवों में गठित की जाती हैं। प्राथमिक समितियों के ऊपर जो संगठन हैं उन्हें द्वितीयक श्रेणी की सहकारी समितियाँ कहते हैं। इनमें सहकारी संघ, केन्द्रीय सहकारी बैंक तथा प्रान्तीय सहकारी बैंक इत्यादि सम्मिलित हैं। इसके अतिरिक्त, गाँवों में अग्रलिखित प्रमुख **गैर-साख कृषि समितियाँ** (Non-credit agricultural societies) पाई जाती हैं—

(1) सहकारी कृषि समितियाँ—इनका प्रमुख कार्य जोतों के उपविभाजन एवं विखण्डन के दोषों को दूर करना है। इनमें किसान छोटी-छोटी जोतों को मिलाकर एक बड़ा फार्म बना लेते हैं तथा सामूहिक रूप से इसमें कृषि करते हैं।

(2) विपणन समितियाँ—इनका उद्देश्य कृषकों को उनकी उपज का सही दाम दिलवाना है। महाराष्ट्र तथा उत्तर प्रदेश में इन समितियों को विशेष सफलता मिली है। कृषकों की उपज ग्रेड के अनुसार बेची जाती है तथा इसका सही दाम उन्हें दे दिया जाता है।

(3) चकबन्दी समितियाँ—ये समितियाँ कृषि कार्य में धन, समय एवं शक्ति बचाने तथा अधिक उत्पादन के लिए इच्छुक व्यक्तियों द्वारा बनाई जाती हैं। इसमें छोटी-छोटी जोतों को मिलाकर एक बड़ा फार्म बना दिया जाता है परन्तु प्रत्येक कृषक उतनी ही भूमि पर खेती करता है जितनी उसके पास है।

(4) सिंचाई समितियाँ—इन समितियों का कार्य सिंचाई साधनों के विकास में किसानों की सहायता करना है। समिति के सदस्यों को कुँओं, टयूबवेलों तथा नलकूपों इत्यादि के लिए आसान शर्तों पर ऋण उपलब्ध किए जाते हैं।

(5) कृषि वस्तुएँ संभरण समितियाँ—इन समितियों का उद्देश्य कृषकों को विभिन्न कृषि औजार, उर्वरक तथा कीटाणुनाशक औषधियाँ उपलब्ध कराना है।

इसके अतिरिक्त, कृषकों तथा अन्य ग्रामवासियों के आर्थिक, नैतिक तथा आध्यात्मिक जीवन के उत्थान के लिए अच्छा जीवन स्तर समितियाँ तथा पशुओं की नस्ल सुधारने एवं उनकी बीमारी की रोकथाम करने के लिए दूध व पशुपालन समितियाँ भी कार्य करती हैं।

द्वितीय श्रेणी की समितियों का कार्य प्राथमिक समितियों का संगठन और उनका निरीक्षण करना है। यह तीन प्रकार की हैं—

(1) सहकारी संघ—इन संघों का कार्य या उद्देश्य प्राथमिक संस्थाओं के बीच में एक शृंखला का कार्य करना तथा इनकी देखभाल करना है। संरक्षित संघ, निरीक्षण संघ तथा बैंकिंग संघ इसमें सहायता प्रदान करती हैं।

(2) केन्द्रीय सहकारी बैंक—1912 ई० में सहकारी समितियाँ अधिनियम के अनुसार देश में केन्द्रीय बैंकों की स्थापना हुई। इन बैंकों में समितियाँ तथा व्यक्ति दोनों सदस्य बन सकते हैं अथवा दोनों के लिए अलग-अलग बैंक भी हो सकते हैं। इनका क्षेत्र एक जिला या तालुक होता है तथा एक संचालक मण्डल होता है। इन बैंकों का कार्य सदस्य समितियों को उचित ब्याज पर ऋण देना, सदस्य समितियों का निरीक्षण करना, डिपाजिट लेना तथा साधारण बैंकिंग कार्य करना है।

(3) प्रान्तीय सहकारी बैंक—इन्हें शीर्ष बैंक (Apex banks) भी कहा जाता है। यह दो प्रकार के होते हैं—अमिश्रित (Pure) तथा मिश्रित (Mixed)। अमिश्रित शीर्ष बैंक के

हिस्से केवल केन्द्रीय सहकारी बैंक ही खरीद सकते हैं। मिश्रित शीर्ष बैंक के हिस्से सहकारी संस्थाएँ तथा निजी व्यक्ति दोनों ही खरीद सकते हैं। इनका प्रबन्ध एक संचालन मण्डल द्वारा होता है। इनका कार्य राज्य के केन्द्रीय सहकारी बैंकों के कार्य संचालन का समन्वय एवं नियन्त्रण करना, नगर साख एवं ओवर ड्राफ्ट की सुविधाएँ प्रदान करना, सहकारी आन्दोलन, राष्ट्रीय मुद्रा बाजार तथा रिज़र्व बैंक के बीच सम्पर्क स्थापित करना तथा सहकारी आन्दोलन के लिए वित्त का प्रबन्ध करना। बैंकिंग कार्यों के अतिरिक्त इन्होंने सहकारिता के अन्य कार्यों में काफी सहयोग दिया है, जैसे—सहकारी संघों को मिलाकर उन्हें पूँजी की सहायता देकर कन्ट्रोल की वस्तुएँ बेचने में विशेष सहायता दी है।

ग्रामीण समाज में सहकारी समितियों का महत्त्व

भारत में सहकारी आन्दोलन दो विरोधी विचारधाराओं, पूँजीवाद तथा समाजवाद, के कारण प्रारम्भ से ही वाद-विवाद का विषय रहा है। सहकारी क्षेत्र भारत में अपने उद्देश्यों को प्राप्त करने में पूर्ण रूप से सफल नहीं रहा है। अतः सहकारिता के विशेषज्ञों तथा मूल्यांकन समितियों एवं आयोगों ने इस आन्दोलन के अनेक दोषों की तरफ हमारा तथा सरकार का ध्यान दिलाया है तथा इसकी प्रगति के लिए सुझाव भी दिए हैं। यद्यपि सहकारी आन्दोलन में अनेक दोष पाए जाते हैं तथा इसकी प्रगति अधिक तीव्रता से नहीं हुई है फिर भी इससे काफी सफलता मिली है। अंग्रेजी शासनकाल की अपेक्षा स्वतन्त्रता-प्राप्ति के पश्चात् इस आन्दोलन ने काफी प्रगति की है। स्वतन्त्रता-प्राप्ति के पश्चात् केवल सहकारी समितियों तथा सदस्यों की संख्या में ही वृद्धि नहीं हुई है, अपितु अनेक अन्य सफलताएँ भी मिली हैं।

सहकारिता आन्दोलन तथा सहकारी समितियों से मिली उपलब्धियों अथवा सफलताओं को निम्नलिखित श्रेणियों में बाँटा जा सकता है—

(1) आर्थिक लाभ—इससे किसानों की आर्थिक स्थिति में महत्त्वपूर्ण सुधार हुआ है। कृषकों को ऋण की सुविधाएँ मिल जाने के कारण उत्पादन में वृद्धि हुई है। वे साहूकारों के शोषण से भी बच गए हैं। उन्हें कृषि पदार्थों की विक्री, बीज, खाद इत्यादि की प्राप्ति में भी सहायता मिली है। किसानों में सहकारिता तथा सहयोग की भावनाओं का विकास हुआ है। सहकारी आन्दोलन में केवल किसानों को ही लाभ नहीं हुआ है, अपितु अनेक कारीगरों, श्रमिकों एवं उपभोक्ताओं को भी इससे लाभ हुआ है। लघु उद्योगों तथा उद्योगों को इनसे काफी प्रोत्साहन मिला है। सस्ती एवं अच्छी वस्तुएँ आज आसानी से उपलब्ध हो जाती हैं।

(2) नैतिक लाभ—सहकारी आन्दोलन ने केवल आर्थिक सफलता ही प्राप्त नहीं की है, अपितु नैतिक दृष्टि से भी सफलता प्राप्त की है। इससे सदस्यों में परिश्रम, ईमानदारी एवं परस्पर सहयोग का विकास हुआ है। ग्रामवासियों में एक नया आत्मविश्वास पैदा हुआ है। उनमें सामुदायिक भावना एवं भाई-चारे की भावना बढ़ी है। ग्रामीण जनता में सहकारिता से अपव्यय, शराबखोरी, जुआ तथा मुकदमेबाजी समाप्त हुई है जिसके कारण ग्रामवासियों का

नैतिक पतन होता जा रहा था। इस आन्दोलन से व्यक्तिगत स्वार्थों की महत्ता कम हुई है। इससे गाँवों में सहयोग बढ़ा है। इससे ग्रामवासियों में बचत की आदत बननी शुरू हुई है। इस प्रकार, सहकारी आन्दोलन नैतिक विकास करने में भी सफल रहा है।

(3) शिक्षात्मक लाभ—सहकारी आन्दोलन से शिक्षा सम्बन्धी लाभ भी हुए हैं। इससे सदस्यों में नवीन स्फूर्ति, दृष्टिकोण तथा नवीन बुद्धि का विकास हुआ है। सहकारी समितियों के सदस्य होने के नाते व्यक्ति अनेक बातें स्वयं सीख जाता है। इन समितियों की कार्यप्रणाली प्रजातान्त्रिक है इसलिए वह प्रजातन्त्र के आदर्शों को भी सीख जाता है।

(4) सामाजिक लाभ—सहकारी आन्दोलन ने सामाजिक क्षेत्र में विशेष सफलता प्राप्त की है। सहकारी समितियों के सदस्य होने के नाते व्यक्तियों में निष्ठा, त्याग एवं मैत्री की भावना जाग्रत होती है। इससे सदस्य अधिक सामाजिक हो जाते हैं तथा सहयोग भी काफी बढ़ जाता है।

(5) राजनीतिक लाभ—राजनीतिक दृष्टि से सहकारी आन्दोलन व्यक्तिगत स्वतन्त्रता के साथ-साथ अधिकतम सामाजिक कल्याण की भावनाएँ भी विकसित करता है। वास्तव में, सहकारिता पूँजीवाद व साम्यवाद के बीच का मार्ग है। इस आन्दोलन से समानाधिकार एवं स्वतन्त्रता की भावनाएँ जाग्रत हुई हैं। इस प्रकार, इससे राजनीतिक जागरूकता में वृद्धि हुई है।

सहकारी आन्दोलन की मन्द गति के कारण

भारत में सहकारी आन्दोलन की गति काफी मन्द रही है। अंग्रेजी शासनकाल में तो गति काफी मन्द थी। स्वतन्त्रता-प्राप्ति के पश्चात् इसमें कुछ तीव्रता तो आई पर इतनी नहीं जितनी कि डेनमार्क जैसे देशों में आई है। हमारे देश में सहकारी आन्दोलन की मन्द गति के निम्नलिखित कारण रहे हैं—

(1) शिक्षा का अभाव—भारत की काफी जनता (लगभग 48 प्रतिशत) अशिक्षित है। अशिक्षा के कारण भारतवासी सहकारी आन्दोलन के सिद्धान्तों को समझने तथा उन्हें भारतीय परिस्थिति में समायोजन करने में असफल रहे हैं।

(2) धन का अभाव—धन के अभाव के कारण भी सहकारी आन्दोलन की गति मन्द रही है। समय पर किसानों को अगर पैसा नहीं मिलेगा तो उन्हें साहूकारों के पास ही ऋण के लिए जाना पड़ेगा।

(3) दायित्व का अभाव—अशिक्षा तथा जागरूकता कम होने के कारण सहकारी समितियों के सदस्य अपने उत्तरदायित्व को ठीक तरह से नहीं समझते। वे न ही इस उत्तरदायित्व को निभाने का प्रयास करते है।

(4) अकुशल प्रबन्ध तथा सरकारी हस्तक्षेप—इन समितियों की प्रशासन व्यवस्था बड़ी अकुशल है। इन समितियों द्वारा ऋण वसूली ठीक समय पर हो इस बात का कोई ध्यान नहीं रखा जाता है। इससे फिजूलखर्ची अधिक से अधिक हो जाती है। सरकारी हस्तक्षेप भी इस आन्दोलन की मन्द गति का एक प्रमुख कारण है।

(5) पक्षपात, भ्रष्टाचार एवं समितियों के हिसाब-किताब में गोल-माल—भारतीय जनता में अशिक्षा के कारण अधिक जागरूकता नहीं है। इसलिए ऋण देते समय अभी भी जाति, गुटबन्दी इत्यादि के अनुसार सदस्यों के साथ पक्षपात किया जाता है। बेईमानी तथा भ्रष्टाचार के कारण कर्ज का भुगतान समय पर नहीं किया जाता। इतना ही नहीं, प्रबन्धकों को हिसाब-किताब में गोल-माल करने का भी अवसर मिल जाता है। इन समितियों के हिसाब-किताब की जाँच भी ठीक तरह से नहीं हो पाती।

(6) सदस्यों में बचत की आदत का अभाव—जब तक सदस्यों में बचत की आदत को विकसित नहीं किया जाता तब तक सहकारी आन्दोलन सफल नहीं हो सकता। बचत की आदत का होना इस आन्दोलन की सफलता के लिए जरूरी है।

(7) साख समितियों पर ही अधिक बल—भारत में सहकारी आन्दोलन में अत्यधिक ध्यान केवल साख समितियों पर ही दिया गया है अन्य समितियों पर नहीं। इस कारण भी इसका विकास सन्तुलित रूप से नहीं हो पाया है। वास्तव में, पूरा सहकारी आन्दोलन इन अर्थों में एकपक्षीय ही रहा है।

(8) विभिन्न स्तरों पर समन्वय की कमी—सहकारी आन्दोलन इतने बड़े पैमाने पर लागू किया गया है कि इसकी संरचना काफी दुर्बल रही है। आन्दोलन के विभिन्न अंगों में परस्पर सहयोग इतना अधिक नहीं रहा है तथा न ही इनमें समन्वय रहा है।

सहकारी आन्दोलन की प्रगति के लिए सुझाव

सहकारी आन्दोलन की मन्द गति के कारणों को सामने रखकर, इसकी प्रगति के लिए निम्नलिखित सुझाव दिए जा सकते हैं—

(1) प्राथमिक समितियों का पुनर्गठन—ग्रामीण स्तर पर पाई जाने वाली प्राथमिक सहकारी समितियों को पुनर्गठित किया जाना चाहिए। इनका कार्य-क्षेत्र विस्तृत किया जाना चाहिए ताकि ग्रामीण जनता की अधिकांश आवश्यकताएँ आसानी से पूरी हो सकें।

(2) सहकारी समितियों की कार्य-विधि में सुधार—सहकारी समितियों की कार्य-विधि को प्रभावशाली बनाने के लिए इसमें सुधार किया जाना चाहिए। किसानों को केवल उत्पादन कार्यों के लिए ही ऋण दिया जाना चाहिए ताकि वसूली भी आसानी से हो सके। समितियों को पर्याप्त धन उपलब्ध किया जाना चाहिए तथा उन्हें धन का सुरक्षित कोष बनाने के लिए प्रेरित करना चाहिए।

(3) सरकारी हस्तक्षेप में कमी—सरकारी कर्मचारियों को सहकारी समितियों के कार्यों में कोई हस्तक्षेप नहीं करना चाहिए। सरकार को चाहिए कि इन समितियों की आवश्यक देख-रेख तथा परामर्श तक ही अपने को सीमित रखे। अन्य अधिकारियों को इन पर प्रभाव डालने से तथा दबाव डालने से रोका जाना चाहिए।

(4) सहकारिता की शिक्षा एवं प्रशिक्षण—सहकारी समितियों के पदाधिकारियों को विशेष प्रशिक्षण दिया जाना चाहिए। इससे वे सहकारिता के उद्देश्यों के प्रति अधिक जागरूक होंगे। सहकारिता से सम्बन्धित प्रशासन, बैंकिंग, विपणन, समितियों के संचालकों एवं पदाधिकारियों के लिए शिक्षा एवं प्रशिक्षण की व्यवस्था होनी चाहिए।

(5) उत्साही एवं कुशल नेतृत्व—सहकारी समितियों को ऐसे नेताओं की आवश्यकता है जोकि उत्साही हों, कुशल एवं दूरदर्शी हों, परिश्रमी हों तथा उनमें वास्तविक सेवा की भावना पाई जाती हो। नेताओं को सदस्यों को शिक्षित करने का एवं उनमें उत्साह एवं सामूहिक चेतना लाने का प्रयास करना चाहिए।

(6) समुचित नियोजन एवं सीमित दायित्व—सहकारी आन्दोलन को समुचित नियोजन से अधिक प्रभावशाली बनाया जाना चाहिए। सदस्यों का उत्तरदायित्व सीमित होना चाहिए ताकि अधिक से अधिक व्यक्ति इन समितियों के सदस्य बन सकें। नियोजन ऐसा होना चाहिए कि सदस्यों में सहकारिता की भावना स्वयं विकसित होती रहे।

(7) केन्द्रीय तथा राज्य सहकारी बैंकों का पुनर्गठन—केन्द्रीय तथा राज्य सहकारी बैंकों को पुनर्गठित किया जाना चाहिए, इनका क्षेत्र बढ़ाया जाना चाहिए ताकि वे अपने कार्य को ठीक तरह से कर सकें।

(8) साख पर नियन्त्रण—कृषकों को अधिकतर उत्पादक ऋण ही दिए जाने चाहिए। अगर आवश्यक हो तो कुछ अन्य ऋण भी दिए जा सकते हैं। ऋण आसान किस्तों पर दिए जाने चाहिए ताकि उन्हें वापस करने में किसानों को किसी कठिनाई का सामना न करना पड़े। समितियों को सुरक्षित कोष विकसित करने चाहिए।

(9) सहकारी अनुसन्धान एवं व्यापारिक सिद्धान्तों का प्रयोग—भारत जैसे विकासशील देश में सहकारी आन्दोलन को पूर्ण सफलता मिलना इतना आसान भी नहीं है। देश की आर्थिक, सामाजिक एवं राजनीतिक समस्याओं को सामने रखकर सहकारी समितियों को व्यापारिक सिद्धान्तों से जोड़ा जाना चाहिए। समितियों की मितव्ययिता, जनतन्त्रीय प्रबन्ध और न्यूनतम दबाव आदि बातों पर विशेष ध्यान देना चाहिए।

(द) एकीकृत ग्रामीण विकास कार्यक्रम

स्वतन्त्रता-प्राप्ति के पश्चात् भारत में ग्रामीण विकास हेतु अनेक कार्यक्रम प्रारम्भ किए गए। सर्वप्रथम 1952 ई० में सामुदायिक विकास कार्यक्रम शुरू किए गए। इनका उद्देश्य गाँवों में बुनियादी विकास सेवाओं का विस्तार करना था। एकीकृत ग्रामीण विकास कार्यक्रम (जिसे समेकित या समन्वित ग्रामीण विकास कार्यक्रम भी कहा जाता है) सामुदायिक विकास कार्यक्रमों का ही विकसित रूप है। यह कार्यक्रम ग्रामीण क्षेत्रों में बेकारी कम करने पर बल देता है। यह ग्रामीण गरीबों को उत्पादन के ऐसे साधन उपलब्ध कराने पर जोर देता है जिससे वे सदा के लिए निर्धनता-रेखा से ऊपर उठ जाएँ। वास्तव में, मूल्यांकन कार्यक्रमों से यह बात स्पष्ट रूप

से उभरी है कि ग्रामीणों की गरीबी बहुपक्षीय है। इसके अधिक विकृत रूपों को समाप्त करने के लिए कहीं अधिक बड़े कार्यक्रम का बनाया जाना जरूरी है। एकीकृत ग्रामीण विकास कार्यक्रम इसी दिशा में उठाया गया एक नवीन, प्रभावशाली एवं महत्त्वपूर्ण कदम है।

एकीकृत ग्रामीण विकास कार्यक्रम का अर्थ एवं प्रकृति

स्थानीय आवश्यकताओं, संसाधनों और क्षमताओं पर आधारित एकीकृत ग्रामीण विकास कार्यक्रम 1976-77 के दौरान 20 चुने हुए जिलों में प्रारम्भ किया गया। 1978-79 के दौरान इस कार्यक्रम का पुनरीक्षण किया गया। इसका उद्देश्य छोटे किसानों के विकास (SFDA), अधिगृहित क्षेत्र का विकास (CAD) और सूखे की आशंका वाले क्षेत्रों के लिए विकास (DPAP) जैसे तीन मुख्य कार्यक्रमों की कार्यपद्धति का समन्वय करना था। संशोधित कार्यक्रम 2,300 विकास खण्डों में प्रारम्भ किया गया। इनमें से 2,000 विकास खण्डों में ये तीनों विशेष कार्यक्रम (SFDA, CAD तथा DPAP) प्रारम्भ किए गए। शेष 300 विकास खण्डों को विशेष कार्यक्रम क्षेत्र के अन्तर्गत लिया गया। 1979-80 के अन्त में इसमें 300 नए विकास खण्डों को शामिल किया गया। 2 अक्तूबर 1980 से एकीकृत ग्रामीण विकास कार्यक्रम देश के सभी विकास खण्डों में शुरू कर दिया गया है। यह कार्यकम 20 सूत्री कार्यक्रम का भी एक अंग है। एकीकृत ग्रामीण विकास कार्यक्रम एक व्यापक कार्यक्रम है जो गरीब ग्रामीणों के सामाजिक, राजनीतिक व आर्थिक जीवन की समन्वित उन्नति से सम्बन्धित है। इसमें स्थानीय ग्रामीण क्षेत्रों के प्राकृतिक एवं मानवीय स्रोतों का अधिकतम उपयोग करके गरीब ग्रामीणों के जीवन-स्तर में सुधार लाने का प्रयास किया जाता है।

यह कार्यक्रम जिला ग्राम विकास एजेन्सी (DRDA) द्वारा कार्यान्वित किया जाता है। राज्य स्तर पर राज्य के मुख्य सचिव की अध्यक्षता में एक समन्वय समिति इसके सभी पहलुओं की समीक्षा करती है। इसके मार्गदर्शन के लिए एक प्रबन्ध समिति होती है जिसमें जनता के प्रतिनिधि (जैसे सांसद; विधानसभा और जिला परिषद् के सदस्य, जिला विकास विभागों, विकास बैंकों और अग्रणी बैंकों के अध्यक्ष; तथा महिलाओं, अनुसूचित जाति, अनुसूचित जनजाति के प्रतिनिधि) शामिल होते हैं। केन्द्रीय स्तर पर ग्राम विकास विभाग इस कार्यक्रम के मार्गदर्शन, नीति-निर्धारण और नियन्त्रण के लिए पूरी तरह से जिम्मेदार है।

एकीकृत ग्रामीण विकास कार्यक्रम के उद्देश्य

एकीकृत ग्रामीण विकास कार्यक्रम के प्रमुख उद्देश्य निम्नलिखित हैं—

(1) गरीबों में सबसे गरीब किसानों, सीमांत कृषकों, खेतिहर और गैर-खेतिहर मजदूरों, ग्रामीण कारीगरों व शिल्पकारों, अनुसूचित जातियों व जनजातियों के लोगों की पहचान करना तथा उन्हें गरीबी-रेखा से ऊपर उठाना;

(2) निर्धन परिवारों की आय में वृद्धि करने हेतु रोजगार के अवसर पैदा करना;

(3) गरीबों को उत्पादक परिसम्पत्तियाँ और संसाधन उपलब्ध कराना;

(4) ग्रामीण निर्धन युवकों को स्वरोजगार हेतु प्रशिक्षण देना;

(5) ग्रामीण क्षेत्रों में निर्धन महिलाओं और बच्चों का विकास करना;

(6) ग्रामीण क्षेत्रों में बेकारी कम करना,

(7) कृषि, पशुपालन, मत्स्य उद्योग, वन उद्योग, ग्राम व कुटीर उद्योग तथा वाणिज्यिक एवं सेवा- सम्बन्धी क्रियाकलापों में सहायता देना;

(8) ग्रामीण क्षेत्रों में सामाजिक समानता में वृद्धि करना;

(9) विकास के विभिन्न कार्यक्रमों व योजनाओं पर विनियोजन पूर्व निर्धारित लक्ष्य के अनुसार कार्य करना; तथा

(10) निर्धन लोगों की विकास कार्यक्रमों में सहभागिता बढ़ाना तथा उनमें आत्म-निर्भरता की भावना उत्पन्न करना।

एकीकृत ग्रामीण विकास कार्यक्रमों की भूमिका

एकीकृत ग्रामीण विकास कार्यक्रम व्यापक स्तर पर शुरू किए गए बहुआयामी कार्यक्रम हैं। इनकी ग्रामीण समाज में परिवर्तन लाने में भूमिका को निम्नांकित प्रकार से स्पष्ट किया जा सकता है—

(1) रोजगार उपलब्ध कराने में सहायक—एकीकृत ग्रामीण विकास कार्यक्रम निर्धनता-रेखा से नीचे रहने वाले ग्रामीण युवकों को स्वरोजगार का प्रशिक्षण प्रदान कर रोजगार उपलब्ध कराने में सहायक हैं।

(2) निर्धनता कम करने में सहायक—एकीकृत ग्रामीण विकास कार्यक्रम निर्धनता-रेखा से नीचे ग्रामीणों के आर्थिक स्तर को ऊँचा उठाने में भी सहायक रहे हैं। अतः निर्धनता कम करने में इनका महत्त्वपूर्ण स्थान है।

(3) आर्थिक असमानता कम करने में सहायक—एकीकृत ग्रामीण विकास कार्यक्रम निर्धनों के सामाजिक-आर्थिक स्तर को ऊँचा उठाकर ग्रामीण समाज में आर्थिक असमानता कम करने में भी सहायक रहे हैं।

(4) कमजोर वर्गों के कल्याण में सहायक—एकीकृत ग्रामीण विकास कार्यक्रम अनुसूचित जातियों, जनजातियों व महिलाओं के कल्याण में सहायक हैं। वस्तुतः इनका उद्देश्य इन कमजोर वर्गों का कल्याण करना है।

(5) ग्रामीण विकास में सहायक—एकीकृत ग्रामीण विकास कार्यक्रम मुख्यतः बहुआयामी होने के कारण अन्ततः ग्रामीण क्षेत्रों के विकास में सहायक हैं। रोजगार के अवसर प्रदान करके, निर्धनता कम करके, सूखा पीड़ितों को राहत देकर, मरुस्थल का विकास करके इन कार्यक्रमों ने इस दिशा में महत्त्वपूर्ण सफलता प्राप्त की है।

(6) सहभागिता बढ़ाने में सहायक—ये कार्यक्रम ग्रामीण जनता में विकास कार्यों में सहभागिता बढ़ाने में भी सहायक रहे हैं।

(7) क्षेत्रीय असन्तुलन कम करने में सहायक—ऐसा अनुमान था कि सन् 1995 तक ग्रामीण समाज में निर्धनता-रेखा से नीचे रहने वाले लोगों की संख्या दस प्रतिशत से भी कम हो जाएगी जोकि इस कार्यक्रम की एक सफलता होगी। इससे क्षेत्रीय असन्तुलन कम होगा। परन्तु यह लक्ष्य पूरी तरह से प्राप्त नहीं हो पाया है।

(8) प्रगति के पथ पर ले जाने में सहायक—ग्रामीण विकास में सहायता देकर एकीकृत ग्रामीण विकास कार्यक्रम अन्ततः भारतीय समाज को प्रगति के पथ पर ले जाने में सहायक हैं।

(9) सामाजिक न्याय की दृष्टि से महत्त्व—निर्धनता को दूर कर ये कार्यक्रम सामाजिक न्याय की दृष्टि से भी महत्त्वपूर्ण हैं। इनका लाभ पहले से ही उच्च वर्गों को नहीं मिल पाता है।

(10) उत्पादन वृद्धि में सहायक—इन कार्यक्रमों ने कृषि तथा अन्य क्षेत्रों में उत्पादन में वृद्धि करने में भी सहायता प्रदान की है। कृषकों को कृषि उपकरण, खाद, बीज, उर्वरक आदि उपलब्ध कराने में इनका विशेष महत्त्व रहा है।

एकीकृत ग्रामीण विकास कार्यक्रमों के मार्ग में बाधाएँ

अन्य विकास कार्यक्रमों की तरह एकीकृत ग्रामीण विकास कार्यक्रम के मार्ग में भी अनेक बाधाएँ आई हैं जिनमें से प्रमुख इस प्रकार हैं—

(1) परिवारों के चयन में कठिनाई—निर्धनता-रेखा के नीचे रहने वाले परिवारों का चयन करना एक कठिन कार्य है। इसमें पक्षपात के कारण वास्तव में निर्धन व्यक्तियों को इनका कई बार लाभ नहीं मिल पाता है।

(2) कार्यक्रम के प्रति जानकारी का अभाव—जिन लोगों के लिए यह कार्यक्रम चलाया गया है उन्हें इसकी जानकारी ही नहीं है। जानकारी के अभाव में वे इसका पूरा लाभ नहीं उठा पाते हैं।

(3) शिक्षा का अभाव—शिक्षा के अभाव के कारण ग्रामीण लोग इन कार्यक्रमों को ठीक प्रकार से नहीं समझते हैं। इसलिए वे इसमें विशेष सहयोग भी नहीं दे पाते हैं।

(4) सरकारी सहायता का दुरुपयोग—सार्वजनिक जीवन में फैले हुए भ्रष्टाचार के कारण सरकारी सहायता का दुरुपयोग होता है। एक तो सहायता ही बहुत कम मिलती है और दूसरे भ्रष्टाचार के कारण लाभार्थियों को काफी खर्चा सुविधाएँ प्राप्त करने में करना पड़ता है।

(5) व्यवसाय सम्बन्धी व्यावहारिक ज्ञान का अभाव—लाभार्थियों में व्यवसाय सम्बन्धी ज्ञान नहीं होता। उनमें व्यावहारिक ज्ञान का भी अभाव पाया जाता है। इसके कारण वे ऋण के बावजूद अपने पैरों पर खड़े नहीं हो पाते। अतः वे सुविधाओं का पर्याप्त लाभ नहीं उठा पाते।

एकीकृत ग्रामीण विकास कार्यक्रमों को प्रभावशाली बनाने के सुझाव

इस कार्यक्रम की कमियों को दूर करने के लिए सरकार ने अनेक कदम उठाए हैं। इनमें से प्रमुख अग्र प्रकार हैं—

(1) निर्धनता की सीमा रेखा 3,500 रुपये वार्षिक से बढ़ा कर पहले 4,800 रुपये और अब 6,400 रुपये कर दी गई है।

(2) प्रति परिवार सहायता के लिए धनराशि बढ़ा दी गई है।

(3) पहले से सहायता प्राप्त परिवारों को भी पूरक सहायता उपलब्ध कराई गई है।

(4) ग्रामीण लोगों को प्रशिक्षण देने के लिए ग्रामीण प्रशिक्षण व प्रौद्योगिकी केन्द्रों (CRTTC) की स्थापना की गई है।

(5) विकास खण्ड, जिला और राज्य स्तर के प्रशासनिक ढाँचे को और अधिक चुस्त और मजबूत बनाया गया है।

(6) कार्यक्रम को कार्यान्वित करने लिए स्वयंसेवी संस्थाओं का व्यापक सहयोग लिया जा रहा है।

(7) इसके मूल्यांकन के लिए 'मासिक समवर्ती मूल्यांकन' की नई प्रणाली शुरू की गई है।

(8) लाभ उठाने वाली महिलाओं का प्रतिशत बढ़ाकर तीस कर दिया गया है।

(9) ग्रामीण बैंकों के काम-काज में सुधार किया गया है।

(10) लाभ उठाने वालों का चयन करने के लिए जन प्रतिनिधियों का और अधिक सहयोग लिया जा रहा है।

इन उपायों के बावजूद, एकीकृत ग्रामीण विकास कार्यक्रम अपने उद्देश्यों को पूरा करने में अधिक सफल नहीं रहा है। इसे अधिक प्रभावशाली बनाने के कुछ प्रमुख सुझाव इस प्रकार हैं—

(1) अशिक्षा के कारण एकीकृत ग्रामीण विकास कार्यक्रमों की जानकारी बहुत कम लोगों को है। उन्हें सरकारी कार्यक्रमों तथा उनसे मिलने वाले लाभ का पता ही नहीं है। इसके कारण जिन लोगों को वास्तव में लाभ मिलना चाहिए उन्हें नहीं मिल पाता। अतः ग्रामीण लोगों को इन कार्यक्रमों के बारे में सचेत करने की आवश्यकता है।

(2) गरीबी रेखा से नीचे रहने वाले परिवारों का चयन ठीक प्रकार से किया जाना चाहिए। इसमें किसी प्रकार का पक्षपात नहीं होना चाहिए।

(3) चयनित परिवारों को पर्याप्त धनराशि व व्यावसायिक प्रशिक्षण दिया जाना चाहिए ताकि वे वास्तव में गरीबी रेखा से ऊपर उठ सकें।

(4) ऋण प्राप्त करने की प्रक्रिया सरल होनी चाहिए। यह ऐसी होनी चाहिए कि न तो लाभार्थियों को अधिकारियों के चक्कर ही लगाने पड़ें और न ही उनका शोषण हो सके।

(5) जो परिवार पहले से ही किसी रोजगार में लगे हुए हैं उन्हें उसी के लिए आर्थिक सहायता प्रदान की जानी चाहिए।

(6) जहाँ तक हो सके लाभार्थी को नकद राशि के स्थान पर उपकरण या अन्य सामान उपलब्ध कराया जाना चाहिए। उन्हें कच्चा माल मिलता रहे इसे भी सुनिश्चित किया जाना चाहिए।

(7) स्वयंसेवी संगठनों का योजना बनाने तथा क्रियान्वयन करने में अधिक सहयोग लिया जाना चाहिए।

(8) शोषण करने वाले अधिकारियों को कठोर दण्ड दिया जाना चाहिए ताकि ऐसी विकास योजनाएँ अधिक कारगर हो सके।

(9) ग्रामीणों को रोजगार से सम्बन्धित व्यावहारिक ज्ञान दिया जाना चाहिए ताकि वे प्राप्त सहायता का सदुपयोग कर सकें।

(10) इस कार्यक्रम के क्षेत्र को और अधिक व्यापक बनाकर इसे फल और खाना तैयार करने वाली इकाइयों, सब्जियों की खेती आदि पर लागू किया जाना चाहिए।

(य) ग्रामीण भारत में नियोजन

मानव प्रारम्भ से ही चिन्तनशील प्राणी रहा है। उसने कभी भी अपने आपको प्राकृतिक या सामाजिक शक्तियों के हाथों में असहाय रूप से नहीं सौंपा। उसने अपने पर्यावरण के साथ अनुकूलन ही नहीं किया वरन् उसमें संशोधन भी किया। यह मानव के ही विवेकपूर्ण हस्तक्षेप का परिणाम है कि आधुनिक सभ्यता आज इतने उच्च स्तर पर पहुँची है। इस अर्थ में मानव सदा से ही नियोजन करने वाला प्राणी रहा है। समनर एवं कैलर सामाजिक परिवर्तन के प्रति तीन सम्भावित मानवीय नीतियों का वर्णन करते हैं, "तीन सम्भव नीतियाँ हैं–चीजों को, जैसे वे चाहें; अपनी राह चलने दें; अविवेकपूर्ण ढंग से हस्तक्षेप करें; विचारपूर्वक हस्तक्षेप करें। पहली नीति को किसी के द्वारा व्यवहार में कभी भी लागू नहीं किया गया; दूसरी ही सामान्य रूप से प्रचलित रही; तीसरी ही मनुष्यों की एकमात्र आशा है।"[5] दूसरे शब्दों में, विवेकपूर्ण ढंग से परिवर्तन की प्रक्रिया के निर्देशन में ही मानव समाज का कल्याण निहित है। वार्ड ने इस विचारधारा को सामाजिक प्रयोजनवाद कहा था। उनके विचार में परिवर्तन का निर्देशन व नियन्त्रण अनियन्त्रित परिवर्तन से कहीं अधिक श्रेष्ठतर है।[6] बॉटोमोर तो सामाजिक नियोजन को सभी आधुनिक समाजों में किसी न किसी रूप में प्रचलित मानते हैं।[7] पॉल मीडोज ने आधुनिक समय में सामाजिक परिवर्तन के सम्बन्ध में बड़े सुन्दर ढंग से लिखा है, "आज केवल परिवर्तन का समय नहीं है; परिवर्तन तो सदा रहा है। यह परिवर्तन की एक नई दिशा अर्थात् निर्देशन के साथ समय है; और यह संयोग ही विकास को प्रकट करता है। हर जगह परिवर्तन के अर्थ में लक्ष्यों, उपायों, गतियों, अत्यावश्यकताओं को जोड़ दिया गया है। परिवर्तन के झोंके भली प्रकार निर्देशित दिशा में बह रहे हैं।"[8] सुनियोजित ढंग से परिवर्तन को दिशा प्रदान करना ही नियोजित सामाजिक परिवर्तन की प्रक्रिया है। इसे प्रेरित (Induced) या निर्देशित (Directed) परिवर्तन भी कहते हैं। भारतीय समाज में भी यह प्रक्रिया क्रियाशील हो रही है।

कार्ल मैनहिम ने उचित ही लिखा है कि आज सामाजिक नियोजन और स्वतन्त्र व्यापार के बीच चुनाव का प्रश्न ही नहीं रह गया; वरन् अच्छे नियोजन या बुरे नियोजन में से एक को चुनने का प्रश्न है।[9] सबसे पहले रूप में नियोजन के द्वारा आर्थिक विकास और सामाजिक संरचना में परिवर्तन लाने का बृहद् स्तर पर प्रयोग हुआ। हमारे देश में भी नियोजन ही प्रेरणा का स्रोत रहा है। इस अध्याय में सबसे पहले नियोजन का अर्थ, उद्देश्य आदि अर्थात् इसका सैद्धान्तिक पक्ष स्पष्ट किया जाएगा। तत्पश्चात् भारत में नियोजन के विभिन्न आयामों पर प्रकाश डाला जाएगा।

नियोजन का अर्थ एवं परिभाषाएँ

ओडम के अनुसार नियोजन वह परिवर्तन है जिसके द्वारा प्राकृतिक व सामाजिक शक्तियों तथा परिणामतः विकसित सामाजिक व्यवस्था पर नियन्त्रण प्राप्त किया जाता है।[10] मिड्रल ने नियोजन की परिभाषा इस प्रकार की है, "नियोजन किसी देश की सरकार द्वारा किए गए वे जागरूक प्रयास हैं जिसके द्वारा लोकनीतियों को अधिक तार्किक ढंग से समन्वित किया जाता है ताकि अधिक तेजी व पूर्णता से भावी विकास के उन लक्ष्यों पर पहुँचा जा सके जोकि विकसित होती हुई राजनीतिक प्रक्रिया द्वारा निर्धारित किए गए हैं।"[11] एण्डरसन एवं पार्कर ने बड़ी सरल व्याख्या करते हुए लिखा है, "सामाजिक नियोजन या चेतन रूप से निर्देशित सामाजिक परिवर्तन एक ऐसे कार्यक्रम का विकास है जोकि किसी समाज के लिए या उसके किसी भाग के लिए पूर्व निर्धारित लक्ष्यों की प्राप्ति के लिए तैयार किया जाता है।"[12] उन्हीं विद्वानों ने निम्न प्रश्नों द्वारा नियोजित सामाजिक परिवर्तन की व्याख्या की है–नियोजन में निर्णय लेना पड़ता है कि हमें क्या करना है? कैसे करना है और कौन करेगा? तथा ये भी, कि इससे प्रभावित होने वाले व्यक्तियों को कैसे शामिल किया जाएगा? संक्षेप में, हम कह सकते हैं कि नियोजित सामाजिक परिवर्तन एक वह सामाजिक परिवर्तन है जिसे कोई समाज पूर्व-निर्धारित लक्ष्यों के अनुसार सचेतन और योजनाबद्ध रूप से सामाजिक व्यवस्था में लाने का प्रयास करता है। इस व्याख्या के अनुसार नियोजित सामाजिक परिवर्तन के निम्न तत्त्व हैं—(i) स्पष्ट एवं निर्धारित लक्ष्य, (ii) विचारपूर्वक बनाया गया समयबद्ध प्रोग्राम, और (iii) जिन समूहों पर प्रभाव पड़ता है उनकी सहभागिता।

नियोजन के लक्ष्य और उद्देश्य

फेल्पस[13] के अनुसार सामाजिक नियोजन के लक्ष्य निम्नलिखित हैं—

(1) गरीबी तथा अपव्यय का उन्मूलन;

(2) शारीरिक व मानसिक रोगों की रोकथाम;

(3) सभी प्रकार की सामाजिक बुराइयों के सामाजिक स्रोतों की समाप्ति; तथा

(4) व्यक्तियों की स्वतन्त्रता का विस्तार।

नॉर्थ[14] के अनुसार ऐसे परिवर्तन के अग्र पाँच लक्ष्य होते हैं—

(1) बुद्धिमत्तापूर्ण नियोजित समाज;

(2) अधिक तार्किक समाज;

(3) एक सहयोगी समाज;

(4) एक स्वतन्त्र समाज; तथा

(5) एक प्रजातान्त्रिक समाज।

समाज के इन उपर्युक्त रूपों की स्थापना ही नियोजन का उद्देश्य है। जी॰ आर॰ मदन[15] ने विचार व्यक्त किया है कि नियोजन के दो पक्ष हैं—आर्थिक एवं सामाजिक। आर्थिक दृष्टि से इसके निम्न लक्ष्य हैं—

(1) एक ऊँची वृद्धि-दर तथा कृषि व उद्योग में सन्तुलन;

(2) मानवीय व राष्ट्रीय साधनों का उत्तम उपयोग; तथा

(3) श्रम-शक्ति के लिए एक उचित आय-स्तर पर रोजगार के अवसर।

सामाजिक दृष्टि से इसके निम्न लक्ष्य कहे जा सकते हैं—

(1) आधारभूत सामाजिक सेवाओं जैसे शिक्षा, स्वास्थ्य व आवास का विकास;

(2) समाज कल्याण का प्रबन्ध जिसमें नगर व गाँव दोनों में उचित सुविधाओं की व्यवस्था;

(3) समुदाय के पीड़ित व बाधित वर्गों का कल्याण; तथा

(4) सामाजिक सुरक्षा।

नियोजन के लिए अनिवार्य दशाएँ

एण्डरसन एवं पार्कर ने सामाजिक नियोजन के लिए महत्त्वपूर्ण सिद्धान्तों के रूप में नियोजन की अनिवार्यताओं का निम्न रूप में वर्णन किया है—

(1) सामाजिक नियोजन के लिए जन-सहभागिता आवश्यक है। नियोजन द्वारा जिन समूहों और वर्गों से सम्बन्धित परिवर्तन होने हैं उनकी नियोजन में सहभागिता के बिना परिवर्तन का महत्त्व और स्वागत नहीं हो सकेगा;

(2) नियोजन प्रोग्राम का विकास अर्थात् परिस्थिति के अनुसन्धान के आधार पर लक्ष्यों, साधनों व वरीयताओं का निर्धारण व उनकी प्राप्ति के लिए कार्यक्रम का विकास; तथा

(3) नियोजन सम्बन्धित कर्मचारी अर्थात् नियोजन करने व व्यवहार में प्रोग्राम को लागू करने के लिए योग्य व प्रशिक्षित कर्मचारियों के अभाव में भी नियोजित परिवर्तन सफल नहीं हो सकेगा।

विल्सन[16] ने नियोजित परिवर्तन के लिए तीन आवश्यकताओं (Require- ments) का वर्णन किया है—

(1) यह जागरूकता कि कार्य करने के लिए अनेक विकल्प प्राप्त हैं क्योंकि यदि कोई विकल्प ही प्राप्त नहीं है तो स्थिति में परिवर्तन की बात ही नहीं उठती;

(2) यह विश्वास कि एक तरीका दूसरे तरीके से अधिक उत्तम है; तथा

(3) क्रिया अनुसन्धान (Action research) के नियोजन के लिए साधनों, वस्तु-स्थिति आदि का पूर्ण सर्वेक्षण, फिर उपलब्धियों का मूल्यांकन।

इस प्रकार, अनुसन्धान-नियोजन कार्य- मूल्यांकन- पुनः नियोजन क्रम से अनुसन्धान चलता रहता है।

मदन के अनुसार नियोजन से सम्बन्धित तीन समस्याएँ हैं जिनका हल उसकी सफलता के लिए आवश्यक है—

(1) साधनों का वितरण;

(2) योजना का निर्माण; तथा

(3) योजना को क्रियाशील करना (Execution)।

नियोजन की पद्धतियाँ

नियोजित रूप से सामाजिक परिवर्तन के लिए दो पद्धतियाँ हो सकती हैं—**एक**, समग्रवादी तरीका (Totalitarian method)− इस पद्धति में सरकार के निरंकुश नेतृत्व में और केन्द्रीय सत्ता के निर्देशन में पूरे समाज के लिए परिवर्तन की योजना लागू की जाती है; जैसे पूर्व साम्यवादी रूस और चीन में यही तरीका अपनाया गया है। इसमें व्यक्तिगत स्वतन्त्रता तथा सूझ-बूझ का अधिक अवसर नहीं होता है। **दूसरा**, प्रजातान्त्रिक तरीका (Democratic method)− यह वह तरीका है जिसमें निजी क्षेत्र को भी विकसित होने के अवसर होते हैं तथा योजना बनाने तथा लागू करने की विकेन्द्रित व्यवस्था होती है। उदाहरणार्थ, हमारे देश में इसी ढंग से परिवर्तन की योजना चल रही है।

सामाजिक एवं आर्थिक नियोजन

सामाजिक नियोजन को कई बार आर्थिक नियोजन कह दिया जाता है। अतः इसमें परस्पर सम्बन्ध जान लेना भी अनिवार्य है। आर्थिक नियोजन से अभिप्राय कुछ लोग केवल देश को आर्थिक समृद्धि की ओर समयबद्ध योजनाओं द्वारा ले जाना समझते हैं। परन्तु यह आर्थिक नियोजन को संकुचित रूप से परिभाषित करना है। वास्तव में, जितनी भी आर्थिक योजनाएँ बनाई जाती हैं, उनका उद्देश्य आर्थिक विकास के साथ-साथ सम्पूर्ण समाज का विकास करना होता है। आर्थिक विकास अन्तिम रूप से देश में रहने वाले व्यक्तियों के जीवन, रहन-सहन एवं सम्बन्धों को प्रभावित करता है। मार्क्स तथा अन्य भौतिकवादी विद्वानों ने आर्थिक कारकों को ही समाज का निर्णायक कारक बताया है क्योंकि अर्थव्यवस्था में परिवर्तन से समाज की अन्य व्यवस्थाओं में भी परिवर्तन हो जाता है। अगर हम आर्थिक नियोजन को इस रूप में देखें तो यह सामाजिक नियोजन का ही दूसरा नाम लगता है क्योंकि आर्थिक नियोजन द्वारा जो आर्थिक विकास होता है उसका अन्तिम उद्देश्य लोगों के जीवन स्तर में सुधार करना होता है। उदाहरण के लिए, हमारे देश में अधिकांश आर्थिक योजनाओं का मुख्य उद्देश्य देश में विषमता को समाप्त करके, सभी नागरिकों के जीवन स्तर में सुधार करना है।

परन्तु इसका यह अभिप्राय नहीं है कि सामाजिक नियोजन एवं आर्थिक नियोजन पर्यायवाची शब्द हैं तथा इनमें कोई अन्तर नहीं है। दोनों के महत्त्व एवं प्रकृति में काफी अन्तर है। सामाजिक नियोजन का सम्बन्ध प्रत्यक्ष रूप से सामाजिक जीवन की समस्याओं, सामाजिक मूल्यों एवं सामाजिक सम्बन्धों से है। सामाजिक क्षेत्र में योजनाबद्ध रूप से परिवर्तन लाना ही सामाजिक नियोजन है। सामाजिक कुरीतियों; जैसे अपराध, बाल अपराध, वेश्यावृत्ति, भिक्षावृत्ति, जाति व्यवस्था, अस्पृश्यता आदि; को योजनाबद्ध रूप से समाप्त करना निश्चित रूप से सामाजिक नियोजन है। आर्थिक नियोजन का मुख्य उद्देश्य आर्थिक व्यवस्था में सुधार लाना है यद्यपि इसका प्रभाव व्यक्तियों पर पड़ता है। वास्तव में, आर्थिक नियोजन एवं विकास भी व्यक्तियों के सहयोग के बिना सम्भव नहीं है। ये दोनों, सामाजिक नियोजन तथा आर्थिक नियोजन, नियोजित सामाजिक परिवर्तन की दो महत्त्वपूर्ण विधियाँ हैं।

नियोजित सामाजिक परिवर्तन तथा सामाजिक नियोजन

सामान्यतः नियोजित सामाजिक परिवर्तन एवं सामाजिक नियोजन को भी पर्यायवाची शब्द मान लिया जाता है जोकि उचित नहीं है। नियोजित सामाजिक परिवर्तन एक विस्तृत एवं व्यापक अवधारणा है जबकि सामाजिक नियोजन एक सीमित एवं संकुचित अवधारणा है। सामाजिक नियोजन वास्तव में नियोजित सामाजिक परिवर्तन का एक भाग है जिसके साथ में ये सामाजिक मूल्य जुड़े होते हैं कि समाज में पाई जाने वाली सामाजिक समस्याओं का निराकरण सामाजिक प्रगति के लिए अनिवार्य है।

सामाजिक नियोजन का सम्बन्ध मुख्य रूप से सामाजिक व्यवस्था में मानवीय विकास की वृद्धि करना, विभिन्न समस्याओं को दूर करना तथा ऐसे साधन उत्पन्न करना है जिनसे मानव जीवन अधिक समृद्ध एवं समन्वित हो सके । सामाजिक नियोजन, नीति का एक महत्त्वपूर्ण अंग होने के कारण एक प्रकार का सामूहिक निर्णय है। नियोजित सामाजिक परिवर्तन इसके विपरीत केवल समाज को चेतन रूप में निश्चित दिशा की ओर ले जाने वाला प्रयास है जोकि प्रत्येक प्रकार की राजनीतिक प्रणाली वाले समाज में सम्भव है।

नियोजित सामाजिक परिवर्तन को सामाजिक नियोजन की भाँति आर्थिक नियोजन, राजनीतिक नियोजन, धार्मिक नियोजन, जनसंख्या नियोजन तथा ग्रामीण या नगरीय नियोजन से भी सम्बद्ध माना जाता है क्योंकि नियोजित सामाजिक परिवर्तन का उद्देश्य समाज में रहने वाले व्यक्तियों एवं विविध प्रकार के समूहों की आवश्यकताओं की पूर्ति करना, विभिन्न प्रकार की समस्याओं का समाधान करना, सामाजिक कुरीतियों को दूर करना तथा मानवीय मूल्यों को प्राप्त करने के लिए सचेत प्रयास करना है। अतः यह एक विस्तृत अवधारणा है और सामाजिक नियोजन, आर्थिक नियोजन, परिवार नियोजन, ग्रामीण नियोजन इत्यादि नियोजित सामाजिक परिवर्तन लाने में सहायता तो प्रदान करते हैं परन्तु इन्हें नियोजित सामाजिक परिवर्तन के पर्यायवाची शब्द नहीं कहा जा सकता है।

नियोजित सामाजिक परिवर्तन के उद्देश्य

नियोजित सामाजिक परिवर्तन आज प्रत्येक समाज में देखा जा सकता है क्योंकि आज के वैज्ञानिक युग में किसी भी क्षेत्र में बिना नियोजन के विकास करना सम्भव ही नहीं है। मुख्य रूप से नियोजित सामाजिक परिवर्तन के निम्नांकित उद्देश्य हैं—

(1) नियोजित सामाजिक परिवर्तन का प्रथम उद्देश्य समाज की संरचना को इस प्रकार से परिवर्तित करना है ताकि तार्किक एवं विवेकशील ढंग से निर्धारित लक्ष्यों की प्राप्ति की जा सके।

(2) नियोजित सामाजिक परिवर्तन का दूसरा उद्देश्य व्यक्तियों को अपनी आवश्यकताओं की पूर्ति के लिए अधिक अवसर प्रदान करना है ताकि वे अधिक समृद्ध जीवन व्यतीत कर सकें।

(3) नियोजित सामाजिक परिवर्तन जनसमूह के कल्याण का मार्ग है अर्थात् इसका उद्देश्य समाज को और अधिक कल्याणकारी बनाना है। डूब ने जनसमूह के कल्याण को नियोजित सामाजिक परिवर्तन का प्रमुख आधार माना है। इनके अनुसार नियोजित सामाजिक परिवर्तन का उद्देश्य व्यक्तियों की अधिकतर इच्छाओं की पूर्ति करना तथा उन्हें कम-से-कम निराश एवं हतोत्साह करना है।

(4) समाज में उपलब्ध भौतिक एवं मानवीय शक्तियों का अधिकतम प्रयोग करने की क्षमता में वृद्धि करना भी नियोजित सामाजिक परिवर्तन का ही एक मुख्य उद्देश्य है।

(5) नियोजित सामाजिक परिवर्तन का एक अन्य उद्देश्य समाज को निश्चित दिशा की ओर ले जाने के मार्ग में आने वाली बाधाओं को दूर करना भी है।

(6) जनता के मूल्यों, मनोवृत्तियों एवं विश्वासों में परिवर्तन लाना ताकि लोग समयानुकूल समाज के परिवर्तित लक्ष्यों से तालमेल रख सकें।

(7) नियोजित सामाजिक परिवर्तन का उद्देश्य युद्ध, क्रान्ति या बिना संकट के वांछनीय परिवर्तन लाना है। यह परिवर्तन विविध प्रकार की सांस्कृतिक मान्यताओं; जैसे सांस्कृतिक एकता, परिवार नियोजन, शिक्षा की समुचित व्यवस्था, व्यवसायों की बहुलता, समान एवं अधिकाधिक अवसर प्रदान करके एवं तकनीकी का विकास करके लाया जा सकता है। नियोजित सामाजिक परिवर्तन का उद्देश्य व्यक्तियों में सहयोग, सहकारिता एवं सामाजिक सुरक्षा की भावनाएँ विकसित करना तथा प्रतिस्पर्द्धा एवं संघर्ष जैसी विघटनकारी शक्तियों को नियमित करना भी है।

अमेरिका के राष्ट्रीय साधन नियोजन बोर्ड (The National Resources Planning Board) के अनुसार नियोजित सामाजिक परिवर्तन के निम्नांकित प्रमुख उद्देश्य हैं—

(1) न्याय, एकता, स्वतन्त्रता और अधिकारों के बीच व्यक्ति के व्यक्तित्व को यथाशक्ति विकसित होने का पूर्ण अवसर प्रदान करना।

(2) सभी प्रकार के भौतिक एवं जन-साधनों का विकास करना, लोगों को सम्पूर्ण रोजगार के अवसर उपलब्ध करना, आय में निरन्तर वृद्धि करना, आर्थिक एवं राजनीतिक स्थिरता तथा आर्थिक ढाँचे में सन्तुलन बनाए रखना।

(3) साम्राज्यवाद और अन्तर्राष्ट्रीय संघर्षों की समाप्ति कर सभी देशों का विकास करना।

नियोजित सामाजिक परिवर्तन के कारक, साधन अथवा विधियाँ

नियोजित सामाजिक परिवर्तन यद्यपि सैद्धान्तिक रूप में एक सरल प्रकार का परिवर्तन एवं कार्य लगता है परन्तु व्यावहारिक रूप में इसे कार्यान्वित करना एक कठिन कार्य है। नियोजित सामाजिक परिवर्तन को निम्नांकित साधनों अथवा विधियों द्वारा प्राप्त किया जा सकता है—

(1) अल्पकालीन एवं दीर्घकालीन उद्देश्यों के स्पष्ट निर्धारण एवं वितरण द्वारा;

(2) सभी प्रकार के प्रशासनात्मक एवं संगठनात्मक साधन उपलब्ध कराकर;

(3) साधनों की उपलब्धि एवं इनके प्रयोग के सम्बन्ध में ज्ञान में वृद्धि द्वारा;

(4) उन सभी परिस्थितियों का विश्लेषण करके जहाँ समायोजन तथा संशोधन की आवश्यकता है;

(5) विशिष्ट समस्याओं के सांस्कृतिक, सामाजिक तथा भौगोलिक पहलुओं का विश्लेषण करके;

(6) सामाजिक विकास के अधिक अवसर प्रदान करके;

(7) सामाजिक आन्दोलनों द्वारा;

(8) वांछित लक्ष्यों की प्राप्ति के बारे में एक सम्बद्ध एवं विस्तारपूर्ण परियोजना बनाकर;

(9) सरकारी, अर्द्धसरकारी तथा गैर-सरकारी संगठनों के सामाजिक संचालन द्वारा;

(10) विशिष्टजनों द्वारा जनसाधारण में जागरूकता में वृद्धि द्वारा;

(11) शिक्षा, संचार तथा आवागमन के साधनों के विकास द्वारा; तथा

(12) जन-सहयोग एवं इससे सम्बन्धित विभिन्न योजनाओं; जैसे सामुदायिक विकास कार्यक्रम इत्यादि; का विकास करके।

नियोजित सामाजिक परिवर्तन में अत्यधिक महत्त्वपूर्ण भूमिका निम्न साधनों की है—

(1) सरकार तथा सरकार द्वारा पारित अधिनियम;

(2) राजनीतिक दल;

(3) समाज सुधारक;

(4) सहकारिता एवं सहयोग पर आधारित विभिन्न संगठन;

(5) शिक्षा; तथा

(6) प्रचार।

भारत में ग्रामीण समाज हेतु नियोजन

यद्यपि नियोजित सामाजिक परिवर्तन आज प्रत्येक समाज में सर्वांगीण विकास के लिए पाया जाता है फिर भी भारत जैसे विकासशील देशों के लिए इसका महत्त्व और अधिक है क्योंकि इन समाजों को नागरिकों की अनिवार्य आवश्यकताओं की पूर्ति एवं उनमें समानता लाने के लिए तथा विकसित देशों के बराबर पहुँचने के लिए अभी काफी रास्ता तय करना है।

स्वतन्त्रता-प्राप्ति से पहले अर्थात् अंग्रेजी शासनकाल में भारत में नियोजित सामाजिक परिवर्तन के बारे में यह तो नहीं कहा जा सकता कि इस पर ध्यान नहीं दिया गया। वास्तव में, अंग्रेजी शासनकाल में भारतीय समाज में विविध प्रकार के सामाजिक एवं आर्थिक परिवर्तनों की शृंखला शुरू हुई। अंग्रेज क्योंकि अपने साथ विकसित तकनीकी तथा पश्चिमी मूल्य एवं संस्कृति लाये थे इसलिए पश्चिमी संस्कृति एवं तकनीकी में विकास के कारण भारतीय सामाजिक व्यवस्था में महत्त्वपूर्ण परिवर्तन होने शुरू हुए। सामाजिक-आर्थिक परिवर्तन, जिनकी शुरूआत अंग्रेजी शासनकाल में हुई, वास्तव में अंग्रेजों द्वारा स्वयं अपने हितों की पूर्ति के लिए किए गए थे। परिवर्तन करते समय यह बात ध्यान में नहीं रखी गई थी कि क्या इन नवीन मूल्यों एवं परिवर्तनों से परम्परागत व्यवस्था सामंजस्य की स्थिति में रह पाएगी अथवा नहीं, अतः अनेक प्रकार के परिवर्तनों को हमारे समाज में रहने वाले लोगों ने बिना किसी सूझ-बूझ एवं तर्क के स्वीकार कर लिया।

स्वतन्त्रता-प्राप्ति के पश्चात् हमारी सरकार का प्रथम कार्य भारत को एक नवीन एवं शक्तिशाली राष्ट्र के रूप में विकसित करना था जिसमें भारत की परम्परा एवं ऐतिहासिकता तथा नवीन समाज की स्थापना के लक्ष्यों को स्पष्ट रूप से परिभाषित करना एवं इनमें तालमेल रखकर ऐसे लक्ष्य निर्धारित करना था जिनसे नागरिकों की न्यूनतम आवश्यकताएँ अधिकाधिक पूरी हो सकें। भारत के सामने पूँजीवाद, साम्यवाद तथा समाजवाद जैसे विविध मार्ग थे जिन पर चलकर समाज का विकास किया जा सकता था परन्तु भारत ने प्रजातांत्रिक पद्धति की शासन प्रणाली को अपनाकर देश में समाजवाद लाने का संकल्प लिया। वैसे समाजवाद एक ऐसा शब्द है जिसका कोई निश्चित अर्थ नहीं है। साथ ही प्रत्येक देश, चाहे उसमें किसी प्रकार की राजनीतिक व्यवस्था का प्रचलन क्यों न हो, अपने आपको किसी न किसी रूप में समाजवादी कहता है। फिर भी, भारतीय सरकार ने भारत को प्रजातांत्रिक समाजवाद का आदर्श देकर नागरिकों में आर्थिक, सामाजिक एवं राजनीतिक दृष्टि से समानता लाने तथा सभी को सुरक्षा प्रदान करने वाली सामाजिक व्यवस्था के निर्माण के प्रयास शुरू किए।

हमारा संविधान इस ढंग से बनाया गया है कि यह भारत को समाजवाद एवं कल्याणकारी राज्य बनाने में सहायता दे। संविधान के **अनुच्छेद 29** में यह कहा गया है कि राज्य अपनी नीति को इस प्रकार से कार्यान्वित करेगा कि स्त्री और पुरुष सभी को समान रूप से जीविकोपार्जन के साधन प्राप्त हों, सम्पत्ति के स्वामित्व व नियन्त्रण को इस प्रकार से वितरित किया जाए कि

सभी नागरिकों का हित हो। अनुच्छेद 41 में बेकारी, बीमारी, वृद्धावस्था में सहायता व सुरक्षा प्रदान करने की व्यवस्था की बात कही गई है। अनुच्छेद 43 में श्रमिकों के शिष्ट व उच्च जीवन स्तर को बनाए रखने तथा अनुच्छेद 45 में सभी बच्चों को निःशुल्क एवं अनिवार्य शिक्षा की बात कही गई है। यह सब बातें इस बात की सूचक हैं कि हमारा संविधान हमारे समाज द्वारा निर्धारित समाजवाद के लक्ष्य को सामने रखकर ही बनाया गया।

भारत में नियोजित सामाजिक परिवर्तन लाने के लिए समयबद्ध पंचवर्षीय योजनाएँ बनाई गईं, पंचायती राज का पुनर्गठन किया गया तथा सामुदायिक विकास जैसी योजनाओं की शुरूआत की गई। वास्तव में, समाजवादी समाज की स्थापना करना हमारी सरकार ने अपना वांछनीय लक्ष्य निर्धारित किया जिसके लिए प्रजातान्त्रिक राजनीतिक प्रणाली एवं मिश्रित अर्थव्यवस्था को साधनों के रूप में स्वीकार किया गया। भू-दान, ग्राम-दान तथा सर्वोदय जैसे गैर-सरकारी प्रयासों द्वारा भी इस लक्ष्य की प्राप्ति की ओर कदम बढ़ाने में सहायता मिली है।

पंचवर्षीय योजनाओं में समाज कल्याण, विशेष रूप से पिछड़े वर्गों के कल्याण, की ओर काफी ध्यान दिया गया है। भारत में 1966 में समाज कल्याण विभाग की स्थापना की गई तथा केन्द्रीय समाज कल्याण बोर्ड बनाया गया जो निम्नलिखित बातों के बारे में विशेष ध्यान देता है—

(1) सामान्य कल्याण;

(2) शिशु कल्याण;

(3) अनाथ बच्चों की देख-रेख;

(4) भिखारी, किशोर अपराधी व अन्य ऐसे लोगों के पुनर्स्थापन के लिए प्रशिक्षण प्रोग्राम;

(5) अन्तर्राष्ट्रीय शिशु शिक्षा धन;

(6) अपाहिजों की शिक्षा का प्रबन्ध;

(7) स्त्रियों का नैतिक उद्धार एवं वेश्यावृत्ति की समाप्ति;

(8) सामाजिक सुरक्षा का कार्य;

(9) मद्यनिषेध;

(10) ग्रामीण स्त्रियों को शिक्षा; तथा

(11) अनुसन्धान एवं प्रशिक्षण।

भारत सरकार द्वारा समाज कल्याण के लिए किए गए कार्यों में मद्यनिषेध, अनैतिक व्यापार पर रोक, बाल अपराधियों का सुधार, भिखारियों का सुधार, जेलों में समाज कल्याण, विस्थापित व्यक्तियों की सहायता एवं पुनर्वास, शारीरिक एवं मानसिक दृष्टि से अयोग्य व्यक्तियों का कल्याण, मातृत्व एवं बाल कल्याण संस्थाओं का विकास तथा पिछड़े वर्गों के कल्याण के लिए शुरू की गई विविध योजनाएँ विशेष रूप से उल्लेखनीय हैं।

विभिन्न सामाजिक अधिनियमों को पारित करके भी समाजवाद के लक्ष्य की ओर बढ़ने का निरन्तर प्रयास किया जा रहा है। पंचवर्षीय योजनाओं ने सामाजिक एवं आर्थिक नियोजन एवं नियोजित सामाजिक परिवर्तन में महत्त्वपूर्ण भूमिका निभायी है अतः हम यह निश्चित रूप से कह सकते हैं कि भारत में नियोजित सामाजिक परिवर्तन सम्भव एवं महत्त्वपूर्ण ही नहीं है अपितु हमारे देश की वर्तमान स्थिति इसी का परिणाम है। निम्न सारणी में पंचवर्षीय योजनाओं के सम्बन्ध में कुछ तथ्य दिए गए हैं—

तालिका–2 : भारत की पंचवर्षीय योजनाएँ: एक दृष्टि में

योजना	योजना-अवधि	वास्तविक व्यय (रुपये करोड़ों में)
प्रथम पंचवर्षीय योजना	1951–56	2,378·00
द्वितीय पंचवर्षीय योजना	1956–61	4,672·00
तृतीय पंचवर्षीय योजना	1961–66	8,577·00
तीन वार्षिक योजनाएँ		
(i)	1966–67	2,137·00
(ii)	1967–68	2,205·00
(iii)	1968–69	2,283·00
चतुर्थ पंचवर्षीय योजना	1969–74	15,779·00
पाँचवीं पंचवर्षीय योजना	1974–79	39,426·00
छठी पंचवर्षीय योजना	1980–85	1,09,292·00
सातवीं पंचवर्षीय योजना	1985–90	2,18,730·00
(i)	1990–91	58,369·00
(ii)	1991–92	6,475·00
आठवीं पंचवर्षीय योजना	1992–97	7,98,000·00
नौवीं पंचवर्षीय योजना	1997-2002	8,59,000·00
दसवीं योजना	2002-07	15,25,639·00

भारत में नियोजन का केन्द्रीय लक्ष्य एक ऐसे विकास की प्रक्रिया का प्रारम्भ करता है जो लोगों के रहन-सहन के स्तर को ऊँचा उठा सके और उनके लिए अधिक समृद्ध और

विभिन्नतापूर्ण जीवन की व्यवस्था कर सके। यह नियोजन तार्किक ढंग से भारतीय समाज की विभिन्न समस्याओं का हल ढूँढता है; भारतीयों के बीच व्याप्त आर्थिक और सामाजिक असमानताओं को दूर करता है। उपर्युक्त लक्ष्यों की प्राप्ति नियोजन के अभाव में सम्भव नहीं है। योजना के विभिन्न क्षेत्रों में विकास सम्बन्धी वरीयताएँ रखी गई हैं। यह नियोजन प्रजातांत्रिक ढंग से राजकीय निर्देशन में हो रहा है। नियोजन के सम्बन्ध में निम्न प्रविधियों का प्रयोग हुआ है—

(1) संगठनात्मक संरचना में परिवर्तन;
(2) मूल्य-नीति (Price-policy) के द्वारा साधनों का वितरण;
(3) पूँजी संग्रह व साख-व्यवस्था का विकास;
(4) वित्तीय नीति (Fiscal policy) का एक यन्त्र के रूप में प्रयोग; तथा
(5) विभिन्न स्तरों पर नियन्त्रण।

प्रथम पंचवर्षीय योजना में कृषि, सिंचाई, ऊर्जा एवं यातायात के साधनों पर विशेष जोर दिया गया ताकि औद्योगिक क्रान्ति की नींव डाली जा सके। सहकारिता को समाज के विकास के नियम के रूप में स्वीकार किया गया। यातायात व शक्ति के विकास को, विकास की नींव के रूप में निर्मित करने का प्रयास किया गया। मिश्रित अर्थव्यवस्था (Mixed economy) हमारे विकास की स्वीकृत व्यवस्था मानी गई।

द्वितीय पंचवर्षीय योजना में समाजवादी विकास प्रारूप (Socialist developmental model) को अपनाने की घोषणा की गई। समाज को समाजवादी प्रतिमान के अनुरूप ढालने का लक्ष्य घोषित किया गया। इसमें भारी उद्योगों के विकास को वरीयता प्रदान की गई। जनसंख्या के नियन्त्रण के गहन प्रयास किए गए। लोक-क्षेत्र को विकास का प्रमुख दायित्व सौंपा गया। कृषि तथा लघु उद्योग अभी अपनी ही चाल से चल रहे थे, उनको अधिक प्रेरणा नहीं मिल पाई।

तृतीय पंचवषीय योजना में 'आत्म-निर्भर अर्थव्यवस्था' के निर्माण का लक्ष्य रख गया। विकास के अवसरों में समानता का विकास व आय की असमानताओं को दूर करने का संकल्प लिया गया। चीन के हमले (1962) और पाकिस्तान के साथ संघर्ष (1965) के परिणामस्वरूप तीसरी योजना के बाद चौथी योजना तुरन्त न बन सकी और न ही उसे क्रियाशील किया जा सका। राष्ट्र एक आपातकालीन स्थिति से गुजर रहा था। विकास के कार्यक्रम वार्षिक योजनाओं के आधार पर तीन वर्ष तक चले।

चौथी योजना में विकास की प्रक्रिया में सामाजिक न्याय व समानता के लक्ष्यों के लिए साहसिक कार्यक्रम अपनाये गए। ग्राम विकास और सन्तुलित भोजन व पोषक भोजन के प्रसार के कार्य नवीन ढंग से बनाए गए। इन योजनाओं में नियोजन का प्रमुख उद्देश्य 'स्थायित्व के साथ वृद्धि' (Growth with stability) रखा गया।

पाँचवीं पंचवर्षीय योजना का सूत्रपात इस स्पष्ट स्वीकृति से हुआ कि हमारी योजनाओं में कुछ कमियाँ भी रह गई हैं और चौथी योजना को सफल नहीं कहा जा सकता। इस योजना में 'गरीबी हटाओ' और 'आत्म-निर्भरता' के लक्ष्यों की प्राप्ति का संकल्प रखा गया। गरीबी हटाओ एक नया नारा था तथा इस उद्देश्य की पूर्ति के लिए कुछ विशिष्ट लक्ष्य भी रखे गए। मूल्य-स्थायित्व, आय व उपभोग की असमानताओं में कमी करना अन्य लक्ष्य रहे। इस योजना में विज्ञान व प्रौद्योगिकी के विकास को प्रथम बार वरीयताओं में सम्मिलित किया गया। पाँचवीं योजना कुछ देर से प्रारम्भ की गई थी और छह महीनों में ही कांग्रेस सरकार का पतन हो गया और 1977 में जनता सरकार केन्द्र में सत्तारूढ़ हुई। जनता सरकार ने इस योजना को रद्द कर दिया और इसके स्थान पर नियोजन के लिए एक नवीन अवधारणा 'रोलिंग प्लान' (Rolling Plan) राष्ट्र के सम्मुख रखी। इस अवधारणा का आशय प्रत्येक वर्ष की योजना का मूल्यांकन करना और इसके अनुभवों के आधार पर अगले वर्ष के लिए योजना बनाना था। वास्तव में यह विस्तार नियोजन की विचारधारा थी। योजना 1978–79 वार्षिक योजना के रूप में चालू की जा सकी।

छठी योजना पिछले तीन दशकों के अनुभवों को सामने रखकर बनाई गई। यह प्रयास किया गया कि दोषों की पुनरावृत्ति न हो। इन्दिरा गांधी के नेतृत्व में कांग्रेस पुनः सत्ता में लौट आई थी। इस योजना में गरीबी हटाओं का तीव्र अभियान छेड़ा गया।

सातवीं योजना में खाद्यान्न में आत्म-निर्भरता की वरीयता बनाए रखी गई। तिलहन, दालों, सब्जियों और फलों के अधिक उत्पादन पर भी जोर दिया गया। उद्योग के लिए आधुनिकीकरण और उच्च तकनीकी लक्ष्य के रूप में रखे गए हैं। इस योजना की प्रमुख विशेषता मानव संसाधन का विकास है। शिक्षा, स्वास्थ्य, विज्ञान एवं प्रौद्योगिकी में नवीन तरीकों को अपनाने पर जोर दिया गया है। इसी भाँति, रोजगार के अवसरों को भी बढ़ाने का प्रयास किया गया है।

केन्द्र में तेजी से बदलते राजनीतिक घटनाक्रम के चलते आठवीं पंचवर्षीय योजना (1990-95) को कार्यान्वित नहीं किया जा सका। जून 1991 ई० में केन्द्र में सत्तारूढ़ नई सरकार ने फैसला किया कि 1990-91 तथा 1991-92 को अलग-अलग वार्षिक योजना माना जाए। इन दोनों वार्षिक योजनाओं का मुख्य लक्ष्य रोजगार के अधिक अवसर उपलब्ध कराना तथा सामाजिक परिवर्तन को बढ़ावा देना रखा गया।

आठवीं योजना (1992–97) का प्रारूप शीघ्रता से तैयार किया गया। पहली बार नियोजन की पद्धति में भी परिवर्तन किया गया। इस नियोजन में प्रत्येक क्षेत्र के लिए कार्यक्षमता बढ़ाने के लिए लक्ष्य निर्धारित किए गए। उदाहरणार्थ, कृषि क्षेत्र में प्रतिशत वृद्धि दर निर्धारित की गई। औद्योगिक क्षेत्र के लिए यह लक्ष्य 12 प्रतिशत रखा गया। इसी भाँति, निर्यात के लिए

10 प्रतिशत वृद्धि दर निर्धारित की गई। इस योजना का कुल व्यय 4,95,669·00 करोड़ था, जबकि सातवीं योजना का कुल व्यय 3,48,148 करोड़ था।

नौवीं पंचवर्षीय योजना (1997-2002) भारत की स्वतन्त्रता की 50वीं वर्षगांठ के अवसर पर प्रारम्भ की गई। इस योजना में 'बुनियादी न्यूनतम सेवाओं' पर बल दिया गया। इन सेवाओं में स्वच्छ पेयजल की आपूर्ति, प्राथमिक स्वास्थ्य सेवा सुविधाएँ उपलब्ध कराना, सबके लिए प्राथमिक चिकित्सा की व्यवस्था, बेघर निर्धन परिवारों को सार्वजनिक आवास सहायता, बच्चों को पोषाहार सहायता, सभी गाँवों और बस्तियों को सड़क से जोड़ना और गरीब को ध्यान में रखकर सार्वजनिक वितरण प्रणाली को मजबूत बनाना शामिल हैं।

इस योजना में रोजगार के पर्याप्त अवसर पैदा करने तथा गरीबी उन्मूलन हेतु कृषि और ग्रामीण क्षेत्रों को प्राथमिकता प्रदान की गई। इसके अतिरिक्त महिलाओं और सामाजिक दृष्टि से उपेक्षित समूहों की सामाजिक-आर्थिक स्थिति ऊँची करने तथा उन्हें विकास के प्रतिनिधि के रूप में सामने लाने, पंचायती राज संस्थाओं को अधिक मजबूत बनाने एवं इनमें लोगों की भागीदारी सुनिश्चित करने को प्राथमिकता दी गई।

दसवीं पंचवर्षीय योजना (2002-07) में गरीबी के अनुपात में कमी करने के लक्ष्यों, स्कूलों व बच्चों के सार्वभौमिक दाखिले, साक्षारता दर बढ़ाए जाने, शिशु और मातृ मृत्यु-दर में कमी लाने, रोजगार व विकास दर बढ़ाने, साफ पीने के पानी की दृष्टि से गाँव की संख्या में सुधार लाने, साक्षरता और मजदूरी दरों के मामलों में लिंगभेद में कमी करने, प्रमुख प्रदूषित नदियों की सफाई, वन क्षेत्र बढ़ाने और जनसंख्या दर में कमी करने सहित अर्थव्यवस्था और विकास के सामाजिक व पर्यावरण सम्बन्धी पहलुओं को कवर करते हुए निगरानी के विशेष लक्ष्य स्थापित किए गए हैं।

पंचवर्षीय योजनाओं के अतिरिक्त अनेक और प्रयास किए गए हैं; जैसे—पंचायती राज की स्थापना, सामुदायिक विकास योजनाएँ आदि। इन सरकारी प्रयासों के अतिरिक्त भू-दान तथा सर्वोदय जैसे गैर-सरकारी प्रयासों द्वारा भी भारत को समाजवादी समाज के लक्ष्य की ओर कदम बढ़ाने में सहायता मिली है।

इन पंचवर्षीय योजनाओं में मानव विकास (मानव जीवन की गुणवत्ता के स्तर को बढ़ाना और सभी को सुख-सुविधा तथा बुनियादी सामाजिक सेवाएँ उपलब्ध कराना) की ओर विशेष ध्यान दिया गया है। यद्यपि इन योजनाओं से अपेक्षित सफलता नहीं मिल पाई है, तथापि इन योजनाओं ने सामाजिक क्षेत्रों और ग्रामीण विकास की दृष्टि से भारत को प्रगतिशील राष्ट्र बनाने की दृष्टि से महत्त्वपूर्ण योगदान दिया है। इस योगदान को तालिका–3 व तालिका–4 में स्पष्ट किया गया है—

तालिका–3 : सामाजिक क्षेत्रों और ग्रामीण विकास पर केन्द्र सरकार का व्यय (आयोजना तथा आयोजना–भिन्न)

(करोड़ रुपये)

मद	1992-93 वास्तविक	1998-99 वास्तविक	1999-00 वास्तविक	2000-01 वास्तविक	2001-02 सं० अ०	2002-03 ब० अ०
1. सामाजिक सेवाएँ	6397	19750	23406	26550	29267	33547
क शिक्षा, खेल तथा युवा मामले	1878	6604	7081	7696	8703	9948
ख स्वास्थ्य और परिवार कल्याण	1722	3993	5012	5291	5734	7038
ग जल आपूर्ति, सफाई, आवास तथा शहरी विकास	788	4073	4465	4932	5853	5391
घ सूचना और प्रसारण	371	1041	1169	1317	1331	1438
ङ अनुसूचित जाति/अनुसूचित जनजाति तथा अन्य पिछड़े वर्गों का कल्याण	488	916	951	969	1133	1385
च श्रम, रोजगार तथा श्रम कल्याण	347	708	845	894	871	900
छ अन्य सामाजिक सेवाएँ	803	2415	3883	4124	3092	2768
ज उत्तर-पूर्वी क्षेत्र				1327	2550	4679
2. ग्रामीण विकास	3211	5854	5184	4449	5729	6430
3. बुनियादी-न्यूनतम सेवाएँ (बीएमएस)* जिसमें गन्दी बस्ती विकास भी शामिल हैं	–	3684	4048	321	341	365
4. प्रधानमन्त्री ग्रामोदय योजना (पीएमजीवाई) @	–	–	–	2350	2533	2800
प्रधानमन्त्री ग्राम सड़क योजना (पीएमजीएसवाई) @	–	–	–	2500	2500	2500
5. सामाजिक सेवाएँ, ग्रामीण विकास, बीएमएस तथा पीएमजीवाई(1 + 2 + 3 + 4)	9608	29288	32638	36170	40370	45642
6. चालू बाजार मूल्यों पर सकल घरेलू उत्पाद के प्रतिशत के रूप में केन्द्र सरकार का कुल व्यय**	17·40	16·04	15·40	15·50	16·0	16·74
7. सामाजिक सेवाएँ, ग्रामीण विकास, बीएमएस तथा पीएमजीवाई कुल व्यय के प्रतिशत के रूप में**	7·8	10·5	11·0	11·1	11·1	11·1
8. सामाजिक सेवाएँ, ग्रामीण विकास, बीएमएस तथा पीएमजीवाई बाजार मूल्यों पर सकल घरेलू उत्पाद के प्रतिशत के रूप में $	1·4	1·7	1·7	1·7	1·8	1·9

स्रोत : आर्थिक समीक्षा 2002-2003, पृष्ठ, 207.

टिप्पणी : वर्ष 1992-93, 1998-99 से 2000-01 तक के आँकड़े वास्तविक हैं।

* : यह कार्यक्रम 1996-97 से प्रारम्भ हुआ।

@ : बुनियादी ग्रामीण जरूरतों के लिए एक नई पहल के रूप में 2000-01 (ब० अ०) में प्रारम्भ किया गया।

** : केन्द्र सरकार के कुल व्यय में, लघु बचत संग्रहणों में राज्यों/संघ राज्य क्षेत्रों के हिस्से का अंतरण शामिल नहीं है।

$: स० घ० उ० के अनुपात चालू बाजार मूल्यों के (आधार : 1993-94) अनुसार है जिन्हें केन्द्रीय सांख्यिकी संगठन (सीएसओ) ने जारी किया है। वर्ष 2002-03 के लिए सकल घरेलू उत्पाद केन्द्रीय सांख्यिकी संगठन के अग्रिम अनुमानों पर आधारित है।

^ : संशोधित अनुमान सम्बन्धी आँकड़े।

तालिका–4 : सामाजिक क्षेत्रों तथा ग्रामीण विकास सम्बन्धी मुख्य योजनाओं के लिए केन्द्रीय आयोजना परिव्यय

(करोड़ रुपये)

	मन्त्रालय/विभाग	1990-00	2000-01		2001-02		2002-03
		ब० अ०	सं० अ०	ब० अ०	सं० अ०	ब० अ०	सं० अ०	ब० अ०
1.	शिक्षा, जिसमें से	4700·0	4385·0	5449·0	4950·0	5920·0	5570·0	7025·0
	क प्रारम्भिक शिक्षा	3035·0	2852·0	3609·0	3150·0	3800·0	3574·8	4302·3
	ख प्रौढ़ शिक्षा	110·0	79·0	120·0	100·0	200·0	175·3	209·7
2.	स्वास्थ्य, जिसमें आईएसएम एण्ड एच शामिल हैं	1195·0	1062·0	1378·0	1250·0	1553·0	1418·0	1643·5
3.	परिवार कल्याण	2920·0	3120·0	3520·0	3200·0	4210·0	3700·0	4930·0
4.	महिला तथा बाल विकास जिसमें से	1320·0	1250·0	1460·0	1350·0	1650·0	1650·0	2200·0
	एकीकृत बाल विकास सेवाएँ	856·0	856·0	935·0	935·0	1198·0	1217·6	1442·2
5.	कल्याण (सामाजिक न्याय तथा अधिकारिता)	1207·0	1159·0	1350·0	1173·0	1333·0	1239·7	1410·0
6.	ग्रामीण विकास तथा ग्रामीण रोजगार और निर्धनता उन्मूलन # जिसमें से	9751·0	9351·0	9760·0	9270·0	9765·0 @	11067·0 @	11170·0 @

मन्त्रालय/विभाग		1990-00		2000-01		2001-02		2002-03
		ब० अ०	सं० अ०	ब० अ०	सं० अ०	ब० अ०	सं० अ०	ब० अ०
	क जवाहर ग्राम समृद्धि योजना (एसजी आरवाई-II)*	2095·0	1689·0	1650·0	1494·0	1650·0	1875·0	2220·0
	ख रोजगार आश्वासन योजना एसजी आरवाई-I)*	1700·0	2040·0	1300·0	1600·0	1600·0	1875·0	2220·0
	ग राष्ट्रीय सामाजिक सहायता कार्यक्रम	725·0	710·0	715·0	715·0	835·0	635·0	_Σ
	घ आईआरडीपी (स्वर्ण जयन्ती ग्राम) स्वरोजगार योजना (एसजीएसवाई)**	1251·0	950·0	1000·0	470·0	500·0	550·0	710·0
	ङ ग्रामीण जल आपूर्ति तथा सफाई	2020·0	1899·0	2100·0	2100·0	2160·0	2110·0	2400·0
	च ग्रामीण आवास (इन्दिरा आवास योजना सहित)^	1710·0	1659·0	1710·0	1656·0	1527·0	1991·0	1725·0
7.	अन्य कार्यक्रम, जैसे—							
	क प्रधानमन्त्री रोजगार योजना (पीएमआरवाई)	173·0	190·0	201·0	201·0	193·5	193·5	152·1
	ख स्वर्ण जयन्ती शहरी रोजगार योजना (एसजेएसआरवाई) @ @	181·0	126·0	168·0	95·0	168·0	45·5	105·0
	क सामाजिक क्षेत्रों की मुख्य योजनाओं पर कुल केन्द्रीय आयोजना परिव्यय (1 से 7)	21447·0	20643·0	23286·0	21489·0	24793·0	24883·7	28635·6
	ख कुल आयोजना व्यय	77000·0	79395·0	88100·0	86238·0	100100·0	99154·1	113500·0

मन्त्रालय/विभाग	1990-00		2000-01		2001-02		2002-03
	ब० अ०	सं० अ०	ब० अ०	सं० अ०	ब० अ०	सं० अ०	ब० अ०
ग (ख) के प्रतिशत के रूप में (क)	27·9	26·0	26·4	25·0	25·0	25·1	25·2
घ चालू बाजार मूल्यों पर सकल घरेलू उत्पाद (करोड़ रुपये)	1936925	1936925	2104298	2104298	2296049	2296049	2451038
ङ चालू बाजार मूल्यों पर स० घ० उ० के प्रतिशत के रूप में क $	1·1	1·1	1·1	1·0	1·1	1·1	1·2

स्रोत : आर्थिक समीक्षा 2002–2003, पृष्ठ 209.

1999-2000 से, इसमें तीन विभागों अर्थात् ग्रामीण विकास, भूमि संसाधन तथा पेयजल आपूर्ति के आवंटन शामिल हैं।

* जेजीएसवाई और ईएएस को बन्द करके सितम्बर, 2001 से एक नई स्कीम सम्पूर्ण ग्रामीण रोजगार योजना एसजीआरवाई-I और एसजीआरवाई-II आरम्भ की गई है।

** अप्रैल, 1999 से आईआरडीपी का नाम स्वर्ण जयन्ती ग्राम स्वरोजगार योजना रख दिया गया है तथा इससे सम्बन्धित कार्यक्रम जैसे टीआरवाईएसईएम, डीडब्ल्यूसीआरए, एसआईटीआरए, जीकेवाई तथा एमडब्ल्यूएस का इस योजना में विलय कर दिया गया है।

^ इन्दिरा आवास योजना जो पहले जेआरवाई की उपयोजना थी, 1-1-1996 से एक अलग योजना बन गई है।

@ @ यह शहरी बुनियादी सेवाओं, एनआरवाई तथा प्रधानमन्त्री एकीकृत शहरी निर्धनता उन्मूलन कार्यक्रम जैसी पूर्ववर्ती योजनाओं का युक्तिसंगत रूपान्तर है।

$ 2002-03 के लिए सकल घरेलू उत्पाद के अनुपात चालू बाजार मूल्य पर है जिन्हें केन्द्रीय सांख्यिकी संगठन द्वारा जारी किया गया है और ये सीएसओ के अग्रिम अनुमानों पर आधारित है।

@ इसमें पीएमजीएसवाई शामिल नहीं है।

Σ 2002-03 से यह योजना राज्यों को अन्तरित कर दी गई है।

ग्रामीण अवसंरचना (Rural Infrastructure) के विकास हेतु दिसम्बर 2000 में प्रारम्भ की गई प्रधानमन्त्री ग्रामीण सड़क योजना एक ऐसा कार्यक्रम है जिसके अन्तर्गत दसवीं योजना अवधि के अन्त तक 60,000 करोड़ रुपये की अनुमानित लागत से ग्रामीण क्षेत्रों में 500 व्यक्तियों या उससे अधिक की आबादी वाले 1·6 लाख ऐसे इलाकों को सड़कों के माध्यम से जोड़ा जाएगा जहाँ पर अभी तक सड़कें नहीं पहुँची हैं। यह कार्यक्रम सभी राज्यों और छह संघ राज्य क्षेत्रों में चलाया जा रहा है। हालांकि इस कार्यक्रम का केन्द्र बिन्दु एक निर्धारित जनसंख्या वाले उन क्षेत्रों को सड़कों के माध्यम से जोड़ना है जो अभी तक जुड़े नहीं हैं, लेकिन

साथ ही जनसंख्या के आकार पर ध्यान दिए बिना प्रधानमन्त्री ग्रामीण सड़क योजना के अन्तर्गत सभी पंचायत मुख्यालयों और पर्यटकों की रुचि वाले सभी स्थानों को (जिन्हें इस प्रकार से अधिसूचित किया गया है) सड़कों के माध्यम से जोड़ा जा रहा है। इस योजना के आरम्भ होने के 24 महीनों के अन्दर 7,533·3 करोड़ रुपये के परियोजना प्रस्तावों को स्वीकृत किया गया है। कार्यक्रम के अन्तर्गत लगभग 56,200 किमी लम्बी ग्रामीण सड़कों का निर्माण किया जा चुका है जिससे लगभग 37,225 रिहायशी क्षेत्रों को लाभ प्राप्त हुआ है। दिसम्बर 2002 तक 14,572 सड़कों का निर्माण कार्य पूरा हो चुका है और इस पर 3321·6 करोड़ रुपये से भी अधिक का खर्चा हो चुका है। राष्ट्रीय ग्रामीण सड़क विकास अभिकरण, जो समिति पंजीकरण अधिनियम के अन्तर्गत पंजीकृत है, योजना के लिए कार्यप्रचलन और प्रबन्धन सहायता मुहैया कराने के लिए गठित किया गया है।

प्रधानमन्त्री ग्रामीण सड़क योजना के लिए निधिकरण का वर्तमान स्रोत डीजल का उपकर है जिसका 50 प्रतिशत प्रधानमन्त्री ग्रामीण सड़क योजना को आवंटित किया गया है। कार्यक्रम के लिए अतिरिक्त संसाधन जुटाने के प्रयास हो रहे हैं। विश्व बैंक और एशियाई बैंक सिद्धान्त रूप से इस कार्यक्रम को पोषित करने पर सहमत हो गए हैं और इस सम्बन्ध में अध्ययन किए जा रहे हैं। ऐसी आशा की जाती है कि आगामी वित्तीय वर्ष से इन दोनों अभिकरणों से सहायता मिलनी आरम्भ हो जाएगी।

ग्रामीण विद्युतीकरण ग्रामीण विकास का एक महत्त्वपूर्ण संघटक है। गाँवों के विद्युतीकरण के लिए सघन कार्यक्रम चलाए गए हैं, विशेष रूप से पिछले तीन दशकों के दौरान 5·1 लाख गाँवों (87 प्रतिशत) को कवर किया गया है, लेकिन अभी भी 77,142 गाँवों का विद्युतीकरण करना शेष है। 10 राज्यों ने ग्रामीण विद्युतीकरण का 100 प्रतिशत लक्ष्य प्राप्त कर लिया है। यह सुनिश्चित करने के लिए कि बाकी बचे गाँवों का शीघ्रता से विद्युतीकरण हो, मार्च 2002 में आयोजित किए गए मुख्यमन्त्रियों के एक सम्मेलन में यह प्रस्ताव पारित किया गया कि 2007 तक ग्रामीण विद्युतीकरण का कार्य पूरा कर लिया जाए और 2012 तक सभी घरों को विद्युतीकरण के तहत लाया जाए। इन उद्देश्यों को प्राप्त करने की दृष्टि से वर्ष 2001-02 से प्रधानमन्त्री ग्रामोदाय योजना के अन्तर्गत अब ग्रामीण विद्युतीकरण को बुनियादी न्यूनतम सेवा माना जाएगा। वर्ष 2001-02 के लिए 421 करोड़ रुपये का आवंटन किया गया था और उसमें से राज्यों को 412 करोड़ रुपये दिए जा चुके थे। वर्ष 2002-03 के दौरान ग्रामीण विद्युतीकरण के लिए 360 करोड़ रुपये की राशि का आवंटन किया गया है। प्रधानमन्त्री ग्रामोदय योजना के अन्तर्गत ग्रामीण विद्युतीकरण के लिए निधियों की उपलब्धता के अतिरिक्त, न्यूनतम आवश्यकता कार्यक्रम के अन्तर्गत ग्रामीण विद्युतीकरण के लिए राज्यों को केन्द्रीय आयोजनागत सहायता भी उपलब्ध कराई गई है। 2002-03 के दौरान न्यूनतम आवश्यकता कार्यक्रम के अन्तर्गत 600 करोड़ रुपये का आवंटन किया गया था जिसे दो बराबर किस्तों में राज्यों को जारी कर दिया गया।

एक महत्त्वपूर्ण ग्रामीण आवास योजना, इन्दिरा आवास योजना, 1985 ई० से प्रचलन में है। इस स्कीम का उद्देश्य अनुसूचित जातियों, अनुसूचित जनजातियों, मुक्त हुए बँधुआ मजदूरों के साथ-साथ ग्रामीण क्षेत्रों में गरीबी रेखा से नीचे रहने वाले गैर-अनुसूचित जाति/अनुसूचित जनजाति के लोगों को और गरीब परिवारों को मुफ्त रिहायशी आवास मुहैया कराना है। इस स्कीम का वित्त पोषण केन्द्र और राज्य सरकारों के बीच 75 : 25 के अनुपात में लागत की हिस्सेदारी के आधार पर किया गया है। इन्दिरा आवास योजना के अन्तर्गत निर्माण लागत पर सहायता की सीमा मैदानी इलाकों के लिए प्रति यूनिट 20,000 रुपये और पहाड़ी/दुर्गम क्षेत्रों के लिए यह 22,000 रुपये प्रति यूनिट है। अप्रैल-जनवरी 2003 के दौरान लगभग 8·6 लाख यूनिटों को सहायता प्रदान की जा चुकी है। ग्रामीण आवास के लिए एक दूसरी योजना, ऋण-एवं-आर्थिक सहायता स्कीम है जिसका उद्देश्य ऐसे ग्रामीण परिवारों को आवास उपलब्ध कराना है जिनकी वार्षिक आय 32,000 रुपये तक है और इस पर आर्थिक सहायता की राशि 10,000 रुपये तक सीमित है।

निष्कर्ष रूप में कहा जा सकता है कि सरकार नियोजित परिवर्तन द्वारा ग्रामीण विकास हेतु अपनी वचनबद्धता को पूरा करने की दिशा में अनेक कदम उठा रही है। शिक्षा, स्वास्थ्य, परिवार कल्याण, पोषाहार, सफाई, ग्रामीण विकास, आवास, समाज-कल्याण आदि पर केन्द्र सरकार का व्यय (आयोजना तथा आयोजना-भिन्न) जोकि 1992-93 ई० में 9,608 करोड़ रुपये था, 2001-02 ई० में बढ़कर 40,370 करोड़ हो गया है। 2002-03 ई० में इन क्षेत्रों के लिए 45,642 करोड़ रुपये की राशि प्रदान की गई है जो पिछले वर्ष के प्रावधान से 13 प्रतिशत अधिक है। सामाजिक क्षेत्र की मुख्य योजनाओं पर केन्द्र का योजनागत व्यय पिछले एक दशक में चालू बाजार मूल्यों पर, सकल घरेलू उत्पाद के 1·1 से 1·2 प्रतिशत के बीच रहा है। लेकिन शिक्षा, स्वास्थ्य, परिवार कल्याण, महिला और बाल विकास आदि पर केन्द्रीय योजना परिव्यय में भारी वृद्धि हुई है। पिछले वर्ष के संशोधित अनुमानों की तुलना में 2002-03 ई० के केन्द्रीय योजना परिव्यय के अन्तर्गत शिक्षा क्षेत्र के लिए 26·1 प्रतिशत, प्रारम्भिक शिक्षा के लिए 20·4 प्रतिशत, प्रौढ़ शिक्षा कार्यक्रम के लिए 19·7 प्रतिशत, स्वास्थ्य क्षेत्र कार्यक्रमों के लिए 16·0 प्रतिशत, परिवार कल्याण के लिए 33·2 प्रतिशत तथा महिला और बाल विकास के लिए 33·3 प्रतिशत की वृद्धि हुई है।

सामाजिक क्षेत्र के महत्त्वपूर्ण घटक; जैसे—स्वास्थ्य, ग्रामीण सफाई आदि—राज्य सूची के विषय हैं जो राज्य सरकारों के क्षेत्राधिकार में आते हैं तथा जिन पर राज्य स्तर पर सामूहिक कार्यवाही की जानी होती है। केन्द्र सरकार विशिष्ट कार्यक्रमों के लिए अतिरिक्त धनराशि जारी करके राज्यों के प्रयासों में योगदान देती रही है। पिछले कुछ वर्षों से राज्य योजनाओं को दी जाने वाली केन्द्रीय सहायता में काफी वृद्धि हुई है। वर्तमान प्रणाली के अनुसार केन्द्रीय मन्त्रालय केन्द्र द्वारा प्रायोजित स्कीमों के लिए परियोजना कार्यान्वयन एजेंसियों को सीधे ही धन उपलब्ध करा देते हैं।

सरकार द्वारा किए जाने वाले आर्थिक सुधारों का एक मानवीय पक्ष भी है। मानवीय संसाधनों के विकास तथा मानव कल्याण की बढ़ोतरी के लिए प्रतिबद्धता के अनुसरण में सरकार द्वारा सामाजिक सेवा क्षेत्र के लिए अतिरिक्त संसाधन प्रदान किए जा रहे हैं। निर्धनता, भुखमरी, मृत्यु-दर तथा निरक्षरता को कम करने के लिए दसवीं पंचवर्षीय योजना में उचित लक्ष्य निर्धारित किए गए हैं। इसके लिए श्रम और रोजगार के अवसरों में काफी वृद्धि की गई है।

उपर्युक्त विवेचन से यह स्पष्ट हो जाता है कि भारत में नियोजित सामाजिक परिवर्तन द्वारा ग्रामीण अवसंरचना के विकास की ओर विशेष ध्यान दिया गया है। यद्यपि अभी हम ग्रामवासियों को वांछित सुविधाएँ उपलब्ध नहीं करा पाए हैं तथापि नियोजन की उपलब्धियों को अनदेखा नहीं किया जा सकता।

भारत में नियोजित परिवर्तन का मूल्यांकन

पंचवर्षीय योजनाएँ आर्थिक योजनाएँ मात्र ही नहीं हैं। ये विभिन्न समूहों के बचत, आय व विकास के अवसरों का वितरण भी हैं। इनके प्रभाव सामाजिक सम्बन्धों की व्यवस्था पर होना स्वाभाविक ही है। यदि इन लगभग 43–44 वर्षों के योजनाबद्ध प्रयास का मूल्यांकन करें तो कोई आशावादी चित्र उपस्थित नहीं होता। '1970 की विश्व बैंक की रिपोर्ट' में लिखा है, "भारतीय अर्थव्यवस्था में जोकि जीवन निर्वाह के सीमान्त पर ही क्रियाशील होती है, पैदावार सारा ही अन्तर पैदा कर देती है।" हम आज भी अपनी वार्षिक फसल पर आश्रित हैं, फसल अच्छी हो गई तो सब कुछ ठीक अन्यथा सारी अर्थव्यवस्था ही डावाँडोल हो जाती है। 1972–73 में भारत की निम्न श्रेणी की 30 प्रतिशत जनसंख्या का प्रति व्यक्ति उपभोग 25 रु० प्रतिमाह आता रहा है अर्थात् लगभग 83 पैसे प्रतिदिन था। यह वास्तव में जीवन निर्वाह से भी नीचे स्तर है। नियोजन की असफलता तो उपर्युक्त तथ्यों से ही प्रकट हो जाती है।

वास्तव में, भारत में नियोजन के निम्नवर्णित दोष हैं—

(1) यह एक स्पष्ट वैचारिकी के अभाव से पीड़ित है। शुरू में हम 'मिश्रित अर्थव्यवस्था' से आगे चले, दूसरी योजना में हिचकते हुए 'समाजवादी प्रतिमान' को आदर्श के रूप में स्वीकार किया, अब खुलकर 'समाजवाद' को वैचारिकी के रूप में घोषित कर पाए हैं। यह भी 'नकारात्मक समाजवाद' है।हम कुछ क्षेत्रों में राष्ट्रीयकरण करके या भूतपूर्व राजाओं के प्रीवीपर्स समाप्त करके इसे नहीं ला सकेंगे। इसके लिए रचनात्मक समाजवाद की आवश्यकता है। कठोर अनुशासन और बलिदान पर आधारित योजना, आवश्यकताओं की वरीयता के साथ बनानी होगी। विलसिता और शानोशौकत के उद्योगों के स्थान पर भोजन-वस्त्र के उद्योग लगाने होंगे।

(2) सारे नियोजन में हमने भौतिक विकास का लक्ष्य रखा लेकिन मानव के चरित्र सम्बन्धी रूपान्तर का लक्ष्य, जो सबसे प्रमुख है, उपेक्षित रहा। यही कारण है कि बेईमानी, रिश्वतखोरी, भाई-भतीजावाद, चोर बाजारी व मिलावट जैसी चारित्रिक कमजोरियाँ व्यापक रूप

से भारतीय जनता में आ गईं हैं। नियोजित सामाजिक परिवर्तन का प्रमुख उद्देश्य तो मनुष्य के व्यक्तित्व के निर्माण का ही है।

(3) नियोजन के आधार राष्ट्रीय स्तर पर नवीन शिक्षा प्रणाली व मध्य श्रेणी के उद्योग स्थापित किए जाने चाहिए।

सामाजिक परिवर्तन की दृष्टि से नियोजन ने निम्न क्षेत्रों को विशेषतः प्रभावित किया है—

(1) जनसंख्या-वृद्धि को परिवार नियोजन के प्रोग्राम के अन्तर्गत रोकने का प्रयास किया गया है, इसका प्रभाव परम्परागत यौन नैतिकता पर भी पड़ता है। अनेक बातें, जो पहले पूर्णतः व्यक्तिगत और गोपनीय थीं, अब सार्वजनिक चर्चा का विषय बन गई हैं; यथा गर्भपात को कानूनी रूप दिया गया है।

(2) संयुक्त परिवार व्यवस्था भी प्रभावित हुई है। बढ़ते हुए रोजगार के स्तर, यातायात के साधनों के साथ और नगरीकरण के परिणामस्वरूप इन परिवारों का रूप बदला है। केन्द्रक परिवारों का विकास हो रहा है।

(3) जाति व्यवस्था जो विकास में बाधक भी रही है, परिवर्तन का विषय हो रही है क्योंकि नियोजित प्रयासों ने सामाजिक संस्तरण का मूलभूत आधार, व्यक्ति की कुशलता व उपलब्धि को बना दिया है। जन्म के आधार पर उच्च सामाजिक स्तर की प्राप्ति का नियम शिथिल होता जा रहा है।

(4) शक्ति और सत्ता के परम्परागत प्रतिमान, जो आयु, जाति, या धर्म के आधार पर थे, बदल रहे हैं। सत्ता का प्रजातांत्रिक विकेन्द्रीकरण हुआ है। नेतृत्व उपलब्धि के आधार पर होता जा रहा है।

(5) ग्रामीण समुदाय विकास की ओर अग्रसर हुआ है। सामुदायिक विकास योजनाओं के अन्तर्गत गाँवों के सर्वांङ्गीण विकास का प्रयास हुआ है और ग्रामीण समुदाय भी अपनी 'परम्परागत पृथकता' के दायरे से निकले हैं; वे खण्ड, जिले व राज्य के स्तर पर सम्बन्धित हो गए हैं।

(6) नगर-निगम एकीकरण एवं अन्तर्क्रिया भी बढ़ी है।

(7) वि-जनजातीयकरण (Detribalisation) भी हो रहा है, अनेक जनजातियों के व्यक्ति खानों, कारखानों व शहरों की ओर आ गए हैं। वे अपनी परम्परागत प्रथाओं व विश्वासों में आस्था छोड़ते जा रहे हैं।

(8) धार्मिक व्यवस्था उतनी कट्टर नहीं रही है। लौकिकीकरण बढ़ा है। विकास के लिए आवश्यक विज्ञान व प्रौद्योगिकी के प्रसार ने धार्मिक विश्वासों को हिलाया है।

(9) औद्योगीकरण व नगरीकरण की प्रक्रिया को बल मिला है।

(10) कुछ सामाजिक समस्याएँ भी बढ़ी हैं। नियोजन ने कर्मचारीतन्त्र के महत्त्व को बढ़ा दिया है। हर कदम पर लालफीताशाही और भ्रष्टाचार पनपा है।

सारांश में, नियोजन सामाजिक परिवर्तन का महत्त्वपूर्ण स्रोत बन गया है। नियोजन भारतीय समाज में एक वास्तविकता है और इसके प्रभाव विभिन्न सामाजिक क्षेत्रों में स्पष्ट देखे जा सकते हैं।

भारत में नियोजन में प्रमुख बाधाएँ

स्वतन्त्रता प्राप्ति के पश्चात् का भारत का इतिहास नियोजित सामाजिक परिवर्तनों द्वारा देश को विकास की ओर तथा समाजवाद की ओर ले जाने वाले प्रयासों से भरपूर है। परन्तु जितनी प्रगति नियोजित सामाजिक परिवर्तन द्वारा भारतीय समाज में होनी चाहिए थी उतनी नहीं हो पाई है। इसका प्रमुख कारण भारतीय समाज में नियोजन के मार्ग में आने वाली प्रमुख बाधाएँ हैं जिनमें से कुछ प्रमुख निम्नलिखित हैं—

(1) अशिक्षा—देश को नियोजित सामाजिक परिवर्तन द्वारा आगे बढ़ाने के लिए जनता का सक्रिय सहयोग अनिवार्य है। परन्तु हमारे देश में अधिकांश जनसंख्या अशिक्षित है। 1991 की जनगणना के अनुसार भारत में साक्षरता का स्तर केवल 52.11 प्रतिशत है जिसके कारण अधिकांश देशवासी नियोजन का अर्थ ही नहीं समझते तथा विकास को केवल सरकार का उत्तरदायित्व मानते हैं और इसलिए अपना सक्रिय सहयोग नहीं देते।

(2) गुटबन्दी—नियोजित सामाजिक परिवर्तन के मार्ग में आने वाली दूसरी प्रमुख बाधा भारतीय समाज में पाई जाने वाली गुटबन्दी है। भारतीय राजनीति गुटबन्दी पर आधारित है। अतः, यदि शासकदल कोई योजनाबद्ध कार्य शुरू करता है तो विरोधी दल वाले उसे समर्थन नहीं देते। इससे योजनाबद्ध कार्यक्रमों को समय पर पूरा करने में कठिनाई होती है।

(3) रूढ़िवादिता एवं अन्धविश्वास—नियोजित सामाजिक परिवर्तन एक वैज्ञानिक दृष्टि है जोकि लक्ष्य एवं साधनों की तार्किक गणना से सम्बन्धित है। भारत परम्परागत रूप से परम्परावादी एवं रूढ़िवादी देश रहा है। आज भी अधिकांश भारतीय जनता इन परम्परागत विश्वासों के कारण ही कुरीतियों को समाप्त करने में सरकार का सहयोग नहीं देती है। उदाहरण के लिए, दहेज प्रथा कनूनी रूप से समाप्त कर दी गई है परन्तु जनता का सहयोग न मिलने के कारण, अल्प मात्रा में ही सही यह कुरीति आज भी हमारे देश में प्रचलित है।

(4) व्यावहारिकता का अभाव—हमारे देश में अनेक योजनाएँ राजनीति से प्रेरित होती हैं और उनका उद्देश्य किसी विशेष राज्य या क्षेत्र के मतदाताओं को प्रभावित करना हो सकता है। अतः चुनाव के समय घोषित अनेक योजनाओं के व्यावहारिक पक्ष पर विस्तृत रूप से विचार-विमर्श तक नहीं किया जाता। चुनाव के बाद अनेक ऐसी योजनाएँ अव्यावहारिक होने के कारण प्रायः समाप्त हो जाती हैं।

(5) साधनों की कमी—भारतवर्ष में नियोजित सामाजिक परिवर्तन के मार्ग के एक अन्य बाधा साधनों की कमी है। योजनाओं में लक्ष्य निर्धारित करते समय भी कई बार उपलब्ध साधनों की मात्रा को ध्यान में नहीं रखा जाता। इसका परिणाम यह होता है कि साधनों के अभाव में अनेक कार्यक्रम अधूरे रह जाते हैं।

(6) ग्रामीण विशिष्टजन वर्ग की उदासीनता—भारत में नियोजित सामाजिक परिवर्तन में एक अन्य बाधा प्रभावशाली व्यक्तियों द्वारा विकास योजनाओं में असहयोग है। एस० सी० दुबे ने सामुदायिक विकास योजनाओं की असफलता का कारण ग्रामों में रहने वाले प्रभावशाली वर्ग (विशिष्टजन वर्ग) द्वारा इन योजनाओं को सफल बनाने में सहयोग न देना बताया है। वे ग्रामवासियों को कई बार इनका विरोध करने तक को प्रेरित करते हैं।

(7) सामान्य जनता की उदासीनता—भारत में नियोजित सामाजिक परिवर्तन की धीमी गति का एक कारण सामान्य जनता की विकास कार्यक्रमों के प्रति उदासीनता, सरकार के प्रति उदासीनता तथा राष्ट्र के प्रति उदासीनता है। वास्तव में, आज सभी अपने व्यक्तिगत हितों में इतने उलझे हुए हैं कि सम्पूर्ण राष्ट्र के बारे में कोई सोचता ही नहीं और अगर समय आता है तो अपना सक्रिय सहयोग नहीं देते।

(8) राजनीतिज्ञों एवं बुद्धिजीवियों में असहयोग—भारत में नियोजित सामाजिक परिवर्तन में एक अन्य बाधा राजनीतिक नेताओं (जोकि विकास योजनाओं का निर्माण करते हैं तथा इन्हें कार्यान्वित करते हैं) तथा बुद्धिजीवियों से प्रत्यक्ष सम्पर्क का अभाव है। उदाहरण के लिए, भारतवर्ष में विभिन्न विकास योजनाओं के बारे में बुद्धिजीवियों की राय की उपेक्षा की जाती है। सामाजिक वैज्ञानिकों से इन योजनाओं के बारे में सलाह नहीं ली जाती, अतः इनमें अनेक कमियाँ रह जाती हैं।

सन्दर्भ-सूची

1. Cambridge Conference, Quoted in B. Mukherji, **Community Development in India**, p. 1.
2. U. N. Quoted in B. Mukherji, Op. Cit., p.2.
3. Quoted from A. R. Desai, **Rural India in Transition**, p. 64.
4. **Balwantijai Committee Report**, Quoted in A. R. Desai, Op. Cit., p. 65.
5. Sumner and Keller, **The Science of Society**, 1927.
6. L. F. Ward, **Dynamic Sociology and Applied Sociology**, 1986.
7. T. B. Bottomore, **Sociology : A Guide to Problems and Literature**, p. 325.
8. Paul Meadows, "Foreword" to C. L. Hunt, **Social Aspects of Economic Development**, 1966.
9. Karl Mannheim, **Man and Society in Age of Reconstruction**, p. 209.
10. H. W. Odum, Quoted by Koenig, **Sociology**, p. 329.
11. G. Mydral, **Beyond the Welfare State**, p. 15.
12. Anderson and Parker, **Society**, p. 402.
13. Harold A. Phelps, **Contemporary Social Problems**, p. 146.
14. C. C. North, **Social Problems and Social Planning**, p. 57.
15. G. R. Madan, **Social Change and Problems of Development in India**, p. 114.
16. E. K. Wilson, **Sociology**, pp. 652–660.

22

वैश्वीकरण एवं ग्रामीण कृषि

अर्थव्यवस्था समाज की एक प्रमुख उपव्यवस्था है। यह अन्य उपव्यवस्थाओं; जैसे राजनीतिक उपव्यवस्था, धार्मिक उपव्यवस्था, शैक्षणिक उपव्यवस्था, नातेदारी उपव्यवस्था इत्यादि से घनिष्ठ रूप से जुड़ी होती है। सभी उपव्यवस्थाएँ समग्र रूप में किसी भी देश की सामाजिक व्यवस्था का निर्माण करती हैं। अर्थव्यवस्था का सम्बन्ध मुख्य रूप से आर्थिक संस्थाओं से है। आर्थिक संस्थाएँ एवं आर्थिक पद्धतियों का प्रत्येक समाज में महत्त्वपूर्ण स्थान होता है। किंग्स्ले डेविस के अनुसार, "समाज चाहे सभ्य हो या असभ्य, सीमित वस्तुओं के वितरण को नियन्त्रित करने वाले आधारभूत विचारों, आदर्श नियमों तथा पदों को ही आर्थिक संस्था की संज्ञा दी जाएगी।"[1] इसी प्रकार, जोन्स ने लिखा है कि, "आर्थिक संस्थाएँ विभिन्न प्रविधियों, विचारों तथा प्रथाओं की उस समग्रता को कहते हैं जो जीवन की आवश्यकताओं की सन्तुष्टि के लिए भौतिक पर्यावरण के अधिकतम उपयोग से सम्बन्धित हैं।"[2] इन्हीं संस्थाओं की व्यवस्था अर्थात् आवश्यकताओं की पूर्ति हेतु विकसित संरचनात्मक- प्रकार्यात्मक व्यवस्था को ही अर्थव्यवस्था या आर्थिक पद्धति कहा जाता है। कार्ल मार्क्स ने तो आर्थिक पद्धति को समाज की नींव बताया है जिस पर समाज की अन्य उप-व्यवस्थाएँ (जैसे धर्म, दर्शन, कानून, नैतिकता एवं राज-व्यवस्था आदि) टिकी हैं।

प्रत्येक देश की अपनी एक अर्थव्यवस्था होती है। पिछले कुछ दशकों में सभी देशों का यह प्रयास रहा है कि पूरे विश्व को ही 'एक अर्थव्यवस्था' एवं 'एक विश्व' का रूप दिया जाए। विभिन्न देशों द्वारा वैश्वीकरण एवं उदारीकरण की प्रक्रियाएँ इन्हीं लक्ष्यों को प्राप्त करने के लिए प्रारम्भ की गई है। ये दोनों जुड़वाँ प्रक्रियाएँ मानी जाती हैं तथा इन प्रक्रियाओं का प्रत्येक देश की अर्थव्यवस्था एवं सामाजिक व्यवस्था पर दूरगामी प्रभाव पड़ता है।

वैश्वीकरण का अर्थ

एक प्रक्रिया के रूप में वैश्वीकरण (जिसे 'भूमण्डलीकरण' या 'विश्वव्यापीकरण' भी कहा जाता है) को राष्ट्रीय अर्थव्यवस्था के विश्व अर्थव्यवस्था से अन्तर्ग्रन्थन के रूप में परिभाषित किया जा सकता है। द्विपक्षीय या बहुपक्षीय व्यापार व वित्तीय समझौते से भिन्न यह वह प्रक्रिया है जिसमें राष्ट्रीय अर्थव्यवस्था के द्वारा विश्व स्तर पर उपलब्ध आर्थिक अवसरों से लाभान्वित होने का विचार अन्तर्निहित है। द्विपक्षीय या बहुपक्षीय समझौतों या अन्तर्राष्ट्रीय व्यापार का विचार इसलिए एक सीमित अवधारणा है क्योंकि इसके अन्तर्गत दो या दो से अधिक राष्ट्र किसी निश्चित अवधि या उद्देश्य के लिए परस्पर सहयोग करते हैं। वैश्वीकरण एक व्यापक अवधारणा है जिसका मौलिक मन्तव्य यह है कि प्रत्येक राष्ट्र को विश्व स्तर पर उपलब्ध अवसर, संसाधन, ज्ञान और तकनीकी सुगम रूप से उपलब्ध होने चाहिए। इसमें एक अन्य आधारभूत मान्यता यह भी है कि विश्व स्तर पर उपलब्ध सुविधाओं तक प्रत्येक राष्ट्र की पहुँच तभी सम्भव है जबकि विभिन्न राष्ट्रों के मध्य पूँजी, तकनीकी, मानव संसाधनों, कच्चे माल तथा निर्मित वस्तुओं का आवागमन निर्बाध रूप से हो। अन्य शब्दों में यह कहा जा सकता है कि विश्व स्तर पर बाजार शक्तियों की क्रियाशीलता में कोई अवरोध नहीं होना चाहिए। इस विचारधारा के समर्थक यह स्वीकार करते हैं कि वैश्वीकरण विकसित तथा विकासशील दोनों देशों के हित में है। विकसित राष्ट्रों में श्रमिकों की ऊँची पारितोषिक दरों को देखते हुए इन राष्ट्रों के उद्यमी अपनी पूँजी को विकासशील राष्ट्र में लगाना चाहते हैं ताकि उन्हें अधिक लाभ हो सके। विकासशील राष्ट्र पूँजी की कमी और तकनीकी पिछड़ेपन को अपने विकास में प्रमुख अवरोधक मानते हैं। वे यह स्वीकार करते हैं कि वैश्वीकरण की प्रक्रिया के द्वारा विकसित राष्ट्रों में उपलब्ध पूँजी और तकनीकी का प्रभाव सुगमता से इन राष्ट्रों की ओर हो सकता है। साथ ही विकसित राष्ट्रों में बाजार **सन्तृप्ति** (Saturation) अवस्था में है तथा विकासशील राष्ट्रों के निरन्तर व्यापक होते बाजारों के माध्यम से वे इस समस्या का समाधान सम्भव मानते हैं।

विश्व स्तर पर प्रायः यह देखने में आया है कि संरक्षणवाद अन्तर्राष्ट्रीय स्तर पर व्यापारिक प्रतिस्पर्धाओं को राजनीतिक व सैनिक तनावों और युद्धों में बदल देता है। इसीलिए द्वितीय विश्वयुद्ध के पश्चात् विश्व समुदाय ने इस स्थिति से बचने के लिए '**अन्तर्राष्ट्रीय मुद्रा कोष**', '**विश्व बैंक**' तथा '**प्रशुल्क एवं व्यापार पर सामान्य समझौता**' जैसी संस्थाएँ सृजित की हैं जिनका उद्देश्य अन्तर्राष्ट्रीय स्तर पर स्वतन्त्र प्रतियोगी वातावरण तैयार करना है। इन संस्थाओं ने पूँजी, तकनीकी व वस्तुओं के स्वतन्त्र प्रवाह के लिए जितने भी उपाय किए उनमें सबसे अधिक महत्त्वपूर्ण 15 अप्रैल, 1994 ई० को मोरक्को के मराकश नगर में गैट के आठवें राउण्ड पर हुई सन्धि है जिसके द्वारा '**विश्व व्यापार संगठन**' की स्थापना की गई है।

वैश्वीकरण में अन्तर्निहित तत्त्व

वैश्वीकरण की प्रक्रिया में मुख्य रूप से निम्नलिखित तत्त्व निहित हैं—

(1) आन्तरिक व अन्तर्राष्ट्रीय बाजार में सरकार का हस्तक्षेप अवांछनीय है। दोनों बाजारों में सरकारों का प्रत्यक्ष उत्पाद, वितरण में हस्तक्षेप नहीं होना चाहिए। अनुदानों और करों

के द्वारा उद्यमों और उद्योगों को राष्ट्रीय व अन्तर्राष्ट्रीय बाजार में संरक्षित करना अदक्षता को बढ़ावा देता है जोकि अन्ततः उपभोक्ताओं के हितों के प्रतिकूल है।

(2) अन्तर्राष्ट्रीय बाजार में मुद्रा की विनिमय दरें, बाजार के द्वारा निर्धारित होनी चाहिए। ऐसा होने पर ही पूँजी आधिक्य-क्षेत्रों से अल्पता-क्षेत्रों की ओर प्रवाहित होगी।

(3) अन्तर्राष्ट्रीय बाजार में सीमा शुल्क, कोटा व अन्य प्रतिबन्धों के द्वारा अदक्षता को प्रोत्साहन मिलता है। अन्तर्राष्ट्रीय विशिष्टीकरण में इन बाधक तत्त्वों को शनैः शनैः समाप्त किया जाना चाहिए।

(4) विश्व स्तर पर बौद्धिक सम्पदा संरक्षण के लिए समान कानून होने चाहिए। इसीलिए प्रत्येक राष्ट्र को अन्य राष्ट्रों में हुए तकनीकी ज्ञान के संवर्द्धन को समान महत्त्व व संरक्षण देना चाहिए।

(5) विश्व स्तर पर पूँजी का आवागमन निर्बाध होना चाहिए। प्रत्येक राष्ट्र को दूसरे राष्ट्र के नागरिकों द्वारा अपनी अर्थव्यवस्था में निवेश करने व अर्जित लाभ को ले जाने की स्वतन्त्रता प्रदान की जानी चाहिए।

(6) विश्व स्तर पर तकनीकी के निर्बाध आवागमन की भाँति मानव संसाधनों का भी आवागमन स्वतन्त्र होना चाहिए।

यह तथ्य उल्लेखनीय है कि वैश्वीकरण की प्रक्रिया में विकासशील राष्ट्र हिचकिचाते हुए सम्मिलित हुए हैं। उनका विचार है कि पूर्णतया स्वतन्त्र बाजार-आधारित विश्व अर्थव्यवस्था में वे अपने तकनीकी पिछड़ेपन, मानवीय संसाधनों के निम्न स्तर व पूँजी की कमी के कारण यथोचित रूप से समायोजित नहीं हो पा रहे हैं। उनका यह भी विचार है कि वस्तुओं, पूँजी तथा तकनीकी के विनिमय को निर्बाधित करने में विकसित देश अत्यधिक सक्रियता दिखाते हैं क्योंकि इन क्षेत्रों में उनका वर्चस्व है। आव्रजन कानूनों को अत्यधिक कठोर बनाकर विकसित राष्ट्र विकासशील राष्ट्रों की श्रमशक्ति को अपने यहाँ नहीं आने देना चाहते। इसके अतिरिक्त बाल श्रमिक, पर्यावरण संरक्षण आदि मुद्दों को विश्व स्तर से सम्बद्ध करने के विकसित राष्ट्रों के प्रयास भी विकासशील राष्ट्रों के व्यापार को हतोत्साहित करने के उपाय हैं। विकासशील राष्ट्रों को यह भी आशंका है कि विकसित राष्ट्र पिछड़ी अर्थव्यवस्थाओं में निवेश कर तथा निरन्तर विस्तृत होते जा रहे बाजारों का उपभोग कर भारी मात्रा में लाभ अर्जित करते हैं। वे इस लाभ को विकासशील राष्ट्रों में निवेश नहीं करते बल्कि अपने देशों में ले जाते हैं। यह स्थिति एक प्रकार से औपनिवेशिक विदोहन की भाँति ही है। इसी प्रकार विकसित राष्ट्रों की बड़ी-बड़ी बहुराष्ट्रीय व्यापारिक कम्पनियाँ विकासशील राष्ट्रों में उपलब्ध अवसरों का लाभ उठाने को तत्पर रहती हैं परन्तु इन राष्ट्रों की चिरकालिक बेरोजगारी की समस्या व तकनीकी पिछड़ेपन का कोई उपचार प्रस्तुत नहीं करतीं। अनेक विद्वान् यह भी मानते हैं कि पश्चिमी जीवन शैली का अन्धानुकरण वैश्वीकरण का ही एक परिणाम है जोकि विकासशील राष्ट्रों में विकास लक्ष्यों की प्राप्ति में बहुत बड़ी बाधा उत्पन्न करता है।

उदारीकरण का अर्थ

उदारीकरण का अभिप्राय अर्थव्यवस्था पर शासन के नियन्त्रण में शनैः शनैः शिथिलीकरण और अन्ततः समाप्ति से है। दूसरे शब्दों में, उदारीकरण का अर्थ अर्थव्यवस्था के कार्यकरण में बाजार की भूमिका की पुनःस्थापना और सरकार के हस्तक्षेप का निषेध है। इस अवधारणा की मौलिक मान्यता यह है कि बाजार के कार्यकरण में सरकार का हस्तक्षेप दो प्रकार की विकृतियाँ उत्पन्न करता है—**प्रथम**, प्रतियोगिता को कुण्ठित करके दक्षता के विकास को बाधित करता है एवं परिणामस्वरूप लागतों में कमी नहीं आने देता, जिससे अर्थव्यवस्था की अन्तर्राष्ट्रीय स्तर पर प्रतियोगिता की क्षमता भी घटती है; और **द्वितीय**, सरकारी नियन्त्रणों के कारण संसाधनों का भी अनुकूलतम उपयोग नहीं हो पाता अर्थात् जनता की आवश्यकताओं (मात्रा और गुणात्मकता) के अनुरूप उत्पादन नहीं होता। कभी वस्तुओं का उत्पादन माँग से अधिक होता है और कभी कम। उत्पादन की मात्रा से अधिक शासकीय नियन्त्रणों के कारण गुणवत्ता में जन रुचि की अवहेलना होती है। यह स्थिति कारखानों में लगे निवेश (मशीनों और श्रमिकों) के अल्प प्रयोग में प्रकट होती है अर्थात् कारखाने अपनी क्षमता से कम उत्पादन करते हैं।

उदारीकरण के समर्थक उपर्युक्त दोनों आधारों पर उत्पादन और वितरण पर भौतिक प्रतिबन्धों; जैसे उत्पादन की सीमा बाँधना, लाइसेन्स, कोटा और परमिट की समाप्ति पर बल देते हैं। यह बात ध्यान देने योग्य है कि उदारीकरण, वैश्वीकरण का सहगामी है। जहाँ वैश्वीकरण का मुख्य क्षेत्र राष्ट्रीय अर्थव्यवस्था और शेष विश्व के मध्य प्रतिबन्ध रहित सम्बन्धों का विकास है, वहीं उदारीकरण का मुख्य कार्य-क्षेत्र बाजार शक्तियों (माँग और पूर्ति) की अबाध क्रियाशीलता को राष्ट्रीय अर्थव्यवस्था की प्रमुख संचालक शक्ति बनाना है।

भारत में उदारीकरण का विचार, 1991 ई० में, प्रधानमन्त्री श्री पी० वी० नरसिंह राव तथा वित्तमन्त्री श्री मनमोहन सिंह के नेतृत्व में पुरजोर रूप से क्रियान्वित किया जाने लगा। यद्यपि अस्सी के दशक में ही उद्योगों की लाइसेन्स प्रणाली के सरलीकरण और 'एकाधिकार तथा प्रतिबन्धित व्यापार कानून' में शिथिलता को इसका पूर्वगामी माना जा सकता है। उदारीकरण के सन्दर्भ में यह उल्लेखनीय है कि यह प्रक्रिया पश्चिम में अमेरिकी राष्ट्रपति रोनाल्ड रीगन व ब्रिटिश प्रधानमन्त्री मार्ग्रेट थेचर के द्वारा पोषित एवं समर्थित थी। इन देशों में उदारीकरण मुख्य रूप से सरकार के द्वारा समाज के कमजोर वर्गों को दी जाने वाली सहायता; जैसे स्वास्थ्य, शिक्षा व बेरोजगारी भत्ता आदि पर पुनर्विचार से प्रारम्भ हुआ। अतः उदारीकरण का एक पहलू अनुदानों में भी कमी करना और अन्ततः उनका उन्मूलन करना है।

भारत में उदारीकरण के प्रमुख पहलू

भारत में उदारीकरण के प्रमुख पहलू निम्नलिखित हैं—

(1) सार्वजनिक क्षेत्र को अर्थव्यवस्था की सर्वोच्च और निर्णायक स्थिति से हटा कर उसे कुछ सामरिक महत्त्व के उद्योगों तक सीमित रखना। इस नीति को 1991 ई० से प्रारम्भ

किया गया था। वर्तमान में सार्वजनिक क्षेत्र का एकाधिकार मात्र रक्षा उत्पादन, रेलवे, परमाणु ऊर्जा तथा परमाणु ऊर्जा से सम्बन्धित खनिजों तक ही सीमित रह गया है।

(2) उद्योगों की लाइसेन्स प्रणाली मात्र पाँच उद्योगों तक सीमित रह गई है—सिगार तथा तम्बाकू उत्पादन, ऐल्कोहलिक पेय, औद्योगिक विस्फोटक सामग्री, घातक रसायन तथा जानवरों की चर्बी, तेल आदि। उल्लेखनीय है कि ये समस्त उद्योग पर्यावरण सुरक्षा तथा सार्वजनिक स्वास्थ्य से सम्बन्धित हैं।

(3) सरकार तेजी से सार्वजनिक क्षेत्र के उद्योगों का विनिवेश कर रही है। इस प्रक्रिया का अभिप्राय-मात्र यह है कि अब उदारीकरण के दौर में उद्योगों की स्थापना अपेक्षाकृत सरल है।

उदारीकरण की प्रक्रिया मात्र उद्योगों तक सीमित नहीं है बल्कि इसके अन्तर्गत वित्तीय संस्थानों की कार्य प्रणाली में सरकारी प्रतिबन्धों को शिथिल किया जा रहा है। उदाहरण के लिए—बैंकों को नगरीय क्षेत्रों में अपनी शाखाएँ बन्द करने के लिए सरकार की अनुमति आवश्यक नहीं है। इसी प्रकार, बैंक अपनी ब्याज दरें निर्धारित करने को स्वतन्त्र हैं। वित्तीय संस्थानों के उदारीकरण में बहुत बड़ा कदम बीमा क्षेत्र में निजी उद्यमियों की अनुमान्यता है।

उदारीकरण तथा वैश्वीकरण, जिसे समग्र रूप से ढाँचागत समायोजन (Structural adjustment) या आर्थिक सुधार भी कहा जाता है, की प्रक्रिया मात्र उद्योगों तथा वित्त तक ही सीमित नहीं है। इस प्रक्रिया में सरकार के द्वारा दिए जाने वाले अनुदानों तथा सार्वजनिक वितरण प्रणाली पर पुनर्विचार व पुनर्गठन भी सम्मिलित है। 'प्रयोक्ता को दाम चुकाना चाहिए' (The user must pay) उदारीकरण का मूल मन्त्र है, अतः इस दृष्टि से सामाजिक-सेवाओं व सुविधाओं की सार्वजनिक या राजकीय संस्थानों द्वारा उपलब्धता नीति पर भी गम्भीर विचार-विमर्श जारी है।

उदारीकरण के वर्तमान दौर में, जिन्हें दूसरी पीढ़ी के सुधार भी कहा जाता है, श्रम कानूनों के संशोधन पर विचार किया जा रहा है। श्रम कानूनों में प्रमुख लक्ष्य श्रमिकों की निकास नीति (Exit policy) तय करने का है।

उपर्युक्त विवेचन के आधार पर स्पष्ट है कि उदारीकरण एक जटिल प्रक्रिया है, जो यद्यपि मूल रूप में आर्थिक संरचना के समायोजन से सम्बन्धित है परन्तु उसके आयाम गम्भीर रूप से सामाजिक-राजनीतिक हैं। खाद्य सुरक्षा, शिक्षा, स्वास्थ्य, रोजगार की सुरक्षा आदि ऐसे प्रश्न हैं, जिनके आयाम नितान्त आर्थिक न होकर गम्भीर रूप से सामाजिक हैं।

ऐसा माना जाता है कि अर्थव्यवस्था जितनी अधिक उदारीकृत होगी, उतना ही देश का आर्थिक विकास होगा। अमेरिका तथा पश्चिमी समाजों में इसी प्रकार की अर्थव्यवस्था के कारण अत्यधिक विकास हुआ है। इसके विपरीत लक्षणों वाली अर्थव्यवस्था, जिसे नियन्त्रित अर्थव्यवस्था कहा जाता है, चीन को छोड़कर अन्य साम्यवादी राष्ट्रों में सफल नहीं हो पाई है।

भारत में वैश्वीकरण एवं उदारीकरण

स्वतन्त्रता-प्राप्ति के पश्चात् देश में बनने वाली वस्तुओं को प्रोत्साहन देने हेतु विदेशी निवेशकों पर भारत में उद्योग खोलने अथवा भारतीय उद्योगों में पूँजी लगाने पर अनेक प्रकार

के प्रतिबन्ध लगे हुए थे। इस नीति के परिणामस्वरूप देश का आर्थिक विकास आशानुकूल नहीं हो पा रहा था।

अर्थव्यवस्था को अधिक प्रभावी बनाने के लिए जुलाई 1991 ई० में नई औद्योगिक नीति की घोषणा की गई जिसमें निम्नलिखित प्रावधान किए गए—

(1) विदेशी निवेशक भारत में पूँजी-निवेश कर सकते हैं। इस प्रकार नई आर्थिक नीति के अनुसार विदेशी निवेशकों के लिए भारतीय अर्थव्यवस्था के द्वार खोल दिए गए हैं।

(2) रक्षा, समाज और पर्यावरण सम्बन्धी महत्त्व के 18 उद्योगों को छोड़कर सभी उद्योग लाइसेन्सिंग से मुक्त कर दिए गए हैं।

(3) सरकारी क्षेत्र के लिए आरक्षित उद्योगों की संख्या 17 से घटाकर 8 कर दी गई है। जो उद्योग सार्वजनिक क्षेत्र के लिए आरक्षित रखे गए वे इस प्रकार हैं—

(i) अस्त्र-शस्त्र तथा सुरक्षा का अन्य सामान;
(ii) परमाणु ऊर्जा;
(iii) कोयला व लिग्नाइट;
(iv) खनिज तेल;
(v) लोहा, मैंगनीज, क्रोम, जिप्सम, सल्फर, सोना व हीरों का खनन;
(vi) ताँबा, जस्ता, टिन, मॉलिब्डेनम तथा बुलफ्रैम का खनन;
(vii) परमाणु ऊर्जा; तथा
(viii) रेल परिवहन।

(4) चुनिन्दा सार्वजनिक क्षेत्र के उद्यमों में सरकारी सम्पत्ति के अपनियोजन की प्रक्रिया प्रारम्भ हो गई है।

(5) उन्नत प्रौद्योगिकी वाले तथा उच्च प्राथमिकता के उद्योगों, निर्यात में लगी व्यापारिक कम्पनियों और होटल तथा पर्यटन से जुड़े उद्योगों में 51% तक प्रत्यक्ष विदेशी निवेश की अनुमति प्रदान कर दी गई है।

(6) अनिवासी भारतीयों और विदेशी कार्पोरिट निकायों को पूँजी और आय के प्रत्यावर्तन की छूट सहित 100% तक विदेशी पूँजी निवेश करने की अनुमति प्रदान कर दी गई है।

(7) अगस्त 1991 ई० और अक्तूबर 1992 ई० के बीच विदेशी सहयोग के 1,242 प्रस्ताव स्वीकृत किए गए जिनमें 36·70 अरब रुपये का विदेशी निवेश सम्मिलित है। 80% से अधिक की स्वीकृति प्राथमिकता वाले क्षेत्रों के लिए दी गई।

(8) अनिवासी भारतीयों द्वारा भारत में पूँजी निवेश को प्रोत्साहन देने हेतु प्रभावी कदम उठाए गए।

(9) शत-प्रतिशत निर्यातोन्मुखी इकाइयाँ स्थापित करने के लिए अनेक प्रस्ताव स्वीकृत किए गए।

(10) उद्यमियों की सहायता हेतु सभी राज्यों की राजधानियों से जुड़े 'कम्प्यूटराइज्ड फैसिलिटेशन सेल' स्थापित किए गए।

(11) औद्योगिक पुनर्गठन से प्रभावित होने वाले कर्मचारियों की सुरक्षा हेतु 'राष्ट्रीय नवीकरण कोष' की स्थापना की गई।

(12) 'राष्ट्रीय चर्म विकास कार्यक्रम' प्रारम्भ किए गए ताकि चमड़े के उत्पादन को बढ़ाया जा सके, विपन्न प्रक्रिया को सुधारा जा सके तथा अनुसन्धान पर विकास की क्षमता सुदृढ़ की जा सके।

(13) देश-विदेश में उपलब्ध प्रौद्योगिकियों के बारे में सूचना एकत्र करने, उसका विश्लेषण करने, उसे स्टोर करने और उसका प्रचार-प्रसार करने हेतु एक 'औद्योगिक प्रौद्योगिकी डाटा बैंक' की स्थापना की गई।

(14) बुनियादी सुविधा जुटाने हेतु 'विकास केन्द्र योजना' पर कार्य प्रारम्भ किया गया।

भारत में वैश्वीकरण एवं उदारीकरण के परिणाम

पिछले एक दशक से भारत में उदारीकरण एवं वैश्वीकरण की प्रक्रियाओं ने भारतीय अर्थव्यवस्था तथा भारतीय समाज पर दूरगामी प्रभाव डाले हैं। वैसे तो पिछले पचास वर्षों में हुए आर्थिक विकास ने भारतीय समाज की सामाजिक-आर्थिक उपव्यवस्थाओं को पर्याप्त प्रभावित किया है तथापि उदारीकरण एवं वैश्वीकरण के पिछले कुछ वर्षों में प्रत्येक क्षेत्र में वृद्धि दर को अधिक प्रोत्साहन मिला है। इन प्रक्रियाओं के प्रमुख परिणाम निम्नलिखित हैं—

(1) भारत के लोगों की प्रति व्यक्ति आय में वृद्धि हुई है। यह दुगुनी से भी अधिक हो गई है। 1950–51 ई० में प्रति व्यक्ति आय 1,121 रुपये थी जो 1990–91 ई० में बढ़कर 2,222 रुपये हो गई तथा 1996–97 ई० में यह 2,761 रुपये थी अर्थात् उदारीकरण एवं वैश्वीकरण के केवल छह वर्षों में ही इसमें 24·2% की वृद्धि हुई जो औसतन 3·7% प्रतिवर्ष बैठती है। अगर यही वृद्धि दर कायम रखी गई तो आगामी पन्द्रह वर्षों में यह दुगुनी हो जाएगी।

(2) खाद्यान्न के उत्पादन में भारी वृद्धि हुई है। 1950–51 ई० में देश में खाद्यान्नों का कुल उत्पादन 508 लाख टन था जो 1990–91 ई० में बढ़कर 1,764 लाख टन हो गया और 1996–97 ई० में यह 1,993 लाख टन हो गया। इस प्रकार खाद्यान्नों के उत्पादन में देश आत्मनिर्भर हो गया है।

(3) प्रति व्यक्ति आय में वृद्धि के परिणामस्वरूप भारत में खाद्य-तेलों, सब्जियों, दूध, अण्डों, कपड़ों आदि वस्तुओं का उपभोग बढ़ गया है। जीवन की अन्य सुविधाओं में भी पर्याप्त वृद्धि हुई है। दैनिक जीवन की अनेक वस्तुएँ अब सरलता से उपलब्ध हैं तथा जनता उनका उपभोग भी बड़ी मात्रा में कर रही है।

(4) भारत उपभोग वस्तुओं के क्षेत्र में भी लगभग आत्मनिर्भर हो गया है। सभी उपभोग की वस्तुएँ भारत में ही निर्मित होने लगी हैं। यद्यपि समाज के सभी वर्गों में वस्तुओं के उपभोग

में वृद्धि एक समान नहीं है तथापि यह एक सत्य है कि साधारण व्यक्तियों द्वारा अनिवार्य वस्तुओं के उपभोग में वृद्धि हुई है। सुविधाओं और विलासितापूर्ण वस्तुओं के स्तर में तीव्रता से वृद्धि हुई है और उनके अधिक उपयोग के फलस्वरूप गरीब तथा अन्य वर्गों के बीच अन्तराल बढ़ गया है।

(5) देश में बिजली के उपभोग में वृद्धि हुई है। 1995–96 ई० में घरों में केवल 2·4 किलोवाट बिजली का औसत उपभोग किया जाता था। 1980–81 ई० में यह बढ़कर 13·5 किलोवाट हो गया, जबकि 1995–96 ई० तक यह तेजी से बढ़कर 57·1 किलोवाट हो गया है। यह एक सराहनीय उपलब्धि है। बिजली के उपभोग में वृद्धि हमारी प्रगति का सूचक है। इसके उपभोग-ढाँचे का भूमि के पक्ष में परिवर्तन, देश के समग्र कल्याण की दृष्टि से सराहनीय कदम माना जाता है।

(6) सामाजिक दृष्टि से महत्त्वपूर्ण सूचकांकों की दिशा में अच्छे परिणाम सामने आए हैं। इनमें से प्रमुख परिणाम इस प्रकार हैं—

(i) देश में जन्म पर प्रत्याशित आयु में वृद्धि हुई है। 1950–51 ई० में यह केवल 32·1 वर्ष थी, जबकि 1992–93 ई० में यह बढ़कर 60·4 वर्ष हो गई है।

(ii) मृत्यु दर में भारी कमी आई है। 1950–51 ई० में यह 27·4 प्रति हजार व्यक्ति थी, जबकि 1995–96 ई० में यह घटकर केवल 8·9 प्रति हजार रह गई है।

(iii) देश में साक्षरता का स्तर उन्नत हुआ है। 1950–51 ई० में केवल 18·3% व्यक्ति साक्षर थे, जबकि 1990–91 ई० में साक्षरता की दर 52·2% हो गई है।

(iv) देश में शिक्षा सुविधाओं में 8 गुना से भी अधिक वृद्धि हुई है। यह वृद्धि छात्रों की संख्या, स्कूलों एवं कॉलेजों की संख्या सभी में स्पष्टतया देखी जा सकती है।

(v) स्वास्थ्य सुविधाओं में भारी विस्तार हुआ है। अस्पतालों, डिस्पेन्सरियों, प्राथमिक स्वास्थ्य केन्द्रों व उपकेन्द्रों की संख्या में यथेष्ट वृद्धि हुई है। मेडिकल कॉलेजों की भी संख्या बढ़ी है।

उपर्युक्त उपलब्धियों के बावजूद उदारीकरण एवं वैश्वीकरण; भारत में पाई जाने वाली सभी समस्याओं के समाधान के लिए संजीवनी बूटी साबित नहीं हुए हैं। इन प्रक्रियाओं को प्रारम्भ हुए एक दशक समाप्त होने को है परन्तु अनेक समस्याएँ यथावत् बनी हुई हैं। उदाहरणार्थ—आर्थिक प्रगति के बावजूद गरीबी की समस्या यथावत् बनी हुई है। 1993–94 ई० में 36% जनसंख्या गरीबी रेखा के नीचे निवास कर रही थी तथा आज भी देश की एक-तिहाई जनसंख्या गरीबी रेखा के नीचे हैं। चिकित्सा सुविधाओं में तो वृद्धि हुई है तथा कुछ संक्रामक रोगों (जैसे चेचक, तपेदिक, मलेरिया, कोढ़ आदि) पर नियन्त्रण पा लिया गया है, परन्तु अनेक गैर-संक्रामक एवं **एड्स** जैसी नई संक्रामक बीमारियों में बहुत वृद्धि हो गई है। स्वास्थ्य सम्बन्धी सरकारी सुविधाओं का लाभ केवल 30% जनसंख्या ही उठा पा रही है। यह सही है कि प्रति व्यक्ति आय में वृद्धि हो रही है परन्तु सभी वस्तुओं की कीमतों में हो रही वृद्धि के सामने यह उपलब्धि भी कारगर सिद्ध नहीं हो पा रही है।

विकास प्रक्रियाओं का एक और निराशाजनक पहलू अमीर और गरीब में बढ़ता हुआ अन्तराल है। यह सत्य है कि आयोजन के पहले तीन दशकों में सरकार ने श्रमिकों के हितों की रक्षा के लिए तथा उचित मजदूरी दिलाने के लिए अनेक सराहनीय कार्य किए परन्तु उदारीकरण, निजीकरण एवं वैश्वीकरण के दौर में पूँजीपतियों को मनमानी करने की खुली छूट मिल गई है। इसका परिणाम यह हुआ है कि पूँजीपतियों के पास आय और सम्पत्ति का संकेन्द्रण बढ़ता जा रहा है। ऐसा लगता है जैसे इनसे पूँजीपतियों को कुशलता बढ़ाने की आड़ में उत्पादन में मजदूरी के भाग को कम करने का लाइसेन्स मिल गया है। नए आर्थिक सुधार जनसाधारण के कल्याण की दृष्टि से मजदूर वर्गों के रोजगार को असुरक्षित बना रहे हैं तथा देश में हो रही उत्पादिकता में वृद्धि के लाभ मुख्य रूप से पूँजीपतियों द्वारा ही हड़पे जा रहे हैं।

निष्कर्ष रूप में यह कहा जा सकता है कि वैश्वीकरण तथा उदारीकरण के परिणामस्वरूप सार्वजनिक क्षेत्र व भारी मूलभूत उद्योगों के विकास के द्वारा एवं हरित क्रान्ति के तात्कालिक परिणामों द्वारा हमने आर्थिक क्षेत्र में आत्मनिर्भरता की ओर कुछ कदम तो अवश्य बढ़ाए हैं परन्तु रुपये के लगातार हो रहे अवमूल्यन, विदेशी ऋण पर आधारित निवेश, पश्चिमी ढंग पर हुए औद्योगीकरण, देश में बढ़ती सम्पत्ति तथा आय का केन्द्रीकरण, विदेशी वस्तुओं के उपयोग को दी जा रही वरीयता तथा आधुनिक तकनीकों के अन्धानुकरण के कारण हमारी आत्मनिर्भरता पंगु तथा अधूरी बनी हुई है।

भारतीय कृषि

भारत एक कृषि प्रधान देश है। कृषि को भारतीय अर्थव्यवस्था की रीढ़ माना जाता है। महात्मा गांधी जी के शब्दों में, "कृषि भारत की आत्मा है।" भारत में नियोजित सामाजिक परिवर्तन की सफलता के लिए योजना आयोग ने कृषि को सर्वाधिक महत्त्वपूर्ण माना है। भारत में करोड़ों लोगों को भोजन एवं आजीविका कृषि से ही प्राप्त होती है। कृषि पर ही देश के उद्योग-धन्धे, व्यापार, व्यवसाय, यातायात एवं संचार के साधन निर्भर हैं। भारत के सकल घरेलू उत्पाद में कृषि का योगदान लगभग 25 प्रतिशत है और देश की 70 प्रतिशत जनसंख्या अपनी आजीविका के लिए इस पर निर्भर है। किसी भी देश के विकास की कुंजी कृषि आय में वृद्धि को माना जाता है। भारत इस सामान्य नियम में कोई अपवाद नहीं है।

भारतीय कृषि की प्रमुख विशेषताएँ निम्नलिखित हैं—

(1) प्रकृति पर निर्भरता—भारतीय कृषि को प्रायः भाग्य का खेल कहा जाता है, क्योंकि कृषि मुख्यतः वर्षा की स्थिति पर निर्भर करती है। यही कारण है कि वर्षा की अनियमितता एवं अनिश्चितता भारतीय अर्थव्यवस्था को सर्वाधिक मात्रा में प्रभावित करती है। आज के वैज्ञानिक प्रगति के युग में भी अधिकांश भारतीय किसान अधिक उपज हेतु समय पर होने वाली वर्षा पर ही निर्भर हैं। अर्थव्यवस्था का प्रत्येक क्षेत्र, चाहे वह उद्योग हो अथवा व्यापार, प्राकृतिक प्रभावों से कभी अछूता नहीं बचता।

(2) **कृषि की निम्न उत्पादकता**—भारत में कृषि पदार्थों का प्रति एकड़ उत्पादन अन्य देशों की तुलना में बहुत कम है। भारत में एक हेक्टेयर भूमि में केवल 2553 किग्रा गेहूँ, 1921 किग्रा चावल, 260 किग्रा कपास तथा 1042 किग्रा मूँगफली ही पैदा होती है। प्रति श्रमिक की दृष्टि से भारत में कृषि श्रमिक की औसत वार्षिक उत्पादकता केवल 330 डॉलर है।

(3) **जीविका का मुख्य साधन**—भारत में कृषि ही वह क्षेत्र है जिस पर देश की लगभग दो-तिहाई जनसंख्या अपनी आजीविका हेतु निर्भर करती है। 1991 ई० की जनगणना के अनुसार भारत की कार्यशील जनसंख्या का 67·2 प्रतिशत भाग कृषि से अपनी आजीविका प्राप्त करता है।

(4) **भूमि का असमान वितरण**—भारत में भूमि का असमान वितरण पाया जाता है। यहाँ केवल 10 प्रतिशत व्यक्तियों के पास कुल कृषि योग्य भूमि का 51·7 प्रतिशत स्वामित्व है, जबकि दूसरी ओर 10 प्रतिशत कृषक ऐसे हैं, जिनके पास कृषि योग्य भूमि का केवल 0·18 प्रतिशत भाग उपलब्ध है। इतना ही नहीं, ग्रामीण क्षेत्र के लगभग 14 प्रतिशत लोग भूमिहीन हैं। देश में औसत प्रति व्यक्ति कृषि योग्य भूमि की उपलब्धि मात्र 0·91 एकड़ है।

(5) **अनार्थिक जोत की इकाइयाँ**—भारतीय कृषि की एक महत्त्वपूर्ण विशेषता यह है कि यहाँ कृषि बहुत छोटे-छोटे कृषि क्षेत्रों (खेतों) पर की जाती है। सरैया सहकारी समिति के मतानुसार, "भारतीय कृषि के उत्पादन में सबसे बड़ी बाधा अनुत्पादक व अलाभकारी जोतें हैं।" राष्ट्रीय सर्वेक्षण के अनुसार भी यद्यपि सम्पूर्ण भारत में कृषि जोतों का औसत आकार 5·34 एकड़ है; तथापि लगभग 70 प्रतिशत कृषक परिवार ऐसे हैं, जिन्हें कृषि भूमि का केवल 16 प्रतिशत भाग ही प्राप्त है। भारत में कृषि जोतों का आकार केवल छोटा ही नहीं है, अपितु व्यक्तिगत जोतें बहुत बिखरी हुई हैं। महाराष्ट्र में पिम्तला सौदागर नामक ग्राम में 156 किसानों के पास 759 खेत थे, जिनमें से 463 खेतों का आकार एक एकड़ से भी कम था।

(6) **मिश्रित खेती**—मिश्रित खेती भारतीय कृषि की एक प्रमुख विशेषता है। इसका अभिप्राय यह है कि एक खेत में भारतीय कृषक एक से अधिक फसलें बोता है। पंजाब तथा उत्तर प्रदेश के क्षेत्रों में एक ही खेत में गेहूँ, चना, जौ आदि उगाया जाता है। इस प्रकार की कृषि के स्थान पर विशिष्ट कृषि को प्राथमिकता दी जानी चाहिए।

(7) **कृषि जीवन-निर्वाह हेतु**—भारतीय सामाजिक जीवन में कृषि जीवन की एक पद्धति मानी जाती है। भारतीय कृषक इसलिए खेती नहीं करता कि उसके पास जीवन-यापन का कोई अन्य साधन नहीं है, अपितु वह कृषि अपने परिवार के जीवन-यापन अर्थात् परिवार की आवश्यकताओं की पूर्ति करने के लिए करता है। यही कारण है कि वह वाणिज्यीकरण एवं व्यापार की ओर विशेष ध्यान नहीं देता है। अभी तक केवल कुछ ही व्यापारिक फसलों का वाणिज्यीकरण सम्भव हो पाना इसी का परिणाम माना जाता है।

(8) **कृषि की अल्प विकसित अवस्था**—निरन्तर प्रयासों के बावजूद भारतीय कृषि आज भी पिछड़ी हुई अवस्था में है। क्लाउस्टन का यह कथन उचित ही है कि, "भारत में पिछड़े

हुए वर्ग हैं तथा इनके साथ ही दुर्भाग्य से हमारे उद्योग एवं कृषि भी पिछड़े हुए हैं।" भारत में कृषि की अल्प विकसित अवस्था ही कम उत्पादन के लिए उत्तरदायी मानी जाती है।

(9) उत्पादन की परम्परागत तकनीक—कृषि में उत्पादन के लिए अभी भी पुरातन तकनीकों का प्रयोग किया जाता है। यद्यपि आधुनिक युग में आधुनिक एवं नवीन तकनीकों का काफी विकास हुआ है, तथापि भारतीय कृषक आज भी पर्याप्त साधन न हो पाने के परिणामस्वरूप हल और खुरपी का प्रयोग करता है।

(10) अल्प रोजगार—भारतीय कृषि कृषकों को वर्ष भर रोजगार प्रदान नहीं कर पाती है। अल्प रोजगार के परिणामस्वरूप ही भारतीय कृषिक वर्ष में 140 से लेकर 270 दिन तक बेकार रहते हैं। इसी कारण कृषि क्षेत्र में अर्द्ध-बेरोजगारी तथा प्रच्छन्न बेरोजगारी की समस्या बनी रहती है।

(11) श्रम-प्रधान—भारतीय कृषि श्रम-प्रधान है अर्थात् भारत में पूँजी के अनुपात में श्रम की प्रधानता है।

(12) खाद्यान्न फसलों की प्रमुखता—भारतीय कृषि में खाद्यान्न फसलों की प्रमुखता रहती है। देश के कुल कृषि के 75 प्रतिशत भाग में खाद्यान्न तथा 25 प्रतिशत भाग में व्यापारिक फसलों का उत्पादन होता है।

उपर्युक्त विवेचन से स्पष्ट हो जाता है कि भारतीय कृषि की अपनी कुछ निजी विशेषताएँ हैं, जिसके कारण भारतीय कृषि ने एक विशिष्ट स्थिति प्राप्त कर ली है।

भारतीय अर्थव्यवस्था में कृषि का महत्त्व

भारत की लगभग तीन-चौथाई जनसंख्या प्रत्यक्ष रूप से कृषि पर निर्भर है। कार्यशील जनसंख्या की दृष्टि से यह अनुपात दो-तिहाई है। इसी कारण भारत एक कृषि प्रधान देश माना जाता है। भारतीय अर्थव्यवस्था में कृषि सबसे अधिक निर्णायक क्षेत्र है। कृषि ही खाद्य सामग्री प्रदान करती है, रोजगार उत्पादित करती है, निर्धनता दूर करने में सहायता प्रदान करती है तथा देश के माल के निर्यात में सार्थक सहयोग प्रदान करती है। महात्मा गांधी कृषि को 'भारत की आत्मा' मानते थे। नेहरू जी ने भी इसीलिए कहा था, "कृषि को सर्वाधिक प्राथमिकता देने की आवश्यकता है।" भारतीय अर्थव्यवस्था में कृषि का महत्त्व निम्नलिखित शीर्षकों के अन्तर्गत स्पष्ट किया जा सकता है—

(1) भारतीयों की आजीविका का प्रमुख स्रोत—भारत की कुल कार्यशील जनसंख्या का लगभग 67% भाग प्रत्यक्ष रूप से कृषि एवं इससे सम्बन्धित व्यवसायों में संलग्न है। अतः कृषि भारतीयों की आजीविका का प्रमुख साधन मानी जाती है। अमेरिका, ब्रिटेन तथा कनाडा जैसे विकसित देशों में कृषि एवं सम्बद्ध व्यवसायों पर निर्भर जनसंख्या का उनकी कुल जनसंख्या में अनुपात लगभग 16 प्रतिशत ही है।

(2) राष्ट्रीय आय का प्रमुख स्रोत—कृषि राष्ट्रीय आय में एक बड़ा भाग प्रदान करती है। उदाहरणार्थ—1997-98 ई० में भारत की राष्ट्रीय आय का लगभग 28 प्रतिशत भाग कृषि

आय से ही प्राप्त हुआ था। स्वतन्त्रता-प्राप्ति के प्रथम तीन दशकों में राष्ट्रीय आय में कृषि का योगदान 50 प्रतिशत से भी अधिक था।

(3) सर्वाधिक भूमि का कृषि में उपयोग—देश के कुल क्षेत्रफल का सर्वाधिक भाग कृषि में प्रयुक्त किया जाता है। उपलब्ध आँकड़ों के अनुसार भारत के कुल क्षेत्रफल के 43·5% भाग में खेती की जाती है।

(4) खाद्यान्न की पूर्ति का प्रमुख साधन—भारत में कृषि 100 करोड़ से अधिक जनसंख्या को भोजन तथा 36 करोड़ से अधिक पशुओं को चारा प्रदान करती है। भारतवासियों के भोजन में कृषि उत्पाद ही प्रमुख होते हैं। इसलिए कृषि ही भारत में खाद्यान्न की पूर्ति का प्रमुख साधन है।

(5) अनेक उद्योगों का कृषि पर आधारित होना—भारत के अनेक उद्योग कच्चे माल के लिए कृषि पर ही आधारित हैं; जैसे—सूती वस्त्र, जूट, चीनी, हथकरघा, वनस्पति तेल, चाय व कॉफी उद्योग आदि। संसार के सभी देशों में उद्योगों का विकास कृषि के विकास के बाद ही सम्भव हुआ है। इस प्रकार, औद्योगिक विकास कृषि के विकास पर ही निर्भर है।

(6) अन्तर्राष्ट्रीय व्यापार की अनेक वस्तुओं का कृषि पर निर्भर होना—भारत में निर्यात का अधिकांश भाग कृषि से ही प्राप्त होता है। हमारे कुल निर्यात का एक बहुत बड़ा भाग कृषि उपजों से बने पदार्थों का ही होता है। निर्यात किए जाने वाले कृषि उत्पादों में चाय, जूट, चीनी, लाख, ऊन, रुई, मसाले, तिलहन आदि प्रमुख हैं।

(7) यातायात के साधनों के विकास में सहायक—कृषि उत्पादों को ढोने में रेल एवं सड़क परिवहन का उल्लेखनीय योगदान है। इस प्रकार कृषि, परिवहन सेवाओं का विकास करती है। जिस वर्ष भारत में कृषि उत्पादन कम होता है, उस वर्ष रेल व सड़क परिवहन आदि सभी साधनों की आय कम हो जाती है। इसके विपरीत, अच्छी फसल वाले वर्षों में इन साधनों की आय में पर्याप्त वृद्धि हो जाती है।

(8) भारतीय अर्थव्यवस्था का आधार—भारत एक कृषि प्रधान देश है। भारतीय अर्थव्यवस्था मूलतः कृषि पर आधारित अर्थव्यवस्था ही है तथा राष्ट्रीय आय का लगभग 28 प्रतिशत भाग कृषि से प्राप्त होता है। इस प्रकार, भारत की अर्थव्यवस्था के लिए कृषि का विकास अत्यन्त आवश्यक है।

(9) पशुपालन में सहायक—भारत में कृषक पशुपालन कार्य एक सहायक धन्धे के रूप में करते हैं। पशुपालन उद्योग से समस्त राष्ट्रीय आय का 7·8 प्रतिशत भाग प्राप्त होता है। कृषि तथा पशुपालन उद्योग एक-दूसरे के पूरक तथा सहायक व्यवसाय हैं। कृषि पशुओं को चारा प्रदान करती है और पशु कृषि को बहुमूल्य खाद प्रदान करते हैं।

(10) केन्द्र तथा राज्य सरकारों की आय का साधन—यद्यपि कृषि क्षेत्र पर कर का भार अधिक नहीं होता है, तथापि कृषि राजस्व प्राप्ति का महत्त्वपूर्ण स्रोत माना जाता है। लगान से

लगभग 200 करोड़ रुपये वार्षिक आय का अनुमान लगाया गया है। इसके अतिरिक्त कृषि, वस्तुओं के निर्यात कर से भी आय प्राप्त होती है। केन्द्रीय सरकार के उत्पादन शुल्कों का एक बहुत बड़ा भाग चाय, तम्बाकू, तिलहन आदि फसलों से ही प्राप्त होता है।

(11) आन्तरिक व्यापार का आधार—भारत में खाद्य पदार्थों पर राष्ट्रीय आय का अधिकांश भाग व्यय होता है। अनुमान है कि शहरी क्षेत्रों में आय का 58·2 प्रतिशत तथा ग्रामीण क्षेत्रों में आय का 67·2 प्रतिशत भोजन पर व्यय किया जाता है। स्पष्ट है कि आन्तरिक व्यापार मुख्यतः कृषि पर आधारित होता है और कृषि क्षेत्र में होने वाले प्रत्येक परिवर्तन का प्रभाव आन्तरिक व्यापार पर पड़ता है। बैंकिंग व बीमा व्यवसाय भी कृषि से काफी प्रभावित होते हैं।

(12) कृषि : जीवन-यापन का एक महत्त्वपूर्ण ढंग—भारत में कृषि का महत्त्व आर्थिक जीवन के साथ-साथ अन्य क्षेत्रों में भी स्पष्ट देखा जा सकता है। कृषि ने हमारे आचार-विचार, परम्पराओं एवं संस्कृति सभी को प्रभावित किया है। इसीलिए कृषि को केवल एक व्यवसाय ही नहीं माना जाता है, अपितु इसे जीवन का एक ढंग भी कहा जाता है जो लोगों के विचारों और संस्कृति पर गहरा प्रभाव डालता है। भारत की प्राचीन गौरवमय संस्कृति आज भी ग्राम्य-जीवन की ही धरोहर है।

(13) अन्तर्राष्ट्रीय ख्याति—यह कहना अनुपयुक्त न होगा कि कृषि पदार्थों के माध्यम से हमें अन्तर्राष्ट्रीय ख्याति प्राप्त हुई है। विश्व-कृषि अर्थव्यवस्था में भारतीय कृषि का एक महत्त्वपूर्ण स्थान है। होल्डरसेन के शब्दों में, "भारत विश्व में गन्ने से बनाई जाने वाली चीनी का सबसे बड़ा उत्पादक है। चावल के उत्पादन में भारत को चीन जैसा उच्च स्थान प्राप्त है...... मूँगफली के उत्पादन में भारत विश्व में प्रथम है।...... लाख के उत्पादन में भारत को एकाधिकार प्राप्त है...... संसार में चीन के बाद चाय का यह सबसे बड़ा उत्पादक है।" इन शब्दों से भारत की अर्थव्यवस्था में कृषि का महत्त्व स्वतः स्पष्ट हो जाता है।

(14) पूँजी निर्माण का सर्वाधिक महत्त्वपूर्ण क्षेत्र—देश की सर्वाधिक पूँजी कृषि-क्षेत्र में नियोजित है। स्थायी पूँजी की दृष्टि से कृषि-क्षेत्रों का स्थान सबसे उच्च है। कृषि-क्षेत्रों के अतिरिक्त करोड़ों रुपये का निवेश सिंचाई के साधनों, पशुओं, कृषि उपकरणों आदि में हुआ है।

(15) पंचवर्षीय योजनाओं की मुख्य आधारशिला—भारत में कृषि इतना अधिक महत्त्व का क्षेत्र है कि इसको उचित स्थान प्रदान किए बिना आर्थिक विकास की कोई भी योजना सफल नहीं हो सकती है। यही कारण है कि प्रथम योजना में कृषि को सर्वोच्च स्थान दिया गया था। द्वितीय एवं तृतीय योजना में कृषि की कुछ उपेक्षा की गई। परिणामतः देश को भीषण खाद्य संकट का सामना करना पड़ा। वार्षिक योजनाओं एवं चतुर्थ पंचवर्षीय योजना में कृषि को पुनः सर्वोच्च प्राथमिकता दी गई, फलतः आशातीत सफलता प्राप्त हुई। चतुर्थ पंचवर्षीय योजना के प्रथम तीन वर्षों में औद्योगिक क्षेत्र में असफलता के बावजूद जो सफलता प्राप्त हुई, उसका सारा श्रेय कृषि को ही दिया जाता है। पाँचवीं, छठी, सातवीं, आठवीं व नौवीं योजना में पुनः कृषि

एवं ग्रामीण विकास को उच्च प्राथमिकता दी गई है। दसवीं पंचवर्षीय योजना में भी कृषि, ग्रामीण विकास, सिंचाई एवं परिवहन को काफी प्राथमिकता दी गई है।

भारतीय अर्थव्यवस्था में कृषि का महत्त्व कुछ अन्य तथ्यों से भी स्पष्ट होता है; यथा—मूल्य स्तर सदैव ही कृषि उत्पादन एवं कृषि-उद्योगों से प्रभावित होता है। कृषि समाज-सेवा का भी एक रूप है। भारतीय कृषि देश के समग्र आर्थिक विकास, अन्तर्देशीय एवं अन्तर्राष्ट्रीय व्यापार, उद्योग एवं जनता के आर्थिक जीवन में महत्त्वपूर्ण स्थान रखती है। संक्षेप में, कृषि ही आर्थिक विकास की कुंजी है।

वैश्वीकरण का कृषि पर प्रभाव

वैश्वीकरण की प्रक्रिया ने भारत जैसे विकासशील देशों को अत्यधिक प्रभावित किया है। इसके प्रभाव से कोई भी क्षेत्र बचा हुआ नहीं रह पाया है। कृषि पर इसका अत्यधिक प्रभाव पड़ा है। वर्तमान समय में वैश्विक समझौतों के सन्दर्भ में कृषि की भूमिका अत्यधिक महत्त्वपूर्ण हो गई है। वैश्वीकरण की प्रक्रिया ने कृषि को निम्नलिखित रूप से प्रभावित किया है—

(1) भारत में कृषि क्षेत्र एक बहुआयामी व्यापार व्यवस्था में परिणित हो गया है जिसने प्रतियोगी मूल्यों पर आयात एवं निर्यात हेतु अनेक सुअवसर खोल दिए हैं।

(2) भारत समस्त निर्यात का 15 से 20 प्रतिशत निर्यात, कृषि उत्पादों का करता है। वैश्वीकरण में कृषि व्यापार में इस हिस्सेदारी को अधिक करने की सम्भावनाओं को बढ़ा दिया है।

(3) वैश्वीकरण के परिणामस्वरूप भारत न केवल खाद्यान्नों का निर्यात कर सकता है, बल्कि बड़े पैमाने पर कृषि उत्पादों का भी निर्यात कर सकता है। इसने मूल्य आधारित उत्पादों के निर्यात की सुविधा प्रदान कर खाद्य संसाधन उद्योग का बड़े पैमाने पर विकास किया है। 1999-2000 ई० में भारत में कृषि उत्पादों का निर्यात और आयात (अनाजों सहित) क्रमशः 376 और 472 मिलियन डॉलर था।

(4) वैश्वीकरण के कारण भारतीय किसानों के हितों की सुरक्षा हेतु उन्हें सस्ता भुगतान, विपणन तथा भण्डारण की अधिक सुविधाएँ प्रदान की जा रही हैं तथा सरकार द्वारा भूमि एवं जल संरक्षण पर अत्यधिक बल दिया जा रहा है।

(5) वैश्वीकरण ने ग्रामीण संरचना में कृषि के विकास (भण्डारण सुविधा सहित) में व्यक्तिगत निवेश के बहाव का मार्ग प्रशस्त कर दिया है।

(6) वैश्वीकरण के परिणामस्वरूप स्वदेशी कृषकों की सुरक्षा की दृष्टि से उपयोग में आने वाले अनाज, फल, मसाले और खाद्य तेलों पर आयात शुल्क निश्चित कर दिए गए हैं।

(7) विश्व व्यापार संगठन के अन्तर्गत आयात पर गुणात्मक प्रतिबन्ध के निवारण से गेहूँ और चावल का आयात मुक्त हो गया है। दूसरी ओर, मोटे अनाजों और खाद्य तेलों पर सीमा शुल्क के आरोपण से भारतीय उत्पादकों को काफी राहत दी गई है क्योंकि इससे आयात की गई वस्तुएँ काफी महँगी हो जाती हैं।

सम्पत्ति दान, भूदान, श्रमदान तथा ग्रामदान आन्दोलन गरीब एवं भूमिहीन किसानों को आत्मनिर्भर बनाने, सामाजिक सुरक्षा प्रदान करने तथा ग्रामीण पुनर्निर्माण करने के लिए शुरू किए गए हैं। ग्राम पंचायतों का पुनर्गठन गांधी जी के विचारों को सामने रखकर किया गया ताकि सत्ता का विकेन्द्रीकरण हो तथा अधिक-से-अधिक व्यक्ति स्थानीय स्तर पर स्वयं अपने बारे में निर्णय लेकर आर्थिक तथा सामाजिक विकास का उत्तरदायित्व निभाते हुए ग्रामीण कार्यों में हिस्सा लेकर पुनर्निर्माण में सहायता कर सकें।

बम्बई में सर्वोदय प्रोग्राम के अन्तर्गत ग्रामीण पुनर्निर्माण का प्रयत्न किया गया है। गांधी जी ग्रामीण जनता कि अज्ञानता, बीमारी तथा गरीबी से काफी चिन्तित थे तथा हमेशा इस प्रकार का ग्रामीण पुनर्निर्माण करना चाहते थे जिसमें व्यक्ति स्वयं की सहायता से पर्याप्त खाने-पीने के साधन जुटा सके, यहाँ पर पर्याप्त स्वास्थ्य सेवाएँ हों, निःशुल्क शिक्षा हो, स्थानीय स्वायत्त सरकार हो तथा ग्रामोद्योग और लघु उद्योगों से सबको रोजगार मिल सके। दूसरे शब्दों में वह ऐसे गाँव चाहते थे जहाँ पर जीवन बड़ा खुशहाल हो तथा लोग नगरों में आने के बारे में सोचें तक नहीं। बम्बई में तथा अन्य अनेक स्थानों पर यह कार्यक्रम पिछड़े वर्गों वाले क्षेत्रों तथा पिछड़ी अर्थव्यवस्था वाले गाँव में लागू किया गया तथा संचालकों पर ग्रामीण पुनर्निर्माण का उत्तरदायित्व सौंपा गया।

इन सबके बावजूद ग्रामीण पुनर्निर्माण काफी सीमा तक सही तरह से नहीं हो पाया है। इसके कई कारण हैं जिनमें से प्रमुख निम्नलिखित हैं—

(1) अधिकतर कार्यक्रम वैयक्तिक प्रयत्नों पर आधारित थे तथा मानवीयता के नाते लागू किए गए थे।

(2) सरकारी सहायता तथा वित्तीय सहायता पर्याप्त मात्रा में नहीं मिल पाई है।

(3) अधिकतर प्रयत्नों में असमानता, पृथकता तथा अनिरन्तरता रही है।

(4) इन कार्यक्रमों के लिए नियुक्त व्यक्ति अधिक प्रशिक्षित नहीं थे तथा उन्हें अनुभव भी अधिक नहीं था। इसलिए वे ग्रामीण जनता को अधिक प्रभावित न कर सके।

(5) लक्ष्य स्पष्ट रूप से परिभाषित नहीं किए गए थे तथा कार्यक्रमों को लागू करने से पहले गाँव की विशिष्ट प्रकृति को जानने का प्रयत्न नहीं किया जाता था।

(6) योजनाएँ तथा संगठन कमजोर थे तथा असन्तुलित थे।

(7) अनुसन्धान तथा मूल्यांकन नहीं किया जाता था।

(8) विकास सम्बन्धी विभागों से कोई सम्बन्ध स्थापित करने का प्रयत्न नहीं किया गया था।

(9) ग्रामीण जनता योजनाओं तथा उनको कार्यान्वित करने के लिए चिन्तित नहीं थी तथा ज्यादा लोग इन कार्यक्रमों में हिस्सा नहीं लेते थे।

25

जनजाति-कृषक-नगरीय अन्तर्क्रियाएँ

आजकल जनजाति-कृषक-नगरीय अन्तर्क्रियाओं के अध्ययन को अत्यधिक महत्त्व दिया जा रहा है। इसका कारण है कि अलग-अलग इनके अध्ययनों ने "सामाजिक वास्तविकता" को समझने में सहायता प्रदान नहीं की है। इसलिए समाजशास्त्रियों एवं मानवशास्त्रियों का ध्यान इस विषय की ओर अधिक आकर्षित हुआ है। जनजाति-कृषक-नगरीय अन्तर्क्रियाओं का अध्ययन विकास के लिए सही नियोजन करने के लिए अति आवश्यक है। यह तथ्य भारत पर ही लागू नहीं होता। विश्व के अनेक विकसित एवं विकासोन्मुख देशों में इस प्रश्न पर विचार किया जा रहा है कि जनजाति, ग्राम और शहर के बीच सही सम्बन्ध क्या है? उनके बीच परस्पर आदान-प्रदान की कौन-सी अन्तर्क्रियाएँ क्रियाशील हो रही हैं? उन अन्तर्क्रियाओं के पीछे कौन-से प्रमुख कारक प्रेरक-शक्ति के रूप में कार्य कर रहे हैं? उन अन्तर्क्रियाओं के परिणामस्वरूप इन उपर्युक्त तीनों इकाइयों के बीच किस प्रकार के सम्बन्ध उभर रहे हैं और उनसे कौन-सी समस्याएँ उत्पन्न हो रही हैं ? इन प्रश्नों का अन्तर्राष्ट्रीय विस्तार तो इसी बात से सिद्ध होता है कि संयुक्त राष्ट्र संघ ने यूनेस्को के तत्त्वावधान में सन् 1978 में देहली में 19 से 22 सितम्बर को ग्रामीण-नगरीय अन्तर्क्रियाओं पर एक गोष्ठी का आयोजन किया था जिसमें देश-विदेश के अनेक जाने-भाने समाजशास्त्रियों ने भाग लिया था। इस गोष्ठी में भी उपर्युक्त प्रश्नों पर बल दिया गया।

जनजाति-कृषक-नगरीय अन्तर्क्रियाओं का अर्थ

जनजाति-कृषक-नगरीय अन्तर्क्रियाओं से आशय जनजातियों, कृषकों एवं नगरों के बीच परस्पर सम्पर्कों और व्यवहारों से है। उदाहरणार्थ, जनजाति के लोग वनों से इकट्ठा की गई

जड़ी- बूटियों को आस-पड़ोस के गाँवों में विक्रय के लिए लाते हैं और इनके विनिमय में अपनी आवश्यकता की वस्तुएँ वहाँ से ले जाते हैं; या वे अपने क्षेत्र के किसी त्योहार पर लगने वाले मेले में सम्मिलित होते हैं तो वहाँ वे न केवल कृषकों के वरन् शहर से आने वाले व्यापारियों एवं यात्रियों के सम्पर्क में भी आते हैं; या आजकल विकास से सम्बन्धित अधिकारियों और ठेकेदारों से भी उनके सम्पर्क बढ़ रहे हैं। ग्रामीण और नगरीय अन्तर्क्रियाओं का क्षेत्र तो और भी व्यापक रहा है। ग्रामीण अपना अनाज, दूध, तरकारी आदि शहर लाते हैं और वहाँ से अपनी आवश्यकता की वस्तुएँ प्राप्त करते हैं। ग्रामीण बच्चे शहरों में शिक्षा और रोजगार की तलाश में जाते हैं। बीमारी के उपचार के लिए नगरों के अस्पतालों का सहारा लिया जाता है। स्पष्ट है कि नगर भी खाद्यान्न व श्रमिकों के लिए ग्रामों पर आश्रित हैं। नगरों के अनेक व्यापारियों, ठेकेदारों और अधिकारियों को जनजातियों और ग्रामीणों के मध्य कार्य करना होता है। हमने कुछ उदाहरणों से ही देखा कि जनजाति, कृषक और नगरवासी अन्तर्क्रियाओं के संकुल में बँधे हैं; इन्हें ही जनजाति-कृषक-नगरीय अन्तर्क्रियाओं की संज्ञा दी गई है।

भारत में जनजाति-कृषक-नगरीय अन्तर्क्रियाओं का विस्तार एवं प्रकृति

भारतीय समाज में हमें जनजाति-कृषक-नगरीय अन्तर्क्रियाओं को उनके ऐतिहासिक सन्दर्भ में देखना होगा क्योंकि उनकी ऐतिहासिकता को लेकर कुछ भ्राँतियाँ प्रचलित रही हैं; जिनके परिणामस्वरूप ही उनके अलग-अलग एकल अध्ययन होते रहे हैं जो वास्तविकता से परे थे। स्वाभाविक है कि ऐसे अध्ययनों से प्राप्त निष्कर्ष यथार्थ से हटकर ही होते हैं और ऐसा ही हुआ भी है।

ऐतिहासिक दृष्टि से, प्रायः यह कहा जाता रहा है कि जनजाति, कृषक समुदाय और नगरीय समुदाय स्वशासी, आत्म-निर्भर और एक-दूसरे से स्वतन्त्र इकाइयाँ रहे हैं। भारत के गाँवों को 'लघु गणतन्त्रों' की संज्ञा दी गई। इससे यह निष्कर्ष भी निकाला जाता रहा कि वे स्थिर समुदाय थे, जो बाह्य प्रभावों से सर्वथा अछूते रहे। उदाहरणार्थ, कार्ल मार्क्स भारतीय ग्रामीण समुदाय के विषय में लिखते हैं कि, "हमें इस समुदाय की बर्बर स्वार्थपरता को कदापि नहीं भूलना चाहिए, जो भूमि के एक तुच्छ टुकड़े के साथ चिपटा हुआ चुपचाप साम्राज्यों की तबाही देखता रहा, अकथनीय जुल्म होते देखता रहा, बड़े-बड़े नगरों की सारी आबादी का कत्लेआम देखता रहा, इस प्रकार जैसे प्राकृतिक घटनाएँ देख रहा हो, और जो स्वयं इतना लाचार था कि किसी आक्रमणकारी की निगाह में पड़ गया तो उसका निस्सहाय भाव से शिकार हो गया।"

इतना ही नहीं, कार्ल मार्क्स की दृष्टि में अंग्रेजों के भारत में आगमन से पहले भारतीय ग्राम समुदाय अपरिवर्तनशील और एक जोहड़ या तालाब की भाँति स्थिर बने रहे। उन्हीं के शब्दों में, "हिन्दुस्तान में हुए सभी गृह-युद्ध, उस पर हुए सारे आक्रमण, वहाँ घटित सारे राज-परिवर्तन, उसकी अनेक अभिजातियाँ, सभी दुर्भिक्ष—एक के बाद एक—चाहे जितने भी जटिल, वेगवान और विनाशकारी क्यों न जान पड़ते हों, उनके प्रभाव गहरे न होकर मात्र सतही रहे।"

ऐसे विचार अनेक पाश्चात्य और भारतीय विद्वानों के मस्तिष्क में रहे हैं। परन्तु क्या ये वास्तविकता का यथार्थ चित्रण है? बाद के उनके अध्ययनों ने यह सिद्ध कर दिया कि वस्तुस्थिति ठीक ऐसी ही नहीं थी जैसा कि उपर्युक्त विवरण से पता चलता है। जनजातियों के लोग सदा ही अपने आस-पास के गाँवों के सम्पर्क में रहे हैं और ग्रामों का भी अपने आस-पास के गाँवों और नगरों से सम्पर्क रहा है और उनके अपने बाह्य जगत से गहन सम्बन्ध रहे हैं। कोई भी राज्य, प्रशासन व लगान की दृष्टि से उन्हें पूर्ण स्वतन्त्र नहीं छोड़ सकता था, ग्रामीण क्षेत्रों में मासिक अथवा पाक्षिक पैंठ, हाट या बाजार लगता था जहाँ शहरों के व्यापारी पहुँचते थे तथा भारत में सदा ही तीर्थ-यात्रा व मेलों का धार्मिक महत्त्व रहा है, जिनके कारण जनजाति-कृषक-नगरीय अन्तर्क्रियाएँ होती रहीं हैं। ब्रज राज चौहान ने उन आधारों का वर्णन किया है जिन्होंने गाँवों को बाह्य जगत से जोड़ रखा था। उनके अनुसार ऐसे परम्परागत आधार प्रमुख रूप से पाँच हैं—

(1) सामाजिक सम्पर्क-सूत्र—भारतीय ग्रामीण समुदायों में प्रायः ग्राम बहिर्विवाह का नियम रहा है। गाँव के लड़के-लड़कियों की शादी गाँव से बाहर होती है। अतः गाँव परस्पर नातेदारियों से बँध जाते हैं। इतना ही नहीं, कभी-कभी बाहर के लड़के घर जँवाई के रूप में गाँव में आकर बसते रहे। इसके अतिरिक्त, जाति के आधार पर भी बाह्य ग्रामों के साथ परस्पर घनिष्ठ सम्बन्ध रहे हैं। अनेक जातियाँ ऐसी हैं जो कुछ निश्चित गाँवों में अपनी बिरादरी-पंचायत, कुदरिया, चौखला या खॉप जैसे संगठन बना लेती हैं। पश्चिमी उत्तर प्रदेश में जाटों में वंश के आधार पर अनेक गाँवों की एक 'देश खॉप' या 'सर्वखॉप' बनाई जाती है जो बड़ी शक्तिशाली संरचना है।

(2) आर्थिक सम्पर्क-सूत्र—ग्रामीण क्षेत्रों के परम्परागत हाट व बाजार कई ग्रामों के लोगों के मिलने के स्थल थे। इसी भाँति, पशु-मेले जैसे विशिष्ट बाजार पूरे क्षेत्र के लोगों के लिए आवश्यकताओं की पूर्ति करते थे। घूमने वाली दुकानें नई वस्तुओं के बारे में ग्रामीणों के लिए जानकारी का स्रोत थीं। इसके अतिरिक्त, जब कोई नया गाँव बसता था तो वहाँ सेवक जातियों अथवा कामगारों को बाहर से लाया जाता था। धीरे-धीरे ऐसे बाहरी लोग गाँव के सदस्य के रूप से वहाँ के स्थायी निवासी बन जाते थे। इस भाँति, सुनार, लोहार जैसी अनेक जातियाँ एक गाँव में ही नहीं, बल्कि एक से अधिक गाँवों को अपनी सेवाएँ प्रदान करती थीं।

(3) धार्मिक सम्पर्क-सूत्र—किसी गाँव का कोई महात्मा अथवा पूजा-स्थल प्रसिद्ध हो जाते थे और पड़ोस के अनेक गाँवों के लोग उनसे आशीर्वाद प्राप्त करने अथवा रोग से मुक्ति प्राप्त करने या भूत-बाधा से छुटकारा पाने या अन्य किसी आपदा से बचने के उपाय हेतु या ज्ञान अथवा शान्ति की खोज में उनके पास आते जाते रहते थे। प्रायः पुरोहितों के जजमान भी एक से अधिक गाँवों में फैले होते थे। धार्मिक मेले (देवी-देवताओं से सम्बन्धित) और तीर्थ प्रथा, जैसे कि पास की किसी नदी पर नियतकालिक स्नान-मेला आदि भी जनजाति-कृषक-नगरीय अन्तर्क्रिया के आधार थे। संन्यासियों की प्रथा भी परम्परागत जन संचार के महत्त्वपूर्ण माध्यम के रूप में क्रियाशील रही है।

(4) राजनीतिक सम्पर्क-सूत्र—राज्य का सम्पर्क सदा ही ग्रामों से रहा है। लगान उगाहने की दृष्टि से कोई न कोई व्यवस्था गाँव और राज्य को परस्पर जोड़ती रही है। ऐसी व्यवस्था के रूप में नवाबों, जागीरदारों, जमींदारों को गिनाया जा सकता है। इसके अतिरिक्त, एक जाति-बहुल क्षेत्रों में, जाति की बृहद् पंचायतों का भी पता चलता है, जैसे चौबीस गाँवों की चौबीसी या साठ गाँवों का साठा। सिंचाई के साधनों पर भी राज्य का नियन्त्रण रहा है। सेना के लिए भी भर्ती प्रायः ग्रामीण क्षेत्रों से होती है। प्रशासन व सेना के केन्द्र नगरों में थे और गाँव उनके नियन्त्रण-क्षेत्र की इकाइयाँ थे।

(5) सांस्कृतिक सम्पर्क-सूत्र—ब्रज राज चौहान के शब्दों में, "सांस्कृतिक जीवन भी प्रादेशिक परम्पराओं को आगे बढ़ाता है। किसी नगर की रासलीला प्रसिद्ध है, तो कहीं की रामलीला, या कहीं की झाँकियाँ। इन्हीं नगरों में पूजा की सामग्री, शंख, माला, घंटियाँ मिलती हैं; और भजन या धार्मिक कथाओं की पुस्तकें।"[1] आस-पड़ोस के ग्रामीण इन सभी सांस्कृतिक कारकों के कारण भी नगरों में आते रहे हैं।

उपर्युक्त विवरण से स्पष्ट है कि भारतीय जनजाति या कृषक एवं नगर कभी भी पूर्णतया आत्म-निर्भर, पृथक् और एकाकी नहीं रहे हैं। उनके बीच अन्तक्रियाओं का सातत्य रहा है। मैकिम मेरियट ने इन्हीं सम्पर्कों के आधार पर ही महान् सांस्कृतिक परम्पराओं के स्थानीयकरण और लघु परम्पराओं के सार्वभौमिकरण की प्रक्रियाओं का वर्णन किया है। एम० एन० श्रीनिवास ने यह सिद्ध किया है कि निम्न जातियों द्वारा उच्च जातियों का अनुकरण कर उच्चता का दावा प्रस्तुत करना, अर्थात् संस्कृतिकरण भी ऐसे सम्पर्कों के कारण ही है। यह बात सही है कि ऐसी अन्तर्क्रियाएँ पहले इतनी गहन और व्यापक नहीं थीं जितनी कि आज हैं। आधुनिक युग में जनजाति- कृषक-नगरीय अन्तर्क्रियाओं का व्यापक गहनीकरण हुआ है। नई संरचना और विकास कार्यक्रमों ने उनके बीच तीव्रता से अन्तर्क्रियाओं को बढ़ाया है। पंचवर्षीय योजनाओं के अन्तर्गत सामुदायिक विकास कार्यक्रम, परिवार नियोजन, सार्वभौमिक वयस्क मताधिकार पर आधारित नियतकालिक चुनाव, सत्ता का विकेन्द्रीकरण, दलगत राजनीति, सरकार की अनुसूचित जातियों व जनजातियों के उत्थान के लिए अपनायी गई सुरक्षात्मक भेदभाव की नीति तथा समाज कल्याण सम्बन्धी अनेक योजनाओं आदि ने जनजाति-कृषक-नगरीय अन्तर्क्रियाओं को तीव्रतर कर दिया है। आधुनिक युग में इन अन्तर्क्रियाओं के गहनीकरण के कारकों की तनिक विस्तार से चर्चा करना सन्दर्भ से परे नहीं होगा क्योंकि उन्हीं के प्रकाश में हम समसामयिक स्थिति को यथार्थ रूप से समझ सकते हैं।

समकालीन भारत में जनजाति-कृषक-नगरीय अन्तर्क्रियाओं का गहनीकरण

समकालीन भारत में जनजाति-कृषक-नगरीय अन्तर्क्रियाओं के व्यापीकरण और गहनीकरण के लिए निम्नलिखित कारक उत्तरदायी हैं—

(1) विकास कार्यक्रम—आजादी के बाद भारतीय समाज के विकास के लिए योजनाबद्ध प्रयासों की शुरूआत हुई। विकास के लक्ष्य प्रजातान्त्रिक व्यवस्था के अन्तर्गत उद्योगवाद व

समाजवाद लाना रखे गए। पंचवर्षीय योजनाओं को लागू किया गया। परिणामस्वरूप गाँवों और जनजातीय क्षेत्रों में विकास-खण्डों की स्थापना की गई। इससे जनजातियाँ और ग्रामवासी विकास सम्बन्धी नई संरचनाओं, जैसे खण्ड-विकास अधिकारी, सहायक विकास अधिकारी आदि के सम्पर्क में आए। जन-सहभागिता को विकास का आधार माना गया। विकास-खण्डों के मुख्यालय नगरों में ही हैं। परिवार नियोजन इन कार्यक्रमों का अभिन्न अंग है। इन सभी प्रयासों से नवीन विचारधाराओं और यन्त्रों का जनजातीय व ग्रामीण क्षेत्रों में प्रवेश हुआ है तथा उनकी बाह्य जगत से अन्तर्क्रिया बढ़ी है और गहरी हुई है।

(2) नवीन संस्थाओं का प्रवेश—ग्रामों में कुछ नवीन संस्थाओं का भी प्रवेश हुआ है, जैसे प्राथमिक चिकित्सा केन्द्र, स्कूल, यातायात के साधन, बिजली व डीजल जैसे ऊर्जा के अजैविक साधन। इनके अतिरिक्त, बैंकों की गतिविधियाँ भी गाँवों में बढ़ी हैं। स्पष्ट है कि ये सभी शहरी संस्थाएँ गाँव में भी नगरीय जीवन-शैलियों का प्रभाव बढ़ा रही हैं। जनजातीय और ग्रामीण परम्पराएँ बिखरने लगी हैं। उपर्युक्त तीनों इकाइयों के बीच अन्तर्क्रियाएँ गहनतर हो गई हैं। इन नवीन संस्थाओं के कर्मचारी प्रशिक्षित हैं और प्रायः शहरों से सम्बन्धित हैं। इनके क्षेत्रीय कार्यालय भी शहर में हैं, जिसके परिणामस्वरूप ग्रामीणों को अनेक बार इन कार्यालयों में जाना पड़ता है।

(3) कल्याण सम्बन्धी गतिविधियाँ—राज्य में जनजातियों, अनुसूचित जातियों और भूमिहीन मजदूरों के उत्थान के लिए अनेक कल्याण की योजनाएँ बनाई गई हैं। कुछ क्रान्तिकारी कदम भी उठाए गए हैं, जैसे 1955 में अस्पृश्यता को अपराध घोषित किया गया। इसी प्रकार, जमींदारी प्रथा का भी उन्मूलन किया गया। सुरक्षात्मक भेदभाव की नीति के अन्तर्गत अनुसूचित जनजातियों और जातियों के लिए शिक्षा संस्थाओं में, विधानसभाओं में तथा सरकारी सेवाओं में सुरक्षित स्थानों की व्यवस्था की गई है। इतना ही नहीं, वरन् मकानों या कुओं के लिए अनुदान तथा अध्ययन के लिए छात्रवृत्तियों की भी व्यवस्था की गई है। भूमिहीन मजदूरों के लिए न्यूनतम मजदूरी अधिनियम भी लागू किया गया है। इन सभी कल्याणकारी कदमों ने परम्परागत सामाजिक संरचना पर प्रहार किए हैं और जनजाति-कृषक-नगरीय सम्पर्कों की आवश्यकता को बढ़ा दिया है।

(4) नवीन राजनीतिक प्रक्रियाएँ—आजादी के बाद भारतीय संविधान में सार्वभौमिक वयस्क मताधिकार पर आधारित प्रजातान्त्रिक संसदीय प्रणाली को अपनाया गया है। इस भाँति नियतकालिक चुनावों एवं दलगत राजनीति के आधार पर नवीन राजनीतिक प्रक्रियाओं का प्रादुर्भाव हुआ है। ये प्रक्रियाएँ लहर की भाँति जनजातियों और ग्रामीणों तक भी पहुँची हैं। अपने लिए आधार की खोज में राजनीतिक दलों ने जाति, नातेदारी, धर्म जैसी परम्परागत संरचनाओं का सहारा लिया है। धीरे-धीरे इन परम्परागत संरचनाओं ने भी राजनीतिक लाभों को पहचाना है और उनका राजनीतिकरण हुआ है। जनजातीय एवं ग्रामीण क्षेत्रों में नए राजनीतिक गठबन्धन उभरे हैं और जनजाति-कृषक-नगरीय अन्तर्क्रियाओं के लिए स्थायी आधार बन गए हैं। इसी क्षेत्र में राजनीतिक विकेन्द्रीकरण की चर्चा भी की जा सकती है। पंचायती

राज के तिमंजिले ढाँचे ने गाँव को बाह्य जगत से जोड़ दिया है। ग्राम पंचायत खण्ड-विकास समिति से जुड़ी है और खण्ड-विकास समितियाँ जिला परिषद् से जुड़ी हैं। न्याय पंचायतें एक से अधिक गाँव को मिलाकर बनाई जाती हैं। जिला पंचायत राज अधिकारी, जिसका कार्यालय जिला केन्द्र पर होता है, इन स्थानीय इकाइयों की देखभाल करता है।

जनजातीय-कृषक-नगरीय अन्तर्क्रियाओं के इस व्यापीकरण एवं गहनीकरण के परिणामस्वरूप नए सामाजिक सम्बन्धों के प्रतिमान स्थापित हुए हैं, कुछ नवीन सामाजिक समस्याओं का भी जन्म हुआ है। अतः अब हम इन अन्तर्क्रियाओं को सामाजिक परिवर्तन के स्रोत के रूप में प्रस्तुत करेंगे अर्थात् उन नवीन सामाजिक सम्बन्धों के प्रतिमानों एवं सम्बन्धित समस्याओं का विश्लेषण करेंगे जो इन बढ़ती हुई अन्तर्क्रियाओं के परिणामस्वरूप उभर रहीं हैं।

जनजाति-कृषक-नगरीय अन्तर्क्रियाएँ : उभरते प्रतिमान एवं समस्याएँ

जनजाति-कृषक-नगरीय अन्तर्क्रियाओं के बढ़ने से नए सम्बन्धों के प्रतिमान उभर रहे हैं तथा उनसे कुछ समस्याएँ भी उत्पन्न हो रही हैं। उनका संक्षिप्त विवरण निम्न प्रकार है—

(1) सहयोगी तथा शोषक सम्बन्धों का प्रादुर्भाव—अन्तर्क्रियाओं के परिणामस्वरूप सम्बन्धों के जो प्रतिमान उभरे हैं वे सहयोगी भी हैं और शोषक भी हैं। सहयोग की दृष्टि से यदि देखा जाए तो नवीन संस्थाओं एवं संरचनाओं ने जनजातियों एवं ग्रामीणों के जीवन में विकास के नए अवसरों को प्रस्तुत किया है। परम्परागत शोषक संरचनाओं, जैसे जमींदार या साहूकार वर्ग का वर्चस्व समाप्त हुआ है। परन्तु साथ ही, कुछ अधिकारीगण या नए ठेकेदार जनजाति अथवा गाँव के लोगों का शोषण भी कर रहे हैं। इनके सम्पर्क अधिकतर समृद्ध किसानों से ही हैं। यह नया गठबन्धन पिछड़े हुए वर्ग को पहले की अपेक्षा और भी निराश्रित बनाता है क्योंकि परस्पर सहायता के परम्परागत नियम-बन्धन इन पर लागू नहीं होते हैं।

(2) जीवन-निर्वाह के ढंगों में परिवर्तन—जनजातीय एवं ग्रामीण अर्थव्यवस्था में भारी परिवर्तन हुआ है। जनजातियों का भूमि से अलगाव हुआ है क्योंकि बाहर के समृद्ध किसानों एवं ठेकेदारों तथा उद्योगपतियों ने उनकी भूमि पर धीरे-धीरे स्वामित्व प्राप्त किया है। वे भूमि सम्बन्धी कानूनों से परिचित नहीं हैं अतः वे ठगे भी गए हैं। वनों के आरक्षण की नीति ने भी उन्हें परम्परागत जीवन-निर्वाह के साधनों से वंचित कर दिया है। अब तो उनके पास यही उपाय शेष है कि वे ठेकेदारों के पास या फैक्टरियों में या खानों में मेहनत-मजदूरी करें।

गाँवों में भी खेती का व्यवसायीकरण हुआ है। नए बीज, नई रासायनिक खादों व ट्रैक्टरों, जल-पम्पों के प्रयोग ने परम्परागत तरीकों को बिलकुल बदल दिया है। अब नकद-फसलों का प्रचलन बढ़ गया है। इससे ग्रामीणों की शहरों पर निर्भरता बढ़ी है। मैकेनिकों, यन्त्रों आदि के लिए वे शहरों पर आश्रित हैं। यही नहीं, उनकी फसल के लिए बाजार भी शहरों में ही उपलब्ध हैं।

उपर्युक्त सभी कारणों से अर्थव्यवस्था का द्रव्यीकरण हो गया है। धन का प्रभाव बढ़ा है। स्पष्ट है कि इससे अधिक लाभ पहले से ही सम्पन्न किसानों को ही पहँचा है। इसके तीन

परिणाम हुए हैं—(i) जनजातियों एवं भूमिहीन ग्रामीणों का दरिद्रीकरण हुआ है; (ii) उनका श्रमकीकरण हुआ है; तथा (iii) ऐसे समाजों में श्रेणियों के मध्य अन्तराल और असन्तुलन बढ़ गया है।

(3) मध्यस्थों एवं बिचौलियों के एक नए वर्ग का उदय—जनजातियों और ग्रामीणों के बीच ऐसे लोगों का उदय हो गया है जो उनके और अधिकारीतन्त्र या विकासतन्त्र के बीच 'सम्पर्क' या बिचौलियों का कार्य करते हैं। ये मध्यस्थ न केवल शक्तिशाली हो जाते हैं वरन् भ्रष्टाचारीतन्त्र को बनाए रखने के भी आधार हैं। विकास कार्यक्रमों के होने वाले लाभों में इस अनुत्पादक मध्यस्थ वर्ग के लाभांश का हिस्सा काफी बड़ा है।

(4) राजनीतिक प्रक्रिया की अन्य प्रक्रियाओं पर प्राथमिकता—परम्परागत रूप से लगभग अराजनीतिक जनजातीय व ग्रामीण समुदायों का राजनीतिकरण इस तरीके से हो रहा है कि राजनीतिक प्रक्रियाओं का अन्य सभी आर्थिक-सामाजिक प्रक्रियाओं पर प्रभुत्व बढ़ रहा है। राजनीतिक सम्बन्ध शक्ति और सत्ता के प्रमुख आधार बन रहे हैं। राजनेताओं को भी गाँवों या जनजातियों में अपने कार्यसमूह बनाने पड़ते हैं। अतः वे सुरक्षा और संरक्षण द्वारा इन समुदायों में गुटबन्दी को बढ़ावा देते हैं ताकि उनका इन पर प्रभाव का शिकंजा कसा रहे। ऐसे वातावरण में असामाजिक तत्त्वों को भी राजनीति में प्रवेश करने का मौका मिला है। जनजाति क्षेत्रों और ग्रामीण क्षेत्रों का राजनीतिक वातावरण प्रदूषित और विस्फोटक हुआ है।

(5) संयुक्त परिवार, नातेदारी एवं जजमानी व्यवस्था की भूमिका का ह्रास—संयुक्त परिवार, नातेदारी एवं जजमानी व्यवस्था ग्रामीण जीवन की आधारभूत सामाजिक संस्थाएँ रही हैं। वे ही सामाजिक सुरक्षा व बीमे का कार्य भी करती हैं। जजमानी व्यवस्था रोजगार की गारन्टी देने वाली संस्था थी। जनजाति-कृषक-नगरीय अन्तर्क्रियाओं के परिणामस्वरूप इन संस्थाओं के महत्त्व और सामाजिक भूमिका में ह्रास हुआ है। इनके स्थान पर व्यक्तिवादिता तथा औपचारिक संस्थाओं की क्रियाशीलता बढ़ गई है। जातिगत व्यवसाय को अपनाने की अनिवार्यता के समाप्त हो जाने से जजमानी व्यवस्था का ह्रास हुआ है। अर्थव्यवस्था के द्रव्यीकरण ने भी इस ह्रास में योगदान दिया है। बाजार-बल परम्परागत आदान-प्रदान के सम्बन्धों पर हावी होने लगे हैं। रोजगार के अवसरों की प्राप्यता ने ग्राम से नगरों की ओर प्रवास की प्रवृत्ति को प्रोत्साहन दिया है।

(6) नगरीय सीमावर्ती क्षेत्रों का ग्रामीणीकरण—जनजाति-कृषक-नगरीय अन्तर्क्रियाओं का प्रभाव एक-तरफा अर्थात् केवल ग्रामों तक ही रहा हो, ऐसा नहीं है। आमतौर से बड़े शहरों में विशेषतः उनकी सीमाओं पर ग्रामीणों की बस्तियाँ बन गई हैं। रोजगार की तलाश में आए ग्रामीण युवा मेहनत-मजदूरी करने को बाध्य हो जाते हैं और बड़ी संख्या में वहीं झुग्गी-झोपड़ी डालकर रहने लगते हैं। कुछ ग्रामवासियों ने डेरी जैसे धन्धे वहाँ खोल लिए हैं। इस भाँति, शहरों में भी ग्रामीणीकरण की प्रक्रिया घटित हो रही है। इसका एक प्रतिबिम्ब हमें आधुनिक फिल्मों में देखने को मिलता है जिनमें लोकगीत व नृत्य अथवा नायक-नायिकाओं का ग्रामीण दिखाया जाना लोकप्रिय हो गया है। ग्रामीण-संवाद भी लोकप्रिय हो गया है।

(7) नगरवाद का गाँवों की ओर प्रसार—ग्रामीण क्षेत्रों पर नगरवाद का प्रभाव बढ़ रहा है। गाँव में टी स्टाल खुले हैं और विवाह-शादी में भी शहरों की तरह ही कार्यक्रम रखा जाता है या दहेज आदि का सामान दिया जाने लगा है। घरों की साज-सज्जा एवं खान-पान पर भी प्रभाव पड़ा है।

(8) सामाजिक जीवन में नैटवर्क्स की सक्रियता—सामाजिक जीवन में नैटवर्क्स की भूमिका बढ़ गई है। नैटवर्क्स उन सम्बन्धों को कहते हैं जिनका निर्माण कोई व्यक्ति या समूह किसी निश्चित उद्देश्य की प्राप्ति के लिए करता है। ये ऐसे सामाजिक समूह हैं जो विशिष्ट कार्य सम्पन्न होने के बाद विघटित हो जाते हैं। श्रीनिवास तथा आन्द्रे बेतेई ने इनका अध्ययन किया है। ब्रज राज चौहान के शब्दों में, "अपरिचित व्यक्तियों, परिस्थितियों से सम्पर्क-सूत्र बनाने में नैटवर्क की विशिष्टता है। इन्हें सम्पर्क-सूत्र भी कहा जा सकता है। जहाँ सामाजिक संरचना व संस्थागत उपायों से समस्याओं के हल कमजोर पड़ते हैं, वहाँ सम्पर्क-सूत्र क्रियान्वित किए जा सकते हैं और भारतीय ग्रामों में राजनीतिक गतिविधियाँ इस श्रेणी में आती हैं।"[2]

(9) जातीय व जनजातीय संघों का प्रादुर्भाव—एम० एस० ए० राव ने दिल्ली के समीप ही यादवपुर गाँव का अध्ययन किया और उन्होंने पाया कि वहाँ यादव संघ की स्थापना हुई है जो अखिल भारतीय यादव महासंघ से सम्बद्ध किया गया है। इसी भाँति, अनेक जनजातियों के भी संघ विकसित हो गए। ये संघ हित-समूहों के रूप में कार्य कर रहे हैं। इनका राजनीतिक स्वरूप स्पष्ट दिखाई देता है। इनके कार्यकलापों से ऐसा आभास होता है कि मानो ये जाति या जनजाति की यूनियन हों। यही कारण है कि विद्वानों ने यह विचार व्यक्त किया है कि जाति वर्ग के रूप में बदल रही है। परन्तु जन्म के आधार पर सदस्यता होने के नाते और ऐसे संघों के आर्थिक, शैक्षणिक व सांस्कृतिक कार्यों को देखते हुए इन्हें व्यापारिक संघों के समकक्ष समझना भूल ही दिखाई देती है। समाजशास्त्रियों में इसके प्रति दो मत हैं—एक उन समाजशास्त्रियों का मत है जो यह समझते हैं कि इन जाति संघों से जाति व्यवस्था और मजबूत हुई है व परम्परागत सामाजिक संस्तरण शिथिल नहीं हुआ है। दूसरा मत उन समाजशास्त्रियों का है जो यह समझते हैं कि इन जातीय संघों ने प्रतिस्पर्द्धा को अपनाकर एक नई सामाजिक व्यवस्था का प्रारम्भ किया है।

(10) जनजाति एवं कृषक अशान्ति—आज ग्रामीण एवं जनजातीय क्षेत्र अशान्त दिखाई पड़ते हैं। नए राजनीतिक, आर्थिक एवं सामाजिक बलों ने उनकी परम्परागत अनुकूलन की शैली को भंग कर दिया है। भारत के अनेक क्षेत्रों में जनजातियों एवं कृषकों के उग्र आन्दोलन हो रहे हैं। असम में बोडो आन्दोलन तथा बिहार में झारखण्ड आन्दोलन हिंसक रूप ग्रहण कर चुके हैं। ये आन्दोलन जनजातियों में व्याप्त असन्तोष और रोष के परिचायक हैं। नागा और मिजो विद्रोह पूरी तरह समाप्त नहीं हुए हैं। इसी प्रकार, पश्चिमी उत्तर प्रदेश के क्षेत्र में जन्मा भारतीय किसान यूनियन का आन्दोलन और उसके नेता महेन्द्र सिंह टिकैत अन्तर्राष्ट्रीय ख्याति अर्जित कर चुके हैं। जनजाति-कृषक-नगरीय अन्तर्क्रियाएँ भी इन आन्दोलनों के पीछे महत्त्वपूर्ण कारक हैं।

(11) जनजातियों एवं कृषकों में कुछ सामाजिक समस्याओं का उदय—जनजाति-कृषक-नगरीय सम्पर्कों ने कुछ नवीन समस्याओं को भी जन्म दिया है। जनजातियों की प्रमुख समस्या भूमि के स्वामित्व से विलग होना है। शुरू-शुरू में कुछ ऐसे लोग उनके क्षेत्र में पहुँचे जैसे कृषक, व्यापारी अथवा कारीगर, जिन्होंने भोले-भोले आदिवासी लोगों का शोषण प्रारम्भ किया। भूमि के जटिल कानूनों व बहीखातों के रख-रखाव से अनभिज्ञ जनजाति के लोगों की लूट का सिलसिला चल पड़ा। इसी प्रकार, उनकी ऋणग्रस्तता बढ़ी है और ये बंधुआ मजदूरी के लिए बाध्य हो गए हैं। जनजातियों के युवा नशाखोरी के शिकार हो रहे हैं और वेश्यावृत्ति बढ़ रही है। मध्यस्थों के माध्यम से जनजातियों की अनेक लड़कियाँ शहर के लाल बत्ती क्षेत्र में देह व्यापार में प्रविष्ट हो गई हैं। उनकी दुर्दशा का अनुमान इसी से लगाया जा सकता है कि कुछ क्षेत्रों में ऐसी लड़कियों को पुलिस की सहायता से उनके समुदाय में वापस लाया गया और उनके पुनर्वास की चेष्टा भी की गई, परन्तु आर्थिक कठिनाइयों के परिणामस्वरूप वे पुनः देह बाजार में वापस चली गईं। इसी भाँति, कृषक समुदायों में भी तीन समस्याएँ उभरी हैं—**एक**, मद्यपान निरन्तर बढ़ रहा है; **दो**, जातीय संघर्षों की आवृत्ति बढ़ रही है और वे खूनी हो गए हैं; **और तीन**, उनमें गुटबन्दियाँ बढ़ गई हैं। गाँव वास्तव में असुरक्षित हो उठे हैं। ये सभी समस्याएँ तत्काल समाधान की प्रतीक्षा में मुँह खोले खड़ी हैं।

इस भाँति, हम देखते हैं कि जनजाति-कृषक-नगरीय अन्तर्क्रियाओं ने भारतीय सामाजिक परिदृश्य को काफी सीमा तक प्रभावित एवं परिवर्तित किया है। इनके सकारात्मक एवं ऋणात्मक दोनों ही प्रकार के परिणाम हुए हैं। हमारे उपर्युक्त विश्लेषण का यह तात्पर्य कदापि न लगाया जाए कि हम पुरानी सुखद आदिम पृथकता अथवा एकान्तता के पक्षधर हैं। जनजाति, गाँव एवं नगर में सम्पर्क एवं अन्तर्क्रिया तो होनी ही चाहिए। विकास के लाभों में सहभागिता का अधिकार तो सभी का है, परन्तु यह अवश्य होना चाहिए कि विकास योजनाओं का नियोजन एवं क्रियान्वयन इस प्रकार से हो कि सभी क्षेत्रों और वर्गों को विकसित होने के समान अवसर मिलें। शोषण के स्रोत निस्सन्देह बन्द किए जाने चाहिए। समीकृत एवं सन्तुलित विकास में ही समस्याओं का निधान निहित है। साथ ही, प्रतिबन्धों एवं नियन्त्रणों की व्यवस्था का भी निर्माण किया जाना चाहिए जो पहले से ही हो सकने वाली सामाजिक बुराइयों का पूर्वानुमान कर सके और उनको उगने से पहले ही समाप्त कर सके। जनजातियों को उनकी भूमि वापस दिलाने एवं वनों के सीमित उपभोग का अधिकार प्रदान करने के लिए सक्रिय कदम उठाए जाने चाहिए। जब ये रचनात्मक कदम उठाए जाएँगे, तभी नए उदीयमान भारतीय समाज में जनजातियों, कृषकों एवं नगरवासियों की क्षमता के आधार पर भागीदारी आश्वस्त हो सकेगी।

सन्दर्भ-सूची

1. ब्रज राज चौहान, **भारत में ग्रामीण समाज**, पृष्ठ 128.
2. वही, पृष्ठ 117.

(8) वैश्वीकरण ने अन्य देशों के साथ सहयोग का मार्ग प्रशस्त कर फसलों की नई किस्मों को विकसित करने में सहायता प्रदान की है। विकसित देशों से उपलब्ध ज्ञान अब विकासशील देशों के वैज्ञानिकों को स्थानीय उत्पादन बढ़ाने में सहायक सिद्ध हो रहा है। जैव-तकनीकी के कृषि में उपयोग से कृषि उत्पादन बढ़ाने में सहायता मिली है।

वैश्वीकरण विकासशील देशों के लिए एक लाभकारी प्रक्रिया नहीं मानी जाती है। ऐसा विश्वास किया जाता है कि वैश्वीकरण विकसित देशों द्वारा विकासशील देशों पर सभी क्षेत्रों (कृषि सहित) में अपने नियमों को थोपने की एक प्रक्रिया है। विकासशील देशों के पास इन्हें मानने के अतिरिक्त कोई विकल्प नहीं है। कृषि से सम्बन्धित विश्व व्यापार संगठन के अनेक समझौतों एवं नियमों का विकासशील देशों की कृषि व्यवस्था पर नकारात्मक प्रभाव पड़ा है। इससे निर्धन किसान एवं भूमिहीन कृषकों की समस्याओं में वृद्धि हुई है। इस प्रकार, वैश्वीकरण गरीब किसानों हेतु दुःखों एवं विपदाओं को बढ़ाने का एक प्रमुख स्रोत बन गया है। अमेरिका द्वारा बासमती एवं अन्य भारतीय उत्पादों के पेटेण्ट से भारतीय हितों को गहरा धक्का पहुँचा है।

सन्दर्भ-सूची

1. Kingsley Davis, **Human Society**, p. 452.
2. M. E. Jones, **Basic Sociological Theories**, p. 244.

23

ग्रामीण परिवर्तन

परिवर्तन अवश्यम्भावी है क्योंकि यह प्रकृति का नियम है। संसार में कोई भी पदार्थ ऐसा नहीं है जो स्थिर रहता हो। उसमें कुछ-न-कुछ परिवर्तन सदैव होता रहता है। प्रकृति में जड़ एवं चेतन अर्थात् प्रत्येक जीव एवं सभी प्रकार की वस्तुओं में निरन्तरता और गतिशीलता इसी के द्वारा सम्भव हो पाती है। अतएव, स्थिर समाज की कल्पना करना भी आज के युग में सम्भव नहीं है। समाज में सामंजस्य स्थापित करने के लिए भी परिवर्तन आवश्यक है। मैकाइवर एवं पेज का कहना है कि, "समाज परिवर्तनशील तथा गत्यात्मक दोनों है।" परिवर्तन किसी भी वस्तु, विषय अथवा विचार में समय के अन्तराल से उत्पन्न हुई भिन्नता को कहते हैं। परिवर्तन तब और अब की स्थितियों में हुए अन्तर को प्रकट करता है।

परिवर्तन एक बहुत विस्तृत अवधारणा है और यह जैविक, भौतिक तथा सामाजिक तीनों जगत में पाई जाती है। किन्तु जब परिवर्तन शब्द के पूर्व 'सामाजिक' शब्द जोड़कर उसे 'सामाजिक परिवर्तन' बना दिया जाता है तो निश्चित ही उसका अर्थ सीमित हो जाता है। सामाजिक परिवर्तन को हम सम्पूर्ण परिवर्तन का एक भाग कह सकते हैं क्योंकि भौतिक एवं जैविक जगत में होने वाले परिवर्तनों को सामाजिक परिवर्तन के क्षेत्र के अन्तर्गत नहीं रखा जा सकता है। सामाजिक परिवर्तन का अर्थ सामाजिक संगठन, समाज की विभिन्न इकाइयों, सामाजिक सम्बन्धों, संस्थाओं इत्यादि में होने वाला परिवर्तन है। सामाजिक प्रक्रियाओं तथा सामाजिक अन्तर्क्रियाओं में होने वाले परिवर्तनों को भी सामाजिक परिवर्तन ही कहा जाता है।

ग्रामीण भारत के विकास के लिए अनेक विकास योजनाएँ प्रारम्भ की गई हैं। इन योजनाओं के परिणामस्वरूप ग्रामीण समाज के लगभग सभी पहलुओं में महत्त्वपूर्ण परिवर्तन

हुए हैं। विभिन्न योजनाओं ने ग्रामीण जीवन में परिवर्तन की अनेक शक्तियों को क्रियाशील कर दिया है जिनके परिणामस्वरूप आज ग्रामीण भारत संक्रमण काल से गुजर रहा है। इसीलिए ग्रामीण समाजशास्त्र में परिवर्तन के लिए उत्तरदायी प्रक्रियाओं एवं कारकों का अध्ययन महत्त्वपूर्ण हो जाता है।

ग्रामीण भारत में परिवर्तन के कारक एवं प्रक्रियाएँ

नियोजित परिवर्तन की आधारशिला गाँव में तीन संस्थाओं पर रखी गई है—**प्रथम**, स्कूल, **द्वितीय**, पंचायत, तथा **तृतीय**, सहकारी समितियाँ। एकीकृत (समेकित) ग्रामीण विकास कार्यक्रम विस्तृत कार्यक्रम प्रस्तुत करता है। इस प्रोग्राम को लागू करने और गाँव में परिवर्तन को लाने में इससे अलग भी कुछ व्यक्तियों और समूहों की महत्त्वपूर्ण भूमिका है। उन्हें हम परिवर्तन के अभिकर्ता कह सकते हैं। पाणिनि तथा सोमजी ने कम्यूटर की भूमिका को महत्त्व दिया है। ये वे लोग हैं जो किसी न किसी काम से दैनिक रूप से शहर आते हैं और फिर शाम को गाँव लौटते हैं। ये ग्रामीण जीवन और बाह्य जीवन के बीच सेतु का कार्य करते हैं। दूसरे, कुछ ऐसे नेता हैं जिनकी जड़ें तो ग्रामीण समाज में हैं परन्तु जो राजनीतिक दलों के माध्यम से, सरकारी पदों के माध्यम से या अन्य किसी व्यवसाय में प्रतिष्ठित पद रखते हैं। वे भी गाँव में प्रभावशाली स्थान रखते हैं और परिवर्तन के अभिकर्ता बन जाते हैं। तीसरे, गाँव में वापस आए सेवानिवृत्त सैनिक या अन्य पदाधिकारी भी अपने अनुभवों के द्वारा गाँव में यह भूमिका निभा रहे हैं। चौथे, गाँव के स्कूल का शिक्षक इसलिएँ परिवर्तन का अभिकर्ता है क्योंकि उसे नवीनतम ज्ञान का अधिकारी और चीजों को समझने वाला माना जाता है। पाँचवें, सरकारी कर्मचारी का भी ग्रामीण नियोजित परिवर्तन में महत्त्वपूर्ण योगदान है। पंचायत राज अधिकारी, खण्ड विकास अधिकारी, मुख्य विकास अधिकारी आदि ऐसे महत्त्वपूर्ण कर्मचारी हैं जिनकी यह जिम्मेदारी है कि नियोजन को सफलतापूर्ण लागू करें। अन्तिम रूप से, ऐच्छिक एजेन्सियों के कार्यकर्त्ताओं को हम सामाजिक परिवर्तन की दृष्टि से नहीं भुला सकते। उनकी निस्स्वार्थ सेवा ग्रामीणों में अधिक विश्वास उपजाती है और वे ग्रामीण शक्ति को गतिमान करने में अधिक सफल है।

संक्षेप में, आधुनिक भारत में सामाजिक परिवर्तन का प्रमुख स्रोत नियोजन है क्योंकि नियोजित सामाजिक परिवर्तन द्वारा ही भारतीय समाज अपने लक्ष्यों की ओर अग्रसर है। नियोजन के अतिरिक्त कुछ ऐसी बृहद् प्रतिक्रियाएँ भी हैं जो देश में घटित हो रही हैं और जिनका प्रभाव सम्पूर्ण भारत पर पड़ रहा है। उनमें से प्रमुख प्रक्रियाएँ इस प्रकार हैं—

(1) जनतन्त्रीकरण—सार्वभौमिक वयस्क मताधिकार पर आधारित चुनाव के द्वारा प्रतिनिधित्व के सिद्धान्त, समानता, स्वतन्त्रता व भाईचारे के आदर्शों में निहित और एक जवाबदेह व उत्तरदायी सरकार वाली व्यवस्था आज परम्परागत भारतीय समाज एवं सत्तात्मक ढाँचे को सर्वाधिक प्रभावित कर रही है। इस प्रक्रिया को ही जनतन्त्रीकरण या प्रजातन्त्रीकरण कहा जाता है। यह समतावादी मूल्यों के प्रसार की एक प्रक्रिया है जो जातिगत भारतीय समाज को आधुनिकीकरण एवं आधुनिक मूल्यों की ओर ले जा रही है।

(2) आधुनिकीकरण—आधुनिकीकरण वह प्रक्रिया है जिसके द्वारा पूर्व-आधुनिक समाज आधुनिक समाजों की विशेषताओं (यथा आर्थिक सम्पन्नता, राजनीतिक स्थायित्व, वैज्ञानिक व तार्किक दृष्टिकोण तथा सार्वभौमिक लौकिक मूल्य आदि) को अपनाते हैं। आधुनिकीकरण 'आधुनिकता' के उन क्षेत्रों में प्रसार की प्रक्रिया है जो अभी तक उसके प्रभाव क्षेत्र से बाहर हैं। इस भाँति, आधुनिकीकरण मूल्यों और दृष्टिकोणों के निश्चित दिशा में रूपान्तरण की एक मानसिक प्रक्रिया भी है। यह इसका सार-तत्त्व है। इसके द्वारा पूर्व-आधुनिक समाज समूहवाद, नियतिवाद, रूढ़िवाद व धर्मान्धता से मुक्ति प्राप्त करता है। यह समय की दृष्टि से एक सापेक्षिक अवधारणा है क्योंकि जिसे हम आज आधुनिक मानते हैं वह कुछ देर बाद प्राचीन हो जाता है। भारतीय समाज में इस प्रक्रिया का प्रारम्भ अंग्रेजी शासनकाल में हुआ तथा इसने भारतीय समाज के सभी पक्षों को अत्यधिक प्रभावित किया है।

(3) पश्चिमीकरण—पिछले 200 वर्षों में, विशेषतः अंग्रेजी सरकार के माध्यम से, हम पश्चिम के ज्ञान, जीवन शैली, संस्कृति तथा यंत्र व तकनीक से प्रभावित हो रहे हैं। इन्हीं परिवर्तनों के लिए 'पश्चिमीकरण' शब्द का प्रयोग किया जाता है। पश्चिमीकरण की प्रक्रिया ने भी भारतीय समाज एवं संस्कृति को काफी प्रभावित किया है तथा यह कहा जाता है कि शायद ही ऐसा कोई क्षेत्र हो जिस पर इस प्रक्रिया का प्रभाव न पड़ा हो। आजादी के बाद यह प्रभाव और भी अधिक बढ़ा है। यह सच है कि पहले उच्च जातियों में पश्चिमीकरण हुआ लेकिन धीरे-धीरे व कभी सीधे ही, निम्न जातियाँ संस्कृतिकरण की असारता को समझकर पश्चिमीकरण को अंगीकृत कर लेती हैं। आज सम्पूर्ण भारतीय समाज पर पश्चिमीकरण का प्रभाव स्पष्टतः देखा जा सकता है।

(4) नगरीकरण—नगरीकरण नगरीय बनने की प्रक्रिया है। भारत में पिछले अनेक दशकों में नगरीय जनसंख्या में निरन्तर वृद्धि होती जा रही है। बढ़ती हुई नगरीकरण की प्रक्रिया ग्रामवासियों की नगर की ओर बढ़ती हुई दर और नगरीय तौर-तरीकों के ग्रामीण क्षेत्रों में विस्तार की व्यापकता में प्रकट हो रही है। यह प्रक्रिया भी भारतीय ग्रामीण समाज एवं ग्रामीण जीवन को परिवर्तित कर रही है। इसने नगरों में आवास की समस्या भी विकसित कर दी है मलिन बस्तियों का विकास नगरों में तीव्रता से हुआ है जिससे अपराध की दर में वृद्धि हुई है।

(5) औद्योगीकरण—औद्योगीकरण केवल उत्पादन की तकनीक और ढंग के बदलने का नाम ही नहीं है अपितु यह आदर्शों और मूल्यों के बदलने की प्रक्रिया भी है जिसे उद्योगवाद कहते हैं। दस्तकारी और परिवार के आधार पर स्थापित परम्परागत उत्पादन व्यवस्था के लोप होने पर उद्योगवाद के मूल्यों का भारतवासियों के जीवन में समावेश स्वाभाविक ही है। आज भारत में काफी तीव्रता से औद्योगीकरण हो रहा है तथा इसके भारतीय सामाजिक संरचना एवं आर्थिक ढाँचे पर काफी गहरे प्रभाव पड़ रहे हैं। भारतीय समाज के तीनों स्तम्भ– गाँव, जाति व्यवस्था तथा संयुक्त परिवार प्रणाली– इसके प्रभाव से काफी परिवर्तित हो गए हैं।

(6) लौकिकीकरण—लौकिकीकरण की प्रक्रिया धीरे-धीरे धर्म को केवल धर्म के क्षेत्र तक ही सीमित करती जा रही है। खान-पान, वेश-भूषा, व्यवसाय, राजनीति आदि उसके प्रभाव

क्षेत्र से अलग हो रहे हैं। ये सांसारिक बातें हैं भगवान से इनका क्या लेना-देना, यह विचारधारा आज भारतीय समाज में प्रचलित अन्धविश्वास को तोड़ रही है और सांस्कारिक शुद्धता के विचारों में परिवर्तन ला रही है। खाद्य-अखाद्य के प्राचीन मूल्य भी बदल रहे हैं। भारत को लौकिक राज्य के रूप में स्वीकार किया जाना इस प्रक्रिया का सबसे बड़ा परिणाम कहा जा सकता है।

(7) संस्कृतिकरण—संस्कृतिकरण भारतीय समाज में परिवर्तन की एक आन्तरिक प्रक्रिया है। इसके माध्यम से निम्न जातियाँ उच्च जातियों के शास्त्रीय संस्कार व कर्मकाण्ड अपनाकर सामाजिक संस्तरण में उच्च स्थान का दावा करती हैं। यह दावा तुरन्त स्वीकार हो या न हो वह अलग बात है लेकिन ब्राह्मणवादी कर्मकाण्डीय शास्त्रीय संस्कृति का इस माध्यम से सर्वव्यापीकरण तो होता ही है जो पुरानी स्थिति में निश्चित बदलाव पैदा कर देता है। पहले ये कर्मकाण्ड केवल उच्च जातियों तक ही सीमित थे।

(8) राजनीतिकरण—राजनीतिकरण के माध्यम से भारतीय जनता में राजनीतिक घटनाओं और शक्तियों के प्रति जागरूकता बढ़ी है। चुनाव में उनको अपनी प्रभाविता का भी अहसास हुआ है। उनकी राजनीतिक सहभागिता बढ़ी है। वह ग्रामीण जनमानस, जो सदियों से राजनीतिक प्रक्रियाओं से दूर रखा गया था, राजनीतिकरण की प्रक्रिया द्वारा अपने राजनीतिक महत्त्व को समझ गया है और सचेत हो गया है।

(9) प्रवसन—प्रवसन का आशय उस प्रक्रिया से है जिसके द्वारा कोई व्यक्ति या समूह अपने मूल स्थान को छोड़कर दूसरे स्थान की ओर जाता है। इस प्रक्रिया का अध्ययन दो दृष्टियों से किया जा सकता है—**प्रथम,** आन्तरिक प्रवसन अर्थात् एक ही समाज के अन्तर्गत जनसंख्या का देशान्तरण और **द्वितीय,** एक देश से दूसरे देश की ओर देशान्तरण। बढ़ते हुए यातायात एवं सन्देशवाहन के साधनों तथा शिक्षा-वृद्धि के साथ देशान्तरण भी बढ़ता है। भारत में बढ़ते हुए नगरीकरण एवं औद्योगीकरण ने ग्रामवासियों को रोजगार की तलाश में नगरों की ओर आने हेतु विवश कर दिया है। इसके परिणामस्वरूप भारत में नगरीय जनसंख्या में तीव्रता से वृद्धि हुई है। अधिक प्रवसन आवास की समस्या को गम्भीर बना देता है तथा नगरों में गन्दी बस्तियों (Slums) का तीव्रता से विकास होने लगता है। कई बार इससे सामाजिक विघटन को प्रोत्साहन मिलता है। एक देश से दूसरे देश की ओर देशान्तरण 'बुद्धि के प्रवाह' (Brain drain) को प्रोत्साहन देता है। उदाहरणार्थ—अनेक भारतीय वैज्ञानिक व चिकित्सक, जो असाधारण प्रतिभा वाले हैं, विदेशों में कार्य करने के लिये प्रवास कर जाते हैं और भारतीय समाज उनकी प्रतिभा के फलों का प्रयोग करने से वंचित रह जाता है। यदि ऐसा न हो तो उनकी प्रतिभा का लाभ देश को ही मिलेगा तथा देश अधिक प्रगति करेगा।

उपर्युक्त प्रक्रियाओं के अतिरिक्त, शिक्षा (Education) भी सामाजिक परिवर्तन का एक प्रमुख स्रोत है। आज सरकार का प्रयास यह है कि प्रत्येक गाँव में एक जूनियर स्तर की पाठशाला अवश्य हो। यह जनशिक्षा का कार्यक्रम निश्चित ही परिवर्तन का माध्यम बन जाता

है। प्रौढ़ शिक्षा, टेलीविज़न और रेडियो द्वारा अनौपचारिक शिक्षा ग्रामीण समाज को नए आदर्शों और सभ्यता से परिचित कराती है। शायद इसीलिए प्रो० योगेन्द्र सिंह का सुझाव है कि ग्रामीण समाज का अध्ययन अब संरचनात्मक इकाइयों के माध्यम से अर्थात् परिवार, जाति, वर्ग आदि के माध्यम से करना काफी नहीं है। अब तो इनके स्थान पर 'सभ्यता' और 'संस्कृति' जैसी अवधारणाओं को लाना होगा। गाँव को अगर हम एक सांस्कृतिक व्यवस्था के रूप में समझेंगे तो परिवर्तन को समझने में सरलता होगी।

एम० एन० श्रीनिवास का कहना है कि भारतीय समाज को एक लौकिक राज्य घोषित किया जाना इसमें पाई जाने वाली विविधता को स्वीकार व सहन करना है जो भारतीय समाज में भारतीय इतिहास के प्रारम्भ से ही रही है। पंचवर्षीय विकास योजनाओं तथा समतावादी आदर्शों के विकास द्वारा भारतीय सामाजिक जीवन के प्रतिमानों में परिवर्तन आए हैं। एक सरकार तथा सामान्य सिविल एवं क्रीमिनल कानून, विकासशील अर्थव्यवस्था, सार्वजनिक जीवन एवं समस्याओं के प्रति लौकिक विचारधारा आज एक ऐसी वास्तविकता बन गई हैं कि कोई भी यह नहीं कह सकता कि भारत एक 'राष्ट्र' नहीं है।

उपर्युक्त विवेचन से यह स्पष्ट हो जाता है कि भारत में सामाजिक परिवर्तन की अनेक प्रक्रियाएँ क्रियाशील हैं। इनसे होने वाले परिवर्तनों ने भारतीय संरचना को एक नवीन स्वरूप प्रदान किया है। इसीलिए यह कहा जाता है कि भारतीय सामाजिक संरचना विभिन्न प्रजातीय, धार्मिक, भाषाई, जातीय एवं क्षेत्रीय समूहों का सरल ढेर (Conglomeration) नहीं है। के० एल० शर्मा ने उचित ही कहा है कि, "यह इन समूहों (समिष्टियों) में प्रत्येक में विभेदीकरण तथा उनकी ऐतिहासिक व सामाजिक-सांस्कृतिक विशिष्टताओं की दृष्टि से एक जटिल संरचना है। ....भारतीय समाज एक परिदृश्य (Panorama) है, काफी सीमा तक विशिष्ट है जिसमें विविध भाषाएँ, संस्कृतियाँ, धर्म तथा विभिन्न उद्भव के लोग भिन्न समयों में भूतकाल में समाहित हो रहे हैं। यह विविधताएँ जीवन के प्रतिमानों, जीवन शैली, भू-स्वामित्व के प्रतिमानों, व्यवसायों, उत्तराधिकार के नियमों तथा जीवन पथ के संस्कारों में दिखाई देती हैं। भारत में अंग्रेजी शासन ने इन सामाजिक-सांस्कृतिक तथा आर्थिक असमानताओं का स्वराघात किया है। एकता का विचार आज भारतीय संविधान में सन्निहित है जो लौकिकता, समाजवाद तथा स्वतन्त्रता को प्रमुख आदर्श मानता है।"[1]

ग्रामीण विकास के परिणामस्वरूप होने वाले परिवर्तन

विकास कार्यक्रमों के परिणामस्वरूप ग्रामीण भारत में अनेक परिवर्तन हुए हैं। परिवर्तन की अनेक प्रक्रियाओं ने भी ग्रामीण सामाजिक संरचना को परिवर्तित करने में सहायता प्रदान की है। भारतीय गाँवों में परिवर्तनशील परिदृश्य का विश्लेषण निम्नलिखित शीर्षकों के अन्तर्गत किया जा सकता है—

(1) परिवार एवं बन्धुत्व व्यवस्था में परिवर्तन—ग्रामीण रोजगार के नए अवसरों और ग्रामीण युवकों के नगरों की ओर प्रवास ने परिवारों की संरचना पर प्रभाव डाला है। संयुक्त

परिवार का वह शास्त्रीय रूप यहाँ कई पीढ़ियाँ एक परिवार प्रमुख के शासन में, एक ही कोष, एक ही निवास स्थान और एक ही रसोई के आधार पर जीवन-यापन करते हैं, बदल रहा है। इसके स्थान पर सामान्य सम्पत्ति व पारस्परिक दायित्वों पर आधारित सम्बद्ध परिवारों का उदय हो रहा है। परिवार का प्रमुख स्थान प्रतिष्ठा की दृष्टि से बना हुआ है। परन्तु यथार्थ शक्ति के स्रोत विकेन्द्रित और बहुबिन्दु वाले हैं। परिवार सामूहिक उत्पादन के केन्द्र के रूप में कम पर उपभोग की इकाई के रूप में अधिक विकसित होता जा रहा है। परिवार में उन सदस्यों की संख्या भी अधिक बढ़ रही है जोकि द्वितीयक या तृतीयक व्यवसाय में लगे हैं; जैसे खांडसारी या बाहर नौकरी। स्पष्ट है कि ऐसे परिवर्तनों से परिवारात्मकता का ह्रास हुआ है और व्यक्तिवाद को प्रोत्साहन मिला है। परिवार के सामूहिक हित के साथ-साथ व्यक्ति के हित-पूर्ति पर भी ध्यान दिया जाता है और सामंजस्य का मार्ग अपनाने का प्रयास किया जाता है।

जहाँ तक बन्धुत्व सम्बन्धों का प्रश्न है इनका सांस्कारिक स्वरूप ढीला हुआ है। ये सम्बन्ध लचीले हुए हैं। लेन-देन की प्रथा में भी ढिलाई आई है परन्तु विभिन्न स्वार्थों की पूर्ति के लिए बन्धुत्व व्यवस्था भारतीय ग्रामों में एक सामाजिक ताने-बाने (Social network) के रूप में अधिक क्रियाशील हो उठी है। उदाहरणार्थ, इन सम्बन्धों को नौकरी पाने, पदोन्नति या किसी सरकारी दफ्तर में कोई काम करवाने या चुनाव में जीतने के लिए प्रयोग किया जाने लगा है।

(2) जाति संरचना में परिवर्तन—नियोजित कार्यक्रमों के परिणामस्वरूप और विशेषतः अनुसूचित जातियों, अनुसूचित जनजातियों एवं कमजोर वर्गों के लिए किए गए कार्यक्रमों के परिणामस्वरूप जाति व्यवस्था में गहरे परिवर्तन हुए हैं। **प्रथम**, जातियों का सांस्कारिक शुद्धता के आधार पर सोपान-क्रम का ढाँचा बिखर रहा है। **द्वितीय**, निम्न जातियों में जाति चेतना का उदय हो रहा है। वे संगठित होकर इस नव जाग्रत अहम् की रक्षा करना चाहती हैं। **तृतीय**, मध्य श्रेणी जातियाँ राजनीतिक दृष्टि से अधिक सक्रिय हो उठी हैं। **चतुर्थ**, उच्च जातियों का परम्परागत प्रभुत्व कम होने लगा है और उनकी प्रभुता को मध्य श्रेणी की जातियों से चुनौती मिल रही है। **पंचम**, क्षेत्रीय आधार पर प्रभु जाति की अवधारणा क्रियाशील होती दिखाई देती है अर्थात् वह जाति प्रभुता ग्रहण करने लगती है जो क्षेत्र विशेष में संख्या के आधार पर या आर्थिक व राजनीतिक सत्ता के आधार पर शक्तिशाली हो। यह आवश्यक नहीं कि ऐसी प्रभु जाति परम्परागत जाति पद क्रम सोपान में भी सर्वोच्च जाति रही हो। **षष्ठ**, जातियों के संघ विकसित हो रहे हैं जैसा कि एम० एस० ए० राव ने बताया है कि यादवपुर गाँव में यादव युवक सभा की स्थापना हुई और उसे अखिल भारतीय यादव सभा के साथ सम्बद्ध किया गया। यह विभिन्न जातियों के संघ राजनीतिक प्रक्रिया में भी सक्रिय हैं और राजनीतिक सौदेबाजी करते हैं। एम० एन० श्रीनिवास के अध्ययनों से पता चलता है कि चुनाव के समय यह जाति संगठन वोट बैंक के रूप में सक्रिय हो जाते हैं।

(3) नए वर्गों का उदय—परम्परागत दृष्टि से भारतीय गाँव में भूस्वामियों, व्यापारियों, कृषकों एवं भूमिविहीन कृषि मजदूरों के वर्ग थे। परन्तु इनके बीच सम्बन्ध, मालिक और आसामी

सम्बन्ध प्रतिमान के आधार पर थे। भूमि सुधार कानूनों व विकास के अन्य कार्यक्रमों के परिणामस्वरूप कुछ नए हित समूहों का उदय हो रहा है जो वर्ग चेतना के आधार पर क्रियाशील हैं; जैसे गाँव में युवा सभाएँ, स्त्री सभाएँ, कृषक संघ, मजदूर संघ आदि। इस प्रकार रामकृष्ण मुखर्जी ने गाँव में तीन वर्गों की उपस्थिति बताई है—

(i) वे भूस्वामी, जो अपनी देख-रेख में खेती कराते हैं पर स्वयं खेती नहीं करते,

(ii) वे आत्म-निर्भर किसान, जो स्वयं खेती करते हैं, और

(iii) साझेदारी या वेतन के आधार पर खेती करने वाले कृषि मजदूर। इसी श्रेणी में अन्य अकुशल सेवा प्रदान करने वालों को भी सम्मिलित किया जा सकता है।

यह सभी वर्ग एक नव विकसित वर्ग चेतना के आधार पर आपस में बँधने लगे हैं और परम्परागत सामाजिक संरचना बदल रही है।

(4) शक्ति व सत्ता की संरचना में परिवर्तन—परम्परागत रूप से भारतीय ग्रामों में शक्ति संरचना के प्रमुख आधार निम्नलिखित थे—

(i) राजवंश पर आधारित या बाद में जमींदारी या तालुकेदारी पर आधारित शासक वर्ग।

(ii) जाति पद-क्रम सोपान में संस्कार के आधार पर उच्च जातियाँ जिसमें प्रस्थिति जन्म के आधार पर प्राप्त होती थी।

(iii) जाति पंचायत में चौधरी का पद भी वंशानुगत था।

(iv) ग्राम पंचायत में भी प्रायः मुखिया वंशानुगत आधार पर ही होता था।

इस भाँति, शक्ति और संरचना एक बन्द व्यवस्था का रूप प्रकट करती हैं जहाँ शक्ति पद-क्रम सोपान में एक क्रम से दूसरे क्रम में गतिशीलता करना प्रायः असम्भव ही है। इसके अतिरिक्त, प्रस्थिति संयोजन (Status summation) की स्थिति भी दिखाई देती है अर्थात् उच्च जाति ही उच्च वर्ग है और वही शक्ति के सर्वोच्च पद भी ग्रहण किए हुए है। परन्तु पंचायती राज के लागू किए जाने से, सार्वभौमिक वयस्क मताधिकार मिलने से तथा विकास के अन्य कार्यक्रमों के परिणामस्वरूप यह परम्परागत शक्ति संरचना टूटने लगी है।

जन्म पर आधारित प्रदत्त पदों के स्थान पर अर्जित पदों का महत्त्व बढ़ रहा है। आन्द्रे बेतेई ने अपने अध्ययन में बताया है कि पंचायत में चुनाव अब वोट के आधार पर होता है। गाँव में उन लोगों का प्रभुत्व बढ़ रहा है जो सरकारी दफ्तरों या राजनेताओं से अच्छे सम्बन्ध रखते हैं और किसी का काम करा देने की स्थिति में हैं। जिस परिवार के सदस्य उच्च सरकारी पदों पर पहुँच जाते हैं उनका भी ग्रामीण समाज में महत्त्व बढ़ जाता है। जमींदारी प्रथा का उन्मूलन हो चुका है। द्रव्य पर आधारित अर्थव्यवस्था के लागू हो जाने से गाँव में उन परिवारों का महत्त्व भी बढ़ जाता है जो पैसे वाले हो गए हैं। निश्चित ही आश्रयदाता और सेवक का वह परम्परागत सम्बन्ध टूट रहा है।

(5) हरित क्रान्ति—ग्रामीण भारत का प्रमुख व्यवसाय कृषि रहा है। यह कृषि भी जीवन-यापन के रूप में की जाती रही है। परन्तु नवीन ज्ञान व तकनीकी के द्वारा खेती एक व्यवसाय के रूप में विकसित होने लगी है। उन्नत बीज, उन्नत खाद और सिंचाई के उपलब्ध नए साधनों ने भारतीय ग्रामों में हरित क्रान्ति का श्रीगणेश किया है। पंजाब, हरियाणा, पश्चिमी उत्तर प्रदेश, तमिलनाडु इस दिशा में अग्रणी हैं। वैज्ञानिक दृष्टि से आधुनिक कृषि यन्त्रों का प्रयोग किया जाने लगा है और ज्यादातर नकद फसल बोने का प्रयास किया जाता है। साल में फसलों की अदला-बदली से कई फसल प्राप्त कर ली जाती हैं। नए-नए किस्म के बीजों का निरन्तर आविष्कार किया जा रहा है।

एम० एस० ए० राव ने बताया है कि यादवपुर गाँव में परम्परागत रूप से धान की खेती की जगह साग सब्जी की खेती की जाने लगी है क्योंकि उसमें शीघ्रतम कई फसलें ले ली जाती हैं और दिल्ली की बढ़ती हुई माँग वाले मार्किट में उसके ऊँचे दाम भी मिल जाते हैं। इसी भाँति, गाँव में दूध अब मट्ठे या घी के लिए नहीं बल्कि समीप के नगरों में सप्लाई के लिए प्रयोग किया जाता है। इस हरित क्रान्ति से किसानों की हालत में सुधार हुआ है। उनकी आकांक्षाएँ जागी हैं और वे समाज के प्रतिष्ठा, शक्ति व समृद्धि के पदों में अपना हिस्सा पाने के लिए आवाज उठाने लगे हैं। परिणामतः परम्परागत सामाजिक संरचना में तनाव, दरार और टूटन की स्थिति पैदा होने लगी है।

(6) आदर्शों एवं मूल्यों में परिवर्तन—ग्रामीण संस्कृति भी परिवर्तन के दौर से गुजर रही है। परम्परागत विश्व दृष्टि, जो धर्म पर आधारित थी, अब कुछ लौकिक तत्त्व ग्रहण करती जा रही है। भारतीय ग्रामों में जहाँ नियोजन के परिणामस्वरूप कुछ समृद्धि आई है, हरित क्रान्ति घटित हुई है वहाँ भौतिक सुख सुविधाओं का महत्त्व बढ़ गया है। पैसे की ताकत दिखावे के उपभोग की ओर ले जा रही है। मद्यपान समृद्ध घरों में शानशौकत का विषय बन रहा है। गाँव का आम आदमी पहले जैसा भोला, गाँव का गँवार नहीं है। वह अपने हित साधन में चतुर और गुटबाजी में कुशल व्यक्ति बनता जा रहा है।

सन्दर्भ-सूची

1. K. L. Sharma, **Indian Society : A Textbook on Sociology**, NCERT, p. v.

24

ग्रामीण पुनर्निर्माण

ग्रामीण पुनर्निर्माण का अर्थ है कि ग्रामीण समुदायों का चहुँमुखी विकास करना। सामाजिक, आर्थिक तथा राजनीतिक समस्याओं को दूर करके एक नए समाज का निर्माण करना। इसका शाब्दिक अर्थ भी यही है कि गाँव का पुनः निर्माण करना अर्थात् नए सिरे से निर्माण करना। ग्रामीण पुनर्निर्माण का अर्थ समाज को किसी विशेष दिशा में ले जाना है यहाँ कम-से-कम समस्याएँ हों, मानसिक तनाव, पारिवारिक तथा वैयक्तिक विघटन न हो। प्रत्येक समाज की कुछ मान्यताएँ होती हैं जिन्हें आदर्श माना जाता है तथा इसी प्रकार प्रत्येक संस्कृति की एक आत्मा होती है। इन आदर्शों एवं मान्यताओं तथा आत्मा को बनाए रखते हुए, समाज को पुनः संगठित एवं व्यवस्थित करना ही सामाजिक पुनर्निर्माण कहा जा सकता है।

ग्रामीण पुनर्निर्माण में दो बातों पर बल दिया जाता है—

(1) सामुदायिकता की भावना का विकास—इसमें ग्रामवासियों में हम की भावना, योगदान की भावना तथा आश्रितता की भावना का विकास किया जाता है; तथा

(2) ग्रामीण समुदाय को एक गतिशील शक्ति बनाना—इसमें ग्रामवासियों को अपनी सभी समस्याओं का समाधान स्वयं करने की प्रेरणा दी जाती है।

भारत में आदिकाल में विभिन्न समाज सुधारकों ने अपने समय में पाई जाने वाली सामाजिक समस्याओं के समाधान तथा ग्रामीण पुनर्निर्माण की महत्ता के बारे में विचार-विमर्श किया है। चूँकि भारत एक गाँवों का देश है तथा इसका तब तक पूर्ण विकास नहीं हो सकता जब तक कि ग्रामीण जनता की कठिनाइयों को दूर करके उनके रहन-सहन तथा जीवन-पद्धति में सुधार न किया जाए।

भारत जैसे प्रजातान्त्रिक देश में ग्रामीण पुनर्निर्माण तभी सम्भव है जबकि अधिक-से-अधिक जनता इसमें हिस्सा ले तथा स्थानीय नेतृत्व का विकास हो। अंग्रेजों के शासनकाल में ग्रामीण पुनर्निर्माण के लिए कोई ठोस कदम नहीं उठाया गया। उनके सभी कदम केवल कागजों तक ही सीमित रहे क्योंकि इन्हें व्यावहारिक रूप नहीं दिया जा सका। 1947 ई० में स्वतन्त्रता-प्राप्ति के पश्चात् भारतीय सरकार ने अपना सर्वप्रथम लक्ष्य ग्रामीण पुनर्निर्माण ही रखा जिससे ग्रामीण समस्याएँ दूर की जा सकें तथा ग्रामीण जनता की मौलिक आवश्यकताएँ सरलता से पूरी की जा सकें। इसमें काफी सफलता भी मिली परन्तु निर्माण उस गति से नहीं हो पाया है जिसकी आशा की जाती थी।

सभ्यताओं के चुनाव, अमानवीयता, सामाजिक अलगाव, दैवी शक्तियों के प्रति परिवर्तित विचार, युवा आन्दोलन, पृथकतावाद तथा ग्रामीण विघटन ग्रामीण पुनर्निर्माण की कुछ प्रमुख समस्याएँ हैं।

ग्रामीण पुनर्निर्माण के उद्देश्य

अंग्रेजी राज्य में गाँवों की परिस्थिति एक दयनीय स्थिति में पहुँच गई थी तथा अनेक समस्याएँ उत्पन्न हो गई थीं। स्वतन्त्रता-प्राप्ति के पश्चात् भारत सरकार ने सर्वप्रथम ग्रामीण क्षेत्रों को पुनर्गठित करने की योजना बनाई ताकि विभिन्न समस्याओं को दूर करके गांधी जी के मार्गदर्शन का पालन करते हुए शोषणहीन समानतावादी समाज का निर्माण किया जा सके।

महात्मा गांधी जी शुरू से ही भारत में प्रजातन्त्र के पक्ष में थे तथा सामाजिक पुनर्निर्माण को इसके लिए आवश्यक मानते थे। गांधी जी का 1920 ई० में अखिल भारतीय कताई समिति (All India Spinner's Association), 1925 ई० में अखिल भारतीय ग्रामीण उद्योग समिति (All India Village Industries Association) तथा 1933 ई० में सेवाग्राम (Sevagram) को प्रोत्साहन देना उनकी ग्रामीण पुनर्निर्माण की रुचि की ओर इंगित करता है। इनको प्रोत्साहन देने के पीछे गांधी जी के तीन उद्देश्य थे—

(1) व्यर्थ वस्तुओं तथा साधनों का यहाँ तक हो सके उपभोग करना,

(2) ग्रामीण जनता को उपलब्ध साधनों की रक्षा, तथा

(3) आराम के समय का इस प्रकार सदुपयोग कि ग्रामीण जनता का आर्थिक स्तर ऊँचा हो सके।

गांधी जी एक ऐसा समाज चाहते थे जिसे ग्राम-समाज (Gram-Samaj) कहा गया है जिसमें प्रत्येक गाँव आत्मनिर्भर हो तथा अपने बारे में निर्णय तथा लड़ाई-झगड़ों का निपटारा स्वयं कर सके। ग्राम समाज के निर्माण के लिए उन्होंने छह सुझाव दिए हैं—

(1) गाँव की स्वराज्यता (Village autonomy),

(2) ग्रामवासियों से तादात्मीकरण (Identification with villagers),

(3) स्वयं शुद्धि, स्वयं आदर्श तथा आत्म-निर्भरता (Self purification, self example and self reliance),

(4) खादी ग्रामोद्योगों का विकास (Development of cottage industries),

(5) आधारभूत शिक्षा (Basic education), तथा

(6) ग्रामीण उपभोग के लिए उत्पादन (Production for village consumption)।

गांधी जी के विचारों को तो ग्रामीण पुनर्निर्माण में प्राथमिकता मिली ही, परन्तु इसके अतिरिक्त कई और उद्देश्य हैं जिन्हें ग्रामीण पुनर्निर्माण द्वारा प्राप्त करने का प्रयास किया गया है। ये निम्नलिखित हैं—

(1) ग्रामीण नेतृत्व का विकास,

(2) निर्धनता, बेरोजगारी तथा ऋण की समस्याओं का समाधान करना,

(3) कृषि का विकास करना तथा कृषि विधियों एवं साधनों में परिवर्तन लाना,

(4) श्रमदान तथा ग्रामवासियों के सहयोग द्वारा विभिन्न विकास कार्यक्रमों को सफल बनाने में सहायता देना,

(5) समुदाय के व्यक्तियों में सामुदायिक भावना तथा सहयोग एवं सहकारिता को सफल बनाने में सहायता देना,

(6) शिक्षा के प्रयास द्वारा ग्रामवासियों को जनस्वास्थ्य एवं स्वच्छता का ज्ञान करवाना,

(7) ग्रामीण क्षेत्रों में असमानता का विशेषकर छुआछूत के विचारों को समाप्त करना,

(8) आवास तथा आवागमन की सुविधाएँ प्रदान करना,

(9) ग्रामीण क्षेत्रों में मनोरंजन के साधनों की व्यवस्था करना, तथा

(10) ग्रामवासियों को समृद्धिशाली बनाकर पूरे भारत की प्रगति करना।

इस प्रकार ग्रामीण पुनर्निर्माण का उद्देश्य ग्रामीण समस्याओं को दूर करके एक नए समाज की स्थापना करना है। ग्रामवासियों की सामाजिक, आर्थिक, सांस्कृतिक, आध्यात्मिक, मानसिक तथा भौतिक स्थिति को ऊँचा करके एक ऐसे समाज का निर्माण करना है जहाँ पर शोषण न हो, प्रत्येक को रहने का पूर्ण अधिकार हो तथा सहयोग की भावना पाई जाती हो। इसका उद्देश्य सरकारी प्रयासों के लिए जनसमर्थन तैयार करना है तथा ग्रामवासियों में इस भावना को विकसित करना है कि केवल उनके सहयोग से ही समस्याएँ दूर की जा सकती हैं, केवल सहकारी प्रयत्नों से ही नहीं। इस प्रकार ग्रामीण पुनर्निम्राण एक बहुउद्देश्यीय प्रोग्राम है।

ग्रामीण पुनर्निर्माण का महत्त्व

भारत एक कृषि प्रधान देश है जिसकी लगभग तीन-चौथाई जनसंख्या गाँवों में रहती है। इसमें कोई सन्देह नहीं है कि भारत ने पिछले कुछ दशकों में विशेषकर स्वतन्त्रता-प्राप्ति के पश्चात् काफी प्रगति की है, परन्तु ग्रामीण क्षेत्रों तथा ग्रामीण जनता का विकास इतना अधिक नहीं हो पाया है तथा न ही उनकी समस्याओं को दूर ही किया जा सका है। आर्थिक विकास के साथ-साथ भारत में कृषि पर निर्भर जनसंख्या कम होने की बजाय अधिक होती जा रही है। 1931 ई० में कृषि पर निर्भर जनसंख्या 19 करोड़ थी, जबकि 1951 ई० की जनसंख्या 25

करोड़ हो गई। 2000 ई० में भारत की आधी से अधिक जनसंख्या कृषि पर निर्भर थी। इसलिए ग्रामीण क्षेत्रों की तरफ ध्यान देना आवश्यक है तथा पुनर्निर्माण अति महत्त्वपूर्ण है।

भारत की प्रगति के लिए ग्रामीण पुनर्निर्माण अति आवश्यक है क्योंकि जब तक ग्रामीण जनता में आत्म-निर्भरता तथा स्वाभिमान नहीं आ जाता तब तक अनेक समस्याओं को दूर नहीं किया जा सकता। कृषि तथा ग्रामीण अर्थव्यवस्था को मजबूत करके तथा विभिन्न विकास कार्यक्रमों द्वारा ग्रामीण जनता में एक नया विश्वास पैदा किया जा सकता है। इससे उनमें एक नई जागरूकता आ सकती है तथा वह अपनी समस्याओं को स्वयं सुलझा सकते हैं।

ग्रामीण पुनर्निर्माण समाजवादी व्यवस्था के लिए अति महत्त्वपूर्ण है। समाजवाद तभी आ सकता है जबकि प्रत्येक सदस्य को चाहे वह गाँव में रहता हो अथवा नगर में, उसे रोजगार मिले ताकि वह अपनी आधारभूत आवश्यकताओं की पूर्ति कर सके। प्रत्येक सदस्य की प्राकृतिक तथा मूल आवश्यकताओं की पूर्ति से ही उसमें एक प्रभावशाली व्यक्तित्व का विकास हो सकता है।

आज का युग जनसाधारण का युग है इसलिए भारत जैसे देश में यहाँ लगभग तीन-चौथाई जनसंख्या गाँवों में रहती है ग्रामीण पुनर्निर्माण आवश्यक ही नहीं अति महत्त्वपूर्ण भी है। ग्रामीण विघटन को रोकने के लिए तथा विभिन्न ग्रामीण समस्याओं को दूर करने के लिए पुनर्निर्माण करना जरूरी है। ग्रामीण पुनर्निर्माण केवल भारत में ही नहीं अपितु इस युग में प्रत्येक देश की आधारभूत तथा प्रथम आवश्यकता बन गई है। ग्रामीण पुनर्निर्माण ही ग्रामीण जनता का उत्थान कर सकता है तथा सामाजिक एवं मानसिक सुरक्षा प्रदान कर सकता है।

सामाजिक पुनर्निर्माण की प्रमुख विचारधाराएँ

सामाजिक पुनर्निर्माण का शाब्दिक अर्थ समाज का नवीन अथवा पुनः निर्माण करना है। दूसरे शब्दों में कहा जा सकता है कि विघटित समाज का फिर से संगठित और व्यवस्थित बनाना ही सामाजिक पुनर्निर्माण है। आज प्रत्येक समाज में विघटनकारी प्रक्रियाएँ काफी प्रयत्नशील हैं जिससे असन्तुलन की अवस्था पैदा हो गई है। सामाजिक पुनर्निर्माण वह विचारधारा है जिससे समाज की प्रगति से सम्बन्धित विभिन्न बाधाएँ एवं समस्याएँ दूर करके सामाजिक संरचना को फिर से संगठित और व्यवस्थित करती है। सामाजिक पुनर्निर्माण सामाजिक मान्यताओं एवं आदर्शों पर आधारित एक नवीन निर्माण है।

सामाजिक पुनर्निर्माण का उद्देश्य गतिशीलता के प्रभावों को कम करना तथा सम्पूर्ण सामाजिक जीवन का विकास करना है। सामाजिक पुनर्निर्माण की अवधारणा स्थिर नहीं अपितु गतिशील है क्योंकि सामाजिक समस्याएँ प्रत्येक समाज में विभिन्न रूपों में हर समय पाई जाती हैं तथा बदलती भी रहती हैं। पहले कुछ समस्याएँ थीं जिनको सामने रखकर पुनर्निर्माण की योजनाएँ बनाई गईं तथा कुछ सीमा तक उनका समाधान सम्भव हुआ परन्तु फिर नई समस्याएँ पैदा हो जाती हैं क्योंकि समाज गतिशील है इसलिए सामाजिक पुनर्निर्माण की अवधारणा भी गतिशील है।

अब यह प्रश्न पैदा होता है कि सामाजिक पुनर्निर्माण कैसे किया जाए? इसके लिए प्रमुख विचारकों ने अपने अलग-अलग विचार दिए हैं जिनमें से प्रमुख विचारकों के विचार संक्षेप में यहाँ दिए जा रहे हैं—

(1) उपयोगितावाद—बेन्थम उपयोगितावाद के प्रमुख विचारक रहे हैं। उनके अनुसार व्यक्ति प्रत्येक कार्य सुख-दु:ख को सामने रखकर करता है। उन कार्यों को वह करना चाहता है जिनसे उसे सुख मिले, आनन्द, हर्ष तथा लाभ प्राप्त हो। उन कार्यों को करने से व्यक्ति झिझकता है जिसे करने से उसे दु:ख प्राप्त होता हो। किसी भी वस्तु की उपयोगिता इसी पर आधारित है कि इससे व्यक्तियों को कितना सुख, आनन्द तथा लाभ मिलता है अथवा दु:ख, पीड़ा एवं नुकसान होता है। सामाजिक पुनर्निर्माण की प्रत्येक योजना का उद्देश्य अधिकतर लोगों का हित करना होना चाहिए। इसके लिए पुरानी और बेकार प्रणालियों, कानूनों अथवा विचारधाराओं को परिवर्तित किया जाना चाहिए।

(2) साम्यवाद—पूँजीवादी व्यवस्था में जब श्रमिक वर्ग (जोकि धन के वास्तविक उत्पादक हैं) तथा पूँजीपति वर्ग में संघर्ष होगा (क्रान्ति) तो श्रमिक वर्ग पूँजीपतियों को खदेड़ देंगे तथा जिस व्यवस्था का उदय होगा उसे साम्यवाद कहा जाता है। साम्यवादी व्यवस्था में उत्पादन साधनों पर नियन्त्रण सरकार का होता है तथा निजी सम्पत्ति की संस्था बिलकुल नहीं पाई जाती। साम्यवादी व्यवस्था के अनुसार राष्ट्रीय आय का अधिकतर भाग श्रमिकों को दिया जाएगा। कार्ल मार्क्स वास्तविकता में एक वर्गविहीन समाज का निर्माण करना चाहते थे यहाँ पर समानता हो तथा शोषण एवं रूढ़िवादिता आदि का कोई स्थान नहीं हो। साम्यवाद में व्यावहारिकता पर अधिक बल दिया गया है।

साम्यवादी व्यवस्था में सामाजिक पुनर्निर्माण क्रान्ति के बाद ही सम्भव हो सकता है। कार्ल मार्क्स के वर्गविहीन समाज के बारे में विचार अभी भी सार्थक सिद्ध नहीं हो पाए हैं क्योंकि साम्यवादी देशों में भी समानता अभी कोसों दूर है। माओत्से तुंग की मृत्यु के पश्चात् चीन में सत्ता संघर्ष इस बात की निशानी है।

(3) संघवाद—संघवाद राज्यविहीन समाज का समर्थक है जिसमें श्रमिक संघों के पुनर्निर्माण को प्राथमिकता दी जाती है। प्रत्येक संघ को स्थानीय श्रमिकों से जोड़ा जाएगा तथा उनको प्रशासनिक अधिकार दिए जाएँगे। इस व्यवस्था में उत्पादकों अर्थात् श्रमिकों के शोषण को कोई स्थान प्राप्त नहीं है।

(4) समाजवाद—समाजवाद वह नीति अथवा सिद्धान्त है जिसमें प्रजातान्त्रिक राज्य द्वारा अथवा स्थानीय संस्थाओं द्वारा आर्थिक सहयोग एवं समानता का विकास किया जाता है। इस व्यवस्था में सम्पत्ति का उचित वितरण सम्भव है। समाजवाद की कोई एक सर्वमान्य परिभाषा नहीं है परन्तु साधनों का कुछ सीमा तक राष्ट्रीयकरण करना आवश्यक है ताकि समाज की अधिक-से-अधिक आवश्यकताएँ पूरी हो सकें तथा सभी को लाभ हो सके। आज भारत समाजवाद की ओर अग्रसर है।

(5) श्रेणी समाजवाद—श्रेणी समाजवाद, संघवाद तथा समाजवाद के बीच की अवस्था है जिसका लक्ष्य सामान्य तथा सार्वजनिक हितों की राजनीतिक, आर्थिक एवं सामाजिक धारणाओं के बीच समन्वय स्थापित करना है। श्रेणी समाजवाद में प्रत्येक व्यवसाय की एक श्रेणी होगी तथा इनका संगठन जनवादी होगा। इन्हीं श्रेणियों द्वारा उत्पादन का संचालन होगा।

(6) अराजकतावाद—अराजकतावाद में राज्य को सामाजिक प्रगति में बाधा माना गया है तथा ऐसे आदर्श समाज की कल्पना की गई है जिसमें राज्य, पूँजीवाद तथा धर्म से नागरिकों को स्वतन्त्र करना है। अराजकतावादी समाज में प्रत्येक मनुष्य अपनी इच्छा से, प्रवृत्ति तथा क्षमता के अनुसार काम करेगा परन्तु उपभोग की वस्तुएँ उसे उसकी आवश्यकतानुसार ही मिलेंगी।

(7) गांधीवाद—गांधी जी के सामाजिक पुनर्निर्माण के बारे में विचार अति महत्त्वपूर्ण हैं। वह भारत में ग्रामीण पुनर्निर्माण के पक्ष में थे क्योंकि अधिकांश जनता गाँवों में रहती है। वह भारत में ग्राम राज्य अथवा राम राज्य की स्थापना करना चाहते थे जिसमें राजकीय शक्ति का अधिकतर विकेन्द्रीकरण होगा। गांधी जी एक वर्गहीन, विषमताहीन, शोषणहीन समाज की स्थापना करना चाहते थे। वह अहिंसात्मक उपायों द्वारा पूँजीवाद व्यवस्था की समाप्ति चाहते थे।

प्रजातान्त्रिक समाजवाद तथा ग्रामीण पुनर्निर्माण

अंग्रेजों के राज्य में भारत में विघटनकारी प्रक्रियाएँ काफी सक्रिय थीं तथा ग्रामीण एवं सामाजिक पुनर्निर्माण पर कोई विशेष ध्यान नहीं दिया जाता था। परन्तु स्वतन्त्रता-प्राप्ति के पश्चात् सरकार ने सबसे पहले अपना ध्यान ग्रामीण पुनर्निर्माण की तरफ केन्द्रित किया तथा इसके लिए गांधी जी के विचार मार्गदर्शन करने में काफी सहायक सिद्ध हुए।

गांधी जी प्रजातान्त्रिक समाजवाद के पक्ष में थे तथा ऐसा समाज बनाना चाहते थे यहाँ पर राज्य की शक्ति का अधिकतम विकेन्द्रीकरण हो ताकि अधिक-से-अधिक जनता स्थानीय स्तरों पर निर्णय लेने की प्रक्रिया में हिस्सा ले सके। वे चाहते थे कि गाँव आत्मनिर्भर होने चाहिए। गाँव में अपनी नाट्यशाला, सार्वजनिक भवन व पाठशाला भी होनी चाहिए। पीने के पानी का उचित प्रबन्ध होना चाहिए। अधिकतर कार्यों को सहकारिता के आधार पर किया जाना चाहिए। बेसिक शिक्षा अनिवार्य होगी। ग्राम का शासन करने के लिए पाँच अथवा अधिक पंचों की एक पंचायत होगी जिसका चुनाव गाँव के सभी वयस्क पुरुष तथा स्त्रियाँ करेंगी। इस प्रकार वह गाँव में स्वतन्त्रता के आधार पर लोकतान्त्रिक समाजवाद लाना चाहते थे। व्यक्ति स्वयं ही अपनी सरकार का निर्माता होगा तथा हिंसा का इसमें कोई स्थान नहीं होगा।

गांधी जी ने एक नए प्रकार की आदर्श राज्य व्यवस्था की कल्पना की थी जो पूर्णतया सत्य एवं अहिंसा पर आधारित हो। गांधी जी के विचार राज्य को अधिक शक्तिशाली बनाने के विरोधी थे क्योंकि अगर राज्य अधिक शक्तिशाली होगा तो शक्तिहीनों का शोषण होगा। यही कारण है कि वह सत्ता का विकेन्द्रीकरण चाहते थे। वह चाहते थे कि स्त्रियों तथा पुरुषों

को एक समान अधिकार प्रदान किए जाने चाहिए। जात-पात तथा छुआछूत का समाज में कोई स्थान नहीं होना चाहिए। वह गाँव को राजनीतिक संगठन की एक इकाई बनाना चाहते थे तथा प्रत्येक पहलू में विकेन्द्रीकरण के पक्ष में थे। उनके अनुसार केन्द्रीकरण तथा प्रजातन्त्र एक-दूसरे के विपरीत हैं। दूसरे केन्द्रीकरण हिंसा को जन्म देता है जिसे वह बिलकुल नहीं चाहते थे। राजनीतिक एवं अन्य सभी प्रशासन के अधिकार गांधी जी पंचायतों को सौंप देने के पक्ष में थे। वह चाहते थे कि जमींदारी तथा पूँजीवादी व्यवस्था का उन्मूलन कर भूमि एवं सम्पत्ति का समस्त नागरिकों में वितरण किया जाना चाहिए।

गांधी जी के प्रजातान्त्रिक समाजवाद के विचारों में धर्मनिरपेक्षता को भी प्राथमिकता दी गई है। वह धर्मनिरपेक्ष राज्य के समर्थक थे जिसमें प्रत्येक धर्म अथवा वर्ग के लोगों के लिए समान सुविधाएँ एवं अधिकार हों। अल्पसंख्यकों को भी पूर्ण स्वतन्त्रता तथा सभी प्रकार की सुविधाओं एवं अधिकारों के उपयोग एवं प्रयोग का समान अधिकार होना चाहिए। गांधी जी के विचार थे कि यदि कोई व्यक्ति अपनी आवश्यकता से अधिक वस्तु का उपयोग करता है अथवा अपने अधिकार में रखता है तो वह दूसरों को इसमें वंचित रखने का प्रयत्न कर रहा है जोकि गलत कार्य है। गांधी जी स्वदेशी वस्तुओं के उपयोग के पक्ष में थे ताकि अर्थव्यवस्था भी मजबूत रहे।

यहाँ तक धर्मनिरपेक्ष राज्य की स्थापना, पुरुषों तथा स्त्रियों को समान अधिकारों, अल्पसंख्यकों के हितों की रक्षा इत्यादि का प्रश्न है इसमें से स्वतन्त्रता-प्राप्ति के पश्चात् भारतीय सरकार को पूर्ण सफलता मिली है। सत्ता के विकेन्द्रीकरण के लिए पंचायती राज का स्वतन्त्रता-प्राप्ति के पश्चात् पूरे देश में गठन किया गया ताकि स्थानीय स्तर पर जनता स्वयं निर्णय ले सके परन्तु पंचायतें अपने उद्देश्यों में पूर्ण रूप से सफल नहीं है तथा इसी कारण सत्ता का विकेन्द्रीकरण भी नहीं हो पाया है।

गांधी जी के सभी विचार व्यावहारिक हैं तथा अगर पूर्ण रूप से इन्हें लागू किया जाए तो कोई सन्देह नहीं है कि ग्रामीण क्षेत्र पिछड़े हुए रहे। ग्रामीण पुनर्निर्माण इन विचारों को सामने रखते हुए कोई कठिन कार्य नहीं है परन्तु इसके लिए सरकार द्वारा साहसिक कदमों तथा स्थानीय स्तर पर अच्छे नेताओं की आवश्यकता है।

सर्वोदय तथा ग्रामीण पुनर्निर्माण

महात्मा गांधी जी तथा जयप्रकाश नारायण सर्वोदय से सम्बन्धित रहे हैं। सर्वोदय आन्दोलन का प्रमुख उद्देश्य ग्रामीण पुनर्निर्माण करना ही है। सर्वोदय विचारधारा के अनुसार प्रत्येक सदस्य को रोजगार मिलना चाहिए ताकि वह अपनी आधारभूत आवश्यकताओं की पूर्ति कर सके। प्रत्येक सदस्य की प्राकृतिक तथा मूल आवश्यकताओं की पूर्ति से ही उसमें एक प्रभावशाली व्यक्तित्व का विकास हो सकता है। गाँव मूल आवश्यकताओं की पूर्ति के लिए आत्मनिर्भर होने चाहिए।